Dictionnaire Des Ouvrages Anonymes Et Pseudonymes: Composés, Traduits Ou Publiés En Français Et En Latin, Avec Les Noms Des Auteurs, Traducteurs Et Éditeurs, Volume 1...

Antoine-Alexandre Barbier

A. A. BARBIER,

Chevalier de la Légion d'honneur,

Administrateur des Bibliothèques particulières du Roi,

et Bibliothécaire du Conseil d'Etat.

né en 1765 mort en 1825.

DICTIONNAIRE

DES

OUVRAGES

ANONYMES ET PSEUDONYMES

COMPOSÉS, TRADUITS OU PUBLIÉS

EN FRANÇAIS ET EN LATIN,

AVEC LES NOMS DES AUTEURS, TRADUCTEURS ET ÉDITEURS;

ACCOMPAGNÉ DE NOTES HISTORIQUES ET CRITIQUES

PAR M. BARBIER,

Chevalier de l'Ordre royal de la Légion-d'Honneur, Administrateur des Bibliothèques particulières du Roi, et Bibliothécaire du Conseil d'État.

SECONDE ÉDITION,

REVUE, CORRIGÉE ET CONSIDÉRABLEMENT AUGMENTÉE.

TOME PREMIER.

A PARIS,

CHEZ BARROIS L'AINÉ, LIBRAIRE,

RUE DE SEINE, N° 10, F. S. G.

1822.

AVERTISSEMENT

SUR

CETTE NOUVELLE ÉDITION.

Le succès qu'a obtenu mon *Dictionnaire des Ouvrages anonymes et pseudonymes*, ne m'a point aveuglé sur ses défauts. Beaucoup d'articles n'étaient pas annoncés avec l'exactitude dont je m'étais fait une loi, dans la vue de faciliter aux amateurs la recherche du nom d'un auteur, en comparant les titres des ouvrages anonymes qu'ils possèdent, avec ceux qui sont consignés dans mon Dictionnaire; plusieurs noms propres n'étaient pas écrits d'après l'usage le plus généralement suivi. L'on a paru désirer aussi que j'indiquasse avec plus de soin les premières éditions. Il a été enfin reconnu que je pouvais enrichir mon ouvrage d'une multitude de nouveaux articles. Toutes ces considérations m'ont tellement frappé, que depuis 1806, époque de la première publication de ce Dictionnaire, je n'ai peut-être pas passé un jour sans y faire des corrections ou des additions. Des amis et des amateurs m'ont communiqué nombre d'améliorations de ces deux genres. Mes nouvelles recherches m'ont aussi donné lieu d'étendre ou de multiplier les notes, qu'on lit toujours avec intérêt dans ces sortes d'ouvrages, parce qu'en général elles offrent des détails neufs et piquans. Il résulte de tout cela que c'est moins une nouvelle édition qu'un ouvrage nouveau qui est présenté au public. J'ai donc lieu d'espérer qu'il sera accueilli avec autant de faveur que mon premier travail.

Qu'il me soit permis d'insister particulièrement sur deux espèces d'améliorations introduites dans mon ouvrage. Ce sont d'abord les articles nouveaux qui m'ont été procurés par des notes manuscrites trouvées sur des exemplaires : rien de plus authentique que de tels articles; je ne manque aucune occasion de m'en procurer, et elles se rencontrent très-souvent dans une ville comme Paris, où les ventes de livres sont si fréquentes. Ces ventes rejettent successivement dans la circulation une multitude de bons livres annotés par des possesseurs plus ou moins instruits : transcrire ces notes pour en faire jouir le public est un moyen nouveau d'enrichir et de compléter l'histoire littéraire. Il y a quarante ans que ce moyen est à ma disposition; mais c'est surtout depuis treize ans que j'y ai eu recours avec autant de persévérance que de succès.

Le second genre d'amélioration vient de la communication qui m'a été donnée par M. Van Thol des recherches qu'il a faites pendant plus de dix ans sur les ouvrages anonymes et pseudonymes publiés en français. Voyez ci-après mon Discours préliminaire, page xxj.

M. Van Thol a été conservateur d'un de nos dépôts littéraires. Les employés de ce dépôt, ceux même des autres dépôts, lui ont remis beaucoup de notes manuscrites trouvées sur des exemplaires. Plusieurs gens de lettres lui en ont communiqué. Ces articles, réunis aux miens, formeront une masse de découvertes d'autant plus précieuses qu'elles ont échappé à une perte qui, sans nos soins, eût été inévitable.

Le peu de cas que je fais des livres qui ne sont que curieux m'a déterminé à composer un ouvrage véritablement utile : ai-je atteint ce but? Je serais porté à le croire en considérant l'usage que l'on peut faire des recherches consignées dans mon Dictionnaire. Il sera facile, par exemple, d'en tirer des bibliothéques spéciales d'art militaire, d'économie polie, de jurisprudence, de médecine, de philosophie, de iqne, et surtout de théologie. L'auteur de l'*Ami de la gion et du Roi* y a puisé largement pour composer son *i historique sur la controverse touchant le prêt à intérêt*, ré dans le vingt et unième volume de son journal, année). Le rédacteur de l'*Esprit des Journaux* (M. Mellinet) y a trouvé le fond de l'*Histoire des Journaux*, qu'il a liée dans le volume de mai 1817. Dès l'année 1808, Peignot avait choisi dans les deux premiers volumes de ı ouvrage soixante-dix-neuf articles, sur les deux cent tre-vingts dont se compose sa *Bibliographie curieuse*, ou *ice raisonnée des livres imprimés à cent exemplaires au* ;, etc. Je trouverai moi-même d'amples matériaux dans n Dictionnaire, si jamais je fais réimprimer la *Bibliothéque Romans* de l'abbé Lenglet du Fresnoy, d'après les deux mplaires que j'en possède, chargés d'additions, d'éclairemens et de corrections, par l'auteur, par l'abbé Sepher, l'abbé de Saint-Léger et par M. Adry.

e ne puis terminer cet avertissement sans me féciliter de ituation où je me trouve depuis long-temps; en me livrant ıa passion pour les recherches littéraires, je remplis une tie essentielle des fonctions dont je suis chargé. Quelles gations n'ai-je donc pas à son excellence M. le marquis de riston, ministre de la maison du Roi, qui me fournit tous jours les moyens d'accroître mes connaissances par les nentations dont il enrichit le précieux dépôt confié à mes s?

DISCOURS PRÉLIMINAIRE

DE

LA PREMIÈRE ÉDITION,

AVEC DES NOTES NOUVELLES.

§ I. *Nature et objet de ce Dictionnaire.*

N appelle ouvrage *anonyme* celui sur le frontispice duquel teur n'est pas nommé [1] : quelquefois le nom de l'auteur se ıve soit au bas d'une épître dédicatoire, soit dans une préface, dans l'approbation du censeur, soit dans le corps du privilége ordé pour l'impression, soit à la suite du même privilége. On rrait donc distinguer différentes espèces d'ouvrages anonymes; s l'usage est de les ramener toutes à une seule, et de s'en porter au frontispice pour la déterminer.

Cette définition diffère de celle qui se trouve dans le Dictionnaire de démie, et elle ne donne pas même la juste idée que l'on doit se faire d'un age anonyme. Suivant l'Académie, le mot anonyme, appliqué aux ouvrages, t de ceux dont on ne connait point l'auteur; et en effet telle est l'idée que doit se former d'un ouvrage anonyme : cependant la définition que je nte est le résultat d'un travail fait sur une multitude d'ouvrages dont les rs, nommés dans l'intérieur, ne le sont pas sur les frontispices. J'ai retraneaucoup d'articles de ce genre dans la nouvelle édition de ce Dictionnaire; tant qu'il m'a été possible, ils ne font pas partie des nombreuses additions le présente. Si je pouvais ôter de mon ouvrage les articles de cette espèce y trouvent encore, il me resterait assez d'auteurs véritablement anonymes roiler, et j'aurais la satisfaction de ramener le mot *anonyme* à sa significala plus naturelle. (*Note nouvelle.*)

Un ouvrage *pseudonyme* est celui dont le frontispice contient un nom qui n'est pas celui de son auteur. Il y a aussi différentes espèces d'ouvrages pseudonymes. Les écrivains qui mettent sur le frontispice de l'ouvrage qu'ils publient le nom d'un auteur célèbre, doivent passer plutôt pour des imitateurs maladroits que pour des imposteurs. Beaucoup d'ouvrages de ce dernier genre ont paru vers le milieu du siècle dernier. « Il pleut des *Fréret*, des *du Marsais*, des *Bolingbroke* », écrivait Voltaire à d'Alembert en 1766. Ceux qui mettent leur nom à des ouvrages qu'ils n'ont pas faits, se nomment plagiaires. Il existe beaucoup d'ouvrages qui, au lieu du nom des auteurs, ne contiennent que des termes *appellatifs*. Ainsi l'abbé le Gros, chanoine de la Sainte-Chapelle de Paris, a écrit contre J. J. Rousseau, Court de Gebelin et les économistes, sous la dénomination d'*un solitaire*; Condorcet, contre les *Trois Siècles* de l'abbé Sabatier de Castres, sous celle d'*un théologien*. L'illuminé Saint-Martin a publié plusieurs de ses ouvrages sous le nom du *philosophe inconnu*. Les *Auteurs déguisés* de Baillet contiennent des détails curieux sur les pseudonymes en général, et en particulier sur les différentes espèces de termes *appellatifs*.

La dénomination d'anonymes et de pseudonymes s'applique aux auteurs comme aux éditeurs, aux ouvrages comme aux traductions.

La réputation d'un traducteur suffit souvent pour nous inspirer de l'intérêt en faveur de l'ouvrage traduit, parce que, dans tous les temps, des hommes de génie ont regardé la transmission des beautés d'une langue dans une autre, comme un des meilleurs moyens de perfectionner leur goût et leur style. Fénélon avait traduit l'Odyssée d'Homère et Virgile tout entier : combien n'a-t-on pas à regretter la perte de ce dernier ouvrage? Parmi les traductions que nous possédons, beaucoup jouissent d'une réputation méritée; les traductions forment donc une branche importante de notre littérature. La Croix du Maine, du Verdier, Charles Sorel, Baillet et l'abbé Goujet, nous ont laissé des détails précieux sur nos anciens traducteurs; j'ai cru devoir marcher sur les traces de ces grands modèles.

Le nombre des éditeurs s'étant multiplié dans les deux derniers siècles, j'ai pensé que l'Histoire littéraire devait recueillir leurs noms, d'autant plus que l'on doit à beaucoup d'entre eux des renseignemens curieux sur les auteurs qu'ils ont mis au jour. Souvent aussi ils ont ajouté au mérite de l'ouvrage qu'ils avaient entrepris de publier; tel est le service rendu par l'abbé de Rothelin, ou plutôt par le Beau, à l'*Anti-Lucrèce* du cardinal de Polignac.

Le nom d'un auteur, et les recommandations de ses amis, contribuent souvent, au moins pour le moment, au succès d'un ouvrage. L'expérience prouve cependant, surtout depuis que l'impression a multiplié à l'infini le nombre des livres, que de bons ouvrages, décorés du nom de leurs auteurs, tombent dans l'oubli. Un ouvrage anonyme est bien plus exposé à cette fatale destinée; s'il obtient du succès, il le doit à un mérite bien réel : c'est, dit ingénieusement M. De la Lande, l'odeur de la violette qui s'élève du sein de l'herbe [1].

On ne peut nier que de bons écrivains n'aient dédaigné de mettre leur nom aux fruits de leurs veilles, et des savans distingués, que nous avons encore le bonheur de posséder, ont fait paraître presque tous leurs ouvrages sous le voile de l'anonyme; aussi, il me serait facile de prouver que dans toute bibliothéque composée d'ouvrages utiles, il en existe un tiers sans indication d'auteurs, traducteurs ou éditeurs. Les connaissances que l'on peut avoir d'ailleurs en bibliographie restent toujours imparfaites, si l'on ne cherche pas à dévoiler ces anonymes. Il suit de là, qu'un ouvrage où ces noms seraient révélés avec justesse, pourrait devenir d'un usage aussi habituel que les *Dictionnaires historiques*; malheureusement l'on a négligé ce genre de recherches pendant le dernier siècle.

[1] Voyez le *Magasin encyclopédique*, journal rédigé par M. Millin, membre de l'Institut, etc., première année, t. 5, p. 141.

§ II. *Causes et inconvéniens de la négligence mise, pendant le dernier siècle, dans la découverte des anonymes et pseudonymes.*

J'attribue cette négligence à ces mêmes ouvrages qui, vers le milieu du dernier siècle, ont mis les connaissances bibliographiques à la portée de tout le monde; je veux parler des catalogues de livres, rédigés par le célèbre libraire Martin, et surtout de la *Bibliographie instructive* par de Bure le jeune, ouvrage qui, malgré ses défauts, est encore consulté avec fruit.

Martin a fait connaître, en général avec beaucoup d'exactitude, le nom des auteurs qui ont publié des ouvrages anonymes; mais les tables qui suivent ses catalogues, ne contiennent aucune indication relativement aux ouvrages anonymes dont les auteurs ne lui étaient pas connus; ce qui est une imperfection réelle, puisque l'on peut avoir à chercher un ouvrage anonyme, comme celui d'un auteur connu. Quant à de Bure le jeune, non-seulement il a omis les ouvrages anonymes dans la table volumineuse qui termine sa *Bibliographie*, mais il a mis peu de soin, dans le corps de son ouvrage, à faire connaître les auteurs anonymes dont les productions lui ont paru dignes d'être citées. Le même libraire a publié, dans le même état d'imperfection, son Supplément à la *Bibliographie instructive*, ou le Catalogue des livres du cabinet de Gaignat, *Paris*, 1769, 2 *vol. in*-8°. Ce n'est qu'au bout de quinze ans que ces omissions et ces négligences ont été réparées par M. Née de la Rochelle, dans la *Table destinée à la recherche des livres anonymes qui ont été annoncés dans la Bibliographie instructive, et dans le Catalogue de M. Gaignat. Paris*, 1782, *in*-8°. Ce volume, qui forme le dixième de la *Bibliographie instructive*, m'a été utile dans la composition de ce Dictionnaire. J'indique plusieurs anonymes qui ont échappé aux recherches de l'auteur, et quelques erreurs dans lesquelles il est tombé.

Je dois dire ici que, dès 1753, Jacques Barrois, père des libraires de ce nom, avait fait sentir, dans la table du Catalogue des livres de Giraud de Moucy, combien était utile l'indication des ouvrages anonymes. Il a rédigé dans les mêmes principes, en 1763, la table de son excellent Catalogue de la bibliothéque du médecin Falconet. Ce savant libraire a donc mis ses confrères dans la bonne voie. Aussi, dès 1766, M. Musier indiqua-t-il avec exactitude, les ouvrages anonymes, dans la table du Catalogue de Sénicourt. Depuis cette époque à peu près, M. de Bure l'aîné s'est conformé à cet usage, à cette différence près, qu'il a fait une table particulière pour les ouvrages anonymes.

Envisageons maintenant les inconvéniens qui résultent de la négligence dont j'ai tâché d'assigner la cause.

Dans le temps où la littérature était cultivée avec soin dans toutes ses parties, les meilleurs écrivains ne dédaignaient pas d'indiquer les auteurs anonymes; le *Traité des Études* de Rollin, m'en a fait connaître plusieurs, entre autres J. Heuzet, auteur de l'excellent ouvrage intitulé : *Selectæ è profanis scriptoribus historiæ* [1]. A mesure que les études ont dégénéré, l'ignorance de l'Histoire littéraire s'est fait remarquer dans les ouvrages même où cette connaissance est le plus nécessaire. C'est ainsi que, dans son *Examen des Observations sur la Littérature*, etc., 1779, *in*-8°, l'abbé Lenoir-Duparc, ex-jésuite, et dernier professeur de rhétorique de cette société, au collége de Louis-le-Grand, conseille la lecture de sept ou huit

[1] Bayle a consacré le soixante-septième chapitre de son ouvrage intitulé : *Réponse aux Questions d'un provincial*, à la découverte des auteurs anonymes et pseudonymes dont la connaissance avait échappé à Placcius. On lui doit aussi une lettre supplémentaire à l'opuscule de Decker, *De scriptis adespotis*. Il a dévoilé beaucoup d'écrivains anonymes dans ses *Nouvelles de la République des lettres* et dans sa correspondance particulière.

Charles-Étienne Jordan, dans son *Histoire d'un voyage littéraire fait en* 1733, la Haye, 1735, petit in-8, fait connaître environ trente écrivains anonymes ou pseudonymes. (*N. N.*)

ouvrages anonymes sur l'Art militaire, sans en nommer les auteurs qu'il lui eût été facile de connaître en ouvrant la *France Littéraire*.

Les ouvrages du célèbre la Harpe ne sont pas exempts de ce défaut. Il a non-seulement omis le nom des auteurs anonymes, mais il a attribué plusieurs ouvrages à des écrivains qui n'en sont pas les auteurs. C'est ce que je crois avoir prouvé par mon *Examen de plusieurs assertions hasardées par ce littérateur*, dans la dernière partie de son Cours de Littérature, qu'il appelle *Philosophie du dix-huitième siècle*. Voyez le *Magasin Encyclopédique*, mai 1805, et surtout mon *Nouveau Supplément au Cours de Littérature de la Harpe*, Paris (Barrois l'aîné), 1818, in-8°. Un article [1] de ce Dictionnaire contient la réfutation d'une nouvelle erreur qui avait échappé à mes premières recherches.

La *Correspondance littéraire* du même auteur, renferme plusieurs fautes graves de la même espèce. Dans une courte notice sur l'abbé de la Porte (V. le t. 3, p. 45), la Harpe présente ce fécond écrivain comme auteur de l'*Esprit de Marivaux*, et de celui *de Fontenelle*. L'abbé de la Porte n'a publié ni l'un ni l'autre de ces deux ouvrages : le premier est de Lesbros, de Marseille ; le second de Prémontval, de l'académie de Berlin.

Le 22 brumaire an 10 (13 novembre 1801), M. Buache a lu, à l'institut national, d'excellentes observations sur l'*Anonyme* de Ravenne, dont la géographie a été publiée en 1688, *in*-8°, par le P. Porcheron, bénédictin. Mais depuis plus de 60 ans, cette géographie ne peut plus être considérée comme anonyme. Une dissertation que Muratori a insérée dans le tome dixième de ses *Historiens d'Italie*, et qui a pour auteur le P. Beretta, bénédictin, tend à prouver que l'anonyme de Ravenne était un prêtre de ce lieu, nommé *Guido*, qui vivait dans le neuvième siècle, et non pas dans le septième, comme le prétend le P. Porcheron. Les conjectures de Beretta ont passé pour des preuves sans réplique aux yeux

[1] Voyez dans cette nouvelle édition, l'ouvrage commençant par ces mots : *Relation de l'île de Borneo....* (*N. N.*)

de J. Albert Fabricius, qui donne un article à Guido, dans sa *Bibliothèque latine du moyen âge*, et à ceux du savant père Audiffredi, qui, dans l'excellent catalogue de la Bibliothèque Casanate [1], indique sous le nom de Guido, la Géographie anonyme publiée par le P. Porcheron.

Les auteurs de la *Statistique générale et particulière de la France, Paris, Buisson, an* 12 (1804), 7 *vol. in*-8°, attribuent à Anquetil, auteur de l'*Esprit de la ligue*, l'ouvrage intitulé *Esprit de la Fronde*, qui est de Mailly, professeur à Dijon. Les mêmes écrivains disent que M. de Sainte-Croix a publié des *Dissertations latines*. Ils se trompent; à moins qu'ils n'entendent parler des notes que ce savant a fournies à Oberlin, pour l'édition de *Vibius Sequester, Strasbourg*, 1778, *in*-8°.

J'attribue aussi à la négligence que l'on met trop généralement à découvrir les auteurs qui se cachent, la méprise que j'ai remarquée dans la *Table analytique et raisonnée des matières contenues dans les soixante-dix volumes des Œuvres de Voltaire* (édition *in*-8°., dite de Beaumarchais), par M. Chantreau. Le mot *portatif* est indiqué dans cette table comme le titre d'un libelle de l'abbé Destrées. A l'endroit où M. Chantreau renvoie, Voltaire s'exprime ainsi : « Un abbé Destrées, jadis confrère de Fréron, a donné un PORTATIF au procureur général »; ce qui signifie que l'abbé Destrées a remis ou dénoncé au procureur général le *Dictionnaire philosophique-portatif* de Voltaire. M. Chantreau pouvait aisément s'assurer que l'abbé Destrées n'avait fait aucun ouvrage sur le frontispice duquel se trouvât le mot PORTATIF.

§ III. *Principaux ouvrages sur les anonymes et pseudonymes.*

Jusqu'à ce jour, les étrangers ont mieux senti que nous la né-

[1] Bibliothèque léguée par le cardinal Casanate, ancien bibliothécaire du Vatican, au couvent de la Minerve des Dominicains à Rome.

cessité de faire connaître les noms des écrivains anonymes et pseudonymes.

Dès le moment où les savans de France eurent fait une science de la bibliographie, c'est-à-dire dans le temps que Naudé, déjà connu par la publication du catalogue systématique des livres de la bibliothéque de l'abbé de Cordes, formait la bibliothéque Mazarine; que les frères Dupuy et Ismael Boulliau (*Bullialdus*) rédigeaient le catalogue de la riche bibliothéque fondée par Jacques-Auguste de Thou l'historien, Vincent Placcius, jurisconsulte et professeur à Hambourg, s'occupait avec zèle de la découverte des Anonymes et des Pseudonymes. Il publia en 1674, son *Theatrum anonymorum et pseudonymorum.* Ce n'était alors qu'un petit volume *in*-4°, dans lequel l'auteur dévoilait quinze cents écrivains tant anonymes que pseudonymes. Mais, dans la suite, soit par ses propres recherches, soit par le secours de plusieurs savans, il augmenta considérablement sa collection. On voit en effet près de six mille auteurs tant inconnus que déguisés, dans l'édition de son ouvrage, donnée après sa mort, par Dreyer, avec une préface de J. A. Fabricius, *Hambourg*, 1708, *in-fol.* Il ne se trouve dans ce nombre qu'environ mille écrivains français, les recherches de l'auteur s'étant étendues sur des ouvrages écrits en allemand, en hollandais, en anglais, en italien et en diverses autres langues.

En 1690, notre savant Adrien Baillet publia ses *Auteurs déguisés*. Ce n'était qu'un traité préliminaire qui devait être suivi du *Recueil des auteurs déguisés*. Il le termina par une liste purement historique de son Recueil. Mais il mourut en 1706, sans avoir exécuté son grand projet, et ne laissant qu'une Préface. Elle contient, à la vérité, des recherches aussi curieuses que variées. Mon Dictionnaire indique plusieurs anonymes sur lesquels on n'avait que des notions vagues du temps de Baillet, entre autres le Donatiste Tichonius, qui, depuis la savante Dissertation de l'abbé Morel sur l'*Ambrosiaster*, c'est-à-dire depuis 1762, est regardé comme l'auteur des *Commentaires sur les Épîtres de saint Paul*, faussement attribués à saint Ambroise. Baillet n'a pas même placé Tichonius parmi les cinq auteurs à qui, de son temps, l'on attribuait ces Commentaires.

Le savant la Monnoye a relevé plusieurs fautes commises par Baillet, relativement aux pseudonymes; mais il n'a rien dit de l'article concernant le président Claude Fauchet, que Baillet présente faussement comme s'étant déguisé sous le nom de Pyrame de Candole. Il est probable que son erreur a été occasionée par l'article de la *Bibliothéque françoise* de Charles Sorel, où il est dit que la traduction de Tacite par Claude Fauchet, parut sous le nom de Pyrame de Candole. Les exemplaires que j'ai vus, sont anonymes [1]. D'ailleurs Sorel donne seulement à entendre que Pyrame de Candole avait publié une édition de la version de Tacite par Fauchet, ce qu'il avait déjà fait pour la traduction de Xénophon par de Seyssel. En annonçant cette édition de la traduction française des *Œuvres de Xénophon*, je donne, sur Pyrame de Candole, des détails qui sont peu connus.

Je crois avoir découvert un pseudonyme dont Baillet ne parle pas, et qui a donné lieu à de fréquentes méprises jusqu'à ce jour. C'est le traducteur de Xiphilin, Antoine de Bandole, nom imaginaire que prit Jean Baudoin, en arrivant à Paris, et qu'il mit en tête de deux ouvrages. Les erreurs commises à ce sujet consistent en ce que l'on a dit et répété qu'il avait paru en 1610, deux traductions de Dion Cassius, l'une par Jean Baudoin, et l'autre par Antoine de Bandole. En comparant à la bibliothéque de l'Arsenal, un exemplaire portant le nom d'Antoine de Bandole, avec un exemplaire anonyme, connu pour être de Jean Baudoin, je me suis assuré que c'était la même édition de la même traduction de Xiphilin, abréviateur de Dion Cassius. L'article de mon Dictionnaire

[1] Ce sont les éditions imprimées à Paris, 1582, in-fol.; 1583, in-4; 1584, in-8. Après avoir *revu et amendé* cette traduction *en infinis passages*, Pyrame de Candole en donna une édition à *Genève* en 1594, in-8. Elle a été reproduite à *Anvers* en 1596, et à *Douay* en 1609, in-8. (*N. N.*)

relatif à l'*Histoire de Dion Casssius*,.... présente d'autres détails sur ce sujet.

Je reviens à l'ouvrage de Placcius. Il se répandait dans la république des lettres, malgré les défauts qu'y remarquaient les savans. On reprochait à l'auteur de n'avoir pas suivi l'ordre alphabétique dans l'indication des ouvrages; d'avoir noyé, pour ainsi dire, ses anonymes et pseudonymes dans un déluge de citations; enfin, d'avoir traduit en latin les titres des ouvrages français, au lieu de les présenter dans leur propre langue. On avait aussi remarqué la multitude de fautes de tout genre qui défigurent cet ouvrage. Les omissions de l'auteur n'étaient pas moins nombreuses. En 1740, Jean-Christophe Mylius, bibliothécaire d'Iéna, publia un supplément à l'ouvrage de Placcius; il s'est borné aux ouvrages allemands, latins et français. Ses découvertes s'élèvent à trois mille deux cents articles, dont mille sept cents français. L'ouvrage de Mylius étant rangé par ordre alphabétique, il est plus aisé à consulter que celui de son prédécesseur. Il présente aussi moins d'incorrections et moins de citations [1].

Vers le milieu du dernier siècle, l'abbé Bonardi, docteur et bibliothécaire de Sorbonne, qui a aidé le P. Desmolets dans la *Continuation des mémoires de Littérature*, se livrait avec ardeur à la composition d'un dictionnaire des ouvrages anonymes et pseudonymes. Il est mort en 1756, sans l'avoir publié. Avant la révolution de 1789, son manuscrit était conservé au séminaire de Saint-Irénée de Lyon; il est sans doute perdu depuis les troubles qui ont agité cette grande ville, et c'est inutilement que j'en ai

[1] On retrouve dans son ouvrage, avec d'utiles augmentations, l'excellente dissertation d'Heuman sur les *livres anonymes et pseudonymes*, publiée pour la première fois en 1711. Les noms de ces auteurs sont toujours cités avec éloge; l'ex-jésuite de Valois a troublé maladroitement ce concert dans un discours sur les *anonymes*, où l'on rencontre d'ailleurs de justes réflexions. Voyez son *Recueil de dissertations littéraires*, Nantes, 1766, in-8, p. 245. Il y a quatre fautes d'impression dans les cinq noms qu'il cite. (*N. N.*)

lemandé des nouvelles à des personnes qui eussent pu en avoir la ommunication.

Il parut à Paris, en 1758, une *France littéraire*, rédigée en artie par l'abbé de la Porte, sur le plan qu'avait donné Duport-Dutertre, en 1751, dans son *Almanach des Beaux-Arts.* On y nséra la liste alphabétique des ouvrages connus des auteurs : elle tait suivie d'une autre liste indiquant les ouvrages anonymes. Cet uvrage eut trois supplémens jusqu'en 1763 inclusivement.

Le succès qu'obtint ce livre, détermina le libraire à en annoncer ne nouvelle édition, très-augmentée, pour l'année 1767; elle ne parut qu'en 1769, mais c'était, pour ainsi dire, un ouvrage nouveau, et l'on est redevable à l'abbé d'Hebrail, plus qu'à l'abbé de a Porte, des augmentations qu'il contient. Sur 6000 ouvrages, environ, annoncés dans le Catalogue alphabétique du tome deuxième l s'en trouve au moins 3000 tant anonymes que pseudonymes. Malheureusement aucun signe particulier ne distingue ceux-ci l'avec les autres, et d'ailleurs, la comparaison que j'ai faite des itres avec les frontispices mêmes des ouvrages, m'a fait voir qu'un grand nombre de ces titres sont tronqués : c'est ainsi que l'*Instruction théologique en forme de catéchisme*, par Osmont du Sellier, est indiquée sous le titre de *Catéchisme*; de même l'*Amitié après la mort, contenant les Lettres des morts aux vivans*, ouvrage traduit de l'anglais, de madame Rowe, figure sous le titre de *Lettres des morts aux vivans.* Beaucoup de titres ne sont suivis d'aucune date; ceux-là sont souvent imaginaires. Je considère comme tels es *Lettres littéraires sur divers sujets*, sans date, 2 *vol. in-12.*, et es *Mémoires historiques et curieux*, aussi sans date, 2 *vol. in-12*, ndiqués sous le nom de l'abbé de la Roche, connu par l'édition qu'il a donnée des *Maximes* de la Rochefoucauld, avec des notes. L'auteur a peut-être voulu parler des *Lettres curieuses sur divers sujets, Paris*, 1725, 2 *vol. in-12*, attribuées à un nommé Duval[1],

[1] J'ai découvert plusieurs ouvrages anonymes de cet auteur. Voyez son article dans mon *Examen critique des Dictionnaires historiques.* (N. N.)

dans le catalogue de la bibliothèque du roi. J'ai indiqué dans mon Dictionnaire plusieurs autres fautes du même genre. L'on ne trouve pas dans ce volume le catalogue des ouvrages anonymes annoncé dans l'avertissement qui précède le tome premier. Cette omission est à regretter, car les éditeurs des supplémens qui ont paru en 1778 et 1784, eussent sans doute trouvé dans ce catalogue beaucoup d'ouvrages dont les auteurs étaient connus depuis 1769, et celui qu'ils nous ont transmis en serait plus satisfaisant. En général, ces deux supplémens sont très-inférieurs aux deux premiers volumes. J'ai remarqué dans le même avertissement une omission répréhensible, relativement aux savans qui ont communiqué des articles aux premiers éditeurs; ceux-ci avaient proclamé avec reconnaissance les noms de l'abbé Saas, connu par ses critiques du Catalogue de la bibliothèque du roi, du Dictionnaire de Ladvocat et des sept premiers volumes de l'Encyclopédie, etc.; de D. Gerou, bénédictin, qui a laissé une Bibliothèque des auteurs orléanais; de l'abbé Sepher, bibliographe renommé; du P. Roset, dominicain, qui avait envoyé la notice de tous les écrivains de la Franche-Comté : puisque les nouveaux éditeurs ont profité des recherches et des renseignemens de ces hommes laborieux, ils devaient en perpétuer le souvenir par une mention expresse.

M. Ersch, bibliothécaire de l'université d'Iéna, a copié dans la *France littéraire*, imprimée à Hambourg depuis 1797 jusqu'en 1806, et composée aujourd'hui de 5 volumes, toutes les fautes de celle de Paris, et il y en a ajouté de bien plus graves; telle est la confusion des auteurs les uns avec les autres : par exemple, il prend Ribaud de la Chapelle pour Besset de la Chapelle; le marquis de Guasco pour l'abbé de Guasco; M. André, bibliothécaire de d'Aguessau, pour l'abbé André, instituteur du comte Desfours à Prague, auteur d'une *Histoire de Bohême*; Élie Bertrand, né en Suisse, pour M. Bertrand né à Besançon; l'abbé Champion de Nilon pour l'abbé Champion de Pontalier; le ministre Calonne pour M. de Calonne, cultivateur des environs de Paris; l'avocat Dumont pour Dumont architecte; M. l'abbé Jacquemont, ancien chef de division au ministère de l'intérieur, pour l'abbé Jacquemont du Valdahon, etc., tc., etc. Ces fautes, qu'il était bien difficile à un étranger d'éviter, e m'empêchent pas de rendre justice au zèle et aux connaissances e ce savant, qui est aujourd'hui professeur de l'université de lalle.

C'est d'ailleurs cet estimable bibliographe qui a ranimé mon goût our les recherches relatives aux anonymes et pseudonymes, par 'invitation qu'il a faite aux littérateurs français de lui communiquer les remarques sur son ouvrage; il trouvera dans mon dictionnaire es articles que j'avais d'abord eu dessein de lui envoyer.

Je déclare encore que l'ouvrage de M. Ersch a souvent facilité nes recherches et mes vérifications. Des titres qu'il n'a indiqués u'imparfaitement m'ont quelquefois mis à même de découvrir de éritables anonymes; c'est ainsi que les mots : *Histoire de la barbe le l'homme*, 177.., dans l'article de D. Fangé, m'ont fait croire u'il était question des *Mémoires pour servir à l'histoire de la barbe le l'homme. Liége, Broncart*, 1774, *in*-8°.

On trouve dans le troisième volume du *Dictionnaire bibliographique*, connu sous le nom de Cailleau, quoiqu'il ait été composé ar l'abbé Duclos, amateur de livres, mort vers 1790, un petit *Dictionnaire de livres rares, dont les auteurs ne sont pas connus.* Le seul énoncé du titre prouve que l'auteur s'est attaché aux livres ares; aussi, ne parle-t-il point des livres utiles. Quant aux raretés, l n'a pas connu les auteurs de la plus grande partie de celles dont l fait mention. Mon dictionnaire indique beaucoup de noms qu'il gnorait.

Quelque incomplet que soit le dictionnaire des anonymes de 'abbé Duclos, il a son utilité; et M. Fournier, qui s'est donné la peine de réduire en un volume l'ouvrage entier, y compris le supplément de M. Brunet fils [1], devait bien ne pas omettre la partie

[1] Voyez le *Dictionnaire portatif de Bibliographie*, par F. I. FOURNIER,

des anonymes, d'autant moins qu'il a reproduit toutes les fautes de ses modèles.

Tels sont les principaux ouvrages qui ont été composés *ex professo* sur la matière que j'ai traitée.

§ IV. *Nécessité d'un nouvel ouvrage pour faciliter la découverte des anonymes et des pseudonymes.*

La nécessité d'un nouvel ouvrage destiné à faciliter la recherche des écrivains anonymes et pseudonymes, est sentie depuis long-temps; la plupart des bibliothécaires de Paris se sont donné la peine d'écrire de leur main sur le frontispice des ouvrages anonymes contenus dans les bibliothéques confiées à leurs soins, les noms d'auteurs qu'ils ont pu découvrir; j'ai vu nombre d'ouvrages enrichis de notes de cette nature, dans les dépôts littéraires nationaux où ont été transportés, à l'époque de la révolution, les bibliothéques des établissemens supprimés. Les savans les plus distingués de nos derniers temps ont pris les mêmes soins pour leurs bibliothéques particulières. Je m'en suis également convaincu, en jetant les yeux sur des ouvrages anonymes qui leur avaient appartenu; tels étaient les livres provenant des bibliothéques de MM. Sepher, Beaucousin, Mercier-St.-Léger, Godescard, Anquetil Duperron et Villoison [1].

La dispersion des anciennes bibliothéques et la vente des cabinets particuliers ont fait évanouir ces recherches précieuses. Elles sont entièrement perdues pour nous. D'un autre côté, on ne remarque plus dans les catalogues de livres qui se publient aujourd'hui, la connaissance des auteurs anonymes et pseudonymes qui

Paris, chez Fournier frères, 1805, in-8; — nouvelle édition, 1809, in-8. Cet ouvrage n'est remarquable que par une exécution typographique assez élégante.

[1] Je puis joindre à ces noms plus ou moins célèbres celui de l'abbé Morellet dont la nombreuse bibliothéque a été vendue en 1819.

distinguait les Martin, les Barrois, les Née de la Rochelle, etc. Cela vient en partie de ce que, depuis environ 30 ans, on a préféré les livres rares et curieux aux ouvrages véritablement utiles. D'après tous ces détails, j'ai dû penser que le dictionnaire que je publie aujourd'hui, était devenu d'une indispensable nécessité.

Un ouvrage de cette nature peut seul empêcher de confondre les masques qu'un auteur a pris pour se déguiser, avec les personnes cachées sous ce déguisement, ou avec celles qui n'y ont jamais pensé.

Nous avons deux exemples assez récens de méprises de cette espèce. M. Thorillon, ancien procureur, ayant envie de publier des vues nouvelles sur les finances, crut devoir se déguiser, en 1787, sous les noms de TH. MINAU DE LA MISTRINGUE. La tournure singulière de ces noms pouvait donner lieu à quelques réflexions plaisantes : aussi les auteurs du *Petit almanach de nos grands hommes* ne manquèrent-ils pas de s'amuser aux dépens du nouveau financier. Ce qu'il y a de risible, c'est qu'ils ont pris un nom masqué pour un nom réel; il n'est point du tout étonnant que M. Ersch ait partagé leur erreur; mais notre compatriote Desessarts a su se garantir de ce piége.

Si en 1786, époque à laquelle Jean Senebier écrivait son *Histoire littéraire de Genève*, il eût existé un Dictionnaire des pseudonymes, le savant bibliothécaire n'eût pas placé, dans son article *Bourdillon*, l'ouvrage intitulé : *Essai historique et critique sur les dissentions des églises de Pologne*, publié par Voltaire, en 1767, sous le nom de ce pasteur.

Les bibliothécaires en général sont intéressés à la publication d'un dictionnaire tel que celui-ci; car je sais, par mon expérience, qu'ils doivent quelquefois se trouver embarrassés lorsqu'on leur demande des ouvrages sous le nom d'un auteur qu'ils ne connaissent pas.

§ V. *Travaux auxquels je me suis livré avant la composition de mon dictionnaire, et motifs qui m'ont déterminé à le faire imprimer.*

La bibliographie et l'histoire littéraire ont toujours été l'objet plus ou moins direct de mes études. Ayant été chargé pendant six ans, soit en qualité de membre de la commission temporaire des arts, adjointe au comité d'instruction publique de la convention nationale, soit comme membre du conseil de conservation des objets de sciences et d'arts dans le ministère de l'intérieur, de diriger les travaux qui s'exécutaient dans des dépôts littéraires nationaux, j'ai pu facilement consulter, vérifier et comparer entre eux les ouvrages les plus divers et les plus curieux.

Obligé de livrer à l'impression le catalogue de la bibliothéque du Conseil d'État, j'ai eu le soin de nommer la plupart des auteurs des ouvrages anonymes et pseudonymes qui en faisaient partie. Ce catalogue, sorti en 1803 des presses de l'imprimerie du gouvernement, paraît avoir obtenu, malgré ses imperfections, le suffrage des amateurs tant nationaux qu'étrangers.

Je puis dire ici qu'outre l'indication de beaucoup d'anonymes et de pseudonymes, il renferme un bon choix d'ouvrages précieux et surtout utiles dans tous les genres de connaissances.

Le plan conçu en 1805, pour l'embellissement intérieur du château des Tuileries, nécessita la démolition du local où était placée la bibliothéque du Conseil d'État. J'ai profité du loisir forcé que me donnait cet événement, pour réunir et mettre en ordre les notes et renseignemens que j'avais recueillis depuis long-temps; c'était une occasion de compléter, autant qu'il était en moi, les découvertes consignées dans le catalogue de la bibliothéque du Conseil d'État; j'étais aussi encouragé par l'idée que ce travail me serait utile pour le *Nouveau Dictionnaire historique* que j'ai entrepris de publier, car, il faut l'avouer, celui que nous connaissons, souvent augmenté, jamais corrigé, roule depuis une quarantaine d'années sur le même fonds d'erreurs et de méprises [1].

J'ai parlé, dans la préface du catalogue de la bibliothéque du Conseil d'État, d'un ouvrage du même genre que celui que je publie aujourd'hui, et dont s'occupe depuis plusieurs années M. Van Thol, hollandais, ancien conservateur du dépôt littéraire de Saint-Louis-la-Culture. Les retards qu'il a mis à sa publication ont aussi contribué à la détermination que j'ai prise de livrer à l'impression mes recherches particulières; lorsque M. Van Thol a su que mon ouvrage était sous presse, il a cru devoir prévenir le public, par la voie des journaux, qu'il s'occupait de la recherche des noms des *Auteurs français* qui ont publié des livres anonymes ou pseudonymes en français, et cela pour conserver son *droit de priorité*. M. Amoreux, médecin de Montpellier, que je n'ai pas l'honneur de connaître, lui a très-bien répondu dans la *Revue philosophique* du 1er novembre 1806, qu'on ne sait trop en quoi peut consister ce droit de priorité. D'ailleurs, M. Van Thol, d'après son propre aveu, ne s'est occupé que d'ouvrages composés *en français* par des *Français*. Ainsi il ne doit parler ni des étrangers qui ont écrit en français, ni des traducteurs, ni des éditeurs. Son ouvrage aura donc seulement, suivant ses expressions, *en quelque partie, quelque analogie* avec le mien [2].

[1] L'impossibilité de rédiger ce Dictionnaire avec les soins qu'il exige et l'indépendance de caractère que mes lecteurs ont droit d'attendre de moi, m'a réduit à faire seulement la revue des ouvrages de ce genre publiés dans le dix-huitième siècle et dans ces derniers temps. Voyez le tome premier de mon *Examen critique des Dictionnaires historiques les plus répandus*. Paris, Rey et Gravier, 1820, in-8. Je m'occupe avec zèle de la composition du second et dernier volume de cet ouvrage, qui paraîtra trois mois après la publication de la dernière livraison de la *Biographie universelle*. (*N. N.*)

[2] La mauvaise santé de M. Van Thol, qui touche à sa quatre-vingtième année, l'empêchait depuis long-temps de compléter ses recherches sur les écrivains anonymes et pseudonymes; je l'ai fait prier par M. Barrois, son ancien ami, de m'abandonner ses matériaux, à condition que je ferais suivre

§ VI. *Méthode que j'ai suivie dans la rédaction de ce Dictionnaire.*

J'ai eu à choisir entre les deux principales méthodes employées jusqu'à ce jour pour l'indication des ouvrages anonymes.

La première consiste à suivre scrupuleusement les premiers mots de chaque titre; la seconde à choisir le mot principal du titre, c'est-à-dire celui qui fait le mieux connaître le sujet de l'ouvrage.

La première est la plus simple et la plus sûre; elle n'expose à aucune erreur ni le rédacteur d'un catalogue, ni les personnes qui le consultent. Pour en faire sentir le mérite, il me suffira de dire qu'elle a été adoptée par le P. Audiffredi, dans le magnifique catalogue de la bibliothéque Casanate. Il est à regretter que ce chef-d'œuvre de bibliographie n'ait pas été achevé, et finisse avec la lettre I au quatrième volume qui parut en 1788. Le premier fut publié en 1768; si MM. les conservateurs actuels de cette bibliothéque ont le courage de le terminer, ils rendront à la république des lettres un service inappréciable.

Les bibliographes qui ont suivi la seconde méthode ne sont point d'accord avec eux-mêmes; ils s'attachent tantôt aux premiers mots des titres et tantôt au mot principal.

J'ai donc dû préférer la première méthode, et j'ai tâché de la suivre dans toute son exactitude et dans toute son étendue. Cependant, pour ne pas entrer dans des détails suggérés ordinairement par des raisons particulières aux auteurs ou aux libraires, je me suis contenté d'ajouter aux cinq ou six premiers mots de chaque

des lettres initiales de son nom les articles que j'y puiserais. M. Van Thol ayant accepté cette proposition, on trouvera dans la nouvelle édition de ce Dictionnaire, un nombre assez considérable d'articles suivis des lettres V. T. Il y en a de fort curieux. (*N. N.*)

titre ceux qui donnent une idée suffisante de l'ouvrage ; mais j'ai presque toujours cité le lieu où il a été imprimé, le nom du libraire, la date de l'impression, le nombre des volumes et leur format. La réunion de ces élémens est nécessaire pour faire connaître un ouvrage, surtout lorsqu'il est anonyme. Les bibliographes qui en omettent plusieurs, ressemblent aux mathématiciens qui, dans les traités d'algèbre, donnent l'énoncé de plusieurs problèmes sans y ajouter le résultat des solutions. Un titre vaguement indiqué est en effet un vrai problème à résoudre.

Je me suis un peu écarté de l'ordre alphabétique des titres, lorsqu'il s'est agi d'annoncer les éloges des personnes distinguées par leurs vertus ou par leurs lumières, parce qu'il m'a semblé que, dans ce cas, l'ordre essentiellement alphabétique était celui des personnes louées, et cela pour éviter la désagréable bigarrure qu'eût mise dans cette liste la diversité qui règne sur les titres de plusieurs éloges d'une même personne.

Ma méthode rendra l'usage de ce Dictionnaire aussi simple que facile. En effet, quand désirons-nous savoir le nom de l'auteur d'un ouvrage anonyme ? c'est lorsque cet ouvrage est sous nos yeux : il ne s'agira donc, pour satisfaire cette curiosité, que de comparer le frontispice de l'ouvrage avec celui du Dictionnaire, qui lui ressemblera parfaitement. Si l'on trouve cet objet de comparaison, la curiosité sera satisfaite, puisque j'ai mis entre deux parenthèses l'anonyme que l'on cherche. S'il ne se trouve, parmi les titres du Dictionnaire, aucun article semblable au frontispice qu'on a sous les yeux, ce sera une preuve que l'ouvrage ne m'aura pas été connu, ou plutôt qu'il m'aura été impossible de découvrir le nom de son auteur.

On trouvera dans ce Dictionnaire quelques articles qui ne sont pas anonymes; ils ont échappé à mon attention; il en est d'autres qui le sont réellement, et qui ne paraîtront pas tels à tous les lecteurs, parce que quelques exemplaires portent le nom de l'auteur;

j'en ai fait quelquefois la remarque : mais je n'ai rien dit pour les *Contes et proverbes* de M. Cambry qui sont dans ce cas [1].

D'autres ouvrages sont anonymes d'une édition étrangère, sans l'être de l'édition originale faite en France. De ce nombre sont l'*Essai* ou *les Essais historiques et critiques sur le Goût*, par l'abbé Cartaud de la Villate ; *le Traité de l'obéissance des Chrétiens aux puissances temporelles*, par l'abbé Brueys, etc.

Mon attention à décrire exactement les titres, justifiera le parti que j'ai pris dans ces différens cas.

C'est par les mêmes principes que j'expliquerai l'insertion dans mon Dictionnaire de plusieurs articles qui ont cessé d'être anonymes à la troisième ou quatrième édition. En effet, dès qu'il existe une édition anonyme d'un ouvrage, c'est une raison suffisante pour faire connaître le nom de l'auteur à ceux qui la possèdent, et il arrive trop souvent que les éditions postérieures d'un ouvrage sont moins connues que les premières.

On ne devra point regarder comme des répétitions plusieurs articles donnés à un ouvrage qui a paru sous différens titres ; il était impossible de satisfaire les personnes qui possèdent ces différentes espèces d'exemplaires ou d'éditions d'un même ouvrage, sans en insérer les titres à leurs places respectives.

Parmi les faux frontispices dont certains ouvrages sont décorés, il en est qui se font remarquer par la maladresse de leurs inventeurs. Par exemple, celui qui fit annoncer en 1751, sous le titre de *Berlin*, le *Portefeuille de madame* DE T***, *publié par* M. DE V***, crut probablement que ce volume aurait un grand débit, à l'aide du voile léger dont l'auteur et l'éditeur sembleraient couverts. Mais il fallait ne pas l'ouvrir pour être dupe de son frontispice. C'est sans doute ce qui est arrivé au libraire Nyon l'aîné, qui l'annonce ainsi dans la seconde partie du catalogue des livres du

[1] Cette omission a été réparée dans cette seconde édition. (*N. N.*)

duc de la Vallière, n° 13,385 : *le Portefeuille de madame* DE T*** (DE TENCIN), *publié par* M. DE V*** (DE VOLTAIRE). J'ai parcouru ce volume; ce n'est autre chose qu'un recueil de poésies ou de pièces mêlées de prose et de vers, par différens auteurs, publié à Paris, en 1715, sous ce titre : *Portefeuille de madame* ***. Presque tous les morceaux qu'il renferme ont été réimprimés dans les *Amusemens du Cœur et de l'Esprit*, par Étienne-André Philippe. Il y en a de Mmes d'Ussé et de Simiane, du chevalier de Laubepin, de M. de Bainville, de Saint-Didier, etc., etc.

Si l'on me reprochait d'avoir cité un trop grand nombre de brochures, je répondrais qu'un ouvrage destiné à toutes les classes de lecteurs devait présenter jusqu'aux moindres opuscules. C'est souvent dans ces ouvrages que l'on trouve des détails précieux pour l'histoire des sciences, ou des anecdotes bonnes à conserver. Cependant, je n'ai pas voulu imiter les auteurs de la *France littéraire* de 1769, qui ont fait un article du *Musicien prédicateur, poëme*, par l'abbé Goujet. C'est un conte de trente-neuf vers, dont l'objet était réel, et qui ne se trouve que dans quelques exemplaires du 10e volume de la *Continuation des Mémoires de littérature*, par le P. Desmolets, et à la suite de quelques hymnes de M. Hémard de Danjouan, imprimées en feuilles volantes.

J'ai mis beaucoup de notes dans mon Dictionnaire [1], parce qu'elles m'ont paru nécessaires pour soutenir l'attention de ceux qui voudront le lire de suite. Elles auront en général le mérite de la nouveauté; puissent-elles y joindre celui de l'exactitude! Elles seraient beaucoup plus nombreuses, si j'eusse voulu répéter ce que l'on trouve dans beaucoup d'ouvrages, discuter de nouveau ce qui l'a été cent fois, et rectifier toutes les méprises que j'ai remarquées dans les catalogues de livres même les plus renommés. Mais je n'ai pas cru devoir reproduire des détails trop connus, ou des discussions éclaircies depuis long-temps. D'un autre côté, la célé-

[1] Ces notes se trouvent plus que doublées dans la nouvelle édition.

rité avec laquelle se rédigent et s'impriment les catalogues, m paru mériter de l'indulgence; je me suis contenté d'indiquer d méprises qui ont été assez souvent répétées pour induire en erreu L'on peut croire d'ailleurs qu'en général j'ai eu de bonnes raiso pour ne pas partager l'opinion de tel ou tel bibliographe.

Si mes vœux étaient remplis, mon ouvrage pourrait être regard comme la table des *Dictionnaires historiques*, en ce qui concern les Anonymes. Souvent, en effet, on possède un de ces livres don l'auteur a son article dans nos dictionnaires. Je fournirai le moyen d consulter cet article, auquel on n'eût jamais pensé sans moi. Sup posons, par exemple, qu'on ait sous les yeux l'*Histoire universel de Trogue Pompée, réduite en abrégé par Justin, traduction nou velle avec des remarques par l'abbé A....., de Port-Royal. Paris* 1698 et 1708, 2 *vol. in*-12. On lit dans le privilége que l'auteu se nommait D. L. M. Ces lettres sont les initiales du fief de la Mar tinière que possédait Louis Ferrier. Nous trouvons des détai curieux sur cet auteur, dans les dictionnaires de Morery et d Chaudon.

C'est lui qui fit, en 1702, représenter la tragédie de Montézume dont parle Voltaire dans son Discours sur la tragédie, en tête d Brutus. La scène ouvrait par un spectacle nouveau; c'était un pa lais d'un goût magnifique et barbare; Montézume disait à ses cour tisans, prosternés le visage contre terre :

> Levez-vous, votre roi vous permet aujourd'hui
> Et de l'envisager et de parler à lui.

Ce spectacle charma, dit Voltaire; mais voilà tout ce qu'il y eu de beau dans cette tragédie.

Pourrait-on, sans un dictionnaire des ouvrages anonymes, trouve facilement le nom de l'auteur de cette traduction estimable d Justin, nom qui est demeuré inconnu à l'abbé Paul, son derni traducteur? Je pourrais citer mille exemples de cette nature si je me fusse jeté dans tous les détails dont mes articles étaie sceptibles, j'aurais reproduit les dictionnaires historiques sous e forme nouvelle. Je ne devais donc justifier l'attribution de rtains ouvrages à tels ou tels auteurs, que dans les cas où je n'é-is pas d'accord avec les dictionnaires; c'est ce que j'ai fait assez énéralement.

VII. *Principaux ouvrages consultés pour la composition de ce dictionnaire.*

Je n'ai presque consulté les ouvrages de Placcius et de Mylius, ue pour rectifier leurs erreurs; si je reproduis des articles qui trouvent chez eux, c'est pour leur donner plus d'exactitude et e concision; quant à ceux de leurs articles qui sont sans intérêt ujourd'hui, parce qu'ils n'ont rapport qu'à des disputes particu-ères et plongées dans le plus profond oubli, je n'ai pas cru devoir ur donner une nouvelle existence.

La *France littéraire* de 1769 m'a été bien plus utile que les eux auteurs que je viens de nommer; mais j'ai eu besoin de voir s ouvrages qui y sont indiqués, pour m'assurer s'ils sont vérita-lement anonymes. Lorsque ces ouvrages m'ont manqué, je ne m'en is rapporté qu'à des titres de livres consignés dans des catalogues ont les auteurs sont renommés pour leur exactitude. J'ai soumis ces deux modes de vérification la plus grande partie des articles ontenus dans le tome deuxième de l'ouvrage dont il est ici ques-on. Sans cela, les pénibles et utiles recherches des abbés de la orte et d'Hébrail eussent été perdues pour les bibliographes, omme elles le sont pour la plupart des gens du monde, qui e voient dans cette longue série d'articles qu'un catalogue ordi-aire.

J'ai dit plus haut ce que je pensais de la *France littéraire* de lambourg.

Au défaut d'autres ouvrages spécialement consacrés à la décou-erte des anonymes et des pseudonymes, j'ai consulté les catalogues de livres les plus renommés. J'ai donc eu sans cesse sous les yeu les catalogues rédigés par MM. Martin, Barrois, de Bure, Musiei Née de la Rochelle, le Clerc, Nyon l'aîné et les frères Bleuet fils Plusieurs de ces catalogues sont dans toutes les bibliothéques bie composées [1].

Des hommes de lettres, des savans même, n'ont pas dédaigné d présider à la rédaction de ces sortes d'ouvrages qui ont acquis par là un nouveau degré d'utilité. Malgré les justes reproches adressé aux rédacteurs du catalogue de la bibliothéque du Roi, leur travai n'est pas moins recommandable par sa belle distribution et les ren seignemens bibliographiques que l'on y trouve.

On peut louer sans réserve le *Catalogue de la bibliothéque d M. le comte de Bunau (Bibliotheca Bunaviana)*, rédigé pa Franckius, celui de la *Bibliothéque publique d'Orléans*, don l'auteur est le P. Fabre, bénédictin; le *Catalogue systématique e raisonné, fait sur un plan nouveau*, qui est le catalogue des livre de M. Van Goens [2], dressé par lui-même, et enrichi d'une multitud de remarques bibliographiques; le *Catalogue de la bibliothéqu Casanate*, que je ne me lasse pas de citer par estime pour feu l P. Audiffredi, son principal auteur; enfin le *Catalogue de la biblio théque* de M. de la Serna Santander [3].

[1] Depuis l'impression de ce discours, M. Brunet, auteur de l'excellent ou vrage intitulé *Manuel du libraire et de l'amateur de livres*, a publié plusieur catalogues aussi estimables que les précédens. Je dois les mêmes éloges quelques catalogues rédigés par MM. de Bure frères, Renouard, etc. (*N. N.*)

[2] Connu par la savante édition de l'ouvrage de Porphyre, *De antro nym pharum. Ultrajecti*, 1765, *in*-4. Il paraît que des revers politiques ont éloign pour toujours M. Van Goens de sa patrie et de la culture des lettres. Voye Saxii *onomasticon litterarium*.

[3] Depuis la publication de mon ouvrage, j'ai lu avec soin le *Dictionnai universel européen de livres*, par le libraire Georgi, en trois langues, latine allemande et française, imprimé à Leipsick de 1742 à 1753, 5 vol. in-fol.

Ce dictionnaire contient plus de vingt mille articles français, rangés d'aprè un ordre alphabétique très-défectueux. Les titres en général fourmillent d

Il me reste à juger bien différemment les deux catalogues ou j'ai rouvé le plus de renseignemens, relativement aux anonymes et aux seudonymes, je veux parler du *Catalogue de la bibliothéque de eu M. Matheus Lestevenon* publié en 1798, *in*-8, par Detune, braire à La Haye, et du *Catalogue manuscrit des livres de l'abbé Goujet en* 6 *vol, in-fol.*, que j'ai acquis en 1802, à la vente de la ibliothéque de M. de Bethune-Charost; plus je relis le premier, plus j'y trouve de fautes, et au contraire, plus j'étudie le second, t plus j'y remarque la vaste érudition de son auteur. Je n'ai pas it assez de bien de cet important ouvrage, dans la notice que j'en i publiée dans le *Magasin encyclopédique*, 8e année (1803), t. 5, p. 182 et suiv.; ce catalogue est un précieux monument d'histoire ittéraire et de bibliographie. Des savans à qui je l'ai communiqué, en portent le même jugement que moi. Aucun ouvrage ne me présentait une aussi abondante moisson d'anonymes; mais, comme un grand nombre ont rapport aux troubles qui ont agité l'église le France dans la dernière moitié du 17e siècle et au commencement du 18e, je me suis borné aux ouvrages qui ont survécu à ces trop fameuses querelles.

Certains catalogues m'ont présenté, dans la description fidèle des ouvrages anonymes, un autre genre d'utilité qui m'a épargné nombre de fausses démarches; je l'ai trouvé à un éminent degré dans la seconde partie du *Catalogue des livres de la bibliothèque du duc de la Vallière*, dressée par Nyon l'aîné. Que de richesses décrites dans ce catalogue composé de 26537 articles! combien de fois il a

fautes, soit pour la matière qui y est traitée, soit pour les dates, soit pour les noms d'auteurs. Un tel ouvrage doit donc être consulté avec de grandes précautions; et, quoiqu'il me fût connu avant l'impression de mon dictionnaire, j'ai peut-être à me féliciter de ne pas l'avoir lu alors. Depuis 1806, les erreurs multipliées qu'il présente, n'avaient plus les mêmes dangers pour moi, et je l'ai consulté avec fruit pour découvrir plusieurs anonymes que l'auteur a indiqués d'après la notoriété publique pour le temps où il écrivait. Cet ouvrage m'a servi aussi pour constater l'existence de certains livres devenus fort rares. (*N. N.*)

rappelé à ma mémoire des anonymes dont les ouvrages m'étaie connus, mais n'étaient pas sous ma main!

Le second catalogue, où j'ai trouvé des secours du même genr est connu sous le titre de *Catalogue hebdomadaire des livres no veaux*, publié successivement par les libraires Despilly et Pierre il en a paru un volume par année, depuis 1763 jusqu'en 17 inclusivement; les tables en sont très-bien faites; j'ai su, dep l'impression de mon dictionnaire, que l'estimable Moutonnet Clairfons en avait rédigé sept ou huit.

M. de Cheppe, ancien instituteur, traducteur des Églogues Virgile, *Paris*, *Desenne*, *an* 10 (1802), *in*-8°, possède une no breuse bibliothèque : le catalogue qu'il en a dressé avec beauco de soin, par ordre alphabétique, m'a été extrêmement utile.

Parmi les bibliographies particulières, j'ai consulté utilement *Méthode pour étudier l'histoire* de l'abbé Lenglet Dufresnoy, *Bibliothèque des romans* du même auteur, la nouvelle édition la *Bibliothèque historique de la France* [1], à laquelle il n'a manq pour être un vrai chef-d'œuvre, que d'avoir été revue et rédig par un bibliographe doué des connaissances de l'abbé de Saint-L ger, la nouvelle édition des *Lettres sur la profession d'avocat*, p Camus, enfin l'excellente *Bibliographie astronomique* de M. la Lande.

Les dictionnaires historiques de Bayle, Moréry, Ladvocat, Felle Chaudon, Delandine et autres, m'ont fait aussi connaître un gra nombre d'anonymes et de pseudonymes; mais ces ouvrages sont général insuffisans pour cet objet, parce que les articles anonym n'y sont pas distingués d'avec ceux qui portent le nom des auteu

[1] Je possède un exemplaire de cet ouvrage, chargé d'une multitude remarques de la main de Beaucousin, avocat. Elles sont en général relati aux vies et éloges des hommes illustres, genre d'ouvrages qui formait la pa principale de la nombreuse bibliothèque que ce savant jurisconsulte s'ét formée pendant une longue suite d'années. Voyez la Notice des livres et n nuscrits composant sa bibliothèque. *Paris*, *Merlin*, 1799, *in*-8 *de* 62 *page*

P. Audiffredi me paraît avoir fait le premier cette distinction ns le catalogue de la bibliothèque Casanate rédigé par ordre phabétique des auteurs et des ouvrages anonymes. Il a été imité r Jean-Christophe Adelung, qui á publié, en 1784 et en 1785, ux volumes de supplément au *Dictionnaire universel des hommes lébres, de Jocher.*

Les *Siècles littéraires de la France* par M. Desessarts, pourraient courir les mêmes reproches que les *Frances littéraires* de Paris de Hambourg; on y trouve cependant beaucoup d'articles très-en faits; la plupart ont été fournis par les auteurs eux-mêmes. J'indiquerai ici quelques-unes des fautes que l'on peut juste-ent reprocher à plusieurs des auteurs dont je viens de parler, dans seule crainte qu'elles n'induisent en erreur les étrangers.

M.. Ersch cite comme deux ouvrages anonymes de Legouz Gerland, la *Relation d'un voyage en Italie*, et des *Lettres sur Anglais.* Ces ouvrages n'ont pas vu le jour; on en a la preuve ns l'Éloge de M. Legouz par Maret, secrétaire perpétuel de cadémie de Dijon, édition *in*-4°. M. Desessarts a reproduit cette éprise. On trouvé dans son ouvrage comme dans celui de M. Ersch, *Iistoire de Laïs*, par le même Legouz, métamorphosée en une *istoire des lois.*

L'habitude de confondre ainsi des manuscrits avec des imprimés st que trop commune.

VIII. *Personnes vivantes, ou mortes depuis peu, qui m'ont aidé dans la composition de ce dictionnaire.*

Il est des connaissances que l'on trouve ailleurs que dans les li-es; c'est ce que Quintilien appelle une teinture d'érudition acquise ns le commerce des savans. Elle m'était indispensable dans une lence semblable à celle des anonymes et des pseudonymes, qui plus traditionnelle que positive, au moins pour le siècle où l'on rit. J'ai eu l'inestimable avantage de converser avec les hommes de Paris les plus versés dans l'histoire littéraire; jamais je n'oublie les momens que j'ai passés avec le célèbre bibliographe Mercier, connu sous le nom d'abbé de St.-Léger; il était alors attaqué de la m ladie de langueur qui l'enleva à la république des lettres, le 24 floré an 8 (mai 1800); elle ne l'empêchait pas de parler sur la bibli graphie et l'histoire littéraire, comme s'il eût joui de la plus bri lante santé. Avec quel plaisir je l'ai souvent entendu déployer tout les richesses de sa prodigieuse mémoire! aucun de ses récits n'e sorti de la mienne; les ouvrages enrichis de ses notes, et la porti de ses manuscrits, que j'ai acquis à la vente des livres de sa bibli thèque, ne m'ont pas été moins utiles; on le verra par plusieu articles de mon dictionnaire.

Je regarde aussi comme un bonheur d'avoir été admis dans société d'un ancien bibliothécaire de l'Oratoire, M. Adry, aussi di tingué par l'étendue et la variété de ses connaissances que par l'am nité de son caractère.

Ma liaison avec le savant Chardon de la Rochette, et M. Pariso son élève et son ami, ne m'a pas été moins avantageuse.

J'ai pu entretenir les personnes que je viens de citer, d'ouvrag relatifs à la religion, aux belles-lettres, à l'histoire, aux ant quités, etc., mais aucune d'elles n'avait été à même de puiser à source les renseignemens qui m'étaient nécessaires sur les *ouvrag* dits *philosophiques*, publiés en si grand nombre dans la derniè moitié du siècle qui vient de s'écouler. J'ai obtenu ces renseign mens de l'homme de lettres distingué qui était le plus en état me les fournir. Que M. Naigeon reçoive donc ici mes remercîme pour la complaisance avec laquelle il m'a donné tous les détails q je pouvais désirer, concernant des productions qui feront époq dans l'histoire littéraire du genre humain.[1] Je le cite souvent da

[1] M. Naigeon est mort le 28 février 1810; il a emporté dans la tombe réputation de l'amateur de livres le plus délicat et le plus exercé de ces derni temps. Les relations que j'ai eues avec lui m'ont fait faire la connaissance

mon dictionnaire ainsi que son ami le baron d'Holbach, très-connu par sa bienfaisance, ses lumières en minéralogie et son goût pour

son frère, dit le jeune, qui lui a survécu quelques années. Celui-ci m'a avoué qu'il avait copié presque tous les ouvrages philosophiques du baron d'Holbach, pour les envoyer à l'imprimeur d'Amsterdam, Marc-Michel Rey. Dans une longue note écrite de sa main en tête de son exemplaire du *Système de la Nature*, il raconte de la manière suivante comment cette mission lui a été confiée. Je n'ai pas besoin de dire que je n'approuve ni le fond ni la forme de son récit.

« Quoique son écriture (du baron d'Holbach) fût bonne, très-nette et très-lisible; qu'il fît peu de ratures, et que ses renvois fussent très-exacts, ne voulant point la faire connaître, il s'est confié à un de ses plus intimes amis, celui de tous peut-être dont les opinions étaient les plus conformes aux siennes, celui de tous aussi qui avait le plus de caractère, le plus de courage, le plus de zèle et le plus de talent pour l'aider dans ses projets, lui corriger même le style, et le relever de ses fausses idées, parce que sa tête, quelque froide et quelque bien organisée qu'elle fût, était quelquefois si fatiguée, qu'il ne s'apercevait pas ou de ses contre-sens, ou de ses contradictions, ou même de certaines bévues parfois dignes d'un enfant.

« Il s'est confié, dis-je, à cet ami, et l'a prié de lui chercher un homme qui fût aussi sûr qu'eux deux, qui ne fût pas un ignorant, qui fût même *athée*, qui eût une écriture nette, correcte et extrêmement lisible, et qui eût le temps de copier ses manuscrits sans interruption et sans en faire copier une seule ligne à personne.

« Or cet ami est M. Naigeon, mon frère, dont le nom est fort connu dans la république des lettres, auteur des articles *Richesse* et *Unitaires* dans la première *Encyclopédie*, auteur presque en totalité, tant il y a fait de corrections, de la belle traduction de *Lucrèce* publiée par M. la Grange son ami, auteur aussi de presque toutes les remarques; auteur de la préface qui est en tête de la traduction des Œuvres de *Sénèque* le philosophe, publiée aussi sous le nom de M. la Grange; auteur de la *Morale* d'Épictète, de Sénèque, publiée pour l'éducation de M. le Dauphin; enfin auteur du *Dictionnaire de la philosophie ancienne et moderne*, faisant partie de l'*Encyclopédie méthodique*, dont il paraît un demi-volume depuis trois mois (en 1791).

« Et cet homme tant désiré, demandé par l'auteur du *Système de la Nature* à mon frère, est MOI-MÊME; ce que cet auteur n'a jamais su. J'étais alors contrôleur des vivres à Sedan. Comme j'avais la permission d'aller tous les ans

les arts. On sera étonné de la multitude d'ouvrages philosophiques composés par ce dernier.

J'ai également profité de mes relations avec M. Grégoire, ancien évêque de Blois; M. Brial, l'un des auteurs et le continuateur du *Recueil des historiens de France;* M. Marron, président du Consistoire de l'Église réformée de Paris; M. Sautreau de Marsy, l'un de nos plus estimables littérateurs; M. Auger, auteur de l'éloge couronné de Boileau; M. Després, secrétaire des commandemens de S. M. le roi de Hollande; le général de Grimoard, qui m'a communiqué plusieurs articles importans sur l'histoire et sur l'art militaire; M. Grouvelle, ex-ambassadeur; M. Demange, l'un des habiles correcteurs attachés à l'imprimerie du gouvernement, etc., etc.

Je n'ai pas de moindres obligations à M. By, officier de santé

passer six mois, soit l'été, soit l'hiver, à Paris, où je suis né et où demeurait toute ma famille, lorsque j'y étais, je copiais les manuscrits qui étaient ou achevés ou en train; quand je n'y étais pas, mon frère me les faisait passer à Sedan par la poste, au moyen de son ami Bron, qui était taxateur et en même temps inspecteur général du bureau du départ.

« Mon emploi ne me donnait rien à faire : étant né travailleur, aimant et cultivant aussi, en raison de mon intelligence, les belles-lettres et la philosophie, attachant un prix infini à la confiance de mon frère, et extrêmement curieux de lire, de copier ces sortes d'ouvrages, j'y travaillais avec un zèle et une exactitude incroyables. Quand j'avais le manuscrit entier, j'en faisais un paquet couvert en double toile cirée; je l'adressais à Liége, à madame *Loncin*, correspondante de Marc-Michel Rey, auquel elle le faisait passer : quand le manuscrit n'était pas complet, ou que mon frère le croyait susceptible d'être relu et corrigé encore par lui, je lui faisais passer et minute et copie sous le couvert de l'intendant général des postes ou d'un administrateur, pour le remettre à Bron, et celui-ci à mon frère, qui réunissait tout le manuscrit corrigé, et l'envoyait à madame *Loncin*, ou à Rey même, par la diligence ou par des voyageurs. »

Cette note est suivie d'une liste d'*ouvrages philosophiques*, parmi lesquels on distingue ceux du baron d'Holbach. M. Naigeon le jeune y a joint des observations qui s'accordent parfaitement avec les renseignemens que son frère m'a donnés verbalement quinze ans après. (*N. N.*)

très-versé dans l'histoire littéraire de la médecine, à M. Boulliot, ancien professeur de l'ordre de Prémontré, qui est sur le point de livrer à l'impression une *Histoire littéraire du département des Ardennes* [1]; enfin à M. Boulard, notaire, dont le nom se trouve lié à toutes les entreprises utiles aux lettres, à l'humanité et aux mœurs, qui peuvent avoir lieu dans la capitale.

Depuis long-temps les gens de lettres ont à se louer de leurs liaisons intimes avec des libraires de Paris renommés par leur habileté dans cette profession. Je jouis de cet avantage, et je puis citer ici M. Barrois l'aîné, dans la société duquel j'ai beaucoup profité depuis vingt ans; son amitié me sera toujours chère [2].

Je connais aussi depuis long-temps M. Bleuet fils aîné. Les Catalogues qu'il a publiés m'ont beaucoup aidé dans mes recherches. M. Solvet, libraire, m'a communiqué beaucoup d'articles, surtout pour les trente dernières années. J'ai des obligations du même genre à MM. Colnet et Brunet fils.

Je prie MM. Lottin le jeune, Costard et Musier, anciens libraires, connus par leurs lumières, d'accepter mes remercîmens pour les notes qu'ils ont bien voulu me procurer.

Ma correspondance avec plusieurs savans de nos départemens m'a été également utile. Je citerai entre autres M. Leschevin, commissaire des poudres et salpêtres, à Dijon; M. Midi de Bosgueroult, amateur de livres, à Rouen; M. J. B. Dubois, receveur des droits réunis, à Moulins; M. Huvier des Fontenelles, ex-oratorien, domicilié à Coulommiers.

[1] Des mesures définitives viennent d'être prises pour procurer enfin la publication de cet ouvrage, qui ne peut manquer d'être bien accueilli par les amateurs. (*N. N.*)

[2] J'ai aujourd'hui la satisfaction de le voir chargé de l'impression et de la vente de la nouvelle édition de cet ouvrage. M. Barrois a pris la peine de lire mon manuscrit avec une attention qui m'a valu de sa part de nombreuses améliorations. Les épreuves de l'ouvrage sont corrigées par lui et par messieurs ses fils avec tant de soin, que je puis affirmer que la seconde édition surpassera de beaucoup la première pour l'exactitude. (*N. N.*)

Je n'ajouterai rien à la réputation dont jouissent mes confrères de Paris, surtout MM. Van-Praet et Capperonnier, en citant la complaisance avec laquelle ils m'ont procuré les renseignemens que j'ai eu à leur demander.

Plusieurs de mes confrères dans les départemens m'ont fait part de leurs lumières; tels sont M. Achard, bibliothécaire de la ville de Marseille, principal auteur du *Dictionnaire des Hommes illustres de la Provence, Marseille*, 1787, 2 *vol. in*-4°; M. Peignot, bibliothécaire à Vesoul, avantageusement connu par son *Dictionnaire raisonné de Bibliologie;* M. Moysant, bibliothécaire de la ville de Caen, auteur de plusieurs ouvrages estimés, entre autres d'une *Bibliothèque portative des Écrivains français*, ou *Choix des meilleurs morceaux extraits de leurs ouvrages, Londres*, 1800, 3 *vol. in*-8°. Enfin, j'ai mis à profit, pour l'accroissement de mes connaissances bibliographiques, jusqu'à mes promenades [1].

[1] La mort a moissonné seize des personnes mentionnées dans ce paragraphe, savoir, MM. Achard, Adry, By, Capperonnier, Chardon de la Rochette, Costard, Dubois, de Grimoard, Grouvelle, Leschevin, Lottin le jeune, Midi de Bosgueroult, Moysant, Musier, Naigeon, Sautreau de Marsy.

La publication des deux premiers volumes de ce Dictionnaire, faite en 1806, augmenta le nombre des personnes qui me communiquaient d'utiles renseignemens. Je me suis fait un devoir de leur témoigner ma reconnaissance en 1809, lorsque je mis au jour les tomes 3 et 4 de mon ouvrage.

On distinguait parmi ces personnes MM. Amanton, ancien avocat, maire de la ville d'Auxonne, aujourd'hui membre du conseil général du département de la Côte-d'Or, et rédacteur de l'intéressant *Journal de Dijon et de la Côte-d'Or;* Beuchot, homme de lettres très-zélé pour les recherches bibliographiques, et qui depuis s'est mis au rang de nos meilleurs bibliographes par les soins qu'il donne au *Journal général de la Librairie,* par les articles qu'il fournit à la Biographie universelle, par l'édition des Œuvres de Voltaire que de malheureuses circonstances l'ont forcé d'interrompre, et par celle du Dictionnaire historique et critique de Bayle, qui joint à l'avantage d'un format plus commode à manier celui de renfermer d'utiles additions; Boissonade, helléniste distingué, membre de l'Institut de France, un des savans les plus laborieux de l'époque actuelle; Bourgeat, étudiant en droit, qu'une mort

§ IX. *Améliorations dont ce Dictionnaire est susceptible.*

Malgré l'étendue de mes recherches et l'abondance des secours que j'ai reçus, je crains encore que cet ouvrage ne paraisse rempli

prématurée a enlevé aux lettres; Hugues-Félicité Buirette, professeur au collége de Sainte-Menehould; le Brun jeune, de Caen; Coquebert de Taisy, amateur de livres, à Reims, depuis collaborateur de la *Biographie universelle*, mort en 1815; Fayolle, homme de lettres; de Foucault, aujourd'hui chambellan de S. M. l'empereur d'Autriche; Baudouin de Guémadeuc, ancien maître des requêtes, mort dans ces derniers temps; Haillet de Couronne, ancien secrétaire perpétuel de l'académie de Caen, mort à Paris en 1810; Hammer, professeur d'histoire naturelle à Strasbourg; Louis-Théodore Hérissant, ancien chargé d'affaires à la diète générale de l'empire d'Allemagne, mort en 1811; Hérisson, avocat à Chartres; Langlès, membre de l'Institut; Leblond, conservateur honoraire de la Bibliothéque Mazarine, mort en 1809; Millin, membre de l'Institut, mort en 1818; Morelli, garde de la Bibliothéque de Saint-Marc, à Venise, mort en 1819; Renaud, libraire à Montpellier; Rouvière, employé au cabinet des estampes de la Bibliothéque du Roi, mort en 1812; J. B. Say, ancien collaborateur à la *Décade philosophique;* Septier, bibliothécaire à Orléans; Tarbé, imprimeur-libraire à Sens; Charles Weiss, bibliothécaire de Besançon, l'un des plus féconds et des plus habiles collaborateurs de la *Biographie universelle;* Villars, professeur de botanique à Strasbourg, mort en 1814.

Je conserve à peu près les mêmes relations depuis treize ans; mais j'ai acquis de nouveaux correspondans, dont je dois consigner ici les noms pour les mêmes motifs d'estime et de reconnaissance.

Le plus remarquable est M. Chaudon, auteur du *Nouveau Dictionnaire historique* dit de Caen ou de Lyon, mort en 1817. Ses lettres renferment une multitude de détails aussi neufs que curieux; j'en ai cité beaucoup de passages dans ma nouvelle édition. Si l'on trouve encore dans son Dictionnaire historique tant de méprises et tant d'erreurs, cela prouve, 1° que M. Chaudon n'a pas commencé d'assez bonne heure à étudier l'histoire littéraire; 2° qu'un homme seul ne peut avoir l'universalité des connaissances nécessaires pour la composition d'un semblable ouvrage. Il faut néanmoins convenir qu'avec des corrections et des additions, le Dictionnaire de M. Chaudon tiendra toujours un rang distingué parmi les ouvrages de ce genre. On trouvera diffici-

d'imperfections et d'omissions. Les personnes qui s'intéressent au perfectionnement de l'Histoire littéraire, m'obligeront beaucoup,

lement plus de justesse, de modération et d'impartialité dans les récits et dans les opinions.

M. le Bailly, un de nos plus ingénieux fabulistes, m'a communiqué plusieurs articles fort piquans.

Mon neveu continue à me seconder dans mes recherches littéraires; l'étude particulière de la littérature anglaise, à laquelle il se livre, l'a mis à même de me communiquer des articles remarquables. Je reçois aussi de temps en temps les agréables tributs de mon fils aîné, que les bontés du gouvernement ont associé à mes travaux depuis plusieurs années.

M. Boulliot, en continuant ses recherches sur l'histoire littéraire du département des Ardennes, s'est spécialement occupé de tout ce qui pouvait compléter mon Dictionnaire. J'ai choisi dans les nombreux matériaux qu'il m'a remis, et il sera souvent cité dans ma nouvelle édition.

M. Deville, mon camarade d'études, ci-devant secrétaire du général Armstrong, ambassadeur des États-Unis d'Amérique, à Paris; M. Deville, dis-je, possède un cabinet de livres très-bien composé. Il m'a procuré la satisfaction de vérifier beaucoup d'articles sur les ouvrages même, et de comparer entre elles plusieurs éditions.

Un jeune officier, M. Doisy, capitaine au régiment d'artillerie à pied de la garde royale, s'occupe depuis plusieurs années d'une bibliographie de l'artillerie et du génie. Je lui dois des observations utiles sur d'anciens articles de mon Dictionnaire, et quelques articles nouveaux.

M. Louis Dubois, ancien bibliothécaire de l'Orne, a fait preuve de connaissances très-variées par les ouvrages dont il est auteur ou éditeur, et par les nombreux articles qu'il a fournis au *Magasin encyclopédique*. J'ai reçu de lui une assez longue liste d'ouvrages anonymes, et j'y ai choisi une quarantaine d'articles.

J'ai reçu plusieurs notices littéraires fort curieuses de M. Hubaud, membre des académies de Marseille et de Dijon, connu par l'*Essai d'un complément au Nouveau Dictionnaire portatif de Bibliographie* de M. F. I. Fournier (1810), in-8 de 230 pages, et par des *Observations bibliographiques* sur la première et la seconde édition du *Manuel* de M. Brunet. Il a dû trouver de grandes améliorations dans la troisième édition de ce dernier ouvrage.

MM. Abel et Victor Hugo, jeunes littérateurs distingués par leurs talens, me font de fréquentes visites à la bibliothèque des galeries du Louvre; ils m'ont donné si elles veulent bien me faire connaître les unes et les autres; je profiterai de leurs observations et leur témoignerai la même reconnaissance dont ceux qui m'ont aidé de leurs lumières trouvent ici le témoignage.

sur des ouvrages anonymes plusieurs renseignemens dont j'ai profité avec plaisir.

M. Justin Lamoureux, avocat à Nancy, a pris un intérêt si vif à mes recherches, qu'il m'a envoyé de nombreuses remarques sur la première édition de mon ouvrage, et des additions plus considérables encore pour la nouvelle édition dont je m'occupais depuis si long-temps. J'ai distingué dans ce travail tout ce qui concerne la Lorraine, que M. Justin Lamoureux connaît très-bien, ainsi qu'on peut en juger par son *Mémoire pour servir à l'histoire littéraire du département de la Meurthe,* ou *Tableau statistique du progrès des sciences, des lettres et des arts dans ce département, depuis* 1789 *jusqu'en* 1803. *Nancy, Vigneulle*, 1803, *in*-8 *de* 124 *pages.*

M. Miger, homme de lettres fort laborieux, m'a communiqué plusieurs articles remarquables.

J'ai reçu plusieurs articles de M. Pillet, chef du bureau de la *Biographie universelle.* Je dois à ce même bibliographe la communication des recherches de l'abbé Saas et de M. Haillet de Couronne sur les écrivains anonymes et pseudonymes : ces manuscrits de deux hommes connus par leur érudition m'ont été de quelque utilité.

M. Pluquet, ci-devant pharmacien à Bayeux, depuis libraire à Paris, et disposé aujourd'hui à reprendre son ancien état, a acquis la connaissance de beaucoup de livres rares et curieux. Les amateurs doivent regretter qu'il quitte le commerce de la librairie; mais on peut croire qu'il continuera les recherches qu'il a commencées sur les hommes célèbres de la Normandie. Neveu de l'estimable abbé Pluquet, il doit avoir à cœur de montrer qu'il ne porte pas ce nom en vain. Je lui dois beaucoup d'articles, dont plusieurs méritent de fixer l'attention.

M. Psaume, ancien avocat à Nancy, connu par plusieurs ouvrages, est fort au courant de l'histoire littéraire du pays qu'il habite. Je dois à ce jurisconsulte instruit des notes étendues, dont je ferai usage soit dans la nouvelle édition de ce Dictionnaire, soit dans le second volume de mon *Examen critique des Dictionnaires historiques.*

M. le Rouge, amateur de livres, à Paris, se donne beaucoup de peine pour recueillir des ouvrages curieux dans tous les genres; il m'a communiqué plusieurs notes d'un intérêt réel. (*N. N.*)

Quelque commode que soit l'ordre alphabétique suivi dans ce Dictionnaire, les savans pourraient regretter de ne pas voir d'un coup d'œil les principaux ouvrages anonymes relatifs à telle ou telle science; et les gens du monde, de ne pas avoir la facilité de connaître les ouvrages anonymes à l'aide du nom de leurs auteurs; c'est pour satisfaire les uns et les autres que je publierai un troisième et dernier volume, contenant 1° le catalogue des ouvrages anonymes et pseudonymes rangés par ordre de matières [1]; 2° la table des faux noms, mis en regard des vrais noms, avec le premier mot du titre de chaque ouvrage pseudonyme, et le renvoi au numéro du Dictionnaire où ce titre sera détaillé; 3° la table des auteurs anonymes mentionnés dans le Dictionnaire, avec un renvoi à celle des pseudonymes, lorsqu'il y aura lieu.

Ces tables seront bien plus utiles que la *liste* de Baillet, qui ne fait connaître ni le titre des ouvrages, ni l'année de leur impression, ni leur format.

Je placerai en tête de ce volume mille à douze cents anonymes et pseudonymes latins; il sera mis incessamment sous presse [2].

Les personnes qui possèdent le *Catalogue des livres de la Bibliothéque du Conseil d'État, en 2 vol. in-fol.*, et celui des *livres de la Bibliothéque de S. E. M. le comte de Boutourlin, Paris, Pougens, an* XIII—1805, *in*-8°, ouvrages dans lesquels j'ai indiqué beaucoup d'anonymes et de pseudonymes, sont invitées à préférer aux indications qui y sont contenues, celles qui se trouveront dans mon Dictionnaire, toutes les fois qu'il y aura de la différence entre elles, les dernières ayant été données d'après les renseignemens qui m'ont semblé les plus certains.

[1] Ce catalogue formerait un ouvrage utile, mais si volumineux que son exécution ne pourrait avoir lieu que par la voie d'une souscription. J'offrirai peut-être les mêmes résultats aux amateurs, mais d'une manière plus économique. (*N. N.*)

[2] Ce volume a paru en 1809, mais accompagné d'un quatrième contenant la table des pseudonymes et la table générale des auteurs. (*N. N.*)

J'ai placé à la fin du premier volume des *corrections et additions*; j'invite les lecteurs à les consulter avant de prononcer sur les articles du Dictionnaire qui leur paraîtraient inexacts. Ces fautes paraîtront peu importantes et peu nombreuses, si on veut bien penser aux difficultés que présentait un ouvrage de cette nature. Les soins donnés à son exécution par les propriétaires de l'Imprimerie Bibliographique [1] méritent ma reconnaissance autant que le désintéressement dont ils ont fait preuve, en se chargeant, dans des circonstances difficiles, de l'impression d'un ouvrage dont rien ne leur garantissait le succès.

Le supplément qui termine le second volume paraîtra peut-être un peu long; mais les notes placées à la suite de plusieurs articles, donneront une idée des recherches qu'ils m'ont occasionées, et justifieront le renvoi que j'en ai fait à la fin de l'ouvrage. Souvent aussi les articles que je connaissais le mieux et depuis long-temps, ne se sont pas présentés à ma mémoire au moment où j'ai eu besoin de les classer par ordre alphabétique. Ces souvenirs ont reparu ensuite, et je n'ai pu me refuser à les placer [2].

[1] Établie rue Gît-le-Cœur, par MM. Hugot et Doublet.

[2] La longueur des deux supplémens contenus dans la première édition de ce Dictionnaire, occasionait aux amateurs des recherches pénibles et fastidieuses; je les ai réunis au corps de l'ouvrage dans ma nouvelle édition : cependant je n'ai pu éviter de donner encore quelques articles additionnels à la fin de chaque volume. (*N. N.*)

AVIS.

Les pièces suivantes forment un petit supplément aux Auteur déguisés *de Baillet. Il y est question d'un genre d'imposture qu n'a point été défini par ce savant bibliographe, parce qu'il étai réservé à M. Maton de la Varenne d'en fournir l'exemple au commencement du dix-neuvième siècle. Nous voyons en effe dans la personne de cet écrivain un neveu qui attribue à son oncle des ouvrages auxquels celui-ci n'a eu aucune part. Cette espèce de* supposition *de personne ou de nom a dû être remarquée par l'auteur du* Dictionnaire des Ouvrages anonymes et pseudonymes. *Les pièces qui la dévoilent ne pouvaient être mieux placées qu'en tête de ce Dictionnaire.*

Aux Rédacteurs du Journal de Paris.

Paris, 4 août 1806.

Nous avons l'honneur de vous annoncer, Messieurs, que nous allons mettre en vente un *Dictionnaire des ouvrages anonymes et pseudonymes, composés, traduits ou publiés en français, avec les noms des auteurs, traducteurs ou éditeurs, accompagnés de notes historiques et critiques*, par M. Barbier, bibliothécaire du conseil d'état. Cet ouvrage est en 2 vol. in-8°.

Nous avions bien cru, en nous chargeant de l'impression de ce Dictionnaire, qu'il aurait au moins le mérite d'exciter la curiosité des gens du monde, et même celle des littérateurs; mais aujourd'hui, que l'impression en est presque achevée, il nous semble que sa publication ne sera pas sans utilité, ne fût-ce que celle de démasquer certains auteurs déguisés sous des noms empruntés, et de signaler aux lecteurs trop confians des hommes qui portent la hardiesse jusqu'à s'attribuer, ou attribuer à leurs amis des ouvrages que ni les uns, ni les autres n'ont faits. De ce nombre est un M. M...... de la Varenne, auteur d'une *Histoire particulière des Evénemens qui ont eu lieu en*

France pendant les mois de juin, juillet, août et septembre 1792. *Paris*, 1806, *in*-8°. Cet historien place son oncle paternel, feu l'abbé Maton de la Varenne, ancien curé, *qui n'avait rien sollicité, lors même qu'il pouvait prétendre à l'épiscopat*, au nombre des personnes qui, le 20 juin 1792, accompagnèrent le Roi et la Reine à l'Assemblée nationale. Louis XVI, comme on le pense bien, a dû distinguer le modeste ecclésiastique au milieu de cette foule, et le neveu nous assure que le Monarque a complimenté très-affectueusement l'abbé Maton, *sur ce que, méritant ses grâces et des bénéfices, il n'a jamais rien sollicité.* A ces récits, le neveu a ajouté une note ou notice sur la vie littéraire de cet oncle, qu'il présente comme auteur de *neuf* ouvrages annoncés sous le voile de l'anonyme, dans les tomes 3 et 4 de la *France littéraire.* Mais par malheur, le petit monument que M. Maton de la Varenne voulait ériger, à peu de frais, à la mémoire de son oncle, est renversé de fond en comble par le Dictionnaire de M. Barbier.

On y voit que le premier de ces ouvrages, intitulé : *Origine des premières sociétés*, etc., 1769, *in*-8°, est de feu Poinsinet de Sivry; le troisième, intitulé : *l'Élève de la Raison et de la Foi*, de M. Bernière, qui est peut-être encore vivant; le quatrième, intitulé : *Recherches et Réflexions sur la Poésie*, etc., 1772, *in*-12, de feu M. Milliet, attaché, en son vivant, à la bibliothéque du Roi; le neuvième enfin, intitulé : *l'Art de toucher les cœurs dans le ministère de la chaire*, 1783, 3 *vol. in*-12, de feu M. Alletz, connu par des compilations littéraires et historiques. Il est à désirer que l'*Histoire particulière* de M. Maton de la Varenne soit établie sur des faits un peu plus réels que les titres de gloire de son oncle.

Agréez nos salutations.

Signé : LES PROPRIÉTAIRES DE L'IMPRIMERIE BIBLIOGRAPHIQUE.

Aux Rédacteurs du même Journal.

Paris, 22 août 1806.

J'étais absent, Messieurs, lorsque vous avez inséré dans votre feuille du 7, une lettre des *Propriétaires de l'Imprimerie Bibliographique*. A mon retour, je m'empresse de vous adresser une réponse à laquelle votre justice vous fera un devoir de donner la publicité que vous avez donnée à l'agression.

Que ces Messieurs annoncent le *Dictionnaire* de M. Barbier, ils donnent la curiosité d'acquérir un bon ouvrage; mais que, pouvant le faire connaître par les moyens ordinaires, ils le fassent aux dépens d'un homme de bien dont les vertus et les talens modestes font honorer sa mémoire, comme ils ont concilié l'estime publique à sa personne pendant sa vie, c'est, je le dis franchement, au moins une imprudence bien répréhensible.

Des neuf ouvrages dont j'ai annoncé comme auteur, feu l'abbé *Maton de la Varenne*, mon oncle paternel, les bibliographes lui en contestent quatre. Ne pouvant l'exhumer pour le faire comparaître au tribunal de ses adversaires et prouver sa paternité littéraire, je porte à ceux-ci le défi formel d'étayer leur assertion du plus léger adminicule. C'est à eux qui contestent un fait, qui attaquent la mémoire d'un mort, en semblant n'attaquer que l'héritier, à prouver ce qu'ils avancent si légèrement, et sur leur simple parole : *Ei qui dicit, incumbit onus probandi.*

Que, dans son Dictionnaire, M. Barbier attribue à d'autres quatre des ouvrages de mon oncle, il n'en résulte aucune preuve contre l'exactitude de ma notice, mais seulement que M. Barbier, comme les plus véridiques écrivains, est tombé dans l'erreur, et que toutes les productions de l'homme en contiennent plus ou moins. Cet auteur, à qui je me serais fait un plaisir d'être utile, si j'avais eu celui de le connaître, a travaillé d'après la *France littéraire;* mais au lieu de consulter l'édition de Paris, en 4 vol. in-12, 1784, il a compulsé celle donnée par *J. S. Ersch*, en 3 vol., Hambourg, 1798. A la vérité, dans cette dernière, Ersch attribue deux (et non pas quatre) des ouvrages de mon oncle à *Poinsinet de Sivry* et à M. *de Bernière;* mais elle est remplie d'inexactitudes dont je suis en état de démontrer plusieurs; et du reste il n'ôte pas à l'abbé de la Varenne ceux que les bibliographes disent être de *Milliet* et d'*Alletz*. Sur celui-ci, il ne faut qu'ouvrir le *Supplément au nouveau Dictionnaire historique*, Lyon, an XIII—1805, on verra que *l'Art de toucher les cœurs lans le ministère de la chaire*, dont le titre seul annonce pour auteur ın ecclésiastique, n'est pas compris dans les écrits d'Alletz, homme lu monde, mort à Paris en 1785, à quatre-vingt-deux ans.

M. Barbier n'est pas le premier qui, sans le vouloir, attribue à l'un 'ouvrage de l'autre : plusieurs Dictionnaires présentent des méprises emblables; et, dans les Poésies de M. *de Boulogne*, réimprimées à Paris, en 1758, petit in-12, on a placé, sous le nom de cet auteur, 'ode intitulée *la Création*, qui est du comte *de Thiard*, supplicié évolutionnairement le 26 juillet 1794.

J'ai eu, dès l'enfance jusqu'à 1783, connaissance de quelques ouvrages de mon oncle, quand il les mettait au jour. J'en aurais pu citer bien d'autres, dont ses papiers, que j'ai recueillis avec sa succession, doivent me le faire regarder comme l'auteur; mais je n'ai pas cru devoir le proclamer comme tel sans une certitude, qui, si elle n'est que morale pour moi, doit être physique pour tout autre, etc., etc.

Signé : Maton de la Varenne, *ancien avocat au parlement.*

Réflexions sur la Lettre précédente.

La lettre de M. Maton de la Varenne me met dans la nécessité d'entrer dans quelques détails sur les ouvrages qu'il a eu la maladresse d'attribuer à son oncle paternel. C'est une occasion qu'il me fournit de prouver au public lettré que la plupart des articles de mon Dictionnaire eussent pu être appuyés de pièces justificatives.

1° Un an après la publication de l'*Origine des premières sociétés*, etc., cet ouvrage a été annoncé sous le nom de Poinsinet de Sivry dans la *Bibliographie parisienne*, année 1770, *in*-8°, tom. 1er, pag. 153. Cette annonce, qui est le résultat de l'opinion des gens de lettres d'alors, est suivie des jugemens portés par les auteurs du *Journal des Savans*, du *Mercure de France*, du *Journal des Beaux-Arts*, du *Journal de Verdun*, du *Journal encyclopédique*, de la *Gazette universelle de littérature*, de la *Gazette d'agriculture*, enfin du *Journal de Musique*. Le *Journal encyclopédique*, dit entre autres choses, que M. de Sivry a appuyé son système de recherches qui lui

avait contractée d'attribuer des ouvrages anonymes à ses parens ou amis. Je me crus donc obligé de dénoncer au public, en 1809, dans la table de mon Dictionnaire, la notice sur l'abbé de Calignon, ami du sieur Maton, insérée par lui dans le tome 2, page 196, des *OEuvres posthumes du comte de Thiard. Paris*, 1799, 2 *vol. in*-12.

Le prétendu biographe donne à son ami trois ouvrages, dont le premier est de Linguet, le second de dom Aubry, et le troisième de Demandre, maître de pension. Croira-t-on que, malgré la publicité de ma dénonciation, le sieur Maton a eu la hardiesse d'envoyer, en 1812, au bureau de la *Biographie universelle*, sa notice sur l'abbé de Calignon, qui a été agréée, et qui se lit dans le tome 6 de cette biographie? Les directeurs d'un ouvrage aussi important doivent être un peu honteux de leur facilité à admettre les articles du sieur Maton.

C'est ici l'occasion d'informer le public qu'un prétendu *Siècle de Louis XV*, publié en 1796, 2 *vol. in*-8°, par Maton de la Varenne, comme un ouvrage posthume de son ami Arnoux-Laffrey, n'est autre chose que la *Vie privée de Louis XV*, ouvrage très-connu de Mouffle d'Angerville, ancien avocat, *retournée* par Maton de la Varenne, qui a poussé l'impudence jusqu'à donner à l'inconnu Laffrey l'ouvrage de d'Angerville.

Maton de la Varenne a publié quelques romans qui ont trouvé des lecteurs; il eût dû s'en tenir à ce genre de littérature. Quelle confiance en effet peuvent inspirer les ouvrages relatifs à l'histoire politique et littéraire, sortis de la plume de ce romancier? Il est mort à Fontainebleau, le 26 mars 1813, âgé de cinquante-deux ans. On a lieu de croire qu'il était né à Paris.

DICTIONNAIRE

DES

OUVRAGES

ANONYMES ET PSEUDONYMES.

A.

1. Aabba, ou le Triomphe de l'Innocence (par Le Camus de Mézières). *Eleutheropolis (Paris)*, 1784, *in*-8.

Article tiré des manuscrits de M. Van Thol. Voyez mon discours préliminaire.

Tous les articles que j'extrairai des mêmes manuscrits seront accompagnés des lettres V. T.

M. Fleischer, dans son *Dictionnaire de Bibliographie française*, Paris, 1812, t. 1, p. 3, cite une nouvelle édition de cet ouvrage, *Paris*, *veuve Gueffier*, 1802, *in*-18, *avec* 5 *fig*.

2. Abailard et Héloïse, pièce dramatique en cinq actes et en vers (par Guys). *Londres (Paris)*, 1752, *in*-12, *et dans le* Théâtre bourgeois.

Voyez *Théâtre bourgeois*.

3. Abailard (l') supposé, ou le Sentiment à l'épreuve (par la comtesse de Beauharnois). *Amsterdam* et *Paris*, *Gueffier*, 1780, *in*-8.

4. Abassaï, histoire orientale (par mademoiselle Fauque). *Paris, Bauche*, 1753, 3 *vol. in*-12.

5. Abbaye (l'), ou le Château de Barford, imité de l'anglais (par Fresnais). *Paris*, 1769, 2 *parties in*-12.

6. Abbé (l') Commendataire, où l'injustice des commendes est prouvée, etc. (par D. Fr. Delfau et D. Gerberon). *Cologne*, 1673, 1674, 3 *vol. in*-12.

La première partie de cet ouvrage, composée par dom Delfau, parut sous le nom de M. Des-Bois-Franc; la seconde, qui est de dom Gerberon, fut publiée sous le nom du Sr de Froismont; toutes deux firent beaucoup de bruit : on les lut avec avidité, et on les attribua à plus de vingt personnes, et en particulier à Lancelot, de Port-Royal, sans en nommer les véritables auteurs.

7. Abbé (l') de la Tour, ou Recueil de nouvelles et autres écrits divers (par madame Charrin.) *Leipsic*, *Phil. Wolf*, 1798, 3 *vol. in*-8.

8. Abbé (l') en belle humeur, nouvelle galante (par Macé). *Cologne*, *P. Marteau*, 1705, *in*-16. Voyez le *Dict. hist.* de Marchand, t. 1, p. 327.

Marchand appelle cet ouvrage *le Prosélyte en belle humeur;* mais dans les pays protestans, le mot prosélyte répond à celui d'abbé.

9. Abbé (l') Fauchet peint par lui-même, et ses crimes dévoilés, par l'abbé de Valméron (masque de feu l'abbé Jarry). *Jersey*, 1791, *in*-8.

10. A. B. C. (l'), Dialogue curieux, tra-

duit de l'anglais de HUET (ouvrage composé par VOLTAIRE). *Londres, R. Freemann*, 1769 (1762), *in*-8.

Voyez les différentes éditions des Œuvres de Voltaire.

11. A. B. C. d'un soldat, et Remarques sur le gouvernement et la défense des places (par DE GAYA). *La Haye*, 1691, *in*-12.

12. A. B. C. Royal, ou l'Art d'apprendre à lire sans épeler les voyelles ni les consonnes (par l'abbé BOUCHOT). *Paris, Mérigot*, 1759, 1761, *in*-12.

13. Abdeker, ou l'Art de conserver la beauté (par LE CAMUS). *L'an de l'hégire* 1168 (*Paris*, 1748), 2 *vol. in*-12; — *nouv. éditions*, 1754, 1756, 4 *vol. in*-12.

14. Abeille (l') du Parnasse, ou Recueil de Maximes tirées des poëtes français (par DE NEUVILLÉ). *Londres*, 1757, 2 *vol. in*-12.

15. Abeille (l') du Parnasse (publiée par FORMEY). *Berlin*, 1750, 1754, 10 *vol. in*-12.

Il a paru en 1757 deux nouveaux vol. de ce recueil périodique d'opuscules en prose et en vers. On croit que M. de Francheville a coopéré à cet ouvrage. Voyez *Meusel, Lexicon*, t. 3, p. 412.

16. Abeille (l'), journal politique et littéraire (par M. DE LA MAISONFORT). *Brunswic*, 1795, *in*-8.

17. Abjuration du Luthéranisme par madame la princesse Eléonore-Charlotte de Wirtemberg-Montbéliard, duchesse d'Olss en Silésie (par le P. DAVID de l'Oratoire). *Paris*, 1702, *in*-12.

18. Abrégé (l') anatomique de maître Laurent HEISTER, professeur d'anatomie et de chirurgie à Altorf, traduction faite sur la 2[e] édition, par un chirurgien de Paris (Jean DEVAUX). *Paris, Lottin*, 1724, *in*-12.

19. Abrégé chronologique de l'Histoi[re] d'Angleterre, avec des notes, pa[r] J. G. D. C. (DE CHEVRIÈRES). *Ams-terdam, Changuion*, 1730, 7 *vo[l]. in*-12.

20. Abrégé chronologique de l'Hi[s]toire d'Espagne et de Portugal (p[ar] le président HÉNAULT, LACOMBE [et] MACQUER). *Paris, Hérissant*, 175[9], 1765, 2 *vol. in*-8.

21. Abrégé chronologique de l'Histoi[re] de France, par M. S. D. R. C. C. (S[i]mon DE RIENCOURT, conseiller-co[r]recteur de la chambre des comptes). *Paris*, 1665, 1 *vol. in*-12; — 167[5], 1678, 2 *vol. in*-12.

22. Abrégé chronologique de l'Hi[s]toire de France, à l'usage de la jeun[e] noblesse (par l'abbé LIONNOIS). *Francfort* (*Nancy*), 1769, 2 *vo[l]. in*-8.

23. Abrégé chronologique de l'Hi[s]toire de France sous les règnes [de] Louis XIII et de Louis XIV, pou[r] servir de suite à celui de Mézera[y] (par DE LIMIERS). *Amsterdam*, *Mortier*, 1720, 2 *vol. in*-12. — Nouvelle édition, augmentée de [la] vie de Mézeray (par DE LA ROQUE). *Amsterdam, Mortier*, 1728, *in*-4.

24. Abrégé chronologique de l'Hi[s]toire de la Maison de Savoie, [en] vers artificiels (par DE MARCILLY). *Lyon et Genève, Chirol*, 178[?], *in*-8.

25. Abrégé chronologique de l'Hi[s]toire de la Marine française, p[ar] M. G. D. (GIN D'OSSERY). *Paris*, 1804, *in*-12.

26. Abrégé chronologique de l'Hi[s]toire de la Société de Jésus; sa nai[s]sance, ses progrès, sa décadence, et[c.] (par l'abbé Jacques TAILHIÉ). *E[n] France*, 1760, *in*-12; — nouvel[le]

édition corrigée et augmentée par l'auteur, 1760, in-12.

27. Abrégé chronologique de l'Histoire de Lorraine (par HENRIQUEZ, chanoine régulier). *Paris, Moutard*, 1775, 2 *vol. in*-8.

28. Abrégé chronologique de l'Histoire de Pologne (par Fréd.-Auguste SCHMIDT). *Varsovie et Dresde, Michel Gröll*, 1763, *in*-8.

29. Abrégé chronologique de l'Histoire des Juifs (par CHARBUY). *Paris, Chaubert*, 1759, *in*-8.

30. Abrégé chronologique de l'Histoire ecclésiastique (par MACQUER). *Paris*, 1751, *in*-8; — 1757, 2 *v. in*-8. — Nouvelle édition revue, corrigée et augmentée (par l'abbé DINOUART). *Paris, Hérissant*, 1768, 3 *vol. in*-8.

31. Abrégé chronologique de l'Histoire d'Espagne, tiré de MARIANA (par DE LA ROCHE). *Amsterdam*, 1694, *in*-8. V. T.

32. Abrégé chronologique de l'Histoire et du Droit public d'Allemagne (par PFEFFEL). *Paris*, 1754, *in*-8. — Seconde édition, revue par l'auteur. *Manheim*, 1758, *in*-4. — (Nouvelle édition, dirigée par le P. BARRE, génovéfain). *Paris*, 1766, *in*-8.

M. Pfeffel reprochait au P. Barre d'avoir omis des faits importans dans son *Histoire générale d'Allemagne*. Celui-ci ayant été prié, pendant un voyage que M. Pfeffel eut occasion de faire, de diriger l'édition de l'*abrégé* en 1766, il en retrancha tous les articles qui pouvaient faire remarquer les lacunes de sa grande histoire. Les meilleures éditions de cet ouvrage sont celles de 1776, 2 *vol. in*-4, et 1777, 2 *vol. in*-8. Le censeur royal Tercier revit la première avant qu'elle fût mise en vente.

33. Abrégé chronologique de l'Histoire universelle jusqu'à l'année 1725 (traduit du latin de SLEIDAN, avec des augmentations (par HORNOT). *Amsterdam et Paris*, 1757, *in*-12; — 1766, *in*-8.

34. Abrégé chronologique de l'Histoire universelle, sacrée et profane, par le P. PÉTAU, traduit sur la nouvelle édition latine (par MOREAU DE MAUTOUR et DUPIN). *Paris, veuve Barbin*, 1708 *et* 1715, 5 *vol. in*-12.

35. Abrégé chronologique des grands Fiefs de la Couronne (par BRUNET). *Paris, Desaint et Saillant*, 1759, *in*-8.

36. Abrégé chronologique des principaux Evénemens qui ont précédé et suivi la Constitution *Unigenitus* (par LE GROS). *Utrecht, le Fèvre*, 1730, *in*-32 *de* 96 *p*.

37. Abrégé chronologique du Prieuré et de la Ville de la Charité-sur-Loire (par BERNOT DE CHARANT). *Bourges*, 1709, *in*-8. V. T.

38. Abrégé curieux touchant les Jardinages, par M. B. (BESNIER). *Paris*, 1706, *in*-12. V. T.

39. Abrégé d'Anatomie, accommodé aux Arts de peinture et de sculpture, par François TORTEBAT (masque sous lequel s'est caché Roger DE PILES). *Paris, Tortebat*, 1667, *in-fol.*

40. Abrégé d'Anatomie à l'usage des élèves en chirurgie dans les écoles royales de la marine (par M. POISSONNIER). *Paris, Méquignon*, 1783, 2 *vol. in*-12.

41. Abrégé de Cosmographie, ou Almanach pour les années 1753-1760 (par l'abbé SAAS). *Rouen, Oursel*, 8 *parties in*-24.

On trouve dans le volume de 1756 la *liste des hommes illustres nés en Normandie*. Le même volume contient différentes pièces en prose et en vers sur la naissance de monseigneur le comte de Provence (Sa Majesté Louis XVIII).

42. Abrégé de Géographie physique et politique, terminé en novembre 1808 (par M. Auger). *Paris, rue du Cherche-Midi, hôtel d'Arras, n° 33*, 1808, *petit in-12*.—Seconde édition, augmentée. *Paris*, 1809, *in-12*.

43. Abrégé de Géographie pour servir de préparation aux leçons élémentaires de géographie (par M. N. Halma, ancien secrétaire de l'école polytechnique). *Bouillon*, 1792, *in-8*. V. T.

44. Abrégé de Géographie, suivi d'un Dictionnaire géographique latin et français (par le P. Bunou, jésuite). *Rouen*, *Lallemant*, 1716, *in-8*.

Le Moréri de 1759 renferme un article curieux sur l'auteur, oublié dans la *Biographie universelle*.

45. Abrégé de la Bible, nouvelle édition augmentée d'une explication morale par demandes et par réponses, par J. L. C., prestre, curé de S.... (Jean le Clerc, prestre, curé de Soisy). *Paris*, *Couterot*, 1683, *in-12*.

La première édition est de 1678.

46. Abrégé de la Chronologie de M. le chevalier Isaac Newton, traduit de l'anglais (par Fréret, qui y a ajouté des observations critiques). *Paris*, *Cavelier*, 1725, *in-12*, et à la fin de l'*Histoire des Juifs* de Prideaux, édition de Paris.

Voyez la *table du Journal des Savans*, au mot Fréret. Voyez aussi la réponse aux observations sur la chronologie de Newton, avec la lettre de M. (l'abbé Conti) au sujet de ladite réponse. *Paris*, *Pissot*, 1726, *in-8 de 29 p*. Voyez enfin la préface de la *Défense da la Chronologie*.

47. Abrégé de la Chronologie des anciens Royaumes, par Newton; traduit de l'anglais de Reid (par J. Ant. Butini). *Genève*, *Gosse*, 1743, in-8.

48. Abrégé de la Discipline de l'Eglise, avec des Réflexions sur l'état présent du clergé (par Etienne Lochon). *Paris*, 1702, *in-12*.

Voy. le *Journal des Savans*, 1702 et 1705.

49. Abrégé de la Doctrine de Paracelse et des Archidoxes, etc. (par Colonne). *Paris*, *d'Houry fils*, 1724, *in-12*.

50. Abrégé de la Doctrine de S. Augustin touchant la Grâce, par Florent Conrius, traduit de son livre intitulé : *Peregrinus Jerichontinus* (par Ant. Arnauld). *Paris*, 1645, *in-4*.

Voyez le catalogue des ouvrages du docteur Arnauld, en tête de sa *vie*, par Larrière, in-4, ou 2 vol. in-8.

51. Abrégé de la Foi et de la Morale de l'Eglise, tiré de l'Ecriture sainte (par le P. Noël Alexandre, dominicain). *Paris*, *Daniel Hortemels*, 1686, 2 *vol. in-12*.

52. Abrégé de la Généalogie des Vicomtes de Lomagne (par L. Chasot de Nantigny). *Paris*, *Ballard*, 1757, *in-12*.

53. Abrégé de la Grammaire française à l'usage de ceux qui n'ont pas fait d'études (par Sauvage de Villaire). *Paris*, 1749, *in-12*.

54. Abrégé de la Grammaire grecque de Clénard, nouvelle édition (revue par Philippe Dumas). *Paris*, *Brocas et Aumont*, 1762, *in-8*. Voyez l'*Encyclopédie élémentaire* de l'abbé de Pétity, t. 1, p. 550.

Moréri cite onze éditeurs ou abréviateurs de la grammaire grecque de Clénard. On peut ajouter à sa liste l'édition publiée à Paris en 1668, chez la veuve Thiboust, par Nicolas Tavernier, professeur au collége de Navarre. M. Van Thol croit que Fugault fit paraître en 1736 un abrégé de la même grammaire, in-8.

55. Abrégé de la Loi nouvelle, avec la suite (par MM. de Vernage e

Pacory). *Paris, Fr. Muguet*, 1711 *et* 1712, *petit in*-12.

6. Abrégé de la Médecine pratique, ou Nouvelle Pharmacopée, traduit de l'anglais (de Jean Théobald), et enrichi de notes, par M. D. M. (Magenis), étudiant en médecine. *Paris, Thiboust*, 1753, *in*-12 *de* xxiv *et* 174 *p.*

7. Abrégé de la Morale chrétienne (par Pons-Augustin Alletz). *Paris*, 1765, 1770, *in*-12.

8. Abrégé de la Morale de l'Evangile, ou Pensées chrétiennes sur le texte des quatre évangélistes, pour en rendre la lecture et la méditation plus faciles à ceux qui commencent à s'y appliquer (par le P. Quesnel). *Paris*, 1671, 1 *vol. in*-12. — Troisième édition augmentée. *Paris*, 1679, 3 *vol. in*-12.

L'auteur publia le reste du N. T. en 1687, 2 *vol. in*-12. Le tout, revu encore et très-augmenté, fut imprimé en 1693, 4 *vol. in*-8.

9. Abrégé de l'Anatomie du Corps humain, par M. *** (Verdier), chirurgien-juré à Paris. *Paris, Lemercier*, 1734, 1746, 2 *v. in*-12.

Réimprimé en 1765, sous le nom de l'auteur, et en 1768, avec les corrections et augmentations de M. Sabatier.

0. Abrégé de l'Ancien et du Nouveau Testament, par M. de Fontenay (masque de M. Clément de Boissy). *Paris, Méquignon junior*, 1788, 2 *gros vol. in*-12.

Ce sont les tomes 1 et 3 du *Manuel des Saintes Ecritures*. Voyez ces mots.

1. Abrégé de la Nouvelle Méthode (dite de Port-Royal) pour apprendre la langue grecque (par Lancelot). *Paris, Lepetit*, 1656, *in*-8.

Réimprimé souvent dans le format in-12.

2. Abrégé de la Nouvelle Méthode pour apprendre facilement la langue latine (par Lancelot). *Paris, Lepetit*, 1655, *in*-8.

Souvent réimprimé dans le format in-12.

64. Abrégé de la Philosophie (par l'abbé de la Chambre, publié par l'abbé Joly de Fleury). *Paris, de la Guette*, 1754, 2 *vol. in*-12.

65. Abrégé de la Philosophie morale, par G. F. P. (Gilles Farcy, prêtre). *Paris*, 1662, *in*-8, *pp.* 20. — Et avec le nom de l'auteur. *Paris*, 1665, *in*-8.

66. Abrégé de la Pratique de la Perfection chrétienne, tiré des Œuvres de Rodriguez (par l'abbé Tricalet). *Paris, Guérin et Delatour*, 1761, 2 *vol. in*-12.

67. Abrégé de la Quantité, ou Mesure des Syllabes latines, etc. (par Furgault). 6e édition. *Paris, Nyon le jeune*, 1779, *in*-8 *de* 88 *p.*

La première édition remonte vers l'année 1769. M. Jannet a publié la neuvième à Paris, chez Nyon le jeune, en 1807.

68. Abrégé de la République de Bodin (par le président de Lavie). *Londres* (*Lyon, Duplain*), 1755, 2 *vol. in*-12.

M. de Lavie reproduisit cet ouvrage en 1764, 2 vol. in-12, avec de grands changemens, sous le titre *Des Corps politiques et de leurs Gouvernemens*. Dans l'*avis au lecteur* il avoua cette espèce de plagiat, parce qu'il ne voulait pas être connu comme auteur du premier ouvrage : malgré sa déclaration, l'accusation de plagiat fut intentée dans l'*Année littéraire*, 1764, t. 3, p. 353. L'auteur, dans l'*avis au lecteur* d'une édition augmentée des *Corps politiques* en 1767, 2 vol. in-4, ou 3 vol. in-12, déclara qu'il avait tiré le fond de cet ouvrage de celui qu'il avait publié précédemment sous le titre d'*Abrégé de la République de Bodin*.

69. Abrégé de la Révolution de l'Amérique anglaise, par M. *** (du Buisson), Américain. *Paris, Cellot*, 1778, *in*-12.

70. Abrégé de l'Art poétique françois,

par P. de R. (Pierre de RONSARD). *Paris*, 1565, *in-4*. V. T.

71. Abrégé de l'Astronomie inférieure, avec un Essai de l'Astronomie naturelle, contre les systèmes de Ptolémée, Copernic, etc., par J. D. B. (BONAI). *Paris*, 1644, in-4.

72. Abrégé de la Vie de César de Bus, fondateur de la congrégation de la Doctrine chrétienne, par un père de la même congrégation (BAUDOUIN DU BREUX). *Avignon*, 1697, *in-12*; et à *Paris* et ailleurs, *in-18* et *in-24*. — Imprimé d'abord en tête des *Instructions familières de C. de Bus*. *Paris*, 1666, *in-8*.

73. Abrégé de la Vie de Frédéric, duc de Schomberg, marquis du Saint-Empire, général des armées du roi de la Grande-Bretagne (par DE LUSANCY, ministre de Harwich). *Amsterdam*, 1690, *in-12*.

Le vrai nom de cet auteur était Matthieu de Beauchasteau. Il n'avait que dix à onze ans lorsqu'il publia *la Lyre du jeune Apollon, ou la Muse naissante du petit de Beauchasteau*. *Paris*, 1657, *in-4*.

Voyez la *Bibliothèque historique de la France*, t. 3, n° 31686.

74. Abrégé de la Vie de frère Arsène de Janson, etc., écrit en italien (par Alexis d'AVIA, religieux italien de la Trappe), et traduit en français (par l'abbé DROUET DE MAUPERTUY). *Avignon*, 1711, *in-12*.

75. Abrégé de la Vie de frère Arsène de Janson, connu dans le siècle sous le nom du comte de Rosenberg, traduit de l'italien (de D. Alexis D'AVIA, religieux de l'abbaye de Buon-Solazzo, par Antoine LANCELOT). 1711, *in-12*.

76. Abrégé de la Vie de Georges Joly, chevalier, baron de Blaizy, président à mortier au parlement de Bourgogne (par Ant. JOLY, son fils, de Dijon). *Paris*, 1678, *in-4*.

77. Abrégé de la Vie de (Jacques) Fevret, prêtre, bachelier de Sorbonne (mort en 1694, âgé de 39 ans), (par le P. Edme-Bernard BOURRÉE). *Lyon*, 1698, *in-12*.

78. Abrégé de la Vie de Jeanne de Cambry, religieuse de l'abbaye des Pretz à Tournay (par le P. RICHARD, dominicain). *Tournay*, 1785, *in-12*, *pp*. 184.

Il a fait l'*Oraison funèbre* de la même, anonyme, *sans nom de lieu et sans date*, *in-12 de 32 pages*.

79. Abrégé de la Vie de madame de Combé, institutrice de la maison du Bon-Pasteur (par Jean-Jacques BOILEAU). *Paris*, 1700, *in-12*.

80. Abrégé de la Vie de M. Claude, par A. B. R. D. L. D. P. (Abel Rotholp DE LA DEVÈSE, pasteur). *Amsterdam*, 1687, *petit in-12*.

81. Abrégé de la Vie de M. Creusot, curé de la paroisse de Saint-Loup d'Auxerre, décédé en odeur de sainteté le 31 décembre 1761 (par l'abbé REYNAUD, curé de Vaux). *Sans indication de lieu* (*Auxerre*), 1764, *in-12 de 96 p*.

82. Abrégé de la Vie de M. Henri de Barillon, évêque de Luçon (par Charles-François DUBOS). *Delft* (*Rouen*), 1700, *in-12*.

Attribué mal à propos à l'abbé Germain DUPUY. Voyez Moréri.

83. Abrégé de la Vie de M. le Camus, évêque et prince de Grenoble (par Ambroise LALLOUETTE, prêtre). *Paris*, *Estienne*, 1720, *in-18*.

84. Abrégé de la Vie de M. Tricalet, directeur du séminaire de Saint-Nicolas-du-Chardonnet (par l'abbé GOUJET). *Paris*, *Lottin aîné*, 1762, *in-12*.

L'abbé Goujet dit, dans son catalogue

manuscrit : « Cette vie est de ma composition ; MM de Saint-Nicolas l'ont ignoré, « et quelques-uns ont attribué cet écrit à « l'abbé JUENOT, qui ne l'a vu qu'après « l'impression ; j'en suis seul auteur. » Cette vie est aussi au tome 9 de la *Bibliothèque portative des Pères de l'Église*. V. ces mots.

85. Abrégé de la Vie de S. André Avellin, prêtre de la congrégation des Clercs réguliers Théatins, canonisé par notre saint-père Clément XI (par le révérend père Olympe DU MARCHÉ, théatin). *Paris, Jollet*, 1713, *in*-12.

Note manuscrite du P. L. Boyer, théatin, communiquée par M. Pluquet, libraire.

86. Abrégé de la Vie de S. François de Sales (par Louise DE RABUTIN). *Paris, de Laulne*, 1699, *in*-12.

87. Abrégé de la Vie de S. Hyacinthe, de l'ordre des Frères Prêcheurs, par Fr. A. D. (Frère Ambr. DRWE). *Bruxelles*, 1638, *in*-8. V. T.

88. Abrégé de la Vie de S. Servais, évêque de Tongres (par J. L. DUSART). *Liége*, 1772, *in*-12. V. T.

89. Abrégé de la Vie des Evêques de Coutances (par L. ROUAULT). *Coutances*, 1742, *in*-12. V. T.

90. Abrégé de la Vie des Peintres, avec des réflexions sur leurs ouvrages (par DE PILES). *Paris, N. Langlois*, 1699, 1 *vol. in*-12. — Seconde édition (avec un éloge de l'auteur, par l'abbé FRAGUIER). *Paris, Estienne*, 1715, *in*-12.

91. Abrégé de la Vie des plus fameux peintres (par DEZALLIER D'ARGENVILLE). *Paris, de Bure*, 1745, 2 *vol. in*-4. — Supplément, 1752, *in*-4. — Nouvelle édition augmentée. *Paris, de Bure*, 1762, 4 *vol. in*-8.

92. Abrégé de la Vie des Saints, avec des réflexions et de courtes prières (par M. ETIENNE, prêtre). Nouvelle édition (revue par RONDET), 1757, 3 *vol. in*-12.

93. Abrégé de la Vie du B. Alex. Sauli (par B. VASSOULT). *Paris*, 1742, *in*-12. V. T.

Catalogue manuscrit des Barnabites.

94. Abrégé de la Vie du Bienheureux J. Fr. Régis (par le P. Dominique CORONIA, ou par le P. LE CLERC). *Lyon, Lions*, 1717, *in*-12.

95. Abrégé de la Vie du B. Vincent de Paule (par NOIRET). *Paris, Barrois*, 1729, *in*-12; *Simon*, 1733, *in*-12.

L'auteur se nommait Gilbert Noiret, prêtre du diocèse de Paris, assistant du général de la congrégation de la Mission, et non pas Louis Noiret, prêtre du diocèse de Cambrai, comme l'a dit M. Caulet dans ses *Lettres critiques*, p. 133.

96. Abrégé de la Vie du Cardinal de Richelieu (attribué à Matthieu DE MORGUES DE SAINT-GERMAIN). *Paris*, 1643, *in*-4. V. T.

97. Abrégé de la Vie du célèbre Pierre Danès, ambassadeur du roi François Ier au concile de Trente, évêque de Lavaur, etc. (par l'abbé DANÈS, conseiller-clerc au parlement de Paris). *Paris, Quillau*, 1731, *in*-4.

98. Abrégé de la Vie du Pape Pie V (par J. B. FEUILLET). *Paris*, 1672, *in*-12. V. T.

99. Abrégé de la Vie du P. de Clugny, de l'Oratoire, par un père de la même compagnie (le P. BOURRÉE). *Lyon, Amaulry*, 1698, *in*-12.

100. Abrégé de la Vie du vénérable Frère Fiacre, augustin déchaussé (par M. l'abbé GUIOT, ancien victorin). *Paris, Egron*, 1805, *in*-8 de 80 *pages, fig*.

101. Abrégé de la Vie et Actions de Maurice-Eugène de Savoie, comte de Soissons, par le sieur DE M. (DE MONTFALCON), secrétaire de ce prince. *Paris, Théod. Girard*, 1677, *in*-12.

102. Abrégé de la Vie et de la Retraite de Juste de Clermont d'Amboise, chevalier de Reynel, brigadier de cavalerie dans les armées du roi, par M. *** (le marquis DE LA RIVIÈRE). *Paris, Delespine*, 1706, *petit in-12.*

103. Abrégé de la Vie et des Vertus de la sœur Marie-Louise de Jésus, supérieure des Filles de la Sagesse, instituées à Poitiers, par M. de Montfort (par M. ALLAIRE, chanoine de Poitiers). *Poitiers, Faulcon*, 1768, *in-12 de 438 pages.*

104. Abrégé de la Vie et Idée des ouvrages de Charles-Joachim Colbert, évêque de Montpellier, avec le recueil de ses lettres (par J. B. GAULTIER). *Cologne* (*Utrecht*), 1740, *in-4.*

105. Abrégé de l'Embryologie sacrée (ouvrage traduit du latin de CANGIAMILA, par DINOUART et ROUX). *Paris*, 1762. — Seconde édition très-augmentée. *Paris*, 1766, *in-12.*

106. Abrégé de l'Essai de Locke sur l'Entendement humain (par le docteur WINNE), traduit de l'anglais par BOSSET. *Londres, Jean Nourse*, 1741, *in-12.*

107. Abrégé de l'Explication de plusieurs Psaumes, faite par feu M. Duguet (par PÉAN). *Trévoux*, 1759, 2 *vol. in-12.*

108. Abrégé de l'Histoire d'Angleterre, par GOLDSMITH; traduit de l'anglais sur la dernière édition (par M. HENRY). *Paris, Dentu*, 1801, 2 *vol. in-12.*

109. Abrégé de l'Histoire d'Angleterre, traduit de l'anglais de HIGGONS (par le chevalier DE REDMONT, mort en 1778 lieutenant-général des armées du roi). *La Haye, Johnston*, 1729, *in-8.*

110. Abrégé de l'Histoire d'Angleterre de RAPIN THOIRAS (par FALAISEAU). *La Haye, Rogissart*, 3 *vol. in-4 et* 10 *vol. in-12.*

111. Abrégé de l'Histoire d'Ariades, par L. S. D. M. (le sieur DE MARANDÉ). *Paris, Cramoisy*, 1630, *in-12.*

112. Abrégé de l'Histoire de Bretagne de Bertrand D'ARGENTRÉ (par LESCONVEL). *Paris, veuve Coignard*, 1695, *in-12.*

113. Abrégé de l'Histoire de Danemarck, à l'usage de monseigneur le prince royal, 1re partie (par MALLET). *Copenhague, frères C. et A. Philibert*, 1760, 1 *vol. in-12.*

114. Abrégé de l'Histoire de France (par Simon DE RIENCOURT). *Paris*, 1695, 6 *vol. in-12*; — *Lyon*, 1695, 7 *vol. in-12.*

Voyez le n° 21.

115. Abrégé de l'Histoire de France, par le P. DANIEL, jésuite, nouvelle édition augmentée de l'histoire de Louis XIII et de Louis XIV (par le P. DORIVAL, jésuite). *Paris*, 1751, 12 *vol. in-12.*

116. Abrégé de l'Histoire de la Congrégation *de Auxiliis* (par le père QUESNEL). *Francfort, Fréd. Arnaud*, 1686, *in-12.*

Réimprimé avec des augmentations dans le second volume de la *Tradition de l'Eglise* du même auteur.

Bayle appelait cet *abrégé* un ouvrage de *main de maître.*

117. Abrégé de l'Histoire de la Grèce depuis son origine jusqu'à sa réduction en province romaine (par BERNARD, ex-oratorien). *Paris, Bernard, an* 7, 2 *vol. in-8.*

On assure que le véritable auteur de cette histoire est feu M. CHAZOT, commissaire de police.

118. Abrégé de l'Histoire de la Milice

française du P. DANIEL, avec un précis de son état actuel (par Pons-Augustin ALLETZ). *Paris*, 1773, 2 *vol. in*-12.

119. Abrégé de l'Histoire de la Monarchie des Assyriens, des Perses, des Macédoniens et des Romains, par J. C. A. G. (attribué à l'abbé COUTURE). *Paris*, 1699, *in*-12.

Ce ne fut pas M. Couture qui mit cet ouvrage au jour; on le doit à quatre de ses écoliers, auxquels il l'avait dicté : ils le publièrent sans en faire honneur au véritable auteur, et en le souscrivant des premières lettres de leurs noms J. C. A. G. Voyez *Mémoire sur le Collége de France*, par l'abbé Goujet, éd. in-12, t. 2, p. 455.

120. Abrégé de l'Histoire de l'Ancien Testament, avec des éclaircissemens (par l'abbé MESENGUY). *Paris, Desaint et Saillant*, 1735-1753, 10 *vol. in*-12.

121. Abrégé de l'Histoire de l'Ancien et du Nouveau Testament, avec des remarques (par MESENGUY). *Paris, Desaint*, 1737 *et* 1738, 3 *vol. in*-12.

122. Abrégé de l'Histoire de l'ancienne ville de Soissons (par Melchior REGNAULT). *Paris*, 1633, in-8. V. T.

123. Abrégé de l'Histoire de l'Eglise gallicane, par demandes et par réponses, par le prieur de Courcelles (Simon GUEULLETTE). *Paris, de Launay*, 1699, *in*-12.

124. Abrégé de l'Histoire de l'Empire depuis l'an 1273, par M. l'abbé L*** (LAMBERT). *Londres, aux dépens de l'éditeur*, 1757, *in*-12.

On trouve à la suite un ouvrage dont le *faux* titre est conçu en ces termes : *Histoire abrégée des quarante premiers évêques de Rome et de l'empire d'Occident*, tom. 2.

Ce second volume n'est autre chose que la réunion des articles de *la Bibliothèque raisonnée* sur les premiers volumes de l'*Histoire des Papes*, publiée en anglais par Bower.

125. Abrégé de l'Histoire de l'Opposition pendant la dernière séance du parlement, traduit de l'anglais (de TICKELL). 1779, *in*-8.

Ce petit ouvrage ne s'est jamais vendu.

126. Abrégé de l'Histoire de l'Ordre de Saint-Benoît, par *** (D. L. BULTEAU), commis de la congrégation de Saint-Maur. *Paris*, 1684, 2 *vol. in*-4.

127. Abrégé de l'Histoire de Marguerite d'Autriche (par Cl. Fr. BLONDEAU DE CHARNAGE). *In*-12. V. T.

128. Abrégé de l'Histoire de Normandie. *Rouen*, 1665, *in*-8.

Suivant les auteurs de la nouvelle édition de la *Bibliothèque historique de la France*, cet ouvrage est le même que l'*Inventaire de l'Histoire de Normandie*, par EUSTACHE, sieur d'ANNEVILLE.

129. Abrégé de l'Histoire de Portugal (par MAUGIN). *Paris, Martin et G. Jouvenel*, 1699, *in*-12.

130. Abrégé de l'Histoire de Suède (par LE COCQ DE VILLERAY). 1748, 2 *vol. in*-12.

131. Abrégé de l'Histoire de Valenciennes (par DEPRÈS). *Lille, Balth. le Francq*, 1688, *in*-4.

132. Abrégé de l'Histoire des Insectes (par BAZIN). *Paris*, 1747, 4 *v. in*-12.

133. Abrégé de l'Histoire des Insectes (par DE BEAURIEU). *Paris*, 1764, 2 *vol. in*-12.

134. Abrégé de l'Histoire des Savans anciens et modernes, avec un catalogue des livres qui ont servi à cet Abrégé (par dom Alexis GAUDIN, chartreux, publié par l'abbé TRICAUD). *Paris, le Gras*, 1708, *in*-12.

C'est d'après le catalogue de Falconet que cet ouvrage est attribué à Alexis GAUDIN, chartreux; mais il est plutôt d'Augustin GOGUET, médecin de Beauvais. Voyez la dernière page de l'avertissement du tome second de la *Bibliothèque des principaux auteurs du Droit civil, etc.*, par Denis SIMON, conseiller au présidial de Beauvais.

135. Abrégé de l'Histoire des Vicomtes et Ducz de Milan, le droict desquels appartient à la couronne de France, extraict en partie du livre de Paul Jovius (par Charles Estienne). *Paris, Charles Estienne*, 1552, *in*-4. V. T.

136. Abrégé de l'Histoire du Règne de Louis XIV (par Arbaud, médecin). *Bruxelles*, 1752, *in*-12.

137. Abrégé de l'Histoire ecclésiastique (par l'abbé Racine). 1748 *et années suivantes*, 15 *vol. in*-12. — Nouvelle édition augmentée de quelques notes et de supplémens (par Laurent-Etienne Rondet). *Cologne*, 1762-1766, 13 *vol. in*-4.

Les tomes 14 et 15 de l'édition in-12 sont de l'abbé Troia d'Assigny; ils ont été revus et disposés pour l'impression par Rondet.

138. Abrégé de l'Histoire ecclésiastique de Fleury, traduit de l'anglais (ou plutôt rédigé par l'abbé de Prades, avec une préface composée par Frédéric II, roi de Prusse). *Berne* (*Berlin*), 1767, 2 *vol. p. in*-8.

139. Abrégé de l'Histoire ecclésiastique de l'abbé Fleury (par François Morénas). *Avignon, Delorme*, 1750, 10 *vol. in*-12.

140. Abrégé de l'Histoire ecclésiastique, civile et politique de la ville de Rouen (par le Cocq de Villeray). *Rouen, Oursel*, 1759, *in*-12.

141. Abrégé de l'Histoire et de la Morale de l'Ancien Testament (par l'abbé Mesenguy). *Paris*, 1728, *in*-12.

142. Abrégé de l'Histoire généalogique de France (par M. Renaudot, avocat). *Paris, Valade*, 1779, *in*-12 *de* 106 *pages*.

143. Abrégé de l'Histoire généalogique de la Maison d'Aquaviva royale d'Aragon (par F. Morénas). *Avignon*, 1744, *in*-12. V. T.

144. Abrégé de l'Histoire généalogique de la Maison de France et de ses alliances (par Simon Gueulette). *Paris, P. de Launay*, 1699, *in*-12.

145. Abrégé de l'Histoire généalogique de la Maison de Lorraine, par Eugène-François, marquis de Lignivielle, rhétoricien, pensionnaire au collège de la compagnie de Jésus (ou plutôt par le P. Leslie, jésuite). *Commercy, H. Thomas*, 1743, *in*-8 *de* 228 *pages*.

Note manuscrite de la main même du P. Leslie, communiquée par M. le Rouge, amateur de livres. Voyez d'ailleurs l'*Abrégé chronologique de l'Histoire de Lorraine*, par Henriquez, t. 1, pp. 442 et 475.

146. Abrégé de l'Histoire générale des voyages, par le continuateur de l'*abrégé* de la Harpe (V. Comeiras). *Paris, Montardier*, 1803-1805, 12 *vol. in*-8.

147. Abrégé de l'Histoire grecque (par P. A. Alletz). *Paris*, 1765, 1775, *in*-12.

148. Abrégé de l'Histoire grecque depuis les temps les plus anciens jusqu'à la prise d'Athènes, en 404 avant Jésus-Christ (par l'abbé Barthélemy). *Paris, Debure*, 1790, *in*-12 *de* 412 *pages*.

Ce volume n'est autre chose que l'introduction du Voyage d'Anacharsis, à laquelle on a joint des cartes et une table des matières.

149. Abrégé de l'Histoire naturelle (par Jean Goulin). *Paris, Nyon l'aîné*, 1777, 1798, 2 vol. in-12.

Voyez *Cours d'Etudes à l'usage de l'Ecole royale militaire*.

150. Abrégé de l'Histoire naturelle de Buffon, classé par ordre, genres et espèces, selon le système de Linné (par J. B. Rousseau, impri-

meur). *Paris, Rousseau*, 1800, 4 *vol. in*-8, *avec* 174 *pl.*

151. Abrégé de l'Histoire poétique (par J. Lanteires). *Lausanne*, 1787, *in*-12. V. T.

M. Van Thol cite probablement ici l'ouvrage dont le libraire de Tune, dans son *catalogue général* imprimé en 1785, indique la première édition sous ce titre : *Abrégé de l'Histoire poétique*, ou Introduction à la Mythologie, par demandes et par réponses. *Lausanne*, 1774, *in*-12.

152. Abrégé de l'Histoire romaine, par Eutrope, nouvelle édition revue et corrigée (par M. de Wailly), avec le texte à côté de la traduction. *Paris*, *Barbou*, 1783, 1804, *petit in*-12.

La traduction revue par M. de Wailly est celle de l'abbé Lézeau.

153. Abrégé de l'Histoire romaine, par le docteur Goldsmith, traduit de l'anglais sur la douzième édition (par M. Musset-Pathey). *Paris*, *Langlois*, *an* 9 (1801), *in*-8. *Réimprimé avec le nom du traducteur.*

154. Abrégé de l'Histoire sainte, par demandes et par réponses (par l'abbé Durandi). *Paris*, *veuve Estienne*, 1735, *in*-12. *Souvent réimprimé.*

155. Abrégé de l'Histoire universelle, par feu M. Claude de l'Isle, historiographe et censeur (avec une préface de Lancelot, éditeur). *Paris*, *Guérin*, 1731, 7 *vol. in*-12.

156. Abrégé de l'Institution et Instruction chrétienne (par M. l'abbé Hautefage, ancien professeur au collége d'Auxerre), sur l'édition italienne de 1784. *Naples*, *Vincent Flauto* (*Paris*, *Desaint*), 1785, *in*-12.

157. Abrégé de politique (par David Constant, professeur à Lausanne). 1686, *in*-12. — Nouvelle édition revue et augmentée de moitié. *Francfort*, *C. Belmani*, 1687, *in*-12.

158. Abrégé de S. Jean Chrysostôme sur l'Ancien Testament (par Nicolas Fontaine), nouvelle édition. *Paris*, *J. Barbou*, 1757, *in*-12.

Cet ouvrage parut en 1688; il n'en existe réellement qu'une édition. L'exemplaire de la prétendue nouvelle édition que j'ai sous les yeux, présente trois changemens très-communs dans la librairie : 1° la réimpression du frontispice avec une nouvelle date; 2° la suppression de l'avertissement et de l'approbation des docteurs, 4 pages; 3° la réimpression de la dernière page. Le *verso* de cette dernière page contient, dans les exemplaires originaux, l'extrait du privilége du roi, dans lequel le sieur Fontaine est nommé comme auteur de l'ouvrage : la suppression de ce privilége rend les nouveaux exemplaires entièrement anonymes.

M. Joseph Barbou s'est encore permis un changement de frontispice bien plus remarquable. Voyez *Traité de la Vocation chrétienne des Enfans.*

159. Abrégé de S. Jean Chrysostôme sur le Nouveau Testament (par Paul-Antoine de Marsilly). *Paris*, *le Petit*, 1670, 2 *vol. in*-8.

Qu'il me soit permis de placer ici une longue notice tirée de ma *Dissertation sur soixante traductions françaises de l'Imitation de Jésus-Christ.* Les réflexions que j'y ajouterai concilieront peut-être les différentes opinions que j'y expose.

Rien n'est plus connu que le masque de Paul-Antoine de Marsilly, qui se trouve, 1° au frontispice de la traduction des *Homélies* de S. Jean Chrysostôme sur S. Matthieu, *Paris*, *le Petit*, 1665, 3 vol. in-4; 2° dans le privilége de l'Abrégé du même saint sur le Nouveau Testament, *Paris*, *le Petit*, 1670, 2 vol. in-8; 3° en tête des traductions de l'Imitation de Jésus-Christ, *Paris*, *Pralard*, 1694, in-12; 4° du Pastoral de S. Grégoire-le-Grand, *Paris*, *Pralard*, 1694, petit in-12. — *Lyon*, *Molin*, 1695, in-12.

Rien n'était plus difficile à découvrir que le nom de la personne cachée sous ce masque. Mes recherches ne m'ont présenté pendant long-temps que confusion et incertitude.

L'approbation des docteurs, placée en tête de l'Abrégé de S. Jean Chrysostôme sur le Nouveau Testament, présente cet ouvrage comme étant du même auteur que la traduction des Homélies sur S. Matthieu.

Dans l'extrait du privilége du roi, inséré à la fin de l'Abrégé de S. Jean Chrysostôme sur l'Ancien Testament, *Paris, Pralard*, 1688, in-12, on lit ces mots : « Il est permis au sieur Fontaine de faire imprimer par tel imprimeur qu'il voudra choisir, un livre intitulé : *Les Homélies de S. Jean Chrysostôme sur l'Ancien et le Nouveau Testament, qu'il a traduit en français.* » Ce privilége est daté du 17 mai 1674, et il est suivi de la cession qu'en fait le sieur Fontaine au libraire Pralard.

Dès 1675, Nicolas Fontaine fit paraître le premier volume de sa traduction des *Homélies* de S. Chrysostôme sur S. Paul. Le septième et dernier volume parut en 1693.

L'Abrégé de S. Jean Chrysostôme sur l'Ancien Testament et la traduction de ses Homélies sur S. Paul expliquent suffisamment, relativement à Nicolas Fontaine, le contenu du privilége dont il est ici question ; mais la date de ce privilége peut servir à démontrer que Fontaine n'était pas l'auteur caché sous le masque de Marsilly. En effet ce dernier avait fait obtenir, le 27 novembre 1669, à son libraire P. le Petit, une prolongation de son ancien privilége pour sept ans ; cet ancien privilége devant expirer en 1674, la prolongation le conduisait jusqu'en 1681. Or on ne peut croire que le même auteur ait sollicité en 1674 un nouveau privilége pour les mêmes ouvrages. Il paraît cependant que la teneur du privilége de 1674 a fait regarder Nicolas Fontaine comme le traducteur des Homélies sur S. Matthieu et de l'Abrégé sur le Nouveau Testament, et en conséquence comme le personnage caché sous le nom de Marsilly. Il m'est aisé de prouver que l'on n'a sur cet objet que des renseignemens vagues et confus.

Adrien Baillet, qui, dans la première partie de ses *Jugemens des Savans*, publiée en 1685, mit au rang des plus habiles traducteurs Paul-Antoine de Marsilly, le désigna sous les initiales Th. D. F. (Thomas du Fossé) ; et en 1690, dans sa liste des *Auteurs déguisés*, il joignit à côté du masque de Marsilly ces mots : *Louis-Isaac le Maistre de Saci* et *Nicolas Fontaine* conjointement. La Monnoye, dans son édition des *Jugemens des Savans*, avoue qu'il n'a pu deviner ce que signifient les initiales Th. D. F., et il cite le passage de la *Liste des Auteurs déguisés* sans y rien ajouter.

L'abbé Goujet, dans son *Catalogue manuscrit*, à l'article de la traduction des Homélies de S. Jean Chrysostôme sur S. Matthieu, a suivi la seconde opinion de Baillet : mais dans le *Supplément au Dictionnaire de Moréri* de 1739, il attribue cette traduction à M. de Saci seul ; et il n'en parle pas à l'article de Nicolas Fontaine, qui est rédigé avec un soin particulier. Ces variations prouvent suffisamment que Nicolas Fontaine, qui est mort à Melun en 1709, n'était pas regardé généralement, ni avant ni depuis sa mort, comme l'auteur des différentes traductions de S. Jean Chrysostôme sorties de l'école de Port-Royal.

Je devais donc chercher de nouveaux renseignemens sur Paul-Antoine de Marsilly ; je crus en trouver dans le Catalogue des ouvrages de l'abbé de Bellegarde, placé en 1718 à la fin des *Maximes* de cet auteur pour l'éducation d'un roi. L'abbé de Bellegarde vivait encore : son libraire le présente comme le véritable auteur des traductions de S. Jean Chrysostôme, annoncées précédemment sous le nom de M. de Saci. Une assertion aussi positive me détermina à attribuer à l'abbé de Bellegarde [1] la traduction des *Homélies sur S. Matthieu* ; mais je me convainquis bientôt que cet abbé avait à peine dix ans lorsque cette traduction parut pour la première fois.

Un bibliographe très-distingué, J. Albert Fabricius [2], crut aussi l'abbé de Bellegarde caché sous le nom de Marsilly ; c'est à lui qu'il donne l'Imitation de Jésus-Christ imprimée en 1694 chez Pralard. Cet exemple m'avait séduit [3] ; mais l'erreur est évidente, puisque la traduction de l'Imitation par l'abbé de Bellegarde ne parut qu'en 1698, et sous son vrai nom.

On a encore varié sur le quatrième ouvrage où se trouve le nom de Marsilly, c'est-à-dire sur la traduction du Pastoral de S. Grégoire. Je la donnai, d'après l'abbé Godescard [4], à Louis Bulteau, clerc et commis de la congrégation de S. Maur ; mais je m'étonnais avec raison [5] que dom Tassin n'eût pas mentionné cette traduction dans l'*Histoire littéraire* de la congré-

[1] Voy. Dictionnaire des Anonymes, première édition, t. 2, n° 8630.

[2] Voy. la Bibliothéque latine du moyen âge, t. 4, p. 640, édit. in-8.—T. 4, p. 217, édit. in-4.

[3] Voyez Dictionnaire des Anonymes, première édition, t. 3, n° 10399.

[4] Vies des Pères, etc., art. S. Jean Chrysostôme, t. 2, p. 642, édition de 1783.

[5] Dictionnaire des Anonymes, première édition, t. 3, n° 10399.

gation de S. Maur. L'abbé Godescard est tombé dans une double erreur ; car il cite la traduction du *Pastoral* comme ayant été imprimée en 1689. Cette date est celle de la traduction des *Dialogues* de S. Grégoire, qui est réellement de Louis Bulteau.

Tous mes doutes, toutes mes incertitudes sur Paul-Antoine de Marsilly se sont enfin évanouis à la lecture d'une note de l'abbé de Saint-Léger, qui atteste que le vrai nom de cet auteur était Prévost, chanoine de Melun en 1695.

Peut-être ne doit-on attribuer à ce dernier que les traductions de l'*Imitation* et du *Pastoral* de S. Grégoire. Dans cette hypothèse, l'on pourrait regarder M. de Sacy comme le principal auteur des ouvrages publiés en 1665 et 1670.

Les traductions sous le nom de Paul-Antoine de Marsilly sont encore recherchées aujourd'hui ; les Homélies de S. Jean Chrysostôme sur S. Matthieu ont été réimprimées en 1693 pour la cinquième fois. La dernière édition de la traduction du *Pastoral* de S. Grégoire est de 1739, à *Paris*, chez *Savoye*.

160. Abrégé de toute la Médecine pratique, par Jean Allen ; traduction française d'un chirurgien de Paris (Jean Devaux). On y a joint la Méthode de Sydenham pour guérir presque toutes les maladies. *Paris, Cavelier*, 1728, 3 *vol. in*-12. — Nouvelle édition corrigée et augmentée (par Boudon). *Paris*, 1737, 6 *vol. in*-12 ; — 1741, 1752, 7 *vol. in*-12.

161. Abrégé des Annales de la ville de Paris, contenant tout ce qui s'est passé de plus mémorable depuis sa première fondation jusqu'à présent, le tout par l'ordre des années et règne de nos roys (par François Colletet). *Paris, Ch. de Sercy*, 1664, 1 *vol. in*-12.

162. Abrégé des Antiquités de la ville de Paris, contenant les choses les plus remarquables tant anciennes que modernes (par François Colletet). *Paris, Jean Guignard*, 1664, 1 *vol. in*-12.

163. Abrégé des Annales et des Antiquités de Paris (par Fr. Colletet). *Paris, Pépingué*, 1664, 2 *vol. in*-12.

164. Abrégé des Antiquités romaines (par Nicolas Thérau, professeur en l'université). *Paris, Musier*, 1706, *in*-24. — Troisième édition augmentée. *Paris, Nyon* ; 1725, *in*-24.

Le nom de l'auteur se lit dans le privilége de la troisième édition.

Nouvelle édition augmentée, par P. B*** (Pierre Blanchard). *Paris, Blanchard*, 1810, *petit in*-12.

165. Abrégé des bons Fruits, avec la manière de les connaître et de cultiver les arbres (par Jean Merlet, écuyer). *Paris, de Sercy*, 1667, 1675, *in*-12. — *Ib.*, *Saugrain*, 1740, *in*-12.

166. Abrégé des Causes célèbres et intéressantes, avec les jugemens qui les ont décidées, par M. P. F. B*** (Besdel), sixième édition. *Pont-à-Mousson, Thiéry*, 1806, 3 *v. in*-12.

La première édition de cet ouvrage parut à Paris en 1783, avec le nom de l'auteur.

167. Abrégé des Commentaires de Folard sur Polybe (par de Chabot). *Paris*, 1754, 3 *vol. in*-4.

168. Abrégé des dix livres d'Architecture de Vitruve (par Claude Perrault), *Paris*, 1674, *in*-12.

169. Abrégé des Géoponiques, extrait d'un ouvrage grec fait sur l'édition de Niclas (de *Leipzick*, 1781), par un amateur (M. Caffarelli, ancien préfet). *Paris, madame Huzard*, 1812, *in*-8.

Les notes signées B sont de M. Bosc.

170. Abrégé des Libertés de l'Eglise gallicane (par le P. Brunet). *Paris*, 1765, *in*-12.

171. Abrégé des Mathématiques à l'usage de sa majesté impériale de toutes les Russies (par Jacques Herman et Joseph-Nicolas Delisle). *Saint-Pétersbourg, de l'imprimerie*

de l'Académie, 1728, 3 vol. in-8.

On a prétendu qu'il n'avait été tiré que 25 exemplaires de cet ouvrage; il renferme l'arithmétique, la géométrie, la trigonométrie, l'astronomie, la géographie et la fortification.

172. Abrégé des Maximes de la Vie spirituelle, recueilli des sentences des pères et traduit du latin de D. BARTHÉLEMY DES MARTYRS; avec l'éloge du même, par M. GODEAU, évêque de Vence. *Paris, Delaulne,* 1699, *in-12, t. 1.*

L'éloge de l'auteur est tiré sans doute des *Eloges des Evêques* de M. Godeau, évêque de Vence; mais la traduction de l'*Abrégé des Maximes* est très-faussement attribuée à ce prélat par Pélisson, dans son *Histoire de l'Académie française*, p. 407, édition in-12 : elle est de *Michel Godeau*, poëte latin, ancien professeur de rhétorique au collège de Navarre, et pour lors (en 1699) curé de Pont-sur-Yonne, depuis recteur de l'Université de Paris et curé de Saint-Côme. Il était encore en 1734 curé sans exercice de cette paroisse. L'original manuscrit, en un volume *in-4*, était dans la bibliothéque des Doctrinaires de Paris, où le traducteur l'avait envoyé avec une lettre datée de Saint-Côme, le 4 août 1722. Du reste l'ouvrage n'est composé que de deux parties, qui sont toutes deux dans le volume imprimé; de sorte que ce n'est pas seulement le *premier tome*, mais l'unique. Ce Godeau a mis en vers latins une grande partie des OEuvres de Boileau. (*Note tirée du Cat. de la Doct. chr.*, t. 5, p. 94, par M. Boulliot.)

173. Abrégé des Mémoires pour servir à l'Histoire du Jacobinisme, par M. l'abbé Barruel (par l'abbé JACQUEMIN, professeur de philosophie au collége royal de Nancy). *Hambourg, Fauche* (*Nancy, le Seure*), 1801, 2 *vol. in-12.*

Cet abrégé est suivi d'un autre abrégé d'un ouvrage de l'abbé Proyart sur les *Causes de la Révolution.*

174. Abrégé des Morales de PLUTARQUE, traduction d'Amyot, avec l'orthographe de l'Académie (par M. LA BOULLÉE). *Paris, Brunot-Labbe,* 1813, *in-12.*

175. Abrégé des ouvrages d'Emmanuel SWEDENBORG, contenant sa Doctrine sur la Jérusalem céleste (par M. DAILLANT DE LA TOUCHE). *Strasbourg, Treuttel,* 1788, *in-8.*

176. Abrégé des Preuves de la Canonicité de l'ordre des Frères Prêcheurs (par le P. NEVEU, prieur de Troyes, puis du Mans, où il est mort). *Troyes, Léfebvre,* 1765, *in-8 de 55 pages.*

177. Abrégé des principaux Traités de la Théologie (par Nic. LE TOURNEUX). *Paris,* 1693, *in-4.*

178. Abrégé des Sciences et des Arts (par Jacques-François DURAND, ministre protestant). *Lausanne,* 1762, *in-12.*

Cet ouvrage a eu beaucoup de succès; mais il ne faut pas le confondre avec l'*Abrégé de toutes les Sciences, à l'usage des enfans de six ans jusqu'à douze*, imprimé à Berlin dès l'année 1757, et souvent réimprimé en Hollande, en France, en Suisse et en Allemagne. Ce dernier a été refondu dans toutes ses parties, afin de le rendre propre à l'usage des écoles des pays catholiques. Voyez entre autres l'édition de *Bruxelles*, 1782, *in-12.*

179. Abrégé des Sciences et des Arts, en latin et en français, par M. l'abbé *** (DUFOUR), professeur royal au collége de Bruxelles. *Bruges, Van-Praët,* 1781, *in-12.*

180. Abrégé des trois États du Clergé, de la Noblesse et du Tiers-Etat, par D. G. (Denis GODEFROY). *Paris,* 1682, *in-12, douteux.*

Voyez les catalogues de Barré et de Falconet.

181. Abrégé des *Trois Siècles de la Littérature française* de l'abbé SABATIER de Castres (par M. COLLIN DE PLANCY). *Paris, Painparré,* 1821, *in-12.*

182. Abrégé des Vies des Anciens Philosophes, par M. D. F. (DE FÉ-

nélon). *Paris*, *Estienne*, 1726, *in*-12.

On convient assez généralement que cet ouvrage n'est qu'un canevas qui vient à la vérité de M. de Fénelon, et auquel on a donné la forme sous laquelle il a été publié, mais qui est trop imparfait pour pouvoir porter son nom. Les vies de Socrate et de Platon, qui font partie de cet abrégé, sont du P. du Cerceau, jésuite. Voyez le P. Nicéron, t. 38, p. 364.

183. Abrégé des Vies des Pères et des Martyrs, traduit de l'anglais par M. Godescard (terminé par M. Delpuis). *Paris*, 1802, 4 *vol. in*-12. Réimprimé à Lyon.

184. Abrégé des Vies des Poëtes, Historiens et Orateurs grecs et latins, qu'on voit ordinairement dans les colléges (par Charles Fourré). *Paris*, *Benard*, 1707, *in*-8.

185. Abrégé d'Histoire romaine en vers français, avec des notes (par Poinsinet de Sivry). *Paris*, *Prault*, an XI (1803), *in*-8.

186. Abrégé du Calcul intégral, trad. de l'anglais de Maclaurin (par le Monnier). *Paris*, 1765, *in*-8.

187. Abrégé du Catéchisme du Concile de Trente (par le P. Boniface Grivault, camaldule). *Paris*, *Fr. Matthey*, 1736, *in*-12.

188. Abrégé du Droit public d'Allemagne (par le comte de Schmettow). *Amsterdam*, 1778, *in*-8.

189. Abrégé du Journal de Paris, années 1777-1781 (par M. Mugnerot). *Paris*, 1789, 4 *vol. in*-4.

190. Abrégé du Pilotage (par Coubert, hydrographe à Brest). *Brest*, 1693, 1702, *in*-12. — Nouvelle édition (augmentée par le Monnier). *Paris*, *Desaint*, 1766, *in*-8.

191. Abrégé du Procès fait aux Juifs de Metz, avec plusieurs arrêts du parlement. *Paris*, *Léonard*, 1670, *in*-18.

Cet ouvrage a été attribué à Amelot de la Houssaye. On en trouve la réfutation dans la Bibliothèque critique de Sainjore (R. Simon), t. 1, p. 109 et suiv.

192. Abrégé du Recueil des Actes et Mémoires du Clergé de France (par l'abbé Marc du Saulzet). *Paris*, *Desprez*, 1752, 1764, *in-fol.*

L'édition de 1764, revue et considérablement augmentée, est précédée d'un avant-propos très-bien écrit par Rigoley de Juvigny, qui a fourni des notes intéressantes pour le catalogue des manuscrits et imprimés formant la collection complète des procès-verbaux des assemblées du clergé.

193. Abrégé du Service de Campagne par de la Calmette). *La Haye*, *Dehondt*, 1752, in-8.

194. Abrégé du Traité de l'Amour de Dieu de S. François de Sales (par l'abbé Tricalet). *Paris*, *Guérin et Delatour*, 1756, *in*-12.

195. Abrégé du *Traité de l'Orthographe française*, communément appelé *Dictionnaire de Poitiers* (par M. Monjardet de St.-Valerin). *Poitiers*, *Faulcon*, *et Paris*, *Moutard*, 1777, *in*-12.

196. Abrégé du Traité du Pouvoir des Evêques de Pereyra (par dom Grappin). *Paris*, *an* XI (1803), *in*-8.

197. Abrégé du Voyage de Mungo-Parck (par M. Aignan). *Orléans*, *Berthevin*, *et Paris*, *Pougens*, 1798, *in*-12.

Il y a des exemplaires datés de *Paris*, 1800.

198. Abrégé d'un ouvrage qui a pour titre : Histoires et Fatalités des Sacriléges, vérifiées par des faits et des exemples tirés de l'Histoire sainte, etc.; par Henri Spelman, historien anglais, avec des addi-

tions considérables (par l'abbé DE FELLER). *Liége*, 1789, *in*-8.

La première édition de cet *abrégé* avait paru à Bruxelles en 1787.

199. Abrégé d'un traité intitulé : *L'Illusion théologique*, ou l'Intérêt qu'a la France de ne pas souffrir que l'on fasse passer pour hérétiques ceux qui n'acquiesceraient pas aux décisions de Rome, particulièrement à celles qui concerneraient les questions de fait (attribué par Grosley à PASCAL). *Sans date* (*vers* 1659), *in*-4 *de* 2 *pages*.

Voyez le Journal encyclopédique de *décembre* 1777, p. 497.

200. Abrégé économique de l'Anatomie du Corps humain (par LE DRAN). *Paris, Didot*, 1768, *in*-12.

201. Abrégé élémentaire d'Astronomie, de Physique, d'Histoire naturelle, de Chimie, etc. (par M. TAITBOUT). *Paris, Froullé*, 1777, in-8.

202. Abrégé élémentaire de Botanique (par LESTIBOUDOIS). *Lille, Henry*, 1774, *in*-8.

203. Abrégé élémentaire de Géographie ancienne et moderne (par M. le baron de STASSART). — Géographie physique, historique, statistique et topographique de la France (par M. MORRAU). *Paris, Bernard*, 1804, 2 *vol. in*-8.

204. Abrégé élémentaire de l'Histoire naturelle des Animaux (par LESTIBOUDOIS). *Lille, Jacquez, sans date* (1800), *in*-8.

205. Abrégé élémentaire des Principes de l'Economie politique (par M. Germain GARNIER). *Paris, Agasse*, 1796, *in*-12.

206. Abrégé élémentaire des Sections coniques, par M. *** (GUY). *Paris, Pierres*, 1777, *in*-8 *de* 92 *pages*.

207. Abrégé et Concorde des livres de la Sagesse (par CLÉMENT DE BOISSY). *Auxerre, F. Fournier*, 1767, 1 *vol. in*-12.

208. Abrégé historique de la fondation de l'Hôpital de Notre-Dame-de-la-Charité à Dijon (par A. LE BELIN). *Dijon*, 1734, *in*-12. V. T.

209. Abrégé historique de la Maison d'Egmont (par LE COCQ-MADELAINE). 1707, *in*-4. V. T.

210. Abrégé historique de l'établissement de l'Hôpital des Enfans-Trouvés (par ARRAULT). *Paris*, 1746, *in*-4. V. T.

211. Abrégé historique de l'Eucharistie, ou Preuves, etc. (par BELLENGER DES FRESNEAUX). *Caen, Jouanne*, 1696, *in*-12.

212. Abrégé historique de l'origine et des progrès de la Gravure et des Estampes en bois et en taille-douce, par M. le major H*** (HUMBERT). *Berlin*, 1752, *in*-8.

213. Abrégé historique du Vieux et du Nouveau Testament, avec des réflexions, etc., par Georges-Frédéric SEILER, traduit de l'allemand (par J. J. MEYNIER). *Erlang*, 1784, 2 *vol. in*-8.

214. Abrégé historique et chronologique des Figures de la Bible, mis en vers français (par mademoiselle THOMAS DE BAZINCOURT). *Paris, veuve Ballard*, 1768, *in*-12.

215. Abrégé historique et iconographique de la Vie de Charles V, duc de Lorraine, dédié à son altesse royale Léopold (par DE PONT, gentilhomme portugais). *Nancy, René Charlot*, 1701, *in-fol.*

Cet ouvrage n'est mentionné ni dans la *Bibliothèque Lorraine* de dom Calmet, ni dans la *Bibliothèque historique* du P. Lelong et Fontette.

216. Abrégé historique et politique de l'Italie (par M. PATJÉ, secrétaire de la chambre des finances de Hanovre). *Yverdun*, 1781, 4 *vol. in*-12.

217. Abrégé méthodique de la Jurisprudence des eaux et forêts (par MENIN). *Paris*, 1738, *petit in*-12.

218. Abrégé méthodique de l'Histoire de France par la chronologie, la généalogie, les faits mémorables, et le caractère moral et physique de tous nos rois (par l'abbé DE BRIANVILLE). *Paris, Ch. de Sercy*, 1664, *in*-12.

219. Abrégé méthodique des Lois civiles et du Droit commun de la France (par M. GÉRARD DE MELCY). *Paris, Prault*, an 13 (1805), 6 *vol. in*-8.

220. Abrégé nouveau de l'Histoire d'Espagne (par VANEL). *Paris, Cavelier*, 1689; — *Bruxelles, Foppens*, 1704, 3 *vol. in*-12.

221. Abrégé nouveau de l'Histoire générale des Turcs (par VANEL). *Bruxelles, Fr. Foppens*, 1704, 4 *vol. in*-12.

222. Abrégé nouveau et méthodique du Blason (par L. PLANELLI DE LA VALETTE). *Lyon*, 1705, *in*-12. V. T.

223. Abrégé portatif de l'Histoire universelle, sacrée et profane (par PERNIN DE CHAVANETTE). *Paris, Saugrain le jeune*, 1778, 3 *v. in*-12.

Cet ouvrage parut en 1766 et années suivantes, sous le titre de *Discours sur l'Histoire des Juifs et sur l'Histoire ancienne et moderne*.

224. Abrégé pour les Arbres nains et autres, par J. L. (LAURENT), notaire à Laon. *Paris*, 1675, *in*-12. V. T.

Note manuscrite tirée de la bibliothèque de l'Ecole de Médecine de Paris.

225. Abréviateur (l') grammatical, ou la Grammaire française réduite à ses plus simples élémens, en italien et en français (par M. l'abbé Aimé GUILLON). *Milan, de l'imprimerie de Cairo et compagnie*, 1807, *in*-12.

226. Abus (les) de la Saignée, démontrés par des raisons prises de la nature (par BOYER DE PÉBRANDIER). *Paris*, 1759, *in*-12.

227. Abus (les) de l'Education sur la piété, la morale et l'étude (par l'abbé PERNETY). *Paris, veuve A. U. Coustelier*, 1728, *in*-12.

228. Abus (les) dans les cérémonies et dans les mœurs développés, par M. L*** (l'abbé DU LAURENS, ex-mathurin, auteur du *Compère Matthieu*). *Genève, Pellet* (*Hollande*), 1767, *in*-12, *souvent réimprimé*.

229. Abus (l') des Confessions de Foi (par DE LA PILLONIÈRE). *Sans nom de ville*, 1716, *in*-8. V. T.

230. Abus (de l') des nudités de gorge (par Jacques BOILEAU). *Bruxelles, Fr. Foppens*, 1675, *in*-12. — Seconde édition. *Paris, Laize de Bresche*, 1677, *in*-12.

Cet ouvrage est d'un gentilhomme français, suivant l'avis de l'imprimeur.

231. Abus (les) du Mariage, où sont clairement représentées les subtilités déshonnêtes tant des femmes que des hommes; en français, hollandais et anglais (avec figures par Crispin DE PAS). 1641, *in*-4, *oblong*.

232. Abus (les) du Monde (par Pierre GRINGORE). *Lyon, Ant. du Ry, sans date, in*-8; — *Paris, F. le Dru*, 1504, *in*-8.

233. Abuzé (l') en court (ouvrage en prose et en vers attribué à RENÉ, roi de Sicile, mort en 1480). *Sans date, petit in-fol. goth. fig.* — Nouvelle édition. *Vienne, P. Schenck*, 1484, *petit in-fol. de* 29 *feuillets*.

Voyez la *Bibliothèque universelle des Romans*, mars 1778, p. 182 et suiv.

234. Académie (l') de l'ancienne et de la nouvelle Eloquence, ou Harangues tirées des historiens grecs et latins (traduites en français par le P. Antoine Verjus, jésuite). *Lyon, Rivière*, 1666, 2 *v. petit in*-12. Voyez les mots *Harangues des Historiens*...

L'épître dédicatoire, à M. de Montmaur, est signée A. V. D. L. C. D. J.

235. Académie de la Peinture nouvellement mise au jour (par J. de la Fontaine). *Paris*, 1679, *in*-12. V. T.

236. Académie des Dames, ou les Entretiens galans d'Aloysia (traduit du latin de l'ouvrage de Nicolas Chorier, intitulé : *Joannis Meursii elegantiæ latini sermonis*, par l'avocat Nicolas, fils du libraire de Grenoble, qui publia la première édition de cet ouvrage). 1680—1730, 2 *vol. petit in*-12.

C'est ici la véritable place d'une lettre écrite le 6 juin 1738, à M. Jamet le cadet, par M. Lancelot, de l'Académie des Inscriptions et Belles-Lettres. Je la tire du 32ᵉ volume des *Observations* de l'abbé Desfontaines *sur les écrits modernes*, p. 42 et suiv.

« On ne peut rien vous refuser, Monsieur : je vous envoie les éclaircissemens sur l'*Aloysia* que vous m'avez demandés. L'auteur de l'*Aloysiæ Sigeæ Satyra sotadica* est Nicolas *Chorier*, avocat au parlement de Grenoble, le même qui a donné l'*Histoire du Dauphiné* en 2 vol. in-fol., 1661 et 1672. Ce fut *Nicolas*, libraire de la même ville de Grenoble, qui donna la première édition, qui n'avait que six dialogues. La seconde fut faite à Genève. Il y a un septième dialogue de plus qu'à la précédente. Comme cette édition ne se fit point sous les yeux de Chorier, et qu'il fallut envoyer de Grenoble à Genève le manuscrit de cet auteur, qui écrivait très-mal, elle est surchargée de fautes d'impression. On attribue la traduction en français à l'avocat *Nicolas*, fils du libraire précédent. Le père et le fils sont morts dans un grand dérangement d'affaires. Chorier mourut aussi peu de temps après dans une grande vieillesse, en 1692, dans la même ville de Grenoble. Il a fait imprimer ses poésies latines. On y trouve les mêmes pièces de vers qu'il a insérées dans son *Aloysia*.

« Ce que rapporte le *Thomasius*, et après lui ceux qui l'ont copié, n'est fondé que sur le rapport d'un ami qui avait vu un exemplaire de la *Satyra sotadica*, sur lequel *Beverland* avait écrit que Jean *Westrène* était auteur de cet infâme ouvrage. Il n'y a pas beaucoup d'honneur à le revendiquer; mais il est certain que Beverland s'est trompé, puisqu'il est de Nicolas Chorier. A qui en examinera la latinité, il sera facile d'y trouver une infinité de gallicismes, etc. Il y a plus, un séjour de six années à Grenoble m'a mis à portée d'être instruit parfaitement de ce fait. J'ai eu entre les mains un exemplaire de cet ouvrage, sur lequel Chorier avait corrigé de sa main les fautes immenses que les imprimeurs de Genève y ont faites. Je connaissais parfaitement sa main, ayant travaillé assez long-temps à la chambre des comptes du Dauphiné. Cet original avait passé alors entre les mains de M. de la Roche, ancien conseiller du parlement de cette province. Je le crois encore entre les mains de ses héritiers. Il n'y avait que dix ans que Chorier était mort, lorsque j'arrivai à Grenoble (1702). C'était un fait notoire dans toute la ville qu'il était l'auteur de cette satire, et que M. M. (du May), avocat général au parlement de cette ville, avait fait les frais de ces éditions, Chorier n'étant pas en état de les faire par lui-même. Guy Alard, son contemporain, son ami et presque son semblable en genre d'études et de mœurs, me l'a dit et répété plus de cent fois. M. de la Roche m'a détaillé les particularités que je vous marque.

« Enfin Chorier lui-même n'a pu se refuser la satisfaction d'avouer en quelque façon ce malheureux ouvrage. On trouve ordinairement deux pièces de vers qui y sont jointes. L'une est intitulée : *In laudem eruditæ Virginis quæ contra turpia Satyram scripsit.* L'autre est, autant que je puis m'en souvenir, *Tuberonis genethliacon*. Celui qui a fait ces vers est aussi l'auteur de l'*Aloysiæ Sigeæ*. Or Chorier a bien voulu reconnaître qu'il était l'auteur des deux petits poëmes; il les a avoués pour son ouvrage, et les a insérés dans le recueil de ses poésies, imprimé à Grenoble. Je vous le montrerais, si j'avais le bonheur d'être avec mes livres à Paris. Je m'étonne que cette découverte ait échappé au P. Niceron. Il y a plusieurs années que j'en dis un mot dans une de nos conversations d'académie : c'est un fait qui ne doit plus être ignoré dans notre France. »

M. Jamet le jeune, à qui cette lettre est adressée, est mort le 30 août 1778. C'était un homme très-instruit, qui avait l'habitude d'écrire sur les livres de sa bibliothèque des remarques historiques, grammaticales, littéraires et souvent satiriques; ce qui les fait rechercher de certains curieux.

M. Chardin, libraire de Paris très-connu, possède de lui un manuscrit en 2 gros vol. in-4, intitulé *Stromates*. L'abbé de Saint-Léger en avait eu communication, et il en a fait un extrait dont je citerai quelques articles.

Moller, dans ses notes sur le *Polyhystor* de Morhof, attribua aussi l'ouvrage de Chorier à Jean Westrène, jurisconsulte de la Haye. C'est en vain que le P. Niceron (t. 36, p. 25) présente cet individu comme un être imaginaire; c'était, suivant M. Van Thol, un homme savant et de très-bonnes mœurs, tout-à-fait incapable de s'occuper de la composition d'un ouvrage de ce genre. Cette famille a produit beaucoup d'hommes de lettres.

M. Charles Nodier a dit plusieurs fois, dans le *Journal des Débats*, que Camille Desmoulins était auteur d'une traduction de l'ouvrage de Chorier. Peut-être a-t-il voulu parler de l'ouvrage intitulé : *Nouvelle Traduction de Mursius*, etc. C'est une nouvelle édition de la traduction imprimée en 1749 pour la première fois. L'auteur n'en est pas connu.

37. Académie (l'), militaire, ou les Héros subalternes, par un auteur suivant l'armée (GODARD DAUCOURT). *Paris*, 1745, 2 *vol. petit in*-12. — Nouvelle édition augmentée, avec de jolies gravures. *Paris, Mérigot le jeune*, 1777, 2 *v. in*-12.

38. Académiques de CICÉRON, traduites en français (par David DURAND), avec le texte latin et des remarques nouvelles, outre les conjectures de DAVIES et BENTLEY. *Londres, Paul Vaillant*, 1740. — Academica, sive de judicio erga verum, in ipsis primis fontibus; operâ Petri VALENTIÆ, Zafrensis, editio nova emendatior. *Londini, typis Bowyerianis*, 1740, *in*-8.

Ouvrage très-rare; feu M. Capperonnier, conservateur des livres imprimés de la Bibliothèque du Roi, en a procuré une nouvelle édition. *Paris, Barbou*, 1796, 2 *vol. in*-12. Il a inséré dans le second volume la traduction française du commentaire de VALENCE par DE CASTILLON, laquelle avait été imprimée pour la première fois à la tête de sa traduction des *Académiques* de Cicéron. *Berlin*, 1779, 2 *vol. in*-8.

239. Acadiade (l'), ou Prouesses anglaises en Acadie, Canada, etc., poëme comi-héroïque en quatre chants, par M. D*** (DE CHEVRIER). *Cassel*, 1758, *petit in*-8.

240. Acajou et Zirphile, conte (par DUCLOS). *A Minutie* (*Paris*), 1744, *in*-4 *et in*-12.

241. Acanthologie, ou Dictionnaire épigrammatique, recueil par ordre alphabétique (publié par M. FAYOLLE). *Paris*, 1817, *in*-12.

242. Accomplisssement des Prophéties (par P. JURIEU). *Rotterdam, Acher*, 1686-1687, 3 *vol. in*-12.

243. Accord de la Foi avec la Raison dans la manière de présenter le système physique du monde, et d'expliquer les mystères de la religion (par le chevalier DE FORBIN). *Cologne*, 1768, 2 *vol. in*-12.

244. Accord de la Philosophie avec la religion, prouvé par une suite de discours relatifs à treize époques (par l'abbé YVON). *Paris, Moutard*, 1776, *in*-12 (*tome premier*, contenant le discours préliminaire). *Réimprimé en* 1782 *ou en* 1785, *chez Panckoucke*, 2 *vol. in*-8.

245. Accord (l') de la Religion et de l'Humanité sur l'Intolérance (par l'abbé DE CAVEYRAC). *Paris*, 1762, *in*-12.

L'abbé d'HEBRAIL, auteur de la *France littéraire* de 1769, attribue cet ouvrage à l'abbé DE MALVAUX.

246. Accord des Principes et des Lois sur les évocations, commissions et

cassations (par M. FERRAND, ancien conseiller au parlement de Paris, aujourd'hui pair de France). *Sans indication de lieu*, 1786, *in*-12 *de* IV *et* 164 *pages*. — Seconde édition augmentée. *Sans indication de lieu*, 1789, *in*-12 de VII *et* 358 *pages*.

Cet ouvrage contient une défense énergique des cours souveraines de l'ancien régime; une apostrophe de la préface fait juger que le nom de l'auteur est connu dans l'histoire : « O toi qui m'as laissé un « nom que ta mort dut rendre plus respec- « table, toi qui péris par les mains des sé- « ditieux en défendant la cause de Louis XIV « encore jeune, guide aujourd'hui les tra- « vaux d'un de tes descendans ! Sans doute « il te fallut du courage pour t'exposer à la « fureur d'une populace révoltée; peut- « être aujourd'hui n'en faut-il pas moins « pour rappeler de grandes vérités à un « siècle qui les ridiculise ou les persécute. »

Il s'agit ici de Jean Ferrand, fils de Michel, doyen du parlement, tué le 4 juillet 1652 en sortant de l'assemblée qui s'était tenue à l'Hôtel-de-Ville.

Voyez la *préface* de la seconde édition.

247. Accord des vrais Principes de l'Eglise, de la morale et de la raison sur la constitution civile du Clergé, par les évêques constitutionnels (ouvrage rédigé par feu M. LE BRETON). *Paris*, 1791, *in*-8.

248. Accord du Christianisme avec la Philosophie (par M. BATAILLIARD). *Paris*, *Leclere*, 1801, *in*-8 *de* 80 *p.*

249. Accord parfait, ou l'Equilibre physique et moral (par BEAURIEU), *Paris*, 1795, *in*-18.

250. Accord (l') parfait de la Nature, de la Raison, de la Révélation et de la Politique sur la Tolérance (par le chevalier DE BEAUMONT), *Cologne*, 1753, 3 *vol. in*-12.

VOLTAIRE, dans son *Traité sur la Tolérance*, présente un fidèle abrégé de plusieurs chapitres de l'*Accord parfait*. Il y avait lieu de s'étonner de voir les éditeurs de nos anciens dictionnaires historiques attribuer cet ouvrage à l'abbé DE CAVEYRAC, qui n'a écrit que pour justifier l'intolérance.

251. Accouchée (l') espagnole, avec le caquet des politiques, ou le frère et la suite du *politique Lutin sur les maladies de l'Etat*, par le sieur DE SANDRICOURT (Fr. Eudes DE MÉZERAY). *Paris*, 1665, *in*-4.

Quelques auteurs prétendent que François Duret, médecin, s'était caché sous ce masque. Voyez le n° 23,386 de la nouvelle édition du P le Long.

252. Achille, ou la France renouvelée des Grecs, poëme en huit chants (par M. DE MARTANGES). *Sans indication de lieu*, 1792, *in*-4.

253. Acte du Parlement d'Angleterre, connu sous le nom d'Acte de navigation, traduit de l'anglais, avec des notes (par BUTEL-DUMONT). *Paris*, *Ch. Ant. Jombert*, 1760, *in*-12.

254. Actes de la Pacification de Cologne, commencée l'an 1579, avec des notes. *Delft*, 15.., *in*-4.

M. de Thou (Hist. lib. XVIII, n. 25) et Valère André se sont trompés en attribuant la rédaction de ces *Actes* et les *notes* qui les accompagnent à Adolphe Van Meetkercke. Bayle s'est aussi trompé en les donnant à Théodore Koornhert. « C'est *Aggée Albada*, dit Paquot (art. Meetkercke), qui « fit cette rédaction et ces notes. J'en par- « lerai à son article. » Paquot ne l'a point publié.

255. Actes de la Société d'Histoire naturelle de Paris (publiés par MILLIN), t. 1, 1re partie. *Paris*, 1792, *in-fol. de* 192 *p. avec* 15 *pl.*

256. Actes de l'Assemblée générale du Clergé de France de 1685, concernant la religion, avec des réflexions sur ces actes, par M. D. P. B. (par GAUTIER, ministre protestant). *La Haye*, *Troyel*, 1685, *petit in*-12.

257. Actes (les) de S. Barlaam, martyr, tirés d'un manuscrit grec et traduits en français, avec des remarques et deux discours, l'un de S. BASILE, l'autre de S. JEAN CHRYSOSTÔME, sur le même saint martyr,

aussi traduits du grec (par le P. Baltus, jésuite). *Dijon, chez l'imprimeur du roi*, 1722, *in*-12.

258. Actes (les) des Apôtres depuis le mois de novembre 1789 jusqu'au mois d'octobre 1791 (publiés par M. Peltier). *Paris, Gattey*, 10 *vol. in*-8 et onze numéros. — Edition contrefaite. *Paris*, 20 *vol. in*-12.

Ce journal contient trois cent onze chapitres ou numéros ; il ne fut discontinué que sur l'ordre formel que sa majesté Louis XVI en fit signifier à l'auteur principal par M. de la Porte, intendant de la liste civile. M. Peltier a eu pour collaborateurs le général comte de Langeron, le comte de Lauraguais, aujourd'hui duc de Brancas et pair de France, le comte de Rivarol, M. Regnier, M. de Mesnil-Durand, M. d'Aubonne, M. Georges, M. Béville, M. Langlois, M. Artaud, M. Bergasse, M. l'abbé de la Bintinaie et M. le chanoine Turménie.

C'est à tort que M. de Barruel-Beauvert s'est vanté publiquement d'avoir travaillé à ce journal. Voyez la lettre de M. Peltier, datée de Londres, le 5 août 1816, et insérée dans le *Constitutionnel* du 13 du même mois. La lettre de M. Peltier donna lieu à M. de Barruel-Beauvert d'informer le public qu'il avait entendu parler des *Nouveaux Actes des Apôtres* publiés par lui en 1796, et pour lesquels il fut condamné à la déportation le 6 septembre 1797 (22 fructidor an 5).

259. Actes du Concile de Trente en l'an 1562 et 1563, contenant les mémoires, instructions et despesches des ambassadeurs de France, etc. (le tout recueilli par Jean Gilot), *Sans indication de lieu*, 1607, *in*-12.

Voyez Catalogue de la Vallière, par Nyon, t. 1, n° 421.

260. Actes (les) du Synode universel de la sainte Réformation, tenu à Montpellier le 15 may 1598, satyre ménippée contre les prétendus réformez (par G. de Reboul). *Montpellier, le Libertin*, 1599, *in*-8. V. T.

M. Fleischer cite une édition de 1600, in-12.

261. Actes et Décrets du Concile diocésain de Pistoie de l'an 1786, traduits de l'italien (par l'abbé de Bellegarde). *Pistoie, A. Bracali*, 1788, 2 *vol. in*-12.

262. Actes et Mémoires de la Paix de Nimègue (par Moetjens). *La Haye*, 1697, 4 *vol. in*-12.

263. Actes et Mémoires de la Négociation de la Paix de Ryswick (recueillis par Jacques Bernard). *La Haye, Van Duren*, 1696, 4 *vol.* ; — 1725, 5 *vol. in*-12.

264. Actes, Mémoires et autres Pièces concernant la paix d'Utrecht (par Casimir Freschot). *Utrecht, Van de Water*, 1714 et 1716, 7 *vol. in*-12. *Douteux*.

265. Actes et Titres de la Maison de Bouillon, avec des remarques (par de la Croze). *Cologne* (*Berlin*), 1698, *in*-12.

266. Action (de l') de Dieu sur les Créatures (par Laurent Boursier). *Lille*, 1713 ; *Paris*, 1714, 2 *vol in*-4 *ou* 6 *vol. in*-12.

267. Action (de l') de l'Opinion sur les Gouvernemens (par J. P. Papon). .... 1788, *in*-8, et à la fin de l'ouvrage du même auteur, intitulé : *Histoire du Gouvernement français*. V. ces mots.

C'est à tort que l'on a inséré cet opuscule parmi les *Œuvres de Rulhière*, Paris, 1820, 6 vol. in-8.

268. Action (l') du Feu central bannie de la surface du Globe, et le Soleil rétabli dans ses droits, par M. D. R. D. L. (M. de Romé de l'Isle), de plusieurs académies. *Paris*, 1779, *in*-8.

269. Adages et Proverbes de Solon de Voge, par l'Hétropolitain (Jean le Bon). *Paris, Bonfons, in*-16.

Catalogue de Cangé, p. 135.

270. Adam et Eve, tragédie imitée de Milton (par Tanevot). *Amsterdam, Mortier*, 1742, *in*-8. — Nouvelle édition revue et corrigée par l'auteur. *Paris, Garnier*, 1762, *in*-12.

271. Addition à la Vie de M. de Molière (par Grimarest), contenant une réponse à la critique qu'on en a faite. *Paris, Jacques le Fèvre*, 1705, *in*-12.

272. Addition au Mémoire historique et critique de la Vie de Roger de Saint-Lary de Bellegarde (par le marquis de Cambis), *Paris*, 1767, *in*-12.

273. Addition à l'ouvrage intitulé: *Les Trois Siècles de notre Littérature*, ou Lettre critique adressée à M. l'abbé Sabatier de Castres, par Aléthophile (Laus de Boissy). *Paris*, 1773, *in*-8 *de* 68 *pages*.

274. Additions aux neuf volumes du recueil de médailles de rois, de villes, etc. (par J. Pellerin). *Paris*, 1778, *in*-4. V. T.

275. Adélaïde de Champagne (par Pierre Dortigue de Vaumorière). *Paris*, 1680, 1690, 4 *vol. in*-12.

276. Adélaïde, ou la Force du Sang (par C. G. T. Garnier). *Paris*, 1771, *in*-8. V. T.

277. Adélaïde, ou l'Amour et le Repentir, anecdote volée par M. D. M. (M. Savin). *Amsterdam et Paris, Costard*, 1770, *in*-8.

Les *Mémoires de mademoiselle Bontemps*, les *Lettres de Thérèse*, une historiette qu'on trouve dans les Amusemens de Spa, ont fourni à l'auteur les principaux événemens qu'il a arrangés sans se donner la peine de les déguiser beaucoup.

278. Adélaïde, ou le Combat de l'Amour et du Préjugé (par C. G. T. Garnier). *Paris*, 1771, *in*-8. V. T.

279. Adélaïde, ou Mémoire de la marquise de M*** (par mademoiselle Louise-Félicité de Kéralio, alors âgée de 17 ans). *Neuchâtel*, 1776, *in*-8 *de* 248 *pages*.

280. Adèle de Sénange, ou Lettres de lord Sydenham (par madame de Flahaut, avec une préface par le marquis de Montesquiou). *Londres*, 1794, *in*-8; — *Paris, Maradan*, an 6 (1798), 2 *vol. in*-12.

281. Adèle et Cécile, conte moral, par un membre correspondant du lycée de Caen (M. L. G. Taillefer). *Falaise, Brée*, 1802, *in*-12.

282. Adelphine de Rostanges, ou la Mère qui ne fut point épouse, histoire véritable (par M. Desforges). *Paris*, 1799, 2 *vol. in*-12.

283. Adieu de l'Ame du Roi, avec la défense des pères jésuites, par la demoiselle de G. (de Gournai). *Lyon*, 1610, *in*-8. V. T.

284. Adieux (les) à Bonaparte (par M. Michaud). *Paris, marchands de nouveautés*, 1800, *in*-8 *de* 64 *p*.

Réimprimé en 1814 avec le nom de l'auteur.

285. Adieux (les) de l'Arbre de Cracovie (par M. de Beaumont). *La Haye*, 1781, *in*-8 *de* 7 *pages*.

286. Adieux (les) du duc de Bourgogne et de l'abbé de Fénélon, son précepteur, ou Dialogues sur les différentes sortes de Gouvernemens (par M. Thiébaut). *Douay (Berlin)*, 1772, *in*-12. — Nouvelle édition augmentée. *Paris, Prault*, 1788, *in*-8.

287. Adieux du Poëte aux Muses (par Denesle). *Paris*, 1737, *in*-12.

288. Adieux (les) du quai de Gèvre à la bonne ville de Paris (attribués à J. de la Vallée). *Paris*, 1787, *in*-12. V. T.

289. Adieux d'un Curé à ses Paroissiens, le dimanche veille de la Toussaint 1802, imprimés en faveur des absens et à la prière des présens (par M. Guiot). *Corbeil, Gelé* (1802), *in*-8.

290. Adieux d'un Danois à un Français, poëme satirique (par J. F. Marmontel) ..... 1768, *in*-8.

Cité par M. Ersch dans la *France littéraire*, t. 2, p. 337.

291. Administration (l') du marquis de Pombal (par le chevalier Dezoteux, envoyé de France en Portugal). *Amsterdam* (*Paris*), 1788, 4 *vol. in*-8.

On trouve, en tête de quelques exemplaires, une *déclaration* de l'auteur de douze pages et un *prospectus* de 108 pages.

Le nom de l'auteur m'a été indiqué par M. Verdier, savant portugais.

292. Administration générale et particulière de la France (par dom de Vienne). *Paris*, 1774, *in*-4.

293. Administration (de l') municipale, ou Lettres d'un citoyen de Lyon sur la nouvelle administration de cette ville (par Prost de Royer). 1765, *in*-12.

294. Administration (de l') provinciale, et de la Réforme de l'impôt (par le Trosne). 1779, *in*-4.

295. Administrations (des) provinciales, Mémoire présenté au roi par Turgot (composé par Dupont de Nemours), suivi des observations d'un républicain (J. P. Brissot). *Lausanne*, 1788, *in*-8.

On trouve des exemplaires de cet ouvrage qui sont intitulés : *Œuvres posthumes de Turgot*.

296. Admirable (l') Histoire du chevalier du Soleil, par François Rosset (et Louis Douet). *Paris, J. Fouet*, 1620 *et années suivantes, et Guillemot*, 1643, 8 *vol. in*-8.

297. Admirables (les) Qualités du Quinquina, et la manière de s'en servir (trad. de l'anglais de Talbot), avec les réflexions de Fagon. *Paris*, 1705, *in*-12. V. T.

298. Admirables (les) Vertus des Eaux naturelles de Pougues, Bourbon et autres renommées en France (par J. Banc). *Paris*, 1618, *in*-8. V. T.

299. Admission (de l') des Juifs à l'Etat civil (par M. Sonnini). *Nancy*, 1790, *in*-8.

300. Adolphe de Morni, ou les Malheurs de deux Epoux (par madame d'Argebouse). *Paris, an* 13 (1805), 3 *vol. in*-12. V. T.

301. Adolphe de Waldheim, ou le Parricide innocent, par A. D. V. C. (Alex. du Voisin-Calas). *Paris, Ducauroy, an* 10 (1802), *in*-12.

L'auteur est, par sa mère, petit-fils du malheureux Calas de Toulouse. Du Voisin, père de cet auteur, était ministre à la chapelle de l'ambassadeur de Hollande, et jouissait d'une réputation méritée. V. T.

302. Adolphe et Jenny, fait historique, par l'auteur de l'*Hermite de vingt ans* (Louis Ponet). *Paris, le Marchand*, 1802, *in*-12.

303. Adolphe, ou la Famille malheureuse, par madame G.... Van.... (Godfrey Van Esbecq). *Paris*, 1797, 3 *vol. in*-12.

304. Adonias, tragédie, vrai miroir ou tableau et patron de l'état des choses présentes, par Philone (Louis des Mazures), en cinq actes et en vers. *Lausanne, J. Chiquelle*, 1586, *in*-8.

Voyez les mots *Josias*, tragédie...

305. Adonis, poëme (imité du chant huitième de l'Adone du cavalier Marin, par Fréron et le duc d'Estouteville). *Paris, Musier*, 1775, *in*-8.

L'édition originale de cette imitation est

intitulée : *Les Vrais Plaisirs*, ou *les Amours de Vénus et d'Adonis*, 1748, *in*-12.

306. Adorateur (l') en esprit et en vérité (par M. JAUFFRET, évêque de Metz). *Paris, le Clere*, 1800, 3 *vol. in*-18.

307. Adoration perpétuelle du sacré Cœur de Jésus, établie à Sainte-Aure le 1er juillet 1779 (par N. M. VERRON, ex-jésuite). *Paris*, 1784, *in*-16. V. T.

M. Fleischer attribue à l'abbé Grisel un ouvrage du même titre et de la même date. L'indication de M. Van Thol mérite plus de confiance, puisque l'abbé Verron, massacré au séminaire de Saint-Firmin le 3 septembre 1792, à l'âge de cinquante-un ans, était directeur spirituel des religieuses du couvent de Sainte-Aure, dans la rue Neuve-Sainte-Geneviève, à Paris. Voyez la notice qui le concerne dans le quatrième volume de l'ouvrage de M. l'abbé Aimé Guillon, intitulé : *Les Martyrs de la Foi pendant la Révolution française*, Paris, Germain Mathiot, 1821, 4 vol. in-8.

308. Adresse à la nation anglaise, poëme patriotique, par *un citoyen* (LE FÈVRE DE BEAUVRAY), sur la guerre présente. *Amsterdam et Paris*, 1757, *in*-12.

309. Adresse à l'Assemblée nationale sur la liberté des opinions, sur celle de la presse, etc., ou Examen philosophique de ces questions : 1° Doit-on parler de Dieu, et en général de religion, dans une déclaration des droits de l'homme? 2° La liberté des opinions, quel qu'en soit l'objet, celle du culte et la liberté de la presse peuvent-elles être légitimement circonscrites et gênées par le législateur (par M. NAIGEON). *Paris, Volland*, 1790, *in*-8 *de* 140 *p.*

M. l'abbé Morellet fit imprimer, mais ne mit pas en vente l'opuscule suivant ; Préservatif contre un écrit intitulé : *Adresse à l'Assemblée nationale* sur la liberté des opinions, etc. *Paris, Crapart* (1790), *in*-8 *de* 38 *pages*.

Il est curieux de voir un philosophe très-hardi réfuté par un philosophe très-prudent.

310. Adresse à MM. les Curés (par M. SERVAN). 1789, *in*-8 *de* 30 *p.*

311. Adresse au Gouvernement, ou la France en danger par l'ultramontanisme (par M. MORISSE, ancien intendant des îles). *Paris, Imprimerie chrétienne*, 1801, *in*-8 de 44 p.

312. Adresse aux Églises françaises des Etats prussiens (par J. HENRY, bibliothécaire du roi de Prusse), en réponse à l'écrit qui leur a été adressé en allemand cette année, sous le titre d'*Appel aux communes françaises de la monarchie prussienne*, par un de leurs plus anciens pasteurs (THÉREMIN DE GRAMZORE). *Berlin*, 1814, *in*-8.

313. Adresse des Dominicains de la rue du Bac à l'Assemblée nationale (par le P. LAMBERT). *Paris*, 1789, *in*-8.

314. Adresse des Habitans du ci-devant bailliage de .... à M. de ...., leur député à l'Assemblée nationale, sur son duel et sur le préjugé du point d'honneur, publiée et mise au jour par M. G.... (GROUVELLE). *Paris, Moutard*, 1790, *in*-8 *de* 60 *pages*.

315. Adresse des Jeunes Religieux dominicains du collége général de Saint-Jacques de Paris à l'Assemblée nationale (par Louis PERRIN). *Paris*, 1789, *in*-8. V. T.

316. Adresse du professeur du Droit français (Tim. Arn. HENRI) à MM. les Administrateurs, sur l'étude de la Constitution et du Droit français. *Nancy, le Clere*, 1790, *in*-4.

Voyez le *dictionnaire* de Fleischer.

317. Adresse d'un Citoyen français à ses Représentans sur la Constitution

de 1793 (par VASSELIN). *Paris*, 1795, *in*-8. V. T.

318. Adresse d'un Prussien (J. B. CLOOTZ, qui s'est nommé depuis Anacharsis) à un Anglais (Edmond BURKE). *Paris*, 1790, *in*-8.

319. Adresse pour acquérir la facilité de persuader et de parvenir à l'éloquence, par J. D. W. (Jean DE WAIPY), citoyen de Verdun. *Verdun*, 1720, *in*-16.

Dom Calmet attribue mal à propos cet ouvrage au P. Vapy, jésuite.

320. Adresses (les) de la ville de Paris, avec le Trésor des Almanachs, par Abraham DU PRADEL (le sieur BLÉGNY). *Paris*, *veuve Nyon*, 1691, *in*-8.

« J'ai lu, dit le P. Baizé, dans la lettre « d'un médecin contre M. Ménage, que « c'est le *sieur Blégny* qui a donné cet « almanach sous le nom d'Abr. du Pradel. » (*Note tirée du catalogue manuscrit de la Doct. Chr.*., *t.* 5, *fol.* 226.)

321. Adrien et Stéphanie, ou l'Ile déserte, histoire française, par l'auteur de *Maria* (madame BLOWER, publié par WILLEMAIN D'ABANCOURT). *Paris*, *Roux*, 1803, 2 *vol. in*-12.

322. Adrienne, ou les Aventures de la marquise de N. N., traduites de l'italien (de l'abbé CHIARI) par M. D. L. G. (DE LA GRANGE). *Paris*, *veuve David*, 1768, 2 *vol. in*-12.

L'ouvrage italien parut en 1762, à Venise ; il est intitulé : *La Cantatrice per disgrazia*.

323. Adriennes (les) nouvelles, recueillies et mises en vers par un officier au corps impérial du génie (M. LE ROUX). *Paris*, *Giguet et Michaud*, 1805, *in*-8.

324. Adventurier (l') rendu à Dangier ; conduit par advis, traitant des guerres de Bourgogne et de la journée de Nancy, avec la vie et le testament de maître Enguerrant de Marigny (par Jean DE MARIGNY). *Imprimé nouvellement à Paris* (*sans date*), *in*-4. *goth.*

325. Advertissemens sur les Jugemens d'Astrologie à une judicieuse Damoiselle (attribués à MELLIN DE SAINT-GELAIS). *Lyon*, 1546, *in*-8. V. T.

Voyez La Croix du Maine et du Verdier, in-4, t. 3, p. 186.

326. Advertissement à MM. les prétendus réformez du diocèse de Laon de prendre garde que la sentence donnée par le Sauveur contre les Juifs ne soit vérifiée en eux, *vous me chercherez*, *etc.* (par Nicolas TRIPLOT, docteur en théologie de la faculté de Paris, mort à Laon en 1634, âgé de 74 ans). 1612, *in*-8.

327. Advertissement aux Provinces sur les nouveaux mouvemens du Royaume, par le sieur DE CLÉONVILLE (Jean SIRMOND). 1631, *in*-8.

328. Advertissement des Catholiques anglois aux Catholiques françois du danger où ils sont de perdre leur religion (attribué à L. D'ORLÉANS). *Sans nom de ville*, 1586, 1587, 1588, *in*-8 ; et dans la *Satyre ménippée*, Ratisbonne, 1709, t. 1.

Voyez le Long, n° 18535.

329. Advis d'un Religieux contre les faiseurs de libelles diffamatoires touchant l'emprisonnement des princes et affaires du temps. *Paris*, 1650, *in*-4.

Il est signé F. D. F. (*François Davenne* DE FLEURANCE). Niceron, t. 37, p. 79.

330. Ædologie, ou Traité du Rossignol franc ou chanteur (par ARNAULT DE NOBLEVILLE). *Paris*, 1751, *in*-12.

331. Ænéide de VIRGILE, mise en prose françoise par C. M. S. (Claude

MALINGRE). *Paris, Cl. Collet*, 1618, *in*-8.

332. Affaire (l') de Marie d'Agréda et la manière dont on a cabalé en Sorbonne sa condamnation. *Cologne*, 1697, *in*-12, *pp.* 40.

On voit, tome 6 des *Nouv. Littér.* de du Sauzet, p. 117, que Henri de la Morlière, docteur de Sorbonne, fut soupçonné d'être l'auteur de ce libelle. Mais il le désavoua par un écrit de 12 pages *in*-12, intitulé : *Justification de M. Henri de la Morlière*, 1697. De sorte qu'on croit que c'est l'ouvrage du P. Claude MÉRON, cordelier, docteur de Sorbonne, qui mit tout en œuvre pour empêcher la censure, et qui, s'étant déchaîné à ce sujet contre les docteurs qui lui étaient opposés, même contre l'archevêque de Rheims, M. Bossuet, et autres prélats, qu'il regardait comme les promoteurs de cette affaire, fut mandé au parlement, et ensuite exilé à Noyon.

333. Affaires de la Guerre, contenant le journal du blocus de Mantoue (en 1701 par M. de Villeroy), et suite du journal de l'armée de monseigneur le duc de Bourgogne. *Paris, Michel Brunet*, 1702, *in*-12.

Le journal du blocus de Mantoue a été rédigé par le comte, depuis maréchal DE TESSÉ, qui commandait dans cette place. (*Note manuscrite.*)

334. Affaires de l'Angleterre et de l'Amérique (espèce d'ouvrage périodique, rédigé par FRANKLIN, COURT DE GEBELIN, ROBINET et autres). *Anvers* (*Paris, Pissot*), 1776, 15 *vol. in*-8.

335. Affaires de l'Inde, depuis le commencement de la guerre avec la France en 1756, jusqu'à la conclusion de la paix en 1783, etc., traduit de l'anglais (par SOULÈS). *Paris, Buisson*, 1788, 2 *vol. in*-8.

336. Affaires du temps au sujet de la guerre, depuis 1688 jusqu'à 1689 (par J. DONNEAU DE VISÉ). *Paris*, 1688, 10 *vol. in*-12.

337. Affections (les) de divers Amans, faites et rassemblées par PARTHÉNIUS de Nicée, ancien auteur grec, et nouvellement mises en français (par Jehan FORNIER ou FOURNIER). *Paris, Robinot*, 1555, *in*-8, *et* (*Coustelier*), 1743, *in*-12. — Nouvelle édition (avec un Mémoire où l'on établit la différence des deux éditions faites en la même année, à Paris et à Lyon, de cette traduction, en 1555, par l'abbé DE SAINT-LÉGER). *Paris, Guillaume, an* 5 (1797), *in*-8.

Cette édition fait partie de la *Bibliothèque des Romans grecs*, publiée en 12 vol. petit in-12, par le même libraire. Le morceau relatif à J. Fournier est le seul que l'abbé de Saint-Léger ait fourni à cette collection. C'est à tort qu'il en a été présenté comme l'éditeur dans différens ouvrages publiés en France ou chez l'étranger. Voyez la Notice sur la vie et les écrits de l'abbé de Saint-Léger, par M. Chardon de la Rochette, dans le *Magasin encyclopédique*, 5e année, t. 2.

338. Affiches de la Rochelle (rédigées par M. JOUYNEAU-DESLOGES), depuis 1769 environ jusqu'en 1773.

Voyez la *Décade philosophique*, tom. 35, p. 373.

339. Affiches de Paris, des Provinces et des Pays étrangers. *Paris, C. L. Thiboust*, 1716, *in*-4 *et in*-8.

« L'auteur de ces recueils est Jean DU « GONE ou DU GONO, de Gannat en Au« vergne, homme de mérite, mais abon« dant en desseins singuliers, lequel a « publié le plan d'une traduction française « du droit romain, et qui, après avoir été « secrétaire du premier président de No« vion, mourut secrétaire du roi en 1729, « âgé d'environ 86 ans : toutes choses que « je tiens d'une personne très-instruite et « très-sûre, laquelle avait eu de l'auteur « même neuf de ces recueils pour l'année « 1716. » (*Catalogue manuscrit de la Doct. Chr.*, t. 19, fol. 211, par le P. Baizé.)

340. Affiches (les) de Paris, Avis divers, etc., du lundi 22 février 1745 au lundi 3 mai 1751 (ouvrage commencé par Antoine BOUDET, libraire et imprimeur). *Paris, l'auteur*, 1745 *et années suivantes*, 7 *vol. petit in*-4.

341. Affiches du Poitou (rédigées par M. JOUYNEAU-DESLOGES), depuis 1773 jusqu'en 1783 environ.

342. Affiches Orléanaises (par L. P. COURET DE VILLENEUVE), depuis 1771 jusqu'à 1790. *Orléans, in-4.*

M. Martin Couret de Villeneuve, imprimeur à Orléans, père du précédent, est éditeur des années antérieures à 1771. (Fleischer.)

343. Afrique (l') de MARMOL, de la traduction de Nicolas PERROT D'ABLANCOURT; avec l'Histoire des Chérifs, traduite de l'espagnol de Diégo TORRÈS, par le duc D'ANGOULÊME le père (et revue par P. RICHELET). *Paris, L. Billaine,* 1667, 3 *vol. in-4.*

344. Afrique (l'), ou Histoire, Mœurs, Usages et Coutumes des Africains. —Le Sénégal, par R. G. V. (M. GEOFFROY, médecin-voyageur). *Paris, Nepveu,* 1814, 4 *vol. in-18, avec 44 planches.*

345. Agatha, ou la Religieuse anglaise, traduite de l'anglais (par madame DE GUIBERT). *Paris, Maradan,* 1797, 3 *vol. in-12.*

346. Agathe, ou la Chaste princesse, tragédie (par RACOT-GRANDVAL). 1750, *in-8.*

347. Agathocles et Monk, ou l'Art d'abattre et de relever les Trônes (par M. PHILIPPON). *Orléans, an* 5 (1797), *in-18.*

348. Age (l') d'or, recueil de contes pastoraux par le berger SYLVAIN (Sylvain MARÉCHAL). *Mytilène (Paris),* 1782, *in-18.*

349. Agenda des Auteurs, ou Calpin littéraire (par RAYMOND DE SAINT-SAUVEUR, intendant du Roussillon en 1784). *Paris,* 1755, *in-12.*

350. Agimée, ou l'Amour extravagant, tragi-comédie en cinq actes et en vers, par S. B. *Paris,* 1629, *in-8.*

De Beauchamps, dans ses *Recherches sur les Théâtres de France*, laisse cette pièce anonyme. J'ai trouvé dans les *Scriptores ordinis prædicatorum*, Lut. Par., 1721, in-fol., t. 2, p. 642, que l'auteur est *Simon* BAZIN, dominicain. V. T.

351. Agis, parodie d'Agis (par GOULARD). *Paris, Brunet,* 1782, *in-8.*

352. Agneau pascal (l'), ou Explication des Cérémonies que les Juifs observaient en la manducation de l'agneau de Pâques, appliquées, etc. (par l'abbé RICHARD, curé de Triel). *Cologne,* 1686, *in-8.*

353. Agnès de Castro, nouvelle portugaise, par mademoiselle de .... (J. B. DE BRILHAC). *Amst.,* 1688, *in-12.* V. T.

Cat. Simpson, nº 1086.

354. Agréables Diversités (les) d'Amour, contenant cinq histoires tragiques de ce temps; sur les Aventures de Chrysaor et de Filimène (par Nic. DU MOULINET, sieur DU PARC, c'est-à-dire Charles SOREL). *Paris, Millot,* 1614, *in-12.*

355. Agrémens (les) de la Campagne, ou Remarques particulières sur la composition des maisons de campagne plus ou moins magnifiques... (par DE GROOT). *Leyde,* 1750, 1 *vol. in-4; ou Paris,* 1752, 3 *vol. in-12.*

Traduit du hollandais de P. DE LA COUR, jurisconsulte de Leyde, le premier qui ait élevé des ananas.

356. Agrémens (les) du Langage, réduits à leurs principes (par DE GAMACHES). *Paris, G. Cavelier,* 1718, *in-12.*

Cet ouvrage ne se trouve que par extrait dans les *Dissertations philosophiques et littéraires* du même auteur, *Paris,* 1755, *in-12*, quoique quelques exemplaires de celles-ci portent le titre d'*Agrémens du Langage*, nouvelle édition.

Mylius, dans sa Bibliothèque des Anonymes (t. 1, p. 214), attribue les *Agrémens du Langage* à M. DE CLARIGNY, nom sous lequel M. de Gamaches s'était caché en 1704, lorsqu'il publia le *Système du Cœur*. Voyez ces mots.

357. Agrestes (les), par l'auteur des *Nuits élyséennes* (par J. A. GLAISE). *Paris, Capelle et Renand*, 1805, *in*-18.

358. Agriculteur (l') anglais, ou Calendrier du Fermier (par le marquis DE GUERCHY), seconde édition. *Paris*, 1798, *in*-8.

C'est un nouveau frontispice mis au *Calendrier du Fermier*. Voyez ces mots.

359. Agriculture (l') des Anciens, par Adam DICKSON, traduite de l'anglais (par feu M. PARIS, architecte du roi). *Paris*, 1801, 2 *vol. in*-8.

360. Agriculture pratique des différentes parties de l'Angleterre, par MARSHAL, traduite de l'anglais (par feu M. PARIS, architecte du roi). *Paris*, 1803, 5 *vol. in*-8 *et atlas in*-4.

Voyez la *notice* très-curieuse sur M. Paris, par M. Weiss, bibliothécaire de Besançon, en tête du *Catalogue de la Bibliothèque* de M. Paris; *Besançon*, 1821, in-8.

361. Agriculture (l') réduite à ses vrais principes, par Jean Gottschalk WALLERIUS, ouvrage traduit en français sur la version latine, auquel on a ajouté un grand nombre de notes tirées de la version allemande (par le baron D'HOLBACH). *Paris, Lacombe*, 1774, *in*-12.

362. Agriculture (l') simplifiée selon les règles des anciens (par le marquis CARACCIOLI). *Paris, Bailly*, 1769, *in*-12.

363. Agronome (l'), dictionnaire portatif du cultivateur (par ALLETZ). *Paris*, 1760, — 1764, — 1799, 2 *vol. in*-8.

364. Agronomie (l') et l'Industrie, ou les Principes de l'Agriculture, du Commerce et des Arts (par DE NEUVE-EGLISE, ROUSSELOT DE SURGY, et MESLIN). *Paris*, 1761, 7 *vol. in*-8.

Voyez une note étendue sur cet ouvrage dans le *Dictionnaire de Bibliographie française* de feu M. Fleischer. Paris, 1812, in-8, t. 1, p. 178.

Le défaut d'encouragemens est cause que nous ne possédons que les deux premiers volumes de cet important ouvrage.

365. Ah! quel Conte! conte politique et astronomique (par CRÉBILLON fils). *Bruxelles, les frères Vasse* (*Paris, Mérigot*), 1751, 4 *vol. in*-12.

366. Ah! que c'est Bête! par M. TIMBRÉ (le marquis DE SAINT-CHAMOND). *Berne, de l'imprimerie des Fr. Calembourgs, à la Barbe bleue*, 1776, *in*-8.

Madame Riccoboni a eu quelque part à cette bagatelle.

Le marquis de Saint-Chamond avait épousé mademoiselle Mazarelli, connue par son esprit et par quelques ouvrages.

Voyez le *Magasin encyclopédique*, t. 28, p. 566.

367. Aide-Mémoire, à l'usage des officiers du corps royal d'artillerie de France attachés au service de terre (par le général GASSENDI). *Metz*, 1789, *in*-8. — Cinquième édition revue et augmentée. *Paris*, 1819, 2 *vol. in*-8.

368. Aigle (l') et le Hibou, fable, avec des notes (par CÉRUTTI). *Glascow et Paris*, 1783, *in*-8.

369. Aiguillon (l') de la Componction, et les Discours solitaires, entretissus de passages de la Sainte-Ecriture sur ce sujet, traduits du latin du R. P. F. Jean DE JÉSUS-MARIA, général des Carmes Déchaux, par F. D. R. (DE ROSSET). *Paris*, 1612, *in*-12.

370. Aihcrappih (anagramme d'Hip-

parchia), histoire grecque. (*Paris*, 1748, *in*-12.

Il y a une édition intitulée : *Hipparchia, histoire galante, traduite du grec, divisée en trois parties, avec une préface très-intéressante, et ornée de figures*, sans date, petit in-8 de XII et 160 pages.

C'est un récit d'aventures galantes des ducs de Richelieu et de Brancas avec mesdames de V. et d'Al...., suivant une clef manuscrite que j'ai trouvée sur un exemplaire.

J'ai de fortes raisons pour attribuer ce roman satirique à M. DE BEAUCHAMPS, déjà connu par l'*Histoire* allégorique et satirique *du prince Apprius*.

371. Ainsi va le monde (par M. NOUGARET). *Amsterdam et Paris*, 1769, *in*-12.

372. Alala, ou les Habitans du Désert, parodie d'Atala (par J. B. J. BRETON). *Paris*, 1801, *in*-12. V. T.

373. Alambic (l') des Lois, ou Observations de l'*Ami des Français* sur l'homme et sur les lois (par ROUILLÉ D'ORFEUIL). *Hispahan*, 1773, *in*-8.

374. Alambic (l') moral (par ROUILLÉ D'ORFEUIL). *Maroc*, 1773, *in*-8.

On trouvera ci-après l'annonce de l'*Ami des Français*, premier ouvrage de M. Rouillé d'Orfeuil.

Il existe une lettre de l'*Ami des Français* à M. Grouhert de Grouhental, écuyer, etc. *Londres*, 1776, *in-8 de 40 pages*. Elle est signée Augustin ROUILLÉ, *de notre hermitage à Saint-Germain-en-Laye*. Cette signature, bien authentique, prouve que l'*Ami des Français* préférait son prénom au surnom de d'Orfeuil, qui lui appartenait réellement.

L'hermite de Saint-Germain-en-Laye est sans doute le même que M. Augustin ROUILLÉ, ancien colonel, dont on a : *Repertoire universel portatif, contenant des extraits raisonnés de tous les meilleurs ouvrages connus dans tous les pays, excepté la métaphysique*. Paris, Knapen et fils, 1788, 2 vol. in-8. Cet ouvrage renferme plutôt des définitions que des extraits; il vaut mieux que son titre.

M. Rouillé d'Orfeuil avait été d'abord lieutenant-colonel, et ensuite colonel; il fut fait brigadier de dragons le 1er mars 1780. On trouve dans la *préface de l'Alambic des Lois* quelques détails sur son éducation et sur l'état militaire que sa famille lui fit embrasser.

Il ne faut pas le confondre avec Joseph ROULLÉ, auteur des *Elémens raisonnés de la Grammaire française*. Paris, 1797, 3 vol. in-8.

375. A la Mémoire de madame G*** (Geoffrin, par THOMAS). *Paris*, *Moutard*, 1777, *in*-8.

376. A la Nation, poëme (par D'ARNAUD). *Paris*, 1762, *in*-4.

377. A la Nation française, sur les vices de son Gouvernement, sur la nécessité d'établir une Constitution, et sur la Composition des Etats-Généraux (par RABAUT de St.-Etienne). *Juin*, 1788, *in*-8.

378. Albert (l') moderne (par ALLETZ). *Paris*, 1768, *in*-12; — *Londres* (*Paris*), 1789, 3 *vol. in*-12.

Guy, commis du libraire Duchesne, a travaillé à cette compilation.

379. Alberte, ou l'Erreur de la Nature, par madame DE C. (DE CHOISEUL), auteur de *Coralie*. *Paris*, 1799, 2 *vol. in*-12. V. T.

380. Albionide (l'), ou l'Anglais démasqué, poëme héroï-comique, enrichi de notes, par M. le comte de F. P. T. (attribué à CHEVRIER). *Aix*, *chez J. William*, 1759, *in*-8.

381. Alcibiade, quatre parties (imitation libre, par M. RAUQUIL-LIEUTAUD, du roman historique du même titre, composé en allemand par M. MEISSNER). *Paris*, *Buisson*, 1789, 4 *vol. in*-8.

M. Rauquil-Lieutaud a publié en 1790, chez Didot aîné, la première partie d'un autre roman du même M. Meissner, intitulé : *Bianca Capello*. On a demandé dans le *Magasin encyclopédique*, 4e année, tom. 1, p. 396, pourquoi on n'avait pas traduit la seconde partie de *Bianca Capello*. Les détails suivans sur les auteurs de la traduction d'Alcibiade et de la première partie de *Bianca Capello* seront la meilleure réponse à cette question. Je les tire du même journal, même année, t. 11, p. 119.

« Un habitant du Sundgau, faisant aujourd'hui partie du département du Haut-Rhin, ayant été transplanté par différens accidens dans le pays de Stavelot, près de Liége, se vit obligé de rester pendant deux ans à Paris pour y faire des réclamations auprès du gouvernement français : c'était sous le ministère de Calonne, qui, par un édit bursal, avait voulu gêner l'industrie des habitans de ce pays, qui consiste principalement en transports. Pour soutenir pendant ce temps son existence, il entreprit la traduction littérale des ouvrages cités de Meissner, qu'il vendit ensuite à un littérateur français, qui la refondit et la publia. Cette traduction était donc due aux besoins pressans de celui qui en avait fait le mot à mot : apparemment que sa situation a changé depuis, et que c'est là la seule cause de ce que la seconde partie de *Bianca Capello* n'a pas été traduite. »

L'imitation libre d'Alcibiade a été revue par M. Lamarre.

382. Alcidonis, ou la Journée lacédémonienne, comédie en trois actes (par M. Louvay de la Saussaye). *Paris. Lacombe*, 1768, *in*-8; — *Delalain*, 1773, *in*-8.

383. Alcipe, imitation libre de l'Astrée (par C. G. T. Garnier). *Paris*, 1773, *in*-8. V. T.

Tiré du *Mercure de France*.

384. Alciphron, ou le Petit Philosophe, en sept dialogues, contenant une apologie de la religion chrétienne, trad. de l'anglais, de Berkeley (par de Joncourt). *La Haye, Benj. Gibert*, 1734, 2 *vol. in*-12.

385. Alcoran (l') des Cordeliers, tant en latin qu'en français, ou Recueil des plus notables bourdes et blasphèmes impudens de ceux qui ont osé comparer S. François à Jésus-Christ, tiré (par Erasme Albère) du grand Livre des Conformités, jadis composé (en latin) par frère Barthelemi de Pise, cordelier en son vivant (et trad. en français par Conrad Badius). *Genève*, 1556, — 1560, *in*-8. — Nouv. édition ornée des figures de B. Picart. *Amsterdam*, 1734, 2 *vol. in*-12.

On joint ordinairement à cet ouvrage la *Légende dorée*, ou l'*Histoire sommaire des Frères Mendians* (par Nic. Vignier le fils). *Leyden*, 1608, *in*-8; — *Amst.*, 1734, *in*-12.

On peut y joindre aussi les Aventures de la Madona et de S. François d'Assise, recueillies de plusieurs ouvrages des docteurs romains, écrites d'un style récréatif, etc., par Renoult. *Amsterdam*, *p. in*-8, *fig.*

386. Alcoran des Princes, par le *prince d'Albanie* (ou plutôt par l'imposteur Stéphano Zannowich). *Saint-Pétersbourg*, 1783, *in*-8.

C'est à tort que quelques bibliographes attribuent cet ouvrage à J. B. Cloots.

387. Alector, ou le Coq, histoire fabuleuse, trad. en français d'un fragment grec (par Barthélemi Aneau). *Lyon*, *Fradin*, 1560, *in*-8.

M. Couchu a donné une intéressante analise de cet ouvrage. Voy la *Bibliothéque universelle des Romans*, janvier 1780.

388. Aléthophile (l'), ou l'Ami de la Vérité (par la Harpe). 1758, *in*-12 *de* 30 *pages*.

Satire virulente contre Fréron. Le fils de l'auteur de l'*Année littéraire*, ou plutôt M. l'abbé Grosier, en parle ainsi dans l'*Année littéraire*, 1776, t. 6, p. 88 :

« La platitude et la grossièreté de cette brochure révoltèrent les personnes sensées et honnêtes. Mais un certain M. Lombard, aide-de-camp de M. le comte de Saint-Germain en 1760, homme d'esprit, mais qui maniait mieux l'épée que la plume, se déclara dans les cafés le champion et l'auteur de cette pièce. On n'osa dès lors la blâmer trop ouvertement. Au fond cependant, feu M. Lombard, quoique aveuglé par la prévention, était aimable et honnête. MM. Dorat et Dudoyer le réunirent dans un souper avec mon père, qu'il n'avait jamais vu. On soupa gaiement. Comme on se levait de table, M. Lombard demanda à M. Dudoyer quel était ce monsieur placé à tel endroit, qui avait tant d'esprit, et qui lui avait paru si bonhomme. Eh, mais ! lui dit en riant M. Dudoyer, c'est ce coquin, ce scélérat de Fréron. M. Lombard confus court embrasser mon père, lui demande mille pardons, proteste qu'il n'est point l'auteur de l'*Aléthophile* ; que ce chef-d'œuvre d'urbanité est le coup d'essai de M. de la Harpe; qu'il a été trompé par de faux rapports; prie mon père de lui accorder son amitié, l'invite à dîner chez lui, et déclare qu'il ne verra plus M. de la Harpe. »

Fréron lui-même avait fait une analise fort piquante de ce pamphlet. Voy. l'*Année littéraire*, 1758, t. 2, p. 24. Voyez aussi le *Journal François*, par Palissot et Clément. *Paris*, 1777, in-8, t. 1, p. 87 et suiv.

389. Alexandre et Caroline, par madame DE L*** (PAPILLON DE LA FERTÉ). *Paris, Renard*, 1809, 2 *vol. in*-12.

390. Alexandrine, ou l'Amour est une Vertu, par mademoiselle DE S*** (DE SAINT-LÉGER, aujourd'hui madame DE COLLEVILLE). *Amsterdam et Paris, Delormel*, 1782, 2 *parties in*-12.

391. Alexandrine de Ba..., ou Lettres de la princesse Albertine, traduites de l'allemand (composées en français par mademoiselle DE SAINT-LÉGER). *Paris, Buisson*, 1786, *in*-12.

Même ouvrage que le précédent.

392. Alexis, ou de l'Age d'or (par Fr. HEMSTERHUIS). *Riga, Hartknoch*, 1787; *petit in*-12.

393. Alexis, ou la Maisonnette dans les bois (par M. DUCRAY-DUMINIL). *Paris*, 1788, 4 *vol. in*-12, *souvent réimprimé sous le nom de l'auteur.*

394. Alexiticon, ou la Défense prétendue du sentiment des Saints Pères repoussée, etc. (par l'abbé DE BONNAIRE) *Rotterdam, J. D. Beman*, 1740, *in*-12.

395. Alfred-le-Grand, ou le Trône reconquis (par feu M. DE LACOSTE). *Paris, Arthus Bertrand*, 1817, 2 *vol. in*-12.

Le même sujet a été traité, 1° par le célèbre Albert DE HALLER, dans son roman intitulé : Alfred, roi des Anglo-Saxons, traduit de l'allemand en français par un anonyme. *Lausanne*, 1775, *in*-8.

2° Par Anne FULLER, dans le roman qui a été traduit de l'anglais en français sous ce titre : L'Adversité, ou l'Ecole des Rois. *Paris, Lavillette*, 1792, 2 *vol. in*-12.

Quant aux détails, ces trois ouvrages n'ont entre eux aucune ressemblance.

396. Algèbre (l') selon les vrais principes (par dom DONAT PORRO, de Besançon). *Londres* (*Besançon, Simard*), 1789, 2 *vol. in*-8.

397. Alibech et Ruffa, ou les Deux Solitaires (par BOUTILLIER). *Paris*, 1769, *in*-8. V. T.

398. Alice, ou la Sylphide, nouvelle imitée de l'anglais (de la duchesse DE DEVONSHIRE, par madame DE MONTOLIEU). *Lausanne*, 1796, *petit in*-12; et dans le tome 2 de la suite des *nouvelles* de l'auteur. *Paris, Arthus Bertrand*, 1813, 3 *vol. in*-12.

399. Alix Pierce, maitresse d'Edouard III, roi d'Angleterre (roman attribué à LA PEYRÈRE)....

Dans le *Pour et Contre* de l'abbé Prévot, t. 20, p. 301, on trouve une notice sur ce roman, devenu très-rare.

400. ....ana (Allainvalliana). Voyez plus bas le mot Ana.

401. Allaitement (de l') et de la première Education des Enfans (par G. GUILLARD DE BEAURIEU). *Genève*, 1782, *in*-12. V. T.

402. Allarmes (les) de la Fronde et les Insensibilitez des Parisiens sur les approches du cardinal Mazarin (par DU BOSC DE MONTANDRÉ). *Sans nom de ville*, *in*-4. V. T.

403. Allée (l') de la Seringue, ou les Noyers, poëme du sieur D. (LE NOBLE). *Francheville, Eugène Alétophile*, 1677, — 1690, *in*-8.

404. Allégorie (de l'), ou Traités sur cette matière, par WINCKELMANN, ADDISSON, SULZER, traduits de l'al-

lemand et de l'anglais (par M. Jansen). *Paris, Jansen, an 7* (1799), 2 *vol. in*-8.

405. Allégresse (l') villageoise, divertissement mêlé de chants et de danses (par M. Baudrais). *Genève et Paris*, 1782, *in*-8.

406. Alliance (l') des Princes germaniques, par M. Dohm, traduit de l'allemand (par M. H. Renfner). *La Haye*, 1786, *in*-8.

407. Allons à Paris, ou le Baptême du duc de Bordeaux, par A. E. (Adrien Egron, imprimeur à Paris, né à Tours). *Paris*, 1821, *in*-12.

408. Allumettes du Feu divin (par Pierre Doré d'Artois, dominicain). *Paris, sans date, in*-12 *goth*. V. T.

Catalogue manuscrit des Barnabites. L'auteur florissait depuis 1550 jusque vers 1570.

409. Almahide, ou l'Esclave reine (par G. de Scudéry, ou plutôt par mademoiselle de Scudéry). *Paris, A. Courbé*, 1660, 1661 *et* 1663, 8 *vol. in*-8.

410. Almanach américain (par Poncelin de la Roche-Tillac). *Paris*, 1786 *et ann. suiv.*, 6 *vol. in*-12.

411. Almanach astronomique pour 1750 (par Kies). *Berlin*, 1750, *in*-8.

412. Almanach bibliographique pour l'année 1709, contenant le catalogue des livres imprimés dans ce royaume pendant l'année 1707 (par l'abbé de la Morlière, docteur de Sorbonne). *Paris*, 1709, *in*-12.

Voyez Struvius, t. 2, p. 802, de *Bibliotheca Historiæ litterariæ*, édition de 1754-1763, 3 vol. in-8.

413. Almanach (l') burlesque et pourtant véridique, contenant maintes joyeuses prédictions. etc. (par Coquelet). *Sans date* (1733), *in*-16.

414. Almanach chinois (par l'abbé de la Porte). *Paris, veuve Duchesne*, 1761, 1765, *in*-24.

415. Almanach Conteur, ou Mes Trente-Six Contes et Tes Trente-Six Contes (par le chevalier du Coudray). *Paris, Merigot père*, 1782, *in*-8.

416. Almanach d'Alsace pour l'année 1782 (par Jérémie-Jacques Oberlin). *Strasbourg, Lorenz, pet. in*-12.

Cet almanach fut publié jusqu'en 1792, où il prit le titre d'*Almanach du Département du Bas-Rhin*. Voyez ces mots.

417. Almanach Dauphin, ou Histoire abrégée des Princes qui ont porté le nom de Dauphin, avec leurs portraits, par le S. C. G** (Charles Guillaume). *Paris, Guillaume*, 1751, *in*-8.

418. Almanach Dauphin, contenant l'anniversaire de monseigneur le dauphin, Cantatille, avec un plan d'un cours nouveau de littérature française, à l'usage de ce prince (par Poullin de Flins). 1784, *in*-16.

419. Almanach de Gœttingue pour les années 1775-1798 (par Georges-Christophe Lichtenberg, professeur). *Gœttingue, Dieterich, in*-16.

Voyez dans le *Dictionnaire de Bibliographie française* de M. Fleischer une note étendue sur cet almanach.

420. Almanach de la Librairie (par M. Perrin). *Paris, Moutard* 1778, *petit in*-12.

421. Almanach de la Vieillesse, (et depuis) Almanach des Centenaires, ou Durée de la Vie humaine jusqu'à cent ans et au delà, démontrée par des exemples sans nombre, tant anciens que modernes (par Aug. Martin Lottin). *Paris, Lottin aîné*, 1761-1773, 12 *vol. in*-24.

422. Almanach de la ville, châtellenie

et prévôté de Corbeil, année 1789 (par l'abbé GUIOT, chanoine régulier de Saint-Victor). *Paris, Didot* (1789), *in*-16, *pp.* 148.

Mort curé de Bourg-la-Reine, en 1807. Il avait d'abord été curé de Saint-Spire à Corbeil, puis à Fontenay-les-Louvres, ensuite habitué à Saint-Nicolas-du-Chardonnet.

24. Almanach de la ville et du diocèse de Troyes (par COURTALON-DELAISTRE et SIMON). *Troyes, André*, 1776-1787, 12 *vol. in*-16.

25. Almanach de Paris, ou Calendrier historique, pour l'année 1727 (par MAUPOINT, avocat). *Paris, Chardon* (1727), *in*-8.

26. Almanach de Paris, contenant les noms, qualités et demeures des personnes de condition dans la ville et faubourgs de Paris (rédigé par KREMFELD, attaché à la diplomatie pour l'électeur de Cologne, premier moteur du numérotage des maisons à Paris); années 1776, 1778, 1779, 1780 et 1783. *Paris*, 5 *vol. in*-24.

27. Almanach des Beaux-Arts (par DUPORT DU TERTRE). *Paris*, 1751, *in*-18.

C'est par cet almanach que la *France littéraire* a commencé.

28. Almanach des Bizarreries humaines, ou Recueil d'anecdotes sur la révolution, etc. (par M. BAILLEUL). *Paris*, 1796, *in*-18.

29. Almanach des Calembourgs (par le marquis de BIÈVRE). 1771, *in*-18.

30. Almanach des Campagnes pour l'an 1810 (par mademoiselle DELEYRE). *Paris, Gabriel Dufour, in*-18.

31. Almanach des Centenaires.

Voyez ci-dessus le n° 421.

2. Almanach des Dames savantes françaises pour l'année 1736 (par COQUELET). *Paris, C. Guillaume*, 1735, *in*-18.

433. Almanach des Dames savantes françaises pour 1742 (par Charles GUILLAUME). *Paris, Guillaume*, 1742, *in*-32.

434. Almanach des Gens de bien et des honnêtes Gens (par MONTJOYE). 1792-1797, *in*-18.

435. Almanach des Gens d'esprit, par un homme qui n'est pas sot (CHEVRIER). 1762, *in*-12.

436. Almanach des Gourmands (par MM. GRIMOD DE LA REYNIÈRE et COSTE). *Paris*, 1803-1812, 8 *vol. in*-18.

437. Almanach des honnêtes Gens (par Sylvain MARÉCHAL). *L'an premier du règne de la Raison* (1788), *une feuille in*-4.

Réimprimé dans le tome premier de la collection intitulée : *Chefs-d'œuvre politiques et littéraires de la fin du dix-huitième siècle*, 1788, 3 vol. in-8.

Le même ouvrage a paru sous une forme nouvelle et avec des développemens en 1791, in-8, et en 1793, in-18. L'édition de 1788 a été brûlée par la main du bourreau, et l'auteur enfermé à Saint-Lazare pendant quatre mois.

438. Almanach des Monnaies, depuis 1784 jusqu'en 1789 (par M. DES ROTOURS). *In*-12, *un volume par année*.

439. Almanach des Muses, depuis 1765 jusqu'en 1789 (par SAUTREAU DE MARSY). 24 *vol. pet. in*-12.

Mathon de la Cour a eu part à la rédaction de cet almanach pendant quelques années.

Feu M. Vigée a succédé à M. Sautreau, et a continué la rédaction jusqu'à sa mort, en 1820.

440. Almanach des Proverbes pour l'année 1745, par le docteur CARTOUCHI-VANDECK (GRANDVAL, auteur du poëme de *Cartouche*), astro-

nome privilégié suivant les astres, seconde édition revue et corrigée. *Anvers* (*Paris*), 1745, *in-8 de* 45 *p.*

441. Almanach des Rentiers, dédié aux affamés, pour servir de passe-temps, par un auteur inscrit sur le grand-livre (attribué à CAILLEAU, libraire). *Paris*, 1800, *in*-18. V. T.

442. Almanach des Sans-Culottes (par l'abbé MULOT). *Paris*, 1794, *in*-18.

443. Almanach du Chasseur, contenant un calendrier perpétuel, des remarques sur la chasse, etc. (par DE CHAMPGRAN). *Paris*, *Pissot*, 1773, *in*-12.

444. Almanach du département de Loir-et-Cher pour les années 1806, 1807 et 1808 (par feu M. PETITAIN, secrétaire du préfet). *In*-12.

445. Almanach du Diable (par l'abbé QUESNEL, neveu du célèbre père QUESNEL). 1738, *in*-12.

446. Almanach du Parnasse pour l'année 1728 (par les frères PARFAICT). *Paris*, 1728, *in*-16. V. T.

447. Almanach encyclopédique de l'Histoire de France, où les principaux événemens de notre histoire se trouvent rangés suivant leurs dates (par M. DE LA CROIX). *Paris*, 1770 *et ann. suiv. jusqu'en* 1778, *in*-18.

448. Almanach général des Marchands, etc. par MM. G. R. L. V. (MM. GRANGÉ, REI et LE VENT). *Paris*, *Grangé*, 1778, *in*-8.

449. Almanach géographique et chronologique, avec la population des quatre parties du monde, etc., pour l'an 8 (1799-1800), (par Jérôme DE LA LANDE). *Paris*, 1799, *in*-18.

450. Almanach historique de Besançon et de la Franche-Comté, pour les années 1785 et 1786 (par D. GRAP PIN). *Besançon*, *Tissot*, *in*-8.

Ces almanachs contiennent une descri[p]tion très-bien faite des villes, bourgs [et] villages de la province; aussi ont-ils ét[é] fort recherchés, et commencent-ils [à] devenir rares, même à Besançon.

451. Almanach historique de Marseill[e] (par Jean B. Bernard GROSSON). *Marseille*, 1772 *et suiv.*, *in*-18.

452. Almanach historique du diocès[e] de Meaux, pour les années 1773 [à] 1789 (rédigé par M. l'abbé FON TAINE, curé de Tril-Bardoul). *Pa ris*, *Lambert*, *et Meaux*, *veu[ve] Charles et fils*, 1773 *et ann. suiv.* 17 *vol. in*-18.

453. Almanach historique du diocès[e] de Sens, pour l'année 1761 et sui[v.] (par M. TARBÉ). *Sens*, *Lavigne*, *in*-24.

454. Almanach historique et chron[o]logique du Languedoc (par l'abb[é] FOREST). 1752, *in*-8.

455. Almanach historique et raisonn[é] des Architectes, Peintres, etc. (pa[r] LE BRUN, peintre). *Paris*, 177[6], *in*-12.

Voyez les mots *Désaveu des artistes*, e[t]

456. Almanach iconologique ou d[es] Arts (par BOURGUIGNON, dit GA[-] YELOT). *Paris*, 1764 à 1773 *incl[u]sivement*, 10 *vol. in*-24.

C. N. Cochin en a publié une suite [de] 1774 à 1780 inclusivement, 7 *vol. in*-24

457. Almanach nocturne pour les a[n]nées 1739, 1740, 1741 et 174[2] par madame la marquise D. N. [] (le chevalier DE NEUVILLE-MONT[A]DOR). *Paris*, *Morel*, 1739 *et anné[es] suivantes*, *in*-12.

Voyez sur cet almanach les *Lettres [de] madame du Châtelet*, Paris, 1806, in-8[,] in-12, pages 133-153.

458. Almanach nouveau pour l'ann[ée] 1762, avec une dissertation sur l[]

calendriers, les almanachs, etc. (par le président Durey de Noinville). *Paris, le Prieur*, 1762, *in*-16.

59. Almanach parisien en faveur des étrangers (par Hébert et Alletz). *Paris*, 1761, 1762, 1765, 1774, 1785, *pet. in*-12.

60. Almanach perpétuel, prognosticatif, proverbial et gaulois (par L. F. Daire, bibliothécaire des Célestins). *Paris*, 1774, *in*-24. V. T.

61. Almanach philosophique (par Jean-Louis Castillon). *Goa*, 1767, *in*-12.

62. Almanach poissard, ou Etrennes polissonnes (par A. C. Cailleau). *Paris*, 1760, *in*-12. V. T.

63. Almanach polisson, ou Etrennes bouffonnes et grossières (par A. C. Cailleau). *Paris*, 1759, *in*-12.

64. Almanach terrestre, ou Prédictions criti-comiques, pour l'année suivante (par l'abbé Bordelon). *Paris*, *Prault*, 1713, *in*-12.

Voyez le catalogue des ouvrages de cet auteur, donné par lui-même dans les *Dialogues des Vivans*, p. 262.

65. Almanach turc, ou Tableau de l'Empire ottoman, etc. (par de la Porte). *Paris*, 1760, *pet. in*-12.

Même ouvrage que le *Tableau de l'Empire ottoman*, Paris, Duchesne, 1757, ou l'*Etat actuel de l'Empire ottoman*, Paris, veuve Duchesne, 1769.

Cet ouvrage est copié de celui qui a pour titre : La Cour ottomane, ou l'Inteprète de la Porte, par A. D. S. M. (Alcide de Saint-Maurice). *Paris*, 1673, *petit in*-12.

Les changemens successifs de titres faits à ce larcin de l'abbé de la Porte pour en procurer le débit, prouvent que le choix n'était pas heureux.

66. Almanzaïde, nouvelle (par mademoiselle de la Roche-Guilhem). *Paris*, *Barbin*, 1674, *in*-12. V. T.

Voyez Mylius, *Bibliotheca Anonymorum*, Hamb. 1740, in-8, t. 1, p. 215.

Il est bon d'observer que Mylius ne cite aucune autorité à l'appui de son assertion.

467. Almeria de Sennecourt, par l'auteur d'*Armand et d'Angela* (mademoiselle Désirée de Castellerot). *Paris*, *Collin*, 1809, 3 *vol. in*-12.

468. Almérinde, traduit de l'italien de Luc Asserino (par d'Audiguier neveu, aidé de Malleville). *Paris*, *Courbé*, 1646, *in*-8.

469. Almoran et Hamet, anecdote orientale, traduite de l'anglais (de J. Hawkesworth, par l'abbé Prévost). *Paris*, 1763, *in*-12.

470. Alpes (les), histoire naturelle et politique de la Suisse (par Véron). *Paris*, 1780, 3 *vol. in*-12.

Ouvrage supprimé, qui devait former 6 volumes.

471. Alphabet arabe, turc et persan, à l'usage de l'imprimerie orientale et française (par M. J. J. Marcel). *Alexandrie*, *an* 6 (1798), *in*-4.

472. Alphabet de la Fée gracieuse (fait pour mademoiselle de Beaujolois, par Mirabaud). *Fatopolis*, 1734, *in*-16.

473. Alphabet raisonné, suivant le système nouveau; pour apprendre par principes à bien lire en français et en latin (par le chevalier de Forges). *Rennes*, 1746, *in*-12.

474. Alphonse d'Armancourt, ou la Belle-Mère (par madame de Sancy). *Lausanne*, 1797, 2 *vol. in*-12.

475. Alphonse de Lodève (par madame la comtesse de Golowkin). *Moscou*, 1807, 2 *vol. in*-8; — *Paris*, *Schoell*, 1809, 2 *vol. in*-12.

476. Alphonsine, ou les Dangers du grand monde, par l'auteur de la *Quinzaine anglaise* (le chevalier de

RUTLIGE). *Paris, Regnault,* 1789, 2 *vol. in*-12.

477. Altération du Dogme théologique par la philosophie d'Aristote, ou Fausses Idées des Scholastiques sur toutes les matières de la Religion (par l'abbé FAYDIT). *Sans nom de ville,* 1696, *in*-12.

478. Alticchiero (ou Description d'une Maison de campagne située au village de ce nom, près de Padoue), par madame J. W. C. D. R. (madame Justine WYNNE, comtesse DE ROSEMBERG), (publiée par le comte DE BENINCASA). *Padoue,* 1787, *in*-4.

479. Alzarac, ou la Nécessité d'être inconstant (par madame DE PUISIEUX). *Paris,* 1762, *in*-12.

480. Amadis des Gaules (mis en abrégé par mademoiselle DE LUBERT). *Paris,* 1750, 4 *vol. in*-12.

Le comte de Tressan, dans le discours préliminaire de sa belle imitation de l'*Amadis*, regarde D'HERBERAI, sieur des Essarts, comme le premier auteur de ce fameux roman ; mais M. Couchu, l'un des coopérateurs de la *Bibliothèque universelle des Romans*, a très-bien prouvé, dans une lettre adressée en 1779 aux *auteurs du Journal de Paris*, que Vasco LOBEIRA, écrivain portugais, qui florissait sous le règne de Denis VI, entre 1279 et 1325, était le véritable auteur d'Amadis.

481. Amalazonte, tragédie, représentée pour la première fois par les Comédiens français, le jeudi 30 mai 1754 (par M. DE XIMENÈS). *Paris, Jorry,* 1755, *in*-8.

482. A ma Nièce, qui copiait une Madame de Saint-Luc (par le vicomte DE LA ROCHEFOUCAULD). *Sens, Tarbé, in*-12 *de* 16 *pages,* et dans le recueil intitulé *Ramassis*. Voyez ce mot.

483. Amans (les) d'autrefois (par la comtesse DE BEAUHARNOIS). *Paris,* 1787, 3 *vol. in*-12.

484. Amans (les) déguisés, comédi[e] en trois actes et en prose, par L. C[.] DOVÉ (l'abbé AUNILLON). *Paris[,] Delatour,* 1728, *in*-8.

485. Amans (les) exilés en Sibérie[,] roman historique, par l'auteur d[e] *Théodore et Zulma* (F. G. LAMY[)]. *Paris, Marchand,* 1808, 2 *vo[l.] in*-12.

486. Amans (les) français à Londres[,] ou les Délices de l'Angleterre (pa[r] LE SUIRE). *Londres et Paris, Duchesne,* 1780, *in*-12.

487. Amans (les) généreux, comédi[e] (par ROCHON DE CHABANNES). *Paris[,] veuve Duchesne,* 1774, *in*-8.

488. Amans (les) illustres, ou la Nouvelle Cléopâtre, par madame D*** (LE BRET, censeur royal). *Amsterdam et Paris, de Hansy,* 1769[,] 3 *vol. in*-12.

489. Amans (les) philosophes, ou l[e] Triomphe de la Raison, par mademoiselle B.... (BROHON). *Amsterda[m] (Paris, Hochereau),* 1753, *in*-12.

490. Amans (les) républicains, o[u] Lettres de Nicias et Cynire (pa[r] M. BÉRENGER de Genève). *Genève et Paris,* 1782, 2 *vol. in*-8.

491. Amans (les) sans le savoir, comédie en trois actes et en prose (pa[r] la marquise DE SAINT-CHAMOND[)]. *Paris, Monory,* 1771, *in*-8.

492. Amans (les) vertueux, ou Lettr[es] d'une jeune Dame (par l'abbé HILAINE), ouvrage traduit (ou suppo[sé] traduit) de l'anglais). *Paris,* 177[.] 2 *vol. in*-12. V. T.

Permission tacite.

493. Amant (l') oisif, contenant cinquante nouvelles espagnoles (pa[r] GAROUVILLE). *Paris,* 1673, 3 *vol[.]* — *Bruxelles,* 1711, 3 *vol. in*-12.

Note manuscrite de l'abbé Lenglet, d

posée sur l'exemplaire de sa *Bibliothèque des Romans*, préparé pour une nouvelle édition.

94. Amant (l') rendu Cordelier en l'observance d'Amours, composé en rime française (par MARTIAL de Paris, dit D'AUVERGNE). *Paris*, 1490, *in*-4 *goth.*

Réimprimé avec les *Arrêts d'Amour* du même auteur, en 1731, par les soins de Lenglet-Dufresnoy.

95. Amant (l') Salamandre, ou l'Infortunée Julie (par COINTREAU). *Paris*, 1756, 2 *vol. in*-12.

96. Amant (l') Statue, opéra-comique (par M. DESFONTAINES). *Paris*, *Vente*, 1781, *in*-8.

97. Amas chrétien, ou Extrait de la poésie de VIRGILE, accommodé au Vieil et Nouveau Testament, et réduit en deux livres par Proba FALCONIA, femme d'Adelphus Romain, mis en vers français par le *nomophile marchois* (c'est-à-dire l'ami des lois né en la Marche, ou PARDOULX DU PRAT). *Lyon, Jean d'Ogerolles*, 1557, *in*-8 *de* 69 *pages.*

Note manuscrite de l'abbé de Saint-Léger sur du Verdier, t. 3, p. 172.

L'abbé Goujet n'avait pu découvrir le nom de l'auteur, caché sous ce masque. Voyez *Bibliothèque française*, t. 6, pp. 330 et 331.

8. Amateur (l'), ou Nouvelles Pièces et Dissertations françaises et étrangères (recueillies par H. LA COMBE DE PREZEL). *Paris*, 1762, 2 *vol. in*-12. V. T.

9. Amazone (l') chrétienne, ou les Aventures de madame de Saint-Balmon, qui a joint une admirable dévotion et la pratique de toutes les vertus avec l'exercice des armes et de la guerre, par L. P. J. M. D. V. (le P. Jean MARIE, religieux du tiers-ordre de Saint-François). *Paris, Meturas*, 1678, *in*-12. — Nouvelle édition refondue par le père DESBILLONS. *Liége*, 1773, *in*-8.

500. Amazone (l') française, poëme, contenant l'histoire de Jeanne d'Arc, dite la Pucelle d'Orléans, par le P. NÉON, dit le Philopole. *Orléans, Jacob*, 1721, *in*-4.

L'auteur, chanoine régulier de la congrégation de France, conventuel de Saint-Euverte d'Orléans, se nommait le père *le Jeune*. Il jugea à propos de tourner son nom en grec par celui de *Néon*. Son poëme contient environ douze cents vers. (*Article communiqué par M.* BOULLIOT.)

501. Amazones (les) révoltées, roman moderne, comédie en cinq actes sur l'histoire universelle et la fable (par LE MAINGRE DE BOUCICAULT). *Rotterdam*, 1738, *in*-12.

502. Ambassade (l') de la bonne Paix générale (par Fr. DAVENNE). *Sans nom de ville ni date* (1650), *in*-4. V. T.

503. Ambassade de la Compagnie orientale des Provinces-Unies vers l'empereur de la Chine, au grand kan de Tartarie (rédigée par DEGOYER DE KAISER). *Leyde, Demeurs*, 1665, *in-fol.*

Il y a des exemplaires portant au frontispice : Le tout recueilli par Jean NIEUHOFF, et mis en français par Jean LE CARPENTIER.

504. Ambassade de M. de la Boderie en Angleterre (publiée par BURTIN). *Paris*, 1750, 5 *vol. in*-12.

505. Ambassades de la Compagnie hollandaise des Indes d'Orient vers l'empereur du Japon (trad. du flamand d'Arnold MONTANUS). *Paris, Witte*, 1722, 2 *vol. in*-12.

506. Ambassades de MM. de Noailles en Angleterre, rédigées par l'abbé DE VERTOT (publiées par VILLARET). *Paris*, 1763, 5 *vol. in*-12.

507. Ambassades et Voyages en Tur-

quie et en Asie de M. Busbequius, nouvellement traduits en français par S. G. (S. Gaudon). *Paris, P. David*, 1649, *in*-8.

508. Ambassadeur (l') chimérique, ou le Chercheur des Dupes du cardinal de Richelieu (par de Morgues, sieur de Saint-Germain). 1643, *in*-4. V. T.

509. Ambigu littéraire, par M. D. (Descevole) .... 1782, *in*-8.

La permission tacite porte : *En se conformant aux changemens indiqués par le censeur*. V. T.

510. Ambitieuse (l') Grenadine, histoire galante (par de Préchac). *Paris*, 1678, *in*-12.

511. Ame (l') affermie dans la Foi et prémunie contre la séduction de l'Erreur (par l'abbé Baudran). *Lyon, Périsse*, 1781, *in*-12, *pp*. 352.

512. Ame (l') amante de son Dieu, représentée dans les Emblêmes de H. Hugo et O. Venius sur l'amour divin, accompagnée de vers (par madame Guyon). *Cologne*, 1716, *in*-8. V. T.

Cet ouvrage a été publié par Poiret. Voyez Niceron, t. 10, 1re partie, p. 144.

513. Ame (l') chrétienne formée sur les maximes de l'Evangile (par l'abbé de Saint-Pard). *Paris, Berton*, 1774, *in*-12.

514. Ame (l') contemplant les grandeurs de Dieu (par l'abbé Baudran). *Lyon*, 1775, *in*-12.

515. Ame (de l') des Bêtes, où, après avoir démontré la spiritualité de l'âme de l'homme, l'on explique par la seule machine les actions les plus surprenantes des animaux, par A. D*** (Dilly). *Lyon, Anisson*, 1676, *in*-12.

Voyez *Traité de l'Ame*....

516. Ame (l') des Bourbons, ou Tableau historique des princes de l'auguste maison des Bourbons (par l'abbé de Fontenay). *Paris*, 178[illegible] 4 *vol. in*-12.

517. Ame (l') d'un bon Roy, ou Choi[x] d'anecdotes et des pensées de Henri IV (par M. Costard, libraire). *Paris, Costard*, 1775, *in*-8.

518. Ame (l') éclairée par les Oracl[es] de la Sagesse dans les paraboles [et] béatitudes évangéliques (par l'abb[é] Baudran). *Lyon*, 1776, *in*-12.

519. Ame (l') élevée à Dieu (par l'abb[é] Baudran). *Lyon*, 1774, 2 vo[l.] *in*-12.

520. Ame (l') embrasée par l'amou[r] divin (par l'abbé Baudran). *Lyon*, 1775, *in*-12

521. Ame (l') fidèle à Jésus-Chri[st] (par l'abbé Baudran). *Lyon*, 177[illegible] *in*-12.

522. Ame (l') fidèle animée de l'espr[it] de Jésus-Christ (par l'abbé Baudran). *Lyon*, 1771, *in*-12.

523. Ame (l') intérieure, ou Conduit[e] spirituelle dans les voies de Die[u] (par l'abbé Baudran). *Lyon*, 177[illegible] *in*-12.

524. Ame (l'), ou le Système des Matérialistes, soumis aux seules lumières de la raison, par M. l'abbé ** (du Four, d'Avignon). *Lausann[e]* (*Avignon*), 1759, *in*-12.

525. Ame (l') religieuse élevée à l[a] perfection par les exercices de l[a] vie intérieure (par l'abbé Baudran). *Lyon, Perisse*, 1770, *in*-12, *pp*. 38[illegible] 5e *édition*.

526. Ame (l') sanctifiée par la perfe[c]tion de toutes les actions de la vi[e] (par l'abbé Baudran). *Lyon, Perisse*, 1781, *in*-12, *pp*. 401, 4e *édition*.

527. Ame (l') sur le Calvaire, considérant les souffrances de Jésus-Christ (par l'abbé BAUDRAN). *Lyon, Périsse*, 1780, *in-12*, *pp*. 394, 5e *édition*.

Les ouvrages de l'abbé BAUDRAN ont été réunis sous le titre d'*Œuvres spirituelles* de M. l'abbé B.....

528. Ame (l') toujours impassible dans toutes les positions de la vie, fors en une seule, qui est la grande (par Jean MOREL, fils de Frédéric Morel II du nom). *Paris, J. Morel*, 1558, *in-12*.

Voyez la *Bibliothèque universelle des Romans*, septembre 1779, p. 107 et suiv.

529. Amélie de Saint-Far, ou la Fatale Erreur, par madame DE C***, auteur de *Julie*, ou *J'ai sauvé ma Rose* (madame DE CHOISEUL, suivant les uns, et suivant d'autres, madame G....T). *Hambourg et Paris, Collin*, 1808, 2 *vol. in-12*.

530. Amélie de Tréville, ou la Solitaire, par madame *** (GALLON), auteur de *Julie de Saint-Olmond*. *Paris, Dentu*, 1806, 3 *vol. in-12*.

531. Amélie Mansfield (par madame COTTIN). *Paris, Maradan, an* 11 (1803), 4 *vol. in-12*.

532. Amélonde, ou la Vestale (par Fr. HÉDELIN D'AUBIGNAC). *Paris*, 1679, *in-12*.

Voyez la *Bibliothèque universelle des Romans*, janvier 1782, 1er vol.

533. Aménités (les) de la Critique, ou Dissertations et Remarques nouvelles sur divers points de l'antiquité ecclésiastique et profane (par dom LIRON). *Paris, Delaulne*, 1717, 2 *vol. in-12*.

534. Aménités littéraires, ou Recueil d'Anecdotes (publiées par CHOMEL, frère du médecin). *Paris*, 1773, 2 *vol. in-8*.

M. Chomel a encore publié les *Tablettes morales* et les *Nuits parisiennes*.

535. Amérique (l') anglaise, trad. de l'anglais (de R. BLOME). *Amsterdam, Wolfgang*, 1688, *in-12*.

536. Amérique (l') découverte, en six livres (par M. LAURÉAU). *Autun*, 1782, *in-12*.

537. Amérique (de l') et des Américains, ou Observations curieuses du philosophe la Douceur, qui a parcouru cet hémisphère pendant la dernière guerre, en faisant le noble métier de tuer les hommes sans les manger (contre les recherches de M. Pauw, par M. BONNEVILLE ou PERNETY). *Berlin, Samuel Pitra*, 1771, *in-8*.

538. Ames (les) rivales, histoire fabuleuse (par DE MONCRIF). *Londres et Paris*, 1738, *in-12*.

539. Ami (l') de ceux qui n'en ont point, ou Système pour le régime des pauvres (par l'abbé MÉRY). *Paris, Prault*, 1767, *in-12*.

540. Ami (l') d'Erato, par M. de la M***, avec cette épigraphe : « Je sens trop que l'ami n'est pas toujours l'amant. » *Angers, Mame*, 1788 (*Paris, chez Desenne et Gattey*), *in-12*.

Ce recueil de poésies est de M. François-Nicolas-Benoît DE LA MOTHE, originaire de Sens et né à Paris, mais élevé à Sens, où il a toute sa famille, et où il a été quelque temps principal du collége. Le petit Almanach des Grands Hommes, le Tribunal d'Apollon, MM. Ersch, Desessarts, etc., parlent de cet auteur, qui a publié beaucoup de brochures depuis 1789.

541. Ami (l') de la Concorde, ou Essai sur les motifs d'éviter les procès, par un avocat au parlement (M. CHAMPLAIR). *Londres*, 1765, *in-8*. — Nouvelle édition. *Paris, Monory*, 1779, *in-8*.

Voyez le volume intitulé : Aux Etats-Généraux, etc., par le comte DE SANOIS, 1789, in-8, p. 124.

542. Ami (l') de la Fortune, ou Mémoires du marquis de S. A. (par Maubert). *Londres* (*Paris*), 1754, 2 *vol. in*-12.

L'abbé Sepher, dans ses notes manuscrites sur la *Bibliothèque des Romans* de l'abbé Lenglet, prétend que cet ouvrage est rare, et qu'il renferme l'histoire du cardinal de Fleury.

543. Ami (l') de la France, pour servir de supplément à l'Ami des Hommes du marquis de Mirabeau (ouvrage contenant le *Consolateur* et l'*Homme désintéressé*, deux volumes publiés séparément par le baron de Saint-Supplix). *Paris*, 1768, 2 *vol. in*-12.

544. Ami (l') de la Paix, ou Réponse à la *Théorie de l'impôt* (par Rivière). *Amsterdam et Paris*, 1761, *in*-12.

545. Ami (l') de la Vérité, ou Lettres impartiales semées d'anecdotes sur les pièces de théâtre de Voltaire (par Gazon-Dourxigné), *Amsterdam*, 1767, *in*-12.

546. Ami (l') de l'Etat, ou Réflexions politiques (par de Forges). *Trévoux*, 1761, *in*-12.

547. Ami (l') des Arts, ou Justification de plusieurs grands hommes (par M. de Croix, ancien trésorier de France). *Amsterdam* (*Lille*), 1776, *in*-12.

548. Ami (l') des Dames (par Gaudet). 1762, *in*-12.

549. Ami (l') des Enfans, par M. l'abbé de *** (l'abbé Reyre). *Paris, Desaint*, 1765, *pet. in*-12. — Nouvelle édition revue, corrigée et augmentée (par M. Bisouard, maître de grammaire à Dijon). *Avignon*, 1777, *in*-12. — Sixième édition augmentée par l'auteur. *Avignon*, 1786, 2 *vol. in*-12.

Cet ouvrage a été souvent réimprimé sous le titre de *Mentor des Enfans*, avec le nom de l'abbé Reyre.

550. Ami (l') des Etrangers qui voyagent en Angleterre, par M. L. D....s (Dutens). *Londres, Elmsley*, 1787, *in*-12.

Souvent réimprimé avec le nom de l'auteur.

551. Ami (l') des Femmes (par Boudier de Villemert). *Paris*, 1758, 1766, *in*-12.

L'édition de *Paris*, *Royez*, 1788, porte le nom de l'auteur.

552. Ami (l') des Femmes (par Trigant, avocat de Bordeaux). 1771, *in*-12.

553. Ami (l') des Filles (par de Graville). *Paris*, 1761, 1776, *in*-12.

554. Ami (l') des Français (par Rouillé d'Orfeuil). *Constantinople*, 1771, *in*-8. Voyez le nº 374.

555. Ami (l') des Hommes (par le marquis de Mirabeau et Quesnay). *Avignon* (*Paris*, *Hérissant*), 1756, 6 *parties*, 3 *vol. in*-4 *ou* 8 *vol. in*-12.

556. Ami (l') des Jeunes Gens (par M. Grivel). *Lille*, *Henry*, 1766, *in*-12.

557. Ami (l') des Lois (par Martin de Marivaux, avocat à Paris). *Paris*, 1775, *in*-8.

558. Ami (l') des Mœurs, poëmes et épîtres, par M. R. D. L. (Regnault de la Grelaye), de plusieurs académies. *Paris*, *Cailleau*, 1788, *in*-8 *de* 164 *pages*.

559. Ami (l') des Muses (par Boudier de Villemert). *Avignon*, 1758, *in*-8. V. T.

560. Ami (l') des Patriotes (par MM. Duquesnoy et Regnaud de Saint-Jean d'Angély). *Paris*, 1791,

3 *vol. in-8, et les* 56 *premières pages du quatrième.*

561. Ami (l') des Pauvres, ou l'Econome politique (par Faiguet). *Paris*, 1766, *in-12.*

Voyez les mots *Econome politique.*

562. Ami (l') du Cultivateur, ou Essai sur les moyens d'améliorer en France la condition des laboureurs, des journaliers, etc.; par un Savoyard (Clicquot de Blervache). *Chambéry*, 1789, 2 *vol. in-8.*

C'est une nouvelle édition augmentée du *Mémoire* de cet estimable écrivain, qui avait été couronné par l'académie de Châlons-sur-Marne en 1783.

563. Ami (l') du Prince et de la Patrie (par M. de Sapt). *Paris, Costard*, 1769, *in-8.*

Quelques exemplaires de cet ouvrage portent le nom de l'auteur.

564. Ami (l') du Roi (journal commencé le 1er juin 1790, par l'abbé Royou et M. Montjoye). *in-4.*

Les deux collaborateurs s'étant brouillés au bout d'environ cinq mois, chacun publia de son côté un *Ami du Roi.* M. Geoffroy devint ensuite le collaborateur de l'abbé Royou et de M. Royou, avocat.

Les deux *Amis du Roi* se sont soutenus jusqu'au jour de leur proscription commune (le 10 août 1792.)

Le libraire Crapart a fait paraître pendant environ six semaines un troisième *Ami du Roi.*

565. Ami (l') et le Conservateur de l'Enfance, ou le Guide des Pères et Mères, etc.; par l'auteur du *Manuel de la bonne Compagnie* (Costard, ancien libraire). *Paris, Galland*, 1805, *in-12 de* 197 *pages.*

566. Ami (l') philosophe et politique (par D. Aubry, bénédictin). *Paris*, 1776, *in-12*, — et avec le nom de l'auteur. *Nancy*, 1776, *in-12.*

567. Amilec, ou la Graine d'Hommes (par Tiphaine). 1753, *in-12.* — Amilec, ou la Graine d'Hommes qui sert à peupler les planètes, par l'A. D. P***, troisième édition augmentée très-considérablement. *Lunéville, Chr. Hugène, sans date* (1754), 3 *parties pet. in-12.*

568. Aminte (l') du Tasse, pastorale, traduite de l'italien en vers français (par Charles Vion, seigneur de Dalibray). *Paris*, 1632, *in-8.*

569. Aminte (l') du Tasse, pastorale, traduite en vers libres (par l'abbé Torche). *Paris, Barbin*, 1666; — *la Haye, Van Dyk*, 1681, *in-12.*

570. Aminte (l') du Tasse, pastorale (traduite en prose par Lescalopier). *Paris*, 1735, *in-12.*

571. Aminte, pastorale de Torquato Tasso (traduite en prose par de la Brosse). *Tours, Jamet Mettayer*, 1593, *in-16.*

572. Amintor et Théodora, suivi de l'Excursion ou les Merveilles de la Nature, traduit de l'anglais de David Mallet (par M. l'Ecuy, ancien abbé de Prémontré, né à Yvoi-Carignan le 3 juillet 1743). *Paris, Desray, an* 6 (1798), 3 *vol. in-12, fig.*

On doit encore à M. l'Ecuy la traduction de l'*Interrogatoire de Francklin, subi, au mois de février* 1766, *devant le parlement d'Angleterre*, imprimé p. 27-81 du livre intitulé: *La Science du Bonhomme Richard*, ou Moyen facile de payer les impôts. *Paris, Ruault*, 1778, *in-12.* Voyez aussi ces mots: *OEuvres de M. Francklin.*

573. Amis (les) rivaux (par M. de Sacy). *Paris, Saillant*, 1768, *in-8*; — 1772, *in-12.*

574. Amitié (l') après la mort, contenant les lettres des morts aux vivans, et les lettres morales et amusantes, traduites de l'anglais de madame Rowe (par Jean Bertrand). *Amsterdam*, 1740, 2 *vol. in-12.*

575. Amitié (de l'), par l'abbé ...... (DE MONMOREL). *Paris*, 1692, *in*-12, V. T.

Voyez les *Dialogues des Vivans* (par l'abbé Bordelon), p. 236. (B.)

576. Amitié (de l'), (par madame D'ARCONVILLE). *Amsterdam et Paris*, *Desaint*, 1761, *in*-8.

577. Amitié (de l'), poëme en quatre chants (par l'abbé DE VILLIERS). *Amsterdam*, *Braakman*, 1692, *in*-12.

578. Amitié (l') mystérieuse, traduction de l'anglais par E. A*** (Etienne AIGNAN). *Paris*, *Ouvrier*, 1802, 3 *vol. in*-12.

579. AMMIEN MARCELLIN, ou les dix-huit livres de son Histoire qui nous sont restés, traduction nouvelle (par M. MOULINES). *Berlin*, 1775, *et Lyon*, 1778, 3 *vol. in*-12.

580. Amour (l') à la mode, satire historique (par madame DE PRINGY). *Paris, veuve Coignard*, 1695, 1698, 1706, *pet. in*-12.

Le privilége a été accordé au sieur Michel Chilliat, qui, trois ans après, sollicita aussi un privilége pour l'impression de *Granicus*, roman de Fr. Brice. Ce Chilliat spéculait apparemment sur les priviléges. C'est à tort que la *Biographie universelle* lui attribue le roman de madame de Pringy. Voyez son article dans mon *Examen critique des Dictionnaires historiques*.

581. Amour, ce sont là de tes jeux (par BACULARD D'ARNAUD). 1749, *in*-12. — *Bruxelles* (*Paris*), 1754, *in*-12.

C'est le même ouvrage que le *Bal de Venise*, par le même auteur. 1747, *in*-12, V. T.

582. Amour (l') chez les philosophes, (par T. L'AFFICHARD). *La Haye* (*Paris*), 1747, 2 *vol. in*-12.

C'est le même roman que le *Philosophe amoureux*, ou les *Aventures du chevalier K****. V. T.

583. Amour (l') conjugal, comédie (par FORGEOT). *Paris*, *veuve Duchesne*, 1781, *in*-8.

584. Amour (l') crucifié, traduit du latin d'AUSONE en vers français (par M. A. MOREAU DE LA ROCHETTE), avec le texte en regard. *Paris*, *le Normant*, 1806, *in*-8.

585. Amour (de l') de Henri IV pour les Lettres (par l'abbé BRIZARD). *Paris*, *Pierres*, 1785, *in*-16.

586. Amour (l') de la Pauvreté, décrit en la vie et en la mort de Marthe, marquise d'Oraison, etc. (par Pierre BONNET). *Paris*, 1632, *in*-8. V. T.

587. Amour (l') déplumé, ou la Victoire de l'Amour divin, pastorelle chrétienne, par J. M. (Jean MOUQUÉ, Boullenois). *Paris*, 1612, *in*-8. V. T.

588. Amour (l') dévoilé, ou le Systême des Sympathistes (par TIPHAINE). 1749, *in*-12.

589. Amour (l') éprouvé par la Mort, ou Lettres modernes de deux Amans de Vieille-Roche (par madame D'ARCONVILLE). *Paris*, *Musier*, 1763, *in*-12.

590. Amour et Galanterie, dans le genre de *Faublas*, par B. DE S. V. (DE SAINT-VICTOR). *Paris*, *Barba*, 1801, 2 *vol. in*-12.

591. Amour (l') et la Folie, opéra-comique (par M. DESFONTAINES). *Paris*, *Brunet*, 1782, *in*-8.

592. Amour et Scrupule, par madame *** (D'HOZIER). *Paris*, *Barba*, 1808, 4 *vol. in*-12.

593. Amour (l') pénitent, traduit du latin de l'évêque de Castorie (Jean NÉERCASSEL, par l'abbé GUILBERT). *Utrecht*, *Lefèvre*, 1741, 3 *vol. in*-12.

594. Amour sans faiblesse (par l'abbé DE VILLARS). *Paris*, 1671, 1672, 1679, 3 *vol. in*-12.

Le Géomyler, du même auteur, est la réimpression du premier volume; le tome troisième, qui n'a pas été réimprimé, contient les Amours héroïques d'Anne de Bretagne.

595. Amour (l'), ses Plaisirs et ses Peines, ou Histoire de la comtesse de Ménessès (par madame D'ARCONVILLE). *Amsterdam*, 1774, *in*-8.

On trouvera le vrai titre et la vraie date de cet ouvrage aux mots *Doña Gratia d'Atnide*,

596. Amour (l') suivi des Regrets, ou les Galanteries de Gaston de Foix, par M. DE V*** (DE VIGNACOURT). *Amsterdam*, *E. Van Harrevelt*, 1773, 2 *vol. in*-12.

Voyez les mots *Gaston de Foix*, etc.

597. Amoureux (l') des onze mille Vierges, roman véritable (par A. J. ROSNY). *Paris*, 1802, 2 *vol. in*-12. V. T.

598. Amours (les) champêtres de Zérozaïde et Alcidon, et de Nœlim et Agathe (par MOLINE). *Amsterdam*, 1764, *in*-8.

599. Amours (les) d'Abailard et d'Héloïse (par ALLUIS, de Grenoble). *Sans indication de lieu*, 1675, *petit in*-12.—Nouvelle édition. *Amsterdam, Chayer*, 1695, *in*-12. — Réimprimés dans le volume intitulé: Nouveau Recueil contenant la vie, les amours, les infortunes et les lettres d'Abailard et d'Héloïse, etc. *Anvers, Samuel le Noir*, 1722, *in*-12.

Il ne faut pas confondre ce petit ouvrage ni avec l'*Histoire abrégée d'Abélard et d'Héloïse*, qui se trouve dans le volume intitulé: Histoire d'Eloïse et d'Abélard, etc., *la Haye*, 1693, *p. in*-12, ni avec l'Histoire des Amours et Infortunes d'Abélard et d'Eloïse, par N. Fr. du Bois, *la Haye*, *Van Dole*, 1711, *petit in*-12, ni avec le *Philosophe amoureux*, histoire galante, contenant une dissertation curieuse sur la vie de P. Abaillard et celle d'Héloyse, etc., *au Paraclet*, 1696, *petit in*-12. Le premier ouvrage est un récit fort abrégé des amours d'Abélard et d'Héloïse; le second ne présente que la réunion des articles de Bayle sur Abélard, Héloïse, Foulques et le Paraclet; le troisième contient des détails assez curieux, mais peu authentiques, sur une fille d'un bourgeois de Paris, nommée Geneviève, qui fut aimée du chanoine Fulbert, et donna naissance à Héloïse.

On trouve dans le quatrième volume des *Mémoires* de Niceron, article Abélard, des détails assez inexacts sur l'ouvrage d'Alluis, ainsi que sur les Lettres d'Héloïse et d'Abélard.

600. Amours (les) d'Abrocome et d'Anthia, histoire éphésienne, par XÉNOPHON le jeune, trad. du grec (par JOURDAN). 1748, *in*-12.

Il existe une autre traduction de ce roman sous ce titre: *Les Ephésiaques de* XÉNOPHON, *Ephésien*, ou les Amours d'Anthia et d'Abrocomas, traduits en français. *Paris, Bauche* (*Hollande*), 1736, *petit in*-12. L'auteur n'en est pas connu.

601. Amours d'Alzidor et de Charisée, trad. du grec (composés par BARET). *Amsterdam* (*Paris*), 1751, 2 *parties in*-12.

602. Amours (les) de Callisthène et d'Aristoclie, histoire grecque (par MÉNARD). *La Haye* (*Paris*), 1740, 1753, *in*-12.

Cet ouvrage a été augmenté et réimprimé en 1765, sous ce titre, et avec le nom de l'auteur: *Callisthène, ou le Modèle de l'Amour et de l'Amitié.*

603. Amours (les) de Carite et Polidore (par l'abbé BARTHÉLEMY). *Paris*, 1760, *in*-12.

L'auteur de la France littéraire de 1769 attribue cet ouvrage à M. Castanier d'Auriac, pour l'éducation duquel il a été composé.

L'avocat Beaucousin, qui revit les épreuves de ce roman, était si persuadé que Castanier en était l'auteur, qu'il jeta au feu, dans un accès de colère, un exemplaire de la réimpression de 1795, portant le nom de *Barthélemy*. M. Beaucousin a répété plusieurs fois cette anecdote à feu

M. Jardé, libraire instruit, de qui je la tiens.

604. Amours (les) de Chérale, poëme en six chants, suivi du bon Génie. (par MERCIER). *Amsterdam*, *Zacharie*, 1767, *in*-12.

605. Amours (les) de Chérubin, comédie (par M. DESFONTAINES). *Paris*, *Brunet*, 1784, *in*-8.

606. Amours (les) de Cléandre et de Domiphile, par lesquelles se remarque la perfection de la Vertu de chasteté, par OLLENIX du Mont-Sacré (Nic. DE MONTREUX). *Paris*, *Buon*, 1598, *in*-12.

607. Amours (les) de Clitophon et de Leucippe, par Achille TATIUS, mis en latin par L. Annibal CRUCEIUS, et traduits en français (par BELLEFOREST). *Paris*, *l'Huillier*, 1568, *in*-8.

608. Amours (les) de Clitophon et de Leucippe, traduction nouvelle du grec d'Achille TATIUS, par J. B*** (J. BAUDOIN). *Paris*, *Février*, 1635, *in*-8.

Il parut en 1734 une traduction libre du même ouvrage, avec des remarques du S. D*** D***. Elle est attribuée, dans le Catalogue de la Bibliothéque du Roi, à l'abbé DESFONTAINES, d'après une note manuscrite de l'abbé Lenglet; mais l'exemplaire de M. Chardon de la Rochette prouve qu'elle est de M. DE MONTENAULT D'EGLY.

La même année il en parut une moins estimée, qui est de DUPERRON DE CASTÉRA.

609. Amours de Criniton et Lydie, par OLLENIX du Mont-Sacré (Nicolas DE MONTREUX). *Paris*, 1595, *in*-8; — 1601, *in*-12.

610. Amours (les) de Cupidon et de Psyché, traduction nouvelle (du latin d'APULÉE), avec des remarques (par BREUGIÈRE, sieur DE BARANTE). *Paris*, *de Luyne*, 1695, *in*-12; — *Amsterdam*, *Bohm*, 1709, *in*-8. — Voyez la *Bibliothéque des romans* de l'abbé Lenglet Dufresnoy.

On a cru pendant long-temps que P. Richelet s'était caché sous les noms de Claude-Ignace Breugière, sieur de Barante. L'abbé Joly l'assurait encore dans l'article de Richelet, contenu dans les *Eloges de quelques auteurs français*. *Dijon*, 1742, *in*-8. Cette erreur avait aussi été commise par l'abbé Goujet, dans le tome 3 de sa *Bibliothéque française;* mais dans l'avertissement du tome 5 du même ouvrage, il déclara avoir reçu une lettre de M. Breugière, avocat à Riom, dans laquelle celui-ci s'avouait l'auteur du *Recueil des Epigrammatistes* attribué à P. Richelet. L'abbé d'Artigny avait vu le manuscrit de cet ouvrage de la main de Breugière de Barante. Voyez le tome 6 de ses *Nouveaux Mémoires*, p. 93.

611. Amours (les) de Daphnis et Chloé, traduction nouvelle (par François-Valentin MULOT, chanoine régulier de Saint-Victor). *Mytilène et Paris*, *Moutard*, 1783, *in*-8 *et in*-16. — Nouvelle édition, avec des figures dessinées par BIGET et gravées par BLANCHARD. *Paris*, *imprimerie de Patris*, 1795, *in*-18.

612. Amours (les) de Floris et de Cléonthe, par Nic. DU MOULINET, sieur DU PARC (Charles SOREL). *Paris*, *Sanlecque*, 1613, *in*-12.

613. Amours (les) de Henri IV, roi de France, avec ses lettres galantes, etc., à la duchesse de Beaufort et à la marquise de Verneuil. *Amsterdam*, 1695, *in*-8. — Réimprimé en 1743 à *Amsterdam* et dans le tome 9 de la *Bibliothéque de Campagne*. *La Haye et Genève*, 1749. — Il en existe d'autres éditions, *Amsterdam*, 1754, 2 *vol. pet. in*-12; — *Londres* (*Paris*, *Cazin*), 1780, 2 *vol. in*-18; — *Londres* (*Paris*), 1790, 2 *v. in*-18; — *Paris*, *Léopold Collin*, 1807, 3 *vol. in*-18.

Cet ouvrage, dont le rédacteur est demeuré inconnu jusqu'à ce jour, ne doit pas être confondu avec l'*Histoire des Amours de Henri IV*, ou avec l'*Histoire des Amours du grand Alcandre*, par la princesse de Conti. Voyez ces titres ci-après.

614. Amours (les) de l'ange Lure et de la fée Lure (par le marquis DE BIÈVRE). 1772, *in*-32, *très-rare*.

615. Amours (les) de la belle Junie, par madame de P. (DE PRINGY). *Paris*, 1698, *in*-12.

C'est le même livre que *Junie, ou les Sentimens romains*. V. T.

616. Amours (les) de Léandre et de Héro, poëme de MUSÉE le grammairien, trad. du grec en français (par M. DE LA PORTE-DU-THEIL), avec le texte. *Paris, Nyon le jeune*, 1784, *in*-12.

617. Amours de Manon la Ravaudeuse et de Michel Zéphyr, par ANAGRAME D'AUNEUR (Armand RAGUENEAU) et feu HENRION. *Paris, sans date* (*vers* 1806), *in*-18, *avec le portrait de Brunet en danseur de l'Opéra*.

618. Amours de Néron (par mademoiselle DE LA ROCHEGUILHEM). *La Haye, Troyes*, 1695, *et Swart*, 1713, *in*-12.

619. Amours de Philocaste (par Jacques CORBIN). *Paris*, 1601, *in*-12.

620. Amours (les) de Rhodante et de Dosiclès, traduction du grec de Théodorus PRODROMUS. 1746, *in*-12.

Dans la première édition de ce dictionnaire, j'ai eu tort d'attribuer à Beauchamp la traduction de ce roman. Lui-même la désavoue en tête de l'*imitation* qu'il en donna la même année. Il s'est trouvé cinq exemplaires de la traduction dans l'inventaire de la bibliothéque du marquis de Collande, gendre de M. de Gravelle, mort en son château d'Elbeuf en 1752. M. Hubaud, membre de l'académie de Marseille, qui m'a transmis ce renseignement, observe avec raison qu'on pourrait considérer ce marquis comme auteur de la traduction du roman de Prodromus ; car il n'est pas ordinaire de conserver plusieurs exemplaires d'un même ouvrage, quand on n'en est point l'auteur.

621. Amours (les) de Sapho et de Phaon (par M. DE SACY, censeur royal). *Amsterdam*, 1775, *in*-8.

622. Amours (les) de Théagène et Chariclée, histoire éthiopique d'HÉLIODORE, traduction nouvelle (par DE MONTLYARD). *Paris, Samuel Thiboust*, 1623, 1626, 1633, *in*-8.

623. Amours de Théagène et de Chariclée, histoire éthiopique, traduite du grec d'HÉLIODORE. *Amsterdam, Herman Uytwerf*, 1727, 2 *vol. in*-12.

Cette édition est la première de cette traduction, qui a été souvent réimprimée, notamment à Paris, par Coustelier, en 1743. On trouve, dans la première édition, une épître dédicatoire à M. de Fontenelle, signée l'abbé de F.....

L'abbé Lenglet Dufresnoy, dans les notes manuscrites qu'il a placées sur un exemplaire de sa *Bibliothéque des Romans*, que l'on voit aujourd'hui à la Bibliothéque du Roi, attribue cette traduction à M. Poullain de Saint-Foix, si connu depuis par ses *Essais historiques sur Paris* ; et c'est sans doute d'après cette autorité que les rédacteurs du Catalogue de la Bibliothéque du Roi ont présenté Saint-Foix comme le traducteur d'Héliodore. Mais les différens auteurs qui ont publié des détails sur la vie et les écrits de Saint-Foix, ne donnent nullement à entendre que cet ingénieux écrivain se soit appliqué, dans sa jeunesse, à l'étude de la langue grecque.

D'autres bibliographes regardent la lettre F..... comme l'initiale de FONTENU. C'était l'opinion de l'abbé le Blond; et il est vrai que l'abbé de Fontenu, membre de l'Académie des Inscriptions et très-lié avec Fontenelle, a pu traduire le roman d'Héliodore et le dédier à l'auteur des *Mondes*.

624. Amours (les) de Zéo-Kinizul, roi des Kofirans (Louis XV, roi des Français), ouvrage traduit de l'arabe du voyageur Krinelbol (composé par CRÉBILLON fils). *Amsterdam*, 1746, *in*-8 ; — 1747, *petit in*-12 ; —

1750, *petit in*-12, *avec la clef imprimée*.

625. Amours (les) de Zoroas et de Pancharis, poëme érotique et didactique, ouvrage traduit sur la seconde édition de l'original latin (de M. Petit-Radel), et enrichi de notes critiques, historiques et philosophiques, par un amateur de l'antiquité (M. Petit-Radel lui-même). *Paris, Levrault*, 1803, 3 *vol. in*-8.

626. Amours des Dames illustres de notre siècle (par Bussy-Rabutin). *Cologne*, 1680, 1691, 1694, 1700, *petit in*-12.

Même ouvrage que l'*Histoire amoureuse des Gaules*.

627. Amours des Empereurs romains Jules César et Auguste (par le chevalier de Mailly). *Amsterdam*, 1701, *in*-12.

628. Amours (les) d'Horace (par de Solignac). *Cologne*, *Marteau*, 1728, *in*-12.

Lorsque cet auteur débuta dans la littérature, il s'appelait *Solminiac de la Pimpie*. (Catal. manuscrit de l'abbé Goujet.)

629. Amours (les) d'Ismène et d'Isménias, par M. de Beauchamps. *Paris*, *Simart*, 1729, *in*-12.

L'auteur, dans une épître dédicatoire à madame L. C. D. F. B, présente cet ouvrage comme une traduction libre du grec d'Eustathe. Il voulait sans doute parler du célèbre commentateur d'Homère; mais on doute fort que cet Eustathe ait jamais composé ce roman, dont les connaisseurs ne font pas grand cas. Il passe plutôt pour être d'un grammairien nommé Eumathe, Egyptien, dont le siècle n'a pu encore être assigné.

630. Amours (les) d'Ovide, traduction libre en vers français (par M. le Marcis), suivi du Remède d'Amour, poëme en deux chants, imité d'Ovide (par le même). *Paris*, *Egron*, 1799, *in*-12.

631. Amours (les) du grand Alcandre, par mademoiselle de Guise (nouvelle édition publiée par M. de la Borde), avec des pièces intéressantes pour servir à l'histoire de Henri IV. *Paris, Didot l'aîné*, 1786, 2 *vol. petit in*-12.

632. Amours (les) du bon vieux Temps (Aucassin et Nicolette, etc..., publiés par de la Curne de Sainte-Palaye). *Paris*, *Duchesne*, 1760, *in*-8.

633. Amours (les), élégies en trois livres (par le chevalier de Bertin). *Londres*, 1780, *in*-8.

634. Amours (les), imitations en vers français de divers poëtes latins (par M. de Guerle). *Paris*, *Cailleau*, *sans date* (*vers* 1792), *in*-18.

635. Amours (les) Grenadiers, ou la Gageûre anglaise, petite pièce sur la prise de Port-Mahon (par M. Quétant). *Paris*, 1756, 1778, *in*-8.

636. Amours, ou Lettres d'Aléxis et Justine, par M***** (le marquis de Langle). *Neufchâtel*, *Jérémie Witel*, 1786, 2 *vol. in*-8.

La ressemblance de ce titre avec celui de l'infâme ouvrage intitulé : *Justine*, *ou les Malheurs de la Vertu*, a fait confondre M. le marquis de Langle avec le véritable auteur de ce dernier ouvrage.

637. Amours (les) pastorales de Daphnis et Chloé, traduites du grec de Longus en français, par J. Amyot; ouvrage enrichi de figures en taille-douce gravées par Benoît Audran, sur les dessins du duc d'Orléans, régent du royaume (imprimé par les soins de Lancelot, *à Paris*, *chez Quillau*). 1718, *in*-8.

638. Amours (les) pastorales de Daphnis et Chloé (traduction d'Amyot, publiée par Camille Falconet, avec des notes d'Antoine Lancelot). *Paris*, *Coustelier*, 1731, *in*-8 *de*

VIII *et* 159 *pages de texte, et de* XX *pages de notes.*

639. Amours (les) pastorales de Daphnis et Chloé, double traduction du grec en français de M. AMYOT et d'un anonyme (LE CAMUS, médecin), mises en parallèle (*sic*), et ornées des estampes originales du fameux B. AUDRAN, gravées aux dépens du duc d'Orléans, régent de France, sur les tableaux inventés et peints de la main de ce grand prince. *Paris*, 1757, *in*-4.

640. Amours (les) pastorales de Daphnis et Chloé, traduction nouvelle (par M. DE BURE DE SAINT-FAUXBIN). *Paris*, *Lamy*, 1787, *in*-4.

641. Amours (les) rivaux, ou l'Homme du Monde (par C. N. COCHIN fils). *Paris*, 1774, *in*-8. V. T.

Voyez la *Bibliothèque universelle des Romans*, août 1779, p. 161.

642. Amours (les) tragiques de Pyrame et Thisbé (par Théophile VIAUD). 1630, *in*-12.

643. Amours (les) traversés, histoires intéressantes, dans lesquelles la vertu ne brille pas moins que la galanterie (par GUILLOT DE CHASSAGNE, de Besançon). *La Haye* (*Paris*), 1741, 2 *parties in*-12.

644. Ample Discours de ce qui s'est fait et passé au siége de Poitiers, écrit devant icelui par un homme qui était dedans (Marin LIBERGE, docteur ès-droits). *Rouen*, 1569, *in*-8; — *Paris*, 1569, *in*-8.

Ce livre paraît le même que celui qui est cité dans le catalogue de la Vallière, par Nyon, n° 22,337, et dans le Long, n° 18,065. V. T.

645. Amusemens (les) de la Campagne, ou le Défi spirituel, par l'auteur de *la Comtesse de Vergi* (le chevalier DE VIGNACOURT). *Paris*, *Robinet*, 1724, *in*-12.

646. Amusemens de la Campagne. *Paris*, 1743, 8 *vol. in*-12.

C'est un recueil de petits romans par LE NOBLE et autres auteurs.

647. Amusemens de la Chasse et de la Pêche. *Amsterdam et Leipsick*, *Arkstée et Merkus*, 1743, 2 *vol. in*-12.

Voyez les *Ruses innocentes*.... C'est le même ouvrage.

648. Amusemens (les) de l'Amitié rendus utiles et intéressans, recueil de lettres écrites de la cour vers la fin du règne de Louis XIV (par l'abbé DE VARENNES). *Paris*, *Langlois*, 1729, *in*-12. — Nouvelle édition très-augmentée. *Paris*, *Ganeau*, 1741, *in*-12.

649. Amusemens (les) de la Société, ou Poésies diverses, par l'auteur du *Triomphe de l'Amitié* (L. G. FARDEAU). *Paris*, 1774, *in*-8.

L'auteur a fait réimprimer ces poésies en 1806, *in*-12, avec des augmentations. Il n'était donc pas mort en 1785, comme je l'ai dit dans mon *Examen critique des Dictionnaires historiques*.

650. Amusemens de ma Solitude, mélanges de poésie; par M. D'EY... (D'EYMAR). *A Paris*, *chez l'auteur* (1802), 2 *vol. in*-12.

Cet ouvrage n'a été tiré qu'à 250 exemplaires.

651. Amusemens des bains de Bade en Suisse, etc. (par David-François DE MERVEILLEUX). *Londres*, 1739, *in*-8.

652. Amusemens des Dames de B... (Bruxelles), publiés par l'auteur du Colporteur (CHÉVRIER). *Rouen*, 1762, 2 *vol. in*-12.

653. Amusemens des eaux d'Aix-la-Chapelle (par DE POELLNITZ). *Amsterdam*, *P. Mortier*, 1736, 3 *vol. in*-12.

D'autres auteurs, entre autres M. Eloy, dans son *Dictionnaire historique de la Méde-*

cine, attribuent cet ouvrage à M. Hecquet le fils.

654. Amusement des eaux de Schwalsbach, avec deux relations curieuses, l'une de la nouvelle Jérusalem, et l'autre d'une partie de la Tartarie indépendante (par de Solignac). *Liége*, *Kints*, 1739, *in*-8.

655. Amusemens des eaux de Spa (par de Poellnitz). *Amsterdam*, 1734, 2 *vol. in*-8; — *Londres*, 1782, 5 *vol. in*-16.

656. Amusemens des Gens d'esprit (par M. de Massac). *Paris*, 1756, 1762. *in*-12.

Voy. la préface du *Recueil d'instructions*, par le même auteur.

657. Amusemens dramatiques (par M. Costard). *Londres et Paris*, 1770, *in*-8.

658. Amusemens du Cœur et de l'Esprit, ouvrage périodique. *Paris*, *Didot*, 1736, *in*-12.

François Bruys est auteur des feuilles vi, vii, viii et ix. Cet ouvrage n'eut pas de succès. En 1737, Philippe publia de *Nouveaux Amusemens du Cœur et de l'Esprit*. Voyez ces mots.

La réimpression des quatre premiers volumes porte le titre d'*Amusemens*.

659. Amusemens d'un Convalescent, par M. D. L. P. (de la Place). 1761, *in*-8.

660. Amusemens d'un Homme de lettres, ou Jugemens raisonnés et concis sur tous les livres qui ont paru tant en France que dans les pays étrangers pendant l'année 1759, divisés par *semaine*. *Manheim et Paris*, *Cailleau*, 1760, 4 *vol. in*-12.

Ce livre n'est autre chose que la *Semaine littéraire* de MM. Daquin et de Caux.

661. Amusemens d'un Philosophe solitaire (par Jean Bardou, curé). *Bouillon*, *Société typographique*, 1783, 3 *vol. in*-8.

662. Amusemens d'un Septuagénaire (par M. de Bologne), *Paris*, *Poinçot*, 1786, *in*-8.

663. Amusemens géographiques, ou Voyages de M*** (M. Navarre, avocat à Meaux) dans les quatre parties du monde. *Meaux*, *Courtois*, 1786; — *Paris*, *Méquignon le jeune*, 1788, 2 *vol. in*-8.

664. Amusemens historiques (par d'Auvigny). *Paris*, 1735, 2 *vol. in*-12.

665. Amusemens innocens, contenant le Traité des Oiseaux de volière (par Buchoz). *Paris*, 1774, *in*-12.

666. Amusemens littéraires, moraux et politiques (par Formey). *Berlin*, 1739, *in*-8.

C'est sous ce titre qu'ont paru les quatre derniers mois (avril—juillet 1738) d'un ouvrage périodique publié par Formey sous le voile de l'anonyme, intitulé : *Mercure et Minerve*, etc. Voyez ces mots.

667. Amusemens lyriques d'un Amateur (M. l'abbé Champion). *Paris*, *Edme*, 1778, *in*-8 *de* 72 *pages*.

668. Amusemens mathématiques (par André-Joseph Panckoucke). *Lille*, *Panckoucke*, *et Paris*, *Tilliard*, 1749, *in*-12.

669. Amusemens philologiques, ou Mélange agréable de diverses pièces concernant l'histoire des personnes célèbres, servant de préparation aux études (par David-Etienne Choffin). *Halle*, *maison des Orphelins*, 1749, 2 *vol. in*-8.

670. Amusemens philologiques, ou Variétés en tous genres, etc., par G. P. (Gabriel Peignot), philomneste, B. A. V. (bibliothécaire à Vesoul). *Paris*, *Renouard*, 1808, *in*-8.

671. Amusemens philologiques et littéraires de deux Amis (par le comte

DE TURPIN et CASTILLON). *Paris, Prault*, 1754. — Seconde édition augmentée. *Paris, Desaint*, 1756, *in-12.*

672. Amusemens poétiques d'un Philosophe (par Firmin DOUIN, de Caen). *Montauban et Paris, Cailleau*, 1763, *in-8.*

673. Amusemens sérieux et comiques (par DUFRESNY). *Paris, Barbin*, 1699, *in-12.* — Nouvelle édition. *Paris*, 1723, *in-12.*

674. Amusemens (les) spirituels des frivoles, ou Pantin et Pantine, conte spirituel (par L'AFFICHARD). *Amsterdam, Michel*, 1751, *in-8*; — et dans le tome 6 de la *Bibliothéque choisie et amusante*. Amsterdam, 1750, *in-12.*

675. Amusement curieux et divertissant propre à égayer l'esprit, ou Fleurs de bons Mots, Contes à rire, etc., recueilli par D** (DUCRAY). *Florence* (*Marseille, J. Mossy*), 1770, 2 *vol. in-12.*

676. Amusement de la Raison (par l'abbé SÉRAN DE LA TOUR). *Paris, Durand, etc.*, 1747 *et* 1748, 2 *vol. in-12.*

677. Amusement des Gens du Monde (par DE LUCHET). *Sans indication de lieu*, 1785, 2 *vol. in-8.*

678. Amusement (ou Recueil de prose et de vers, par BREYÉ). *Nancy, Lescure*, 1733, *in-12.*

679. Amusement d'une Société innombrable, etc, ou la Véritable Maçonnerie, etc., dédiée aux dames, par un chevalier de tous les ordres maçonniques, etc. *Au Sanctuaire des Mœurs*, 1779, *petit in-12 de* XII *et* 172 *pages.*

L'épître dédicatoire est signée *de Gaminville*, anagramme de GUILLEMAIN. Le véritable titre de l'ouvrage est celui-ci : *La Vraie Maçonnerie d'adoption...*, dédiée aux dames, par un chevalier de tous les ordres maçonniques. *Londres, aux dépens de l'auteur*, 1779, *petit in-12.* Dans ces exemplaires, l'épître dédicatoire est signée Guillemain.

Le sieur Guillemain, dit de Saint-Victor, a encore publié d'autres compilations sur la franche-maçonnerie. Voyez la table des auteurs.

Le fond de *la Vraie Maçonnerie d'adoption* est tiré de l'ouvrage qui a pour titre : L'Adoption, ou la Maçonnerie des Femmes, en trois grades. *A la Fidélité, chez le Silence* (*la Haye, P. Gosse*), 100070075. *petit in-8 de* 64 *pages.*

680. Amusement philosophique sur le Langage des Bêtes (par le P. BOUGEANT, jésuite). *Paris, Gissey*, 1739, *in-12. Très-souvent réimprimé.*

M. Née de la Rochelle, libraire, a publié en 1783 une nouvelle édition de cet agréable ouvrage, augmentée d'une notice sur la vie et les écrits de l'auteur.

681. Amusement physique sur le Système newtonien, par le R. P. D*** (DESMARAIS), jésuite (dit l'abbé D'HAUTECOURT). *Paris, Humblot*, 1760, *in-12.*

Voyez la *Bibliographie astronomique* de La Lande.

682. An (l') deux mille quatre cent quarante, rêve s'il en fut jamais (par MERCIER). *Londres*, 1771, *in-8.* — Nouv. édition augmentée. (*Paris*), 1786, 3 *vol. in-8.*

683. An (l') 1787, Précis de l'administration de la Bibliothéque du Roi sous M. le Noir (par CARRA). 1787, *in-8.* — Seconde édition assurément plus correcte que la première, avec un petit supplément. *Liége*, 1788, *in-8 de* 19 *pages.*

L'abbé Mercier, si connu sous le nom d'abbé de Saint-Léger, a publié dans le même temps : *Suite à l'an* 1787, ou *Lettre à un Ami sur la suppression* de la charge de bibliothécaire du roi, *et sur un moyen d'y suppléer aussi économique qu'avantageux aux lettres*. En France, 1787, *in-8 de* 29 *pages.*

Le savant bibliographe, dans cette brochure remplie de détails pleine d'intérêt, proposait de confier aux Bénédictins le soin de la Bibliothèque du Roi.

684. Ana, ou Collection de bons mots, contes, pensées détachées, etc. (publié par les soins de M. Ch. G. T. GARNIER). *Amsterdam et Paris*, *Belin*, 1789-1791, 10 *vol. in*-8.

Suivant les notes de M. Van Thol, l'avocat BEAUCOUSIN aurait eu aussi quelque part à la publication de cette collection.

685. ......ana (Allainvalliana), ou Bigarrures calotines (par l'abbé D'ALLAINVAL). *Paris*, *de Heuqueville*, 1732 *et* 1733, 4 *parties in*-12.

Il est très-difficile de trouver ces quatre parties réunies.

686. Anacharsis (d'), ou Lettres d'un Troubadour sur cet ouvrage, suivies de deux notices analitiques et de l'épître de Fontanes à l'abbé Barthélemy (par M. BÉRENGER). *Amsterdam et Paris*, *Maradan*, 1789, *in*-8.

687. Anacréon citoyen (par DORAT). *Amsterdam et Paris*, *Monory*, 1774, *in*-8 *de* 33 *pages*.

688. ANACRÉON, SAPHO, BION et MOSCHUS, traduction nouvelle en prose, suivie de la Veillée des fêtes de Vénus (poëme attribué à VALÈRE CATULLE, à FLORUS SÉNÈQUE, à LUXURIUS, etc.) et d'un choix de pièces de différens auteurs, par M... C... (MOUTONNET-CLAIRFONS). *Paphos et Paris*, 1773-1774-1780, *in*-4 *et in*-8, — *et* 1781, 2 *vol. in*-12.

689. Anacréon vengé, ou Lettres au sujet de la nouvelle traduction d'Anacréon, annoncée dans l'Année littéraire de Fréron (par DAVID). *Criticopolis* (*Paris*), *Grangé*, 1755, 1757, *in*-12.

690. Analise chimique des eaux de Passy (par VENEL et PAYEN). *Paris*, 1757, *in*-12.

691. Analise chronologique de l'Histoire universelle (par PHILIPPE). *Paris*, *Lambert*, 1752, *in*-8; — *Paris*, *Lottin*, 1756, *in*-4.

Cet ouvrage n'est, à quelques passage[s] près, qu'une traduction de celui que Jea[n] le Clerc publia en latin sous le titre d[e] *Compendium historiæ universalis*, etc. Ams[t]erdam, 1696, *in*-8, et Leipsic, 1707, *in*-8. Si on en croit le dictionnaire de Moréri, l'original ne méritait pas une seconde édition, encore moins une traduction française. Cependant un anonyme le publia e[n] français à Amsterdam, en 1730, petit *in*-[8] de 270 pages. Le style de Philippe d[e] Pretot est beaucoup plus pur que celui d[u] traducteur d'Amsterdam. Comme il n[e] parle ni de l'original ni du traducteur q[ui] l'a précédé, on ne sait s'il a traduit d[e] nouveau l'ouvrage de le Clerc, ou s'il s'e[st] contenté de retoucher la traduction im[-]primée à Amsterdam. Je suis redevable [à] M. Solvet, libraire, de l'indication de cet[te] espèce de plagiat.

692. Analise critique du projet d[e] Code civil (par FOURNEL, ancie[n] jurisconsulte). *Paris*, *Garnery*, *an* (1801), *in*-8 *de* LXIV et 112 *pages*.

693. Analise de la Bulle de Clément XI[V] sur l'extinction de la société des J[é]suites, *par main de maître* (FRÉDÉRIC II). *Berlin*, 1774, *in*-8.

694. Analises de Dissertations sur d[if]férens sujets intéressans, par V. [...] A. N. D. S. M. D. R. C. D. [...] *Bruxelles*, *Finck*, 1759, 2 *v*[*ol.*] *in*-12.

Ces *analises* me paraissent être de l'ab[bé] CAUSSIN, aumônier du prince Charles [de] Lorraine, et gouverneur de ses pages.

Voyez le *Journal des Savans*, comb[iné] avec les *Mémoires de Trévoux*, août 17[..], p. 491. On y lit des détails très-curieux [sur] l'érudition et les *analises* de l'abbé Caus[sin].

La plus étendue des *analises* dont [il] s'agit ici se rapporte à la généalogie [de] Jésus-Christ. L'abbé Sezille, chanoine [de] Noyon, et Rondet, ont réfuté son systè[me] avec étendue. Voyez la *Bible* de Ven[ce], 2e édit. *Paris*, 1773, *in*-4, t. 13, p. 158-[...]

On doit encore à l'abbé Caussin [...]

Méthode facile et abrégée pour apprendre la géographie, à l'usage des pages du prince Charles de Lorraine, imprimée à Bruxelles vers 1759, *in*-12.

695. Analise de la coutume générale d'Artois (par M. Boucher de la Richarderie), avec les dérogations des coutumes locales (rédigées par Sevért, conseiller au parlement). *Paris*, 1763, *in*-8.

696. Analise de la Lettre de M. J.-J. Rousseau à l'archevêque de Paris (par le P. Didier, carme). *Avignon*, 1764, *in*-12.

697. Analise de la Médecine et Parallèle de cette prétendue science avec la Chirurgie, par un chirurgien philantrope (M. Noel, chirurgien à Rheims). 1790, *in*-8 *de* 99 *pages*.

698. Analise de la Philosophie de Bacon (par Deleyre), avec sa vie traduite de l'anglais (de David Mallet, par Pouillot). *Amsterdam et Paris*, 1755, 3 *vol. in*-12.

Cet abrégé ne suffit pas pour donner une juste idée du mérite de Bacon, parce que très-souvent l'écrivain français a substitué ses propres idées à celles du philosophe anglais. Fréron en fit la remarque aussitôt que cette *Analise* parut.

M. Naigeon a inséré l'ouvrage de Deleyre presque en entier dans le *Dictionnaire de la Philosophie ancienne et moderne de l'Encyclopédie méthodique, article* Bacon, Paris, 1791, 3 vol. in-4; mais il a eu soin d'en retrancher les idées et les réflexions, qui appartiennent à l'élégant paraphraste. Il a remplacé celles-ci par des citations de Bacon, recueillies avec choix et appliquées à presque toutes les pensées qui se font le plus remarquer dans l'Analise de l'estimable Deleyre; la doctrine de Bacon, ainsi transmise, fait sur l'esprit du lecteur une impression d'autant plus forte, qu'elle est plus directe.

Quant à la vie de Bacon, elle n'est pas une traduction proprement dite de David Mallet; c'est une copie mot pour mot, dit M. Saverien dans son *Histoire des Philosophes modernes*, tome 3, de l'*Histoire de la vie et des ouvrages de François Bacon*, etc., la Haye, 1742, in-12. On a supprimé seulement les citations, quoique une histoire sans citations soit un édifice sans fondement.

699. Analise de l'Apocalypse (par Louis Ellies du Pin). *Paris, de Nully*, 1714, *in*-12.

700. Analise de l'Augustin de Jansénius, par M. l'abbé *** (L. Fr. du Vau, abbé de Landève). (*Paris*), 1721, *in*-4.

Voyez le *Dictionnaire de Bibliographie française* (par Fleischer), t. 1.

Le catalogue de la Bibliothèque du Roi ne désigne pas cet ouvrage comme anonyme : aussi le cite-t-il avec la date de 1723; ce qui porte à croire que le frontispice a été rafraîchi, et qu'on y a mis le nom de l'auteur.

701. Analise de l'Épître de S. Paul aux Hébreux (par l'abbé Boucher). *Sans nom de ville*, 1733, *in*-12.

702. Analise de l'esprit du Jansénisme, par M. D.... (Denesle), 1760, *in*-12.

703. Analise de l'histoire de la Belgique de M. Dewez (par M. le baron de Stassart, ancien préfet de Vaucluse). *Avignon, Seguin frères*, 1810, *in*-8 *de* 147 *pages*.

704. Analise de l'Histoire philosophique et politique de Raynal (par Bernard). *Paris, Morin*, 1775, *in*-8.

705. Analise de l'Histoire sacrée depuis l'origine du monde, mêlée de réflexions (par l'abbé Fangouse). *Paris, de Bure*, 1780-1785, *in*-12.

706. Analise de l'Inscription en hiéroglyphes du monument trouvé à Rosette, contenant un décret des prêtres de l'Egypte en l'honneur de Ptolémée Epiphane (par M. le comte de Pahlin); avec une planche qui contient l'écriture hiéroglyphique de l'inscription de Rosette, d'après un dessin que l'auteur a fait graver.

Les treize dernières pages contiennent le texte grec de cette même inscription, avec la traduction latine d'AMEILHON, dans laquelle sont en lettres italiques les mots que l'on croit avoir été exprimés en hiéroglyphes. *Dresde*, *frères Walther*, 1804, *in*-4 de 175 *pages*.

707. Analise de l'ordre plein dans la cavalerie, suivie du Plan d'un ordre médiaire (par le général DE CREUTZ). *Milan*, 1778, *in*-8.

708. Analise de l'Ouvrage ayant pour titre : Questions de Droit public (par GOEZMANN). *Amsterdam*, 1770, *in*-8.

709. Analise de l'Ouvrage du pape Benoît XIV sur les Béatifications (par l'abbé BAUDEAU). *Paris*, *Hardy*, 1759, *in*-12.

710. Analise de l'Ouvrage de M. de Mirabeau sur la Constitution monétaire (par M. DES ROTOURS). 1791, *in*-8.

711. Analise de l'Ouvrage (de Necker) intitulé : De la Législation et du Commerce des grains (par MORELLET). *Amsterdam et Paris*, *Pissot*, 1775, *in*-8.

712. Analise de plusieurs polychrestes ultramarins, leurs usages et propriétés, etc., avec des remarques sur plusieurs simples efficaces des régions éloignées de notre hémisphère, par L. J. C. D. C. (Louis JOLY, chevalier de Christ). *Paris*, *Musier*, 1736, *in*-12.

713. Analise de Soi-Même (par M. Esprit DE CHASSENON). *Paris* (*Cramer*), 1804; *in*-8.

714. Analise des Eaux minérales de Jouhe (par Claude-Joseph NORMAND). *Dôle*, *Tomet*, 1740, *in*-12, *pp*. 75.

715. Analise des Eaux minérales Segray (par GENET, pharmacie *Pithiviers*, 1776, *in*-12. V. T.

716. Analise des Évangiles, des Épît de S. Paul, des Actes des Apôtres de l'Apocalypse (par le P. MAUDU de l'Oratoire). *Paris*, 1697 *et a nées suivantes*, 10 *vol*. *in*-12. Réimprimé depuis en 8 volumes.

717. Analise des infiniment petits (le marquis DE L'HÔPITAL). *Pa* 1696, *in*-4. — Nouvelle éditic suivie d'un nouveau comment pour l'intelligence des endroits plus difficiles de cet ouvrage (PAULIAN). *Paris*, *Desaint*, 17 *in*-8.

718. Analise des Ouvrages de J Rousseau et de Court de Gebel par un solitaire (l'abbé LE GR *Genève et Paris*, 1785, *in*-8.

L'auteur a publié en 1786 une sui cet ouvrage, sous le titre d'*Examen Systèmes de J.-J. R. et de M. C. de G.*

719. Analise des Principes de J Rousseau (par PUGET DE SAI PIERRE). *La Haye*, 1763, *in*-1

720. Analise des Traités des Bi et de la Clémence de Sénèque, cédée d'une vie de ce philo (par l'abbé ANSQUER DE PO *Paris*, *Barbou*, 1776, *in*-12.

721. Analise des Vérités de la Re chrétienne (par l'abbé MIC 1755, *in*-12.

722. Analise, Dictionnaire et de la Constitution française (DE LA RUE, notaire, rue du *Paris*, *Didot jeune*, 1792, *i*

723. Analise du livre de Jol Laurent DANIEL, de Toulon, de l'Oratoire). *Lyon*, 1710,

724. Analise du Livre intitulé : *M de rendre les Hôpitaux util*

(par l'auteur même des *Moyens*, M. DULAURENS). *Paris*, *Royez*, 1788, *in*-8.

725. Analise d'un Cours du docteur Gall, ou Physiologie et Anatomie du Cerveau d'après son système (par M. ADELON, l'un de ses élèves). *Paris*, *Michaud*, 1808, *in*-8.

726. Analise et Abrégé du Spectacle de la Nature de PLUCHE, par M. le M. DE P. (le marquis DE PUYSÉGUR). *Rheims*, 1772, 1786, *in*-12.

727. Analise et Examen de l'*Antiquité dévoilée*, du *Despotisme oriental* et du *Christianisme dévoilé*, ouvrages posthumes de BOULANGER; par un solitaire (l'abbé LE GROS). *Genève et Paris*, 1788, *in*-8.

728. Analise et Examen du Système des Philosophes économistes, par un solitaire (l'abbé LE GROS). *Genève et Paris*, 1787, *in*-8.

729. Analise fondamentale de la puissance de l'Angleterre, ouvrage rédigé d'après les matériaux du chevalier RICARD, ancien colonel d'infanterie (par J. Fr. ANDRÉ). *Paris*, *Hubert*, 1805, *in*-8.

730. Analise générale qui contient des méthodes nouvelles pour résoudre les problèmes de tous les genres et de tous les degrés à l'infini, par DE LAGNY (par Claude RICHER d'Auxerre). 1733, *in*-4.

Cet ouvrage forme le onzième volume des Mémoires de l'Académie des Sciences de 1666 à 1699. *Paris*, 1733, 11 *vol. in*-4.

Quoiqu'il ait paru sous le nom de M. de Lagny, on est certain, dit l'abbé Goujet, qu'il est de M. l'abbé Richer, mathématicien très-habile, qui a seulement profité des papiers assez informes de M. de Lagny, son ami.

Voyez le premier Supplément de Moréri, article *Lagny*.

731. Analise historique de la Législation des Grains depuis 1692, à laquelle on a donné la forme d'un rapport à l'Assemblée nationale (par DUPONT de Nemours). *Paris*, 1789, *in*-8; — et dans la *Bibliothéque de l'Homme public*, Paris, 1790, *in*-8, rédigée par Balestrier de Canilhac, sous les noms de Condorcet, Chapelier et autres, tom. 12, première année.

732. Analise historique des principes du Droit français (par DUCHESNE, lieutenant de police à Vitry en Champagne). *Paris*, 1757, *in*-12.

733. Analise, ou Exposition abrégée du Système général des Influences solaires, par mademoiselle DE *** (l'abbé DE SAINT-IGNON). *Paris*, *Durand*, 1771, *in*-12.

734. Analise raisonnée de Bayle (par l'abbé DE MARSY). *Londres*, 1755, 4 *vol. in*-12.

Il parut en 1773 quatre autres volumes in-12, pour faire suite à ceux-ci. On les attribue à ROBINET.

735. Analise raisonnée de la Sagesse de Charron (par DE LUCHET). *Amsterdam*, *M. M. Rey*, 1763, 2 *parties pet. in*-12. — *Londres*, 1789, 2 *vol. in*-18.

736. Analise raisonnée de l'Esprit des Lois (par l'abbé BERTOLINI). *Genève*, *Philibert*, 1771, *in*-8; — *Leipsic*, 1773, *in*-12, — *et Paris*, *Bernard*, *an* 6 (1798), *in*-12, *à la fin des OEuvres posthumes de Montesquieu*.

737. Analise raisonnée de l'origine de tous les Cultes, ou Religion universelle, ouvrage publié en l'an 3 par Dupuis, citoyen français (par M. DE TRACY, pair de France). *Paris*, *Courcier*, *an* 12 (1804), *in*-8 *de* 160 *pages*.

738. Analise sur l'Ame des Bêtes,

Lettres philosophiques (par AUMEUR). *Amsterdam et Paris, Prault*, 1781, *in*-8.

739. Anastase de Marcoussy, ou Recueil de plusieurs titres, mémoires et antiquités de la châtellenie dudit lieu et autres circonvoisins, par L. Sr P. (PERRON de Langres). *Paris*, 1694, *in*-12.

Lenglet-Dufresnoy (*Méthode pour étudier l'histoire*, Paris, 1729, in-4, t. 4, p. 188) pense que c'est la seconde édition de l'ouvrage intitulé : *Recueil de plusieurs titres*, etc. Voyez ces mots.

740. Anatole, par l'auteur de *Léonie de Montbreuse* (madame GAY). *Paris, Renard*, 1815, 2 *vol. in*-12.

741. Anatomie des Plantes, et la description exacte de leurs parties, etc., par GREW, traduite de l'anglais (par LE VASSEUR). *Paris*, 1675, *in*-12.

742. Anatomie (l') d'HEISTER (traduite du latin en français par SENAC), avec des essais de physique sur l'usage des parties du corps humain (par le traducteur). *Paris*, 1735-1753; *in*-8.

743. Anatomie (l') du Corps humain, avec ses maladies et les remèdes pour les guérir (par DE SAINT-HILAIRE). *Paris, J. Couterot*, 1680, 2 *vol. in*-12; — 1684, 2 *vol. in*-8. — Réimpr. avec le nom de l'auteur.

744. Ancienne Chronique de Gérard d'Euphrate, extraite de l'édition in-folio de 1549 (par CONTANT D'ORVILLE). *Paris, Moutard*, 1783, 2 *vol. in*-12.

745. Ancienne (de l') Coutume de prier et d'adorer debout (par J. LE LORRAIN). *Liége (Rouen)*, 1700, 2 *vol. in*-12.

746. Ancienne et nouvelle Discipline de l'Eglise touchant les bénéfices et les bénéficiers, par le P. L. THOMASSIN, prêtre de l'Oratoire; nouvelle édition revue, corrigée et rangée suivant l'ordre de l'édition latine, avec des augmentations (et une vie de l'auteur, par le P. BOUGEREL). *Paris, Fr. Montalant*, 1725, 3 *vol. in-fol.*

747. Ancienne et nouvelle Discipline de l'Eglise touchant les bénéfices et les bénéficiers, extraite de la Discipline du R. P. Thomassin, prêtre de l'Oratoire, par un prêtre de la même congrégation (le P. LORIOT). *Paris, de Nully*, 1702, *in*-4.

748. Ancienne et nouvelle Discipline de l'Eglise touchant les bénéfices et les bénéficiers, extraite de la Discipline du P. Thomassin, avec des observations sur les libertés de l'Eglise gallicane (par L. D'HÉRICOURT). *Paris, de Nully*, 1717, *in*-4.

749. Ancienne (de l') Nouveauté de l'Ecriture sainte, ou l'Eglise triomphante sur la terre, par N. C. D. S. C. (Nicolas CHARPY DE SAINTE-CROIX). (*Paris*), 1657, *in*-8.

750. Anciennes (des) Enseignes et Etendarts de France, de la chappe de Saint Martin, etc. (par Auguste GALLAND). *Paris (Richer)*, 1637, *in*-4, *et Lamy*, 1782, *in*-12; suivi d'une dissertation (de PONCELIN) sur le même sujet.

SAUVAL avait déjà réimprimé ce traité curieux et rare dans les *Antiquités de Paris*, t. 2, p. 732.

751. Anciennes (les) et modernes Généalogies des Roys de France, et mesmement du Roy Pharamond, avec leurs épitaphes et effigies, nouvellement imprimées à Paris. *Se vendent grand'rue Sainct-Jaques à l'enseigne de l'Eléphant*, 1541

in-12 gothique, figures des rois grossièrement gravées en bois.

L'auteur est Jean BOUCHET, qui a dédié cet ouvrage à *monseigneur Anthoine du Pré* (Duprat), *cardinal, archevêque de Sens et chancelier de France*. Ce nom de *du Pré*, que portait alors ce prélat, rappelle ses armes parlantes, *trois feuilles de trèfle*.

752. Anciennes Relations des Indes et de la Chine, par deux voyageurs mahométans qui y allèrent dans le neuvième siècle; traduit de l'arabe, avec des remarques (par l'abbé RENAUDOT). *Paris*, *Coignard*, 1718, *in*-8.

753. Anciens (des) Gouvernemens fédératifs, et de la Législation de Crète (par DE SAINTE-CROIX). *Paris*, *Jansen*, *an* 7 (1799), *in*-8.

754. Anciens (les) Historiens latins réduits en maximes (par CORBINELLI, avec une préface par le père BOUHOURS). *Paris*, 1694, *in*-12.

Ce volume renferme seulement Tite-Live.

Les Jésuites possédaient dans leur bibliothèque du collége de Louis-le-Grand *Tacite réduit en maximes*, 2 vol. in-4. Ce manuscrit, qui paraît aussi être de CORBINELLI, se trouve aujourd'hui dans la bibliothèque du Conseil d'Etat. Le père Bouhours devait le faire imprimer après le Tite-Live. Voyez l'*avertissement* de ce dernier volume, p. 17.

755. Andercan, raja de Brampour, et Padmani, histoire orientale (par N. E. FANTIN-DÉSODOARDS). *Paris*, 1788, 3 *vol*. *in*-12. V. T.

756. Andriscus, tragédie en cinq actes, dédiée aux Comédiens français ordinaires du roi, par M. *** (MATON). *Amsterdam et Paris*, *Duchesne*, 1764, *in*-12.

757. Andrographe (l'), ou Idées sur un projet de réglement pour opérer une réforme générale des mœurs (par RÉTIF DE LA BRETONNE). *La Haye* (*Paris*), 1782, *in*-8.

758. Ane (l') au bouquet de roses, renouvelé de l'Ane d'or d'Apulée (par M. SALLIER). *Paris*, *le Riche*, 1802, 2 *vol. pet. in*-12.

759. Ane (l') d'Or, avec le Démon de Socrate, par Lucius APULÉE; traduit en français, avec des remarques (par COMPAIN DE SAINT-MARTIN). *Paris*, *Brunet*, 1707-1736, 2 *vol*. *in*-12.

760. Ane (l') littéraire, ou les Aneries de maître Aliboron, *dit* FR. (FRÉRON, (par LE BRUN). *Paris*, 1761; *in*-12.

761. Ane (l') promeneur, ou Critès promené par son âne (par GORSAS). *Paris*, 1786, *in*-8.

762. Anecdote (l') du jour, ou Histoire d'une détention à la prison de *** (par A. J. ROSNY). *Paris*, 1798, *in*-18. *Douteux*. V. T.

763. Anecdote galante, ou Histoire secrète de Catherine de Bourbon (par mademoiselle DE LA FORCE). *Nancy*, 1703, *in*-12.

764. Anecdote ou Histoire secrète des Vestales (par DE MAILLY). *Paris*, *Cavelier*, 1701, *in*-12.

765. Anecdotes africaines (par mademoiselle DE LUBERT). *Paris*, 1753, *in*-12.

Voyez *Mourat et Turquia*.... C'est le même ouvrage.

766. Anecdotes africaines (par M. DUBOIS-FONTANELLE). *Paris*, *Vincent*, 1775, *in*-8.

767. Anecdotes américaines (par HORNOT). *Paris*, *Vincent*, 1777, *in*-8.

768. Anecdotes anglaises (par DE LA CROIX). *Paris*, *Vincent*, 1769. *in*-8.

769. Anecdotes arabes et américaines (par DE LA CROIX). *Paris*, *Vincent*, 1772, *in*-8.

(musulmanes)

770. Anecdotes chinoises, japonoises, siamoises, etc. (par J. Castillon). *Paris, Vincent*, 1774, *in*-8.

771. Anecdotes chrétiennes, ou Recueil de traits d'histoire, choisis par l'auteur de l'*Ami des Enfans* (l'abbé Reyre). *Lyon, mademoiselle Girard*, 1801, *in*-12.

772. Anecdotes de l'Abdication du roi de Sardaigne Victor-Amédée II (par le marquis de Trévié, sous le nom du marquis de Fleury). 1753, *in*-8.

Voyez la préface du petit volume intitulé : *La Politique des deux Partis*, la Haye, 1734, *in*-18, ou Recueil de pièces traduites de l'anglais (de Bolingbroke et des frères Walpole). On y a joint l'opuscule dont il s'agit ici, sous le titre d'*Histoire de l'Abdication de Victor-Amédée*.

773. Anecdotes de la cour d'Alphonse XIe du nom, roi de Castille, par madame de V.... (de Villeneuve). *Paris, Hochereau*, 1756, 2 *vol. in*-12.

Ce roman est de Mlle de Scudéri.

774. Anecdotes de la cour de Bonhomie (par de la Solle). *Londres, Nourse*, 1752, 2 *vol. in*-12.

775. Anecdotes de la cour de Childéric, roi de France (par mademoiselle de Lussan). *Paris, Prault*, 1736, 2 *parties in*-12.

Les rédacteurs du catalogue de la Bibliothéque du Roi en 1752 attribuaient ces anecdotes à M. Hamilton, devenu si célèbre ; mais la suite des temps a prouvé que cette allégation était destituée de fondement. J'ai trouvé le nom de mademoiselle de Lussan écrit à la main sur un exemplaire.

Ce roman n'est pas fini ; Poinsinet de Sivry en a inséré la continuation dans la *Bibliothèque universelle des Romans*, septembre 1779, p. 175.

776. Anecdotes de la cour de Philippe-Auguste (par mademoiselle de Lussan, aidée de l'abbé de Boismorand). *Paris, veuve Pissot*, 1733 et 1748, 6 *vol. in*-12.

777. Anecdotes de la cour et du règne d'Edouard II, roi d'Angleterre (par la marquise de Tencin et madame Elie de Beaumont). *Paris, Pissot*, 1776, *in*-12.

Voyez dans les *Lettres inédites de madame du Châtelet*, Paris, 1806, *in*-8 *et in*-12, une anecdote qui ferait croire que d'Argental est l'auteur de cet ouvrage.

778. Anecdotes de Médecine (par Dumonchaux). *Paris*, 1762, *in*-12 ; — 1766. 2 *vol. in*-12.

J'attribue cet ouvrage à Dumonchaux, quoique l'épître dédicatoire de l'édition de 1762 soit signée Barb... du B... (Barbeu du Bourg), parce que Dumonchaux s'en est reconnu l'auteur dans une lettre écrite à Barbeu du Bourg, insérée avec le désaveu du dernier dans le *Journal des Savans*, juin 1762, 2e vol., p. 1328 et suiv., édition in-12.

779. Anecdotes de Pologne, ou Mémoires secrets du règne de J. Sobieski (par Dalerac). *Paris, Aubouyn*, 1699, 2 *vol. in*-12.

780. Anecdotes (les) de Suède, ou l'Histoire secrète des changemens arrivés dans la Suède sous le règne de Charles XI (par Esaïe Pufendorf). *La Haye (Berlin)*, 1716, *in*-8. — Réimprimé en Hollande sous le titre de *Stockholm*.

Divers journalistes allemands attribuent ces anecdotes à cet auteur, et je ne vois pas que Mollerus, dans la *Cimbria litterata*, Hauniæ, 1744, in-fol., t. 2, allègue rien qui contredise leur sentiment. Il remarque au contraire que les journalistes de Trévoux, *septembre* 1716, art. 2, se sont trompés en conjecturant que l'auteur était français, et avait été de la suite du marquis de Feuquières, ambassadeur de France en Suède : d'ailleurs ils louent le style de l'ouvrage, mais accusent l'auteur d'avoir calomnié la cour de Suède. (*Extrait du Dictionnaire de Chaufepié*, art. E. Pufendorf.)

781. Anecdotes des Beaux-Arts (par M. Nougaret). *Paris*, 1776 et 1780, 3 *vol. in*-8.

782. Anecdotes des Républiques (par DE LA CROIX). *Paris, Vincent*, 1771, 2 *vol. in*-8.

783. Anecdotes dramatiques (par CLÉMENT et l'abbé DE LA PORTE). *Paris, veuve Duchesne*, 1765, 3 *vol. in*-8.

784. Anecdotes du 18e Siècle. *Londres*, 1783 et 1785, 2 *vol.* in-8.

Imbert de Boudeaux, ex-bénédictin, l'un des auteurs de la *Correspondance secrète, politique et littéraire*, a eu beaucoup de part à ces anecdotes.

785. Anecdotes du Ministère du cardinal de Richelieu et du Règne de Louis XIII, avec quelques particularités du commencement de la régence d'Anne d'Autriche, tirées et traduites de l'italien du *Mercurio* DE SIRI (par VALDORY). *Amsterdam*, 1717, 2 *vol. in*-12.

786. Anecdotes du Nord (par DE LA PLACE, DE LA CROIX et HORNOT). *Paris, Vincent*, 1770, *in*-8.

787. Anecdotes du Règne de Louis XVI (par M. NOUGARET). *Paris*, 1791, 6 *vol. in*-12.

788. Anecdotes du Règne de Pierre Ier (par D'ALLAINVAL). 1745, 2 *parties in*-12.

789. Anecdotes du seizième siècle, ou Intrigues de cour, avec les portraits de Charles IX, Henri III et Henri IV. *Amsterdam*, 1741, 2 *vol. in*-12.

C'est une nouvelle édition de l'*Histoire secrète* de Catherine de Bourbon, duchesse de Bar (sœur de Henri IV), par mademoiselle de la Force, 1703, *in*-12. Voy. encore *Mémoires historiques*.

790. Anecdotes ecclésiastiques, contenant tout ce qui s'est passé dans les églises d'Orient et d'Occident (par les abbés JAUBERT et DINOUART). *Paris*, 1772, 2 *vol. in*-8.

791. Anecdotes ecclésiastiques, tirées de l'Histoire de Naples de GIANNONE (par Jacques VERNET). *Amsterdam, Catuffe*, 1738, *in*-8.

792. Anecdotes espagnoles et portugaises, depuis l'origine de la nation jusqu'à nos jours (par l'abbé BERTOUX). *Paris, Vincent*, 1773, 2 *vol. in*-8.

793. Anecdotes et Pensées historiques et militaires, par M. le G. DE W. (le général DE WARNERY). *Halle, J. J. Court*, 1781, *in*-4.

794. Anecdotes et Récréations historiques (par D'AUVIGNY). *Paris, Rollin et Clousier*, 1736, *in*-12.

795. Anecdotes françaises, depuis l'établissement de la monarchie jusqu'au règne de Louis XV (par l'abbé BERTOUX). *Paris, Vincent*, 1768, *in*-8.

796. Anecdotes galantes et tragiques de la cour de Néron. *Paris, Huart*, 1735, *in*-12.

« On lit dans le privilége que ce roman a été composé par le sieur DELLÉRY ; mais on l'attribuait, même avant qu'il parût, à une personne fort connue par divers ouvrages auxquels il a travaillé lui-même, ou qui ont été faits sous ses yeux. » (*Journ. de Verdun*.)

Cette personne est le fameux abbé DESFONTAINES, si l'on en croit M. de Paulmy, ou plutôt M. Contant d'Orville, dans les *Mélanges tirés d'une grande Bibliothèque*, t. 2, p. 28. Cependant il paraît que du Castre d'Auvigny est le véritable auteur de l'ouvrage. C'est à lui que l'abbé Desfontaines lui-même le donne dans la table du quatrième volume de ses *Observations sur les Ecrits modernes*.

797. Anecdotes galantes, ou le Moraraliste à la mode, par M. J. HA*** (Joseph HACOT). *Amsterdam* (*Paris, Duchesne*), 1760, *in*.12.

798. Anecdotes germaniques (par CONTANT D'ORVILLE). *Paris, Vincent*, 1769, *in*-8.

799. Anecdotes historiques, galantes

et littéraires (publiées par DE LA HODE). *La Haye*, 1737, 2 *vol. petit in*-12.

Voyez les *Nouveaux Mémoires* de l'abbé d'Artigny, t. 7, p. 9.

On a eu tort d'attribuer ces anecdotes au marquis d'Argens; c'est ce marquis lui-même qui, d'après l'abbé d'Artigny, les donnait à l'ex-jésuite la Hode, dont le vrai nom était la Mothe.

800. Anecdotes historiques, littéraires et critiques sur la Médecine, la Chirurgie et la Pharmacie (par P. SUE). *Paris*, 1785, 2 *vol. in*-12.

801. Anecdotes inédites de la fin du 18e Siècle, pour servir de suite aux Anecdotes françaises (par SERIEYS). *Paris, Monory*, an 9 (1801), *in*-8.

802. Anecdotes intéressantes de l'Amour conjugal (par mademoiselle POULAIN, de Nogent). *Londres et Paris*, *Hardouin*, 1786, *in*-12.

803. Anecdotes intéressantes et historiques de l'illustre Voyageur (Joseph II) pendant son séjour à Paris (par DU COUDRAY). *Liége*, *Desoër*, 1777, *in*-12.

804. Anecdotes intéressantes et secrètes de la cour de Russie, tirées des archives, avec quelques anecdotes particulières aux différens peuples de cet empire, publiées par un voyageur qui a séjourné treize ans en Russie (Jean-Benoît SCHÉRER). *Londres et Paris*, *Buisson*, 1792, 6 *vol. in*-12.

805. Anecdotes italiennes, depuis la destruction de l'empire romain en Occident jusqu'à nos jours (par DE LA CROIX). *Paris*, *Vincent*, 1769, *in*-8.

806. Anecdotes jésuitiques (attribuées au P. LAMBERT, ci-devant jésuite). *La Haye*, 1740, 3 *vol. in*-12.

Note manuscrite déposée sur un exemplaire vu par l'abbé Sepher.

807. Anecdotes littéraires, ou Histoire de ce qui est arrivé de plus singulier et de plus intéressant aux écrivains français depuis le renouvellement des lettres, sous François Ier, jusqu'à nos jours (par l'abbé RAYNAL). *Paris*, *Durand*, 1750, 2 *vol. in*-12; 1752, 3 *vol. in*-12. — Nouvelle édition augmentée. *La Haye*, 1766, 4 *vol. in*-12.

808. Anecdotes militaires de tous les Peuples (par J. Fr. DE LA CROIX). *Paris*, 1770, 3 *vol. in*-8.

C'est le même ouvrage que le *Dictionnaire historique des Siéges et Batailles mémorables*. V. T.

809. Anecdotes morales sur la fatuité, suivies de recherches et de réflexions sur les petits-maîtres (par DE CAMPIGNEULLES). *Anvers et Paris*, *Coustelier*, 1760, *in*-12.

810. Anecdotes orientales (par MENTELLE et .....). *Paris*, *Vincent*, 1773, 2 *vol. in*-8.

811. Anecdotes originales de Pierre-le-Grand, par M. DE STÆHLIN, traduites de l'allemand (par PERRAULT et RICHOU). *Strasbourg*, *Treuttel*, 1787, *in*-8.

812. Anecdotes ou Histoire secrète de la Maison ottomane (par madame DE GOMEZ). *Amsterdam*, 1722, 4 *parties in*-12.

813. Anecdotes ou Lettres secrètes sur divers sujets de littérature et de politique, depuis le mois de mai 1734 jusqu'au mois de mars 173[illegible] (par BRUZEN DE LA MARTINIÈRE), 6 *vol. in*-12.

Cet ouvrage périodique a été continué depuis septembre 1736 jusqu'en mars 173[illegible] sous le titre de *Journal politique et littéraire*. Amst., 5 vol. in-12.

814. Anecdotes, ou Mémoires secrets sur la Constitution *Unigenitus* (par VILLEFORE). 1730, 3 *vol. in*-12.

815. Anecdotes peu connues sur les journées du 18 août, 2 et 3 septembre 1792 (par Sylvain Maréchal). 1793, *in*-16.

816. Anecdotes piquantes relatives aux Etats-Généraux (par Caraccioli). 1789, *in*-8.

817. Anecdotes politiques et galantes de Samos et de Lacédémone (par Menin). *La Haye* (*Paris*), 1744, *2 vol. in*-12.

818. Anecdotes secrètes des Règnes de Charles VIII et de Louis XII, avec des notes historiques. *La Haye*, 1741, 2 *parties in*-12.

C'est une nouvelle édition enrichie de notes historiques, de deux nouvelles d'un nommé Lesconvel, dont la première contient les amours que l'on suppose que Charles VIII a eues en Italie, et la seconde les amours d'Anne de Bretagne avec le duc d'Orléans, qui fut depuis Louis XII, et qu'elle épousa en secondes noces.

819. Anecdotes secrètes du 18e Siècle, rédigées avec soin d'après la *Correspondance secrète, politique et littéraire*, pour servir de suite aux *Mémoires secrets de Bachaumont*, par P. J. B. N. (M. Nougaret). *Paris*, *Léopold Collin*, 1808, 2 *vol. in*-8.

820. Anecdotes secrètes et galantes de la duchesse de Bar, sœur de Henri IV (par mademoiselle Charlotte-Rose de Caumont de la Force). *Amsterdam* (*Paris*), 1709, *in*-12.

821. Anecdotes sur la cour et l'intérieur de la famille de Napoléon Bonaparte (communiquées en partie par madame veuve Durand, première femme de l'impératrice Marie-Louise, et rédigées par M. Fauconpret, notaire de Paris, réfugié à Londres). *Paris et Londres*, *Colburn*, 1818, *in*-8 *de* 325 *pages*.

Madame Durand, veuve du général de ce nom, attachée pendant quatre ans à l'impératrice Marie-Louise, a publié elle-même ces notes sous ce titre : *Mes Souvenirs sur Napoléon*, *sa famille et sa cour*, Paris, chez l'auteur, rue de Bourgogne, n° 31, et chez Pigoreau, 1819, 2 vol. in-12. — Seconde édition revue et corrigée en 1820.

822. Anecdotes sur la vie politique de Burke et sur sa mort (par M. Papillon-Latapy). *Paris*, *Bernard*, *an* 8 (1800), *in*-8.

823. Anecdotes sur les décapités (par l'abbé Hémey d'Auberive). *Paris*, *Sobry*, *an* 5 (1796), *in*-8.

824. Anecdotes sur l'état de la Religion dans la Chine (par l'abbé Villermaules, ou plutôt Villers). *Paris*, 1733, 7 *vol. in*-12.

825. Anecdotes sur madame la comtesse du Barri (par Pidansat de Mairobert), avec le portrait de l'héroïne. *Londres*, 1776, *in*-12.

826. Anecdotes tirées de l'Histoire et des Chroniques suisses (par madame Wulliamoz). *Lausanne*, 1796, 2 *vol. in*-12.

827. Anecdotes vénitiennes et turques, ou Nouveaux Mémoires du comte de Bonneval, par de Mirone (de Saumery). *Utrecht*, 1740, 2 *vol. in*-12, *réimprimés plusieurs fois*.

Plusieurs auteurs ont cru que le marquis d'Argens s'était caché sous le nom de *Mirone*; mais en lisant les *Mémoires et Aventures secrètes d'un voyageur du Levant*, par de Saumery, Liége, 1732-1736, 6 vol. in-12, on voit que cet auteur est véritablement l'écrivain caché sous le masque de *Mirone*.

Dans la préface de ce nouvel ouvrage, l'auteur assure qu'il a quelque connaissance de la Turquie. Ayant demeuré pendant du temps dans ce pays, M. de Saumery a pu faire cette réflexion.

Du reste, les *Anecdotes vénitiennes* sont romanesques ; cependant M. Guyot-Desherbiers, dernier éditeur des premiers mémoires attribués à Bonneval, *Paris*, 1806, 2 *vol. in*-8, en a extrait des morceaux curieux, qu'il a insérés à la fin de son second volume.

828. Anes (les) de Beaune, historiettes très-plaisantes, avec leur explication, par M. A. T. C. D. L. P. E. (A. T. CHEVIGNARD DE LA PALLUE, écuyer). *Genève et Paris, Moutard*, 1783, *in-12 de 34 pages*.

L'auteur avait confié son manuscrit à une personne qui, l'ayant trouvé plaisant, le fit imprimer sans son aveu et sans le nommer. Pour réparer le scandale occasionné par cette publicité, M. Chevignard fit imprimer sous son nom une brochure sur le même sujet, avec ce titre : *Les frères Lasne, anciens commerçans à Beaune; Origine des plaisanteries faussement imaginées sur le compte des citoyens de cette ville; Explication de quelques historiettes*. A Bonne-Intention (Dijon, Mailly fils), 1784, in-12 de 36 pages.

Voyez les *Affiches de Dijon* du 14 décembre 1784.

Les frères Lasne étaient des commerçans très-distingués ; lorsqu'on voulait parler d'un commerçant bien fondé et bien établi, on citait les *Ânes* de Beaune. Au-dessus de la porte de leur maison, on voyait en relief la moitié du corps d'un âne.

829. Ange (l') Gardien, traduit du latin de Jérémie DREXELIUS (par Madelaine FEUILLET). *Paris, Couterot*, 1691, *in-12*.

830. Angelina, ou Histoire de D. Mathéo, traduction de l'italien (par CALLON). *Milan, Reycends*, 1752, 2 *vol. petit in-8*.

831. Angelina Alsthertone, ou le Déshonneur imaginaire, par l'auteur de *Rose de Valdeuil* (madame DE SAINT-VENANT). *Paris, Pigoreau*, 1809, 2 *vol. in-12*.

832. Angélique délivrée, à l'imitation de l'Arioste (par DE BAZIRE). *Paris, de la Ruelle*, 1600, *in-12*.

833. Angelo, comte d'Albini, ou les Dangers du Vice, par Charlotte D'ACRE, traduit de l'anglais (par madame Elisabeth DE BON). *Paris, Arthus Bertrand*, 1816, 3 *vol. in-12*.

834. Anglais (les) au 19e Siècle (par M. Bertrand BARRÈRE). *Paris, Delaunay, an* 13 (1804), *in-12*.

835. Anglais (l') aux Indes, d'après ORME, par M. D'ARCHENHOLTZ (traduit de l'allemand par Louis-Frédéric KOENIG, revu par M. LANTEIRES). *Lausanne*, 1791, 3 *vol. in-12*.

Voyez l'*Allemagne savante* de Meusel, édition de *Lemgo*, 1796, au mot KÖNIG.

836. Anglais (l') cosmopolite, traduit de l'anglais de milord LAUGHER (composé par Victor-Donatien MUSSET-PATHEY). *Paris, Debray et Delance, an* 8 (1800), *in-8*.

837. Angleterre ancienne, ou Tableau des mœurs, usages, armes, habillemens des anciens habitans de l'Angleterre; ouvrage traduit de l'anglais de Joseph STRUTT (par M. BOULARD, ancien notaire). *Paris*, 1789, 2 *vol. in-4*.

838. Angleterre (l') jugée par elle-même, ou Aperçus moraux et politiques extraits des écrivains anglais, ouvrage traduit de l'italien (par M. LA FOLLIE). *Milan, Giegler*, 1806, *in-8*; — *Paris, Denné le jeune*, 1808, *in-8*.

839. Angoisses (les) douloureuses qui procèdent d'Amour, contenant trois parties, par dame HÉLISENNE (DE CRENNE, damoiselle picarde). *Paris*, 1538, *in-8*.

Voyez Catalogue Bellanger, p. 308.

840. Angoisses et Remèdes d'Amours du *Traverseur en son adolescence* (Jean BOUCHET), avec l'histoire d'Eurial et de Lucrèce, traduite du latin d'Æneas SYLVIUS, nommé depuis le pape Pie II. *Paris*, 1501, *in-12*; — *Rouen*, 1600 *ou plutôt* 1599, *in-12*.

L'abbé de Saint-Léger n'a jamais vu la première édition; c'est Colletet qui, dans son *Histoire manuscrite des Poëtes français*, m'en fournit le titre détaillé.

La Croix du Maine attribue à Jean Bouchet l'*Exposition du Psalme de David qui se commence :* Miserere mei, Deus. C'est une erreur. Cette Exposition est d'un chanoine de la Sainte-Chapelle. Colletet dit que Bouchet a publié l'Exposition du quatrième psalme de la pénitence de David. C'est bien le psaume *Miserere ;* mais il paraît que c'est un autre ouvrage.

841. Angola, histoire indienne (par le chevalier DE LA MORLIÈRE). *Paris*, 1746, *in*-12.

Le chevalier DE LA MORLIÈRE s'est attribué ce roman ; mais beaucoup de gens prétendent que c'est un manuscrit trouvé dans les papiers du duc DE LA TRÉMOILLE, après sa mort. Voyez la *Vie privée de Louis XV*, t. 2, p. 44, édition originale de 1781.

842. Angotiana, ou Elite de Calembourgs, contenant les amours du Per-Vertisseur, etc., etc., orné du portrait de madame Angot. *Angotionopolis, Benoît Cruchet*, 1809, *in*-32 *de* 128 *pages*.

Cette facétie a été imprimée à Lille, ainsi que quinze autres environ du même genre. On les attribue à M. ANAGRAME D'AUNEUR, masque de M. Armand RAGUENEAU.

843. Animadversions sur l'*Histoire ecclésiastique* du P. Noël Alexandre, dominicain (par le docteur Jacques LE FÈVRE). *Rouen*, *sans date* (*vers* 1680), *in*-8.

Le libraire du P. Alexandre obtint la suppression de cette critique dans le temps même où elle s'imprimait. Les ordres de la police furent si bien exécutés, qu'on parvint difficilement à conserver deux exemplaires des feuilles qui étaient imprimées. Le manuscrit de J. le Fèvre eût pu former 3 volumes.

Voyez Vogt, *Catal. libr. rar.*, Francof., 1793, p. 48.

L'abbé Goujet, dans le dictionnaire de Moréri, cite l'ouvrage de le Fèvre sous ce titre : *Histoire critique contre les dissertations sur l'Histoire ecclésiastique du P. Alexandre ;* ce qui prouve que le frontispice n'en était pas encore imprimé.

844. Anna Bella, ou les Dunes de Barham, trad. de l'anglais de MACKENZIE (ou plutôt de Robert BAGE), par GRIFFET DE LA BAUME. *Paris*, 1810, 4 *vol. in*-12.

845. Anna, ou l'Héritière galloise, traduit de l'anglais (de miss BENNET, par DUBOIS-FONTANELLE). *Paris*, 1788, 4 *parties in*-12. — Nouvelle édition. *Paris*, *Maradan*, 1798, 4 *vol. in*-12.

On doit à M. Henry une nouvelle traduction de ce roman. *Paris, veuve le Petit*, 1800, 4 *vol. in*-18.

846. Annales (les) amusantes, ou Mémoires pour servir à l'Histoire des amusemens de la nation (par BRIDARD DE LA GARDE). *Paris*, 1742, *in*-12.

847. Annales catholiques. *Paris*, *le Clere*, 1795 à 1811, 19 *vol. in*-8, *et* 2 *numéros finissant par la* 112e *livraison*.

Cet ouvrage périodique a paru sous différens titres, dont voici le détail :

Journal de la Religion et du Culte catholique (par Dominique RICARD), 1795, 12 numéros *in*-8.

Annales religieuses, politiques et littéraires, 1796, 20 numéros. Annales catholiques, 1796 et 1797, numéros 21 à 42 (par MM. les abbés JAUFFRET et SICARD, jusqu'au numéro 18 ; depuis le numéro 19, par M. l'abbé BOULOGNE). Le tout forme 3 vol. *in*-8. Les articles de M. Sicard sont signés *Dracis*, anagrammatiquement.

Annales philosophiques, morales et littéraires (par M. l'abbé BOULOGNE), 1800 et 1801, 41 cahiers, formant 3 vol. *in*-8. Les cinq derniers cahiers ont paru sous le titre de *Fragmens de Littérature et de Morale*, et sous celui de *Mémoires historiques et critiques*.

Annales littéraires et morales (par M. l'abbé BOULOGNE), 1803 à 1806, 48 cahiers en 4 vol. *in*-8.

Dans ces Annales et les précédentes, on trouve plusieurs articles de MM. Emery et de Sainte-Croix.

Depuis 1806, M. l'abbé Boulogne a fait paraître cet ouvrage sous le titre de *Mélanges de Philosophie, d'Histoire, de Morale et de Littérature*. Il a pris pour collaborateur M. Picot, auteur des *Mémoires pour servir à l'Histoire ecclésiastique pendant le dix-*

LE QUEUX). *Paris, Desaint et Saillant*, 1746, 6 *vol. in*-12.

879. Année (l') des Dames nationales (par RÉTIF DE LA BRETONNE). *Genève et Paris*, 1794, 12 *vol. in*-12.

880. Année dominicaine, ou Sentences pour tous les jours de l'année, tirées des OEuvres de sainte CATHERINE de Sienne et du B. Henri DE SUSO, par le Sr B. D. D. (DE VIENNE, prêtre). *Paris, Cramoisy*, 1670, 2 *vol. in*-12.

881. Année (l') du Chrétien (par le P. GRIFFET). *Paris, Coignard et Guérin*, 1747, 18 *vol. in*-12.

882. Année (l') du Négociant et du Manufacturier (par M. BAILLEUL). *Paris, Bailleul, an* 11 (1803), 2 *vol. in*-8. V. T.

883. Année ecclésiastique, ou Instruction sur le propre du temps, et sur le propre et le commun des Saints (par l'abbé LE DUC). *Paris, Lottin*, 1734 *et années suivantes*, 15 *vol. in*-12.

Voyez le *Dictionnaire portatif des Prédicateurs français* (par l'abbé ALBERT) Lyon, 1757, in-8, p. 277.

884. Année galante (l'), ou les Intrigues secrètes du marquis de L. (DE L'ÉTUVIÈRE, officier aux gardes). 1785, *in*-12.

Il est souvent question de lui dans *Paris, Versailles et les Provinces*. Voyez ces mots.

885. Année littéraire depuis 1754 jusqu'en 1776 (par FRÉRON, DE LA PORTE, SAUTREAU DE MARSY, DAILLANT DE LA TOUCHE, MARIN, DUBOIS-FONTANELLE, M. GROSIER, DE VERTEUIL et autres); depuis 1776 jusqu'au milieu de l'année 1790, époque à laquelle ce journal a cessé de paraître, par FRÉRON fils, M. GROSIER (ROYOU, HÉRIVAUX, GEOFFROY, DUMOUCHEL, BROTIER neveu et autres). *Environ* 290 *vol. in*-12.

886. Année littéraire, an 9 (1800) (composée par MM. GEOFFROY, GROSIER, etc., rédigée par SERIEYS). *Paris, Setier*, 1800 et 1801, 7 *vol. in*-12.

887. Année (l') merveilleuse, ou les Hommes-Femmes (par l'abbé COYER). *Sans date* (1748), *in*-12.

888. Année (l') politique, contenant l'état présent de l'Europe (par GOUDAR). *Avignon* (*Paris*), 1759, *in*-12.

889. Année rurale, ou Calendrier à l'usage des cultivateurs (par M. BROUSSONNET). *Paris*, 1787 et 1788, 2 *vol. in*-12.

890. Année (l') sainte de Sentences tirées de tous les écrits de S. François de Sales (par LOISEL, curé de Saint-Jean en Grève). *Paris*, 1678, *in*-24. V. T.

891. Année sainte, ou Bref martyrologe propre pour les paroisses et familles chrétiennes, par *un docteur en théologie de Paris. Paris, Josse*, 1668, *in*-12.

On soupçonne que ce docteur est le P. BORDIER, prêtre de l'Oratoire.

892. Année sainte, ouvrage instructif sur le jubilé, suivi de la paraphrase de plusieurs psaumes et cantiques choisis (attribué à CARACCIOLI, auteur des Lettres de Clément XIV). *Paris, Lottin*, 1776, *in*-12.

893. Année (l') sans merveille, ou Fausseté de la prédiction de l'*Année merveilleuse* (par A. C. P. MASSON DE LA MOTHE CONFLANS). *Lille*, 1748, *in*-12. V. T.

894. Année spirituelle, contenant, pour chaque jour, tous les exercices qui peuvent nourrir la piété d'une ame chrétienne (par l'abbé TRICA-

LET). *Paris, Lottin*, 1760, 3 *vol. grand in*-12, *in*-12 *ordinaire et petit in*-12. — Nouvelle édition. *Vienne en Autriche, Trattner*, 1771, 3 *vol. in*-8. — Autre édition. *Lyon*, 1812, 3 *vol. in*-12.

895. Annibal, tragi-comédie, par le sieur D. P. (LE ROYER DE PRADE). *Paris, Pierre Targa*, 1649, *in*-4.

896. Annonces, affiches et avis divers, à dater du jeudi 13 mai 1751 (rédigés depuis 1752 jusqu'en 1790, par l'abbé AUBERT). *in*-8.

897. Annonces, affiches et avis divers, dites affiches de province (par MEUNIER DE QUERLON et FONTENAY), commencées en 1752 et finies en 1791. *Paris*, 1752 *et années suivantes, environ* 40 *vol., petit et grand in*-4.

L'abbé de Fontenay commença à travailler à ce journal en 1776; il l'intitula, en 1784, *Journal général de France*.

898. Ann'quin Bredouille, ou le petit cousin de Tristram Shandy, par l'auteur de *Blançay* (M. GORGY). *Paris*, 1772, 6 *vol. in*-18.

899. Annuaire de la préfecture du Jura pour l'an 1807, précédé d'anecdotes historiques sur les mœurs et l'esprit militaire de la nation française (par M. BÉCHET, secrétaire-général de la préfecture du Jura), avec cette épigraphe : *Singula quœque notando. Lons-le-Saulnier, C. A. Delhorme*, *in*-8. *sans date*.

900. Annuaire dramatique (par MM. Armand RAGUENEAU et AUDIFRED). *Paris, madame Cavanagh*, 1805 *et années suivantes*, *in*-32.

901. Annuaire du département de la Dordogne, pour l'année sextile 11 de l'ère française (1803), (par G. DELFAU, secrétaire-général de la préfecture). *Périgueux, Dupont*, *in*-8.

902. Annuaire du département de la Sarthe pour l'an 9 (par MM. DU CHAUBRY, CHESNEAU, etc.). *Au Mans, Monnoyer*, 1800, *in*-12.

903. Annuaire du département des Ardennes, pour l'an 8 (par VAIRIN, professeur de mathématiques). *Méziéres, an* 8 (1800), *in*-16, *pp*. 224.

904. Annuaire du département d'Indre et Loire pour l'an 10 de la république (par M. PÉTRUCCI, avec une notice biographique sur les hommes célèbres du département, par CHABUEL). *Tours, an* 11 (1803), *in*-12.

905. Annuaire historique, statistique et administratif du département de l'Orne; années 1808, 1809, 1810, 1811 et 1812, (par M. Louis DU BOIS, secrétaire intime du préfet, bibliothécaire et membre de plusieurs académies). *Alençon et Paris, Marchant*, *in*-12, 5 *vol. fig. cartes et tableaux*.

906. Annuaire statistique du département de Vaucluse pour l'an 12 (1804), (rédigé par M. Denis WATON). *Carpentras, Proyet*, *in*-12 *de* XX *et* 326 *pages*.

907. Annuaire statistique du département des Deux-Sèvres, 1802 et 1803 (par J. L. GUILLEMEAU jeune, docteur en médecine). *Niort*, *in*-12.

908. Antenors modernes (les), ou voyage de Christine et de Casimir en France sous Louis XIV, d'après les Mémoires secrets des deux ex-souverains, continués par HUET, évêque d'Avranches (le tout recueilli par M. CHAUSSARD). *Paris, Buisson*, 1806, 3 *vol. in*-8.

909. Anthologie française, ou chan-

sons choisies depuis le 13e siècle jusqu'à présent (par MONNET); précédées d'un Mémoire historique sur la chanson, par MEUNIER DE QUERLON. *Paris (Barbou)*, 1765, 3 *vol in*-8.

On joint à ces trois volumes les chansons joyeuses, par un âne-onyme-onissime (COLLÉ), *à Londres, à Paris et à Ispahan seulement (Paris, Barbou)*, 1765, 2 *parties in*-8; et le recueil de romances historiques tendres et burlesques, tant anciennes que modernes, par M. D. L. (DE LUSSE), (*Paris, Barbou*), 1767, *in*-8.

M. Sautreau de Marsy a publié en 1769 une *Nouvelle Anthologie française*, en 2 vol. *in*-12; elle peut faire suite aux recueils précédens, quoiqu'elle ne renferme que des épigrammes.

910. Anthologie française (recueillie par M. Henri LARIVIÈRE). *Paris, Blaise*, 1816, 2 *vol. in*-8. *et in*-12.

911. Anthologie morale et chrétienne contenant divers opuscules, discours et traités pour l'instruction et consolation des âmes fidèles, recueillis de plusieurs auteurs, par S. G. S. (Simon GOULART, Senlisien). *Genève*, 1618, *in*-8.

912. Anthropotomie, ou l'art de disséquer les muscles, etc. (par TARIN). *Paris*, 1750, 2 *vol. in*-12. V. T.

913. Anti-Babylone (l'), ou réponse à la nouvelle Babylone de Monbron (par GOUDAR). *Londres*, 1759, *in*-12.

914. Anti-banquier (l'), ou moyens très-simples d'éteindre à l'instant toutes les dettes de France (par M. SOLOMÉ). *Aux-deux-Ponts, Sanson*, 1790, *in*-8. *de* 46 *pages*.

915. Anti-Basilic (l') pour répondre à l'Anti-Camus, par Olenix du Bourg-L'Abbé. (J. P. CAMUS) *Paris*, 1644, *in*-4.

916. Anti-Bernier (l'), ou Nouveau Dictionnaire de théologie, par l'auteur des P.... A.... (des *Pensées anti-philosophiques*, le professeur ALLAMAND, de Lausanne). *Genève*, 1770, 2 *vol in*-8.

Voyez le *Traité de la Vérité de la Religion chrétienne*, par J. Vernet, t. 9, p. 9.

917. Anticénosophie, ou le contraire de la vraie sagesse, poëme didactique, par M. G*** (GAUNÉ), ancien curé de St. M** (Maurice), ci-devant chanoine de M** (Montereau-Faut-Yonne), avec cette épigraphe: *Intelligite insipientes in populo, et stulti aliquandò sapite*, psal. 93, v. 8. *A Rome, et se trouve à Paris, chez Lesclapart*, 178[illegible] (*imprimé à Sens, chez Tarbé*) *in*-12 *de* 250 *pag*.

Dans ce poëme en neuf chants, il y a des vers extrêmement ridicules; il suffira de citer ces deux-ci:

Un pasteur doit à Dieu compte de son troupeau,
Œil pour œil, corps pour corps, dent pour dent, peau pour peau.

L'auteur est mort au commencement de la révolution, âgé de quatre-vingts ans; quand son prétendu poëme parut, il en avait soixante-dix.

918. Anti-Coton, ou réfutation de la Lettre déclaratoire du P. Coton, livre où il est prouvé que les Jésuites sont coupables, et auteurs du parricide exécrable commis en la personne du roi très-chrétien Henri IV, d'heureuse mémoire. 1610. *in*-8. *de* 74 *pages*.

On a attribué cette pièce à P. du Moulin et à P. du Coignet. On la donne assez généralement aujourd'hui à un avocat d'Orléans, nommé César DE PLAIX.

C'est sur un exemplaire qui se trouve dans la bibliothèque publique d'Orléans qu'on lit ces mots, écrits à la main à la fin de l'épître dédicatoire: *César de Plaix sieur de l'Ormoye, avocat au parlement*. M. Perdoulx de la Perrière, ayant vu cette note, la communiqua à M. de la Monnoye, et c'est d'après une lettre de ce savant que Baillet et David Clément ont mis César de Plaix au nombre des auteurs de l'*Anti-Coton*. Il paraît certain que l'auteur de l'*Anti-Coton* était Orléanais. L'*Anti-Coton* été réimprimé par les soins de Prosper Marchand, avec une dissertation préliminaire, en 1738, à la Haye, chez la veuve Levier, à la fin de l'*Histoire de l'admirable Don Inigo de Guipuscoa* (saint Ignace), 2 vol. *in*-12. La dissertation de Prosper Marchand, revue et augmentée, a été insérée en 1744 dans le *Supplément aux Mémoires de Condé*, *in*-4, 4e partie. Voyez la *Bibliothèque historique de la France*, nouvelle édition, t. I, n° 14,258.

919. Anti-Dictionnaire philosophique, pour servir de commentaire et de correctif au Dictionnaire philosophique (de Voltaire), et autres livres qui ont paru de nos jours contre le christianisme; quatrième édition, entièrement refondue sur les Mémoires de divers théologiens (par Chaudon). *Paris*, *Saillant et Nyon* (*Avignon*), 1775, 2 *vol. in*-8.

La première édition de cet ouvrage parut en 1767, sous le titre de *Dictionnaire anti-philosophique*. Voyez ces mots. Je l'avais d'abord attribué à l'abbé Nonnotte; de nouvelles recherches me persuadent que M. Chaudon en est le principal auteur. Il m'en a fait l'aveu dans sa correspondance, mais en me déclarant que les jésuites d'Avignon avaient fait à l'ouvrage des additions qu'il ne pouvait pas avouer.

Dans l'*Ami de la Religion et du Roi*, du 4 novembre 1820, t. 25, M. P. a supposé bien gratuitement, 1° que cet ouvrage était de l'abbé Nonnotte; 2° qu'il parut en 1768 pour la première fois; 3° que l'abbé Nonnotte le composa pour seconder les vues de Clément XIII, manifestées dans son bref du 7 avril 1768.

L'abbé Nonnotte remplit en 1772 les vues de Clément XIII, par la publication de son *Dictionnaire philosophique de la Religion*, 4 v. in-12, qui est aussi une réfutation du *Dictionnaire philosophique* de Voltaire.

Les mêmes matières sont traitées dans les deux ouvrages d'une manière toute différente.

920. Antidote au congrès de Rastadt, par l'auteur des *Considérations sur la France* (ou plutôt par M. l'abbé de Pradt). *Londres*, 1798, *in*-8.

921. Antidote contre le schisme, ou le Pensez-y bien des Catholiques français, par un docteur de Sorbonne (l'abbé de Marambaud, secrétaire de l'évêque de Limoges). *En France*, *la seconde année de la persécution*. (*Paris*, *Crapart*), 1792, *in*-8., *pp.* 252.

922. Antidote (l') de l'Athéisme, ou examen critique du Dictionnaire des Athées (par M. Léonard Aléa). *Paris*, 1801, *in*-8.

Nouvelle édition refondue et augmentée considérablement, sous le titre de *Religion triomphante*, etc.

923. Antidote du Rosaire contre la la peste (par Antoine Barbieux). *Lille*, 1646, *in*-12. V. T.

924. Antidote (l'), ou Examen du mauvais livre superbement imprimé, intitulé : Voyage en Sibérie (par Schouwalof et Catherine II). Première partie, *St.-Petersbourg*, 1770, *in*-8.;—*Première et seconde parties*, *Amsterdam*, 1771 *et* 1772, 2 *vol. petit in*-8.

On a dit à M. de la Lande que la comtesse Ashcoff, qui a eu part à la révolution de Russie en 1762, avait aussi coopéré à cet ouvrage.

925. Anti-Economiste, ou moyens de rédimer les personnes et les biens du joug des impositions (par Bourdon des Planches). *Paris*, *veuve Esprit*, 1791, *in*-8. *de* 36 *pages*.

926. Anti-Espagnol (l'), autrement les Philippiques d'un Démosthène Français (par Antoine Arnauld).... 1592 *in*-8.

Voyez les *Mémoires* d'Arnauld d'Andilly.

927. Anti-Espagnol, ou exhortation de ceux de Paris, qui ne se veulent faire Espagnols, à tous Français de se remettre en l'obéissance de Henri IV (par Michel Hurault, sieur du Fay). 1593, *in*-12, 1595 *in*-8. — Réimprimé dans le *Recueil des*

excellens et libres discours sur l'état présent de la France, 1606, *in*-12.

928. Anti-feuilles, ou Lettres à Madame de.... sur quelques jugemens portés dans l'Année littéraire de FRÉRON (par DU JARDIN, SELLIUS, et LA MORLIÈRE). *Paris, Quillau*, 1754, *in*-12.

929. Anti-Financier (l') (par DARIGRAND). *Amsterdam*, 1763, *in*-8.

Quelques biographes attribuent faussement cet ouvrage à LE RIDANT.

930. Anti-Garasse, divisé en cinq livres (par Antoine REMY, avocat au parlement de Paris). *Paris*, 1630, *in*-8. *de* 940 *pages*.

Cet ouvrage avait paru en 1624, sous le titre de *Défense pour*.... Voyez ces mots.

931. Anti-Hermaphrodite (l'), ou le secret tant désiré de beaucoup, de l'avis proposé au roi pour réparer les désordres, impiétés, injustices, abus, méchancetés, et corruptions qui sont en ce royaume (par Jonathas PETIT DE BRETIGNY). *Paris, Jean Berjon*, 1606, *in*-8.

932. Anti-Huguenot (l') (par Guill. DE REBOUL), (*sans nom de ville*). 1598, *in*-12. V. T.

933. Anti-Jésuite (l') ou discours au Roi contre les jésuites, sur la mort de Henri IV (par DE MONTLYARD). *Saumur*, 1611, *in*-8.

Réimprimé sous le titre de *Courrier breton* dans le tome 6 des *Mémoires de Condé*. Voyez le *Dictionnaire historique* de Prosper Marchand, au mot ANTI-JÉSUITE.

934. Anti-Légionnaire (l') français (par Charles-Louis d'AUTHVILLE). *Wesel*, 1772, *in*-12.

935. Antilogies et Fragmens philosophiques, ou Collection méthodique des morceaux les plus curieux et les plus intéressans sur la religion, la philosophie, les sciences et les arts, extraits des écrits de la philosophie moderne (par l'abbé DE FONTENAY). *Paris, Vincent*, 1774, 4 *vol in*-12.

936. Anti-Machiavel, ou Essai de critique sur le prince de Machiavel (par FRÉDÉRIC II, roi de Prusse), publié par Voltaire. *La Haye, aux dépens de l'éditeur* (*chez P. Paupie*), 1740, *in*-8.

A la fin du livre se trouve un avis de l'éditeur, en ces termes : « Dans le temps qu'on finissait cette édition, il en a paru deux autres ; l'une est intitulée de *Londres chez Jean Mayer* ; l'autre à *la Haye, chez Van Duren*. Elles sont très-différentes du manuscrit original. »

Cette dernière a été revue par Bruzen de la Martinière ; Pr. Marchand la préférait à celle de Paupie. Voyez son *Dictionnaire historique*, au mot ANTI-MACHIAVEL.

937. Anti-magnétisme, ou origine, progrès, décadence, renouvellement et réfutation du magnétisme (par M. PAULET, médecin). *Paris*, 1784, *in*-8.

938. Anti-Mariana, ou réfutation des propositions de Mariana; pour montrer que les princes souverains ne dépendent que de Dieu, en leur temporel (par ROUSSEL), deuxième édition. *Paris, P. Métayer*, 1610, *in*-8.

939. Anti-Menagiana (par BERNIER). *Paris, d'Houry*, 1693, *in*-12.

940. Anti-Moine (l') bien préparé, ou défense du livre de M. l'évêque de Belley, intitulé : *Le directeur désintéressé* ; contre les réponses de quelques cénobites, par B. C. C. D. (Jean-Pierre CAMUS). 1632, *in*-8. *pp*. 24.

Quoique cet ouvrage ne soit pas dans le *Catalogue des Livres imprimés de M. l'évêque de Belley* (J. P. CAMUS), 1641, *in*-12, tout le monde le lui donne. Cet évêque ne cessait de déclamer et d'écrire contre les moines. Le cardinal de Richelieu, press par ceux-ci de lui imposer silence sur ce point, en obtint à la fin qu'à l'avenir il les laisserait en repos, et lui dit à ce sujet : « Je ne trouve aucun autre défaut en vous « que cet acharnement que vous avez contre « les moines ; sans cela, je vous canoni- « serais. — Plût à Dieu, Monseigneur, ré- « pondit aussitôt l'évêque de Belley, que « cela pût arriver ! Nous aurions l'un et « l'autre ce que nous souhaitons ; vous « seriez pape, et je serais saint. »

941. Anti-Moine (l'), à MM. de la communion de Rome de la ville de Crest (par J. DE LA FAYE)...(1660), *in*-8. V. T.

942. Anti-Moine (l'), ou Considérations politiques sur les moyens et la nécessité d'abolir les ordres monastiques en France (par M. GROUBER DE GROUBENTAL). 1790, *in*-8.

943. Anti-Paméla, ou Mémoires de M. D*** (traduits de l'anglais, ou plutôt composés par VILLARET). *Londres* (*Paris*), 1742, *in*-12. *de* 152 *p.*

Voyez le *Glaneur littéraire*, 1746, *in*-12, t. 1, p. 282.

944. Anti-Paméla (l'), ou la Fausse innocence, découverte dans les Avantures de Syrène; histoire véritable, traduite de l'Anglais par M. DE M*** (DE MAUVILLON). *Amsterdam*, *Arkstée et Merkus*, 1743, *in*-12.

945. Anti-papisme révélé, ou les Rêves de l'anti-papiste (attribué à l'abbé DU LAURENS). *Genève*, 1767, *in*-8.

946. Anti-Phantôme du jansénisme, ou la nouvelle description du pays de Jansénie avec ses confins; la Calvinie, la Libertinie, etc. *Chez Antoine, novateur; sans date* (1688), *in*-12, *fig.*

C'est une nouvelle édition augmentée de moitié au moins par les jésuites, de la fameuse *Relation du pays de Jansénie*, publiée en 1660 à Paris par le P. ZACHARIE de Lisieux, capucin. On y trouve les *Règlemens et Instructions de MM. les Disciples de S. Augustin*, publiés pour la première fois en 1654, par le sieur DE MARANDÉ, dans ses *Inconvéniens d'Etat, procédant du Jansénisme*. C'est une pièce évidemment fabriquée par les jésuites. Voyez la *Morale pratique des Jésuites*, par le Doct. A. Arnauld, t. 8, p. 169 et p. 209.

947. Anti-Philosophe (l'), comédie en cinq actes et en vers (par M. DU ROCHER). *Paris*.... *in*-8; et dans le volume intitulé : *OEuvres dramatiques de*..... *Paris*, 1800, *in*-8.

Voyez le *Dernier des Romains*.....

948. Anti-Phyllarque (l'), ou réfutation des Lettres de Phyllarque à Ariste (par le père ANDRÉ, général des Feuillans). *Lyon*, *Drobec*, 1630, *in*-8.

949. Antipode (l') de Marmontel, ou Nouvelles fictions, ruses d'amour et espiègleries de l'*Aristenète français* (M. Félix NOGARET). *Paris, Glisau, an* 8 (1800), 2 *v. in*-16.

950. Anti-Pseudo-pacifique, réfuté de point en point (par DE LA BARILLIÈRE). *Jouxte la Copie, sans date*, *in*-12

951. Anti-Quadrille, ou le public détrompé (par PY-POULAIN DE LAUNAY). *Lahaye et Paris, veuve Ganeau*, 1745, *in*-12.

Cet ouvrage est une critique du *Quadrille des Enfans*, de l'abbé Berthault.

952. Antiquaire (l'), comédie en trois actes, en vers (par l'abbé DE LA PORTE). *Londres*, 1751, *in*-8.

953. Antiquaire (l'), traduit de l'Anglais de l'auteur des *Puritains d'Écosse* (Walter SCOTT), par madame DE M*** (DE MARAISE), auteur de *Charles de Montfort* et de *Marie Nevill. Paris, Renard*, 1817, 4 *vol. in*-12

954. Antiquaire (l') de la ville d'Alençon (par CHANFAILLY). *Alençon*... *in*-12. *de* 56 *pages*. V. T.

955. Antiquité (l') de l'Eglise de Marseille, et la succession de ses évêques, par François-Xavier DE BELZUNCE DE CASTELMORON, évêque de Marseille (ou plutôt par le P. LE MAIRE, Jésuite). *Marseille*, 1747-1751, 3 *vol. in-4*.

On a toujours regardé l'évêque de Marseille comme le prête-nom de cet ouvrage, que l'on savait avoir été composé par quelques jésuites de la ville, auxquels il était très-uni, suivant les continuateurs du P. le Long. C'est d'après le *Catalogue manuscrit* de l'abbé Goujet que je nomme le P. le Maire.

956. Antiquité (l') des temps rétablie et défendue contre les Juifs (par le P. Paul PEZRON). *Paris, veuve Martin*, 1687, *in-4 et* 1688, *in-12*.

957. Antiquité (l') dévoilée....., ouvrage posthume de BOULANGER (refait sur le manuscrit original par Paul THIRY, baron d'HOLBACH, avec un précis de la vie de l'auteur par DIDEROT, suivant Grimm). *Amsterdam, M. M. Rey*, 1766, *in-4, et* 3 *vol in-12*.

958. Antiquité (l') dévoilée au moyen de la Genèse, source et origine de la Mythologie et de tous les cultes religieux (par M. GOSSELIN, laïc). *Paris, Egron*, 1807, *in-8*. — *Réimprimé avec le nom de l'auteur*.

959. Antiquité (l') du triomphe de Beziers au jour de l'Ascension (par J. MARTEL). *Beziers*, 1628, *in-12*, V. T.

960. Antiquité (de l') et solennité de la messe (par J. DU TILLET, évêque de Meaux). *Paris*, 1567, *in-16*.

961. Antiquité (l') justifiée, ou réfutation d'un livre qui a pour titre : l'Antiquité dévoilée (par le comte d'AUTREY). *Paris, Vallat-la-Chapelle*, 1776, *in-12*.

962. Antiquité (de l'), origine et noblesse de la très-antique cité de Lyon.... Traduit du latin de messire MORIN PIERCHAMP (Simphorien CHAMPIER), par Théophile DU MAS, de Saint-Michel en Barrois (CHAMPIER lui-même). *Lyon*, 1529, *in-8*.

Voyez le P. Niceron, t. 32, p. 261.
Il existe de cet ouvrage une autre édition revue par Léonard DE LA VILLE. *Lyon, Guillaume Teste-Fort*, 1579, *in-fol.*

963. Antiquitez (les), chroniques et singularitez de Paris, par Gilles CORROZET, augmentées par N. B. (Nic. BONFONS). *Paris, Corrozet*, 1586, *in-8*.

964. Antiquités de la ville d'Harfleur (par le sieur DE LA MOTTE). *Harfleur*, 1720, *in-8*.

965. Antiquités de la ville de Lyon (par le P. DE COLONIA); tome I et unique. *Lyon*, 1733, *in-12*.

Ce volume n'est que la transcription du premier volume de l'*Histoire littéraire de Lyon*, par le même auteur.

966. Antiquités de la ville de Lyon (par le P. Dominique DE COLONIA, jésuite). *Lyon, Rigolet*, 1738, 2 *vol. in-12*.

967. Antiquités (les) de la ville de Paris (par DU BREUIL et MALINGRE). *Paris, Rocolet*, 1640, *in-fol.*

968. Antiquités (les) de Metz, ou Recherches sur l'origine des *Médiomatriciens* (par D. Joseph CAJOT). *Metz, Colignon*, 1760, *in-12*.

969. Antiquités (les) et recherches de la Grandeur et Majesté des rois de France, par A. D. T. (André DUCHESNE, Tourangeau). *Paris, Petit-Pas*, 1609, *in-8*.

970. Antiquités historiques de l'église de St. Aignan d'Orléans (par Ro-

bert Hubert). *Orléans*, 1660, *in*-4. V. T.

Voyez le *Catalogue de Gervais de Lagny*.

971. Antiquités (les) romaines de Denys d'Halicarnasse, traduites en français, par M*** (Bellanger). *Paris*, *P. Nic. Lottin*, 1723, 2 *vol. in*-4. — Nouvelle édition. *Paris*, 1807, 6 *vol. in*-8., sans les notes et sans les cartes de l'édition originale.

972. Antiquités romaines, ou Tableau des mœurs etc. par Alexandre Adam, recteur de la grande école d'Edimbourg; traduit de l'anglais sur la septième édition (par M. de Laubepin), avec des notes du traducteur. *Paris*, *Verdière*, 1818, 2 *vol. in*-8.

973. Antiquités sacrées et profanes des Romains expliquées, ou Discours historiques, mythologiques et philologiques sur divers monumens antiques, comme statues, autels, tombeaux, inscriptions, etc., par M. A. V. N. *Lahaye*, *Ruth. Alberts*, 1726, *in-fol.*

M. Van Thol croit que l'auteur se nommait Van Nideck.

974. Anti-Radoteur (l'), ou le petit philosophe moderne (par Peyssonnel) *Londres et Paris*, *Royez*, 1786, *petit in*-12.

C'est le même ouvrage que les *Numeros*... Voyez ces mots.

975. Anti-Roman (l'), ou l'Histoire du berger Lysis, accompagnée de ses remarques; par Jean de la Lande (Charles Sorel). *Paris*, 1635-1653, 2 *vol in*-8.

Ce roman est une critique de l'*Astrée* de d'Urfé. Il existe aussi sous ce titre : *Le Berger extravagant*, où, parmi les fantaisies amoureuses, on voit les impertinences des romans et de la poésie. *Rouen*, *Osmont*, 1646, 4 *vol. in*-8.

976. Anti-Romantique (l'), ou Examen de quelques ouvrages nouveaux, par M. le vicomte de S.... (Saint-Chamand). *Paris*, *Lenormant*, 1816, *in*-8.

977. Anti-Rousseau (l'), par le poète sans Fard (Gacon). *Rotterdam*, 1712, *in*-12.

978. Anti-Siphilytique (l'), ou la santé publique (par le comte de Milli), 1772, *in*-12, *tiré à* 36 *exemplaires*.

Le magistrat de police n'en a permis l'impression que sous la condition que l'auteur n'en tirerait que ce nombre; et la majeure partie des exemplaires a été envoyée, suivant la parole de l'auteur, en pays étranger. M. Peignot, *Répertoire de Bibliographies spéciales*, etc., p. 123.

979. Anti-Suttonius, ou le magicien noir, par le portier de la grande société (Ten Hoven). *La Haye*, 1760, *in*-8.

La famille de Ten Hoven est avantageusement connue en Hollande; elle a possédé des places très-distinguées dans cette république. V. T.

980. Anti-Thèse de Notre Seigneur Jésus-Christ et du pape de Rome, dédiée aux champions et domestiques de la Foi (par François de Lancluse). 1620, *in*-8.

Voyez Beyer, *Memoriæ libr. rar.*, p. 276. De Bure, auteur de la *Bibliographie instructive*, a, dans sa table des auteurs, confondu cet ouvrage avec la traduction de l'*Antithesis Christi et Antichristi*, par S. Rosarius.

981. Anti-Théophile (l') paroissial, en réponse au Théophile paroissial (du P. Bonaventure de la Bassée, capucin), (par le P. Henri Albi, jésuite). *Lyon*, 1649, *in*-12.

982. Anti-Titus (l'), ou la Critique de la mode des cheveux coupés pour les femmes (par M. Rothe de Nugent). *Paris*, *Mongie aîné*, 1809, *in*-8. *de* 31 *pages*.

983. Anti-Tribonien (l') (par François Hotman). 1567, *in*-8.

Voyez le *Traité des Satires personnelles*, par Baillet.

984. Anti-Uranie (l'), ou le Déisme comparé au Christianisme, Lettres en vers à Voltaire (par le P. Bonhomme). *Paris*, 1763, *in*-8.

985. Anti-Vénus physique, ou Critique de la Dissertation sur l'origine des hommes et des animaux (par Basset des Rosiers). *Paris*, 1746, 2 *vol. in*-12.

986. Antoine et Cléopâtre, tragédie (par Boistel). *Paris, Prault*, 1743, *in*-8.

987. Antoine et Cléopâtre, tragédie (en cinq actes), par le citoyen S. D. M. (Simon-David Mourgue) habitant de Montpellier. *Paris, Chaigneau aîné*, 1803, *in*-8.

988. Antoine et Jeannette, ou les enfans abandonnés, histoire presque véritable, par l'auteur de *Maria* (madame Blower). *Paris*.... 1799, 2 *vol. in*-12, ou 3 *vol. in*-18.

989. Antoinette et Valmont, par Mat. Chr*** (Christophe). *Paris, an* 9 (1801), 2 *vol in*-18.

990. Antonie, suivi de plusieurs pièces intéressantes traduites de l'allemand, par madame la chanoinesse de P. (de Polier). *Lausanne et Paris, Buisson*, 1787, *in*-12

991. Antonin, par M. G*** (Guys) de Marseille. *Paris, Duchesne*, 1787, *in*-18. *de* 36 *pages*.

Un sieur Moulon de la Chesnaye, se disant professeur de belles-lettres, membre de la Société académique de Paris, etc., a eu la hardiesse de faire réimprimer à Caen, en 1819, cet opuscule sous son nom; il s'est contenté d'y ajouter une courte préface, où il dit que cet ouvrage, inspiré par le sentiment, *a coulé sans peine de sa plume*. Cette réimpression porte pour titre: *Antonin*, par M. Moulon de la Chesnaye, professeur de belles-lettres, etc. *Caen, Poisson*, 1819, *in*-8 *de* 17 *pages*. J'ai eu sous les yeux ces deux éditions. (*Note communiquée.*)

992. Antonio, ou les tourmens de l'amour et ses douces illusions dans un cœur sensible, par A. G....d (Antoine Galland, Auvergnat) *Paris, Favre*, 1797, *in*-8, *pp*. 287

993. Antropophile (l'), ou le secret et les mystères de l'ordre de la Félicité dévoilés pour le bonheur de tout l'univers (par Moet). *Aretopolis* 1746, *in*-12, *de* 108 *pages*.

994. Aperçu d'un plan d'éducation publique (par Quesnard), 1797, *in*-24; *tiré à* 12 *exempl. sur pap. vél.*

Voyez Fleischer, *Dictionnaire de Bibliographie française*, t. 2, p. 2.

995. Aperçu hasardé sur l'exportation dans les Colonies; dédié à feu M. Francklin (par le comte d'Estaing). 1790, *in*-8.

996. Aperçu politique de l'ancienne aristocratie et de la nouvelle etc., par B. D. L. M. (B. de la Mattre). *Paris, Delaunay*, 1820, *in*-8. *de* 32 *pages*.

997. Aperçu rapide de la position de la France à l'époque de la prétendue coalition des souverains de l'Europe, contre la constitution du 26 avril 1791 (par Koch). 1791, *in*-8. *de* 39 *pages*.

998. Aphorismes chimiques, par M. S. D. R. (peut-être du Respour). *Paris*, 1693, *in*-8.

Voyez la *Bibliographie instructive*, par M. Née la Rochelle, t. 10, p. 9.

999. Aphorismes d'Astrologie, tirés de Ptolomée, Hermès, Cardan, Manfredus et plusieurs autres, traduits en français, par A. C. (André Corve). *Lyon, Mic. Duhan*, 1657, *in*-18.

1000. Aphorismes de chirurgie d'Herman Boerhaave, commentés par Van-Swieten, traduit du latin en français (par Louis et de Villiers).

Paris, 1753-1765, 7 *vol. in*-12. — Nouvelle édition. *Paris, Cavelier*, 1768, 7 *vol. in*-12, *avec le nom du traducteur sur le frontispice des cinq premiers volumes.*

1001. Aphorismes de M. Herman BOERHAAVE sur la connaissance et la cure des maladies, traduits en français (par DE LA METTRIE). *Rennes, veuve Garnier*, 1738, *petit in*-8. — *Paris, Huart*, 1745, *in*-12. — *Paris*, 1789, *in*-8.

1002. Aphorismes de M. MESMER, dictés à l'assemblée de ses élèves etc. ouvrage mis au jour par M. C. de V. (CAULLET DE VEAUMOREL). (*Compiègne*, 1784, *in*-16 *de* 172 *pages*, — *Paris*, 1785, *in*-8, avec le nom entier de l'éditeur.

1003. Aphorismes (les) d'HIPPOCRATE, expliqués conformément au sens de l'auteur, à la pratique médicinale et à la mécanique du corps humain; traduction française sur la version latine d'un auteur anonyme (Phil. HECQUET), imprimée à Paris, en l'année 1723 (par Jean DEVAUX, chirurgien). *Paris, d'Houry*, 1726, 2 *vol. in*-12.

1004. Aphorismes politiques de J. HARRINGTON, traduits de l'anglais (par AUBIN), précédés d'une notice sur la Vie et les ouvrages de l'auteur. *Paris, Didot jeune, an* 3 (1795), *in*-12.

1005. Aphrodisiaque externe, ou Traité du fouet et de ses effets sur le physique de l'amour; ouvrage médico-philosophique, par D*** (DOPPET), médecin. *Sans indication de lieu*, 1788, *in*-16.

1006. Aphrodites (les), ou fragmens Thali-priapiques pour servir à l'Histoire du plaisir (par M. DE NERCIA). *Lampsaque*, 1793, 4 *vol. in*-12.

Cet ouvrage a été réimprimé en Allemagne.

1007. Apocalypse (l') de la raison, t. 1 et peut-être unique (par DIDEROT), *sans indication de lieu; an* 10 (1802), *de* 103 *pages.*

C'est une réimpression des *Pensées philosophiques*, exécutée vers l'année 1760.

1008. Apocalypse de Méliton, ou Révélation des mystères cénobitiques (par Cl. PITHOYS). *Saint-Léger*, 1665, *in*-12.

Voltaire s'est trompé en attribuant cet ouvrage à J. P. Camus, évêque de Belley. Il est seulement vrai que les écrits de ce dernier contre les moines ont été fort utiles à Claude Pithoys.

1009. Apocalypse (l') de Sainct JEHAN Zébédée, où sont comprises les visions et révélations que icelluy S. Jehan eut en l'ysle de Pathmos...... Ensemble les cruautés de Domitien translatées en rimes françaises (par Louis CHOQUET), et jouez par Personnaiges, à Paris, en l'hôtel de Flandres, l'an 1541. *Paris, Arnoul et les Angeliers*, 1541, *in-fol.*

1010. Apocoloquintose (l'), ou l'Apologie de l'empereur Claude, en prose et en vers (traduite du latin de SÉNÈQUE, par l'abbé ESQUIEU); *in*-12, *dans les Mémoires de Littérature du P. Desmolets, tome* 1, 2e *partie; in*-12 *et in*-8. *dans les différentes éditions de la traduction de Sénèque, par Lagrange.*

Ce morceau satirique n'ayant pas été traduit par Lagrange, M. Naigeon, éditeur de sa traduction de Sénèque, a cru pouvoir y suppléer en faisant usage de la traduction anonyme insérée dans la collection du P. Desmolets. Il y a fait quelques changemens pour la rendre plus conforme au texte; mais il n'a pas touché aux vers, qui lui ont paru rendre assez fidèlement ceux de l'original.

M. Naigeon dit qu'on attribue cette traduction à l'abbé de la Bletterie. L'abbé Goujet, dans le *Catalogue raisonné et manus-*

crit des livres de sa Bibliothèque, la donne à l'abbé Esquieu, dont on a une *Critique de la tragédie de Pyrrhus, en forme de lettre adressée à Crébillon*. Paris, 1726, *in*-8.

« Cet abbé, que j'ai connu, observe « l'abbé Goujet, après avoir donné dans le « grand monde, est mort sur la paroisse « de Saint-Germain-le-Vieil, livré aux « excès condamnés dans les convulsion-« naires. »

Paquot, dans ses *Mémoires pour servir à l'Histoire littéraire des Pays-Bas*, article CUNOEUS, attribue aussi à l'abbé Esquieu cette traduction de l'Apocoloquintose.

J. J. Rousseau avait laissé dans ses papiers une traduction du même morceau de Sénèque; on l'a insérée dans ses Œuvres posthumes.

1011. Apollon Mentor (par PALISSOT). *Londres* (*Paris*), 1748, 2 *vol. in*-12.

1012. Apologétique de la religion des Provençaux, au sujet de la sainte Madelaine, par Pierre-Joseph (DE HAITZE). *Aix*, 1711, *in*-12. V. T.

1013. Apologétique de TERTULLIEN, traduit en français par l'abbé GIRY, avec une dissertation critique touchant Tertullien et ses ouvrages (tirée du latin de Pierre ALLIX). *Amsterdam*, 1701, *in*-12.

1014. Apologie catholique contre les libelles, déclarations, avis, consultations, faites, écrites et publiées par les ligués perturbateurs du royaume, par E. D. L. J. C. (par Pierre DE BELLOY). 1585 *et* 1586, *in*-8.

1015. Apologie de Cartouche, ou le Scélérat justifié par la grâce du P. Quesnel, en forme de dialogue (par le P. PATOUILLET, jésuite). *Avignon, P. Fidèle*, (1733), *in*-12.

Une note manuscrite attribue cette satire au neveu du P. DE LA BAUNE, jésuite.

1016. Apologie de la Bastille, pour servir de réponse aux Mémoires de Linguet sur la Bastille, avec des notes politiques, philosophiques et littéraires, par *un homme en pleine campagne* (par feu SERVAN). *Philadelphie* (*Lausanne*), 1784, *in*-8.

1017. Apologie de la Constitution française, ou Etats républicains et monarchiques, comparés dans les Histoires de Rome et de France (par M. CHAILLON DE JONVILLE, doyen des doyens des maîtres des requêtes, ayant séance de conseiller d'Etat). Première partie de 192 pages, seconde de 163. (*Janvier*), 1789. (*Paris*), *in*-12.

Le même auteur a publié plusieurs autres brochures anonymes, surtout depuis son émigration.

1018. Apologie de la Dissertation sur l'apparition de la Sainte-Vierge à Saint-Norbert, pour servir de réplique à la réponse du P. Hugo (par François GAUTIER, prémontré). 1705, *in*-4.

1019. Apologie de la frivolité (par P. J. BOUDIER DE VILLEMERT) 1740. *in*-12. V. T.

1020. Apologie de la louange, son utilité, et ses justes bornes, avec des médailles, etc. (par DE SELINCOUR). *Paris, Josse*, 1717, *in*-12 *de* 54 *p. avec un portrait du duc d'Orléans, régent de France, gravé par Chereau.*

Voyez le *Mercure* de mai 1717.

1021. Apologie de la métaphysique (par BOULLIER). *Amsterdam, Catuffe*, 1753, *in*-12, et dans le *Recueil de pièces philosophiques et littéraires de cet auteur. Bouillon*, 1759, 2 *vol. in*-12.

1022. Apologie de la muse nouvelle à Alcandre (par T. H. DELORME). *Lyon*, 1667, *in*-12. V. T.

1023. Apologie de la musique et des musiciens français, contre les assertions peu mélodieuses, peu mesurées et mal fondées du sieur Jean-Jacques ROUSSEAU, ci-devant citoyen de Genève (par DE BONNEVAL). *Paris*, 1754, *in*-8.

1024. Apologie de la Musique française contre M. Rousseau (par l'abbé LAUGIER). *Paris*, 1754, *in*-8.

1025. Apologie de l'Amour qui nous fait désirer véritablement de posséder Dieu seul (par Charles DU PLESSIS D'ARGENTRÉ). *Bruxelles*, *J. le Grand*, 1699, *in*-8.

1026. Apologie de l'ancienne et légitime Fronde (par le cardinal DE RETZ). *Paris*, 1651, *in*-4. V. T.

1027. Apologie de la reine Anne, par J. SWIFT; traduite en français par M. L. C. D. G. (LE BEAU, commissaire des guerres). *Paris*, *le Jay*, 1769, *in*-12.

1028. Apologie de la Religion chrétienne et catholique contre les blasphêmes et les calomnies de ses ennemis (par le P. LAMBERT). *Paris*, *le Clere*, 1795, *in*-8 *de* 152 *pages*. — Seconde édition augmentée. *Paris*, *le Clere*, 1796, *in*-8 *de* 176 *pages*.

1029. Apologie de la Société naturelle, ou Lettre du comte de..... au jeune lord .... (traduite de l'anglais de BURKE). *Sans indication de lieu*, 1776, *in*-8 *de* 100 *pages*.

Dans la préface de l'ouvrage anglais publié dès l'année 1756, *in*-8, BOLINGBROKE est présenté comme l'auteur de cette satire de tous les gouvernemens. La préface du traducteur français est toute différente. Bolingbroke n'y est pas nommé. Il paraît que la traduction a été imprimée à un petit nombre d'exemplaires. Je n'ai pu découvrir le nom du traducteur.

1030. Apologie de l'Eloge funèbre du roi (Louis XIV), prononcé par le P. Porée, ou Remarques sur les réflexions critiques de M. (Guérin) (par PHILIPPE). *Paris*, 1716, *in*-12.

1031. Apologie de l'Equivoque (satire, par le P. GRENAN, doctrinaire, frère du professeur). 22 *pages in*-12; et dans la *Bibliothèque française* de du Sauzet, t. 1, 1re partie, art. 5.

Ch. A. Panckoucke a aussi inséré cette pièce dans l'*Art de désopiler la rate*, 1756, *in*-12, p. 397. Il donne à entendre qu'elle est de RACINE le fils.

1032. Apologie de l'Esprit des Lois (par BOULANGER DE RIVERY). *Amsterdam*, 1751, *in*-12; et à la suite des *Observations* de l'abbé de la Porte sur cet ouvrage, auxquelles elle sert de réponse.

1033. Apologie de l'Etat religieux (par le P. BLANC, minime). *Avignon*, 1768 *ou* 1772, 2 *vol. in*-12.

C'est une réfutation du *Mémoire sur les professions religieuses en faveur de la raison*, 1766.

1034. Apologie de l'Etat religieux, dans laquelle on prouve que les ordres et les congrégations régulières sont très-utiles à la religion et à la société (par le P. LAMBERT). *Sans date* (1778), *in*-12 *de* 180 *p.*

Cet opuscule a paru aussi sous ce titre: *Dissertation dans laquelle on prouve que les ordres religieux sont très-utiles à l'Eglise et à l'Etat*. Il a été réimprimé plusieurs fois.

On a lu avec intérêt des détails éloquens sur l'état religieux, sur son origine, sur les services qu'il a rendus à l'Eglise, sur les vertus et les talens d'une multitude de ses membres; mais ces tableaux ne pouvaient soutenir des corps qui en général ne présentaient ni les mêmes vertus ni la même utilité. Cette cause, quoique très-bien plaidée, était donc perdue dans l'opinion publique: aussi, lorsqu'elle a été agitée de nouveau en 1789 en présence de la nation, il a été facile aux adversaires de l'état religieux de faire décréter une suppression à laquelle les esprits étaient préparés depuis long-temps.

1035. Apologie de l'Histoire de l'église de Saint-Diez (par J. Cl. SOMMIER). *Saint-Diez*, 1737, *in*-12.

1036. Apologie de l'Histoire de l'indulgence de Portioncule (par le père Benoist de Toul). *Toul*, 1714, *in*-12. V. T.

Picart était le nom de famille de cet auteur.

1037. Apologie de l'Histoire du temps, ou la Défense du royaume de Coquetterie (par l'abbé d'Aubignac). *Paris*, 1659, *in*-12. V. T.

1038. Apologie de Louis XIV et de son Conseil sur la révocation de l'édit de Nantes (par l'abbé de Caveirac). 1758, *in*-8.

1039. Apologie de mon Goût, épître en vers sur l'histoire naturelle (par M. P. J. B. Nougaret). *Paris*, 1772, *in*-8. V. T.

1040. Apologie de M. Arnauld et du P. Bouhours contre l'auteur déguisé sous le nom de l'*abbé Albigeois* (par le P. Rivière, jésuite). *Mons, P. Lenclume*, 1694, *in*-12.

Voyez les mots *Discussion de la suite*, etc.

1041. Apologie de M. de la Bruyère (par Brillon). *Paris, Delespine*, 1701, *in*-12.

1042. Apologie de M. de Voltaire (par l'abbé Pellegrin, et non par Desfontaines, comme le dit Voltaire). *Paris*, 1725, *in*-12; et dans la *Bibliothèque française* de du Sauzet, année 1726. — Réimprimé dans la seconde partie du premier volume des *OEuvres de Voltaire. Amsterdam* (*Rouen*), 1774.

Voltaire écrit à *Thiriot* (2 janvier 1739): « Je ne sais que de vous seul qu'en effet « l'abbé Desfontaines, dans le temps de « Bicêtre, fit contre moi un libelle. Je ne « sais que de vous seul que ce libelle était « une ironie sanglante, intitulée : *Apologie « du sieur Voltaire.* »

Thiriot se trompait sur l'auteur de l'apologie. Cette brochure, qui n'est point un libelle, mais une critique sage et raisonnée, est de l'abbé *Pellegrin*, qui ne s'en cachait point. Voici ce qu'il dit à la fin de l'ouvrage : « Celui qui vous adresse « cette apologie, Monsieur, est l'auteur de « la comédie du *Nouveau-Monde*. Vous « voyez que je ne me déguise point pour « vous. Je sais que vous n'avez pas fait « beaucoup de cas de cet ouvrage; mais les « sentimens sont libres, et je ne vous en « sais point mauvais gré. D'ailleurs je ne « suis point de ces auteurs que les suffrages « précipités du public préviennent extraordinairement en leur faveur. Si ma « pièce n'a pas été aussi goûtée à l'impression qu'elle l'avait été au théâtre, ce revers est assez ordinaire aux auteurs dramatiques. J'ai devant les yeux des exemples qui me consolent. »

Ces sentimens de modération et de modestie étaient naturels à l'abbé Pellegrin et l'on dut être indigné lorsque le comédien Legrand le joua sur le théâtre. (*Article envoyé par M. Chaudon.*)

1043. Apologie de M. Houdart de la Mothe (par J. J. Bel, conseiller au parlement de Bordeaux). *Paris* 1724, in-8.

C'est une ingénieuse critique de la tragédie d'*Inès de Castro*.

1044. Apologie de M. Jansénius et de la Doctrine de S. Augustin, expliquée dans son livre intitulé *Augustinus* (par A. Arnauld). *Sans nom de ville*, 1643 et 1646, 2 *vol. in*-4.

1045. Apologie de M. l'abbé de la Trappe (Armand le Boutilier de Rancé, par l'abbé Thiers. *Grenoble*, 1694). *in*-12.

Le plus rare des ouvrages de l'auteur dit l'abbé Goujet, parce qu'il fut supprimé on y trouve beaucoup d'anecdotes. (*Catalogue manuscrit.*)

1046. Apologie de M. l'abbé de Prade (par lui-même, par l'abbé Yvon, etc.) *Amsterdam et Berlin*, 1752, 3 *parties in*-8.

La troisième partie de cette apologie qui renferme une réponse à l'instruction pastorale de M. l'évêque d'Auxerre, est de Diderot; et c'est, suivant M. Naigeon, un modèle d'une discussion exacte et précise

M. Naigeon l'a insérée dans le premier volume de son édition des *OEuvres de Diderot*, p. 361.

1047. Apologie de M. l'abbé de Prade

avec l'*Examen de sa Thèse* et des *Observations sur son Apologie* (par Boullier, ministre protestant). *Amsterdam, Rey*, 1753, 2 *vol. in*-12.

1048. Apologie de M. l'abbé d'Olivet, en forme de commentaire, sur deux articles des *Mémoires de Trévoux*. *Paris*, 1726, *in*-12, *pp*. 44.

Cette apologie, écrite avec esprit, est de l'abbé d'Olivet lui-même, quoiqu'il n'y soit parlé de lui qu'en tierce personne. Il y répond à deux articles; le premier, sur la traduction des *Entretiens de Cicéron de la nature des Dieux*, dont il est parlé dans les *Mémoires de Trévoux*, au mois de novembre 1721; le second, sur le *Traité philosophique de la faiblesse de l'Esprit humain*, par Huet, dont les mêmes journalistes de Trévoux parlent en leur mois de juin 1725. On voit dans le *Journal des Savans*, février 1727, p. 126, que le premier article est du P. *du Cerceau*, et le second du P. *Castel*. (*M. Boulliot*.)

1049. Apologie de M. Nicole, écrite par lui-même, sur le refus qu'il fit en 1679 de s'unir avec M. Arnauld, etc. (publiée par les soins de M. le Gras, ci-devant confrère de l'Oratoire). *Amsterdam* (*Paris, Simart*), 1734, *in*-12.

1050. Apologie de Sophocle contre la lettre de Voltaire (par Claude Capperonnier). *Paris, Coustelier*, 1719, *in*-8.

1051. Apologie des anciens docteurs Claude de Saintes et Nic. Isambert contre le P. le Brun, par M. P. T. H. Ch. R. Pr. d. D. (Hongnant, chanoine régulier, prieur de Dammartin, ou plutôt par le P. Hongnant, jésuite, son frère). *Paris, Chaubert*, 1728, *in*-12. V. Moréri.

1052. Apologie des anciens Historiens et des Troubadours ou Poètes provençaux, servant de réponse aux dissertations de Pierre Joseph (de Haitze) sur divers points de l'histoire de Provence (par Louis-Ant. de Ruffi). *Avignon*, 1704, *in*-8 *de* 136 *pages*.

1053. Apologie des Arts, ou Lettres à M. Duclos (par de la Touraille). *Paris, Monory*, 1772, *in*-8 *de* 25 *pages*.

1054. Apologie des Bêtes, où l'on prouve leurs connaissances et leur raisonnement par différentes histoires, et principalement celles du castor, etc. (ouvrage en vers, par Morfouage de Beaumont). *Paris, Prault père*, (1732) 1739, *in*-8.

La première édition, ou plutôt celle qui n'a été que rajeunie, parut en 1732 avec un titre un peu différent et le nom de l'auteur sur le frontispice; voici ce titre : *Apologie des Bêtes, ou leurs connaissances et raisonnement prouvés contre le système des philosophes cartésiens, qui prétendent que les brutes ne sont que des automates*, ouvrage en vers de M. Morfouage de Beaumont. Il y a aussi à la tête une planche gravée contenant, si je ne me trompe, des figures d'animaux et un homme assis qui les contemple. Une vraie réimpression est celle qui parut à Neufchâtel, chez Jonas-Georges Calandre, dès 1732, avec un titre encore différent : *Apologie des Bêtes, ou la preuve de leurs connaissances, contre le système des* etc., le nom de l'auteur et une dédicace sans nom, mais en grands vers, *à S. Exc. M.* Striguer, *avoyer régnant de la ville et république de Berne*. Les fautes indiquées dans l'errata de l'édition de Paris sont corrigées dans celle de Neufchâtel, où l'épître en vers au comte d'Argenson est la seule chose, avec le privilége du roi, qui ait été retranchée. (*Note fournie par M. L. T.* Hérissant.)

1055. Apologie des Cérémonies de l'Eglise, expliquées dans leur sens naturel et littéral.... (par l'abbé Baudouin). *Bruxelles*, 1712, *in*-12.

1056. Apologie des Dames, appuyée sur l'Histoire (par madame Galien). *Paris*, 1737, *in*-12.

L'auteur est nommée madame Molien de Château-Thierry, dans l'exemplaire de la Bibliothéque du Roi.

Voyez le Catalogue de cette Bibliothéque, *Belles-Lettres*, t. 2, p. 148.

1057. Apologie des Dévots de la S. V., ou les Sentimens de THÉOTIME (Pierre GRENIER, procureur du roi au bureau des finances de Bordeaux) sur le libelle intitulé : *Les Avis salutaires de la B. V.*, etc. *Bruxelles, Foppens*, 1675, *in*-8.

1058. Apologie des Dominicains missionnaires de la Chine, ou Réponse au livre du P. le Tellier, intitulé : *Défense des nouveaux Chrétiens*, etc., par un docteur de Saint-Dominique (le P. Noël ALEXANDRE). *Cologne, Egmond*, 1699, *in*-12,

1059. Apologie des Femmes, par M. P. (PERRAULT). *Paris, Coignard*, 1694, *in*-12, *pp*. 33.

1060. Apologie des Femmes, poëme (par M. Paulin CRASSOUS). *Paris, Delaunay*, 1806, *in*-12.

1061. Apologie (l') des Jésuites, convaincue d'attentat contre les lois divines et humaines (par l'abbé GUYON), 1763, 3 *parties in*-12.

L'abbé Goujet, dans son *Catalogue manuscrit*, assure que cet ouvrage a été imprimé à Paris avec permission tacite, par Aug. Martin Lottin. C'est à tort que la *France littéraire* de 1769 l'attribue à dom MOUGINOT.

1062. Apologie des jeunes ex-Jésuites qui ont signé le serment prescrit par arrêt du 6 février 1764 (par THIÉBAULT, depuis professeur à Berlin). *Sans indication de lieu* (*Paris*), 1764, *in*-12 *de* 75 *pages*.

1063. Apologie des Jugemens rendus en France contre le Schisme, par les tribunaux séculiers. *En France*, 1752, 2 *vol. in*-12; — nouvelle édition augmentée, 1753, 3 *vol. in*-12.

La première partie de cet ouvrage est de l'abbé MEY; la seconde est de MAULTROT.

1064. Apologie des Lettres provinciales de Louis DE MONTALTE (Blaise PASCAL), contre la dernière réponse des PP. Jésuites (rédigée par le père Daniel, intitulée : *Entretiens de Cléandre et d'Eudoxe*), (par dom Matthieu PETITDIDIER, bénédictin de la congrégation de Saint-Vanne, mort évêque de Macra). *Delft* (*France*), 1697, 2 *vol. in*-12.

1065. Apologie des Modernes, ou Réponse du Cuisinier français, auteur des *Dons de Comus*, à un Pâtissier anglais (par QUERLON). 1740, *in*-8 *de* 44 *pages*.

1066. Apologie des Œuvres de SAINT-EVREMONT, par B. D. R. (BOYER DE RIVIÈRE). *Paris, Collombat*, 1698, *in*-18.

1067. Apologie des Prêtres mariés, ou Abus du Célibat, prouvé aux prêtres catholiques, par le citoyen J**** (JOLYCLERC, naturaliste, ex-bénédictin de la congrégation de Saint-Maur). *Paris, an* 6 (1798), *in*-8. V. T.

1068. Apologie des Réfugiés, par A. R. D. L. (peut-être Abel-Rotholp DE LA DEVÈSE). *Amsterdam*, 1688, *in*-8.

Cet ouvrage est composé de plusieurs lettres. L'auteur en date plusieurs de la Haye, où la Devèze exerça le ministère après sa sortie de France.

1069. Apologie d'Homère, et Bouclier d'Achille (par BOIVIN). *Paris, Fr. Jouenne*, 1715.

1070. Apologie du Caractère des Anglais et des Français, ou Observations sur le livre (de Muralt) intitulé : *Lettres sur les Anglais et les Français* (par l'abbé DESFONTAINES et le P. BRUMOY). *Paris, Briasson*, 1726, *in*-12.

1071. Apologie du cardinal de Bouillon. *Cologne* (*Amsterdam*), 1706, *in*-18.

Cette apologie a été attribuée à l'abbé DE CHOISY; mais elle est de l'abbé D'ANFREVILLE. Voyez le Catalogue de Lancelot, nº 4653. V. T.

L'abbé de Saint-Léger l'a insérée dans le recueil C.

1072. Apologie du Célibat chrétien, contre l'ouvrage du chanoine Desforges, intitulé : *Avantages du Mariage*, etc. (par l'abbé DE VILLIERS). *Paris*, 1762, *in*-12.

1073. Apologie du Clergé de France, ou Commentaire raisonné sur l'instruction pastorale de l'Assemblée nationale concernant l'organisation du clergé (par M. l'abbé BLANDIN, prêtre de Saint-Sulpice, aujourd'hui chanoine d'Orléans). *Paris*, *Crapart* (1791), *in*-8, *pp.* 118. — Seconde édition augmentée. *Paris*, *Crapart*, *sans date*, *in*-8 *de* 131 *pages*.

1074. Apologie (l') du Commerce, ou Essai philosophique et politique, avec des notes instructives, suivi de diverses réflexions sur le commerce en général, sur celui de la France en particulier, et sur les moyens propres à l'accroître et à le perfectionner; par un jeune négociant (M. DUDEVANT de Bordeaux). *Paris*, *Ruault*, 1778, *in*-8.

1075. Apologie du Concile de Trente et de S. Augustin (par A. DE BOURZEIS). *Paris*, 1650, *in*-4. V. T.

1076. Apologie du Goût français relativement à l'Opéra, poëme, avec un Discours apologétique et des Adieux aux Bouffons, en vers (par DE CAUX DE CAPPEVAL). *Sans indication de lieu* (1754), *in*-8 *de* 80 *p*.

1077. Apologie du R. P. Honoré, supérieur des missionnaires (capucin), contre les Médisans, par M. T. B. (Antoine THOMAS, Bourguignon). *Dijon*, 1679, *in*-4. V. T.

1078. Apologie de Pierre Soto, et des anciennes Censures de Louvain et de Douai, contre l'*Histoire du Baïanisme*, composée par le P. du Chesne, jésuite (Champenois), et condamnée à Rome le 17 mars 1734; par Louis DE LOMANISE (le P. BILLUART, dominicain). *Avignon*, *Marc Chave*, 1738, *in*-12, *pp*. 242.

Cette apologie a été faussement attribuée, par les auteurs de la *France littéraire* de 1769, au père *Vion*, dominicain, connu sous le nom de *Dumont* depuis qu'il a été obligé d'être sous un habit laïc.

Le père J. Fr. Billuart, né le 8 janvier 1685 à Revin, petite ville située à trois lieues de Rocroi, mourut le 20 janvier 1757. On lui doit des ouvrages de théologie très-importans. Voyez son article dans les *Mémoires* de Paquot, édit. in-fol., t. 2. Il n'en a point dans la *Biographie universelle*.

1079. Apologie du Sentiment de Newton sur l'ancienne chronologie des Grecs (par le chevalier STUARD). *Francfort-sur-le-Mein*, 1757, *in*-4.

1080. Apologie du Système de Colbert, ou Observations juridico-politiques sur les Jurandes et les Maîtrises d'arts et métiers (par André LETHINOIS). *Amsterdam et Paris*, *Knapen et Delaguette*, 1771, *in*-12.

1081. Apologie du Système des Saints Pères sur la Trinité (par l'abbé P. FAYDIT). *Nancy*, 1702, *in*-12.

L'auteur a été enfermé à Saint-Lazare pour cet ouvrage. V. T.

1082. Apologie du Théâtre, adressée à mademoiselle Clairon (par VERNON, médecin à Caen ou à Falaise). 1762, *in*-12 *de* 142 *pages*.

1083. Apologie du *Thomisme triomphant*, contre les neuf lettres anonymes qui ont paru depuis peu (par le P. BILLUART, dominicain). *Liége*,

Jean-Philippe Gramme, 1731, *in*-4, *pp*. 198.

Elle a été faussement attribuée au père Viou, dominicain. (*M. Boulliot.*)

1084. Apologie d'un tour nouveau pour les quatre Dialogues des abbés de Dangeau et de Choisy (par P. Jurieu). *Cologne*, 1685, *in*-12.

1085 Apologie et Requeste pour ceux qui font profession de la Religion réformée (par des Marets). *Sans nom de ville*, 1663, *in*-8.

1086. Apologie française pour la sérénissime Maison de Savoie, contre les scandaleuses Invectives, etc. (par le P. Monod, jésuite). *Chambéry*, 1631, *in*-4.

1087. Apologie générale de l'institut des Jésuites (par le P. Cérutti). 1762, *in*-8 *et in*-12.

Il paraît que cet ingénieux écrivain n'a fait que rédiger les matériaux qui ont été fournis par les PP. de Menoux, Grou et Griffet.

1088. Apologie historique des deux censures de Louvain et de Douai sur la matière de la grâce, par M. Gery, bachelier en théologie (le P. Quesnel). *Cologne*, 1688, *in*-12.

1089. Apologie, ou Défense de Guillaume, prince d'Orange, contre le ban et édit du roi d'Espagne (par Hubert Languet). *Delft*, 1581, *in*-4.

Suivant quelques bibliographes, le prince lui-même est auteur de cette apologie. Elle a été réimprimée à *la Haye* en 1704, à la fin du premier volume de l'*Histoire de la République des Provinces Unies des Pays-Bas* (par Jennet, ministre d'Utrecht). L'éditeur en a rajeuni le style.

1090. Apologie, ou Défense des Catholiques unis les uns contre les autres, contre les impostures des Catholiques associés à ceux de la Religion prétendue réformée (par Louis d'Orléans, avocat général de la Ligue, mort en 1622). 1586, *in*-8.

Victor Cayet, p. 20 de sa *Chronologie novennaire*, signale d'Orléans comme un des fameux écrivains du temps de la Ligue.

1091. Apologie, ou les véritables Mémoires de madame Marie Mancini, connétable de Colonna, écrits par elle-même (ou plutôt composés par le sieur de Bremond). *Leyde*, 1678, *in*-12.

Voyez la préface des Œuvres de Saint-Evremond.

1092. Apologie pour ceux d'entre les Anglais catholiques qui refusent de prêter le serment d'obligeance exigé par Jacques Ier en 1606, composée à Rome en 1611 (par Reboul). *in*-12.

1093. Apologie pour feu M. l'abbé de Saint-Cyran, contre l'Extrait d'une Information prétendue que l'on fit courir contre lui l'an 1638, et que les Jésuites ont fait imprimer à la tête d'un libelle diffamatoire intitulé : *Somme de la Théologie de l'abbé de Saint-Cyran et du sieur Arnauld* (par Antoine le Maistre). 1644, *in*-4.

1094. Apologie pour Jean Châtel, par François de Vérone (Jean Boucher). *Paris*, 1595, *in*-8. — Réimprimé depuis dans le tome 6 des *Mémoires de Condé*, *in*-4.

L'édition que je cite est l'originale. Il en existe une de 1610, *in*-8, sans nom d'auteur.

1095. Apologie pour l'accomplissement des Prophéties (par P. Jurieu). *Rotterdam*, *Acher*, 1687, *in*-12.

1096. Apologie pour la Danse (par de Manley). 1562, *in*-8.

1097. Apologie pour la Langue française, avec diverses poésies (par Joachim du Bellay, Angevin).

Paris, Lucas Breyer, 1580, *in*-8.

1098. Apologie pour la Nation juive, ou Réflexions critiques sur le premier chapitre du tome 7 des Œuvres de Voltaire, au sujet des Juifs, par l'auteur de l'*Essai sur le Luxe* (DE PINTO). *Amsterdam*, 1762, *in*-12.

Réimprimé dans les *Lettres de quelques Juifs portugais*, par l'abbé GUÉNÉE.

1099. Apologie pour l'Anti-Théophile paroissial, par P. DE CABIAC, prêtre régulier (Henri ALBY, jésuite). *Lyon*, 1649, *in*-12.

1100. Apologie pour la Religion et pour l'Eglise de Jésus-Christ (par l'abbé LOISELEUR). *Paris, Jacques Estienne*, 1714-1724, 6 *vol. in*-4.

Le premier tome de cet ouvrage parut en 1714, sous ce titre : *Traité sur l'Homme, en quatre propositions importantes, avec leurs dépendances*. On donna au second tome le titre de *Propositions importantes sur la Religion, avec leurs dépendances ;* et il fut mis au jour en 1715. Le troisième et le quatrième parurent en 1719, sous le titre d'*Apologie pour la Religion*.

M. Leschevin, qui a eu occasion de citer cet ouvrage dans ses notes sur le premier volume de la nouvelle édition du *Chef-d'Œuvre d'un Inconnu*, Paris, 1807, n'a connu ni le nom de son auteur, ni les deux derniers volumes.

101. Apologie pour la République de Jean Bodin, par René HERPIN (par Jean BODIN lui-même). *Paris, Jacques du Puys*, 1581, *in*-8.

Voy. Draudii *Bibliotheca exotica*, p. 83.

Cette apologie se trouve dans plusieurs éditions de la *République* de Bodin.

102. Apologie pour l'Auteur de l'*Histoire critique du Vieux Testament* (par Richard SIMON), contre les faussetés d'un Libelle publié par Michel LE VASSOR, prêtre de l'Oratoire. *Rotterdam, Reinier Leers*, 1689, *petit in*-12 *de* 141 *pages*.

103. Apologie pour l'Auteur de l'Histoire du Concile de Constance, contre le *Journal de Trévoux* (par J. LENFANT). *Amsterdam*, 1716, *in*-4. V. T.

1104. Apologie pour la vieille cité d'Avenche en Suisse, opposée au Traité de la découverte de la ville d'Antre. *Berne*, 1710, *in*-8.

Les continuateurs de la *Bibliothèque historique de la France* attribuent avec raison cet ouvrage à Marquard WILD, d'après une note manuscrite de M. Haller le fils.

1105. Apologie pour le B. Robert d'Arbrissel, sur ce qu'en dit M. Bayle dans son Dictionnaire (par le père SOURI, de l'ordre de Fontevrault). *Anvers*, 1701, *in*-8.

Voy. Bayle, *Réponse aux Questions d'un Provincial*, t. 1, p. 634, et *Mémoires de Trévoux*, mars 1702.

1106. Apologie pour le livre intitulé *La réunion des Chrétiens*, et pour celui qui en a été soupçonné à Saumur (par D'HUISSEAU). *La Haye*, 1670, *in*-12.

Rien ne ressemble moins à une édition de *la Haye* que celle de ce livre. On voit, p. 29 et autres, que l'auteur soupçonné est le ministre *d'Huisseau*, et que ce soupçon lui attira la plus cruelle persécution. C'est sans doute lui-même qui y a ajouté la *Traduction du Traité* latin *de Sam. Petit, professeur en théologie à Nîmes, touchant la réunion des Chrétiens, avec quelques observations sur un livre latin du sieur Gaussen :* pièces à l'appui de l'Apologie : *Sam. Petit* disant dans ce Traité *des choses beaucoup plus fortes et plus hardies* que d'Huisseau, ainsi que l'observe le traducteur dans sa *lettre* préliminaire, *sans qu'on lui ait jamais fait de procès à ce sujet*, et le sieur *Gaussen* ou *Gossen*, un des plus vifs adversaires du livre de la réunion, avançant bien des choses dans ses écrits, favorables à ce livre. (*M. Boulliot.*)

1107. Apologie pour les Armoricains et pour les Eglises des Gaules, particulièrement de la province de Tours (par dom LIRON). *Paris, Huguier*, 1708, *in*-8.

1108. Apologie pour les Casuistes contre les calomnies des Jansénistes, par un théologien et professeur en droit canon (le P. Georges Pirot, jésuite). *Paris*, 1657, *in*-4. — *Cologne*, 1658, *in*-12.

Cet ouvrage excita un soulèvement général dans l'Eglise. Le célèbre Pascal rédigea plusieurs *écrits* des curés de Paris contre cette fameuse Apologie; elle donna lieu à une foule de censures de la part des archevêques et évêques de France. M. de Caylus, évêque d'Auxerre, fit réimprimer les principales en 1727, à la suite d'une *instruction pastorale*.

1109. Apologie pour les Catholiques, contre les faussetés du livre (de Jurieu), intitulé : *La Politique du Clergé de France* (par Antoine Arnauld). *Liége*, *veuve Bronkart*, 1681, 2 *vol. in*-12.

1110. Apologie pour les Chartreux, que la persécution exercée contre eux au sujet de la constitution *Unigenitus*, a obligés de sortir de leurs monastères (par l'abbé J. B. Cadry). *Amsterdam*, *Potgieter*, 1725, *in*-4. V. T.

1111. Apologie pour les Réformés, où l'on voit la juste idée des guerres civiles de France et les vrais fondemens de l'édit de Nantes (par Fetizon, ministre protestant). *La Haye*, 1683, *in*-12.

1112. Apologie pour les Religieuses de Port-Royal, contre les injustices dont on a usé envers ce monastère (par de Ste.-Marthe, Nicole et Arnauld). 1665, *in*-4.

La quatrième partie de ce curieux et important ouvrage contient un traité exact de la souscription des faits. Elle est du célèbre docteur Antoine Arnauld, excepté les deux chapitres qui contiennent l'histoire de Théodoret. M. Nicole en a fait la préface, de même que celle des trois autres parties. Il a eu aussi une très-grande part aux deux premières parties avec M. Arnauld et M. de Sainte-Marthe. Les Lettres de la mère Magdelène de Ligny, abbesse de P. R., à M. de Contes, doyen de l'Eglise de Paris, sont de M. Nicole; et dans la troisième partie, les Lettres de M. Henri Arnauld, évêque d'Angers, sont de M. Antoine Arnauld, docteur de Sorbonne, frère de ce prélat. (*Note extraite du Catalogue manuscrit de l'abbé Goujet.*)

1113. Apologie (l') pour les Saints Pères de l'Eglise, défenseurs de la grâce de J.-C. (par Antoine Arnauld). *Paris*, 1651, *in*-4.

1114. Apologie pour LL. SS. MM. Britanniques contre un infâme libelle intitulé : *Le vrai portrait de Guillaume Henri de Nassau etc*, (attribuée à Jurieu). *La Haye*, *Abraham Troyel*, 1689, *petit in*-4. de 25 *pages*.

1115. Apologie pour l'histoire des deux fils aînés de Clovis II (par A. Langlois, bénédictin). *Sans date*, *in*-12.

Voyez la *Bibliothèque historique de la France*, t. 4, p. 428.

1116. Apologie pour messire Henry-Louys Chastaignier de la Rocheposay, évêque de Poitiers, contre ceux qui disent qu'il n'est pas permis aux ecclésiastiques d'avoir recours aux armes, en cas de nécessité (par l'abbé de Saint-Cyran). 1615, *in*-8.

Cet ouvrage est terminé par une liste des prélats qui ont pris les armes.

Voyez les Œuvres de Bayle, t. 4, p. 662 note (4), édition de *la Haye*, 1731.

1117. Apologie pour M. Arnauld, contre un libelle publié par les jésuites intitulé; *Remarques judicieuses sur le livre de la fréquente Communion* (de l'abbé Renard, par G. Hermant). *Sans nom de ville*, 1644, *in*-4. V. T.

1118. Apologie pour M. de Balzac par F. Ogier (rédigée en grande partie par Balzac lui-même). *Paris*, *Marlot*, 1627, *in*-4.

Voyez le Dictionnaire de Bayle, article Balzac.

1119. Apologie royale pour Charles I roi d'Angleterre, traduit du latin de Claude SAUMAISE, par Claude LE GROS DE SAINT-HILAIRE (Claude SAUMAISE lui-même). *Paris*, 1650, *in*-4. (*M. Boulliot.*)

1120. Apologistes (les) involontaires, ou la Religion chrétienne prouvée par les écrits des philosophes (par M. MERAULT, ex-oratorien). *Paris, Duprat-Duverger*, 1806, *in*-12. — Réimprimé en 1821, in-8., avec le nom de l'auteur.

1121. Apologues (par feu M. DU TREMBLAY). *Paris, imprimerie de Perronneau*, 1806, *petit in*-12.

1122. Apologues et Allégories chrétiennes ou la Morale de l'Evangile développée et rendue sensible dans quatre livres d'Apologues et d'Allégories (par M. l'abbé LABICHE). *Paris, Leclere*, 1802, *in*-12, *fig.*

1123. Apologues modernes à l'usage du dauphin; premières leçons du fils aîné d'un roi (par Sylvain MARÉCHAL). *Bruxelles*, 1788, *in*-8. *de* 118 *pages*.

1124. Apologues nouveaux à l'usage d'un jeune prince (par Sylvain MARÉCHAL). 1788, *in*-12.

1125. Apologues Orientaux d'Amed-Ben-Mahomed (par E. BILLARDON DE SAUVIGNY). *Paris, Duchesne*, 1764, *in*-12.

1126. Apologues ou explications des attributs d'un certain nombre de sujets de la fable, par M. E. C. (E. CHOMPRÉ), *Paris*, 1764, *in*-12.

C'est un supplément du *Dictionnaire de la Fable* du même auteur.

1127. Apophthegmes (les), ou les belles paroles des saints (recueillies par l'abbé GUIJON). *Paris, Mariette*, 1721, *in*-12.

1128. Apothéose Chrétienne, ou Panégyrique sur les vertus de l'Archiduc Albert, prince des Pays-Bas (par D'ESCOEUVRES). *Bruxelles*, 1662, *in*-8.

1129. Apothéose (l') de Grégoire, poëme héroï-tragi-comique en deux chants (par DE COULANGES); nouvelle édition augmentée. *Sens, Devarennes*, 1758, *in*-12.

1130. Apothéose de Rameau, scènes lyriques, paroles de M** (C. AMANTON et Fr. LIGERET), musique de M* (DEVAL), avec cette épigraphe: *Quandò ullum invenient parem? Dijon, Causse*, 1783, *in*-8.

1131. Apothéose (l') du Dictionnaire de l'Académie, et son expulsion de la région céleste. *La Haye, Léers*, 1696, *in*-12.

Quelques bibliographes attribuent cette critique à l'abbé DE FURETIÈRE; d'autres la donnent à P. RICHELET. Aucun d'eux ne m'a paru apporter des preuves positives à l'appui de son opinion. Une note manuscrite du temps la donne à un sieur CHASTEIN.

L'abbé Tricaud de Belmont dit un jour à l'abbé d'Artigny que l'*Apothéose* et l'*Enterrement du Dictionnaire de l'Académie* venaient d'un ecclésiastique de sa connaissance, qui les composa dans le château de Pierre-Encise, où il était prisonnier.

Voyez d'Artigny, *Mémoires*, t. 2, p. 221.

1132. Apothéoses et Imprécations de Pythagore (publiées par M. Charles NODIER). *Crotone*, (*Besançon*, 1808), *in*-8. *de* 73 *pages*.

Cet ouvrage a été tiré à dix-sept exemplaires, dont quinze sur grand papier vélin superfin, et deux sur papier rose. (*Fleischer.*)

1133. Apothicaire de qualité (l'), nouvelle galante et véritable (par DE VILLIERS). *Cologne, Marteau*, 1670, *in*-12.

1134. Appanage du duc d'Orléans, frère du roi (Louis XIV), par Michel ROGER et G. PIETRE). *Paris*, 1656, *in*-4. V. T.

1135. Apparat de la Bible, ou Introduction à la lecture de l'Ecriture-Sainte, traduit du latin de Bernard Lamy (par l'abbé de Bellegarde). *Paris, Pralard*, 1697, *in*-8.

1136. Apparat royal ou Dictionnaire français et latin, nouv. édition revue corrigée et augmentée de plus de mille mots ou phrases (par Laurent-Etienne Rondet). *Paris*, 1765, *in*-8.

1137. Apparitions anglaises, le Siége de Namur, et les Bombardemens maritimes (par le ministre Paulian). *Lyon*, 1696, 2 *brochures in*-12.

Voyez Bayle, *Réponse aux Questions d'un Provincial*, t. 1, p. 559.

1138. Apparitions (les) épouvantables de l'esprit du marquis d'Ancre (par N. J. Drazor)... *Sans nom de ville*, 1649, *in*-4. V. T.

1139. Appel à la postérité sur le Jugement du roi (par M. Gallais). 18 *janvier* 1793, *in*-8. *de* 16 *pag.*

Cet ouvrage eut trois éditions consécutives. Le libraire qui le vendait (Weber) fut arrêté et guillotiné pour n'avoir pas voulu en nommer l'auteur.

1140. Appel à la raison des écrits et libelles publiés contre les jésuites (par le P. Balbani, jésuite provençal) *Bruxelles, Van Den Berghem*, 1762, *in*-12. — Nouvel appel à la raison, etc. (par l'abbé de Caveirac). *Bruxelles, Van Den Berghem*, 1762, *in*-12.

1141. Appel à la sagesse, sur les événemens et les hommes de la Révolution, par un ami de la paix (François de Sales Amalric). *Paris, Plassan, an* 12 (1804), *in*-8.

1142. Appel à toutes les nations de l'Europe, des jugemens d'un écrivain anglais, ou manifeste au sujet des honneurs du pavillon, entre les théâtres de Londres et de Paris, (par Voltaire). *Paris*, 1761, *in*-8.

Cet opuscule a reparu sous ce titre: *Du Théâtre anglais*, par Jérôme Carré (Voltaire). 1761, *in*-8. Voyez ces mots.

1143. Appel au petit nombre, ou le Procès de la multitude (par L. Poinsinet de Sivry)..... (1772), *in*-12, *de* 22 *pages*. V. T.

Cette pièce est relative à la tragédie de l'auteur, intitulée *Ajax*.

1144. Appel au peuple Catholique (par M. l'abbé Raillon). 1792, *in*-8.

1145. Appel au public sur le Magnétisme animal, ou Projet d'un Journal pour le seul avantage du public, et dont il serait le coopérateur (par Mouillesaux, alors directeur des postes à Strasbourg, et depuis administrateur général des postes, mort à Paris, le 10 novembre 1811, âgé de 72 ans). 1787, *in*-8. *de* 100 *pages*.

1146. Appel aux générations présentes et futures sur la convention de Paris, faite le 3 juillet 1815, par un officier général témoin des événemens (le général Fressinet). *Genève* (*Bruxelles*), *sans date* (1817), *in*-8 *de* VII *et* 81 *pages*.

1147. Appel aux principes, ou Observations classiques et littéraires sur les Géorgiques françaises (de l'abbé Delille), par un professeur de belles-lettres (M. Chaussard) *Paris*, 1801, *in*-8.

1148. Appel aux véritables amis de la patrie, de la liberté et de la paix (par M. M. A. Jullien). *Paris, Leger*, 1801, *in*-8.

1149. Appel des Etrangers dans nos colonies (par de la Morandière) *Paris, Desaint*, 1763, *in*-12.

1150. Appel du Jugement rendu par l'abbé Ladvocat, dans la cause où il s'est constitué juge des quatre traductions des Psaumes (de l'abbé Pluche, de M. Gratien, des RR. PP. Capucins, auteurs des *Principes discutés*, et de M. Laugeois, par DE SAINT-PAUL, ancien mousquetaire, de l'académie de Rouen). 1763, *in*-12.

1151. Appel philosophique et politique aux Nations éclairées, par A. R. A. (Augustin-Rose ANGELINI, ex-Vénitien). *Famagouste* (*Genève*), 1797, *in*-8.

1152. Appelans célèbres (par P. BARRAL, avec un Discours sur l'Appel par L. Et. RONDET). 1753, *in*-12.

1153. Apperçu des motifs qui s'opposent à ce que les duchés de Lorraine et de Bar soient compris dans le reculement des barrières (par M. PRUGNON, constituant). 1791, *in*-8.

1154. Apperçu rapide de la position de la France à l'époque de la prétendue coalition des souverains de l'Europe contre la constitution de 1791 (par Christophe-Guillaume KOCH, professeur d'histoire et de droit public). *Strasbourg*, 1791, *in*-8.

1155. Apperçu statistique de l'Electorat de Hanovre dans son état actuel, et de ce qu'il deviendrait par sa réunion aux états du roi de Prusse (par M. HENRICHS, ancien libraire à Paris). *Paris, an* 9 (1801), *in*-8 *de* 32 *pages*.

Voyez *Magasin encyclopédique*, 7e année, t. 1, p. 135.

1156. Apperçu statistique des Etats de l'Allemagne, traduit de l'allemand de HOEK (par Ant. Gilbert GRIFFET DE LA BAUME), publié par Adr. DUQUESNOY. *Paris, imprimerie de la république, an* 10 (1802), *in-fol.*

1157. Appréciateur (l') du Mobilier, ou le Moyen de savoir faire l'estimation et la vérification du mobilier le plus étendu, et de former des devis pour toute espèce d'ameublement, par A. G. (M. Ath. GARNIER), ex-vérificateur au garde-meuble de la couronne. *Paris, Chaumerot jeune*, 1821, *in*-8.

1158. Appréhensions spirituelles, poëmes et autres œuvres philosophiques, avec les recherches de la pierre philosophale, par F. B. (BÉROALDE DE VERVILLE). *Paris*, 1584, *in*-8. V. T.

1159. Après (les) soupers de la camgne, ou Recueil d'histoires courtes et amusantes (par DE BRUIX ET DE LÉRIS). *Paris*, 1759-1764, 4 *vol. in*-12.

1160. Après-soupés de Société, ou petit Théâtre lyrique et moral (par DE SAUVIGNY). *Paris, Didot*, 1783, 24 *cahiers*, 6 *vol. in*-18.

1161. Apprêts (les) de noces représentés sur le théâtre de la Rochelle (par GUICHARD). *Sans date* (*vers* 1758), *in*-12.

1162. Approbation (l') des Confesseurs introduite par le concile de Trente (par MAULTROT). 1783, 2 *vol. in*-12.

1163. A-propos (les) de Société, ou Chansons de M. L*** (LAUJON). *Paris*, 1776, 3 *vol. in*-8.

1164. APULÉE, de l'Esprit familier de Socrate, traduction nouvelle, avec des remarques (par le baron DES COUTURES). *Paris, Girin*, 1698, *in*-12.

1165. Arabella, ou le Don Quichotte femelle, traduit de l'anglais (de Charlotte LENNOX). *Paris, Bertrandet*, 1801, 2 *vol. in*-12.

1166. Arc de triomphe de l'Etoile, gravures au trait par Normand (avec des explications par M. Isidore GUYET, attaché au bureau de M. Denon). *Paris*, 1810 *et* 1811, *in*-4, *oblong*.

1167. Arcadie (l') française de la Nymphe Amarille, tirée des Bergeries de Juliette, de l'invention d'OLENIX DU MONT-SACRÉ (anagramme de Nicolas de MONTREUX). *Paris*, 1625, *in*-8.

1168. Arcadie (l') de Messire Jacques SANNAZAR, translaté d'italien en français (par Jehan MARTIN). *Lyon, Sabon*, 1544, *in*-18.

1169. Arcadie (l') de SANNAZAR, traduite de l'italien (par PECQUET). *Paris*, 1737, *in*-12.

1170. Architecture de André PALLADIO, avec un Traité des cinq Ordres et des notes de Inigo Jones, revue et publiée par J. LEONI et tradu ite de l'italien en français (par Nic. DU BOIS). *La Haye, Gosse*, 1726, 2 *vol. in-fol.*

1171. Architecture (l') des corps humains, ou le Matérialisme réfuté par les sens (par l'abbé CAMUSET). *Paris*, 1772, *in*-12. V. T.

1172. Architecture militaire, ou l'Art de fortifier, qui enseigne d'une manière courte et facile, la construction de toutes sortes de fortifications régulières et irrégulières, par M*** (CORMONTAINGNE), officier de distinction sous le règne de Louis XIV. *La Haye, Néaulme*, 1741, 2 *parties in*-4.

Un compilateur nommé BARDET DE VILLENEUVE a copié presque entièrement cet ouvrage dans le 5e volume de la rapsodie intitulée : *Cours de la Science militaire*. Ce qu'il y a de plus étonnant, c'est qu'il prétend en être l'auteur; mais il était dans l'habitude de s'attribuer ce qu'il copiait.

Voyez l'*Encyclopédie militaire*, janvier 1771, p. 22.

1173. Architecture (l') moderne, ou l'Art de bien bâtir pour toutes sortes de personnes (par Charles-Etienne BRISEUX). *Paris, Jombert*, 1728, 2 *vol. in*-4. — Nouvelle édition (augmentée du double, par Ch. Ant. JOMBERT). *Paris, Ch. Ant. Jombert*, 1764, 2 *vol. in*-4.

C'est la *France littéraire* de 1769 qui me fournit ces renseignemens. On regarde le *Traité de la Décoration des Edifices*, par Jacques-François Blondel, comme faisant suite à cet ouvrage. De là vient sans doute l'erreur de l'abbé de Claustre et de M. Ersch, qui ont attribué à ce dernier le traité de M. Briseux, l'un dans la *Table du Journal des Savans*, et l'autre dans la *France littéraire*.

M. Briseux est mort le 23 septembre 1754.

1174. Architecture pratique, par BULLET, nouvelle édition, revue et augmentée (par DESCOUTURES). *Paris, Hérissant*, 1755, 1762, *in*-8.

L'édition de 1768 est due au libraire lui-même, Jean-Thomas HÉRISSANT, mort à Londres en 1820, où il publia sous le nom de DES CARRIÈRES plusieurs ouvrages élémentaires en anglais et en français.

1175. Arétin (l') (par l'abbé DU LAURENS, auteur du *Compère Mathieu*). *Rome, aux dépens de la congrégation de l'Index*, 1763, *in*-12. — Autre édition, sous ce titre : L'Arétin, 2 parties. *Rome, etc.* (*Amsterdam, M. M. Rey*), 1768, *in*-12. — Nouvelle édition, sous le titre d'Arrétin moderne. *Rome* (*Amsterdam*), 1776, 2 *vol. in*-8.

1176. Arétin d'Augustin CARRACHE, ou Recueil de postures érotiques (gravées par COYNI), d'après les gravures à l'eau-forte par cet artiste célèbre, avec le texte explicatif des sujets (par feu M. CROZE-MAGNAN). *A la Nouvelle-Cythère* (*Paris*) 1798, *gr. in*-4.

1177. Arétomastix, ou Edmond Ursulan, chassé du tribunal (par Paul Harisse, prêtre). *Paris*, 1631.

Voyez Moréri, art. Rich. Smith.

1178. Argenis (l') de Barclay, traduction nouvelle, enrichie de figures par L. Gaultier. *Paris*, *Nicolas Buon*, 1623, *in*-8. — Nouvelle édition, sous ce titre : L'Argenis de J. Barclay, de la traduction nouvelle de M. G. (de Marcassus, Gimontais). *Paris*, *Claude Griset*, 1633, *in*-8.

Le P. Niceron a cru faussement qu'il y avait deux traductions du roman de Barclay, sous les dates que j'indique ; il ne faut que les ouvrir pour remarquer que c'est la même traduction : la première édition en gros caractères, et l'autre en petits caractères. Mais le même P. Niceron a eu raison de craindre qu'il n'y ait eu erreur de la part du P. le Long, lorsqu'il a attribué la première édition à P. du Ryer. Le savant oratorien a sans doute confondu deux pièces de théâtre composées par du Ryer, sous le titre d'Argenis et Poliarque, avec la traduction du roman ; les priviléges et extraits de priviléges qui se trouvent à la fin d'un exemplaire de l'édition de 1623, renferment des indications dignes d'être citées. Nicolas Buon avait obtenu, au mois de juin 1621, un privilége pour imprimer l'Argenis, tant en latin qu'en français, pendant l'espace de dix ans ; P. Marcassus en avait obtenu un autre de dix ans, au mois de novembre suivant, pour faire imprimer la traduction du même ouvrage. Un arrêt du conseil, du 7 mars 1622, confirma le privilége obtenu par Buon, et annula celui de Marcassus, qui fut obligé de s'arranger avec Buon pour l'impression de la traduction dont il était l'auteur.

1179. Argenis, roman héroïque, traduit du latin de Barclay par M. L. P. D. L. (de Longue). *Paris*, *Prault*, 1728, 2 *vol. in*-12.

1180. Argus (l') de l'Europe, ouvrage historique, politique, critique (par G. de Faget). *Amsterdam*, 1743, 3 *vol. in*-12.

1181. Ariana, ou la Patience récompensée, histoire traduite de l'anglais de Hawkesworth (par le Cocq de Villeray). *Paris*, *Prault*, 1757, *in*-12.

1182. Ariane abandonnée dans l'île de Naxe, mélodrame (par M. Dubois). *Paris*, *Brunet*, 1781, *in*-8.

1183. Arimène (l') d'Ollenix du Mont-Sacré (Nic. de Montreux), pastorale. *Nantes*, 1597, *in*-8.

Catalogue manuscrit de l'abbé Goujet.

1184. Arioste (l') français (en vers), par J. D. B. (Jean de Boessières). *Lyon*, *Thibaud Ancelin*, 1580, *in*-8.

1185. Arioste (l') moderne, ou Roland le Furieux, traduit en français (par Louise-Geneviève Gomez de Vasconcelle, dame Gillot de Beaucour). *Paris*, 1685, 1720, 2 *vol. in*-12.

1186. Arioviste, histoire romaine (par mademoiselle de la Rocheguilhem). *Paris*, 1674, 2 *vol. in*-12.

L'abbé Lenglet, dans la *Bibliothèque des Romans*, 1734, *in*-12, donne ce livre à l'auteur que j'indique ; mais l'*Histoire littéraire des Femmes françoises*, Paris, 1769, 5 *vol. in*-8, n'en parle pas. V. T.

1187. Aristandre, histoire interrompue (par l'abbé d'Aubignac). *Paris*, *Du Breuil*, 1664, *in*-12.

1188. Aristée, ou de la Divinité (par François Hemsterhuis). *Paris* (*Haarlem*), 1779, *in*-8.

1189. Aristippe (l') moderne (par Denesle). *Paris*, *Dupuis*, 1738, *in*-12.

1190. Aristocratie (de l') et de la Démocratie ; de l'importance du travail et de la richesse mobilière, par Auguste B.... (M. Auguste Brunet, né à Alençon, en 178..) *Paris*, 1819, *in*-8.

1191. Aristote amoureux, opéra comique (par MM. DE PIIS et BARRÉ). *Paris, Vente*, 1788, *in*-8.

1192. Arithmétique (l') démonstrative, ou la Science des nombres, rendue sensible (par J. E. GALLIMARD). *Paris*, 1740, *in*-12. V. T.

1193. Arithmétique des Musiciens (par J. E. GALLIMARD). *Paris*, 1754, *in*-8. V. T.

1194. Arithmétique (l') raisonnée et démontrée, œuvre posthume de Léonard EULER, traduite en français par BERNOULLY. *Berlin*, 1792, *in*-8.

Ce titre est un exemple des supercheries qui sont assez communes dans la librairie; cette prétendue arithmétique d'Euler n'est autre chose que l'arithmétique démontrée, opérée et expliquée, par GAIGNAT DÉ-L'AULN'AIS. *Paris, Despilly*, 1770, *in*-8,

1195. Arithmétique simple pour préparer aux nouvelles mesures décimales (par N. HALMA). *Bouillon, l'an* 2 (1794), *in*-8. V. T.

1196. Arlequin Cruello (comédie), parodie d'Othello, mêlée de vaudevilles, par les auteurs d'*Arlequin afficheur* (MM. RADET, DESFONTAINES et BARRÉ.) *Paris*, 1792, *in*-8.

1197. Arlequiniana, ou les bons mots d'Arlequin (par COTOLENDI). *Paris, Delaulne*, 1694, *in*-12.

1198. Armand et Angela (par mademoiselle Désirée DE CASTELLERAT). *Paris, Dentu*, 1802, 2 *vol. in*-12.

1199. Armes (les) triomphantes du duc d'Epernon, pour le sujet de son entrée en la ville de Dijon (par B. GRIGNETTE, avocat). *Dijon*, 1656, *in-fol.* V. T.

1200. Arminius, ou la Germanie délivrée, poëme héroïque, par le baron DE SCHONAICH, traduit de l'allemand (par EIDOUS). *Paris*, 1769, 2 *vol. in*-12.

1201. Armorial des principales maisons du Royaume, par DUBUISSON (et GASTELIER DE LA TOUR). *Paris, Guérin*, 1757, 2 *vol. in*-12.

1202. Armorial, ou Nobiliaire de l'évêché de Saint-Pol-de-Léon en Bretagne (par le marquis DE REFFUGE, mort en 1713). *Sans indication de lieu et de date, in*-12 *de* 61 *pages.*

1203. Arrêt burlesque.... en faveur de Descartes et de Newton (par LA PERRIERE DE ROIFFÉ). *De l'imprimerie de la Cour*, 1770, *in*-12.

1204. Arrêt de la cour du Parnasse pour les Jésuites (par CAUVIN). *Delphes (France)*. 1762, *in*-12. V. T.

1205. Arrêt du conseil de Momus, qui supprime l'écrit anonyme intitulé : *L'Année merveilleuse* (de l'abbé Coyer, par A. N. DUPUIS). *Paris*, 1748, *in*-12. V. T.

1206. Arrêt du conseil d'état d'Apollon, rendu en faveur de l'orchestre de l'Opéra, contre le nommé J. J. Rousseau, copiste de musique, etc., (par TRAVENOL). *Paris*, 1754, *in*-12.

1207. Arrêt rendu à l'Amphithéâtre de l'Opéra, contre la Musique française (par le baron D'HOLBACH). 1752, *in*-8.

1208. Arrêtés de M. le P. P. de L. (le premier président DE LAMOIGNON). *Sans indication de lieu*, 1702, *in*-4.

Réimprimés à *Paris* en 1783, par les soins de RICHER, avocat, avec le nom de l'auteur, 2 vol. *in*-4.

1209. Arrêtin (l') moderne. V. *Aretin.*

1210. Arrêts choisis de la Cour souveraine de Lorraine (recueillis par les soins de Léonard Bourcier). *Nancy, Cusson*, 1717, *in*-4.

1211. Arrêts (les) d'Amour, avec l'Amant rendu Cordélier à l'Observance d'Amours, par Martial d'Auvergne, dit de Paris, accompagnés des Commentaires juridiques et joyeux de Benoit de Court; nouvelle édition, augmentée d'un Glossaire des anciens termes (par l'abbé Lenglet Dufresnoy). *Amsterdam, Changuion*, 1731, *in*-12.

1212. Arrêts et Réglemens concernant les fonctions des procureurs, etc., où l'on voit la conduite qu'il faut tenir dans l'instruction des procès jusqu'à jugement définitif (recueillis par Pierre Gillet, procureur). *Paris, Jacq. le Fevre*, 1694, *in*-4 de II et 272 pages. — Nouvelle édition, augmentée. *Paris, veuve le Fevre*, 1717, *in-4 de* II *et* 307 *pages*.

Ce recueil est connu sous le nom de *Code Gillet;* l'auteur est mort doyen des procureurs, le 5 avril 1720, âgé de 92 ans.

1213. Arrêts notables des différens tribunaux du Royaume, par Math. Augeard (nouvelle édition augmentée, rédigée par Richer, avocat). *Paris*, 1756, 2 *vol. in-fol.*

1214. Arrivée (l') de sainte Magdelaine et de saint Denis l'Aréopagite en France (par Thomas d'Aquin de Saint-Joseph). *Tulles*, 1648, *in*-12. V. T.

1215. Art (l') d'aimer; la Fille de quinze ans, conte, etc.; morceaux traduits de l'italien (par Laus de Boissy). *Londres et Paris, Bastien*, 1772, *in*-8.

L'*Art d'aimer* est traduit de l'italien d'Algarotti.

1216. Art (l') d'aimer, poëme héroïque (par Gouge de Cessières). 1745; — Nouvelle édition augmentée, 1759, in-8.

1217. Art d'aimer (l') d'Ovide (le premier livre seulement), traduit en vers français (par le président Nicole). *Paris, de Sercy*, 1664, *in-12 de* 71 *pages*.

1218. Art (l') d'aimer d'Ovide et le Remède d'amour, traduits en français (par l'abbé de Marolles). *Paris, Barbin*, 1660, *in*-12. — 4e édition. *Paris, Barbin* (*Hollande*) 1696, *petit in*-12.

1219. Art (l') d'aimer d'Ovide, ou la meilleure manière d'aimer Ovide (en vers français, par L. Ferrier de la Martinière). *Cologne, B. d'Egmont*; (*Paris*) 1696, *in*-12.

C'est à tort que le *Nouveau Dictionnaire historique* de Chaudon attribue cette traduction au marquis de Mimeure, dont on connaît seulement six vers sur l'ouvrage d'Ovide; les voici:

Cette lecture est sans égale;
Ce livre est un petit Dédale,
Où l'esprit prend plaisir d'errer.
Chloris, suivez les pas d'Ovide;
C'est le plus agréable guide
Qu'on peut choisir pour s'égarer.

La méprise du dictionnaire de Chaudon se retrouve dans l'édition stéréotype de Boileau, en 3 vol. *in*-8.

La traduction de L. Ferrier a été réimprimée sous ce titre: *Ovide amoureux*, ou l'Ecole des Amans. *La Haye* (*Rouen*), 1698, *in*-12.

1220. Art (l') d'aimer d'Ovide (par M. Masson de Saint-Amand.) *Paris, Cazin*, 1783, *in*-18, et *Hardy*, 1807, *in*-8, avec le nom du traducteur.

M. Poncelin a inséré cette traduction dans la collection des *Œuvres d'Ovide:* qu'il a publiée en l'an 7 (1799), 7 vol. *in*-8.

1221. Art (l') d'aimer d'Ovide, traduction nouvelle, par M. G*** (Granié). *Londres et Paris, Didot*, 1785, *in*-8.

1222. Art (l') d'améliorer et de conserver les vins (par PLAIGNE). *Paris, Lamy*, 1781, *in*-12.

Même ouvrage que la *Dissertation sur les vins*. Voyez ces mots.

1223. Art (l') d'apprendre à lire en très-peu de temps, en français et en latin, en donnant aux lettres la dénomination la plus naturelle (par Joseph VALLART). *Paris, Musier*, 1743, *in*-8.

1224. Art (l') de battre, écraser, piler, moudre et monder les grains, avec de nouvelles machines; ouvrage traduit, en grande partie, du danois et de l'italien (par BELLEPIERRE DE NEUVE-EGLISE). 1769, *in-fol.*

1225. Art (l') de bien parler francais (par DE LA TOUCHE); nouvelle édition, revue et augmentée. *Amsterdam, R. et G. Wetstein*, 1710, 2 *vol. in*-12.

1226. Art (l') de bien parler latin, ou Nouvelle Méthode latine, dans laquelle on fait usage des règles ingénieuses du père Monpied (Bénédictin), pour les genres et la quantité, etc., par M. l'abbé L*** (LATOUR, professeur de septième au collége de Guienne, mort en 1775). *Bordeaux, J. Chappuis*, 1743, *in*-18.

1227. Art (l') de bien vivre et de bien mourir, contenant la Vie des Elus (d'après saint Augustin), par le frère LAURENT ETIENNE, solitaire (c'est-à-dire Laurent-Etienne RONDET), et la Mort des Elus, par le P. ARCHANGE, religieux Picpus. *Paris*, 1777, *petit in*-12.

1228. Art (l') de Charpenterie de Mathurin JOUSSE, corrigé et augmenté par M. L. H. (DE LA HIRE). *Paris, Moette*, 1702, *in-fol.*

1229. Art (l') de Chevalerie, selon VEGÈCE, lequel traite de la manière que les princes doivent tenir au fait de leurs guerres et batailles (traduit par JEAN de Meun dit CLOPINEL). *Paris, Ant. Verard*, 1488, *in-fol.*

1230. Art (l') de composer et faire les Fusées volantes et non volantes, par l'auteur de la *Manière d'enluminer l'estampe* (L. G. BAILLET DE SAINT-JULIEN). *La Haye* (*Paris*), 1775, *in*-8. V. T.

1231. Art (l') de conjecturer, par Jacques BERNOULLI, traduit du latin (par M. VASTEL), avec des observations, éclaircissemens et addiitons du traducteur; première partie. *Paris, Duprat, an* 10 (1802), *in*-4.

1232. Art (l') de connaître les Hommes, par L. D. B. (Louis DES BANS, avocat). *Paris, Pr. Marchand et Gabr. Martin*, 1702, *in*-12. — L'Art de connaître les Hommes, par M. l'abbé DE BELLEGARDE, 3ᵉ édition, revue et corrigée. *Amsterdam, P. Mortier*, 1709, *in*-12; — 5ᵉ édition, 1711, *in*-8.

Jacques Bernard, en rendant compte dans la *Républ. des Lettres*, décembre 1708, de la 3ᵉ édition du présent ouvrage, donnée sous le nom de l'abbé de Bellegarde, médiocre et fécond compilateur de ce temps, fit remarquer à ses lecteurs que l'*Art de connaître les hommes* n'était qu'un fidèle abrégé de la *Fausseté des vertus humaines*, publié à Paris en 1678, par M. ESPRIT, de l'Académie française. Il avoue que c'est un bon abrégé d'un livre excellent, dont il procura une édition en 1693.

Au mois de mai 1709, des correspondans de Paris apprirent à Jacques Bernard que le véritable auteur, ou plutôt le plagiaire mal habile, qui s'est si grossièrement conduit en copiant l'*Art de connaître les hommes* dans le traité de M. Esprit, se nommait Louis DES BANS, homme obscur et inconnu d'ailleurs. La préface est du libraire Gabriel Martin. Les lettres initiales du titre ont apparemment fait croire à l'imprimeur de Hollande que le livre venait de l'abbé de Bellegarde. Louis des Bans se signala encore en 1716 par un second plagiat aussi impudent que le premier.

Voyez les mots *Principes naturels du droit et de la politique.*

1233. **Art (l') de conserver la santé, composé par l'école de Salerne, traduit en vers français, par B. L. M. (Bruzen de la Martiniere).** *La Haye, J. van Duren* 1743; — *Paris*, 1749, *in*-12.

Voyez la *Nouvelle Bibliothéque*, ou *Histoire littéraire*, etc., t. 16, p. 284.

1234. **Art (l') de conserver les grains, par Barthélemi Inthieri (ou plutôt par l'abbé Galiani), ouvrage traduit de l'italien par les soins de M. B. D. N. E. (Bellepierre de Neuve-Eglise).** *Paris*, 1770, *in*-8, *fig.*

Voici ce qu'écrivit la même année à madame d'Epinay, au sujet de cet ouvrage, le célèbre abbé Galiani : « J'ai vu avec un grand étonnement, sur la *Gazette de France* du 9 novembre (1770), qu'on a publié à Paris un ouvrage de moi, écrit en italien en 1754, et traduit en français; et je gage que je n'y suis pas même nommé, et que vous n'en savez rien vous la première. Voici le fait. En 1726, avant que je vinsse au monde, Barthélemi Inthieri, Toscan, homme de lettres et géomètre, et mécanicien du premier ordre, inventa une étuve à blé. En 1754, il était vieux de quatre-vingt-deux ans et presque aveugle. Je souhaitais que le monde connût cette machine utile. J'écrivis donc un petit livre intitulé : *Della perfetta conservazione del grano;* et comme je n'ai jamais voulu mettre mon nom sur aucun de mes ouvrages, je voulus qu'il portât le nom de l'inventeur de la machine. Mais tout le monde sait qu'il est à moi; et je crois que Grimm, Diderot, le baron (d'Holbach), et peut-être d'autres, l'ont à Paris, et savent cette histoire aussi bien que l'abbé Morellet. Je suis enchanté à présent qu'il soit traduit en français, d'autant plus qu'il servira à découvrir un plagiat affreux et malhonnête que fit M. Duhamel, qui s'attribua l'invention de cette machine, pendant qu'il ne fit que regraver les dessins qu'en avait faits mon frère, et qu'il lui avait envoyés. Le nom de mon frère est encore au bas des planches de l'édition italienne. Il y laissa même des fautes dans le dessin, et certaines variations qui avaient été ajoutées dans les dessins par M. Inthieri, et qui se trouvèrent ensuite impraticables. M. Duhamel voulut les faire passer pour des additions et des corrections qu'il y avait faites. Or, ma belle dame, j'ai tout l'intérêt possible que toute la France sache, au moyen des folliculaires, que cet ouvrage m'appartient, chose qui ne m'a jamais été contestée; et cela prouvera qu'au vrai je suis l'aîné de tous les économistes, puisqu'en 1749 j'écrivis mon livre de la monnaie, et en 1754 celui des grains. La secte économique n'était pas encore née dans ce temps-là. »

1235. **Art (l') de converser, poëme (par Cadot).** *Paris, veuve Delormel*, 1757, *in*-8.

Cadot mourut l'année même de la publication de cet ouvrage, qui n'est qu'une copie du poëme sur la *Conversation*, publié à Autun en 1742, par le P. Janvier, chanoine régulier de Saint-Symphorien.

1236. **Art (l') de corriger et de rendre les Hommes constans (par la baronne de Vasse).** *Paris, Ballard*, 1783, *in*-12.

1237. **Art (l') de cultiver les Mûriers blancs, d'élever les vers à soie et de tirer la soie des cocons (par Pomier).** *Paris*, 1754, *in*-8.

On a encore de cet auteur : Traité sur la culture des Mûriers blancs, la manière d'élever les vers à soie, et l'usage qu'on doit faire des cocons. *Orléans*, 1763, *in*-8, *fig.*; ouvrage dont les chapitres sont distribués comme dans l'*Art de cultiver*, etc.

La *France littéraire* de 1769 attribue à Ladmiral l'*Art de cultiver les Mûriers blancs.*

1238. **Art (l') de cultiver les pays de montagnes et les climats froids, ou Essai sur le Commerce et l'Agriculture, particuliers aux pays et montagnes d'Auvergne; par M. D. B. D. M. B. S. D. et L. Gen. du pays de Carladez (M. Desistrières).** *Londres et Paris, Grangé*, 1774, *in*-12.

1239. **Art (l') de désoppiler la rate (par Panckoucke).** 1754-1756, *in*-12. — **Nouvelle édition augmen-**

tée (par le libraire MANOURY, de Caen, élève de Panckoucke), 1773, 2 *vol. in*-12.

1240. Art (l') de deviner, ou la Curiosité satisfaite (par A. Ch. CAILLEAU). *Paris*, 1753, *in*-12. V. T.

1241. Art (l') de dîner en ville, à l'usage des gens de lettres, poëme en quatre chants (par M. COLNET). *Paris*, *Delaunay*, 1810, in-18.

Une seconde édition, *revue* et *corrigée*, parut la même année.

1242. Art (l') de distribuer les Jardins, suivant l'usage des Chinois (par J. M. MOREL). *Londres*, 1757, *in*-8.

Voyez *Discours sur la vie et les ouvrages de cet auteur*, par M. Fortair. Paris, 1813, in-8, p. 34.

1243. Art (l') d'élever un Prince (par le P. DE FOIX, jésuite, publié après sa mort par le P. GALIMARD, son confrère). *Paris*, *veuve Thiboust*, 1687, *in*-12.

L'ouvrage fut réimprimé l'année suivante, sous ce titre : *Art de former l'esprit et le cœur d'un Prince*.

1244. Art (l') de fabriquer la Poterie, façon anglaise, par M. O*** (OPPENHEIM), ancien manufacturier, revu pour la partie chimique, par M. BOUILLON-LA-GRANGE. *Paris*, *Debray*, 1807, *in*-12.

1245. Art (l') de faire, d'améliorer et de conserver les vins, nouvelle édition augmentée, par M. P*** (PLAIGNE), agronome. *Paris*, *Lamy*, 1782, *petit-in*-12.

Voyez ci-dessus le n° 1222.

Même ouvrage probablement que le *Parfait Vigneron*... Voyez ces mots.

1246. Art (l') de faire des Garçons, par M...... (PROCOPE COUTEAU), docteur en médecine, de l'université de Montpellier. *Montpellier* (*sans date*), 2 *vol. in*-12.

Le vrai nom de cet auteur était COLTELLI.

1247. Art (l') de faire éclore et d'élever la Volaille, par le moyen, etc. Nouvelle édition (de l'*Ornithotrophie artificielle* de l'abbé COPINEAU. Voyez ces mots). *Paris*, *B. Morin*, 1783, *in*-12.

Ce n'est qu'un changement de frontispice.

1248. Art (l') de faire éclorre la Volaille au moyen d'une chaleur artificielle, par RÉAUMUR, corrigé par *** (l'abbé COPINEAU). *Paris*, *Guillaume an* VII (1799), *in*-8.

Cet ouvrage n'est autre chose que l'*Ornithotrophie artificielle*. Voyez ces mots.

1249. Art (l') de faire les rapports en chirurgie, par D..... (DEVAUX). *Paris*, 1703, *in*-12.

1250. Art (l') de fixer dans la mémoire les faits remarquables de l'histoire de France, en vers (par Pons-Augustin ALLETZ.) *Paris*, 1745, *in*-8.

1251. Art (l') de former les jardins modernes, traduit de l'anglais (de WHATELY, par LATAPIE). *Paris*, *Jombert*, 1771, *in*-8.

1252. Art (l') de former l'Esprit et le Cœur d'un Prince (par le P. DE FOIX, Jésuite). Seconde édition, (publiée par le P. GALIMARD). *Paris*, *veuve Claude Thiboust*, 1688, *in*-8.

Voyez sous le n° 1242 la première édition de cet ouvrage.

1253. Art (l') de gouverner les Abeilles (par C. L. LAGRÉNÉE). *Paris*, 1783, *in*-12.

1254. Art (l') de jouir (par LA METTRIE) 1751, *in*-12, *et dans ses OEuvres complètes*.

1255. Art (l') de juger par l'analyse des idées (rédigé sur différens Mémoires, par le cardinal DE BOIS-

GELIN). *Paris, Moutard*, 1789, *gr. in-8.*

Réimprimé en 1818, dans les Œuvres du cardinal de Boisgelin. Voyez ces mots.

1256. Art (l') de la Correspondance espagnole et française, ou Recueil de Lettres en espagnol et en français, à l'usage des deux Nations, etc.; par l'auteur des *Elémens de la conservation, etc.* (M. BALDWIN). *Paris, L. Théophile Barrois, fils*, 1804, *in-8.*

1257. Art (l') de la guerre, de Nicolas MACHIAVEL, etc. *Rouen et Paris, compagnie des libraires*, 1664, *pet. in-12.*

Ce volume, à la fin duquel est *le Prince*, même date et même indication pour les libraires, est marqué tome 2 au bas de la première page de chaque feuille; ce qui montre qu'il fait partie du recueil des différentes traductions de ce fameux politique. L'avis au lecteur, rapproché de ce que du Verdier dit au mot *J. Charrier*, de la traduction et *division par chapitres*, des livres de l'Art de la guerre, par cet avocat général au parlement de Provence, ne me permet pas de douter que ce ne soit la traduction de ce magistrat qu'on a revue à Rouen pour cette édition française de Machiavel. (*Note fournie par M. L. T. Hérissant.*)

Cette note curieuse vient à l'appui de celle que j'ai jointe à l'article intitulé : *Œuvres de Machiavel...*

1258. Art (l') de la guerre de Nicolas MACHIAVEL, traduction nouvelle (par Fr. TÉTARD). *Amsterdam*, 1693, *in-12.*

Ce traducteur est mal à propos nommé Tilard dans les différentes éditions du *Dictionnaire des Grands Hommes* de Chaudon. Fr. Tétard a traduit plusieurs autres ouvrages de Machiavel. Ses traductions ont été réunies en 1743, 6 vol. in-12, sous le titre d'*Œuvres de Machiavel.* On y a joint l'Anti-Machiavel du roi de Prusse.

1259. Art (l') de la Parure, ou la Toilette des Dames, poëme en trois chants, par M. C. M. (Charles MULOT). *Paris, Le Fuel, sans date* (1811), *in-18 de* 155 *pages.*

1260. Art (l') de la Poésie française et latine, avec une idée de la Musique sous une nouvelle méthode, en trois parties, et un petit Recueil de pièces nouvelles qu'on donne par manière d'exemples. *Lyon*, 1694, *in-12.*

L'auteur ne se désigne que par ces lettres initiales A. P. D. L. C., qui signifient *A. Phérotée de la Croix*, selon Goujet, *Bibliothéque française*, t. 3, p. 473, ou, selon le Catalogue de M. le C. de Toulouse, *Antoine-Philippe de la Croix.* L'explication de Goujet est conforme à la vérité.

1261. Art (l') de la Prédication, ou Maximes sur le Ministère de la Chaire, par M.*** (le P. GAICHIÉS) P. D. l'O. (prêtre de l'Oratoire). *Paris, le Breton*, 1711, *in-12.*

1262. Art (l') de l'Archiviste expert féodiste (par CARPENTIER de Beauvais). *Paris*, 1669, *in-12.* V. T.

1263. Art (l') de la Teinture des fils et étoffes de coton (par LE PILEUR D'APLIGNY). *Paris, Moutard*, 1776, *in-12.*

1264. Art (l') de la Teinture en soie (par MACQUER). 1763, *in-fol.*

1265. Art (l') de la Verrerie de NERI, MERRET et KUNCKEL, traduit de l'allemand (par le baron d'HOLBACH). *Paris, Durand*, 1752, *in-4.*

1266. Art (l') de multiplier la Soie, ou Traité sur les Mûriers blancs, l'éducation des vers à soie, et le tirage des soies, par M. C. C. (Constant CASTELLET). *Aix, David*, 1760, *in-12.*

1267. Art (l') de nager, avec des Avis pour se baigner utilement, précédé d'une Dissertation, où se développe la science des anciens dans l'art de nager: par THEVENOT; suivi d'une Dissertation sur les bains des Orientaux (par Ant. TIMONY), quatrième édition, revue et augmentée; par M. P. D. L. C. A. A. P. (M. PONCE-

LIN, avocat en parlement). *Paris, Lamy*, 1782, *in-8 et in-12.*

1268. Art (de l') de parler, par M. *** (le P. LAMY). *Paris, André Pralard*, 1675.—Troisième édition, *la Haye, Moetjens*, 1684, *petit in-12.*

Réimprimé depuis avec le nom de l'auteur.

1269. Art (l') de peindre à l'Esprit (par dom SENSARIC, et publié par A. M. LOTTIN). *Paris, Lottin*, 1758, 3 *vol. in-12*; nouvelle édition revue par DE WAILLY). *Paris, Barbou*, 1771, 3 *vol. in-12.*

1270. Art (l') de Peinture de Charles-Alphonse DUFRESNOY, traduit en français (par Roger DE PILES), avec des remarques nécessaires et très-amples. *Paris, Nic. Langlois*, 1668, *in-8*, réimprimé en 1673 et en 1684.

La quatrième édition de cette traduction, *Paris, C. A. Jombert*, 1751, *in-12*, porte le nom du traducteur. M. de Querlon a revu cette traduction en 1753, et l'a publiée de nouveau sous le titre d'*Ecole d'Uranie*, avec sa traduction du poëme de *la Peinture*, par l'abbé de Marsy. Il a joint le texte latin à ces deux traductions.

1271. Art (l') de péter, Essai théori-physique et méthodique (par HURTAUT, maître de pension). *En Westphalie, chez Florent Q., rue Pet-en-Gueule, au Soufflet.* (*Paris*) 1751, *in-12 de* 108 *pag.*—L'Art de péter, suivi de l'*Histoire de Pet-en-l'air* et de *la Reine des Amazones*, où l'on trouve l'*Histoire des Vuidangeurs en Westphalie*, etc. (*Paris, Le Jay*), 1775, *in-12.* — Nouvelle édition, augmentée de la *Société des Francs-Péteurs* (par LE CORVAISIER). *En Westphalie*, etc. 1776, *Petit in-8 de* 216 *pages.*

1272. Art (l') de plaire dans la Conversation (par Pierre VAUMORIÈRE); troisième édition, *Paris*, 1698, *in-12.*

Jean le Clerc, dans sa *Bibliothèque universelle*, t. II, p. 500, donne sans raison cet ouvrage au P. Bouhours, jésuite.

1273. Art (l') de prêcher la parole de Dieu, contenant les Règles de l'Eloquence chrétienne (par le P. Marc-Antoine DE FOIX, jésuite). *Paris, Pralard*, 1687, *in-12.*

1274. Art (l') de prêcher, poëme en quatre chants (par l'abbé DE VILLIERS). *Paris*, 1682, 1728, *in-12.*

1275. Art (l') de prolonger la Vie humaine, traduit sur la seconde édition de l'allemand de Ch. G. HUFELAND (par M. Auguste DUVAU). *Coblentz, sans date* (1799), 2 *vol. petit in-8.*

1276. Art (l') de prononcer parfaitement la Langue française, par J. H. (Jean HINDRET.) *Paris*, 1696, 2 *vol. in-12.*

1277. Art (l') de saigner, accommodé aux principes de la circulation du sang (par Henri-Emmanuel MEURISSE). *Paris*, 1686, *in-12.*

1278. Art (l') de se connaître soi-même, ou la Recherche des sources de la morale; par ****, docteur en théologie (Jacques ABBADIE). *Rotterd., P. Vander Slaart*, 1692, *in-12.* — (Seconde édition publiée par les soins de COHADE, docteur en théologie qui en a retranché plusieurs endroits favorables aux Calvinistes.) *Lyon, Anisson et Posuel*, 1693, *in-12.*

Souvent réimprimé avec le nom de l'auteur.

1279. Art (l') de s'enrichir par des œuvres dramatiques (par G. TOUCHARD.) *Paris, Barba*, 1817, *in-8 de* 180 *pages.*

Note manuscrite de l'auteur.

1280. Art (l') de sentir et de juger en matière de goût (par l'abbé SERAN DE LA TOUR). *Paris, Pissot*, 1762,

2 *vol. in*-12. — *Strasbourg*, 1790, *in*-8.

1281. Art (l') de se reproduire (par CHEVALIER, commis aux fermes), poëme en un chant, en vers, imité du premier de l'Art poétique. *Paris, de Lorraine, impr. en taille-douce*, 1761, *in*-4 *de* 15 *pages, gravé.*

1282. Art (l') de se taire, principalement en matière de religion, par l'abbé DINOUART. *Paris, Desprez*, 1771, *petit in*-12.

Cet ouvrage est composé, quant à sa dernière moitié, de passages tirés de différens auteurs; l'éditeur a fait entrer dans la première presque tout l'ouvrage anonyme du P. DU ROSEL, jésuite, intitulé: *Conduite pour se taire*, etc. Voyez ces mots.

1283. Art (l') de se traiter et de se guérir soi-même dans les maladies vénériennes, par M*** (Edme-Claude BOURRU), docteur-régent de la faculté de Médecine en l'université de Paris. *Paris, Costard*, 1770, *in*-8.

1284. Art (l') de se traiter et de se guérir soi-même, traduit de l'allemand de Dan. LANGHANS, par E... (EIDOUS). *Paris*, 1768, 2 *vol. in*-12.

1285. Art (l') de tailler les Arbres fruitiers, etc. (par Nicolas VENETTE). *Paris, Charles de Sercy*, 1683, *in*-12.

1286. Art (l') de toucher les cœurs dans le ministère de la chaire, ou Choix des morceaux les plus pathétiques des sermonnaires célèbres sur les sujets les plus intéressans (par ALLETZ). *Paris*, 1783, 3 *vol. in*-12.

1287. Art (l') de traduire le latin en français, par un ancien professeur d'éloquence (feu M. PHILIPON LA MADELAINE.) *Lyon*, 1762, *in*-12. — Nouvelle édition, *Lyon, Savy*, 1812, *in*-12.

Il existe beaucoup d'éditions de cet ouvrage.

1288. Art (l') de vérifier les dates des faits historiques, chartes, etc. (par D. Maur-François d'ANTINE, D. Ursin DURAND et D. Charles CLEMENCET). *Paris, Desprez*, 1750, *in*-4. — Le même ouvrage, nouvelle édition, augmentée (par D. François CLÉMENT). *Paris, Desprez*, 1770, *in-fol.* — Le même ouvrage, troisième édition (publiée par le même D. Fr. CLÉMENT). *Paris, Jombert, jeune, et Théophile Barrois le jeune*, 1783-1792, 3 *vol. in-fol.*

1289. Art (l') de vivre content, par l'auteur de *la Pratique des Vertus chrétiennes*, traduit de l'anglais. *Amsterdam, Pierre Mortier*, 1708, *in*-12.

Ch. Et. Jordan, dans son *Voyage littéraire*, la Haye, 1736, in-12, dit avoir demandé en Angleterre des renseignemens sur l'auteur de la *Pratique des Vertus chrétiennes*, et avoir appris qu'on n'avait jamais pu découvrir son nom. M. Watkins, dans son *Dictionnaire universel, biographique et historique*, en anglais, Londres, 1800, in-8, observait que l'on regarde l'évêque de Cork, CHAPPELL, comme l'auteur de la *Pratique des Vertus chrétiennes*; mais on ne retrouve plus cette remarque dans les nouvelles éditions du dictionnaire de M. Watkins.

1290. Art (l') de vivre heureux, formé sur les idées les plus claires de la religion et du bon sens, et sur de très-belles maximes de Descartes (par le P. AMELINE, de l'Oratoire). *Paris, veuve Coignard*, 1690, *in*-12.

Quelques bibliographes, entre autres le célèbre Martin, attribuent cet ouvrage à Louis PASCAL.

1291. Art (l') de voyager dans les airs et de s'y diriger, Mémoire qui va remporter le prix proposé par l'académie de Lyon (par PIROUX, architecte). *A Ellivenul (Lunéville), au pays de Rianole (Lorraine), pendant la mère-lune de* 1784, *in*-8.

L'architecte Piroux est connu par deux mémoires curieux qui ont remporté en 1781 et 1791 le prix proposé par l'académie de Nancy. Le premier a pour objet *les moyens de préserver les édifices d'incendie;* le second est une *dissertation sur le sel et les salines de Lorraine.* (*Article envoyé par M. Justin Lamoureux, avocat à Nancy.*)

1292. Art (l') des Langues (par Clément de Boissy). *Paris, Cellot*, 1777, *in*-12.

1293. Art (l') des Mines, traduit de l'allemand de Lehmann (par le baron d'Holbach). *Paris*, 1759, 3 *vol. in*-12.

1294. Art (l') d'imprimer les Tableaux, traité d'après les écrits, les opérations et les instructions verbales de J. C. le Blon (par Gaultier de Montdorge, l'un des commissaires nommés par Louis XV pour recevoir les secrets de l'art de le Blon). *Paris*, 1756, *in*-8.

Voyez l'*Année littéraire*, 1756, t. 6, p. 325 et suiv.

On trouve dans ce volume un petit *traité du coloris*, que le Blon composa originairement en anglais, et qu'il a lui-même traduit en notre langue.

1295. Art (l') d'instruire et de toucher les âmes dans le tribunal de la pénitence (par Alletz). *Paris, Bailly*, 1772, 2 *vol. in*-12.

1296. Art (l') d'obtenir des places, ou Conseils aux Solliciteurs (par M. Ymbert). *Paris, Pélicier*, 1816, *in*-8 *de* 120 *pages*.

La troisième édition de cet ouvrage parut en 1817, in-8 de 160 pages.

1297. Art (l') du Comédien, dans ses principes (par M. Touron). *Amsterdam*, 1782, *in*-12.

Le libraire de Paris, Cailleau, a *rafraîchi* en 1785 le titre de cet ouvrage. C'est à tort que M. Ersch l'attribue à Tournon, auteur des *Révolutions de Paris*.

1298. Art (l') du Facteur d'orgues, par D. Bedos (ou plutôt Jean-François Monniot), 4 *parties in-folio*, et dans la collection *des Arts et Métiers*.

D. Monniot était bénédictin de Saint-Germain; il est mort à Figery, près Corbeil, le 10 floréal an 5 (1797), âgé de soixante-quatorze ans. V. T.

1299. Art (l') du Génie pour l'instruction des gens de guerre (par Abraham de Humbert.) *Berlin*, 1755, *in*-8, *fig*.

1300. Art (l') du Militaire, ou Traité complet de l'exercice de l'infanterie, etc. (par le Prieur). *Paris, Dufart*, 1792, *in*-12; — 1793, *in*-8.

1301. Art (l') du Parfumeur par D. J. F. (Fargeon). *Paris*, 1801, *in*-8.

1302. Art (l') du Plombier-Fontainier (attribué à M. l'abbé de la Gardette). *Paris, Desaint et Saillant*, 1773, *in-fol. de* 206 *pages*, et dans la collection des *Arts et Métiers*.

Voyez l'analise de cet ouvrage dans le *Journal des Savans*, année 1773.

1303. Art (l') du Poète et de l'Orateur (par le P. Papon, de l'Oratoire). *Lyon, frères Périsse*, 1766, *in*-12; — nouvelle édition augmentée. *Paris*, 1800, *in*-8.

1304. Art (de l') du Théâtre en général, où il est parlé de différens genres de spectacles, et de la musique adaptée au théâtre (par M. Nougaret). *Paris*, 1769, 2 *vol. in*-12.

1305. Art (l') et Manière de parfaitement ensuivre Jésus-Christ, et mépriser toutes les vanités de ce monde, autrement dite l'internelle consolation, jadis composée en latin par Thomas de Campis, et puis naguères fidèlement traduite selon le sens de l'auteur (par J. Bellere). *Anvers, J. Bellere*, 1565, *in*-16.

Voyez *l'avis au lecteur* de l'Imitation de

J. C., *ex latino latinior facta*, par François de Thol, chanoine régulier. *Antverpiæ, J. Bellerus*, 1575, *in*-16.

1306. Art (l') et Science de la Rhétorique pour faire rimes et ballades (par Henry de Croy). *Paris, Trepperel, in*-4. *goth.* 12 *feuillets.*

La première édition de cet ouvrage paraît avoir été donnée par Ant. Vérard en 1493, in-fol.

1307. Art (l') iatrique, poëme en quatre chants, par L. H. (Bourdelin le jeune, ou plutôt Philipp). *Paris*, 1776, *in*-12.

1308. Art (l') nouvellement inventé pour enseigner à lire; l'art d'apprendre l'orthographe française (par Bouchot, chanoine de Sainte-Croix à Pont-à-Mousson). *Pont-à-Mousson, Martin Thiery*, 1761, *pet. in*-8.

1309. Art (l') oratoire prétendu réformé, ou Petit Catéchisme à l'usage des disciples du vénérable Pejore (Porée) (par Duhamel, professeur de philosophie et ensuite de rhétorique au collége des Grassins). 1716, *in*-12.

C'est une critique de l'oraison funèbre de Louis XIV, prononcée par le P. Porée, jésuite, le 12 novembre 1715.

1310. Art (l') poétique de Quint-Horace Flacce, mis en vers français par J. P. D. M. (Jacques Pelletier du Mans). *Paris*, 1545, *in*-12.

1311. Art (l') poétique françois (par Thomas Sibilet); le Quintil Horatian (par Ch. Fontaine), et Traité de la ponctuation (par Dolet). *Lyon*, 1576, *in*-16.

1312. Art (l') poétique françois, pour l'instruction des jeunes studiens (*sic*) et encor peu avancez en la poésie française (par Thomas Sibilet.) *Paris, Gilles Corrozet*, 1548, *in*-8.

1313. Art (l') universel des fortifications françaises, hollandaises, espagnoles, italiennes et composées, etc., par le sieur de Bitainvieu (le P. Jean du Breuil, jésuite). *Paris*, 1665, 1668, 1674, *in*-4.

1314. Artamene, ou le grand Cyrus (par Madelaine de Scudery). *Paris*, 1650, 1651, 1653; — *Courbé*, 1654; — *Leyde*, 1655; — *Paris*, 1656, 1658, 10 *vol. in*-8.

1315. Artaxare, tragédie, par D. L. S. (de la Serre). *Paris, Pissot*, 1734, *in*-8.

1316. Article *Jésuite*, tiré de l'*Encyclopédie*, par main de maître (par Diderot), suivi de l'article *Peuple* (par le chevalier de Jaucourt). *Londres*, 1766, *in*-12.

1317. Artifices (les) des Hérétiques (par le P. Rapin). *Paris, Cramoisy*, 1681, *in*-12; — *Delusseux*, 1726, *in*-12.

C'est une traduction libre du livre intitulé *De Fraudibus Hæreticorum*, que le P. Estrix, jésuite, a publié, ainsi que plusieurs autres ouvrages, sous le nom de *François Simonis*. Voyez sur cet ouvrage Arnauld, tome 8 de la *Morale pratique des Jésuites*, chap. 5, pp. 50-68; et sur la traduction du P. Rapin, le *Journal des Savans*, in-4, année 1726, p. 580.

1318. Artillerie (l') nouvelle (par Tronson Ducoudray). *Amsterdam et Paris*, 1773, *in*-8.

1319. Arts (les) de l'Homme d'épée, ou le Dictionnaire du Gentilhomme, contenant l'art de monter à cheval, l'art militaire, l'art de la navigation, etc. (par le sieur Guillet). *Paris*, 1678, 3 *v. in*-12; — *la Haye*, 1686, 1 *vol. in*-12.

On trouve dans la première partie de cet ouvrage le *Maréchal méthodique* et un *Dictionnaire de tous les termes de cavalerie*, par Jacques de Solleysel, sous le nom supposé de la Bassée, écuyer de M. l'électeur de Bavière.

1320. Arts (les) et l'Amitié, comédie

en un acte, en vers libres (par DE BOUCHARD). *Paris, Brunet*, 1788, *in*-8.

1321. Ascanius (l') moderne, ou l'Illustre avanturier (le prince Charles-Edouart STUART), traduction de l'anglais, augmentée de nombre de remarques historiques (par D'INTRAIGUEL). *Edimbourg*, 1762, 2 *parties, petit in*-8.

1322. Asiatique (l') tolérant. Traité à l'usage de Zéokinizul, roi des Kofirans, surnommé le Chéri; ouvrage traduit de l'arabe, du voyageur BEKRINOLL; par M. de *** (attribué à CRÉBILLON le fils). *Paris, Durand, l'an* 24 *du Traducteur* (1748), *in*-12.

1323. Asiniana, ou Recueil de naïvetés et d'âneries (par M. Armand RAGUENEAU), dédié à l'athénée de Montmartre. *Montmartre, chez Martin du Pré, l'an d'Arcadie* (*Lille*). *In*-32 *de* 128 *pages*.

1324. Asne (l'), (par COQUELET). *Paris, Tabarie*, 1729, *in*-12.

1325. Aspect philosophique (par Mademoiselle CHANTEROLLE). *Paris, Monory*, 1779, *in*-12.

1326. Aspirations à Dieu, tirées d'un ouvrage latin du cardinal BONA (par Claude BOSC, conseiller d'état, avec une idée de l'ouvrage, par le père GOURDAN). *Paris, Couterot*, 1708, *petit in*-12; — 1711, *gr. in*-12.

Réimprimé en 1729, chez *Huart*, avec les noms de M. Bosc et du P. Gourdan sur le frontispice.

Cet ouvrage a été réimprimé à *Compiègne* en 1768, par *Bertrand*.

1327. Assassinat de ***, ou Épître d'un amant à son ami sur la mort de sa maîtresse, assassinée par un bonze (par M. DESFONTAINES). *A la Chine*, 1760, *in*-12. V. T.

1328. Assassinat (l') du Roi, ou Maximes du Vieil de la Montagne vaticane et de ses assassins, pratiquées en la personne du deffunct Henry le Grand (attribué à David HOME) 1614, 1615, 1617, *in*-8 *de* 82 *pag*

Réimprimé dans le sixième volume de *Mémoires* de Condé, édition de 1745 in-4.

1329. Assassinats (des) et des vols politiques, par G. T. RAYNAL (ou plutôt par SERVAN). *Paris*, 1795, *in*-8

Dans la table des matières de l'un de volumes de la compilation de M. Bérenger intitulée *la Morale en exemples* (Lyon 1801, 3 vol. in-12), cet ouvrage est faussement attribué à M. DE FONTANES.

1330. Assemblée de Cythère, traduit de l'italien D'ALGAROTTI (par mademoiselle MENON). 1758, *in*-12.

1331. Association aux saints Anges proposée à tous les fidèles zélés pour la gloire de Dieu (par Yves BASTIOU). *Paris*, 1780, *in*-12.

1332. Assurance du Commerce, par M. L. L. P. (L. L. PÉLISSART). *Paris* 1772, *in*-12. V. T.

Permission tacite.

1333. Astrée (l') de D'URFÉ, pastorale allégorique, avec la clé, nouvelle édition (publiée par l'abbé SOUCHAY), où, sans toucher ni aux fonds ni aux épisodes, on s'est contenté de corriger le langage et d'abréger les conversations. *Paris, Witte et Didot*, 1733, 10 *vol. in*-1

L'abbé Lenglet, dans sa *Bibliothèque des Romans*, attribue à un sieur DE BORST *la cinquième et la sixième parties* de l'Astrée publiées à Paris en 1626, 2 vol. in-8.

On trouve dans la *Bibliothèque universelle des Romans*, 1775, premier volume de juillet, une explication historique de l'Astrée, d'après un manuscrit de M. de Paulmy, par le célèbre Patru, dans les œuvres duquel cette pièce curieuse, sous forme de *Lettre à une Dame*, ne se trouve pas. Cette clef d'un roman où sont racontés bien des faits véritables, mais altérés, est très-nécessaire pour l'intelligence du liv

Huet l'avait citée dans son *Origine des Romans*, mais sans la faire connaître.

1334. Astrologue (l') dans le puits, à l'auteur de la *Nouvelle Astronomie du Parnasse* (par François A. A. DE LA CHESNAYE DESBOIS). *Paris*, 1740, *in*-12. V. T.

1335. Astrologue parisien, ou le Nouveau Laensberg, etc., par A. B. C. D., (par feu PUJOULX) etc., pour l'année 1812. *Paris*, *veuve Lepetit*, *in*-24.

Les années 1813-1817 sont du même auteur, et portent les mêmes lettres.

1336. Astronomie des Marins (par le P. PEZENAS). *Avignon*, 1766, *in*-8.

1337. Astronomie inférieure et naturelle (par Jean DE BONNEAU). *Paris*, 1653, *in*-4. V. T.

1338. Astronomie nautique lunaire, où l'on traite de la latitude et de la longitude en mer (par LE MONNIER). *Paris*, *imprimerie royale*, 1771, *in*-8.

1339. Astuces (les) de Paris, anecdotes parisiennes (par NOUGARET). *Londres et Paris*, *Cailleau*, 1776, 2 *parties in*-12.

1340. Atalzaide, ouvrage allégorique (par CRÉBILLON fils) 1736, 1745, *in*-12.

Voyez les *Conseils pour former une Bibliothèque*, par Formey, au chapitre des *romans*. M. Van Thol donne cet ouvrage au comte DE SENECTERRE.

1341. Athanaïse, ou l'Orpheline de qualité, pensionnaire de l'abbaye Saint-Antoine, par M. G. D... (madame GUÉNARD). *Paris*, *le Rouge*, 1804, 4 *vol. in*-12.

1342. Athéisme (l') découvert, par le P. Hardouin, jésuite, dans les écrits de tous les pères de l'église et des philosophes modernes (par Fr. LA PILLONIERE). 1715, *in*-8.

Cet opuscule a été inséré par Saint-Hyacinthe, dans ses *Mémoires littéraires*. La Haye, 1716, petit in-8.

1343. Athénagore, du vrai et parfait amour (traduit du grec, ou plutôt composé en français par FUMÉE DE GÉNILLÉ). *Paris*, 1598, *in*-12.

Il paraît certain qu'Athénagoras, philosophe athénien qui embrassa le christianisme dans le deuxième siècle, et auteur d'une belle Apologie pour les Chrétiens, n'a point composé le roman dont il est ici question. Le savant évêque d'Avranches, Huet, y a découvert des marques de nouveauté qui en prouvent la supposition. Il soupçonnait Philander, commentateur de Vitruve, d'avoir eu part à la fraude; mais, comme cet ouvrage n'a été vu qu'en français, Fumée de Genillé peut en être considéré comme le véritable auteur.

1344. Atlantis (l') de madame MANLEY, traduit de l'anglais... (par Henry SCHEURLÉER et Jean ROUSSET). *Amsterdam*, *Scheurléer*, 1713, 3 *vol. in*-8.

1345. Atlas céleste de FLAMSTÉED (revu par LE MONNIER, augmenté d'Observations et d'un Discours préliminaire par PASUMOT, et d'un Planisphère austral de LA CAILLE). Seconde édition publiée par FORTIN. *Paris*, *Deschamps*, 1776, *in*-4.

1346. Atlas de la Lombardie, *in*-4.

M. Dezauche, marchand de cartes géographiques, a adapté ce frontispice au *Théâtre de la Guerre en Italie*, par DHEULLAND et JULIEN. *Paris*, 1748, *in*-4.

1347. Atlas (l') des Temps, ou Chronologie, par le sieur DE LA MOTTE (le P. Jean-LOUIS d'Amiens, capucin). *Paris*, 1683, *in-fol.*

Voyez le Catalogue de Giraud, p. 30.

On trouve ce nom masqué dans la *liste* de Baillet: je dois observer cependant que l'exemplaire que possédait la Doctrine chrétienne renfermait les noms de l'auteur sans masque, soit dans le privilége, soit dans les approbations.

1348. Atlas géographique et militaire, ou Théâtre de la guerre présente en Allemagne, depuis 1756 jusqu'en

1761, par Rizzi-Zannoni (avec le Journal de cette guerre, par Drouet). *Paris*, 1761, *in*-16.

1349. Atlas historique, chronologique et géographique, ou Tableau général de l'Histoire universelle, présentant un moyen sûr et facile de classer avec fruit tout ce qui s'est passé depuis la création jusqu'à Jésus-Christ, espace de 4004 ans, par A. le Sage (masque de M. de Las Cases, ancien officier de marine). *Paris, ans* 11 *et* 12 (1803 *et* 1804), *grand in-fol.*—Nouv. édition augmentée. *Paris, Didot aîné*, 1814, *gr. in-fol.*

1350. Atlas historique, ou Introduction à l'Histoire, à la Chronologie et à la Géographie ancienne et moderne, par M. C. (Chatelain), publié par Gueudeville et Garillon (avec le Supplément par de Limiers). *Amsterdam, Chatelain*, 1718-1720, 7 *vol. in-fol.*

1351. Atlas moderne portatif, composé de 28 cartes; nouvelle édition augmentée des élémens de géographie (par Domairon). *Paris, Laporte*, 1786, ou an 10 (1802), *in*-8.

1352. A tous les Penseurs, salut (par la comtesse de Beauharnois). *Amsterdam et Paris*, 1774, *in*-8 *de* 28 *pages.*

1353. Attilie, tragédie (par le Gouvé, avocat). 1750, *in*-12. — Nouvelle édition, publiée par M. de la Croix. 1775, *in*-8.

1354. Attributs (les) de la sainte Vierge Marie. *Besançon. Couché*, 1668, *in*-4,

Cet ouvrage, attribué à Jean Terrier de Vesoul, est orné de 22 estampes de Jean Loisy, graveur de Besançon.

1355. Auditeur (l') des comptes, par une personne qui a exercé cette charge (Fr. Hubert le père, mort en 1674). *Paris, sans date, in*-8 *de* 115 *pages.*

1356. Auguste et Théodore, ou les Deux Pages, comédie, par MM. Dezède et B. D. (M. Faure). *Paris*, 1789, *in*-8.

1357. Augustin, poëme en cinq chants (par Le Roi d'Éguilly). (*Paris*), 1756, *in*-8.

1358. Augustin supposé, ou raisons qui font voir que les IV livres du Symbole que l'on a mis dans le IXe tome des OEuvres de S. Augustin, ne sont pas de lui (par Jean de Croï). *Genève*, 1655, *in*-8.

Cet ouvrage a été faussement attribué, par du Pin, à Charles Drelincourt, pasteur de l'église de Paris. (*Article communiqué par M. Boulliot.*)

1359. Augustine de Rochaimon, ou la Vierge mère par générosité (par madame Duplessis). *Paris, Jouannaux*, 1801, 4 *vol. in*-12.

1360. Augustins (les), contes nouveaux (par M. de Piis). (*Paris*) 1779, 2 *vol. in*-12.

1361. Aujourd'hui, y voyez-vous clair? ou Conversations entre un Camusard (disciple de Camus) et un Catholique, sur les affaires du Temps (par M. l'abbé Antignac). Seconde édition, revue et augmentée. *Paris, Crapart*, 1792, *in*-8 de 63 *pages.*

1362. Aumône (l') chrétienne, ou Tradition de l'Eglise, touchant la charité envers les pauvres (par Antoine le Maistre). *Paris, veuve Durand*, 1658, 2 *vol. in*-8. — *Lyon*, 1674, 3 *vol. in*-12.

1363. Au Premier Consul de la République française, sur les recettes et dépenses pour le service de l'an 9 (par M. Haller). *Paris, an* 9 (1801), *in*-4. V. T.

Voyez les *Observations* de M. le comte

Rœderer sur cet ouvrage, dans le tome 2 de ses *Opuscules*. Paris, 1802, in-8, pp. 68-110.

1364. Aurelia, ou Orléans délivré, poëme latin (qui n'a jamais existé) traduit en français (par l'abbé de ROUSSY.) *Paris, Mérigot*, 1738, *in*-12.

1365. Aurélie ou l'Intéressante Orpheline, par Mademoiselle L****** (LEVÊQUE) du département de la Nièvre. *Nevers, Lefebvre*, 1806, 2 *vol. in*-8.

1366. Au Roi sur son arrivée (à Marseille) les Nymphes Idylle (par BONNEAU, oratorien). *Marseille*, 1660, *in*-4. V. T.

1367. Aurora, ou l'Amante mystérieuse, traduction de l'allemand, par le cit. D....CHE (DUPERCHE). *Paris, Ouvrier*, 1802, 2 *volumes in*-12.

1368. Aurore et Phœbus, histoire espagnole (par PARFAICT). *Paris, Ribou*, 1732, *in*-12.

1369. Aurore (l') naissante, ou la Racine de la Philosophie, de l'Astrologie et de la Théologie. Ouvrage traduit de l'allemand de Jacob BÊHME sur l'édition d'Amsterdam de 1682 par le philosophe *inconnu* (de ST.-MARTIN). *Paris, Laran, an* 8 (1800), 2 *vol. in*-8.

1370. Aurore (l'), nouveau jeu dédié à ceux qui jouent plus pour s'amuser et gagner l'estime des honnêtes gens que pour aucun autre motif (par M. COULON DE THÉVENOT). *Paris*, 1773, *in*-8. V. T.

1371. Ausoniade, ou la Bataille de Marengo, poëme en dix chants, traduit de la langue helvétienne et accompagné de notes, par M. A... L.... (Adrien LEROUX), capitaine au corps du génie. *Paris, Le Normant* 1807, *in*-8.

1372. Austerlide (l'), par M. PONS DE VENTINE (VIENNET). *Paris, Nicolle*, 1808, *in*-8.

1373. Auteur (l') de la Nature (par CLÉMENT DE BOISSY). *Paris*, 1782, ou 1785, 3 *vol. in*-12.

1374. Auteur (l') des *Crimes de l'Amour* à Villeterque, folliculaire (par D. A. F. SADE). *Paris*, 1801, *in*-12 *de* 19 *pages*.

1375. Auteur (l') malgré lui, à l'Auteur volontaire (par l'abbé DUHAMEL). 1767, *in*-12.

Cet ouvrage est relatif à une édition du discours de l'abbé Fleury *sur les libertés de l'Eglise gallicane*, publiée en 1765, avec un commentaire (par Chiniac de la Bastide).

1376. Auteur (l') satyrique, comédie (par M. DESPRÉS, d'après l'opéra de VOISENON). *Paris, Brunet*, 1783, *in*-8.

1377. Auteurs déguisés sous des noms étrangers (par Adrien BAILLET.) *Paris, Dezallier*, 1690, *in*-12.

1378. Auteurs (les) en belle humeur (Recueil contenant le *Parnasse réformé* et la *Guerre des auteurs* par GUERET). *Amsterdam, l'Honoré*, 1723, *in*-12.

1379. Authenticité (l') des livres, tant du Nouveau que de l'Ancien Testament, démontrée, et leur véridicité défendue, ou Réfutation de la *Bible enfin expliquée*, de V*** (de Voltaire), (par l'abbé CLÉMENCE). *Paris, Moutard*, 1782, *in*-8.

1380. Authenticité des pièces du procès criminel de Religion et d'Etat, qui s'instruit contre les jésuites depuis deux cents ans, démontrée (par D. CLÉMENCET, bénédictin). 1760, *in*-12.

1381. Automatie des Animaux, suivie de quelques Réflexions sur le Mahométisme et l'Agriculture, par un partisan de Descartes (CAILLEAU, libraire). *Paris*, 1783, *in*-12. V. T.

1382. Automne (l') idylle (par F. C. DU CHEMIN DE LA CHESNAYE). *Paris*, 1771, *in*-8. V. T.

1383. Autorité (l') de l'Eglise et de ses Ministres, défendue contre l'ouvrage de M. Larriere, intitulé : *Suite du Préservatif contre le schisme* (par MAULTROT). *Paris, Dufresne et Lallemand*, 1792, *in*-8.

1384. Autorité (de l') de Montesquieu dans la révolution présente (par GROUVELLE). 1789, *in*-8, et dans la *Bibliothèque de l'Homme public*, rédigée par M. BALESTRIER DE CANILHAC, sous les noms de Condorcet, Chapelier et autres, tome 7, première année.

1385. Autorité (de l') de Rabelais dans la révolution présente (par GINGUENÉ). *Paris, Gattey*, 1791, *in*-8.

1386. Autorité (l') de S. Augustin et de S. Thomas dans l'Eglise catholique, etc. (par le P. DUFOUR, dominicain). *Francfort-sur-le-Mein* (*Toulouse*) 1773, 2 *vol. in*-12. — Nouvelle édition (ou plutôt nouveau frontispice). *Paris, Nyon l'aîné*, 1776, 2 *vol. in*-12.

1387. Autorité (de l') des deux Puissances (par l'abbé PEY). *Strasbourg et Liége*, 1781, 3 *vol. in*-8. — *Strasbourg et Bruxelles, Dujardin*, 1788, 2 *vol. in*-8. — *Liége*, 1790, 4 *vol. in*-8.

1388. Autorité (de l') du Clergé et du pouvoir du Magistrat politique sur l'exercice des fonctions du ministère ecclésiastique (par FR. RICHER, avocat). *Amsterdam* (*Paris*), 1767, 2 *vol. in*-12.

1389. Autorité (de l') du Roi et des Crimes de lèze-majesté (par P. DE BELLOY). *Sans nom de ville*. 1588, *in*-8. V. T.

1390. Autorité (de l') du Roi, touchant l'âge nécessaire à la profession solemnelle des Religieux (par LE VAYER DE BOUTIGNY). *Paris, Cottin*, 1669, *in*-12. — Nouvelle édition, avec le nom de l'auteur. *Amsterdam* (*Paris*) 1751, *in*-12, avec la *Réflexion* du même auteur *sur l'édit touchant la réformation des monastères*.

1391. Autorité (l') législative de Rome anéantie, ou Examen rapide de l'Histoire et des sources du Droit canonique (par J. P. BRISSOT). 1784, *in*-12; — Nouvelle édition. *Paris*, 1791, *in*-8 avec le nom de l'auteur.

1392. Aux Anglais, fragment d'un ouvrage sur la situation politique de l'Europe (par M. LE HOC). *Paris, Emmanuel-Brosselard, an* 6 (1798), *in*-8.

1393. Aux Bataves sur le stathoudérat, par le comte de MIRABEAU, avec des notes (attribuées à DUMONT-PIGALLE et à M. MARRON). *Sans nom de ville*, 1788, *in*-8.

1394. Aux Cosmopolites le Soleil et ses effets, par le chevaler DE S*** (DE SORNAY). *Paris*, 1792, *in*-8.

1395. Aux Cultivateurs, ou Dialogue, peut-être intéressant, tiré d'un manuscrit qui a pour titre : Entretiens d'un vieil Agronome et d'un jeune Cultivateur (par M. B. BLANCHOT). *Londres et Paris*, 1746, *in*-12 *de* 48 *pages*.

1396. Aux Dauphinois (par MOUNIER). 1789, *in*-8 *de* 30 *pages*.

1397. Aux Députés de la Nation française aux États-Généraux (par M. MOSSERE, directeur des domaines). 1789, *in*-8.

1398. Aux Français. Deux mots de vérité à chacun selon son état et son intérêt (par le marquis DE CHABANNES). *Londres, Schulze et Dean,* 1815, *in*-8 *de* 71 *pages.*

1399. Aux Français sur la nouvelle Constitution (de 1793, par CONDORCET), *in*-8 *de* 32 *pag.*, et dans le 18e vol. de la collection des *OEuvres de Condorcet, Brunswick (Paris)*, 1804, 21 *vol. in*-8.

1400. Aux Français sur le payement des Contributions (par E. T. SIMON). *Paris*, 1791, *in*-8. V. T.

1401. Aux Juifs portugais, allemands et polonais, ou Réfutation d'un livre intitulé : *Lettres de quelques Juifs*, par *le Vieillard du mont Caucase* (VOLTAIRE). *Rotterdam*, 1777, *in*-12.

Réimpression de la brochure : *Un Chrétien contre six Juifs.* Voyez le *Voltaire* de Beaumarchais, édition in-8, t. 27.

1402. Aux mânes de Diderot (par M. MEISTER). *Londres et Paris, Volland*, 1788, *in*-12 *de* 35 *pages.*

1403. Aux mânes de Louis XV et des grands hommes qui ont vécu sous son règne (par GUDIN). *Aux Deux-Ponts*, 1776, 2 *vol. in*-8.

1404. Aux mânes de Rousseau, poëme (par LE SUIRE). *Genève et Paris*, 1780, *in*-12.

1405. Aux mânes de Voltaire, dithyrambe (par LA HARPE). *Paris, Demonville*, 1779, *in*-8.

1406. Aux Notables assemblés (par l'abbé BRUN). 1788, *in*-8.

1407. Aux trois Ordres de la Nation, avec cette épigraphe tirée de Virgile : *O fortunatos nimium sua si bona norint !* (par le marquis de MONTESQUIOU-FEZENZAC). (1789), *in*-8.

1408. Avant (l') victorieux (par de l'HOSTAL de Roquebonne). *Orthès, Royer*, 1610, *in*-8.

1409. Avantages (des) attachés à la clôture des Femmes, et des inconvéniens inséparables de leur liberté, ouvrage traduit du chinois en russe par le prince KARIKOFF, et du russe en français par A. D. (DELPLA). *Paris, Lanoë et Crochard*, 1816, *in*-12 *de* XXXII *et* 180 *pages.*

1410. Avantages de la Langue française sur la Langue latine, par LE LABOUREUR (avec une Épître dédicatoire au duc de Chevreuse, par SORBIÈRE, et deux Lettres de Réné-François SLUSE, en faveur de la langue latine, en lat. et en fr. Le tout publié par SORBIÈRE). *Paris, De Luyne*, 1669, *in*-12.

1411. Avantages (des) de la Philosophie relativement aux belles-lettres (par feu M. COSTE, médecin en chef de l'hôtel des Invalides). *Nancy, Hyacinthe Leclerc*, 1774, *in*-8 *de* 58 *pages.*

1412. Avantages (des) de l'esprit d'observation dans les sciences et dans les arts, avec quelques Remarques relatives à la Physionomie (par M. Xavier AUGER de Montpellier). *Paris, de Beausseaux*, 1809, *in*-8.

1413. Avantages des Caisses établies en faveur des veuves dans plusieurs gouvernemens (par M. DE LA ROQUE). *Paris*, 1787, *in*-8. V. T.

1414. Avantages des Inventaires, des titres et papiers, tant anciens que nouveaux (par CARPENTIER de Beauvais). 1760, *in*-8. V. T.

1415. Avantages du Mariage, et combien il est nécessaire et salutaire aux Prêtres et aux Evêques de ce temps-ci, d'épouser une fille chrétienne (par Desforges, chanoine d'Etampes). *Bruxelles*, 1758, 2 *vol. in*-12.

1416. Avantages (des) d'une constitution libérale (par M. Boyer-Fonfrède). *Paris*, 1814, *in*-8.

1417. Avantages (les) incontestables de l'Eglise sur les Calvinistes, dans la dispute de M. Arnauld et du ministre Claude (par Lenoir). *Paris, veuve de Claude Thiboust*, 1673, *in*-8.

1418. Avant-Coureur (l'), feuille hebdomadaire, depuis 1760 jusqu'en 1773, inclusivement (par de Querlon, Jonval de Villemert, la Combe et la Dixmerie). *Paris, Lambert*, 1760-1773, 13 *vol. in*-8.

1419. Avant-postes (les), ou l'Armistice, vaudeville anecdotique en un acte, représenté pour la première fois sur le théâtre du Vaudeville, le 2 fructidor an 8 (par Audras, Tournon et Vial). *Paris* (*Chollet*), *an* 9 (1801), *in*-8.

1420. Avare (l'), comédie de Molière, avec des Remarques, par M. L. B. (le Bret). *Paris, Leclerc*, 1751, *in*-12.

1421. Avènement (de l') d'Elie, où l'on montre la certitude de cet événement, et ce qui doit le précéder, l'accompagner et le suivre (par l'abbé Alexis Desessarts). *En France*, 1734, 2 *parties in*-12.

1422. Aventure de Colette, ou la Vertu couronnée par l'Amour (par Compan). *Amsterdam* (*Paris*), 1775, *in*-8. V. T.

Bibliothèque universelle des Romans, septembre 1775.

1423. Aventure de la Mémoire (par Voltaire).... 1774 *in*-8, et dans le *Voltaire* de Beaumarchais, édit. *in*-8, t. 45, p. 444 et suiv.

1424. Aventures (les) d'Abdalla fils d'Hanif (ouvrage laissé imparfait par l'abbé Jean-Paul Bignon, sous le nom de M. Sandisson). *Paris, P. Witte*, 1712, 1714, 2 *vol. in*-12; — *la Haye*, 1713; — *Paris*, 1723, 1745, 2 *vol. in*-12; — *La Haye et Paris, Musier*, 1773, 2 *vol. in*-12.

Le second volume de l'édition de 1773 est entièrement neuf. Il contient une conclusion de l'Histoire d'Abdalla, par un anonyme (M. Colson, principal rédacteur de l'Histoire générale de la Chine, publiée sous le nom de M. des Hautes-Rayes). On trouve une autre conclusion dans la *Bibliothèque des Romans*, janvier 1778. Elle paraît avoir été composée par M. de Paulmy.

1425. Aventures (les) d'Alcime, suivies de l'Histoire d'Hyacinthe et de quelques poésies fugitives (par M. de Toustain-Richebourg). *Londres et Paris, Valade*, 1778, *in*-12.

1426. Aventures d'Alexandrine de Bar, publiées par la princesse Albertine, sa petite-fille, traduites de l'allemand. *Paris, le Rouge*, 1807, *petit in*-12.

Même ouvrage qu'*Alexandrine de Ba*.. Voyez le n° 391.

1427. Aventures d'Ali-el-Moselan (Nicolas Flamel), surnommé dans ses conquêtes Slomnal calife (Nicolas Flamel), de Tepisone (Pontoise), au pays de Sterplie (à sept lieues de Paris), trad. de l'arabe de Rabi el Ulloe de Deon (Beroalde de Verville). *Paris*, 1582, *in*-12.

1428. Aventures (les) d'Apollonius de Tyr, traduites du grec par M. Lebrun. *Paris*, 1710. — Nouv. édition, augmentée d'une préface. *Paris*, 1712. — Autre édition. *Paris*, 1796, *in*-12.

Cet ouvrage n'a pas été traduit du grec, comme le porte le titre, mais du latin, de l'ouvrage intitulé *Gesta Romanorum*, Hagenoæ, 1508, in-fol, dont l'auteur paraît être le célèbre Berchoeur, ou en latin Berchorius.

1429. Aventures d'Aristée et de Telasie, histoire galante et héroïque (par du Castre d'Auvigny). *Paris, veuve Guillaume*, 1731, 2 *volumes in*-12.

1430. Aventures de *** ou les Effets surprenans de la Sympathie. *Paris*, 1713 et 1714, 5 *vol. in*-12.

Cet ouvrage est attribué à Marivaux par l'abbé Lenglet, dans sa *Bibliothèque des Romans*, t. 2, p. 60; et à l'abbé Bordelon par G. Martin, dans le Catalogue de la C. de Verrue, n° 273.

Tous deux sont dans l'erreur, si j'en juge par l'éloge très-détaillé de Marivaux, en tête de l'*esprit* de cet écrivain, et par les *Dialogues des Vivans* de l'abbé Bordelon.

On trouve dans ces deux ouvrages le catalogue des productions de leurs auteurs, et il n'y est fait aucune mention des *Aventures de* ***. Cependant elles ont été insérées dans la collection des Œuvres de Marivaux, *Paris, veuve Duchesne*, 1781, 12 *vol. in*-8.

L'abbé Lenglet du Fresnoy, dans ses notes manuscrites, prétend que cet ouvrage est du chevalier de Mailly.

Formey, dans son édition de la *France littéraire*, Berlin, 1757, in-8, dit que Marivaux n'est auteur que d'une partie de l'ouvrage.

1431. Aventures (les) de Caleb Williams, ou les Choses comme elles sont; par William Godwin, traduites de l'anglais (par M. Germain Garnier). *Paris, Agasse*, 1794, 2 *vol. in*-8.

1432. Aventures de Calliope (par le Brun). *Paris*, 1720, *in*-12.

1433. Aventures de Clamades et de Clarmonde, tirées de l'espagnol par Me L. G. D. R. (Le Givre de Richebourg). *Paris, Morin*, 1733, *in*-12.

Cette dame est appelée, par quelques bibliographes, tantôt le Gendre (voyez le Catalogue des livres du duc de la Vallière, par Nyon, 1788, in 8, t. 3, n° 10,396), tantôt la Grange (voyez le *Dictionnaire des Femmes célèbres* de madame Briquet, *Paris*, an 12 (1804), in-8.

J'ai suivi l'abbé de Claustre. Voyez son excellente *Table du Journal des Savans*, 10 vol. in-4. Cet auteur, qui a pu connaître madame de Richebourg, doit avoir mieux su son véritable nom que les biographes de ces derniers temps.

1434. Aventures (les) de Don Antonio de Bufalis, histoire italienne (par la Barre de Beaumarchais). *La Haye, Néaulme*, 1722, 1724, *in*-12.

1435. Aventures de Don Ramire de Roxas et de Dona Léonore de Mendoce, tirées de l'espagnol par Me L. G. D. R. (le Givre de Richebourg). *Amsterdam et Paris*, 1737, 2 *vol. in*-12.

1436. Aventures d'Edouard Bomston, pour servir de suite à la Nouvelle Héloïse (traduites de l'allemand de Werthes). *Lausanne et Paris, Lavillette*, 1789, *in*-8.

L'épître dédicatoire du traducteur est signée *de S*..... M. Ersch, dans le troisième volume de la *France littéraire*, Hambourg, 1798, in-8, attribue cette traduction à madame de Polier, chanoinesse.

1437. Aventures (les) d'Euphormion, histoire satyrique (par Drouet de Maupertuy). *Anvers, héritiers Plantin*, 1711, 3 *vol. in*-12; — *Amsterdam*, 1712, 3 *vol. in*-18.

Voyez les *Mémoires* de Trévoux, décembre 1729, art. 119.

1438. Aventures de Flore et de Blanchefleur, tirées de l'espagnol, par Me L. G. D. R. (le Givre de Richebourg). *Paris, Dupuis*, 1735, 2 *vol. in*-12.

1439. Aventures de Floride, où on voit les différens événemens d'amour, de fortune et d'honneur (par Beroalde de Verville). *Rouen, Raphaël du Petit-Val*, 1595, 2 *vol. in*-12.

1440. Aventures de Friso, Roi des

Gangarides, poëme en dix chants, par G. DE HAREN, avec quelques autres pièces du même auteur, le tout traduit du hollandais (par JANSEN). *Paris, Delormel,* 1785, 2 *vol. in*-8.

1441. Aventures (les) de Jacques Sadeur, dans la découverte et le voyage de la terre australe (supposées par Gabriel de FOIGNY, ex-cordelier). *Paris, Barbin*, 1692; — *Cavelier,* 1705, *in*-12.

Plusieurs bibliographes attribuent ce volume à l'abbé RAGUENET, entre autres Moréri et l'abbé Ladvocat, dans leurs *dictionnaires*. Cela me semble indiquer suffisamment que l'abbé Raguenet aura revu et corrigé l'ouvrage en 1692, puisqu'il est constant, 1° qu'il y a une édition publiée antérieurement à *Genève* en 1676, sous le nom de *Vannes* (voyez la *Terre australe connue*...); 2° que Gabriel DE FOIGNY est l'auteur de cette première édition.

1442. Aventures (les) de Joseph Andrews, et du ministre Abraham Adams, par FIELDING, traduites de l'anglais (par l'abbé DESFONTAINES). *Londres, Miller,* 1750, 2 *vol. in*-12.

1443. Aventures de Jules-César dans les Gaules (par LESCONVEL). *Paris,* 1695, *in*-12.

1444. Aventures (les) de la Belle grecque (Iphigénie), traduites de l'anglais de Mylord GUYNÉE (composées par PAJON). *Paris, Lesclapart,* 1742, *in*-12.

1445. Aventures (les) de la Belle Kamoula, ou le Triomphe de la vertu et de l'innocence, roman *traduit de l'anglais* par mesdemoiselles A., E. et J. J. P. *Paris, Guitel,* 1813, *in*-12.

Cette traduction de l'anglais n'est autre chose qu'une partie du cinquième tome des *Mille et un Jours*, contes persans, par Petis de la Croix. L'extrême jeunesse des traductrices porte à croire qu'elles ne connaissaient pas l'ouvrage de Petis de la Croix. Il est arrivé à des traducteurs plus érudits de traduire aussi ce qui avait paru originairement en français.

1446. Aventures de la comtesse de Strasbourg et de sa fille, par l'auteur des Mémoires du C. D. R. (SANDRAS DE COURTILZ). *La Haye* (*Rouen*), 1716, *in*-12; — *Amsterdam*, 1718, *in*-8.

1447. Aventures (les) de la cour de Perse, où sont racontées plusieurs histoires d'amour et de guerre arrivées de notre temps, par J. D. B. (par J. BAUDOUIN. *Paris, Pomeray,* 1629, *in*-8.

1448. Aventures de Londres (par l'abbé DANET). *Amsterdam* (*Paris*) 1751, 2 *vol. in*-12.

1449. Aventures de Madame la Duchesse de Vaujour, histoire véritable, par DE MIRONE (DE SAUMERY). *La Haye et Utrecht,* 1742, 6 *parties in*-8.

Voyez le n° 827.

1450. Aventures (les) de Mathurin Bonice, premier habitant de l'île de l'Esclavage (par le P. Romain JOLY). *Paris, Guillot,* 1783, 2 *vol. in*-12.

1451. Aventures de Messire Anselme, chevalier des Lois (par P. HOURCASTREMÉ). *Paris,* 1790, 2 *vol. in*-12.

Réimprimé avec le nom de l'auteur en 1796, 4 vol. in-12.

1452. Aventures de Milord Johnson, ou les Plaisirs de Paris (par le chevalier DE RUTLIGE). *Paris, Jouannaux,* 1798, 2 *vol. in*-12.

1453. Aventures de mon Père, ou Comment il arriva que je naquis, par KOTZEBUE, trad. de l'allemand par M....R (MULLER). *Paris,* 1799, *in*-12.

1454. Aventures (les) de M. Loville, entremêlées de plusieurs intrigues galantes et véritables, arrivées parmi des personnes du beau monde (par sir John Hill), traduites sur la seconde édition anglaise, par M*** (Eidous). *Amsterdam et Paris, Robin*, 1765, 4 *vol. in*-12.

1455. Aventures (les) de Pomponius, chevalier romain, ou l'Histoire de notre temps (par Labadie, religieux convers de la congrégation de Saint-Maur, revues et publiées par l'abbé Prévost). *Rome, héritiers de Ferrante Pallavicini*, 1724, *in*-12; — *Rome*, 1725, *in*-12. — Nouv. édit. augmentée d'un Recueil de pièces concernant la minorité de Louis XIV (en vers et en prose). *Rome, Mornini*, 1728, *in*-12.

La clef de cet ouvrage a été imprimée dans le *Ducatiana*, Amsterdam, 1738, in-8, petit format, pages 106-110. Pneuma, y dit-on, indique Esprit, évêque de Nîmes; il fallait dire Esprit Fléchier.

On assura à Ch. Et. Jordan que l'auteur des *Aventures* était D. F. D. P. Voyez son *Voyage littéraire*, p. 168. J'ignore le nom de l'auteur désigné par ces initiales; l'abbé Goujet écrivit un jour à l'abbé Saas qu'un bénédictin nommé *Lefèvre* avait eu part à l'ouvrage.

1456. Aventures (les) de Renaud et d'Armide, par L. C. D. M. (le chevalier de Mailly). *Paris, Barbin*, 1676, *in*-12. *Douteux.*

1457. Aventures de Robinson Crusoé (par Daniel de Foe) traduites de l'anglais (par Saint-Hyacinthe et Van-Effen). *Paris, Cailleau*, 1761, 3 *vol. in*-12.

Daniel de Foe, littérateur anglais, publia en anglais, vers 1719, les Aventures de Robinson Crusoé, en 3 vol. in-8. Dès 1720, les deux premiers volumes de cet ouvrage furent traduits en français par un anonyme. Le troisième fut traduit en 1721. Ils furent publiés tous trois à Amsterdam, par les libraires l'Honoré et Chastelain.

Lenglet-Dufresnoy, dans son traité de l'*Usage des Romans*, en 1734, attribua cette traduction à Saint-Hyacinthe.

L'auteur de l'Eloge historique de Juste Van-Effen, inséré en 1737 dans la première partie de la *Bibliothèque française*, ou *Histoire littéraire de la France*, met au rang des ouvrages de Van-Effen la traduction de Robinson Crusoé, *à commencer à la moitié du premier volume*. Il ne parle point de cette traduction dans le corps de l'éloge.

Les auteurs du *Nouveau Dictionnaire historique* attribuent à Van-Effen seulement la traduction de Robinson Crusoé. M. Garnier, éditeur des *Voyages imaginaires*, est de l'avis des bibliographes qui la donnent à Saint-Hyacinthe. Il a été suivi par la Baume, qui a dirigé la belle édition de Robinson, publiée par madame Panckoucke en l'an 8 (1800), 3 vol. in-8.

D'après ces détails, Saint-Hyacinthe peut tout au plus avoir traduit la première moitié du premier volume des Aventures de Robinson Crusoé, puisque la traduction du reste est attribuée à Van-Effen par un auteur qui est censé l'avoir connu particulièrement lui-même, ou avoir eu des notes précises sur ses ouvrages. Voyez les mots *Vie et Aventures*.

1458. Aventures de Roderic Random, par Fielding; traduites de l'anglais (par Hernandès et Puisieux). *Londres, Nourse*, 1761, 3 *vol. in*-12.

C'est à tort que le nom de Fielding a été mis sur le frontispice de la traduction française de ce roman, et même sur celui de quelques éditions de l'original anglais. Il est reconnu aujourd'hui que cet ouvrage est de l'historien Tobie Smolett.

1459. Aventures (les) de Sapho, prêtresse de Mitylène, traduction de l'italien (de M. Verri, beau-frère de M. Melzi, vice-président de la république italienne, par M. Joly). *Paris, Renouard*, 1803, *in*-12.

1460. Aventures de Télémaque, par Fénélon, nouvelle édition (publiée par l'abbé de St.-Remi, auteur de la préface qui n'a pas été conservée dans les éditions postérieures). *La Haye, Moetjens*, 1701, *in*-12. — Nouvelle édition, augmentée et corrigée sur le manuscrit original de l'auteur, avec des Remarques pour l'intelligence de ce poëme allégorique (par Henri-Philippe de Li-

MIERS). *Amsterdam, les Weitsteins*, 1719, *in*-12. — Autre édition avec les mêmes Remarques et de plus une Dédicace à Frédéric, petit-fils de George Ier, alors régnant (par Jean-Armand DU BOURDIEU). *Londres*, 1719, ou avec un frontispice *rafraîchi. Londres*, 1732, *in*-12 *avec fig.*

Un exemplaire de cette dernière et rarissime édition a été trouvé en 1821 à Cantorbéry par M. Charles Nodier, qui en a fait faire l'acquisition à M. de Cailleux, son compagnon de voyage, aujourd'hui secrétaire général du Musée royal.

Voyez les *Mémoires historiques, critiques et littéraires*, par feu M. Bruys; *Paris*, 1751, t. 1, p. 305. On lit ces réflexions dans ses Mémoires sur les Hollandais: « M. le marquis de Fénélon a le titre d'ambassadeur de sa majesté.... Il nous a procuré une très-belle édition des Aventures de Télémaque, avec des notes également judicieuses et instructives. M. de Limiers avait fait un très-mauvais commentaire sur cet excellent poëme épique. Il était juste que le neveu du célèbre archevêque de Cambrai purgeât de ces notes satiriques un aussi bel ouvrage, et qu'il se donnât la peine de leur en substituer d'autres qui fussent plus conformes aux vues de l'Homère français. »

Les notes de Limiers ont été réimprimées fort souvent, surtout dans ces derniers temps; cependant Fénélon n'a jamais voulu faire des portraits satiriques dans Télémaque. Voyez l'*Histoire de Fénélon*, par M. de Bausset, 2e édition; *Paris*, 1809, t. 2, p. 186 et 187.

1461. Aventures (les) de Télémaque, fils d'Ulysse, par FÉNÉLON, nouvelle édition, enrichie des imitations des anciens poëtes, de nouvelles notes et de la Vie de l'auteur. *Hambourg, Vanden Hoeck*, 1731, *in*-12; — 1732, 2 *vol. in*-12; — *Londres, Watts*, 1745, *in*-12.

David DURAND, ministre de la religion réformée, a fourni pour ces éditions la vie de Fénélon et les passages imités des poëtes latins. Les imitations grecques et plusieurs bonnes remarques de géographie ont été fournies par le savant bibliographe Jean-Albert FABRICIUS.

M. Hardouin a inséré les imitations des poëtes grecs et latins, tirées de l'édition de Hambourg, 1732, dans l'édition qu'il a publiée de Télémaque, avec une imitation de ce poëme en vers français, *Paris, Didot aîné*, 1791, 6 *vol. in*-12.

1462. Aventures (les) de Télémaque, fils d'Ulysse, par FÉNÉLON, nouvelle édition, enrichie de variantes, de notes critiques, de plusieurs fragmens extraits de la copie originale et de l'histoire des diverses éditions de ce livre (par BOSQUILLON, professeur au Collége de France). *Paris, Théoph. Barrois, an* 7 (1799), 2 *vol. in*-12 *et in*-18.

Voici le titre de la première édition de cet immortel ouvrage: *Suite du quatrième Livre de l'Odyssée d'Homère*, ou *les Aventures de Télémaque, fils d'Ulysse*. Paris, veuve de Claude Barbin, 1699, in-12 de 208 pages (avec privilége du Roi, en date du 6 avril 1699).

Ce volume contient les quatre premiers livres de Télémaque, et environ le tiers du cinquième. Il est terminé par ces mots relatifs à Idoménée: Le père, dans l'excès de sa douleur, devient insensible....

Il paraît que c'est le commencement de la première édition qui fut arrêtée par ordre de Louis XIV, injustement prévenu contre l'auteur.

Moëtjens, libraire de la Haye, réimprima cette portion des Aventures de Télémaque la même année 1699, et en 208 pages également. Il déclare, sur le frontispice, avoir fait cette édition suivant la copie de Paris; et il ajoute, dans un avis au lecteur, qu'on l'obligerait sensiblement, si l'on avait une copie plus ample ou plus correcte, de la lui communiquer pour être employée dans la seconde édition qu'il espérait d'en faire bientôt.

La veuve Barbin publia, dans la même année, plusieurs suites à ce fragment de Télémaque; ce qui produisit quatre autres volumes, réimprimés aussi par le libraire Moëtjens.

Le savant Bosquillon ne me paraît pas fondé lorsqu'il avance que la première édition de Télémaque est un fragment imprimé sans nom de ville ni d'imprimeur, ni lorsqu'il ajoute que ce fragment est sorti d'une imprimerie de Paris, vers la fin de 1698. Les réflexions du libraire Moëtjens prouvent que la primauté doit être accordée au fragment de la veuve Barbin. Cette opinion d'ailleurs est conforme à la tradition qui porte que l'impression fut arrêtée par ordre du roi. Ceci ne peut s'appliquer qu'à une imprimerie autorisée. Si l'ouvrage fût sorti d'une presse clandestine, il est probable qu'on en eût achevé l'impression; et que le gouvernement n'eût pu qu'en arrêter le débit.

1463. Aventures (les) de Télémaque, par François SALIGNAC DE LA MOTHE FÉNÉLON, nouvelle édition, enrichie d'une Notice abrégée de la Vie de l'auteur (par M. DE FELETZ, l'un des conservateurs de la bibliothèque Mazarine), de Réflexions sur Télémaque, d'une Carte nouvelle de ses voyages (nouvellement dressée par M. BARBIÉ DU BOCAGE), des principales variantes tirées des manuscrits et des éditions précédentes (extraites de celles dont BOSQUILLON a enrichi l'édition qu'il donna en l'an 7, en 2 volumes petit in-12, et de 72 estampes gravées d'après les dessins de Ch. MONNET, par J. B. TILLIARD. *Paris, de l'impr. de J. M. Eberhart*, 1810, 2 *vol. in-4*, avec le portrait de FÉNÉLON, gravé par Aug. ST.-AUBIN, d'après VIEN.

On trouve des notices fort étendues sur les diverses éditions et traductions de Télémaque, dans l'édition publiée par M. Adry, *Paris*, *Duprat-Duverger*, 1811, 2 *vol. in-8*; et dans la *Bibliographie française* de Fleischer, t. 2.

1464. Aventures (les) de Victoire Ponty (par DE BASTIDE). *Amsterdam et Paris*, *Rollin*, 1758, 2 *vol. petit in-12*.

1465. Aventures de Zélime et Damasine, histoire africaine (par Me LE GIVRE DE RICHEBOURG). *La Haye* (*Paris*, *Maudouyt*), 1735, 2 *vol. in-12*.

1466. Aventures (les) de Zeloïde et d'Amanzarifdine, contes indiens (par PARADIS DE MONCRIF). *Paris*, 1715, *in-12*.

Cet ouvrage a reparu en 1716, sous le titre de *Mille et Une Faveurs*.

1467. Aventures (les) du baron de Fœneste (par Th. Agrippa D'AUBIGNÉ). *Au Désert*, 1630, *in-8*. — Nouvelle édition, avec des notes (par Jacob LE DUCHAT). *Cologne*, *héritiers Marteau* (*Paris*) 1729, 2 *vol. in-8*.

1468. Aventures (les) du docteur Faust et sa descente aux Enfers, traduction de l'allemand (de Frédéric-Maximilien KLINGER, major du corps provincial des cadets au service de Russie). *Amsterdam, libraires associés*, 1798, *in-12*, *avec fig.* — *Paris, Langlois*, 1798, *petit in-8*; — *Reims*, *le Queux, an* 10 (1802), 2 *vol. in-12*.

1469. Aventures du jeune comte de Lancastel (par D'AUVIGNY). *Paris*, *Prault*, 1728, *in-12*.

Suivant une note manuscrite de l'abbé Lenglet. Mais il est plus probable que ce roman est de M. DE VERGY.

1470. Aventures d'Ulysse dans l'île d'Ææa (par MAMIN). *Paris, Bauche*, 1752, 2 *parties in-12*.

1471. Aventures (les) du Philosophe inconnu, ou la Recherche et l'Invention de la Pierre philosophale (par l'abbé Albert BELIN). *Paris*, *Jacq. de Laize-de-Breche*, 1674, *in-12*.

1472. Aventures du prince de Mitombo, ou le Philosophe nègre (par Gabr. MAILHOL), 1764, *in-12*.

Cet ouvrage forme l'une des parties de celui du même auteur, intitulé *le Philosophe nègre* et *les Secrets des Grecs*. Londres, 1764, 2 parties in-12. Voyez ces mots.

1473. Aventures (les) du prince Jakaya, ou le Triomphe de l'Amour sur l'ambition, anecdotes secrètes de la Cour ottomane (par DE VIGNACOURT). *Paris*, *Guillaume Denis David*, 1732, 2 *vol. in-12*.

1474. Aventures (les) du Voyageur aërien, histoire espagnole, avec les Paniers ou la Vieille Précieuse, comédie (par LE GRAND). *Paris*, *André Cailleau*, 1724, *in*-12.

La comédie des *Paniers* est indubitablement de le Grand; on la trouve dans le théâtre de cet auteur. D'un autre côté, l'abbé Richard, censeur du *Voyageur aérien*, dit dans son approbation que l'auteur a joint à son manuscrit une petite comédie sur les *paniers*. On peut donc croire que le Grand est aussi auteur du *Voyageur aérien*.

1475. Aventures d'un habit noir, où l'on trouvera les événemens les plus remarquables dont il a été témoin dans les circonstances présentes (traduit de l'anglais par GIRARD-RAIGNÉ). *Paris*, 1790, *in*-12.

1476. Aventures d'un Jeune Homme, pour servir de supplément à l'Histoire de l'Amour (par l'abbé DE LONGCHAMPS). *La Haye et Paris*, *Quillau*, 1765, *in*-12.

1477. Aventures d'une Sauvage, écrites par elle-même (en italien, par l'abbé CHIARI), et publiées en français par GRAINVILLE. *Turin et Paris*, *le Roi*, 1789, 3 *vol. in*-12.

1478. Aventures et Espiégleries de Lazarille de Tormes (traduites de l'espagnol de D. Diego HURTADO DE MENDOÇA). *Tolède et Paris*, 1765, 2 *vol. in*-12. — Nouvelle édition. *Paris*, *Volland*, 1801, 2 *vol. in*-8. — *Pigoreau*, 1807, 2 *vol. in*-12.

Toutes ces éditions présentent la traduction imprimée à Bruxelles en 1698, par Georges DE BACKER, et rédigée par ce libraire d'après la traduction anonyme imprimée à *Paris*, *chez Barbin*, *en* 1678, 2 *vol. petit in*-12.

Voyez des détails sur d'autres traductions du même ouvrage, dans mon *Examen critique des Dictionnaires historiques*, au mot AUDIGUIER le jeune.

1479. Aventures et Lettres galantes, avec la Promenade des Tuileries et l'Heureux Naufrage, par M. C. L. M. (le chevalier de MAILLY). *Paris*, *Cavelier*, 1700; — *Amsterdam*, 1718, 2 *vol. in*-12.

1480. Aventures (les) galantes du chevalier de Themicour, par Madame D*** (DURAND). *Lyon*, *Baritel*, 1706, *et Bruxelles*, *de Leeneer*, *pet. in*-12.

1481. Aventures (les) guerrières et amoureuses de Licide (par DE DOURLENS). *Paris*, *de Cay*, 1624, *in*-8.

1482. Aventures (les) malheureuses de la comtesse de Suède (traduites de l'allemand de GELLERT, par M. de B.....) *Paris*, *Mérigot*, 1784, 2 *parties in*-12.

Cette traduction a été publiée dès 1779, à Paris, chez Valade, sous le titre de *Comtesse de Suède*.

1483. Aventures (les) merveilleuses du Mandarin Fum-Hoam (par GUEULLETTE). *Paris*, *Prault*, 1723, 2 *vol. in*-12.

1484. Aventures (les) non-pareilles d'un Marquis espagnol (par LA LANDE). *Paris*, *Duhamel*, 1620, *in*-12.

1485. Aventures (les), ou Mémoires de la vie de Henriette Sylvie de Molière (par D'ALÈGRE). *Paris*, *Barbin*, 1672, 6 *parties in*-12.

Cet ouvrage, souvent réimprimé, a été inséré mal à propos dans la collection des Œuvres de madame de Villedieu.

Voyez la *Lettre à mylord *** sur Baron et la demoiselle le Couvreur*, par Georges WINK (l'abbé D'ALLAINVAL). *Paris*, 1730, *in*-12, p. 15.

1486. Aventures philosophiques (par DUBOIS-FONTANELLE). *Tunquin* (*Paris*), 1765, *in*-12.

1487. Aventures (les) plaisantes de Gusman d'Alfarache, tirées de l'Histoire de sa vie, et revues sur l'ancienne traduction de l'original espagnol (de Mattéo ALÉMAN), par

LE SAGE. *Paris*, *veuve Duchesne*, 1777, 2 *vol. in*-12.

En 1732, le Sage avait purgé l'histoire de Guzman d'Alfarache des moralités superflues qu'y avait laissées en 1696 Gabriel Bremond, second traducteur de cet ouvrage. L'infatigable ALLETZ a encore abrégé en, 1777, le travail de le Sage.

1488. Aventures (les) politiques du P. Nicaise, fédéraliste (attribuées à FREY, beau-frère de Chabot). *Paris*, *Girardin*, 1793, *in*-18 *de* 72 *pages*.

1489. Aventures (les) portugaises (par JORRE, autrefois imprimeur à Rouen). *Bragance* (*Paris*, *Duchesne*), 1756, 2 *parties in*-12.

Voyez l'*Année littéraire*, 1756, t. 3, p. 142.

1490. Aventures secrètes (par DE GRAAF). *Paris*, 1697, *in*-12.

Note manuscrite de l'abbé Lenglet.

1491. Aventures secrètes arrivées au siége de Constantinople (par DE SAINT-JORY). *Paris*, *Jombert*, 1711, *in*-12.

1492. Aventures secrètes et plaisantes (par le chevalier de MAILLI). *Paris*, 1698, *in*-12.

Ce chevalier est plus avantageusement connu par son *Histoire de la République de Gênes*, Hollande, 1687, 3 vol. in-12, réimprimée à Paris en 1742.

1493. Aventures singulières du faux chevalier de Warwick (par DUPRÉ D'AULNAY). *Londres*, 1750, *in*-12.

1494. Aventurier (l') Buscon et le coureur de nuit, histoire facétieuse, traduite de l'espagnol de QUEVEDO (par DE LA GENESTE). *Paris*, *Billaine*, 1633; — *Colinet*, 1644, *in*-8. — Nouvelle édition, française et allemande. *Francfort*, 1671, *in*-12.

Cette traduction a paru aussi sous le titre de *Coureur de Nuit*. Voyez ce mot.

1495. Aventurier (l') français, ou Mémoires de Grégoire Merveil (par LE SUIRE). *Paris*, *Quillau*, 1784, 10 *tom*. 5 *vol. in*-12.

1496. Aventurier (l') hollandais, ou la Vie et les Aventures divertissantes et extraordinaires d'un Hollandais. *Amsterdam*, 1729, 1767, 2 *vol. in*-12. — Nouvelle édition. *Paris*, *Pigoreau*, 1801, 4 *vol. in*-18. V. T.

Ce roman est traduit du hollandais de Nicolas HEINSIUS, fils du célèbre littérateur Nic. Heinsius, et petit-fils de Daniel Heinsius.

Voyez le *Catalogue* de Van-Goens, *Utrecht*, 1776, in-8, t. 1. n° 7205.

1497. Avenue (l') de l'Antechrist, comment et en quel temps il viendra, par P. V. C. (Pierre-Victor CAYET). *Paris*, 1602, *in*-8.

Voyez le Catalogue du duc de la Vallière, par Nyon l'aîné, *Paris*, 1786, t. 1, n° 729.

1498. Avertissemens salutaires de la B. Vierge à ses Dévots indiscrets, par M. W. (WINDELFETS), et la lettre apologétique de l'auteur. *Lille*, 1674, *in*-8.

Le P. Bourdaloue a prêché contre cet ouvrage.

1499. Avertissemens salutaires, etc., par M. W. (WINDELFETS), 2e édit. *Gand*, 1674, *in*-8.

Traduction différente de la précédente. Voyez les mots *Avis salutaires*, n° 1585.

1500. Avertissement à l'Assemblée de la Rochelle, par Abraham ELINTUS, docteur en médecine (Daniel TILENUS). *Sine loco*, 1622, *in*-8 *de* 30 *pages*.

Voyez Bayle, *Cabale chimérique*, et M. Boulliot, *Notice sur Tilenus*, dans le *Magasin encyclopédique*, t. 65 (octobre 1806).

Cet opuscule de Tilenus parut d'abord anonyme en 1621; et c'est dans cet état qu'on le lit dans le *Mercure français*, 1621, t. 7, p. 223-243.

1501. Avertissement à Théophraste Renaudot, contenant les Mémoires pour justifier les anciens droits et priviléges de la faculté de médecine de Paris (par J. RIOLAND). *Paris*, 1641, *in*-4. V. T.

1502. Avertissement au sujet des frères de la Rose-Croix; savoir s'il y en a, quels ils sont, etc., traduit du latin (de Henri NEUHOUSE). *Paris*, 1623, *in*-8.

1503. Avertissement aux Fidèles sur les signes et l'exécution des menaces faites aux Gentils apostats (par le P. LAMBERT). *Paris, Leclere*, 1793, *in*-8 *de* 126 *pages*.

Cette brochure a été refondue dans l'*Exposition des Prédictions et des Promesses faites à l'Eglise*, etc., par le même auteur. *Paris*, 1805, 2 *vol. in*-12.

1504. Avertissement aux Provinces sur les nouveaux mouvemens du Royaume, par le sieur DE CLÉONVILLE (Jean SIRMOND). 1631, *in*-8.

1505. Avertissement de l'Assemblée générale du Clergé de France sur les avantages de la Religion et sur les effets pernicieux de l'incrédulité (rédigé par M. LE FRANC DE POMPIGNAN, archevêque de Vienne). *Paris, Desprez*, 1775, *in*-4 *et in*-12.

1506. Avertissement de NICOCLÉON (Mathieu de MORGUES) à Cléonville sur son Avertissement aux Provinces, 1632, *in*-8, et dans le Recueil de pièces de l'auteur.

Voyez le n° 1504.

1507. Avertissement sur les lettres octroyées à M. le cardinal de Bourbon, où l'on réfute les prétentions du roi de Navarre (par A. HOTMAN). *Sans nom de ville*, 1588, *in*-8. V. T.

Voyez Catalogue Bellanger, p. 374.

1508. Avertissements au Roi sur la réformation de l'université de Paris. (par P. DE LA RAMÉE). *Sans nom de ville*, 1562, *in*-8. V. T.

1509. Avertissements faits à l'homme, par les fléaux de Notre Seigneur, de la punition à lui due par son péché (par Jacques GREZIN). *Angoulême, de Minières*, 1565, *in*-4.

1510. Aveu (l') sincère, ou Lettre à une mère, sur les dangers que court la jeunesse en se livrant à un goût trop vif pour la littérature (par LINGUET). *Paris*, *Cellot*, 1768, *in*-12.

1511. Aveugle (l') de la Montagne, dialogues philosophiques (par M. DE NELIS, ci-devant évêque d'Anvers). *Parme*, *Bodoni*, 1795, *in*-8; — *Rome*, 1797, *in*-8; —*Paris, Nicolle*, 1799, *in*-12.

Ces entretiens ou dialogues devaient être au nombre de trente; les cinq premiers ont été publiés en 1789, et trois autres en 1793, 2 vol. in-18, sous le titre d'*Amsterdam et Paris*.

1512. Aveugle (l') de Smyrne, tragicomédie par les cinq auteurs (BOISROBERT, P. CORNEILLE, ROTROU, COLLETET et L'ESTOILE). *Paris*, *Courbé*, 1638, *in*-4. — 1639, *in*-16.

1513. Aveugle (l') par amour (par Me DE BEAUHARNOIS). *Amsterdam et Paris*, 1781, *in*-8; —1782, *in*-12.

1514. Aveugle (l') par crédulité, comédie (par FOURNEL). *Paris, veuve Duchesne*, 1778, *in*-8.

1515. Aveugle (l') qui refuse de voir... 1771, *in*-12.

Le *Supplément de la France littéraire*, Paris, 1778, in-8, laisse ce roman anonyme. Dans le registre manuscrit des permissions tacites, j'ai trouvé le nom de CERFVOL. V. T.

1516. Aveuglement des politiques, hérétiques et maheûtres, lesquels veulent introduire Henry de Bourbon, jadis roi de Navarre, à la couronne de France, à cause de sa prétendue succession (par frère Jean PIGENAT). *Paris*, *Thierry*, 1592, *in*-8.

1517. Aveux (les) de l'Amitié, par Elisabeth DE B. (DE BON) *Paris, l'an* 9 (1801) *in*-12.

518. Aveux (les) d'une Femme galante, ou Lettres de Mme la marquise de *** à Miladi Fanny Stapelton (par la baronne DE VASSÉ). *Londres et Paris, veuve Ballard*, 1782, *in*-12.

Note manuscrite de M. Guidi, censeur royal.

519. Aveux (les) d'une jolie Femme (par Mme BENOIT). *Paris*, 1782, 2 *parties in*-12.

520. Aviceptologie française, ou Traité général de toutes les ruses dont on peut se servir pour prendre les oiseaux qui sont en France (par BULLIARD). *Paris*, 1778, 1796, 1808, *in*-12.

521. Avis à la jeunesse sur la vocation (par l'abbé PONS, prêtre missionnaire). *Cologne*, 1731, *in*-12.

522. Avis à l'auteur de la Vie de Jean d'Aranthon d'Alex, par l'auteur de la *Pratique des Billets* (CARREL). *Bruxelles*, 1700, *in*-12.

523. Avis à Ménage, sur son églogue intitulée Christine (par Gilles BOILEAU). 1656, *in*-4; et dans le Recueil de La Monnoye, intitulé : *Recueil de pièces choisies*, *La Haye*, 1714, 2 *vol. in*-12.

524. Avis au Lecteur; Discours de l'utilité et des parties du poëme dramatique, de la tragédie, des trois unités, examens du Cid, de Cinna, le Polyeucte, de Pompée, d'Héraclius, etc., etc., préface. *Sans date*, *in*-12......

Tel est le contenu d'un volume sans frontispice. Les morceaux dont il se compose ont été tirés du théâtre de P. Corneille, recueilli d'abord en 1663, 2 vol. in-fol.; ensuite en 1668, 4 vol. in-12.

L'*avis au lecteur*, que l'on peut considérer comme un court et excellent traité de prononciation, m'a inspiré un vif intérêt; ne le retrouvant pas dans le théâtre de Pierre et de Thomas Corneille, publié en 1738 par les soins de Joly, éditeur très-intelligent, je ne savais à qui attribuer cet excellent morceau de grammaire; les éditeurs du théâtre de P. Corneille, en 1718 et 1723, me tirèrent d'embarras par une note dans laquelle ils assurent que cet *avis au lecteur* est de la composition de Thomas Corneille, que l'on sait s'être livré particulièrement à l'étude de la grammaire française. J'ai eu le plaisir de causer avec M. Renouard au moment où, croyant ce morceau de P. Corneille, il était déterminé à le placer dans la belle édition qu'il avait entreprise des OEuvres de ce père de la scène française. Voyez le tome 12 et dernier. Il ne m'a pas été difficile de le convaincre que Thomas Corneille en était le véritable auteur.

1525. Avis au Peuple sur l'amélioration de ses terres et la santé de ses bestiaux (par VITEL). *Avignon, Niel*, 1775, 2 *parties in*-12.

Voyez le *Journal des Savans* de l'année 1776, *août*, p. 52, édition de Hollande

Il y a des exemplaires portant ce titre: *Avis au Peuple sur l'amélioration de ses terres et la santé de ses bestiaux*, par l'auteur de l'*Agronome*. Avignon, 1775, 2 parties en un vol. in-12.

Le même ouvrage a reparu en 1783, sous la rubrique d'*Amsterdam*, et avec ce changement dans l'intitulé : *Manuel du Cultivateur, ou Avis au Peuple sur l'amélioration de ses terres*.

1526. Avis au Peuple sur sa santé, par TISSOT, nouvelle édition augmentée (par LE BEGUE DE PRESLE). *Paris*, 1762, 1767, 2 *vol. in*-12.

1527. Avis au Peuple sur son premier besoin (par BAUDEAU). *Paris, Lacombe*, 1768, *in*-12.

1528. Avis au Public, et principalement au tiers-état, etc. (par SERVAN). 10 novembre 1788, *in*-8 de 55 *pages*.

1529. Avis au Tiers-État (par le marquis de BEAUVEAU). 1788, *in*-8.

1530. Avis aux Catholiques sur le caractère et les signes du temps où nous vivons, ou de la Conversion des Juifs, de l'avénement intermediaire de Jésus-Christ et de son règne visible sur la terre, ouvrage dédié à M. l'Evêque de Lescar (par M. DESFOURS DE LA GENETIÈRE). *Lyon*, 1794, *in*-12.

1531. Avis aux criminalistes sur les abus qui se glissent dans les procès de sorcellerie, par le P. Fr. S. J. (Frédéric SPÉE, jésuite), traduit du latin par F. B. DE VILLEDOR. *Lyon*, *Prost*, 1660, *in*-8.

1532. Avis aux Faiseurs de Constitutions, par Benjamin FRANKLIN (MORELLET). 1789, *in*-8 *de* 12 *pages*.

1533. Avis aux Fidèles, ou Principes propres à diriger leurs sentimens et leur conduite dans les circonstances présentes (par le P. LAMBERT). *Paris*, *Dufresne*, 1791, *in*-8 *de* 86 *pages*.

1534. Avis aux Fidèles sur la conduite qu'ils doivent tenir dans les disputes qui affligent l'Église (par M. JACQUEMONT, curé de S. Médard dans le Forez). *En France* (*Lyon*) 1796, *in*-12.

1535. Avis aux Fidèles, sur le schisme (par le P. MINARD, doctrinaire). *Paris*, *imprimerie-librairie-chrétienne*, 1796, *in*-8. — Supplément à l'Avis aux Fidèles (par le même). *Paris*, 1796, *in*-8.

1536. Avis aux François, de la résolution prise aux Etats de Blois, par J. B. D. (peut-être J. BERNARD, Dijonnais). *Lyon*, 1589, *in*-8. V. T.

1537. Avis aux gens de guerre et préceptes sur leur santé (par COLOMBIER, médecin en l'université de Paris). *Paris*, *Bastien*, 1779, *in*-8.

C'est le même ouvrage que les *Préceptes sur la santé des gens de guerre*. Voyez ces mots.

1538. Avis aux gens de lettres contre les prétentions des libraires (par FENOUILLOT DE FALBAIRE). *Liége* (*Paris*) 1770, *in*-8 de 46 *pages*.

Robert Estienne, libraire très-instruit, a publié *Remerciement à l'auteur de l'Avis aux Gens de lettres*. Bouillon (Paris), 1770, in-8 de 16 pages.

C'est une pièce ironique.

1539. Avis aux grands et aux riches, sur la manière dont ils doivent se conduire dans leurs maladies, par M*** (MAHON), docteur en médecine. *Paris*, *Pierres*, 1772, *in*-8 *de* XII *et* 114 *pages*.

1540. Avis aux honnêtes gens qui veulent bien faire (par BAUDEAU). *Paris*, *Lacombe*, 1768, *in*-12.

1541. Avis aux Mères au sujet de l'Inoculation, ou Lettres à une Dame de province qui hésitait de faire inoculer ses enfans (par LAUS DE BOISSY) *Londres et Paris*, *Bastien*, 1775 *in*-8 *de* 48 *pages*.

1542. Avis aux Mères qui veulent nourrir leurs Enfans (par madame LE REBOURS). *Utrecht*, 1767, *petit in*-12 — *Paris*, *Théophile Barrois père*, 1770, 1783, 1799, *petit in*-12.

1543. Avis aux Parisiens sur la descente de la Châsse de Ste.-Geneviève et la Procession qui doit se faire pour demander la paix, par un curé de la ville de Paris (Ant. GODEAU évêque de Vence). *Paris*, 1652, *in*-4 *pp*. 22.

Voyez tome 2 de ses Œuvres en prose.

1544. Avis aux Princes catholiques ou Mémoires de Canonistes célèbres sur les moyens de se pourvoir contre la cour de Rome, soit pour les bulles de prélature, soit pour les empêchemens dirimans (publié par Louis Théodore HÉRISSANT, avocat). *Paris* (*Hérissant*), 1768, 2 *vol. in*-12.

Ouvrage composé en partie par ordre du conseil de régence, en 1718.

Ces deux volumes contiennent seize

mémoires. Les onze premiers se trouvent dans quelques exemplaires du *Supplément aux Œuvres de Van Espen*, publié en 1769 par l'abbé de Bellegarde, pages 416-484. Ils manquent dans beaucoup d'autres. C'est le retranchement de ces mémoires, ordonné par le gouvernement, qui donna lieu à la publication de l'*Avis aux Princes catholiques*. Les cinq mémoires ajoutés par l'éditeur augmentent l'intérêt de ce recueil.

1545. Avis aux propriétaires des terres de la Hongrie, de la Bohême et de toute l'Allemagne, concernant l'adoption de la manière de bâtir en terre seule massivée, décrite dans le Cours d'architecture rurale, pratique, nouvellement publié, etc., avec les dessins gravés des bâtisses en terre seule massivée qui vont être exécutés (par J. Champ, ingénieur). *Vienne et Leipsick*, 1795, *in*-8 *de* 15 *pages*.

1546. Avis aux RR. PP. Jésuites d'Aix en Provence, sur un imprimé qui a pour titre : *Ballet dansé à la réception de M. l'archevêque d'Aix* (par Pierre Adibert). *Cologne, le Blanc*, 1686, *in*-18.

Note manuscrite d'un ami à qui l'auteur donna son ouvrage en 1686.

1547. Avis aux RR. PP. Jésuites sur leur Procession de Luxembourg, du 20 mai 1685 (par Ant. Arnauld). *Cologne, P. Marteau*, 1685, *petit in*-12.

Inséré dans le trentième volume de la collection des Œuvres de l'auteur.

1548. Avis aux vivans, au sujet de quelques morts, par l'auteur de *Charles et Vilcourt* (Dromgold). *Amsterdam et Paris, Gueffier*, 1772, *in*-8 *de* 27 *pages*.

1549. Avis charitable (par Poiret). 1686, *in*-8.

Voyez Mylius, *Biblioth. Anonym.*, in-8, p. 1239.

1550. Avis chrestiens, particuliers et importans pour acheminer un chacun à la perfection de son état; tirez des œuvres de S. François de Sales, par un P. de la C. de J. (Pierre Dagonel). *Paris, S. Cramoisy*, 1631, *in*-8.

1551. Avis contre l'appel interjeté par Edmond Richer, de la censure de son livre *sur la puissance ecclésiastique et politique*, par Paul de Gimont, sieur d'Esclarolles (Jean Boucher, chanoine de Tournay). 1612, *in*-8.

1552. Avis de C. B. (Charles Blondeau) avocat au parlement, sur l'état des cinq abbayes de Chézal-Benoist. *Paris*, 1650, *in-fol.* V. T.

1553. Avis des Censeurs nommés par la cour du parlement de Paris, pour l'examen de la nouvelle collection des conciles faite par les soins du P. Jean Hardouin, jésuite, avec les arrêts du parlement, qui autorisent ledit Avis, et l'arrêt du Conseil qui en a empêché la publication (en latin et en français, publié par Nicolas Bertin, l'un des censeurs, qui a fait les notes; l'avertissement est de l'abbé Cadry). *Utrecht*, 1730, *in*-4.

Les censeurs nommés étaient Denis Léger, Philippe Anquetil, Louis Ellies du Pin, Charles Witasse, Pierre le Mère, et Nicolas Bertin. Witasse et du Pin moururent depuis leur nomination, sans avoir pu donner leur avis.

1554. Avis désintéressé sur les derniers écrits publiés par les cours de Vienne et de Madrid, au sujet de la guerre présente (ou quatre pièces traduites de l'italien de Fernand Trévigno; les deux premières par l'abbé le Mascrier, et les deux autres par de la Barre). (*Paris*), 1735, *in*-4.

1555. Avis du baron d'Orival au comte de Varack sur ses Mémoires (par l'abbé SAAS). *Cambray, aux dépens du public*, 1751, *in-12 de 15 pages*.

1556. Avis du François fidèle aux mécontens nouvellement retirez de la cour (par Jean SIRMOND). *Sans nom de ville ni date* (1637), *in*-8. V. T.

1557. Avis d'un docteur de Sorbonne (GUERET), au sujet de la déclaration du Roi du 17 août 1750 et de la réponse du clergé de France. *Berlin* (*Paris*) 1751, *in-12 de 43 pages*.

1558. Avis d'un docteur en théologie sur un livre de *la puissance ecclésiastique et politique* (d'Edmond Richer), (par C. DURAND). *Paris*, 1612, *in*-8.

1559. Avis d'un Ecclésiastique de Paris (le P. BILLUART, dominicain) à M. Stievenard, sur sa seconde apologie pour Fénélon, avec un supplément. *Sine loco et an. in-4 pp.* 21

1560. Avis d'un membre du tiers-état sur la réunion des ordres (par Ch. J. PANCKOUCKE). *Paris, le 2 avril* 1789, *in*-8. V. T.

1561. Avis d'un oncle à son neveu (par H. Fr. DE LA RIVIERE sieur de COUCY). *Paris*, 1731, *in*-18.

1562. Avis d'un Père à sa Fille, par le marquis D'HALLIFAX, trad. de l'anglais (par la présidente d'ARCONVILLE). *Londres* (*Paris*), 1756, *in*-12.

1563. Avis d'un Père à son Fils (par MARCHAND). *Amsterdam* (*Paris*) 1751, *in*-12.

1564. Avis d'un Religieux contre les faiseurs de libelles diffamatoires touchant l'emprisonnement des Princes, par F. D. F. (Fr. DAVENNE, Fleurançois). *Paris*, 1650, *in*-4. V. T.

1565. Avis d'un Théologien sans passion (Matthieu DE MORGUES), su plusieurs libelles imprimés depu peu en Allemagne. 1626, *in*-8.

Voyez dans ce dictionnaire, parmi l anonymes latins, les articles : *Admonit ad regem Ludovicum XIII*, etc.; *Myster politica*, etc.; *Veridicus Belgicus*, etc.

Ces articles expliquent le passage da lequel Matthieu de Morgues s'exprin ainsi, après avoir cité dix-huit libelle « Tout homme de jugement et de probité sera grandement scandalisé par tous c libelles diffamatoires remplis d'injures farcis de calomnies, qui viennent tout les semaines d'Allemagne, par Bruxelle pour décrier le roi et les principaux m nistres de son conseil. La diversité du sty de ces libelles fait assez paraître que l ouvrages sortent de différentes mains ; les rapports d'un écrit à l'autre, et d vieux aux nouveaux, avec les avis certai qui ont été envoyés, font juger qu' Français dénaturé, et monstre de no nation, a composé les *Quodlibeta* et l'*A pendix ad Catalogum*; qu'un Italien, hal tant de Flandre depuis plusieurs années fait *Mysteria politica*, et quelques aut pièces; qu'un Allemand bavarois a dre le reste, et nous a envoyé un livret à tou les lunes. Ces trois hommes sont frères profession, animés d'un même esprit, trés de même rage, et qui voudrai perdre tous ceux qu'ils ne peuvent ren esclaves de leurs imaginations. »

Moréri assure que le cardinal de Ric lieu a fourni des notes au *Théologien s passion*.

1566. Avis d'une Mère à sa Fille, p Madame DE LAMBERT ; nouv édition, en allemand et en franç avec une traduction interlinéaire l'allemand (par M. BOULARD, anc notaire). *Paris*, *an* 8 (1800), *in*

1567. Avis d'une Mère à ses Fill suivis de Fables, traduit de l'ang (par M. GIN D'OSSERY, fils du t ducteur d'Homère, etc.). *Paris*, *S vière*, 1786, *in*-12.

1568. Avis d'une Mère à son Fils (madame de GUERCHOIX). *Paris*, *saint*, 1743, 2 *vol. in*-12.

1569. Avis d'une Mère à son Fil

à sa Fille (par la marquise DE LAMBERT). *Paris*, 1728, *in*-12.

1570. Avis en l'occurrence des Etats-généraux (par DE JUVIGNY). *Sans nom de ville*. 1614, *in*-8. V. T.

1571. Avis et préceptes de médecine de MEAD avec un discours académique de Kaaw BOERHAAVE, sur les qualités qui forment et perfectionnent les médecins (traduit en français par DE PUISIEUX). *Paris*, 1758, *in*-12.

1572. Avis et Réflexions sur les devoirs de l'état religieux (par D. DU SAULT). *Toulouse*, *Douladoure*, 1708, 2 *vol. in*-12. — Nouvelle édition revue par l'auteur. *Avignon*, *Delorme*, 1711, 2 *vol. in*-8. — Autres éditions (retouchées par D. Guill. ROUSSEL). *Paris*, 1714, 1717, 3 *vol. in*-12.

1573. Avis fidèle aux véritables Hollandais, touchant les cruautés inouïes commises par les Français dans les villages de Bodegrave et de Swammerdam (par DE WICQUEFORT) (*Hollande*) 1673, *in*-4, *fig. de Romain de Hooge*.

1574. Avis important à M. Arnauld, sur le projet d'une nouvelle Bibliothéque d'auteurs jansénistes, par le sieur de STE.-FOI (Richard SIMON). 1691, *in*-12.

Voyez les Lettres du docteur Arnauld, t. 6, en différens endroits, pp. 437-537.

1575. Avis important aux Réfugiés sur leur prochain retour en France, par M. C. L. A. A. P. D. P. *Amsterdam*, *Jacques le Censeur*, 1690, *petit in*-12. — Nouvelle édition (avec une préface, par PÉLISSON). *Paris*, *Martin*, 1692, *in*-12.

On a douté pendant long-temps si cet ouvrage était de Bayle, de la Roque ou de Pélisson. Marc-Antoine de la Bastide s'est efforcé de prouver que Pélisson en était le véritable auteur. Voyez l'*Auteur de l'*AVIS AUX REFUGIÉS *déchiffré*, dans l'*Histoire de M. Bayle et de ses ouvrages*, par de la Monnoye (par du Revest). *Amsterdam*, 1716, in-8, p. 297 et suiv.

L'abbé d'Olivet l'attribuait à Daniel de la Roque. Voyez sa *Lettre au président Bouhier*. L'abbé d'Estrées, dans une réponse très-vive à l'abbé d'Olivet, soutint que l'ouvrage était de Bayle. Voyez la *Lettre de M. l'abbé ***, prieur de Nesville*, etc. Paris, 1739, in-12. De Bonnegarde l'a encore mieux prouvé dans son *Dictionnaire historique tiré de Bayle et de Chaufepié*. Desmaiseaux, en insérant l'*Avis aux Réfugiés* parmi les *Œuvres diverses* de Bayle, s'est donc conformé à l'opinion la plus généralement reçue. J'avoue cependant que de la Bastide allègue de fort bonnes raisons en faveur de Pélisson.

Leibnitz ne doutait point que l'*Avis aux Réfugiés* ne fût de Pélisson. Voyez l'*Histoire critique de la République des Lettres*, t. 13, p. 290.

Cependant Chaufepié me semble bien prouver que l'ouvrage ne peut avoir été composé que par Bayle.

1576. Avis important sur les divers états d'Oraison (par le P. Jean-Baptiste ROUSSEAU, dominicain). *Paris*, *Billot*, 1710, *in*-12.

1577. Avis important sur l'économie politico-rurale des pays de montagnes, sur la cause et les effets progressifs des torrens, etc., par M. B*** (P. M. BERTRAND), inspecteur général des ponts et chaussées. *Paris*, *Royez*, 1788, *in*-8 *de* 15 *pages*.

1578. Avis instructif d'un Père à ses Enfans (par L. J. DE CROIX). *Lille*, 1770, *in*-12.

L'auteur a publié en 1812, à Lille, avec son nom sur le frontispice, une quatrième édition de cet ouvrage, considérablement augmentée.

1579. Avis paternels d'un Militaire à son Fils, jésuite, ou Lettres dans lesquelles on développe les vices de la constitution de la compagnie de Jésus (ouvrage de l'abbé DE LIGNAC, dirigé principalement contre l'ouvrage intitulé : l'*Anti-Ladrerie des Jésuites de France*). 1760, *in*-12.

1580. Avis pour le transport par mer, des arbres (par DUHAMEL-DU-MONCEAU et DE LA GALISSONNIÈRE). *Paris*, 1752, 1753, *in*-12.

1581. Avis salutaire au tiers-état sur ce qu'il fut, ce qu'il est, et ce qu'il peut être, par *un jurisconsulte allobroge* (SERVAN). 1789, *in*-8 *de* 63 *pages*.

1582. Avis salutaire et charitable de Fr. IRÉNÉE, sur la question de la Prédestination (par L. JACOB). *Paris*, 1643, *in*-8. V. T.

1583. Avis salutaires à une Mère chrétienne pour se sanctifier dans l'éducation de ses enfans (par Ambroise PACCORI). *Orléans*, 1689, 1691, *in*-8.

1584. Avis salutaires aux Pères et aux Mères pour bien élever leurs enfans (par Ambroise PACCORI). *Orléans*, 1696, 1710, *in*-8; — *Troyes*, 1722, *in*-8.

1585. Avis salutaires de la B. V. Marie à ses dévots indiscrets, fidèlement traduits du latin en français (par le P. GERBERON). *Lille*, 1674, *in*-8.

Traduction différente des deux précédentes, publiées sous le titre d'*Avertissemens salutaires*. Voyez ces mots, nos 1498 et 1499.

1586. Avis salutaires d'un Philosophe chrétien, traduit du latin de RAURACUS (ou plutôt composé par le chevalier DE LA TOUCHE). *Paris*, *Prault*, 1740, *in*-12; 1741, *pet. in*-12.

1587. Avis sincères à MM. les Prélats de France sur les Lettres qui leur sont adressées sous le titre de Prélats de l'Eglise gallicane (par Elie BENOIST, pasteur de Delft). *La Haye*, *Abr. Troyel*, 1698, *in*-18.

1588. Avis sincères aux Catholiques des Provinces-Unies sur le décret de l'inquisition de Rome (par le P. QUESNEL). *Sans nom de ville*. 1704, *in*-8.

1589. Avis sur la clause vulgairement apposée aux contrats, de *fournir et faire valoir* une dette ou une rente (par A. HOTMAN). *Paris*, 1594, *in*-8.

Voyez le Catalogue de la Bibliothèque des Avocats, in-8, t. 2, p. 214.

1590. Avis sur la tenue d'un Concile national de France, ou Réponse aux difficultés proposées par Dupin contre ce concile (par Jacq. BASNAGE). *Cologne*, 1715, *in*-8. V. T.

1591. Avis sur le Plaidoyé de Me P. de la Martelière contre les Jésuites, fait en parlement les 17 et 20 décembre 1611, etc., par Paul de GIMONT, sieur D'ESCLAROLLES (Jean BOUCHER). *Paris*, *Fr. Théophile*, *à la Vérité*, 1612, *in*-8.

1592. Avis sur les Bréviaires et particulièrement sur la nouvelle édition du Bréviaire romain (par RONDET). *Paris*, *Lottin aîné*, 1775, *in*-12.

1593. Avis sur les Tableaux du socinianisme, 1re et 2e parties (par Isaac JAQUELOT). (Sans nom de ville). 1690, *in*-8. V. T.

1594. Avis sur l'Inoculation de la petite vérole, par CANDIDE (masque de M. LE HOC). *Octobre* 1763, *in*-12 *de* 30 *pages*.

Réimprimé en 116 pages, sous le titre d'*Inoculation renvoyée à Londres*.

1595. Avis touchant la Réfutation de la somme théologique du P. Garasse (par le P. GARASSE). *Paris*, 1626, *in*-12.

Voyez Niceron, t. 31, p. 389.

1596. Avocat (l') condamné (par Louis DU MAY). 1669, *in*-12.

1597. Avocat (l') de S. Pierre et de

ses successeurs contre l'advocat non avoué de S. Paul ; ou Examen du livre (de M. Barcos), par P. S. J. (le père D. Pierre de St.-Joseph, feuillant). *Paris, Josse,* 1645, *in*-4.

1598. Avocat (l') des Ames du Purgatoire (par J. de Ligne). *Bruxelles, Velpius,* 1586, *in*-8.

1599. Avocat (l') des Dames de Paris, touchant les pardons St.-Trotet (par Maximien), *in*-8 *gothique.*

1600. Avocat (l') des Protestans, ou Traité du schisme, dans lequel on justifie la séparation des Protestans contre Nicole, Brueys et Ferrand, par le sieur A. D. V. (Aubert de Versé). *Amsterdam, Mortier,* 1686, *in*-12.

1601. Avocat (l') général, soutenant la cause de tous les grands de l'état outrageusement offensés, etc. (par du Bosc de Montandré) (*sans nom de ville ni date*), *in*-4. V. T.

1602. Avocat (l'), ou Réflexions sur l'exercice du Barreau (par Chavray de Boissy) *Rome et Paris, Cellot,* 1778, *in*-8.

1603. Avrillonade (l'), ou la Culotte conquise, poëme en un chant, enrichi de notes, par le citoyen Aboyeur, crieur (de Cressy, huissier-priseur), *in*-8, *publié vers* 1800.

1604. Ayman (l') mystique, clef de la véritable sagesse, trouvée dans les opérations de l'ayman vulgaire (par Urb. Souchu de Rennefort). *Paris, Quinet,* 1689, *in*-12.

1605. Azalaïs et le gentil Aimar, histoire provençale, trad. d'un ancien manuscrit provençal, par F. d'O. (Fabre d'Olivet). *Paris, Maradan, an* 7 (1799), 3 *vol. in*-12.

1606. Azémia ou les Sauvages, comédie (par de la Chabeaussière et d'Aleyrac). *Paris, Brunet,* 1787, *in*-8.

1607. Azor ou le Prince enchanté, histoire nouvelle pour servir de chronique à celle de la Terre des Perroquets, trad. de l'anglais du savant Popiniay (composé par l'abbé Aunillon). *Londres, Vaillant* (*Paris*), 1750, 2 *vol. in*-12.

Le mot *Popiniay* signifie en anglais une espèce de perroquet.

B.

1608. Babillard (le), ou le Philosophe nouvelliste, traduit de l'anglais de Steele, par A. D. L. C. (Armand de la Chapelle). *Amsterdam,* 1734 *et* 1735, 2 *vol. in*-12; — *Zurich Orell et comp.*, 1737, 2 *vol. in*-8.

L'édition de Zurich est intitulée : *Le Philosophe nouvelliste.* Armand de la Chapelle avait publié dès 1723 le premier volume de cette traduction.

1609. Babillard (le) (ouvrage littéraire commencé en janvier 1778, jusqu'au 30 août de la même année, par le chevalier de Rutlige). *Paris, Bastien,* 1778, 4 *volumes in*-8.

1610. Babioles littéraires (par de Bar). *Hambourg* 1760, *in*-12. — Seconde édition, augmentée sous ce titre : Babioles littéraires et critiques en prose et en vers. *Hambourg, Bohn,* 1761 *à* 1764, 5 *vol. in*-8.

1611. Baby-Bambou, histoire archi-merveilleuse, publiée par M. D. de S. (Deschamps de Saucourt). *Chi-*

méronville, et se trouve à Paris chez Brunet (1784), *in*-18.

M. Deschamps de Saucourt, né à Thionville, était fils d'un maître particulier des eaux et forêts de cette ville. Il est mort en 1784, dans un château du Nivernois, où il s'était chargé d'élever deux jeunes gens, après avoir passé une partie de sa vie à Vienne, en Pologne et à Paris.

M. Deschamps avait beaucoup d'esprit naturel; son éducation avait été soignée: mais le mauvais état de sa fortune, à la mort de son père, qui avait la manie de bâtir, le força de voyager. Il n'a pas trouvé loin de sa patrie le bonheur, qui était l'objet de ses vœux. (*Note extraite d'une lettre particulière de M. J. B. Dubois, directeur des droits réunis de l'Allier.*)

1612. Babylone, ou la Ruine de la grande cité et du règne tyrannique de la grande paillarde babylonienne (par Louis PALERCÉ). 1563, *in*-8.

Voyez Fleischer, *Bibliographie française*, t. 2.

1613. Bagatelle (la), ou Discours ironiques, où l'on prête des sophismes ingénieux au vice et à l'extravagance, pour en mieux faire sentir le ridicule (par VAN-EFFEN). *Amsterdam*, 1719, 3 *vol. in*-12.

1614. Bagatelles anonymes, recueillies par un amateur (Cl. Joseph DORAT). *Genève et Paris*, 1786, 2 *vol. in*-8.

1615. Bagatelles, ou Promenades d'un Désœuvré dans la ville de Saint-Pétersbourg en 1811 (par M. FABRE, employé au service de Russie). *Paris*, 1812, 2 *vol. in*-12.

1616. Bagavadam, ou Doctrine divine; ouvrage indien..... canonique, sur l'Etre Suprême, les dieux, les géans, les hommes (publié par FOUCHER D'OBSONVILLE). *Paris, veuve Tilliard*, 1788, *in*-8.

Cet ouvrage a été traduit du sanskrit d'après une version tamoule, et mis en français par un Malabare chrétien, nommé Méridas POULLÉ. Voyez les *Mémoires de l'Académie des Inscriptious*, t. 38, p. 312.

1617. Baguette (la) mystérieuse (par GUYS) *Paris*, 1755, 2 *vol. in*-12.

1618. Bains (les) de Diane, ou le Triomphe de l'Amour, poëme orné de très-belles figures en taille-douce, par M. DESF........ (DESFONTAINES). *Paris*, 1770, *in*-8.

1619. Baisers (les), précédés du Mois de mai (par DORAT). *Paris, Lambert*, 1770, *in*-8.

1620. Baisers (les) de Jean SECOND, traduction française, accompagnée du texte latin, par M. M. C. (MOUTONNET-CLAIRFONS). *Paris, Pillot*, 1771, *in*-8.

1621. Baisers (les) de Zizi, poëme (par DE CASTERA). *Paris, Royez*, 1786, 1787, *in*-18.

1622. Bajazet, premier Empereur des Turcs, tragédie en cinq actes et en vers (par le comte DE SOMMERIVE), *sans date* (1741), *in*-8, et *in*-12 dans le tome 6e de quelques exemplaires des *Amusemens du cœur et de l'esprit*.

1623. Bal (le) de Venise (par D'ARNAUD). 1747, *in*-12.

Voyez le nº 581.

1624. Bal (le) masqué, comédie en un acte et en vers (par ROUHIER-DESCHAMPS). *Paris, Cailleau*, 1787, *in*-8.

1625. Balai (le), poëme héroï-comique en 18 chants (par l'abbé DU LAURENS). *Constantinople* (*Amsterdam*), 1761, *in*-8; 1772, *in*-12.

1626. Ballet en langage forésien de deux Bergères se gaussant de leurs amoureux, etc. (par Marcellin ALLARD, forésien, auteur de la *Gazette française*), *sans date* (*vers* 1600), *in*-12 *de* 36 *pages*.

1627. Ballets (des) anciens et modernes, selon les règles du théâtre (par le P. MENESTRIER, jésuite). *Paris, Guignard*, 1682, *in*-12.

1628. Ballets, Opéras et autres ouvrages lyriques, par ordre chronologique (par le duc DE LA VALLIÈRE). *Paris, Bauche*, 1760, *in*-8.

1629. Balthazard, tragédie, par M. l'abbé*** (PETIT, curé de Monchauvet). 1755, *in*-8.

1630. Banquet (le) de PLATON, traduit du grec, par J. RACINE (et par madame DE MORTEMART, abbesse de Fontevrault, publié par l'abbé D'OLIVET). *Paris*, 1732, *in*-12.

1631. Banquet (le) des Sages, dressé au logis et aux dépens de Louis Servin, auquel est porté jugement tant de ses humeurs que de ses plaidoyers, par Charles DE L'ESPINOEIL (le P. GARASSE, jésuite). 1617, *in*-8.

1632. Banquet (le) et Après-Dîné du comte d'Arète, où il est traité de la dissimulation du roi de Navarre, et des mœurs de ses partisans (par Louis d'ORLÉANS, avocat du roi). *Paris, Bichon*, 1594, *in*-8.

1633. Bardinade (la), ou les Noces de la Stupidité, poëme divisé en dix chants (par DELISLE DE SALES). 1765, *in*-8.—Nouvelle édition (prétendue) à laquelle on a joint le parallèle de Descartes et de Newton (par le même auteur). *La Haye et Paris, Cuissart*, 1768, *in*-8.

1634. Barneck et Saldorf, ou le Triomphe de l'amitié, par Auguste LAFONTAINE, traduit de l'allemand par J. B. B. E.*** (EYRIÈS). *Paris, Dentu*, 1810, 3 *vol in*-12.

1635. Barthélemi et Joséphine, ou le Protecteur de l'innocence (par P. BOULARD, libraire). *Paris, Boulard*, 1803, 3 *vol. in*-12.

1636. Bas (les) reliefs du dix-huitième siècle, avec des notes (par J. LAVALLÉE). *Londres*, 1786, *in*-12.

1637. Base d'instruction donnée par une Mère à son Fils (par madame MASSENET de Strasbourg née MATHIEU). *Strasbourg, an* 10 (1801), *in*-18.

1638. Bastille (la) dévoilée, ou Recueil de pièces authentiques, etc. (par CHARPENTIER). *Paris, Desenne*, 1789, *in*-8.

1639. Baston de défense et Miroir des Professeurs de la vie régulière de l'abbaye et ordre de Fontevrault (par LEGER et Yves MAGISTRI). *Angers*, 1586, *in*-4.

1640. Bataille d'Austerlitz, par un militaire témoin de la journée du 2 décembre 1805 (le général major autrichien STUTTERHEIM). *Hambourg*, 1805, *in*-8.—Nouvelle édition, avec des notes par un officier français. *Paris, Fain*, 1806, *in*-12.

Il y avait eu la même année, à Paris, une seconde édition, sans notes.

J'ai entendu dire, et l'on m'a souvent répété que l'*officier français* qui avait fourni les notes était Napoléon lui-même.

1641. Bataille (la) d'Austerlitz, par un militaire témoin de la journée du 2 décembre 1805 (le général STUTTERHEIM), avec des remarques par un autre militaire aussi témoin de ce grand événement (M. le maréchal SOULT, duc de Dalmatie). *Londres et Paris, Cérioux*, 1806, *in*-12.

1642. Bataille (la) de Laufel, poëme en trois chants (par CAUSY, commis au bureau de la guerre). *Paris, veuve Bienvenu*, 1747, *in*-8.

1643. Bataille (la) d'Jéna, poëme en trois chants (par M. DAVID, consul en Bosnie). *Paris, Hocquet*, 1808, *in*-8 *de* 34 *pages*.

1644. Batailles (les) mémorables des Français, depuis le commencement de la monarchie jusqu'à présent (par le P. GIRARD, jésuite). *Amsterdam, Gallet*, 1701, 2 *vol. in*-12.

L'édition originale de l'ouvrage du père Girard a paru en 1646, in-4, avec le titre de *Mémorables Journées des Français*. Il a eu d'autres éditions encore sous des titres différens de ceux-ci.

1645. Bâtard (le) légitimé, ou le Triomphe du comique larmoyant (par l'abbé GARNIER). *Amsterdam*, 1757, *in*-8.

1646. Bâtiment (le) de St.-Sulpice, ode (par Alexis PIRON). *Paris, Coustelier*, 1744, *in*-8.

1647. Batrachomiomachie d'HOMÈRE, ou Combat des Rats et des Grenouilles, en vers français, par le docteur Junius BIBERIUS-MERO (Jean BOIVIN), et les Cerises renversées, poëme héroïque (par mademoiselle CHERON). *Paris, Giffart*, 1717, *in*-4.

L'épître dédicatoire de cet ouvrage est faite au nom d'un enfant de deux mois, et adressée au plus jeune des fils du chancelier d'Aguesseau au sujet des *Cerises renversées*. L'éditeur de deux mois dit qu'on prétend que ce poëme est de sa tante, mais qu'il le croit plutôt de Calliope. Boivin avait épousé une nièce de mademoiselle Chéron.

1648. Bayle en petit, ou Anatomie de ses ouvrages. Entretien d'un docteur avec un bibliothécaire et un abbé (par le P. LE FÈVRE, jésuite de la province Wallonne). (*Douay*), 1737, *in*-12 *de* 194 *pages*. — *Paris, Marc Bordelet*), 1738, *in*-12 *de* 291 *pages*.

Voyez les mots *Examen critique des Ouvrages de M. Bayle*.

1649. Beau-frère (le) supposé, par madame D. V. (DE VILLENEUVE). *Londres* (*Paris*), 1752, 4 *vol*, *in*-12.

1650. Beautés (les) de la Perse, ou Description de ce qu'il y a de plus curieux dans ce royaume (par A. DAULIER DES LANDES), avec une Relation des aventures maritimes de L. M. P. R. D. G. F. (Louis MAROT, pilote réal des galères de France). *Paris*, 1673, *in*-4.

1651. Beautés de l'Histoire d'Angleterre, ouvrage rédigé par P. J. B. N*** (NOUGARET). *Paris, le Prieur*, 1811, *in*-12.

1652. Beautés de l'Histoire du Bas-Empire, ouvrage rédigé par P. J. B. N*** (NOUGARET). *Paris, le Prieur*, 1811, *in*-12.

1653. Beaux-Arts (les) réduits à un même principe (par l'abbé BATTEUX). *Paris, Durand*, 1747, *in*-8 *et in*-12.

1654. Beaux (les) jours de l'Eglise naissante, ou Recueil des monumens les plus curieux et les plus édifians de l'Histoire ecclésiastique, par l'auteur de la *Relation concernant les prêtres déportés à l'île d'Aix* (M. l'abbé LABICHE). *Paris, Leclerc*, 1802, *in*-18.

1655. Bel (du) Esprit; où sont examinés les sentimens qu'on en a d'ordinaire dans le monde (par François DE CALLIÈRES. *Paris, Anisson*, 1695, *in*-12.

L'abbé Bonardi, fondé sur de bons garans, donnait cet ouvrage à M. DE SAINT-VINCENT, précepteur du prince de Rohan. (*Le P. Baizé.*)

1656. Belinde, conte moral de Maria EDGEWORTH, traduit de l'anglais par le traducteur d'*Ethelwina* (Octave SÉGUR), par L. S.... et par F. S.... *Paris, Maradan*, 1802, 4 *vol. in*-12.

1657. Belise, ou les Deux Cousines (par M. CALVEL). *Paris*, 1769, 2 *vol. in*-12.

1658. Belle (la) Allemande, ou les Galanteries de Thérèse (par VILLARET). *Amsterdam* (*Paris*), 1745, *in*-12.

1659. Belle (la) vieillesse, ou les anciens quatrains des sieurs DE PIBRAC, DUFAUR (FAVRE) et MATHIEU, sur la vie, sur la mort et sur la conduite des choses humaines; nouvelle édition, augmentée de remarques (par l'abbé DE LA ROCHE). *Paris, Quillau*, 1746, *in*-12.

1660. Belle (la) Wolfienne, avec deux Lettres philosophiques, l'une sur l'immortalité de l'âme, et l'autre sur l'harmonie préétablie (par FORMEY et CHAMBRIER). *La Haye*, 1752-1753-1760, 6 *vol. in*-8.

1661. Belles (les) Grecques, ou l'Histoire des plus fameuses courtisannes de la Grèce (par madame DURAND). *Paris, Saugrain*, 1712, *in*-12.

1662. Belles (les) Solitaires, par madame DE V. (DE VILLENEUVE). *Amsterdam* (*Paris*), 1745, 3 *volumes in*-12.

1663. Belmour, par madame DYMMER, roman traduit de l'anglais, par madame H....N (HOUDON). *Paris, Demonville et Dentu*, 1804, 2 *vol. in*-12.

Le nom de l'auteur est mal orthographié. Elle s'appelle DAMER.

1664. Benjamin, ou Reconnaissance de Joseph, tragédie chrétienne, en trois actes, en vers, qui peut se représenter par tous les colléges, communautés et maisons bourgeoises (par le P. ARTHUS, jésuite). *Paris, Cailleau*, 1749, *in*-8.

1665. Béquilles du Diable boiteux (par l'abbé BORDELON), *in*-12 *de* 20 *pages*.

Réimprimé souvent dans les *OEuvres* de le Sage.

Voyez le *Magasin encyclopédique*, t. 17, article de l'abbé de Saint-Léger.

1666. Berceau (le) de la France (par GODARD-DAUCOURT). *La Haye* (*Paris*), 1744, *in*-12.

1667. Bérénice (par SEGRAIS). *Paris*, 1648 et 1650, 4 *vol. in*-8.

Il y a des exemplaires qui portent au frontispice : *Par l'auteur de Tarsis et Zélie.* C'est une erreur. Crébillon a pris dans ce roman le sujet de *Rhadamiste*.

1668. Berenger comte de la Marck (par le sieur BONNET). *Paris, Quinet*, 1645, 4 *vol. in*-8.

Note manuscrite de l'abbé Lenglet du Fresnoy.

1669. Berger (le) arcadien, ou Premiers accens d'une flûte champêtre (par M. PERTUSIER). *Paris, André, an* 7 (1799), *in*-12.

Il y a eu douze exemplaires de cet ouvrage imprimés sur papier vélin.

1670. Berger (le) extravagant, où parmi des fantaisies amoureuses, on voit les impertinences des romans et de la poésie, avec des remarques (par Charles SOREL). *Paris*, 1627, 3 *vol. in*-8. Voyez les mots ANTI-ROMAN, nº 975.

1671. Berger (le) fidèle (en prose), dédié par l'auteur à sa maîtresse, traduit de l'italien de J. B. GUARINI (par le chevalier DE BUEIL). *Paris, Augustin Courbé*, 1637, *in*-8.

L'abbé de Marolles a inscrit cet écrivain dans son *Dénombrement des Auteurs*, etc., pour sa version du *Pastor fido*, etc.

La traduction que je cite me paraît être celle qu'indique l'abbé de Marolles.

1672. Berger (le) fidèle, traduit de l'italien, de GUARINI, en vers français (par l'abbé DE TORCHE). *Paris, Barbin*, 1664, 1667, 1680, *in*-12. — *Cologne* (*Amsterdam*, *Elzevirs*), 1667, *in*-12. — Edition augmentée de ses rimes italiennes et de belles figures en taille-douce (gravées par HARREWIN). *Bruxelles*, 1706, *in*-12. — Autre édition conforme à la précédente. *Lyon, Léonard de la Roche*, 1720, *in*-12

Dans les anciennes éditions, l'épître dédicatoire à MADAME (mère du régent) est signée D. T., lettres initiales des noms du traducteur; dans l'édition de Lyon, on lit les lettres L. D. L. R. (Léonard de la Roche) au bas de la même épître. C'est une supercherie d'un genre neuf.

1673. Berger (le) fidèle, tragi-comédie pastorale de Jean GUARINI, traduit en françois (par PECQUET), avec le texte, nouv. édition. *Paris, Nyon*, 1759, 2 *vol. petit in*-12.

1674. Berger (le) inconnu, où par une merveilleuse avanture une bergère d'Arcadie devient reyne de Cypre, par le S. DE B. (DE BAZYRE). *Rouen*, 1621, *in*-12.

1675. Bergère (la), Fragment d'une pastorale (par Louis-Florentin LE CAMUS). 1769, *in*-12.

1676. Bergerie spirituelle (par Louis DES MASURES). *Paris*, 1566, *in*-4.

1677. Bergeries (le 1er livre des) de Juliette, auquel, par les amours des Bergers et Bergères, l'on voit les différens effets de l'amour, avec cinq Histoires comiques, par OLLENIX DU MONT SACRÉ (Nicolas DE MONTREUX). *Paris*, 1588, 2 *vol. in*-12.

1678. Berlue (la) (par POINSINET DE SIVRY). 1759, *petit in*-12.

1679. Berthe et Richemont, nouvelle historique, par l'auteur de Maria, etc. (Mlle ***, revue et publiée par WILLEMAIN D'ABANCOURT). *Paris*, *Roux*, 1801, 3 *vol. in*-18.

1680. Berthe ou le Pet mémorable, anecdote du neuvième siècle, par L. D. L. (M. LOMBARD de Langres), ex-ambassadeur en Hollande. *Paris*, *Léopold Collin*, 1807, *in*-8.

1681. Beste à sept têtes ou Beste jésuitique, Conférences entre Théophile et Dorothée, où l'on fait voir quelle est la politique des jésuites, etc. (par l'abbé Pierre BILLARD.) *Cologne* (*Tours*), 1693, 2 *parties in*-12.

Cet ouvrage fit enfermer l'auteur à la Bastille.

1682 Betsi, ou l'Amour comme il est, roman qui n'en est pas un (par M. MEISTER). *Paris*, *Renouard*, 1803, *in*-18.

1683. Betsi, ou les Bizarreries du destin, par l'auteur de l'*Ecole des Pères et des Mères* (l'abbé SABATIER, de Castres). *Amsterdam et Paris*, *de Hansy*, 1769, 2 *vol. in*-12.

1684. Bianca Capello, traduit de l'allemand de MEISNER, par l'auteur du *Vicomte de Barjac*, etc. (le marquis DE LUCHET). *Paris*, *le Jay*, 1790, 3 *vol. in*-12.

1685. Bibi, conte traduit du chinois, par un Français (composé par CHEVRIER). *Mazuli* (*vers* 1746), *in*-12.

1686. Bible historiée (traduite en langue vulgaire vers 1292, par GUIARS DES MOULINS, chanoine de Saint-Pierre d'Aire, diocèse de Terouenne, et revue par Jean DE RELY, docteur en théologie, chanoine de Notre-Dame de Paris, d'après l'ordre du roi Charles VIII). *Paris*, *Ant. Verard*, *sans date* (1487), *in-fol.*

Voyez la Dissertation de N. INDES, théologien de Salamanque (Denis NOLIN), sur les Bibles françaises. *Paris*, 1710, *in*-8, p. 21.

1687. Bible (la) en françois (par GUIARS DES MOULINS et Jean DE RELY.) Nouvelle édition. *Paris*, 1537, 2 *vol. in-fol.*

1688. Bible (la sainte) en françois, translatée selon la pure et entière traduction de saint HIERÔME, conférée et entièrement revisitée selon les plus anciens et plus corrects exemplaires (par Jacques LE FEVRE, d'Etaples). *Anvers*, *Martin Lempereur*, 1530, *in-fol.*

Cette fameuse traduction de la Bible,

de rechief conférée et entièrement revisitée selon les plus anciens et plus corrects exemplaires, a été réimprimée par le même *Martin Lempereur* en 1534, *in-fol.*

Ces deux éditions sont munies de l'approbation de l'inquisiteur de la Foi et de plusieurs théologiens de Louvain.

Denis Nolin croit qu'il y a eu de la mauvaise foi de la part de l'imprimeur, dans l'obtention de cette approbation; et ce n'est qu'à dater de 1550 que l'on doit considérer cette traduction comme ayant été réellement revue par des théologiens de Louvain, savoir, par Nicolas DE LEUZE et par François DE LARBEN.

Voyez de judicieuses réflexions sur cette traduction de la Bible, dans la *Dissertation sur les Bibles françaises*, par Denis Nolin, p. 34 et suiv.

1689. Bible (la sainte), latine et françoise (traduite par LE MAÎTRE DE SACY), avec l'explication du sens littéral et spirituel. *Paris*, 1672-1700, 32 *vol. in-8*; — *Lyon*, 1696, 32 *vol. in-12*; — *Amsterdam* (*Bruxelles*), 1696, 32 *vol. in-12*.

Les *explications* ne sont pas toutes de M. de Sacy, la mort l'ayant enlevé avant qu'il les eût achevées. Les livres qu'il a expliqués sont ceux qui suivent, avec la date de leur publication :

La Genèse,	1682.
L'Exode,	1683.
Le Lévitique,	1683.
Le premier livre des Rois,	1674.
Le second livre des Rois,	1674.
Les Proverbes,	1672.
L'Ecclésiaste,	1673.
La Sagesse,	1673.
L'Ecclésiastique,	1684.
Isaïe,	1675.
Les douze petits Prophètes,	1679.

THOMAS DU FOSSÉ a continué ce grand ouvrage en commençant par les *Nombres*, dont Sacy n'avait fait que la moitié. Il publia donc :

Les Nombres et le Deutéronome, en	1685.
Les deux derniers livres des Rois,	1686.
Josué, les Juges et Ruth,	1687.
Tobie, Judith, Esther,	1688.
Job,	1688.
Les Psaumes, 3 vol.,	1689.
Jérémie et Baruch,	1690.
Daniel et les Machabées,	1691.
Ezéchiel,	1692.
Les Paralipomènes, avec Esdras,	1693.
Le Cantique des Cantiques,	1694.
S. Matthieu et S. Marc, 2 vol.,	1696.
S. Luc et S. Jean, 2 vol.,	1697.

Thomas du Fossé avait rédigé l'explication des Actes des Apôtres jusqu'au verset 17 du treizième chapitre, lorsque la mort l'enleva en 1698.

Charles Huré, principal du collége de Boncourt, acheva le reste, et l'ouvrage parut en 1700. On lui doit encore les explications de tout le reste du N. T.

Cependant on attribue communément à M. Touret de Sainte-Catherine l'*explication du sens littéral* des épîtres de S. Paul en 4 vol., excepté l'épître entière à Tite. (Note extraite de l'*Histoire littéraire* (*manuscrite*) *de Port-Royal*, en 5 vol. in-4, par dom CLÉMENCET, t. 2, article *Sacy*.)

1690. Bible (la sainte) en latin et en françois, de la traduction de LE MAÎTRE DE SACY, avec de courtes notes (par THOMAS DU FOSSÉ et l'abbé DE BEAUBRUN). *Bruxelles*, 1699, 3 *vol. in-4*. — *Anvers* (*Lyon*) 1700, 7 *vol. in-12*. — *Bruxelles*, 1701, 8 *vol. in-12*.

1691. Bible (la sainte), en latin et en françois, de la traduction de LE MAÎTRE DE SACY, avec de courtes notes (par l'abbé DE BEAUBRUN et dom THIERRY DE VIAIXNE). *Liége, Broncard*, 1701, 4 *vol in-fol.* — La même, en caractères plus grands et plus beaux. *Liége*, 1702, 3 *vol. in-fol.* — La même corrigée en quelques endroits (par Luc-Urbain MANGEANT, éditeur de S. Prosper et de S. Fulgence). *Paris, Desprez*, 1702, 16 *vol. in-12*.

1692. Bible (sainte), en latin et en françois, avec des notes littérales pour l'intelligence des endroits les plus difficiles, par LE MAISTRE DE SACY; et la concorde des quatre évangélistes (en latin et en français, par le docteur ARNAULD), divisée en trois tomes, avec un quatrième tome contenant les livres apocryphes, en latin et en françois (de la traduction du P. LE GRAS, de l'Oratoire), et plusieurs autres pièces (édition revue et corrigée par l'abbé DE BEAUBRUN). *Paris*, *Desprez*, 1717, 4 *vol. in-fol.*

Quelques personnes attribuent à Cl. LANCELOT, de Port-Royal, la *Chronologie sacrée* qui se trouve à la fin du quatrième volume.

1693. Bible (sainte), en latin et en françois (de la version de SACY, paraphrasée par le P. DE CARRIÈRES), avec des notes littérales, critiques et historiques, des préfaces et des dissertations, tirées du commentaire de CALMET, de l'abbé DE VENCE, et des auteurs les plus célèbres (le tout publié et revu par L. Et. RONDET, qui est aussi auteur d'un grand nombre de notes et de plusieurs dissertations). *Paris*, *Martin et autres*, 1748-1750, 14 *vol. in-4*. — Nouvelle édition augmentée (par le même RONDET). *Avignon*, 1767-1773, 17 *vol. in-4*.

1694. Bible (sainte), traduite en françois par LE MAISTRE DE SACY (avec de nouvelles notes, un abrégé de la vie du traducteur, et un discours préliminaire, par L. E. RONDET). *Paris*, *Desprez*, 1759, *in-fol.*; — 1776, 4 *vol. in-12*.

Il n'y a point de notes dans l'édition in-12, mais de nouveaux sommaires distribués par paragraphes dans l'ancien Testament comme dans le nouveau.

1695. Bible (la) traduite en françois, avec des explications et des réflexions qui regardent la vie intérieure (par Jeanne-Marie BOUVIÈRES DE LA MOTTE-GUYON). *Cologne*, *de la Pierre*, 1713, 1714 et 1715, 20 *vol. in-8*.

Il y a des exemplaires de cette traduction ainsi intitulés : Les livres de l'ancien et du nouveau Testament, avec des explications qui regardent la vie intérieure (par madame GUYON). *Cologne*, *Jean de la Pierre*, 1713-1715, 20 *t. en* 21 *vol. petit in-8*.

1696. Bible (sainte), traduite en françois sur les textes originaux (par Nicolas LE GROS). *Cologne*, 1739, *in-12*. — Nouvelle édition, avec un discours sur les prophètes et quelques notes (par Laur. Et. RONDET). *Cologne* (*Paris*), 1753, 5 *volumes in-12*.

1697. Bible (la) qui est toute la Sainte Escripture, en laquelle sont contenus le Vieil Testament et le Nouveau, translatés en françois, le Vieil de l'hébreu, et le Nouveau du grec, par Robert-Pierre OLIVETAN (aidé de J. CALVIN). *Neuchâtel*, *Pierre de Wingle*, *dit Pirot Picard*, *l'an* 1553, *in-fol. goth.*

1698. Bible françoise de la version de Genève (avec les notes marginales et la préface de Jean CALVIN). *De l'imprimerie de Robert Estienne* (*à Genève*), 1560, *in-fol.*

1699. Bible (la) traduite en françois, corrigée sur l'hébreu et sur le grec, par les pasteurs et professeurs de l'Eglise de Genève (savoir, Théodore DE BÈZE, Antoine DE LA FAYE, Jean JAQUEMOT, Simon GOULART, et surtout Bonaventure BERTHAM), avec des notes. *Genève*, 1588, *in-fol.*, *in-4 et in-8*.

On trouve de curieux détails sur les traductions protestantes de la Bible :

1° Dans le petit volume intitulé : Histoire des traductions françaises de l'Ecriture sainte, etc. (par Ambroise LALLOUETTE). *Paris*, *Robustel*, 1692, *petit in-12 de* 157 *p.*

2° Dans l'ouvrage qui a pour titre : Recueil des Falsifications que les ministres de Genève ont faites dans l'Ecriture sainte en leur dernière traduction de la Bible, etc., par M. CHARDON DE LUGNY, prêtre, député du roi et du clergé pour les controverses. *Paris*, *Daniel Jollet*, 1706, *in-12 de* 256 *pages*.

1700. Bible françoise (sainte), sur la version de Genève, revue et corrigée (par David MARTIN). *Amster-*

dam, *Desbordes*, 1707, 2 *volumes in-fol.*

1701. Bible (sainte), ou le Vieux et le Nouveau Testament, traduits en français sur les textes hébreu et grec, par les pasteurs et les professeurs de l'Eglise et de l'Académie de Genève. *A Genève*, *J. J. Paschoud*, 1805, *in-fol. et* 3 *vol. in*-8.

Cet ouvrage est le résultat de quatre-vingts années d'un travail continu. On nomme, parmi ceux qui y ont principalement contribué, M. CLAPARÈDE (David), pour le livre des Psaumes et pour ceux des Prophètes. Un laïc fort savant dans les langues orientales, M. DE SALGAZ, a aussi concouru utilement à cette partie de la tâche. MM. MAURICE (Antoine) père et fils. M. DE ROCHES (François); il s'occupait continuellement d'une traduction littérale. M. VERNET (Jacob); il a travaillé surtout à la Genèse et aux Epîtres de saint Paul. M. SENEBIER a soigné les Apocryphes. La retouche du style était confiée à M. Etienne BEAUMONT. (*Article communiqué.*)

Les TURRETIN et ABAUZIT ont aussi coopéré à cette traduction.

1702. Bible (sainte), ou le Vieux et le Nouveau Testament, avec un commentaire littéral, composé de notes choisies et tirées de divers auteurs anglois (par Charles CHAIS). *La Haye*, 1743-1777, 6 *vol. in*-4.

Charles Chais est mort en 1785. On a publié en 1790, à *Rotterdam*, les 7e et 8e volumes, qu'il avait laissés manuscrits. Ces huit volumes ne contiennent que les livres historiques de l'Ancien Testament.

1703. Bible (la) enfin expliquée, par plusieurs aumôniers de S. M. L. R. D. P. (par VOLTAIRE). *Londres-Genève*, 1776, *in*-4 *et in*-12; — 1777, 2 *vol. in*-8.

Voyez les différentes collections des Œuvres de Voltaire.

On regarde communément les lettres S. M. L. R. D. P. comme initiales des mots : *Sa majesté le roi de Prusse.* Mais Voltaire lui-même a levé tous les doutes en tête de la troisième édition de sa *Bible expliquée.* Il a entendu en effet par plusieurs aumôniers de S. M. L. R. D. P. quatre savans théologiens du palatinat de Sandomir, situé dans la Petite-Pologne. Ainsi les initiales L. R. D. P. désignent plutôt le roi de Pologne que le roi de Prusse. Je dois cette observation à M. Beuchot.

1704. Bibles catholiques (les) défendues contre les accusations de David Mallebovin, ministre de l'Eglise wallone de Groningue, etc.; par François JACQUET, religieux récollet, et missionnaire apostolique. *Liège*, *Simon Bavat*, 1679, *in*-8.

L'abbé le Clerc, dans sa *Bibliothéque* du Richelet, s'est livré à bien des conjectures frivoles sur cet auteur, puisque l'ouvrage dont il s'agit n'est autre chose que la réimpression de la *Nouvelle Défense du Nouveau Testament de Mons* contre M. Mallet, par le docteur ARNAULD. Le libraire y mit un nom imaginaire, parce qu'il savait que l'ouvrage ne pouvait entrer en France sous son vrai titre.

Voyez la *préface historique et critique* qui se trouve en tête du septième volume de la collection des Œuvres du docteur Arnauld. *Lausanne*, 1775 *et années suivantes*, 42 *vol. in*-4.

1705. Bibliographie agronomique, ou Dictionnaire raisonné des ouvrages sur l'économie rurale et domestique, et sur l'art vétérinaire; suivie de notices biographiques sur les auteurs, et d'une table alphabétique des différentes parties de l'art agricole : par un des collaborateurs du *Cours complet d'agriculture pratique* (M. DE MUSSET-PATHAY). *Paris*, *Colas*, 1810, *in*-8.

1706. Bibliographie des Pays-Bas, avec quelques notes (par HOYOIS). *Nyon en Suisse*, *imprimerie de Natteỵ*, 1783, *in*-4.

Tirée à cinquante exemplaires, et n'a pas été mise en vente.

1707. Bibliographie instructive, tome dixième, contenant une table destinée à faciliter la recherche des livres anonymes (par M. NÉE DE LA ROCHELLE). *Paris*, *Gogué et Née de la Rochelle*, 1782, *in*-8.

1708. Bibliographie médicinale raisonnée, par P. J. D. (DU MONCHAUX). *Paris, Ganeau*, 1756, *in*-12.

1709. Bibliographie parisienne, ou Catalogue d'Ouvrages de sciences, de littérature, etc., imprimés ou vendus à Paris, avec les jugemens qui en ont été portés dans les écrits périodiques, année 1770. *Paris, Desnos* (1771), 6 *vol. in*-8.

Le sixième volume doit être terminé par une table alphabétique raisonnée des matières, de 80 pages. Le privilége qui se trouve à la fin est accordé au sieur DELLEPIERRE DE NEUVE-EGLISE.

En 1774, le libraire Ruault a publié un volume intitulé : Bibliographie parisienne, ou Catalogue des Ouvrages de science, de littérature, etc., imprimés tant à Paris que dans le reste de la France, année 1769, in-8.

D'après la *France littéraire* de 1778, MM. HURTAULT et D'HERMILLY ont coopéré à ces sept volumes.

1710. Bibliomanie (de la) (par BOLLIOUD-MERMET). *La Haye*, 1761, *in*-8.

1711. Bibliothéque amusante et instructive, contenant des anecdotes intéressantes et des histoires curieuses (par le P. NICERON et DUPORT DU TERTRE). *Paris, Duchesne*, 1755, 3 *vol. in*-12. — Nouv. édit. 1775, 2 *vol. in*-12.

Le tome premier de cette collection parut en 1753. Fréron, dans ses *Lettres sur quelques écrits de ce temps*, assure qu'il a été recueilli par le P. NICERON.

1712. Bibliothéque angloise, ou Histoire littéraire de la Grande-Bretagne (par Michel DE LA ROCHE et ARMAND DE LA CHAPELLE). *Amsterdam, de Coup*, 1729, 15 *volumes in*-12.

1713. Bibliothéque annuelle et universelle, contenant un catalogue de tous les livres qui ont été imprimés en Europe pendant les années 1748, 1749, 1750 et 1751 (par BURTIN et l'abbé LADVOCAT). *Paris, le Mercier*, 1751-1757, 6 *vol. pet. in*-12.

1714. Bibliothéque britannique, ou Histoire des Ouvrages des savans de la Grande-Bretagne, depuis le mois d'avril 1733 jusqu'au mois d'avril 1747. *La Haye, Pierre de Hondt*, 1733-1747, 25 *vol. petit in*-8, *y compris un volume de table, partagé en deux parties.*

Ce journal jouit d'une réputation méritée par le bon choix des ouvrages dont on y lit des extraits, par l'importance des analises qu'il renferme, et surtout par la noble indépendance des opinions de ses rédacteurs. J'étais donc fort curieux de les connaître. Le libraire Jos. Ermens, dont les catalogues rédigés avec soin indiquent beaucoup d'auteurs anonymes, nous apprend, dans le catalogue de son confrère Morisse, *Bruxelles*, 1778, 2 *vol. petit in*-8, nº 7607, que la *Bibliothéque britannique* a été rédigée par KEMPIUS et autres. Ce Kempius était probablement fils de Jean Kemp, membre de la société royale de Londres, mort vers 1720; mais ce renseignement excite la curiosité plutôt qu'il ne la satisfait. Charles-Etienne Jordan était à Londres lorsque ce journal commença à paraître, et il nous dit dans son *Voyage littéraire* (p. 159), que les auteurs, gens de mérite et entendant parfaitement l'anglais, étaient MM. S. B. le M. D. et le savant M. D. Le hasard le plus heureux m'a mis à même de remplir ces initiales. J'ai acquis, à la vente de M. Guyot des Herbiers, l'exemplaire que ce littérateur possédait du voyage de Jordan : un amateur y a consigné vers 1753 les noms de ces estimables collaborateurs, et il nomme MM. DESMAISEAUX, STHOELIN, ministre; BERNARD, ministre; DAUDÉ; ensuite DUVAL, BEAUFORT, DE MISSY. Ces noms sont plus ou moins connus dans la république des lettres, et leur révélation ne peut qu'ajouter à l'importance de l'ouvrage. M. Duval est sans doute le même que B. Duval, secrétaire de la société royale de Londres.

LÉDIARD a aussi coopéré à ce journal.

1715. Bibliothéque choisie de contes, facéties, bons-mots, etc. (par SIMON et autres). *Paris, Royez*, 1786 *et ann. suiv.*, 9 *vol. in*-8 *et in*-12.

On trouve dans cette compilation des

morceaux anonymes traduits du grec, du latin, de l'italien et de l'anglais. Plusieurs ont été composés en français, entre autres *Clémence d'Argèles*, par feu M. Simon de Troyes. Parmi les traductions du grec, j'ai remarqué :

1° Dans le tome second, le *Combat d'Hercule avec Cygnus*, ou le *Bouclier d'Hercule*, traduit d'Hésiode par l'abbé Bergier à la suite de son *Origine des Dieux du Paganisme;* le *Combat des Grenouilles et des Rats*, traduit d'Homère par M. Scipion Allut de Montpellier, dans le volume intitulé : *Nouveaux Mélanges de Poésies grecques*, etc., Paris, Mérigot le jeune, 1779, in-8; l'*Enlèvement d'Hélène*, traduit de Coluthus par le même; la *Prise de Troie*, traduite de Tryphiodore par le même; les *Amours de Héro et Léandre*, traduits de Musée par Laporte-Dutheil; l'*Ile des Poètes*, traduite de Lucien par Belin de Ballu.

2° Dans le tome troisième, les *Aventures amoureuses de Chærea et de Callirrhoé*, traduites de Chariton l'Aphrodisien par un pseudonyme dont le travail a pour titre : *Aventures amoureuses*, etc., traduction du grec par M. Dorville. *Genève, frères Kramer*, 1763, *in*-12. Il ne faut pas confondre ce nom avec celui de d'Orville (Jacques-Philippe), qui a été éditeur de l'original grec de ce roman, auquel il a joint d'excellens commentaires et une version latine par J. J. Reiske. *Amsterdam*, 1750, 2 *vol. in*-4. Le français du prétendu Dorville n'est qu'un abrégé de l'ouvrage grec.

Dans le même volume se trouvent:

1° Les *Netturales*, ou *Lycéride*, fragment traduit du latin et attribué à Montesquieu. Il parut pour la première fois en 1743, in-8, à la suite de la *Défense* du poëme de l'*Art d'aimer*, par Gouge de Cessières, et fut réimprimé en janvier 1757, dans le *Conservateur* de Bruix et Turben.

2° Les *Affections de divers Amans*, ouvrage nouvellement traduit du grec (ou plutôt composé en français par feu M. Simon de Troyes).

La *suite des Affections*, etc, ouvre le quatrième volume, qui est terminé par l'*Histoire de Mélicello, et de ses deux amies Caya et Varia*, opuscule mis en français moderne par M. Couchu, d'après le vieux français de Jean Maugin, ou d'après un auteur italien nommé Mussuto. M. Couchu croyait que l'original avait été écrit en grec moderne.

Le tome cinquième contient des morceaux écrits en français ou traduits de l'anglais. Quelques auteurs y sont nommés : je n'ai pu connaître les noms de ceux qui ont gardé l'anonyme.

Les tomes sixième et septième renferment des contes traduits de Boccace, de Baligant, etc, par M. Simon.

M. Langlès est le traducteur des *Contes orientaux* dont se compose le tome huitième.

Il y a eu deux éditions du neuvième volume. L'une a pour titre : *Folies sentimentales;* et l'autre : *Nouvelles Folies sentimentales*. Toutes deux ont paru en 1786. Il y a quelque différence entre elles, la nouvelle contenant des pièces qui ne sont pas dans la première, ou qui ont été revues avec soin.

1716. Bibliothéque critique, ou Mémoires pour servir à l'histoire littéraire ancienne et moderne (par Formey). *Berlin, Fromery*, 1746, 3 *parties in*-12.

1717. Bibliothéque critique, ou Recueil de diverses pièces, dont la plupart ne sont pas imprimées, ou ne se trouvent que difficilement, publiées par Sainjore (Richard Simon), qui y a ajouté quelques notes. *Bâle, Wackernan*, 1709 *et* 1710, 4 *vol. in*-12.

Barat, élève de R. Simon, a publié une suite à cet ouvrage, en 2 vol. in-12, sous le titre de *Nouvelle Bibliothéque choisie*. Voyez ces mots.

1718. Bibliothéque curieuse et instructive de divers ouvrages anciens et modernes de littérature et des arts (par le P. Menestrier, jésuite). *Trévoux, Ganeau*, 1704, 2 *vol. petit in*-12.

1719. Bibliothéque de l'Homme public, ou Analise raisonnée des principaux ouvrages français et étrangers sur la politique en général, la législation, les finances, etc.; par de Condorcet, de Peyssonnel, le Chapelier, etc., etc. (rédigée par l'abbé Balestrier de Canilhac). *Paris, Buisson*, 1790-1792, 28 *vol. in*-8.

1720. Bibliothéque de madame la Dauphine, nº 1, Histoire (par MOREAU, historiographe de France). *Paris, Saillant et Nyon*, 1770, *in*-8,

1721. Bibliothéque de Physique et d'Histoire naturelle (par l'abbé LAMBERT). *Paris, veuve David*, 1758, 6 *vol. in*-12.

1722. Bibliothéque de Société, contenant des mélanges intéressans de littérature et de morale, des anecdotes, etc. (ouvrage laissé imparfait par CHAMFORT, et fini par Louis-Théodore HÉRISSANT). *Paris, Delalain*, 1771, 4 *vol. pet. in*-12.

SAUTREAU DE MARSY a publié en 1782, sous le voile de l'anonyme, une *Nouvelle Bibliothéque de Société*, composée de quatre volumes du même format.

1723. Bibliothéque des Amans, odes érotiques, par Sylvain M*** (Sylvain MARÉCHAL). *Paris, veuve Duchesne, sans date* (1777), *in*-16.

1724. Bibliothéque des auteurs de Bourgogne, par l'abbé PAPILLON (publiée par l'abbé JOLY). *Dijon, Phil. Marteret*, 1742; — *Fr. Desventes*, 1745, 2 *vol. in-fol.*

Malgré l'existence des deux dates, cet ouvrage n'a eu qu'une édition.

1725. Bibliothéque des Boudoirs, ou Choix d'ouvrages rares et recherchés (par MERCIER de Compiégne). 1787 *et* 1788, 4 *vol. in*-18, — *et Avignon*, 1798, 4 *vol. in*-8.

Voyez la liste des ouvrages composés ou recueillis par cet auteur, à la suite de sa compilation intitulée: *Bréviaire des Jolies Femmes*. Paris, Mercier, 1799, *in*-18.

1726. Bibliothéque des Dames, traduite de l'anglais de STÉELE (par JANIÇON). *Amsterdam, du Villard*, 1719, 3 *vol. in*-12.

1727. Bibliothéque (la) des Enfans, ou les premiers Elémens des lettres, contenant le systême du Bureau typographique (par DUMAS). 1732, *in*-12.

Ce petit volume n'est pour ainsi dire qu'une introduction à l'ouvrage que l'auteur publia l'année suivante, en trois parties *in*-4, sous le même titre. On les trouve ordinairement reliées en un volume.

1728. Bibliothéque (la) des Femmes, ouvrage moral, critique et philosophique (par DE CHATEAUGIRON). *Paris, Duchesne*, 1759, *in*-12.

1729. Bibliothéque des Génies et des Fées (recueillie par l'abbé DE LA PORTE). *Paris, Duchesne*, 1765, 2 *vol. in*-12.

1730. Bibliothéque des Gens de Cour, ou Mélanges curieux des bons mots de Henri IV, de Louis XIV, etc. (par GAYOT DE PITAVAL). *Paris*, 1722, 2 *vol. in*-12. — Nouvelle édition. *Paris, le Gras*, 1732, 6 *vol. in*-12. — Nouvelle édition (refondue par l'abbé PÉRAU). *Paris, le Gras*, 1746, 8 *vol. in*-12.

1731. Bibliothéque des Livres nouveaux (par CAMUSAT), juillet (et août) 1726. *Nancy (Sainte-Menehould)*, 1726, *in*-12.

Il n'existe que ces deux mois de ce journal.

1732. Bibliothéque des Petits-Maîtres, ou Mémoires pour servir à l'Histoire du bon ton et de l'extrêmement bonne compagnie (par GAUDET). *Au Palais-Royal, chez la petite Lolo*, 1761, *in*-18; — 1762, *petit in*-12.

1733. Bibliothéque des Philosophes chimiques (recueillie par Guil. SALMON). *Paris, Charles Angot*, 1672, 2 *vol. in*-12. — Nouvelle édition augmentée (par MAUGIN DE RICHEBOURG), avec des notes (par l'abbé LENGLET DU FRESNOY). *Paris, Cailleau*, 1740, 3 *vol. in*-12.

André-Charles Cailleau, fils d'André

Cailleau, a publié en 1754, *in*-12, le tome quatrième de cette collection.

734. Bibliothéque des Sciences et des Beaux-Arts (rédigée par CHAIS, DE JONCOURT, DE LA FITE, C. G. F. DUMAS, HOP, J. GUIOT, L'HÉRITIER et autres), depuis 1754 jusqu'en 1778 inclusivement. *La Haye*, 1754-1780, 50 *vol. petit in*-8, *y compris deux volumes de tables*.

735. Bibliothéque des Théâtres, contenant le catalogue alphabétique des pièces dramatiques, avec des anecdotes sur la plupart de ces pièces, et sur la vie des auteurs, acteurs, etc. (par MAUPOINT). *Paris, L. F. Prault*, 1733, *in*-8.

736. Bibliothéque du Bon Sens portatif. *Londres*, 1773, 8 *vol. petit in*-12.

On trouve dans cette collection l'*Examen de la Religion*, le *Testament de Meslier*, le *Christianisme dévoilé*, la *Théologie portative*, les *Questions sur les Miracles*, les *Méditations philosophiques*, et les *Nouvelles Libertés de penser*.

Voyez dans ce Dictionnaire les titres de ces différens ouvrages.

37. Bibliothéque du Catholique et de l'Homme de goût (par M. LUCET). *Paris*, 1805-1806, *in*-8.

Ce journal, ou plutôt ce recueil, fut interrompu par ordre de la police.

38. Bibliothéque du Nord, commencée le 1er janvier 1778, et interrompue en janvier 1780 (rédigée par ROSSEL, avocat). *Paris, Quillau*, 1778-1780, *in*-12.

On publiait un volume par mois. L'année 1779 est restée en arrière.

Cette Bibliothéque a été entreprise pour faire suite au *Journal de Berlin*, qui avait été commencé en 1773, et qui paraît n'avoir eu que quatre années d'existence.

39. Bibliothéque du Richelet, ou Abrégé de la vie des auteurs cités dans ce dictionnaire (par l'abbé LE CLERC). *Lyon*, 1727, *in-fol.*, *et dans le dictionnaire de Richelet, édition de la même année.*

1740. Bibliothéque du Théâtre-Français, depuis son origine, contenant un extrait de tous les ouvrages composés pour ce théâtre, depuis les Mystères jusqu'aux pièces de Pierre Corneille, etc. (par le duc DE LA VALLIÈRE, ou plutôt par MARIN). *Dresde, Mich. Groell* (*Paris, Bauche*), 1768, 3 *vol. in*-8.

1741. Bibliothéque d'un Homme de goût, ou Avis sur le choix des meilleurs livres écrits en notre langue, sur tous les genres de sciences et de littérature, par L. M. D. V. (l'abbé CHAUDON). *Avignon, Joseph Blery*, 1772; — *Amsterdam*, 1773, 2 *vol. in*-12.

L'abbé DE LA PORTE s'est emparé de cet ouvrage, et l'a publié de nouveau en 1777, avec beaucoup d'augmentations, sous le titre de *Nouvelle Bibliothéque d'un Homme de goût*, 4 vol. in-12.

M. Chaudon, dans la correspondance que j'ai entretenue avec lui pendant les sept ou huit années qui ont précédé sa mort, a bien voulu me faire l'histoire de la première édition de cet ouvrage. Il s'en était occupé dès l'âge de vingt ans; ce n'était alors qu'un abrégé de la *Bibliothéque française* de l'abbé Goujet. Il avait prié ce littérateur de permettre qu'il se livrât à ce travail; le savant bibliographe exhorta M. Chaudon à le continuer, en lui disant qu'il ferait honneur à l'ouvrage et à l'auteur.

D'autres études, et surtout celle de l'histoire et de la chronologie, ayant détourné M. Chaudon de cet abrégé, l'un de ses frères, ex-oratorien, mort en 1800, se chargea de ce travail; quand il l'eut fini, il pria son aîné de revoir et de compléter l'ouvrage. M. Chaudon composa donc plusieurs chapitres, qu'il est facile de reconnaître par un style plus serré et plus concis que celui des autres; il fit plus, il fournit à la moitié des frais de l'impression.

Dans le temps que l'abbé de la Porte s'appropria la *Bibliothéque d'un Homme de goût*, M. Chaudon en préparait une édition, dans laquelle les jugemens étaient revus avec soin.

Ce fut M. Desessarts qui donna en 1798 cette nouvelle édition, mais sans améliorer l'ouvrage; cependant le besoin de livres élémentaires, qui se faisait sentir à cette époque, procura un débit rapide à la *Nouvelle Bibliothéque d'un Homme de goût.* Comme je m'étais occupé dès ma jeunesse d'augmenter l'édition de 1777, je proposai en 1808, à M. Desessarts, de me charger de la rédaction d'une édition entièrement refondue de ce même ouvrage; j'en ai publié successivement cinq volumes. Il me reste à traiter la partie des sciences naturelles, morales et politiques.

1742. Bibliothéque d'un Littérateur et d'un Philosophe chrétien, ou Recueil propre à diriger dans le choix des lectures (par MM. GLORIOT et THARIN). *Besançon, J. Petit*, 1820, *in-4 oblong.*

Les auteurs disent, dans leur préface, que ce n'est pas aux bibliomanes qu'ils présentent leur travail; ils ont eu en vue les personnes du monde, et en particulier les jeunes gens et les jeunes ecclésiastiques. Malheureusement cet ouvrage est défiguré par une multitude de noms estropiés, d'indications fautives, et de jugemens qui prouvent plus de piété que de lumières.

1743. Bibliothéque en abrégé de la vraie Médecine, conduite par la lumière (dédiée à la Raison, par DESMAILLET). *Amsterdam, Hercule Traech*, 1745, 2 *parties in-12.*

Note manuscrite communiquée par M. Pluquet.

1744. Bibliothéque française, ou Histoire littéraire de la France (par CAMUSAT, DU SAUZET, GOUJET et GRANET). *Amsterdam, J. Fred. Bernard*, 1723 *et années suivantes.* 42 *vol. in-12.*

1745. Bibliothéque générale des Ecrivains de l'ordre de Saint-Benoît, par un bénédictin de la congregation de Saint-Vannes (dom J. FRANÇOIS). *Bouillon*, 1777, 4 *vol. in-4.*

1746. Bibliothéque germanique, ou Histoire littéraire de l'Allemagne et des pays du Nord, depuis 1720 jusqu'en 1740 (par DE BEAUSOBRE, DE LA CROZE, LENFANT, DE MAU[CLERC] et FORMEY). *Amsterdam, P. Humbert*, 1720-1740, 50 *vo[l.] in-8.*

Formey et de Peyrard ont publié un[e] *Nouvelle Bibliothéque germanique*, depui[s] 1746 jusqu'en 1760, 26 *vol. in-8.*

1747. Bibliothéque historique de [la] France, contenant le catalogue de[s] ouvrages imprimés et manuscrits q[ui] traitent de l'histoire de ce royaum[e], avec des notes critiques et histo[riques], par Jacques LE LONG; nou[velle] édition, augmentée par FEVRE[T] DE FONTETTE, CAMUS, L. Th. HÉ[RISSANT] et son frère Ant. Prosp[er] HÉRISSANT, BARBEAU DE LA BRUYÈ[RE], COQUEREAU, RONDET et autres. *Paris, Hérissant*, 1768-1778, 5 *vo[l.] in-fol.*

L'abbé BOULLEMIER, garde de la bibli[o]thèque publique de Dijon, de l'académ[ie] de la même ville, fut le principal aute[ur] des articles nouveaux d'une partie du pr[e]mier volume, et de la presque totalité [du] second et du troisième volume. Ce sava[nt] bibliographe naquit à Dijon la 12 novemb[re] 1725; il y est mort le 21 germinal an [XI] (11 avril 1803). Voyez son éloge (p[ar] M. Baudot l'aîné), *Dijon, Frantin*, 180[.] *in-8.*

1748. Bibliothéque historique et cr[i]tique des auteurs de la congrégati[on] de Saint-Maur, par Philippe LE CE[RF] (publiée par les soins de Jean [LE] CLERC). *La Haye, P. Gosse*, 172[.] *in-12.*

1749. Bibliothéque historique et cr[i]tique des Thereuticographes (p[ar] Nic. et Richard LALLEMANT). *Roue[n]*, 1763, *in-8*, et à la suite de *la Chas[se] aux Chiens courans*, par LE VE[R]RIER DE LA CONTERIE.

1750. Bibliothéque impartiale, dep[uis] janvier 1750 jusqu'à 1758 (p[ar] FORMEY). *Leyde*, 1750-1758, 18 *v[ol.] in-8.*

51. Bibliothéque italique, ou Histoire littéraire de l'Italie, depuis 1728 jusqu'en 1738 (par Bourguet, Cramer, Calendrini, Seigneux de Correvon, de Ruchat, de Bochat et du Lignon). *Genève, Marc-Michel Bousquet*, 1728-1734, 18 *vol. in*-8.

52. Bibliothéque janséniste, ou Catalogue alphabétique des principaux livres jansénistes ou suspects de jansénisme, qui ont paru depuis la naissance de cette hérésie, avec des notes critiques (par le P. Dominique de Colonia, jésuite); seconde édition, augmentée de plus de la moitié (par conséquent d'un plus grand nombre de mensonges et de calomnies), avec un catalogue de quelques livres des Quiétistes. (*Lyon*), 1731, *in*-12.

Cet article est extrait du Catalogue manuscrit des livres de la bibliothéque de l'abbé Goujet.

La première édition avait paru en 1722.

Une quatrième édition de la *Bibliothéque janséniste*, ou *Catalogue alphabétique des Livres jansénistes*, *quesnellistes*, *baïanistes*, etc., revue, corrigée et augmentée de plus de la moitié, parut à *Bruxelles* en 1744, 2 vol. in-12.

Voyez les mots *Dictionnaire des Livres jansénistes* et *Réponse à la Bibliothéque janséniste*.

753. Bibliothéque militaire, historique et politique (publiée par de Zurlauben). *Paris, Vincent*, 1760, 3 *vol in*-12.

754. Bibliothéque orientale, ou Dictionnaire universel, contenant généralement tout ce qui regarde la connaissance des peuples de l'Orient, par d'Herbelot (et A. Galland, auteur de la préface). *Paris*, 1697, *in-fol.* — Nouvelle édition réduite et augmentée (par Desessarts). *Paris*, 1781, 6 *vol. in*-8.

Galland a travaillé conjointement avec d'Herbelot jusqu'à la moitié du volume; mais d'Herbelot étant mort dans le cours de l'impression, Galland resta seul chargé du soin de l'ouvrage.

1755. Bibliothéque pastorale, ou Cours de Littérature champêtre, contenant les chefs-d'œuvre des meilleurs poètes pastoraux anciens et modernes, depuis Moïse jusqu'à nos jours (publiée par M. Chaussard). *Paris, Genets aîné, an* 11 (1803), 4 *vol. in*-12.

On trouve dans le quatrième volume de cette collection d'excellentes idylles composées par M. de Stassart, ancien auditeur au Conseil d'Etat.

1756. Bibliothéque physique de la France, ou Liste de tous les ouvrages tant imprimés que manuscrits qui traitent de l'histoire naturelle de ce royaume, avec des notes historiques et critiques, par Louis-Ant.-Prosper Hérissant; ouvrage achevé et publié par M*** (Coquereau), docteur-régent de la Faculté de Paris. *Paris, J. T. Hérissant*, 1771, *in*-8.

1757. Bibliothéque poétique, ou nouveau Choix des plus belles pièces de vers en tout genre, depuis Marot jusqu'aux poètes de nos jours (par Le Fort de la Morinière, avec une introduction de près de 60 pages, contenant en abrégé l'origine et l'histoire de la poésie française, et celle des poètes français avant Clément Marot, par l'abbé Goujet). *Paris, Briasson*, 1745, 4 *vol. in*-4 *et* 4 *vol. in*-12.

1758. Bibliothéque portative d'architecture élémentaire, à l'usage des artistes (publiée par les soins de Charles-Antoine Jombert). *Paris, C. A. Jombert*, 1764-1766, 4 *vol. in*-8, contenant:

1. Règles des cinq Ordres d'Architecture, par Barozzio de Vignole.
2. Architecture de Palladio.
3. Architecture de Scamozzi.
4. Parallèle des principaux Auteurs qui

ont écrit sur l'Architecture, par de Chambray.

1759. Bibliothéque portative des Pères de l'Église, qui renferme l'histoire abrégée de leur vie, l'analise de leurs principaux écrits, etc., avec leurs plus belles sentences (par l'abbé TRICALET, avec l'éloge de l'auteur, par l'abbé GOUJET, en tête du neuvième volume). *Paris, Lottin*, 1758-1762, 9 *vol. in*-8. — Nouvelle édition revue, corrigée et augmentée, par Laurent-Étienne RONDET. *Paris*, 1787, 8 *vol. in*-8.

1760. Bibliothéque raisonnée des Ouvrages des Savans de l'Europe (par MASSUET, s'GRAVESANDE, ROUSSET, DE JAUCOURT, ARMAND DE LA CHAPELLE, BARBEYRAC et DESMAISEAUX). *Amsterdam, les Wetsteins*, 1728-1753, 52 *vol. in*-8, *dont deux volumes de tables.*

1761. Bibliothéque universelle des Dames. *Paris*, 1785, 154 *volumes in*-18.

Le *Système de la Femme* a été composé par ROUSSEL; l'*Abrégé des Voyages* a été rédigé par ROUCHER, ainsi que la partie historique; l'*Astronomie*, par LALANDE; la *Chimie*, par FOURCROY.

1762. Bibliothéque universelle des Historiens (par l'abbé DE CLAIRVAL, masque de DU PIN). *Paris, Giffart*, 1707, 2 *vol. in*-8.

1763. Bibliothéque universelle des Romans (par DE PAULMY, DE TRESSAN, DE BASTIDE, POINSINET DE SIVRY, CARDONNE, MAYER, COUPÉ, LE GRAND D'AUSSY, COUCHU, IMBERT et autres). *Paris*, 1775-1789, *Lacombe et Panckoucke*, 112 *vol. in*-12.

Cette importante collection a été suspendue au mois de juin 1789. La table alphabétique des extraits qu'elle renferme forme le 112ᵉ volume. Voyez les mots *Nouvelle Bibliothéque des Romans.*

1764. Bibliothéque universelle des Romans, contenant l'analise raisonnée de romans anciens et modernes, français et étrangers, etc. *Paris (de l'imprimerie de Didot l'aîné)*, 1782, 3 *vol. in*-4.

Le comte de Villa-Hermosa, seigneur espagnol, enthousiasmé pour la *Bibliothéque des Romans*, avait chargé Bastide, l'un des rédacteurs et propriétaires de cette collection, d'en faire une édition in-4 complète, du plus grand luxe, et tirée seulement à cinquante exemplaires. La mort du Mécène, arrivée pendant l'impression du troisième volume, arrêta cette entreprise, plus somptueuse qu'utile. L'édition fut presque entièrement détruite, et surtout le troisième volume, dont vingt feuilles seulement étaient achevées, et dont je crois être certain qu'il n'a été conservé que trois exemplaires. (*Note extraite du Catalogue de la bibliothéque d'un amateur* (M. Renouard, libraire). Paris, 1816, 4 vol. in-8.

Le libraire Volland, en 1785, a supprimé le titre de *Bibliothéque universelle des Romans*, et l'a remplacé par celui-ci : *Traduction des meilleurs Romans grecs, latins et gaulois, extraits de la* Bibliothéque universelle des Romans, etc.

1765. Bibliothéque universelle et historique (par Jean LE CLERC). *Amsterdam, Wolfgang*, 1687-1718, 26 *vol. petit in*-12.

Le même J. le Clerc a publié la *Bibliothéque choisie*, Amsterdam, Schelte. 1712-1718, 28 vol., et la *Bibliothéque ancienne et moderne*, la Haye, P. Husson, 1726-1732, 29 vol. Les derniers volumes de chacune de ces Bibliothéques renferment les tables.

Cornand de la Crose a travaillé en commun avec le Clerc, aux premiers volumes de la *Bibliothéque universelle*; il a fait seul le onzième. La plus grande partie du vingtième et le reste, jusqu'au vingt-cinquième inclusivement, sont de Jacques Bernard. Voyez l'éloge de le Clerc dans la *Bibliothéque raisonnée*, t. 16, p. 2.

1766. Bibliothéque volante, ou Elite de Pièces fugitives, par le sieur J. G. J. D. M. (peut-être par le sieur J. G. JOLLI, docteur-médecin).

Amsterdam (*Paris*), 1700 et 1701, *petit in*-12.

Ce volume doit être composé de cinq parties. Voyez mon *Examen critique des Dictionnaires historiques*, au mot Jolli.

1767. Biblis à Caunus, son frère, par l'auteur de *Sapho* (Blin de Sainmore). *Paris*, *Cuissart*, 1760, *in*-12.

1768. B...t (le), histoire bavarde (par Bret). *Londres* (*Paris*), 1749, 1751, *in*-12.

1769. Bien-Aimé, allégorie (par Godard-Daucourt). 1744, *in*-12.

1770. Bien universel, ou les Abeilles mistiques du célèbre docteur Thomas de Cantimpré (par V. Villart). *Bruxelles*, 1650, *in*-4. V. T.

1771. Bien (le) universel, ou les Formis mistiques de J. Nyder (par V. Villart). *Bruxelles*, 1656, *in*-4. V. T.

1772. Bienfaisances (les) royales, par ordre chronologique, tirées de l'histoire (par Chevalier, dit Ducoudray). *Paris*, *Ruault*, 1778, *in*-12.

1773. Bienfaits (les) du Sommeil, ou les quatre Rêves accomplis (par Imbert de Nîmes). 1776, *in*-8, *avec 4 figures de Moreau*.

1774. Biévriana, ou Jeux de Mots de M. de Bièvre, par A. D. (Albéric Deville, natif d'Angers). *Paris*, *Maradan*, *an* 9 (1801), *in*-8, avec le portrait de M. de Bièvre.

Il y a eu trois éditions de cet *Ana* ; celle-ci est la dernière. M. Deville est le même qui a composé le *Voyage aux Grottes d'Arcy*, Paris, Gérard, an 11 (1803), in-12, et quelques autres brochures.

1775. Bigarrure (la), recueil de pièces fugitives, par M. D. H*** (Farin de Hautemer). *Lausanne*, *Bousquet*, 1756, *in*-8 *de* 116 *pages*.

1776. Bigarrures (les) et Touches du seigneur des Accords (Etienne Tabourot), *Paris*, 1583, *in*-16;—avec les enseignes dijonnaises (par du Buisson, baron de Grannas) et les apophthegmes du sieur Gaulard. *Rouen*, *Duménil*, 1640-1648, *in*-8; — *Paris*, 1608-1662, *in*-12.

1777. Bigarrures ingénieuses, ou Recueil de diverses pièces galantes en prose et en vers (par mademoiselle l'Héritier). *Sur l'imprimé à Paris*, 1696, *petit in*-12.

Ce recueil avait paru à Paris l'année précédente, sous le titre d'*OEuvres mêlées*. Voyez ces mots.

1778. Bigarrures (les) philosophiques (par Tiphaigne de la Roche). 1759, 2 *vol. in*-12.

1779. Bijoutier (le) philosophe, comédie traduite de l'anglais de Dodsley (par madame d'Arconville). *Londres*, *Nourse*, 1767, *in*-12.

1780. Bijoux (les) indiscrets (par Diderot). *Au Monomotapa*, 1748, 3 *vol. in*-12, *souvent réimprimés*.

1781. Bilan général et raisonné de l'Angleterre, depuis 1600 jusqu'en 1761 (par Vivant de Mezague). *Paris*, 1762, *in*-8.

1782. Billets que Cicéron a écrits tant à ses amis communs qu'à Attique, son ami particulier (traduits en françois par le Bachelier, masque de Thomas Guyot). *Paris*, *Claude Thiboust*, 1667, *in*-12 *de* 148 *pages*, *souvent réimprimé avec une épître dédicatoire au chevalier de Rohan*.

On ne trouve dans aucune édition la *Méthode en forme de préface*, *pour conduire un escolier dans les lettres humaines*, qui est annoncée dans l'*extrait du privilége du roy*. Elle me semblait devoir exister au moins dans la première édition. Mais il m'est tombé sous la main deux ou trois exemplaires de cette édition; ils ne contiennent ni préface, ni épître dédicatoire. Ils n'ont même qu'un faux titre, ainsi conçu : *Billets que Cicéron a écrits à ses amis.*

Je suis donc porté à croire que l'auteur n'a jamais composé cette *Méthode*, quoiqu'il l'ait annoncée. Voyez son article dans mon *Examen critique des Dictionnaires historiques.*

La dernière édition des *Billets* de Cicéron est probablement celle de *Limoges, Barbou*, 1747, *in*-12.

1783. Biographie du département de la Haute-Marne (par MM. MATHIEU, prêtre, et RIEUSSET, secrétaire intime du préfet). *Chaumont*, 1811, *in*-8.

1784. Biographie moderne, ou Dictionnaire historique des hommes qui se sont fait un nom en Europe depuis 1789 jusqu'en 1802 (par MM. Alphonse DE BEAUCHAMP, CAUBRIÈRES, GIRAUD, MICHAUD, DE COIFFIER et autres). *Leipsick* (*Paris*), 1802, 4 *vol. in*-8.

Cet ouvrage fut saisi par la police.

1785. Blançay, par l'auteur du Nouveau Voyage sentimental (GORJY). *Londres et Paris, Guillot*, 1788, 2 *vol. in*-16.

1786. Blanche et Vermeille, comédie pastorale en deux actes, en prose, mêlée de musique (par DE FLORIAN). *Paris, Brunet*, 1781, *in*-8.

1787. Blancherose, conte (par mademoiselle DE LUBERT). 1751, *in*-12.

1788. Blason (le) de France, ou Notes curieuses sur l'édit pour la police des armoiries (par Thibault CADOT). *Paris*, 1697, *in*-8. V. T.

1789. Blason (le) des armoiries de la Toison d'Or (par Jean-Baptiste MAURICE). *La Haye, Rammazeyn*, 1667, *in-fol.*

1790. Blason (le) des Danses, où se voient les malheurs et ruines venant des danses, dont jamais homme ne revint plus sage, ni femme plus pudique (par Guillaume PARADIN). *Beaujeu*, 1566, *in*-8. V. T.

1791. Blasons (les) anagrammatiques du Hiéropolitain d'Amiens, C. D. M. (Claude DE MONS), sur diverses fleurs de piété, etc., en vers latins et français. *Amiens, Musnier*, 1662, *in*-8.

1792. Blasons, poésies anciennes recueillies par D. M. M. (Dominique-Martin MÉON). *Paris, Guillemot*, 1807, *in*-8.

1793. Boca, ou la Vertu récompensée, par madame HUSSON (ou plutôt par madame LE MARCHAND). *Paris, Duchesne*, 1756, *in*-12.

Madame Husson, jeune et très-jolie femme, dit l'abbé de la Porte dans l'*Histoire littéraire des Femmes françaises*, t. 4, p. 182, fit imprimer sous son nom le roman de madame le Marchand, qui faisait partie des nouveaux Contes de Fées allégoriques, publiés par cette dernière en 1735, sous le voile de l'anonyme. Ce larcin, qu'elle ne s'était pas même donné la peine de déguiser, fut découvert par une lettre anonyme écrite à un journaliste, qui révéla le plagiat. Madame Husson prit alors le seul parti qu'il y eût à prendre, qui fut de convenir de bonne foi de son vol, et d'en faire une sorte d'excuse au public, par une lettre qui fut insérée dans le même journal où l'avait été la dénonciation du larcin. L'abbé de la Porte cite en entier cette lettre, qui est très-spirituelle.

1794. Bocace des Nobles malheureux (traduit du latin par Laurent DE PREMIERFAIT). *Nouvellement imprimé à Paris* (*par Jehan Petit*), *l'an* 1538, *in-fol. goth.*

Le traducteur dit, dans son prologue, avoir traduit cet ouvrage à l'honneur et louange de son très-redouté et souverain seigneur Charles VIII, roi de France.

1795. BOËCE consolé par la philosophie, traduction nouvelle (par N. F. REGNIER, chanoine régulier). *Paris, Loyson*, 1676, *in*-12.

Voyez deux nouvelles traductions anonymes de l'excellent ouvrage de Boèce, au mot *Consolation*.

1796. Bohémiens (les) (par le marquis DE PELLEPORT). *Paris, Lavillette*, 1790, 2 *vol. in*-12.

1797. Boîte (la) à l'Esprit, ou Bibliothéque générale d'anecdotes et bons mots, par une société de gens de lettres (composée par LALLEMAND DE SANCIÈRES). *Paris, Favre, an* 9 (1801). 12 *parties in*-12.

1798. Bok et Zulba (par DE LA SOLLE). *Sans nom de ville ni date, in*-12.

Réimprimé dans le cinquième volume de la *Bibliothéque choisie et amusante*. Amsterdam, 1749, 6 vol. in-12.

1799. BOLÆANA, ou Bons Mots de BOILEAU, avec les poésies du père SANLECQUE (publiés par MONTCHESNAY). *Amsterdam*, 1742, *in*-12.

1800. Bombyx (le), ou le Vers à soie, poëme en six livres (par J. DE FRANCHEVILLE). *Berlin*, 1755, *in*-8. V. T.

1801. Bon (le) Ami, comédie en un acte et en prose, représentée par les Comédiens français le 17 novembre 1780 (par LE GRAND). *Paris, Duchesne*, 1781, *in*-8.

1802. Bon (du) et du mauvais Usage dans les manières de s'exprimer, des façons de parler bourgeoises, et en quoi elles sont différentes de celles de la cour. Suite des mots à la mode (par DE CALLIÈRES). *Paris, Barbin*, 1693, *in*-12.

1803. Bon (le) Fermier, ou l'Ami des Laboureurs (par LA ROSE). *Lille, Henry*, 1767, 1769, *in*-12.

1804. Bon (le) Fils, ou les Mémoires du comte de Samarandes, par l'auteur des Mémoires du marquis de Solanges (DESBOULMIERS). *Paris*, 1767; — *Amsterdam*, 1770, 4 *vol. in*-12.

1805. Bon Goût (le) de l'Eloquence chrétienne, par B. G. J. (par Blaise GISBERT, jés.). *Lyon*, 1702, *in*-12.

Réimprimé avec beaucoup de changemens et d'augmentations, sous ce titre : *Eloquence chrétienne dans l'idée et dans la pratique*, Lyon, 1715, in-4, et Amsterdam; avec des Remarques de Jacques Lenfant, 1728, in-12. L'abbé Goujet ne le marque pas comme anonyme; cependant il est tel dans l'exemplaire que j'ai eu sous les yeux.

1806. Bon Politique (le), ou le Sage à la cour (par PERREAU). *Londres et Paris*, 1789, *in*-8.

Même ouvrage que *Mizrim*. Voyez ce mot.

1807. Bon (le) Sens, ou Idées naturelles opposées aux idées surnaturelles (par le baron D'HOLBACH), *Londres* (*Amsterdam, M. M. Rey*), 1772, *in*-12. — Autre édition sous le nom de feu M. MESLIER, curé d'Etrepigny. *Rome* (*Paris*), 1791, *in*-8. — Nouvelle édition, suivie du testament du curé Meslier (ou plutôt du précis fait par VOLTAIRE de la première partie de ce fameux testament). *Paris, Bouqueton, l'an* 1er *de la république* (1792), 2 *vol. petit in*-12.

Naigeon a inséré dans le *Dictionnaire de la Philosophie ancienne et moderne de l'Encyclopédie méthodique* le précis du testament de Meslier. Il ne se trouve pas dans le *Voltaire* de Beaumarchais.

1808. Bon (le) Sens, par un gentilhomme breton (Armand-Guy DE KERSAINT). 1788, *in*-4 *et in*-8.

1809. Bon (le) Usage du Tabac en poudre, les différentes manières de le préparer, etc., par B. (J. BRUNET). *Paris, veuve Quinet*, 1700, *in*-12.

Voyez Haller, *Bibl. medicinæ praticæ*, t. 3, p. 292. J'ai vu aussi ce nom écrit à la main sur un exemplaire. C'est à tort que quelques bibliographes attribuent cet ouvrage à BAILLARD.

1810. Bonaparte au Caire, ou Mémoire sur l'expédition de ce général en

Egypte (par LAUS DE BOISSY). *Paris, Prault, an 7 (1799), in-8.*

1811. Bonapartiana, ou Recueil de Réponses ingénieuses, etc. de Bonaparte, par C. (M. COUSIN) d'Aval.. (Avalon). *Paris*, 1801, *in-18.*

1812. Bonheur (le), ou Nouveau Système de Jurisprudence (par Elie LUZAC). *Berlin*, 1753, *in-12 de 158 pages.* — Nouvelle édition, avec le nom de l'auteur. *Amsterdam, chez Den Hengst et fils*, 1820, *in-8.*

1813. Bonheur (le), poëme en quatre chants, par HELVÉTIUS, accompagné d'une préface sur la vie de cet auteur (par SAINT-LAMBERT). *Londres*, 1772, *in-8.*

1814. Bonheur (le) dans les Campagnes (par le marquis DE MARNÉSIA). *Neufchâtel*, 1784. — Nouvelle édition, considérablement augmentée. *Neufchâtel et Paris, Royez*, 1788, *in-8.*

1815. Bonheur (du) de la Cour et vraye Félicité de l'Homme (par Pierre DAMPMARTIN, procureur général du duc d'Alençon). *Anvers, François de Mus*, 1592, *in-12 de 171 feuillets*, non compris une dédicace de l'auteur à M. de Chastillon, admiral en Guyenne.

J'ai trouvé la description de ce rare volume dans mon exemplaire de la *Bibliothéque historique de la France*, enrichi de notes manuscrites du savant Beaucousin. Cet amateur avait dans sa bibliothéque le *Bonheur de la Cour.* Sorel nous apprend, dans sa *Bibliothéque française*, que c'est lui qui a fait réimprimer cet ouvrage sous le titre de *Fortune de la Cour.* « Il y a changé les vieux mots, ainsi qu'il le dit lui-même, et y a ajouté les préludes et la dernière partie, avec quelques discours assez galans qu'il fait dire à Bussy d'Amboise, touchant certaines amours de la cour. Il fit ceci pour montrer de quelle manière on peut donner une nouvelle face aux anciens ouvrages, et faire qu'ils plaisent à ceux mêmes qui auparavant avaient peine à les souffrir à cause de leur style. » Voyez la *Bibliothéque française* de Sorel, p. 414, édition de 1667. Voyez aussi dans ce dictionnaire les mots *Fortune de la Cour.*

1816. Bonheur (le) de la Mort chrétienne (par le P. QUESNEL). *Paris, Josset*, 1688, *in-12.*

Souvent réimprimé.

1817. Bonheur (le) de la Vie, ou le Secret de la Santé (par DALICOURT). *Paris, sans nom d'imprimeur*, 1666, *in-16.*

1818. Bonheur (le) de la ville d'Aix, représenté aux arcs de triomphe à l'honneur du maréchal de Vitry, par J. F. (Jean FERRAND). *Aix*, 1632, *in-4.* V. T.

1819. Bonheur (le) primitif, ou les Rêveries patriotiques (par madame DE GOUGE). *Amsterdam et Paris, Royez*, 1789, *in-8 de 126 pages.*

Dans cet ouvrage, madame de Gouge renvoie à sa *Lettre au Peuple* et à ses *Remarques patriotiques.*

1820. Bonne (la) Femme, ou le Phénix, parodie d'Alceste, en deux actes, en vers, mêlée de vaudevilles et de danses (par MM. DE PIIS, DESPRÉS et RESNIER). *Paris, Chardon*, 1776, *in-8.*

1821. Bonne (la) Fermière, ou Elémens économiques (par LA ROSE). *Lille, Henry*, 1767, 1769, *in-12.*

1822. Bonnets (les), ou Talemik et Zinéra, histoire moderne, traduite de l'arabe (par MAILHOL). *Londres et Paris, Jacques Fr. Quillau*, 1765, *in-12 de 174 pages.*

1823. Bons Avis sur plusieurs mauvais Avis. *Sans nom de ville*, 1650, *in-4.*

Math. de Morgues est l'auteur de ce pamphlet. Voyez le *Patiniana*, Paris, 1701, in-8, p. 107. V. T.

1824. Bons (des) Mots et des bons Contes, de leur usage, de la raillerie des anciens, de la raillerie et des railleurs de notre temps (par DE CALLIÈRES). *Paris*, 1692, *in*-12.

1825. B.... (le) ou le J...F... puni, comédie en prose, en trois actes. 1736, *in*-8.

Cette facétie est du comte DE CAYLUS. Voltaire le dit dans une lettre à M. Berger (5 *avril* 1736). Cependant une note du *Pauvre Diable* (1760) semble l'attribuer à l'avocat GERVAISE, qui y est présenté comme étant aussi savant dans l'antiquité que dans l'histoire des mœurs modernes. En citant le B.... dans son *Dictionnaire de Bibliographie française*, Fleischer a adopté la seconde de ces opinions, laquelle n'a aucun fondement.

1826. Boscobel, ou Abrégé de ce qui s'est passé dans la retraite mémorable de S. M. britannique, après la bataille de Worchester, le 13 septembre 1651, traduit de l'anglais. *Rouen*, *Pierre Cailloué*, 1676, *in*-12.

Cet ouvrage a été traduit de l'anglais par Denis CAILLOUÉ, frère d'un libraire de Rouen. Ce même Denis Cailloué est auteur de la *Métamorphose des Iles Fortunées*, ode en vers français, et de quelques autres pièces de poésie qui se trouvent à la suite du *Portrait royal*. Voyez ces mots. Il a aussi été éditeur d'un livre assez rare, intitulé : *Prédiction où se voit*, etc. Voyez ces mots. (*Note communiquée par M. Pluquet.*)

1827. Botanique pour les femmes et les amateurs des plantes, par BATSCH, traduite de l'allemand sur la seconde édition (par BOURGOING). *Weimar*, 1799, *in*-8.

1828. Bouche de Fer, journal commencé en 1790 (par Cl. FAUCHET et M. BONNEVILLE). *in*-8. V. T.

1829. Boucle (la) de Cheveux enlevée, poëme héroï-comique de POPE, traduit de l'anglais par M. L. D. F. (l'abbé DESFONTAINES). *Paris*, *Briasson*, 1738, *in*-12, et 1779, *in*-8, dans la collection des OEuvres de Pope (publiée par l'abbé DE LA PORTE).

Quelques personnes attribuent cette traduction à la marquise de Caylus.

1830. Boucle (la) de Cheveux enlevée, poëme héroï-comique de POPE, traduit en vers français par M. D..... (DESPRÉAUX, de l'académie d'Angers); et Balsore, ou la Sultane posthume, par le même auteur. *Paris*, *Thiboust*, 1743, *in*-12 *de* 109 *p*.

Voyez la *Bibliothèque raisonnée*, t. 30, p. 437.

1831. Bouclier (le) de la France, ou les Sentimens de GERSON et des canonistes touchant les différends des rois de France avec les papes (par Eustache LE NOBLE). *Cologne*, *Jean Sambix*, 1691, *in*-12.

Cet ouvrage a été aussi imprimé sous le titre d'*Esprit de* GERSON. Quelques auteurs l'ont attribué à Claude DE SAINT-GEORGE, archevêque de Lyon, mort en 1714.

1832. Bouclier d'Etat et de Justice (par le baron DE LISOLA). 1667, *in*-12.

1833. Bouclier (le) d'Honneur, ou les Beaux Faits de Louis de Berton, seigneur de Crillon, appendu à son tombeau, par un père jésuite (François BENING). *Avignon*, 1616, *in*-8; — *Lyon*, 1616, *in*-4.

Ce morceau a été réimprimé en 1759, in-12, pour terminer le tome second de la vie du brave Crillon, par mademoiselle de Lussan; cependant il a été vendu séparément, parce qu'on communiqua à l'auteur des pièces plus intéressantes. Ceci sert à expliquer pourquoi ce morceau commence à la page 197.

1834. Bouhours (le P.), jésuite, convaincu de ses calomnies anciennes et nouvelles contre MM. de Port-Royal (publié par le père P. QUESNEL). *Sans nom de ville*, 1700, *in*-12.

Catalogue manuscrit de l'abbé Goujet.

1835. Bouquet (le) de l'Amitié et du

Sentiment (par A. CH. CAILLEAU et Fr. NAU). *Paris*, 1769, *in*-8. V. T.

1836. Bouquet (le) de Roses, ou le Chansonnier des Grâces pour l'an 9 (rédigé par M. DE CHAZET). *Paris*, 1800, *in*-18. V. T.

1837. Bourguignon (le) désintéressé (par E. BIGEOT). *Cologne* (1688), *in*-12. V. T.

1838. Boussole agronomique, ou Guide des Laboureurs (par DE NEUVE-EGLISE). *Yvetot et Paris, Despilly*, 1762-1765, 4 *vol. in*-8.

1839. Boussole (la) morale et politique des Hommes et des Empires, dédiée aux nations (par Nicolas-Gabriel LECLERC). *Imprimé à Rostoc (Besançon)*, 1780, *in-8 de* 145 *pages.*

Il y a une seconde édition ou plutôt une contrefaçon de cet ouvrage, qu'il est facile de distinguer de la première ; elle est imprimée sur un papier plus petit, porte la date de 1781, et ne contient que cent onze pages. Cette seconde édition est probablement de Neufchâtel.

1840. Boussole (la) nationale, ou Voyage et Aventures historiques d'un Laboureur, etc.; ouvrage instructif et politique en faveur des habitans de la campagne, des manufacturiers et soldats (par M. POCHET). *Paris*, 1791, 3 *vol. in*-8.

1841. Boutade sur l'Ode, par M. P. F. A. L. F. (LEFÈVRE, professeur au prytanée de Saint-Cyr). *Paris, Dufour*, 1806, *in*-8.

1842. Bramine (le) inspiré, traduit de l'anglais (de DODSLEY, par DESORMES, comédien français, mort à Manheim vers 1764). *Berlin, Guillaume Birnstiehl*, 1751, *in*-8.

1843. Bramine (le) inspiré, traduit de l'anglais (de DODSLEY) par L'ESCALLIER (ou plutôt par DESORMES). *Berlin, Etienne de Bourdeaux*, 1751, *in*-12.

L'Escallier était secrétaire ou copiste de Desormes. Il fit imprimer sous son nom l'ouvrage qu'il avait copié. Voyez l'*Année littéraire* de Fréron, 1760, t. 5, p. 167.

1844. Bravacheries (les) du capitaine Spavente, divisées en forme de dialogue, traduites de l'italien en français (par J. DE FONTENY). *Paris, le Clerc*, 1608, *in*-12.

1845. Bref Discours des admirables Vertus de l'Or potable, avec une apologie de la science d'alchimie (par Alex. DE LA TOURETTE). *Lyon*, 1575, *in*-8. V. T.

1846. Bref et sommaire Recueil de ce qui a été fait, et de l'ordre tenu à l'entrée de Charles IX en Paris (par S. BOUQUET). *Paris*, 1572, *in*-4.

Catalogue manuscrit de l'abbé Goujet.

1847. Bref Recueil des Antiquités de Valenciennes, par S. L. B. (Simon LE BOUCQ). *Valenciennes, Vervliet*, 1619, *in*-8.

1848. Bref Sommaire des Evangiles de tous les jours de Carême, par Louis LE SÉNÉCHAL. *Paris, Gabriel Buon et Nic. Chesneau*, 1562, *in*-8.

De Launoy, page 782 de son Histoire du collége de Navarre, nous apprend que *René Benoist* a pris ici le nom de *Louis le Sénéchal*. La Croix du Maine a donc eu tort de consacrer à cet auteur imaginaire un article, tome 2, page 63 de sa *Bibliothèque française*. Il pourrait s'être aussi trompé en indiquant une édition de ce livre en 1559. (*Note de M. Boulliot.*)

1849. Bréviaire philosophique, ou Histoire du Judaïsme, du Christianisme et du Déisme, en trente-trois vers, par le feu roi de Prusse, et en trente-trois notes, par un célèbre géomètre (ouvrage composé et publié par CÉRUTTI). *Paris*, 1791, *in*-8.

1850. Bréviaire romain, suivant la

réformation du concile de Trente, latin-français (traduit par Nic. LE TOURNEUX). *Paris*, 1688, 4 *vol. in*-8.

1851. Bréviaire romain, noté suivant un nouveau système de chant approuvé par l'Académie des Sciences, etc., par M*** (DEMOTZ), prêtre. *Paris*, *Quillau*, 1727, *in*-12.

1852. Brick Bolding, ou Qu'est-ce que la vie, roman anglo-franco-italien (par C. A. B. SEWRIN). *Paris*, 1799, 3 *vol. in*-12.

1853. Brief Discours sur quelques poincts concernant la police de l'Eglise et de l'Etat, et particulièrement sur la réception du concile de Trente et la vénalité des offices, par D. P. (Jacques DAVY DU PERRON et DE LA GUETTE). *Paris, Ant. Etienne*, 1615, *in*-8.

1854. Brief Récit de la Navigation faite ès isles de Canada, Hochelage, Saguenay et autres (par Jacques CARTIER). *Paris, Ponce Roffet*, 1545, *in*-8.

1855. Briève et claire Déclaration de la Résurrection des Morts (par Hélie PHILIPPE). *Sans nom de ville*, 1583, *in*-24. V. T.

1856. Briève et dévote Histoire de l'abbaye de l'Isle-Barbe (par BEZIAN-ARROY). *Lyon*, 1668, *in*-12. V. T.

1857. Briève Histoire de l'institution des Ordres religieux (par TRICHET DU FRESNE). *Paris, Adrien Menier*, 1656, *in*-4.

1858. Briefve Instruction pour tous les Estats (par Fr. VEILROS ou VEILROC). *Paris*, 1536, *in*-4. V. T.

1859. Briève Instruction sur le Calendrier (par le P. Hyacinthe SERMET). *Toulouse*, *J.-J. Despax*, *an* 9 (1801), *in*-8 *de* 14 *pages*.

1860. Briève Réponse d'un Catholique français à l'Apologie ou Défense des Ligueurs, etc. *Sans indication de lieu* (*Troyes*), 1586, *in*-8 *de* 29 *p*.

Une petite vignette placée au milieu du frontispice ressemble tout-à-fait à celle qui termine les *Lettres d'un François* (voyez ces mots), imprimées en 1587 à Troyes: cela me porte à croire que la *Briève Réponse* est du même auteur (Fr. PITHOU).

Le P. le Long jugeait cette pièce plutôt d'un protestant déguisé que d'un vrai catholique. Ses continuateurs disent qu'elle est écrite avec force et vivacité. Ces deux jugemens me confirment dans mon opinion.

Grosley n'a point cité la *Briève Réponse* dans sa *Vie des frères Pithou*; il n'a point connu l'édition originale des *Lettres d'un François*.

1861. Brigandage (le) de la Médecine dans la manière de traiter les petites véroles et les plus grandes maladies par l'émétique, la saignée du pied et le kermès minéral (par Phil. HECQUET). *Utrecht* (*Paris*), 1732 *et* 1733, 3 *parties in*-12.

1862. Brigandage (le) de la Musique italienne (par J. J. SONNETTI). *Amsterdam et Paris, Bastien*, 1781, *in*-12.

1863. Brochure (la) à la mode, ornée et enrichie de quelques pensées (par MARESCOT). *Paris, Duchesne*, 1755, *in*-12.

Le libraire Duchesne chercha à vendre avec cette brochure le *Triomphe de l'Amour*, poëme en prose, par le sieur MICHEL, comme si l'une eût été la seconde partie de l'autre. Les deux auteurs ne furent pas satisfaits de cet arrangement, qui ne plut pas davantage aux acheteurs. Voy. l'*Année littéraire* de Fréron, 1756, t. 2, p. 201. (B.)

La *France littéraire*, Paris, 1769, in-8, met cet ouvrage sous le nom de MARESCOT; mais dans le registre manuscrit de la police pour les permissions tacites, on trouve le nom de *Forceville*. V. T.

1864. Brochure nouvelle (Conte de

Fées, par Gautier de Montdorge). 1746, *in*-8.

Voyez la *France littéraire* de 1769, t. 2. Les rédacteurs du Catalogue de la Bibliothéque du Roi, *Belles-Lettres*, tome 2, attribuent faussement cet ouvrage à un M. Manda.

1865. Brochures (les), dialogue en vers entre un provincial et un libraire (par Simon). *Paris, Cailleau*, 1788, *in*-8 *de* 14 *pages*, et dans le tome troisième des *Satiriques* du dix-huitième siècle. Voyez ces derniers mots.

1866. Bucoliques (les) de Virgile en vers français, par le sieur P*** (Porry). *Paris, Barbin*, 1689, *in*-12.

Le nom du traducteur s'est trouvé sur un exemplaire donné à un ami.

1867. Bucoliques (les) de Virgile en vers (par M. de Langeac), avec des remarques sur les beautés du texte (par M. Michaud). *Paris, Giguet*, 1806, *in*-4, *in*-8 *et in*-18.

1868. Bucoliques (les) de Virgile, traduites en vers français et accompagnées de notes sur les beautés du texte, par J. A. D*** (Jean-Achille Deville). *Paris, Cussac*, 1813, *in*-8.

1869. Bulle (la) d'Alexandre VI, nouvelle imitée de Casti (par M. Andrieux). *Paris, Dabin, an* 9 (1802). *in*-8 *de* 24 *pages*.

1870. Bulletin officiel du Directoire helvétique (par M. Miéville). *Lausanne*, 1799, *in*-8. V. T.

1871. Buonaparte peint par lui-même dans sa carrière militaire et politique, par M. C*** (Coffinières), avocat. *Paris, Belin et le Prieur*, 1814, *in*-8.

1872. Bureau (le) d'Esprit, comédie en cinq actes et en prose, par M. L. C. R. G. A. (le chevalier Rutlige). *Londres*, 1777, *in*-8.

1873. Buvette (la) des Philosophes, ode bachique sur leur histoire, rangée par ordre chronologique, etc. (par Brisseau). *Douay*, 1726, *in*-8. V. T.

C.

1874. Cabale (la) chimérique, ou Réfutation de l'Histoire fabuleuse touchant un certain projet de paix (par Bayle). *Rotterdam*, 1691, *in*-12.

1875. Cabale (la) des Réformés, tirée nouvellement du puits de la Réformation, par J. D. C. *Montpellier, chez le Libertin, imprimeur de la Sainte Réformation*, 1599, *in*-8.

Le *Mercure français* (de Richer), *Paris*, 1611 *et années suivantes*, attribue cet ouvrage au sieur Reboul. Voyez t. 2, p. 154.

1876. Cabane (la) mystérieuse (par M. Musset-Pathey). *Paris, an* 7 (1799), 2 *vol. in*-12.

1877. Cabinet (le) de Minerve, qui est la cinquième partie des Aventures de Floride (par F. Beroalde de Verville). *Rouen*, 1597 *et* 1601, *in*-12. V. T.

1878. Cabinet (le) des Fées, ou Collection choisie des Contes des Fées et autres Contes merveilleux (par Mayer). *Amsterdam et Paris*, 1785, 37 *vol. in*-8.

L'on a publié à *Genève*, dans les formats

in-8 et in-12, quatre volumes qui font suite à cette collection. Ils contiennent une suite des *Mille et une Nuits*, contes arabes traduits par dom Chavis et Cazotte.

1879. Cabinet (le) du jeune Naturaliste, traduit de l'anglais de Thomas Smith (par mademoiselle Alyon, MM. T. P. Bertin et Th. Mandar). *Paris, Maradan*, 1810, 6 *vol. in*-12.

1880. Cabinet du Roi de France, dans lequel il y a trois perles d'inestimable valeur, par le moyen desquelles le roi s'en va le premier monarque du monde, et ses sujets sont du tout soulagés, par N. D. C. (Nicolas Barnaud). 1581, 1582, *in*-8; — *Londres*, 1624, *in*-8.

Prosper Marchand s'est trompé en conjecturant que cet ouvrage était le même, sous un autre titre, que le *Secret des Finances* de M. Fromenteau; mais on peut dire que les deux ouvrages paraissent sortis de la même main : tous deux ont pour but d'augmenter les finances du roi, en dévoilant les abus qui ont lieu en France. Le nom de Fromenteau serait donc un des masques de Nicolas Barnaud.

1881. Cabinet (le) du Roi Louis XI, contenant divers fragmens, lettres, intrigues non encore vues, recueillies de diverses archives (et publiées par l'Hermite de Soliers). *Paris, Quinet*, 1664, *in*-12; dans le Supplément aux Mémoires de Philippe de Comines (publié par Jean Godefroi), *Bruxelles*, 1713, 1725, *in*-8, et dans les éditions subséquentes des Mémoires de Comines.

1882. Cabriolet (le) (par Mailhol). *Amsterdam, Marc-Michel Rey*, 1755, *in*-12.

1883. Cabriolet (le), ou l'Egoïste corrigé, conte en l'air (par madame F. de Beauharnois)..... 1784. V. T. Permission tacite.

1884. Cacomonade (la), histoire philosophique et morale (par Linguet). *Paris, Cellot*, 1767, *in*-12.

1885. Cacophonie (la) (par J. H. Marchand). ..... 1767, *in*-12. V. T. Permission tacite.

1886. Café (le) politique d'Amsterdam, par Ch.-Elie-Denis Roonptsy (masque de Roch.-Ant. Pellissery). *Amsterdam*, 1776, 2 *vol. in*-8.

1887. Cahier de la Déclaration des droits du peuple et Contrat de constitution de l'Etat (par J. L. Carra). *Paris*, 1789, *in*-8. V. T.

1888. Cahiers de Mathématiques à l'usage des officiers de l'école royale d'artillerie de Strasbourg (par Hertenstein). *Strasbourg, Doulssecker*, 1737, 2 *vol. in*-4.

1889. Cahiers de trois communes de Langres (rédigés par de la Luzerne, évêque de Langres). 1789, *in*-8.

1890. Caie Suétone Tranquille, de la Vie des douze Césars, traduit et illustré d'annotations (par Jean Baudouin). *Paris, Richer*, 1611, *in*-4.

1891. Calamité des Eglises de la souveraineté de Béarn (par J. P. de Lescun). *La Rochelle*, 1621, *in*-8. V. T.

1892. Calculs d'usage pour les comptables, trésoriers, marchands, banquiers, etc. (par Masson). *Paris, Henry*, 1770, *in*-8.

1893. Calendrier de Flore, ou Etudes de fleurs d'après nature, par mademoiselle V. D. C. (Victorine de Chastenay). *Paris, Maradan, an* 10 (1802), 3 *vol. in*-8.

1894. Calendrier de Philadelphie, ou Constitutions de Sancho-Pança et du bon-homme Richard en Pensylvanie (par Barbeu du Bourg). *Philadelphie et Paris, Esprit*, 1778, *petit in*-12.

1895. Calendrier des Fous (par L. Coquelet). *A Stultomanie, chez Mathurin Petit-Maître, imprimeur et libraire-juré des Petites-Maisons, dans la rue des Ecervelés, à l'enseigne de la Femme sans tête, l'an depuis qu'il y a des fous* (1737), *in*-18.

1896. Calendrier des Héros, ou le Manuel des Militaires, par de G*** (de Gency). *Paris, veuve Duchesne*, 1772, *in*-8.

1897. Calendrier (le) des Heures surnommées à la Janséniste, revu et corrigé par Fr. de Saint-Romain (Phil. Labbe, jésuite). *Paris*, 1650. *in*-8.

1898. Calendrier (le) des Jardiniers, traduit de l'anglais de Bradley (par de Puisieux), avec une description des serres. *Paris*, 1750, *in*-12.

1899. Calendrier du Fermier, ou Instruction, mois par mois, sur toutes les opérations d'agriculture qui doivent se faire dans une ferme; ouvrage traduit de l'anglais, avec des notes instructives du traducteur, M. le marquis de G*** (de Guerchy). *Liége, Société typographique*, 1789, *in*-8.

Voyez le n° 358.

1900. Calendrier historique, avec le journal des cérémonies, etc. (par Maupoint). *in*-8.

Même ouvrage que la *Concordance des Bréviaires*, etc. Voyez ces mots.

1901. Calendrier historique de l'Université de Paris (par Martial le Fèvre). 1755, *in*-24.

1902. Calendrier historique, où l'on trouve la généalogie de tous les princes de l'Europe (par Lenglet du Fresnoy). *Paris*, 1750, *in*-24.

L'auteur a été à la Bastille pour ce petit almanach. Voyez la *Bastille dévoilée*, Paris, 1789, in-8, première livraison, p. 109. V. T.

1903. Calipso, ou les Babillards (par le chevalier de Rutlige). 1786, 3 *vol. in*-8.

1904. Caliste, ou la Belle Pénitente, tragédie imitée de l'anglais (de Rowe, par le marquis de Maupré), en cinq actes et en vers. *Paris*, 1750, *in*-12.

Cette tragédie fut représentée le 27 mai 1750. Paris, toujours impatient de connaître les auteurs des nouveautés, l'attribua à plusieurs personnes. Après quelques jours d'incertitude, ses conjectures se fixèrent sur l'abbé Seran de la Tour, homme de lettres uniquement connu jusqu'alors par plusieurs Histoires des Grands Hommes de l'antiquité. Le public, constant dans la gratification qu'il fit de cette pièce à cet écrivain, qui l'a toujours désavouée, persista dans cette idée. Ce fut d'après ce préjugé que les almanachs littéraires, les histoires du théâtre et des ouvrages modernes adoptèrent le même sentiment. Le désaveu de l'auteur prétendu fut aussi inutile qu'invariable; on ne voulut point se rétracter. Mais voici ce que je sais certainement sur cette anecdote dramatique. Feu M. le marquis de Maupré, que j'ai beaucoup connu, lut cette pièce à mademoiselle Gaussin, qui se chargea de la faire lire à l'assemblée de ses camarades; ils la reçurent très-favorablement. M. de Maupré distribua les rôles, assista à toutes les répétitions, fit enfin tout ce que fait un auteur en pareil cas. M. l'abbé de la Tour, à qui libéralement on avait donné cette pièce, ne s'en mêla en aucune façon; mais il s'était répandu qu'elle était de lui, on ne voulut point revenir de cette opinion. M. de Maupré cependant était connu dans le monde pour faire des vers aimables, aisés et ingénieux, et il ne fut pas seulement soupçonné. Si cette première tragédie de Caliste est de lui, comme il y a grande apparence, il faut avouer qu'il mit bien de l'adresse dans sa conduite. Il est vrai que son nom n'est pas sur les registres de la comédie, à l'article du reçu de la part qui revient à l'auteur; mais celui de la personne à qui l'on attribua cette pièce ne s'y trouve pas non plus: c'est un nom absolument inconnu au théâtre, un personnage postiche. L'auteur, quel qu'il soit, avait trop imité l'anglais, et n'avait pas assez réfléchi sur le génie de notre théâtre : malgré ce défaut, la pièce eut un certain succès ; je me souviens que mademoiselle GAUSSIN y arrachait des larmes. (Voyez l'*Année littéraire* de Fréron, 1760, t. 8, p. 167. (*Extrait de Caliste, tragédie de Colardeau.*)

905. Callipédie (la), traduction libre en vers français du poëme latin de Claude QUILLET (par LANGELIN de Laval). *Amsterdam et Paris, Bastien*, 1774, *in*-8.

Voyez les *Essais historiques sur le Maine*, par M. Renouard. *Au Mans*, 1811, in-12, t. 2, p. 198.

906. Callipédie (la), traduite du poëme latin de Claude QUILLET (par MONTENAULT D'EGLY). *Paris, Durand*, 1749, *in*-8.

907. Callophile, histoire traduite (roman allégorique, par BARTHÈS, avocat, né à Narbonne). *Paris*, 1759, *in*-12.

908. Caloandre (le) fidèle, traduit de l'italien d'Ambrosio MARINI (par le comte DE CAYLUS). *Amsterdam, Westein et Smith*, 1740, 3 *vol. in*-12.

909. Calomnie (la) confondue par la démonstration de la vérité et de l'innocence opprimée par la faction des Jésuites, par J. CORDIER (Jean COURTOT, de l'Oratoire). *Sans nom de ville ni date*, *in*-4. V. T.

910. Calotine (la), ou la Tentation de S. Antoine, poëme épi-cyni-satiri-héroï-comique et burlesque (par MERCIER de Compiègne). *Memphis, l'an* 5800, *in*-12.

911. Calvaire (le) profané, ou le Mont-Valérien usurpé par les Jacobins réformés du faubourg Saint-Honoré à Paris, adressé à eux-mêmes (poëme en vers, par Jean DUVAL, prêtre). 1664, *in*-4, 48 *pages*.

912. Calvaire sacré (par F. Q. DE BAZYRE). *Rouen*, 1606, *in*-12. V. T.

1913. Calvinisme (le) convaincu de nouveau de dogmes impies, ou la Justification du livre du *Renversement de la Morale par les erreurs des Calvinistes*, contre les erreurs de M. le Fèvre, dans ses *Motifs invincibles*, et M. le Blanc, ministre de Sedan, dans ses *Thèses* (par Ant. ARNAULD). *Cologne, Pierre Rinsfelt*, 1682, *in*-12.

1914. Calvinistes (les) pupilles et sans père. (*Vers* 1650), *in*-8.

Guillaume Courbon, curé d'Annonay, auteur de ce livre, dirigé contre le ministre *Alexandre de Vinay*, le fit paraître sous le nom emprunté du *sieur de la Rivière*, curé de Sainte-Foy lès-Annonay. Voyez L. T. Hérissant, *Nouvelles Recherches sur la France*, t. 1, p. 39. (*Article et note communiqués par M. Boulliot.*)

1915. Caméléon (le) littéraire, par l'auteur du *Philosophe au Parnasse* (Théodore-Henri TSCHOUDY, fils d'un conseiller de Metz, connu dans les pays étrangers sous le nom de chevalier DE LUSSY). *Imprimé à Saint-Pétersbourg, petit in-8 de* 275 *pages, contenant douze numéros.*

Voyez les *Mémoires secrets* de Duclos sur les règnes de Louis XIV et de Louis XV, et le journal de Verdun, *mai* 1755, p. 380.

1916. Camille, ou la Peinture de la Jeunesse, traduite de l'anglais de miss BURNEY (traduction refaite par MM. DESPRÉS et DESCHAMPS). *Paris, Maradan*, 1797, 5 *vol, in*-12.

1917. Camille, ou Lettres de deux Filles de ce siècle (par Samuel CONSTANT). *Paris*, 1786, 4 *vol. in*-12.

1918. Caminologie, ou Manière de faire des cheminées qui ne fument point (par dom Pierre HÉBRARD, bénédictin). *Dijon, Desventes*, 1756, *in*-8.

1919. Campagne (la), roman traduit

de l'anglais (par DE PUISIEUX). *Paris, veuve Duchesne*, 1766, 2 *vol. in*-12.

1920. **Campagne de Hollande en 1672, sous les ordres du duc de Luxembourg (publiée par DUMOULIN, commis au dépôt des affaires étrangères).** *La Haye, P. Dehondt*, 1759, *in-fol.*

1921. Campagne de l'armée du Roi en 1747 (par D'ESPAGNAC). *La Haye, Scheurleer*, 1747, *in*-12.

1922. Campagne de Louis XIV, par M. PÉLISSON, avec la Comparaison de François Ier avec Charles-Quint, par M. *** (VARILLAS). *Paris, Mesnier*, 1730, *in*-12.

Des personnes instruites assurent que cette *Campagne de Louis XIV* a été écrite par Racine et Boileau. Elle a été réimprimée en 1784 sous leur nom, d'après un manuscrit de la bibliothèque de Valincour, qui le tenait de Boileau, et qui l'avait confié à l'abbé Vatry. Voyez les mots *Eloge historique de Louis XIV*.

La *Comparaison de François I*, etc., forme le treizième et dernier livre de l'*Histoire de François I*, par le fameux Varillas.

1923. Campagne de Villars en 1712 (par GAYOT DE PITAVAL). *Paris, Jombert*, 1713, *in*-12.

1924. **Campagne du Duc de Brunswick contre les Français en 1792, traduite de l'allemand d'un officier prussien (par un anonyme, et revue par M. DESRENAUDES, avec une préface par M. FEYDEL).** *Paris, Forget, an* 3 (1795), *in*-8.

1925. **Campagne du général Bonaparte en Italie, pendant les années 4 et 5 de la république française, par un officier-général (M. DE POMMEREUL).** *Paris, Plassan*, 1797, *in*-8.

1926. Campagne (la) royale, ou le Triomphe des armées de Sa Majesté ès années 1667 et 1668 (par DALICOURT). *Paris, Gervais Alliot*, 1668, *petit in*-12.

1927. **Campagne sur le Mein et la Rednitz de l'armée gallo-batave, aux ordres du général AUGEREAU, frimaire, nivose et pluviose an 9 (1800 et 1801), avec une carte des opérations (par le général de division ANDRÉOSSY).** *Paris, Barrois l'aîné et fils, an* 10 (1802), *in*-8.

1928. **Campagnes (les) de Charles XII, roi de Suède (par GRIMAREST).** *Paris, J. le Fèvre*, 1705, 2 *vol. in*-12.

Réimprimé à *la Haye* en 1707, avec le nom de l'auteur.

1929. **Campagnes de Frédéric II, roi de Prusse, de 1756 à 1762 (par DE WARNERY).** 1788, *in*-8.

1930. **Campagnes de l'abbé T. (par DE LA MORLIÈRE).** *Sans nom de ville*, 1747, *in*-12. V. T.

Catalogue de Simpson, n° 1204.

1931. Campagnes de Louis XV, ou Tableau des Expéditions militaires des Français sous le dernier règne, précédé de l'État de la France à la mort de Louis XIV, ouvrage enrichi de cartes, etc. (par PONCELIN DE LA ROCHE-TILHAC). *Paris, chez l'auteur, rue Garancière, n°* 28, *et chez Moureau*, 1788, 2 *vol. in-fol.*

Le premier volume renferme la partie *métallique*, et l'autre la partie *historique*.

La partie métallique n'est autre chose que les campagnes de Louis XV, publiées en 1749 ou en 1751 par A. Gosmond de Vernon ; elle est précédée d'un *Essai sur la vie de Louis XV*. La partie historique présente les expéditions militaires des Français depuis la mort de Louis XIV jusqu'à la paix de 1762.

L'épître dédicatoire des *Médailles de Louis XV* est signée S. R. Fleurimont.

1932. **Campagnes de Villars en Allemagne, en 1703 ; - de Tallard et Marsin en Allemagne, en 1704 ; - de Maillebois en Westphalie, en 1741 et 1742 ; - de Broglie et Bellisle en**

Bohême et en Bavière, en 1741, 1742 et 1743; - de Broglie en Bohême et en Bavière, en 1743; - de Noailles et de Coigny en Allemagne; en 1734 et 1744 (publiées par Dumoulin). *Amsterdam, Rey*, 1760 *à* 1772, 27 *vol. in*-12.

On joint à cette collection les Mémoires sur les campagnes de Maillebois en Italie, pendant les années 1745 et 1746 (rédigés par Grosley), et publiés en 1777, à *Amsterdam, chez le même M. Michel Rey*, in-12. Ce volume est très-rare.

)33. Campagnes de M. le Prince Eugène en Hongrie, et des généraux vénitiens dans la Morée, pendant les années 1716 et 1717 (par l'abbé Tricaud de Belmont). *Lyon, Th. Amaulry*, 1718, 2 *vol. in*-12.

34. Campagnes philosophiques, ou les Mémoires de M. de Montcal, par l'auteur des Mémoires d'un homme le qualité (l'abbé Prévost). *Amsterdam (Paris)*, 1741, 4 *parties in*-12.

35. Canal à faire de la rivière d'Estampes, depuis et au-dessous d'Essonne jusqu'à Paris, par B. M. A. J.). R. (B. Merussier, arpenteur-aré du roi). *Paris*, 1684, *in*-4. V. T.

6. Canapé (le) couleur de feu, par 1. D..... (Fougeret de Monbron). *Amsterdam*, 1741, *in*-12.

7. Cancallade (la), ou la Descente es Anglais à Cancalle, poëme héroïque (par V. J. Renoul de Baschamps). 1758, *in*-8. V. T.

3. Candide, ou l'Optimiste, traduit de l'allemand du docteur Ralph omposé par Voltaire). *Genève*, 759, 1761, *in*-12.

Voyez les différentes collections des Œuvres de Voltaire.

On a attribué à M. de Campigneulles e seconde partie de Candide. 1761, 12 *de* 132 *pages*.

1939. Canon du Sultan Soliman II, ou État politique et militaire des archives des Princes ottomans, traduit du turc en français (par Petis de la Croix). *Paris*, 1725, *in*-8.

1940. Canons (les) des Conciles de Tolède, de Meaux, de Mayence, etc., par lesquels la doctrine de déposer et tuer les rois et princes est condamnée (le tout recueilli par Simon Vigor). 1615, *in*-8.

1941. Cantates françaises, par M. *** (de Clérembault), gravées. *Paris*, 1703, 2 *parties in-fol.*

1942. Cantique de Moyse.... expliqué selon les règles de la rhétorique (par Hersan). *Paris*, 1700, *in*-12, et à la fin du second volume du *Traité des Études* de Rollin.

1943. Cantique (le) des Cantiques de Salomon, traduit en français, avec une paraphrase selon le sens littéral (par Armand de Gérard). *Paris*, 1694, *in*-8. V. T.

Note tirée du Catalogue manuscrit des Barnabites.

1944. Cantique (le) des Cantiques, interprété selon le sens mystique (par madame Guyon). *Lyon*, 1688, *in*-8.

1945. Cantiques de l'Ame dévote, divisés en douze livres (par Laurent Durand). *Marseille, Claude Garcin*, 1678, 1687, *in*-12.

Souvent réimprimé, quelquefois avec le nom de l'auteur.

1946. Cantiques du premier avénement de Jésus-Christ, par le comte d'Alsinois (Nicolas Denisot). *Paris, veuve de la Porte*, 1553, *in*-8.

1947. Cantiques en l'honneur de Saint-Spire ou Exupère, premier évêque de Bayeux, patron de Corbeil et de Palluau (par l'abbé Guiot, victorin).

Corbeil, 1788, *in-8*, *pp.* 24, avec musique.

1948. Cantiques nouveaux, à l'usage des catéchismes, en l'église paroissiale de Saint-Spire, à Corbeil (par l'abbé GUIOT, victorin, curé de cette paroisse). *Paris, Perroneau* (1801), *in-16*, *pp.* 40.

1949. Cantiques ou Noëls nouveaux, par M. P. (Françoise PASCAL). *Paris*, 1672, *in-8*.

1950. Cantiques ou Opuscules lyriques sur divers sujets de piété (par le P. BONAFOS DE LA TOUR); nouvelle édition revue, corrigée et augmentée. *Toulouse, P. Robert*, 1755, *in-12*, *sans la musique*. — Les mêmes, *Toulouse et Paris, Crapart*, 1768, *in-8*, *avec la musique*.

On a imprimé à Paris, en 1769, un supplément des cantiques du même auteur.

1951. Cantiques sacrés pour les principales solennités des chrétiens, avec une dissertation sur les hymnes, etc. (par B. PICTET). *Genève*, 1706, *in-12*. V. T.

1952. Cantiques spirituels à l'usage des missions, en langue vulgaire (par le père J. Jacques GAUTIER, prêtre de l'Oratoire). *Avignon, F. Labaye*, 1735, *in-12*.

1953. Cantiques spirituels (par l'abbé GOUJET, le P. BOYER de l'Oratoire, l'abbé MOLINIER, ex-oratorien, l'abbé DE FOURQUEVAUX et quelques autres). *Paris, Lottin*, 1727, *in-12*.

On a fait plusieurs abrégés de ce recueil, qui a été souvent imprimé.

1954. Cantiques spirituels tirés des hymnes du Bréviaire de Paris (par l'abbé BESOIGNE). *Paris, veuve Rondet*, 1746, *in-12 de 89 pages*.

1955. Cantiques spirituels, Vêpres et Prières, à l'usage des catéchismes de Saint-Sulpice (par D. SIMON de Toul). *Paris*, 1765, 1 *vol. in-12*. — Autre édition. *Paris*, 1769, *in-12*. — Autre édition augmentée des deux tiers. *Paris, Crapart*, 1769, 3 *parties in-8*. — Nouvelle édition encore augmentée, sous le titre d'*Opuscules sacrés et lyriques*. *Paris, Crapart*, 1772, 4 *vol. in-8*, *avec les airs notés*.

Je tiens de M. Simon de Troyes l'indication du nom de M. Simon de Toul; la *France littéraire* de 1778 attribue ces cantiques à Henri-François Simon de Doncourt, prêtre sulpicien, natif de Bourmont en Lorraine.

D. Simon de Toul, éditeur de ces *cantiques*, a placé en tête du troisième volume de l'édition de 1772 une notice fort curieuse des cantiques qui ont paru depuis 1586 jusqu'en 1772, 36 *pages*. On y trouve quatre-vingt-quatorze articles. L'ancienne bibliothèque du duc de la Vallière, qui fait aujourd'hui partie de celle de l'Arsenal, en renferme cent soixante-trois.

D. Simon n'a point fait assez de recherches pour connaître les auteurs des plus anciens cantiques, c'est-à-dire de ces noëls qui parurent sous Henri II, dans les premiers temps de la réformation, et que l'on attribue à Jean Daniel, organiste.

Il a été induit en erreur sur les auteurs de quelques cantiques modernes; par exemple, sur le recueil qui a paru à Paris en 1727, chez Lottin. Il l'attribue à l'abbé Desessarts, diacre de Paris, et donne à croire dans l'article suivant que le recueil de l'abbé Goujet, publié aussi en 1727, est la même chose que le précédent, retouché et augmenté. L'abbé Goujet lui-même, dans son Catalogue manuscrit, me met en état de rectifier les assertions de D. Simon. Il assure qu'il a fourni environ quatre-vingts cantiques au recueil publié chez Lottin; les autres sont du P. Boyer de l'Oratoire, célèbre prédicateur, de l'abbé Debonnaire et de l'abbé Besoigne. L'abbé Desessarts n'a donc eu aucune part à ce recueil. L'abbé Goujet nous apprend, dans la même page de son Catalogue, que M. Frédéric Desessarts, laïc, a dirigé le recueil de nouvelles poésies spirituelles et morales, publié chez le même Lottin, de 1730 à 173[illegible], en 4 vol. in-4, oblongs. Voilà sans doute ce qui a induit en erreur D. Simon.

1956. Cantiques spirituels (par l'abb

BRIDAINE, missionnaire). *Montpellier*, 1748, *in*-12.

1957. Capilotade (la), poëme, ou tout ce qu'on voudra, 78e édition, par MOMUS (DE QUINSONAS). *A Fontenoy*, 1745, *in*-8.

1958. Capitale (la) des Gaules, ou la Nouvelle Babylone (par FOUGERET DE MONBRON). *La Haye*, 1759, *in*-12, 2 *parties*.

1959. Capitulation harmonique de MULDENER, continuée jusqu'au temps présent, ou Traduction et Concordance des capitulations des empereurs, depuis Charles-Quint jusques et compris l'empereur François I (par BESSET DE LA CHAPELLE). *Paris*, 1750, *in*-4.

1960. Caprice (le), ou les Effets de la Fortune (par DE SERVIEZ). *Genève*, 1724, *in*-12.

1961. Caprice poétique (par L. DUTENS). .... 1750, *in*-16. V. T.

1962. Caprices (les) de la Fortune, ou Histoire du prince Mentzikoff, favori du czar Pierre I (par MM. MARCHAND et NOUGARET). *Paris*, *veuve Duchesne*, 1772, *in*-8; — *Liége*, *Boubers*, 1772, *in*-12.

1963. Caprices (les) de l'Amour. *Paris*, 1678, 1681, *in*-12.

Ce roman est imprimé sous le nom de BEAUCOUR; mais il est certain que le véritable auteur est Louise-Geneviève GOMEZ DE VASCONCELLES, dame *Gillot* de Beaucour.

1964. Caprices (les) de l'Amour et de l'Amitié (par madame DE LA ROCHE). *Zurich*, 1772, *in*-8.

1965. Caprices d'imagination, ou Lettres sur différens sujets d'histoire, de morale, de critique, etc. (par BRUHIER). *Paris*, 1740, *in*-12.

1966. Caprices du Destin, ou Recueil d'histoires singulières et plaisantes arrivées de nos jours, par mademoiselle L'H. *** (L'HÉRITIER). *Paris*, 1708, *in*-12.

1967. Caprices (les) du Sort, ou l'Histoire d'Émilie, par mademoiselle DE S. PH*** (Franç.-Thérèse AUMERLE-SAINT-PHALIER, dame D'ALIBARD). *Paris*, 1750, *in*-12.

1968. Caprices (les) et les Malheurs du calife Valtrek, traduits de l'arabe (par BEAUFORT). *Londres*, 1791, *in*-12.

1969. Caprices poétiques d'un Philosophe ou soi-disant tel (par CHAMPREVERT). *in*-12.

1970. Caprices romanesques (par L'AFFICHARD). *Amsterdam*, 1745, *in*-12.

1971. Capucin (le) défendu contre le *Capucin* de P. du Moulin (par Guillaume CACHERAT). *Paris*, *Vitray*, 1642, *in*-8.

1972. Capucinade (la), histoire sans vraisemblance (par M. NOUGARET). 1765, *in*-12.

Réimprimé avec le nom de l'auteur en 1797, sous le titre d'*Aventures galantes de Jérôme, frère capucin*, in-18.

1973. Capucins (les), ou le Secret du Cabinet noir (par madame GUÉNARD). *Paris*, *an* 9 (1801), 2 *vol.* *in*-18. V. T.

1974. Caquet-bon-bec, la poule à ma tante, poëme badin (par DE JUNQUIÈRES). *Paris*, *Panckoucke*, 1763, *in*-12.

1975. Cara Mustapha, grand-visir (par DE PRECHAC). *Paris*, *Blageart*, 1684, *in*-12. Voyez *Kara Mustapha*.

1976. Carabinage (le) et Matoiserie soldatesque (par DRACHIR D'ARMONI, nom anagrammatique de Richard DROMANI). *Paris*, *Monstrœil*, 1616, *in*-8.

1977. Caractères (les) (par madame DE PUISIEUX). *Londres* (*Paris*), 1750, *in*-12.

1978. Caractères de LA BRUYÈRE, nouvelle édition revue par M. B*** DE B*** (BELIN DE BALLU). *Paris, Bastien*, 1791, 2 *vol. in*-8.

1979. Caractères (les) de l'Amitié (par l'abbé BORDELON). *Paris, Lefebvre*, 1702, *in*-12.

1980. Caractères (les) de l'Amitié (par le marquis DE CARACCIOLI). *Paris*, 1754, *in*-12.

Réimprimés avec le nom de l'auteur.

1981. Caractères de la véritable Grandeur (par SOUBEIRAN DE SCOPON). *Sans indication de lieu*, 1746, *in*-12 *de* 14 *pages*.

1982. Caractères (les) de l'Homme sans passions, selon les sentimens de Sénèque (par Antoine LE GRAND). *Paris, compagnie*, 1663, *pet. in*-12; — *Lyon*, 1665, *pet. in*-12; — *Paris*, 1682, *gr. in*-12.

La première édition a paru avec le nom de l'auteur, sous ce titre : Le Sage des Stoïques ; l'Homme sans passions, selon les sentimens de Sénèque. *La Haye, chez Samuel Broune*, 1662, *petit in*-12.

Après le titre se trouve une épître dédicatoire à Charles II, roi de la Grande-Bretagne, etc. On ne la voit plus dans les éditions suivantes.

1983. Caractères de l'honnête Homme et de l'Homme chrétien (par VINCENT). *Paris, Villette*, 1690, *in*-12.

1984. Caractères (les) de THÉOPHRASTE, avec les Caractères ou Mœurs de ce siècle (par J. DE LA BRUYÈRE). *Paris*, 1688, *in*-12.

1985. Caractères de THÉOPHRASTE, traduits du grec, nouvelle édition augmentée par M. B*** DE B*** (BELIN DE BALLU), de l'académie des inscriptions et belles-lettres. *Paris, Bastien*, 1791, *in*-8.

1986. Caractères des Auteurs anciens et modernes, et les Jugemens de leurs ouvrages (par DE LA BIZARDIÈRE). *Paris, Dupuis*, 1704, *in*-12.

1987. Caractères des Femmes, ou Aventures du chevalier de Miran (par LESBROS de Marseille). *Londres et Paris, Dessain*; 1770; — *Fetil*, 1772, 2 *parties in*-12.

1988. Caractères des Médecins, ou l'Idée de ce qu'ils sont communément et celle de ce qu'ils devraient être d'après *Pénélope*, de feu de la Mettrie (par J. Phil. DE LIMBOURG). *Liége*, 1760, *in*-12.

1989. Caractères des Peintres français (par BAILLET DE SAINT-JULIEN). *Sans nom de ville ni date* (1755), *in*-12.

C'est le même ouvrage que la *Peinture*, du même auteur. Il y a des exemplaires dont le titre est : *Caractères de quelques Peintres français*. V. T.

1990. Caractère (le) des vrais Chrétiens (par Nicolas DE MELICQUE). *Paris*, 1693, *in*-12. — Quatrième édition revue et augmentée sur les mémoires de l'auteur (par MOREAU DE MAUTOUR). *Paris*, 1714, *in*-12.

1991. Caractères (les) du Messie, vérifiés en Jésus de Nazareth (par l'abbé CLÉMENCE). *Rouen, Dumesnil*, 1776, 2 *vol. in*-8.

1992. Caractères modernes, traduits de l'anglais par M. E*** (EIDOUS). *Paris*, 1771, 2 *vol. in*-12.

Il me paraît douteux que cet ouvrage soit traduit de l'anglais.

1993. Caractères (les), ou Mœurs de ce siècle, par M. G.... (GAUTIER), curé en Basse-Normandie. *Caen, le Roy*, 1789, *in*-12.

1994. Caractéristiques de l'État politique du royaume de la Grande-Bretagne, traduits de l'anglais (DE

BERKELEY, évêque de Cloyne). *La Haye*, 1759, *in*-8.

Note manuscrite de l'abbé Morellet.

1995. Cargula, parodie de *Catilina*, tragédie de Crébillon (par CHEVRIER). 1749, *in*-8 *de* 38 *pages*.

1996. Caritée, ou la Cyprienne amoureuse, par le sieur P. C. *Toulouse, Bosc*, 1621, *in*-8.

Le dictionnaire de Chaudon, et après lui la *Biographie universelle*, attribuent ce roman à l'abbé CASENEUVE; il n'en est pas question dans le Moréri. Cependant le rédacteur de l'article paraît avoir consulté la vie de l'auteur, par Bernard Medon, qui se trouve en tête du livre intitulé : *De l'Origine des Jeux floraux de Toulouse*, 1669, in-8, ouvrage posthume de Caseneuve.

1997. Carline et Belleval, ou les Leçons de la Volupté. 2 *vol. in*-12, *fig*.

Même ouvrage que la *Confession générale du chevalier de Wilfort*. Voyez ces mots.

1998. Carmentière, ou les Engagemens rompus par l'Amour (par GIRONNET). *Amsterdam*, 1754, 2 *parties in*-12.

1999. Caroline de Lichtfield, par madame de *** (Isabelle de MONTOLIEU), publiée par le traducteur de Werther (DEYVERDUN.); nouvelle édition, avec des corrections considérables. *Londres et Paris, Buisson*, 1786, 2 *vol. in*-12.

La première édition parut à *Lausanne*, *chez Luc Vincent*, la même année.

2000. CARPENTARIANA, ou Recueil de pensées historiques, critiques et morales, et de bons mots de Fr. CHARPENTIER (composé et publié par BOSCHERON). *Paris*, 1724; — *Amsterdam*, 1741, *in*-12.

C'est la même édition; le frontispice seulement a été renouvelé en 1741 : on a supprimé la préface, l'approbation et le privilége du roi.

2001. Carte (la) de la Cour (par GUERET). *Paris, Osmont*, 1674, *in*-12.

2002. Cartel aux Philosophes à quatre pattes, ou l'Immatérialisme opposé au matérialisme (par l'abbé PICHON). *Bruxelles*, 1763, *in*-8. V. T.

2003. Carthon, poëme traduit de l'anglais (de MACPHERSON), par madame *** (la duchesse D'AIGUILLON, mère du ministre, et MARIN). *Londres*, 1762, *in*-12.

2004. Cartouche, ou le Scélérat justifié par la grâce du P. Quesnel, en forme de dialogue (par le P. PATOUILLET, jésuite). *La Haye, Pierre Marteau*, 1731, *in*-8.

Voyez le nº 1015.

2005. Cartouche, ou le Vice puni, poëme (par GRANDVAL père), avec une lettre critique et un examen dudit poëme, par le même. *Paris*, 1723, *in*-8, *réimprimé avec le nom de l'auteur*.

2006. Cas de Conscience proposé par un confesseur de province, touchant un ecclésiastique qui est sous sa conduite, et résolu par plusieurs docteurs de la faculté de théologie de Paris (dressé par M. EUSTACE, confesseur des religieuses de Port-Royal). *Juin* 1703, *in*-12.

L'abbé Ledieu, dans son journal manuscrit sur Bossuet, observe que cet opuscule était généralement attribué à l'abbé COUET, grand-vicaire de Rouen. Voyez l'*Histoire de Bossuet*, par M. de Bausset, 2ᵉ édition, 1819, t. 4, p. 339.

J'ai suivi l'opinion de l'abbé Goujet dans son *catalogue manuscrit*.

2007. Cas de Conscience sur l'usage des paniers (par J. J. DUGUET). 1728, *in*-12. V. T.

2008. Cas de Conscience sur la commission établie pour réformer les corps réguliers (par D. CLÉMENCET, suivant Bachaumont, ou par un dominicain de la rue du Bac. (1767), *in-12 de 72 pages.*

2009. Cas de Conscience sur le Jubilé (par l'abbé LAMBERT), troisième édition. *Paris, Lottin,* 1724, *in-12.*

2010. Casimir, Roi de Pologne, par L. D. V. R. (ROUSSEAU DE LA VALETTE). *Paris, Barbin,* 1679, *in-12*; — *Amsterdam,* 1680, *in-12.*

2011. Cassandre (par DE LA CALPRENÈDE). *Paris, Courbé,* 1644, 10 *vol. in-8.*

2012. Cassandre (par DE LA CALPRENÈDE, mise en abrégé par Alexandre-Nicolas DE LA ROCHEFOUCAULD, marquis DE SURGÈRES). *Paris, Dumesnil,* 1752, 3 *vol. in-12.*

2013. Cassandre astrologue, ou le Préjugé de la sympathie, comédie-parade en un acte et en vaudevilles (par MM. PIIS et BARRÉ). *Paris, Vente,* 1780, *in-8.*

2014. Cassandre mécanicien, ou le Bateau volant, comédie-parade en un acte et en vaudevilles (par GOULARD). *Paris, Brunet,* 1783, *in-8.*

2015. Cassette (la) des Bijoux, ou Recueil de lettres en prose et en vers (par l'abbé TORCHE). *Paris, Quinet,* 1669, *in-12.*

2016. Cassette (la) verte de M. de Sartine, trouvée chez mademoiselle Duthé (par TICKELL, Anglais). *La Haye,* 1779, *in-8 de* 71 *pages.*

2017. Castoiement (le), ou Instruction d'un père à son fils; ouvrage moral en vers, composé dans le treizième siècle, avec quelques observations sur les étymologies (et un vocabulaire) (par BARBAZAN). *Lausanne* (*Paris*), *Chaubert,* 1760, *in-8.*

2018. Catalectes, ou Pièces choisies des anciens poètes latins, depuis Ennius et Varron jusqu'au siècle de Constantin, recueillies en deux livres par Joseph SCALIGER, avec la traduction en vers français : à quoi sont ajoutés quatre livres des épigrammes de MARTIAL, traduits aussi en vers français (par l'abbé DE MAROLLES). *Paris,* 1687, *in-8.*

2019. Catalogue chronologique des Libraires et des Libraires-Imprimeurs de Paris, depuis l'an 1470, époque de l'établissement de l'imprimerie en cette capitale, jusqu'à présent (par LOTTIN l'aîné). *Paris, Lottin de Saint-Germain,* 1789, *in-4 et in-8.*

2020. Catalogue de la Bibliothéque de feu M. Falconet, médecin (rédigé par Marie-Jacques BARROIS). *Paris, Barrois,* 1763, 3 *vol. in-8, y compris la table des auteurs.*

La table manque à quelques exemplaires. L'*avertissement* du libraire, ses *éclaircissemens* sur quelques articles, et la multitude d'anonymes qu'il a indiqués, rendront toujours ce catalogue utile à consulter.

2021. Catalogue de la Bibliothéque de feu M. Matheus Lestevenon (mis en ordre par DETUNE). *La Haye, Detune,* 1798, *in-8.*

Le libraire Detune a dévoilé environ quinze cents auteurs anonymes dans cet excellent catalogue. Il faut cependant le lire avec précaution, soit à cause des fautes d'impression qui défigurent plusieurs noms, soit parce qu'une cinquantaine d'ouvrages sont attribués à des écrivains qui n'en sont pas les auteurs.

2022. Catalogue de la Bibliothéque de l'ordre des avocats du parlement de Metz (par CHENU, avocat et bibliothécaire). *Metz, Antoine,* 1776, *in-4.*

2023. Catalogue de Livres rares (de M. CAMUS DE LIMARE), par Guillaume DE BURE fils aîné. *Paris, G. de Bure,* 1786, *in-8.*

2024. Catalogue de l'Œuvre de Fr. Poilly, graveur, avec un extrait de sa vie (par Cl. P. Goujet). *Paris*, 1752, *in*-12.

2025. Catalogue des curiosités de la Nature et de l'Art, du cabinet de M. Davila (rédigé par Romé de l'Isle). *Paris*, 1767, 3 *vol. in*-8.

2026. Catalogue des Livres choisis et bien conditionnés du cabinet de M*** (Dincourt d'Hangard). *Paris*, *Née de la Rochelle*, 1789, *in*-8, *avec un supplément de* 18 *pages*.

L'exemplaire que je possède de ce catalogue contient des notes manuscrites de la main de l'abbé de Saint-Léger; on trouve à la fin une correspondance manuscrite renfermant une lettre de l'abbé de Saint-Léger sur plusieurs articles du catalogue, et trois lettres de M. d'Hangard, relatives à ces articles.

Cette bibliothéque a été vendue environ 75,000 francs. M. d'Hangard en forma une nouvelle, qui fut vendue après sa mort en 1812, et dont le catalogue a été rédigé par M. Bleuet l'aîné.

2027. Catalogue des Livres choisis et précieux du cabinet de M. (de Sainte-Foi). *Paris*, *de Bure*, 1782, *in*-8.

2028. Catalogue des livres composant la Bibliothéque de la cour de cassation, deuxième partie, *Jurisprudence* (rédigé par M. le Breton, bibliothécaire). *Paris*, *Testu*, 1819, *in*-8.

La première partie, contenant probablement la *théologie*, n'a pas encore été livrée à l'impression.

2029. Catalogue des Livres de feu M. Ant. Nugnès-Ribeiro-Sanchès, médecin (avec un précis historique sur sa vie, par M. Andry). *Paris*, *de Bure*, 1783, *in*-8.

2030. Catalogue des Livres de feu M. d'Ansse de Villoison (précédé d'une notice sur sa vie et ses ouvrages, par M. de Sainte-Croix). *Paris*, *de Bure père et fils*, 1806, *in*-8.

2031. Catalogue des Livres de feu M. l'abbé F. Philippe Mesenguy (précédé d'un Mémoire sur sa vie, par Claude Lequeux). *Paris*, *J. T. Hérissant*, 1763, *in*-8.

2032. Catalogue des Livres de la Bibliothéque de Bernard Couet (avec son éloge, par l'abbé Guéret). *Paris*, *Barrois*, 1737, *in*-12.

2033. Catalogue des Livres de la Bibliothéque de feu M. de Béthune-Charost (ou de l'abbé Goujet). *Paris*, *Méquignon l'aîné*, *an* 10 (1802), *in*-8.

M. le duc de Charost, voyant l'abbé Goujet devenu presque aveugle en 1766, lui acheta sa bibliothéque; c'est à la vente des livres de cet ami de l'humanité que j'ai acquis le catalogue manuscrit de la bibliothéque de l'abbé Goujet, en 6 vol. in-fol., écrits de sa main.

2034. Catalogue des Livres de la Bibliothéque de feu A.-C. Patu de Mello (rédigé par Musier). *Paris*, *veuve Tilliard et fils*, 1799, *in*-8.

2035. Catalogue des Livres de la Bibliothéque de feu M. D. P*** (de Perthuis). *Paris*, *madame Huzard*, an 11 (1803), *in*-8.

2036. Catalogue des Livres de la Bibliothéque de feu M. M. J. de Chénier, de l'Institut de France, précédé d'une notice historique sur sa vie et ses ouvrages, par M*** (Daunou), disposé et mis en ordre par J. A. Bleuet. *Paris*, *Bleuet*, 1811, *in*-8.

2037. Catalogue des Livres de la Bibliothéque de feu P. L. Ginguené (rédigé en grande partie par lui-même, et précédé d'une notice sur sa personne et sur ses ouvrages, par M. Garat). *Paris*, *Merlin*, 1817, *in*-8.

2038. Catalogue des Livres de la Bibliothéque de feu M. de Sarolea (rédigé par l'abbé PAQUOT). *Liége*, 1785, *in*-8.

2039. Catalogue des Livres de la Bibliothéque de MM. les avocats au parlement de Paris. (*Vers* 1788), 2 *vol. in*-8, *avec la table des auteurs*.

L'impression de ce catalogue se terminait probablement au commencement de la révolution de 1789. On n'a pas eu le temps d'imprimer le frontispice.

Un avertissement de douze pages contient l'histoire de la bibliothéque, qui était très-bien composée, et le détail des soins qui ont été donnés à l'impression du catalogue par M. Touvenot, alors bibliothécaire, successeur de M. Drouet, et par MM. de Varicourt et Beaucousin, anciens avocats.

La bibliothéque actuelle de la cour de cassation contient une grande partie de l'ancienne bibliothéque des avocats. Voyez le n° 2028.

2040. Catalogue des livres de la Bibliothéque de M. B. P. (de MM. BLANCHON et PONS de Verdun). *Paris*, *Merlin*, 1817, *in*-8.

2041. Catalogue des Livres de la Bibliothéque de M. G*** (GAYOT). *Paris, Guillaume Debure, fils aîné*, 1770, *in*-8.

2042. Catalogue des Livres de la Bibliothéque de M*** (HURTAULT, membre de l'Institut de France et architecte du château de Fontainebleau). *Paris*, *inprimerie bibliographique*, 1805, *in*-4 *et in*-8.

Ce catalogue n'a pas été mis en vente. Il a été mis en ordre par mon neveu.

Depuis l'impression du catalogue, cette bibliothéque s'est augmentée de six cent soixante-quinze ouvrages d'un grand intérêt, la plupart sous le rapport des beaux-arts et des antiquités, et particulièrement de l'architecture.

On fera imprimer par la suite ce supplément, qui formera la seconde partie de ce catalogue.

M. Charles Weiss a publié un catalogue aussi remarquable en livres d'architecture; c'est celui de la bibliothéque de M. Paris, architecte du roi. *Besançon*, 1821, *in*-8. On trouve en tête une excellente notice sur la vie de M. Paris.

2043. Catalogue des Livres de la Bibliothéque de M*** (DE LOMENIE DE BRIENNE), faisant suite à l'*Index librorum ab inventâ typographiâ ad ann.* 1500, auctore *Fr. Xav. Laire*, 2 *vol. in*.8. *Paris*, *Debure*, 1792, *in*-8 *de* 112 *pages*.

On a encore le catalogue d'une partie des livres de la bibliothéque du cardinal de Loménie de Brienne. *Paris, Mauger*, 1797, *in*-8 *de* 252 *pages*.

2044. Catalogue des Livres de la Bibliothéque de M*** (Augustin-Martin LOTTIN, libraire et consul). *Paris*, *Leclerc*, 1783, *in*-8.

2045. Catalogue des Livres de la Bibliothéque de M. ***. *Paris, Piget*, 1744, *in*-8.

Il renferme environ dix mille volumes. L'ordre y est peu exact, et les titres y sont la plupart tronqués et mal énoncés. Il pullule d'ailleurs de fautes d'impression. On n'y dit point qui est le curieux qui a ramassé avec tant de soin, *durant trente ans*, cette si précieuse bibliothéque. C'est M. Turgot de Saint-Clair, ancien maître des requêtes, qui l'a vendue, de son vivant même, 28,000 francs.

2046. Catalogue des Livres de la Bibliothéque de M. le duc de la Vallière, première partie, contenant les manuscrits (décrits par M. VAN-PRAET), les premières éditions, les livres imprimés sur vélin et sur grand-papier, les livres rares et précieux par leur belle conservation, les livres d'estampes, par Guillaume DE BURE, fils aîné. *Paris*, *G. de Bure*, 1783, 3 *vol. in*-8.

Le catalogue de la seconde partie de cette riche bibliothéque a été dressé et publié par NYON l'aîné, libraire. *Paris*, 1788, 6 *vol. in*-8. Il renferme vingt-six mille cinq cent trente-sept articles. On les trouve aujourd'hui à la bibliothéque de MONSIEUR, à l'Arsenal.

2047. Catalogue des Livres de la Bibliothéque de M. le marquis de Cambis-Velleron. *Avignon*, 1774, *in-12 de 224 pag., petit caractère.*

Ce catalogue, qui offre une collection abondante de livres, dont quelques-uns étaient recherchés et rares, fut dressé par Antoine Aubanel, libraire, depuis imprimeur de S. S. et du *Courrier d'Avignon*. Le marquis de *Cambis*, qui avait recueilli de toutes parts ses richesses littéraires, devait en former pour sa patrie une bibliothéque publique. La mort, en l'enlevant en 1772, l'empêcha d'exécuter ce projet patriotique. Sa bibliothéque fut vendue par son fils aux libraires *Niel* et *Aubanel*. Le prix de chaque livre est marqué sur le catalogue : ce qui le rend doublement curieux. (*M. Chaudon.*)

2048. Catalogue des Livres de la Bibliothéque de M. Secousse, avocat (précédé d'un avertissement contenant son éloge, rédigé par François-Robert Secousse, curé de St.-Eustache, son frère). *Paris, Barrois*, 1755, *in-8.*

2049. Catalogue des Livres de la Bibliothéque du baron d'H*** (d'Heiss). *Paris, Guillaume Debure*, 1782, *in-8.*

2050. Catalogue des Livres de la Bibliothéque du C*** (Claret de Fleurieu). *Paris, Mauger*, 1798, *in-8.*

2051. Catalogue des Livres de la Bibliothéque du citoyen C. J. B. H. F. (Huet-Froberville). *Orléans, Rouzeau-Montaut* (*vers* 1803), *in-8.*

2052. Catalogue des Livres de la Bibliothéque du Conseil d'État (rédigé par Antoine-Alexandre Barbier). *Paris, imprimerie de la République, an* 11 (1803), 2 *vol. in-fol.*

Il n'existe que cent quatre-vingt-dix exemplaires de ce catalogue. La bibliothéque a été transportée au château de Fontainebleau en 1807. Dans les années suivantes, j'ai formé une nouvelle bibliothéque pour le conseil d'état.

2053. Catalogue des Livres de la Bibliothéque publique fondée par M. Prousteau, professeur en droit dans l'Université d'Orléans, composée en partie des livres et manuscrits de Henri de Valois (par Dom Fabre); nouvelle édition, avec des notes critiques et bibliographiques. *Orléans, Jacob, et Paris, P. T. Barrois*, 1777, *in* 4.

2054. Catalogue des Livres de la Bibliothéque royale de Nancy, fondée par le roi de Pologne, duc de Lorraine et de Bar (rédigé par Marquet, bibliothécaire). *Nancy, veuve et Claude Leseure*, 1766, *in-8.*

2055. Catalogue des Livres de M*** (le duc de la Vallière). *Paris, De Bure, fils aîné*, 1772, *in-8.*

2056. Catalogue des Livres de M. B. D. M. (Brunet de Molan). *Paris, Gabr. Martin*, 1734, *in-8.*

2057. Catalogue des Livres de M. J. (Jeliotte, le fameux chanteur). *Paris, Molini*, 1783, *in-8.*

Ce catalogue a été distribué d'une manière bizarre, d'après les conseils de l'abbé Rive.

2058. Catalogue des Livres de M. N. (Naigeon), distribué par ordre alphabétique des noms d'auteurs (par Gibert l'aîné). *Paris, Didot aîné*, 1770, *in-12.*

Tiré à vingt exemplaires.

2059. Catalogue des Livres du cabinet de M. *** (Imbert de Cangé). *Paris, Jacques Guérin*, 1733, *in-12.*

Cette bibliothéque a été achetée en totalité, par Louis XV, 45,000 francs. Mon exemplaire de ce catalogue renferme une table manuscrite des auteurs.

2060. Catalogue des Livres du cabinet de M. de Boze (fait par Boudot le père, en 1742, et mal donné au public par un autre). *Paris, imprimerie royale*, 1745, *petit in-fol.*

Les mots insérés entre deux parenthèses ont été écrits par M. Boudot le père lui-même sur l'exemplaire qu'il possédait de ce catalogue, et qui a été acheté en l'an 13 (1805) par M. Brunet le fils, libraire, à la vente de M. Boudot.

Pour prouver son assertion, M. Boudot avait corrigé à la main plusieurs fautes échappées au rédacteur du catalogue imprimé (*Gabriel Martin*).

2061. Catalogue des Livres et estampes de feu M. Simpson, écuyer, (rédigé par MUSIER fils). *Paris, Musier*, 1759, *in*-8.

2062. Catalogue des Livres imprimés de la Bibliothéque du ROI. *Théologie* (par les abbés SALLIER et BOUDOT : avec un Discours préliminaire, rédigé par JOURDAN). *Paris, imprimerie royale*, 1739, 3 *vol. in-fol.*

L'abbé Saas, chanoine de Rouen, a publié contre ces trois volumes une lettre très-curieuse et très-rare, imprimée à Paris en 1749, 60 pages in-12.

2063. Catalogue des Livres imprimés de la Bibliothéque du ROI. *Belles-Lettres.* (rédigé par les abbés SALLIER et BOUDOT). *Paris, imprimerie royale*, 1750, 2 *vol. in-fol.*

Il n'existe qu'un volume imprimé de la classe de jurisprudence. *Paris, imprimerie royale*, 1753, *in-fol.* On désire la publication du second volume, qui est préparé depuis long-temps pour l'impression.

2064. Catalogue des livres imprimés et manuscrits de la Bibliothéque de M. de Lamoignon, président à mortier du parlement de Paris, avec une table alphabétique des auteurs (rédigé par L. F. DELATOUR). *Paris (de l'imprimerie du même L. F. Delatour)*, 1770, *in-fol.*

Une note écrite de la main de M. Delatour, et jointe à l'exemplaire que je possède, renferme les détails suivans :

« Cet exemplaire est le plus complet en supplémens faits après l'édition qui a été imprimée en 1770 ; c'est celui qui est resté entre les mains de M. le garde des sceaux jusqu'après son décès en 1789.

« J'ai rédigé ce catalogue sur un manuscrit dont les titres n'étaient qu'ébauchés ; je leur ai rendu, dans ma solitude chérie de Saint-Brice, les détails qui leur étaient nécessaires, sans cependant me transporter à Basville : mais en consultant péniblement et patiemment les meilleurs catalogues, dont j'étais abondamment pourvu, et en me conformant aux années d'éditions, qui devaient être mes guides assurés, j'ai ajouté une table commode des auteurs et des anonymes.

« On n'a tiré que quinze exemplaires de ce catalogue, imprimé par moi en 1770.

« L'édition en trois volumes in-8, faite pour la vente en 1791, avait reçu des retranchemens considérables, dont les ouvrages se trouvent dans les supplémens de l'édition in-folio. »

C'est de la même manière à peu près que j'ai rédigé à Paris, en 1805, le catalogue de la belle bibliothèque de M. le comte Boutourlin, qui était à Moscou, et qui a été brûlée en 1813, lors de l'entrée de l'armée française dans cette ville.

2065. Catalogue des Livres manuscrits et imprimés, des peintures, dessins et estampes du cabinet de M. L*** (LAMY, libraire à Paris). *Paris, Renouard*, 1807, *in*-8, *avec la table des auteurs.*

2066. Catalogue des Livres précieux, singuliers et rares, tant imprimés que manuscrits, qui composaient la Bibliothéque de M. ***. (MÉON). *Paris, Bleuet*, 1803, *in*-8.

2067. Catalogue des Livres précieux, manuscrits et imprimés sur peauvélin, du cabinet de M. *** (CHARDIN, libraire). *Paris, Le Blanc*, 1811, *in*-8.

2068. Catalogue des Livres provenant de la Bibliothéque de M. L. D. D. L. V. (le duc DE LA VALLIÈRE). *Paris, G. F. De Bure le jeune*, 1767, 2 *vol. in*-8.

2069. Catalogue des Livres provenant de la Bibliothéque de M. L. D. D. L. V. (le duc DE LA VALLIÈRE). *Paris, de Bure fils aîné*, 1777, *in*-8.

2070. Catalogue des Livres rares et précieux de la Bibliothéque de feu

M. D... (De Tune, libraire). *Paris, Renouard*, 1806, *in*-8.

2071. Catalogue des Livres rares et précieux de la bibliothéque de feu M. P. H. Larcher (précédé d'une notice sur sa vie et ses écrits, par M. Boissonade). *Paris, De Bure frères*, 1813, *in*-8.

2072. Catalogue des Livres rares et précieux de la Bibliothéque de M.*** (le comte Remusat). *Paris, De Bure*, 1815, *in*-8.

2073. Catalogue des Livres rares et précieux de M. Goutard (avec un précis sur sa Vie et sur sa Bibliothéque, par Maucune). *Paris, De Bure l'aîné*, 1786, *in*-8.

2074. Catalogue des Livres rares et précieux de M. *** (Mel de Saint-Céran). *Paris, De Bure fils aîné*, 1780, *in*-8.

Un second catalogue des livres de M. Mel de Saint-Céran parut en 1791, *à Paris, chez de Bure*, in-8.

2075. Catalogue des Livres rares et précieux du cabinet de M. L. C. D. M. (M. le comte de Mackarty). *Paris, De Bure*, 1779, *in*-8.

Ce catalogue est celui des livres doubles que possédait alors M. de Mackarty. Pour connaître tous les livres précieux rassemblés par ce grand amateur, il faut lire l'excellent catalogue qu'en ont publié MM. de Bure fils en 1815, 2 vol. in-8.

2076. Catalogue des Livres rares et précieux et des manuscrits composant la Bibliothéque de M.*** (de Cotte). *Paris, De Bure*, 1804, *in*-8.

2077. Catalogue des Livres rares et singuliers de la Bibliothéque de l'abbé Sepher (rédigé par M. S. Boulard). *Paris, Fournier*, 1786, *in*-8.

2078. Catalogue des Livres rares et singuliers (de M. Desaint). *Paris, Mérigot*, 1769, *in*-8.

2079. Catalogue des Livres rares et singuliers de M*** (Leduc). *Paris, De Bure*, 1819, *in*-8.

2080. Catalogue des Livres rares et singuliers du cabinet de M. Filheul (M. Chardin, masqué sous le nom de sa femme). *Paris, Dessain junior*, 1779, *in*-8.

Ce catalogue renferme quelques éclaircissemens sur les articles importans ou peu connus; mais ils ne sont pas toujours exacts. Dans beaucoup d'exemplaires, les titres des articles supprimés par la censure, et laissés en blanc, sont remplis à la main.

2081. Catalogue des Livres rares et singuliers, provenant du cabinet de M*** (Mars, avocat). *Paris, De Bure*, 1787, *in*-8.

Cette bibliothéque, composée de dix-huit mille quatre-vingt-deux articles, ne contenait qu'un ouvrage latin et qu'un seul volume de format in-folio.

2082. Catalogue des Livres rares, précieux et bien conditionnés du cabinet de M*** (d'Ourches), par M. Brunet, fils. *Paris, Crapelet*, 1811, *in*-8.

2083. Catalogue des Livres, rares, précieux et très-bien conditionnés, provenant du cabinet de M. F. D. (Firmin Didot.) *Paris, de Bure, père et fils*, 1808, *in*-8.

On trouve dans ce catalogue quelques-uns des beaux ouvrages que M. F. Didot avait achetés à M. Naigeon. Il vendit les autres articles en 1810, avec ceux qu'il avait recueillis lui-même avec autant de soin que de goût.

Les livres que M. Naigeon s'était réservés ont été vendus après sa mort en 1810, et après la mort de madame Dufour de Villeneuve, sa sœur, en 1820.

La vente des livres de M. Naigeon a été faite par M. de Bure. C'est M. Charles Barrois qui a vendu ceux de madame de Villeneuve, parmi lesquels se trouvaient:

1° Les *Essais de Montaigne*, avec des notes de Coste, de l'édition de Londres, 1745, 5 vol. in-12, chargés de notes manuscrites de la main de M. Naigeon.

2° La *Sagesse de Charron*, édition de Paris, 1604, in-8, chargée de notes manuscrites de la même main.

3° Les Mémoires historiques et philosophiques pour servir à la vie de Denis Diderot, ouvrage manuscrit et non terminé de M. Naigeon,

4° Un manuscrit de la *Pucelle d'Orléans*, contenant beaucoup de corrections de la main de Voltaire, lequel a été adjugé à un inconnu pour la somme de 1000 francs.

2084. Catalogue des Manuscrits français, latins, italiens, grecs, arabes, etc., de la Bibliothéque du chancelier Séguier (par Melchisedech Thevenot). *Paris*, 1686, *in*-12.

Il contient plus de quatre mille volumes, qui sont passés de la bibliothéque de Saint-Germain-des-Prés dans celle du roi. Voyez *Bibliothéque historique de la France*, t. 2, n° 15,945.

2085. Catalogue des médailles antiques et modernes, en or, en argent, etc., du cabinet de M. d'Ennery (par MM. Gossellin et de Tersan). *Paris, Didot le jeune*, 1788, *in*-4.

2086. Catalogue des ouvrages de M. Fourmont l'aîné, professeur en langue arabe au collége de France (rédigé par lui-même). *Amsterdam* (*Paris*) 1731, *in*-8.

2087. Catalogue des pièces d'anatomie, instrumens, machines, etc., qui composent l'arsenal de chirurgie formé à Paris (par Morand). *Paris*, 1760, *in*-12. V. T.

2088. Catalogue des Plantes du jardin de MM. les apothicaires de Paris, suivant la méthode de Tournefort (par Descemet). (*Paris*), 1759, *in*-8.

2089. Catalogue des rôles gascons, normands et français, conservés dans les archives de la tour de Londres (recueillis par Th. Carte). *Londres et Paris, Barrois fils*, 1743, 2 *vol. in-fol.*

Ce catalogue a été publié par M. de Palmeus, avec une préface de la composition de M. de Bougainville, laquelle a été substituée, par ordre du gouvernement français, à celle qui avait été rédigée par Thomas Carte.

On voit à la bibliothéque du corps législatif l'exemplaire de M. de Palmeus, dans lequel cet éditeur a inséré la préface originale de Thomas Carte, avec la correspondance manuscrite du ministère d'alors avec Bougainville.

2090. Catalogue des Tableaux de la galerie électorale de Dresde (par J. A. Ridel et Chr. Fr. Wenzel). *Dresde*, 1761, *in*-4. V. T.

2091. Catalogue des Tableaux du cabinet du Roi, au Luxembourg (par Jacques Bailly). *Paris, Clousier*, 1777, *petit in* 12.

2092. Catalogue d'une collection de Livres choisis, provenant du cabinet de M*** (de Lauraguais). *Paris, G. de Bure, fils aîné*, 1770, *in*-8.

2093. Catalogue fait sur un plan nouveau, systématique et raisonné d'une bibliothéque de littérature, particulièrement d'histoire et de poésie d'environ dix-neuf mille volumes en différentes langues anciennes et modernes (par M. Van Goens). *Utrecht*, 1776, 2 *vol. in*-8.

2094. Catalogue général des meilleures cartes géographiques et topographiques (par R. J. Julien). *Paris, David*, 1752, *in*-12.

2095. Catalogue hebdomadaire des Livres nouveaux qui se publient en France et chez l'étranger, depuis 1763 jusqu'en 1774 (par Bellepierre de Neuve-Eglise), et depuis 1774 jusqu'en 1789, inclusivement (par Pierres, imprimeur). *Paris, Despilly et Pierres*, 1763-1789, 27 *vol. in*-8.

2096. Catalogue historique du cabinet de peinture et sculpture de A. L.

de la Live (fait par lui-même). *Paris*, 1764, *in*-8. V. T.

2097. Catalogue raisonné de la librairie d'Etienne de Bourdeaux (par Formey). *Berlin*, 1754-1772, 8 *vol. in*-8.

2098. Catalogue systématique et raisonné, ou Description du magnifique cabinet appartenant ci-devant à M. le C. de*** (le comte de la Tour d'Auvergne), ouvrage intéressant pour les naturalistes, rédigé par M*** (de Favanne de Montcervelle). *Paris, Quillau*, 1784, *in*-8.

2099. Catalogues et armoiries des gentilshommes qui ont assisté à la tenue des États-Généraux du duché de Bourgogne, depuis 1548 jusqu'en 1682 (par de Brosses de Tournay, Thesut de Verrey et le Compasseur de Courtivron, auteur du Discours préliminaire). *Dijon*, *J. Fr. Durand*, 1760, *in-fol.*

On a accusé les rédacteurs de cet ouvrage de s'être donné plusieurs années de noblesse.

Le frontispice a été gravé par Saint-Aubin. Cela est avéré, quoique son nom ne soit pas au bas. Le graveur Durand s'étant seul nommé, Saint-Aubin a réclamé dans le temps, et a prouvé que le frontispice était de lui. Il a mis les lettres A. S. (Augustin Saint-Aubin) sous une grappe de raisin, placée au milieu de la bande supérieure de l'encadrement. Durand n'a gravé que les armoiries.

2100. Catanoise (la), ou Histoire secrète des mouvemens arrivés au royaume de Naples, sous la reine Jeanne (attribuée à l'abbé Lenglet du Fresnoy). *Paris*, *Gandouin*, 1731, *in*-12.

Voyez le Catalogue de la Vallière, seconde partie, par Nyon, t. 3, p. 120, n° 8480.

2101. Cataractes de l'imagination, déluge de la scribomanie, vomissement littéraire, hémorrhagie encyclopédique, monstre des monstres, par Épiménide l'inspiré (attribué à Chassagnon, fils d'un épicier de Lyon). *Dans l'antre de Trophonius*, *au pays des visions*, 1779, 4 *vol. in*-12.

2102. Catastrophes (les) amoureuses, ou le Retour à la vertu; histoire vraisemblable, par J. C. M. P. *Paris, Ponthieu*, 1796, *in*-18.

L'auteur de ce roman est Jean-Charles-Martin Pichenot, abbé, mort depuis peu d'années, dans un âge très-avancé. Il fit paraître en 1786 un recueil de *poésies sacrées*, dédié à Madame Adélaïde. C'était un vieillard d'un esprit enjoué, mais un peu malin. Il fut lié de bonne heure avec Panard, Marmontel, Voisenon, Gallet, Vadé, Favart, etc.... Il était né à Paris, où il est mort rue du Harlai. (*Article communiqué par M. le Bailly.*)

2103. Catéchisme chrétien pour la vie intérieure, par un prêtre du clergé de Saint-Sulpice (Jean-Jacques Olier, curé de Saint-Sulpice, fondateur et premier supérieur du séminaire de ce nom). *Paris, Langlois*, 1650, *in*-12.

Les éditions postérieures portent le nom de l'auteur.

2104. Catéchisme d'agriculture, ou Bibliothèque des gens de la campagne (par l'abbé Bexon). *Paris, Valade*, 1773, *in*-12.

2105. Catéchisme (le) de la Grâce. Brochure de 40 à 45 pages, qui parut pour la première fois en 1650, *in*-8.

C'est un précis de l'*Augustin de Jansénius*, attribué à M. Henri *Duhamel*, décédé curé de Saint-Maurice-sur-Avëron, diocèse de Sens; il avait été curé de Saint-Méry de Paris, et chanoine de Notre-Dame.

L'abbé *Racine*, p. 361, t. 12 de son *Histoire ecclesiastique*, et *Arnauld*, préface de son livre de la *Fréquente Communion*, parlent de *Duhamel* avec éloge. Ce dernier dit de lui : « Tout le monde sait qu'à vingt-cinq lieues de Paris, Dieu a retracé une image vivante de la pénitence ancienne parmi tout un peuple, par la vigilance et la charité d'un excellent pasteur, etc. » Voyez les mots *Histoire de M. Duhamel*.

2106. Catéchisme de la pénitence, qui conduit les pécheurs à une véritable conversion (traduit du latin de RAUCOUR, curé de Bruxelles, revu et corrigé par D. GERBERON). *Bruxelles*, 1672; *Paris*, *Josset*, 1676, *in*-16. — Nouvelle édition. *Paris*, *Josse*, 1741, *petit in*-12.

L'abbé Goujet paraît s'être trompé en attribuant cet ouvrage à Nic. LE TOURNEUX. Voyez la *Bibliothèque des Auteurs ecclésiastiques du dix-huitième siècle*, t. 3, p. 90, et l'*Histoire littéraire de la congrégation de Saint-Maur* (par dom Tassin), p. 331.

2107. Catéchisme des Francs-Maçons, dédié au beau sexe par Léonard GABANON (masque de TRAVENOL). *Jérusalem et Limoges*, *P. Mortier*, 1444, *depuis le déluge* (1440), *petit in*-12.

2108. Catéchisme (le) des Jésuites, ou Examen de leur doctrine (par Estienne PASQUIER). *Villefranche*, *Grenier*, 1602, *in*-8.

2109. Catéchisme (le) des Partisans, ou Résolutions théologiques touchant l'imposition, levée et emploi des finances; par le R. P. D. P. de S. J. (révérend père dom Pierre de S. JOSEPH, feuillant). *Paris*, 1649, *in*-4.

2110. Catéchisme des Riches (par l'abbé BREYER). *Troyes*, *veuve d'Edme Prévost*, 1711, *in*-8.

2111. Catéchisme destiné particulièrement à l'usage de jeunes personnes qui s'instruisent pour participer à la S. Cêne (par J. VERNES). *Genève*, 1774, *in*-8. V. T.

2112. Catéchisme dogmatique et historique à l'usage du diocèse d'Amiens, par le R. P. C. G. (GOUSSIN), père de l'Oratoire. *Paris*, *Roulland*, 1673, *in*-12.

2113. Catéchisme du citoyen (par SAIGE). 1785, *in*-12. — Nouvelle édition. *Paris*, 1788, *in*-8.

2114. Catéchisme (le) du concile de Trente, traduction nouvelle. *Paris*, 1673, 1686, *in*-12.

Je ferai connaître dans la seconde partie de cet ouvrage, relative aux anonymes latins, les principaux auteurs de l'excellent catéchisme du concile de Trente. La traduction française dont il s'agit ici est de VARET DE FONTIGNY, avocat au parlement, et non de Varet de Fontigny, prêtre, ainsi que je l'ai su de personnes sûres, dit le P. Baizé, dans le tome 4 du *Catalogue de la Doctrine chrétienne*.

Il y avait eu deux traductions de ce catéchisme dans le seizième siècle : la première anonyme, *Bordeaux*, *Millanges*, 1568, 1599, in-8; la seconde par Jean Gillot, *Paris*, 1578, in-8. Louis Coulon le traduisit en 1670, 2 vol. in-8; l'abbé Honoré Simon en publia une nouvelle traduction, *Lyon*, *Barbier*. 1683, 3 *vol. in*-12.

2115. Catéchisme du genre humain, pour l'établissement essentiel et indispensable du véritable ordre moral et de l'éducation sociale des hommes (par François BOISSEL). 1789, *in*-8. — 2e édition, revue et augmentée. 1792, *in*-8.

2116. Catéchisme du jubilé et des indulgences (par dom GERBERON). *Paris*, *Josset*, 1675, *in*-12.

2117. Catéchisme et Décision des cas de conscience à l'usage des cacouacs (par l'abbé DE SAINT-CYR). *Cacopolis* (*Paris*), 1758, *in*-12.

2118. Catéchisme français, ou Principes de morale républicaine, à l'usage des écoles primaires (par DE LA CHABEAUSSIÈRE). *Paris*, *Fuchs*, *an* 3 (1796), *in*-8.

2119. Catéchisme historique et dogmatique sur les contestations qui divisent l'Église (par les abbés DE FOURQUEVAUX et TROÏA D'ASSIGNY). *La Haye*, 1729 *et* 1752, 5 *vol. in*-12, *et Nancy*, 1752, 5 *vol. in*-12.

2120. Catéchisme historique, par Claude FLEURY, nouvelle édition, précédé d'un avertissement (de 23 pages, par l'abbé PAQUOT), où l'on rend compte de quelques corrections qu'on a faites au texte de l'auteur. *Bruxelles, de l'imprimerie académique*, 1778, *in*-12.

2121. Catéchisme ou Instruction familière sur les principales vérités de la Religion catholique, par le P. CANISIUS, jésuite, traduit par le R. P. J. D. H. de la même compagnie (le P. Jacques DESHAYES). *Paris, Michallet*, 1686. — Seconde édition, revue et corrigée (par le P. VERJUS, jésuite). *Paris*, 1688, *in*-12.

2122. Catéchisme philosophique, ou Recueil d'observations propres à défendre la Religion chrétienne contre ses ennemis, par l'abbé FLEXIER DE REVAL (François-Xavier DE FELLER, ex-jésuite). *Paris, Berton*, 1777, *in*-8, *réimprimé souvent.*

2123. Catéchisme politique de la Constitution espagnole, à l'usage des peuples qui veulent avoir des constitutions libres (par M. DANDRADE). *Paris, Delaunay*, 1820, *in*-8.

2124. Catéchisme pratique (par l'abbé CHAMPION DE NILON). *Paris, Gogué*, 1783, *in*-12.

2125 Catéchisme social, ou Instructions élémentaires sur la morale sociale, à l'usage de la jeunesse (par ISNARD, ingénieur). *Paris, Guillot*, 1784, *in*-8.

2126. Catéchisme spirituel, contenant les principaux moyens d'arriver à la perfection, par I. D. S. F. P. (Jean DE SAINTE-FOI, prêtre, ou plutôt le P. Jean-Joseph SURIN, jésuite). *Paris, Cl. Cramoisy*, 1661, 1663, 2 *vol. in*-12. — Nouvelle édition, revue et corrigée par le P. T. B. F. (le P. Thomas-Bernard FELLON) de la même compagnie. *Lyon*, 1730, 2 *vol. in*-12.

Réimprimé à *Evreux*, *chez Ancelle*, en 1801, 2 vol. in-12.

2127. Catéchisme sur l'Eglise pour les temps de trouble, suivant les principes expliqués dans l'instruction pastorale de M. l'évêque de Sénez (composé sous la direction de l'abbé LE GROS, par l'abbé BESOIGNE). *Sans date*, *in*-12.

2128. Catéchisme sur les Controverses avec l'Eglise romaine (par Fabrice BURLAMAQUI). *Genève*, 1668, *in*-8.

2129. Catéchisme théologique, par le P. F. P. (François POMEY), de la compagnie de Jésus. *Lyon, P. Muguet*, 1664, *in*-18.

2130. Catéchumène (le) (par BORDE de Lyon). 1768, *in*-8.

C'est à tort que l'on a imprimé cette pièce avec le nom de Voltaire ; elle n'est pas de lui. On la trouve dans l'*Evangile de la Raison*.

2131. Catheluina, ou les Amis rivaux, poëme imité d'OSSIAN, et mis en vers français d'après la traduction en prose de le Tourneur (attribué à M. le général DUPONT). *Paris*, 1801, *in*-8.

2132. Catholicisme (le) de l'Assemblée constituante, démontré par la discipline des premiers siècles et les procès-verbaux du clergé, ou Instruction pastorale de M. (PRUDHOMME), évêque du département de la Sarthe (rédigée par M. Jérôme-Jean COSTIN, ancien bénédictin, ci-devant professeur de droit canon, ex-professeur de législation à l'école centrale d'Avranches). *Au*

Mans, *Monnoyer*, 1792, *in*-8 *de* 399 *pages*.

2133. Catholique (le) d'état, ou Discours politique des alliances du roi très-chrétien, contre les calomnies des ennemis de son état, par le sieur DU FERRIER. *Paris*, 1625, *in*-8. — Troisième édition en 1626.

L'auteur, à la fin de l'épître dédicatoire, signe *Ferrier*, et non *du Ferrier*. C'est Jérémie *Ferrier*, ministre de Nîmes, converti à la religion catholique, mort en 1626. Baillet, dans sa table des auteurs déguisés, marque que ce *du Ferrier*, ainsi qu'il l'appelle, est *Jean Sirmond*, une des plumes dont se servait le cardinal de Richelieu pour répondre aux libelles qu'on imprimait contre lui. L'abbé Richard attribue ce masque au P. JOSEPH. Fontette, n° 28,652 de sa *Bibliothèque historique de la France*, donne cet ouvrage à *Jérémie Ferrier*, attendu, dit-il, que *Charles Loisel*, *dans une histoire qu'il écrivait alors*, *page* 981, *le lui attribue* (Note de M. Boulliot.)

2134. Catholique et familière exposition des évangiles d'un chacun jour de carême, et des épîtres des dimanches, etc., par Louis LE SENESCHAL, prêtre (Rene BENOIST, curé de St.-Eustache à Paris). *Paris*, *Buon*, 1559; — *Nic. Chesneau*, 1562, *in*-8.

2135. Catholiques (les) Œuvres et Actes des Apôtres, rédigez par saint LUC, évangéliste; le tout ordonné par personnages (ouvrage commencé par Arnoul GREBAN, chanoine du Mans, et achevé par Simon GREBAN son frère, moine de Saint-Richer en Ponthieu, reveu en cette troisième édition par CUEUVRET ou CURET, chanoine du Mans), avec les demonstrances des figures de l'apocalypse, vues par Jean Zébédée en l'île de Pathmos, en vers (par Louis CHOQUET): le tout joué à Paris, en l'hôtel de Flandres, l'an 1541. *Paris*, *les Angeliers*, 1541, 2 *vol. in-fol.*

2136. Catinat, ou le modèle des Guerriers; discours à mes camarades (par le chevalier de JUILLY DE THOMASSIN). *Paris*, *Duchesne*, 1777, *in*-12.

2137. Caudataires (les), ou Lettre d'un pauvre chevalier de Saint-Louis à Mgr. le maréchal prince de Soubise, chevalier du même ordre, sur l'avilissement de l'ordre, par le franc chevalier ou le chevalier franc (le comte DE SANOIS). (*Deux-Ponts*), 1780, *in*-8; et à la fin du volume intitulé: *Aux Etats-Généraux*, sur la nécessité d'une réforme dans l'ordre judiciaire, par le comte DE SANOIS, l'une des victimes de l'ordre judiciaire. *Paris et Versailles*, *août* 1789, *in*-8.

Cette brochure est dirigée contre les confrères indigens qui devenaient valets de chambre ou d'église d'un cardinal ou autre prélat. Leurs éminences et grandeurs appelaient *caudataires* cette espèce de domestiques.

2138. Cause célèbre, ou nouveau Mémoire pour l'âne de Jacques Féron, blanchisseur, à Vanvres, défendeur; contre l'ânesse de Pierre Le Clerc, jardinier-fleuriste, par M. R. de J. (RIGOLEY DE JUVIGNY), aujourd'hui conseiller au parlement de M*** (Metz). *Paris*, *Desventes de La Doué*, 1767, *in*-12.

Réimprimé dans le tome second de la collection des *Causes amusantes*. Voyez ces mots.

2139. Cause (la) des Pères, ou Discussion d'un projet de décret relatif aux pères et mères, aïeuls et aïeules des émigrés; par l'auteur du *Cri des Familles* (A. MORELLET). *Paris*, *Dupont*, *an* 3 (1795), *in*-8.

Cette brochure de 111 pages a été suivie d'un supplément de 135 pages, et de cinq autres écrits du même genre, la plupart avec le nom de l'auteur.

2140. Causes amusantes et connues

(recueillies par Rob. Estienne). *Paris,* 1769 *et* 1770, 2 *vol. in*-12.

2141. Causes (des) de la corruption de l'éloquence, dialogue attribué par quelques-uns à Tacite, et par d'autres à Quintilien, traduit en français (par Louis Giry, avec une Préface par Antoine Godeau). *Paris, Chapellain,* 1630, *in*-4.

2142. Causes de la décadence du goût sur le théâtre (par Louis Charpentier). *Paris, Dufour,* 1768, 2 *parties, in*-12.

2143. Causes (des) de la dépopulation et des moyens d'y remédier (par l'abbé Jaubert). *Londres et Paris, Dessain junior,* 1767, *in*-12.

2144. Causes (des) de la Révolution et de ses résultats (attribué à M. Adrien Lezay.) *Paris, Desenne, an* 5 (1797), *in*-8 *de* 80 *pages*, et dans le *Journal d'économie politique de M. Rœderer.*

2145. Causes du désordre public, par un vrai citoyen (le P. Harel). *Paris, Guillot,* 1784, *in*-12.

2146. Causes (les) principales du surhaussement des monnoyes de France et la manière d'y remédier, par N. D. C. (Nicolas de Coquerel). *Paris, veuve Nic. Roffet,* 1612, *in*-8.

2147. Cavalier (le) François (par J. Peleus). 1605. *Sans nom de ville. in*-8. V. T.

2148. Ce que c'est que la *France toute catholique sous le règne de Louis-le-Grand* (par Bayle). *Saint-Omer, J. P. Lamy,* 1686, *in*-12.

2149. Ce qu'on a dit, ce qu'on a voulu dire, Lettre à Madame Folio (par Marin). *Paris,* 1752, *in*-8.

2150. Ce que l'on a dit et ce que l'on dira (par J. F. de Bastide). 1757, *in*-8.

2151. Cécile, fille d'Achmet III, empereur des Turcs, née en 1710 (par Jos. Lavallée). *Paris,* 1788, 2 *vol. in*-12.

2152. Cécilia, ou Mémoires d'une héritière, traduit de l'anglais de miss Burney (par M. Henri Rieu). *Genève,* 1783, 5 *vol. in*-12. — Nouvelle édition, revue et corrigée. *Londres et Paris, Th. Barrois,* 1784, 4 *vol. in*-12.

2153. Cela est singulier, histoire égyptienne, traduite par un rabin génois (Chevrier), *Babylone* (*Paris*), 1752, *petit in*-12.

2154. Célénie, Histoire allégorique, par M. L.... (Madame Lévêque). *Paris, Prault,* 1733, 4 *parties, in*-12.

2155. Célestine, ou la Victime des préjugés, par Charlotte Smith, traduit de l'anglais sur la seconde édition, par la citoyenne R. (Rome). *Paris, Buisson,* 1795, 4 *vol. in*-12.

2156. Célestine ou les Epoux sans l'être (par M. L. F. M. Belin la Liborlière). *Paris, Lemarchand,* 1799, 3 *vol. in*-12.

2157. Celianne, ou les Amans séduits par leurs vertus, par l'auteur d'Elisabeth (Madame Benoit). *Paris, Lacombe,* 1766, *in*-12.

2158. Celide, ou Histoire de la marquise de Bleville, par Mademoiselle M.... (Motte) *Paris, Duchesne,* 1775, 2 *vol. in*-12.

2159. Celie ou Mélicerte, nouvelle véritable (par J. Bridou). *Paris, Barbin,* 1663, *in*-8; *Loyson,* 1664, *in*-12; *et dans le Conservateur de novembre et décembre* 1760.

2160. Censeur (le) du temps et du monde, portant en main la clef promise du politique lutin, par SANDRICOURT (F. E. DE MEZERAY). *Paris*, 1652, 4 *parties in*-4. V. T.

2161. Censeur (le) impartial, ou Défense de MM. Crevier et d'Alembert (par DREUX DU RADIER). *Paris, le Breton*, 1758, *in*-12.

2162. Censeur (le), ou les Caractères des mœurs de la Haye, par G*** (GUEUDEVILLE). *La Haye*, 1715, *in*-12.

2163. Censeur (le) universel anglais (par le chevalier DE SAUSEUIL, LA BAUME et autres). *Paris, Guillot*, 1785 *et ann. suiv.*, *in*-4.

2164. Censure (la), Lettre à *** (par TARGET). 1775, *in*-8 *de* 28 *pages*.

2165. Censure de la Convention nationale, en cinq discours en vers, suivis de notes, contenant l'histoire abrégée de ses factions, de leurs erreurs et de leurs crimes, par L. C. T. R. (le citoyen Thomas ROUSSEAU). *Paris, Desenne, an* 5 (1797), *in*-8.

2166. Censure de la Faculté de théologie de Paris, contre le livre intitulé : *Bélisaire* (rédigée par LE GRAND). *Paris, veuve Simon*, 1767, *in*-12.

2167. Censure du Symbole des Apôtres, par Théophile RAYNAUD, jésuite, pour montrer qu'on peut tout condamner quand on veut, etc. (traduit du latin en français, avec un avertissement de l'éditeur janséniste et des notes). *Sans indication de lieu*. 1717, *in*-12 *de* 30 *pages*.

Le P. Raynaud inséra cette censure, en 1653, dans ses *Erotemata de bonis ac malis libris*, page 294. C'est ce qui a porté le traducteur à la lui attribuer.

Elle fut occasionée par celle qu'essuyèrent deux libelles jésuitiques en 1631.

Voyez, dans la table des Pseudonymes, les noms de *Nic. Smith* et *Daniel à Jesu*.

On trouve dans le *Dictionnaire philosophique* de Voltaire, au mot *Livres*, une critique du *Pater noster*, que l'on croirait calquée sur celle-ci.

2168. Censure d'un livre naguères imprimé à Paris, en forme de dialogue, sous les noms du Manant et du Maheustre, entreparleurs (par Nic. ROLLAND). *Paris, Morel*, 1594, *in*-8.

2169. Censure d'un livre que le P. Sirmond a fait imprimer, intitulé: *Prædestinatus*, par le sieur AUVRAY (Martin DE BARCOS). *Paris*, 1644, *in*-8.

Cet ouvrage parut en latin l'année suivante, à la suite du *Prædestinatus*.

2170. Censure, ou Discours politique touchant les prétendans à la couronne de Pologne (traduit du latin d'André OLSZOWSKI, évêque de Culm). (*Hollande*), 1669, *petit in*-12.

2171. Censure par les évêques de la province de Sens, du livre *de Ecclesiasticâ et politicâ potestate* (par Ph. DE GAMACHE). (*Sans nom de ville*). 1618, *in*-8. V. T.

2172. Censures et conclusions de la Faculté de théologie de Paris, touchant la souveraineté des rois (publiées par DUPIN). *Paris, Delespine*, 1720, *in*-4.

2173. Cent cinquante quatrains sur les Pseaumes de David (par Pierre DE LA PRIMAUDAYE). *Paris, Richer*, 1581, *in*-8.

2174. Cent et dix considérations divines de Jean de VALDESSO, traduites premièrement d'espagnol en langue italienne, et de nouveau mises en français par C.K.P. (Claude KERQUIFINEN, Parisien). *Lyon, Claude Senneton*, 1563, *in*-8.

2175. Cent fables choisies des anciens auteurs mises en vers latins par Gabriel Faerne de Crémone; traduites en français sur l'édition de Rome 1564, et sur les suivantes (par Louis-Tranquille Denyse). *Paris, veuve Thiboust*, 1699, *in*-16.

2176. Cent fables en vers (par M. de la Rochefoucauld-Liancourt). *Paris, Goujon fils, sans date* (*vers* 1800), *in*-18 *de* 106 *pages*, sans compter la préface qui a huit pages et une pièce de vers de cinq pages, intitulée : *Psaphon*.

2177. Cent Lettres d'amour d'Erandre (Honorat Laugier de Porchères) à Cléanthe. *Paris*, 1646, *in*-8.

2178. Cent (les) Nouvelles nouvelles, contenant cent histoires nouveaux, etc. (par Louis XI, encore dauphin, et autres seigneurs). *Paris, Verard*, 1486, *in-fol.*; — *Lyon*, 1532, *in-fol.* — Nouvelle édition. *Cologne* (*Amsterdam*) 1701, 2 *vol. in*-8, avec figures de Romain de Hooge.

Note manuscrite de l'abbé Sepher.

On trouve cette autre note dans l'exemplaire de l'abbé Lenglet du Fresnoy, destiné pour une nouvelle édition de sa *Bibliothèque des Romans* :

« Ces nouvelles, qui sont très-bien écrites dans notre ancien style gaulois, doivent leur origine à la retraite que fit Louis XI dans les Pays-Bas, après être sorti du royaume. Elles se racontaient dans les assemblées agréables qu'il tenait avec le comte de Charolois, qui depuis a été le dernier des ducs de Bourgogne, tué devant Nancy en 1477. Elles ont même une légèreté et une précision que l'on ne donnait point alors aux ouvrages d'esprit. »

2179. Cent (les) questions d'un Paroissien de M. le curé de *** (l'abbé Guidi), pour servir de réplique à la suite de son Dialogue sur le Mariage des protestans (par le P. Richard, dominicain). 1776, *in*-12.

2180. Cent soixante-deux pensées, maximes, réflexions, observations, etc., extraites des Mémoires sur les mœurs de ce siècle, par Circé, chienne célèbre (publiées par M. le baron de Stassart). *Paris, Didot aîné*, 1814, *in*-8.

Réimprimé à Bruxelles en 1814 et en 1815.

2181. Cephise, ou l'Erreur de l'Esprit, comédie, par M. Mars.... des V.... (Marsolier des Vivetières). *Neuchâtel*, 1784, *in*-8.

2182. Céramiques (les), ou les Aventures de Nicias et d'Antiope, par M. de S. S. (Galtier de St.-Symphorien). *Londres* (*Paris*), 1760, 2 *vol. in*-12.

2183. Cercle (le) des Femmes savantes, dialogue en vers héroïques (par de la Forge). *Paris, Trabouillet*, 1663, *in*-12.

La clef des noms des savantes dont il est parlé dans ce livre, se trouve au tome second des Recherches sur les Théâtres de France (par de Beauchamps). *Paris*, 1735, *in*-4, ou 3 *vol. in*-8.

Roxane, c'est Marie de Romieu; Melinte, Anne Desmarquets (et non pas Marquitz, comme écrit Beauchamps), religieuse dominicaine; Mariane, Marie Stuart, etc. (*Note extraite des manuscrits de l'abbé de Saint-Léger.*)

2184. Cercle (le), ou les Conversations galantes (par de Montfort). *Paris*, 1675, 3 *parties in*-12.

Voyez la *Nouvelle Pandore*, par de Vertron. *Paris*, 1698, in-12, t. 2, p. 197.

2185. Cercueil (le) des Amans, où est naïvement dépeint le triomphe cruel de l'amour (par Nicolas Piloust). *Paris, de Bordeaux*, 1611, *in*-12.

2186. Cérémonial du sacre des Rois de France (par Alletz). *Paris, Desprez*, 1775, *in*-8.

2187. Cérémonies et coutumes qui s'observent parmi les Juifs, traduites de l'italien de Léon de Modène, par D. Récared Siméon (Richard Simon). *Paris*, *Billaine*, 1674, *in*-12. — Nouvelle édition, avec un Supplément par le sieur de Simonville (le même Richard Simon, et une Epitre dédicatoire à Bossuet, rédigée par Frémont d'Ablancourt). *Paris*, *Billaine*, 1681, *in*-12.

2188. Cérémonies et coutumes religieuses de tous les peuples du monde, représentées par des figures dessinées de la main de Bernard Picart, avec une explication, et quelques dissertations curieuses (rédigées par J. Fr. Bernard, libraire éditeur, Bernard, ministre à Amsterdam, Bruzen de la Martinière et autres), d'après les ouvrages de Richard Simon, de J. Abbadie, Dupin, de l'abbé Thiers, du P. le Brun, de Burnet, de Phélippeaux, de Sales, de Boulainvilliers, de Gagnier, de Reland, du P. Charlevoix, de Kæmpfer, de Garcilasso de la Vega, etc., etc.. *Amsterdam*, *J. F. Bernard*, 1723 *à* 1743, 11 *vol. in-fol.* — Nouvelle édition, revue et augmentée (par MM. de l'Aulnaye et Grégoire). *Paris*, *Prudhomme*, 1807 *à* 1809, 12 *vol. in-fol.*

Les onze volumes des Cérémonies religieuses de l'édition de Hollande se composent des parties suivantes :

1° Cérémonies des peuples idolâtres. Tomes 1 et 2. 2

2° Cérémonies des juifs, chrétiens, grecs, protestans, luthériens, anglicans et mahométans. Tomes 1, 2, 3, 4, 5. 5

3° De deux volumes tomés, l'un tome septième, seconde partie, et l'autre tome huitième. 2

Le tome septième, seconde partie, contient plusieurs dissertations de messieurs les abbés Banier et le Mascrier sur des matières qui ont quelque rapport aux cérémonies religieuses, etc.

Le tome huitième contient un parallèle historique des cérémonies religieuses de tous les peuples anciens et modernes, etc.

4° Superstitions anciennes et modernes; préjugés vulgaires qui ont induit les peuples à des usages et à des pratiques contraires à la religion. Tomes 1 et 2. 2

Les tomes septième, seconde partie, et huitième de cette collection, sont les plus rares.

2189. Cérémonies et coutumes religieuses de tous les peuples du monde, représentées par des figures dessinées et gravées par Bernard Picart et autres habiles artistes; nouvelle édition, par une société de gens de lettres (M. Poncelin et autres). *Paris*, *Laporte*, 1783, 4 *vol. in-fol.*

2190. Cérémonies pratiquées au sacre et couronnement des rois de France (par P. David, libraire). *Paris*, 1654, *in*-8.

Catalogue manuscrit des Barnabites.

2191. Certitude (de la) des connaissances humaines, ou Examen philosophique des diverses prérogatives de la raison et de la foi, traduit de l'anglais par F. A. D. L. V. (ou plutôt composé en français par François-André Deslandes). *Londres*, 1741, *in*-12.

2192. Certitude (la) des preuves du Mahométisme, ou Réfutation de l'Examen critique des apologistes de la Religion mahométane, par Ali-Gier-Ber (Anacharsis Cloots). *Londres*, 1780, *in*-12.

2193. César armorial, ou Recueil des noms, armes et blasons de toutes les illustres et nobles maisons de France, par C. D. G. P. (César de Grand-Pré). *Paris*, *Guillemot*, 1549, *in*-8.

2194. César au sénat romain, poëme

(par A. L. DE XIMENÈS). *Paris*, 1759, *in*-8. V. T.

2195. César aveugle et voyageur (par GUER). *Londres*, 1740, *in*-12.

2196. Césarion, ou Entretiens divers (par l'abbé DE SAINT-RÉAL). *Paris*, *Claude Barbin*, 1684, *in*-12.

Voyez les différentes collections des Œuvres de cet auteur.

2197. Chacun a sa folie, ou le Conciliateur, comédie en deux actes et en vers (par DE LA SALLE). *Paris*, *Ballard*, 1781, *in*-8.

2198. Chambre de justice de l'Amour (par mademoiselle DES JARDINS, depuis dame DE VILLEDIEU). *Paris*, *P. Bontemps*, 1668, *in*-12.

2199. CHAMFORTIANA, ou Recueil choisi d'anecdotes piquantes et de traits d'esprit de CHAMFORT, précédé d'une notice sur sa vie et ses ouvrages (par AUBIN). *Paris*, *imprimerie de Delance*, *an* 9 (1801), *in*-12.

2200. Champ Fleury, auquel est contenu l'art et science de la due et vraye proportion des lettres attiques (par Geoffroy TORY). *Paris*, 1529, *in*-4.

2201. Champion (le) des Dames (par Martin FRANC). *Sans lieu ni date*, *in-fol. goth.*, *figures en bois*.

Catalogue de Crevenna, in-8, n° 4920.

Cet ouvrage de Martin Franc a été plusieurs fois réimprimé avec le nom de l'auteur.

2202. Chancre (le) ou Couvre-Sein féminin, ensemble le voile ou couvre-chef féminin (par J. POLMAN, chanoine théologal de Cambray). *Douay*, 1635, *in*-8. V. T.

Voyez le *Dictionnaire bibliographique de Cailleau*, tome 3, p. 263.

2203. Chandelle (la) d'Arras, poëme héroï-comique en dix-huit chants (par l'abbé DU LAURENS). *Berne*, 1765, *in*-8. — Nouvelle édition, précédée d'une notice sur la vie et les ouvrages de l'auteur (par M. FAYOLLE). *Paris*, *Egasse frères*, 1807, *in*-12, *fig.*

2204. Chanson d'un Inconnu, nouvellement découverte et mise au jour, avec des remarques critiques, etc., par le docteur Chrysostôme MATANASIUS, sur l'air *des pendus*, ou Histoire véritable et remarquable arrivée à l'endroit d'un R. P. de la compagnie de Jésus (le P. Couvrigny) (par Nic. JOUIN). *Turin* (*Rouen*), *Alétophile*, 1737, *in*-12.

Réimprimé avec des augmentations, sous ce titre : *Mœurs des Jésuites*, leur conduite sacrilége dans le tribunal de la pénitence, avec des remarques critiques. etc. *Turin*, *Alétophile*, 1756, *in*-12.

2205. Chansonnier (le) du Paradis (par feu M. ROBERT, employé à la Bibliothéque du Roi). *Philopolis*, 1799 et 1811, *deux numéros in*-12.

Ces deux brochures n'ont jamais été mises en vente.

2206. Chansons intellectuelles sur la résurrection du Phénix, par Michel MAIER; traduites en français, sur l'original latin, par M. L. L. M. (l'abbé LE MASCRIER), avec le texte latin. *Paris*, *de Bure aîné*, 1758, *in*-12.

2207. Chansons joyeuses mises au jour par un âne onyme, onissime (par COLLÉ); nouvelle édition considérablement augmentée, avec de grands changemens qu'il faudroit encore changer. *A Paris*, *à Londres et à Ispahan seulement*, *de l'imprimerie de l'Académie de Troyes*, VXL.CCD.M (1765), *in*-8.

Ce volume est le même que les *Chansons joyeuses* qui servent de quatrième volume à l'*Anthologie française* de Monnet.

Voyez n° 909.

2208. Chansons maçonnes (par Jacques Fleury, avocat). 1760, *in*-8.

2209. Chansons madécasses, traduites en français, suivies de poésies fugitives (par de Parny). *Londres*, 1787, *petit in*-12.

2210. Chansons qui n'ont pu être imprimées, et que mon censeur n'a point dû me passer (par Collé). *Sans indication de lieu ni de libraire*, 1784, *petit in*-12 *de* 212 *pages*.

2211. Chant (le) de la paix de France et d'Angleterre, chanté par les trois états, composé par l'indigent de sapience (Fr. Sagon). *Paris, Nic. Buffet*, 1549, *in*-8.

2212. Chant (le) des Seraines, avec plusieurs autres compositions nouvelles, par E. F. (Etienne Forcadel). *Lyon, Jean de Tournes*, 1548, *in*-8.

2213. Chant (le) du Cygne, ou la Vie à venir et l'Immortalité (par M. de Nelis, évêque d'Anvers). *Parme, Bodoni* (1796), *in*-8.

2214. Chant natal, contenant sept noëls, un chant pastoral et un chant royal, avec un mystère de la Nativité (par Barth. Aneau). *Lyon*, 1539, *in*-8. V. T.

2215. Chapelain décoiffé, ou Parodie de quelques scènes du *Cid* (par A. Furetière) .... 1665, *in*-12, et dans beaucoup d'éditions des *OEuvres* de Boileau.

2216. Chapelet (le) secret du Saint-Sacrement (par Catherine-Agnès Arnauld). *Paris*, 1663, *iu*-12.

2217. Chapelle (la) d'Ayton, ou Emma Courtney (par mademoiselle de Meulan, aujourd'hui madame Guizot). *Paris, Maradan*, 1799, 5 *vol. in*-12.

Ce roman est une imitation de l'anglais de Marie Hays; il a été réimprimé en 1810, 4 vol. in-12.

2218. Chapitromachie (la), poëme héroï-comique, ou les Démêlés du chapitre d'Hesdin avec le magistrat de la même ville, etc., par M. D. F. D. L. C. G. D. C. D. R. (Denis-François de la Combe, garde du corps du roi, mort à Montreuil-sur-Mer en 1802). *Au vieil Hesdin, chez Roger Bontemps*, 1753, *in*-12 *de* 31 *pages*.

2219. Charitable Remontrance de Caton chrétien (Matthieu de Morgues) à monseigneur l'éminentissime cardinal de Richelieu sur ses actions, et quatre libelles diffamatoires faits par lui ou ses écrivains. *Sans indication de lieu*, 1631, *in*-4 *de* 196 *pages*, et dans le *Recueil de pièces* in-fol. du même auteur.

2220. Charité (de la) qu'on doit exercer envers les pauvres enfans trouvez, par un séculier (B. Lordelot, avocat). *Paris*, 1706, *in*-24.

Catalogue manuscrit de l'abbé Goujet.

2221. Charlatanerie (de la) des Savans, par Menken, avec des remarques critiques de différens auteurs; traduit en français (par Durand, fils du pasteur de Nimègue). *La Haye, Jean Van Duren*, 1721, *in*-12.

Voyez le *Je ne sais quoi*, par Cartier de Saint-Philip, nouvelle édition. Amsterdam, 1767, t. 2, première partie, p. 107.

2222. Charlemagne, ou le Triomphe des Lois, tragédie (attribuée au comte du Buat). *Vienne, Trattnern*, 1767, *in*-8

Voyez la *France littéraire* de M. Ersch, tome 1.

2223. Charles Barimore (par M. de Forbin). *Paris, Renard*, 1810, *in*-8.—Nouv. édit. *Paris*, 1817, *in*-8.

2224. Charles II, roi d'Angleterre, en certain lieu, comédie très-morale en cinq actes très-courts, dédiée aux jeunes princes, et qui sera représentée, dit-on, pour la recréation des états-généraux, par un disciple de Pythagore (attribuée à MERCIER, membre de l'Institut). *Venise* (*Paris*), 1789, *in*-8.

2225. Charles V, Louis XII et Henri IV aux Français (par l'abbé BAUDEAU). *Paris*, 1787, 2 *parties in*-8.

2226. Charles et Marie (par madame DE FLAHAULT). *Paris*, *Maradan*, *an* 10 (1802), *in*-12.

2227. Charles et Vilcour, idylle nouvelle (par DROMGOLD). *Paris*, *Guesfier*, 1772, *in*-8 *de* 29 *pages*.

2228. Charles Martel, ou les Sarrazins chassés de France, poëme héroïque, par le sieur DE S. G. (SAINTE-GARDE). *Paris*, *Thomas Jolly*, 1668, *in*-12.

2229. Charlotte Belmont (par MILLON). *Amsterdam*, 1789, *in*-8.

2230. Charmansage, ou Mémoires d'un jeune citoyen faisant l'éducation d'un ci-devant noble, par l'auteur de l'Aventurier français (LE SUIRE). *Paris*, 1792, 4 *vol. in*-12.

2231. Charmes (les) de la société du Chrétien (par madame AUBERT). *Paris*, *Jacques Estienne*, 1730, *in*-12.

Note manuscrite trouvée sur un exemplaire.

2232. Chartreux (les), poëme, et autres pièces fugitives, par M. le chevalier DE R. (DE RIVAROL). *Paris*, 1784, *in*-8 *de* 32 *pages*.

2233. Chasse (la) au fusil (par MAGNÉ DE MAROLLES). *Paris*, *Th. Barrois*, 1788, *in*-8.

2234. Chasse (la) aux Bibliographes et Antiquaires maladvisés, par un des élèves que l'abbé Rive a laissés dans Paris (par l'abbé RIVE lui-même). *Londres* (*France*), 1789, 2 *vol. in*-8.

2235. Chasse (la) du renard Pasquin, découvert et pris en sa tannière, du libelle diffamatoire, faux marqué le *Catéchisme des Jésuites*, par le sieur Félix DE LA GRACE (Louis RICHEOME). *Villefranche*, *le Pelletier*, 1603, *in*-8.

2236. Chasse (le) Ennuy, ou l'honnête Entretien des bonnes compagnies (par L. GARON). *Paris*, 1633, *in*-12. V. T.

Note manuscrite et Catalogue de la Vallière, par Nyon, t. 3, n° 11462.

2237. Chastes (les) et délectables Jardins d'Amour, semez de divers discours et histoires amoureuses, par OLLENIX DU MONT-SACRÉ (Nicolas DE MONTREUX). *Paris*, 1594, *in*-12.

2238. Chasteté (la) invincible, bergerie en prose (par J. B. DE CROSILLES). *Paris*, 1633, *in*-8. V. T.

2239. Chat (le) d'Espagne (par Jacques ALLUIS). *Grenoble et Cologne*, 1669, *in*-12.

2240. Chatanciade (la) (par DUDUIT DE MÉZIÈRES). *Provins*, 1757, *in*-12.

2241. Château (le) d'Amour (par Pierre GRINGORE). *Paris*, *P. le Dru*, 1500, *in*-8.

2242. Château (le) des Tuileries (par ROUSSEL, homme de loi). *Paris*, *an* 10 (1802), 2 *vol. in*-8.

2243. Château (le) d'Otrante, conte gothique (par Horace WALPOLE), traduit de l'anglais (par EIDOUS). *Londres*, 1761, 1774, *in*-12.

2244. Château (le) intérieur de l'âme de sainte THÉRÈSE, traduction nouvelle (par André FELIBIEN, historiographe du Roi). *Paris*, *Léonard*, 1671, *in*-8.

Voyez le *Journal des Savans*, année 1695, et le *Catalogue* des frères Périsse, *Lyon*, 1770, *in*-8.

2245. Chats (les) (par Paradis de Moncrif). *Paris*, *Quillau*, 1727, *in*-8, réimprimé dans le tome douzième des *OEuvres* de Caylus.

On dit que le fond de cet ouvrage est du savant Freret. (*Note manuscrite.*)

2246. Chef-d'OEuvre (le) d'un Inconnu, poëme, avec des remarques savantes, par le docteur Chrysostôme Matanasius (Saint-Hyacinthe, aidé de 's Gravesande, Sallengre, Prosper Marchand et autres), avec une dissertation sur Homère et sur Chapelain (par Van Effen). *La Haye*, 1714, *in*-8. — Quatrième édition revue, augmentée et diminuée. *La Haye*, *P. Husson*, 1716, *in*-8. — Sixième édition, avec de nouvelles augmentations. *La Haye*, *P. Husson*, 1732, 2 *vol. in*-8. — Nouvelle édition, avec de nouvelles notes et une notice sur la vie et les ouvrages de Saint-Hyacinthe, par Leschevin. *Paris*, *Imprimerie bibliographique*, *an* 14 (1806), 2 *vol. petit in*-8.

Voyez dans le *Magasin encyclopédique*, cinquième année, tome 2, page 77, une excellente dissertation de Chardon de la Rochette sur la quatrième édition de cet ouvrage.

2247. Chefs-d'OEuvre d'Éloquence, tirés des OEuvres de Bossuet, Fléchier, Fontenelle et Thomas...; publiés avec une notice sur ces grands hommes (par Serieys). *Paris*, *Obré*, 1806, *in*-12.

2248. Chefs-d'OEuvre d'Éloquence poétique, à l'usage des jeunes orateurs, ou Discours français tirés des auteurs tragiques les plus célèbres (par l'abbé Batteux). *Paris*, *Nyon*, 1780, *in*-12.

2249. Chefs-d'OEuvre (les) de M. de Sauvage, ou Recueil de dissertations, etc.; le tout commenté (ou traduit du latin par M. J. É. G. (Jean-Emmanuel Gilibert). *Lyon et Paris*, 1770, 2 *vol. in*-12.

2250. Chefs-d'OEuvre de Poësie française, tirés des OEuvres de Racine, Molière, Boileau et Voltaire; publiés avec une notice sur ces grands hommes, par un ancien professeur de l'université de Paris (Serieys). *Paris*, *Obré*, 1806, *in*-12.

2251. Chefs-d'OEuvre (les) dramatiques de Charles Goldoni, traduits pour la première fois en français, par M. A. A. D. R. (Amar du Rivier). *Lyon*, *Reyman*, *an* 9 (1801), *les tomes* 1, 2 *et* 3, *in*-8, formant la première livraison.

La seconde n'a pas paru.

2252. Chefs-d'OEuvre (les) dramatiques de MM. Corneille, avec le jugement des savans à la suite de chaque pièce (recueillis par M. J. G. Dupré). *Oxford*, 1758, 2 *vol. in*-12; — *Amsterdam et Leipsick*, *Arkstée et Merkus*, 1760, 2 *vol. petit in*-12.

La première édition de ce recueil parut sous ce titre: Les Chefs-d'OEuvre de P. Corneille, avec le jugement des savans à la suite de chaque pièce (avec une épître dédicatoire à la duchesse de Bedfort, signée par l'éditeur). *Oxford*, *J. Fletcher*, 1746, *in*-8.

Dans une seconde édition, l'éditeur a joint à son recueil deux pièces de Th. Corneille; et en tête de la troisième, partagée en deux volumes, et dans laquelle ne se trouve plus l'épître dédicatoire, l'éditeur annonce que cette édition est exactement conforme à la seconde.

Ce recueil a eu encore plusieurs éditions jusqu'en 1771, époque où il fut imprimé en trois volumes, augmenté des notes et des commentaires de Voltaire.

2253. Chemin de la Fortune, ou les bonnes règles de la vie pour acquérir des richesses, par D. S. (Ch. Sorel). *Paris*, 1663, *in*-12. V. T.

2254. Chemin (le) de l'Amour divin; description de son palais, etc. (par l'abbé Grisel). *Paris*, 1746, *in*-12.

Cet ouvrage a été composé en partie par la duchesse d'Ayen; le duc d'Ayen lui-même y a mis la main.

2255. Chemin (le) du Ciel, et le Testament du cardinal Bona, traduits du latin (par Nicolas Guyot, frère de l'abbé Desfontaines). *Paris*, *Mariette*, 1708, 1716, 1727, *in*-16.

2256. Chemin (le) du Ciel, ou la Vie du Chrétien sanctifiée par la prière (par A. Hespelle). *Paris*, 1773, *in*-12. V. T.

2257. Chemin (le) du Ciel, traduit du latin du cardinal Bona (par l'abbé Le Duc). *Paris*, *Savoye*, 1738, *in*-12.

2258. Chemins (des) et des moyens les moins onéreux au peuple et à l'état de les construire et de les entretenir (par M. de Pommereul). *En France*, 1781, *in*-8.

2259. Chemise (la) sanglante de Henri-le-Grand (par le ministre Perisse). 1615, *in*-8.

2260. Chemises (les) rouges, ou Mémoires pour servir à l'histoire du règne des anarchistes (par Bonnemain). *Paris*, *l'an* 7 (1799), 2 *vol. in*-12. V. T.

2261. Chevalier (le) chrestien, premièrement composé en latin par Erasme, et depuis traduict en françois (par Louis Berquin). *Lyon*, *Etienne Dolet*, 1542, *in*-16.

Voy. les mots *Enchiridion*, ou *Manuel*...; et ceux-ci : *Manuel du Soldat chrétien*...

2262. Chevalier (le) délibéré (par Olivier de la Marche). *Paris* (*Verard*), 1488, *in*-4.

2263. Chevalier (le) des Essars et la comtesse de Berci, par M. G. D. C. (Guillot de Chassagne). *Amsterdam*, *l'Honoré*, 1735, 2 *vol. in*-12.

Ce roman n'est autre chose que l'*Histoire des Amours de Caliste et de Lisandre*, par d'Audiguier, Paris, 1615, in-8, souvent réimprimée, mise en français moderne et abrégée.

2264. Chevalier (le) Noir, nouvelle du 18e siècle, par H. C. (M. Henri Coiffier). *Paris*, *Frechet*, 1803, *in*-18.

2265. Chevalier (le) sans reproche, Jacques De Lalain (chevalier de la Toison d'Or, mort en 1453, par Jean d'Ennetieres). *Tournay*, *Adrien Quinqué*, 1633, *in*-8.

2266. Chevaliers (les) errans et le génie familier, par Madame la comtesse d'*** (d'Auneuil). *Paris*, *Ribou*, 1709, *in*-12.

2267. Chevilles (les) de M^e^. Adam (Adam Billaut), menuisier de Nevers. *Paris*, *T. Quinet*, 1644, *in*-4; — *Rouen*, *Caillové*, 1654, *in*-8.

2268. Chezonomie (la), ou l'Art de ch..., poëme didactique en quatre chants, par Ch. R*** (M. Charles Rémard, conservateur de la bibliothèque du château de Fontainebleau). *Scôropolis et Paris*, *Merlin*, 1806, *in*-12 *de* XI *et* 191 *pages*.

2269. Chiaramonte (la), par M. D. B. (Mademoiselle de Beaulieu). *Paris*, 1603, *in*-12. V. T.

2270. Chien (le) après les Moines, lu et approuvé par une bande de défroqués (par le comte de Mirabeau). (*Amsterdam*) 1784, *in*-8. V. T.

2271. Chien (le) de Boulogne, ou l'Amant fidèle (par l'abbé Torche). *Paris*, *Barbin*, 1668, *in*-12.

Voyez la notice de cet ouvrage, par l'abbé

de Saint-Léger, dans le *Magasin encyclopédique*, troisième année. t. 6, p. 183.

2272. Chiffonnier (le) du Parnasse, ou poésies nouvelles de divers auteurs (par Alexis PIRON et autres). *Amsterdam* (*Paris*), 1732, *in*-12. V. T.

2273. Childéric Ier, roi de France, drame héroïque en trois actes et en prose (par MERCIER). *Paris, Ruault*, 1774, *in*-8.

2274. Chimère (la) deffaicte, ou Réfutation d'un libelle séditieux, tendant à troubler l'Etat, sous prétexte d'y prévenir un schisme, par Sulpice de MANDRINY, sieur DE GARZONVAL (le sieur SIRMOND). *Paris, B. Lorge*, 1640, *in*-4.

Ce livre est contre l'*Optatus Gallus* de Ch. HERSENT.

2275. Chimères (les) de M. Jurieu; réponse générale à ses lettres pastorales, etc. (par PÉLISSON). *Paris*, 1689, *in*-4.

2276. Chimie (la) charitable et facile en faveur des Dames, par Damoiselle M. M. (Marie MEURDRAC). *Paris*, 1656, *in*-12.

2277. Chimie du goût et de l'odorat (par le P. PONCELET, récolet). *Paris, Le Mercier*, 1755, *in*-8.

Réimprimé en 1774 avec des augmentations considérables. Voyez les mots *Nouvelle Chimie*...

2278. Chimie hydraulique, pour extraire les sels essentiels des végétaux, animaux et minéraux avec l'eau pure (par le comte DE LA GARAYE). *Paris*, 1746, *in*-12.

Réimprimée depuis avec le nom de l'auteur, et augmentée de notes par PARMENTIER. *Paris*, 1775, *in*-12.

2279. Chimie métallurgique dans laquelle on trouvera la théorie et la pratique de cet art; traduit de l'allemand de GELLERT (par le baron D'HOLBACH). *Paris, Briasson*, 1758, 2 *vol. in*-12.

2280. Chimoetu, ou le prince singulier (par G. MAILHOL). *Paris*, 1751, *in*-12. V. T.

2281. Chinki, histoire cochinchinoise, qui peut servir à d'autres pays (par l'abbé COYER). *Londres*, 1768, *in*-8.

Les idées développées dans cet ouvrage se trouvent textuellement, pour ainsi dire, dans un mémoire de CLICQUOT de Blervache, qui remporta le prix en 1757 à l'académie d'Amiens. Voyez aux mots *Considérations sur le Commerce* et *Mémoire sur les Corps de Métiers*.

2282. Chirurgie (la) complète, par demandes et par réponses; par Gabriel LE CLERC, médecin ordinaire du roi. *Paris, d'Houry*, 1694, *in*-12. — La même, tome 2e. *Paris, Girin*, 1706, *in*-12. — Le même ouvrage, nouvelle édition, corrigée et augmentée. *Paris, d'Houry*, 1719, 2 *vol. in*-12.

Cet ouvrage a joui long-temps de l'estime publique. Fontenelle donne à entendre que François POUPART en est le véritable auteur. Voyez son éloge de Poupart.

2283. Chirurgie complète suivant le système des modernes (par François PLANQUE). *Paris, d'Houry*, 1744, 2 *vol. in*-12.

2284. Chirurgien (le) médecin, ou Lettre contre les chirurgiens qui exercent la médecine, par M. A. R. D. E. M. (HUNAULT). *Paris, Babuty*, 1726, *in*-12.

2285. Choix d'anciens Fabliaux, mis en vers (par IMBERT). *Paris, Prault*, 1788, 2 *vol. in*-12.

2286. Choix de chansons, à commencer de celles de Thibault, comte de Champagne, jusques et compris celles de quelques poëtes vivans (par MONCRIF). *Paris*, 1755, *in*-8.

2287. Choix de contes et de poésies

Erses; traduits de l'anglais (par LE TOURNEUR). *Paris, le Jay*, 1772, 2 *parties in*-12.

2288. Choix de Fables extraites des Fastes d'OVIDE, latin-français, nouvelle édition. *Paris, Delalain*, 1816, *in*-12.

C'est la réimpression en grande partie du petit vol. intitulé: *Fables choisies des Fastes d'Ovide*, traduction enrichie de notes sur chaque fable, par le P. DE KERVILLARS, jésuite. *Paris, d'Houry*, 1742, *in*-12.

2289. Choix de petites pièces du théâtre anglais (par DODSLEY et GAY), traduites en français (par PATU). *Londres (Paris)*, 1756, 2 *vol. in*-12.

2290. Choix de petits romans de différens genres, par L. M. D. P. (le marquis DE PAULMY); nouvelle édition, revue, corrigée et augmentée. *Londres et Paris, Gattey*, 1789, 2 *vol. petit in*-12.

Les articles qui composent ces deux volumes sont tirés de la *Bibliothèque universelle des Romans*.

2291. Choix de Philosophie morale (publié par JUNKER). *Avignon, veuve Girard*, 1771, 2 *vol. in*-12.

2292. Choix (le) de plusieurs Histoires et autres choses mémorables, tant anciennes que modernes, appariées ensemble (par Adrien DE BOUFFLERS). *Paris*, 1608, *in*-8.

2293. Choix de poésies morales et chrétiennes, depuis Malherbe jusqu'aux poètes de nos jours (par Claude LE FORT DE LA MORINIERE). *Paris, Prault*, 1739, 3 *vol. in*-8 *et in*-4.

2294. Choix de poésies traduites du grec, du latin et de l'italien, par M. E. T. S. D. T. (Edouard-Thomas SIMON de Troyes), contenant la Pancharis de BONNE-FONS, etc. *Paris (Cazin)*, 1786, 2 *vol. in*-18.

2295. Choix de quelques Pièces polémiques de M. de V*** (VOLTAIRE), avec les réponses, pour servir de suite et d'éclaircissement à ses ouvrages. 1759, *in*-12.

C'est un nouveau frontispice mis au volume intitulé : *Guerre littéraire*, ou *Choix de....* Voyez ces mots.

Voltaire adressa à Lausanne, à Berne et à Soleure, un mémoire pour en demander la suppression. Il ne put l'obtenir.

L'éditeur s'appelait Lervèche, ou la Roche suivant Voltaire. Le libraire Grasset, qui a imprimé les lettres de Voltaire et de Haller, le nommait Lévéché.

Le *mémoire* de Voltaire n'a encore été imprimé dans aucune collection de ses *Œuvres*.

Le volume qui lui donna tant d'inquiétude renferme les trois lettres de Boullier contre ses *Lettres philosophiques*; ce qui est cause que M. Van Thol, dans ses notes manuscrites, l'a attribué au ministre Boullier.

(*Extrait d'une note communiquée par M. Beuchot.*)

2296. Choix de Remarques sur la langue française, extraites des meilleurs ouvrages en ce genre, par L. P. L. M. (Louis PHILIPON-LA-MADELAINE). *Paris, Favre, an* X (1802), *in*-12.

2297. Choix des anciens Mercures, avec un extrait du Mercure français (par MARMONTEL, SUARD, DE LA PLACE, BASTIDE et DE LA PORTE). *Paris, Chaubert*, 1757-1764, 108 *vol. in*-12.

Il faut joindre à ce recueil la *Table générale des pièces contenues dans les* 108 *volumes du Choix des Journaux, rangées par ordre de matières et des volumes*. Paris, Bauche, 1765, in-12.

2298. Choix des *Lettres édifiantes*, avec des additions, des notes critiques et des observations (par M. l'abbé DE MONTMIGNON, ancien archidiacre et vicaire général de Soissons). *Paris, Maradan*, 1809, 8 *vol. in*-8.

2299. Choix des Mémoires et Abrégé de l'Histoire de l'académie de Berlin (par Formey). *Berlin*, *Haude*, 1761, 4 *vol. in*-12.

2300. Choix des *Mémoires secrets* de Bachaumont, par Ch. de V... (par Charles de Villette). *Londres*, 1788, 2 *vol. in*-12.

2301. Choix d'histoires intéressantes, telles que la conjuration des Pazzi contre les Médicis, la renaissance des lettres en Italie (par Alletz). *Paris*, *veuve Duchesne*, 1781, *in*-12.

Le premier article de ce volume, concernant la maison de Médicis, est copié des *Anecdotes secrètes de la maison de Médicis*, par Varillas, depuis la page 6 du livre premier jusqu'à la fin du troisième livre inclusivement, sans que le bon M. Alletz ait pris la peine de changer un mot, une tournure de phrase. Voyez le *Journal encyclopédique*, février 1785, p. 525.

2302. Choix littéraire (par Vernes). *Genève*, 1755-1760, 24 *vol. in*-8.

2303. Choix varié de poésies philosophiques et agréables, traduites de l'anglais et de l'allemand (par Junker). *Avignon et Paris*, 1770, 2 *vol. in*-12.

2304. Choses (les) qui sont contenues en ce présent livre. — Une Epître exhortative (par le Fevre d'Etaples). — La S. Evangile selon S. Matthieu, selon S. Marc, selon S. Luc et selon S. Jehan. — (traduit en français par le même). — Aucunes annotations, avec cette épigraphe : Christus dicit Marci xvi : *Prædicate Evangelium omni creaturæ*, etc.) *Paris*, *Simon de Colines*, *l'an de grâce*, 1523, *le* 8e *jour de juing*), *cum privilegio*, *in*-12.

Ce titre a été pris sur un exemplaire de la première édition de cette traduction. Voyez les mots : *Le Nouveau Testament*... ; et ceux-ci : *La Sainte Evangile*...

La première moitié de la seconde partie du Nouveau Testament, renfermant les *Epîtres de S. Paul* et *les Epîtres catholiques*, parut le 27 octobre 1523. Les *Actes des Apôtres* et l'*Apocalypse de Jean*, qui complètent le Nouveau Testament, parurent le 6 novembre de la même année.

Denis Nolin, dans sa dissertation sur les Bibles françaises, ne cite donc qu'une réimpression de cette seconde partie, lorsqu'il nous dit (page 27) qu'elle parut le 10 janvier 1524, avec une épître dédicatoire portant que ce N. T. a été imprimé, revu et conféré sur l'édition latine, au désir des plus hautes et puissantes dames et princesses du royaume. Il n'y a pas d'épître dédicatoire en tête des éditions originales de la seconde partie.

2305. Chrétien (le) adorateur, par un évêque de France retiré en Allemagne. *Paris*, *Poncelin*, 1801, 1803, *in*-18.

Cet ouvrage est la même chose que celui qui est intitulé : Morceaux choisis d'Eckartshausen (traduits de l'allemand en français, par M. le baron de Stassart). *Paris*, 1808, *in*-18. Ou bien : Dieu est l'amour le plus pur, ma prière et ma contemplation, par Eckartshausen. *Paris*, *Guyot et Pelafol*, 1815, *in*-18.

2306. Chrétien (le) dans la solitude, par Sturm, traduit de l'allemand (par Elisabeth-Christine de Brunswick, épouse de Frédéric II, roi de Prusse). *Berlin*, 1776, *in*-8.

2307. Chrétien (le) fidèle à sa vocation (par Cl. Lequeux). *Paris*, 1748, 1761, *in*-12. — Nouvelle édition (retouchée par Rondet). *Paris*, 1777, *petit in* 12.

2308. Chrétien (le) instruit de sa religion, de l'Ecriture sainte et de l'histoire de l'Eglise, et particulièrement de l'Eglise de France, ou la Journée d'un Chrétien pour l'année 1797 (par Saillant, ancien médecin). *Paris*, *Leclere*, *in*-18.

Depuis, l'auteur a été curé de Villiers-le-Bel.

2309. Chrétien (le) intérieur, ou la Conformité intérieure que doivent avoir les Chrétiens avec Jésus-Christ, par un solitaire (Jean de Bernières-Louvigny). *Paris*, *Cramoisy*, 1661, 1662, *petit in*-12. — Quatorzième édition. *Paris, veuve Martin*, 1674, *in*-12.

On trouve le portrait de l'auteur, mort en 1659, en tête des éditions postérieures à ces dates. Il n'a pas d'article dans la *Biographie universelle*. Le *Chrétien intérieur* a été tiré des manuscrits de Bernières de Louvigny, par le P. FRANÇOIS d'Argentan, capucin, qui a publié un second volume en 1676.

2310. Chrétien (le) par sentiment (par le P. FIDÈLE, de Pau, capucin). *Paris, Lambert*, 1764, 3 *vol. in*-12.

2311. Chrétien (le) philosophe (par P. BILLARD, prêtre). *Lyon*, 1701; *in*-12.

Catalogue manuscrit de l'abbé Goujet.

2312. Chrétien (le) raisonnable, ou l'Homme conduit à la foi catholique par la raison au milieu de toutes les erreurs du jour, par un docteur de Sorbonne (M. DUDEMAINE). *Paris, Crapart*, 1792, *in*-8 *de* 22 *pages*.

2313. Chrétien (le) réel, contenant 1° la Vie du marquis de Renty (par le P. DE SAINT-JURE, jésuite; 2° la Vie de la mère Elisabeth de l'Enfant-Jésus (par Madeleine DE MAUROY), nouvelle édition (publiée par P. POIRET). *Cologne*, 1701 *et* 1702, 2 *vol. in*-12.

2314. Chrétiens anciens et modernes, ou Abrégé des points les plus intéressans de l'Histoire ecclésiastique (attribué à Dom SINSART, abbé de Munster). *Londres*, 1754, *in*-12.

2315. Christiade (la), ou le Paradis reconquis (par l'abbé DE LA BAUME). *Bruxelles, Vase*, 1753, 6 *vol. in*-12.

2316. Christianisme (le) de François BACON, chancelier d'Angleterre, ou Pensées et sentimens de ce grand homme sur la Religion (par EMERY, ancien supérieur-général de la communauté des prêtres de Saint-Sulpice). *Paris, veuve Nyon, an* 7 (1799), 2 *vol. in*-12.

2317. Christianisme dévoilé, ou Examen des principes et des effets de la Religion chrétienne (par le baron d'HOLBACH). *Londres* (*Nancy, Leclerc*), 1756 (1761), *in*-8; — 1767, *in*-12.

Cet ouvrage est la première des nombreuses productions philosophiques mises au jour par le baron d'Holbach, sous le voile de l'anonyme et sous des noms empruntés.

Je reproduirai ici les renseignemens curieux que M. Naigeon a bien voulu me communiquer, lorsque je réfutai quelques assertions hasardées par Laharpe dans sa *Philosophie du dix-huitième siècle*. (Cette réfutation a paru dans le *Magasin encyclopédique*, numéro de mai 1805.) Laharpe soutient, d'après Voltaire sans doute, que le *Christianisme dévoilé* est de Damilaville. A l'en croire, le dépôt des exemplaires de cet ouvrage était chez le même Damilaville; ce qui m'a fait faire ces réflexions : « Cette « seule circonstance me ferait révoquer en « doute l'assertion de M. Laharpe. Il est peu « vraisemblable en effet que l'auteur du « *Christianisme dévoilé* ait vendu lui-même « son ouvrage : d'ailleurs ceux qui l'ont lu « avec attention y ont trouvé le style et les « principes de l'auteur de la *Contagion sa*« *crée*, de l'*Essai sur les Préjugés*, du *Sys*« *tème de la Nature*, et de beaucoup d'autres « ouvrages du même genre, anonymes et « pseudonymes. C'est la judicieuse réflexion « du théologien Bergier, dans la préface de « son *Examen du Matérialisme*.

« Bergier avait raison. Je puis assurer que « le *Christianisme dévoilé* est la première « production philosophique de l'auteur du « *Système de la Nature*. Il en avait confié le « manuscrit à un militaire de ses amis « (M. de Saint-Lambert), pour le faire im« primer à Nancy, où les affaires de cet ami « l'appelaient. Celui-ci s'acquitta de la com« mission, et l'ouvrage fut en effet imprimé « dans cette ville par un libraire nommé le « Clerc, tête chaude, et dont l'indiscrétion « fut bien près de compromettre l'auteur « du livre et l'ami à qui il en avait confié le « manuscrit. Les deux premiers exemplaires « de l'imprimé furent adressés par Voltaire « à Damilaville; et c'est un fait également « certain et connu d'un grand nombre de « gens de lettres, que tous les exemplaires

« arrivés à Paris à cette époque y avaient « été apportés et introduits par plusieurs « officiers du régiment du Roi, alors en « garnison à Nancy. Nous citerons, entre « plusieurs autres officiers de ce régiment, « M. de Villevielle, ami de Voltaire, de « Condorcet, etc. Damilaville n'en a jamais « vendu un seul, et il a même eu beaucoup « de peine à en procurer un exemplaire au « baron d'Holbach, qui l'a attendu long- « temps. »

Voilà un fait détaillé avec toutes ses circonstances, et il me paraît mériter plus de créance que l'assertion de Voltaire, qui se faisait un jeu d'attribuer certains ouvrages philosophiques à des vivans ou à des morts. N'a-t-il pas en effet attribué le *Dîner du comte de Boulainvilliers* et le *Militaire philosophe* à Saint-Hyacinthe, l'*Ingénu* et la *Théologie portative* à l'abbé du Laurens, auteur du *Compère Mathieu*, à Damilaville lui-même un *Eclaircissement historique à l'occasion d'un libelle calomnieux contre l'Essai sur les Mœurs et l'Esprit des nations?* La plupart de ces écrits sont de Voltaire : la *Théologie portative* est du baron d'Holbach ; Saint-Hyacinthe est mort en 1746. L'abbé du Laurens n'est mort que vers l'année 1797. L'autorité de Voltaire est donc nulle dans des déclarations de ce genre ; seulement on peut l'en croire lorsqu'il affirme qu'il garde le secret à des auteurs vivans, et cela pour ne pas armer la langue de la calomnie et la main de la persécution. Voyez la *Correspondance de d'Alembert*, t. 68, p, 318, édition in-8 de Beaumarchais.

On cite une lettre du 20 décembre 1766, dans laquelle Voltaire nomme Damilaville comme l'auteur du *Christianisme dévoilé* : mais sa lettre à d'Alembert, en date du 31 du même mois de la même année, renferme ce passage : « Je sais qui a fait le *Christianisme dévoilé*, le *Despotisme oriental*, *Enoch* et *Elie*, etc.. et je ne l'ai jamais dit. » Ce dernier témoignage n'est-il pas plus fort que le premier, surtout aux yeux de ceux qui connaissent le véritable auteur du *Christianisme dévoilé?*

L'abbé Morellet, dans ses mémoires qui ont paru en 1821, ajoute une nouvelle preuve à celles que je viens d'alléguer, puisqu'il dit positivement que le baron d'Holbach, ainsi que le public l'a su depuis, était l'auteur du *Système de la Nature*, de la *Politique naturelle*, et du CHRISTIANISME DÉVOILÉ, etc., etc. Voyez tome 1, p. 133.

2318. Christianisme (le) éclairci sur les différens du temps en matière de quiétisme (par l'abbé DE CHEVREMONT). *Amsterdam*, 1700, *in*-8.

Voyez une réponse à cet ouvrage, dans la préface de la *Théologie réelle* (par P. Poiret), § 4, p. 190 et suiv.

2319. Christianisme (du) et de son culte contre une fausse spiritualité (par CHASSANIS). *Paris*, 1802, *in*-12.

2320. Christophe Colomb, ou l'Amérique découverte, poëme en vingt-quatre chants, par un Américain (BOURGEOIS, de la Rochelle). *Paris*, *Moutard*, 1773, 2 *vol. in*-8.

2321. Chronique (la) de la noble ville et cité de Metz (par J. CHATELAIN). *Metz*, 1698, *in*-8. V. T.

2322. Chronique de la ville de Mâcon, faite en latin par Philibert BUGNYON (ou plutôt par François FUSTAILLER), traduit par N. EDOARD, Champenois. *Lyon*, *N. Edoard*, 1560, *in*-8.

Bugnyon n'a été que l'éditeur de cet ouvrage. (*M. Boulliot*)

2323. Chronique (la) des Favoris, *sans date ni lieu*, *in*-12 *de* 56 *pages*. V. T.

Satire contre les Luynes. L'auteur est LANGLOIS, *dit* FANCAN, chanoine de Saint-Honoré, qui a éte envoyé pour cet ouvrage à la Bastille, où il est mort.

Elle se trouve dans le Recueil des pièces les plus curieuses qui ont été faites pendant le règne du connestable M. de Luyne. 1623, 1628, *in*-8. (*Note manuscrite de l'abbé Mercier de Saint-Léger.*)

2324. Chronique des rois d'Angleterre, écrite selon le style des anciens historiens Juifs, traduite de l'anglais de NATHAN-BEN-SADDI (masque de DODSLEY), (par FOUGERET DE MONTBRON). *Londres*, 1750, *in*-8.

2325. Chronique (la) des Rois de France et des cas mémorables advenus depuis Pharamond, premier et seul apparent roi des Français, jusques au Roy Henry, second du nom, etc. (par Jean du Tillet, évêque de Meaux). *Rouen*, 1552, *in*-8.

2326. Chronique du Manége (journal rédigé par Marchant, auteur de la Constitution en vaudevilles), *in*-8.

2327. Chronique (la) du très-chrétien et victorieux roy Loys unzieme du nom (que Dieu absolve), etc. *Paris*, *Galliot du Pré*, 1558, *in*-8. V. les mots *Croniques du très-chrétien...*

Cet ouvrage est plus connu sous le titre de *Chronique scandaleuse*, et on l'attribue ordinairement à un greffier de l'Hôtel-de-Ville, nommé Jean de Troyes.

Il en existe beaucoup d'éditions; la *Bibliothéque historique de la France*, tome 2, n° 17322, en cite une de la même date et chez le même libraire, sous le titre d'*Histoire de Louis XI.*

L'abbé le Beuf prétend que cet ouvrage n'est autre chose que la *Chronique de Saint-Denis*, à laquelle Jean de Troyes a joint un préambule. Voyez les *Mém. de l'Acad. des Inscriptions*, t. 20, p. 224.

2328. Chronique (la) et histoire faite par le révér. pere en Dieu Turpin, archevesque de Rheims, l'un des pairs de France, contenant les prouesses de Charlemagne et de son neveu Rolland (traduit du latin de Robert, moine de l'abbaye de St.-Remi de Rheims dans le 14e siècle). *Paris*, *P. Vidove, pour Regnauld Chaudiere*, 1527, *in*-4.

L'original latin se trouve dans Schardii rerum germanicarum quatuor vetustiores Chronographi, *Paris*, 1556, *in-fol.*; et dans Vet. Scriptores qui Cæsarum et Imperatorum germanorum res per aliquot sæcula gestas litteris consignarunt, edente Justo Reubero. *Francofurti*, 1725, *in-fol.*

Il ne faut pas confondre cette traduction, dont l'auteur n'est pas connu, avec l'ouvrage romanesque qui a pour titre : La Chronique de Turpin, archevêque et duc de Reims, faisant mention de la conquête du très-puissant empire de Trébizonde, etc. *Lyon*, *Arnoullet*, 1583, *in*-8.

Voyez une *dissertation* fort curieuse sur ces deux ouvrages, par Huet de Froberville, dans le quatrième volume des *Mélanges de Littérature étrangère*, par Millin. *Paris*, 1785, *in*-12.

Il existe quelques exemplaires de cette dissertation tirés séparément, sous le titre d'*Orléans*, 1785, *in*-12.

2329. Chronique (la) et Histoire singulière du chevalier Mabrian (réduite du vieil langage en bon vulgaire français, par Guy Bounay et J. le Cueur, seigneur de Nailly). *Paris*, *J. Nyverd*, 1530, *in-fol. goth.*

2330. Chronique et Histoire universelle dressée premièrement par Jean Carion, augmentée par Ph. Melanchton et G. Peucer, traduite en français par S. G. S. (Simon Goulart, Senlisien). *Genève*, 1580, *in*-8.—Seconde édition augmentée. *Genève*, 1595, 2 *vol. in*-8.

2331. Chronique et institution de l'ordre de S. François, composé en portugais par le P. Marc de Lisbonne, traduite en espagnol par Didace de Navarre, en italien par Horace d'Iola et Barthélemi Cimarelli, et en français par D. S. (D. Santeul), Parisien (et le P. Blacone). *Paris*, 1600, 1601, 1603 *et* 1609, 4 *vol. in*-4.—Nouv. édition. *Paris*, *Fouet*, 1623, 4 *vol. in*-4.

Voyez la *Bibliothèque des Romans*, par l'abbé Lenglet du Fresnoy, p. 164.

2332. Chronique religieuse, rédigée par une société d'évêques, de prêtres, de magistrats et de gens de lettres (par MM. Grégoire, ancien évêque de Blois; Debertier, ancien évêque de Rhodès; Tabaraud, ancien supérieur de l'Oratoire; le président Agier, le comte Lanjuinais, Orange et autres). *Paris*, *Baudouin fils*, 1818-1821, 6 *vol. in*-8.

2333. Chronique (la) scandaleuse, ou Histoire de Louis XI (par Jean de Troyes), *in*-8, dans l'édition des Mémoires de *Comines* publiée (par

Jean Godefroy). *Bruxelles*, 1723, 5 *vol. in*-8; et dans celle de l'abbé Lenglet du Fresnoy. *Paris*, 1747, 4 *vol. in*-4.

Il existe plusieurs éditions de cette chronique *in-fol* et *in*-4. Voyez la *Bibliothèque historique de la France*, par le P. Le Long, t. 2, nº 17322.

2334. Chronique (la) scandaleuse, ou Mémoires pour servir à l'histoire des mœurs de la génération présente (par Guillaume Imbert, ex-bénédictin). *A Paris*, *dans un coin d'où l'on voit tout*. 1783, *in*-12. — Nouvelle édition, augmentée, 1786, 2 *vol. in*-12. — Nouvelle édition, 1788, 5 *vol. in*-12. — 4e édition, 1791, 5 *vol. in*-12.

2335. Chronique sommaire traitant des faits héroïques de tous les rois de France (par George Bernard). *Lyon*, 1570, *in*-8. V. T.

2336. Chroniques (les) de la France, compilées par l'ordre du roi Charles VII (par Jean Chartier, chantre de l'abbaye de Saint-Denis, frère de Alain Chartier). *Paris*, *Bon homme*, 1476, 3 *vol. in-fol.* — Réimpr. par Verard en 1493, sous le titre de *Grandes Chroniques de France;* — Autre édition sous ce dernier titre et continuée jusqu'en 1513, avec la chronique de Robert Gaguin. *Paris*, *Eustace*, 1514, 3 *vol. in-fol.*

Voyez la *Bibliothèque historique de la France*, nouvelle édition, nº 15672, t. 2.

2337. Chroniques (les) de l'ordre des Ursulines (par la mère Marie de Pommereuse, ursuline). *Paris*, *Hénault*, 1673 *et* 1676, 2 *vol. in*-4.

2338. Chroniques de Normandie (par Guillaume Le Talleur, imprimeur à Rouen). *Rouen*, 1487, *in-fol.*

Voyez les *Origines de Caen*, par Huet, seconde édition, p. 12. Voyez aussi dans ce dictionnaire les mots *Croniques de Normandie*...

2339. Chroniqueur (le) désœuvré, ou l'Espion des Boulevards (par Mayeur de Saint Paul). *Londres*, 1782 et 1783, 2 *vol. in*-8.

2340. Chronologie (la) des anciens Royaumes, corrigée, à laquelle on a joint une Chronique abrégée, qui contient ce qui s'est passé anciennement en Europe, jusqu'à la conquête de la Perse par Alexandre le Grand, traduite de l'anglais d'Isaac Newton (par l'abbé Granet, aidé de Marthan, Anglais, qui résidait alors à Paris). *Paris*, *Martin*, 1728, *in*-4.

Il y a une longue préface de M. Granet. Dans la *Bibliothèque française*, ou *Histoire littéraire de la France*, journal du sieur du Sauzet, tome 14, première partie, on lit un long extrait de cette préface et une idée de l'ouvrage même. L'auteur y parle autrement que dans la préface même, du P. Souciet, jésuite, antagoniste de Newton quant à la chronologie; de Newton lui-même, et de M. Fréret, qui a été de l'Académie des Belles-Lettres; et il loue beaucoup plus M. de la Nauze, de la même académie, adversaire du P. Souciet. On sait cependant que c'est l'abbé Granet lui-même qui est auteur de cet extrait. La raison de cette diversité, ou plutôt de cette contradiction, c'est, dit cet abbé, qu'on parle plus librement dans ce qu'on fait imprimer dans le pays étranger, que dans ce qu'on publie à Paris. Mais cette prétendue excuse empêche-t-elle qu'il n'ait blessé la vérité ou dans sa préface ou dans son extrait? (*Note extraite du Catalogue manuscrit de l'abbé Goujet.*)

2341. Chronologie des Saints (par Baillet). *Paris*, 1703, *in*-8.

Ce volume fait partie de la *Vie des Saints*, publiée en différens formats par ce savant ecclésiastique.

2342. Chronologie (la) et topographie du nouveau Bréviaire de Paris, par M. B*** (Binet, prêtre). *Paris*, *Hérissant*, 1742, *in*-12.

2343. Chronologie historique des baillis et des gouverneurs de Caen (par Beziers, chanoine à Caen). *Caen*, 1769, *in*-12. V. T.

344. Chronologie historique des Curés de Saint-Benoît (par Jean Brutté). *Paris, Desprez*, 1752, *in*-12.

345. Chronologiste (le), manuel (par Chaudon). *Paris, Lejay*, 1770, *petit in*-12.

La première édition de cet ouvrage parut à *Avignon, chez Aubert, in*-18, *en* 1766. On retrancha, dans l'édition de Paris, l'épître dédicatoire à M. l'abbé Trublet, dans laquelle on trouve un portrait des gens de lettres, tels qu'ils devraient être. Cette dédicace à un écrivain estimable qui, porté par un heureux naturel à la vertu, s'y était affermi par ses réflexions, méritait peut-être d'être conservée. L'ouvrage, l'un des premiers de M. Chaudon, eut du succès, parce qu'on ne peut pas trouver plus d'instruction dans moins d'espace. L'auteur des *Principes d'institution par rapport au corps, à l'esprit et au cœur*, Paris, chez la veuve Desaint, 1774, in-12, dit « qu'il ne con« naît pas d'ouvrage de ce genre plus clair, « plus abrégé, ni mieux distribué. »

346. Chrysal, ou les Aventures d'une guinée, histoire anglaise (par Johnston, Irlandais, publiée en français par Frénais). *Paris, Dufour*, 1768 *et* 1769, 2 *vol. in*-12.

347. Chute de la Médecine et de la Chirurgie, ou le Monde revenu dans son premier âge, traduit du chinois par le bonze Luc-Eriab (Pierre-Siméon Caron). *Emeluogna* (*Angoulême*), *la présente année* 0000000, *petit in*-8.

348. Chute (la) de Rufin, ministre de Théodose et de ses fils Arcadius et Honorius, poëme en deux chants (par Ronsin). *Bouillon*, 1780, *in*-8 *de* 31 *pages*.

349. Cibisme (le) et autres dialogues de Pasquin et Marforio sur les affaires d'état (par le Noble). *Rome, Aletophile*, 1688, *in*-12.

350. Cicerone Parisien, ou l'indicateur en faveur des habitans, et de ceux qui fréquentent la capitale, soit pour leurs affaires, soit pour leurs plaisirs, par N. A. G. D. B. (Nicolas-Amable-Germain Debray, libraire). 2e édition, mise dans un nouvel ordre, par A. C. (Auguste Caron). *Paris, Debray*, 1810, *in*-18.

2351. Cicéroniana, ou Recueil de bons mots et apophthegmes de Cicéron, etc. (par MM. Breghot et Péricaud, avocats à Lyon). *Lyon, Ballanche*, 1812, *in*-8 *de* 240 *pages*.

Tiré à *cent* exemplaires pour les auteurs et pour leurs amis.

2352. Ciel (le) ouvert à tous les hommes, ouvrage théologique (par Pierre Cuppé). 1768, *in*-8.

2353. Ciel (le) ouvert à tout l'univers, 1782, *in*-8.

Je crois cet ouvrage de dom Louis, ex-bénédictin du couvent de Saint-Denis, dont Manuel parle dans la *Police de Paris dévoilée*, t. 2, p. 262.

2354. Ciel (le) réformé, essai de traduction du Spaccio della Bestia Trionfante (de Jordano Bruni, par l'abbé de Vougny). *Sans indication de lieu*, 1750, 1754, *in*-8.

2355. Cimetière (le) d'Amboise, par un philosophe inconnu (Louis-Claude, marquis de Saint-Martin). *Paris, an* 9 (1801), *in*-8.

2356. Cimetière (le) de la Madelaine, par l'auteur de *Maria*, *d'Antoine* et *Jeannette*, etc. *Paris, an* 9 (1801), 2 *vol. in*-12.

Willemain d'Abancourt a été seulement le réviseur de *Maria*, d'*Antoine* et *Jeannette*, etc. : mais on le regarde comme l'auteur du *Cimetière*.

2357. Cinq (les) cents matinées et une demie, contes syriens, traduits en français avec des notes historiques, géographiques, critiques, morales, etc. (par le chevalier Duclos). *Amsterdam, J. Chastelain, et Paris, Mérigot*, 1756, 2 *vol. in*-12.

2358. Cinq contes des Fées (par le comte de CAYLUS). 1745, *in*-12, et dans les *œuvres complètes* de l'auteur, 12 *vol. in*-8.

2359. Cinq dialogues faits à l'imitation des anciens, par Oratius TUBERO (LA MOTHE LE VAYER). *Mons, Paul de la Flèche* (*Amsterdam, Elzevir*). 1671, *petit in*-12.

L'édition originale de ces Dialogues est de *Francfort, Jean Sarius*, 1506 (lisez 1606), *in*-4. On trouve dans ce même volume quatre autres Dialogues du même genre. Les neuf Dialogues ont été réimprimés à Francfort en 1716, 2 vol. in-12.

2360. Cinq Nouvelles helvétiennes (par M. MEISTER). *Paris, Renouard*, 1805, *in*-8.

2361. Cinquante-deuxième (le) Arrest d'Amour (par Gilles d'AURIGNI, dit PAMPHILE), avec les Ordonnances sur le fait des masques. *Paris, à Saint-Jean-de-Latran, en la maison de Cheradame*, 1528, *in*-8.

2362. Citadin (le) de Genève, ou Réponse au cavalier de Savoye (par J. SARRASIN). *Paris, le Bret*, 1606, *in*-8.

2363. Citateur (le) (par PIGAULT LE BRUN). *Paris*, 1803, 2 *vol. in*-12, *souvent réimprimé.*

2364. Citateur anti-britannique, par D* C***E (DECLAYE), chef de bataillon. *Hambourg, an* XII (1804), *in*-8.

2365. Cité (la) de Dieu de St. AUGUSTIN, traduite en français (par LOMBERT). *Paris*, 1675, *Pralard*, 1693, *Mariette*, 1701, 2 *vol. in*-8; — nouvelle édition, précédée de l'éloge du traducteur (par l'abbé GOUJET). *Paris*, 1736, 4 *volumes in*-12.

2366. Citoyen (le) des Alpes, ou Observations morales et politiques (par l'abbé POLLIN). *Paris, Buisson*, 1791, 2 *vol. in*-8.

La première édition est de 1789, et porte le nom de l'auteur; la troisième édition contient trois volumes.

2367. Citoyen (le) du monde (par FOUGERET DE MONBRON). *Sans nom de ville*. 1752, *in*-12. V. T.

Catalogue Simpson.

2368. Citoyen (le) du monde, ou Lettres d'un Philosophe chinois dans l'Orient; traduit de l'anglais (de GOLDSMITH, par POIVRE). *Amsterdam, Boiste*, 1763, 3 *volumes in*-12.

2369. Citoyen (le) français, ou Mémoires historiques, politiques, physiques, etc. (par LE GRAS, conseiller au Châtelet). *Londres*, 1785, *in*-8.

2370. Citoyen (le) zélé, ou Résolution du problème sur la multiplication des académies (par l'abbé BONCERF). 1757, in-8.

2371. Civan, roi de Bungo, histoire japonnoise, ou Tableau de l'éducation d'un Prince (par Madame LE PRINCE DE BEAUMONT). *Londres*, 1758, 2 *vol. in*-12.

2372. Claire d'Albe (par Madame COTTIN). *Paris, Maradan, an* 7 (1799) *in*-12.

2373. Clairval philosophe, ou la force des passions, Mémoires d'une femme retirée du monde (par DE ROSOY). *La Haye* (*Paris*), 1765, 2 *vol. in*-12.

2374. Clara et Emmeline, par Miss H.... (HELME), auteur de Louise ou la Chaumière; traduit de l'anglais (par DUBOIS-FONTANELLE). *Londres et Paris*, 1788, 2 *vol. in*-12.

2375. Clarimène, ou l'inceste supposé, tragi-comédie (du sieur DE la Carre). *Paris, Toussainct Quinet*, 1647, *in*-4.

Voyez la critique de la *Théodore* de Bois-Robert, p. 74. L'auteur anonyme dit que Bois-Robert a pillé une trentaine de vers au moins de cette pièce. Voyez p. 55.

La date du privilége de celle-ci est de 1639 : elle est donc antérieure de dix-sept ans à la *Théodore*.

76. Claude et Claudine, roman pastoral, imité d'Estelle de Florian, (par A. J. Rosny). *Paris*, 1800, *in*-8. V. T.

77. Clef (la) de l'Apocalypse de S. Jean (par Noël Aubert de Versé). *Paris*, 1703, 2 *vol. in*-12.

78. Clef de Nostradamus, avec la critique, par un solitaire (Jean le Roux, ancien curé de Louvicamp, diocèse de Rouen). *Paris, P. Giffart*, 1710, *in*-12.

(Note manuscrite de l'abbé de St-Léger.)

79. Clef (la) des erreurs et de la vérité, par un serrurier connu (Ch. de Suze). 1789, *in*-8.

80. Clef (la) des Pseaumes, ou l'occasion précise à laquelle ils ont été composés (par Foinard). *Paris, Lamesle*, 1740, *in*-12 *de* 52 *pages*. — Nouvelle édition corrigée et augmentée (par D. Garré). *Paris, veuve Lamesle*, 1755, *in*-12 *de* 106 *pages*.

81. Clef (la) des sciences et des arts, ou la lecture et l'écriture, épîtres à Jules, par F. M. H.....t (M. Haumont). *Paris, Johanneau*, 1821, *in*-12 *de* 23 *pages*.

82. Clef (la) des sciences et des beaux-arts, ou la Logique (par Cochet). *Paris, Desaint*, 1750, *in*-8.

83. Clef (la) du Cabinet des princes de l'Europe, ou Journal de Verdun (par Cl. Jordan, L.-Jos. de la Barre, Ch.-Ph. Montenault d'Egly, P.-Nic. Bonamy, et Hubert-Pascal Ameilhon). *Luxembourg, Verdun et Paris*, 1704-1776, 120 *vol. in*-8.

Dreux du Radier a publié une fort bonne table de ce journal, depuis son origine jusqu'en 1756 inclusivement. *Paris*, 1759, 9 *vol. in*-8. Dans sa préface, il en présente comme le premier auteur, Charles-Philippe Jordan de Durand. Je crois avoir démontré qu'il a confondu ce M. Jordan avec Claude Jordan. Voyez l'article de ce dernier dans mon *Examen critique des Dictionnaires historiques*.

2384. Clef (la) du Sanctuaire, par un savant de notre siècle (ouvrage traduit du latin de Spinosa, par le chevalier de Saint-Glain). *Leyde, Pierre Warnaer*, 1678, *petit in*-12.

Cette traduction est celle du *Tractatus theologico-politicus*. Elle a paru sous trois titres différens. Voyez les mots *Réflexions curieuses d'un Esprit, etc.*, et *Traité des Cérémonies superstitieuses des Juifs, etc.*

2385. Clef (la) ducale de la sérénissime, très-auguste et souveraine maison de Lorraine, par un père mineur de l'observance régulière de Lorraine (Jacques Saleur, cordelier). *Nancy, Charlot*, 1663, *in-fol.*

2386. Clélie, histoire romaine (par Magdelène de Scudéry). *Paris, Courbé*, 1656, 1658, 1660, 10 *vol. in*-8.

On trouve le nom de Scudéry à la tête de ce roman; mais il est reconnu généralement aujourd'hui que sa sœur en est le véritable auteur.

2387. Clémence de Lautrec (par M. Morel de Vindé). *Paris, Bleuet jeune, an* 7 (1798), 2 *vol. in*-12.

2388. Clémence et Justice (par M. Taschereau de Fargues, ancien Envoyé près de la cour de Madrid). *Paris*, 1815, *in*-8.

2389. Cléobuline, ou la Veuve inconnue, par L. B. D. M. (la baronne de Marcé). *Paris, Lamy*, 1658, *in*-8.

2390. Cléodamis et Lélex, ou l'illustre Esclave (par MENIN). *La Haye* (*Paris*) 1746, *in*-12. V. T.

2391. Cléon et Eudoxe, touchant la prééminence de la Médecine sur la Chirurgie (par ANDRY). *Paris, Gissey*, 1738; — *ibid.* 1739, *in*-12.

2392. Cléon, ou le Petit-Maître esprit fort (par Ch. Cl. F. THOREL DE CAMPIGNEULLES). *Genève*, 1757, *in*-12. V. T.

2393. Cléopâtre d'après l'Histoire (par MARMONTEL). 1750, *in*-12.

2394. Cléopâtre, roman historique (abrégé de LA CALPRENÈDE, par M. BENOIT, ancien chef de la première division du ministère de l'intérieur). *Paris, Maradan*, 1789, 3 *vol, in*-12.

Cet abrégé du roman de la Calprenède parut d'abord dans la *Bibliothèque universelle des Romans*, mois de mars, avril et mai 1789.

2395. Cléopâtre, tragédie, par OLÉNIX DU MONT-SACRÉ (Nicolas DE MONTREUX). *Paris*, 1598, *in*-12.

2396. Cléopâtre, tragédie en cinq actes, par M. L. (LACOSTE), avocat. *Dijon, Frantin, et Paris, Pissot*, 1774, *in*-12.

2397. Clergé (le) constitutionnel jugé par un évêque; Abrégé analitique de l'Apologie du savant évêque de Noli en Ligurie (Benoît SOLARI), avec des notes historiques et critiques (par M. Eustache DÉGOLA, docteur en théologie dans l'université de Pise). *Lausanne*, 1804, *in*-4.

2398. Clergé (le) dévoilé, ou les États-Généraux de 1303, tragédie, dédiée aux amis de la Constitution (par LE BLANC DE GUILLET) *Paris, Boulard*, 1791, *in*-8.

2399. Clotilde, reine de France; par madame V. M*** (madame MAUGERAD), auteur du *Rêve allégorique sur les Fleurs. Paris, Lhuillier*, 1810, 2 *vol. in*-12.

2400. Clovis, poëme (par LIMOJON DE SAINT-DIDIER). *Paris, Pissot*, 1725, *in*-8.

2401. Clovis, poëme héroï-comique, avec des remarques (par LE JEUNE). *Paris, Fournier*, 1763, 3 *vol. in*-12.

2402. Coche (le), traduit de l'anglais par D. L. G. (DE LA GRANGE). *La Haye*, 1767, 2 *vol. in*-12.

2403. Cochon (le) mitré, dialogue entre Scarron et Furetière. 1689, *in*-12 *de* 28 *pages*.

L'auteur de cette satire est Fr. DE LA BRETONNIÈRE, bénédictin de Saint-Denis, réfugié en Hollande sous le nom de *la Fond*; il fut trahi par un Juif et transporté au mont Saint-Michel, où il est mort dans la cage où il avait vécu : punition horrible pour une satire. Elle était dirigée contre Louis XIV, contre madame Scarron, le cardinal d'Etrées, et Louvois, archevêque de Reims. Voyez la *Bastille dévoilée*, neuvième livraison, p. 76.

2404. Cocq (le), ou Mémoire du chevalier V. (par VILLARET).... 1742, *in*-12.

2405. Cocu (le) consolateur (car-on-en-a-besoin) (par P. S. CARON). *L'an du cocuage* 5789 (*Paris*, 1789), *petit in*-8 *de* 18 *feuillets*.

2406. Cocue (la) imaginaire, ou les Amours d'Alcippe et de Céphise, comédie en un acte et en vers, par F. D. (François DONNEAU). *Paris, Ribou*, 1660, 1662, *in*-12.

2407. Code civil des Français mis en vers, avec le texte en regard, liv. 1er, par J. H. F. R. (J. H. FLACON-ROCHELLE). *Paris, Leclerc*, 1805, *in*-18.

Il existe un exemplaire de cet ouvrage imprimé sur peau de vélin et portant le nom de l'auteur.

2408. Code civil des Français, suivi de l'Exposé des motifs et des discours prononcés tant au corps législatif qu'au tribunat (rédigé par M. Favard), avec une table alphabétique des matières (par M. Renault de l'Orne). *Paris, Firmin Didot*, 1804-1820, 10 *vol. in-12*.

On peut joindre à cette collection deux nouveaux volumes publiés par le même M. Favard, sous ce titre : Supplément au Code civil, ou Collection raisonnée des Lois et Décrets rendus depuis 1789, et qui se rattachent au Code civil, avec des notes explicatives de la relation que ces lois ont entre elles ou avec le Code civil. *Paris, Firmin Didot*, 1821, 2 *vol. in-12*. Voyez n° 2651.

2409. Code civique de la France (par F. Boissel). *Paris, de Bray*, 1790, *in-8*.

2410. Code criminel de l'empereur Charles V, vulgairement appelé la Caroline, contenant les lois qui sont suivies dans les juridictions criminelles de l'Empire, et à l'usage des conseils de guerre des troupes suisses, par M. V. G. J. D. G. S. (Vogel, grand-juge des gardes suisses). *Paris, Simon*, 1734, *et Maëstricht, Dufour*, 1779, *in-4*.

2411. Code de Cythère, ou Lit de justice d'Amour (par Jean-Pierre Mort). 1746, *in-12*.

2412. Code de la Librairie et Imprimerie de Paris, ou Conférence du règlement arrêté au conseil d'état du roi, le 28 février 1723, avec les anciennes ordonnances (publié par Cl. Marin Saugrain). *Paris*, 1744, *in-12*.

Le règlement de 1723 a été rédigé par le chancelier d'Aguesseau.

2413. Code de la Martinique (rédigé par M. Petit de Viévigne). *Saint-Pierre, P. Richard*, 1767, *in-fol*. — Supplément audit Code. *Saint-Pierre, P. Richard*, 1772, *in-fol*. —Second Supplément. *Saint-Pierre, P. Richard*, 1786, *in-fol*.

M. Petit était, en 1786, conseiller honoraire et commissaire général ordonnateur aux îles de la Martinique et de la Guadeloupe.

2414. Code de la montagne de Diesse (par M. A. Porta). *Neufchâtel*, 1777, *in-4*.

France littéraire de M. Ersch.

2415. Code de la Nature, ou le véritable Esprit de ses Lois, de tout temps négligé ou méconnu, avec cette épigraphe : *Quæque diù latuere, canam*... Ovid. (par Morelly). *Partout, chez le vrai sage*, 1755, *in-12*; et *in-8*, dans le tome 2 de la collection *frauduleuse* des Œuvres de Diderot). *Londres* (*Amsterdam*), 1773, 5 *vol. in-8*.

C'est bien à tort que l'on a dit et imprimé que cet ouvrage était de Diderot. Laharpe, dans sa *Philosophie du dix-huitième siècle*, a soutenu cette fausse imputation par les plus faibles argumens ; ses principales autorités sont :

1° La prétendue *Collection des Œuvres de Diderot*, imprimée à *Amsterdam* en 1773, 5 *vol. in-8*. Voyez ci-après le n° 2448.

Cette collection n'a jamais été avouée de Diderot ; elle contient des ouvrages qui ne sont pas plus de lui que le *Code de la Nature*. Voyez les mots *Principes de Philosophie morale* et *Lettre au P. Berthier*.

2° Le *Nouveau Dictionnaire historique* de Chaudon. On sait que cet ouvrage, quoique estimable sous bien des rapports, renferme une multitude de méprises qui ont été relevées dans la *Biographie universelle* et dans d'autres écrits.

M. de Laharpe ajoute : « On se contente « de nous dire depuis quelques jours : *Il « n'est pas de lui*. Où est la preuve qu'on « oppose à l'*authenticité* de la collection « connue de tout le monde ? au silence de « l'auteur et de ses amis, et de tout le « monde, même depuis sa mort ? Que ne « donne-t-on quelques indices de la supposition ? Que ne nous dit-on de qui est « l'ouvrage, de qui du moins il pourrait « être, ou comment et pourquoi il n'est pas « ou ne pourrait être de Diderot ? Pas un « mot de tout cela ; et qu'est-ce qu'une dé« négation si sèche et si gratuite, surtout « dans un parti à qui l'on sait que les dénégations et les désaveux n'ont jamais rien

« coûté, et dont la politique, plus d'une fois « avouée par eux-mêmes et avec satisfaction, « est de se jouer de la vérité ? Le moment « où vient cette dénégation si tardive suffi- « rait pour la faire suspecter par elle-même. « Elle serait venue plus tòt, si c'était du « moins honte ou scrupule ; aujourd'hui c'est « embarras, et rien de plus. »

Dès la seconde page de ce fameux *Code de la Nature*, on apercoit l'apologie d'un ouvrage publié précédemment sous le titre de *Basiliade*.

L'auteur annonce qu'il va développer analitiquement des vérités qui, malgré leur simplicité et leur évidence, sont presque de tout temps demeurées dans l'oubli. « Un « poëme, ajoute-t-il, aussi nouveau par son « sujet que par sa construction, vient de « revêtir ces vérités de toutes les grâces de « l'épopée, pour les faire briller avec plus « de charmes. Je ne leur laisse, dans cette « dissertation, d'autres ornemens que leur « propre évidence.

« Tel est le déplorable état de la raison, « qu'il faut faire mille efforts, user de mille « stratagêmes pour déchirer le bandeau qui « l'aveugle et lui faire tourner les yeux vers « les vrais intérêts de l'humanité. C'est le but « de la *Basiliade* : après avoir dit un mot du « sujet et de la conduite de ce poëme, j'ex- « pose ici tout le système de la morale. » On voit donc que le *Code de la Nature* est l'apologie ou le développement de la *Basiliade*. Voici le vrai titre de ce dernier ouvrage :

*Le Naufrage des Iles flottantes, ou la Basiliade du célèbre Pilpay, poëme héroïque, traduit de l'indien par M. M***. Messine, par une société de libraires*, 1753, 2 *vol. in*-12.

Le nom de l'auteur est Morelly, précepteur à Vitry-le-Francais, dont nous avons deux ouvrages sur l'éducation, publiés l'un en 1743, et l'autre en 1745.

Il a encore publié : *Le Prince, les Délices du Cœur, ou Traité des qualités d'un grand Roi, et Système d'un sage Gouvernement. Amsterdam, la compagnie des libraires*, 1751, 2 *vol. in*-12. Il est aussi éditeur des *Lettres de Louis XIV aux Princes de l'Europe, à ses Généraux, ses Ministres; recueillies par M. Rose, secrétaire du cabinet, avec des remarques historiques. Francfort et Paris*, 1755, 2 *vol. in*-12.

La *Basiliade* parait avoir été l'ouvrage que l'auteur affectionnait le plus : ce mot signifie en grec, suivant lui, les actions héroïques d'un homme vraiment digne de l'empire du monde. Sous l'allégorie de *Naufrage des Iles flottantes*, il désigne le sort qu'il veut faire subir à la plupart des frivolités dont la raison est offusquée. Pour parvenir à ce but, Morelly s'est plu à tracer les mœurs d'un peuple délivré des vices qui déshonorent l'état social, parce qu'il suit des lois conformes à la nature.

Les principes politiques et moraux de cette espèce d'utopie ont été attaqués avec force par les journalistes d'Allemagne, rédacteurs de la *Bibliothèque impartiale* et de la *Nouvelle Bigarrure*. Morelly n'a voulu leur répondre qu'en donnant de nouveaux développemens à l'ouvrage critiqué, et il a intitulé sa réponse : *Code de la Nature, ou le Véritable Esprit de ses Lois*. L'impression paraît être de Hollande, comme celles du *Prince* et de la *Basiliade* : après avoir lu le *Code de la Nature* et la *Basiliade*, on ne peut douter que ces deux ouvrages ne soient de la même main. D'ailleurs quel motif eût pu déterminer Diderot à composer l'apologie de cette *Basiliade*, qui n'a fait aucune sensation dans la république des lettres, au moins en France ! Morelly est donc le véritable et seul auteur du *Code de la Nature*.

C'est faussement aussi que la *France littéraire* de 1769 allègue deux Morelly, père et fils. Les ouvrages qu'elle cite sont d'un seul et même auteur.

L'identité est prouvée par Morelly luimême, qui, dans le tome 1, page 120 de son ouvrage intitulé *le Prince*, renvoie à ses deux traités sur l'*Esprit humain* et sur le *Cœur humain*.

2416. Code (le) de la Nature, poëme de Confucius, traduit et commenté par le P. Parennin (composé par la Vicomterie). *Paris, le Roy*, 1788, *in*-8 *de* 127 *pages*.

On trouve dans le *Journal des Savans* une curieuse analise de ce poëme, signée Coqueley de Chaussepierre.

2417. Code de la Police, ou Analise des Règlemens de Police (par Duchesne). *Paris, Prault père*, 1767, 2 *vol. in*-12.

2418. Code de la Voirie (par Mellier). *Paris, Prault*, 1753, 2 *vol. in*-12.

2419. Code de l'Orfévrerie (par Poullin de Vieville). *Paris*, 1785, *in*-4.

2420. Code de Louis XV, ou Recueil

d'édits, déclarations, ordonnances, etc. (publié par COQUELEY DE CHAUSSEPIERRE). *Paris, Girard*, 1758, 12 *vol. in*-12.

2421. Code des Chasses (par Cl. M. SAUGRAIN). *Paris*, 1713, 1720, 1734, 1753, 1765, 2 *vol. in*-12. V. T.

Dans une Bibliothéque chronologique des auteurs qui ont traité de la matière des eaux et forêts, pêche et chasse, insérée au tome second des *Lois forestières de France*, par Pecquet, Jamet le jeune loue la préface de ce code, laquelle présente d'utiles recherches sur la chasse et sur le droit des chasses. B.

2422. Code (le) des Français, ou Recueil de toutes les pièces intéressantes publiées en France relativement aux troubles des parlemens, avec des observations critiques et historiques (par l'abbé REMY). *Bruxelles (Paris)*, 1771, 2 *vol. in*-12.

2423. Code des Lois des Gentoux, traduit de l'anglais (de HALHED, par ROBINET). *Paris, Stoupe*, 1778, *in*-4.

Voyez le Brigant, *Défense de la Langue celte-gomerite ou bretonne*, dans la *Bibliothéque du Nord*, février 1780, p. 119.

Quelques bibliographes donnent cette traduction à Démeunier.

2424. Code des Lois des trois mandemens de la plaine du gouvernement d'Aigle (par M. A. PORTA). *Banc*, 1772, *in*-4.

Voyez la *France littéraire* de M. Ersch.

2425. Code des Paroisses (par le père BERNARD d'Arras). *Paris*, 1745, 2 *vol. in*-12. V. T.

2426. Code des Prises, ou Recueil d'édits sur la course et l'administration des prises, depuis 1400 (par CHARDON). *Paris, imprimerie royale*, 1784, 2 *vol. in*-4.

2427. Code des Seigneurs haut-justiciers (par J. HENRIQUEZ). *Senlis et Paris, Nyon*, 1761, *in*-12. — Troisième édition. *Paris, Nyon l'aîné*, 1781, *in*-12, *avec le nom de l'auteur.*

2428. Code Frédéric, ou Code de Droit pour la Prusse (attribué à Samuel DE COCCÉJI), traduit de l'allemand en français (par Alex. Aug. DE CAMPAGNE). (*Berlin*), 1751, 3 *vol. in*-8.

2429. Code général pour les Etats prussiens (rédigé en allemand par DE CARMER, KLEIN et SUAREZ), traduit en français par les membres du bureau de législation étrangère (MM. BROSSELARD, WEISS et LE MIERRE), et publié par ordre du ministre de la justice. *Paris, imprimerie de la république, an* 9 (1801), 2 *tomes en* 5 *vol. in*-8.

2430. Code lyrique, ou Règlemens pour l'Opéra de Paris (par DE QUERLON).... 1743, *in*-12.

2431. Code matrimonial, nouvelle édition augmentée (par CAMUS). *Paris*, 1770, 2 *vol. in*-4.

Le Ridant avait publié en 1766, in-12, la première édition de cet ouvrage.

2432. Code national, dédié aux Etats-Généraux (par BOSQUILLON, avocat au parlement de Paris). *Genève (Paris)*, 1788, *in*-8 *de* 233 *pages, sans la table.*

2433. Code pénal (recueilli par DE LAVERDY, conseiller au parlement). *Paris, Desaint*, 1752, *in*-12. — Seconde édition, augmentée d'un Essai sur l'esprit et les motifs de la procédure criminelle (par François LORRY, avocat). *Paris, Desaint et Saillant*, 1755, *in*-12.

2434. Code rural (par A. G. BOUCHER D'ARGIS). *Paris*, 1749, 2 *vol. in*-12; — 1774, 3 *vol. in*-12, *avec le nom de l'auteur.*

2435. Code Voiturin (attribué à PRAULT père). *Paris*, 1748, 2 *vol. in*-4. V. T.

2436. Codicille d'or, ou petit Recueil tiré de l'institution du Prince chrétien, composé par ERASME, mis premièrement en français sous le roi François I, et à présent pour la seconde fois (par Claude JOLY, chanoine et chantre de l'Église de Paris). (*Amsterdam, Elzevier*), 1665, *in*-18.

2437. Codicile (le) et l'Esprit, ou Commentaires des Maximes politiques de M. le maréchal de Bell'isle, avec des notes apologétiques, historiques et critiques; le tout publié par M. D. C*** (DE CHEVRIER). *La Haye, veuve Van Duren*, 1762, *in*-12.

2438. Codicile sentimental et moral, ou Recueil de discours, contes, anecdotes, etc. (par DUCRAY-DUMINIL). *Paris*, 1793, 2 *vol. in*-12. V. T.

2439. Coeffure (la) à la Mode (par D'OUVILLE). *Paris, Toussaint Quinet*, 1649, *in*-12.
Note manuscrite.

2440. Cœnobitophile (le), ou Lettres d'un Religieux français (D. ROUSSEAU, bénédictin) à un Laïc, son ami, sur les préjugés publics contre l'état monastique. *Au Mont Cassin, et à Paris, chez Valleyre l'aîné*, 1768, *in*-12 *de* 159 *pages*.

2441. Cœur (le) humain dévoilé (par RÉTIF DE LA BRETONNE). *Paris, Renouard*, 1796 *et années suivantes*, 12 *vol. in*-12.

2442. Cœurs (les), poëme érotique (par DE BOUFFLERS). 1765, *in*-12. V. T.

2443. Colifichets poétiques, par M. BICOMONOLOFALATI (F. Charlemagne GAUDET). *La Chine* (*Paris*), 1741, 1746, *in*-12.

2444. Coligny, ou la Saint-Barthélemi, tragédie en trois actes et en vers (par D'ARNAUD DE BACULARD). *Paris*, 1740, *in*-8.

2445. Colimaçons (les) du R. P. L'ESCARBOTIER, par la grâce de Dieu capucin indigne, prédicateur ordinaire et cuisinier du grand couvent de la ville de Clermont en Auvergne (masque de VOLTAIRE), au R. P. Elie, carme chaussé, docteur en théologie; nouvelle édition. *Sans indication de lieu*, 1769, *in*-8 *de* 24 *pages*.

2446. Collection académique, composée de Mémoires, Actes, etc., des plus célèbres académies (commencée par BERRYAT, et continuée par GUENEAU, LAVIROTTE, BUFFON, DAUBENTON, ROUX, LARCHER, NADAULT, BARBERET et PAUL). *Dijon*, 1755 *et années suivantes*, 29 *vol. in*-4, *et* 33 *avec les tables de l'abbé Rozier*.
Il y a seize volumes pour l'Académie des Sciences, sous le titre de *partie française*, et treize volumes pour les académies étrangères, sous le titre de *partie étrangère*.

2447. Collection complette des Œuvres de J. J. ROUSSEAU (publiée par DUPEYROU). *Genève*, 1782 *et années suivantes*, 17 *vol. in*-4, *ou* 35 *vol. in*-8.

2448. Collection complète des Œuvres philosophiques, littéraires et dramatiques de M. DIDEROT. *Londres* (*Amsterdam*), 1773, 5 *vol. in*-8.
On trouve dans cette prétendue collection, 1° le *Code de la Nature*, qui est de Morelly; 2° les *Principes de Philosophie morale*, publiés à Genève par Etienne Beaumont; 3° la *Justification de plusieurs articles de l'Encyclopédie*, que l'on sait être de l'abbé de Montlinot; 4° la *Lettre au P. Berthier sur le Matérialisme*, par l'abbé Coyer.

2449. Collection d'anciens Evangiles, ou Monumens du premier siècle du Christianisme, extraits de Fabricius, Grabius et autres savans, par l'abbé

B*** (Bigex, ou plutôt par Voltaire). *Londres*, 1769, *in*-8.

2450. Collection de Comptes rendus depuis 1758 jusqu'en 1787 (publiée par Mathon de la Cour). *Paris*, *Cuchet*, 1788, *in*-4.

2451. Collection de Décisions nouvelles relatives à la jurisprudence, par J. B. Dénisart; nouvelle édition, avec des additions (par de Varicourt). *Pa is, veuve Desaint*, 1771, 4 *vol. in*-4.

2452. Collection de Décisions nouvelles relatives à la jurisprudence, par Dénisart, avec des augmentations par Camus, Bayard (Soreau, le Vasseur et autres). *Paris*, 1783-1790, 9 *vol. in*-4.

Le neuvième volume finit au mot *Hypothèque*.

M. Calenge, ancien jurisconsulte, a publié une suite à cette collection, depuis la lettre A jusqu'aux lettres *Hom* inclusivement. *Paris*, *Lamy*, 1805-1807, 4 *vol. in*-4.

2453. Collection de différentes Pièces concernant la Chirurgie, l'Anatomie, etc., extraite des ouvrages étrangers (par Simon, chirurgien). *Paris*, 1761. 4 *vol. in*-12. V. T.

2454. Collection de divers Eloges publiés à l'occasion du prix proposé par l'Académie française en 1777, pour le meilleur éloge du chancelier de l'Hôpital. *Paris* (*Hollande*), 1778, *in*-12.

On trouve dans ce recueil deux éloges avec les noms des auteurs; ce sont ceux de l'abbé Remy et de l'abbé Talbert, couronnés l'un à Paris, l'autre à Toulouse : les deux autres éloges qu'il contient sont anonymes, savoir, celui de Guibert, et celui de Bruny, ancien syndic de la compagnie des Indes.

2455. Collection de diverses Pièces et Mémoires nécessaires pour achever d'instruire la grande affaire de tactique, et donner les derniers éclaircissemens sur l'ordre français proposé (par le baron Mesnil de Durand). *Amsterdam* (*Paris*), 1780, 2 *vol. in*-8.

2456. Collection de Pièces intéressantes sur les grands événemens de l'Histoire de France pendant les années 1789, (etc. par M. Ducour). *Paris*, 1802, 12 *vol. in*-8.

2457. Collection de Pièces originales, inconnues et intéressantes, sur l'expédition de Minorque ou de Mahon en 1756 (publiée par de Grimoard). *Paris, Paquot*, 1798, *in*-8 *de* 106 *pages*, *très-rare*.

2458. Collection des Lettres sur les Miracles, écrites à Genève et à Neufchâtel, par M. le proposant Théro, M. Covelle..... (composées par Voltaire). *Neufchâtel*, 1767, *in*-12.

2459. Collection des Mémoires présentés au conseil du Roi par les habitans du Mont-Jura et le chapitre de Saint-Claude, etc. (par Voltaire et Christin, avocat). *Neufchâtel*, 1772, *in*-8. V. T.

2460. Collection des Moralistes anciens, dédiée au Roi. Discours préliminaire (par Naigeon). - Manuel d'Epictète, traduit du grec (par le même). - Morale de Sénèque, traduite du latin (par le même, avec un discours préliminaire). *Paris*, *Didot l'aîné*, 1782, 4 *vol. in*-18.

La collection entière est composée de seize volumes.

La partie morale, extraite de Platon, a été traduite en français par Poinsinet de Sivry. Voyez une notice de ses ouvrages à la fin de sa tragédie de *Caton* d'Utique.

2461. Collection des Procès-verbaux des assemblées générales du Clergé de France, depuis 1560 (par A. Duranthon). *Paris*, *Desprez*, 1767 *et années suivantes*, 10 *vol. in-fol.*

2462. Collection historique, ou Mémoires pour servir à l'histoire de la guerre terminée par la paix d'Aix-la-Chapelle, en 1748 (par le chevalier o'Hanlon, revue par de Querlon). *Londres et Paris*, *Duchesne*, 1758, *in*-12.

2463. Collection universelle des Mémoires particuliers relatifs à l'Histoire de France (recueillis par Roucher, Antoine Perrin, mort en 1803, Dussieux et autres, publiés avec des observations par Duchesnay). *Londres et Paris*, 1785 *à* 1790, 67 *vol. in*-8.

2464. Collections de Thèses médico-chirurgicales sur les points les plus importans de la chirurgie, publiées par de Haller, et rédigées en français par M.... (Macquart), *Paris*, *Vincent*, 1757-1760, 5 *vol. in*-12.

2465. Collége (le) royal de France, ou Institution, Etablissement et Catalogue des Lecteurs et Professeurs ordinaires du Roi (par Guillaume Duval). *Paris*, *Bouillette*, 1644, *in*-4.

2466. Colloque de Jésus-Christ avec une Ame fidèle, par M. D*** (Durand), docteur de Sorbonne, prieur-curé de la ville de Meaux. *Paris*, *Hérissant*, 1759, *in*-12.

2467. Colloques (les) choisis d'Erasme, traduits en français (par Dumas), le texte vis-à-vis de la traduction, avec trois dialogues moraux tirés de Pétrarque et de Maturin Cordier. *Paris*, *Brocas*, 1762, *in*-12.

2468. Colloques de Maturin Cordier, traduction nouvelle (par Samuel Chapuzeau). *Genève*, 1666, 1675, *in*-12.

2469. Colloques scholastiques et moraux pour l'instruction des petits écoliers (par le P. Pomey, jésuite). —Colloquia ethico-scholastica, etc., nouvelle édition revue et corrigée. *Lille*, *Henry*, 1725, *in*-18.

Cet ouvrage parut pour la première fois à *Lyon*, en 1668.

2470. Colonie (la), comédie imitée de l'italien, et parodiée sur la musique de Sacchini (par Framery). *Paris*, *veuve Duchesne*, 1786, *in*-8.

2471. Colonies (des) françaises, et en particulier de Saint-Domingue (par M. Esmangard, ancien officier de marine). *Paris*, *Agasse*, *an* 10 (1802), *in*-8.

2472. Colonne (de la) nationale et triomphale dont le simulacre se voit à Paris, par un artiste (Chéry, peintre en histoire). *Paris*, *an* 9 (1801), *in*-8. V. T.

2473. Combat (le) de l'Erreur contre la Vérité, ou Suite du parallèle de la Doctrine des Païens avec celle des Jésuites (par Péan, laïc). *Utrecht*, 1749, *in*-8.

2474. Combat (le) des deux Clefs, ou Défense du *Miroir de la Piété chrétienne* (du P. Gerberon), recueil d'ouvrages dans lequel, opposant la clef de la science à celle de la puissance, on fait voir l'abus des prétendues censures de quelques évêques contre ce livre (par le Noir, théologal de Séez). *Durocortore*, 1678, *in*-12.

2475. Combat (le) des Rats et des Grenouilles, imité d'Homère (attribué à la Valterie), avec les poésies latines de Sannazar. *Francfort*, 1709, *in*-12.

2476. Combat (le) du Cœur et de l'Esprit, avec le Démêlé et l'Accommodement de l'Esprit et du Cœur. *Paris*, 1668, *in*-12.

L'auteur du *Combat* n'est pas connu ; le

Démêlé est de l'abbé TORCHE, et l'*Accommodement* de G. ALLUIS de Grenoble.

2477. Combat du Molinisme contre le Jansénisme (par PÉAN). *Amsterdam* (*Paris*), 1756, 2 *vol. in*-12.

2478. Combat (le) spirituel (par J. DES MARETS DE SAINT-SORLIN). *Paris*, 1652, *in*-12. V. T.

2479. Combat (le) spirituel, fait et composé par les prêtres réguliers appelés communément Théatins, et par eux augmenté de vingt-sept chapitres; traduit en français par D. S. (D. SANTEUL), Parisien. *Paris*, 1608, *in*-12.

D. Santeul a mis les mêmes initiales en 1600, à la tête de sa traduction du premier volume de la *Chronique et Institution de l'ordre de S. François*, in-4.

Ce traducteur était à Rome en 1600. Il était probablement de la même famille que le célèbre poète de ce nom.

2480. Combat (le) spirituel, traduit de l'italien par G. D. M. *Paris*, *veuve Camusat*, 1648, *in*-16. — Nouvelle édition, sous ce titre : Le Combat Spirituel, composé en italien par un serviteur de Dieu, et traduit en français par un autre serviteur de Dieu. *Paris*, *le Petit*, 1681, *in*-16.

Le *Combat spirituel* a encore été traduit en 1659, par le P. MAZOTTI, théatin; en 1675 (par Jean BOUDOT, revu par le père GERBERON); en 1688, par le père BRIGNON, jésuite; en 1696, par le père DU BUC, supérieur des Théatins.

Cet ouvrage, comme l'*Imitation de Jésus-Christ*, a occasioné, relativement à son auteur, d'assez vives discussions entre les membres de plusieurs corps religieux.

Dans l'avis du libraire au lecteur, en tête de la traduction de 1675, on cherche à prouver que l'auteur est dom Jean DE CASTAGNIZA, religieux bénédictin : mais cette opinion a été très-bien réfutée par le père du Buc, qui a démontré que le véritable auteur était le P. Laurent SCUPOLI, théatin. Cette opinion est généralement reçue aujourd'hui. C'est en vain que les éditeurs des Œuvres du P. Raynaud, jésuite, se sont efforcés, dans les *Erotemata de malis ac bonis libris*, Erot. 10, § 2, lett. A, t. 2, de faire considérer comme auteur du *Combat spirituel* le jésuite Achille Gagliardi : cette opinion a trouvé peu de partisans.

Le libraire de Paris, Antoine Bertier, éditeur de la traduction de 1675, dit, dans le privilége du roi, avoir fait traduire le *Combat spirituel* avec beaucoup de soins, par son neveu Jean Boudot : il est étonnant que le P. Gerberon se soit déclaré auteur de cette traduction, dont il n'a été probablement que le réviseur. Voyez son article dans l'*Histoire littéraire des Bénédictins de la congrégation de Saint-Maur*, par D. Tassin. *Paris*, 1770, *in*-4.

2481. Combat (le) spirituel, par le R. P. D. Laurent SCUPOLI, clerc régulier théatin, suivi d'un Traité de la paix de l'âme, par le même auteur; traduction nouvelle par *** (M. DE SAINT-VICTOR), augmentée de prières tirées des *Paraphrases* de MASSILLON, et d'un *morceau* inédit du P. BOURDALOUE. *Paris*, 1820, *in*-24.

Ce volume, fort élégamment imprimé, fait partie de la *Bibliothèque des Dames chrétiennes*; le nouveau traducteur a mis en tête l'*avertissement* dont le P. Brignon, jésuite, avait fait précéder en 1688 sa traduction du même ouvrage, très-souvent réimprimée depuis cette époque, et enrichie en 1774 d'une bonne notice sur la vie du père Scupoli, par le père de Tracy, théatin.

Il est à regretter que le nouveau traducteur ait choisi une édition fautive pour réimprimer l'*avertissement* du P. Brignon. On lit en effet, page VIII, le P. Théophile *Raimond*, au lieu de Th. Raynaud, et *Achile Gegliardo*, au lieu d'Achilles Gagliardo. On lit encore *don L. Scupoli*, *don Olympe Mazotti*. Comme ces auteurs ne sont point espagnols, l'usage est d'écrire *dom*.

Je remarque aussi trois inexactitudes dans les notes ajoutées à l'avertissement du P. Brignon.

1° On y lit *le Camus*, évêque de Belley. Il fallait dire simplement Camus.

2° On y cite l'*Esprit de S. François de Sales*, par cet évêque, *de l'édition en 6 vol. in*-8. Il n'y a eu qu'une édition de cet ouvrage.

3° La traduction du *Combat spirituel* dont il s'agit page 12, fut publiée pour la première fois en 1648. Elle est de l'anonyme G. D. M.

Le morceau *inédit* du P. Bourdaloue avait déjà paru en 1819, in-18, par les soins de

M. de Châteaugiron ; mais l'éditeur s'était réservé les exemplaires pour en faire des présens.

D'après ces détails, il y a lieu de s'étonner de lire, dans le *Dictionnaire historique* de Feller, qu'on ne connaît point l'auteur du *Combat spirituel;* mais le rusé jésuite ne paraît être dans cette ignorance que pour insinuer peu après que le P. Raynaud a attribué cet ouvrage au jésuite Gagliardi.

2482. Combat (le) spirituel, réduit en exercices pour les retraites annuelles (de dix jours), avec une Académie propre pour se former en ce combat et profiter de ces exercices hors de la retraite; par le P. T. D. R. R. M. (le P. Timothée DE RAINIER, religieux minime). *Avignon*, 1654, *in*-8.

2483. Combien il serait dangereux de préférer les talens agréables aux talens utiles (par DE LA SERRE). *Lyon*, 1769, *in*-8.

2484. Comédiana, ou Recueil choisi d'Anecdotes dramatiques, etc., par C. (COUSIN) d'Aval.. (Avalon). *Paris*, 1801, *in*-18.

2485. Comédie (la) des Académistes, pour la réformation de la langue française, pièce comique, avec le rôle des présentations faites aux grands jours de ladite académie, par DES CAVENETS (par DE SAINT-EVREMONT). *Imprimé l'an de la réforme* 1646, *in*-12.

La comédie est en vers, le rôle est en prose. Voyez la même pièce, mais avec beaucoup de changemens, sous ce titre : *Les Académiciens, comédie*, dans les Œuvres de *Saint-Evremont*, édition de 1725, *in*-12, *tome* I.

2486. Comédie (la) des Chansons, par CHILLAC (ou plutôt par Charles BEYS). *Paris*, 1640, *in*-12.

2487. Comédie (la) des Comédies, par le sieur DU PESCHIER (le sieur DE BARRY, gentilhomme auvergnat). *Paris*, 1629, *in*-8.

C'est une satire contre Balzac. Voyez la *Bibliothèque française* de Sorel, seconde édition, 1667, in-12, p. 126.

2488. Comédie (la) des Proverbes (par MONTLUC, comte DE CRAMAIL). *Paris*, 1644, *in*-8; — *la Haye, Adrian Ulacq*, 1655, *in*-12; — *Paris*, 1665, *in*-12.

2489. Comédie (la) du Pape malade, à laquelle ses regrets et complaintes sont au vif représentés, et les entreprises et machinations qu'il fait avec Satan et ses suppôts pour maintenir son siége, sont découverts; par Thrasibule PHÉNICE (Théodore DE BÈZE). (*Genève*), *chez Jean Durant*, 1584, *in*-16. — Autre édition. *Genève, Forest*, 1591, *in*-16.

L'édition de 1591 se trouve avec le *Marchand converti, tragédie excellente, en laquelle la vraie et fausse religion, au parangon de l'une et de l'autre, sont au vif représentées.*

2490. Comédie galante, ou la Comtesse d'Olonne, en quatre actes en vers (par BUSSY-RABUTIN). *Paris*, 1681, *in*-12. *Réimprimée dans différens recueils.*

2491. Comédie très-élégante, en laquelle sont contenues les amours récréatives d'Érosastre, fils de Philogène, et de la belle Polymneste, fille de Damon (par Jacques BOURGEOIS). *Paris, veuve Jannot*, 1545, *in*-16.

2492. Comédienne (la), fille et femme de qualité, ou Mémoires de la marquise de ***, écrits par elle-même (par DE SAINTE-CROIX). *Paris*, 1757, 5 *vol. in*-12.

2493. Comédiens (les), ou le Foyer, comédie en un acte et en prose, attribuée à l'auteur du *Bureau d'esprit* (le chevalier RUTLIGE, ou plutôt à MERCIER), représentée par les comédiens de la ville de Paris au théâtre du Temple, le 5 janvier 2440. *Paris*, *de l'imprimerie des successeurs de la veuve Duchesne*, M.M.CCCC.XL, *in*-8.

2494. Comédies de TÉRENCE, traduites en français (par Jean BOURLIER), avec le texte latin. *Anvers, J. Waesberge*, 1566, *in*-8; — *Paris*, 1567, *in*-12.

2495. Comédies de TÉRENCE, traduites en français et rendues très-honnêtes en y changeant fort peu de chose, par le sieur DE SAINT-AUBIN (LE MAISTRE DE SACY). *Paris*, 1647, *in*-12.

2496. Comédies de TÉRENCE, nouvellement traduites (savoir, l'Eunuque, le Fâcheux à soi-même et l'Hécyre), avec le latin à côté, et rendues très-honnêtes en y changeant fort peu de chose (par DE MARTIGNAC). *Paris, veuve de Cl. Thiboust*, 1670, *in*-12. *Reimprimé plusieurs fois avec le nom du traducteur.*

2497. Comédies de TÉRENCE, traduites en vers français (par M. DUCHESNE). *Paris, Duminil le Sueur*, 1806, 2 *vol. in*-8.

2498. *Comes Juventutis*, ou Recueil de Pensées (toutes en français) (par M. Augustin ASSELIN, ex-sous-préfet de Vire, puis de Cherbourg). *Vire*, *in*-12.

2499. Comète (la), conte en l'air (par DE LA DIXMERIE) ... 1773, *in*-8, V. T.

2500. Commandemens (les) de l'Honnête Homme, par M. F... (FEUTRY). *Paris, d'Houry*, 1776, *in*-8 *de* 13 *pages*.

2501. Commentaire abrégé sur les articles de la Déclaration du Clergé de France de 1682 (par le P. LAMBERT). *Paris*, 1811, *in*-8.

Cet opuscule est extrait en grande partie de l'ouvrage de l'auteur, intitulé : *La Vérité et l'Innocence vengées*, contre les mémoires (de M. Picot) pour servir à l'histoire ecclésiastique pendant le dix-huitième siècle.

2502. Commentaire de M. DUPUY sur le Traité des libertés de l'Église gallicane de P. Pithou, avec une préface, des notes et de nouvelles preuves (par l'abbé LENGLET DU FRESNOY). *Paris, Musier*, 1715, 2 *vol. in*-4.

La préface a été supprimée, et ne se trouve que dans quelques exemplaires.

2503. Commentaire des dernières Guerres en la Gaule belgique, entre Henri II, roi de France, et Charles V, empereur (par Fr. DE RABUTIN et GUY DES BRUES). *Paris*, 1574, *in*-8. V. T.

Voyez *Commentaires sur les faits des dernières guerres*, etc. n° 2533.

2504. Commentaire en vers sur l'École de Salerne, par M. D. F. C. (DUFOUR DE LA CRESPELIÈRE), avec le texte latin et la traduction en vers. *Paris, Clousier*, 1671; *et Alliot*, 1672, 1690, *in*-12.

2505. Commentaire historique de la vie et de la mort de messire Christophe, vicomte de Dhona, par F. S. (Frédéric SPANHEIM). *Genève*, 1639, *in*-4.

2506. Commentaire historique sur les OEuvres de l'auteur de la Henriade, avec les pièces originales et les preuves (par WAGNIÈRE, secrétaire de Voltaire, et revu par VOLTAIRE lui-même). *Bâle et Neufchâtel*, 1776, *in*-8.

Voyez les différentes collections des OEuvres de Voltaire. Voyez aussi le *prospectus* de la nouvelle édition de Voltaire, annoncée à Berne en 1786, et qui n'a pas eu lieu.

Wagnière devait fournir à cette édition au moins trois volumes d'augmentations, tirées des manuscrits de Voltaire.

D'ailleurs les deux attestations qui se lisent au *verso* du frontispice de ce *commentaire* prouvent assez que Wagnière en est l'auteur.

2507. Commentaire littéral sur la *Bible*, inséré dans la traduction française, par le R. P. DE CARRIÈRES, prêtre de l'Oratoire; nouvelle édition revue, corrigée et augmentée (par les soins de l'abbé DE VENCE). *Nancy, le Seure*, 1738-1741, 16 *vol. petit in*-8.

2508. Commentaire philosophique sur ces paroles de Jésus-Christ : *Contrains-les d'entrer*, traduit de l'anglais de Jean FOX DE BRUGGS, par M. J. F. (masque de BAYLE). *Cantorbery*, 1686, 3 *vol. in*-12.

2509. Commentaire sur la conservation de la santé et prolongation de la vie, traduit du latin de Jérôme DE MONTEUX (par Claude VALECLAS, médecin). *Lyon*, 1559, *in*-8; — *Paris*, 1572, *in*-8.

2510. Commentaire sur la Henriade, par DE LA BEAUMELLE, revu et corrigé par M. F*** (FRÉRON). *Berlin et Paris, le Jay*, 1775, *in*-4, *et* 2 *vol. in*-8.

2511. Commentaire sur l'Apocalypse (par Fr. JOUBERT). *Avignon* (*Paris*), 1762, 2 *vol. in*-12.

2512. Commentaire sur l'Édit du mois d'avril 1695, concernant la juridiction ecclésiastique, par M*** (JOUSSE, conseiller au présidial d'Orléans). *Paris, de Bure l'aîné*, 1764, 2 *vol. in*-12.

2513. Commentaire sur le livre des Délits et des Peines, par un avocat de province (VOLTAIRE). *Sans indication de lieu*, 1766, *in*-8.

2514. Commentaire sur le théâtre de Voltaire, par DE LA HARPE, imprimé d'après le manuscrit autographe de ce célèbre critique; recueilli et publié par *** (M. DE CROIX). *Paris*, *Maradan*, 1814, *in*-8,

2515. Commentaire sur le titre des Successions de la Coutume du comté de Bourgogne (par le professeur DUNOD). *Besançon, libraires associés*, 1725, *in*-8.

Cet ouvrage a été imprimé avec les Observations du même professeur sur les autres parties de la Coutume, *in*-4, *Besançon, Daclin* : le traité particulier dont il s'agit commence à la page 573.

2516. Commentaire sur les douze petits Prophètes (par l'abbé JOUBERT). *Avignon, Girard*, 1754 *et années suivantes*, 6 *vol. in*-12.

2517. Commentaire sur l'ordonnance des Eaux et Forêts du mois d'août 1669 (par JOUSSE). *Paris, de Bure*, 1772, *in*-12.

L'auteur a publié d'autres commentaires sous le voile de l'anonyme. Voyez les mots *Nouveau Commentaire...*

2518. Commentaire sur un passage du dernier ouvrage de M. Necker (*Administration des finances*) (par SERVAN). 1785, *in*-8 *de* 72 *pages*.

2519. Commentaire très-roturier sur le noble Discours adressé par le prince de Conti à MONSIEUR, frère du Roi (par SERVAN). 1788, *in*-8 *de* 42 *pages. Réimprimé en* 1789 *avec de légers changemens*.

2520. Commentaires apostoliques et théologiques sur les saintes prophéties de l'auteur sacré de Barbe bleue (par FRÉDÉRIC II, roi de Prusse). *Cologne, Pierre Marteau* (*Sans-Soucy*), *sans date*, *in*-8 *de* 60 *pag*.

Ces commentaires finissent par ces mots : Signé, dom CALMET.

Cette facétie est intitulée : *Commentaire théologique de dom* CALMET *sur Barbe bleue*, dans le quatrième volume des Œuvres primitives de Frédéric II. *Amsterdam*, 1790, in-8.

Elle ne se trouve pas dans les *Œuvres primitives* de l'édition de Berlin, 1789. Thiébault en parle dans le tome premier de ses *Souvenirs*, pages 116-118. *Paris*, 1804, 5 *vol. in*-8. Il la nomme, par défaut de mémoire, sans doute, *Commentaire sacré sur le conte-de Peau d'Ane.*

2521. Commentaires d'aucunes choses des Turcs, et du seigneur Georges Scanderberg, prince d'Épire et d'Albanie, contenant sa vie et les victoires par lui obtenues; traduits du toscan par Guillaume GAULTERON (sieur DE CENQUOINS, secrétaire d'ambassade de M. de Montluc, ambassadeur à Venise). *Paris, Janot*, 1544, *in*-8.

Note manuscrite.

2522. Commentaires (les) de CÉSAR, en latin et en français (de la traduction de PERROT D'ABLANCOURT, revue par l'abbé LE MASCRIER). *Paris, Barbou*, 1755, 2 *vol. in*-12.

2523. Commentaires (les) de CÉSAR, d'une traduction toute nouvelle (celle de PERROT D'ABLANCOURT, un peu retouchée), avec des remarques sur la carte de l'ancienne Gaule, par SANSON d'Abbeville. *La Haye*, 1743, 2 *vol. in*-12.

2524. Commentaires (les) de CÉSAR, nouvelle édition (de la traduction de PERROT D'ABLANCOURT, retouchée par LE MASCRIER), avec des notes et une carte de la Gaule, etc., par J. BOURGUIGNON D'ANVILLE. *Amsterdam*, 1763, 2 *vol. in*-12.

2525. Commentaires de CÉSAR (traduction de PERROT D'ABLANCOURT, revue en 1755 par l'abbé LE MASCRIER, et ensuite par DE WAILLY), avec le texte. *Paris, Barbou*, 1767, 1776, 2 *vol. in*-12.

2526. Commentaires (les) de CÉSAR, avec cartes géographiques, nouvelle édition revue et corrigée avec le plus grand soin. *Lyon, Rusand*, 1810, 2 *vol. in*-12.

Cette traduction est encore celle de D'ABLANCOURT, revue par l'abbé LE MASCRIER et par DE WAILLY. « Sa lecture nous a convaincus, dit le nouvel éditeur (M. LORRQUET), que bien des choses avaient échappé à M. de Wailly, et qu'il n'y avait presque pas une page qui n'ait encore besoin de plusieurs corrections, la plupart importantes. Nous avons entrepris ce travail, et près de mille passages ont été ou retouchés ou entièrement refondus. »

Cette traduction ainsi revue fait partie de la collection d'ouvrages classiques imprimée à Lyon, et adoptée dans les principaux petits séminaires de France.

2527. Commentaires de l'état de la Religion et République sous Henri II, François II et Charles IX (par P. DE LA PLACE). 1565, *in*-8.

2528. Commentaires (les) de S. AUGUSTIN sur le sermon de Notre-Seigneur sur la montagne, traduits en françois (par P. LOMBERT). *Paris, Pralard*, 1683, *D. Mariette*, 1701, *petit in*-12.

2529. Commentaires des Mémoires du comte de Saint-Germain, ministre de la guerre, etc. (par le baron DE WIMPFEN). *Londres*, 1780, *in*-8.

2530. Commentaires des Ordonnances de Lorraine combinées avec celles de France (par MOUCHEREL, avocat au parlement de Nancy). *Bouillon* (*Nancy*), 1778, *in*-8.

2531. Commentaires et Annotations sur la semaine de la création du monde de G. de Saluste, sieur du Bartas, par S. G. S. (S. GOULART, Senlisien). *Paris*, 1582, *in*-12.

2532. Commentaires sur les Commentaires du comte de Turpin de Crissé sur Montecuculli, par M. DE W. G. M. (DE WARNERY, général-major). *Saint-Marino*, 1777, 3 *vol. in*-8.

2533. Commentaires sur les Faits des dernières guerres de la Gaule belgicque, depuis 1551 jusqu'en 1562 (par Fr. DE RABUTIN et GUY DE BRUES). *Paris*, 1575, *in*-4. V. T.

Voyez n° 2503.

2534. Commentaires sur les Lois anglaises de M. BLACKSTONE, traduits de l'anglais par M. D. G*** (DE GOMICOURT). *Bruxelles, de Boubers*, 1774-1776, 6 *vol. in*-8.

« On ne les connaissait en France, dit la *Gazette universelle de Littérature*, que par les extraits étendus qu'en a donnés successivement l'auteur de l'*Observateur français à Londres*. Ces extraits réfléchis et raisonnés faisaient désirer l'ouvrage entier : c'était une entreprise difficile que leur auteur seul était peut-être capable d'exécuter avec succès, à laquelle il a été souvent exhorté, et dont le public doit être bien aise qu'il se soit chargé. » Voyez l'*Esprit des Journaux*, septembre 1774, p. 56.

2535. Commentaires sur l'Ordonnance de la majorité des rois (par P. DUPUY). *Paris*, 1655, *in*-8.

Lenglet du Fresnoy, dans le *Supplément de la Méthode pour étudier l'Histoire*, Paris, 1739, in-4, seconde partie, page 178, dit que ce livre est extrêmement rare. V. T.

2536. Commentateur (le) amusant, ou Anecdotes très-curieuses, commentées par l'écrivain le plus célèbre de notre siècle (par l'abbé CHAYER). 1759, *in*-12.

2537. Commerce (le) annobli (par SÉRAS). *Bruxelles*, 1756, *in*-12.

2538. Commerce (le) dangereux entre les deux sexes, traité moral et historique (par l'abbé DROUET DE MAUPERTUY). *Bruxelles* (*Lyon*), 1715, *in*-12.

2539. Commerce (le) de la Hollande (par ACCARIAS DE SÉRIONNE). *Amsterdam, Changuion*, 1765, 3 *vol. in*-12.

2540. Commerce (le) de l'Ame et du Corps, traduit du latin d'E. SWEDENBORG (par M. PARRAUD). *Londres et Paris, Barrois l'aîné*, 1785, *in*-12.

2541. Commerce (le) de l'Amérique par Marseille, par un citadin (CHAMBON, receveur général des finances). *Marseille, Mossy*, 1764, 2 volu[mes] *in*-4.

Voyez le *Catalogue hebdomadaire*, ann[ée] 1764, n° 24. Cet ouvrage est le même q[ue] celui qui est intitulé : *Le Guide du Commer[ce] de l'Amérique, principalement par le po[rt] de Marseille, etc. Marseille, Mossy*, 177[.] 2 *vol. in*-4; ou *Traité général du Commer[ce] de l'Amérique*, par M. C***. *Amsterdam [et] Marseille, Mossy*, 1783, 2 *vol. in*-4. Il n'e[st] que trop commun de voir la seule éditi[on] d'un ouvrage publiée sous différens titres.

2542. Commerce de Lettres curieus[es] et savantes, par le sieur G*** (D[E] GRIMAREST père). *Paris, A. Cra[moisy]*, 1700, *in*-12.

2543. Commerce (du) des Bleds, pou[r] servir à la réfutation de l'ouvrag[e] sur la législation et le commerce de[s] grains (par CONDORCET). *Paris[,] Grangé*, 1775, *in*-8.

2544. Commerce (le) des Vins réfor[mé], rectifié et épuré, ou nouvell[e] Méthode pour tirer un parti sûr[,] prompt et avantageux des récolte[s] en vins, etc.; par M. C*** S***, av[o]cat au parlement de Paris (M. BRA[...] fils, avocat en parlement et au[x] cours de Lyon). *Amsterdam et Lyon[,] Berthou*, 1769, *in*-4, *in*-8 *et in*-1[2].

2545. Commerce (le) honorable, o[u] Considérations politiques, conte[nant] les motifs de nécessité, d'hon[neur] et de profit, qui se trouvent [à] former des compagnies de personn[es] de toutes conditions pour l'entre[tien] du négoce de mer en France[,] par un habitant de Nantes (le pè[re] Mathias DE SAINT-JEAN, carm[e] nantais). *Nantes, Guill. le Monnie[r]*, 1646, *in*-4. — Seconde édition[,] 1651.

Voyez *Bibliotheca* S***. *Lugduni, Du[...]* 1741, in-8, n° 661.

On trouve un bon extrait de cet ouv[rage] dans le *Conservateur* du mois d'*août* [...] p. 67 et suiv.

2546. Commerce (le) remis à sa p[...]

(par J. J. Garnier). *Paris*, *Duchesne*, 1756, *in*-12.

2547. Commerce (le) vengé, ou Réfutation du discours couronné par l'académie de Marseille en 1777, sur cette question : *Quelle a été l'influence du commerce sur l'esprit et les mœurs des peuples* (par Chrétien le Roy). *Bruxelles* (*Paris*, *Desprez*), 1779, *in*-8.

Voyez les mots *Discours qui a remporté le prix*.., Voyez aussi la *Gazette ecclésiastique* de l'année 1780, p. 37.

2548. Commissionnaire (le) de la ligue d'outre-Rhin, ou le Messager nocturne, contenant l'histoire de l'émigration française, les aventures galantes et politiques arrivées aux chevaliers français et à leurs dames dans les pays étrangers (par le général Doppet). *Paris*, *Buisson*, 1792, *in*-8.

2549. Commissions (des) extraordinaires en matière criminelle. 1766, *in*-8.

Cet excellent mémoire est de Chaillou, avocat au parlement de Bretagne, mort depuis peu d'années, et qui a encore un frère existant à Rennes. (*Note communiquée en décembre 1812, par Ginguené.*)

Cet ouvrage, qui fit dans le temps une vive sensation, et que l'opinion publique attribua au célèbre le Paige, bailli du Temple, a été réimprimé en 1789, à Rennes, avec des augmentations, sous le titre : *De la Stabilité des Lois*, etc. Voyez ces mots.

2550. Comparaison de Démosthène et de Cicéron (par le P. Rapin, jésuite). *Paris*, *Muguet*, 1676, *in*-12.

Voyez les *Œuvres diverses* de cet auteur, où l'on trouve aussi les comparaisons d'Aristote et de Platon, de Virgile et d'Homère, de Thucydide et de Tite-Live.

2551. Comparaison de la morale et des maximes de l'Évangile et des Apôtres avec la conduite du clergé depuis les premiers siècles de l'Église jusqu'à nos jours, par le maire de Taverny (M. Dubost). *Paris*, *Guefier*, 1792, *in*-8

Voyez pour le nom de l'auteur, l'*Almanach de Versailles et du Département de Seine-et-Oise*, année 1791, p. 201.

Cet ouvrage a reparu sous ce titre : *Comparaison de la morale et des maximes de l'Évangile et des Apôtres avec celle des prêtres restés soumis à l'Église*, par le M. de T***. *Paris*, *Poncelin*, *an* 9 (1801), *in*-8 *de* 399 *pages*, avec un avertissement de deux pages. Voyez n° 2644.

2552. Comparaison de la musique italienne et de la musique française (par Jean-Laurent le Cerf de la Vieuville de Freneuse). *Bruxelles*, 1704, *in*-12. — Nouvelle édition, augmentée de deux parties 1705, *in*-12.

2553. Comparaison du projet fait par M. de Parcieux à celui de M. d'Auxiron, pour donner des eaux à la ville de Paris (par Cl. Fr. J. d'Auxiron). *Paris*, 1769, *in*-8. V. T.

2554. *Compendium* historial des polices des empires, royaumes et choses publiques, nouvellement translaté du latin en français. *Paris*, *Nicolas Couteau*, *pour François Regnault*; *se vend chez Galiot-Dupré*. 1528, *in-fol. de* 190 *feuillets*.

J'ai transcrit le titre de cet ouvrage sur l'exemplaire que possède la bibliothèque du château de Compiègne : il y a tout lieu de croire que du Verdier s'est trompé en donnant à cette édition le titre de *Compendion*, au lieu de *Compendium*.

Cet ouvrage est de Henri Romain, chanoine de Tournay. Si l'on en croit la préface, l'auteur avait déjà composé en brief, selon l'ordre *dudit Titus-Livius*, trois décades avec la première bataille punique et la cause d'icelle, qu'on peut nommer quatrième décade.

Ce passage fait voir que ce *Compendium* est traduit en grande partie de Tite-Live.

2555. Compère (le) Mathieu, ou les Bigarrures de l'esprit humain (par l'abbé du Laurens). *Londres*, 1766, 1777, 3 *vol. in*-8. *Souvent réimprimé*.

2556. Compères (les) et les Bambins, lubie d'Aristenète (M. Félix Nogaret). *Paris*, *Pigoreau*, 1807, *in*-12 *de* xxxii *et* 93 *pages*.

2557. Compétence (de la) des Juges de paix (par M. Henrion de Pansey). *Paris*, *Théophile Barrois père*: *an* 13 (1805), *in*-12. *Réimprimé plusieurs fois in*-8, *avec le nom de l'auteur*.

2558. Complainte (la) de trois gentilshommes françois occiz et morts au voyage de Carignan, etc. (par Fr. de Sagon). *Paris*, 1544, *in*-8. V. T.

2559. Complainte des filles à qui l'on vient d'interdire l'entrée des Tuileries à la brune (par J. B. Marchand) .... 1768, *in*-8.

Permission tacite du 1er septembre 1768. V. T.

2560. Complainte sur le départ de mademoiselle Rosette Baptiste. *La Haye*, 1767, *in*-8.

Cette complainte a été attribuée à Wassenaer-Obdam, à Favier, à Urbain et à plusieurs autres : le fait est qu'on n'en sait pas l'auteur; mais ce qu'il y a de certain, c'est que la femme que regarde cette complainte a été toujours estimée pour ses talens, et fait encore le bonheur de son époux. Cette famille a des descendans qui font les délices d'un grand théâtre de Paris. V. T.

2561. Complaintes (les) de l'esclave fortuné (Michel d'Amboyse, sieur de Chevillon), avecque vingt épistres et trente rondeaulx d'amours. 1529, *in*-8. *goth*. V. T.

2562. Complaisant (le), comédie (par Pont de Vesle). 1733, *in*-12. Réimprimé dans le *Théâtre* de de Launay.

2563. Complimens (les) de la langue françoise en forme de dialogue (en françois et en allemand, par Claude Jaunin et Anger Nycole). *Paris*, *J. Bessin*, 1630, *in*-12.

Cet ouvrage fait partie de la *Bibliothèque bleue*. J'en possède une édition toute française imprimée en 1738, à *Troyes*, *chez Jean-Antoine Garnier*.

2564. Compliment et Requeste des diocésains de Bethléem à monseigneur dom de la Taste, leur évêque, fait en leur nom par un tel, Parisien, écrivain au charnier des Innocens, donné au public avec des notes critiques, historiques et grammaticales, par M***, interprète du roi d'Ivetot (le chevalier de Neuville-Montador). *Imprimé au Phantôme mitré*, 1739, *in*-12 *de* 36 *pag*., *en vers*.

2565. Complot d'Arnold et de sir Henri Clinton contre les États-Unis d'Amérique et contre le général Washington, septembre 1780 (par M. Barbé-Marbois). *Paris*, *Didot l'aîné*, 1816, *in*-8.

2566. Complot (le), ou Entretien burlesque sur l'arrêté du 29 décembre 1651, contenant les principaux chefs d'accusation contre le cardinal Mazarin, par le sieur de Sandricourt (F. E. de Mézeray). *Paris*, 1651, *in*-4.

C'est la même pièce que le *Procès du cardinal Mazarin*, *tiré du greffe de la cour*. V. T.

2567. Compost et manuel Kalendrier... suivant la correction ordonnée par Grégoire XIII, par Thoinot Arbeau (Jehan Tabourot, official de Langres). *Paris*, *J. Richer*, 1588. — Almanach ou Pronostication des laboureurs, réduite selon le Kalendrier grégorien...., par Jean Vostet Breton (Estienne Tabourot, neveu de Jehan). *Paris*, *J. Richer*, 1588 *in*-8.

Le premier de ces deux calendriers avait paru à Langres en 1582, in-4.

2568. Compte du Rossignol. *Sans nom de ville*, 1546, *in*-8.

Dans le Catalogue du duc de la Vallière.

première partie, par G. de Bure; tome 2, n° 3117, ce livre est donné à Gilles Corrozet. Goujet, dans sa *Bibliothèque française*, tome 12, page 261, cite une édition faite à Lyon en 1547, et dit ignorer le nom de l'auteur. V. T.

69. Compte rendu au public des comptes rendus aux divers parlemens, précédé d'une réponse décisive aux imputations dont on a chargé les Jésuites (par l'abbé Dazès). *Paris, libraires associés*, 1765, 2 *vol. in*-8.

70. Compte rendu au Roi, en mars 1788 (par de Loménie de Brienne). *Paris, imprimerie royale*, 1788, *in*-4.

Ce compte a été rédigé par M. Soufflot de Merey, premier secrétaire du principal ministre.

71. Compte rendu de la défense des citoyens bourgeois de Genève (par Lambert) .... 1771, *in*-8.

Cette brochure a été brûlée à Genève. V. T.

72. Compte rendu des constitutions des Jésuites au parlement de Provence, par de Monclar. 1763, *in*-12.

Il est reconnu dans la famille de M. le Blanc de Castillon que cet avocat général du parlement d'Aix a fourni à M. de Monclar les matériaux de ce Compte rendu.

73. Compte rendu des constitutions des Jésuites, par le procureur général du parlement de Toulouse (Riquet de Bonrepaux) .... 1762, *in*-12. V. T.

On a du même magistrat un *Second Compte rendu* en deux parties, 1762, in-12. (*Catalogue manuscrit* de l'abbé Goujet.)

74. Compte rendu par un de Messieurs (l'abbé Chauvelin), sur les constitutions des Jésuites, le 17 avril 1761, *in*-4.

Le 18 juillet de la même année, le même auteur prononça un discours publié sous le titre de *Compte rendu par un de Messieurs sur la Doctrine des Jésuites*. Voyez la *Biographie universelle*.

2575. Comptes (les) du monde adventureux, par A. D. S. D. *Paris*, 1560, *in*-12.

Dans la *Bibliothèque française* de la Croix du Maine, *Paris*, 1772, in-4, tome 1, p. 64, on donne à ces lettres initiales trois significations, *Antoine de Saint-Denis*, *Abraham de Saint-Dié* et *André de Saint-Didier*, sans décider quel est le véritable auteur. V. T.

2576. Comptes rendus de l'administration des finances du royaume de France pendant les dernières années du règne de Henri IV, etc.; ouvrage posthume de M. Mallet, premier commis de M. Desmaretz (publié par Luc Vz. Thiéry). *Paris*, *Buisson*, 1789, *in*-4.

2577. Comptes rendus des constitutions et de la doctrine des soi-disant Jésuites, par les conseillers-commissaires au parlement, séant à Metz. 1762, *in*-12.

Le Compte rendu des constitutions est de Bertrand; celui de la doctrine est de Michelet de Vatimont.

2578. Comptes rendus des établissemens, de l'institut et de la doctrine des soi-disant Jésuites, par le parlement de Dijon. (*Dijon*), 1763, *in*-12.

Le Compte rendu des établissemens est de Charles-Marie Fevret de Fontette; celui de l'institut et constitutions, de Charles-François Cottin de Joncy; celui de la doctrine et morale, de Jean-Marie-Léonard Bureau de Saint-Pierre.

2579. Comte (le) d'A***, ou les Aventures d'un jeune voyageur sorti de la cour de France en 1789 (par Serieys). *Paris*, 1800, 2 *vol. in*-12.

2580. Comte (le) d'Amboise (par mademoiselle Bernard). *Paris*, *Barbin*, 1689, 2 *vol. in*-12.

2581. Comte (le) de Cardonne, ou la Constance victorieuse, histoire sicilienne, par madame D*** (Durand). *Paris*, *P. Ribou*, 1702, *in*-12.

2582. Comte (le) de Dommar, ou Lettres écrites en Allemagne pendant la guerre de sept ans, traduit de l'allemand (de F. Bouterweck, par MM. Cramer et Monvel fils). *Paris, Pougens*, 1798, 4 *vol. in*-18.

2583. Comte (le) de Dunois. *Paris, Billaine*, 1671, *in*-12.

Madame de Murat, à qui ce roman est assez généralement attribué, était à peine au monde quand il parut : peut-être est-il de la comtesse de Murat, sa belle-mère. Voyez *Parnasse français*, p. 562.

Ce roman se trouve aussi dans les Œuvres de madame de Villedieu, parmi lesquelles les libraires ont inséré plusieurs ouvrages qui ne sont point de cette dame.

2584. Comte (le) de Gabalis, ou Entretiens sur les sciences secrètes (par l'abbé de Montfaucon de Villars). *Paris, Barbin*, 1670, *in*-12.

2585. Comte (le) de Richemont, nouvelle historique (par Henri de Juvenel). *Amsterdam (Paris)*, 1680, *in*-12.

2586. Comte (le) de Saint-Meran, ou les nouveaux Égaremens du cœur et de l'esprit (par de Maimieux). *Paris, le Roy*, 1788, 4 *vol. in*-12, *qui ont été suivis de quatre autres volumes en* 1789.

2587. Comte (le) de Soissons, nouvelle galante (par Isaac Claude, fils du célèbre ministre protestant de ce nom). *Cologne*, 1677-1699-1706, *in*-12.

2588. Comte (le) de Soissons et la duchesse d'Elbeuf, roman historique du siècle de Louis XIV (refait) par madame de *** (Zimmerman). *Paris, Renard*, 1805, *in*-12.

2589. Comte (le) de Tiliedate, par la marquise de P*** (de Perne). *Paris, Gissey*, 1703, *in*-12.

D'après une note manuscrite du temps, le véritable auteur de ce roman serait la marquise de Prince.

2590. Comte (le) d'Ulfeld, grand maître de Danemarck, nouvell[e] historique (par Michel Rousseau de la Valette). *Paris, Barbin*, 167[8] *in*-12.

2591. Comte (le) de Valmont, ou le[s] Égaremens de la Raison (par l'abb[é] Gérard). *Paris, Moutard*, 177[?] 5 *vol. in*-12; *souvent réimprimé.*

2592. Comte (le) de Vergennes, pr[e]mière cause des états-généraux. *San[s] date* (1789), *in*-8 *de* 86 *pages.*

Cette brochure n'est, à très-peu de cho[se] près, qu'une réimpression du Portrait [du] comte de Vergennes, *sans indication de li[eu]* (*Bruxelles* ou *Liége*), 1788, in-8 de 80 p[ages].

Le style en a été un peu corrigé, et l'o[n] n'a pas reproduit la notice sur M. de Ve[r]gennes, traduite de l'allemand, qui com[]mence à la page 65 du *Portrait*, et qui, av[ec] les notes qui l'accompagnent, va jusqu'à [la] fin.

Quelques personnes attribuent cette br[o]chure à Rulhière.

2593. Comtesse (la) de Bar, tragéd[ie] (par madame de Montesson, av[ec] les noms des acteurs et actrices q[ui] ont dû jouer les rôles, et des ve[rs] sur le prince Henri, à qui l'aute[ur] lut la pièce). *Sans date, gr. in-[8] de* 83 *pages, et une page pour l[es] vers sur le prince Henri.*

2594. Comtesse (la) de Châteaubrian[t] ou les Effets de la jalousie (par Le[s]convel). *Paris, Guillain*, 169[5] *in*-12;—*Amsterdam (Rouen)*, 169[5] *in*-12.

Cet ouvrage a été réimprimé sous le tit[re] d'*Intrigues amoureuses de François I*, et[c.] Voyez ces mots.

Il a été faussement attribué par quelqu[es] bibliographes à la comtesse de Murat, surtout pour l'édition de *Paris, Musie[r]* 1724, qui est tout-à-fait semblable à cell[e] de 1695.

2595. Comtesse (la) de Chazelle, co[]médie en trois actes et en vers (pa[r] madame de Montesson). (*Paris de l'imprimerie de Didot aîné*), *in-8 de* 103 *pages*.

Cette pièce se trouve dans le recueil de l'auteur, intitulé *Œuvres anonymes*, t. 7.

2596. Comtesse (la) de Mortane (par madame DURAND). *Paris*, *Prault*, 1736, *in-12*.

2597. Comtesse (la) de Salisbury, ou Relation de l'ordre de la Jarretière (par D'ARGENCES). *Paris et Lyon*, 1682, 2 *vol. in-12*.

2598. Comtesse (la) de Vergy, nouvelle historique, galante et tragique (par le comte de VIGNACOURT). *Paris*, *Pépingué*, 1722, *in-12*.

L'épître dédicatoire est signée L. C. D. V. Ces lettres initiales semblent bien indiquer le comte de Vignacourt; et en effet la plupart des bibliographes regardent ce roman comme le premier ouvrage de ce comte, qui publia l'année suivante *Adèle de Ponthieu*. J'ignore quel motif a eu M. Dunod de Charnage pour attribuer ces deux romans à Nicolas-Joseph, comte de Vaudrey. Voyez le Moréri de 1759. Ce qu'il y a de singulier en ceci est que les initiales ci-dessus s'appliquent également au comte de Vaudrey: mais il est à remarquer, en faveur du comte de Vignacourt, que la préface de la *Comtesse de Vergy* ne semble nullement annoncer un auteur qui va raconter les aventures d'un de ses ascendans, Charles de Vaudrey; on y voit seulement un homme d'esprit qui occupe son loisir à orner quelques faits historiques des circonstances que son imagination lui suggère.

2599. Comtesse (la) d'Isembourg, princesse de Hohenzolhern (par Antoinette DE SALVAN, comtesse DE SALIEZ). *Paris*, *Barbin*, 1678, *in-12*.

2600. Comtesse (la) suédoise (traduit de l'allemand de GELLERT, par FORMEY). *Berlin*, *Schutze*, 1754, 2 *parties in-12*.

2601. Comté (le) de Montbelliard agrandi, etc. (par M. BAILLY-BRIET, avocat à Besançon). *Besançon*, 1789, *in-8*.

2602. Comus, masque de MILTON, représenté au château de Ludlow, en 1634, devant John Égerton, comte de Bridgewater, lord-président du pays de Galles (publié par les soins et aux frais de M. Francis-Henri EGERTON), traduction littérale (en vers français par M. DE LA BINTINAYE, et en vers italiens par Gaetano Polidori DA BIENTINA) *Paris*, *de l'imprimerie de P. Didot l'aîné*, 1812, *in-4*.

2603. Conchyliologie nouvelle et portative, ou Collection de coquilles, etc. (par DEZALLIER D'ARGENVILLE). *Paris*, *Regnard*, 1767, *petit in-12*. *Douteux*.

2604. Concile (du) général, pour la justification de ce qui est dit de l'autorité du concile de Bâle dans le traité des libertés gallicanes, par M. C. S. (Ant. CHARLAS). *Liège*, *Hovius*, *in-4*.

2605. Conciles (les) généraux et particuliers..., leur histoire..., avec des remarques (par l'abbé LE LORRAIN, chapelain de la cathédrale de Rouen). *Cologne* (*Rouen*), 1707 *ou* 1717, 2 *vol. in-8*.

On attribue au même auteur les *Remarques sur les Canons apostoliques*. Cologne (Rouen), 1698, in-8.

2606. Conciliateur (le), ou la Noblesse commerçante et militaire (par DE PEZEROLS). *Paris*, *Duchesne*, 1756, *in-12*.

2607. Conciliateur (le), ou Lettres d'un Ecclésiastique à un Magistrat (par TURGOT et LOMÉNIE DE BRIENNE). *Rome*, 1754. — Nouvelle édition (publiée par NAIGEON, avec le nom de Turgot et un avis de l'éditeur). 1788. — Troisième édition (publiée par DUPONT de Nemours, avec un avertissement). *Paris*, *Dupont de Nemours*, 1791, *in-8*.

2608. Conciliateur (le) pacifique, ou Remarques succinctes d'un Théologien de province (l'abbé DE LA PORTE, de la Ciotat) sur la lettre (de l'abbé Joubert) au R. P. S. G. (Saint-Genis), doctrinaire, sur les indulgences au sujet du Jubilé. 1760, *in*-12.

L'avertissement et les notes sont de BLOTIN, prêtre.

2609. Conciliation de Moyse avec saint Étienne et avec lui-même (par Théodore LE BLANC, ministre réfugié de la Rochelle). *Amsterdam*, 1704, *in*-12.

L'auteur publia, la même année, une *Défense* de cet ouvrage contre des *Lettres critiques* de B. de Marolles. Voyez ces mots.

2610. Conclusion sur l'appel du jugement rendu (par l'abbé Ladvocat entre deux Pseautiers (par DE SAINT-PAUL, de l'académie de Rouen). (1763), *in*-12 *de* 31 *pages*.

2611. Conclusion sur les Lois des douze Tables (par BOULAGE, alors secrétaire de l'académie de Troyes), *Troyes, an* 13 (1805), *in*-8.

2612. Conclusions proposées par la Reine régente à Messieurs du Parlement et à ses sujets (par Fr. DAVENNE). *Sans nom de ville*, 1650, *in*-4. V. T.

2613. Concordance des bréviaires de Rome et de Paris, avec le Journal des cérémonies et usages qui s'observent à la cour, à Paris et à la campagne (par MAUPOINT, avocat). *Paris, Chardon et Durand*, 1740, *in*-8.

2614. Concordance des Principes et de la Doctrine de S. Paul (par LAUGEOIS). *Rome, aux dépens de la Chambre apostolique, sans date* (1775), *in*-12.

2615. Concordance des Prophéties avec l'Évangile, sur la Passion, la Résurrection et l'Ascension de Jésus-Christ (par Madelaine FEUILLET). *Paris, Couterot*, 1689, *in*-12.

2616. Concordance (la) des quatre Évangélistes, ou Discours de la Vie de Notre-Seigneur Jésus-Christ (par Loys MIRÉ), plus une briève description de la Terre Sainte, avec sa carte (par Guillaume POSTEL). *Paris, Guillaume Guillard*, 1561, *in*-16.

Je tire la description de ces deux opuscules du Catalogue de LA VALLIÈRE, par G. de Bure l'aîné, n° 155. Guillaume Fr. de Bure le jeune, dans sa *Bibliographie instructive*, n'a présenté que le premier de ces deux ouvrages. et dans une note il l'attribue à Postel. Son erreur est évidente. D'ailleurs cette édition anonyme de deux ouvrages fort rares est imaginaire : c'est l'édition qui en a été faite à Paris en 1553, par Jean Ruelle (et Séb. Nivelle), avec les noms des deux auteurs. On n'a changé que le titre. J'ai pour garans de mon opinion l'habile rédacteur du Catalogue de la Vallière, et l'abbé de Saint-Léger, dans ses notes manuscrites sur l'exemplaire qu'il possédait des *Nouveaux Éclaircissemens sur la Vie et les Ouvrages de Postel*, par le P. des Billons. *Liege*, 1773, *in*-8.

Voici les véritables titres des opuscules qui donnent lieu à la présente note :

La Vie de Jésus-Christ Notre-Seigneur, composée et extraite des quatre évangélistes, réduits en une continuelle sentence, avec les épîtres et leçons qu'on lit à la messe au long de l'année, par Loys MIRÉ. — Description de la Terre Sainte, avec sa carte en petite forme réduite, par Guillaume POSTEL. *Paris, rue Saint-Jacques, à l'enseigne des Cicognes*, 1553, 2 *vol. in*-16.

2617. Concordance et Explication des principales prophéties de Jérémie, d'Ézéchiel et de Daniel (par Fr. JOUBERT), *Sans nom de ville* (*Paris*), 1745, *in*-4.

C'est une partie de l'ouvrage publié en 1749, en 5 vol. in-12, sous le titre d'*Explication des principales Prophéties*. Voyez ces mots.

2618. Concordance française, ou Extrait du Nouveau Testament, par lettres alphabétiques (par VAUDRON). *Paris, le Gras, Pissot, Briasson et Chaubert*, 1745, *in-12*.

2619. Concordat entre Léon X, souverain pontife, et François I, roi de France, traduit *pour la première fois* du latin en français (par M. AUDIN, libraire). *Paris, Beaucé*, 1817, *in-12*.

L'éditeur a bien fait de souligner les mots *pour la première fois;* car on connaît une traduction de ce concordat publiée sous ce titre :

La Pragmatique-Sanction, contenant les décrets du concile national de l'Église gallicane, assemblée en la ville de Bourges, au regne du roy Charles septième, avec le *concordat d'icelle entre le très-chrétien roy François premier de ce nom et le pape Léon dixième*. Paris, Gilles Corrozet, 1561, in-8.

2620. Concorde de la Géographie des différens âges, ouvrage posthume de PLUCHE (publié d'après les papiers et matériaux fournis par THUILLIER, Rémois, avec un éloge de l'auteur par Robert ESTIENNE, libraire). *Paris, frères Estienne*, 1765, *in-12*.

2621. Concorde des Épîtres de S. Paul et des Épîtres canoniques, ou Morale des Apôtres (par Jérôme BESOIGNE). *Paris*, 1747, *in-12*.

2622. Concorde des livres de la Sagesse, ou Morale du Saint-Esprit (par Jér. BESOIGNE). *Paris*, 1737, *in-12*.

2623. *Concubitus sine Lucinâ*, ou le Plaisir sans peine, traduit de l'anglais (de Richard ROE, par DE COMBES). (1750), *in-8 et in-12*.

2624. Condamnation de Babylone, ou Réponse à l'évêque de Meaux sur l'Apocalypse (par P. BOYER). *La Haye*, 1691, *in-12*. V. T.

2625. Conduite abrégée pour vivre saintement, par Paul BAYNE (Guillaume AMESIUS ou AMEZÈS). *Londres*, 1618, *in-8*; et dans le tome 4 d'*Amesii Opera. Amsterdam*, 1658, 5 *vol. in-16*.

Cette conduite est un abrégé des sept traités de Richard ROGERS sur cette matière.

2626. Conduite (la) canonique de l'Église touchant la réception des filles dans les monastères, par M. ANTOINE GODEFROY, docteur en théologie (c'est-à-dire par Antoine ARNAULD et Godefroy HERMANT, qui ont fait cet ouvrage en commun), *Paris, Savreux*, 1668, *in-12*.

2627. Conduite chrétienne dans le service de Dieu et de l'Église, avec l'office de la Vierge et les Vêpres, en latin et en français (par Pierre DE VILLIERS). *Paris, Jacques Colombat*, 1699, *in-16*; très-rare et recherché à cause de l'office de la Vierge, qui est sans renvoi.

2628. Conduite chrétienne pour les personnes engagées dans le monde, à l'usage du diocèse de Meaux (par DES MUIDS, chanoine de Meaux). *Meaux, Frédéric Alart*, 1730, *in-12*.

Note déposée sur un exemplaire qui avait appartenu au monastère de la Visitation de Sainte-Marie de Meaux.

On trouve dans ce volume (voyez p. 45) une partie des *Prières ecclésiastiques à l'usage du diocèse de Meaux*, publiées par Bossuet en 1689.

Cette *Conduite chrétienne* se réimprime très-souvent à Meaux. Je remarque des retranchemens et des additions dans l'édition que j'ai sous les yeux. *Meaux, Dubois-Berthault*, 1814, *in-12*.

2629. Conduite chrétienne, tirée de l'Écriture sainte et des Pères de l'Église, touchant la confession et la communion, troisième édition. *Paris, Josset*, 1684, *in-16*.

Du Pin attribue ce livre au P. QUESNEL; d'autres le donnent à LE TOURNEUX, et l'on croit que ceux-ci ont raison : cependant l'ouvrage n'est point cité dans l'*Histoire littéraire* de Port-Royal, par dom Clémencet.

2630. Conduite (la) de dom Jean de la Barrière, premier abbé et instituteur des Feuillans, durant les troubles de la Ligue, et son attachement au service du roi Henri III, par un religieux feuillant (J. B. de Sainte-Anne Pradillon). *Paris, Muguet*, 1699, *in*-12.

Le Laboureur traite D. Jean de la Barrière de ligueur. D. Pradillon le justifie.

2631. Conduite (la) de la France depuis la paix de Nimègue (par G. Sandras de Courtilz). *Francfort, Marmelstein*, 1683, *in*-12.

Courtilz a publié, la même année, une réponse à cet ouvrage.

2632. Conduite de la Providence dans l'établissement de la congrégation de Notre-Dame, qui a pour instituteur le B. Pierre Fourier de Mataincourt (par Louis-Gaspard Bernard, chanoine régulier de Pont-à-Mousson). *Toul, Cl. Vincent*, 1732, 2 *vol. in*-4.

2633. Conduite (la) de l'Église dans la réception des ministres de la religion qui reviennent de l'*hérésie* et du *schisme* (par Émery); nouvelle édition, considérablement augmentée. *Paris, Leclere*, 1801, *in*-12.

2634. Conduite (la) de Mars, nécessaire à tous ceux qui font profession des armes (par Sandras de Courtilz). *La Haye, Van Bulderen*, 1685, *in*-12.

Voyez l'*Essai de Bibliothèque militaire* de Loen, page 131.

2635. Conduite (de la) des Âmes, où l'on traite de l'autorité et des devoirs des directeurs, et de la soumission qui leur est due, par Daret de la Villeneuve (Adrien Baillet). *Paris*, 1695, *in*-12.

2636. Conduite des Confesseurs, par R. D. (R. Daon). *Paris, Delusseux*, 1739, *in*-12, *souvent réimprimé*.

2637. Conduite (la) des Français justifiée, ou Observations sur un écrit intitulé : Conduite des Français à l'égard de la Nouvelle-Écose; par M. D. L. G. D. C. (de la Grange de Chessieux). *Utrecht et Paris, le Breton*, 1756, *in*-12.

2638. Conduite des Français par rapport à la Nouvelle-Écosse; traduit de l'anglais (de Jefferys), avec des notes d'un Français (Butel-Dumont). *Londres, frères Vaillant*, 1765, *in*-12.

2639. Conduite (la) des Illustres pour aspirer à la gloire d'une vie héroïque, par le R. P. J. D. P. C. (Jacques d'Autun, prédicateur capucin). *Paris, Soubron*, 1659, *in*-4. — Réimprimée en 1664 pour la troisième fois.

Le nom de famille de cet auteur était Chevanes.

2640. Conduite (de la) des Princes de la maison de Bourbon depuis 1789 jusqu'en 1805 (par M. Bertrand Barrère). *Paris, marchands de nouveautés, an* 13 (1805), *in*-8 *de* 134 *pages*.

2641. Conduite (la) du comte de Peterborow en Espagne, surtout depuis la levée du siége de Barcelonne en 1706, traduite de l'anglais (de Friend). *Londres*, 1708, *in*-8. V. T.

2642. Conduite d'une Dame chrétienne pour vivre saintement dans le monde (par Duguet). *Paris*, 1725, *in*-12.

Ce traité fut composé pour madame d'Aguesseau.

2643. Conduite pour se taire et pour parler, principalement en matière de religion (par le P. du Rosel, jésuite). *Paris, Simon Benard*, 1696, *in*-12.

Cet ouvrage a été pillé en 1772, par l'abbé Dinouart. Voyez le n° 1282.

2644. Conduite scandaleuse du Clergé depuis les premiers siècles de l'Église jusqu'à nos jours, ouvrage enrichi de notes et de preuves historiques, servant de suite aux crimes des papes (par M. DUBOST, maire de Taverny). *Paris, marchands de nouveautés*, 1793, *in*-8 *de* 399 *pages*, avec une introduction de 16 pages.

Même ouvrage que le n° 2551.

2645. Conférence académique sur le différent des belles lettres de Narcisse et de Phyllarque, par le sieur DE MUSAC (J. P. CAMUS, évêque de Belley). *Paris, Joseph Cottereau*, 1630, *in*-8.

Bayle a pris ce masque pour un nom réel, et lui a donné un article dans son *dictionnaire*. L'abbé Joly, dans ses *Remarques*, a relevé cette méprise.

2646. Conférence de la Cène apostolique avec la Messe romaine, par B. D. L. G. (BEDÉ DE LA GORMANDIÈRE). *Charenton, L. de Vendosme*, 1639, *in*-8.

2647. Conférence de la Coutume de Paris, par FORTIN, augmentée de plus de deux tiers, par M. R. (J. Marie RICARD), avocat. *Paris*, 1666, 1673, *in-fol.*

2648. Conférence de la Coutume de Sens avec le Droit romain, les Ordonnances du royaume et les autres Coutumes, etc.; dédiée à M. Lenoir, conseiller d'état ordinaire et bibliothécaire du roi, par M. PELÉE DE CHENOUTEAU, écuyer, conseiller au bailliage et siége présidial; suivie de détails historiques sur le bailliage de Sens, rédigés par M. T. D. S., avocat en parlement. *Sens, veuve Tarbé*, 1787, *in*-4.

Les détails historiques ont été rédigés par M. Sébastien-André TARBÉ DES SABLONS; ils sont fort curieux: l'abbé de *Fontenay* en fit l'éloge dans son Journal général de France, lorsqu'ils parurent. Le même M. *Tarbé* a publié le *Manuel pratique des Poids et Mesures*, dont il y a eu beaucoup d'éditions de différens formats.

2649. Conférence de l'édit des Présidiaux, du mois d'août 1777, avec les ordonnances, édits et règlemens sur cette matière; par M. D. D. R. A. L. P. du B. de Ch. en Th. (DREUX DU RADIER, ancien lieutenant particulier du bailliage de Châteauneuf en Thymerais), *Paris, Lamy*, 1780, *in*-18.

2650. Conférence de l'Ordonnance sur les eaux et forêts (par GALON). *Paris*, 1725, 1752, 2 *vol. in*-4.

2651. Conférence du Code civil avec la discussion particulière du Conseil d'État et du Tribunat, avant la rédaction définitive de chaque projet de loi, par un jurisconsulte qui a concouru à la confection du Code (M. FAVARD DE LANGLADE). *Paris, Firmin Didot*, 1805, 8 *vol. in*-12.

On doit encore au même jurisconsulte:

1° Le Code de procédure civile, avec le tarif des frais, suivi des motifs et rapports, etc. *Paris, Firmin Didot*, 1808, 2 *vol. in*-12.

2° Le Code de commerce, avec le rapprochement du texte des articles du Code civil et du Code de procédure civile qui y ont un rapport direct, etc. *Paris, F. Didot*, 1807, *in*-12.

3° Code d'instruction criminelle, avec l'exposé des motifs et les rapports, etc. *Paris, Firmin Didot, sans date*, 2 *tomes*, 1 *vol. in*-12.

4° Code pénal, avec l'exposé des motifs et des rapports, etc. *Paris, F. Didot*, 1812, 2 *vol. in*-12. Voyez le n° 2408.

2652. Conférence (la) du Diable avec Luther, contre le saint sacrifice de la messe (par Paul BRUZEAU). *Paris*, 1673, *in*-8; — 1740, *in*-12.

La seconde édition, publiée en 1680,

porte le nom de Pillon, licencié en droit canon.

L'abbé de Cordemoy publia en 1681 le *Récit de la Conférence du Diable avec Luther, fait par Luther même, avec des Remarques sur cette Conférence.* L'abbé Lenglet du Fresnoy l'a réimprimé à la fin du premier volume de son *Recueil de Dissertations sur les Apparitions.*

Je n'ai pu voir sans étonnement, dans la dernière page des différentes éditions du tome quatorzième des *Essais de Morale*, contenant la vie de Nicole, que l'abbé Goujet confondait le *Récit de la Conférence du Diable avec Luther*, publié par l'abbé de Cordemoy, avec le volume anonyme de 1673. Ce dernier ouvrage est certainement de Paul Bruzeau, prêtre de la communauté de Saint-Gervais. J'en ai la preuve dans une note ancienne déposée sur mon exemplaire; elle contient ces mots : *Ex dono auctoris domini Bruzeau.* Je lis aussi dans le catalogue manuscrit de l'abbé Goujet que la *Conférence du Diable* passait pour être de ce même M. Bruzeau; mais la suite de sa remarque prouve qu'il la confondait avec le Récit de l'abbé de Cordemoy : il présente cet abbé comme éditeur de la *Conférence* de 1673.

Dans la seconde partie de la *Conférence*, qui est contre Claude, on venge l'auteur des *Préjugés légitimes* (Nicole), contre une proposition que ce ministre imputait faussement à l'auteur des Préjugés. Cette seconde partie ayant été réimprimée à la suite des *Préjugés légitimes* de Nicole, on a cru que cet habile controversiste était aussi l'auteur de la *Conférence du Diable avec Luther.* C'est ce qui aura déterminé l'abbé Goujet à prouver que ce bruit était destitué de fondement.

La première édition de la *Conférence* de 1673 est encore recherchée des curieux, surtout lorsque les exemplaires contiennent en regard du titre une planche gravée qui représente Luther dans son lit, avec ces mots au haut de la planche : *Luther, disciple du Diable.* Le diable, au pied du lit, a le doigt sur un livre ouvert devant Luther, et il sort de sa bouche une bandelette qui va à l'oreille droite de Luther; on y lit ces mots : *La messe est une idolâtrie.* Aux pieds de Luther est écrit : *Le disciple n'est pas plus savant que son maître.* Un autre diable au chevet s'accroche à l'épaule gauche de Luther, et lui souffle dans l'oreille. On trouve au bas de la planche cinq lignes qui en expliquent le sujet.

J'ai vu un exemplaire enrichi de la figure; il est intitulé : *Réfutation de la Réponse faite par M. Ereiter, ministre luthérien, à un ecclésiastique qui avait soutenu que Luther avait appris du Diable à combattre la messe, ou la Conférence du Diable avec Luther*, etc.; *Paris*, 1673. L'ouvrage a donc paru sous deux titres différens la même année. M. le comte de Boutourlin possédait un exemplaire du dernier genre. Voyez le Catalogue de sa belle Bibliothèque, *Paris*, 1805, in-8, n° 260.

Paul Bruzeau et le sieur Pillon ne figurent dans aucun de nos dictionnaires historiques; j'ai déjà réparé cet oubli, quant à Bruzeau, dans mon *Examen critique* de ces dictionnaires.

Ambroise Lallouette m'apprend, dans son *Histoire des traductions françaises de l'Écriture sainte*, page 100, que l'abbé Pillon, habile sur les controverses, demeurait dans le Marais, proche les Capucins, c'est-à-dire dans le même quartier que Bruzeau. Ces deux controversistes ont pu travailler ensemble à la *Conférence de Luther avec le Diable.*

On a encore de l'abbé Pillon : *Exposition de la Doctrine catholique sur seize points*, etc.; par le sieur Pillon, ecclésiastique. *Paris, Pralard*, 1690, in-12. Voyez l'extrait de cet ouvrage dans le *Journal des Savans*, année 1699.

2653. Conférence d'un Anglais et d'un Allemand sur les lettres de Filtz-Moritz (l'abbé Margon) (par l'abbé Brigaud, Lyonnais). *Cambrai*, 1722, *in*-12. Voyez l'article *Margon.*

2654. Conférences de Cassien, traduites en français par le sieur de Saligny (Antoine le Maistre de Sacy). *Paris, Savreux*, 1665, 2 *vol.* *in*-8.

2655. Conférences de la mère Angélique de Saint-Jean (Arnauld), abbesse de Port-Royal, sur les constitutions du monastère de Port-Royal du Saint-Sacrement (avec le texte des constitutions) (publiées par dom Clémencet). *Utrecht* (*Paris*), 1760, 3 *vol.* *in*-12.

2656. Conférences de Metz, entre un Juif, un Protestant et deux Docteurs de Sorbonne (par le P. Houbigant, de l'Oratoire). *Leyde*, 1750, *in*-8, *avec un avis de l'éditeur.*

2657. Conférences des nouvelles Ordonnances de Louis XIV avec celles des rois, ses prédécesseurs, par Philippe BORNIER ; nouvelle édition, augmentée par M*** (Ch. A. BOURDOT DE RICHEBOURG). *Paris*, 1719, 1729, 2 *vol. in*-4.

2658. Conférences du Diocèse de Luçon (par LOUIS, DUPUY et DUBOS). *Paris, Dezallier*, 1684 *et années suivantes*, 16 *vol. in*-12.

2659. Conférences ecclésiastiques, par DUGUET (rédigées par le P. LENET, chanoine régulier). *Cologne*, 1742, 2 *vol. in*-4.

2660. Conférences ecclésiastiques de Paris sur le mariage, imprimées par ordre du cardinal de Noailles (faites à Saint-Nicolas du Chardonnet par l'abbé BOUCHER, et rédigées par le P. LE SEMELIER, de la Doctrine chrétienne). *Paris*, 1712, 4 *vol. in*-12. — *Ibid.*, 1715, 1728, 1735, 5 *vol. in*-12.

2661. Conférences ecclésiastiques de Paris sur l'usure et la restitution (par le P. LE SEMELIER). *Paris, Estienne*, 1718, 4 *vol. in*-12.

2662. Conférences ecclésiastiques du Diocèse de la Rochelle, imprimées par l'ordre de M. l'évêque de la Rochelle (par DE LA BROSSE, doyen du chapitre, ou DE LA FREZILLIÈRE, évêque de la Rochelle). *Rouen, Vaultier*, 1704, *in*-12.

2663. Conférences ecclésiastiques du Diocèse de Lodève (par Jean-Georges DE SOUILLAC). *Paris*, 1749, 5 *vol. in*-12.

2664. Conférences ecclésiastiques sur plusieurs points de la morale chrétienne, ouvrage posthume de l'auteur des Conférences de Paris sur le mariage, etc. (le P. LE SEMELIER, doctrinaire; publié par LE ROY, exoratorien). *Paris, frères Estienne*, 1755, 6 *vol. in*-12.

2665. Confession catholique du sieur DE SANCY (par T. A. D'AUBIGNÉ). *Amsterdam*, 1593, *in*-12, et *in*-8, avec les notes de LE DUCHAT et de GODEFROY, dans le tome 4 du Journal de Henri III, *Paris*, 1744.

2666. Confession (la) d'Augsbourg (composée en grande partie par LUTHER, et augmentée par MELANCHTON), présentée autrefois à l'empereur Charles-Quint, l'an 1530, par les princes et les états protestans; nouvellement traduite de l'allemand et du latin en français (par Jean-Balthazar RITTER). (*Vers* 1680), *petit in*-12.

Ritter, ministre luthérien de l'Église de Francfort, inséra cette traduction dans des *Heures chrétiennes* qu'il publia vers 1680, et dont il donna cinq éditions. Cette traduction a été souvent réimprimée, même depuis la mort du traducteur.

2667. Confession de foi des Églises de la Suisse réformée, traduite du latin en françois (par Élie BERTRAND, pasteur à Berne). *Berne*, 1760, *in*-4.

2668. Confession de l'année 1785 (par J. LAVALLÉE). *Paris*, 1786, *in*-18. V. T.

2669. Confession des Hommes célèbres de France, écrite par eux-mêmes et mise en français moderne (par LE SUIRE). *Paris*, 1798, *in*-12. V. T.

2670. Confession (la) du comte Grifolin (de Rivarol), facétie en dialogue, par M. DE MARIBAROU (DE CUBIÈRES). (1788), *petit in*-12. — Réimprimée dans le tome 5 des *OEuvres* de Rivarol. *Paris, Collin*, 1808, 6 *vol. in*-8.

2671. Confession générale de M. Necker et de l'Assemblée nationale, avec des prières analogues aux circonstances, corrigées et augmentées par M. BAILLI (*sic*) et M. le marquis DE LA FAYETTE. (12 février) 1790, *in-8 de 86 pages, avec un frontispice gravé dont l'explication est au verso du titre.*

Le chevalier DE LAIZER, membre du district des Minimes, auteur de ce pamphlet, fut arrêté pour cela le 27 février, par un commissaire au Châtelet. Par délibération du même jour, le district des Minimes réclama contre cette arrestation arbitraire, et demanda qu'il fût mis dans les vingt-quatre heures entre les mains de la justice.

(Article communiqué par M. Pillet, directeur de la *Biographie universelle.*)

2672. Confession générale du chevalier de Wilfort (par HUBERT d'Orléans). *Leipsick*, 1758, *in-12*.

Voyez le Catalogue de Huet-Froberville, n° 860.

2673. Confessions (les) de la baronne de ***, rédigées par M. le C. D*** (DE NOEUFVILLE-MONTADOR). *Amsterdam* (*Paris*), 1743, 2 *parties in-12*.

2674. Confessions d'Emmanuel FIGARO, écrites par lui-même et publiées par une religieuse (par Jean LANTEIRES). *Paris* (*Lausanne*), 1787, *in-8*. V. T.

2675. Confessions de madame *** (madame DE FOURQUEUX), principes de morale pour se conduire dans le monde (avec une préface de SUARD). *Paris*, *Maradan*, 1817, 2 *vol. in-12*.

2676. Confessions (les) de mademoiselle de Mainville à son amie (par GALTIER DE SAINT-SYMPHORIEN, avocat). *Paris*, *Dufour*. 1768, 3 *vol. in-12*.

2677. Confessions (les) de S. AUGUSTIN abrégées, où l'on n'a mis que ce qui est le plus touchant et le plus à la portée de tout le monde; traduction nouvelle. *Paris*, *Charles Robustel*, 1703, *petit in-12*. Souvent réimprimé.

Suivant l'extrait du privilége du Roi, cette traduction est du P***; le catalogue manuscrit de la Bibliothèque du Roi la donne à l'abbé TREUVÉ; le P. Baizé la croyait de M. HERSAN, ami de Rollin.

2678. Confessions (les) de S. AUGUSTIN, traduites en français (par dom MARTIN), avec le texte. *Paris*, 1741, 2 *vol. in-8*.

2679. Confessions du chevalier de ***, pour servir à l'histoire secrète de deux époux malheureux de la ville de Marseille (par M. NOUVEL). 1786, *in-12*.

2680. Confessions (les) du comte de ***, écrites par lui-même à un ami (par DUCLOS). *Amsterdam*, 1742, *in-12*. Souvent réimprimé.

Je crois faire plaisir aux curieux en plaçant ici des anecdotes sur Duclos, envoyées, peu après sa mort en 1772, au rédacteur d'une *Gazette littéraire de l'Europe*, qui s'imprimait à Amsterdam, chez Van Harrevelt, depuis l'année 1764, dans le format in-18, et dont le tome 120 parut au mois de mars 1784.

Ces anecdotes ont été reproduites par Fréron, dans son *Année littéraire*, 1773, t. 1, et dans l'*Esprit des Journaux*, avril 1773.

« M. Duclos, qui vient de mourir, était « Breton. Venu à Paris pour s'avancer, com- « me la plupart des jeunes gens de province, « il travaillait chez un avocat au conseil. Il « eut occasion de se faire connaître d'une « société littéraire, mais dont les membres, « hommes de cour, plus amis du plaisir que « de la gloire, et d'ailleurs obligés à de « certaines bienséances extérieures, cher- « chaient un prête-nom pour faire passer « leurs ouvrages : c'étaient MM. de M......s « (de Maurepas), de P... de V...e (de Pont de « Vesle), de Caylus, de Surgères, de V......n « (de Voisenon), etc. Comme on voulait du « bien à M. Duclos, on mit sur son compte « ce qu'on crut devoir lui faire honneur, « et cela réussit. Voici ce que nous a com- « muniqué à cet égard un homme d'esprit, « qui tient les anecdotes des auteurs eux- « mêmes.

« Les *Confessions du comte de* ***, attri-
« buées à M. Duclos, ne sont point de lui. « L'*Histoire espagnole* est, mot pour mot, « tirée d'un roman qu'avait fait M. de Roi- « sen, capitaine de vaisseau, dont le ma- « nuscrit fut confié à M. Duclos par M. le « comte de Caylus et M. le marquis de Sur- « gères. L'*Histoire de madame de Tonens* est « de la société de madame de Surgères et de « M le comte de Caylus; M. Duclos en a « supprimé la moitié. L'*Homme subjugué*, « de la seconde partie, n'est revendiqué « par personne; ce morceau peut appartenir « à M. Duclos. L'*Histoire de l'Anglaise et de l'Italienne* est, mot à mot, de M. le comte « de Caylus. Toute l'*Histoire de madame de Selve* est de madame de Surgères et de « M. le comte de Caylus.

« M. Duclos n'est pas plus l'auteur de la « *Baronne de Luz*, autre roman qu'on croit « de lui. Il est tout entier de madame de « Surgères et de M. le comte de Caylus.

« *Acajou*, qui passe aussi pour être de « M. Duclos, est l'ouvrage de M. le comte « de Tessin, de M. de Caylus et de M. l'abbé « de Voisenon : tous trois séparément en « avaient fait un sur les estampes, et M. l'ab- « bé de Voisenon deux. C'est particulière- « ment de ces deux derniers que M. Duclos « a extrait celui qu'on s'imagine lui appar- « tenir. Il n'y a véritablement de lui dans cet « ouvrage que l'épître dédicatoire au public.

« Enfin l'*Histoire de Louis XI* lui est aussi « contestée. M. le Dran, premier commis « des affaires étrangères, qui vit encore, « raconte que l'abbé le Grand, attaché au « même département que lui, avait autrefois « composé cette histoire en sept volumes; « que le manuscrit du défunt fut rejeté par « les héritiers, qui, n'en connaissant ni le « mérite, ni la valeur, ni l'originalité, le « cédèrent aisément à M. Duclos, qui rédui- « sit cette histoire et la donna ensuite au « public sous son nom, se l'étant en effet « appropriée par son style, qui n'est pas la « meilleure partie de l'ouvrage.

« Restent les *Considérations sur les Mœurs de ce siècle* et les *Mémoires pour servir à l'Histoire du dix-huitième siècle*, deux ou- « vrages bien différens des premiers, et qui « contribuent à prouver qu'il n'est que père « putatif des autres.

« M. Duclos a fait aussi un ballet, intitulé « *les Caractères de la Folie*, froid, triste, et « dont l'expression se refuse à tout l'art du « musicien.

« M. Duclos remplissait assez bien sa place « de secrétaire de l'Académie française, par « son zèle et son activité. Il aimait le mou- « vement et à paraître. Il voulait toujours « dominer dans la conversation; ce qui le « faisait appeler par M. le maréchal de ...... « *le bavard impérieux*. Au surplus, il la « montait toujours sur quelque point inté- « ressant; et, comme il avait vécu de bonne « heure dans le grand monde et avec les « gens les plus aimables et les plus instruits « de la cour, il était plein d'anecdotes cu- « rieuses.

« Il était brusque, même bourru, mais « ami chaud. Zélé partisan de M. de la « Chalotais, il avait pris fort à cœur les in- « térêts de ce magistrat; il le défendait avec « une véhémence si inconsidérée, que, dans « le temps de la fermentation la plus grande « de la cour et de la ville, à l'occasion des « troubles de Bretagne, M. le duc de ......, « craignant qu'il ne s'attirât quelque fâcheu- « se affaire, lui conseilla de s'expatrier et de « voyager en Italie avec un seigneur qui par- « tait pour ce pays. Cette absence lui fit « beaucoup de bien : elle calma ses esprits « enflammés.

« M. Duclos travaillait à une continuation « de l'*Histoire de l'Académie*; il en avait « lu, dans une séance publique, quelques « morceaux qui n'en avaient pas donné une « grande idée : on avait trouvé sa narration « sèche, froide et puérile.

« Il a été peu de jours alité; il passait « pour un philosophe encyclopédiste peu « croyant. On ne parle point de sa mort, « qui n'a eu rien de remarquable. A la fa- « veur de la brièveté de sa maladie, il paraît « qu'il s'est échappé de ce monde sans bruit « et sans scandale. »

2681. Confessions du comte DE C*** (DE CAGLIOSTRO), avec l'histoire de ses voyages en Russie, Turquie, Italie, et dans les pyramides d'Égypte. *Caire*, 1787. *in-4 et in-8.*

2682. Confessions (les) d'un Anglais, ou Mémoires de sir Charles Simpson (par le chevalier DE RUTLIGE). *Paris, Regnault*, 1786, 2 *vol. in-12.*

2683. Confessions (les) d'un Fat, par le chevalier DE LA B*** (DE BASTIDE). *Paris*, 1749, 2 *part. in-12.*

2684. Confiance (la) chrétienne, appuyée sur quatre principes inébranlables (par dom GERBERON). 1703, *in-12.*

Voyez d'Argentré, *Collectio Judiciorum*, t. 3, p. 439.

2685. Confidence (la) nécessaire (par N. E. Rétif de la Bretonne). *Amsterdam* (*Paris*); 1769, 2 *vol. in*-12. V. T.

2686. Confidence philosophique (par Jacques Vernes); seconde édition, revue et augmentée. *Genève*, 1776, 2 *vol. in*-8.

La première édition parut en 1772, in-8.

2687. Confidences (les), comédie mêlée de chants, en deux actes et en prose, par A. J*** (A. Jars, capitaine du génie). *Paris*, *Masson*, *an* 10 (1803), *in*-8.

2688. Confidences (les) d'une jolie femme (par mademoiselle d'Albert). *Amsterdam et Paris*, *veuve Duchesne*, 1775, 4 *vol. in*-12.

2689. Confidences (les) réciproques, ou Anecdotes de la société de la comtesse de B. (par de Caylus). *Londres*, 1774, *in*-12. V. T.

Catalogue *Bekenrode*, n° 2809.

2690. Confirmation (la) de la Discipline ecclésiastique, observée ez Églises réformées de France. 1566, *in*-8.

Attribuée à Antoine Sadéel, masqué d'Antoine la Roche de Chandieu.

2691. Conformité de la conduite de l'Église de France, pour ramener les Protestans, avec celle de l'Église d'Afrique, pour ramener les Donatistes à l'Église catholique (par Goibaud-Dubois). *Paris*, *Coignard*, 1685, *in*-12.

Aucun de nos dictionnaires historiques ne range cet ouvrage parmi ceux de Dubois; il est néanmoins facile de prouver qu'il en est l'auteur.

1° Le privilége du Roi a été accordé dès 1682 à la personne qui a traduit les lettres de S. Augustin sur l'édition des Bénédictins. On sait que cette personne est Goibaud-Dubois.

2° Le traducteur dit, dans le discours préliminaire, que le clergé a regardé comme avantageuse l'impression séparée des deux lettres insérées dans le présent volume, tirées de la collection donnée au public en 1684. Ceci doit encore s'entendre de Dubois.

D'ailleurs le docteur Arnauld, dans ses *lettres*, attribue cet ouvrage à notre Dubois.

2692. Conformité de la créance de l'Église catholique avec la créance de l'Église primitive, et Différence de la créance de l'Église protestante d'avec l'une et l'autre (par l'abbé de Flamare et Basnage). *Rouen*, 1701, 2 *vol. in*-12.

2693. Conformité de la Foi avec la Raison, ou Défense de la Religion contre les difficultés répandues dans le Dictionnaire de Bayle (par Isaac Jaquelot). *Amsterdam*, *Desbordes*, 1705, *in*-8.

2694. Conformité des cérémonies chinoises avec l'idolâtrie grecque et romaine, pour servir de confirmation à l'apologie des Dominicains missionnaires de la Chine, par un religieux docteur et professeur en théologie (le P. Alexandre, dominicain). *Cologne*, 1700, *in*-12.

2695. Conformité des coutumes des Indiens orientaux avec celles des Juifs, par de la C. (de la Crequinière). *Bruxelles*, 1704, *in*-12.

2696. Conformité (la) des destinées et Aximire ou la Princesse infortunée (par Saint-Hyacinthe). *Paris*, *veuve Pissot*, 1736, *in*-12.

2697. Conformité des Églises de France avec celles d'Asie et de Syrie, dans leurs différens avec Rome (par N. Faydit). *Liége*, 1689, *in*-12. V. T.

2698. Conformités des cérémonies modernes avec les anciennes, où l'on prouve, par des autorités incontestables, que les cérémonies de l'Église romaine sont empruntées des Payens (par Pierre Mussard). *Genève*, *de*

Tournes, et Leyde, Sambyx, 1667, *in*-8. — Nouvelle édition, avec des additions et une lettre écrite de Rome sur le même sujet, traduite de l'anglais de Conyers MIDDLETON. *Amsterdam, Maynard Uytwerf*, 1744, 2 *vol. in*-12.

2699. Congié (le) prins du siècle séculier (par Jacques DE BUGNIN). *Lyon, P. Maréchal*, 1503, *in*-4, *goth.*

2700. Congrégations (des) de Notre-Dame, érigées dans les maisons des Jésuites (par Jean CRASSET). *Paris*, 1694, *in*-12.

2701. Congrès (le) de Citère (*sic*) (traduit de l'italien du comte ALGAROTTI, par DUPORT DU TERTRE). *A Citère, de l'imprimerie d'Ovide*, 1749, *in*-12.

2702. Congrès (le) de Cythère, suivi de la lettre de Léonce à Érotique; traduit de l'italien (d'ALGAROTTI) et accompagné de notes, avec le texte en regard (par madame DE BOISSEROLLES). *Paris, Égron*, 1815, *in*-18.

2703. Congrès (le) de Cythère, traduit de l'italien de M. le comte ALGAROTTI (par Bernard-Pierre MACIET, ancien agent de change). *Cythère et Paris, Onfroy*, 1782, *in*-12.

2704. Congrès (le) de Cythère, traduit de l'italien du comte ALGAROTTI, avec des notes (par LAUS DE BOISSY). *Paris, Maradan*, 1789, *petit in*-12.

2705. Conjecture de Nicolas DE CUSA touchant les derniers temps (traduite en français par deux anonymes protestans), avec la traduction d'une pièce extraite des OEuvres mêlées de Baluze (par Isaac DE LARREY), contenant la censure faite à Rome, en 1318, de soixante articles extraits des commentaires de F. Pierre-Jean Olive sur l'Apocalypse, et des remarques. *Amsterdam et Paris*, 1700, *in*-8.

2706. Conjectures académiques, ou Dissertation sur l'Iliade (par l'abbé D'AUBIGNAC). *Paris, Fournier*, 1715, *in*-12.

2707. Conjectures physico-mécaniques sur la propagation des secousses dans les tremblemens de terre, et sur la disposition des lieux qui en ont ressenti les effets (par DESMAREST). *Paris*, 1756, *in*-12.

2708. Conjectures physiques de deux colonnes de nuées qui ont paru depuis quelques années, et sur les plus extraordinaires effets du tonnerre, avec une explication de ce qui s'est dit jusqu'ici des trombes de mer (par dom Fr. LAMI). *Paris, veuve Cramoisy*, 1689, *in*-12.

On en a refait le titre quelques années après, et le nom de l'auteur est sur le frontispice, mais un peu changé, ainsi que le titre même : *Conjectures physiques sur les plus extraordinaires effets du tonnerre, avec une explication de*, etc.; par le père l'Ami (*sic*), bénédictin de la congrégation de Saint-Maur. *Paris, Denis Mariette*, 1696.

2709. Conjectures sur les Mémoires originaux dont il paraît que Moïse s'est servi pour composer la Genèse (par ASTRUC). *Bruxelles, Fricx (Paris, Cavelier)*, 1753, *in*-12.

2710. Conjectures sur une Gravure antique, qu'on croit avoir servi d'amulette contre les Rats (par Joseph CAUMONT DE SEYTRES). *Avignon*, 1733, *in*-8.

Voyez le *Mercure de France*, octobre 1733, p. 2120.

2711. Conjuration contre la Religion catholique et les Souverains, dont le projet, conçu en France, doit s'exécuter dans l'univers entier; ouvrage utile à tous les Français (par l'abbé LE FRANC, supérieur de la maison des Eudistes de Caen). *Paris*, 1792, *in*-8.

Voyez le *Journal général*, par Fontenai, n° 73 du 13 mars 1792, p. 294 et 295.

2712. Conjuration contre les Duels (par G. JOLY). *Paris*, 1613, in-8. V. T.

2713. Conjuration (la) de Conchine, ou l'Histoire des Mouvemens derniers (par Michel THEVENIN). *Paris, Michel Thevenin*, 1619, *in*-8.

2714. Conjuration de Nicolas Gabrini, dit de Rienzi, tyran de Rome en 1347, ouvrage posthume du P. DU CERCEAU (fini par le P. BRUMOY, et publié par le P. DE COURBEVILLE). *Paris, veuve Estienne*, 1733, *in*-12.

2715. Conjuration de quatre-vingt-seize Gentilshommes polonais, écossais, suédois et français, contre le Gouvernement russe, et massacrés dans les ruines du château de Macijowike, ouvrage traduit de l'anglais (composé) par Alfred F*** (FAYOT). *Paris*, *Gueffier*, 1821, *in*-8 *de* 39 *pages*.

2716. Conjuration (la) des Espagnols contre la république de Venise, en l'année 1618 (par l'abbé DE SAINT-RÉAL). *Paris*, *Barbin*, 1674, *petit in*-12.

L'abbé de Saint-Réal n'est pas nommé davantage dans la réimpression, *Londres* (*Paris*), 1791, même format; réimpression où l'on a omis, on ne sait pourquoi, la petite préface de 1674, où l'auteur indique les sources dans lesquelles il a puisé le fond de son récit. En 1754, Dreux du Radier écrivit à l'auteur du *Journal de Verdun* pour défendre la vérité historique de cette conjuration contre la *Discussion critique* lue à la société littéraire de Châlons-sur-Marne par Grosley.

2717. Conjuration (la) du comte Jean-Louis de Fiesque, traduite de l'italien de MASCARDI (par le cardinal DE RETZ). *Cologne*, 1665, *petit in*-12.

2718. Connétable (le) de Bourbon, tragédie en cinq actes (par le comte DE GUIBERT). *Paris* (*Didot l'aîné*), 1786, *in*-18 *de* 106 *pages*, *tiré à* 50 *exemplaires*.

2719. Connoissance (de la) de Jésus-Christ, avec des élévations sur chaque mystère de Jésus-Christ (par CAUSSEL, prêtre, directeur d'un hôpital à Montpellier). *Auxerre*, *Fournier*, *et Paris*, *Hérissant*, 1760, 2 *vol. in*-12. *Réimpr. en* 1 *vol.*

2720. Connoissance de la Mythologie par demandes et par réponses, augmentée des traits d'histoire qui ont servi de fondement à tout le système de la fable (par Pons-Augustin ALLETZ); sixième édition. *Paris*, *Savoye*, 1768, *in*-12.

Cet ouvrage parut pour la première fois en 1739, d'après un manuscrit du P. Rigord, jesuite, avec des corrections et des additions qui ont été attribuées à l'abbé d'Allainval et à Cl. Fr. Simon. Alletz en publia une troisième édition en 1748, avec de nouvelles corrections et de nouvelles augmentations. Cette édition a servi de modèle aux suivantes.

2721. Connoissance (de la) de soi-même (par dom Fr. LAMI). *Paris*, 1694, 1697 *et* 1698, 6 *vol. in*-12.

2722. Connoissance des beautés et des défauts de la poésie et de l'éloquence dans la langue française (par VOLTAIRE). *Londres*, 1749, 1750, *in*-12.

Voyez la collection des Œuvres de Voltaire, édition de Beaumarchais.

2723. Connoissance (de la) des bons livres, ou Examen de plusieurs auteurs (par Charles SOREL). *Paris*, *Pralard*, 1671, *in*-12.

2724. Connoissance des poëtes latins les plus célèbres, ou Moyen facile de prendre une teinture des humanités (par ALLETZ). *Paris*, *Didot*, 1751 *et* 1752, 2 *vol. in*-12.

2725. Connoissance (la) du monde, ou l'Art de bien élever la jeunesse, pour les divers états de la vie (par l'abbé DE CHEVREMONT). *Paris, Guignard*, 1694, *in*-8.

2726. Connoissance (la) du monde, Voyages orientaux; nouvelle purement historique, contenant l'histoire de Rhétima, Géorgienne, sultane disgraciée, etc. (par l'abbé DE CHEVREMONT). *Paris, Guignard*, 1695, *in*-12.

Cet ouvrage est une suite du précédent ou des précédens. Voyez l'analyse qu'en donne le *Journal des Savans*, année 1695. Il est donc étonnant que l'abbé de Claustre, dans la table de ce journal, au mot *Rhétima*, ait attribué à le Noble le volume qui contient les aventures de cette sultane.

2727. Connoissance (de la) et de l'Amour de Jésus-Christ, pour servir de suite au Livre des Élus, ou Jésus crucifié, du P. Saint-Jure, revue et corrigée par M. l'abbé*** (DE SAINT-PARD). *Paris, Berton*, 1772, *in*-12.

2728. Connoissance (la) parfaite des chevaux (par DELCAMPS, publiée par Louis LIGER). *Paris, Ribou*, 1712; — nouvelle édition, 1730, *in*-8.

2729. Connoissances élémentaires de la Mythologie, par le citoyen A*** (ARMAND). *Paris, Valade*, an 8 (1800), *in*-12.

2730. Connoisseur (le), comédie de société, en trois actes et en prose, par le chevalier D. G. N. (le chevalier du Grand Nez, MARSOLLIER). *Paris, Valade*, 1771, *in*-8.

2731. Conqueste (la) de Grèce, faite par Philippe de Madien, autrement dit le chevalier à l'Esparvier blanc (par PERRIN et DU PIN). *Paris*, 1527, *in-fol. goth.* V. T.

2732. Conqueste (de la) qu'ung chevalier surnommé Cœur d'Amour épris fit d'une dame appelée Doulce Mercy au Cœur d'Amour épris (par RENÉ d'Anjou, roi de Sicile).... 1503, *in*-4 *goth.*

Voyez le *Manuel du Libraire*, par M. Brunet, troisième édition, t. 2, p. 450.

2733. Conquestes (les) amoureuses du grand Alcandre dans les Pays-Bas, avec les intrigues de sa cour (par GATIEN-SANDRAS DE COURTILZ). *Cologne, P. Bernard*, 1684, *in*-12.

2734. Conquête de la Gaule, faite et écrite par Jules CÉSAR (extraite par l'abbé VALART), à l'usage de l'École royale militaire. *Paris, Barbou*, 1761, *in*-12.

2735. Conquête (la) de la Terre promise, poëme (par l'abbé BERAULT). *Paris, Delalain*, 1766, 2 *parties in*-8.

2736. Conquête (la) de Naples par Charles VIII, ouvrage composé sous le règne de Louis XV (par GUDIN). *Paris, Fuchs*, 1801, 3 *vol. grand in*-8.

2737. Conquêtes (les) du marquis de Grana dans les Pays-Bas (par SANDRAS DE COURTILZ). *Cologne* (*La Haye*), 1686, *in*-12.

2738. Consciences (les) littéraires d'à présent (par M. LE BRUN-TOSSA). *Paris, Plancher*, 1818, *in*-8.

2739. Conseil à la France désolée, auquel est montrée la cause de la guerre présente et le remède qui y pourrait être mis, et principalement est avisé si on doit forcer les consciences (par Séb. CASTALION). *Sans nom de ville ni d'imprimeur*, *in*-8 *de* 96 *pages*.

2740. Conseil d'État (du) envisagé comme conseil et comme jurisdiction dans notre monarchie constitutionnelle (par M. DE CORMENIN, maître des requêtes). *Paris, Pillet*, 1818, *in-8 de* 238 *pages*.

2741. Conseil de Guerre privé sur l'Événement de Gibraltar, en 1782 (par le général D'ARÇON). 1785, *in-8*.

2742. Conseil (le) de Momus, ou la Revue de son régiment, poëme calotin (par BOSC DU BOUCHET). *Sans date* (*Paris*, 1731), *in-8*.

2743. Conseiller (le) d'État, ou Principes de la régénération française, par B. J. V. S. (DE SAVOISY). *Paris, Poignée, an* 10 (1802), *in-8* de 91 *pages*.

2744. Conseiller (le) d'État, ou Recueil des plus générales Considérations servant au maniement des affaires publiques (par Phil. DE BÉTHUNE). *Paris, Et. Richer*, 1633, *in-4*. — *Ibid., la compagnie des libraires*, 1665, *petit in-12*; et à la suite du volume intitulé : Ambassade extraordinaire des ducs d'Angoulême, comte de Béthune et de Préaux-Châteauneuf....., sous le titre d'*Observations politiques de M. de Béthune. Paris, Preuveray*, 1667, *in-fol.*

2745. Conseiller (le) d'État sans fourbe, raisonnant sur le choix du Hâvre-de-Grâce pour la détention des Princes (par DU BOSC DE MONTANDRÉ). *Sans nom de ville*, 1650, *in-4*. V. T.

2746. Conseils à M. Racine sur son poëme de la Religion, par un amateur de belles-lettres (VOLTAIRE). *Sans date* (1742), *in-8 de* 14 *pages*.

A la page 11, Voltaire cite quatre vers de la Henriade, avec des changemens qu'on ne trouve point dans l'édition de Beaumarchais.

2747. Conseils à une Amie, par madame DE P*** (PUISIEUX). *Paris*, 1749, 1750, *in-12*.

2748. Conseils à une jeune Femme ou Lettres d'Augustine L. M. (LE MARCIS) à Pauline D.N. (de Noailles) suivis de quelques poésies (le tout composé par M. LE MARCIS). *Paris, imprimerie de du Pont, an* 5 (1797) *in-18 de* 75 *pages*.

2749. Conseils au Clergé de Proven[ce] (par SERVAN). 28 *décembre* 178[8] *in-8 de* 27 *pages*.

2750. Conseils d'Ariste à Célimèn[e] sur le moyen de conserver sa rép[u]tation (par l'abbé D'AUBIGNAC). *P[a]ris, N. Pepingué*, 1665, *in-12*.

Il y a de cet ouvrage, suivant Salleng[re] quatre ou cinq éditions différentes ; la d[er]nière est de 1692. Voyez SALLENGRE, *M[é]moires de Littérature*, t. 1, p. 312.

2751. Conseils de l'Amitié (par l'ab[bé] Jacques PERNETI). *Paris, Guéri[n]* 1746, *in-18*; — *Francfort, Kno[ch]* 1748, *in-12*.

2752. Conseils de l'Amitié, qui trait[e] de la religion, de la philosophi[e] des lois, etc. (par SOUBEYRAN [de] SCOPON). *Francfort*, 1749, *in-1[2]*.

2753. Conseils de la Sagesse à la [Na]tion française (par GROUBER [de] GROUBENTAL). *En France*, 17[..] *in-8*.

2754. Conseils (les) de la Sagesse, [ou] Recueil des Maximes de SALOM[ON] avec des réflexions (par le P. B[OU]TAUD, jésuite). *Paris, Cl. et [..] Hérissant*, 1677 *et* 1682; *libra[ires] associés*, 1727, 1749, 2 *vol. in[-12]*.

Mylius, dans sa *Bibliothèque des Écri[vains] anonymes et pseudonymes*, attribue ce[t ou]vrage au surintendant Fouquet. Cette [opi]nion a eu en effet quelques partisans ; aujourd'hui elle est généralement [aban]donnée.

2755. Conseils d'un Gouverneur [à un] jeune Seigneur (par Jacques Bo[...]

DE SAINT-GERVAIS). *Paris*, *Alexis Mesnier*, 1727, *in*-12.

2756. Conseils d'un Militaire à son Fils, par M. le baron d'A*** (D'ANGLESI), colonel d'infanterie. *Paris*, *Dupuis*, 1781, *in*-12.

Note manuscrite.

2757. Conseils (les) et les Exemples politiques de Juste LIPSE, divisés en deux livres, touchant les vertus et les vices des princes (traduit du latin par Nicolas PAVILLON). *Paris*, *J. Richer*, 1606, *in*-8.

Les exemplaires de cette traduction, qui se sont vendus chez Catherine Nyverd, portent le nom du traducteur.

2758. Conseils (les), par le comte de SHAFTESBURY, traduits de l'anglais (par M. SINSON). *Londres* (*Paris*, *Costard*), 1773, *in*-8.

Cet ouvrage a été publié dès 1771, à Paris, chez Desventes de la Doué, *in*-8 et 2 *vol. in*-12, avec le nom du traducteur, sous le titre de *Soliloques, ou Entretiens avec soi-même.*

2759. Conseils pour former une Bibliothéque peu nombreuse, mais choisie (par FORMEY). *Berlin*, 1746, 1754, *in*-8. — Nouvelle édition en 1756 et en 1764, avec l'introduction à l'étude des sciences et belles-lettres, par BRUZEN DE LA MARTINIÈRE.

L'abbé Trublet a fourni quelques notes à l'édition de 1756, surtout pour l'ouvrage de la Martinière.

2760. Conseils pour vivre long-temps, traduits de l'italien de L. CORNARO (par DE PRÉMONT). *Paris*, 1701, *in*-12. — *Ibid.*, 1783, *petit in*-12.

Cette traduction a été aussi réimprimée en 1772, à Paris, à la suite de celle de l'ouvrage de Lessius, intitulé : *De la Sobriété et de ses avantages.*

2761. Conseils raisonnables à M. Bergier pour la défense du Christianisme, par une société de bacheliers en théologie, CHAMBON, DUMOULIN, DESJARDINS et VERZENOT (par VOLTAIRE seul). *Sans date* (1770), *in*-8 *de* 31 *pages.*

2762. Conseils sur le choix d'un Amy, par mademoiselle *** (Auguste-Sophie DE GREMMINGUEN). *Strasbourg*, *Doulsseker*, 1693, *in*-8.

2763. Conseils sur l'éducation de la Jeunesse (par GADOLLE). *Paris*, *l'an* 9 (1801), *in*-8. V. T.

2764. Conservateur (le) littéraire (par MM. Abel HUGO, sous la lettre A.; Victor HUGO, sous la lettre V.; Théodore PELLICIER, sous les lettres C. D. et T. P.; Alexandre SOUMET, sous les lettres A. S. et X.; TEZENAS de Montbrison, sous la lettre T.; Félix BISCARAT, sous la lettre S., et autres). *Paris*, *Boucher*, 1820 *et* 1821, 3 *vol. in*-8.

Il ne faut pas confondre cet ouvrage avec le *Conservateur*, Paris, le Normant fils, 1818-1820, 6 vol. in-8. On sait que M. de Châteaubriand a été le principal auteur de ce journal; il a signé ses articles, ainsi que la plupart de ses collaborateurs.

2765. Conservateur (le), ou Bibliothéque choisie de littérature, de morale et d'histoire (par DELANDINE). *Paris*, *Buisson*, 1787 *et* 1788, 4 *vol. in*-12.

2766. Conservateur (le), ou Choix de morceaux rares et d'ouvrages anciens, à commencer par le mois de novembre 1756 (par BRUIX, TURBEN et LE BLANC). *Paris*, 1756-1761, 38 *vol. in*-12.

Il y a eu une interruption depuis le mois de novembre 1758 jusqu'en 1760. Les mois de novembre et décembre 1758 ont paru en 1760, par forme de *supplément.*

2767. Conservateur (le) suisse, ou Recueil complet des *Étrennes helvétiennes* (par MM. Louis BRIDEL, Philippe BRIDEL, et autres). *Lausanne*, *Louis Knab*, 1813 *et* 1814, 5 *vol. in*-12.

2768. Considérations chrétiennes pour chaque jour du mois, très-propres aussi pour les retraites (par le père Ant. Alex. DAGUET, jésuite). *Lyon, Delaroche*, 1759, *in*-12.

2769. Considérations et Élévations affectives envers N. S. J. C., au Très-Saint-Sacrement de l'autel (par le P. DE BEAUVAIS, jésuite). *Paris, Hérissant* (1753), *in*-12.

Ce jésuite, connu ensuite sous le nom de l'abbé de Beauvais, auteur de plusieurs ouvrages qui ont eu du succès, n'a pas d'article dans la *Biographie universelle*.

2770. Considérations générales sur l'Éducation (par E. BÉGUILLET).... 1782, *in*-8. V. T.

2771. Considérations générales sur le livre de M. Brueys, intitulé : *Examen des Raisons*, etc. (par Jacques LENFANT). *Rotterdam, Leers*, 1684, *in*-12.

2772. Considérations impartiales sur la position actuelle du Brabant (par J. F. WONCK, avocat). *Bruxelles*, 1790, *in*-8.

2773. Considérations libres et charitables sur le recueil des Actes authentiques ramassés par M. (David) Blondel (par GAUTHIER, ministre près la Rochelle). *Groningue*, 1658, *in*-12.

2774. Considérations philosophiques sur l'Action de l'Orateur, précédées de Recherches sur la Mémoire (par dom GOURDIN). *Amsterdam, et Paris, veuve Desaint*, 1775, *in*-12.

2775. Considérations philosophiques sur le Christianisme (par l'abbé REY, docteur en théologie, aumônier de l'ordre de Saint-Lazare). *Bruxelles, et Paris, Belin*, 1785, *in*-8.

2776. Considérations politiques et historiques sur l'établissement de la Religion prétendue réformée en Angleterre (par le marquis DE LUCHET). 1765, *in*-12.

2777. Considérations politiques, par M. *** (MIGNONNEAU). *Sans indication de lieu (Paris, Barrois l'aîné)*, 1783, *in*-8 *de* 78 *pages*. — Suite des Considérations politiques (par le même). *Sans date, in*-8 *de* 44 *pages*.

2778. Considérations politiques sur les Coups d'État, par G. N. P. (G. NAUDÉ, Parisien). *Rome* (*Paris*), 1639, *in*-4. V. *Science des Princes* et *Réflexions historiques et politiques sur*....

Réimprimé avec le nom de l'auteur.

2779. Considérations politiques sur l'Italie ancienne et moderne, suivies d'un épitome du droit public de cette contrée dans le moyen âge, etc.; par M. le comte ORTOFILO, Ausonico (le comte PASERO, de Turin). *Paris, Delaunay*, 1820, *in*-8.

2780. Considérations, Recherches et Observations sur les États-Généraux (par CARRA). 1789, 1790, *in*-8.

2781. Considérations servant de réponse au cardinal Spinola (en français et en latin) (par Fabrice BURLAMAQUI). *Genève*, 1680, *in*-12.

2782. Considérations sur la cause physique des tremblemens de terre, par HALES, traduites de l'anglais (par l'abbé MAZÉAS). *Paris, de Bure*, 1751, *in*-12.

2783. Considérations sur la constitution de la Marine militaire de France (par Jean-Baptiste DE SECONDAT). *Londres*, 1756, *in*-12.

2784. Considérations sur la Constitution espagnole; la Constitution promulguée par les Cortès le 19 mars 1810 est-elle défectueuse, parce qu'elle n'établit pas une Chambre des pairs héréditaire, et doit-elle être révisée pour l'admission d'un tel corps? (par M. LE DIEU). *Londres*, 1821, *in*-8.

785. Considérations sur la danse du Menuet (par BACQUOI-GUÉDON). *Paris*, 1784, *in*-8. V. T.

786. Considérations sur la déclaration du Roi pour l'établissement des séminaires dans les diocèses où il n'y en a point (par l'abbé THIERS, suivant du Pin). *Datées du* 15 *décembre* 1698, *in*-12.

787. Considérations sur la *Dénonciation de l'Agiotage* (par HARDY, ancien secrétaire du comte de Mirabeau). 1787, *in*-8.

788. Considérations sur la France (par le comte Joseph DE MAISTRE). *Londres* (*Bâle*), 1797, *in*-8.

Cet ouvrage a eu plusieurs éditions; j'ai dirigé l'impression de la dernière, qui a paru sous ce titre : Considérations sur la France, nouvelle édition, la seule revue et corrigée par l'auteur; suivie de l'Essai sur le principe générateur des constitutions politiques, etc., par le même auteur, troisième édition revue et corrigée. *Paris*, *Potey*, 1821, *in*-8.

789. Considérations sur la France (par le comte Joseph DE MAISTRE), seconde édition revue par l'auteur. *Londres*, *mars* 1797, *in*-8.

Suivant l'éditeur (MALLET DU PAN), l'importance des corrections faites dans cette édition, en forme, pour ainsi dire, un ouvrage nouveau.

C'est sur cette édition, revue par M. de Maistre lui-même, qu'a été faite celle de 1821.

790. Considérations sur la guerre entre les Russes et les Turcs (par DE SILVA). *Turin*, *les frères Reycends*, 1773, *in*-8.

791. Considérations sur la guerre présente d'Allemagne (par MAUDUIT). *Londres* (*Paris*), 1760, *in*-12.

2792. Considérations sur la nature de l'Église et sur quelques-unes de ses propriétés (par Mathieu LARROQUE). *Quevilly*, *J. Lucas*, 1673, *in*-12.

2793. Considérations sur l'ancienneté de l'existence du Tiers-État et sur les causes de la suspension de ses droits pendant un temps, sur l'institution des communes et sur les effets qu'elles ont produits, par M. G. D. S. (GAUTIER DE SIBERT). *Paris*, *Barrois l'aîné*, 1789, *in*-8.

2794. Considérations sur la Paix publique, adressées aux chefs de la Révolution (par M. DE BOISGELIN, archevêque d'Aix). (*Paris*), *marchands de nouveautés*, 1791, *in*-8.

Insérées en 1818 dans les *Œuvres* de l'auteur, 1 vol. in-8.

2795. Considérations sur la position actuelle de la France; Avantages qu'elle pourrait prétendre en s'alliant avec la Russie et en contribuant au démembrement de l'empire ottoman (par M. DE BASTEROT). *Paris*, *de Bray*, 1791, *in*-8 *de* 80 *p*.

On trouve aussi dans cette brochure un plan pour la conquête de l'Égypte.

2796. Considérations sur la première Formation des Langues, traduites de l'anglais de SMITH (par M. BOULARD, ancien notaire). *Paris*, *an* 4 (1796), *in*-8.

2797. Considérations sur la réforme des armes, jugée au conseil de guerre (par DE SAINT-AUBAN). 1773, *in*-8, — Supplément aux Considérations (par le même). 1775, *in*-8.

2798. Considérations sur la régale et autres droits de souveraineté, à l'égard des coadjuteurs (par Mathias PONCET DE LA RIVIÈRE, conseiller d'état). (1654), *in*-4; et dans le recueil des *Définitions du Droit canonique*, par DESMAISONS. *Paris*,

1700, *in-folio*, au mot *Régale*, page 737.

2799. Considérations sur la Révolution sociale (par M. FERRAND, aujourd'hui pair de France), *Londres*, 1794, *in*-8.

2800. Considérations sur l'art du Théâtre (par VILLARET). *Genève*, 1759, *in*-8.

2801. Considérations sur la Sagesse de Charron, en deux parties, par M. P. G. D. en M. *Paris*, *Claude le Groult*, 1643, *in*-8.

L'auteur de ces Considérations est Pierre *Chanet*, médecin de la Rochelle, fils d'un ministre protestant de Charans, et protestant lui-même, âgé (en 1643) d'environ quarante ans. « Il est fort savant, sanguin, « mélancholique, qui a fort voyagé. Les « imprimeurs, au lieu de P. C., qui seroit « Pierre Chanet, ont failli en mettant P. G. « L'auteur est fort loué ici : on dit qu'il écrit « presque aussi bien que Balzac. » (Lettre de Guy Patin à Charles Spon, datée de Paris, 17 août 1643, tome 1, p. 31 de ses Lettres à Spon, édition d'Amsterdam, 1718, 2 vol. *in*-12.) La prétendue seconde édition de Paris, mêmes libraires, 1644, *in*-8, est celle-ci, dont on a renouvelé le frontispice en mettant *par le sieur Chanet*. Guy Patin dit, page 334 : « L'auteur promet de publier « quelque jour un *Examen des Esprits*, « qu'il sait bien ne devoir pas être au gré « de tout le monde. » Et à la page 226 : « Il « y a ici un livre nouveau *in*-8, d'environ « vingt-trois feuilles, fait par M. Chanet, « savant et excellent médecin de la Ro- « chelle...., intitulé : *Traité de l'Esprit de* « *l'homme et de ses fonctions.* » (*Note extraite des manuscrits de l'abbé de Saint-Léger.*)

Ce *traité* parut en 1649, *in*-8.

On a encore de Pierre Chanet l'ouvrage intitulé : *De l'instinct et de la connaissance des Animaux*, avec l'examen de ce que Marin Cureau de la Chambre a écrit sur cette matière. *La Rochelle*, 1646, *in*-8.

2802. Considérations sur la situation de la France sous le rapport des finances, par M. A. DE M. (DE MALARTIC). *Paris*, *Firmin Didot*, 1816, *in*-8 *de* 54 *pages*.

2803. Considérations sur le canon et serment des Églises réformées, conclu et arrêté au synode national d'Alez ès Cevennes, le 6 d'octobre 1620, pour l'approbation du synode tenu à Dordrecht en Hollande, les ans 1618 et 1619 (par Daniel TILENUS). *Sans indication de lieu*, 1622, *in*-8.

2804. Considérations sur le commerce de Bretagne (par PINCSON DU SEL DES MONT). *Sans indication de lieu* (*Rennes*), *sans date* (1756), *in*-8. V. T.

2805. Considérations sur le commerce, et en particulier sur les compagnies, sociétés et maîtrises (composées par CLICQUOT-BLERVACHE, sous les yeux et avec les conseils de M. DE GOURNAY). *Amsterdam*, 1758, *in*-12. Voyez *Mémoire sur les Corps de Métiers*.

2806. Considérations sur le commerce et la navigation de la Grande-Bretagne, traduites de l'anglais de Josua GÉE (par J.-B. DE SECONDAT). *Genève*, *Philibert*, 1750, *in*-12.

2807. Considérations sur le génie et les mœurs de ce siècle (par SOUBEYRAN DE SCOPON). *Paris*, *Durand*, 1749, *in*-12.

2808. Considérations sur le gouvernement ancien et présent de la France, par le comte D'ARGENSON; deuxième édition, corrigée sur ses manuscrits (et publiée par le marquis DE PAULMY, son fils). *Amsterdam* (*Paris*), 1784; *Liége*, 1787, *in*-8.

2809. Considérations sur le gouvernement qui convient à la France, etc., par un citoyen de Paris (l'abbé FANTIN-DESODOARDS). 1789, *in*-8, *rare*.

2810. Considérations sur le notariat (par BONNOMET, notaire à Paris, mort en 1814). *Paris*, *Baudouin*, *sans date (vers 1798), in-8 de 31 pages.*

2811. Considérations sur le prêt à intérêt, par M. ***, jurisconsulte (M. RENDU). *Paris, Éberhart,* 1806, *in-8*.

2812. Considérations sur le projet de faire juger les procès sur rapport, dans les tribunaux civils (par M. DE LA MALLE, jurisconsulte). *Paris, an* 8 (1799), *in-8, brochure de 24 pages.*

2813. Considérations sur le sort et les révolutions du commerce d'Espagne (par ROBINET). 1761, *in-8*.

2814. Considérations sur le traité de commerce entre la France et la Grande-Bretagne, du 26 septembre 1786 (par CLICQUOT DE BLERVACHE). *Paris, Prault,* 1789, *in-8*.

2815. Considérations sur le *Traité historique de l'établissement et des prérogatives de l'Eglise de Rome et de ses Evesques*, par M. MAIMBOURG (par l'abbé Jacques BOILEAU). *Cologne, du Marteau,* 1686, *in-12*.

2816. Considérations sur les affaires de l'Église qui doivent être proposées dans la prochaine assemblée générale du clergé de France (par Ant. ARNAULD). 1681. *in-12*.

2817. Considérations sur les affaires présentes (par M. MIGNONNEAU). *Paris, Barrois l'aîné,* 1788, *in-8*.

2818. Considérations sur les avantages de la vieillesse (par le baron DE PRELLE, masque de PONCET, conseiller d'état). *Paris, Cramoisy,* 1677, *in-12*.

Le P. Bouhours a été l'éditeur et probablement le réviseur de ce volume Voyez les *Lettres choisies* de la Rivière, *Paris,* 1751, in-12, t. 2, p. 263.

2819. Considérations sur les causes de l'ancienne foiblesse de l'Empire de Russie et sur sa nouvelle puissance (par A. DE GOUDAR). *Amsterdam,* 1772, *in-8*.

2820. Considérations sur les dimanches et les fêtes des Mystères, etc. (par J. DU VERGER DE HAURANNE, abbé de Saint-Cyran). *Paris,* 1671, 2 *vol. in-8*.

2821. Considérations sur les finances d'Espagne (par FORBONNAIS). *Paris, frères Estienne,* 1753, 1755, *petit in-12*.

2822. Considérations sur les intérêts du Tiers-État, adressées au peuple des provinces, par un propriétaire foncier (RABAUT DE ST.-ÉTIENNE). Seconde édition, 1788, *in-8*.

2823. Considérations sur les lettres circulaires de l'assemblée du Clergé de France de l'année 1682 (par le ministre CLAUDE). *La Haye, Abraham Arondens,* 1683, *in-12*.

2824. Considérations sur les mœurs de ce siècle (par DUCLOS). 1750, 1751, *in-12*. — Nouvelles éditions, avec le nom de l'auteur. *Paris,* 1751, 1753, 1754, *in-12*.

D'après une note manuscrite, l'édition *sans indication de lieu,* 1751, *in-12*, gros caractères, doit être préférée à celle qui porte le nom de *Prault,* 1751, et qui renferme une épître dédicatoire au roi.

M. Mouchet, employé au département des manuscrits de la Bibliothèque du Roi, fit vendre, au commencement de l'année 1800, la plus grande partie de la bibliothèque qui lui avait été léguée par M. de Bréquigny, en reconnaissance et pour prix des services qu'il avait rendus à ce savant. Il ne conserva que les manuscrits et les ouvrages de littérature et d'histoire. Ces derniers ont été vendus à la mort de M. Mouchet, en 1807.

Le catalogue qui en a été publié offrait une collection bien choisie. Plusieurs articles avaient appartenu à la Curne de Sainte-Palaye, dont M. de Bréquigny a été l'exécuteur testamentaire ; et tout annonçait dans ces livres qu'ils n'avaient pas été pour leurs possesseurs des meubles inutiles. Le n° 30 du catalogue était de nature à exciter la curiosité des amateurs ; je veux parler d'un exemplaire relié en carton, de la première édition des *Considérations sur les Mœurs*, par Duclos, sur le frontispice duquel M. de Bréquigny avait écrit ces mots : « Voyez le « chapitre VI *bis*, DES MAGISTRATS, qui est « joint à cet exemplaire, p. 170. »

Le libraire chargé de la vente, M. Barrois l'aîné, a placé sous le titre de l'ouvrage de Duclos une note conçue en ces termes :

« L'auteur, n'ayant probablement pas pu obtenir l'approbation du censeur, fut obligé de supprimer ce chapitre lors de l'impression de son ouvrage, et en fit ensuite imprimer quelques exemplaires. On ne le trouve dans aucune des éditions postérieures faites jusqu'à ce jour. »

Cet exemplaire a été porté à plus de 18 fr., par la chaleur des enchères : cependant l'amour de la vérité me force de déclarer ici que le chapitre VI *bis* n'est pas de Duclos. Je le trouve dans les *Œuvres diverses d'un ancien magistrat*, Londres (ou plutôt Lausanne), 1784, in-8. Cet ancien magistrat est Jean-Louis, marquis de Maleteste, ancien conseiller au parlement de Dijon, né dans cette ville le 4 mars 1709, et mort à Paris dans les premières années de la révolution. Il était fils de Jacques Maleteste, conseiller au même parlement, et d'Élisabeth de la Coste. L'exemplaire de ses Œuvres diverses, qui se trouve dans la bibliothèque du conseil d'état, contient, en regard du frontispice, le portrait de l'auteur, gravé par Saint-Aubin, d'après un dessin fait en 1786 par C. N. Cochin ; j'ai vu d'autres exemplaires sans portrait.

L'ancien magistrat raconte ainsi dans sa préface, page 6, l'origine de la composition et de la publication du chapitre sur les magistrats :

« Les premières idées que j'aie rassemblées par mon choix, et toujours sans aucun projet de les rendre publiques, sont dues à une circonstance assez frivole. Lorsque les Considérations sur les Mœurs de ce siècle parurent, on les lut avec empressement; c'était, dans les premiers momens, le sujet de la conversation générale. L'auteur allait souvent dans une maison où se rencontraient beaucoup de gens de mérite, de tous les rangs et de tous les états : la maîtresse de la maison me demanda ce que j'en pensais ; j'en dis beaucoup de bien, parce qu'effectivement j'en pensais beaucoup, et j'ajoutai qu'il y aurait peut-être quelque chose à désirer dans un très-petit nombre de passages, soit pour la netteté des idées, soit pour la clarté des expressions. On ne me pardonna pas cette modération dans mes éloges, et on me dit, en me la reprochant, que le plus mauvais chapitre du livre suffirait pour m'illustrer. Je ne sais si je fus piqué du propos ; je ne crus pas l'être : mais cependant, trente-six heures après, je rapportai dans la même maison un chapitre sur les MAGISTRATS. »

Ce chapitre commence dans le recueil de M. de Maleteste, page 6, par ces mots : « Le même principe qui a détruit les grands « seigneurs.... » Et finit par ceux-ci : « Trois « causes qui concoururent à l'avilissement « de la magistrature. » C'est la même chose dans l'imprimé que M. de Bréquigny a intercalé au milieu de son exemplaire des *Considérations*.

C'est ici la place naturelle de cette anecdote que j'ai publiée en 1807, dans le *Magasin encyclopédique*.

2825. Considérations sur les mœurs du temps (par A. A. AUGIER-DUFOT).... 1759, *in*-12. V. T.

2826. Considérations sur les moyens de rétablir en France les bonnes espèces de bêtes à laine (par l'abbe CARLIER). *Paris, Guillyn*, 1762, *in*-12.

2827. Considérations sur les mystères, les paroles et les actions de J. C. (par PINSONNAT). *Paris*, 1717, *in*-12. V. T.

2828. Considérations sur les œuvres de Dieu dans le règne de la nature et de la providence, pour tous les jours de l'année; ouvrage traduit de l'allemand de STURM par CONSTANCE, religieuse (masque d'Élisabeth-Christine DE BRUNSWICK, épouse de FRÉDÉRIC II, roi de Prusse). *La Haye, P. Frédéric Gosse*, 1777, 3 *vol. in*-8, *souvent réimprimés*.

Feu Cousin-Despréaux a retouché cet ouvrage en faveur des familles catholiques, et l'a fait imprimer sous ce titre : Les Leçons de la Nature, ou l'Histoire naturelle, la Physique et la Chimie présentées à l'esprit et au cœur. *Paris, veuve Nyon*, 1802, 4 *vol. in*-12, réimprimés à Lyon en 1817.

2829. Considérations sur les ouvrages d'esprit (par CHICANEAU DE NEUVILLÉ). *Amsterdam* (*Paris*), 1758, *in*-12.

2830. Considérations sur les principes de l'État, ou Examen des articles généraux pour servir à la solution du différend entre la communauté de la Chaux de Fonds et la Classe, par un bon patriote (attribué à F. L. PETIT-PIERRE). *Sans nom de ville* (*Neufchâtel*), 1760, *in*-8. V. T.

Une autre note de M. Van Thol porte que ce même ouvrage a été aussi attribué à Ferdinand OSTERVALD.

2831. Considérations sur les principes politiques de mon siècle et sur la nécessité pressante d'une morale politique, par un homme d'état sans péruque (*sic*) (Joseph DE ROSSI). *Londres*, *A. Grant*, 1775, *in*-8.

2832. Considérations sur les révolutions des Provinces-Unies (par VAN DEN YZER, masque de M. FERRI). *Paris*, 1788, *in*-8.

2833. Considérations sur les richesses et le luxe (par SENAC DE MEILHAN). *Paris*, *Valade*, 1787, *in*-8.

2834. Considérations sur l'esprit et les mœurs (par SENAC DE MEILHAN). *Paris*, 1788, *in*-8.

2835. Considérations sur l'esprit militaire des Gaulois, pour servir d'éclaircissemens préliminaires aux Recherches sur les Français (par DE SIGRAIS). *Paris*, 1774, *in*-12.

2836. Considérations sur l'esprit militaire des Germains (par DE SIGRAIS). *Paris*, 1781, *in*-12.

2837. Considérations sur l'état actuel de l'instruction publique du Clergé catholique en France et en Allemagne, par un ancien grand-vicaire (M. DE WESSENBERG, vicaire général du diocèse de Constance). *Zurich*, *Orell*, 1812, *in*-8 *de* 32 *pag.*

2838. Considérations sur l'état actuel des Ecclésiastiques en France, adressées à un curé français (par M. C. J. JULLIEN, prêtre). *Châtillon-sur-Seine*, 1791, *in*-8.

2839. Considérations sur l'état de la France au moment de l'ouverture des États-Généraux, et sur quelques-unes des questions majeures qui vont y être traitées, par l'auteur de l'*Essai historique sur l'art de la guerre* (M. D'ÉCRAMMEVILLE). *Paris*, 1789, *in*-8.

2840. Considérations sur l'état de la Russie sous Pierre I, envoyées en 1737 à Voltaire, par le prince royal, depuis roi de Prusse, auxquelles on a joint sa dissertation sur la littérature allemande, diverses pièces sur la Russie, et le mémoire sur le roi de Prusse, remis en 1740 au cardinal de Fleury, par le marquis de Beauveau, ambassadeur de France à la cour de Berlin (le tout publié par DE GRIMOARD). *Berlin* (*Paris*), 1791, *in*-8.

Les Considérations sur la Russie ont été, sinon rédigées en partie, du moins ratifiées, à un grand nombre d'égards, par le prince royal lui-même, sur les notes et mémoires que lui adressait de Pétersbourg M. de Tockenrable, envoyé de Prusse auprès de cette cour.

La copie a été fournie par feu le prince Henri de Prusse.

2841. Considérations sur l'état moral et politique de la France, par J. M....L (Julien MARÉCHAL). *Paris*, *Sajou*, 1815, *in*-8 *de trois feuilles et demie*.

2842. Considérations sur l'état présent de la colonie française de Saint-Domingue, par M. H. D. (HILLIARD D'AUBERTEUIL). *Paris*, *Grangé*,

1776, 2 *vol. in-8*. Voyez *Nouvelles Considérations*, etc.

2843. Considérations sur l'état présent de la littérature en Europe (par ROBINET). *Londres* (*Paris*, *Fournier*), 1762, *in-12*.

Cet ouvrage a été faussement attribué à l'abbé AUBRY.

2844. Considérations sur l'exercice de la prière et de l'oraison, par P. J. P. (PICOT), auteur de la *Vie de M. de Monfort*. *Paris*, *veuve Nyon*, 1802, *petit in-12*.

2845. Considérations sur l'inaliénabilité du domaine de la couronne (par DE VARENNES). *Paris*, *le Jay*, 1775, *in-8*.

Boncerf a publié sous le voile de l'anonyme la brochure intitulée : De l'aliénabilité et de l'aliénation du Domaine. (1791), *in-8 de* 131 *pages*.

Cette brochure contient deux ouvrages : le premier est l'extrait d'un plus grand travail fait environ vingt-cinq ans avant la révolution, par un anonyme ; le second avait été composé par Boncerf dès l'année 1776.

2846. Considérations sur l'influence du génie de Vauban dans la balance des forces de l'État (par le général D'ARÇON). *Strasbourg*, 1786, *in-8*.

2847. Considérations sur l'ordre de Cincinnatus, ou Imitation d'un Pamphlet anglo-américain, par le comte DE MIRABEAU (et par CHAMFORT), suivies de plusieurs pièces et de la traduction d'un pamphlet du docteur PRICE sur la révolution américaine, accompagnées de réflexions et de notes du traducteur (et de TARGET). *Londres*, *Johnson*, 1788, *in-8*.

Voyez la *notice* sur la vie de Chamfort, par Ginguené, en tête des *Œuvres* de Chamfort. *Paris*, 1794, 4 *vol. in-8*, p. 41.

2848. Considérations sur l'organisation sociale, appliquées à l'état civil, politique et militaire de la France et de l'Angleterre (par M. DE MONDENARD). *Paris*, *Migneret*, *an* 10 (1802), 3 *vol. in-8*.

2849. Considérations sur l'origine de notre commerce dans le Levant, etc. (par M. ARNAUT, ancien officier d'administration de la marine). *Brochure in-8*.

2850. Considérations sur l'origine et les révolutions du Gouvernement des Romains (par l'abbé DU BIGNON). *Paris*, *de Bure*, 1778, 2 *vol. in-12*.

L'abbé du Bignon, successivement grand-vicaire de Bordeaux et de Cambrai, dit, dans son avertissement, que cet ouvrage est le fruit de la solitude et du malheur. Il le composa en effet dans la Bastille, où l'avait fait enfermer M. de Conzié, évêque d'Arras, pour avoir dérangé les intrigues de ce prélat dans l'assemblée des états d'Artois.

2851. Considérations sur un livre intitulé : *Raisons pour le désaveu fait par les Évêques de ce royaume*, etc. ; par TIMOTHÉE, François catholique (Edmond RICHER). 1628, *in-8*. Voyez *Raisons pour le désaveu*, etc.

2852. Consistoire (le), ou l'Esprit de l'Église, poëme héroï-comique en six chants (par M. Aristide VALCOUR). *Paris*, *Lemaire*, *an* 7 (1799), *in-8*.

2853. Consolateur (le), pour servir de réponse à la Théorie de l'impôt (par le baron DE SAINT-SUPPLIX). *Bruxelles et Paris*, *Valleyre*, 1763, *in-12*.

2854. Consolation de la Philosophie de BOECE, traduction nouvelle (par Léon COLESSE). *Paris*, *Gogué*, 1771, *in-12*.

2855. Consolation (la) de la Philosophie, traduite du latin de BOECE (par le P. REGNIER, victorin) ; nouvelle édition corrigée. *Paris*, *Loyson*, *et Bruxelles*, *Jean de Smedt*, 1711, *petit in 12*.

Cette traduction parut pour la première

fois en 1676, avec le nom de l'auteur dans le privilége du roi.

2856. Consolation (la) du Chrétien dans les fers, ou Manuel des chiourmes qui sont sur les galères du Roi, très-propres aussi à tous les prisonniers, où les vérités les plus intéressantes sont confirmées par des traits d'histoire (par le P. Ant. Alex. DAGUET, jésuite). *Lyon, Delaroche*, 1759, *in*-12.

2857. Consolation et Réjouissance pour les malades et personnes affligées, par Estienne ARVISET, prédicateur du Roi (Et. BINET, jésuite). *Rouen*, 1617, *in*-12.

Une édition du même ouvrage, publiée à Lyon en 1656, et dédiée au cardinal de la Rochefoucauld, porte le nom de Binet.

2858. Consolation (la) intérieure, ou le Livre de l'Imitation de J. C. selon son original (c'est-à-dire écrite en nouveau style, d'après l'*Internelle Consolation*, par l'abbé ANDRY). *Paris, Robustel*, 1690, 1697, 1729, *in*-12.

Il y a eu plusieurs éditions in-24, notamment en 1692.

2859. Consolation (la) philosophique de BOECE, nouvelle traduction, avec la vie de l'auteur, des remarques historiques et critiques, et une dédicace massonique; par un frère masson, membre de l'académie royale des sciences et des belles lettres de Berlin (DE FRANCHEVILLE). *La Haye, Pierre de Hondt, et Berlin*, 1744, 2 *vol. in*-8.

2860. Consolations chrétiennes, avec des réflexions sur les huit béatitudes, et la paraphrase des trois cantiques du DANTE (par le chevalier DE LA TOUCHE). *Paris, Jacques Vincent*, 1744, *in*-12.

2861. Consolations (les) de l'Ame fidelle contre les frayeurs de la mort (par Charles DRELINCOURT). *Charenton, Cellier*, 1669, *in*-4; *souvent réimprimé avec le nom de l'auteur.*

2862. Consolations (des), ou Recueil choisi de tout ce que la raison et la religion peuvent offrir de consolations aux malheureux (par M. l'abbé JAUFFRET, aujourd'hui évêque de Metz). *Paris, Leclère*, 1798, 15 *vol. in*-18.

2863. Conspirateurs (les) démasqués, par l'auteur de *Nullité et Despotisme*, etc. (attribués à M. FERRAND, aujourd'hui pair de France). *Turin*, 1790, *in*-8 *de* 60 *pages.*

2864. Constance (de la) et Consolation ès calamités publiques (par Guillaume DU VAIR). *Paris, Patisson*, 1594, *in*-12.

2865. Constance, ou l'heureuse Témérité (par DE NERCIAT). *Cassel*, 1780, *in*-8. V. T.

2866. Constance (de la), par Juste LIPSE, ouvrage traduit du latin en français (par DE LA GRANGE, avocat au parlement). *Paris*, 1741, *in*-12.

2867. Constantin le Grand, ou l'Établissement de l'empire du Christianisme, poëme héroïque, dédié par l'auteur à sa très-chère et digne mère (par M. LE THIMONIER DES ARTOURS, étudiant en médecine). *Londres et Paris, Duchesne*, 1776, *in*-12.

2868. Constitution (de la) de l'Administration militaire en France (par M. BALLIET, ancien commissaire ordonnateur à Naples). *Paris, veuve Agasse*, 1817, *in*-8.

2869. Constitution (la) de la Lune, rêve politique et moral en quatre parties, par le cousin JACQUES (BEFFROY DE REGNY). *Paris*, 1793, *in*-8.

2870. Constitution (de la) de l'Angleterre, et des Changemens principaux qu'elle a éprouvés, etc. (par M. Frisel, Anglais). *Paris, le Normant*, 1820, *in*-8.

2871. Constitution (la) de l'Église vengée contre la réponse de l'évêque de Pistoie et contre les nouvelles erreurs de l'auteur du Préservatif (par le P. Lambert). *Paris*, 1791, *in*-8 *de* 97 *pages.*

2872. Constitution (de la) du Duché ou État souverain de Normandie, des variations qu'elle a subies depuis Rollon jusqu'à présent, et des droits, immunités, franchises, libertés et prérogatives de ses habitans et citoyens (par de la Foy, ancien avocat au parlement de Rouen, mort dans cette ville au mois d'août 1819, âgé de quatre-vingt-dix ans). *Sans nom de lieu ni d'imprimeur*, 1789, *in*-8 *de* 380 *pages.*

2873. Constitution du Peuple batave (traduite du hollandais par M. Marron). *Paris*, 1798, *in*-8. V. T.

2874. Constitution du Peuple français, précédée du rapport d'Hérault-Séchelles (et d'idées préliminaires attribuées à Alexandre Tournon, auteur des *Révolutions de Paris*, guillotiné le 22 messidor an 2, 10 juillet 1794). *Paris, Froullé*, 1793, *in*-24.

2875. Constitution épidémique de Grenoble, des trois derniers mois de l'an 7 et des six premiers de l'an 8 (par Laugier). *Grenoble*, *an* 9 (1801), *in*-12. V. T.

2876. Constitution et Organisation des Carbonari, ou Documens exacts de tout ce qui concerne l'existence, l'origine et le but de cette société secrète, par M. de Saint-Edme (masque de M. T. Bourg). *Paris, Corby*, 1821, *in*-8.

2877. Constitution (la) française mise à la portée de tout le monde (par J. J. Regnault Warin). *Paris*, 1791, 2 *vol. in*-12. V. T.

2878. Constitutions de la Maison de Saint-Louis, établie à Saint-Cyr (composées par madame de Brinon, en grande partie d'après celles des Ursulines et de la Visitation). *Paris*, 1700, *in*-32.

Racine et Boileau furent chargés de corriger les fautes de style qui pouvaient se trouver dans cet ouvrage.

Madame de Maintenon écrivait à madame de Brinon, de Chantilly, le 28 mars 1686 :

« Vous n'aurez point aujourd'hui vos *Constitutions*. MM. Racine et Despréaux les lisent et les admirent ; ils en ôtent les fautes de style, et leurs copistes y mettent des fautes d'orthographe. »

Voyez les *Lettres* de madame de Maintenon, in-12, t. 2, lettre 10, à madame de Brinon.

2879. Constitutions des Jésuites, avec les déclarations, traduites sur l'édition de Prague (par Saboureux). *En France*, 1762, 3 *vol. in*-8 *et in*-12.

M. Renouard, dans le *Catalogue d'un Amateur*, t. 1, p. 154, attribue cette traduction à un M. Baudoin, sur lequel il ne donne aucun renseignement.

2880. Constitutions des treize États-unis de l'Amérique, traduites de l'anglais (par le duc de la Rochefoucauld). *Paris, Ph. D. Pierres*, 1785, *in*-4 *et in*-8.

2881. Constitutions des Trésoriers, Chanoines et Collége de la Sainte-Chapelle (par l'abbé Morand, chanoine). *Paris*, 1779, *in*-8. V. T.

2882. Constitutions (les) du Monastère de N. D. de Jar, etc. (par Pierre Magnien). *Dijon*, 1695, *in*-12. V. T.

2883. Constitutions (les) du Monastère de Port-Royal du Saint-Sacrement (ordre de Cisteaux). *Mons*, *G. Migeot*, 1665, *in*-18. — Nouvelle édition. *Paris*, *Desprez*, 1721, *in*-18.

Le corps de ces Constitutions est de la mère Agnès ARNAULD ; le règlement pour les enfans, qui est un excellent traité d'éducation chrétienne, est de la mère Euphémie PASCAL, sœur du célèbre Blaise Pascal ; l'Institution des novices est de la sœur GERTRUDE. Du Cambout de Coislin de Pontchâteau fit imprimer ces Constitutions en Flandre. (*Note manuscrite tirée du catalogue de l'abbé Goujet.*)

2884. Constitutions pour la Communauté des Filles de Saint-Joseph, dites de la Providence, établies à Paris, au faux-bourg Saint-Germain (par D. Claude BRETAGNE, religieux bénédictin). *Paris*, 1691, *in*-8.

2885. Construction d'un télescope de réflexion, de seize pouces de longueur, faisant l'effet d'une lunette de huit pieds, etc. (par PASSEMANT). *Paris*, *Lottin*, 1738, *in*-4.

2886. Consulat (le), contenant les lois, statuts et coutumes touchant les contrats, marchandises et négociations maritimes, traduit en français d'après l'original catalan et d'après une version italienne (par DE MAYSSONI). *Aix*, *Étienne David*, 1635, *in*-4.

2887. Consultation contre la légitimité des naissances prétendues tardives (par Michel-Phil. BOUVART). *Sans nom de ville* (*Paris*), 1765, *in*-8. V. T.

2888. Consultation de M. A. L. A. E. P. (Antoine LOISEL, avocat en parlement) sur la réception du concile de Trente, faite en l'année 1596. Extraits d'aucuns articles du concile de Trente, qui semblent être contre et au préjudice de la justice royale, et des libertez de l'Eglise gallicane, faits par Messieurs de l'Assemblée tenue à Paris en 1593. *Paris*, 1650, *in*-4, avec les *OEuvres posthumes de Gui Coquille.*

Niceron, t. 32, p. 309.

2889. Consultation de MM. les Avocats du Parlement de Paris, au sujet du jugement rendu à Embrun contre M. l'évêque de Senez (Jean Soanen) (rédigée par AUBRY). 1727, *in*-4.

2890. Consultation de plusieurs Avocats pour les Curés du diocèse d'Auxerre. 1755, *in*-4.

L'abbé MEY est auteur de cette Consultation, où les droits des curés pour l'instruction de leur troupeau et pour la première communion des enfans sont très-solidement établis.

2891. Consultation en faveur de la légitimité des naissances tardives (par A. PETIT). *Sans nom de ville ni date* (*Paris*), 1765, *in*-8. V. T.

2892. Consultation faite par un Avocat du diocèse de Saintes à son Curé, sur la diminution du nombre des Fêtes (par J. B. THIERS). *Paris*, *Dupuis*, 1670, *in*-12; — *La Rochelle*, *Blanchet*, 1670, *in*-4.

2893. Consultation pour les Actionnaires de la Compagnie des Indes (par HARDOIN et DE BONNIÈRES). *Paris*, *Lottin l'aîné*, 1788, *in*-4.

L'abbé Morellet répondit à cette Consultation par un mémoire manuscrit qu'il remit à l'archevêque de Sens, Loménie de Brienne, et dont ce ministre n'a fait aucun usage.

2894. Consultation pour les Curés du diocèse de Lizieux (par G. N. MAULTROT) .... 1772, *in*-12. V. T.

2895. Consultation pour les Prêtres séculiers pourvus des cures de Saint-Étienne et de Saint-Médard, etc., sur la question de savoir, 1° si les religieux de Sainte-Geneviève sont ou ne sont point chanoines réguliers, etc. Nouvelle édition, augmentée de notes intéressantes (par l'abbé DE SAINT-LÉGER). *Paris, Pierres*, 1772, *in-4 de 71 pages.*

2896. Consultation pour M. l'Abbé de ***, vice-gérant de l'officialité de ***, sur le Traité de la dissolution du mariage pour cause d'impuissance, imprimé à Luxembourg en 1735 (par FROMAGEOT). (*Dijon*, 1739), *in-12 de 84 pages.*

Le président Bouhier fit réimprimer la même année cette Consultation avec des notes, sous ce titre : *Remarques d'un Anonyme*, mises en marge d'une consultation sur le traité de l'impuissance et du congrès, *Dijon*, 1739, *in-8*.

Fromageot répondit par un libelle virulent, intitulé : *Réponse aux Remarques d'un Anonyme*, sans nom de lieu ni date, mais imprimé à Dijon la même année, *in-12* de 66 pages, sans l'avertissement, qui en a six.

2897. Consultation sur la compétence de la puissance temporelle relativement à l'érection et suppression des siéges épiscopaux (par MAULTROT). 1791, *in-8 de 28 pages.*

2898. Consultation sur la jurisdiction et approbation nécessaires pour confesser (par l'abbé TRAVERS). 1734, *in-4*.

L'auteur publia en 1736 une défense de cette Consultation contre un mandement de l'archevêque Languet, contre un ouvrage du père Bernard d'Arras, et contre la censure de quatre-vingt-six docteurs de Paris.

2899. Consultation sur la légitimité des naissances prétendues tardives (par Exupère-Jos. BERTIN). *Sans nom de ville* (*Paris*), 1765, *in-8*. V. T.

2900. Consultation sur la maladie de Provence, par C. V. (VALLANT). *Lyon*, 1721, *in-8*.

2901. Consultation sur la société des Francs-Maçons (par le P. BONHOMME, cordelier, docteur de Sorbonne). *Paris*, 1748, *in-8*. V. T.

Réimprimée dans l'*Orateur franc-maçon*, Berlin, 1766, in-12.

2902. Consultation sur la validité des mariages des Protestans de France (par PORTALIS, aidé de PASERY). *La Haye et Paris, Delalain*, 1771, *in-12*.

2903. Consultation sur l'emploi de l'argent en effets royaux, payables à terme (par MAULTROT). 1787. *in-12*.

2904. Consultation sur une naissance tardive (par BOUVART). *Paris*, 1765, *in-8*. V. T.

2905. Consultation sur une question importante, relative à l'article I du rapport du comité ecclésiastique (par P. J. D. G. FAURE). *Paris*, 1790, *in-8 de 26 pages.*

Maultrot a adressé à M. Faure deux *lettres* sur cette Consultation.

2906. Consultations canoniques sur les Sacremens (par J. P. GIBERT). *Paris*, 1750, 12 *vol. in-12*. V. T.

2907. Contagion (la) sacrée, ou Histoire naturelle de la superstition, traduite de l'anglais (par le baron D'HOLBACH). *Londres* (*Amsterdam, M. M. Rey*), 1768, 2 *vol. in-8*.

Cet ouvrage est réellement de la composition du baron d'Holbach. C'est pour se soustraire lui et ses amis à tout genre de désagrémens qu'il a annoncé, dans l'avertissement, l'avoir traduit de l'anglais de Jean Trenchard et de Thomas Gordon.

LE MAIRE, connu sous le nom du *Bonhomme Richard*, en a donné une nouvelle édition avec des notes relatives aux circonstances. *Paris*, 1797, 2 *parties in-8*.

2908. Conte (le) du Rossignol (par Gilles CORROZET). 1546, *in-8*.

2909. Conte (le) du Tonneau, contenant tout ce que les arts et les sciences ont de plus sublime et de plus mystérieux, ouvrage traduit de l'anglais de SWIFT (par VAN EFFEN). *La Haye, Scheurléer*, 1721, 3 *vol. in-12*. *Réimprimé plusieurs fois.*

2910. Contemporaines (les), ou Aventures des plus jolies femmes de l'âge présent (par RÉTIF DE LA BRETONNE). *Paris, veuve Duchesne*, 1780, 42 *vol. in*-12.

2911. Contemporains (les) de 1789 et 1790, ou les Opinions débattues pendant les premières législatures, avec les principaux événemens de la révolution, par l'auteur de la *Galerie des États-généraux* (le marquis DE LUCHET). *Paris, Lejay*, 1790, 3 *vol. in*-8.

2912. Contes arabes (par GOULLIART). *Paris, an* 6 (1798), *in*-12. V. T.

2913. Contes chinois, ou les Aventures merveilleuses du mandarin Fum-hoam (par GUEULLETTE). *Amsterdam, H. Desbordes*, 1728, 2 *vol. petit in*-12; réimpression du nº 1483.

2914. Contes comiques, traduits de l'allemand (de WIELAND) par MM. *** (par JUNKER). *Francfort, Varentrapp, et Paris, Fetil*, 1771, *in*-8 *de* 152 *pages*.

2915. Contes dans un nouveau genre, pour les enfans qui commencent à lire, par madame *** (mademoiselle DELEYRE). *Paris, Gabriel Dufour*, 1807, *in*-12. — Nouvelle édition. *Paris, le même libraire*, 1808, 2 *vol. in*-12.

2916. Contes de cette année (par madame G. S. DE VILLENEUVE). 1744, *in*-12. V. T.

2917. Contes (les) de Guillaume VADÉ (par VOLTAIRE). 1764, *in*-8.

2918. Contes (les) de Jean BOCACE, avec la vie de l'auteur; traduction nouvelle, enrichie de gravures (par l'abbé SABATIER de Castres). *Londres et Paris, la Porte*, 1779, 10 *vol. in*-8 *et petit in*-12. — Nouvelle édition. *Paris, Poncelin*, 1804, avec le nom du traducteur.

L'auteur a désavoué cette traduction. Voyez les *Trois Siècles de la Littérature française*, édition de Paris, Moutard, 1781, t. 4, p. 613. Suivant ce qu'il m'a dit lui-même la dernière année de sa vie, ce désaveu lui était commandé par la position qu'il avait prise de *défenseur de la religion*.

2919. Contes (les) de POGGE, Florentin, avec des réflexions. *Hæ nugæ seria ducunt. Amsterdam, J. Fréd. Bernard*, 1712, *petit in*-12 *de* 240 *pages*.

La traduction de ces contes est certainement du seizième siècle; c'est à tort qu'on l'attribue, dans plusieurs catalogues, à Julien MACHO, moine augustin, qui vivait à Lyon sur la fin du quinzième siècle, et qui n'a réellement traduit qu'un très-petit nombre de morceaux du Pogge, insérés dans le volume intitulé : *Fables d'*ÉSOPE, *d'*AVIÉNUS, *d'*ALPHONSE *et du* POGGE, traduites par frère JULIEN, des Augustins de Lyon, docteur en théologie. *Lyon, Martin Huez et Jean Schabeller*, 1484, *le* 15 *mai, in-fol.*

Il est bien plus probable que la traduction réimprimée en 1712 est celle qui parut sous ce titre : *Les Facéties de* POGE, translatées de latin en français. *Paris, Jean Bonnefons*, 1549, *in*-4; ou sous ceux-ci : *Contes facétieux du* POGGE, *Florentin*, traduits en français. *Lyon*, 1558, *Paris*, 1574, *in*-16. *Les Comptes* (*Contes*) *facétieux et joyeuses Récréations du* POGGE, *Florentin*, traduits du latin en français. *Paris, Cousturier*, 1605, *in*-16.

Le marquis de Paulmy présente, dans ses *Melanges tirés d'une grande Bibliothèque*, t. 20, p. 31 et suiv., une analise raisonnée des éditions de 1558 et de 1574. Il nous apprend que l'on trouve quatre-vingts contes dans ces traductions. Il n'y en a que soixante-treize dans l'édition de 1712. Les *réflexions* insérées dans cette dernière ont été attribuées au ministre David DURAND, qui les a désavouées.

Depuis quinze ans, je n'ai pu me procurer la vue d'aucune des éditions indiquées dans cette note.

2920. Contes (les) des Contes, par mademoiselle de *** (CAUMONT DE LA FORCE). *Paris, Benard*, 1698, 2 *vol. in*-12.

2921. Contes (les) des Fées, par madame D*** (D'AULNOY). *Paris, Barbin*, 1698, 8 *vol. in*-12. *Réimprimés souvent en* 4 *vol. in*-12 *et en* 6 *vol. in*-18.

2922. Contes (les) des Génies, ou les charmantes Leçons d'Horam, fils d'Asmar; ouvrage traduit du persan en anglais, par sir Charles MORELL (masque de Jacques RIDLEY), de l'anglais en français (par ROBINET). *Amsterdam*, *M. M. Rey*, 1767, 3 *vol. in*-8.

2923. Contes du Sérail, traduits du turc (par mademoiselle FAUQUE). *La Haye*, 1753, *in*-12.

2924. Contes en l'air, par madame la comtesse DE N..... (DE NESMOND). *Paris*, *Royez*, 1789, *in*-16.

2925. Contes (les) en vers et en prose de feu l'abbé DE COLIBRI, ou le Soupé (par DE CAILHAVA). *Paris*, *Didot le jeune*, 1797, 2 *vol. in*-18.

2926. Contes en vers et quelques Pièces fugitives (par l'abbé BRETIN). *Paris*, *Gueffier*, 1797, *petit in*-8.

2927. Contes en vers, par M. D*** (DAILLANT DE LA TOUCHE). *Paris*, *Valleyre*, 1783, *in*-12 *de* 143 *pag.*

2928. Contes en vers, par M. D. *** (DUPONT). *Amsterdam et Paris*, 1783, *in*-12.

Article communiqué par M. Justin Lamoureux, avocat à Nancy.

2929. Contes en vers, suivis d'une épître sur les Bergeries (par GUIRAUDET). *Amsterdam*, 1780, *in*-12.

2930. Contes et Épigrammes, par le cit. *** (GOBET). *Paris*, *vendémiaire an* 8 (1800), *in*-18.

2931. Contes (les) et Fables indiennes de BIDPAÏ et de LOCKMAN, traduits d'ALI TCHELEBI-BEN-SALEH, auteur turc, œuvre posthume de Galland (revue et publiée par GUEULLETTE). *Paris*, *Cavelier*, 1724, 2 *vol. in*-12.

Voyez le *Journal des Savans*, édit. in-4, novembre 1726, p. 711.

2932. Contes et Historiettes critiques, philosophiques, berniesques et moraux, en vers, par Adrien L. R. (LE ROUX). *Paris*, *an* 9 (1801), *in*-18.

2933. Contes et Nouvelles en prose; par l'auteur de *Maria*, d'*Antoine et Jeannette*, de *Berthe et Richemont* (WILLEMAIN D'ABANCOURT). *Paris*, *G. Mathiot*, 1810, 5 *vol. in*-18.

Willemain d'Abancourt n'a été que le réviseur des romans cités dans cet article; ils sont d'une demoiselle morte il y a quelques années : c'est à tort que j'ai attribué à madame Blower *Antoine et Jeannette*. Voyez le n° 988.

2934. Contes et Nouvelles en vers, par G. DE M. (Gabriel DE MOIRIA). *Paris*, *Didot aîné*, 1808, *petit in*-8 *de* 142 *pages*.

2935. Contes et Nouvelles en vers, par M. DE LA FONTAINE (avec une vie de l'auteur, par FRÉRON). *Londres*, 1757, 2 *vol. petit in*-12. — Nouvelle édition, dite des Fermiers-Généraux (avec une notice sur LA FONTAINE, par DIDEROT). *Amsterdam* (*Paris*, *Barbou*), 1762, 2 *vol. in*-8, *fig.*

2936. Contes et Nouvelles, et joyeux Devis de Bonaventure DES PERIERS (par Jacques PELLETIER et Nicolas DENISOT), avec des observations sur le *Cymbalum mundi* de des Periers (par DE LA MONNOYE). *Amsterdam*, *J. Fred. Bernard*, *et Cologne*, *Gaillard*, 1711, 2 *vol. in*-12. — Les mêmes, avec de nouvelles remarques (par SAINT-HYACINTHE et DE LA MONNOYE). *Amsterdam*, *Zacharie Chatelain* (*Paris*, *Piget*), 1735, 3 *vol. in*-12.

Cette dernière édition est la dixième : l'éditeur, qui m'est inconnu, y a fait des additions ; mais il a retranché plusieurs des anciennes notes de la Monnoye. Il est probable que le libraire Jean-Frédéric Bernard a été lui-même éditeur de l'édition de 1711.

2937. Contes et Poésies érotiques de VERGIER, corrigés et mis dans un meilleur ordre (par M. NOUGARET). *Paris, Goujon, vers* 1800, *in*-8.

2938. Contes et Proverbes, suivis d'une notice sur les troubadours (par DE CAMBRY). *Amsterdam*, 1787, *in*-18.

Il y a des exemplaires qui portent le nom de l'auteur.

2939. Contes, Fables et Épigrammes. *Paris, an* 9 (1801), *in*-18 *de* 36 *pag.* — Contes, Fables et Épigrammes, suivis de M. Feuilleton, scène épisodique, par M. *****. *Paris, nivose an* 13 (1805), *in*-18 *de* 66 *pages.*

Ces deux ouvrages, réunis aux *Contes et Épigrammes* du même auteur, *Paris*, vendémiaire an 8 (1800), in-18 de 26 pages, forment la collection des Contes de M. Gobet. Voyez le n° 2930.

2940. Contes, Fables et Sentences tirés des différens auteurs arabes et persans, avec une analise du poëme de FERDOUSSY sur les rois de Perse (par M. LANGLÈS). *Paris*, 1788, 2 *vol. in*-18.

2941. Contes fous et plaisans, par madame *** (DE PRINCEN). *Strasbourg, librairie académique*, 1787, 2 *vol. petit in*-12.

2942. Contes mis en vers par un petit cousin de Rabelais (D'AQUIN DE CHATEAULYON). *Paris*, 1775, *in*-8.

2943. Contes moraux et Nouvelles Idylles de MM. D...... (DIDEROT) et GESSNER (publiés par MEISTER). *Zurich, Orell*, 1773, *in*-12.

Les Nouvelles Idylles de Gessner ont été traduites par MEISTER.

2944. Contes moraux, ou les Hommes comme il y en a peu (par L. S. MERCIER). *Paris*, 1769, 2 *vol. in*-12. V. T.

2945. Contes nouveaux (par le chevalier DE NERCIAT). *Liége*, 1777, *in*-8.

2946. Contes nouveaux en vers, par le sieur DE SAINT-GLAS (DE SAINT-USSANS). *Paris, Besoigne*, 1672, *in*-12.

2947. Contes nouveaux et Nouvelles nouvelles en vers (par PAJON). *Anvers*, 1753, *in*-12.

2948. Contes nouveaux et plaisans, par une société (par Siméon VALETTE, dont le vrai nom était FAGON). *Amsterdam* (*Montauban*), 1770, 2 *parties*, *petit in*-12.

Il y a dans ce volume quelques contes de Vergier, de Grécourt, de Ferrand, de Voltaire, de Perrault, de la Monnoye et de Piron. De là viennent sans doute les mots *par une société* qui se trouvent sur le frontispice.

Siméon Valette est l'original dont Voltaire s'est moqué si plaisamment dans son *Pauvre Diable*. Voyez une curieuse notice sur la vie et les aventures de S. Valette, par M. Tourlet, dans le *Magasin encyclopédique*, 1811, t. 2, p. 68 et suiv. Il en a été tiré des exemplaires séparément.

2949. Contes nouveaux, ou les Fées à la mode, par madame D*** (D'AULNOY). *Paris, veuve Théodore Girard*, 1698, 2 *vol. in*-12.

2950. Contes orientaux et autres, traduits de l'anglais et de l'allemand (par GRIFFET LA BAUME). *Paris, Baillio, an* 7 (1799), 2 *vol. in*-18.

Tome premier. Faruchna, Hulkem, l'Heureuse Gageure, Seddyg, les Têtes.

Tome second. Olivia, Amenuti, Jessid, le Voleur par amour, etc.

2951. Contes orientaux, ou les Récits du sage Caleb, voyageur persan, par mademoiselle M*** (MOREAU, dame MONNET). *Constantinople et Paris, Mérigot le jeune*, 1779, *in*-12.

Ces contes sont tirés en partie du *Censeur universel anglais* et du *Journal de Lausanne* de madame de Polier.

Voy. la *Nouvelle Bibliothéque des Romans*, seconde année, Paris, 1799, t. 6, p. 179.

2952. Contes orientaux, tirés des manuscrits de la Bibliothéque du Roi de France (par le comte DE CAYLUS). *La Haye*, 1743, 2 *vol. in*-12.

On trouve en tête une espèce d'épître dédicatoire (à madame la comtesse de Mailly). Il y a des exemplaires qui portent le nom de l'auteur, avec le titre de *Nouveaux Contes orientaux*. Paris, Mérigot, 1780, 2 vol. in-12.

2953. Contes persans, par INATULA DE DELHI; traduits en anglais (par Alex. Dow.) et ensuite en français. *Paris, Vincent*, 1769, 2 *vol. in*-12.

2954. Contes théologiques, suivis des litanies des catholiques du dix-huitième siècle et de poésies érotico-philosophiques, ou Recueil presque édifiant. *Paris, imprimerie de la Sorbonne*, 1783, *in*-8 *de* 304 *pag.*

On trouve dans ce recueil des vers de Crébillon père, de Poinsinet, de Voltaire, de Boufflers, de G. Garnier, de du Busca, etc.

Deux épîtres dédicatoires signées D. B., et l'*avertissement* de l'éditeur, feraient croire qu'un chevalier DU BUSCA, officier du corps de l'artillerie de France, et mort vers 1770, est le principal auteur des *Contes théologiques*.

2955. Contes traduits de l'anglais (par l'abbé BLAVET, tirés du journal intitulé *the Adventurer*, par Jean HAWKESWORTH). *Londres et Paris, Duchesne*, 1777, 2 *vol. in*-12.

2956. Contes très-mogols, enrichis de notes, avis, etc., par un vieillard quelquefois jeune (MÉRARD DE SAINT-JUST). *Genève et Paris, Valade*, 1770, *in*-12.

2957. Contestation (la) touchant l'auteur de l'Imitation de J. C. rendue manifeste par l'opposition de toutes les preuves proposées par les bénédictins et les chanoines réguliers, divisée en trois parties, avec les preuves justificatives du droit de Thomas à Kempis (par le P. Gabriel DE BOISSY, génovéfain). *Paris, Séb. Cramoisy*, 1652, *in*-4.

2958. Continuation de l'histoire du Parlement de Bourgogne, depuis 1649 jusqu'en 1733, par François PETITOT; avec un précis des édits et déclarations du Roi, etc. (par A. J. ARVISET). *Dijon*, 1733, *in-fol.*

2959. Continuation de l'Histoire universelle de Bossuet (par J. DE LA BARRE). *Paris et Amsterdam*, 1704, *in*-12.

2960. Continuation des Essais de morale, contenant la vie de M. Nicole et l'histoire de ses ouvrages (par l'abbé GOUJET). *Luxembourg*, 1732, *in*-12. — Nouvelle édition (publiée avec des augmentations de l'auteur, par DAGUES DE CLAIRFONTAINE). *Liége, Chevalier* (*Paris*), 1767, *in*-12.

2961. Continuation des Mémoires de Littérature et d'Histoire (de Sallengre) (par le P. DESMOLETS et l'abbé GOUJET). *Paris, Simart*, 1726-1731, 11 *vol. in*-12.

2962. Continuation du Traité de la police, par de la Mare (par LE CLER DU BRILLET). *Paris, Hérissant*, 1738, *in-fol.*, formant le quatrième volume de l'ouvrage de la Mare.

2963. Contradictions (les) du livre intitulé : *Philosophie de la Nature* (de M. de Lisle de Sales) (par l'abbé DE LA BOISSIÈRE). *Sans date* (1775), *in*-12.

2964. Contradictions (les), ouvrage traduit de l'anglais, avec des notes (ou plutôt composé par RABELLEAU). *La Haye*, 1763, *in*-12 *de* 116 *pag.*

Même ouvrage que celui qui a pour titre:

Le Cosmopolite, ou les Contradictions. Voyez ces mots ci-après.

2965. Contr'apologie, ou Réflexions sur l'Apologie des Armoricains (par D. LOBINEAU). *Nantes*, 1712, *in-8 de* 16 *pages.*

2966. Contrariété (de la) d'humeurs qui se trouve entre certaines nations, et singulièrement entre les Français et les Espagnols, ou de l'Antipathie des Français et des Espagnols (par LA MOTHE LE VAYER; nouvelle édition, précédée d'un avertissement par ROUVIÈRE). *Paris, de Beausseaux*, 1809, *in-8 de* XIII *et* 28 *pages.*

2967. Contr'assassin (le), ou Réponse à l'Apologie des Jésuites, faite par un père de la compagnie de Jésus de Loyola, et réfutée par un très-humble serviteur de Jésus-Christ, de la compagnie de tous les vrais chrétiens, D. H. (David HOME). 1612, *in-12.*

2968. Contraste (le) des Sentimens, ou le citoyen de la Croix en présence d'un démocrate. .... 1795, *in-8.*

M. Ersch, dans sa *France littéraire*, t. 1, p. 20, donne cette brochure à P. A. ANTONELLE. V. T.

2969. Contraste entre un Quaker et l'abbé Fauchet, par M. VALMERON (l'abbé JARRY), 1792, *in-8 de* 59 *p.*

2970. Contrat conjugal, ou Loix du mariage, de la répudiation et du divorce (par LE SCÈNE DES MAISONS). *Neuchâtel, société typographique*, 1783, *in-8.*

2971. Contr'avis aux Gens de lettres, par un homme de lettres qui entend ses intérêts (RÉTIF DE LA BRETONNE). (*Paris, Humblot*, 1770), *in-12 de* 56 *pages.*

Cette brochure se trouve aussi dans la cinquième partie de l'ouvrage de l'auteur, intitulé : *Lettres d'une fille à son père*, 1772, in-12. Voyez le n° 1538.

2972. Contre-Blason (le) de faulces Amours, intitulé : Le grant Blason d'Amours spirituelles et divines (par Ch. DE CROY, frère hermite). *Paris* (1515), *in-8.* V. T.

2973. Contre l'Adversaire du Concile de Trente et de S. Augustin, dialogue, par Amable DE VOLVIC (l'abbé Amable DE BOURZEIS, né au village de Volvic). 1650, *in-4.*

2974. Contre la nouvelle apparition de Luther et de Calvin, sous les réflexions faites sur l'édit touchant la réformation des Monastères (par le P. Bernard GUYARD, dominicain). 1669, *in-12.*

2975. Contre le Franc-Alleu sans titre, prétendu par quelques provinces du droit écrit au préjudice du Roi (par Auguste GALLAND); avec le texte des lois données aux pays des Albigeois et autres, par Simon, comte DE MONTFORT. *Paris*, 1629, *in-4 et in-8.*

2976. Contre le projet de loi de S. M. (Sylvain MARÉCHAL), portant défense d'apprendre à lire aux femmes, par une femme qui ne se pique point d'être femme de lettres (madame GACON DU FOUR). *Paris, an* 9 (1801), *in-8.*

2977. Contre-Critique (la) de Pétrone, avec la réponse à la lettre sur l'ouvrage et la personne de Pétrone (par NODOT). *Paris, Cuslonet-Voitle*, 1700, *in-12.*

C'est une réponse aux *observations* de Breugière de Barante *sur le Pétrone*, etc.

2978. Contredits au libelle diffamatoire intitulé : *Histoire notable du père Henry*, jésuite brûlé à Anvers (par Fr. DE SEGUSIE). *Lyon*, 1601, *in-12.* V. T.

2979. Contredits de Songecreux. *Paris, Galliot du Pré*, 1530, *in-8, de* 211 *pages.*

« De la Monnoye donne cet ouvrage à « Gringore, quoiqu'on n'y trouve rien qui « dénote qu'il soit de lui. » (Niceron, t. 34, p. 71.)

2980. Contrepoison (le) des Feuilles, ou Lettre sur Fréron (par de la Morlière). 1754, *in-12 de 24 pag.*

2981. Contr'espion (le), ou les Clefs de toutes les correspondances secrètes (par Dlandol). *Paris, Guillot*, 1793, *in-8.*

2982. Contre-Temps (les) du sieur de Chavigny, premier ministre d'état de M. le Prince (par le cardinal de Retz). *Sans nom de ville*, 1652, *in-4.* V. T.

2983. Contrition (de la) nécessaire pour obtenir la rémission des péchés dans le sacrement de pénitence (par Jacques Boileau). *Louvain, Masius*, 1676, *in-12.*

2984. Contrôleur (le) du Parnasse, ou nouveaux Mémoires de littérature française et étrangère, etc., par le Sage de l'Hydrophonie (l'abbé Destrées). *Berne*, 1745, 3 *volumes in-12.*

2985. Controverse pacifique sur l'autorité de l'Église, ou Lettres du M. D. C. (François Favre d'Annecy, chanoine de Genève, sous le nom du ministre des Certolz) à M. l'évêque du Puy (de Pompignan), avec les réponses de ce prélat. *Montauban*, 1757; *Paris*, 1758, *petit in-12.*

Voyez le *Dictionnaire historique, littéraire et statistique des départemens du Mont-Blanc et du Léman*, par l'abbé Grillet. *Chambéry*, 1807, 3 *vol. in-8.*

2986. Controverse pacifique sur les principales questions qui divisent et troublent l'Église gallicane, savoir : les démissions épiscopales; — la promesse ou le serment de fidélité; — le concordat; — le jugement du pape sur ces matières, celui des évêques qui ont refusé leur démission, et celui des évêques qui l'ont donnée. Par un membre de l'Église gallicane (l'abbé Blanchard). *Londres, Dulau*, 1802, *in-8 de* 480 *p.*

L'auteur a publié plusieurs *suites* à cet ouvrage.

2987. Controverse sur la Religion chrétienne et celle des Mahométans, ouvrage traduit de l'arabe (de Giorgi, religieux maronite) par le Grand. *Paris*, 1766, *in-12.*

Parmi les manuscrits du P. Louis de Bisance, juif baptisé, né à Constantinople, et mort à Paris en 1720, dans la congrégation de l'Oratoire, est une traduction plus courte de cette même controverse.

2988. Controverses (les) des Sexes masculin et féminin (par Gratien Dupont). *Tolose, Jacq. Colomiés*, 1534, *in-fol. goth.* — (*Paris*, 1540), *in-16.*

2989. Conversation de la marquise D*** avec sa nièce nouvellement arrivée de province; ouvrage posthume de madame L***, recueilli par M*** (Moet). *Amsterdam* (*Strasbourg*), 1753, *in-8 de* 76 *p.*

2990. Conversation entre le gobe-mouche Tant pis et le gobe-mouche Tant mieux (par Fortia de Piles). *Paris, Eymery, juillet* 1814, *in-8.*

L'auteur a publié une *seconde Conversation* en septembre 1814, une *troisième* en septembre 1815, et une *quatrième* en décembre 1815.

2991. Conversations de maître Guillaume avec la princesse de Conty aux Champs-Élysées (par des Vallées, masque de Matthieu de Morgues). *Paris*, 1631, *in-4 et in-8.*

2992. Conversations (les) d'Émilie (par madame de la Live d'Épinay).

Leipsick, 1774, *in*-12; — *Paris*, 1781, 2 *vol. in*-12, *souvent réimprimés*.

Cet ouvrage fut composé pour l'éducation de la jeune comtesse Émilie de Belzunce, petite-fille de l'auteur.

2993. Conversations latines expliquées, ou le Précepteur zélé (par BRUXELLE, maître de pension). *Paris*, 1760, 1763, *in*-8.

2994. Conversations morales, dédiées au Roi (par mademoiselle DE SCUDÉRI). *Paris*, 1686, 2 *vol. in*-8.

2995. Conversations morales sur les Jeux et les Divertissemens (par Jean FRAIN DU TREMBLAY). *Paris*, *Pralard*, 1685, *in*-12.

2996. Conversations nouvelles, dédiées au Roi (par mademoiselle DE SCUDÉRI). *Paris*, *Barbin*, 1684, 2 *vol. in*-8.

2997. Conversations sur diverses matières de religion, où l'on fait voir la tolérance que les chrétiens de divers sentimens doivent avoir les uns pour les autres (par Charles LE CÈNE); avec un traité de la liberté de conscience, dédié au Roi de France et à son conseil (traduit librement du latin de Jean CRELLIUS, masqué sous le nom de Junius BRUTUS, par le même LE CÈNE). *Philadelphie*, *Timothée de Saint-Amour* (*Amsterdam*), 1687, *petit in*-12.

2998. Conversations sur divers sujets (par mademoiselle de SCUDÉRI). *Paris*, *Barbin*, 1680, 2 *vol. in*-12.

Nyon l'aîné, en rédigeant le catalogue des livres du duc de la Vallière (voyez le tome 3, n° 11669), fut trompé par le nom d'*André Soubron*, qu'il trouva écrit sur le frontispice de cet ouvrage; il prit ce nom pour celui de l'auteur du livre, tandis que c'était celui du premier propriétaire de l'exemplaire.

2999. Conversations sur la connoissance de la peinture (par Roger de PILES). *Paris*, 1677, *in*-12.

Réimprimées dans le volume intitulé : *Recueil de divers ouvrages sur la peinture et le coloris* (par DE PILES). Paris, 1775, in-12.

3000. Conversations sur la critique de la princesse de Clèves (par l'abbé DE CHARNES). *Paris*, *Claude Barbin*, 1679, *in*-12.

L'abbé Lenglet du Fresnoy a commis deux erreurs au sujet de la *Princesse de Clèves*, en attribuant les *Conversations* à Barbier d'Aucourt, et en donnant au père Bouhours les *Lettres à madame la marquise de *** sur le sujet de la Princesse de Clèves*. Ces erreurs ont été renouvelées par le rédacteur de la *Bibliothèque des Romans*, janvier 1776, t. 1, p. 129, dans la notice qui précède l'extrait de la Princesse de Clèves. Fontenelle attribue positivement à Valincour les *Lettres à la marquise de ****; il paraît seulement que le P. Bouhours en a retouché le style.

3001. Conversations sur la Religion chrétienne (par l'abbé MAGUE, oratorien). *Paris*, *Morin*, 1778, *petit in*-12.

3002. Conversations sur plusieurs objets de Morale, dédiées aux demoiselles de St.-Cyr, par P. C. (P. COLLOT, docteur de Sorbonne). *Paris*, 1738, 1756, 1768, *in*-12.

3003. Conversion (la) de Daniel de Martin, ministre en Béarn (par H. MARTIN, barnabite), *Paris*, 1665, *in*-12. V. T.

Catalogue manuscrit des Barnabites.

3004. Conversion (la) d'un Pécheur, réduite en principes par le P. François DE SALAZAR; traduite d'espagnol en français (par le P. DE COURBEVILLE). *Paris*, *Rollin*, 1730; *Rollin fils*, 1750, *in*-12.

La première édition fait connaître le nom du traducteur, nommé dans la permission de ses supérieurs.

3005. Conviction des fautes principales trouvées en l'épître de Casaubon au roi de la Grande-Bretagne, relativement à ses travaux en baronies; par Pompée DE RIBEMONT, seigneur d'Espiney (Jean BOUCHER). *Châlons*, *Baussan*, 1614, *in*-8.

3006. Copie d'une Lettre écrite à un savant religieux (le P. Cossart), en faveur du système de Descartes (par DE CORDEMOY). 1668, *in*-12.

3007. Copie d'une Lettre écrite de Rome par un *pélerin françois* (Fr. DAVENNE), sur le sujet d'un sermon fait par Hersan à Rome. *Sans nom de ville ni date* (1650), *in*-4. V. T.

3008. Copie d'une Lettre touchant la justice ou l'injustice des armes du parlement contre le roi de la Grande-Bretagne (par Thomas GRASWINKEL). *Sans lieu ni date* (*Leyde*, *Elzevir*), 1646, *in*-4. V. T.

Voyez le Catalogue d'une bibliothéque de littérature, par R. M. Van Goens, n° 14105.

3009. Coquette (la) vengée (par NINON DE LENCLOS). (1659), *petit in*-12 *de* 48 *pages.*

Cet opuscule est une critique de l'ouvrage intitulé : *Portrait de la Coquette*, *ou la Lettre d'Aristandre à Timagène* (par Félix DE JUVENEL). *Paris*, *Ch. de Sercy*, 1659, *petit in*-12.

M. Auger en a procuré une nouvelle édition en 1806, à la suite des *Lettres de Ninon de Lenclos*.

3010. Coralie, suivie de Mélusine, par madame DE C. (DE CHOISEUL). *Paris*, *an* 7 (1799), *in*-12. V. T.

3011. Coraly et Blanfort, ou la Force de l'Amitié (par M. DE LANGEAC). ..,.. *in*-12. V. T.

3012. Corbeaux d'Élie (par H. VON DER HARDT). *Helmstadt*, 1707, *in*-8. V. T.

3013. Cordelier (le), ou le Saint-François de Georges BUCHANAN, fait en vers français par Fl. CH. (Florent CHRESTIEN); plus la Palinodie, qui est la louange (ou plutôt la satire) des Cordeliers et de S. François. *Genève*, *J. de l'Estang*, 1567, *petit in*-4.

3014. Cordeliers (les) d'État, ou la Ruine des Mazarins, Anti-Mazarins et Amphibies, occasionnée par les rages de nos guerres intestines, par SANDRICOURT (F. E. DE MÉZERAY). *Paris*, 1652, *in*-4. V. T.

3015. Cordonnière (la) de Loudun (attribuée au malheureux Urbain GRANDIER) .... 1632 *ou* 1633. V. T.

Voyez l'*Intrigue du Cabinet*, par Anquetil. Paris, 1780, t. 2, p. 405.

3016. Coriolan, tragédie, par M*** (MAUGER). *Paris*, *Ganeau*, 1751, *in*-12.

3017. Corisandre de Beauvilliers, roman historique (abrégé de l'anglais de Charlotte SMITH, par M. DE SALABERRY). *Blois et Paris*, *Demonville*, 1806, 2 *vol. in*-12.

3018. Cornélie Vestale, tragédie (par Louis FUSELIER et le président HÉNAULT). *Strawberry-Hill* (*de l'imprimerie d'Horace Walpole*), 1768, *in*-8.

Cette tragédie est très-rare, même en Angleterre.

Réimprimée dans le volume intitulé : *Pièces de Théâtre en vers et en prose* (par le président Hénault). *Paris*, 1772, *in*-8.

3019. CORNELIUS-NEPOS, en latin et en français, avec des notes géographiques et historiques. *Paris*, *Barbou*, 1743, *in*-12.

La *France littéraire* de 1769, et les auteurs d'ouvrâges biographiques ou bibliographiques qui l'ont copiée, attribuent à l'abbé Valart cette traduction de Cornelius-Nepos, sous la date de l'année 1759.

Cette assertion me paraît peu vraisemblable.

1° Le Cornelius-Nepos latin et français de 1759 est la réimpression pure et simple de la traduction anonyme qui parut en 1743; on en trouve un extrait dans les *Jugemens sur quelques ouvrages nouveaux*, par l'abbé Desfontaines, t. 1, p. 45.

2° Dans sa *Réponse aux Apologies de la latinité du père Jouvency*, imprimée en 1767, *in*-12, l'abbé Valart met Cornelius-Nepos au nombre des auteurs dont il compte donner des éditions soignées. Dans le même ouvrage, il indique une correction à faire à un passage de Cornelius-Nepos. N'était-ce pas là l'occasion de citer la traduction de cet auteur, s'il l'eût réellement publiée, et de déclarer qu'il avait eu tort de suivre l'ancienne leçon du passage qu'il se proposait de corriger d'après un beau manuscrit de la Bibliothèque du Roi?

3° L'abbé Paul, qui a publié en 1781, chez Barbou, une nouvelle traduction de Cornelius-Nepos, cite la précédente, imprimée chez le même libraire, comme l'ouvrage d'un anonyme : or, ne serait-il pas étonnant que M. Barbou eût négligé de dire à M. l'abbé Paul que l'abbé Valart était l'auteur de la précédente traduction?

4° L'abbé Valart a inséré en 1770, à la suite de son édition d'Horace, le catalogue de tous ses ouvrages; et il n'y a pas compris la traduction de Cornelius-Nepos.

Je remarquerai ici que l'abbé Paul a adopté la correction que l'abbé Valart se proposait de faire dans son édition projetée de Cornelius-Nepos.

Elle a rapport au mot *juvencorum*, au lieu de celui de *jumentorum*, que portent les anciennes éditions. Voy. Vie d'Annibal, c. 5. Valart avait remarqué avec raison que le mot *jumentum* se dit de toute bête de somme, cheval, mulet, âne, chameau, et même éléphant. Cependant on avait à traduire les mots *in cornibus jumentorum*, et tous les animaux indiqués par le mot *jumentum* n'ont point de cornes. Valart crut qu'il fallait lire *in cornibus juvencorum*, et il eut le plaisir de citer un bon manuscrit à l'appui de sa conjecture.

En comparant cette traduction anonyme de Cornelius-Nepos avec l'édition anonyme de cet auteur donnée pour l'usage des classes en 1726, à Paris, chez Brocas, accompagnée de notes françaises et de réflexions tant politiques que morales, j'ai cru voir que l'édition et la traduction venaient de la même main. En effet, la traduction anonyme contient des notes et des réflexions du même genre que l'édition de 1726; elles sont souvent conçues dans les mêmes termes. Les *réflexions* de l'édition classique sont plus détaillées; on en sent la raison : c'est le moyen de toucher la jeunesse. Les *notes historiques et géographiques* de la traduction sont plus nombreuses et plus étendues que dans l'édition; on en sent encore la raison, puisque la traduction convient plus aux maîtres qu'aux écoliers.

L'édition du Cornelius-Nepos de 1726 est due à M. de Préfontaine, qui s'était déjà fait connaître par une traduction française d'Eutrope, publiée en 1710, chez Brocas, et par une édition du même auteur, donnée chez le même libraire en 1712, avec des notes françaises. Cette petite édition d'Eutrope se réimprime encore aujourd'hui. La traduction a eu peu de succès, parce qu'elle est assez inexacte, et parce qu'elle a été effacée dès 1717 par celle de l'abbé Lezeau.

L'abbé Desfontaines trouvait la traduction de Cornelius-Nepos trop paraphrasée. Les notes sont estimées.

M. de Préfontaine était, en 1726, sous-chantre et chanoine de l'église royale de Vitry-le-Français. On doit croire qu'il mourut vers 1743; car sa traduction de Cornelius-Nepos est un ouvrage posthume. Voyez l'*avertissement* de la première édition, qui ne se trouve pas dans les suivantes.

Cette traduction a été encore réimprimée en 1771. Il en existe aussi des éditions faites dans l'étranger, notamment à Amsterdam et à Liége.

(*Extrait de ma notice sur les principales éditions et traductions de Cornelius-Nepos, insérée à la fin de l'édition de cet historien*, Paris, 1820, in-8, dix-septième volume de la collection des classiques de M. Lemaire).

3020. Corps de Médecine et de Chirurgie, contenant la manière de guérir toutes les maladies tant internes qu'externes, etc.; par T. B*** (Théophile Bonet), docteur-médecin. *Genève, Chouet*, 1679, 4 *vol. in*-4.

Il y a des exemplaires qui portent le nom de l'auteur, avec ce titre : *Bibliothèque de Médecine et de Chirurgie*, etc. Genève, compagnie des libraires, 1708, 4 vol. in-4.

Les ouvrages dont se compose cette collection ont été traduits du latin et publiés séparément.

On trouve dans le tome premier, l'Introduction méthodique à la chirurgie, par Van Horn;

Dans le second, les Observations chirurgiques de Guil. Fabri de Hilden, imprimées dès 1669;

Dans le troisième, les Observations et Cures de chirurgie de P. la Forest d'Alcmar, imprimées aussi dès 1669;

Dans le quatrième, les Observrtions chirurgiques tirées des Observations médicinales de Nicolas Tulpius.

3021. Corps d'Observations de la Société d'agriculture, de commerce et des arts, établie par les états de Bretagne (par ABEILLE). *Rennes, Vatar*, 1761 *et* 1762, 2 *volumes in*-8.

3022. Corps (des) politiques et de leurs Gouvernemens (par le président DE LAVIE). *Lyon*, 1764, 2 *vol. in*-12. — Nouvelle édition augmentée, 1767, 2 *vol. in*-4 *et* 3 *vol. in*-12.
Voyez le n° 68.

3023. Correcteur (le) des Bouffons à l'écolier de Prague (par JOURDAN), *Paris*, 1753, *in*-8.

3024. Correction fraternelle faite à M. du Molin, ministre du Pontcharenton; par PHILOTÉE, bachelier de Paris (le P. GONTERY, jésuite). *Paris*, 1607, *in*-12.

3025. Correction (la) fraternelle, ou Chacun son tour n'est pas trop, petit recueil mis au jour pour l'édification publique et les menus plaisirs d'une belle dame (par DUBUISSON CHRISTOT). *Lyon*, 1790, *in*-8.

3026. Correction (de la) fraternelle, ou de l'Obligation d'empêcher le mal d'autrui quand on le peut (par Médéric MORTIER, prêtre). *Paris*, 1705, *in*-12.

3027. Corrections intéressantes, utiles et nécessaires au Nobiliaire des Pays-Bas (par DUMONT, official des états du Brabant). *Liége*, 1780, *in*-12. V. T.

3028. Correspondance amoureuse de FABRE D'ÉGLANTINE, précédée d'un précis historique de son existence morale, physique et dramatique, et d'un fragment de sa vie écrite par lui-même; suivie de la satire sur les spectacles de Lyon, et d'autres pièces fugitives (le tout publié par ROUSSEL, avocat). *Paris, Hacquart*, 1796, 3 *vol. in*-12.

3029. Correspondance choisie de B. FRANCKLIN, traduite de l'anglais (par M. DE LA MARDELLE), *Paris, Treuttel et Wurtz*, 1817, *in*-8, *tome* 1.

3030. Correspondance de deux Ecclésiastiques catholiques sur la question : *Est-il temps d'abroger la loi du célibat des Prêtres?* (rédigée par M. HENRI, prêtre français, curé catholique à Jéna). *Paris, Xhrouet*, 1807, *in*-12.

Un journaliste s'est couvert de ridicule aux yeux des lecteurs instruits, en désignant l'abbé MORELLET comme l'auteur de cet ouvrage. Voyez les *Mélanges de philosophie, d'histoire*, etc., t. 3, p. 280.

3031. Correspondance de deux Généraux sur divers sujets (par le général CHASSELOUP), publiée par le citoyen T*** (THEVENEAU). *Paris, Magimel, an* 9 (1801), *in*-8.

3032. Correspondance de l'Armée française en Égypte, traduite de l'anglais (par Édouard-Thomas SIMON, bibliothécaire du tribunat, avec des notes du traducteur). *Paris*, 1799, *in*-8.

3033. Correspondance de Louis XVI (composée par M. BABIÉ), avec des notes par mademoiselle WILLIAMS. *Paris, Debray*, 1805, 2 *vol. in*-8.

En 1809, lorsque je faisais imprimer le troisième volume de ce dictionnaire, M. Babié m'a avoué qu'il avait composé le plus grand nombre de ces lettres en société avec M. de la Platière; dans ces derniers temps, il a répété le même aveu à M. Beuchot, qui l'a consigné dans le *Journal général de la Librairie*, et à M. Eckart, auteur des *Mémoires historiques sur Louis XVII*, lequel s'en est servi pour se justifier d'avoir avancé que la *Lettre à M. l'abbé .... sur l'éducation du Dauphin* était supposée. La fausse Correspondance de Louis XVI a trouvé quelques faibles défenseurs; un ministre du Roi l'a citée comme authentique dans la chambre des députés en 1817. Un homme de lettres très-estimable, M. Alexandre Soumet, dans son *Oraison funèbre de Louis XVI*, Toulouse, 1817, *in*-8, p. 39, l'a aussi alléguée en faveur de cet infortuné monarque. Les preuves de supposition n'en sont pas moins convaincantes. On les trouve réunies dans l'opuscule de M. Eckart, intitulé : *Une Lettre sur l'éducation du Dauphin, attribuée à Louis XVI, est-elle authentique? Et Observations sur les recueils de Lettres publiées en 1803 et en 1817, sous le nom de ce prince.* Paris, Nicolle, 1819, in-8 de 56 pages.

3034. Correspondance de M. M*** (MESMER) sur les nouvelles découvertes du baquet octogone, de l'homme baquet et du baquet moral, recueillie et publiée par MM. DE F. (FORTIA DE PILES), J*** (JOURGNIAC DE SAINT-MÉARD) et B. (Louis DE BOISGELIN). *Libourne et Paris, Prault*, 1785, *in*-12.

3035. Correspondance dramatique, ou Lettres critiques et historiques sur les spectacles (par CHEVALIER, dit le chevalier DU COUDRAY). *Paris*, 1777, 2 *vol. in*-8.

3036. Correspondance du cardinal de Tencin et de la marquise de Tencin, sa sœur (publiée par les soins de M. DE LA BORDE). *Sans indication de lieu* (*Paris, Didot aîné*), 1790, *grand in*-8.

Soulavie a eu part à cette édition.

3037. Correspondance du duc d'Orléans (publiée par ROUSSEL, avocat). *Paris, le Rouge*, 1800, *in*-8.

3038. Correspondance d'un habitant de Paris avec ses amis de Suisse et d'Angleterre, sur les événemens de 1789, 1790 et jusqu'au 4 avril 1791 (par le comte D'ESCHERNY). *Paris, Desenne*, 1791, *in*-8.

3039. Correspondance d'un Homme d'État (MAUGARD, généalogiste) avec un Publiciste, sur la question de savoir si le Roi peut affranchir les serfs des seigneurs, à charge d'indemnité. *Paris, Cailleau*, 1789, *in*-8.

3040. Correspondance d'un jeune Militaire, ou Mémoires du marquis de Lusigny et d'Hortense de Saint-Just (par MM. BOURGOIN et MUSSET DE COGNERS). *Paris*, 1778, 2 *volumes in*-12.

3041. Correspondance entre deux Frères, sur matière de religion (ouvrage anti-catholique, par M. Augustin-François THOMAS DU FOSSÉ, prosélyte de la religion réformée). *Londres, Brookes et Earle*, 1787, *in*-8.

3042. Correspondance entre le prince Gustave de Suède et le sénateur comte de Scheffer (publiée par Georges GIADDA). *Greifswalde*, A. F. *Rose*, 1772, *in*-12.

3043. Correspondance entre madame de B.... (DE BOURBON) et M. R.... (RUFFIN), sur leurs opinions religieuses. *Sans indication de lieu* (*Barcelonne*), 1812, 2 *vol. in*-8.

3044. Correspondance entre quelques hommes honnêtes, ou Lettres philosophiques, politiques et critiques sur les événemens et les ouvrages du temps, publiées par *un homme désintéressé*, à l'usage de tous les amis de la raison et de la vérité (par SERVAN et M. GUILBERT, membre du corps législatif). *Lausanne et Paris, Pougens*, 1794 et 1795, 3 *vol. in*-8.

Le premier volume, publié en novembre 1794, contient 299 pages.

Le second, imprimé à *Lausanne* la même année, en contient 262, et offre au titre cette différence : *publiées par une société de gens de lettres.*

Toutes les pièces du premier volume ne sont pas de M. Servan, et on croit qu'il n'a eu aucune part à celles du second. Celles-ci sont probablement de M. Ph. Jacq. Et. V. GUILBERT de Rouen, qui déclare lui-même avoir publié avec M. Servan la *Correspondance entre quelques hommes honnêtes.* Voy.

la *Biographie du département de la Seine-Inférieure*, 1812, in-8, t. 2.

Un troisième volume parut en mars 1795, sous le même titre que le second. Il renferme 384 pages, et est terminé par l'*essai* de M. Servan *sur la conciliation de l'intérêt et de la justice*.

3045. Correspondance historique, philosophique et critique, pour servir de réponse aux Lettres juives (par Aubert de la Chenaye Desbois). *La Haye*, 1739, 3 *vol. in*-12.

3046. Correspondance inédite de l'abbé Ferdinand Galiani avec madame d'Épinay et autres personnages célèbres, publiée par M. C*** de St.-M*** (Serieys), membre de plusieurs académies. *Paris*, *Dentu*, 1818, 2 *vol. in*-8.

3047. Correspondance inédite de l'abbé Ferdinand Galiani avec madame d'Épinay, le baron d'Holbach, le baron de Grimm (avec des notes par M. Barbier); précédée d'une notice sur la vie et les ouvrages de l'auteur par Ginguené, suivie de notes par M. Salfi. *Paris, Treuttel*, 1818, 2 *vol. in*-8.

3048. Correspondance littéraire secrète (depuis l'année 1775 jusqu'au 7 mars 1793 inclusivement, rédigée par Métra, Imbert, ex-bénédictin, et autres). *Neuwied, société typographique*, 1775-1793, 19 *vol. petit in*-8.

Métra avait été banquier et correspondant du roi de Prusse Frédéric II; il fit mal ses affaires, et se réfugia à Neuwied, où il fit imprimer cette correspondance, dont G. Imbert lui envoyait de Paris les matériaux.

M. Grimod de la Reynière a coopéré à ce journal pendant les années 1787 et 1788.

Il ne faut pas confondre cet ouvrage avec la *Correspondance secrète, politique et littéraire*. Voyez ces mots plus bas. Celle-ci est assez commune; l'autre est d'une extrême rareté.

3049. Correspondance particulière et historique du maréchal de Richelieu en 1756, 1757 et 1758, avec M. Pâris du Verney; suivie de Mémoires relatifs à l'expédition de Minorque, et précédée d'une notice historique sur la vie du maréchal (publiée par le général de Grimoard). *Paris, Buisson*, 1789, *in*-8.

De Grimoard est aussi l'éditeur des Correspondances du comte de Saint-Germain et du cardinal de Bernis avec le même Pâris du Verney. *Paris*, 1789, *in*-8.

3050. Correspondance philosophique de Caillot-Duval, rédigée d'après les pièces originales, et publiée par une société de littérateurs lorrains (composée par Alphonse Fortia de Piles). *Nancy et Paris*, 1795, *in*-8.

3051. Correspondance secrète du chevalier Robert Cécil avec Jacques VI, roi d'Écosse, publiée aujourd'hui, pour la première fois, à Édimbourg (par Dalrymple); imprimée par A. Millar sur le Strand, à Londres, en 1766, traduite de l'anglais (par Besset de la-Chapelle). 1767, *in*-12.

3052. Correspondance secrète entre mademoiselle Ninon de Lenclos, le marquis de Villarceaux et madame de M*** (composée par M. de Ségur le jeune). *Paris, Lejay*, 1789, *in*-8 *et* 2 *vol. in*-12. — Nouvelle édition. *Paris*, 1805, *in*-12.

3053. Correspondance secrète et familière du chancelier de Maupeou avec Sorhouet (par Pidanzat de Mairobert). 1771, 1772, *brochures in*-12.

Ces brochures ont été réimprimées en 1773, sous le titre de *Maupeouana*. Voyez ce mot.

Suivant la *Biographie universelle*, Chrétien-François II de Lamoignon a eu beaucoup de part à cette correspondance.

3054. Correspondance secrète, politique et littéraire, ou Mémoires pour servir à l'histoire des cours, des sociétés et de la littérature en France, depuis la mort de Louis XV (rédigée par MÉTRA et autres). *Londres, Adamson,* 1787-1790, 18 *vol. in*-12.

Cette réimpression du n° 3048 finit au 7 octobre 1785.

3055. Correspondance sur l'art de la guerre, entre un Colonel de dragons et un Capitaine d'infanterie (par le chevalier D'ARÇON). *Bouillon,* 1774, 2 *parties in*-8.

3056. Correspondance sur les affaires du temps, ou Lettres sur divers sujets de politique, d'histoire, de littérature, d'arts et sciences (par M. Henri GRÉGOIRE et autres). *Paris, an* 6 (1798), 3 *vol. in*-8.

3057. Correspondance sur une question politique d'agriculture (par D'ESPRÉMESNIL le père). *Paris, Fournier,* 1763, *in*-12.

3058. Correspondance trouvée dans le portefeuille d'un jeune Patriote assassiné sur la route de Paris (par M. SATUR, ex-employé des relations extérieures et du ministère de la guerre). *Paris, Leroux, an* 6 (1798), *in*-8 *de* 108 *pages.*

3059. Correspondance turque, pour servir de supplément à la correspondance russe de J. F. la Harpe, contenant l'histoire lamentable des chutes et rechutes tragiques de ce grand homme (rédigée par M. COLNET); seconde édition augmentée. *Paris, Colnet, an* 10 (1802), *in*-8.

3060. Corrivaux (les), comédie facétieuse, de l'invention de P. T. S. D. (Pierre TROTEREL, sieur D'AVES), avec un prologue; le tout en vers. *Rouen,* 1612, *in*-12.

3061. Corsaire (le), comédie mêlée d'ariettes (par DE LA CHABEAUSSIÈRE et D'ALAIRAC). *Paris, veuve Duchesne,* 1783, *in*-8.

3062. Corvées (des), nouvel examen de cette question, suivi d'un essai sur les chemins (par M. F. R. J. POMMEREUL). *Paris,* 1787, *in*-8. V. T.

3063. Cosmographie, ou Doctrine de la Sphère, avec un traité de la géographie (par Claude PITHOYS, professeur de philosophie à l'académie de Sedan, et préfet de la bibliothéque de son altesse le duc de Bouillon). *Paris, Louis Perrier (Sedan, Pierre Jannon),* 1641, *in*-12.

3064. Cosmopolisme (le), ou l'Anglais à Paris (par l'abbé REMI). *Paris, Valade,* 1770, *in*-8.

3065. Cosmopolite (le), ou le Citoyen du monde (par FOUGERET DE MONBRON), 1750, *in*-12.

3066. Cosmopolite (le), ou les Contradictions, histoire, conte, roman et tout ce que l'on voudra, avec des notes; traduit de l'allemand (composé par RABELLEAU). 1760, *in*-12 *de* 116 *pages.*

3067. Cosmopolite (le), ou nouvelle Lumière chymique, divisée en douze traités (traduit de SENDIVOGIUS, par Jean BEGUIN). *Paris, d'Houry,* 1669, *in*-12.

3068. Costumes (les) théâtrals, ou Scènes secrètes des Foyers (par CARREY). 1793, *in*-18.

3069. Cotterie (la) des Antifaçonniers, établie dans L. C. J. D. B. L. S. Première relation, où l'on traite de l'établissement de cette cotterie (par L. BORDELON). *Paris,* 1716, *in*-12. V. T.

3070. Couches (les) de l'Académie (ou plan et dessein de ce poëme allégorique et tragico-burlesque (par

FURETIÈRE). *Genève*, 1687, *in*-12; — *Amsterdam*, 1688, *in*-12.

3071. Couches (les) sacrées de la Vierge, poëme héroïque de SANNAZAR, mis en prose française par le sieur COLLETET, revu de nouveau et corrigé par le R. P. L. J. (le révérend P. LABBE, jésuite). *Paris*, 1645, *in*-4.

Réimprimé à la fin du volume intitulé : *Heroicæ poeseos deliciæ*, etc. *Parisiis*, *Meturas*, 1646, *in*-12.

3072. Coucou (le), ou Mémoire sur le Coucou (par A. G. LOTTINGER). *Nancy*, 1775, *in*-8. V. T.

3073. Coudées franches. *Paris*, 1713, 2 *vol. in*-12.

C'est par erreur que dans le catalogue de madame de Pompadour, on met ce roman sous le nom de NIVELON; il est certainement de L. BORDELON : il avoue lui-même cet ouvrage dans ses *Dialogues des Vivans*. Paris, 1717, in-8. V. T.

Beauchamps, dans ses *Recherches sur les théâtres de France*, et Moréri, édition de 1759, en parlent aussi.

3074. Coup de Patte, ou l'Anti-Minette (par D. LE BRUN). (*Paris*), 1763, *in*-12.

3075. Coup (le) d'Estat de Louis XIII au Roy (par J. SIRMOND). *Paris*, 1631, *in*-8.

3076. Coup-d'œil anglais sur les cérémonies du mariage, avec des notes et des observations, auxquelles on a joint les aventures de M. Harry et de ses sept femmes; ouvrage (supposé) traduit sur la seconde édition de Londres, par MM. *** (rédigé par HURTAUT, maître de pension). *Genève* (*Paris*), 1750, *in*-12 *de* XLIX *et* 168 *pages*, *sans compter la table alphabétique*, *qui en a six*.

Cette prétendue traduction de l'anglais n'est, en grande partie, que la copie du petit volume intitulé : *Cérémonies nuptiales de toutes les nations et religions du monde*, par le sieur GAYA. *Cologne*, *P. Marteau*, 1694, *in*-12 *de* IV *et* 154 *pages*, *sans la table*, *qui en a six*.

3077. Coup-d'œil d'un Arabe sur la littérature française (par M. NOUGARET). *Paris*, *Guillot*, 1786, *in*-8.

3078. Coup-d'œil d'un Républicain sur les tableaux de l'Europe en juin 1795 et janvier 1796 (par E. T. SIMON). *Bruxelles*, 1796, *in*-12. V. T.

3079. Coup-d'œil éclairé d'une Bibliothéque, à l'usage de tout possesseur de livres (par CELS et LOTTIN l'aîné). *Paris*, 1773, *in*-8.

3080. Coup-d'œil en forme de lettre sur les Convulsions, où on examine cette œuvre, etc. (par le P. BOYER, de l'Oratoire). *Paris*, 1733, *in*-12 *de* 34 *pages*.

3081. Coup-d'œil philosophique et politique sur la main-morte, avec cette épigraphe : *For the reason and freedom of people oppressed* (par M. l'abbé CLERGET, curé d'Ouans, et M. l'abbé BAVEREL). *Londres* (*Besançon*, *Simart*), 1785, *in*-8.

3082. Coup-d'œil politique sur le continent (par SALADIN de Genève). *Londres*, 1799; *Paris*, 1800, *in*-8.

3083. Coup-d'œil politique sur l'Europe à la fin du dix-huitième siècle (par BLANC DE VOLX). *Paris*, 1801, 2 *vol. in*-8.

3084. Coup-d'œil rapide sur le *Génie du Christianisme*, ou quelques Pages sur cinq volumes in-8 publiés sous ce titre par Fr. Aug. Châteaubriand (par GINGUENÉ). *Paris*, *an* 10 (1802), *in*-8.

3085. Coup-d'œil rapide sur les causes qui amènent le ravage des torrens et rivières, et sur la manière simple et peu dispendieuse de s'en garantir, par G.... M.... (GAMON-MONVAL, ancien capitaine dans l'arme du génie). *Paris, Magimel, an* 10 (1801), *in*-8 *de* 63 *pages*.

3086. Coup-d'œil rapide sur les progrès et la décadence du commerce et des forces de l'Angleterre, ouvrage attribué à un membre du parlement (traduit de l'anglais de Gée, par Frenais). *Amsterdam et Paris, Dehansy le jeune*, 1768, *in*-12 *de* 100 *pages*.

3087. Coup-d'œil rapide sur l'état présent des puissances européennes, considérées dans leurs rapports entre elles, etc., par un Français (M. Fortia de Piles). *Paris*, 1815, *in*-8 *de* 368 *pages*.

3088. Coup-d'œil rapide sur M. Schimmelpenninck, grand pensionnaire de la République batave (par M. Chas). *Paris, Brasseur aîné*, 1805, 1er *de l'empire, in*-8.

3089. Coup-d'œil rapide sur Vienne (par le professeur Olivarius, avec des augmentations par M. Solvet). *Paris, Solvet*, 1805, *in*-8 *de* 70 *pag*.

3090. Coup-d'œil sur Bel-OEil (par le prince Charles de Ligne). *A Bel-OEil, de l'inprimerie du P. Charles de* —, *in*-8.

3091. Coup-d'œil sur la Hollande, ou Tableau de ce royaume en 1806 (par J. Brayer, de Soissons). *Paris, Léopold Collin*, 1807, 2 *parties in*-8.

3092. Coup-d'œil sur la révolution française, par un ami de l'ordre et des lois (par le marquis de Montesquiou). *Hambourg*, 1794, *in*-8. *Réimprimé avec le nom de l'auteur*.

3093. Coup-d'œil sur l'arrêt du parlement de Paris, concernant l'institut des Jésuites (par les PP. de Menoux et Griffet). *Avignon*, 1761, 2 *parties in*-8.

3094. Coup-d'œil sur l'Auvergne, ou Lettre à M. Per.. (Perron), avocat au parlement de Paris; par M. le B.... (le Bouvier des Mortiers, maître honoraire à la chambre des comptes de Nantes, de la société patriotique bretonne, de l'académie de Clermont-Ferrand, et de la société libre des sciences, lettres et arts de Paris). 1789, *in*-8.

3095. Coup-d'œil sur le congrès d'Ems (par Fr. Xavier de Feller)... 1788, *in*-12.

3096. Coup-d'œil sur le Salon de 1775, par un aveugle (par le Suire). *Paris*, 1775, *in*-12.

3097. Coup-d'œil sur le tableau de la nature, à l'usage des enfans (par Jean Hermann). *Strasbourg*, 1778; — seconde édition, 1796, *in*-8.

3098. Coup-d'œil sur les courses de chevaux en Angleterre, sur les haras, la valeur, le prix, la vitesse, etc., des chevaux anglais.... (par Lottin le jeune). *Paris, Plassan*, 1796, *in*-8 *de* 80 *pages*.

3099. Coup-d'œil sur les lois à former par la Convention nationale (par l'abbé Brun). 1795, *in*-8.

3100. Coup-d'œil sur les ouvrages de J. S. J. F. Boinvilliers, par le traducteur des Sylves de Stace (M. de la Tour). *Paris, Colnet*, 1805, *in*-16.

3101. Coup-d'œil sur les ouvrages modernes, par M... D. M.... (Palissot de Montenoy); tome premier et unique. *Sans date* (*Paris*, 1751), *in*-12 *de* 68 *pages*.

3102. Coup-d'œil sur les quatre concours qui ont eu lieu à l'académie des sciences, belles-lettres et arts de Lyon, pour le prix offert par M. l'abbé Raynal, sur la découverte de l'Amérique (rédigé par l'abbé JACQUET). *Lyon, Bruyset, et Paris, Gattey*, 1791, *in*-8.

3103. Coup-d'œil sur l'état des lumières et de l'instruction publique en Hollande, depuis les temps les plus anciens jusqu'à nos jours, par H. A. L. P** (H. A. LE PILEUR). *Paris, G. Dufour*, 1810, *in*-8 *de* 60 *pages*.

3104. Coup-d'œil sur ma patrie (par M. POLIER DE SAINT-GERMAIN). 1795, *in*-8.

3105. Coup-d'œil sur une brochure ayant pour titre *l'Évidence de la Vérité* (par M. DE GAND d'Alost). *Gand, Ch. de Goesen* (1798), *in*-8 *de* 42 *pages*.

3106. Coup (le) foudroyant, ou le Fisc anéanti, etc. (par l'abbé BRUN). 1791, *in*-8.

3107. Coupe-cul (le) de la Mélancolie, ou Vénus en belle humeur (par BEROALDE DE VERVILLE). *Parme, Jacques le Gaillard*, 1698, *in*-12.

Cet ouvrage n'est autre chose que le fameux *Moyen de parvenir*. Voyez ces mots et *Salmigondis*.

3108. Cour (la) du roy Charles V, surnommé le Sage, et celle de la reine Jeanne de Bourbon, son épouse (par Cl. Fr. MENESTRIER). *Paris*, 1683, *in*-12. V. T.

3109. Cour (la) plénière, héroï-tragicomédie en trois actes et en prose, par M. l'abbé DE VERMOND (par GORSAS). *Baville* (*Paris*), *chez la veuve Liberté, à l'enseigne de la Révolution*, 1788, *in*-8.

3110. Coureur (le) de nuit, ou l'Aventurier nocturne, traduit de l'espagnol de QUEVEDO (par RACLOT). *Amsterdam* (*Paris*), 1731, *in*-12.

3111. Coureur (le) de nuit, ou les douze Aventures périlleuses du chevalier don Diego, surnommé Noctambule, traduit de l'espagnol de François QUEVEDO (par DE LA GENESTE). *Lyon, Viret*, 1698, *in*-12.

3112. Courier (le) burlesque de la guerre de Paris (par SAINT-JULIEN). *Paris*, 1650, *petit in*-12.

3113. Courier (le) d'Amour, par le sieur DE BEAUCOURT (ou plutôt par Geneviève GOMÈS DE VASCONCELLE, sa femme). *Paris et Lyon*, 1679, *in*-12.

3114. Courier (le) d'Henri IV (par CARON DU CHANSET). *La Haye et Paris*, 1775, *in*-8 *de* 51 *pages*.

3115. Courier (le) de Traverse, ou le Tricomète observé à Oxford, traduit de l'anglais de M. de FORTFISCHER (composé en français par Nicolas LASSON, gentilhomme de Normandie). *Paris, Jacques Bouillerot*, 1665, *in*-4 *de* 8 *pages*.

3116. Courier (le) des Planètes, ou Correspondance du cousin Jacques (L. A. BEFFROY DE REIGNY) avec le firmament. .... 1788-1792, 10 *vol. in*-12.

3117. Courier (le) dévalisé, tiré de l'italien de GINIFACCIO SPIRONCINI (FERRANTE PALLAVICINO). *Villefranche, Guibaud*, 1644, *in*-12.

3118. Couronne poétique de Napoléon le Grand, ou Choix de poésies composées en son honneur (recueilli par M. LABLÉE). *Paris, Arthus Bertrand*, 1807, *in*-8.

3119. Couronnement (le) de Soliman, troisième roi de Perse, et ce qui s'est passé de plus mémorable dans les deux premières années de son règne (par CHARDIN). *Paris, Barbin*, 1672, *in*-12; et dans la collection des *Voyages* de cet auteur, *Amsterdam*, 1735, 4 *vol. in*-4.

Si l'on en croit le *Carpenteriana* publié en 1724 (par Boscheron), Charpentier serait auteur de l'épître dédicatoire au Roi, qui se trouve en tête de ce volume.

3120. Couronnement (le) du roi François premier, rédigé par le moine sans froc (Pasquier LE MOINE), en vers et en prose. *Paris*, *Gilles Couteau*, 1519, *in*-4.

3121. Couronnement (le) d'un Roi, essai allégorique en un acte, en prose, suivi d'un vaudeville, par un avocat au parlement de Bretagne, joué à Rennes par les comédiens, le 28 janvier 1775. *Imprimé au temple de Mémoire*, *in*-8 *de* 17 *pages*.

L'auteur est M. GOHIER, qui a été depuis député à l'assemblée législative, ministre de la justice, membre du directoire, et enfin consul général de France en Hollande sous le régime impérial. (*Note manuscrite déposée sur un exemplaire.*)

3122. Courrier de l'Europe (journal rédigé par SERRES DE LA TOUR, l'abbé PERKINS MAC-MAHON, Irlandais, et THEVENEAU DE MORANDE, qui y a fait les *Lettres d'un voyageur*). *Londres*, *E. Cox*, 1776 *et années suivantes*, *in*-4.

Voyez *Police de Paris dévoilée*, tom. 2, p. 234.

3123. Courrier (le) russe, ou Cornélie de Justal, par l'auteur de l'*Origine de la Chouannerie* (madame DE BRÉCY, connue sous le nom de madame CHEMIN). *Paris*, *Demonville*, 1805, 2 *vol. in*-12.

3124. Cours complet de Rhétorique, d'après les rhéteurs anciens et modernes, dans lequel on considère l'éloquence sous les rapports de son influence religieuse, politique et militaire (par M. AMAR DU RIVIER, conservateur de la bibliothèque Mazarine). *Paris*, *Langlois*, *an* 12 (1804), *in*-8.

3125. Cours complet d'Optique, traduit de l'anglais de Robert SMITH, contenant la théorie, la pratique et les usages de cette science, par le P. P. (PEZENAS). *Avignon*, *Seguin*, 1767, 2 *vol. in*-4.

3126. Cours complet et suivi de Botanique, rédigé sous les formes et dans les termes les plus clairs, par J*** (JOLY-CLERC), naturaliste. *Lyon*, *an* 3 (1795), *in*-8. V. T.

3127. Cours d'Architecture, qui comprend les cinq ordres de VIGNOLE, avec des commentaires par Aug. Ch. D'AVILER; nouvelle édition, avec des remarques (par Pierre-Jean MARIETTE). *Paris*, *J. Mariette*, 1738, *in*-4. — Réimprimé avec les remarques et corrections (de Ch. Ant. JOMBERT). *Paris*, 1755 *et* 1760, *in*-4.

3128. Cours de Chimie de Montpellier (tiré des discours de FIZES), par J. A. G. (GONTARD) D. M. 1749, *in*-12 *de* 200 *pages*.

3129. Cours de Chimie, pour servir d'introduction à cette science, par N. LEFÈVRE; cinquième édition, augmentée d'un grand nombre d'opérations, et enrichie de figures, par Dumoustier (publié par l'abbé LENGLET DU FRESNOY). *Paris*, *Leloup*, 1751, 5 *vol. in*-12.

3130. Cours de Droit public (par Alexandre BACHER). *Paris*, *an* 11 (1803), *in*-8, *tomes* 1 *et* 5.

Le premier essai de cet ouvrage, publié par l'auteur avec son nom en 1796, sous le titre d'*Instituts de morale*, ou *les Opinions écartées par l'évidence*, forme un vol. in-8 de 190 pages. Il faut l'ajouter aux éditions revues et augmentées dont j'ai donné la notice dans mon *Examen critique des Dictionnaires historiques*, au mot BACHER.

3131. Cours de Littérature dramatique, par A. W. SCHLEGEL, traduit de l'allemand (par madame NECKER, née *de Saussure*, nièce du célèbre ministre). *Genève et Paris, Paschoud*, 1804, 3 *vol. in*-8.

M. de Châteaugiron m'a assuré que cette traduction avait été faite par madame DE STAEL, sous les yeux de l'auteur.

3132. Cours de Mathématiques, qui contient toutes les parties de cette science, mises à la portée des commençans par Chrétien WOLFF, traduit en français et augmenté (par dom Antoine-Joseph PERNETTY, bénédictin, depuis bibliothécaire de Frédéric II, roi de Prusse, et par dom BREZILLAC). *Paris, Jombert*, 1747, 3 *vol. in*-8. — Nouvelle édition, corrigée et augmentée (par Ch. Ant. JOMBERT). *Paris*, 1757, 3 *vol. in*-8.

3133. Cours de Médecine-pratique, rédigé d'après les principes de M. Ferrein (par ARNAULT DE NOBLEVILLE). *Paris*, 1769, 3 *vol. in*-12.

3134. Cours de Morale poétique, tirée des auteurs classiques (par DE LA NOUE, ancien professeur). *Paris, Varin*, 1787, 3 *vol. petit in*-12.

3135. Cours de Navigation (par J. DIGARD DE KERGUETTE). *Rochefort*, 1762, *in*-4. V. T.

3136. Cours de Prônes (par l'abbé COSSART et autres prêtres français émigrés). *Paris*, 1816, 2 *vol. in*-12.

3137. Cours de Rhétorique française, à l'usage des jeunes rhétoriciens; par l'abbé PAUL, ancien professeur d'éloquence, etc. *Lyon, François Matheron*, 1810, *in*-12.

M. Salgues m'a fait l'honneur de m'écrire que cet ouvrage renfermait les leçons qu'il avait données à ses élèves lorsqu'il professait la rhétorique au collége de Sens.

3138. Cours d'Études à l'usage de l'école royale militaire (rédigé par l'abbé BATTEUX). *Paris, Nyon l'aîné*, 1776, 46 *parties en* 48 *vol. in*-12.

Cet ouvrage, commencé en décembre 1776, fut achevé en entier, et même imprimé en septembre 1777, à la réserve de trois ou quatre volumes. On sait que le peu de succès qu'il eut conduisit au tombeau son estimable auteur. Quelques parties ont été réimprimées plusieurs fois.

Plusieurs savans ou hommes de lettres ont aidé l'abbé Batteux dans cette pénible entreprise. On sait, par exemple, que VAUVILLIERS a rédigé les *Extraits des différens Auteurs grecs*, qui composent six parties. La *petite Grammaire française, latine et grecque*, a été composée par CHOMPRÉ et revue par MONCHABLON. Les *Principes de Métaphysique et de Morale* sont de BERGIER et de BOUCHAUD; les *Élémens d'Arithmétique et d'Algèbre*, de CHOMPRÉ. GOULIN a composé l'*Abrégé d'Histoire naturelle*. Enfin SALIVET a joint des notes françaises aux trois parties qui contiennent les poésies de Virgile. Les notes françaises qui accompagnent l'*Horace* sont de l'abbé Batteux.

3139. Cours d'Histoire naturelle (par DE BEAURIEU). *Liége et Paris, Desaint*, 1770, 7 *vol. in*-12.

3140. Cours d'Histoire sacrée et profane (par DE BEAURIEU). *Paris, Panckoucke*, 1768, 1769, 1770, 2 *vol. in*-12.

3141. Cours élémentaire de Chimie théorique et pratique, par M. A** (ALYON), lecteur de S. A. S. Mgr le duc d'Orléans. *Paris, Royez*, 1787, *in*-8.

3142. Cours élémentaire de Géographie ancienne et moderne, avec des remarques historiques, par M. T. O. (T. OSTERVALD). *Neufchâtel*, 1757, 2 *vol. in*-8.

3143. Cours élémentaire de Matière médicale, suivi d'un précis de l'art de formuler, ouvrage posthume de DESBOIS DE ROCHEFORT (publié par le D. CORVISART-DESMARETS). *Paris, Méquignon*, 1799, 2 *vol. in*-8.

3144. Cours élémentaire des Accouchemens (par Éloy). *Mons*, 1775, *in*-12.

3145. Cours élémentaire et préparatoire de Géographie en vers français, selon la nouvelle division des états (par M. Malingre). *Paris, sans date, Drisonnier, in*-4.

3146. Cours historique et élémentaire de Peinture, ou Galerie complète du Muséum central de France, gravée par Filhol. *Paris, an* 11 (1803 *et ann. suiv.*), 10 *vol. in*-8.

Le texte des neuf premières livraisons a été rédigé par Caraffe, et la suite par J. la Vallée, avec son fils, secrétaire du Muséum.

3147. Cours mémorial de Géographie, à l'usage du corps impérial des cadets nobles (par Masson de Blamont). *Berlin*, 1787, *in*-4. V. T.

3148. Cours théorique et pratique du livre de Thott, pour entendre avec justesse l'art, la science et la sagesse de rendre les Oracles (par Alliette, marchand d'estampes à Paris). *Paris*, 1790, *in*-8. V. T.

3149. Course de Bâle à Bienne par les vallées du Jura (par Bridel, prédicateur à Bâle). *Bâle*, 1789, *in*-8.

3150. Course (la), ou les Jockeis, comédie en un acte, en prose (par de Laus de Boissy). *Paris*, 1777, *in*-8.

3151. Court Examen de la thèse de l'abbé de Prades (par Boullier). 1753, *in*-12.

3152. Courte et nécessaire Instruction pour tous les catholiques des Pays-Bas, touchant la lecture de l'Écriture sainte, par Corneille Van de Velden (le P. Gerberon). *Cologne, Nicolas Schouten*, 1690, *in*-12.

3153. Courte Réplique à l'auteur d'une longue Réponse (le marquis de Champcenetz), par madame la baronne de*** (Stael). *Genève*, 1789, *in*-8 *de* 14 *pages*.

Voyez *Réponse aux Lettres sur Jean-Jacques Rousseau*.

3154. Courtes Réflexions sur les Mémoires du général Dumourier, par l'auteur du *Tableau historique de la France révolutionnaire* (le chevalier de Bois-Doffre, sous-gouverneur des pages du Roi). *Sine loco et anno* (1794), *in*-8.

3155. Courtisan (le) (par Balthasar de Castillon), nouvellement traduict de langue ytalicque en vulgaire françoys (par Jacques Colin d'Auxerre). *Paris, J. Longis*, 1537, *in*-8. — Autre édition sous ce titre : Les quatre livres du Courtisan du conte (*sic*) Baltazar de Castillon, reduyct de langue italique en françoys. *Sans indication de lieu* (*Lyon, Denis de Harsy*, 1537), *in*-8. — Autre édition ainsi intitulée : Le Courtisan de messire B. de Castillon, nouvellement revu et corrigé (principalement par Étienne Dolet). *Lyon, Fr. Juste*, 1538, *in*-8.

On trouve en tête de cette dernière édition une courte lettre de Dolet à Merlin (*sic*) de Sainct-Gelais, et à la fin une lettre de l'imprimeur à monseigneur du Peirat, lieutenant-général pour le Roy à Lyon, dans laquelle il présente Dolet comme un des meilleurs littérateurs de France. D'après les vers latins de Nicolas Bourbon, qui se trouvent au *verso* du frontispice, Mellin de St.-Gelais aurait aussi pris soin de revoir cette traduction. Le P. Niceron semble parler de cette édition sans l'avoir vue. M. Née de la Rochelle n'a rien dit de la même édition dans sa vie de Dolet.

3156. Courtisan (le) désabusé, ou Pensées d'un Gentilhomme qui a passé la plus grande partie de sa vie dans la cour et dans la guerre (par de Bourdonné, Parisien, gouverneur de la Bassée, et ensuite de Moyenvic). *Paris, Vitré*, 1658, *in*-8; — *le Gras*, 1685, 1688, 1696, 1700, 1705, 1711 *et* 1713, *in*-12.

3157. Courtisan (le) désintéressé, ou le Partisan des Oppressez (par DU BOSC DE MONTANDRÉ). *Paris*, 1651, *in*-4. V. T.

3158. Courtisan (le) parfait, comédie en cinq actes, en vers, par D. G. L. B. (DE GILBERT). *Grenoble, J. Nicolas*, 1668, *in*-12.

3159. Courtisannes (les) de la Grèce. *Paris, Gay et Gide, an 2 de la république* (1793), 3 *vol. in*-12.

C'est un nouveau frontispice mis aux *Lettres d'Alciphron*, traduites en français.

3160. Cousin (le) de Mahomet (par FROMAGET). *Constantinople* (*Paris*), 1742, 2 *v. in*-12. *Souvent réimprimé.*

3161. Cousin (le) Jacques (L. A. BEFFROY DE REIGNY) hors du Salon. *Paris*, 1787, *in*-12.

3162. Coutume (la) de Paris en vers français (par GARNIER DES CHESNES, ancien notaire), avec le texte à côté. *Paris, Saugrain*, 1769, *petit in*-12; — *le Boucher*, 1784, *in*-12.

Une troisième édition, *sans le texte*, sortit en 1787 des presses de Didot le jeune, 1 vol. petit in-12.

3163. Coutume (la) du duché de Bourgogne, enrichie des commentaires faicts sur son texte par les sieurs BEGAT, président, et DE PRINGLES, aduocat au parlement de Dijon, et de plusieurs observations faictes par divers aduocats de la province (Nicolas CANAT seul), et plusieurs arrêts, etc. *Lyon, Jean Grégoire*, 1652, *in*-4.

Par arrêt du parlement de Dijon, du 8 février 1661, le débit de ce livre, *rempli d'erreurs et de maximes contraires à l'usance du palais*, a été défendu. Il l'avait déjà été par un arrêt précédent.

3164. Coutume (la) du duché de Bourgogne, enrichie des remarques de MM. Philippe DE VILLERS, Jean DES PRINGLES et Jean GUILLAUME, anciens avocats au parlement de Dijon; avec le procès-verbal des conférences, etc., les *cayers*, etc., divers traités et arrêts recueillis par Me Jean BÉGAT, président au même parlement, et un essai de nouvelles observations sur le droit coutumier de cette province : ensemble l'histoire de tous les commentateurs de la même coutume (par le président BOUHIER). *Dijon, Antoine Defay*, 1717, *in*-4.

3165. Coutume générale des pays et duché de Bourgogne, avec des observations de Mre François BRETAGNE, seigneur de NAU-SOUS-TIL, conseiller au parlement de Dijon; celles de Me Nicolas PERRIER, avocat, sur le premier titre des notes de M^{res} DE LA MARE et JEHANNIN, avocats au même parlement (les additions marquées par des guillemets sont de M. DE CLUGNY père). *Dijon, A. J. B. Augé*, 1736, *in*-4.

3166. Coutumes (les) considérées comme lois de la nation dans son origine et dans son état actuel, par P. G. M. (MICHAUX, procureur au Châtelet). *Paris, Mérigot le jeune*, 1783, *in*-8.

Le même auteur a publié en 1785 une brochure sur la féodalité.

3167. Coutumes (les) de Bar (de Martin LE MARLORAT). *Bar*, 1580, *in*-4.

3168. Coutumes de Paris rédigées par Erotemes, par demandes et réponses, sans rien changer du texte, avec des observations sur chaque titre (par Jean TOURNET). *Paris*, 1608, *in*-8. V. T.

3169. Coutumes des duché, bailliage et prévôté d'Orléans, avec les notes d'Henri FORNIER, les notes de DUMOULIN sur l'ancienne Coutume d'Orléans, et des observations nouvelles (par PREVOST DE LA JANNÈS, JOUSSE et POTHIER). *Orléans*, 1740, 2 *vol. in*-12.

3170. Coutumes des duché, bailliage et prévôté d'Orléans, avec des notes (par POTHIER). *Orléans, Rouzeau-Montaut*, 1760, 3 *vol. in*-12; — 1772, *in*-4.

3171. Coutumes du bailliage de Bar, avec un commentaire tiré du droit romain (par Jean LE PAIGE). *Paris, Saugrain*, 1698, *in*-12.

3172. Coutumes du bailliage de Saint-Mihiel (par Jean BOURGEOIS). *Pont-à-Mousson, Melchior Bernard*, 1599, *in*-4.

3173. Coutumes générales de la ville de Metz et Pays messin (par DILANGE). *Metz, veuve Brice Antoine*, 1730, *in*-4.

3174. Coustumes générales du duché de Lorraine ès baillages de Nancy, Vosges et Allemagne, avec les remarques d'Abraham FABERT (Florentin THIRIAT de Mirecourt). *Metz*, 1657, *in-fol.*

Plusieurs savans, entre autres dom Calmet, pensent que le commentaire imprimé sous le nom d'Abraham Fabert n'est pas de lui, mais de Florentin Thiriat, avocat, né à Mirecourt, lequel fut pendu pour avoir fait quelques satires contre un prince de la maison de Lorraine. Après sa mort, ses papiers furent dispersés, et Abraham Fabert acheta le manuscrit qui fut imprimé sous son nom.

Camus, dans sa *Bibliothèque choisie des livres de Droit*, tome 2, page 106, l'attribue aussi à CANON; mais le commentaire de ce dernier a été imprimé séparément à *Espinal* en 1634, in-4.

3175. Coutumes générales du pays et duché de Bourgongne, avec des annotations de BÉGAT, président au parlement de Dijon, et du sieur DE PRINGLES, aduocat au dit parlement; reveues, corrigées et augmentées de plusieurs arrêts, auxquelles on a adjouté les notes de Charles DUMOULIN (par DE CHEVANES). *Lyon, sans nom d'imprimeur; Châlons-sur-Saône, P. Cusset*, 1665, *in*-4.

DE PRINGLES n'a eu aucune part à ce livre, quoiqu'on y ait mis son nom.

3176. Couvent (le), ou Histoire de Sophie Nelson, traduit de l'anglais (par M. BRIAND). 3 *vol. in*-12.

3177. Créance (la) de l'Église orientale sur la transubstantiation (par Richard SIMON). *Paris, Moette*, 1687, *in*-12.

3178. Création (la) d'Ève, conte moral et historique, par P. C.G.S. (PATRIS). *Au jardin d'Éden, l'an de la création* (*Paris, Didot l'aîné*, 1808), *in*-12, *pap. vélin.*

3179. Création (la) du Monde, ou Système d'organisation primitive, etc.; par un Austrasien (M. REGNAULT DE JUBÉCOURT); deuxième édition. *Givet, de Gamaches-Barbaise*, 1816, *in*-8 *de* 406 *pag.*

3180. Crête (la) de Coq-d'Inde; conte historique mis en vers par M. L. D. D. M. (madame la duchesse DU MAINE), dédié à S. A. S. monseigneur le Prince. *Trévoux*, 1702, *in*-12 *de* 56 *pages.*

Voyez les Nouvelles de la République des Lettres, *mars* 1702, p. 358.

3181. Cri (le) de la Foi (par J. A. NIVELLE). *Sans nom de ville*, 1719, 3 *vol. in*-12. V. T.

3182. Cri (le) de la Justice, ou Remontrances à Apollon sur la partialité, la jalousie et les mauvaises critiques des ouvrages de nos meilleurs auteurs, par M. L. A. REITABAS DE SERTSAC (l'abbé SABATIER de Castres). *Bruxelles et Paris*, *Dupuis* 1773, *in*-12.

3183. Cri (le) de la Raison, ou Examen approfondi des Lois et Coutumes qui tiennent dans la servitude mainmortable quinze cent mille sujets de S. M.; dédié aux États-généraux (par M. Clerget, curé d'Ouans). *Besançon*, *Simart*, 1788, *in*-8.

3184. Cri (le) de l'Honneur, épître à la maîtresse que j'ai eue (par F. de Rozoy) ..... 1766, *in*-8. V. T.

3185. Cri (le) des Colons (par M. Tussac, auteur de la *Flore* des Antilles). *Paris*, 1810, *in*-8.

3186. Cri (le) des Employés, Réponse à MM. de la Bourdonnaye, de Castelbajac, de Villèle, Cornet-d'Incourt, du Fougerais, etc. (par E. A. Dossion). *Paris* (*Barba*), 1817, *in*-8 *de* 14 *p.*

3187. Cri (le) des Familles, ou Discussion d'une motion faite à la Convention nationale par le représentant du peuple Lecointre, relativement à la révision des jugemens des tribunaux révolutionnaires (par Morellet). *Paris*, *an* 3 (1795), *in*-8.

3188. Cri (le) des Nations (par Voltaire) ..... 1769, *in*-8.

3189. Cri (le) du Citoyen contre les Juifs, par A. D. (Aubert-Dubayet). *Paris*, 1788, *in*-8.

3190. Cri d'un honnête Homme qui se croit fondé à répudier sa femme (par Philibert, préteur à Landau). 1768, *in*-12.

3191. Crime (le), ou Lettres originales, contenant les aventures de César de Perlencour (par le Suire). *Paris*, *Defer de Maisonneuve*, 1789, 4 *vol. in*-12.

3192. Crimes (les) de la Philosophie (par M. Piestre). *Lyon et Paris*, *Brunot*, 1806, *in*-8.

3193. Crimes (les) de la Révolution, et les pénitences nécessaires pour les expier, par un curé du diocèse de Soissons (M. Beauchamp, curé de Bussy-le-Long). *Paris*, *Égron*, 1820, *in*-8.

3194. Crimes des Empereurs d'Allemagne, depuis Lothaire I jusqu'à Léopold II (par Lavicomterie). *Paris*, 1793, *in*-8. V. T.

3195. Criminelle Neckero-logie, ou les Manœuvres infâmes du ministre Necker entièrement dévoilées (attribué à Marat). *Genève*, *Pellet* (1 *juillet*) 1790, *in*-8 *de* 69 *pages*.

3196. Critique (de la). *Lyon*, *Anisson*, 1691, *in*-12.

Cet ouvrage, qui est de l'abbé de Saint-Réal, et que l'on a réimprimé dans le recueil de ses Œuvres, n'est, à proprement parler, qu'une critique des *Réflexions sur l'usage présent de la Langue française* (par Andry de Bois-Regard). *Paris*, 1689, *in*-12.

3197. Critique (la) abrégée des ouvrages des auteurs ecclésiastiques, par J. G. (Jean Grancolas). *Paris*, *Laurent le Conte*, 1716, 2 *vol. in*-12.

3198. Critique de la Bibliothèque des auteurs ecclésiastiques et des Prolégomènes de la Bible, publiés par Ellies du Pin, avec des éclaircissemens et des supplémens aux endroits où on les a jugés nécessaires, par Richard Simon; avec des remarques (du P. Étienne Souciet, jésuite, éditeur de l'ouvrage). *Paris*, *Ganeau*, 1730, 4 *vol. in*-8.

On accuse le P. Souciet d'avoir mutilé en plusieurs endroits le manuscrit de Richard Simon.

3199. Critique de la Bibliothèque divine de S. Jérôme, publiée par les

Bénédictins (par M. Simon). *Cologne*, 1699, *in*-8.

Tel est l'article 3223 du Catalogue de la Bibliothèque de Denis Nolin, rédigé par Gabr. Martin. *Paris*, 1710, *in*-12.

Ce volume est une portion de celui qui est généralement intitulé : *Lettres critiques*, où l'on voit les sentimens de M. Simon sur plusieurs ouvrages nouveaux ; *publiées par un gentilhomme allemand. Sur l'imprimé à Basle*, etc., 1699, in-12.

L'abbé Goujet possédait le même ouvrage sous un titre bien différent. Voyez *Lettres critiques sur l'édition*...

3200. Critique de la charlatanerie des savans. *Paris*, 1726, *in*-12.

Je trouve le nom de Coquelet, comme auteur de cet ouvrage, dans le Catalogue des Livres de l'abbé Sépher. Plusieurs bibliographes l'attribuent à Fr. Denis Camusat, mais je ne le vois pas mentionné dans le catalogue des productions de cet écrivain, inséré par J. Fr. Bernard en tête de l'*Histoire critique des Journaux*.

Dans l'épître dédicatoire au cardinal de Fleury, signée C..., l'auteur se désigne comme étranger : c'est ce qui donne la plus grande probabilité à l'opinion de Gabriel Martin, qui, dans le *Catalogue* de le Blanc, *Paris*, 1729, in-8, à l'*errata* pour la page 109, n° 1233, attribue cette *critique* à milord Carle.

3201. Critique (la) de la Critique de la recherche de la vérité (par D. Robert des Gabets). *Paris*, *Dupuis*, 1675, *in*-12.

3202. Critique de la Henriade de Voltaire (attribuée à Bonneval). *Sans date*, *in*-8.

Les *biographes* et les *dictionnaires historiques* attribuent à Bonneval cette critique, énoncée d'une manière beaucoup trop vague. Je crois qu'on a voulu parler de la critique intitulée : *Réflexions critiques sur un poëme*, etc. Voyez ces mots.

3203. Critique de la Lettre (de Maupertuis) sur la Comète (par Basset, professeur en l'université). 1742, *petit in*-12.

3204. Critique de l'apologie d'Érasme de l'abbé Marsollier (par le P. Gabriel de Toulon, dont le nom de famille était Vieilh). *Paris*, *Jombert*, 1720, *in*-12.

3205. Critique (la) de la *Recherche de la vérité*, par un académicien (Simon Foucher). *Paris*, 1675, *petit in*-12.

3206. Critique (la) de la tragédie de Charles IX, comédie (par Palissot). *Paris*, *Desenne*, 1790, *in*-8 *de* 35 *p*.

3207. Critique de la tragédie de Coligny, ou la Saint-Barthélemy, par M. de V***. *Bruxelles*, 1740, *in*-12 *de* 31 *pages*.

L'auteur inconnu de cette *critique* a montré peu de sagacité en attribuant à Voltaire une tragédie de Baculard d'Arnaud. Voyez le n° 2444.

3208. Critique de la tragédie de Pyrrhus, en forme de lettre, adressée à Crébillon (par l'abbé Esquieu). *Paris*, 1726, *in*-8.

3209. Critique de l'Histoire des Chanoines, ou Apologie de l'état des Chanoines propriétaires, depuis les premiers siècles de l'Église jusqu'au douzième, avec une dissertation sur la canonicité de l'ordre de Prémontré (par le P. Hugo). *Luxembourg*, *André Chevalier*, 1700, *in*-8.

3210. Critique de l'Histoire du Concile de Trente de Fra-Paolo Sarpi, des Lettres et Mémoires de Vargas (par Frain du Tremblay). *Rouen*, *Guillaume Behourt*, 1719, *in*-4.

3211. Critique de l'Imitation de J. C., traduite par le sieur de Beuil (c'est-à-dire le Maistre de Sacy), imprimée à Paris, chez *Savreux*, *Desprez et autres* (par le P. Bouhours). (*Bruxelles*, *Foppens*), 1688, *in*-8 *de* 59 *p*.

3212. Critique de l'OEdipe de M. de Voltaire, par M. le G*** (le Grand). *Paris*, *Ganeau*, 1719, *in*-8 *de* 36 *pages*.

Note manuscrite d'un contemporain.

3213. Critique de l'Oraison funèbre

de madame T*** (Tiquet), par le père C. (CHAUCHEMER, jacobin). .... 1699, *in*-8. V. T. — Réimprimée dans le format *in*-12, 16 pages, *sans date*. B.

3214. Critique de quinze Critiques du Salon (par J. A. DULAURE). *Paris*, 1788, *in*-8. V. T.

3215. Critique (la) des Critiques du Salon de 1806 (par M. GIRODET). *Paris*, *Firmin Didot*, 1806, *in*-8.

3216. Critique des Lettres philosophiques de M. D. V. (Voltaire, par René DE BONNEVAL) ..... *in*-12.

C'est encore une erreur accréditée par nos dictionnaires historiques, et qui se retrouve dans la *Biographie universelle*.

Une note manuscrite qui me paraît mériter toute confiance, m'a appris que cette critique était de l'abbé Molinier, ex-oratorien. Son véritable titre est : *Réponse aux Lettres*, etc. Voyez ces mots.

3217. Critique des ouvrages de M. L. A. D. F. (l'abbé Desfontaines) (par GAYOT DE PITAVAL, avocat). *Amsterdam*, *Guillaume le Sincère*, *au Mont-Parnasse*, 1733, *in*-12.

3218. Critique désintéressée des Journaux littéraires et des ouvrages des savans (par Fr. BRUYS). *La Haye*, *Van Lom*, 1730, 3 *vol. in*-12.

3219. Critique (la) désintéressée (de l'abbé Ch. COTIN) sur les Satyres du Temps (de Boileau) .... *in*-8.

Voyez les Œuvres de Boileau, édition de Saint-Marc. *Paris*, 1747, 5 *vol. in*-8, t. 1, p. 55. *Amsterdam*, 1772, 5 *vol. in*-8 *et* 5 *vol. in*-12, t. 1, p. 63.

3220. Critique du ballet moral dansé au collége des Jésuites de Rouen, au mois d'août 1750 (par GAULTIER, prêtre). 1761, *in*-12.

3221. Critique (la) du Théâtre anglais, par COLLIER ; traduite de l'anglais (par le P. DE COURBEVILLE), *Paris*, *N. Simart*, 1715, *in*-12.

3222. Critique d'un livre contre les Spectacles, intitulé : *J. J. Rousseau*, *etc.*, *à M. d'Alembert* (par le marquis DE MÉZIÈRES). *Paris*, *Lambert*, 1760, *in*-8.

3223. Critique d'un livre intitulé *la Télémacomanie* (par RIGORD). *Amsterdam*, 1706, *in*-8. V. T.

3224. Critique générale de l'Histoire du Calvinisme du P. Maimbourg (par BAYLE). *Villefranche*, *Pierre le Blanc*, 1684, 4 *vol. petit in*-12.

3225. Critique générale des Aventures de Télémaque (par GUEUDEVILLE). *Cologne*, 1700, 2 *volumes petit in*-12.

Cette critique est composée de cinq parties. A la honte de la littérature, la première a eu quatre éditions, et la seconde trois. La cinquième, publiée en 1702, a pour titre : *Le Critique ressuscité*, ou Fin de la Critique des Aventures de Télémaque, où l'on voit le véritable portrait des bons et des mauvais rois.

3226. Critique ou Analyse des Mémoires du comte de Bonneval (par G. MARCHE). *Amsterdam*, 1738, *in*-8. V. T.

3227. Critique ou Examen des préjugés de M. Jurieu contre l'Église romaine, et de la suite de l'accomplissement des prophéties, par M. RICHARD (le P. GERBERON). *Leyde*, 1690, *in*-4.

3228. Critique posthume d'un ouvrage de M. de Voltaire (par l'abbé CHAMPION de Nilon). *Londres*, 1772, *in*-8 *de* 27 *pages*, contre les *commentaires* sur Corneille.

3229. Critique (le) ressuscité, ou Fin de la Critique de Télémaque (par GUEUDEVILLE). *Cologne*, 1702, *in*-12.

Voyez le n° 3225.

3230. Critique, scène par scène, sur Sémiramis, tragédie de Voltaire (par l'abbé MERCHADIER). *Paris, Cailleau*, 1748, *in*-8.

3231. Critique sommaire d'un livre intitulé : *Abrégé de l'Histoire ecclésiastique* (par l'abbé François JOUBERT). *In*-12 *de* 32 *pages*.

3232. Crocodile (le), ou la Guerre du Bien et du Mal, arrivée sous le règne de Louis XV, poëme épiquo-magique en cent deux chants, œuvre posthume d'un *amateur des choses cachées* (DE SAINT-MARTIN). 1800, *in*-8.

3233. Croix (la) de Jésus-Christ, ou Réflexions sur Jésus crucifié (par DUGUET). *Amsterdam*, 1727, *in*-12.

3234. Cromwel, tragédie en cinq actes et en vers (par le P. MARION, de la société de Jésus). *Londres, libraires associés* (*Paris*), 1764, *in*-12.

3235. Croniques (les) de Normandie (par Guillaume LE TALLEUR), lesquelles ont été de nouveau corrigées à la vérité, esquelles sont contenues vaillances et proesses des ducs, barons et seigneurs de la noble duché de Normandie, et avec les guerres qui ont été entre Françoys, Normans et Angloys, et aussi la conqueste du pays et duché de Guyenne ; avec plusieurs addicions, comme on pourra veoir en lysant ledict livre. *Et ont été imprimées pour Richard Macé, libraire, demeurant à Rouen, à l'enseigne des cinq Chapelets, devant le portail aux libraires ; in*-4 *de* CXXXVIII *feuillets, lettres gothiques*.

On lit à la fin, avant la table des matières : Cy finissent les Cronicques de Normandie, *nouvellement imprimées à Rouen pour Jehan Bruges, libraire, demeurant audit lieu, en la rue de Grant-Pont, près de la Serayne.*

Cet ouvrage est sans doute une nouvelle édition de celui dont parle Huet dans ses *Origines de Caen*, page 12, et qui a pour titre : *Les Chroniques de Normandie*, par Guillaume le Talleur, imprimées dans son hôtel, à Rouen, en l'année 1487, en lettres gothiques.

3236. Croniques (les) du très-chrétien et très-victorieux Loys de Valoys, feu roy de France, que Dieu absolve, unziesme de ce nom, avecques plusieurs aultres adventures advenues depuis l'an 1460 jusques en l'an 1483 inclusivement (par Jehan DE TROYE). *Sans date, in-fol. goth.* Voyez le n° 2338.

3237. Cruauté (de la) religieuse (traduit de l'anglais, par le baron D'HOLBACH). *Londres* (*Amsterdam, M. M. Rey*), 1769, *in*-8 ; — 1775, *in*-12.

3238. Cruels Effets de la vengeance du cardinal de Richelieu, ou Histoire des Diables de Loudun et du supplice du curé Urbain Grandier (par AUBIN). *Amsterdam, Et. Roger*, 1716, *in*-12.

La plupart des exemplaires de cet ouvrage portent le titre d'*Histoire des Diables de Loudun*. Voyez ces mots.

3239. Cueur (le) de la Philosophie, translaté de latin en françois, à la requête de Philippe le Bel (par SIMON de Compiègne, moine de l'abbaye de Saint-Riquier). *Paris, Ant. Verard, in*-4 ; *et J. Petit*, 1534, *in-fol. goth.*

3240. Cuisine (la) des Pauvres, ou Collection de Mémoires sur divers objets d'économie politique (par VARENNE DE BÉOST). *Dijon*, 1772, *in*-4.

3241. Cuisine (la) élémentaire et économique, propre à toutes les conditions et à tous les pays, par D. L. (D. LEBRIGENT) ; seconde édition. *Paris, Levacher, an* 13 (1805), *in*-12.

3242. Cuisine et Office de santé, propres à ceux qui vivent avec économie et régime (par MENON). *Paris*, 1758, *in*-12.

3243. Cuisinière (la) bourgeoise (par Menon). *Paris*, 1748, 2 *vol. in*-12, *très-souvent réimprimés en un seul volume*.

3244. Culottes (les) de Saint-Griffon, nouvelle imitée de Casti (en vers, par M. Villetard). *Paris*, *Dubin*, 1803, *in*-8.

3245. Culte (le) de la Vierge sacrée Marie, défendu contre les avis d'un auteur anonyme (Henneguier, par Th. le Roy). *Saint-Omer*, 1674, *in*-8. V. T.

3246. Culte (du) des Dieux Fétiches, ou Parallèle de l'ancienne religion d'Égypte avec la religion actuelle de la Nigritie (par de Brosses). 1760, *in*-12.

Naigeon a inséré cette dissertation dans le *Dictionnaire de la Philosophie ancienne et moderne de l'Encyclopédie méthodique*, au mot Fétichisme.

3247. Culte (du) des Saints, et principalement de la très-Sainte Vierge Marie; par Néercassel, évêque de Castorie, de la traduction de M. L. R, A. D. H. F. (le Roy, abbé de Haute-Fontaine). *Paris*, *Desprez*, 1679, *in*-8.

3248. Culte et Lois des hommes sans Dieu (brochure attribuée à Sylvain Maréchal). *L'an* 1er *de la raison*, 6e *de la république française* (1798), *in*-12 *de* 64 *pages*.

3249. Culte (du) public, ou de la Nécessité du Culte public en général, et de l'excellence du Culte catholique en particulier (par M. l'abbé Jauffret, aujourd'hui évêque de Metz). *Paris*, *Decleve*, 1796, 2 *vol. in*-8.

3250. Culture (la) de l'Esprit, ou Direction pour faciliter l'acquisition des connoissances utiles, par Isaac Watts, traduit de l'anglais par D. de S**** (Daniel de Superville); nouvelle édition, retouchée avantageusement. *Lausanne*, *François Lacombe*, 1782, *in*-12.

La première édition de cette traduction parut en 1762, avec le nom du traducteur.

3251. Curedent (le) du Roi de la Febve, histoire de l'antiquité du Roi-boit (par Jean de Bourgez). *Paris*, 1702, *in*-8.

Voyez *Dictionnaire bibliographique* de Cailleau et Duclos, t. 1, p. 184.

3252. Curé (le) anglais, ou la Famille de Primrose, traduit de l'anglais de Goldsmith, par Éléonore de Fl. (de Flinville). *Paris*, 1799, 2 *vol. in*-18.

3253. Curé (le) Jeannot et sa Servante, contes en vers (par de Cambry). *Bruxelles*, 1784, *in*-12.

3254. Curieuses Recherches sur les Écoles en médecine de Paris et de Montpellier, par un ancien docteur en médecine de la faculté de Paris (Riolan). *Paris*, *G. Meturas*, 1651, *in*-8.

3255. Curieux (le) puni, comédie en un acte, en prose, par MM. André et Austin (MM. Fortia de Piles et Guys de Saint-Charles). *Paris*, *Porthmann*, 1813, *in*-8 *de* 40 *p*.

3256. Curiosité (la) dangereuse, par Braydore (Roberday). *Paris*, *veuve Mauuel*, 1698, *in*-12.

3257. Curiosités de la Nature et de l'Art, apportées dans deux voyages des Indes, avec la relation de ces voyages, rédigée sur les Mémoires de C. Biron (par C. Biron). *Paris*, 1703, *in*-12.

On trouve dans cet ouvrage une lettre adressée par l'abbé de Vallemont à l'auteur, qui allait partir pour les Indes orientales. C'est ce qui a engagé quelques bibliographes à en attribuer la rédaction à l'abbé de Vallemont lui-même, qui d'ailleurs en a publié

ou dont le titre commence par les mêmes mots.

3258. Curiosités de Londres et de l'Angleterre, traduites de l'anglais (par LE ROUGE). *Bordeaux, veuve Calamy*, 1765, *in*-12.

3259. Curiosités (les) de Paris, de Versailles, de Marly, de Vincennes, de Saint-Cloud et des environs; par M. L. R. (par Claude SAUGRAIN), libraire. *Paris, Saugrain*, 1716, *in*-12. — Nouvelle édition augmentée (par PIGANIOL DE LA FORCE et SAUGRAIN). *Paris*, 1723, 2 *vol. in*-12.

3260. Cy commence l'exposition et la vraye déclaracion de la Bible, tant du Vieil que du Novel Testament, principalement sur toutes les ystoires ppales dud. Vieil et Novel Testament, novellement faicte par ung très-excellent clerc, lequel par sa science fut pape (Æneas Sylvius), et après la translacion a été vû, lû et corret de point en point par vénérable docteur maistre JULIEN, de l'ordre des Augustins sur le Rosne... *Sans chiffres, ni nom de ville, ni d'imprimeur* (*Lyon, vers* 1480), *in-fol.*

3261. Cy commence ung excellent et très-prouffitable livre pour toute créature humaine, appellé le Miroer de Mort (par Olivier DE LA MARCHE). *Sans date, in-fol. goth.*

3262. *Cymbalum mundi*, en françoys, contenant IV dialogues poétiques fort antiques, joyeux et facétieux, par Thomas DU CLEVIER (masque de Bonaventure DES PERIERS). (*Paris, Jean Morin*), 1537, *in*-8; — *Lyon, Michel Parmentier*, sous le masque de *Benoît Bonnyn*, 1538, *in*-8.

3263. *Cymbalum mundi*, ou Dialogues satyriques sur différens sujets, par Bonaventure DES PERIERS, avec une lettre critique par Prosper MARCHAND; nouvelle édition revue, corrigée et augmentée de notes et de remarques communiquées par plusieurs savans (FALCONET et LANCELOT). *Amsterdam, Prosper Marchand* (*Paris*), 1732, *petit in*-12.

Pr. Marchand avait publié en 1711, à Amsterdam, une édition fort soignée de cet ouvrage, sous le masque de Félix DE COMMERCY.

3264. Cytheride (par BRET). *Saphos* (*Paris*), 1743, *in*-12.

3265. Czarewitz Chloré, conte moral de main impériale et de maîtresse (par CATHERINE II, traduit par FORMEY). *Berlin, Nicolaï*, 1782, *in*-8.

Cet ouvrage est indiqué dans le Catalogue très-curieux des livres du cabinet d'Ant. Bern. Caillard (ci-devant chargé des affaires de France à Copenhague, Pétersbourg, la Haye, et ministre plénipotentiaire de la république française à Ratisbonne et à Berlin). *Imprimé à Paris* (*par Crapelet*), 1805, *in*-4.

M. Caillard avait réuni dans son cabinet des ouvrages remarquables par leur rareté, et les meilleures éditions des classiques, dites *cum notis Variorum* ou *Diversorum*. Voyez le nouveau Catalogue des livres rares et précieux de M. Caillard, *Paris, de Bure père et fils*, 1810, *in*-8.

D.

3266. Daïra, histoire orientale (par DE LA POPELINIÈRE). *Paris, Simon*, 1760, *in*-4; *Bauche*, 1761, 2 *parties in*-12.

L'édition *in*-4 a été tirée à un très-petit nombre d'exemplaires.

Les *Mémoires secrets de la République des Lettres*, par Bachaumont, sous la date du 15 juillet 1763, t. 1, nous apprennent que la Popeliuière avait composé un autre ouvrage intitulé : *Les Mœurs du Siècle*, ou *Dialogues*, dans le goût du P...r des Ch...x. Il en conservait un exemplaire orné de peintures excellentes : à la vente des livres de l'auteur, cet exemplaire a été saisi par ordre du roi.

Ce dernier ouvrage se trouve aujourd'hui dans la bibliothéque de son excellence le prince M. Galitzin. On en lit la description suivante à la page 63 de la notice des manuscrits, livres rares, etc., tirée du cabinet de ce prince, et mise en ordre par G. de Laveau. *Moscou, de l'imprimerie d'Auguste Sémen*, 1820, *in*-8 *de* v *et* 99 *pages*.

« Tableau des Mœurs du temps, dans les différens âges de la vie ; 1 vol. grand in-4, rel. m. r.

« Unique exemplaire, imprimé sous les yeux et par ordre de M. de la Popelinière, fermier général, qui en fit aussitôt briser les planches ; ouvrage critique, remarquable par vingt miniatures de format in-4, dont seize en couleurs et quatre au lavis, de la plus grande fraîcheur et du plus beau faire, représentant des sujets libres. M. de la Popelinière y est peint sous divers points de vue et d'après nature, dans les différens âges de la vie. Cet ouvrage est d'un prix infini, par cela même qu'il est le *nec plus ultrà* de ce que pouvaient produire le luxe et une imagination déréglée. »

3267. Dame (la) de charité, drame en trois actes et en prose (par CARON DU CHANSET). *Paris, Costard*, 1775, *in*-8.

3268. Dame Jeanne, parodie de Jeanne de Naples, en un acte et en vaudevilles (par M. RADET). *Paris, Brunet*, 1783, *in*-8.

3269. Dames (les) dans leur naturel, ou la Galanterie sans façon sous le règne du grand Alcandre (par Gatien DE COURTILZ). *Cologne, P. Marteau*, 1686, *in*-12.

3270. Dames (les) galantes, ou Confidence réciproque (par POISSON). *Paris*, 1685, 2 *vol. in*-12.

Note manuscrite de l'abbé Lenglet du Fresnoy.

3271. Danaïdes (les), tragédie lyrique en cinq actes (par le baron DE TSCHOUDY). *Paris*, 1784, *in*-4.

3272. Daneche-Men-Kan, philosophe mogol, avec des remarques (par P. Ch. JAMET).... 1740, *in*-12. V.T.

3273. Danger (le) des extrêmes, essai critique à l'ordre du jour sur quelques écrivains (par M. FÉLIX NOGARET). *Paris*, *an* 8 (1800), *in*-12.

3274. Danger (le) des mauvais livres, ou Sermon sur l'Apocalypse (par M. CELLERIER). *Genève*, 1806, *in*-8 *de* 44 *pages*.

3275. Danger des passions, ou Anecdotes syriennes et égyptiennes, par l'auteur de l'*École de l'amitié* (le marquis DE THIBOUVILLE). *Paris*, 1758, 2 *vol. in*-12.

3276. Danger (le) des passions, ou Mémoires de la baronne de Blémond (par la marquise DE SAINT-AUBIN). *Genève* (*Paris*), 1763, 5 *vol. in*-12.

Réimprimés en 1808, chez *Léopold Collin*, avec le nom de l'auteur.

3277. Danger (le) des préjugés, ou les Mémoires de mademoiselle d'Oran (par mademoiselle FAUQUE). *Paris, Bastien*, 1774, 2 *parties in*-12.

C'est le même ouvrage que celui qui parut en 1755, sous ce titre : *Les Préjugés trop bravés et trop suivis*...

3278. Danger (le) des règles dans les arts, poëme, suivi d'une traduction libre en vers d'un morceau du seizième chant de l'Iliade, et d'une élégie sur la nuit ; par M. T.... (TAILLASSON), de l'académie de peinture et de sculpture. *Venise et Paris*, 1785, *in*-4.

3279. Danger (le) d'une première faute, histoire anglaise (par M. BRIEL). *Londres et Paris, Couturier*, 1784, *in*-12.

3280. Dangers (les) de la coquetterie (par madame Marie-Armande-Jeanne D'HUMIÈRE, depuis madame DUFOUR). *Paris*, 1787, 2 *v. in*-12. V.T.

3281. Dangers (les) de l'amour, poëme en deux chants (par A. J. V. Lebeau de Schosne). *Paris*, 1754, *in*-12. V. T.

3282. Dangers (les) de la passion du jeu, ou Histoire de la baronne d'Alvigny (par madame de Mérard-Saint-Just). *Paris, Maradan*, 1793, *in*-18.

3283. Dangers (les) de la sympathie (ouvrage remis par madame B.... à M. de Lantier, rédigé et mis au jour par M. Nougaret). *Londres et Paris, Bastien*, 1785, 2 *vol. in*-12.

3284. Dangers (les) de la ville, ou Histoire d'Ursule Rameau, faite sur les véritables lettres de personnages, par M. R. D. L. B. (N. E. Rétif de la Bretonne). *La Haye et Paris, veuve Duchesne*, 1785, 4 *volumes in*-12.

3285. Dangers (les) des circonstances, ou les Nouvelles Liaisons dangereuses (par M. Nougaret), *Paris*, 1789, 4 *vol. in*-12.

3286. Daniel, ouvrage traduit de l'allemand de Moser (par Charles Griffet-Labaume, ingénieur des ponts et chaussées de France). *Paris, Royez*, 1787, *petit in*-12.

3287. Danse (la) aux Aveugles (par Pierre Michault), et autres poésies du quinzième siècle, extraites de la bibliothéque des ducs de Bourgogne (publiées par Lambert Douxfils, gentilhomme établi à Bruxelles). (*Bruxelles*), 1748, *petit in*-8.

Voyez le *Manuel du Libraire*, troisième édition, t. 2, au mot *Michault*.

3288. Danse (la), chant quatrième du poëme de la Déclamation théâtrale (par Cl. J. Dorat). *Paris*, 1767, *in*-8.

3289. Daphnis et Chloé, traduction complète (par Amyot et M. Courier) d'après le manuscrit de la bibliothéque de Florence. *Florence, Piatti*, 1810, *in*-8 *de* 154 *pages, tiré à* 60 *exemplaires*.

On sait que M. Courier a découvert à Florence un morceau précieux du roman de Longus, resté inconnu jusqu'alors.

Il vient de faire paraître une nouvelle édition de la traduction de Longus sous le titre suivant :

Les Pastorales de Longus, ou Daphnis et Chloé, traduction de messire J. Amyot, revue, corrigée, complétée de nouveau, refaite en grande partie, par Paul-Louis Courier, vigneron, membre de la Légion-d'Honneur, ci-devant canonnier à cheval, aujourd'hui en prison à Sainte-Pélagie. *Paris, Corréard*, 1821, *in*-8.

3290. Daumalinde, reine de Lusitanie (par madame de Saint-Martin). *Paris, Courbé*, 1681 *et* 1688, 3 *vol. in*-12.

3291. David et Bethsabée, tragédie non représentée, par M. l'abbé *** (Petit, curé de Monchauvet). *Londres* (*Rouen*), 1754, *in*-12.

3292. David, ou l'Histoire de l'Homme selon le cœur de Dieu (traduite de l'anglais par le baron d'Holbach). *Londres* (*Amsterdam, M. M. Rey*), 1768, *in*-12.

3293. Débat de deux Gentilshommes espagnols sur le faict d'amour (par Diego de S.-Pedro). *Paris*, 1541, *in*-8. V. T.

3294. Débat (le) de l'homme et de l'argent (traduit de l'italien par frère Claude Platin). *Paris, Jehan Saint-Denys*, *in*-8.

3295. Débat (le) des deux chevaliers Vasquiran et Flamyan sur le fait d'amours (par Diego de San-Pedro). *Paris, Denys Jannot*, 1541, *in*-4.

3296. Débat (le) d'un Jacopin et d'un

Cordelier à qui aura sa religion meilleure, appoincté par notre maître (par Fr. Picard). *Sans indication de lieu*; 1606, *in*-12. V. T.

3297. Débats du parlement d'Angleterre au sujet des affaires générales de l'Europe, traduits de l'anglais (par Ange Goudar). *Londres* (*Paris*), 1758, *in*-12 *de* 108 *pages*.

3298. Décade (la) philosophique, littéraire et politique, commencée le 10 floréal an 2 (29 avril 1794), continuée depuis le 10 vendémiaire an 13 (2 octobre 1804), sous le titre de Revue philosophique, littéraire et politique, et terminée sous ce dernier titre le 21 septembre 1807. *Paris*, 1794-1807, 54 *vol. in*-8.

M. Ginguené peut être considéré comme le fondateur et le principal auteur de ce journal ; il l'a enrichi d'une multitude d'extraits qui le mettent au rang des meilleurs critiques de ces derniers temps. Ces articles sont généralement signés de la lettre G.

On trouve au bas de beaucoup d'articles les signatures suivantes : A. (Andrieux): A. J. Q. B. (Adrien-Jean-Quentin Beuchot), V. B. (Victor Boisjolin), L. B. (le Breton), E. B. (Encyclopédie britannique, ou Antoine-Prosper Lottin, qui avait rassemblé sous ce titre une grande quantité de matériaux sur l'histoire d'Angleterre), L. C. (la Chabeaussière), P. C. (Paulin Crassous), A. D. (Amaury Duval), L. (Larenaudière), M. (Mariné), V. D. M. (Victor-Donatien Musset), O. (Auger), G. P. (Germain Petitain), H. S. (Horace Say), J. B. S. (Jean-Baptiste Say), C. T. (Charles Theremin), G. T. (Guillaume Toscan).

Horace Say a rédigé les chapitres de la politique intérieure depuis le mois de nivose de l'an 4 (décembre 1796) jusqu'au mois de floréal de l'an 5 (avril 1797) ; son frère M. J. B. Say a eu beaucoup de part à la rédaction de ce journal depuis l'origine jusqu'en 1800, époque où il la céda à M. Amaury Duval.

3299. Décadence (de la) des lettres et des mœurs (par Rigoley de Juvigny). *Paris*, *Mérigot jeune*, 1787, *in*-4 *et in*-8. — Seconde édition, 1787, *in*-12.

3300. Décadence (la) visible de la royauté, reconnue par cinq marques infaillibles (par du Bosc de Montandré). *Sans nom de ville*, 1652, *in*-4. V. T.

3301. Décameron (le) de Jean Bocace (de la traduction d'Ant. le Maçon, imprimée pour la première fois vers 1540), avec figures gravées en taille-douce sur les dessins de Gravelot. *Londres* (*Paris*), 1757, 5 *volumes in*-8.

3302. Décision faite en Sorbonne, touchant la comédie, avec une réfutation des sentimens relâchés d'un nouveau théologien (le P. Caffaro, théatin) sur ce sujet, par M. l'abbé L** P** (Laurent Pégurier). *Paris*, *Coignard*, 1694, *in*-12.

3303. Décisions (les) du Censeur monarchique touchant la plus juste autorité des régens d'état (par du Bosc de Montandré). *Paris*, 1651, *in*-4. V. T.

3304. Déclamation de l'incertitude, vanité et abus des sciences, traduite du latin de H. C. Agrippa (par Louis de Mayerne-Turquet). *Paris*), *Durand*, 1582, *in*-8, *non corrigé*. Voyez les mots *Paradoxe sur l'incertitude*, etc.

On lit le nom du traducteur sur le frontispice d'une édition imprimée en 1630, *petit in*-12.

3305. Déclamation (la) théâtrale, poëme didactique en trois chants, précédé d'un discours (par Dorat). *Paris*, 1766, *in*-8. — Le même, nouvelle édition augmentée d'un quatrième chant, précédé et suivi de quelques morceaux de prose. *Paris*, *Delalain*, 1771, *in*-8.

Voyez le n° 3288.

3306. Déclaration des abus et tromperies que font les apothicaires, fort utile et nécessaire à un chacun studieux et curieux de sa santé, composée par maître LISSET-BENANCIO (Sébastien COLIN, médecin). *Tours* (*Poitiers*), *Matthieu Chercelé*, *in*-16; *Lyon*, *Michel Jove*, 1556, *in*-16.

Pierre PALISSY répondit à cet ouvrage sous le nom supposé de P. BRAILLIER, et sous ce titre :

Déclaration des abus et ignorances des Médecins, qui est une réponse contre le livre de Lizet (Lisset) Benancio, médecin. *Rouen*, *Th. Mallard*, 1557; *Lyon*, *Michel Jove*, 1557, *in*-16.

3307. Déclaration des droits, traduite de l'anglais (composée en français par CONDORCET), avec l'original à côté. *Londres*, 1789, *in*-8 *de* 88 *p.*

On attribue la traduction anglaise à M. Mazzei.

3308. Déclaration du droit de légitime succession sur le royaume de Portugal (et autres états), appartenant à la royne mère du roy très-chrétien, par M. P. BE. (P. BELLOY). *Anvers*, 1582, *in* 8.

3309. Déclaration historique de l'injuste usurpation et retention de la Navarre par les Espagnols (par Arnaud OIHÉNARD de Mauléon). *Sans nom de ville*, 1625, *in*-8. V. T.

3310. Découverte (la) australe, ou les Antipodes, avec une estampe à chaque fait principal (par RÉTIF DE LA BRETONNE). *Paris*, 1781, 4 *vol. in*-12.

3311. Découverte (la) de la Vérité, et le Monde détrompé à l'égard de la philosophie et de la religion, surtout à l'égard de la philosophie, dont l'auteur donne un système entièrement nouveau, etc.; traduit de l'anglais, corrigé et augmenté par l'auteur, le chevalier VERIDICUS, Nassaviensis (composé en français par le nommé HATZFELD), approuvé par le célèbre professeur Wolf, souscrit par plusieurs princes et autres personnes de distinction. *La Haye*, 1745, *in*-8 *de* 413 *pages.*

Wolff a déclaré dans plusieurs journaux qu'il n'avait point approuvé cet ouvrage. Voyez la *Bibliothèque raisonnée*, tome 36, p. 367. Voyez aussi les *Analecta litteraria* de Freytag, p. 283.

3312. Découverte (la) de la ville d'Antre en Franche-Comté (par P. Joseph DUNOD, jésuite). *Paris*, 1697, *in*-12. — La Découverte entière de la ville d'Antre, les méprises des auteurs de la critique d'Antre (par le même). *Amsterdam* (*Besançon*, *Alibert*), 1709, *in*-8.

3313. Découverte (la) de l'empire de Cantahar (par DE VARENNE, mestre de camp d'infanterie). *Paris*, *Prault*, 1730, *in*-12.

3314. Découverte des faussetés et erreurs de du Plessis, par Gui DU PUY (masque d'Arnaud DE PONTAC). *Bourdeaux*, 1599, *in*-8.

3315. Découverte (la) des Indes occidentales par les Espagnols, traduite de l'espagnol de LAS CASAS (par l'abbé DE BELLEGARDE), *Paris*, *P. de Bats*, 1701, *in*-12.

3316. Découverte (la) des nouveaux mondes, ou l'Astrologue curieux, par le sieur DE SAINT-HILAIRE (le P. PORPHIRE-MARIE d'Aix, capucin). *Rouen*, *Barthelier*, 1667, *in*-12.

Il n'existe peut-être qu'un exemplaire de cet ouvrage; les supérieurs de l'auteur le firent supprimer, à cause de l'idée de la pluralité des mondes qui s'y trouve développée : il présente aussi l'idée des globes aérostatiques et du magnétisme animal.

Voyez un curieux article sur cet auteur, dans le *Dictionnaire des Hommes illustres de Provence*. Marseille, 1786, in-4, t. 2.

3317. Découverte importante sur le

système de la constitution du Clergé décrétée par l'Assemblée nationale (par l'abbé BONNAUD, ex-jésuite). 1791, *in-8 de* 32 *pages.*

Cette brochure a été réfutée par Maultrot. Voyez le n° 3379.

3318. Découvertes des François en 1768 et 1769, dans le sud-est de la Nouvelle-Guinée, par M*** (DE FLEURIEU). *Paris, imprimerie royale,* 1790, *in-4.*

3319. Découvertes faites sur le Rhin d'Amagetobrie et d'*Augusta Rauracorum*, anciennes villes gauloises dans la Sequanie rauracienne, par A*** (le P. DUNOD, jésuite), avec des digressions sur l'histoire des Rauraques, le Mont-Terrible et la Pierre-Pertuis, par C. D*** (Jacq. Th. VERNEUR). *Porentruy,* 1796, *petit in-12.*

3320. Découvertes nouvelles sur la tactique, la fortification et autres points importans (par KNOCK). *Rouen* (*Francfort*), 1769, *in-8.*

Voyez *Réflexions militaires.*

3321. Décret de la congrégation de l'*Indice* contre la *Bibliothéque janséniste* (du P. Colonia, jésuite), avec la lettre d'un *docteur de Sorbonne* (le P. LAZERI, jésuite) et la lettre d'un *théologien romain* (le P. RICCHINI, dominicain), le tout en latin et en français (avec un avertissement de l'éditeur anonyme). *Avignon, Alex. Girard,* 1750, *in-12.*

Voyez *G. Walchii Bibliotheca theologica selecta.* Ienæ, 1757, t. 2, p. 938.

3322. Decret (le) de l'Assemblée nationale sur les biens du Clergé, considéré dans son rapport avec la nature et les lois de l'institution ecclésiastique (par l'abbé LAMOURETTE). *Paris, Mérigot le jeune,* 1790, *in-8.*

3323. Décri (le), conte en vers (par BELIN, avocat du roi à Montfort-l'Amaury). *Sans nom de lieu ni d'imprimeur,* 1762, *in-12 de* 23 *p.*

3324. Dédicace critique des Dédicaces, traduite de l'anglois de SWIFT, par... (FLINT, Anglois). *Paris, Barrois,* 1726, *in-12.*

3325. Déduction des droits de la maison électorale de Bavière aux royaumes de Hongrie et de Bohême, à l'archiduché d'Autriche, etc. (par ROUSSET). *La Haye, Van Dole,* 1743, 2 *vol. in-12.*

3326. Défense de feu M. Vincent de Paul contre les faux discours du Livre de sa Vie, publiée par Abelly, et contre les impostures de quelques autres écrits sur ce sujet (par l'abbé DE BARCOS). 1668, *in-4 et in-12.*

3327. Défense de Guillaume Tell (par Félix DE BALTHASAR, membre du conseil souverain de Lucerne). 1760, *in-8.*

3328. Défense de la Bibliothéque historique et critique des auteurs de la congrégation de Saint-Maur, de Phil. le Cerf (par DE LA PIPARDIÈRE, masque de Phil. LE CERF). *Paris, Chaubert,* 1727, *in-12.*

3329. Défense de la Chronologie fondée sur les monumens de l'Histoire ancienne, contre le Système chronologique de NEWTON; par FRÉRET (publiée avec une préface par DE BOUGAINVILLE). *Paris, Durand,* 1758, *in-4.*

3330. Défense de la Confession des Églises réformées de France (par les quatre ministres de Charenton, MONTIGNY, DURAND, DU MOULIN et MESTREZAT) contre les accusations du sieur Arnoux, jésuite. *Cha-*

renton, *Nic. Bourdin*, 1617, *in-8*, *pp.* 68; *Genève*, *Pierre Chouet*, 1625, *in-8*, *pp.* 48.

3331. Défense de la Constitution *Vineam Domini Sabaoth* de Clément XI, contre un livre qui a pour titre: *Nouveaux Éclaircissemens sur la signature du Formulaire* (par Léger Charles DECKER, professeur de philosophie à Louvain). 1707, *in-12*, *pp.* 60.

3332. Défense de la Déclaration de l'Assemblée du Clergé de France en 1682, traduite du latin de BOSSUET en françois (par BUFFARD, chanoine de Bayeux). (*Paris*), 1735, 2 *vol. in-4*.

3333. Défense de la Déclaration de l'Assemblée du Clergé de France de 1682, touchant la puissance ecclésiastique, traduite du latin de BOSSUET, avec des notes (par LE ROY). (*Paris*), 1745, 3 *vol. in-4*. — Nouvelle édition, revue et augmentée. *Paris*, 1774, 2 *vol. in-4*.

3334. Défense de la Déclaration du Clergé, par Bossuet, où l'on relève encore une aberration importante de M. de Bausset (par M. TABARAUD). *Paris*, *Baudoin*, 1820, *in-8 de 48 pages*.

3335. Défense de la Discipline de Sens touchant la pénitence publique (par Alex. VARET). *Sens*, 1673, *in-8*.

3336. Défense de la Dissertation sur le saint sacrifice de la Messe (par l'abbé PELVERT). 1781, 3 *volumes in-12*.

3337. Défense de la Doctrine des Combinaisons, et Réfutation du Mémoire dix des Opuscules mathématiques de d'Alembert, avec deux lettres au même (par MASSÉ DE LA RUDELIÈRE, lieutenant de l'amirauté du Poitou). *Paris*, *Chaubert*, 1763, *in-12*.

3338. Défense de la doctrine des Réformez sur la providence, sur la prédestination, etc. (par Isaac DE BEAUSOBRE, pasteur à Berlin). *Magdebourg*, 1693, *in-8*. V. T.

3339. Défense de la Faculté de Médecine de Paris, suivie de l'Éloge historique de l'Université (par COMBALUSIER). *Paris*, *veuve Quillau*, 1762, *in-12*.

3340. Défense de la Foi de l'Église contre les Hérétiques de notre temps...; par Fr. Cristofle TENFENTENGOU (Christ. DE CHEFFONTAINES). *Paris*, *Cl. Fremy*, 1564, *in-8*.

Première édition de ce livre, qui a paru en latin en 1575.

3341. Défense de l'Agronomie expérimentale (par SARCEY DE SUTIÈRES) .... 1766, *in-12*. V. T.

3342. Défense de la justice et de la souveraineté du Roi, et du droit des ecclésiastiques (par le P. QUESNEL). *Amsterdam*, 1708, *in-4*.

3343. Défense de la Lettre de S. Chrysostôme à Césaire (par le P. HARDOUIN). *Paris*, 1690, *in-4*.

3344. Défense de la Liberté chrétienne en l'usage sobre des viandes, contre George l'Apôtre, par A. R. (André RIVET). *Saumur*, 1605, *in-12*.

3345. Défense de la Lorraine contre les prétentions de la France, par Jean-Pierre-Louis P. P. (Louis HUGO). *La Haye*, 1697, *in-12*. V. T.

3346. Défense de la Monarchie de Sicile contre les entreprises de la Cour de Rome (par ELLIES DU PIN). *Amsterd.*, *Lucas*, 1716, 2 *part. in-12*.

3347. Défense de la Nation britannique, ou les Droits de Dieu, de la Nature et de la Société, clairement établis au sujet de la révolution d'Angleterre, contre l'auteur de l'Avis important aux Réfugiés (par Jacques ABBADIE). *Londres*, 1692; *la Haye*, 1693, *in*-12.

Réimprimée en partie sous ce titre : *Les Droits de Dieu, de la Nature et des Gens, tirés d'un livre de M. Abbadie*, intitulé : Défense, etc. *Amsterdam*, 1775, *in*-8.

On a retranché de l'ouvrage tout ce qui est relatif à l'*Avis aux réfugiés*.

3348. Défense de l'ancienne tradition des Églises de France sur la mission des premiers prédicateurs évangéliques dans les Gaules, etc., par R. O. (René OUVRARD, chanoine de Tours). *Paris*, *Roulland*, 1678, *in*-12.

3349. Défense de la Nouvelle Histoire de Suger (par dom GERVAISE). *Paris*, 1725, *in*-12.

C'est une apologie de l'abbé de la Trappe, de Rancé, contre dom Vincent Thuillier.

3350. Défense de l'antiquité de la ville et du siége épiscopal de Toul, par le sieur D'ANTIMON (Nic. CLÉMENT). *Paris*, 1702, *in*-8.

3351. Défense de la Piété et de la Foy de la sainte Église catholique, apostolique et romaine, contre les mensonges, les impiétés et les blasphêmes de Jean Labadie, apostat; par le sieur DE SAINT-JULIEN, docteur en théologie (Godefroy HERMANT). *Paris*, 1651, *in*-4.

3352. Défense de l'Apologie pour les Pasteurs de France (par Élie BENOIST), contre le livre (de d'Artis) intitulé : *Sentimens désintéressés sur la retraite des Pasteurs. Francfort*, *J. Corneille*, 1688, *in*-12.

3353. Défense de la réformation contre le livre (de Nicole) intitulé : *Préjugés légitimes contre les Calvinistes* (par le ministre CLAUDE). *Quevilli*, 1673, *in*-4; *La Haye*, 1680-1683, 2 *vol. petit. in*-12, *avec le nom de l'auteur*.

3354. Défense de la Religion chrétienne et de l'Écriture sainte contre les Déistes. *Paris, Et. Lucas*, 1681, *in*-12.

C'est une traduction de l'anglais de STILLINGFLEET par Jean-Baptiste DE ROSEMOND.

3355. Défense de la Religion luthérienne contre les Docteurs de l'Église romaine (par Hector-Godefroi MASIUS). *Francfort*, 1686, *petit in*-12.

3356. Défense de la Religion tant naturelle que révélée contre les infidèles et les incrédules, extraite des écrits publiés pour la fondation de M. Boyle, par les plus habiles gens d'Angleterre, et traduite de l'anglais de M. G. BURNET (par DE LA CHAPELLE). *La Haye*, *P. Paupie*, 1738, 6 *vol. in*-8.

Quand M. de la Chapelle, dit M. Senebier, traduisit en français l'abrégé des écrits composés pour la fondation de Boyle, *de Roches* montra un ouvrage semblable qu'il avait fait, et qui était bien plus exact et mieux rempli que le premier.

Hist. littér. de Genève, t. 3, p. 20.

3357. Défense de la Révélation contre les objections des esprits forts, par EULER; nouvelle édition, suivie des Pensées de cet auteur sur la religion, supprimées dans la dernière édition de ses lettres à une princesse d'Allemagne (le tout publié par M. ÉMERY). *Paris*, *Leclere*, *an* 13 (1805), *in*-8.

3358. Défense de la seconde partie de l'histoire du peuple de Dieu (par le P. BERRUYER). 1755, *in*-12.

3359. Défense de la Sophonisbe de M. Corneille (par DE VISÉ). *Paris*, 1663, *in*-12.

3360. Défense de la traduction du Nouveau Testament, imprimée à Mons (par Ant. ARNAULD et P. NICOLE). *Cologne, Dubuisson* (*Paris*), 1668, *in*-12.

3361. Défense de l'autorité de notre saint père le Pape, de nosseigneurs les Cardinaux, etc., contre les erreurs du temps, par Jacques DE VERNANT (le P. Bonaventure DE SAINTE-ANNE, carme de la réforme de Bretagne, dont le nom de famille était Bonaventure HÉRÉDIE). *Metz*, 1658, *in*-4.

Cet ouvrage ayant été censuré par la faculté de théologie de Paris, le faux Jacques de Vernant opposa à cette censure la *Doctrine ancienne des Théologiens de la Faculté de Paris*, etc. Voyez Moréri, au mot *Vernant*.

3362. Défense de la véritable idée du Schisme, contre l'auteur des anciennes *Nouvelles ecclésiastiques* (par MAULTROT). (1791), *in*-8 de 127 pages.

3363. Défense de la virginité perpétuelle de la Mère de Dieu, selon l'Écriture et les Pères; par M. E. L. C. E. et P. D. G. (Étienne LE CAMUS, évêque et prince de Grenoble). *Lyon, Laurent Aubin*, 1680, *in*-12.

3364. Défense de la volatilité du phlogistique, ou Lettre de l'auteur des *Digressions académiques* à l'auteur du Journal de Médecine (par GUYTON DE MORVEAU). (*Dijon, Frantin*, 1772), *in*-12.

3365. Défense (la) de l'Église contre le livre de M. Claude, intitulé : *Défense de la Réformation* (par le P. DANTECOURT, génovéfain). *Paris*, 1689, 2 vol. *in*-8.

3366. Défense de l'Église de Troyes sur le culte qu'elle rend à S. Prudence (par BREYER, chanoine). *Paris*, 1736, *in*-12. V. T.

3367. Défense de l'Église romaine contre les calomnies des Protestans sur la prédestination et la grâce (par le P. G. GERBERON). *Cologne, Jacques de Valé*, 1688, 1691, *in*-12.

3368. Défense de l'Église romaine et des souverains pontifes contre Melchior Leydecker, théologien d'Utrecht, par M. GERMAIN (Pasquier QUESNEL). *Liége*, 1696, *in*-12.

C'est le quatrième tome de la *Tradition de l'Église romaine sur la grâce*.

3369. Défense de l'Esprit des Lois, à laquelle on a joint quelques éclaircissemens (par MONTESQUIEU). *Genève, Barrillot et fils*. 1750, *in*-12.

La Beaumelle a publié une *Suite de cette Défense*. Voyez ces mots.

3370. Défense de l'Histoire des cinq Propositions contre le livre intitulé: *La Paix de Clément IX* (par Hilaire DUMAS). *Liége, Moumal*, 1701, *in*-12.

3371. Défense de l'Histoire des Patriarches d'Alexandrie et des Liturgies orientales (par l'abbé RENAUDOT) contre un écrit intitulé : *Défense de la Mémoire de M. Ludolf. Paris, J.-B. Coignard*, 1717, *in*-12.

La Défense de Ludolf est imprimée dans le tome 9 du *Journal littéraire* de la Haye; elle est de LA CROZE, qui répondit à la *Défense de l'Histoire des Patriarches* dans les tomes 10 et 11 de l'*Europe savante*. Il ne se fit connaître ni dans son attaque ni dans la défense.

3372. Défense de l'ordre social contre les principes de la révolution française (par l'abbé DUVOISIN, mort évêque de Nantes). *Brunswick*, 1798, *in*-8.

Réimprimé sous le nom de l'auteur, à *Leipsick* en 1801, et à *Nantes* en 1820; cette dernière édition in-8 a 338 pages.

Cet ouvrage est une nouvelle édition très-augmentée de l'*Examen des principes de la Révolution française*, 1795, in-8.

3373. Défense de Louis XVI. — Discussion de toutes les charges connues à l'époque du 14 novembre 1792 (par CAZALÈS). *Londres*, *in*-8 *de* 53 *pages*; et dans les *discours* et *opinions* de l'auteur, *Paris*, 1821, *in*-8.

3374. Défense (la) de maître Charles du Molin contre les calomnies des calvinistes et ministres de leur secte, abus, usurpations et erreurs d'iceux; par maître Simon CHALLUDRE, professeur des saintes lettres (Charles DU MOULIN). 1565, *in*-8; et à la page 607 du cinquième tome de ses *Œuvres*, 1685, *in-fol.*

Charles du Moulin s'y est caché sous ce nom, qui est l'anagramme du sien. Voyez sa vie par Brodeau, *Paris*, 1654, in-4, p. 178; et Niceron, t. 34, p. 117.

3375. Défense de milord Bollinbroke par le docteur Good Natur'd WELLESWISHER, chapelain du comte de Chesterfied (masque de VOLTAIRE), *Berlin*, 1751, *in*-8.

Réimprimé depuis avec quelques retranchemens.

Voltaire disait, par exemple, du cardinal d'Auvergne, *abbé de Cluni*, *propter clunes :* cet outrage à la mémoire d'un prélat qui l'avait toujours accueilli avec politesse, a été effacé. (*Note* de M. Chaudon.)

3376. Défense de *mon Apologie*, ouvrage qui a eu sept éditions (par l'abbé FRANÇOIS, lazariste, supérieur du séminaire de Saint-Firmin). *Paris*, *Crapart*, 1791, *in*-8 *de* 48 *p.*

3377. Défense (la) de mon Oncle contre ses infâmes persécuteurs, par A....T DE V*** (ARROUET DE VOLTAIRE). *Genève*, 1767, *in*-8 *de* 100 *pages*; 1768, *petit in*-8 *de* 111 *p.*

Voyez les mots *Réponse à la Défense de mon Oncle* (par Larcher).

3378. Défense de M. de la Bruyère et de ses *Caractères* contre les accusations et les objections de M. de VIGNEUL-MARVILLE (par P. COSTE). *Amsterdam*, *Th. Lombrail*, 1702, *in*-12 *de* 194 *pages*.

Réimprimé sous le nom de l'auteur, avec les *Caractères* de la Bruyère.

3379. Défense de Richer, ou Réfutation d'un ouvrage intitulé : *Découverte importante sur le vrai système de la constitution du Clergé* (par MAULTROT). 1790, 2 *parties in*-8.

La seconde partie a pour titre : *Chimère du Richérisme*. La *Découverte* est de l'abbé Bonnaud. C'est à tort que la *Biographie universelle* la donne à l'abbé Barruel.

Voyez le nº 3317.

3380. Défense de S. Augustin contre les erreurs, les calomnies, etc., que le P. Adam, jésuite, a prêchées dans l'église de Saint-Paul (par LALANNE, abbé de Val-Croissant). *Paris*, 1650, *in*-4, *pp.* 60.

3381. Défense de Sertorius de M. Corneille (par DONNEAU DE VIZÉ). *Paris*, 1663, *petit in*-12.

3382. Défense des abbés commendataires et des curés primitifs (par Guy DRAPIER). *La Haye*, 1686, *in*-12.

Voyez Moréri.

3383. Défense (la) des beaux-esprits de ce temps contre un satyrique, par le sieur DE LÉRAC (anagramme de Jacques CAREL). *Paris*, 1675, *in*-12.

3384. Défense des Catalans, avec les droits du Roi sur la Catalogne et sur le Roussillon (par Charles SOREL). *Paris*, 1642, *in*-8.

3385. Défense (la) des Censures du pape Innocent XI et de la Sorbonne contre les apologistes de la morale des Jésuites, soutenus par le père Moya, jésuite, sous le nom d'Amadæus Guimenius; par le sieur OGER LIBAN EHBERO (dom GERBERON).

Cologne, Pierre Marteau, 1690, *in-12*, *pp.* 176.

Placcius, Baillet, dom Philippe le Cerf et dom Tassin n'ont point connu ce pseudonyme. Voyez Prosper Marchand, *Dictionnaire historique*, t. 2, p. 91, *b*; et le Clerc, *Bibliothèque universelle*, t. 18, p. 177.

3386. Défense des Constitutions américaines, par John ADAMS, traduite de l'anglois (par M. LERIGET, en grande partie); avec des notes de M. DE LA CROIX. *Paris, Buisson*, 1792, 2 *vol. in-8*.

3387. Défense des dissertations sur l'origine de la maison de France et sur la mouvance de Bretagne (par l'abbé DU MOULINET DES THUILLERIES). *Paris, Guignard*, 1713, *in-12*.

3388. Défense (la) des droits des Communes d'Angleterre, traduite sur l'original anglais (de Humphrey MACKWORTH). *Rotterdam, Reinier Leers*, 1702, *in-12*.

3389. Défense des droits du Roi contre les prétentions du Clergé de France sur cette question : Les Ecclésiastiques doivent-ils à Sa Majesté la foi et hommage, l'aveu et dénombrement, ou des déclarations de temporel pour les biens qu'ils possèdent dans le royaume? (par DE SAINT-GENIS, auditeur des comptes). *Paris, de l'imprimerie de Cellot*, 1785, *in-4 de* 206 *pages*.

Il existe de cet ouvrage quelques exemplaires *in-fol.*

3390. Défense des droits et prérogatives des Roys de France contre Alexandre-Patrice ARMACAN, théologien (Corneille JANSÉNIUS), escrite en latin sous le titre de *Vindiciæ Gallicæ* (par Daniel DE PRIEZAC), et fidellement traduite en français (par J. BAUDOIN). *Paris, Rocolet*, 1639, *in-8*.

3391. Défense des Éclaircissemens sur l'Apocalypse de S. Jean, au sujet de l'effusion des phioles, contre l'Accomplissement des Prophéties (de Jurieu) (par PHILIPOT). *Amsterdam*, 1687, *in-12*, *pp.* 83.

Voyez *Œuvres* de Bayle, t. 4, p. 631.

3392. Défense des empereurs, rois, princes, états et républiques, contre les censures, monitoires et excommunications des papes de Rome (par D. GODEFROY). (*Genève*), *P. de Saint-André*, 1607, *in-8*.

Voyez les mots *Maintenue des Princes*. C'est le premier titre de cet ouvrage.

3393. Défense (la) des Femmes, ou Mémoires de madame la comtesse de *** (par madame DE MURAT). *Paris, Barbin*, 1697, 2 *vol. in-12*.

Voyez *Mémoires de madame la comtesse D****.

3394. Défense des livres de l'Ancien Testament contre l'écrit (de Voltaire) intitulé : *La Philosophie de l'Histoire* (par l'abbé CLÉMENCE, sous le masque de GOULMY DE ROSOY). *Rouen, Dumesnil, et Paris, Pillot*, 1768, *in-8*.

3395. Défense des nouveaux Chrétiens et des Missionnaires de la Chine, du Japon et des Indes (par le père Michel LE TELLIER). *Paris*, 1687, 2 *vol. in-12*.

3396. Défense (de la) des principales prérogatives de la ville et de l'église de Saint-Quentin, pour prouver que cette ville est l'ancienne *Augusta* des Vermandois; par un docteur de Sorbonne, natif de Saint-Quentin (Claude BENDIER). *Saint-Quentin*, 1671, *in-4*.

3397. Défense des Protestans du Bas-Languedoc (par M. MARTIN-ROLLIN, pasteur d'Orange et d'Avignon). 1815, *in-4 de* 16 *pages*.

3398. Défense (la) des Réfugiés contre un livre intitulé : *Avis important aux Réfugiés* (par le ministre Coulan, mort en Angleterre). *Deventer*, 1691, *in*-12.

3399. Défense des SS. Pères, accusés de platonisme (par le P. Baltus, jésuite). *Paris, Leconte*, 1711, *in*-4.

3400. Défense des sentimens de Lactance sur le sujet de l'usure, contre la censure d'un ministre de la Religion prétendue réformée (par Louis Bulteau). *Paris*, 1670, 1671 *et* 1677, *in*-12.

Le ministre que réfute Bulteau est *Servatius Gallæus*, l'un des savans qui ont écrit sur les sibylles, et que le père Crasset a combattu sur ce point d'antiquité.

3401. Défense des sentimens de quelques théologiens de Hollande sur l'*Histoire critique du Vieux Testament* (par Daniel Leclerc). *Amsterdam, Desbordes*, 1686, *in*-8.

3402. Défense des sermons faits par le R. P. Maimbourg, jésuite, contre la traduction du N. T. imprimée à Mons; par L. D. S. F. (Louis de Sainte-Foi), théologien (masque du P. Maimbourg lui-même). *Paris, Fr. Muguet*, 1668, *in*-4 *de* 50 *pages*.

3403. Défense des versions de l'Écriture sainte, des offices de l'Église et des ouvrages des Pères, et en particulier de la nouvelle traduction du Bréviaire romain (faite par Nic. le Tourneux), contre la sentence de l'Official de Paris (par Antoine Arnauld). *Cologne, Schouten*, 1688, *in*-12.

3404. Défense du culte extérieur de l'Église catholique (par David-Augustin Brueys). *Paris*, 1686, *in*-12.

3405. Défense du Danemarck, ou Examen du libelle (de Molesworth) intitulé : Relation de l'état du Danemarck, comme il était en 1692; traduit de l'anglais, avec des additions du traducteur (composé par de la Foulerresse, gentilhomme français). *Cologne*, 1696, *in*-12.

Voyez la *Biographie universelle*.

3406. Défense du droit de la maison d'Autriche à la succession d'Espagne (par Fr. de Lisola). *Cologne*, 1703, *in*-12. V. T.

3407. Défense du droit des Prêtres dans le Synode, contre les Conférences d'Angers (par Maultrot). 1789, *in*-12.

3408. Défense du légitime honneur dû à la Vierge, contre Mestrezat, ministre de Charenton (par Croset). *Paris*, 1625, *in*-12.

3409. Défense du parallèle des Italiens et des François, en ce qui regarde la musique et les opéra, par l'abbé R. (Raguenet). *Paris*, 1702, *in*-12.

3410. Défense du Parlement d'Angleterre dans la cause de Jacques II (par de Vrigny). *Rotterdam, Abraham Acher*, 1692, *petit in*-12.

3411. Défense (la) du Poëme héroïque, avec quelques remarques sur les OEuvres satiriques du sieur D*** (Despréaux) (par Jean Desmarets, l'abbé Testu et le duc de Nevers). 1674, *in*-4 *et in*-12.

3412. Défense (la) du Roy et de ses Ministres contre le manifeste publié sous le nom de *Monsieur*, par le sieur des Montagnes (Jean Sirmond). *Paris, Richer*, 1631, *in*-8.

3413. Défense du second ordre contre les Conférences d'Angers (par Maultrot). 1787, 3 *vol. in*-12.

3414. Défense du sentiment des Saints Pères sur le retour futur d'Élie, avec la suite, etc. (par l'abbé De-

SESSARTS). 1737 *et* 1740, 3 *vol. in*-12.

3415. Défense du sentiment d'un Philosophe contre la censure d'un Rhéteur (par Edme POURCHOT). 1706, *in*-12.

3416. Défense du Système de guerre moderne, ou Réfutation complète du Système de (Mesnil-Durand) (par DE GUIBERT). *Neufchâtel*, 1779, 2 *vol. in*-8.

3417. Défense du vin de Bourgogne contre le vin de Champagne (par J. B. DE SALINS). *Dijon*, 1701, *in*-4. — Nouvelle édition (publiée par Hugues DE SALINS, frère de l'auteur). *Luxembourg* (*Dijon*), 1704, *in*-4.

Voyez le *Journal des Savans* de 1706; la nouvelle édition de la *Bibliothèque historique de la France*, par le Long, t. 1, nº 5528, et le Catalogue de la Vallière, par Nyon, t. 2, nº 5605.

3418. Défense d'un Système de guerre national, ou Analyse raisonnée d'un ouvrage intitulé : Réfutation complète du Système de .... (Mesnil-Durand) (par le chevalier d'ARÇON). *Amsterdam*, 1779, *in*-8.

3419. Défense (la) et Illustration de la Langue françoise, avec l'Olive augmentée, l'Antérotique de la vieille et de la jeune Amie, vers lyriques; le tout par J. D. B. A. (Joachim DU BELLAY, Angevin). *Paris*, *Arnoul l'Angelier*, 1553, *in*-8.

3420. Défense pour Étienne Pasquier, contre les impostures et calomnies de François Garasse (par Antoine REMY, avocat au parlement de Paris). *Paris*, *Th. de la Ruelle*, 1624, *in*-8. Voyez le nº 930.

A l'ouverture de ce volume, et surtout en lisant l'épître dédicatoire, on croirait que l'ouvrage a été composé par les enfans d'Étienne Pasquier; mais il est assez généralement reconnu qu'ils n'étaient pas capables de rédiger un tel ouvrage.

Le morceau suivant, que je tire du *Catalogue manuscrit* de l'abbé Goujet, ne laisse aucun doute sur mes assertions :

« En 1627 (non en 1630, comme le dit le père Niceron), on mit à ce livre (*Défense pour Étienne Pasquier*) un nouveau frontispice portant ce titre : *L'Anti-Garasse, divisé en cinq livres*. I, le bouffon; II, l'imposteur; III, le pédant; IV, l'injurieux; V, l'impie. Mais c'est le même livre sans aucun changement. L'épître dédicatoire est à *François Garasse, en quelque lieu qu'il puisse être*. Voyez les *Mémoires* de l'abbé d'Artigny, t. 3, p. 208 et suiv. Mais il est faux que cette *Défense* soit de Nicolas *Pasquier*, sieur de Minxe, et de Guy *Pasquier*, sieur de Bussy, fils d'Étienne Pasquier. Elle est sûrement d'Antoine REMY, précepteur des enfans de M. de Bussy, alors avocat au parlement de Paris. Le P. Garasse le prouve dans des *Mémoires manuscrits* que j'ai lus, où il rapporte deux lettres, l'une de M. Froger, curé de Saint-Nicolas du Chardonnet, l'autre de *Remy* lui-même, qui attestent ce fait. *Remy*, alors dangereusement malade, écrit au père Garasse qu'il se repent d'avoir fait cet ouvrage, et proteste que, s'il revient en santé, il écrira pour les jésuites; promesse qu'il n'a nullement tenue, quoiqu'il ait vécu encore plusieurs années. C'est ce même *Remy* qui est auteur, 1º de l'*Entrée du père Coton dans les Enfers*, dialogue; 2º de la *Rencontre du père Coton et de M. Servin dans l'autre monde* (voyez le nº 6504). Le père Garasse le fait aussi auteur de *tous les libelles*, dit-il, *diffamatoires contre notre compagnie, depuis 1620 jusqu'à 1626*. Il dit du même qu'exposé dans l'hôpital des Enfans-Rouges, et depuis demandant l'aumône dans l'église de la rue Saint-Antoine, M. des Ruisseaux, receveur général au grand conseil, le prit en affection, l'envoya étudier au collége des jésuites de Rouen, et que depuis il entra chez Étienne Pasquier, où il se chargea de l'éducation des enfans de M. Pasquier de Bussy, où il se fit recevoir avocat. »

Ces précieux renseignemens du bon abbé Goujet complètent et rectifient les recherches de Bayle, de Niceron, de d'Artigny, de Prosper Marchand et de l'abbé Joly sur le fameux père Garasse.

3421. Défense pour M. de Monluc, évêque et comte de Valence, contre le livre de Zacharias Furnesterus (Hugues DONEAU); traduits du latin (de CUJAS) en françois. *Paris*, *le Mangnier*, 1570, *in*-8 *de* 41 *f*.

3422. Défense première de la Religion et du Roi contre les pernicieuses factions et entreprises de Calvin, Bèze, et autres leurs complices, conjurés et rebelles; par J. V. (Jean VETUS) DE SAINT-AMOUR. *Paris*, 1562, *in*-8.

Niceron, t. 34; p. 398.

3423. Défenses du beau sexe, ou Mémoires historiques, philosophiques et critiques, pour servir d'apologie aux femmes (par D. CAFFIAUX). *Amsterdam* (*Paris*), 1753, 4 *parties in*-12.

Voyez le *Supplément au Dictionnaire historique* de l'abbé Ladvocat, par *le Clerc*, 1789, *in*-8. Cet ouvrage de dom Caffiaux n'est pas mentionné dans l'*Histoire littéraire de la congrégation de Saint-Maur*, par dom Tassin.

3424. Défenseur (le) de la philosophie, ou Réponse à quelques satires dirigées contre la fin du dix-huitième siècle, satire par un ami des arts, des lettres et des mœurs (M. DE PIIS). *Paris*, *Moller*, *an* 9 (1800), *in*-8.

3425. Défenseur (le) de l'usure confondu, ou Réfutation de la *Théorie de l'intérêt de l'argent* (par l'abbé DE LA PORTE), avec un recueil d'ordonnances contre l'usure (fait par MAULTROT). *Paris, Morin*, 1782, *in*-12.

Voyez *Théorie de l'intérêt de l'argent.*

3426. Défenseur (le) de l'usure de rechef confondu par l'auteur des *Principes sur l'usure* et de la réfutation de la *Théorie de l'interêt de l'argent* (l'abbé DE LA PORTE). *Paris*, *Morin*, 1786, *in*-12.

3427. Défenseur (le), ouvrage religieux, politique et littéraire (rédigé principalement par M. DE SAINT-VICTOR). *Paris*, *Nicolle*, 1820, 6 *vol. in*-8.

3428. Deffensaire (le) de la Foy chrétienne, avec le Miroer des Francs Taupins, autrement nommés Luthériens, par A. D. (Artus DESIRÉ). *Paris, Jean Ruelle*, 1567, *in*-24.

3429. Défi général à l'incrédulité, ou Notions philosophiques des vérités fondamentales de la Religion (par le P. DE MENOUX, jésuite). *Avignon* (*Nancy*), 1758, *petit in*-8.

La *France littéraire* de 1769, t. 2, p. 420, ne cite cet ouvrage que sous le second de ses titres.

3430. Dégoût (le) du monde, par maximes tirées de l'Écriture et des Pères; par M. MAUROY, ci-devant curé des Invalides (ou plutôt par LE NOBLE). *Paris*, *Brunet*, 1698, *in*-8.

Il est parlé de ce volume dans quatre ouvrages fort connus: 1° dans les *Entretiens sur les contes des Fées* (par l'abbé de Villiers), p. 219; 2° dans les *Sentimens critiques sur les Caractères de la Bruyère*, attribués à Vigneul-Marville (Bonaventure d'Argonne), p. 77; 3° et 4° dans les *Recueils de causes célèbres*, par Gayot de Pitaval (t. 5) et par Richer (t. 7).

L'abbé de Mauroy, curé des Invalides, avait eu le malheur de tomber dans de grandes faiblesses, et bientôt après le bonheur de s'en retirer; il en avait fait une pénitence austère dans l'abbaye de Sept-Fonds. On pense bien qu'un ouvrage sur le *dégoût du monde*, portant son nom, devait avoir du succès: mais ce n'était qu'une spéculation du fameux LE NOBLE, qui fut forcé par l'autorité de supprimer le nom qu'il avait osé mettre au frontispice de l'ouvrage. Et en effet j'en possède la première édition avec un nouveau frontispice *collé*, et conçu en ces termes: *Le Dégoût du monde*, Paris, Brunet, 1698.

L'ouvrage eut une seconde édition en la même année 1698, et une troisième en 1701, toujours sous le voile de l'anonyme. Il a été réimprimé plusieurs fois en Hollande sous le nom de l'auteur, notamment à *Bruxelles*, *chez Georges de Backer*, *en* 1701, *petit in*-12.

Les exemplaires portant le nom de M de Mauroy sont très-rares. On trouvera une notice sur cet ecclésiastique dans le second volume de mon *Examen critique des Dictionnaires historiques*.

3431. Dégradation de l'Homme en société, ou Essai sur les sciences et les arts, par le chevalier DE FRUCHER (D'ARTAIZE). *Paris, Royez*, 1787, *in*-12.

3432. Déjeûné (le) de la Rapée, ou Discours des Halles et des Ports (par l'ÉCLUSE). *Paris, veuve Duchesne*, 1755, *in*-12.

3433. Délassemens (les) champêtres (par Jean-Henri MARCHAND). 1768, 2 *vol. in*-12.

3434. Délassemens (les) de l'Adolescence, par J. R. (ROZIER), d'Orléans. *Orléans*, 1802, *in*-12. V. T.

3435. Délassemens de l'iatrique (par M. PIERQUIN, docteur-médecin de la faculté de Montpellier). *Paris*, 1818, *in*-18.

3436. Délassemens de mes travaux de la campagne (par LA BRETONNERIE). *Londres et Paris, Onfroy*, 1785, 2 *vol. in*-12.

3437. Délassemens (les) du *Cousin Jacques* (BEFFROY DE REIGNY), ou Étrennes lunatiques. *Sans nom de ville*, 1787, *in*-12. V. T.

3438. Délassemens (les) d'un galant homme, etc., par l'abbé S. M. D. C. (SAINT-MARTIN DE CHASSONVILLE). *Amsterdam, Boussière*, 1742, *in*-12 *de* 316 *pages*.

On trouve dans ce volume un *journal anecdote très-curieux* sur l'histoire de saint Louis, qui est la préface du *Journal du règne de saint Louis*, laissé en manuscrit par Boulainvilliers. Les nouveaux éditeurs du P. le Long parlent plusieurs fois de ce morceau et avec éloge : ils ignoraient apparemment que cette préface était imprimée.

3439. Délassemens (les) poétiques, par M. (BRIDEL, prédicateur à Bâle). *Lausanne*, 1788, *in*-8. V. T.

3440. Délassement du Cœur et de l'Esprit, par un solitaire (par le comte DE SAINTE-MAURE). *Londres et Paris*, 1758, 2 *vol. in*-12.

3441. Délégation (de la) des Religieux, c'est-à-dire, l'examen et rapport de la puissance légitime qu'ont les religieux mendians d'entendre les confessions des séculiers, etc., par F. J. D. P. P. (Yves PRINSARD, dominicain). *Paris, Guillemot*, 1622, *in*-8. —Nouvelle édition (retouchée par le P. Jean TARPON, autre dominicain). *Paris, Sassier*, 1648, *in*-8.

3442. Délibération de la Viguerie de TARASCON en Provence, etc. (par SERVAN). *Avignon*, 1788, *in*-8 *de* 17 *pages*.

3443. Délicatesse (de la) (par l'abbé DE VILLARS). *Paris, Barbin*, 1671, *in*-12.

C'est une réponse aux *Sentimens de Cléante* (Barbier d'Aucour) sur les *Entretiens d'Ariste et d'Eugène* du père Bouhours.

3444. Délices (les) de la Campagne, suite du *Jardinier françois*, par R. D. C. D. V. B. D. N. (Nic. DE BONNEFONS, valet de chambre du roi); seconde édition. *Amsterdam, Raph. Smith*, 1655, *in*-12.

3445. Délices (les) de la Hollande, contenant une description exacte de ce pays (par PARIVAL). *Amsterdam, Wolfgang*, 1685, *petit in*-12.

3446. Délices (les) de la Suisse, où l'on peut voir tout ce qu'il y a de plus remarquable (par Abr. RUCHAT, sous le masque de Gottlieb KYPSELER). *Leiden*, 1714, 4 *vol. in*-12.

Voyez les mots *État* et *Délices de la Suisse*.

3447. Délices (les) de la vie pastorale de l'Arcadie, où sont représentées les chastes affections de Belisarde et d'Anfrize, traduits de l'espagnol de LOPEZ DE VÉGA, par L. S. L. (LANCELOT). *Lyon, Rigaud*, 1624, *in*-8.

3448. Délices (les) de l'Italie, par le sieur DE ROGISSART et H*** (HAVARD). *Paris*, 1707, 4 *vol. in*-12.

Frontispice nouveau; *Amsterdam*, 1743. Dans une nouvelle édition, *Leyde*, 1709, 6 *vol. in*-12, Jean DE LA FAYE a fait une critique sévère, mais juste, de l'édition de Paris. ROGISSART avait fait paraître la première édition de cet ouvrage à *Leyde*, en 1706, 3 *vol. in*-12.

3449. Délices (les) des Pays-Bas (par le chancelier CHRYSTIN, F. et Pierre FOPPENS). *Bruxelles*, 1743, 4 *vol. in*-8.—Nouvelle édition, augmentée de remarques (par le P. GRIFFET). *Liége, Bassompierre*, 1769, 5 *vol. in*-12.

La première édition de cet ouvrage parut en 1697, 1 vol. petit in 12 : elle est de DOBBELEER, libraire de Bruxelles. Chrystin en a donné une édition très-augmentée à *Bruxelles*, 1711, 3 *vol. in*-8.

3450. Délie, objet de plus haute vertu, contenant diverses figures et emblêmes, mises en rimes françoises (par Maurice SÈVE). *Lyon, Sulpice Sabon*, 1544, *in*-8. —*Paris, Nicolas du Chemin*, 1564, *in*-16.

3451. Delilliana, ou Recueil d'anecdotes concernant M. Delille, de ses bons mots, etc. (préparé par M. COUSIN, d'Avalon), publié par un homme de lettres (SERIEYS). *Paris, Locard et Davi*, 1813, *in*-18.

3452. Délire (le) de la nouvelle Philosophie, ou *Errata* du livre intitulé : *La Philosophie de la Nature*, adressé à l'auteur, par *un père Picpus* (l'abbé REYNAUD, curé). 1775, *in*-12 *de* 74 *pages*.

5453. Demandes d'amours, avec les réponses (attribuées à Alain CHARTIER), en prose. (*Paris, Michel le Noir*), *in*-8.

Elles se trouvent en effet au fol. CCCXLV de la belle et rare édition de ses *Œuvres*, Paris, Galliot du Pré, 1529, in-8, ainsi que dans l'édition de Paris, 1617, in-4.

3454. Demandes des Femmes aux États-Généraux, par l'auteur des *Femmes comme il convient de les voir* (madame DE COICY). *Sans date* (1789), *in*-8 *de* 16 *pages*.

3455. Demandes d'un Protestant, avec les réponses (par Philippe VICAIRE). *Caen, le Roy*, 1766, *in*-12.

3456. Démêlé (le) de l'Esprit et du Cœur (par l'abbé TORCHE). *Paris, Quinet*, 1667, *petit in*-12. Réimprimé dans le *Conservateur* de juin 1758.

3457. Démeslé de l'Esprit et du Jugement (par LE PAYS). *Paris, Pepin*, 1688, *in*-12. (*Le P. Baizé*.)

3458. Démeslé survenu à la sortie de l'Opéra, entre le *Paysan parvenu* et la *Paysanne parvenue* (par le chevalier DE MOUHY). *Paris et Liége*, 1735, *in*-8.

3459. Démétrius Soter, ou le Rétablissement de la famille royale sur le trône de Syrie. 1745, *in*-12.

C'est une allégorie en faveur du *prétendant* à la couronne d'Angleterre; elle est, au moins en partie, de feu de Boze, secrétaire de l'académie des inscriptions et belles-lettres. (*Note manuscrite de l'abbé Goujet*.)

3460. Demi-jour (le), poëme en deux chants, suivi de poésies diverses, par M*** (DU CHOISI). *Paris, Firmin Didot*, 1812, *in*-8.

3461. Démonstration de la cause des divisions qui règnent en France (la doctrine et la conduite des Jésuites, et le crédit qu'on leur laisse, par Guil. Michel BILLARD DE LORIÈRE). *Avignon* (*Paris*), 1754, *in*-12.

3462. Démonstration de la quatrième partie de Rien, et quelque Chose et Tout; suivie de la Quintessence du quart de Rien et de ses dépendances (par DEMONS, conseiller au présidial d'Amiens). 1594, *in*-8.

3463. Démonstration d'une Méthode pour résoudre les égalitez de tous les degrez (par Rollé). *Paris*, 1691, *in*-12. V. T.

3464. Démonstrations élémentaires de Botanique, à l'usage de l'école vétérinaire de Lyon (par l'abbé Rozier et Ant. Louis Claret de la Tourette). *Lyon*, 1766, 1773, 2 *vol. in*-8. — Troisième édition (publiée par Gilibert), 1789, 3 *vol. in*-8. — Quatrième édition (publiée par le même), 1796, 4 *vol. in*-8, avec deux volumes de planches *in*-4.

3465. Démonstrations solides de la Religion protestante contre la Religion prétendue catholique (par Ch. M. Pfaf ou Pfaffius). *Tubinge*, 1713, *in*-8. V. T.

3466. Déniaisé (le) (par Gillet de la Tessonerie). *Sans nom de ville*, 1648, *in*-4. V. T.

3467. Dénonciation apologétique touchant les quatre plus importantes controverses de ce temps, mises dans une parfaite évidence. *Sans nom de ville et sans date*, *in*-12. V. T.

Dans un exemplaire qui a appartenu aux Dominicains de la rue Saint-Honoré, j'ai trouvé cette note, dit M. Van Thol :

« Ce livre est du père Jacques de Saint-Dominique, dont le nom de famille était Charles Maison, né à Langres en 1617, et mort en 1704. L'impression de cet ouvrage doit être de 1700 ou 1701. »

3468. Dénonciation au public d'un nouveau Projet d'agiotage, ou Lettre à M. le comte de S. (par J. P. Brissot de Warville). *Londres* (*Paris*), 1786, *in*-8. V. T.

3469. Dénonciation aux François catholiques des moyens employés par l'Assemblée nationale pour détruire en France la Religion catholique; par Henri-Alexandre Audainel (de Launay, comte d'Entraigues). *Londres et Paris*, *chez l'auteur*, 1791. — Quatrième édition. *Paris*, *Crapart*, 1792, *in*-8.

3470. Dénonciation de l'Histoire ecclésiastique de M. l'abbé Fleury à nosseigneurs les Évêques (par le P. Honoré de Sainte-Marie); (quatrième édition). 1740, *in*-12 *de* 124 *pages*.

Dans le troisième volume de la *Continuation des Mémoires de Littérature*, p. 178, il est question d'une *Dénonciation* furtive et calomnieuse *de l'Histoire de feu M. l'abbé Fleury*, qu'on n'a osé attaquer de son vivant. L'abbé Goujet a écrit de sa main, par erreur, sur la marge de l'exemplaire que je possède : *Cette Dénonciation est du père Vaudripont*. C'est la même que celle dont je donne ici la description : elle parut en 1727 pour la seconde fois. La première édition avait pour titre : *Observations*...

3471. Dénonciation du nouveau Rituel de Paris aux Chambres assemblées (par Robert de Saint-Vincent). *Du mardi* 19 *décembre* 1786, *in*-12 *de* 34 *pages*.

3472. Dénonciation faite à tous les Évêques de l'Église de France, par le corps des pasteurs et autres ecclésiastiques du second ordre, des Jésuites et de leur Doctrine (par l'abbé Troya d'Assigny). *Amsterdam*, 1727, *in*-4.

3473. Dénouement (le) des intrigues du temps, par la réponse au livret intitulé : *Lettres sur les affaires du temps* (par le baron de Lisola). *Bruxelles*, 1672, *petit in*-12.

3474. Dépêches du Parnasse, ou la Gazette des Savans (par Vincent Minutoli). *Genève*, 1693, *petit in*-12.

Il n'a paru que cinq Dépêches.

3475. Dépit (le) et le Voyage, poëme avec des notes, suivi des Lettres vénitiennes (par Bastide). *Paris, Costard*, 1771, *in*-8.

3476. Déploration (la) de l'Église militante sur ses persécutions intérieures, par le *traverseur des voies périlleuses* (Jehan Bouchet). *Paris, Guill. Eustace*, 1512, *in*-8.

3477. Dernier chapitre de mon Roman (par M. Ch. Nodier). *Paris, an* 11 (1803), *in*-12.

3478. Dernier (le) coup porté aux préjugés et à la superstition (par Billaud-Varennes). *Londres* (*Paris*), 1789, *in*-8.

3479. Dernier (le) des Romains, tragédie en cinq actes, par D. R. (des Rois). *Paris, Barba, an* 7 (1799), *in*-8.

3480. Dernier Don de Lavater à ses Amis (traduit de l'allemand, par G. Schweighaeuser). *Paris, an* 13 (1805), *in*-12 *de* 72 *pages*.

3481. Dernière (la) Aventure d'un homme de quarante-cinq ans, nouvelle utile à plus d'un lecteur (par Rétif de la Bretonne). *Genève et Paris, Regnault*, 1783, 2 *volumes in*-12.

3482. Dernière (la) Campagne du Roy en Flandres jusqu'à la paix, et le succès de ses armes en Allemagne (par Jean-Baptiste Primi Visconti). *Paris, Jean Ribou*, 1679, *petit in*-12.

3483. Dernière (la) Guerre des Bêtes, fable pour servir à l'histoire du dix-huitième siècle, par l'auteur d'*Abassaï* (mademoiselle Fauque). *Londres, Seyffert*, 1758, *in*-12.

3484. Dernières (les) Convulsions de la Monarchie reconnue (par du Bosc de Montandré). *Sans nom de ville*, 1651, *in*-4. V. T.

3485. Dernières (les) Lettres de Jacopo Ortis, traduites de l'italien (de M. Foscolo, par M. Truchon). *Paris, Delestre-Boulage*, 1819, *in*-8.

3486. Dernières Pensées du roi de Prusse (Frédéric II), écrites de sa main (composées par Constant). *Berlin* (*Genève*), 1787, *petit in*-12 *de* 41 *pages*.

Voyez la correspondance de Grimm.

Cet opuscule a été réimprimé à Paris en 1806, in-8 de 30 pages, par les soins de M. Champelle, chirurgien.

3487. Derniers (les) Adieux à Bonaparte victorieux (par M. Michaud). 1800, *in*-8.

Réimprimés en 1814, in-18, avec le nom de l'auteur.

3488. Derniers (les) Efforts de l'innocence affligée (par P. Jurieu). *La Haye*, 1682, *in*-12.

3489. Derniers Sentimens des plus illustres personnages condamnés à mort (par les abbés Sabatier et de Verteuil). *Paris, Moutard*, 1775, 2 *vol. in*-12.

3490. Derval et Émilie, ou la Fortune contraire à l'Amour, divisé en cinquante lettres (par Nouvel).... 1784, *in*-12. V. T.

Permission tacite.

3491. Désaveu (le) de ceux de la R. P. R. et des SS. Pères contre le Plessis, capitaine, etc., par G. du Puy (Arnaud de Pontac). *Bourdeaux*, 1601, *in*-8.

3492. Désaveu (le) de la Nature, nouvelles lettres en vers (par Saint-Aubin). *Paris*, 1770, *in*-8. V. T.

Permission tacite.

3493. Désaveu (le) des Artistes (par Ch. Et. Gaucher). *Florence et Paris, Brunet*, 1776, *in* 8.

3494. Descente (la) du politique Lutin aux Limbes, sur l'enfance et les maladies de l'état, par SANDRICOURT (F. E. DE MÉZERAY). *Paris*, 1652, *in*-4. V. T.

3495. Descouverte du dessein de Théoph. Brachet, sieur de la Milletière, touchant son prétendu moyen de paix et d'union des Protestans avec les catholiques (par Jean BINARD, prêtre). *Paris*, *J. Brunet*, 1644, *in*-4, *pp*. 60.

3496. Description abrégée de l'église de Saint-Pierre à Rome (par P. J. MARIETTE). *Paris*, 1738, *in*-12. V. T.

3497. Description abrégée des maladies qui règnent dans les armées (par MÉZERAY, médecin, se disant parent du célèbre historiographe). *Vienne*, 1759, *in*-8.

Voyez la *Vie de Grosley*, p. 108.

3498. Description abrégée des plantes usuelles employées dans le Manuel des Dames de Charité (par ARNAULT DE NOBLEVILLE). *Orléans*, 1767, *in*-12. V. T.

3499. Description anatomique de divers animaux disséqués dans l'Académie royale des Sciences; seconde édition augmentée (par l'abbé MARIOTTE, PECQUET et PERRAULT). *Paris*, *Laurent d'Houry*, 1682, *in*-4.

3500. Description anatomique des parties de la femme qui servent à la génération, avec un traité des monstres (par R. DE GRAAF). *Leyden*, 1708, *in*-4.

Voyez le *Dictionnaire bibliographique* de Cailleau, t. 1, p. 519; t. 3, p. 284.

3501. Description anatomique d'un Caméléon, etc. (par Cl. PERRAULT). *Paris*, *Léonard*, 1669, *in*-4.

3502. Description de l'abbaye de la Trappe (par FÉLIBIEN DES AVAUX). *Paris*, 1671, 1682, 1689, *in*-12.

Quelques bibliographes attribuent cet ouvrage au père DESMARES, de l'Oratoire.

3503. Description de la Crimée, par THOUNMANN, professeur à Halle, traduite de l'allemand (par PFEFFEL et DE RAYNEVAL). *Strasbourg*, *J. G. Treuttel*, 1786, *in*-8.

3504. Description de l'Afrique, écrite de notre temps par Jean LÉON, Africain, premièrement en langue arabesque, puis en toscane, et à présent mise en français (par Jean TEMPORAL et autres), avec diverses navigations (le tout publié en italien par les soins de Jean-Baptiste RHAMNUSIO). *Lyon*, *J. Temporal*, 1556, 2 *vol. in-fol.*

On trouve dans le second volume la traduction du voyage de Louis DE BARTHEMA, Bolonais.

3505. Description de la généralité de Paris, contenant l'état ecclésiastique et civil, et le pouillé des diocèses de Paris, Sens, Meaux, Beauvais et Senlis, les noms des seigneurs des terres, et autres détails, etc. (par HERNANDEZ). *Paris*, *Moreau*, 1759, *in*-8.

3506. Description de la Livonie (traduite de l'anglais du baron DE BLOMBERG). *Utrecht*, 1705, *in*-12.

3507. Description de la Nigritie, par M. P. D. P. (par M. PRUNEAU DE POMMEGORGE). *Paris*, *Maradan*, 1789, *in*-8.

3508. Description de l'Arabie par NIEBHUR, traduit de l'allemand en françois (par MOURIER, ministre protestant à Copenhague). *Copenhague*, 1773; *Amsterdam*, 1774, *in*-4.

L'édition de Paris est moins estimée que ces deux éditions.

3509. Description (la) de la ville d'Ath, contenant sa fondation et imposition de son nom (par J... ZVALLART). *Ath*, 1610, *in*-8. V. T.

Voyez le Catalogue del Marmol.

3510. Description de la ville de Lyon (par Paul RIVIÈRE DE BRINAIS). *Lyon*, 1741, *in*-8.

3511. Description de la ville de Montpellier, par l'auteur du *Nobiliaire historique du Languedoc* (Denis-François GASTELIER DE LA TOUR). *Montpellier*, 1764, *in*-4.

3512. Description de la ville de Paris, par BRICE, avec des additions (de MARIETTE pour les trois premiers volumes, et de l'abbé PERAU pour le quatrième). *Paris*, 1752, 4 *vol. in*-12.

3513. Description de la ville de Saint-Pétersbourg et de ses environs, traduite de l'allemand de M. GEORGI, docteur en médecine (par Samuel-Henri CATEL, ministre protestant à Berlin). *Saint-Pétersbourg, J. Zacharie Logan*, 1793, *in*-8.

3514. Description de la ville et des environs d'Orléans (par D. TOUSSAINTS DUPLESSIS), avec des remarques historiques (par Daniel POLLUCHE). *Orléans*, 1736, *in*-8.

Voyez le *Catalogue de la Bibliothèque publique d'Orléans*, 1777, in-4, p. 179.

3515. Description de l'église des Invalides (par FELIBIEN DES AVAUX). *Paris*, 1706, *in-fol.*

3516. Description (la) de l'état, succès et occurrences advenues au Pays-Bas, au faict de la religion (par Jacques Van WESENBEECK); édition originaire, imprimée en 1569, *in*-12.

Voyez DIERCXSENS', *Antverpia Christo nascens*, t. 3, p. 1, page 132.

3517. Description de l'herbe nicotiane et Traité de la racine mechoacan, blasonnée la rhubarbe des Indes; traduit de l'espagnol en françois, par J. G. P. (Jacques GOHORY, Parisien). *Rouen*, *Mallard*, 1588, *in*-8.

3518. Description (la) de l'île de Portraiture et de la ville des Portraits (par Charles SOREL). *Paris*, 1659, *in*-12.

3519. Description de l'isle des Hermaphrodites nouvellement découverte (par Arthus THOMAS, sieur D'EMBRY). *Cologne* (*Bruxelles*, *Foppens*), 1724, *in*-8, et dans le Journal de Henri III, t. 4.

Prosper Marchand, dans son *Dictionnaire historique et critique*, au mot *Hermaphrodites*, s'est donné bien de la peine pour enlever cet ouvrage au sieur d'Embry. Voici un passage des *Mémoires manuscrits* de *Pierre de l'Étoile*, dont je possède l'extrait, qui prouve le fait:

« *Avril* 1605. — En ce temps on fit un « livre hardi, mais bien fait, où, sous le « nom de l'*Isle* imaginaire *des Hermaphrodites*, on blâmait tous les vices de la cour. « Le roi se le fit lire, et ayant su le nom « de l'auteur, qui s'appelait Arthus Thomas, « il ne voulut qu'on l'inquiétât, faisant « conscience, disait-il, de fâcher un homme « pour avoir dit la vérité. »

3520. Description (la) de l'isle d'Utopie, où est comprins le miroer des républiques du monde, rédigé par escript par Thomas MORUS (et traduit en françois par Barthélemi ANEAU), avec l'espitre liminaire de BUDÉ. *Paris*, *Ch. l'Angelier*, 1550, *in*-8, *avec fig. en bois.*

3521. Description de Paris et des belles maisons des environs, par PIGANIOL DE LA FORCE, nouvelle édition augmentée (par l'abbé PÉRAU). *Paris*, 1765, 10 *vol. in*-12.

3522. Description des antiquités de la ville et cité d'Orange, par M. C. E. P. C. (par Charles ESCOFFIER, prêtre catéchiste en l'église cathédrale). *Orange*, *Marchy*, 1700, *in*-12.

3523. Description des Atomes (par M. le baron DE MONVILLE). *Paris*, *Desray*, 1813, *in*-8.

L'auteur a publié avec son nom, en 1815 : *Développemens de la Description des Atomes*, 1 vol. in-8.

3524. Description des Courans magnétiques, par M*** (BAZIN), de l'académie des belles-lettres de la Rochelle. *Strasbourg*, 1753, *in*-4. V. T.

3525. Description des montagnes et des vallées qui font partie de la principauté de Neufchâtel et de Valangin (par Frédéric OSTERWALD). *Neufchâtel*, 1766, *in*-8.

3526. Description des principales pierres gravées du Cabinet du duc d'Orléans (par les abbés DE LA CHAU et LE BLOND). *Paris*, *Pissot*, 1780, 2 *vol. in-fol.*

L'abbé le Blond a légué à la *Bibliothèque mazarine* un exemplaire de cet ouvrage, enrichi des dessins originaux.

Le premier volume a été rédigé en grande partie par l'abbé ARNAUD, et le second par Henri COQUILLE, mort en 1808, administrateur de la Bibliothèque mazarine. Voyez son article dans mon *Examen critique des Dictionnaires historiques*.

3527. Description des saintes grottes de l'église de l'abbaye de Saint-Germain d'Auxerre (par D. FOURNIER). *Auxerre*, *J. B. Troche*, 1714, *in*-8.

3528. Description des terres magellaniques et des pays adjacens, traduite de l'anglais (de Thomas FALKNER, par BOURRIT). *Genève*, *Dufart*, 1787, 2 *vol. in*-16.

3529. Description des villes de Berlin et de Postdam, traduite de l'allemand (de Frédéric NICOLAÏ). *Berlin*, *Nicolaï*, 1769, *in*-8.

3530. Description du ban de la Roche (dans les Vosges), ornée de planches (par MM. MASSENET et Fr. WALTER). *Strasbourg*, *Levrault*, an 6 (1798), *in*-8.

3531. Description du Cabinet royal de Dresde, touchant l'histoire naturelle (par EULENBURG). *Dresde et Leipsick*, 1755, *in*-4.

3532. Description du Cap de Bonne-Espérance, tirée des Mémoires de Pierre KOLBE (par Jean BERTRAND). *Amsterdam*, *Catuffe*, 1741, 3 *vol. in*-12.

3533. Description du Caucase, avec le précis historique et statistique de la Géorgie (par M. DE ZASS, employé au ministère des affaires étrangères en Russie). 1804, *in*-8.

3534. Description du château d'Anet (par LE MARQUANT, ci-devant maître des eaux et forêts à Anet). *Paris*, *Desprez*, 1789, *in*-12.

3535. Description du gouvernement présent du Corps germanique (par Charles-Frédéric NECKER DE CUSTRIN, père du fameux ministre de ce nom). *Sans indication de lieu* (*Genève*), 1741, *in*-8.

3536. Description du mangostan et du fruit à pain, avec des instructions aux voyageurs pour le transport de ces deux fruits; ouvrage traduit de l'anglois de John ELLIS (par BALLIÈRE DE LAISMENT, de l'académie de Rouen). *Rouen*, *Machuel*, 1779, *in*-8 *de* 63 *pages*.

3537. Description du monument qui vient d'être érigé à Rheinsberg, précédé d'un discours avec des inscriptions (le tout rédigé par le prince HENRI de Prusse). *Berlin*, *Decker et fils*, 1791, *in-fol. de* 26 *pages*.

3538. Description du pachalik de Bagdad, etc. (par M. ROUSSEAU fils, consul de France à Bagdad). *Paris*, 1809, *in*-8.

3539. Description du pays de Jansénie, où il est traité des singularités qui s'y trouvent, des coutumes, mœurs, etc., de ses habitans, par Louis FONTAINE DE SAINT-MARCEL (le P. ZACHARIE de Lisieux, capucin). *Paris*, 1688, *in*-12. Voyez *Relation du pays de Jansénie.*

3540. Description du vallon de Morteau et du saut du Doubs, dédiée à madame la comtesse d'Hennezel, par D. M. (dom MONNIER). *Besançon, Daclin*, 1790, *in*-8 *de* 28 *p.*

3541. Description d'un camée du cabinet des pierres gravées de sa majesté impériale l'Empereur de toutes les Russies (par M. KOEHLER). *Saint-Pétersbourg, de l'imprimerie du sénat dirigeant*, 1810, *in*-8 *de* 79 *pages.*

3542. Description d'un télégraphe très-simple et à la portée de tout le monde (par Aug. Guill. SCHWENGER, de la société médicale de Paris). 16 *pages in*-8, *avec planches; pluviose an* 8 (1800).

Voyez le *Magasin encyclopédique*, cinquième année, t. 6, p. 269.

Cette brochure se trouve aussi à la suite d'un *Mémoire sur les aveugles*, que l'auteur publia avec son nom en 1800.

3543. Description d'une partie de la vallée de Montmorenci et de ses plus agréables jardins, ornée de gravures; par M*** (LE PRIEUR), ancien professeur de grammaire à l'École militaire. *Tempé et Paris, Moutard*, 1784, *in*-8 *de* 43 *pages, avec* 19 *gravures.*

Les exemplaires datés de 1788, *chez le Jay*, et annoncés comme une nouvelle édition, portent le nom de l'auteur.

3544. Description et Histoire naturelle du Groënland, par M. EGGEDE (traduite en français par DESROCHES DE PARTHENAY). *Copenhague, Philibert*, 1763, *in*-8.

3545. Description et usage d'un nouvel instrument pour observer la latitude sur mer, appelé le nouveau quartier anglois, par D'APRÈS DE MANNEVILLETTE; augmentée par M** (BORY). *Paris, Guérin*, 1751, *in*-12.

3546. Description et usage des Globes céleste et terrestre (par SAVERIEN). *Paris*, 1752, *in*-12.

3547. Description générale de l'Hôtel des Invalides (par LE JEUNE DE BOULLENCOURT) (ou plutôt par le sieur DE LA PORTE, commissaire des Invalides). *Paris*, 1683, *in-fol.*

3548. Description générale et particulière de la France (par DE LABORDE, GUETTARD, BÉGUILLET et autres). *Paris, Pierres et Lamy*, 1781-1796, 78 *livraisons, formant* 12 *vol. in-fol.*

Béguillet fut forcé de renoncer à l'entreprise après le quatrième volume, lorsque les libraires, en s'écartant de son plan, n'en firent qu'un simple *Voyage pittoresque de France.*

3549. Description géographique de la Guiane (par BELLIN). *Paris, Stoupe*, 1763, *in*-4.

3550. Description géographique de toute l'Europe, en français et en latin, par J. B. S. J. (SAINT-JUST). *Lyon, Molin*, 1682, *in*-12.

Voyez le Catalogue des frères Perisse, nº 1285.

3551. Description géographique du royaume de France, par le sieur DE TILLEMON (J. Nicolas DU TRALAGE). *Paris*, 1693, *in*-12.

3552. Description géographique et historique de la Haute-Normandie (par dom TOUSSAINTS DU PLESSIS). *Paris, Didot, Nyon et autres*, 1740, 2 *vol. in*-4.

3553. Description géographique, historique et politique du royaume de Sardaigne (par ROUSSET). *Cologne, Marteau*, 1718, *in*-12.

3554. Description historique de la tenue du Conclave et de toutes les cérémonies qui s'observent à Rome depuis la mort du Pape jusqu'à l'exaltation de son successeur (par ALLETZ). *Paris, Desprez*, 1774, *in*-8.

3555. Description historique de l'Empire russien, traduite de l'allemand du baron DE STRAHLEMBERG (par BARBEAU DE LA BRUYÈRE). *Paris, Desaint*, 1757, 2 *vol. in*-12.

3556. Description historique des curiosités de l'église de Paris, par M. C. P. G. (C. P. GUEFFIER). *Paris, Gueffier*, 1763, *in*-12.

Cet ouvrage, imprimé sous les lettres initiales du libraire Gueffier, a été composé par l'abbé DE MONTJOYE, chanoine de Notre-Dame.

3557. Description historique des maisons de Rouen les plus remarquables par leur décoration extérieure et par leur ancienneté (par M. DELAQUÉRIÈRE). *Paris, Firmin Didot*, 1821, *in*-8.

3558. Description historique du royaume de Macaçar (par Nic. GERVAISE). *Paris*, 1688, *in*-12.

3559. Description historique et chronologique de l'église métropolitaine de Paris (par CHARPENTIER, avocat); tome premier. *Paris, Delormel*, 1767, *in-fol.*

Ce volume, qui n'a pas été mis dans la circulation, devait être suivi d'un second, dont il n'existe que les planches. M. le président Fauris de Saint-Vincent, dans le *Magasin encyclopédique* du mois de septembre 1815, fait connaître trois exemplaires du premier volume. M. Boulard, ancien notaire, en possède un quatrième.

3560. Description historique et géographique de la France ancienne et moderne (par l'abbé DE LONGUERUE), avec neuf cartes géographiques (par D'ANVILLE). 1722, *in-fol.*

Cet ouvrage fut mis en état d'être publié dès 1719 par l'abbé BERAUD, ami de l'auteur; mais celui-ci n'ayant point voulu adopter les changemens faits à son travail, l'édition fut arrêtée pendant trois ans.

Tout ce qui a été retranché de cet ouvrage, tout ce qui y a été corrigé, se trouve copié dans l'exemplaire de la bibliothéque du conseil d'état, transportée à Fontainebleau.

Il y a des exemplaires qui portent la date de 1719, et qui contiennent les six feuillets supprimés avec l'épître dédicatoire au roi.

Ceux qui ont corrigé l'ouvrage par les ordres du régent, sont Denis GODEFROY, l'abbé LE GRAND et l'abbé DES THUILERIES, ou plutôt l'abbé DE FLEURY, qui fut depuis évêque de Fréjus et cardinal : c'est ce dernier qui a composé l'avertissement et les cartons.

3561. Description historique et géographique des plaines d'Héliopolis et de Memphis (par Cl. Louis FOURMONT). *Paris*, 1755, *in*-12.

3562. Description historique et topographique de la ville de Strasbourg (par DE HAUTE-MER). *Strasbourg*, 1785, *in*-8.

3563. Description philosophique du caractère de feu M. Fagel (par HEMSTERHUIS). 1773, *in*-12.

3564. Description physique de la contrée de la Tauride (Crimée), relativement aux trois règnes de la nature, traduite du russe en français (par le prince GALITZIN). *La Haye, Van Cleef*, 1788, *in*-8.

3565. Description poétique de l'histoire du beau Narcissus (par Fr. HABERT). *Paris, Balthasar Arnoullet*, 1530, *in*-8.

3566. Description sommaire des ouvrages de peinture, sculpture et gravure, exposés dans les salles de l'Académie, par M. D. (D'ARGENVILLE). *Paris*, 1781, *in*-12. V. T.

3567. Description sommaire des statues, figures, bustes, vases et autres morceaux, etc., du cabinet de M. Crozat (par P. J. Mariette). *Paris, Delatour*, 1750, *in*-8.

3568. Descriptions nautiques des côtes méridionales et orientales de la Grande-Bretagne et de celles d'Irlande (par MM. Lévêque, Beautemps-Beaupré et autres). *Paris*, 1803, 6 *vol. in*-4.

3569. Descriptions (les) poétiques de J. D. B. (Jean de Bussières, jésuite). *Lyon*, 1649, *in*-4. V. T.

3570. Désenchantement (le) de l'Amour, comédie en un acte et en prose; par l'auteur des *Causes célèbres de Cythère* (de Bastide). 1749, *in*-12.

3571. Désespérades, ou Éclogues amoureuses, esquelles sont au vif dépeintes les passions et le désespoir de l'amour, par F. D. A. P. (François d'Amboise, Parisien). *Paris, Chesneau*, 1572, *in*-8.

3572. Désespérés (les), histoire héroïque, traduite de l'italien de Marini (par de Seré). *Paris, Prault*, 1732, 2 *vol. in*-12.

3573. Désespoirs (les) de Chamier, ministre de Montauban, etc., par le sieur Timothée de Saincte-Foy (le P. Regourd, jésuite). *Cahors, Jean Dalvy*, 1618, *in*-8 *de* 468 *pages*, sans les préliminaires.

3574. Desir (le) du Peuple françois pour le bien de l'état, et le Moyen pour réprimer les abus et malversations, etc. (par Jean Bourgoin). *Sans nom de ville*, 1625, *in*-8. V. T.

3575. Désœuvré (le) mis en œuvre, ou le Revers de la Médaille (par Dumont, comédien). 1782, *in*-8.

Voyez la *Biographie universelle*, au mot *Mayeur*.

3576. Désolation (la) des Entrepreneurs modernes du temple de Jérusalem, ou nouveau Catéchisme des Francs-Maçons, dédié au beau sexe, par Léonard Gabanon (Louis Travenol). *Jérusalem, P. Mortier*, 1440 *depuis le déluge* (1744), *grand in*-12.

3577. Désordre (le) et le Scandale de France, par les États masqués et corrompus (par Artus Desiré). *Paris, Julien*, 1577, *in*-12.

Cette satire est en vers.

3578. Désordre (le) régulier (par Antoine de la Salle). *Berne* (*Auxerre*), 1786, *petit in*-12.

3579. Désordres (les) de l'Amour, ou les Étourderies du chevalier des Brières; Mémoires secrets contenant des anecdotes historiques sur les glorieuses campagnes de Louis XIV et de Louis XV, par l'auteur des *Mémoires de Cécile* (la Place). *Amsterdam et Paris, Cailleau*, 1768, 2 *vol. in*-12.

3580. Despotisme (le) de la maison d'Orange prouvé par l'Histoire, par Karel Van Ligtdal (le comte de Mirabeau). *En Hollande* (1788), *in*-8.

3581. Despotisme des Ministres de France, ou Exposition des principes et des moyens employés par l'aristocratie pour mettre la France dans les fers (par Billaud-Varennes). 1790, 3 *vol. in*-8.

3582. Destin (le) de la France (par l'abbé Barthélemi, de Lyon). 1790, *in*-12.

L'abbé Arnoux, un des exécuteurs testamentaires de l'abbé de Mably, a réclamé, le 10 juin 1792, contre l'insertion qui a été faite de cet ouvrage dans le troisième volume des prétendues Œuvres complètes de son illustre ami, par des éditeurs peu instruits.

3583. Destin (le) de l'Amérique, ou Dialogues pittoresques, etc., traduits fidèlement de l'anglois (composés par M. Cerisier). *Londres*, 1784, *in*-8.

3584. Destinée (la) d'une jolie Femme, poëme érotique en six chants, par J. B. de M... (Murat). *Paris*, *Mongie*, *an* 11 (1803), *in*-12.

3585. Destinées (les) de la France (par l'abbé Brun). 1790, *in*-8.

3586. Destruction (la) de la Ligue, ou la Réduction de Paris, pièce nationale en quatre actes (par Mercier). *Amsterdam*, 1782, *in*-8.

3587. Destruction de l'ordre de Malte en faveur de l'ordre royal et militaire de Saint-Louis, par M. de B**** (de Bacon). *Paris*, 1789, *in*-8 *de* 38 *pages*.

3588. Détail (le) de la France, ou Traité de la cause de la diminution de ses biens, et des moyens d'y remédier. *Sans indication de lieu* (*Rouen*), 1695, 1699, *in*-12.

Réimprimé sous ce titre :

Le Détail de la France sous le règne présent, avec des mémoires et des traités sur la même matière (par Pierre le Pesant de Bois-Guilbert). 1707, 2 *vol. in*-12.

Cet ouvrage a été aussi publié sous le titre de *Testament politique de Vauban*. Voyez ces mots.

Lenglet du Fresnoy, dans sa *Méthode pour étudier l'histoire*, attribue à un M. de Soissons, gentilhomme du Maine, l'édition de cet ouvrage imprimée à *Bruxelles* en 1716, in-12. C'est une erreur évidente : elle est tirée de du Sauzet, dans ses *Nouvelles littéraires*, Amsterdam, 1716, t. 4, p. 200; et elle a été reproduite par les éditeurs mêmes de la *Bibliothèque historique de la France* en 1768, t. 2, n° 28089.

L'ouvrage du prétendu M. de Soissons n'est certainement qu'une nouvelle édition de celui de Bois-Guilbert.

3589. Détail de la nouvelle direction du Bureau des Nourrices de Paris (par Framboisier de Bomary, directeur de ce bureau, et Gardane). 1777, *in*-8.

3590. Détail historique de la ville d'Orléans (par Jousse). *Orléans*, 1752, *in*-12.

3591. Détails historiques sur les tremblemens de terre arrivés en Italie depuis le 5 février jusqu'en mai 1783, par le chevalier Hamilton et le marquis Hyppolite, traduits de l'anglais (par le Febvre de Villebrune). *Paris*, *Théophile Barrois le jeune*, 1784, *in*-8.

3592. Détails militaires (par J. B. Luton-Durival) .... 1758, *in*-12. V. T.

3593. Détails nouveaux et circonstanciés sur la mort du capitaine Cook (par David Samwell, chirurgien du vaisseau *la Découverte*), traduits de l'anglais. *Londres et Paris*, 1786, *in*-8.

3594. Détails sur la société d'Olten, avec cette épigraphe : *Quod genus hoc hominum? quæve hunc tam barbara morem permittit patria?* Virg. Æneid. lib. 1 (par Hérault de Séchelles). *Paris*, 1790, *in*-8 *de* 38 *pages*.

3595. Détention du prince Guillaume de Furstenberg, nécessaire pour maintenir l'autorité de l'empereur traduite du latin (de Christophe Wolfgang). *Sans nom de ville*, 1675, *in*-8. V. T.

Voyez Catalogue Bellanger, n° 3136.

3596. Deux (les) Abdolonymes, histoire phénicienne, où les préceptes de la vie sociale sont mis en action pour l'usage de la jeunesse (pa Picardet, prieur de Neuilly, prè Dijon). *Dijon*, 1779, *in*-8 *de* 396 *p*

L'auteur est désigné au bas de l'épître

ses amis, en tête de l'ouvrage, par ces lettres initiales : *P. P. D. N.*; il était de l'académie de Dijon.

3597. Deux (les) Amis, conte iroquois (par SAINT-LAMBERT). *Sans indication de lieu*, 1770, *in*-8 *de* 85 *p.*

3598. Deux (les) Amis, ou le Comte de Meralbi. *Amsterdam et Paris*, 1770, 4 *vol. in*-12.

Dans le registre des permissions tacites, il y a, à la date du 22 août 1770, par SELLIER DE MORANVILLE, et la permission est donnée à CALVET. V. T.

3599. Deux (les) Billets, comédie en un acte et en prose (par DE FLORIAN). *Paris, veuve Duchesne*, 1780, *in*-8.

3600. Deux (les) Biscuits, tragédie en un acte, traduite de la langue que l'on parloit jadis au royaume d'Astracan, et mise en vers françois (par GRANDVAL). *Astracan* (*Paris*), 1752, 1759, *in*-8.

3601. Deux (les) Cousins, histoire véritable (par SENAC DE MEILHAN). *Paris, Desenne*, 1790, *in*-8 *de* 176 *pages*.

3602. Deux Dialogues du nouveau langage français italianisé (par Henri ÉTIENNE). *Paris, Patisson*, 1579, *in*-8; *Anvers, Guillaume Niergue* (*Genève, H. Étienne*), 1583, *in*-18.

Dans l'édition de 1579, l'avertissement aux lecteurs est sous les noms de Jean FRANCHET, dit PHILAUGONE, gentilhomme courtisano-politois. Voy. nos 3666 et 3696.

3603. Deux Discours, dont l'un a été couronné par l'Académie de Besançon, et l'autre a concouru au prix de l'Académie française en 1755 (par l'abbé MILLOT). *Paris, Claude Hérissant*, 1756, *in*-8.

3604. Deux Dissertations, l'une sur les Bibles françaises, et l'autre sur l'éclaircissement ou phénomène littéraire et lettre critique de la *Dissertation* anonyme (de l'abbé de Longuerue) et des *Lettres choisies* de M. Simon touchant les antiquités des Caldéens et des Égyptiens; par N. INDE's, théologien de Salamanque (masque de Denis NOLIN, avocat). *Paris, Mergé*, 1710, *in*-8 *de* 106 *pages*.

3605. Deux Dissertations médicinales et chirurgicales, l'une sur la maladie vénérienne, l'autre sur la nature et la curation des tumeurs, par DEIDIER; traduction française par un chirurgien de Paris (Jean DEVAUX), sur l'édition latine imprimée à Londres en 1723. *Paris, d'Houry*, 1725, *in*-12.

3606. Deux (les) Fermiers, comédie en un acte et en prose (par M. SYLVESTRE). *Paris*, 1788, *in*-8.

3607. Deux (les) Frères angevins (par J. M. J. DE CURSAY). *Paris*, 1761, *in*-12. V. T.

L'ouvrage est cité ici d'après la *France littéraire* de 1769. Je crois que c'est le même qui porte seulement ce titre : Les Deux Frères. *Paris, Fetil*, 1770, *in*-12. B.

3608. Deux Lettres de S. CLÉMENT, Romain, disciple de Pierre, Apostre, tirées pour la première fois d'un manuscrit du N. T. syriaque, et publiées avec la version latine à côté, par Jean-Jacques WESTEIN. *Leyde, Élie Luzac le jeune*, 1752, — Seconde édition, française et latine. 1763, *in*-8.

A la suite des deux épîtres, on a les prolégomènes de Westein, en latin et en français, et des notes toutes françaises de l'éditeur, qui est le traducteur français. Cet éditeur, traducteur et auteur des notes, est M. Étienne-François de PRÉMAGNY, de Rouen, de l'académie de ladite ville. Il avait déjà donné la traduction française des mêmes Lettres en 1757, in-12. Voyez le *Journal des Savans*, du mois de février 1764, *in*-12, p. 305 et suiv. On y fait une judicieuse critique de divers endroits de la traduction française, et des notes de M. de

Prémagny, sans le nommer. Les réflexions du journaliste et celles du traducteur prouvent que ces deux Lettres, qu'on ne connaissait point avant l'édition de Westein, ne peuvent être de S. Clément, disciple, et l'un des successeurs de S. Pierre. (*Note extraite du Catalogue raisonné et manuscrit des livres de la bibliothèque de l'abbé Goujet.*)

3609. Deux (les) Livres de la Noblesse civile du seigneur Ihérôme des Osres de Portugal, traduits de latin en françois par R. R. S. D. L. G. P. (Robert Rivaudeau, sieur de la Guillotière, Poitevin). *Paris, J. Kerver*, 1549, *in*-8.

3610. Deux (les) Livres de S. Augustin, de la grâce de Jésus-Christ et du péché originel (traduits en français par l'abbé François de Villeneuve de Vence). *Paris*, 1738. *in*-12.

3611. Deux (les) Livres de S. Augustin, de la prédestination des Saints et du don de la persévérance, avec les lettres 105, 106 et 107 de ce saint docteur; le tout traduit en français (par Ant. Arnauld). *Paris, Desprez*, 1676, *in*-12; *Étienne*, 1715, *in*-12.

Dans le Catalogue de la Bibliothèque du Roi, Théologie, n° 731, cette traduction est attribuée à Jean Segui; l'abbé d'Olivet et le P. Niceron la donnent à Dubois. J'ai suivi l'opinion de l'abbé Goujet dans son catalogue manuscrit. Cependant cette traduction ne se trouve pas dans les Œuvres d'Arnauld.

3612. Deux (les) Livres de S. Augustin, évêque d'Hippone, à Pollentius, sur les mariages adultères, traduits en français (par l'abbé Pilé), avec le texte latin. — Consultation de M. le Ridant, avocat, sur le mariage du Juif Borach-Levi. — Dissertation (de M. Alexis Desessarts) où l'on prouve que S. Paul, etc. *Paris, Desprez*, 1763, *in*-12.

La dissertation de l'abbé Desessarts a été réimprimée en 1765, avec l'analyse seulement des deux livres de S. Augustin, une réponse aux objections contre la première édition de la dissertation, et une explication de plusieurs passages de saint Paul.

3613. Deux Mémoires, l'un sur la conservation des enfans, et l'autre sur les biens de l'hôpital Saint-Jacques (par de Chamousset). 1756, *in*-12.

Réimprimés dans les Œuvres de Chamousset. *Paris*, 1783, 2 *vol. in*-8.

3614. Deux Mémoires pour servir à l'histoire de la Révolution française, par Adam Lux (publiés par G. Wedeking, officier de santé). *Strasbourg, Pfeiffer, an* 3 (1794), *in*-12 *de* 48 *pages*.

3615. Deux Nouvelles (par madame de Tercy). 1816, *in*-12.

3616. Deux (les) Oncles, comédie en un acte, en vers (par Forgeot). *Paris, Duchesne*, 1780, *in*-8.

3617. Deux (les) Orphelins, histoire angloise (par Teuton). *Londres et Paris, Pillot*, 1769, 2 *vol. in*-12. V. T.

Permission tacite.

3618. Deux (les) Seigneurs, ou l'Alchymiste, comédie en deux actes et en vers, par MM. A*** et H*** (Anson et Hérissant). *Londres et Paris, Onfroy*, 1783, *in*-8.

3619. Deux (les) Sœurs, Mémoires de la marquise de Valmont, écrits par elle-même, rédigés par l'auteur d'*Henriette de Wolmar* et de plusieurs autres ouvrages (M. Brument). *Paris, Pigoreau*, 1801, *in*-12.

3620. Deux (les) Solitaires des Alpes, ou Histoire des malheurs du comte et du chevalier de Malmore, par M. L. (L. A. Liomin). *Lausanne*, 1791, 2 *vol. in*-12.

M. Ersch, dans le premier supplément

de la *France littéraire*, page 291, dit que ce livre est en grande partie l'histoire de l'auteur et de son frère, tous les deux pasteurs à Peri en Erguel, près de Bienne.

3621. Deux Traités de S. AUGUSTIN, savoir, les livres de l'Ordre et du Libre Arbitre, traduits en français (par DE VILLEFORE), *Paris, Coignard*, 1701, *in*-8.

3622. Deux Traités, l'un de la médisance, et l'autre de la flatterie et des louanges (par J. GIRARD DE VILLETHIERRY). *Paris, Robustel*, 1701, *in*-12.

3623. Deuxième Voyage du sieur Paul LUCAS, fait en 1704, par ordre du Roi, dans la Grèce, l'Asie mineure, etc. (rédigé par FOURMONT l'aîné). *Paris, Simart*, 1712, 2 *volumes in*-12.

3624. Développement (le) de la Raison (ouvrage posthume de M. DE FELICE). *Yverdun*, 1789, 3 *vol. in*-8.

3625. Développement du Catéchisme de Cambrai, de Liége et de Namur, par S. I. D. (attribué au P. Pierre DE DOYAR). *Maëstricht*, 1788 *et* 1789, 2 *vol. in*-8.

3626. Devineresse (la), ou les faux Enchantemens, comédie représentée par la troupe du Roi (par T. CORNEILLE et DE VISÉ). *Paris, Blageart*, 1680, *in*-12.

3627. Devins (les), ou Commentaire des principales sortes de devinations; traduit du latin de Gaspard PEUCER, par S. G. S. (Simon GOULART, Senlisien). *Anvers, Conninx*, 1584, *in*-4.

3628. Dévirgineurs (les) et Combabus, contes en vers, avec des réflexions sur le conte, et suivis de Floricourt, histoire françoise (par DORAT). *Amsterdam*, 1765, *in*-8.

Voyez les Œuvres complètes de cet auteur.

3629. Devis sur la Vigne, Vin et Vendanges, auquel la façon ancienne du plant, labour et garde, est découverte et réduite au présent usage (par Jacques GOHORRY). *Paris, Sertenas*, 1549, *in*-8.

3630. Devises des Rois de France, latines et françaises, tirées de divers auteurs, par J. L. V. R. D. L. D. P. (Jacques LE VASSEUR). *Paris*, 1609, *in*-4. V. T.

3631. Devoir (du) des Mères avant et après la naissance de leurs enfans (par Guillaume LE ROY). *Paris, Desprez*, 1675, *in*-12.

3632. Devoirs (les) (par le marquis DE MIRABEAU). *Imprimé à Milan, au monastère de Saint-Ambroise, en* 1770, *in*-8.

3633. Devoirs (les) de la Vie civile (par le S. PIC). *Paris, J. Cochart*, 1685, 2 *vol. in*-12.

3634. Devoirs de la Vie domestique, par un père de famille (Benigne LORDELOT, de Dijon). *Paris, Lemery*, 1706, *in*-12.

Une traduction italienne de cet ouvrage a été imprimée par *Bodoni, à Parme*, en 1794, in-8.

3635. Devoirs (les) des Chrétiens (par l'abbé MALEVILLE). *Toulouse, Hénault*, 1750, 4 *vol. in*-12.

3636. Devoirs (les) des Grands (par le prince DE CONTY). *Paris*, 1666, *in*-12. V. T.

3637. Devoirs (les) des Pasteurs et des Peuples par rapport à la persécution et au martyre (par DU VIDAL). *Rotterdam*, 1695, *in*-8. V. T.

3638. Devoirs des Personnes de qualité, traduit de l'anglais (par le père DE MAREUIL, jésuite). *Paris*, 1728; *ibid. Rollin fils*, 1751, 2 *volumes in*-12.

3639. Devoirs (des) des Seigneurs dans leurs terres, suivant les ordonnances de France, par le sieur DE LAVAL (le duc DE LUYNES). *Paris, le Petit*, 1668; *Saugrain*, 1687, *petit in*-12.

3640. Devoirs des Vierges chrétiennes, tirés de l'Écriture et des Pères de l'Église (par Ambroise PACCORI). *Paris, Lottin*, 1727, *in*-18.

3641. Devoirs du Chrétien envers la puissance publique, ou Principes propres à diriger les sentimens et la conduite des gens de bien au milieu des révolutions qui agitent les empires (par le P. LAMBERT). *Paris, Leclere*, 1793, *in*-8 *de* 72 *pages*.

3642. Devoirs (les) du Prince, réduits à un seul principe, ou Discours sur la justice, dédiés au Roi (par MOREAU). *Versailles*, 1775, *in*-8.

3643. Devoirs (les) d'un Guerrier, ou Instructions d'un père à son fils sur la profession militaire, par Fr. M.... (François MARTIN). *Paris, le Marchand*, 1808, *in*-8.

3644. Dévot (le) et religieux Emploi d'une ame chrétienne et affectionnée au service de la Sainte Vierge, par une religieuse bénédictine (la sœur Jacqueline LE VAILLANT, de Plemont). *Paris*, 1644, *in*-12.

3645. Dévot (le) frère Fiacre, augustin déchaussé (par Gabriel DE SAINTE-CLAIRE). *Avignon*, 1711, *in*-12. V. T.

C'est le même livre que la Vie du vénérable frère Fiacre (Denis Antheaume), *Paris*, 1722, *in*-12, suivant le nouveau le Long, t. 1, n° 13683.

3646. Dévot (le) Pelegrinage de Notre-Dame de Felgoet, par un religieux carme (Cyrille LE PUMEC). *Morlaix*, 1635, *in*-12. V. T.

3647. Dévotion (de la) à la Sainte Vierge, et du Culte qui lui est dû (par Adrien BAILLET). *Paris*, 1696, *in*-12.

3648. Dévotion (la) aux SS. Anges (par M. BOCQUILLON, prêtre du diocèse de Boulogne-sur-Mer). *Munster, chez Aschendorff*, 1801, *in*-18 *de* 91 *pages*.

3649. Dévotion (la) des Pécheurs, par un pécheur (le P. CLUGNY). *Lyon, Briasson*, 1685. — Seconde édition augmentée. *Lyon, Briasson*, 1689. — Troisième édition. *Lyon, Briasson*, 1701, *in*-12.

3650. Dévotion (la) réconciliée avec l'Esprit (par J. G. LE FRANC DE POMPIGNAN). *Montauban*, 1754, *in*-12.

3651. Dévotions (les) de madame de Betzamooth et les pieuses Facéties de M. de Saint-Oignon (par l'abbé DU VERNET, auteur de la vie de Voltaire). *Sans indication de lieu*, 1789, *in*-8 *de* 131 *pages*. V. T.

On lit ces mots à la fin de la dernière page : « J'étais à la Bastille lorsque j'écrivais ces vérités et ces fadaises, et je trouvais du plaisir à les écrire. »

3652. Diable (le) amoureux, nouvelle espagnole (par CAZOTTE). *Naples* (*Paris, le Jay*), 1772, *in*-8.

3653. Diable (le) babillard ou indiscret (par DE CAMPAN). *Cologne*, 1711, *in*-12. V. T.

3654. Diable (le) boiteux, par LE SAGE. *Paris, Barbin*, 1707, *in*-12. — Nouvelle édition corrigée, refondue, ornée de figures et augmentée d'un volume. *Rouen et Paris, veuve Ribou*, 1726, 2 *vol. in*-12.

Ce roman est une imitation de l'ouvrage espagnol qui a pour titre : El Diablo cojuelo, novella de la otra vida, traduzida a esta par Luis Velez de Guevara. *En Barcelona*, 1646, *in*-8.

3655. Diable (le) cosmopolite, poëme (par le P. Joly, capucin). 1760, *in*-8.

3656. Diable (le) dans un bénitier, et la Métamorphose du Gazetier cuirassé (Morande) en mouche, ou Tentative du sieur Receveur, inspecteur de la police de Paris, chevalier de Saint-Louis, pour établir à Londres une police à l'instar de celle de Paris; dédié à monseigneur le marquis de Castries, ministre et secrétaire d'état au département de la marine, etc., etc.; revu, corrigé et augmenté par M. l'abbé Aubert, censeur royal; (composé) par P. le Roux, ingénieur des grands chemins (masque d'Anne-Gédéon la Fitte, marquis de Pellepore). *Paris, de l'imprimerie royale, sans date (vers* 1784), *in*-8. — Nouvelle édition. *Londres*, 1784, *in*-12.

3657. Diable (le) Hermite, ou Aventures d'Astaroth, banni des enfers, par M. de M*** (de Saumery). *Amsterdam, Joly*, 1741, 2 *vol. in*-12.

Voyez le Dictionnaire de Georgi, t. 5, p. 113.

3658. Diabotanus, ou l'Orviétan de Salins, poëme héroï-comique (par Giraud). *Paris, de la Guette*, 1749, *in*-12.

3659. Diadême (le) des Sages....; par Philantropos, citoyen du monde (M. Onésime-Henri de Loos). *Paris, Mérigot*, 1781, *in*-12.

3660. Dialogue (le) de Confidence en Dieu, moult dévôt et consolatif, pour relever l'ame pécheresse; par un religieux de la formation de l'ordre de Fontevrault (frère François le Roy). *Paris, Simon Vostre, in*-8.

3661. Dialogue de Gênes et d'Algers, villes foudroyées par les armes invincibles de Louis le Grand, l'année 1684; traduit de l'italien (de Marana). 1684, *in*-12.

3662. Dialogue de l'Amour et de l'Amitié (par Ch. Perrault). *Paris*, 1660, *in*-12.

3663. Dialogue de morale, à l'usage de la jeune noblesse (par Frédéric II, roi de Prusse). *Berlin, Decker*, 1774, *in*-12.

3664. Dialogue d'entre le Maheustre et le Manant, contenant les raisons de leurs débats et questions en ces présens troubles du royaume de France (par Louis Morin, dit Cromé, l'un des Seize du parti de la Ligue, suivant Cayet, dans sa *Chronologie novennaire*, au verso de la page 11). 1594, *in*-8; et dans l'édition de la Satyre Ménippée. *Bruxelles*, 1711, 3 *vol. in*-8.

J'ai trouvé sur un exemplaire la note suivante, d'une écriture du seizième siècle :

« Ce livre a été fait par un nommé Crucé, procureur, demeurant rue du Foin, à Paris, qui estoit l'un des seize, et a été imprimé dans Paris auparavant que le roi Henri IV y entrast.

« M. du Mayne ayant eu advis de ce livre et de ce qui y estoit contenu au desadvantage des princes et autres grands du party de la Ligue, manda le libraire, qui s'addressa, avant qu'y aller, audit Crucé, qui lui dist qu'il advouast à M. du Mayne avoir imprimé ce livre sur l'original qui lui en avoit esté baillé par lui Crucé, qui le ferait signer à cinquante mil hommes; et M. du Mayne, ou pour cette hardie response ou par sa prudence, cessa d'en faire chastier le libraire.

« Si les commencemens de la Ligue ont été aussi petits qu'ils sont représentez au feuillet cinquante verso, et quelques feuillets suivans, on en peut bien dire ce que Cornélius Népos rapporte en la vie de Pélopidas, que la conspiration de douze jeunes gentilshommes thébains qui a délivré la Cadmée, citadelle de Thèbes, avait ruiné la seigneurie des Lacédémoniens, pourceque ce faible commencement avoit en suitte causé la bataille de Leuctres. »

L'opinion développée dans cette note est aussi celle de l'abbé d'Artigny. Voyez le tome 6 de ses *Mémoires*, p. 179.

3665. Dialogue des Orateurs, ci-devant publié sous le nom de C. Cornelius TACITUS, chevalier romain, et de Fabius QUINTILIANUS, nouvellement mis en françois (par Claude FAUCHET). *Paris, Abel l'Angelier*, 1575, *in*-8.

3666. Dialogue du nouveau langage français italianisé, et autrement déguisé par les Courtisans de ce temps (par Henri ÉTIENNE). *Paris, Henri Étienne*, 1578, *in*-8.

Ce dialogue est suivi d'un second. Voyez les nos 3602 et 3696.

3667. Dialogue entre Empiriastre et Philalète (par l'abbé FOUCHER, de Dijon). *Sans date, sans nom de ville ni d'imprimeur, in*-12.

Livre fort rare, sur la philosophie de Descartes. Il est resté incomplet; on n'en a imprimé que 360 pages.

3668. Dialogue entre l'Auteur et un Frondeur (par DE FLINS). *Vers* 1789, *in*-8 *de* 32 *pages*.

3669. Dialogue entre le siècle de Louis XIV et le siècle de Louis XV (par CARACCIOLI). *La Haye*, 1751, *in*-12.

3670. Dialogue entre madame de Maintenon et mademoiselle Ninon de Lenclos (par madame la marquise de CRÉQUY). *in*-12. V. T.

Note de la police, qui se trouve en manuscrit à la Bibliothéque du Roi.

Le libraire de Tune fait remarquer, p. 15 de la lettre D de son Catalogue, *la Haye*, 1785, *in*-8, que cet opuscule a été attribué à Voltaire. B.

3671. Dialogue entre M. de Limon et un Homme de goût (par RIVAROL). *Bruxelles*, 1792, *in*-8.

3672. Dialogue entre saint Pierre et Jules II à la porte du paradis (traduit d'un ouvrage latin attribué à Publius-Faustus ANDRELINUS), suivi de la doctrine catholique touchant l'autorité des papes (ou *Esprit de Gerson*, par LE NOBLE). *Amsterdam, Bernard*, 1727, *in*-12.

Voyez le Dictionnaire de Prosper Marchand, article *Tardif*, t. 2, p. 269, A.

3673. Dialogue entre un auteur et un receveur de la Capitation, par madame D. L. R. (par l'abbé ROGER, ex-jésuite) .... 1767.

Voyez les *Mémoires secrets pour servir à l'histoire de la République des Lettres*, 1 mars 1767, t. 3.

3674. Dialogue entre un curé et son filleul. *La Haye, Néaulme*, 1767, *in*-12 *de* 23 *pages*.

C'est une satire amère contre Grosley, attribuée par les uns à LE FÈVRE, parent de Grosley, et par d'autres à MONTROGER, ami de le Fèvre.

3675. Dialogue entre un curé et un évéque sur le mariage des protestans (par l'abbe GUIDI). 1775, *in*-12. — Suite du dialogue, etc. (par le même auteur). 1776, *in*-12.

3676. Dialogue entre Voltaire et Fontenelle (par RIVAROL). *Paris*, 1785, *in*-8.

3677. Dialogue non moins facétieux que de subtile invention (l'Homme et le Pou), mis en français par G. D. L. T. (Guillaume DE LA TAYSSONNIÈRE). *Sans date ni nom de ville*, *in*-16.

3678. Dialogue sur la musique des Anciens (par l'abbé DE CHATEAUNEUF, ouvrage posthume, précédé d'un avertissement rédigé par MORABIN). *Paris, Pissot*, 1725, 1735, *in*-12.

3679. Dialogue sur la raison humaine

(par l'abbé LE MONNIER). 1766, *in*-8.

3680. Dialogue sur le coloris (par DE PILES). *Paris*, 1699, *in*-12; et dans le *Recueil de divers ouvrages sur la peinture et le coloris*. 1775, *in*-12.

3681. Dialogue sur les droits de la Reine. *Sans indication de lieu* (*Rouen*, *Viret*), 1697, *in*-12, traduit en italien et en anglais.

C'est un abrégé du *traité* anonyme d'Antoine BILAIN, *des droits de la Reine* (Marie-Thérèse d'Autriche) sur les Pays-Bas, 1667, in-4.

3682. Dialogue sur les orateurs, traduction nouvelle (par BOURDON DE SIGRAIS). *Paris*, *imprimerie de Monsieur*, 1782, *in*-12.

3683. Dialogues chrétiens sur la religion, etc., par l'auteur de l'*École du Sauveur*. *Paris*, *le Clerc*, *vers* 1808, 3 *vol. in*-8.

L'auteur des *Dialogues chrétiens* est M. l'abbé LA SAUSSE, écrivain très-fécond; mais il n'est pas également certain que M. la Sausse soit l'auteur de l'*École du Sauveur*, ouvrage qui porte le nom du pieux abbé Chomel, et qui est en grande partie traduit du latin.

3684. Dialogues critiques et philosophiques, par DE CHARTE-LIVRY (J. Fréd. BERNARD). *Amsterdam*, *J. F. Bernard*, 1730, *in*-12.

3685. Dialogues critiques, ou Résumé des discours, discussions, critiques, jugemens ou sottises, que l'on entend chaque jour dans les loges, foyers ou coulisses de nos différens théâtres (par M. HOFFMAN). *Paris*, *Dondey-Dupré*, 1811, *in*-8.

3686. Dialogues de la Santé, de M. de *** (FREMONT D'ABLANCOURT). *Paris*, *J. de la Caille*, 1683, *in*-12.

3687. Dialogues de M. le baron de la Hontan et d'un Sauvage dans l'Amérique (par GUEUDEVILLE). *Amsterdam*, 1704, *in*-8.

Leibnitz croyait ces dialogues de la Hontan lui-même. Voyez l'*Historia litteraria* de Jugler, *Ienæ*, 1763, t. 3, p. 1753.

3688. Dialogues de PLATON, traduits du grec en françois (par l'abbé GROU). *Amsterdam*, 1770, 2 *vol. in*-8 *et in*-12.

3689. Dialogues (les) de S. GRÉGOIRE, traduits du latin en français, illustrés d'observations, avec un traité de la translation du corps de S. Benoît en France (par le P. Simon-Gervais MILLET, bénédictin). *Paris*, 1624, 1644, *in*-8.

3690. Dialogues de S. GRÉGOIRE le Grand, traduits en français, avec une préface (par L. BULTEAU). *Paris*, *Coignard*, 1689, *in*-12.

3691. Dialogues des Dieux, traduits de l'allemand de C. M. WIÉLAND (par Auguste DUVAU). *Zurich*, 1796, *in*-8.

3692. Dialogues des Morts anciens et modernes, par FÉNÉLON (nouvelle édition, publiée par RAMSAY). *Paris*, *Delaulne*, 1718, 2 *vol. in*-12.

On trouve six nouveaux dialogues dans le tome quatrième de la collection des *OEuvres* de Fénélon, imprimée par ordre du clergé de France, en 1787. Quatre de ces dialogues parurent alors pour la première fois, d'après lès manuscrits de l'auteur; ils sont intitulés : *Confucius et Socrate*, *Dion et Gelon*, *Henri VII et Henri VIII*, rois d'Angleterre; *Marie de Médicis et le cardinal de Richelieu*. Les deux autres, relatifs à la peinture, avaient été publiés en 1730, par l'abbé de Monville, à la suite de la *Vie de P. Mignard*.

3693. Dialogues des Morts (par LYTTELTON), traduits de l'anglais par DE JONCOURT. *La Haye*, *Dehondt*, 1760, *in*-8.

La même année, le ministre Jean Deschamps publia à Londres une autre traduction de cet ouvrage : il en existe une nouvelle, faite sur la quatrième édition, qui est considérablement augmentée dans le corps de l'ouvrage, et de quatre nouveaux dialogues. *Amsterdam, J. H. Schneider*, 1767, *in*-8.

3694. Dialogues des Vivans (par l'abbé Bordelon), *Paris, Pierre Prault*, 1717, *in*-12.

3695. Dialogues d'Évhémère (par Voltaire). *Londres*, 1777, *in*-8.

3696. Dialogues du nouveau Langage français italianisé (par Henri Estienne), nouvelle édition. *Anvers, Guillaume Niergue* (*Genève*), 1579, *in*-16. — Autre édition. *Anvers, chez le même libraire*, 1583, *in*-16.

Ce sont le Duchat et la Monnoye qui, dans les *Œuvres* de Rabelais en 1711 et en 1725, nous apprennent que ces éditions ont été faites à Genève par les soins de Henri Estienne lui-même. Voyez la préface des Œuvres de Rabelais, p. 18. Voyez aussi les nos 3062 et 3666.

3697. Dialogues en françois et latin, pour servir de guide aux militaires et aux personnes qui voyagent (par Alletz). *Paris, Guillyn*, 1760, *in*-12.

3698. Dialogues entre deux Paroissiens de Saint-Hilaire-du-Mont, sur les ordonnances contre la traduction du N. T. imprimée à Mons (par Michel Girard, abbé de Verteuil, frère de l'auteur de la *Vie du duc d'Épernon*). *Sans date*, *in*-8.

3699. Dialogues entre Hylas et Philonoüs, contre les Sceptiques et les Athées, par George Berkeley, traduit de l'anglois (par l'abbé de Gua de Malves). *Amsterdam* (*Paris*), 1750, 1785, *in*-12.

3700. Dialogues entre messieurs Patru et d'Ablancourt, sur les plaisirs (attribués par l'auteur du *Mercure galant* à Baudot de Juilly, et par Bayle à l'abbé Genest). *Paris, Guill. de Luyne*, 1701, et *Amsterdam*, 1714, 2 *vol. in*-12.

3701. Dialogues entre Photin et Irénée, sur le dessein de la réunion des religions (par le ministre Gaultier). *Mayence, J. le Blanc*, 1685, 2 *vol. in*-16.

3702. Dialogues et Devis des Demoiselles, pour les rendre vertueuses et bienheureuses en la vraie et parfaite amitié, par Thierri de Timophile (Fr. d'Amboise) (traduit librement de l'ouvrage italien de Piccolomini, intitulé : *Della bella creanza delle donne*). *Paris, Vincent Normand*, 1581, *in*-16, *et Robert le Mangnier*, 1583, *in*-16.

3703. Dialogues moraux, suivis de l'histoire d'un baron picard, par M. de C*** (de Campigneulles). *Paris*, 1768, 2 *parties in*-12.

Quelques exemplaires de cet ouvrage portent ce titre : Dialogues moraux d'un petit-maître philosophe et d'une femme raisonnable. *Londres*, 1774, *in*-12.

3704. Dialogues posthumes de J. de la Bruyère sur le Quiétisme, reveus et augmentez de deux dialogues (par L. Ellies du Pin). *Paris*, 1699, *in*-12.

3705. Dialogues socratiques, ou Instructions de morale (par Vernet). (*Paris*), 1754, *in*-12.

3706. Dialogues spirituels, où la perfection chrestienne est expliquée pour toutes sortes de personnes (par le P. Surin, revus et corrigés par le P. Champion). *Nantes et Paris, Couterot*, 1704, 3 *vol. in*-12.

3707. Dialogues sur la grâce efficace par elle-même, entre Philocaris et Aléthozette (par M. Mahé, chanoine de Vannes). *Paris, Doublet*, 1818, *in*-12.

3708. Dialogues sur le Commerce des Blés (par l'abbé Galiani). *Londres* (*Paris*, *Merlin*), 1770, *in*-8.

Le style de ces dialogues a été revu et

corrigé par Garnier et Diderot : la lecture attentive que j'ai faite de la correspondance autographe de l'abbé Galiani avec madame d'Epinay, etc., m'a en effet convaincu que cet abbé écrivait le français d'une manière très-incorrecte.

Aussi l'ingénieux Napolitain, en accusant à madame d'Épinay la réception du premier exemplaire de ses dialogues (lettre du 3 février 1770), dit : « J'y ai trouvé peu de changemens ; mais ce peu fait un très-grand effet : un rien pare un homme. J'en remercie les bienfaiteurs. Que n'en puis-je dire autant des correcteurs d'imprimerie ? »

3709. Dialogues sur les Arts (par Estève). *Amsterdam* (*Paris*), 1756, *in*-12.

3710. Dialogues sur les Mœurs des Anglois et sur les Voyages, traduits de l'anglois (par l'abbé le Blanc). *Londres*, 1765, *in*-12.

3711. Dialogues sur l'Éloquence en général, et sur celle de la chaire en particulier, avec une lettre sur les travaux de l'Académie françoise, par Fénélon (le tout précédé d'une préface par de Ramsay). *Paris*, 1718, *in*-12.

3712. Dialogues sur l'Immortalité de l'Ame, traduits de l'allemand de Mendelsohn (par Burjat). *Berlin*, 1785, *in*-8.

3713. Dialogues sur l'utilité des Moines rentés (par dom Ansart). *Paris*, *Desventes de la Doué*, 1768, *in*-12.

3714. Dialogues sur plusieurs choses que tout le monde a intérêt de connaître, etc. (par Vaudon, de Saint-Pierre-sur-Dive) (Calvados). *Sans indication de lieu*, *an* 10 (1802), *in*-12 *de* 60 *pages*.

3715. Diane de Castro (par Huet, évêque d'Avranches). *Paris*, *Coustelier*, 1728, *in*-12.

3716. Diane (la) de George de Montemayor, traduite en français par A. V. P. (Anth. Vitray, Parisien). *Paris*, *Rob. Foüet*, 1623, *in*-8.

3717. Dianyologie, ou Tableau de l'entendement (par le prince Beloselski), avec cette épigraphe : (*Je tâche de m'entendre*). Fontenelle. *in*-8 *de* 40 *pages*.

3718. Diatribe à l'auteur des Éphémérides (par Voltaire). *Genève et Paris*, *Valleyre*, 1775, *in*-8.

3719. Diatribe clémentine, ou Dissertation dans laquelle on discute tout ce qui concerne les lettres publiées sous le nom du pape Clément XIV Ganganelli (par le P. Richard, dominicain). *Avignon* (*Liége*), 1777, *in*-12 *de* 322 *pages*.

La même année, le critique fit paraître une première suite de la Diatribe clémentine, *in*-12 *de* 88 *pages*.

On a du même auteur : Suite de la Diatribe clémentine, ou nouvelles Réflexions sur le tome troisième de l'ouvrage intitulé : *Lettres intéressantes du pape Clément XIV*. Avignon, 1777, *in*-12.

3720. Diatribe du docteur Akakia (Voltaire), médecin du Pape; Décret de l'Inquisition et Rapport des Professeurs de Rome au sujet d'un prétendu Président (Maupertuis). *Rome* (*Berlin*), 1753, *in*-8.

3721. Dictionnaire abrégé à l'usage des États du Languedoc (par M. de Solas, maître des comptes). 1789, *in*-4 *de* 18 *pages*.

3722. Dictionnaire abrégé d'antiquités, pour servir à l'intelligence de l'histoire ancienne (par de Monchablon). *Paris*, 1760, 1773, *petit in*-12.

3723. Dictionnaire abrégé de peinture et d'architecture (par l'abbé de Marsy). *Paris*, *Barrois et Nyon*, 1746, 2 *vol. in*-12.

3724. Dictionnaire alphabétique de

tous les noms propres qui se trouvent dans Horace (par le P. Bertrand-Gabriel FLEURIAU, jésuite). *Paris*, 1756, *in*-12.

3724 *bis*. Dictionnaire anatomique et chirurgical, 1771. Voy. le n° 3738.

3725. Dictionnaire anatomique, latin-françois (par PÉRAS). *Paris*, *Rollin*, 1753, *in*-12.

3726. Dictionnaire anti-philosophique, pour servir de commentaire et de correctif au Dictionnaire philosophique (de Voltaire), et aux autres livres qui ont paru de nos jours contre le christianisme (par l'abbé CHAUDON et autres). *Avignon*, *veuve Girard*, 1767, *in*-8; 1769, 2 *vol. in*-8.

La quatrième édition de cet ouvrage a paru en 1780, à Paris, chez Bastien, en deux volumes in-8, sous le titre d'*Anti-Dictionnaire philosophique*. Voy. n° 919.

3727. Dictionnaire bibliographique, historique et critique des livres recherchés (par l'abbé DUCLOS). *Paris*, *Cailleau*, 1790, 3 *vol. in*-8. — Supplément (par M. BRUNET). *Paris*, *Delalain fils*, *an* 10 (1802), *in*-8.

3728. Dictionnaire biographique et historique des Hommes marquans de la fin du dix-huitième siècle, et plus particulièrement de ceux qui ont figuré dans la révolution française, suivi d'un supplément de quatre tableaux des massacres et proscriptions, rédigé par une société de gens de lettres (et particulièrement par M. le marquis DE LA MAISONFORT). *Londres* (*Hambourg*), 1800, 3 *vol. in*-8, le premier de XII et 499 pages, le second de 524, le troisième de 522, et XXIV pour le *supplément* et l'*errata raisonné*.

Ce dictionnaire a été réimprimé en France avec des suppressions et des augmentations. Voyez le n° 1784.

3729. Dictionnaire botanique et pharmaceutique (par dom Nic. ALEXANDRE, bénédictin). *Paris*, *Laurent le Conte*, 1716; *Didot*, 1748; *Barrois*, 1791, *in*-8.

3730. Dictionnaire chrétien (par FONTAINE). *Paris*, *Josset*, 1691; *G. Cavelier*, 1712, *in*-4.

3731. Dictionnaire classique de Géographie ancienne, par le P. Q***, de l'Oratoire (nom imaginaire), rédigé (par un anonyme) et publié (avec une dédicace à Marin, par BERTRAND D'AYROLLES). *Paris*, *Lacombe*, 1768, *in*-8.

On lira peut-être avec quelque intérêt la note suivante, que j'ai reçue de l'estimable Chaudon sur cet ouvrage :

« Le *Dictionnaire classique*, etc., n'a été rédigé ni par *Lacombe*, ni par *Bertrand*, ni par le père Q***, de l'Oratoire : être imaginaire, qui n'a jamais existé. *Guibert*, imprimeur d'Avignon, l'acheta 600 livres d'un littérateur de cette ville, et le vendit beaucoup plus cher à *Lacombe*. Ce libraire en parla à Bertrand, qui saisit cette occasion de donner des marques de reconnaissance à M. *Marin*, auquel il dédia l'ouvrage d'un autre. Le véritable auteur voulait le faire passer pour la production d'un bénédictin de Saint-Maur. C'est dans ce sens que je fis la préface, à la prière de Guibert, auquel j'avais quelques obligations. Cette préface fut métamorphosée à Paris en *essai historique*. On changea tout le commencement, jusqu'à la page IX. Le reste est de moi; et ce n'est pas la vingtième pièce de ce genre que ma facilité à obliger m'a fait composer.

« Au reste le livre ne portait pas le titre charlatan de *Dictionnaire classique*, mais bien celui de *Dictionnaire portatif de la Géographie ancienne*. »

3732. Dictionnaire contenant les anecdotes historiques de l'Amour (par M. MOUCHET, vice-président du tribunal de première instance à Troyes); nouvelle édition augmentée. *Troyes*, 1811, 5 *vol. in*-8.

3733. Dictionnaire critique, pittoresque et sententieux (par CARACCIOLI). *Lyon*, *Duplain*, 1768, 3 *volumes in*-12.

3734. Dictionnaire d'Amour (par DREUX DU RADIER), *Paris*, *Mérigot*, 1741, *in*-12. *Réimprimé en Hollande et à Lyon.*

3735. Dictionnaire d'Amour, par le berger SYLVAIN (Sylvain MARÉCHAL). *Paris*, *Briand*, 1788, *in*-18.

Les deux articles précédens ont été réunis en un seul et publiés à la suite du Sacrifice de l'Amour, ou la Messe de Cythère. *Sybaris* (*Bordeaux*, *Lawalle jeune*), 1809, *in*-12.

3736. Dictionnaire d'Amour (par M. le chevalier DE PROPIAC). *Paris*, *Chaumerot*, 1808, *in*-12.

3737. Dictionnaire d'anecdotes, de traits singuliers et caractéristiques (par Jacques LACOMBE). *Paris*, *Hérissant*, 1766, 2 *vol. in*-8.

3738. Dictionnaire de Chirurgie, contenant la description anatomique du corps humain, etc. (par LE VACHER DE LA FEUTRIE, MOYSANT et LA MACELLERIE). *Paris*, *Lacombe*, 1767, 2 *vol. in*-8.

3739. Dictionnaire de Chirurgie, extrait de l'Encyclopédie (c'est-à-dire extrait des articles rédigés pour l'Encyclopédie, par LOUIS, publié par F. PAUL). *Paris*, 1772, 2 *vol. in*-8.

3740. Dictionnaire de Chymie (par MACQUER). *Paris*, *Lacombe*, 1766, 2 *vol. in*-8; *et imprimerie de Monsieur*, 1778, 4 *vol. in*-8 *et* 2 *vol. in*-4, *avec le nom de l'auteur.*

3741. Dictionnaire de Danse (par COMPAN). *Paris*, *Cailleau*, 1787, *petit in*-8.

On trouve le nom de l'auteur au bas de l'épître dédicatoire à mademoiselle G*** (Guimard).

Il y a des exemplaires qui portent au frontispice l'adresse de *Paris*, *Servière*, an 10 (1802).

3742. Dictionnaire de Définitions morales et philosophiques (par M. LE HOUVIER). *Paris*, 1818, *in*-8.

3743. Dictionnaire de Droit et de Pratique, par Claude-Joseph DE FERRIÈRE; troisième édition, revue et augmentée (par BOUCHER D'ARGIS). *Paris*, *Brunet*, 1749, 1762, 1771, 2 *vol. in*-4.

3744. Dictionnaire de l'Académie françoise (première édition). *Paris*, *Coignard*, 1694, 2 *vol. in-fol.*

L'épître dédicatoire au Roi et la préface sont de François CHARPENTIER. L'abbé Regnier Desmarais avait composé une autre préface, que l'on trouve, avec celle de Charpentier, dans le tome premier, pages 627-678 du *Recueil de pièces curieuses et nouvelles*, la Haye, 1694, petit in-12.

Barbier d'Aucour a eu beaucoup de part à la composition de ce dictionnaire.

L'abbé Regnier a rédigé en grande partie la seconde édition, publiée en 1718. L'épître dédicatoire de cette édition est de l'abbé MASSIEU.

3745. Dictionnaire de l'Académie françoise, quatrième édition. *Paris*, *veuve Brunet*, 1762, 2 *vol. in-fol.*, *réimprimés plusieurs fois en* 2 *vol. in*-4.

DUCLOS a eu la principale part à cette édition.

3746. Dictionnaire de l'Académie française, cinquième édition. *Paris*, *Smith*, *an* 6 (1798), 2 *vol. in-fol. et in*-4.

M. Dominique-Joseph GARAT est auteur du discours préliminaire de cette édition; SELIS a revu une partie du dictionnaire sous le double rapport de la grammaire et de la typographie. Cette révision a été continuée par l'abbé BOURLET DE VAUXCELLES et par M. GENCE, littérateur-grammairien, ancien correcteur de l'imprimerie royale.

3747. Dictionnaire de l'Académie françoise; nouvelle édition, augmentée de plus de vingt mille articles. *Paris*, *Moutardier*, *an* 10 (1802), 2 *vol. in*-4.

Les augmentations contenues dans cette édition, qui a fait tant de bruit, sont attribuées à M. Jean-Charles LAVEAUX, auteur de plusieurs ouvrages de littérature et d'histoire.

3748. Dictionnaire de la Constitution et du Gouvernement français (par M. GAUTIER). *Paris, Guillaume junior, l'an 3 de la liberté française* (1794), *in*-8.

3749. Dictionnaire de la Langue bretonne, par dom Louis LE PELLETIER, bénédictin (publié par dom Charles TAILLANDIER, qui a fait la préface). *Paris*, 1752, *in-fol.*

3750. Dictionnaire de la Langue françoise, ancienne et moderne, de Pierre RICHELET; nouvelle édition, très-augmentée (par les soins de DU SAUZET, ex-jésuite, et depuis libraire). *Amsterdam, compagnie*, 1732, 2 *vol. in*-4.

Voyez la *Bibliothèque française*, Amsterdam, 1723, t. 17, p. 111.

3751. Dictionnaire de la Langue françoise, ancienne et moderne, par Pierre RICHELET; nouvelle édition, revue, corrigée et augmentée d'un très-grand nombre d'articles (par l'abbé GOUJET). *Lyon, frères Duplain*, 1759, 3 *vol. in-fol.*

3752. Dictionnaire de la Langue romane ou du vieux Langage françois (par DE LA CURNE DE SAINTE-PALAYE). *Paris, Saillant*, 1766, *in*-8. V. T.

François Lacombe a publié un second volume en 1767 : on croit qu'il a eu beaucoup de part au premier. B.

3753. Dictionnaire de la Langue toulousaine (par Jean DOUJAT). *Toulouse*, 1638, *in*-8.

Cet ouvrage n'a pas été imprimé séparément; il se trouve à la suite des Œuvres de *Pierre Goudelin*, écrites en cette langue. Doujat n'y a pas mis son nom, et l'on ne sait qu'il est de lui que parce que Pelisson nous l'apprend dans son *Histoire de l'Académie française*. (*Note de M. Boulliot.*)

3754. Dictionnaire de la Prononciation angloise (par O'REILLY). *Paris, le Breton*, 1756, *in*-8.

3755. Dictionnaire de la Provence et du Comté-Venaissin, par une société de gens de lettres (publié par le sieur A. D. E. M. A. M., c'est-à-dire ACHARD, docteur en médecine à Marseille, et depuis bibliothécaire de cette ville). *Marseille, J. Mossy*, 1785-1787, 4 *vol. in*-4.

Le tome premier contient un *vocabulaire provençal-français*, et le tome second un *vocabulaire français-provençal*. On trouve dans les troisième et quatrième volumes l'*histoire des hommes illustres de la Provence*.

3756. Dictionnaire de Législation, de Jurisprudence et de Finances, sur les gabelles de France (par BUTERNE). *Avignon, Chambeau*, 1764, *in*-4.

3757. Dictionnaire de l'Élocution françaïse (par DEMANDRE, maître de pension). *Paris, Lacombe*, 1769, 2 *vol. in*-8.

Le nom de l'auteur se trouve au bas de l'épître dédicatoire : c'est un des ouvrages attribués par le faussaire Maton de la Varenne à l'abbé de Calignon.

Ce dictionnaire a été réimprimé en 1802, par les soins de l'abbé de Fontenay.

3758. Dictionnaire de l'Industrie, ou Collection raisonnée des procédés utiles dans les sciences et dans les arts, par D*** (DUCHESNE). *Paris*, 1776, 3 *vol. in*-8. — Troisième édition, entièrement refondue et considérablement augmentée (par le même auteur). *Paris, Poignée, an* 9 (1800), 6 *vol. in*-8.

3759. Dictionnaire de Marine (par AUBIN). *Amsterdam, Covens et Mortier*, 1736, *in*-4.

3760. Dictionnaire de Mythologie (par l'abbé DE CLAUSTRE). *Paris*, 1745, 1758, 3 *vol. in*-12. — Nouvelle édition (revue et corrigée par RI-

CHER). *Paris, Briasson*, 1765, 2 *vol. in*-8.

Voyez n° 3854.

3761. Dictionnaire de Physique portatif, par un professeur de physique (le P. PAULIAN). *Avignon*, 1758, *in*-8. — Seconde édition augmentée. *Avignon et Paris*, 1760, *in*-8, avec le nom de l'auteur.

3762. Dictionnaire de Physique portatif, par l'auteur du grand Dictionnaire de Physique (le P. PAULIAN). *Avignon et Paris*, *Desaint*, 1767, 2 *vol. in*-12.

Réimprimé à *Nîmes* en 1773, 3 vol. in-8, avec le nom de l'auteur.

3763. Dictionnaire de portraits historiques, anecdotes et traits remarquables des Hommes illustres (par LACOMBE DE PREZEL). *Paris*, *Lacombe*, 1768, 3 *vol. in*-8 et 3 *vol. in*-12; *Paris, Delalain*, 1772, 4 *vol. in*-8.

L'ouvrage intitulé *Galerie des Portraits* forme le quatrième volume.

3764. Dictionnaire de Recherches historiques et philosophiques, connu sous le nom de *Dictionnaire social et patriotique* (par LE FÈVRE DE BEAUVRAY). *Paris*, 1774, *in*-8.

3765. Dictionnaire de Rimes dans un nouvel ordre, par Pierre RICHELET; nouvelle édition augmentée, par M. D. F. (DUFRESNE). *Paris*, *Delaulne*, 1721, *in*-8. — Autre édition, mise dans un nouvel ordre par l'abbé BERTHELIN. *Paris*, *Desprez*, 1751, *in*-8.

Le Traité de la versification et des ouvrages en vers, dont M. Berthelin laisse croire qu'il est l'auteur, est de M. Philippe-Louis JOLY, de Dijon, chanoine de la Chapelle-au-Riche de la même ville, et connu par d'autres ouvrages. Je ne puis ignorer ce fait, l'auteur m'ayant communiqué son manuscrit avant l'impression, pour l'examiner. (*Note extraite du Catalogue de l'abbé Goujet.*)

3766. Dictionnaire des Alimens, Vins et liqueurs (par BRIAND). *Paris*, 1750, 3 *vol. in*-12.

3767. Dictionnaire des Antiquités romaines, traduit et abrégé du grand Dictionnaire de PITISCUS (par l'abbé BARRAL). *Paris*, *Delalain*, 1766, 3 *vol. in*-8.

3768. Dictionnaire des Arts, pour servir de suite au Dictionnaire de l'Académie, par M. D. C. (Thomas CORNEILLE). *Paris, Coignard*, 1694, 2 *vol, in-fol.*

Voyez le n° 3795.

3769. Dictionnaire des Athées anciens et modernes, par S. M. (Sylvain MARÉCHAL, aidé de feu M. DE LALANDE). *Paris*, *Grabit*, 1800, *in*-8.

Lalande a publié deux supplémens à cette mauvaise compilation. Ils forment cent vingt pages.

3770. Dictionnaire des Caractères et Portraits tirés des Oraisons funèbres (par ROLAND). *Paris*, *Stoupe*, 1777, 2 *vol. in*-8.

3771. Dictionnaire (le) des Cas de conscience, par DE LAMET et FROMAGEAU (mis en ordre par le père FABRE, publié par l'abbé GOUJET). *Paris*, *J.-B. Coignard*, 1733, 2 *vol. in-fol.*

Ces Cas de conscience, plus estimés que ceux de M. Pontas, ont été mis en ordre et revus par Simon-Michel TREUVÉ, prêtre, docteur en théologie, depuis théologal de Meaux sous M. Bossuet. La préface, qui contient l'éloge et la généalogie de M. Lamet et l'éloge de M. Fromageau, avait été faite par le P. Fabre, de l'Oratoire; mais elle ne fut donnée pour être refondue et mise dans l'état où elle est. (*Note manuscrite tirée du Catalogue de la bibliothèque de l'abbé Goujet.*)

3772. Dictionnaire des Constitutions de l'Empire français et du royaume d'Italie, par C. L. G. (GILLOT), magistrat de sûreté à Étampes. *Paris*, 1806, 3 *vol. in*-8. V. T.

3773. Dictionnaire des Diagnostics, ou l'Art de connaître les maladies (par Hélian). *Paris, Vincent*, 1771, *in*-12. V. T.

3774. Dictionnaire des Gens du monde, historique, littéraire, critique, moral et physique (par Sticotti). *Paris, Costard*, 1770, 5 *vol. in*-8.

3775. Dictionnaire des Girouettes (par M. le comte de Proisy d'Eppe, auteur de *Vergy* ou l'*Interrègne*). *Paris, Eymery*, 1815, *in*-8.

A eu trois éditions.

3776. Dictionnaire (le) des Halles, ou Extrait du Dictionnaire de l'Académie françoise (par Artaud). *Bruxelles* (*Paris*), 1696, *in*-12.

3777. Dictionnaire des Jeux de l'enfance et de la jeunesse chez tous les peuples, par J. F. A-y (Jean-Félicissime Adry). *Paris, H. Barbou*, 1807, *in*-12.

3778. Dictionnaire des Livres jansénistes, ou qui favorisent le Jansénisme (par le P. de Colonia, jésuite); nouvelle édition, augmentée (par le P. Patouillet). *Anvers, Verdussen*, 1752, 4 *vol. in*-12.

Voyez le n° 1752.

3779. Dictionnaire des Merveilles de la Nature, par A. J. S. D. (Sigaud de la Fond), professeur de physique. *Paris*, 1781, 2 *vol. in*-8.—Nouvelle édition, revue, corrigée et considérablement augmentée par l'auteur. *Paris, Delaplace, an* 10 (1802), 3 *vol. in*-8.

3780. Dictionnaire des Mœurs (par l'abbé Coupé). *Paris*, 1773, *in*-8.

3781. Dictionnaire des monogrammes, chiffres, lettres initiales, logogryphes, rébus, etc., sous lesquels les plus célèbres peintres, graveurs et dessinateurs ont dessiné leurs noms; traduit de l'allemand de M. Christ, professeur, et augmenté de plusieurs supplémens (par Sellius). *Paris, Jorry*, 1750; *Guillyn*, 1762, *in*-8.

Il n'y a eu qu'un changement de frontispice en 1762.

3782. Dictionnaire des Négatifs (par J. Lamande). *Sans nom de ville* (*Annecy*), 1766, *in*-8. V. T.

3783. Dictionnaire des Notions primitives (par Puget de Saint-Pierre). *Paris, Costard*, 1773, 4 *vol. in*-8.

3784. Dictionnaire des Origines, des Découvertes, Inventions et Établissemens (par Sabatier de Castres et Préfort). *Paris*, 1777, 3 *vol. in*-8.

3785. Dictionnaire des Origines, ou Époques des inventions utiles, des découvertes importantes, et de l'établissement des peuples, des religions, etc. (par d'Origny). *Paris, Bastien*, 1777, 6 *vol. in*-8.

3786. Dictionnaire des Particules angloises, précédé d'une Grammaire raisonnée, par M. L. F. (le Febvre de Villebrune). *Paris, Pissot*, 1774, *in*-8.

3787. Dictionnaire des Passions, des Vertus et des Vices (composé par Sticotti, publié par l'abbé Sabatier, de Castres). *Paris, Vincent*, 1769; *la Porte*, 1777, 2 *vol. in*-8.

3788. Dictionnaire des Pensées ingénieuses, tant en vers qu'en prose, tirées des meilleurs écrivains françois; ouvrage propre aux personnes de tout âge et de toute condition. *Paris, veuve Duchesne*, 1773, 2 *vol. in*-8.

Par Blaise-Louis Pelée de Chenouteau, né à Sens en 1704, décédé à Sens le 11 juillet 1791, âgé de quatre-vingt-sept ans; il était conseiller au bailliage de cette ville, et en même temps contrôleur des actes. L'auteur devait d'abord faire paraître son ouvrage sous le titre de *Dictionnaire des pensées sublimes*, etc. Il a trouvé le secret de vendre 2000 livres à la veuve Duchesne le manuscrit de cette compilation, dont l'*Année littéraire* dit beaucoup de mal lorsqu'elle parut. Voyez *Conférence de la Coutume de Sens*, n° 2648.

3789. Dictionnaire des Plantes usuelles (par DE LA BEYRIE et GOULIN). *Paris, Lamy*, 1793, 8 *vol. in*-8.

Même ouvrage que le *Dictionnaire raisonné universel de matière médicale*. Voyez ces mots ci-après.

3790. Dictionnaire des Proverbes françois (par Georges DE BACKER). *Bruxelles, Henri de Backer*, 1710, *in*-8.

3791. Dictionnaire des Proverbes françois, avec l'explication et les étymologies les plus avérées (par Joseph PANCKOUCKE). *Paris, Savoye*, 1749, 1758, *in*-8.

Il existe aussi une édition de ce dictionnaire, imprimée à *Francfort*, 1750, in-8.

3792. Dictionnaire des Proverbes français (par M. DE LA MÉSANGÈRE). *Paris, Treuttel et Würtz*, 1821, *in*-8.

Réimprimé la même année avec de nombreuses augmentations.

3793. Dictionnaire des Richesses de la langue françoise, et du Néologisme qui s'y est introduit (par ALLETZ). *Paris, Saugrain*, 1770, *in*-12.

3794. Dictionnaire des Rimes françoises selon l'ordre des lettres de l'alphabet, auquel deux traités sont ajoutés, l'un des conjugaisons françoises, l'autre de l'orthographe françoise, etc. (par DE LA NOUE). (*Genève*), *héritiers d'Eusthate Vignon*, 1596, *in*-8.

Cet ouvrage a été réimprimé avec des augmentations et corrections en 1624, à *Cologny* (près Genève), sous le titre de *Grand Dictionnaire des rimes françoises*. Ce sont les auteurs de la *Méthode latine* de Port-Royal qui, dans le chapitre des *règles de la poésie françoise*, l'attribuent à de la Noue.

L'abbé Goujet (voyez *Bibliothèque françoise*, t. 3, p. 422) a confondu l'auteur de ce dictionnaire avec le célèbre la Noue, dit Bras de fer, qui fut tué en 1591. Ne serait-ce pas plutôt Pierre de la Noue, le même qui publia les Antiquités perdues et les Choses nouvellement inventées, trad. de l'italien de Guy Pancirole, sur la version latine de Henri Salmuth, *Lyon, Roussin*, 1617, *in*-12; les *Synonyma et Æquivoca gallica, Lugduni, J. Anard*, 1618, *petit in*-12; et la Cavalerie française et italienne, *Lyon, Cl. Morillon*, 1621, *in-fol.* Dans le privilége de ce dernier ouvrage, on ajoute au nom de l'auteur la qualification de gentilhomme français. Suivant Draudius, c'était un gentilhomme angevin.

3795. Dictionnaire des Sciences et des Arts, par M. D. C. (Thomas CORNEILLE); nouvelle édition, revue et augmentée (par DE FONTENELLE). *Paris*, 1732, 2 *vol. in-fol.*

Voyez le n° 3768.

3796. Dictionnaire des Synonymes françois (par le P. DE LIVOY). *Paris, Saillant*, 1767, *in*-8.

Réimprimé avec des augmentations par BEAUZÉE. *Paris*, 1788, in-8.

3797. Dictionnaire des Termes de la révolution (par feu M. l'abbé BUÉE, ancien supérieur du séminaire de Saint-Marcel, à Paris). *Paris, Crapart*, 1792, *in*-8.

3798. Dictionnaire des Théâtres de Paris (par les frères PARFAICT et D'ABGUERBE). *Paris, Lambert*, 1756, 7 *vol. in*-12.

3799. Dictionnaire des Voyages (par VINCENT, curé de Quincey, près de Nogent-sur-Seine). *Paris, Dufour*, 1773 *et* 1774, 4 *vol. in*-12.

Le Dictionnaire des Voyages, n'ayant pas eu de succès, a été interrompu au quatrième tome, qui finit avec la lettre G.

3800. Dictionnaire domestique portatif (par ROUX, GOULIN et LA CHE-

NAYE-DES-BOIS). *Paris*, 1762 *et* 1763, 3 *vol. in*-8.

3801. Dictionnaire dramatique (par l'abbé DE LA PORTE et CHAMFORT). *Paris*, *Lacombe*, 1776, 3 *vol. in*-8.

3802. Dictionnaire du Citoyen (par LACOMBE DE PRÉZEL). *Paris*, *Granger*, 1761, 2 *vol. in*-8.

3803. Dictionnaire du Jardinage (par D'ARGENVILLE). *Paris*, *de Bure*, 1767; *Liége*, *Bassompierre*, 1783, *in*-12.

3804. Dictionnaire ecclésiastique et canonique portatif..., par une société de religieux et de jurisconsultes (dom BREZILLAC). *Paris*, 1765, 2 *vol. in*-8.

Il existe plusieurs éditions de cet ouvrage.

3805. Dictionnaire (et Calendrier) des Jardiniers, ouvrage traduit de l'anglois de Phil. MILLER, par une société de gens de lettres (DE CHAZELLES et autres), avec des notes (par HOLLANDRE). *Paris*, *Guillot*, 1785, 8 *vol. in*-4.

3806. Dictionnaire françois-breton ou françois-celtique, enrichi de thêmes, par l'abbé A*** (ARMERYE, prêtre du Morbihan). *Leyde*, 1744; *La Haye*, 1756, *in*-8.

3807. Dictionnaire généalogique, héraldique, chronologique et historique des premières maisons de France, par M. D. L. C. D. B. (DE LA CHENAYE-DES-BOIS). *Paris*, *Duchesne*, 1757-1765, 7 *vol. in*-8.

Réimprimé avec de nombreuses augmentations, sous le titre de *Dictionnaire de la noblesse*, etc. Paris, veuve Duchesne et Boudet, 1770-1786, 15 vol. in-4, y compris trois volumes de supplément, rédigés par Badier.

On trouve des *recherches* du président de Noinville *sur les armoiries et sur les fleurs de lis*, en tête du premier volume et à la fin du troisième volume de l'édition in-8.

Elles ont été réimprimées avec des corrections à la fin du douzième volume de l'édition in-4.

3808. Dictionnaire généalogique, historique et critique de l'Histoire sainte, par M. l'abbé ......, revu par M. l'abbé SICARD (composé par SERIEYS). *Paris*, 1804, *in*-8.

3809. Dictionnaire géographique et historique, par Michel-Antoine BAUDRAND (revu et augmenté par dom GELÉ, bénédictin). *Paris*, *Imbert de Bats*, 1705, 2 *vol. in-fol.*

3810. Dictionnaire géographique portatif de la France (par le P. Dominique MAGNAN, minime). *Paris* (*Avignon*), 1765, 4 *vol. in*-8.

3811. Dictionnaire géographique portatif, traduit de l'anglois de Laurent ÉCHARD, sur la treizième édition, par VOSGIEN (l'abbé LADVOCAT). *Paris*, 1747, 1750. — Nouvelle édition, augmentée (par Charles-Guillaume LE CLERC). *Paris*, *libraires associés*, 1779, *in*-8 — Nouvelle édition, augmentée et entièrement refondue par Auguste L*** (masque de M. Antoine-Jean LETRONNE). *Paris*, *Saintin*, 1813, *in*-8.

3812. Dictionnaire grammatical de la Langue françoise (par l'abbé FÉRAUD). *Paris*, *Vincent*, 1768, 2 *vol. in*-8. — Nouvelle édition. *Paris*, 1786, 2 *vol. in*-8.

3813. Dictionnaire harmonique, vrai guide à la vraie modulation (par GEMINIANI). *Amsterdam*, 1758.

Voyez les *Annales typographiques*, année 1759, t. 2, p. 128. Le *Dictionnaire des musiciens*, par MM. Choron et Fayolle, ainsi que la *Biographie universelle*, indiquent cet ouvrage sous le titre de *Guide*, etc.

3814. Dictionnaire héraldique, contenant tout ce qui a rapport à la science du blason, par G. D. L. T. (GASTELIER DE LA TOUR). *Paris*, *Lacombe*, 1774, *in*-8.

3815. Dictionnaire hermétique (par Salmon, médecin), avec deux traités, l'un de la triple préparation de l'or et de l'argent, l'autre de la manière de produire la pierre philosophale (tous deux par Gaston le Doux, dit de Claves). *Paris*, 1695, *in*-12.

Voyez l'*Histoire de la philosophie hermétique*, t. 3, p. 148.

3816. Dictionnaire historique, critique et moral des Bénéfices, par M. H. D. C. (Hennique de Chenilli). *Paris*, *Couturier père*, 1778, *in*-8.

Il n'a paru qu'un premier volume, contenant le diocèse de Paris.

3817. Dictionnaire historique des Auteurs ecclésiastiques......, avec le catalogue de leurs ouvrages, etc. *Lyon*, *veuve Bessiat*, 1767, 4 *vol. in*-8.

Ce dictionnaire est d'un prêtre gascon qui penche un peu vers le jansénisme ; il ne veut pas être nommé ; il pria M. C. (Chaudon), son ami, de composer la préface et de revoir les grands articles. Cet ouvrage, quoique annoncé sous le titre de *Lyon*, fut imprimé à Avignon et traduit en italien. Cette version parut à Venise. (*Note de M. Chaudon.*)

3818. Dictionnaire historique des Cultes religieux (par J. Fr. de la Croix). *Paris*, 1770, 3 *vol. in*-8.

Réimprimé avec le nom de l'auteur en 1777.

3819. Dictionnaire historique des Mœurs, Usages et Coutumes des François (par de la Chenaye-des-Bois). *Paris*, *Vincent*, 1767, 3 *vol. in*-8.

3820. Dictionnaire historique des Saints Personnages (par de la Croix). *Paris*, *Vincent*, 1772, 2 *vol. in*-8.

3821. Dictionnaire historique des Siéges et Batailles mémorables de l'histoire ancienne et moderne (par de la Croix). *Paris*, *Vincent*, 1771, 3 *vol. in*-8.

Voyez le nº 808.

3822. Dictionnaire historique d'éducation (par Filassier). *Paris*, *Vincent*, 1771, 2 *vol. in*-8.

Réimprimé avec le nom de l'auteur.

3823. Dictionnaire historique et bibliographique portatif, par l'abbé Ladvocat, nouvelle édition, corrigée et considérablement augmentée (par le Clerc, libraire). *Paris*, *le Clerc*, 1777, 3 *vol. in*-8. — Supplément au même dictionnaire (par le même le Clerc). *Paris*, 1789, *in*-8.

On assure que dom Deforis, bénédictin, a fourni beaucoup d'articles à l'éditeur du supplément.

3824. Dictionnaire historique et bibliographique portatif des Personnages illustres, célèbres ou fameux, etc., par L. G. P. (M. Meignot). *Paris*, *Prudhomme*, 1813, 4 *vol. in*-8.

3825. Dictionnaire historique et critique, par M. Pierre Bayle ; troisième édition, revue, corrigée et augmentée par l'auteur (publiée avec des remarques, par Prosper Marchand). *Rotterdam*, *Michel Bohm*, 1720, 4 *vol. in-fol.*

Cette édition avait été commencée en juillet 1714. Les Français en enlevèrent *tout d'abord* quinze cents exemplaires ; c'était la moitié de l'édition : le reste se répandit partout en fort peu de temps.

La première édition a été faite à Rotterdam, chez *Reinier Leers*, en 1697, 4 vol. in-fol.

Quelques simples curieux, plus satisfaits de quelques plaisanteries un peu vives que de bonnes remarques de littérature et de critique, la recherchent encore, parce que ces plaisanteries ne se trouvent plus dans les articles *Diogène*, *Hipparchia*, *Lais*, *Malherbe*, *Mariana* et *le Pais*, des éditions suivantes.

Je tire ces particularités d'une *notice* des *éditions* et *traductions* du dictionnaire de Bayle (par Prosper Marchand) : on la trouve dans la *Bigarrure*, la Haye, 1752, t. 19, p. 33 et suiv.

3826. Dictionnaire historique et critique de la Bible, par M. L. E. R.

(Laurent-Étienne Rondet). *Paris, Delalain*, 1776, 3 *vol. in*-4.

Cet ouvrage n'a pas été continué : il finit à la lettre E.

3827. Dictionnaire historique, littéraire et critique (rédigé et publié par l'abbé Barral, aidé des PP. Guibaud et Valla, oratoriens). (*Soissons et Troyes*), 1758, 6 *vol. in*-8.

On trouve des exemplaires reliés en quatre volumes in-8.

3828. Dictionnaire historique, ou Mémoires critiques et littéraires, par Prosper Marchand (publié par Jos. Nic. Séb. Allamand). *La Haye, P. Dehondt*, 1758, 2 *vol. in-fol.*

3829. Dictionnaire historique, politique et géographique de la Suisse, ou Recueil des morceaux fournis à l'*Encyclopédie* d'Yverdon (par Tscharner et Haller fils aîné). *Neufchâtel*, 1775, 2 *vol. in*-8. — Nouvelle édition, augmentée (par P. H. Mallet). *Genève, Barde*, 1788, 3 *vol. in*-8.

3830. Dictionnaire historique portatif de la Géographie sacrée, ancienne et moderne; ouvrage utile pour l'intelligence de l'Ancien et du Nouveau Testament, et de l'histoire de l'Église (par Morénas). *Paris, Desaint et Saillant*, 1759, *in*-8.

La *Biographie universelle* a oublié le mot *sacrée* dans l'énoncé du titre de cet ouvrage, ce qui en dénature l'objet.

3831. Dictionnaire historique portatif des Femmes célèbres (par J. F. de la Croix). *Paris*, 1769, 2 *volumes in*-8.

3832. Dictionnaire iconologique, ou Introduction à la connaissance des peintures, médailles, estampes, etc. (par Lacombe de Prezel). *Paris, de Hansy*, 1756, *in*-12; *Nyon aîné*, 1777, *in*-12. — Nouvelle édition très-augmentée, avec le nom de l'auteur. *Paris, Hardouin*, 1779, 2 *vol. in*-8.

3833. Dictionnaire interprète-manuel des noms latins de la Géographie ancienne et moderne (par Esprit-Joseph Chaudon, frère de l'auteur du *Nouveau Dictionnaire historique*). *Paris, Lacombe*, 1778, *in*-8.

3834. Dictionnaire languedocien-françois, par l'abbé de S..... (de Sauvage). *Nîmes, Gaude*, 1756, *in*-8. — Nouvelle édition. *Nîmes*, 1785, 2 *vol. in*-8.

3835. Dictionnaire médicinal portatif, par M. ***, docteur en médecine (Jean Guyot). *Paris, Prault*, 1747; *d'Houry*, 1763, *in*-8.

3836. Dictionnaire militaire, seconde édition, par M. A. D. L. C. (de la Chenaye-des-Bois). *Paris, Gissey*, 1745 *et* 1746, 3 *vol. in*-12. — Nouvelle édition, par M. E. (Egger). *Dresde, Walter*, 1750, 2 *vol. in*-8. — Quatrième édition, considérablement augmentée. *Paris*, 1759, 3 *vol. in*-8.

3837. Dictionnaire minéralogique et hydrologique de la France (par Buchoz). *Paris, Costard*, 1772, 2 *vol. in*-8.

3838. Dictionnaire moral, ou la Science de la chaire (par Richard, avocat). *Paris*, 1718, 6 *vol. in*-8.

3839. Dictionnaire national et anecdotique, pour servir à l'intelligence des mots dont notre langue s'est enrichie depuis la révolution, etc.; par M. de l'Épithète, élève de feu M. Beauzée (Chantreau). *Politicopolis, chez les marchands de nouveautés*, 1790, *in*-8 *de* 200 *pages*.

On trouve dans cet ouvrage l'indication de cinquante-neuf journaux qui se publiaient à l'époque où il parut.

3840. Dictionnaire néologique à l'usage des beaux esprits (par l'abbé DESFONTAINES), avec l'éloge historique de Pantalon-Phœbus, etc. (par BEL). *Paris, Lottin*, 1726, 1727; *Amsterdam, Arkstée et Merkus*, 1728, 1750, *in*-12.

3841. Dictionaire nouveau françois et alemand, et alemand et françois, qu'accompagne le latin (attribué à S. CHAPUZEAU). *Basle*, 1675, 2 *vol. in*-8. V. T.

3842. Dictionnaire philosophique de la Religion, par l'auteur des *Erreurs de Voltaire* (l'abbé NONNOTTE). *Avignon*, 1772, 4 *vol. in*-12.

3843. Dictionnaire philosophique, ou Introduction à la connoissance de l'homme (par DE NEUVILLÉ). *Londres (Paris)*, 1751, 1756, 1762, *in*-8.

La troisième édition est très-augmentée.

3844. Dictionnaire philosophique portatif (par VOLTAIRE). 1764, *in*-8. — Nouvelle édition. *Londres*, 1765, *in*-8; 1767, 2 *vol. in*-8.

3845. Dictionnaire philosopho-théologique portatif, avec des notes (par le P. PAULIAN). *Nismes, Gaude; et Paris, le Jay*, 1770, *in*-8.

3846. Dictionnaire poétique d'Éducation, par DE LA CROIX (ou plutôt par BAILLY, depuis prote de Didot le jeune). *Paris*, 1775, 2 *vol. in*-8.

3847. Dictionnaire poétique portatif, par M. B*** (BILHARD). *Paris*, 1759, *in*-8.

3848. Dictionnaire portatif, comprenant la géographie, l'histoire universelle, etc. (par Fr. MORÉNAS). *Avignon, Chambeau*, 1760-1762, 8 *vol. in*-8.

La manière dont ce livre fut conçu et exécuté est une anecdote assez singulière. Les capucins d'Avignon avaient un capital de 12,000 livres, fruit de la lucrative besace, ou don de quelque dévote. Par la règle de leur ordre, ils ne pouvaient placer cet argent. Le chapitre s'assemble, et il fut décidé que, pour ne pas violer les statuts de S. François, on l'emploierait en *moulé*. C'était alors la mode des *dictionnaires* : les RR. PP. firent donc le projet de faire imprimer une espèce d'Encyclopédie; mais l'ordre ne fournissant pas, du moins à Avignon, d'assez grand génie pour l'exécution de cet ouvrage, ils s'adressèrent à *Morénas*, toujours prêt à vendre sa plume. Ils le salarièrent assez mal : aussi leur en donna-t-il pour leur argent. Les premiers volumes de sa compilation sont les plus passables, parce qu'il les tira de l'*Encyclopédie*, dont il n'y avait alors que sept volumes : le reste fut composé sur le Dictionnaire de Trévoux, et ne vaut pas grand'chose. Morénas, fort bon homme, se moquait tout le premier de son ouvrage. Je l'ai vu travailler; il enfantait un volume in-8 dans deux ou trois mois. Il me disait en riant : *Trati mei moungès, coumo me tratoun.*

(*Note envoyée par M. Chaudon.*)

3849. Dictionnaire portatif, contenant les anecdotes historiques de l'Amour (par M. MOUCHET). *Paris, Buisson*, 1788, 2 *vol. in*-8.

Voyez le nº 3732.

3850. Dictionnaire portatif de Jurisprudence (par LACOMBE DE PREZEL). *Paris, le Clerc*, 1763, 3 *vol. in*-8.

3851. Dictionnaire portatif de la Bible (par l'abbé BARRAL). *Paris, Musier*, 1756, *in*-8; 1758, 2 *vol. in*-8.

3852. Dictionnaire portatif de la Langue françoise, extrait du grand Dictionnaire de P. RICHELET (par l'abbé GOUJET). *Lyon, frères Duplain*, 1756, 1761, *in*-8. — Nouvelle édition augmentée, par DE WAILLY. *Lyon*, 1775, 2 *vol. in*-8.

3853. Dictionnaire portatif de l'Ingénieur, par BELIDOR, nouvelle édition augmentée (par JOMBERT). *Paris*, 1768, *in*-8.

3854. Dictionnaire portatif de Mythologie (par l'abbé DE CLAUSTRE, revu et corrigé par RICHER). *Paris*, 1765, 2 *vol. in*-8.

Voyez n° 3760.

3855. Dictionnaire portatif de Peinture, Sculpture et Gravure, par D. Ant. Joseph PERNETTI, avec un traité pratique des différentes manières de peindre (par D'ARCLAIS DE MONTAMY). *Paris*, 1757, *in*-8.

3856. Dictionnaire portatif de Santé... par M. L**, ancien médecin des armées du roi, et M. de B***, médecin des hôpitaux (par Charles-Auguste VANDERMONDE). *Paris*, *Vincent*, 1759, 1760, 1761, 1 *vol. in*-8. — Quatrième édition, revue et considérablement augmentée. 1771, 2 *vol. in*-8.

Vandermonde ne voulait pas être connu comme auteur de cet ouvrage. Il n'y avait que ses plus intimes amis à qui il avait osé en faire l'aveu. Cela vient sans doute de ce qu'il avait été chargé de l'examiner en qualité de censeur. La même chose est arrivée depuis à Montucla, qui eut à examiner en 1778 les *Récréations mathématiques* d'Ozanam, auxquelles il avait fait des augmentations considérables, dont il ne voulait pas se dire l'auteur.

3857. Dictionnaire portatif des Arts et Métiers (par MACQUER et ....). *Paris*, 1766, 2 *vol. in*-8.

Ce dictionnaire a été considérablement augmenté et amélioré par l'abbé Jaubert. *Paris*, 1773, 5 *vol. in*-8, réimprimés plusieurs fois.

3858. Dictionnaire portatif des Beaux-Arts, par M. L*** (LACOMBE), avocat. *Paris*, *Hérissant*, 1752, *in*-8.

Réimprimé en 1759, avec le nom de l'auteur.

3859. Dictionnaire portatif des Cas de conscience (par MORÉNAS). *Avignon et Lyon*, *Bruyset*, 1759, 1761, 1768, 2 *vol. in*-8. — Nouvelle édition augmentée, par une société de théologiens. *Avignon et Lyon*, 1770, 3 *vol. in*-8.

3860. Dictionnaire portatif des Conciles (par ALLETZ). *Paris*, 1758, 1764, *in*-8.

3861. Dictionnaire portatif des Faits et Dits mémorables de l'histoire ancienne et moderne (par DE LA CROIX). *Paris*, *Vincent*, 1768, 2 *vol. in*-8.

3862. Dictionnaire portatif des Prédicateurs françois (par A. ALBERT, prêtre, et J. F. DE COURT, curé de Lieu-Saint en Brie). *Lyon*, 1757, *in*-8. V. T.

3863. Dictionnaire portatif des Règles de la langue françoise (par DEMANDRE). *Paris*, *Costard*, 1770, 2 *vol. in*-8.

Ce dictionnaire est le même ouvrage que celui qui a été indiqué au n° 3757, sous le titre de *Dictionnaire de l'Élocution françoise*.

3864. Dictionnaire portatif des Théâtres (par DE LÉRIS). *Paris*, 1754, *in*-8.

Réimprimé en 1763, avec le nom de l'auteur et de nombreuses augmentations.

3865. Dictionnaire portatif des Tragédies et Tragi-Comédies (par ROLAND). *Paris*, 1774. 3 *vol. in*-12.

C'est le même ouvrage que l'*Esprit des Tragédies et Tragi-Comédies*. Voyez ces mots.

3866. Dictionnaire raisonné d'Anatomie et de Physiologie (par DUFIEU). *Paris*, *Desaint ou Théophile Barrois*, 1766, 2 *vol. in*-8.

3867. Dictionnaire raisonné des Domaines et Droits domaniaux (par BOSQUET). *Rouen*, 1762, 3 *vol. in*-4; *Paris*, 1775, 2 *vol. in*-4 (*édition contrefaite*). — Seconde édition, corrigée et augmentée (par BOSQUET et HÉBERT). *Rennes*, 1782, 4 *vol. in*-4.

3868. Dictionnaire raisonné du Jardinier botaniste, fleuriste, etc, 2 *vol. in*-8.

Il y a dans la bibliothèque de l'École de

Médecine à Paris un exemplaire sans frontispice, avec une note manuscrite très-intéressante, par laquelle on voit que *le Bègue de Presle* est auteur de ces deux volumes.

3869. Dictionnaire raisonné et abrégé d'Histoire naturelle, par d'anciens professeurs (par JOLYCLERC). *Paris, frères Fournier*, 1806, 2 *vol. in*-8.

3870. Dictionnaire raisonné sur le droit de chasse (par J. HENRIQUEZ). *Verdun et Paris*, 1784, 2 *volumes in*-12

3871. Dictionnaire raisonné universel de la Matière médicale (par DE LA BEYRIE, ou plutôt par GOULIN, qui l'a refait). *Paris, Didot le jeune*, 1773, 4 *vol. in*-8. Voy. n° 3789.

3872. Dictionnaire raisonné universel des Animaux, par M. D. L. C. D. B. (DE LA CHENAYE-DES-BOIS). *Paris, Bauche*, 1759, 4 *vol. in*-4.

3873. Dictionnaire roman, walon, celtique et tudesque, pour servir à l'intelligence des anciennes lois et contrats, etc., par un religieux de la congrégation de Saint-Vannes (dom Jean FRANÇOIS). *Bouillon*, 1777, *in*-4.

3874. Dictionnaire royal, françois-anglois et anglois-françois, par BOYER; nouvelle édition, revue, corrigée et augmentée, avec une dissertation sur la prosodie françoise, par M... DE LA S. R. (David DURAND, membre de la société royale). *Londres*, 1748. — Autre édition. *Amsterdam et Leipsick, Arkstée et Merkus*, 1752, 2 *vol. in*-4.

La dissertation de D. Durand a été imprimée de format in-12, à Genève, en 1755 et en 1760, à la suite du traité de la prosodie française de d'Olivet.

3875. Dictionnaire social et patriotique, ou Précis des connoissances relatives à l'économie morale, civile et politique (par LE FÈVRE DE BEAUVRAY). *Paris*, 1769, *in*-8; annoncé en 1774, sous le titre de *Dictionnaire de Recherches historiques et philosophiques*.

3876. Dictionnaire sur le nouveau Droit civil, par le citoyen T. (TENNESSON, ancien jurisconsulte). *Paris, an* 7 (1799), *in*-8. V. T.

3877. Dictionnaire théologique portatif (par ALLETZ). *Paris*, 1756, 1767, *in*-8.

3878. Dictionnaire théorique et pratique de Chasse et de Pêche (par DELISLE DE SALES). *Paris, Musier*, 1769, 2 *vol. in*-8.

Rondet, dans la table des auteurs de la nouvelle édition de la *Bibliothèque historique de la France*, me paraît s'être trompé en attribuant cet ouvrage à M. Delisle de Moncel.

3879. Dictionnaire universel d'Agriculture et de Jardinage (par LA CHENAYE-DES-BOIS). *Paris*, 1751, 2 *vol. in*-4.

3880. Dictionnaire universel de la France ancienne et moderne (ouvrage composé par Cl. Marin SAUGRAIN, et dirigé par l'abbé DES THUILLERIES, auteur de l'introduction). *Paris*, 1726, 3 *vol. in-fol.*

3881. Dictionnaire universel de la Géographie commerçante, par J. PEUCHET (rédigé sur les matériaux fournis par l'abbé MORELLET). *Paris, Blanchon, an* 8 (1800), 5 *vol. in*-4.

3882. Dictionnaire universel des Sciences morale, économique, politique (par MM. ROBINET, CASTILHON, SACY, POMMEREUL et autres). *Londres* (*Paris*), 1777-1783, 30 *vol. in*-4.

3883. Dictionnaire universel des Synonymes de la langue française, publiés jusqu'à ce jour par Girard,

Beauzée, Roubaud et autres écrivains célèbres, formant réunis près de douze cents articles (recueillis par Benoit Morin); seconde édition. *Paris, Maradan,* 1802, 3 *vol. in*-12.

3884. Dictionnaire universel françois et latin, vulgairement appelé Dictionnaire de Trévoux, contenant la signification et la définition des mots de l'une et de l'autre langue, avec leurs différens usages, les termes propres de chaque état et de chaque profession, la description de toutes les choses naturelles et artificielles, leurs figures, leurs espèces, leurs propriétés, l'explication de tout ce que renferment les sciences et les arts, soit libéraux, soit mécaniques, etc.; avec des remarques d'érudition et de critique : le tout tiré des plus excellens auteurs, des meilleurs lexicographes, étymologistes et glossaires, qui ont paru jusqu'ici en différentes langues. Nouvelle édition, corrigée et considérablement augmentée (par l'abbé Brillant). *Paris, la compagnie des libraires,* 1771, 8 *vol. in-fol.*

Les auteurs du *Journal de Verdun* ont fait connaître assez en détail les articles dus au nouvel éditeur, ou refondus par lui. Voyez *novembre* 1771, p. 323; *décembre* 1771, p. 415; *janvier* 1772, p. 23, et *mars* 1772, p. 182.

Mais le travail de cet éditeur, tout-à-fait inconnu dans la république des lettres, n'a pas satisfait les personnes capables de l'apprécier. Voyez la Lettre à M. le rédacteur de la nouvelle édition du Dictionnaire dit de Trévoux. *Amsterdam et Paris, Clousier,* 1777, *in*-8 *de* 36 *pages.* L'analyse de cette brochure se trouve dans le *Journal de Paris* du 6 juin 1777.

Cette lettre est de l'abbé du Masbaret, ancien curé de Saint-Michel à Saint-Léonard dans le Limousin, qui s'occupait depuis quarante ans du perfectionnement des dictionnaires de Trévoux et de Moréri. Ce laborieux ecclésiastique envoya à Paris, dès l'année 1777, trois gros volumes de remarques sur cette nouvelle édition. Dans la suite son travail fut porté jusqu'à huit volumes, qui sont conservés dans sa famille.

Je profite de la circonstance pour faire connaître les principaux auteurs des différentes éditions du Dictionnaire de Trévoux, à dater de la première, qui parut sous ce titre : *Dictionnaire universel françois et latin*, avec des remarques d'érudition et de critique (vulgairement appelé *Dictionnaire de Trévoux*). *Trévoux*, 1704, 3 *vol. in-fol.*

Cette première édition ne répondit pas aux espérances qu'on en avait conçues d'après des annonces pompeuses. Le public éclairé n'y trouva rien de plus que dans l'édition du Dictionnaire de Furetière, publiée à Rotterdam en 1701, par les soins de Basnage. Tout y était semblable, méthode, orthographe, exemples. Il passe cependant pour constant que les Jésuites, et principalement le père de Vitry, y ont fait quelques additions. Voyez la *Bibliothèque française* de l'abbé Goujet, t. 1.

— Nouvelle édition, *Trévoux et Paris, Florentin Delaulne,* 1721, 5 *vol. in-fol.* Le Dictionnaire latin et français, par le sieur le C***, est dans le cinquième volume. Les frères Souciet, jésuites, ont dirigé cette édition : cependant les Jésuites déclarèrent, dans les *Mémoires* de Trévoux, juillet 1724, que le Dictionnaire de Trévoux, soit de la première édition, soit de la seconde, n'était point leur ouvrage; qu'il n'était nullement d'eux; qu'ils n'y prenaient aucun intérêt. La littérature avait donc dès lors ses mystères, comme la politique.

— Troisième édition, *Paris, veuve Delaulne,* 1732, 5 *vol in-fol.*

Cette édition dut beaucoup à Moreau de Mautour et à Antoine de Jussieu.

— Nouvelle édition (quatrième), corrigée et considérablement augmentée, *Paris, libraires associés*, 1743, 6 *vol. in-fol.*

Dans un avis sur cette édition, on déclare que Restaut, Valdruche et plusieurs autres personnes qui n'ont pas voulu être nommées, ont procuré les additions nombreuses qu'elle renferme.

— Nouvelle édition (cinquième), *Paris, veuve Gandouin*, 1752, 7 *vol. in-fol.*

Jamet l'aîné a eu part à cette édition. On trouve dans le *Conservateur* du mois de décembre 1757 de curieuses observations du même auteur, pour perfectionner les Dictionnaires de Moréri et de Trévoux; elles sont datées de la Bastille, le 25 mai 1756. L'auteur proposait au gouvernement d'alors de charger de ce travail une personne accoutumée aux recherches qu'il exige; et il prouve qu'avec trois commis elle mettrait fin, au bout de dix ou douze années, à une édition dont le produit rapporterait et par delà le fonds et les intérêts de l'avance.

Les libraires associés publièrent aussi en 1752 un *Supplément* pour les précédentes éditions.

Dans l'avertissement placé en tête de ce volume, on dit que le public est redevable de ce Supplément à l'abbé Berthelin, chanoine de Doué, à M. Valdruche, à l'abbé du Masbaret; à l'abbé Leclerc, directeur du séminaire de Saint-Irénée de Lyon; enfin à plusieurs autres personnes qui n'ont pas jugé à propos d'être nommées.

On ne peut comprendre parmi ces dernières Lautour du Châtel, avocat au parlement de Normandie, qui a fourni deux mille huit cents articles à ce Supplément: ce savant avait eu une vive querelle avec les premiers auteurs du Dictionnaire de Trévoux, au sujet de treize cents articles qu'il leur avait envoyés, et qui avaient été acceptés avec soumission expresse d'un témoignage distingué de reconnaissance dans la préface d'une nouvelle édition, et une obligation de lui en faire tenir un exemplaire en grand papier. La nouvelle édition parut en 1721: on oublia le témoignage de reconnaissance promis à M. Lautour, et l'exemplaire qui lui était dû. Notre avocat, qui était extrêmement sensible, vint à Paris, quoique alors infirme, et porta ses plaintes au chancelier, qui ordonna, 1° qu'on fournirait à M. Lautour un exemplaire en grand papier bien relié, et rendu chez lui franc de port; 2° que, pour réparer l'inexécution de la promesse et le manque de reconnaissance, cette omission serait insérée et expliquée dans le Journal des Savans, dans les Mémoires de Trévoux et dans le Journal de Verdun. Voyez la Vie de M. Lautour du Châtel, par M. Lautour, son neveu. *Paris, Jombert*, 1758, *petit in-12 de 50 pag.*

3885. Dictionnaire universel, historique et critique des mœurs, lois, usages et coutumes civiles, etc., par une société de gens de lettres (Costard, rédacteur d'un volume et demi; Fallet, de la valeur d'un demi-volume, et Contant, de deux volumes). *Paris, J. P. Costard*, 1772, 4 *vol. in*-8.

3886. Didon, poème en vers métriques hexamètres, traduit de Virgile (par Turgot). 1778, *in*-4; et dans le *Conservateur*, publié par M. François de Neufchâteau. *Paris, an* 8 (1800), 2 *vol. in*-8.

3887. Dieu et les Hommes, œuvre théologique, mais raisonnable, par le docteur Obern, traduit par Jacques Aimon (composé par Voltaire). *Berlin, Christian de Vos*, 1769, *in*-8.

3888. Dieu et les Prêtres, fragment d'un poème philosophique (par Sylvain Maréchal). 1790, *in*-8.

3889. Dieu et l'Homme, par M. de Valmire (Sissous, de Troyes). *Amsterdam* (*Troyes*), 1771, *in*-12.

Voyez l'*Examen* de cet ouvrage, par Louis Tallot, de Troyes, 1772, *in*-8.

3890. Différence entre la Grammaire et la Grammaire générale raisonnée (par l'abbé Bouchot). *Pont-à-Mousson et Paris, Mérigot père* (1760), *in*-12.

3891. Différens (les) Caractères des Femmes du siècle, avec la description de l'amour-propre (par madame de Pringy). *Paris, veuve C. Coignard*, 1694; *Brunet*, 1699, *in*-12.

La seconde édition porte le nom de l'auteur.

3892. Difficulté (la) vaincue, ou la meilleure Approximation, essai géométrique d'un quadraturomane ignorant absolument l'algèbre. *Amsterdam* (*Paris*), 1781, *in*-8, *pp.* 16.

Cet opuscule pseudonyme est de Jean-Augustin Leblond, ancien procureur à Meulan, où il était né, mort aux Mureaux, faubourg de cette ville, le 1er avril 1819, âgé de soixante-six ans.

3893. Difficultés insurmontables qui empêchent à présent, et qui empêcheront toujours, et à perpétuité, l'union entre les Luthériens et les prétendus Réformés (par Pierre Middoche). 1722, *in*-4.

3894. Difficultés proposées à M. de la Chalotais sur son *Essai d'éducation nationale*, etc. (par Crevier). *Paris*, 1763, *in-12 de 67 pages*.

Note manuscrite.

3895. Difficultés proposées à M. l'évêque de Soissons sur sa lettre à M. d'Auxerre (par le P. Paul de Lyon, capucin). *Sans indication de lieu*, 1724, *in-12*.

3896. Difficultés proposées à monsieur Steyaert (par Antoine Arnauld). *Cologne*, 1692, 3 *vol. in-12*.

3897. Difficultés proposées au R. P. Bouhours, de la compagnie de Jésus, sur sa traduction françoise des quatre évangélistes (par Richard Simon, déguisé sous le nom de Romainville et sous celui d'Eugène). *Amsterdam*, *Braakman*, 1697, *petit in-12*.

Il y a deux lettres signées *Romainville*. L'exemplaire que j'ai sous les yeux contient, sous le même titre et avec la date d'*Amsterdam*, *Abr. Acher*, 1697, deux autres lettres signées *Eugène*. Elles sont en faveur de R. Simon.

On a eu tort d'attribuer ces dernières lettres à Nicolas Thoynard, d'Orléans, puisqu'il est constant que celui-ci a publié une critique de Richard Simon, en 1702. Il est difficile de croire qu'à si peu de distance Richard Simon ait trouvé dans ce savant un apologiste et un censeur, au lieu qu'il est très-probable que Richard Simon s'est loué lui-même sous des noms empruntés.

3898. Digeste (le), ou Pandectes de l'empereur Justinien, traduits en français par G. D. F. (Goujis de Favril), revus par une société de jurisconsultes. *Paris*, *Moreau*, 1804, 8 *vol. in-8*.

Cette traduction devait avoir 10 vol.

3899. Digestion (de la) des Alimens, pour montrer qu'elle ne se fait pas par le levain, mais par la trituration (par Hecquet). *Paris*, 1710, *in-12 de 33 pages*.

3900. Digestion (de la), et des Maladies de l'Estomac (par Hecquet). *Paris*, 1712, 1729, 1730, *in-12*. — Nouvelle édition, corrigée et augmentée. 1730, 1747, 2 *vol. in-12*.

3901. Dignes (les) Fruits de Pénitence dans un pécheur vraiment converti (par l'abbé Lequeux). *Paris*, *Desaint*, 1742, *in-12*.

3902. Dîner (le) du comte de Boulainvilliers, par Saint-Hyacinthe (par Voltaire). 1767, *in-8*.

3903. Dîners (les) de M. Guillaume, avec l'histoire de son enterrement, par l'auteur de la *Vie de Voltaire* (l'abbé Duvernet). 1788, *in-12*.

3904. Dinias et Dercillide, traduit du grec d'Antonius Diogénès, et poésies diverses (par le Sueur). 1745, *in-12*.

Antoine Diogène vivait dans le siècle d'Alexandre; Photius nous a conservé, dans sa *Bibliothèque*, un extrait de son roman. L'ouvrage français est moins une traduction qu'une imitation de l'original grec.

3905. Dinville, ou les Catastrophes amoureuses (par P. L. Moline). *Paris*, 1770, *in-8*. V. T.

3906. Diogène à la campagne, comédie en trois actes, en prose, par I. A. M. D. M. (Isaac-Ami Marcet de Mézières). *Genève*, *Gosse*, 1758, *in-8*.

3907. Diogène à Paris (par M. Dufour). *Athènes* (*Paris*, *Buisson*), 1787, *in-12*.

3908. Diogène Laerce, de la Vie des Philosophes, traduit par M. B*** (Gilles Boileau). *Paris*, *Cochart*, 1668, 2 *vol. in-12*.

3909. Diogènes (les) modernes corrigés, ou Recueil de quelques ouvrages de MM. de Prémontval, Toussaint, de G....., de Monteron et Sticotti; élagués et purgés (par de Perthes, avocat). *Reims*, *Jeunehomme*, 1775, *in-12*

3910. Directeur (le) dans les voies du salut (traduit de l'italien du P. PINAMONTI, par le P. DE COURBEVILLE, jésuite). *Paris, Nyon*, 1718, *in*-12.

Souvent réimprimé.

On dit dans la préface que l'auteur de cet ouvrage est inconnu, et que quelques personnes l'ont attribué à Fénélon. C'est une supposition.

3911. Directeur (le) des Ames pénitentes (par le P. Gilles VAUGE, de l'Oratoire). *Paris, Babuty*, 1721, 1726, 2 *vol. in*-12.

Il y a des exemplaires dont le second volume a été revu et augmenté (par le père MOLINIER, de l'Oratoire).

3912. Directeur (le) des Ames religieuses, composé en latin par Louis BLOSIUS, de l'ordre de Saint-Benoît, et traduit en français par M. *** (Louis MONBROUX DE LA NAUSE, ex-jésuite, depuis associé de l'académie des inscriptions et belles-lettres). *Paris, Fr. Babuty*, 1726, *in*-18.

3913. Directeur (le) d'un jeune Théologien (traduction de l'ouvrage latin de Jean OPSTRAET, intitulé : *Theologus Christianus* (par SAINT-ANDRÉ DE BOCHESNE). *Paris, Babuty*, 1723, *in*-12.

3914. Directeur (le) spirituel pour ceux qui n'en ont point (par l'abbé TREUVÉ). *Paris, Josset*, 1690, 1696, *in*-12. *Souvent réimprimé.*

3915. Direction spirituelle pour servir de règle à tous les chrétiens (attribué au P. THIROUX, jésuite). *Lyon, Duplain*, 1730, *in*-8.

Il y a une analyse de ce livre dans le *Mercure* de mars 1739, p. 504.

3916. Directions pastorales pour les évêques, par dom Jean DE PALAFOX de Mendoça, traduit de l'espagnol en françois (par Claude SAUMAISE, de l'Oratoire). *Paris, Cramoisy*, 1691, *in*-12.

3917. Directions pour la conscience d'un Roi, pour l'instruction du duc de Bourgogne, par FÉNÉLON (publiées avec un avertissement, par Prosper MARCHAND, sous le nom de Félix DE SAINT-GERMAIN). *La Haye, J. Neaulme*, 1747, *in*-8 *et in*-12. — Nouvelle édition, précédée d'un nouvel avertissement (par M. AUGER). *Paris, L. Colin, an* 13 (1805), *petit in*-12.

Ces *Directions* devaient paraître dès 1734, sous le titre d'*Examen de Conscience pour un Roi*, à la suite de la belle édition de Télémaque, *in-fol.*, publiée cette année à Amsterdam, chez *Wetstein, Smith* et *Chatelain*, de l'aveu et même à la réquisition de la famille de l'auteur : l'on en a peut-être même imprimé séparément trois cent cinquante exemplaires ; mais tout cela fut très-soigneusement supprimé par elle-même, sur les ordres exprès et très-sévères de la cour de France ; et ce ne fut qu'après la mort de M. de Fénélon, petit-neveu de l'archevêque, ambassadeur de France en Hollande, et tué en 1746 à l'action de Raucoux auprès de Liége, que milord Granville, ci-devant Carteret, qui avait obtenu, soit en présent, de M. de Fénélon, soit à prix d'argent, de quelque autre, un exemplaire complet et non châtié du Télémaque de 1734, fit réimprimer séparément, en 1747, à *Londres, chez Davis, in*-12, deux pièces, savoir : l'*Examen de Conscience* et le *Récit abrégé de la Vie de messire Franço.. de Salignac de la Mothe Fénélon.* Ce dernier article a été réimprimé à la Haye, chez Néaulme, en 1747, *in*-8, sous le titre de *Nouvelle Vie de, etc.* Voyez ces mots dans ce dictionnaire.

Le même Néaulme a réimprimé l'*Examen de Conscience pour un Roi* sous le titre qui est l'objet de cette note, d'après une copie manuscrite faite sur une sortie de l'hôtel de Beauvilliers, que Prosper Marchand lui avait procurée, et à laquelle il avait ajouté non-seulement un second supplément, tiré tant des manuscrits de M. de Cambrai que de ses simples conversations, mais même un avertissement préliminaire, dans lequel il indiquait l'histoire et le caractère de l'ouvrage. Voyez le *Dictionnaire historique* de Prosper Marchand, au mot *Salignac*, t. 2, p. 185.

Dans l'édition de *Paris, frères Estienne*, 1775, *in*-8, l'avertissement a été fait par Robert Estienne, au nom de son frère et au sien; et il fut autorisé à y déclarer que le jeune roi (Louis XVI) avait désiré cette réimpression, et l'avait confiée à l'abbé Soldini.

3918. Directoire (le) traité comme il le mérite (par LEBOIS, imprimeur à Paris). *Paris*, 1796, *in*-8. V. T.

Voy. la *France littéraire*, par Ersch.

3919. Disciple (le) pacifique de S. Augustin sur la liberté, la grâce, etc. (par le P. Ange DE LA PASSION, carme). *Paris*, 1715, *in*-4. V. T.

3920. Discipline (la) de l'Église de France d'après ses maximes et ses décisions répandues dans la collection des Mémoires du Clergé, par l'auteur du *Dictionnaire théologique* (P. A. ALLETZ). *Paris*, *Pierres*, 1780, *in*-4.

3921. Discipline (la) de l'Église sur le mariage des Prêtres (par MAULTROT, contre l'ouvrage de l'abbé GAUDIN, intitulé : *Inconvéniens du célibat des Prêtres*). *Paris*, *Leclere*, 1790, *in*-8.

3922. Discipline de l'Église, tirée du Nouveau Testament et des anciens Conciles.... (par le P. P. QUESNEL). *Lyon*, *Jacques Certe*, 1689, 2 *vol. in*-4.

3923. Discoureur (le) (par le chevalier DE BRUIX). 1762, *in*-8.

3924. Discours abrégé de l'Artois, membre ancien de la couronne de France, par A. C. (AUTEUIL COMBAULT). *Paris*, 1640, *in*-4.

3925. Discours académiques et Poésies (par l'abbé SEGUY). *La Haye*, *Neaulme*, 1736, *in*-12.

3926. Discours académiques florentins, appropriés à la langue françoise, par E. D. T. (Étienne DU TRONCHET). *Paris*, *Lucas Breyer*, 1576, *in*-8.

3927. Discours à Cliton sur les observations du Cid, avec un traité de la disposition du poëme dramatique et de la prétendue règle des vingt-quatre heures (par Jean MAIRET). *Paris* (1637), *in*-8 *de* 103 *pages*.

3928. Discours à lire au Conseil, en présence du Roi, par un ministre patriote, sur le projet d'accorder l'état civil aux protestans (par l'abbé BONNAUD, ex-jésuite). 1787, 1 *vol. in*-8.

On a attribué assez généralement ce discours à l'ex-jésuite LANFANT : il peut y avoir eu quelque part; mais son confrère BONNAUD en est le principal auteur. L'abbé PROYART y a peut-être aussi coopéré. Voyez le *Dictionnaire historique* de l'abbé de Feller.

3929. Discours à mon neveu (M. de Thesar), pour ses mœurs et pour sa conduite (par Denys LE GOUZ DE LA BERCHÈRE). *Grenoble*, 1663, *in*-4.

L'auteur, premier président au parlement de Grenoble, assure n'avoir fait tirer de ce livre que trente exemplaires. L'abbé Papillon, à l'article de ce magistrat, tome premier de sa *Bibliothèque des Auteurs de Bourgogne*, n'a pas indiqué cet ouvrage.

3930. Discours ample et très-véritable, contenant les plus mémorables faits advenus en l'année 1587, envoyé par un gentilhomme françois à la royne d'Angleterre (par le maréchal DE LA CHASTRE). *Paris*, *Guillaume Bichon* (1588), *in*-8.

3931. Discours anatomiques sur la structure des viscères, par Marcel MALPIGHI, mis en françois par M..... (SAUVALLE), docteur en médecine. *Paris*, *Laurent d'Houry*, 1682, *in*-12.

Voyez le *Dictionnaire de Médecine*, par Éloy.

3932. Discours au Parlement de.... dans une déclaration de grossesse (par SERVAN). *Lyon*, 17.., *in*-12 *de* 63 *pages*.

Voyez le nº 3972.

3933. Discours au Roi, par un de ses fidèles sujets (PÉLISSON-FONTANIER), ou première Défense de M. Fouquet. *Paris* .... *in*-4.

Réimprimé dans les *OEuvres diverses* de Pélisson. *Paris*, 1735, 3 *vol. in*-12.

3934. Discours au Roy sur la naissance, ancien état, progrès et accroissement de la ville de la Rochelle (par Auguste GALLAND). *Sans indication de lieu*, 1628, *in*-4; *Paris*, *Et. Richer*, 1629, *in*-8.

3935. Discours aux Welches, dans lequel on a inséré la justification de la chambre des vacations du parlement de Rouen, Metz, et particulièrement de Rennes; ouvrage dénoncé à l'assemblée nationale, etc. (par M. LANDES, avocat de Dijon). *Dijon, de l'imprimerie des aristocrates; et Paris, marchands de nouveautés*, 27 *mars* 1790, *in*-8 *de* 53 *pages*.

3936. Discours choisis de CICÉRON (traduits en françois par PHILIPPE et par l'abbé DINOUART). *Paris*, *Barbou*, 1763, 3 *vol. in*-12.

Titre renouvelé. Le troisième volume, traduit par l'abbé Dinouart, contient le discours pour Muréna et les Verrines. Voyez les mots *Oraisons choisies de Cicéron*.

3937. Discours chrétiens (par RAMUS). *Amsterdam*, 1773, *in*-8. V. T.

3938. Discours chrétiens et spirituels sur divers sujets qui regardent la vie intérieure (par madame GUYON). *Cologne*, 1716, *in*-8, V. T.

3939. Discours chrétiens sur les évangiles de tous les dimanches de l'année (par le P. DAMASCÈNE, récollet). *Paris*, *Couterot*, 1697-1699, 8 *vol. in*-12.

3940. Discours : Combien il seroit dangereux de préférer les talens agréables aux talens utiles (par l'abbé LA SERRE). *Paris*, *Durand neveu*, 1770, *in*-8.

3941. Discours composé par quelques amis du colonel Moncey, et prononcé par l'un d'eux dans l'hôtel du maréchal duc de Conégliano, à l'occasion du service funèbre célébré le 5 janvier 1818 (rédigé par M. COUPIGNY, homme de lettres; TOURTON, banquier, et autres, sur les matériaux communiqués par MM. JACQUEMINOT et autres militaires). *Paris*, 1818, *in*-8.

3942. Discours contenant le seul et vrai moyen par lequel un serviteur favorisé et constitué au service d'un Prince peut conserver sa félicité éternelle et temporelle (par Estienne DOLET). *Lyon*, *Estienne Dolet*, 1542, *in*-8.

3943. Discours contenant les moyens de délivrer la France de la tyrannie d'Espagne (par PERROT, président des enquestes). 1594, *in*-4.

3944. Discours contre la transubstantiation, composé en anglais par le R. D. T. (peut-être TILLOTSON), et traduit par L. C. ( ), à quoi on a ajouté l'extrait d'une rubrique tirée d'un missel romain. *Londres*, *Benoist Griffin*, 1685, *in*-12.

3945. Discours contre les servitudes publiques (par BOISSEL). 1786, *in*-8.

3946. Discours contre l'incrédulité, par M. *** (l'abbé VOILARD), chanoine de ***. *Paris*, *Berton*, 1779, *in*-12.

3947. Discours d'ARISTARQUE (N. DE JAVERSAC) à Nicandre, sur le jugement des esprits de ce tems. *Rouen*, 1629, *in*-8.

On a les observations du seigneur Nicandre sur le livre d'Aristarque. *Paris*, 1629, *in*-8.

948. **Discours d'aucuns propos rustiques, facétieux et de singulière récréation, ou les Ruses et Finesses de Ragot, capitaine des gueux, par Léon Ladulfi (Noël du Fail, sieur de la Hérissaye).** *Paris, Estienne Groulleau*, 1554, *in*-12.—Nouvelle édition. (*Paris*), 1732, *in*-12.

949. **Discours de ce qui s'est fait au baptême de Léonor-François de Saulx, le 11 mai 1581, par E. T. D. (Étienne Tabourot, Dijonnois).** *Dijon, Jean Desplanches* (1581), *in*-4.

950. **Discours de ce qui s'est fait et passé au siége de Poitiers (par Marin Liberge).** *Paris, Chesneau*, 1569, *in*-8.

Réimprimé en 1621, avec le nom de l'auteur, sous ce titre : *Le Siège de Poitiers et ample Discours...*

951. **Discours de la bataille donnée près de la ville de Dreux (par Fr. de Lorraine, duc de Guise).** *Paris*, 1563, *in*-8.

Voyez le nouveau le Long, t. 2, n° 17907.

Ce discours a été imprimé dans le tome quatrième, p. 625 des *Mémoires* de Condé, édition de 1743, 6 vol. in-4.

952. **Discours de la contrariété d'humeurs qui se trouvent entre de certaines nations, singulièrement entre la françoise et l'espagnole ; traduit de l'italien de Fabricio Campolini, Véronois (composé par la Mothe le Vayer).** *Paris*, 1636, *in*-8.

953. **Discours de la Guerre de l'an 1542 et 1543, traduit du latin de (Guil.) Paradin, par P. H. G.** *Paris*, 1544, *in*-8.

Le P. *Jacob* croit que ces lettres initiales signifient *Philibert-Hégemon* Guide.

954. **Discours de la Guerre de Malthe, contenant la perte de Tripoli et autres forteresses, faussement imposée aux François, traduit du latin du chevalier de Villegaignon (par Nicolas Édoard, Champenois et libraire à Paris).** *Lyon, Jean Temporal*, 1552, *in*-8 *de* 123 *pages*.

L'original est intitulé : *De Bello Melitensi et ejus eventu Francis imposito, ad Carolum V Commentarius. Parisiis*, 1552, *in*-4.

3955. **Discours de la Méthode pour bien conduire sa raison et chercher la vérité dans les sciences, etc. (par Descartes).** *Leyde*, 1637, *in*-4.

Réimprimé à Paris en 1668, avec le nom de l'auteur.

3956. **Discours de la nature et des effets du luxe, par le P. G. B. (le P. Gerdil, barnabite).** *Turin, les frères Reycends*, 1768, *petit in*-8 *de* 109 *pages*.

3957. **Discours de l'antiquité de l'Échevinage de Reims (par J. Rogier).** *Reims*, 1628, *in*-8.

3958. **Discours de la possession des religieuses ursulines de Loudun...** 1634.

Ce discours est attribué à Duncan, *médecin de Saumur*. Voyez la nouvelle édition de la *Bibliothèque historique* du P. le Long, n° 4844, t. 1. V. T.

3959. **Discours de la pureté d'intention, et des moyens pour y arriver (par A. J. le Bouthillier de Rancé).** *Paris*, 1684, *in*-12. V. T.

3960. **Discours de la Tragédie, ou Remarques sur l'*Amour tyrannique* de Scudéry, à MM. de l'Académie françoise, par Sillac d'Arbois (Jean Fr. Sarrazin).** *Vers* 1639 ; et dans les *OEuvres* de cet auteur. *Paris*, 1685, 2 *vol. in*-12.

3961. **Discours de la ville de Paris à M. le Prince, sur son retour, par un Parisien (l'Escalopier).** *Paris*, 1651, *in*-4. V. T.

3962. **Discours de l'empereur Julien contre les Chrétiens, traduit par M. le marquis d'Argens, avec de nouvelles notes de divers auteurs (de Voltaire) ; nouvelle édition.**

Berlin, C. Fréd. Voss (*Genève*), 1768, *in*-8.

3963. Discours de l'estat et police des Royaulmes, pour les maintenir heureusement en paix et union, et tenir les sujets en obéissance (par DE LA MADELEINE). *Paris, L. Breyel*, 1597, *in*-8.

3964. Discours de l'état de paix et de guerre de Nic. MACHIAVEL, traduit de l'italien en françois (par Jacques GOHORY); ensemble un traité du même auteur, intitulé *le Prince* (traduit par le même GOHORY), de nouveau corrigé; avec l'Art de la Guerre, du même MACHIAVEL (traduit par J. CHARRIER). *Paris, T. Quinet*, 1635, *in*-4.

Jacques Gohory publia la seconde édition de sa traduction des deux premiers ouvrages de Machiavel cités dans cet article, à Paris, l'an 1571, in-8. Voyez Bayle, *Dictionnaire historique*, t. 3, art. *Machiavel.*

T. Quinet, en la réimprimant, y a joint la traduction de l'*Art de la Guerre*, par J. Charrier, laquelle fut imprimée à Paris par Jean Barbé, en 1546, in-fol. Voyez *Bibliothèque française* de du Verdier, t. 3, édition de Rigoley de Juvigny.

3965. Discours de l'état et couronne de Suède, par E. G. T. P. D. L. D. J. (Eustache GAULT, Tourangeau, prêtre de l'Oratoire de Jésus). *Au Mans, Gervais Olivier*, 1633, *in*-8.

3966. Discours de l'origine des armes et des termes reçus et usités pour l'explication de la science héraldique (par Claude LE LABOUREUR, prévôt de l'Isle-Barbe). *Lyon, Guil. Barbier*, 1658, *in*-4.

3967. Discours de Marius, plébéien et consul, traduit en prose et en vers françois de SALLUSTE; suivi du discours d'Étienne DE LA BOÉTIE, ami de Montaigne, sur la servitude volontaire, traduit du françois de son temps en françois d'aujourd'hui, par L'INGÉNU (M. LAFITE, avocat). *Paris*, 1789, *in*-8 *de* 144 *pages*.

3968. Discours de monseigneur l'évêque de Lescar (DE NOÉ) sur l'état futur de l'Église (nouvelle édition, suivie d'un recueil de passages sur l'avénement intermédiaire de Jésus-Christ, avec des remarques; le tout fourni à l'éditeur, le chevalier DE NOÉ, par le P. LAMBERT). *En France*, 1788, *in*-12.

3969. Discours de M. le comte DE LA T. (TOURAILLE), destiné pour être lu à l'académie de Nancy, le jour de sa réception, le 8 mai 1786. *Lausanne et Paris, Belin*, 1786, *in*-12 *de* 28 *pages*.

3970. Discours de M. le marquis César DE BECCARIA BONESANO sur le commerce et l'administration publique (traduit de l'italien par Jean-Antoine COMPARET). *Lausanne et Paris, Dehansy jeune*, 1769, *in*-8.

3971. Discours de M. Mirabeau l'aîné sur l'égalité des partages dans les successions en ligne directe (composé par REYBAS). *Paris, imprimerie nationale*, 1791, *in*-8 *de* 23 *p.*

3972. Discours de M. S*** (SERVAN), ancien avocat général au parlement de ***, dans un procès sur une déclaration de grossesse. *Lyon, Grabit*, 1760, *in*-12. Voy. nº 3932.

3973. Discours de PAOLI aux Corses, sur l'entreprise des François (par F. TURBEN).

J'ignore si c'est une traduction ou une imitation d'un poëme hollandais de HOGEVEEN, libraire à Leyde, ou si celui-ci a traduit ou imité la pièce de *Turben* : le fait est qu'il y a beaucoup de ressemblance entre ces deux pièces. V. T.

3974. Discours de Piété (par l'abbé TREUVÉ). *Paris*, 1696, *et Lyon*, 1697, 2 *vol. in*-12.

75. Discours de piété sur les plus importans objets de la religion (par le P. Pacaud, de l'Oratoire). *Paris, Desaint et Saillant*, 1744, 3 *vol. in*-12.

76. Discours de S. Grégoire de Nazianze contre Julien l'Apostat (traduit du grec en françois, par l'abbé Troya d'Assigny). *Lyon, Duplain*, 1735, *in*-12.

77. Discours de S. Grégoire de Nazianze sur l'excellence du Sacerdoce (traduit du grec en françois, par l'abbé Troya d'Assigny). *Paris*, 1747, 2 *vol. in*-12.

78. Discours de S. Victrice, évêque de Rouen, à la louange des Saints et de leurs Reliques; traduit en françois sur un très-ancien manuscrit de la célèbre abbaye de Saint-Gal (par l'abbé Morel, publié par J. André Mignot, grand-chantre d'Auxerre, auteur de la préface), et suivi du texte latin. *Auxerre, Fournier*, 1763, *in*-12.

C'est à tort que dans la table des auteurs de la nouvelle édition de la *Bibliothèque historique de la France*, l'abbé Mignot est désigné comme traducteur de ce discours : il n'en est que l'éditeur; sa préface le prouve évidemment.

79. Discours d'Estat sur les moyens de bien gouverner et maintenir en bonne paix un Royaume, contre Machiavel (par Gentillet). *Leyden*, 1609, *in*-8. Voy. le nº 4160.

80. Discours d'État, où il est prouvé que la perte de Mazarin, etc., est absolument nécessaire pour calmer les troubles de la monarchie (par du Bosc de Montandré). *Sans nom de ville*, 1650, *in*-4. V. T.

81. Discours d'État sur la protection des Alliez pendant la minorité du roi Louis XIII (par J. Bedé, sieur de la Gormandière). *Sans nom de ville*, 1614, *in*-4. V. T.

3982. Discours d'État sur les écrits de ce temps (par P. Hay, sieur du Chastelet). *Sans nom de ville*, 1635, *in*-8.

3983. Discours des bons Gouverneurs, tableau du gouvernement de Louis de Valois, comte d'Alais; par le sieur de Nolles (François d'Andréa), gentilhomme provençal. *Paris*, 1645, *in*-8.

3984. Discours des obsèques et enterrement du roi Charles IX, écrit par un catholique (Jean de Lannel). *Paris*, 1622, *in*-8. V. T.

3985. Discours des Raisons, et Moyens pour lesquels MM. du Clergé assemblez à Chartres ont déclaré les bulles de Grégoire XIV nullés et injustes (par Ch. Faye, sieur d'Espesse). *Tours*, 1591, *in*-8. V. T.

3986. Discours des Villes, Châteaux, etc., prises par la force d'artillerie, sous Henri II, François II et Charles IX, par F. D. L. T. (François de la Treille). *Paris*, 1563, *in*-8. V. T.

3987. Discours des vrayes Raisons pour lesquelles ceux de la religion en France peuvent et doivent, en bonne conscience, résister par armes à la persécution ouverte que leur font les ennemis de leur religion et de l'estat; par un des deputez de l'assemblée de la Rochelle (Brachet de la Milletière, député de Paris à l'assemblée de la Rochelle). *Sine loco*, 1622, *in*-8 *de* 70 *pages, rarissime*.

Ce livre choqua toutes les personnes modérées du parti protestant. La chambre de l'édit, séante à Béziers, fit brûler l'ouvrage par la main de l'exécuteur des hautes œuvres, par arrêt du 6 octobre 1626. Grotius désapprouva la Milletière d'avoir publié un livre si propre à rendre odieuse aux puissances la cause des réformés.

3988. Discours démocratique aux Suisses, sur leur révolution (par ROULLIER). *Paris*, 1798, *in*-8. V. T.

3989. Discours dogmatique et politique sur l'origine, la nature, les prétendues immunités et la véritable destination des biens ecclésiastiques; ouvrage posthume de Fra PAOLO (SARPI), traduit de l'italien (par l'abbé DE MARSY, ex-jésuite). *Avignon, Girard* (*Paris*), 1750, *in*-12.

Cet ouvrage de Fra Paolo a été traduit par Amelot de la Houssaye, sous le titre de *Traité des Bénéfices*. Voyez ces mots.

3990. Discours dogmatiques et moraux sur le Symbole des Apôtres (par l'abbé THOMAS, prêtre chapelain de Saint-Joseph, rue Montmartre). *Paris, Marc Bordelet*, 1745, *in*-12.

3991. Discours du citoyen SERVAN, professeur d'histoire. *In*-8 *de* 8 *p*.

L'ancien avocat général fournit ce discours à son second frère, prêtre, qui accepta momentanément l'emploi de professeur d'histoire à l'école centrale de Lyon.

3992. Discours du P. J. MARIANA, des grands défauts qui sont en la forme du gouvernement des Jésuites, traduit de l'espagnol en françois (par Jean DE CORDES ou AUGER DE MAULÉON). 1625, *in*-8.

Colomiez, dans sa *Bibliothéque choisie*, attribue cette traduction à Auger de Mauléon, sieur de Granier; mais Naudé, dans son *Eloge de Jean de Cordes*, la donne à ce chanoine de Limoges : cette autorité me paraît devoir l'emporter sur celle de Colomiez.

Voyez J. Cordesii Elogium, auctore G. Naudæo, en tête du *Bibliothecæ Cordesianæ catalogus*. *Paris*, 1643, *petit in*-4.

3993. Discours du siége de Beauvais en 1472 (par P. LOUVET). *Beauvais*, 1622, *in*-8. V. T.

3994. Discours du siége tenu devant la Charité l'an 1577, par J. D. L. (Jean DE LÉRY). *Paris*, 1577; *Orléans*, *même année*, *in*-8. V. T.

3995. Discours du Tabac, où il est traité particulièrement du tabac en poudre, par le sieur BAILLARD (DE PRADE). *Paris*, 1668, *in*-12; ou avec un frontispice rafraîchi. *Paris, Jombert*, 1693, *in*-12.

Cet ouvrage est dédié à l'abbé Bourdelot, médecin du roi; il est muni de l'approbation d'un censeur et de celle de quatre médecins distingués : le privilége du roi est au nom du sieur Edme Baillard. Cependant le même ouvrage fut reproduit neuf années après, sous ce titre : Histoire du Tabac, où il est traité particulièrement du tabac en poudre, composée par M. DE PRADE, *Paris, le Prest*, 1677, *in*-12, avec une dédicace au marquis de Foix. L'imprimeur, dans un *avis* de deux pages, avertit le lecteur qu'un *marchand de Paris*, ayant trouvé cette histoire, crut pouvoir l'adopter, parce qu'il en ignorait le père, et qu'il en distribua lui-même quelques exemplaires peu de jours avant sa mort. On trouve ensuite une approbation de la faculté de médecine, qui avait nommé quatre de ses membres pour examiner l'ouvrage : il en résulte que cette histoire a été réellement composée par M. de Prade, quoiqu'elle eût été déjà imprimée sous un autre nom. Ce M. de Prade était connu alors par un sommaire de l'histoire de France peu estimé, et par une histoire d'Allemagne que l'on attribue au fameux de Wicquefort.

3996. Discours d'un ancien Avocat général (SERVAN) dans la cause du comte de *** (SUZE) et de la demoiselle *** (BON), chanteuse de l'Opéra. *Lyon*, *Sulpice Grabit*, 1772, *in*-12.

3997. Discours d'un Curé qui a consulté son confrère au sujet du Jubilé, avec une histoire des Jubilés (par le P. MARIETTE, de l'Oratoire). *Sans nom de ville* (*Orléans*), 1759, *in*-12. V. T.

3998. Discours d'un Duc et d'un Pair à l'assemblée des Pairs (par PUJET DE SAINT-PIERRE).... 1771, *in*-12. V. T.

3999. Discours d'un fidèle sujet du Roi, touchant l'établissement d'une compagnie françoise pour le commerce des Indes orientales (par François CHARPENTIER, de l'Académie françoise). *Paris*, 1664, *in*-4.
— Le même en françois et en allemand (par le même, sous le nom de Jean-Christophe WAGENSEIL), avec les articles et conditions, et la déclaration du Roi. 1665, *in*-4.

4000. Discours d'un fidèle sujet sur la majorité des rois, par J. B. (Jean BEDÉ, sieur DE LA GORMANDIÈRE). *Paris*, 1614, *in*-8. V. T.

4001. Discours d'un membre de l'Assemblée nationale à ses co-députés (par le comte D'ANTRAIGUES). 1789, *in*-8 *de* 38 *pages*.

Ce discours a été suivi d'un second de 46 pages, imprimé la même année.

4002. Discours d'un Philosophe à la Nation française, la veille de l'ouverture des États-Généraux, ou le Ralliement des trois Ordres; par M. DE LA V....E (DE LA VALLÉE), ancien capitaine au régiment de Bretagne, infanterie. (*Paris*), 1789, *in*-8 *de* 42 *pages*.

4003. Discours d'un vieux Courtisan désintéressé sur la lettre que la Reine, mère du Roy (Marie de Médicis), a écrite à Sa Majesté après être sortie du royaume. 1631, *in*-8.

Ce discours, réimprimé dans le recueil de Paul Hay du Chastelet, est attribué à Achilles DE HARLAY, sieur DE SANCY, évêque de Saint-Malo, par l'abbé de Morgues, dans son *Caton chrétien*. (Niceron, t. 35, p. 380; Fontette, n° 21689.)

4004. Discours ecclésiastiques et monastiques, par l'auteur des *Discours chrétiens* (le P. DAMASCÈNE, récollet). *Paris*, *Coignard*, 1708, 3 *vol. in*-12.

4005. Discours en forme de comparaison sur les vies de Moyse et d'Homère, où sont incidemment faits quelques essais sur diverses matières (par QUATTREHOMME, fils du lieutenant de Colomiez). *Paris*, *Jean Gesselin*, 1604, *petit in*-12.

Note manuscrite d'un contemporain.

4006. Discours en vers, adressé aux officiers et aux soldats des différentes armées américaines, par David HUMPHREYS, traduit de l'anglois (par DE CHASTELLUX). *Paris*, *Prault*, 1786, *in*-8.

4007. Discours en vers et autres poésies (par BAILLET DE SAINT-JULIEN). *Genève* (*Paris*), 1749. — Seconde édition, corrigée et augmentée. 1751, *in*-12.

4008. Discours en vers, sur la Mémoire (par M. MAQUIN, ancien professeur de belles-lettres au collége de Meaux). *Paris*, 1789, *in*-8.

4009. Discours en vers, sur la Société, par M. H. (HÉRISSANT). *Paris*, *Eugène Onfroy*, 1785, *in*-12.

4010. Discours et autres ouvrages de M. le chancelier D'AGUESSEAU (publiés par les soins de Joseph-Balthasar GIBERT). *Amsterdam* (*Paris*), 1756, 2 *vol. petit in*-8.

Réimprimés souvent en un vol. in-12.

4011. Discours et Essai aphoristique sur l'alaitement et l'éducation des enfans, etc. (par M. VERDIER-HURTIN). *Paris*, 1804, *in*-8. V. T.

4012. Discours et Mémoire relatifs à l'Agriculture (par DE MASSAC et SÉLÉBRAN l'aîné). *Paris*, *Moreau*, 1753, *in*-12.

4013. Discours et Mémoires, par l'auteur de l'Histoire de l'Astronomie (P. S. BAILLY). *Paris*, *de Bure l'aîné*, 1790, 2 *vol. in*-8.

4014. Discours et Rapport véritable

de la Conférence de Surenne, entre les députés des États-Généraux assemblés à Paris, avec les députés du roi de Navarre (par Honoré du Laurens). *Rouen*, 1593, *in*-8.

4015. Discours et Réflexions critiques sur l'histoire et le gouvernement de l'ancienne Rome......, traduits de l'anglois (de Hook), recueillis et publiés par M. C. *Paris, Nyon*, 1784, 3 *vol. in*-12.

Le premier volume de cette collection parut dès 1770; l'ouvrage a été traduit de l'anglais de Nathaniel Hook, avec des augmentations par l'abbé Hook, son fils, bibliothécaire de la Bibliothéque mazarine. Celui-ci l'a publié sous le nom supposé de M. C., peut-être à cause de la franchise avec laquelle il s'exprime sur quelques-uns de nos célèbres écrivains, dont il ne partageait pas toutes les opinions relativement aux révolutions du gouvernement romain. MM. Hook, père et fils, sont en effet plus favorables au parti plébéien que ne l'ont paru les Vertot, les Rollin, les Montesquieu.

4016. Discours évangéliques sur différentes vérités de la Religion, etc., par le P. L. R. D. S. D. (le père Léons, religieux de Saint-Dominique). *Paris, Billy*, etc., 1736, 2 *vol. in*-12.

C'est à tort que l'on a attribué ces sermons au P. de la Place, du même ordre.

4017. Discours fantastiques de Justin Tonnellier, traduits de J. B. Gelli, par C. D. K. P. (Cl. de Kerquifinen, Parisien). *Lyon*, 1575, *in*-12.

Dans le Catalogue de Falconnet, t. 2, n° 12243, ce traducteur est nommé à tort *Kerquisinen*.

4018. Discours généalogique, origine et genéalogie de la maison de Bragelongne (par Pierre de Bragelongne, président au parlement de Paris). *Paris*, 1689, *in*-8.

4019. Discours généraux et raisonnés sur l'histoire de l'Église (par l'abbé Yvon). *Amsterdam* (*Paris*), 1768, 3 *vol. in*-12.

4020. Discours historial de l'antique et illustre cité de Nîmes (par Jean Poldo d'Albenas). *Lyon, Guillaume Rouillé*, 1560, *in-fol.*

4021. Discours historique de l'élection de l'Empereur et des Électeurs de l'Empire (par de Wicquefort). *Paris, Courbé*, 1658, *in*-4.

4022. Discours historique pour le jour de la naissance de la reine de Portugal, traduit du portugois d'Antoine Vieyra, par le sieur de Saint-André (le P. Antoine Verjus, jésuite). *Paris*, 1669, *in*-4.

Le P. Verjus a traduit un discours du même auteur sur la naissance de l'infante de Portugal. *Paris*, 1671, *in*-4.

4023. Discours historique sur les principales éditions des Bibles polyglottes (par le P. le Long, de l'Oratoire). *Paris, Pralard*, 1713, *in*-12.

4024. Discours historique touchant l'état général des Gaules, et principalement des provinces du Dauphiné et Provence, tant sous la république et empire romain qu'en après sous les François et Bourguignons (par Aymar du Perrier). *Lyon, Ancelin*, 1610, *in*-8.

4025. Discours historiques, critiques, etc., sur les événemens les plus remarquables de l'Ancien et du Nouveau Testament (par Jacques Saurin, continués par P. Roques et Charles-Louis de Beausobre). *Amsterdam*, 1720 *et années suivantes*, 6 *vol. in-fol.; la Haye*, 1720-1740. 11 *vol. in*-8.

4026. Discours historiques, critiques et politiques sur Tacite, traduits de l'anglois de Gordon, par M. D. S. L. (Pierre Daudé). *Amsterdam, Fr. Changuion*, 1742, 2 *vol. in*-12; — 1751, 3 *vol. in*-12.

4027. Discours historiques et politiques sur Salluste, par Gordon, traduits de l'anglois (par P. Daudé). *Sans indication de lieu*, 1759, 2 *vol.* *in*-12.

4028. Discours intéressans sur divers sujets de morale, conforme au règne de la vertu (par Roussel de la Cour). *Paris, Boudet*, 1776, *in*-12. V. T.

4029. Discours mémorable du siége mis par César devant Gergovie, ancienne et principale ville d'Auvergne, par J. V. C. (Jean Villevaut, Clermontois). *Paris*, 1589, *in*-8. V. T.

4030. Discours merveilleux de la vie, actions et déportemens de Catherine de Médicis, reyne mère, déclarant tous les moyens qu'elle a tenus pour usurper le gouvernement du royaume de France et ruiner l'état d'iceluy (attribué à Henri Etienne). 1575, *in*-8; 1649, *in*-8; 1663, *in*-16.

4031. Discours moraux couronnés dans les académies de Montauban et de Besançon en 1766 et 1767, avec un éloge de Charles V, roi de France; par M*** (le Tourneur). *Sens et Paris, veuve Pierres*, 1768, *in*-8.

4032. Discours moraux en forme de prônes, pour tous les dimanches de l'année (par Jean Richard, avocat au parlement). *Paris, J. Couterot et L. Guérin*, 1688-1694, 5 *volumes* *in*-12.

4033. Discours moraux, ou Satires d'Horace, traduction nouvelle, mise en vers par M. du V*** (du Vernet). *Versailles*, 1792, *in*-18 *de* 150 *pages*.

4034. Discours non plus mélancolique que divers, des choses mesmement qui appartiennent à notre France, et à la fin la manière de bien et justement entoucher les luts et guiternes (par Jacques Pelletier et Élie Vinet, suivant l'auteur du *Catalogue* des livres de Gluc de Saint-Port). *Poitiers, imprimerie d'Enguelbert de Marnef*, 1557, *petit in*-4 *de* 112 *pages*.

4035. Discours notables des Moyens pour conserver et augmenter la mémoire, avec un traité de la physionomie (traduits du latin de Guill. Gratarol, par Est. Coppé). *Lyon*, 1586, *in*-12. V. T.

4036. Discours où l'on fait voir que S. Augustin a été moine, prouvé par la doctrine des Pères, et principalement par celle de S. Augustin (par Ferrand). *Paris, A. Lambin*, 1689, *in*-12.

4037. Discours par lequel il apparaîtra que le royaume de France est électif, et non héréditaire (attribué à Pierre de Saint-Julien de Balleure).... 1591, *in*-8 *de* 61 *pages*. V. T.

4038. Discours philosophique et moral sur la luxure artificielle (par Marc-Philippe du Toit-Mambrini, pasteur à Lausanne). *Lausanne*, 1760, *in*-8; et à la suite de la traduction française de la dissertation latine de Tissot sur l'Onanisme. *Lausanne*, *même année*.

4039. Discours philosophique et patriotique sur la soumission dans l'ordre politique (par l'abbé D. B. de Paumerelle, de l'académie des Arcades de Rome, etc.). *Amsterdam* (*Paris*), 1774, *in*-12.

4040. Discours philosophique servant d'introduction aux législations civile et criminelle, par M. G. D. G.

(Grouber de Groubental). *Paris, Fauvelle*, 1802, *in*-8.

4041. Discours philosophique sur la création et l'arrangement du monde, où l'on fait voir les rapports qu'il y a entre les créatures (par J. F. Vallade). *Amsterdam, Paul Marret*, 1700, *in*-12.

4042. Discours philosophique sur l'homme, considéré relativement à l'état de nature et à l'état de société, par le P. G. B. (le P. Gerdil, barnabite). *Turin, Reycends*, 1779, *in*-8.

Cet ouvrage a été copié dans l'article suivant.

4043. Discours philosophiques sur l'homme, sur la religion et ses ennemis, suivis des lois ecclésiastiques, tirées des seuls livres saints, par feu M. l'abbé de ***, docteur de Sorbonne, prévôt de l'église collégiale de ***; publiés par M. F.... (Feutry), etc., D. L. S. P. D. P. (de la société philosophique de Philadelphie). *Paris, Berton*, 1782, *in*-12.

Il serait assez curieux d'examiner si M. Feutry a pu, en sûreté de conscience, attribuer ainsi à un prétendu docteur de Sorbonne deux ouvrages dont les auteurs devoient lui être connus, savoir : les *Discours philosophiques* du cardinal Gerdil, et les *Lois ecclésiastiques, tirées des seuls livres saints;* que Fromageot et Morin, avocats, firent paraître sous le voile de l'anonyme en 1753.

4044. Discours philosophiques tirés des livres saints, avec des odes chrétiennes et philosophiques (par J. J. le Franc de Pompignan), *Paris*, 1771, *in*-12.

4045. Discours politique sur le commerce des Anglois en Portugal (par A. de Goudar). *Paris*, 1756, *in*-12.

4046. Discours politiques de Machiavel sur la première décade de Tite-Live, traduction nouvelle (par Tétard, ministre calviniste). *Amsterdam, Henri Desbordes*, 1691 *et* 1692, 1701, 2 *vol. in*-12.

4047. Discours politiques de M. David Hume, traduits de l'anglois par M. de M*** (de Mauvillon). *Amsterdam*, 1754, *in*-8.

4048. Discours politiques de M. D. Hume, traduits de l'anglois par M. de M... (de Mauvillon). *Amsterdam, Schreuder*, 1761, 5 *vol. in*-8.

Les Discours de D. Hume ne forment que le premier volume de cette collection.

On trouve dans le second, 1° l'*Essai sur les intérêts du commerce maritime* (par d'Heguerty);

2° Les *Considérations sur les finances d'Espagne* (par de Forbonnois), réimprimées d'après la seconde édition, c'est-à-dire avec les *Réflexions* du même auteur *sur la nécessité de comprendre l'étude du commerce et des finances dans celle de la politique;*

3° Des *Réflexions politiques sur l'état présent de l'Angleterre, principalement à l'égard de ses dettes et de ses taxes*, traduit de l'anglois (de Bolingbroke), par l'abbé le Blanc, à la suite des *Discours politiques* de Hume, 1754, 2 *vol. in*.12. Il existe une autre traduction de ces Réflexions, intitulée : *Testament politique de Bolingbroke*.

Le troisième volume contient, 1° les *Discours prononcés au parlement d'Angleterre, dans la Chambre des pairs, pour et contre la liberté du commerce au Levant, avec le Bill ou Loi intervenue à ce sujet;* traduit de l'anglois (par Toussaint). Voyez les mots *Recueil d'Actes et de Pièces*.

2° L'*Essai sur la Nature du commerce en général* (par de Cantillon).

Les quatrième et cinquième volumes sont composés des *Intérêts de la France mal entendus* (par le chevalier Goudar).

Voyez dans ce Dictionnaire les mots par lesquels commencent les différens ouvrages que je viens de détailler.

4049. Discours politiques de M. Hume, traduits de l'anglois (par l'abbé le Blanc). *Amsterdam* (*Paris*), 1754, 2 *vol. in*-12; *Dresde*, 1755, 2 *vol. in*-8, *avec le nom du traducteur*.

4050. Discours politiques et militaires du sieur Fr. DE LA NOUE, recueillis et mis au jour par le sieur DE FRESNES (peut-être Pierre FORGET, sieur DE FRESNES, secrétaire d'état, celui qui a dressé le fameux édit de Nantes). *Basle*, 1587, *in*-4. V. T.

4051. Discours pour et contre la réduction de l'intérêt naturel de l'argent, traduits de l'anglois (par l'abbé DE GUA DE MALVES), avec un avant-propos du traducteur. *Wesel et Paris, Grangé*, 1757, *in*-12.

4052. Discours pour la distribution des prix de l'école royale gratuite de dessin de la ville de Troyes, prononcé le 9 septembre 1788; par l'abbé DE CHAMPAGNE, grand-chantre et chanoine de la cathédrale (composé par HÉRAULT DE SÉCHELLES). *Troyes, André*, 1788, *in*-8 *de* 38 *pages.*

4053. Discours pour la seureté de la vie et de l'estat des Roys (par Jacques LESCHASSIER, avocat). *Sans indication de lieu*, 1613, *in*-8 *de* 40 *pages.*

Réimprimé en 1626, sous ce titre : *Pour la seureté de la vie...* Voyez ces mots, suivant la note manuscrite de Beaucousin, dans son exemplaire de la nouvelle édition de la *Bibliothèque historique de la France*, t. 4, suppl. du t. 2, n° 27145.

Les éditeurs ont cité d'une manière inexacte cet opuscule, qui ne se trouve pas dans la collection des *OEuvres* de Leschassier. *Paris*, 1649 et 1652, in-4.

4054. Discours pour montrer qu'un gentilhomme ne déroge point à sa noblesse par la charge de notaire au Châtelet de Paris (par PAGEAU). *Imprimé vers* 1690, *in*-4. V. T.

Voy. le Catalogue de Lancelot, n° 1365.

4055. Discours prononcé à l'Académie des Sciences de Prusse (sur l'amour-propre, attribué à FRÉDÉRIC II, ou plutôt à madame D'ARCONVILLE). *Berlin*, 1770, *in*-8.

4056. Discours prononcé à l'Académie française, par le docteur Matthieu-Chrysostôme BARAGOUIN (par LE MAURE). 1757, *in*-12.

4057. Discours prononcé à la fête de la Rose, le 8 juin 1776 (par M. J. B. L'ÉCUY, prieur du collége des Prémontrés de Paris). *Soissons*, 1776, *in*-8. V. T.

4058. Discours prononcé à la fête des Bonnes Gens (par l'abbé BOURLET-VAUXCELLES). *Paris, L. Cellot*, 1776, *in*-8.

4059. Discours prononcé à l'assemblée du Clergé du bailliage de Montfort-l'Amaury, le 26 mars 1789, par M. l'abbé de *** (LA BORDE). 1789, *in*-8 *de* 43 *pages.*

4060. Discours (en vers) prononcé au Roi par un paysan de Chaillot (par FOUGERET DE MONBRON, sous le masque de GRILLOT le bedaut). 1744, *in*-4 *de* 8 *pages.*

Catalogue manuscrit de l'abbé Goujet.

4061. Discours prononcé en 1722 par le cardinal DU BOIS, lors de sa réception à l'Académie française. *In*-12 *de* 2 *pages*, dans l'*Histoire des membres de l'Académie française*, par D'ALEMBERT, t. 4, p. 288.

Ce discours, qui n'a point été inséré dans la collection des harangues de MM. de l'Académie française, est de la composition de la Motte-Houdard.

4062. Discours prononcé le 1er décembre 1707, par M. le marquis DE MIMEURE, lors de sa réception à l'Académie française. *In*-12.

Ce discours, imprimé dans le tome troisième du Recueil des harangues de MM. de l'Académie française, p. 386 et suiv., est aussi de la Motte-Houdard. Voyez D'ALEMBERT, t. 3, p. 425.

4063. Discours prononcé dans l'assemblée de la Noblesse du bailliage de ...., le 14 mars 1789, par *un membre de l'armée* (le marquis DE MESSEY, mort à Paris en 1821). *Sans indication de lieu*, 1789, *in*-8 *de* 29 *pages*.

4064. Discours prononcé le 16 mai 1791, à l'occasion de l'ouverture d'un cours public et gratuit de mathématiques et de géographie au collége de Sedan (par M. N. HALMA). *Sedan*, 1791, *in*-8. V. T.

4065. Discours prononcé le 23 mars 1765, par les gens du Roi du parlement de Dauphiné, relativement aux *Lettres d'un chevalier de Malte à M. l'évêque de ....* (par SERVAN). *In*-4 *de* 12 *pages*.

4066. Discours prononcé par MOLIÈRE, le jour de sa réception posthume à l'Académie françoise (par DE CAILHAVA). *Paris*, 1779, *in*-8.

4067. Discours prononcé par M. l'évêque *** (de Nancy, M. DE LA FARE), à l'ouverture des États-Généraux. 1789, *in*-8 *de* 36 *pages*.

4068. Discours prononcé par un des députés de la paroisse de Chevannes, etc. (par DUPONT de Nemours). *Sans date* (1789), *in*-8 *de* 15 *pag*.

4069. Discours prononcés à l'Académie royale de peinture de Londres, par Jos. REYNOLDS, traduits de l'anglais (par JANSEN). *Paris*, *Moutard*, 1787, 2 *vol. in*-8.

4070. Discours prononcés au parlement de Provence, par un des avocats généraux (DE GUEIDAN). *Paris*, 1741 *et ann. suiv.*, 4 *vol. in*-12.

4071. Discours prononcés dans l'Académie françoise, le jeudi 4 mars 1779, à la réception de M. DUCIS, secrétaire ordinaire de MONSIEUR (le premier composé par THOMAS). *Paris*, *Demonville*, 1779, *in*-4.

Le second discours a été prononcé par l'abbé DE RADONVILLIERS, en qualité de directeur.

4072. Discours publics et Éloges (par GUYTON-MORVEAU). *Paris*, *Simon*, 1775 *et* 1782, 3 *vol. in*-12.

4073. Discours que doit prononcer M. l'abbé Séguy pour sa réception à l'Académie françoise (par l'abbé ROY). *Sans date* (1736), *in*-4 *de* 4 *p*.

4074. Discours qui a balancé les suffrages de l'Académie de Dijon pour le prix de 1750, par M. D. C., de Troyes en Champagne; seconde édition. (1751), *in*-12 *de* 72 *pages*.

Il n'y a que ce faux titre; le discours avait déjà paru dans le *Mercure*. D. C. signifie DU CHASSELAS, c'est-à-dire M. GROSLEY. Le titre de la page 5 est : *Discours ou Dissertation, où l'on examine si le rétablissement des sciences et des arts a contribué à épurer les mœurs.*

4075. Discours qui a remporté le prix à l'Académie de Dijon en 1750, sur cette question : *Si le rétablissement des sciences et des arts a contribué à épurer les mœurs*. Par un citoyen de Genève (J. J. ROUSSEAU), avec la réfutation de ce discours (par LE CAT, secrétaire perpétuel de l'Académie de Rouen). *Londres*, *Ed. Kelmarneck*, 1751, *in*-8.

4076. Discours qui a remporté le prix de l'Académie de Châlons en l'année 1783, sur cette question proposée par la même Académie : *Quels seraient les moyens de rendre la justice en France avec le plus de célérité et le moins de frais possibles?* (par BUCQUET, procureur du roi au présidial de Beauvais, mort vers 1804). *Beauvais*, *veuve Desjardins*, 1789, *in*-4.

4077. Discours qui a remporté le prix de l'Académie de Marseille en 1777, sur cette question : *Quelle a été dans tous les temps l'influence du commerce sur l'esprit et les mœurs des peuples?* (par André Liquier, négociant de Marseille, depuis membre de l'assemblée constituante, mort environ six mois après l'ouverture de cette assemblée). *Amsterdam et Paris, Demonville*, 1777, *in*-8.

Voyez le *Commerce vengé*... n° 2547.

4078. Discours qui a remporté le prix à la Société des Sciences et des Arts du département du Lot (Montauban), sur cette question : *Quel est, pour les femmes, le genre d'éducation le plus propre à faire le bonheur d'un homme en société?* (par madame Bernier). *Paris, Bossange, an* XI (1803), *in*-8.

4079. Discours responsif à celui d'Alexandre de la Tourrette, sur les secrets de l'art chimique, par L. S. S. (c'est-à-dire par Jacques Gohory, caché sous le masque de Leo Suavius Solitarius). *Paris, Jean de la Astre*, 1579, *in*-8.

4080. Discours satyriques en vers, par le poëte sans fard (Gacon). *Cologne*, 1696, *in*-12.

4081. Discours satyriques et moraux, ou Satyres générales (par Louis le Petit). *Rouen, Lallemand*, 1686, *in*-12.

4082. Discours sommaire du règne de Charles IX (par Nicolas du Mont de Saumur). *Paris*, 1574, *in*-8.

4083. Discours sur ce qui se passe aujourd'hui dans l'Empire au sujet de la succession d'Espagne (par J. le Grand, prieur de Neuville-les-Dames). *Sans nom de ville*, 1711, *in*-4. V. T.

4084. Discours sur ce sujet : Le Luxe corrompt les mœurs et détruit les empires; nouvelle édition, revue et corrigée, par M. de Saint-Haippy (Ant. Prosper Lottin). *Amsterdam et Paris, Desauges*, 1784, *in*-8.

4085. Discours sur ces paroles : Rien d'étranger à l'homme de ce qui intéresse l'humanité (par J. A. Sallé). *Amiens*, 1776, *in*-8. V. T.

4086. Discours sur cette question proposée par l'Académie des Jeux floraux, pour l'année 1761 : *La lumière des lettres n'a-t-elle pas plus fait contre la fureur des duels que l'autorité des lois?* (par le P. Cérutti). *La Haye*, 1761, *in*-8; *réimprimé à Paris en* 1791, *chez Desenne*, *in*-8.

4087. Discours sur divers sujets de Religion et de Morale, par l'abbé Flexier de Réval (Fr. Xavier de Feller). *Paris, Berton*, 1778, 2 *vol. in*-12.

4088. Discours sur divers sujets de Religion, prononcés dans des assemblées religieuses (par le P. Ponce Dehaye, minime). *Paris, Berton*, 1787, *in*-12.

Voyez le *Journal des Savans*.

4089. Discours sur la Bienséance, avec des maximes et des réflexions (par Jean Pic). *Paris, veuve Cramoisy*, 1688; *La Haye, Dehondt*, 1689, *in*-12.

Réimprimé à Paris sous le titre de Londres, en 1742, in-12.

4090. Discours sur l'Académie françoise, établie pour la correction et l'embellissement du langage (par Charles Sorel). *Paris, de Luyne*, 1654, *in*-12.

4091. Discours sur l'accord des sciences et des belles-lettres avec la religion (par Et. Mignot, docteur de Sorbonne). *Paris*, 1753, *in*-12. V. T.

4092. Discours sur la Comédie, ou Traité historique et dogmatique des jeux de théâtre, etc. (par le P. LE BRUN, de l'Oratoire). *Paris, Guérin*, 1694, *in-12*. — Seconde édition, augmentée de plus de la moitié (publiée par l'abbé GRANET, sur le manuscrit laissé par l'auteur). *Paris, veuve Delaulne*, 1731, *in-12*.

4093. Discours sur la comparaison de l'éloquence de Démosthène et de Cicéron (par le P. RAPIN, jésuite). *Paris, Barbin*, 1670, *petit in-12*.
Réimprimé sous le titre de *Comparaison de Démosthène et de Cicéron*.

4094. Discours sur la comparaison des deux partis (Royalistes et Ligueurs) qui sont en ce royaume (par le sieur DU LUAT). *Montauban*, 1585, *in-8*.

4095. Discours sur la conjoncture présente des affaires d'Allemagne..., par le sieur DE BONAIR (VARILLAS). *Paris, de Sommaville (Hollande)*, 1659, *in-12*.

4096. Discours sur la Crèche de Notre-Seigneur, troisième édition, augmentée par l'auteur (SPANHEIM). *Berlin*, 1695, *in-12*.

4097. Discours sur la délivrance d'Orléans, prononcé le 8 mai 1760 (par le P. Cl. DE MAROLLES). *Orléans*, 1760, *in-8*.

4098. Discours sur la députation du Parlement à M. le prince de Condé (attribué à l'avocat DU PORTAIL). *Sans nom de ville*, 1649, *in-4*. V. T.

4099. Discours sur la détraction de la légitime entre les enfans...... (par Jean MARAIS, avocat). *Paris*, 1693, *in-12*.

4100. Discours sur l'administration de la Justice criminelle, prononcé par M. S*** (SERVAN), avocat général. *Genève*, 1767, 1768, *in-12*.

4101. Discours sur la facilité et l'utilité des Mathématiques (par J. DIGARD DE KERGUETTE) .... 1752, *in-4*. V. T.

4102. Discours sur la généalogie de la maison de Courtenay, avec les requêtes présentées sur ce sujet, etc. (par Élie DU TILLET). *Paris*, 1603, *in-8*.

4103. Discours sur la langue française et sur les écrivains qui ont le plus contribué à sa perfection (par M. CHANSON, imprimeur à Milhau). *Milhau, imprimerie de l'auteur*, 1812, *in-8*.

4104. Discours sur la lecture (par MERCIER). *Paris*, 1764, *in-8 de 50 pages*.
Réimprimé avec des changemens dans le recueil intitulé : *Éloges et Discours*... Voyez ces mots.

4105. Discours sur la liberté de penser et de raisonner sur les matières les plus importantes, traduit de l'anglois (d'A. COLLINS, par Henri SCHEURLÉER et Jean ROUSSET). *Londres*, 1714, 1717, *petit in-8*. — Nouvelle édition, augmentée d'une lettre d'un médecin arabe, avec l'examen de ces deux ouvrages, par DE CROUZAS. *Londres*, 1766, *2 vol. in-8*.

4106. Discours sur l'Amour divin, traduit de l'anglois (de madame MASHAM, morte en 1708, par P. COSTE). *Amsterdam*, 1705, *in-12*.

4107. Discours sur la nécessité de joindre l'étude des mathématiques à une bonne éducation, par M. J. F. HENNERT, traduit du latin (par PASSET). *Utrecht*, 1766, *in-4*.

4108. Discours sur la Peinture et sur l'Architecture : deux parties (par DU PERRON). *Paris, Prault père*, 1758, *in-8*.

4109. Discours sur la Philosophie, qui a concouru pour le prix de l'Académie françoise (par Fontaine-Malherbe). *Paris*, 1766, *in*-8.

4110. Discours sur la Poésie lyrique (par l'abbé Gossart). *Paris, Brocas*, 1761, *petit in*-12.

4111. Discours sur la Prédication, où on propose divers moyens de la rendre plus utile au public (par Guiot, conseiller). *Paris, J. Estienne*, 1714, *in*-12.

Voyez les additions de l'abbé Goujet, au tome 2, page 40, de sa *Bibliothèque française*.

4112. Discours sur la présence réelle et sur la communion sous une espèce (par A. Lallouette). *Paris*, 1687, *in*-12. V. T.

4113. Discours sur la profession d'avocat (par Rivière le fils). *Paris*, 1741, *in*-4.

4114. Discours sur la Pucelle d'Orléans et sur la délivrance d'Orléans (par Claude de Marolles, ex-jésuite). *Orléans*, 1759, *in*-8.

4115. Discours sur la question qui est entre les villes de Mortagne et de Bellesme (attribué à le Forestier, curé de Saint-Jean de Mortagne). *Sans indication de lieu* (1656), *in*-12 *de* 87 *pages*.

4116. Discours sur la Révélation, avec cette épigraphe : *Veritas non erubescit, nisi solummodo abscondi*. Tertul. *Paris, Brocas et Moutard*, 1773, *in*-12 *de* 58 *pages*.

L'abbé Lecousturier, chanoine de Saint-Quentin, est l'auteur de ce discours.

4117. Discours sur la satyre (de Palissot) contre les philosophes, représentée par une troupe qu'un poëte philosophe (Voltaire) fait vivre, et approuvée par un académicien (Crébillon le père) qui a des philosophes pour collègues (par l'abbé Coyer). *Athènes, chez le libraire anti-philosophe*, 1760, *in*-12.

4118. Discours sur la satyre, traduit de l'italien de Romolini (par Girard). *Amsterdam et Paris*, 1763, *in*-12.

4119. Discours sur la sensibilité (par l'abbé le Riqué) .... 1769, *in*-12. V. T.

4120. Discours sur la tenue des Conciles, servant à combattre les prétentions des gens d'Église d'Auvergne, qui tiennent le parti de la Ligue (par François Dinstruires). *Clermont*, 1594, *in*-12.

4121. Discours sur la translation des Reliques de S. Étienne, pape et martyr, en l'église de Marly-la-Ville, le 7 mai 1805 (par l'abbé Guiot, ex-victorin). *Paris, Égron* (1805), *in*-8, *pp*. 24.

4122. Discours sur la végétation des plantes, par le chevalier Digby, traduit de l'anglais (par P. de Trehan). *Paris, Moëttê*, 1667, *in*-12.

4123. Discours sur la vie de la feue reine de la Grande-Bretagne, par mylord Burnet, éveque de Salisbury (traduit de l'anglois par David Mazel). *La Haye, Jean Van Duren*, 1716, *in*-12.

Cette traduction parut dès 1695, sous le titre d'*Essais sur la vie*, etc., avec le nom du traducteur.

4124. Discours sur la vie et la mort de M. le cardinal le Camus, évêque et prince de Grenoble (par l'abbé le Gras du Villard). *Lausanne* (*Grenoble*), 1748, *in*-12.

4125. Discours sur la vie et les ouvrages de Pascal (par l'abbé Bossut). *La Haye et Paris, Nyon l'aîné*, 1781, *in*-8.

4126. Discours sur la vie et passion de

sainte Catherine, par F. P. C. (frère Pierre CRESPET). *Sens, Savine*, 1577, *in*-16.

4127. Discours sur le caractère de Louis XI, par un citoyen de la section du Théâtre-Français (Gabriel BRIZARD). *Paris*, 1791, *in*-8.

4128. Discours sur le danger de la lecture des livres contre la Religion, par rapport à la Société (par MATHON DE LA COUR). *Paris, le Jay*, 1770, *in*-8.

4129. Discours sur le droit des gens et sur l'état politique de l'Europe (par LE TROSNE). *Amsterdam (Paris)*, 1762, *in*-12.

4130. Discours sur le fait de Marthe Brossier, prétendue démoniaque (par le sieur MARESCOT, médecin à Paris). *Paris, Mamert Patisson*, 1599, *in*-8.

4131. Discours sur le goût, appliqué aux arts, et particulièrement à l'architecture, lu à l'académie de Nancy, par un membre de cette académie (M. LE CREULX). *Nancy, Hœner*, 1778, *in*-8.

4132. Discours sur l'emploi du loisir (par PECQUET). *Paris, Nyon*, 1739, *in*-8.

4133. Discours sur le philosophe Épictète, dédié à quelques philosophes de ce temps (par le P. TOLOMAS, jésuite). *Paris, Hérissant*, 1760, *in*-8.

4134. Discours sur le progrès des connoissances humaines en général, de la morale et de la législation en particulier, par M. S*** (SERVAN), ancien magistrat. 1781, *in*-8.

4135. Discours sur le renfermement des pauvres (par J.-Bapt. GUÉRIN, avocat du roi au présidial de Soissons). *Soissons*, 1662, *in*-12.

4136. Discours sur le renouvellement des Études, et principalement des Études ecclésiastiques, depuis le quatorzième siècle (par l'abbé GOUJET). *In*-12; et dans l'édition de 1763, des *Discours de l'abbé Fleury sur l'Histoire ecclésiastique.*

4137. Discours sur le rétablissement de la Religion (par DE BOISGELIN, archevêque de Tours). *Sans date, in*-8 *de* 16 *pages;* et *in*-12 dans le sixième volume de l'*Encyclopédie religieuse,* ou Cours de morale. *Paris, Beauregard*, 1802.

Ce discours a été prononcé le jour de Pâques, 1802. L'édition in-8 est très-rare.

4138. Discours sur le rétablissement de l'église royale de Saint-Quiriace de Provins, par le R. P. R. P. D. J. (le R. P. RATIER, prieur des Jacobins). *Orléans, Boyer*, 1666, *in*-8.

4139. Discours sur le Sacrifice (par l'abbé DE LA TOUR). (*Montauban*, 1761), *in*-12 *de* 200 *pages.*

4140. Discours sur le sermon de N. S. sur la montagne (par J. PHELIPPEAUX). *Paris*, 1730, *in*-12. V. T.

4141. Discours sur le succès des armes de la France dans le comté de Bourgogne, en 1668 et 1673 (par Aug. NICOLAS). 1677, *in*-4.

4142. Discours sur le sujet des conférences futures de l'Académie françoise (par F. CHARPENTIER). *Sans nom de ville ni date*, *in*-4.

Catalogue manuscrit de l'abbé Goujet.

4143. Discours sur les alliances de France avec l'Espagne (par Ch. DE SAINT-DENIS, sieur DE SAINT-ÉVREMONT). *Paris*, 1661, *in*-12.

4144. Discours sur les Américains (par madame BLANCHE, ancienne habitante de Saint-Domingue) ..... 1784. V. T.

Permission tacite.

4145. Discours sur les Anciens (par DE LONGEPIERRE). *Paris*, 1687, *in*-12.

4146. Discours sur les Arcs triomphaux dressés en la ville d'Aix, à l'heureuse arrivée du duc de Bourgogne et du duc de Berry (par P. GALLAUP DE CHASTEUIL). *Aix*, 1701, *in-fol.* V. T.

4147. Discours sur les avantages des sciences et des arts, prononcé à Lyon (par BORDE), avec la réponse de J. J. ROUSSEAU. *Genève, Barillot*, 1752, *in*-8. — Second Discours (par le même BORDE). *Avignon et Lyon*, 1753, *in*-8.

4148. Discours sur les avantages et la nécessité de l'union (attribué à A. G. BOUCHER D'ARGIS). *Paris*, 1730, *in*-4. V. T.

4149. Discours sur les avantages ou les désavantages qui résultent pour l'Europe de la découverte de l'Amérique, par M. P..., vice-consul à E.... (DE CHASTELLUX). *Londres et Paris, Prault*, 1787, *in*-8 *de* 68 *pages*.

4150. Discours sur les Beaux-Arts (par J. C. COURTALON-DELAISTRE). *Paris*, 1778, *in*-12. V. T.

4151. Discours sur les Comètes, suivant les principes de Descartes, composé par I. D. P. M. (I. D. P. MONNIER). *Paris, Guignard*, 1665, *petit in*-12.

Note manuscrite.

Le catalogue de la bibliothèque de le Tellier, archevêque de Reims, attribue cet ouvrage à J. DENIS. Voyez la page 381.

4152. Discours sur les différentes figures des astres (par MAUPERTUIS). *Paris*, 1742, *in*-8.

4153. Discours sur les divers incendies du mont de Vésuve (par Gabriel NAUDÉ). *Sans nom de ville*, 1638, *in*-8. V. T.

Voyez *Bibliotheca Colbertina*, Paris, 1728, in-12, t. 3, n° 15041.

4154. Discours sur les femmes, du R. P. Achille DE BARBANTANE (par GANTHERIE, ou plutôt par DARD DU BOSCO, de Gy). *Paris, Leclerc*, 1754, *in*-12.

4155. Discours sur les femmes (traduit de l'anglais de Guillaume WALSH, par DE LA FLOTTE). *Paris*, 1768, *in*-12.

4156. Discours sur les grands hommes, par F. A. Pr. de Br. et L. (François-Auguste, duc DE BRUNSWICK-OELS). *Berlin, Haude et Spener*, 1768, *in*-8 *de* 44 *pages*.

Réimprimé à *Weimar* en 1815, avec le nom de l'auteur.

4157. Discours sur les Hermaphrodites, où il est démontré, contre l'opinion commune, qu'il n'y en a point de vrais (par J. RIOLAN). *Paris*, 1614, *in*-8.

4158. Discours sur les libertés de l'Église gallicane, par l'abbé FLEURY (avec les notes de l'abbé DE BONNAIRE). (*Paris*), *sans date* (1723), *in*-12.

Les notes provoquèrent un arrêt du conseil du 9 septembre 1723, pour supprimer l'écrit. L'arrêt porte que cette suppression était prononcée *à raison des notes, qui étaient remplies d'une doctrine dangereuse*. Ce qui contribua aussi sans doute à ce que le discours fût mis à l'Index à Rome, par décret du 13 février 1725. Toutefois les éditions suivantes furent semblables à celle-là, soit pour le texte, soit pour les notes, jusqu'en 1763, que Boucher d'Argis en donna une nouvelle édition d'après la supposition d'un manuscrit plus correct, supposition imaginée pour colorer la suppression qu'il voulait faire de quelques parties du *discours* de Fleury, en substituant les maximes parlementaires aux règles de l'Église, en prêtant à Fleury un langage tout différent de celui de ce célèbre historien, qu'il trouvait encore trop favorable à la cour de Rome. L'abbé Émery, devenu possesseur du manuscrit original du *discours* de Fleury, le publia dans sa pureté. Voyez les *Nouveaux Opuscules de Fleury*. Paris, 1807, in-12.

4159. Discours sur les libertés de l'Église gallicane, par l'abbé Fleury, avec un commentaire (par de Chiniac de la Bastide). *Paris, Desaint et Saillant*, 1765, *in*-12.

Voyez la *Bibliothèque historique de la France*, nouvelle édition, t. 1, n° 7030.

4160. Discours sur les moyens de bien gouverner et maintenir en bonne paix un royaume, contre Nicolas Machiavel, Florentin; dédié au duc d'Alençon (par Innocent Gentillet). *Sans indication de lieu*, 1576, *in*-8. — Seconde édition, revue. 1577, *petit in*-8. — Autre édition. 1579, *grand in*-8. Voy. le n° 3979.

4161. Discours sur les moyens les plus conformes à la religion, à l'humanité et à la politique, de faire cesser la mendicité dans la province de Normandie (par Demandolx, ancien lieutenant-général de la sénéchaussée de Marseille), couronné à Rouen en 1778, par l'académie de la Conception. *Avignon et Paris, d'Houry*, 1780, *in*-8.

4162. Discours sur les observations de la Comète, présenté au duc de Lorraine; par le P. L. (Jean Leurechon), de la compagnie de Jésus. *Paris*, 1619, *in*-8. V. T.

4163. Discours sur les Pensées de M. Pascal, par M. Dubois de la Cour (masque du sieur Filleau de la Chaise, auteur de l'*Histoire de S. Louis*). *Paris*, 1671, *in*-12.

On lit à la suite un discours sur les preuves des livres de Moyse (par le même).

Ces discours se trouvent dans plusieurs éditions des Pensées de Pascal. Quelques personnes les ont attribués à Goibaud du Bois, traducteur de Cicéron; mais l'abbé Goujet a entendu dire à un ami particulier de M. de la Chaise qu'ils étaient de cet auteur.

Voyez Niceron, t. 20, p. 97.

4164. Discours sur les progrès de l'éloquence de la chaire (par le Moine d'Orgival). *Paris, Lottin*, 1759, *in*-12.

4165. Discours sur les promesses renfermées dans les Écritures, et qui concernent le peuple d'Israël, où l'on considère la conversion et le rappel des Juifs comme la ressource et l'espérance de l'Église (par M. Silvy). *Paris, Doublet*, 1818, *in*-8.

4166. Discours sur les romans et sur le choix des amis, par le P. Porée, traduits du latin en françois (par Garcin de Neufchâtel). *Vers* 1756, *in*-8, dans les tomes 3 et 5 du *Choix littéraire* de Vernes.

4167. Discours sur les trois merveilles arrivées aux trois fleurs de lys (par Petit, substitut du procureur général de Vézelai). 1617, *in*-4 *de* 16 *pages*.

4168. Discours sur les vies des Saints de l'Ancien Testament (par Cabrisseau). *Paris, Osmont*, 1732, 6 *vol. in*-12.

Suivant quelques personnes, le fond de cet ouvrage est du célèbre le Gros, chanoine de Reims, ou plutôt de l'abbé Rogier.

4169. Discours sur les vignes (par Herbert). *Dijon et Paris, Pissot*, 1756, *in*-12 *de* 68 *pages*.

4170. Discours sur l'économie, ou Éloge de la simplicité (par le comte de la Touraille). 1788, *in*-8.

4171. Discours sur l'Éloquence, avec des réflexions préliminaires sur le même sujet (par Jean-Baptiste Yankoski, de la famille des Paléologues). *Paris*, 1723, *in*-12.

Voyez l'histoire de cet auteur dans le

Voyage de Paul Lucas au Levant. Paris, 1714 et 1731, 2 vol. in-12.

4172. Discours sur l'Émulation (par L. BOLLIOUD-MERMET). *Paris*, 1763, *in*-8.

4173. Discours sur l'établissement d'une Académie de Belles-Lettres dans la ville de Dijon (par J. MOREAU DE BRAZEY). *Dijon*, 1694, *in*-4. V. T.

4174. Discours sur l'état actuel de la politique et de la science militaire en Europe (par DE GUIBERT). *Genève*, 1773, *in*-12; et en tête de l'*Essai de Tactique* du même auteur, *in*-4 *et in*-8.

4175. Discours sur l'État de France, contenant l'histoire de ce qui est advenu depuis 1588 jusqu'en 1591 (par Michel HURAULT, sieur du FAY). 1591, *in*-8.

4176. Discours sur l'Histoire (par TAICOT, secrétaire d'ambassade à Turin). *Paris, veuve Valade*, 1786, *in*-8.

4177. Discours sur l'Histoire ancienne et moderne (par PERNIN DES CHAVANETTES). *Paris, Saugrain*, 1766, 2 *vol. in*-12.

4178. Discours sur l'Histoire de Charles VII, jadis écrite par Alain-Chartier, où se peut voir que Dieu n'abandonne jamais la couronne de France (par Blaise DE VIGENERE). *Paris, l'Angelier*, 1589, 1594, *in*-8.

4179. Discours sur l'Histoire de France, par M. *** (DINGÉ). *Paris, de l'imprimerie de Monsieur*, 1790, *grand in*-4 *de* 66 *pages*, suivi de l'explication des cartes géographiques.

4180. Discours sur l'Histoire des Juifs (par PERNIN DES CHAVANETTES). *Paris, Saugrain*, 1767, *in*-12.

4181. Discours sur l'Histoire ecclésiastique (par l'abbé FLEURY); nouvelle édition, avec des notes (publiée par BOUCHER D'ARGIS). *Paris, Hérissant*, 1763, *in*-12.

Voyez le n° 4158.

4182. Discours sur l'Histoire universelle, par BOSSUET (avec une suite, par Jean DE LA BARRE, avocat). *Paris, David*, 1713, 2 *vol. in*-12.

La mauvaise continuation de cet admirable discours, publiée pour la première fois en 1703, va dans cette édition jusqu'à 1708. Un anonyme a donné une autre continuation, imprimée en Hollande, 2 vol. in-12. On doit une troisième continuation à Pierre MASSUET, depuis 1721 jusqu'à la fin de 1737. Ce dernier a retouché le style des deux précédens volumes. Voyez l'édition due à ses soins, *Amsterdam, chez Arkstée et Merkus*, 1738, 4 vol. petit in-8.

Arcangelo AUGUSTINI, carme, déguisé sous le nom de Selvaggio CANTARANI, a donné une traduction italienne de l'excellent discours de Bossuet; *Venise*, 1712. On doit au même auteur, caché sous le même masque, une traduction de la *Politique sacrée* de Bossuet; *Venise*, 1713.

4183. Discours sur l'Histoire universelle de l'Église, par l'abbé RACINE nouvelle édition, revue et augmentée (par RONDET). *Cologne*, 1759, 2 *vol. in*-12.

4184. Discours sur l'indépendance des gens de lettres, envoyé au concours (par M. RAFFIER, ex-oratorien). *Paris, Egron*, 1807, *in*-8.

4185. Discours sur l'influence des astres, selon les principes de Descartes, par C. G. (Cl. GADROYS). *Paris, Coignard*, 1671, *in*-12.

4186. Discours sur l'origine des Lois, prononcé à Vic en 1765; par M. D. (DESISTRIÈRES), lieutenant-général de ce siége. *Paris, veuve David*, 1769, *in*-12 *de* 53 *pages*.

Note manuscrite.

4187. Discours sur l'origine du privilége des évêques d'Orléans (par D. POLLUCHE). *Orléans*, 1734, *in*-8. V. T.

4188. Discours sur l'origine et les effets de ce désir si général et si ancien, de transmettre son nom à la postérité (par le P. CÉRUTTI). *La Haye*, 1761, *in*-8; *Paris, Desenne*, 1792, *in*-8.

4189. Discours sur l'utilité des lettres, par M. l'abbé B. DE L. R. (l'abbé BOUCHER). *Paris*, 1753, *in*-8 *de* 44 *pages*.

4190. Discours sur l'utilité et les avantages d'une Société académique (par ROSSEL). (*Caen*), 1772, *in*-8. V. T.

4191. Discours sur Suger et son siècle (par M. LAUSSAT). *Genève* (*Paris, Barrois l'aîné*), 1779, *in*-8 *de* 79 *pages*.

4192. Discours sur une tragédie de M. Heinsius, intitulée *Herodes infanticida* (par BALZAC). *Paris, P. Rocolet*, 1636, *in*-8.

4193. Discours traitant de l'antiquité, utilité, excellence et prérogative de la pelleterie et fourrure (par CHARRIER). *Paris, Billaine*, 1634, *in*-8.

4194. Discours véritable de la prise et réduction de Marseille (par E. BERNARD). *Paris*, 1596, *in*-4 *et in*-8.

4195. Discours véritable de l'étrange et subite mort d'Henry de Valois, advenue par permission divine, lui étant à S.-Clou, etc., par un religieux de l'ordre des Jacobins (Edme BOURGOIN, prieur des Jacobins). *Paris*, 1589, *in*-12. V. T.

4196. Discours véritable des guerres et troubles advenues en Provence l'an 1562, par N. R. P. (Nicolas REGNAULT, Provençal). *Lyon*, 1564, *in*-8. V. T.

4197. Discours véritable et sans passion sur la prise des armes et changement advenus en la ville de Lyon (par P. MATTHIEU). *Lyon*, 1593, *in*-8.

4198. Discussion critique et théologique des remarques de M*** (LECLERC) sur le Dictionnaire de Moréri, de l'édition de 1718; par M. THOMAS, docteur de Louvain (le P. MÉRY, bénédictin). 1720, *in*-12 *de* 96 *p.*

4199. Discussion de la suite des remarques nouvelles du P. Bouhours sur la langue françoise, etc. (par DE VILLAFRANC, masque de Nicolas THOYNARD d'Orléans). *Paris, Lucas*, 1693, *in*-8.

L'auteur a pris dans le privilége le nom de *Villafranc*, et dans l'avertissement il se désigne comme un *abé* (sic) *albigeois*.

4200. Discussion des principaux objets de la Législation criminelle, par M. B.....L (BLONDEL). *Paris*, 1789, *in*-8. V. T.

4201. Discussion épistolaire sur la Religion, entre W. (George WALKER de Londres), protestant de l'église anglicane, et M. J. B. B. (Martin J. Bapt. BIZET, ancien curé à Évreux, auteur des *Soirées de l'Hermitage*), catholique romain, né près Bolbec en 1746. *Paris, Cassot, an* 9 (1801), *in*-12.

4202. Discussion historique et critique sur la Conjuration de Venise, présentée à la Société littéraire de Chaalons en Champagne, par P. J. G. (GROSLEY). *Paris, Cavelier*, 1756, *in*-12. Réimprimé à la suite des *Observations sur l'Italie*, du même auteur. 1774, 4 *vol. in*-12.

4203. Discussion historique sur un point intéressant de la vie de Henri IV (par l'abbé Vergani). *Paris, Égron*, 1814, *in-8 de 54 pages.*

4204. Discussion intéressante sur la prétention du Clergé d'être le premier ordre d'un État (par le marquis de Puységur). *La Haye (Paris)*, 1767, *in-12.*

Réimprimée dans les *Pièces relatives au Clergé séculier et régulier*, Amsterdam, 1771, 3 vol. in-8.

4205. Discussion sommaire sur les anciennes limites de l'Acadie (par Pidansat de Mairobert). *Basle*, 1755, *in-12.*

4206. Discussions importantes débattues au parlement d'Angleterre par les plus célèbres orateurs, depuis trente ans; ouvrage traduit de l'anglois (par A. P. Lottin le jeune). *Paris*, 1790, 4 *vol. in-8.*

4207. Discussions philosophiques sur la préexistence de la matière, etc.; par D. G. (David Gradis), négociant à Bordeaux). *Paris et Bordeaux, Audibert*, 1800, *in-8 de 208 pag.*

4208. Disgraces (les) de l'Amour, ou le Mousquetaire amant, par le marquis de Montfalcon (le sieur de Saint-Martin). *Paris, Cavelier*, 1687, *in-12.*

4209. Disgraces (les) des Amans (par le chevalier de Mailly). *Paris*, 1690, *in-12.* V. T.

4210. Disputations chrétiennes touchant l'état des trépassés (par P. Viret). 1552, *in-8.*

4211. Disputes de Guillot le Porcher et de la Bergère de Saint-Denys contre J. Calvin, ensemble la généalogie des Hérétiques (par Artus Desiré). *Paris, Gaultier*, 1559, *in-8*; *et veuve de J. Ruelle*, 1580, *in-18.*

4212. Dissertation adressée aux Académies savantes de l'Europe, sur une nation de Celtes nommée Brigantes ou Brigants, par un auteur de la même nation (le Brigant). *Breghente dans le Tirol (Paris, Briasson)*, 1762, *in-12 de 96 pag.*

4213. Dissertation anatomique et pratique sur une maladie de la peau d'une espèce rare et singulière, traduite de l'italien de Curzio (par Charles-Auguste Vandermonde). *Paris*, 1755, *in-12.*

4214. Dissertation apologétique pour le bienheureux Robert d'Arbrisselles, fondateur de l'ordre de Fontevrault, sur ce qu'en dit M. Bayle dans son Dictionnaire historique et critique (par le P. de Soris, de l'ordre de Fontevrault). *Anvers (Amiens)*, 1701, *in-12.*

L'abbé Lenglet, dans sa *Méthode pour étudier l'Histoire*, nomme mal à propos cet auteur Souri.

4215. Dissertation canonique et historique sur l'autorité du Saint-Siége (par Duhamel, chanoine de Seignelay, mort le 22 mars 1769, publiée par Maultrot). *Utrecht (Paris)*, 1779, *in-12.*

4216. Dissertation chirurgico-légale sur la question: Si l'on peut rendre la condamnation des malfaiteurs plus utile à la Société en leur faisant subir des épreuves de physique, médecine et chirurgie (par M. Dupin). *Montpellier, Picot*, 1790, *in-8.*

4217. Dissertation critique sur la nouvelle Bibliothéque des Auteurs ecclésiastiques, par Jean Reuchlin (Richard Simon). *Francfort*, 1688, *petit in-12 de 125 pages.*

4218. Dissertation critique sur l'Art poétique d'Horace, où l'on examine si un poète doit préférer les caractères connus aux caractères inventés (par le marquis DE SÉVIGNÉ fils et André DACIER). *Paris*, *Barth. Girin*, 1698, *in*-12.

Réimprimée dans le huitième volume des *Lettres de madame de Sévigné à sa fille et à ses amis*, nouvelle édition, mise dans un meilleur ordre, par Ph. A. Grouvelle; *Paris*, *Bossange*, 1806, 8 vol. in-8.

4219. Dissertation critique sur le Paradis perdu de Milton, par Constantin DE MAGNY. *Paris*, *veuve Delaulne*, 1729, *in*-12.

Fr. Bruys assure, dans la *Critique désintéressée des Journaux littéraires*, t. 2, p. 76, que l'abbé PELLEGRIN est auteur de cet ouvrage.

4220. Dissertation critique sur le projet de détruire la digue d'Auxonne, par le révérend père BINOSIMIL, capucin, vicaire au couvent de Gray (Antoine ANTOINE, ingénieur). *Amsterdam*, *M. M. Rey* (*Vesoul*), 1780, *in*-4.

Le faux nom BINOSIMIL paraît avoir sa racine dans ces mots : *Bis nomen simile*.

4221. Dissertation critique touchant les exemplaires grecs du Nouveau Testament, et sur le manuscrit de Bèze (par A. ARNAULD). *Cologne*, *P. Legrand*, 1691, *in*-12.

4222. Dissertation dans laquelle on démontre que la bulle *Unigenitus* n'est ni loi de l'Église ni loi de l'État (par l'abbé MEY, avocat). 1752 *et* 1753, 2 *parties in*-12.

La première partie a été réimprimée en 1753, et cette seconde édition est plus correcte et plus complète que la première ; la seconde partie est divisée elle-même en deux : la dissertation entière forme un volume de plus de 600 pages. (*Catalogue manuscrit de l'abbé Goujet.*)

4223. Dissertation dans laquelle on prouve que les ordres religieux sont très-utiles à l'Église et à l'État (par le P. LAMBERT, dominicain). *Sans date* (1778), *in*-12 *de* 179 *pages*.

Même ouvrage que le n° 1034.

4224. Dissertation des Loteries, par le P. C. F. M. (MENESTRIER). *Lyon*, *Bachelu*, 1700, *in*-12.

4225. Dissertation dogmatique et morale au sujet du livre de M. de Fumel *sur la dévotion au Sacré-Cœur de Jésus* (par l'abbé DE LA PORTE). *En France*, 1777, *in*-12.

4226. Dissertation dogmatique et morale sur la doctrine des indulgences, sur la foi des miracles et sur la pratique du rosaire (par l'abbé GALET). *Paris*, *le Mercier*, 1724, *in*-12.

4227. Dissertation en forme de lettres, au sujet des ouvrages de l'auteur du Livre des Maladies des Os (Jean-Louis PETIT, chirurgien), où l'on examine plusieurs points de chirurgie et d'anatomie à l'occasion de ce livre et des Mémoires de ce même auteur, donnés à l'Académie des Sciences. On y a joint le Chirurgien-Médecin, ou Lettres contre les chirurgiens qui exercent la médecine (par Fr. Jos. HUNAULT). *Paris*, *Babuty*, 1726, *in*-12.

4228. Dissertation en forme d'entretien, sur la Prosodie française (par David DURAND). *Londres*, 1748, *in*-4 ; en tête du Dictionnaire anglais-français de Boyer; *Amsterdam*, 1749, *in*-12, à la suite de la Prosodie française de d'Olivet.

Dans l'avis sur les éditions du Dictionnaire de Boyer, *Londres*, 1752 et 1759, on lit que, pour ce qui est de la *Dissertation sur la Prosodie* en particulier, on l'a retouchée d'un bout à l'autre, et confirmée par des observations toutes nouvelles.

Cela n'a pas empêché plusieurs libraires de publier la dissertation de D. Durand d'après la première édition. Feu M. Maugard, dans la nouvelle édition qu'il en a donnée, *Paris*, 1812, in-8, leur a reproché avec justice cette négligence.

4229. Dissertation épistolaire sur une lettre de l'auteur du *Traité des Tu*-

meurs et des Ulcères (Astruc, par Fr. Combalusier). *Paris*, 1760, *in*-8. V. T.

30. Dissertation et Mémoires : Que l'auguste maison qui règne en France doit se nommer *de France*, et non *de Bourbon* (par l'abbé de Burle). *Amsterdam et Paris*, *Musier*, 1769, *in*-12.

31. Dissertation historique et critique pour servir à l'histoire des premiers temps de la monarchie françoise (par Damiens de Gomicourt). *Colmar, Charles Fontaine*, 1754, *in*-12 ; et dans l'ouvrage anonyme du même auteur, intitulé : *Mélanges historiques et critiques. Paris*, 1768, 2 *vol. in*-12.

32. Dissertation historique et critique sur la Chambre des Comptes (par Jean-Louis le Chanteur). *Paris, Lambert*, 1765, *in*-4.

33. Dissertation historique et critique sur l'antiquité de la ville de Dôle en Franche-Comté (par Claude-Joseph Normant). *Dôle, J. B. Tonnet*, 1744, *in*-12.

L'auteur publia deux années après, en 1746, un supplément à cette dissertation, auquel il mit son nom, *Dôle, Tonnet*, in-12.

34. Dissertation historique et critique sur le Cachou (par M. P. J. Amoreux). *Montpellier, Renaud*, 1812, *in*-8.

35. Dissertation historique et critique sur l'espèce de mal de gorge gangréneux qui a régné parmi les enfans l'année dernière (par Chomel). *Paris, Desprez*, 1749, *in*-12 *de* 135 *pages*.

36. Dissertation historique et critique sur l'origine et l'ancienneté de l'abbaye de Saint-Bertin (par dom Louis Lemeraud et D. Cléty). *Paris, Guérin*, 1737, *in*-12.

L'année suivante, le P. de Cléty publia une réponse aux observations générales publiées contre la dissertation précédente, *in*-12.

4237. Dissertation historiquę et dogmatique sur la Confession paschale, par rapport aux réguliers, etc. 1700, *petit in*-12 *de* 174 *pages*.

Louis Ferrand, à qui on donne cette dissertation, mourut au mois de mars 1699. Elle serait donc un ouvrage posthume. Mais le *Journal des Savans* et le P. Niceron n'en parlent pas. Je crois plutôt que cette dissertation a été composée par un moine. Mon exemplaire renferme une note manuscrite ainsi conçue : *Donnée par le R. P. Philippe* Jarrot, *carme, religieux d'un rare mérite, en* 1705.

Le P. Jarrot ne serait-il pas le véritable auteur de cette dissertation, qui est très-bien faite ?

4238. Dissertation historique et politique sur la population des anciens temps, comparée avec celle du nôtre, par Wallace, traduite de l'anglois (par Eidous). *Amsterdam et Paris, Rozet*, 1769, *in*-8.

4239. Dissertation historique sur l'ancienne Constitution des Germains, Saxons et habitans de la Grande-Bretagne, traduite de l'anglois de Gilbert Stuart (par M. Boulard). *Paris, an* 2 (1794), *in*-8.

4240. Dissertation historique sur la Vielle (par Antoine Terrasson). *Paris*, 1741, *in*-12; et dans les *Mélanges* de l'auteur, 1768, *in*-12.

4241. Dissertation historique sur l'élection et sur l'institution des Évêques dans les différens siècles de l'Église (par M. le comte Pasero). *Paris, Delaunay*, 1818, *in*-8 *de* 52 *p*.

4242. Dissertation historique sur le vent de Galerne, par M. Mureau de Cherval (Jean-B. Michault). *Basle* (*Dijon*), 1741, *in*-12.

4243. Dissertation historique sur les duchés de Parme et Plaisance, où l'on examine les droits du Saint-Siége et les prétentions de l'Empire sur ces deux villes, avec les preuves, en italien et en françois (publié par ordre de François FARNÈSE et par les soins de BRUZEN DE LA MARTINIÈRE, à qui ce prince l'envoya). *Cologne*, 1722, 2 *parties in*-4.

L'original italien est d'un des plus illustres auteurs qu'ait eus l'Italie.

Voyez le Dictionnaire géographique de Bruzen de la Martinière, article *Parme*.

4244. Dissertation historique sur les Duels et les ordres de Chevalerie, par M. B*** (Jacques BASNAGE). *Amsterdam*, 1720, *in*-8.

4245. Dissertation historique sur les eaux minérales de Provins, par N. B. C. R. (Nicolas BILLATE, chanoine régulier). *Provins*, *Michelin*, 1758, *in*-12.

4246. Dissertation historique sur les libertés de l'Église gallicane et l'assemblée du Clergé de France en 1682, adressée à MM. les Ecclésiastiques françois (déportés en Angleterre; par l'abbé LE POINTE, ex-jésuite). *Londres*, *de l'imprimerie de Baylis*, 1799, *in*-8 *de* 108 *pag.*

Les évêques réfugiés s'étant plaints vivement de cet écrit ultramontain, l'auteur en suspendit la circulation: ce qui en rendit les exemplaires assez rares. (*Note de M. Tabaraud.*)

4247. Dissertation historique sur quelques monnoyes de Charlemagne, de Louis le Débonnaire, etc., frappées dans Rome. *Paris*, *J. B. Coignard*, 1689, *in*-4.

Cet ouvrage est de Fr. LE BLANC, auteur du *Traité historique des monnoyes de France*, et lui sert de supplément.

4248. Dissertation où l'on détermine en quoi consiste le crime de l'usure, et dans quels cas on peut recevoir des intérêts en sûreté de conscience, etc.; par M. B...., curé de P.... (BARADÈRE, curé de Pau). *Pau*, 1816, *in*-8 *de* 300 *pages*.

4249. Dissertation où l'on examine celle qui a remporté le prix de l'académie de Besançon l'année 1754, touchant les anciennes villes des Séquanois (par le P. Romain JOLY, de Saint-Claude). *Épinal*, *Anselme Dumoulin*, 1754, *in*-8 *de* 54 *pag.*

La dissertation critiquée est de l'abbé Bergier.

4250. Dissertation où l'on justifie la soumission aux lois de la République, et le serment de la liberté et de l'égalité (par le P. LAMBERT). *Paris*, *Leclere*, 1796, *in*-8 *de* 141 *pages*.

4251. Dissertation où l'on démontre qu'Orléans est l'ancienne ville de *Genabum* dont il est parlé dans César (par dom Toussaints DUPLESSIS; seconde édition, avec des remarques de D. POLLUCHE). *Orléans*, 1736, *in*-8 *de* 18 *pages*.

4252. Dissertation où l'on prouve que S. Paul, dans le septième chapitre de la première épître aux Corinthiens, v. 12 et 13, n'enseigne pas que le mariage puisse être rompu lorsqu'une des parties embrasse la religion chrétienne; seconde édition, avec une analyse de deux livres de S. AUGUSTIN sur les mariages adultérins, une réponse aux objections faites contre la première édition de ladite dissertation, et une explication de plusieurs passages de S. Paul (par l'abbé DES ESSARTS). *Bruxelles et Paris*, 1765, *in*-12.

Voyez le n° 4328.

4253. Dissertation philologique sur les plantes religieuses, etc. (par M. P. Jos. AMOREUX). *Montpellier*, *Tournel*, 1817, *in*-8.

154. Dissertation philosophique sur une difficulté de la langue françoise (par Antoine Seguy). *Paris, Brocas*, 1759, *in-12 de* 31 *pages.*

L'auteur prouve que le participe qui suit le verbe auxiliaire *avoir*, et qui est précédé d'un pronom, doit toujours être indéclinable.

155. Dissertation physique à l'occasion du Nègre blanc (par de Maupertuis). *Leyde*, 1744, *in*-8.

156. Dissertation physique de P. Camper sur les différences des traits du visage chez les hommes de différens pays, traduite du hollandais (par Quatremère-Disjonval). *Utrecht*, 1791, *in*-4.

157. Dissertation pour la défense des deux saintes Marie-Magdeleine et Marie de Béthanie (par le sieur Mauconduit). *Paris, P. Debats*, 1685, *in*-12.

158. Dissertation pour maintenir l'unité de Marie Madeleine, Marie sœur de Marthe, et la femme pécheresse (par Trevet). *Paris, Barbou*, 1713, *in*-4. V. T.

Voyez le Dictionnaire de Moréri, édition de 1759, article *Magdelène*.

159. Dissertation pratique sur les maladies vénériennes, traduite de l'anglais de Turner (par Lassus). *Paris, Didot le jeune*, 1767, 2 *vol. in*-12.

160. Dissertation préliminaire de M. de S*** (de Sautour) à M. l'abbé C*** (Couet), docteur de Sorbonne, sur le poème dramatique, où l'on examine s'il est permis d'aller à la comédie, d'en faire et d'en représenter, et où l'on répond aux objections de M. le prince de Conti, de M. l'évêque de Meaux, de M. Nicole et autres. *Amsterdam, Pierre le Cène*, 1729, *in*-12.

4261. Dissertation sur ce mot de saint Augustin, *causa finita est*, la cause est finie, etc. (à l'occasion de la bulle *Unigenitus*, par l'abbé Besoigne). 1718, *in*-12 *de* 96 *pages.*

4262. Dissertation sur ce que raconte Hégésippe de S. Jacques de Tours, etc. (par A. Arnauld). *Paris*, 1701, *in*-4. V. T.

Cet ouvrage a été composé en 1693. B.

4263. Dissertation sur ce qu'on doit penser des esprits à l'occasion de l'avanture de Saint-Maur (par Poupart, chanoine dudit lieu). *Paris, Cellier*, 1707, *in*-12; et dans le Recueil des dissertations de dom Calmet, *Paris*, 1746, *in*-12, ainsi que dans celui de l'abbé Lenglet, *Paris*, 1752, *in*-12, t. 2, 1re partie, p. 73.

4264. Dissertation sur Corneille et Racine, suivie d'une épître en vers (par de Rosoy). *Paris, Lacombe*, 1774, *in*-8 *de* 66 *pages.*

4265. Dissertation sur Homère et sur Chapelain, par J. P. de Cr. P. E. P. E. M. D. L. A. D. L. (par Van Effen). *La Haye*, 1714, *in*-8 *de* 50 *p.*

Il était facile de trouver dans ces lettres initiales les noms et qualités de *Jean-Pierre* de Crousaz, *professeur en philosophie et mathématiques, de l'académie de Lausanne.* C'est ce qu'ont fait les auteurs du *Journal des Savans* en 1715, et Mylius, dans sa *Bibliothéque des Ecrivains anonymes et pseudonymes.* Mais il est constant que cette dissertation est de Van Effen. On la trouve dans toutes les éditions du *Chef-d'OEuvre d'un Inconnu*, par de Saint-Hyacinthe.

4266. Dissertation sur la cérémonie de la communion du prêtre, faite avec la main gauche au sacrifice de la Messe (par Matthieu Texte, dominicain) .... 1740, *in*-12.

Catalogue manuscrit de l'abbé Goujet.

4267. Dissertation sur la circulation de la séve dans les plantes (par de

LA BAISSE). *Bordeaux*, 1735, *in*-12.

Cette pièce a été insérée dans le Recueil des dissertations couronnées à l'academie de Bordeaux, depuis 1715 jusqu'en 1739, 6 *vol. in*-12.

4268. Dissertation sur la condemnation des Théâtres (par l'abbé HEDELIN D'AUBIGNAC). *Paris, Pepingué*, 1666; *et Jacques le Fevre*, 1694, *in*-12.

Les remarques que le célèbre Mézeray a écrites de sa main sur mon exemplaire, sont fort judicieuses. Le privilége est accordé A. S. A. D. M. E. D. C. A. E. P. O. D. S. M., c'est-à-dire au sieur abbé d'Aubignac, maître en droit canon, avocat et prédicateur ordinaire de sa majesté.

4269. Dissertation sur la contagion de la peste (par J. ASTRUC). *Toulouse*, 1724, *in*-8. V. T.

4270. Dissertation sur la différence des religions grecque et romaine (par l'abbé COYER). *La Haye* (*Paris*), 1755, *in*-12.

4271. Dissertation sur la double propagation du genre humain, et sur les différentes manières dont les premiers hommes ont été gouvernez (par J. CHARLEMAGNE, carme). *Sans nom de ville ni date*, *in*-12. V. T.

Catalogue manuscrit de la bibliothéque des Barnabites.

4272. Dissertation sur la Fable (par L. F. Cl. MARIN). *Paris*, 1754, *in*-4. V. T.

4273. Dissertation sur la félicité, ou la Philosophie des honnêtes gens (par RIBAULD DE ROCHEFORT, nommé aussi RIBAULD DE LA CHAPELLE). 1744, *in*-8 *de* 28 *pages*.

4274. Dissertation sur la fête de Pasques; où l'on fait voir que ladite fête ne se célèbre jamais dans la lune de mars, par le S. M. G. I. O. D. R. (le sieur Michel GUILLAIN, ingénieur ordinaire du roi). *Dunkerque*, 1715, *in*-8.

4275. Dissertation sur la figure de la Terre (par DAVID). *La Haye et Paris, Dessain junior*, 1769, *in*-8. V. T.

4276. Dissertation sur la Goutte, tant la chaude que la froide (par le père Michel MAUDUIT, prêtre de l'Oratoire). *Paris*, 1689, *in*-12.

Voyez Réponse à la Dissertation sur la Goutte, par M***, docteur en médecine. *Paris, Hortemels*, 1690, *in*-12.

4277. Dissertation sur l'air maritime (par J. B. BERTRAND). *Marseille*, 1724, *in*-4. V. T.

4278. Dissertation sur la légitimité des intérêts d'argent qui ont cours dans le commerce (par GASTUMEAU). *La Haye*, 1756, *in*-12.

4279. Dissertation sur la Littérature orientale (par William JONES). *Londres, Elmsly*, 1771, *in*-8.

4280. Dissertation sur la manière de connoître les médailles antiques d'avec les contrefaites (par BEAUVAIS). 1739, *in*-4, et 1740, *in*-12, à la suite du Traité des finances et de la fausse monnoye des Romains (par DE CHASSIPOL).

Réimprimée à *Dresde*, chez *Walther*, en 1794, *in*-4.

4281. Dissertation sur la manière de vie des curés réguliers (par P. MASSU, général des chanoines réguliers). *Sans lieu d'impression, ni date.* (*Toul*). — *in*-4 *de* 22 *pages*.

4282. Dissertation sur la nature des biens ecclésiastiques (par A. P. DE GOMICOURT)..... 1751, *in*-12, et dans les *Mélanges historiques et critiques* de l'auteur. *Paris*, 1768, 2 *vol. in*-12.

4283. Dissertation sur la nature des Comètes, avec un Discours sur les Prognostiques des éclipses (par P

Petit, intendant des fortifications). *Paris*, *Billaine*, 1665, *in*-4.

4284. Dissertation sur la nature et l'essence du Saint-Sacrifice de la Messe (par l'abbé Pelvert). *En France*, 1779, *in*-12 *de* 376 *pages*.

Cette dissertation a donné lieu à de vives discussions entre l'auteur, l'abbé Mey, le P. Lambert, etc. Voyez un des ouvrages de ce dernier, aux mots : *Réponse à l'auteur de la Dissertation...*

4285. Dissertation sur la Noblesse d'extraction et sur l'origine des Fiefs, etc. (par Joachim, comte d'Estaing, mort en 1688). *Paris*, *Martin*, 1690, *in*-8.

4286. Dissertation sur l'antiquité de Chaillot, pour servir de Mémoire à l'Histoire universelle (par Jean-Baptiste-Louis de la Feuille, mort à Sédan en 1747). Seconde édition, revue et corrigée. *Paris*, *Prault père*, 1736, *in*-12.

Chaudon a copié, dans son *Nouveau Dictionnaire historique*, une méprise de la *France littéraire* de 1769, qui attribue cette brochure à Coste, de Toulouse.

4287. Dissertation sur la peste de Provence, par M. Agnez (Guillaume Rey, médecin). 1721, *in*-12.

4288. Dissertation sur la peste de Provence, par M. A.... (Astruc). 1720, *in*-8. — La même, avec la traduction latine, par Jean-Jacques Scheuchzer. *Zurich*, 1721, *in*-4.—*Montpellier*, 1722, *in*-8.

4289. Dissertation sur la petite vérole, dans laquelle on prouve que cette maladie n'est pas dangereuse (par Pajon de Moncets). *Paris*, *Boudet*, 1758, *in*-12.

4290. Dissertation sur la Pharsale, les Entretiens solitaires et autres ouvrages de Brébeuf (par Guillaume Duhamel). *Paris*, *Savreux*, 1664, *in*-12.

4291. Dissertation sur l'approbation des Confesseurs (par Maultrot). 1784, *in*-12.

4292. Dissertation sur l'approbation des Prédicateurs (par Maultrot). 1782, 2 *vol. in*-12.

4293. Dissertation sur la prééminence de l'épiscopat sur la prêtrise (par P. de Chiniac de la Bastide).... 1766, *in*-4. V. T.

4294. Dissertation sur la prééminence des chats dans la société, sur les autres animaux d'Égypte, sur les distinctions et priviléges dont ils ont joui personnellement. *Rotterdam*, *Jean-Daniel Beman*, 1741, *in*-8, *fig*.

Même ouvrage que les *Chats* de Moncrif. Les figures sont copiées sur celles de Caylus; mais, au lieu de *C. sculpsit*, on a mis au bas des planches *Coypel sculpsit*.

4295. Dissertation sur la prison de Saint-Jean-Baptiste, et sur la dernière pâque de Jésus-Christ (par J. Piénud). *Paris*, *Seneuze*, 1690, *in*-12.

4296. Dissertation sur la question de savoir si la coutume du comté de Bourgogne, etc., et pour servir de réponse au livre (de Dunod), intitulé : Commentaire sur le titre des Successions de la coutume du comté de Bourgogne (par Jean-Claude le Michault). *Besançon*, 1725, *in*-12.

4297. Dissertation sur la question de savoir, si quelqu'un peut être garant et responsable de la perte arrivée par les cas fortuits, telle que celle des bestiaux, occasionnée par la contagion et mortalité générale (par de la Poix de Fréminville). *Paris*, *Gissey*, 1746, *in*-12.

Note prise sur un exemplaire donné par l'auteur.

4298. Dissertation sur l'architecture françoise (par C. GRIVAUD, architecte et mathématicien). *La Haye et Chalons-sur-Saône*, 1762, *in*-12.

4299. Dissertation sur la réception et l'autorité du Concile de Trente en France, dans laquelle sont marqués les endroits du Concile de Trente, qui sont contraires aux usages de ce royaume (par FROMAGER), à la fin des *Notes sur le Concile de Trente* (par RASSICOD). *Cologne*, 1706, *in*-8.

Mylius a eu tort d'attribuer cette dissertation à Rassicod lui-même.

4300. Dissertation sur la Recherche de la vérité, contenant l'Apologie des Académiciens, pour servir de Réponse à la Critique de la critique de la Recherche de la vérité (par l'abbé FOUCHER). *Paris*, *Et. Michallet*, 1687, *in*-12.

4301. Dissertation sur la subordination, avec des réflexions sur l'exercice et sur l'art militaire (par DOUAZAC). *Avignon*, 1753, *in*-8.

4302. Dissertation sur la sueur de sang de N. S. J. C. au jardin des Oliviers (par A. CALMET). *Paris*, 1740, *in*-4. V. T.

4303. Dissertation sur la tolérance civile et religieuse en Angleterre et en France, à l'égard des non-conformistes à la religion dominante (par Émilien PETIT). *Genève et Paris*, *Knapen*, 1778, *in*-8.

4304. Dissertation sur la traite et le commerce des Nègres (par J. BELLON DE ST-QUENTIN, prêtre). *Paris*, 1764, *in*-12.

4305. Dissertation sur l'auteur du livre *de Ritibus Ecclesiæ catholicæ*, attribué à DURANTI; pour servir de réponse à ce qui en a été dit dans le *journal* (*des Savans*) *de Paris* 1702, *in*-8 *de* 8 *pages*.

Cette dissertation est de l'abbé Pierre-Hilaire DANÈS, mort en 1732.

4306. Dissertation sur l'auteur du livre intitulé : *De l'Imitation de Jésus-Christ* (par l'abbé GHESQUIERE, ex-jésuite, publiée par l'abbé DE SAINT-LÉGER, qui y a ajouté un avertissement et des notes). *Verceil et Paris*, *Saillant et Nyon*, 1775, *in*-12.

4307. Dissertation sur l'autorité des abbés réguliers (par le S. Pierre COLIN, abbé de Domèvre). *Sans lieu d'impression ni date* (*Toul*), *in*-4 *de* 62 *pages*.

4308. Dissertation sur la validité des ordinations des Anglois, et sur la succession des évêques de l'église anglicane, avec les preuves justificatives des faits avancés dans cet ouvrage. *Bruxelles*, *Simon T'Serstevens*, 1723, *in*-12.

« Cet ouvrage, dit l'abbé Goujet dans son catalogue manuscrit, est du P. Pierre-Fr. LE COURAYER, chanoine régulier de Sainte-Geneviève, alors l'un des bibliothécaires de cette maison, depuis réfugié en Angleterre (où il est mort le 16 octobre 1776). Il est né à Rouen le 7 novembre 1681 : mais sa famille est de Vernon. On a gravé son portrait. Voyez le *Mercure* de janvier 1746. Cette dissertation fut lue manuscrite en plusieurs séances tenues en 1722 chez M. Boidot, alors supérieur du séminaire des Trente-trois, à Paris. J'étois de ces séances. On recueillit les objections faites par les auditeurs, et on les communiqua à l'auteur, qui n'y eut que peu ou point d'égard. L'ouvrage fut imprimé, non à *Bruxelles*, mais à *Paris*, chez *Vincent*, sur une approbation de M. d'Arnaudin, docteur de Sorbonne. M. le cardinal de Noailles, qui regardoit comme nulles les ordinations des Anglois, ayant eu avis que l'on imprimoit un ouvrage où l'on embrassoit un sentiment contraire, se plaignit : l'impression fut arrêtée; mais on la continua à *Nancy*, chez *Cusson*, et le livre parut sans obstacle en 1723. Il a été traduit en anglois par M. Williams, ministre non jurant, et imprimé à Londres en 1724. »

Cet ouvrage essuya beaucoup de critiques. Le P. le Courayer opposa à ses adversaires, entre autres écrits :

1° Defense de la Dissertation sur la validité des ordinations des Anglois, contre les différentes réponses qui y ont été faites, avec les preuves justificatives des faits avancés dans cet ouvrage; *par l'auteur de la Dissertation. Bruxelles, S. T'Serstevens* (ou plutôt *Paris, Charles Osmont*), 1726, 4 *vol. in*-12.

« Le P. le Courayer, dit l'abbé Goujet, se défend avec beaucoup de force, dans cet ouvrage, contre les différentes attaques des adversaires de sa Dissertation, et en particulier contre les *journalistes de Trévoux*, dom *Gervaise*, le P. *Hardouin*, le P. *le Quien*, le sieur *Fennell*, et M. *de Paris*, alors coadjuteur d'Orléans, depuis évêque de ladite ville, qui avoit aussi lâché contre le P. le Courayer des *Observations importantes*, mais qui ne répondirent aucunement à ce titre. L'auteur de la *Défense* caractérise dans sa préface chacun de ces écrits et leurs auteurs, parle du succès de sa *Dissertation*, surtout en Angleterre, et montre le but de sa *Défense*. »

2° Relation historique et apologétique des sentimens et de la conduite du P. le Courayer, chanoine, etc., avec les preuves justificatives des faits avancés dans l'ouvrage. *Amsterdam*, 1729, 2 *vol. in*-12.

« Cet ouvrage, dit l'abbé Goujet, l'un des premiers fruits de la retraite du P. le Courayer en Angleterre, est très-bien écrit. C'est une histoire circonstanciée de l'origine de la Dissertation sur les ordinations anglicanes, de sa publication, des suites qu'elle a eues, des censures qu'elle a essuyées, des démarches particulières du cardinal de Noailles, et de celles de l'auteur; du titre de docteur dont l'université d'Oxford l'a honoré; de ce qui a précédé, accompagné et suivi sa retraite, qu'il tâche de justifier. Il caractérise tous les écrits faits contre lui, peint tous les personnages qui ont joué quelque rôle dans cette affaire; et presque tous ses portraits sont de main de maître, surtout ceux du cardinal *de Bissy*, de l'abbé *Couet*, du docteur *Targny* et de l'*évêque de Marseille* (de Belzunce). »

3° Supplément aux deux ouvrages faits pour la Défense de la validité des ordinations anglicanes, etc. *Amsterdam*, 1732, *in*-12.

« Le P. le Courayer, dans ce gros volume, s'efforce, dit l'abbé Goujet, de répondre à toutes les objections du nouvel ouvrage du P. le Quien, et s'étend de nouveau sur la matière du sacrifice, mais sans parler plus catholiquement; presque invincible sur les faits, ou il s'égare, ou il balbutie quand il n'est question que de doctrine. Il a encore été plus loin dans un dernier ouvrage que je n'ai pas vu, et dans lequel il pousse l'égarement jusqu'aux derniers excès, ne craignant pas d'y déclarer qu'il ne peut croire que ce que sa faible raison peut comprendre. »

L'abbé Goujet veut sans doute parler de la *Défense de la nouvelle traduction de l'histoire du Concile de Trente contre les censures de quelques prélats et de quelques théologiens*; par le P. Fr. le Courayer, docteur en théologie, etc. Amsterdam, 1742, in-8. Voyez la page 21 de la préface.

4309. Dissertation sur la vie des curés réguliers qui se sont séparés de leur communauté (par P. Massu). *Sans lieu d'impression ni date* (*Toul*), *in*-4 *de* 38 *pages*.

4310. Dissertation sur le caractère essentiel à toute loi de l'Église, en matière de doctrine, etc. (par l'abbé Troïa d'Assigny). *Sans nom de lieu et sans date.* (*Grenoble*, 1755); *in*-12.

4311. Dissertation sur le choix des cartes de géographie (par l'abbé de Gourné). *Paris*, 1740, *in*-12.

4312. Dissertation sur le commencement du siècle, savoir laquelle des deux années, 1700 ou 1701 est la première année du siècle (par Delaisement). *in*-12.

4313. Dissertation sur le commerce (par le marquis Jérome Belloni, banquier de Rome; traduit de l'italien par M. A***). *La Haye, compagnie*, 1755, *in*-12.

Dans la préface de la *Lettre* du même Belloni *sur la monnoye fictive, la Haye* (*Paris*), 1765, *in*-12, il est question d'une nouvelle édition de la *Dissertation sur le commerce*, avec une *préface* et des *notes* par Morénas. Cette édition a échappé à toutes mes recherches; mais il me paraît certain que la *France littéraire* de 1769 a eu tort d'attribuer à Morénas la traduction française de cette dissertation. Le style désigne une main étrangère. La nouvelle traduction, publiée en 1787, à Paris, par Thomas Rousseau, est plus fidèle.

4314. Dissertation sur le culte des saints inconnus (par le R. P. D. Jean MABILLON, traduite du latin par Alexandre LE ROY). *Paris, Cl. Cellier*, 1705, *in*-12.

4315. Dissertation sur le dieu Serapis, où l'on examine l'origine, les attributs et le culte de cette divinité (par Charles GALLIOT, génovéfain). *Paris, Barbou*, 1760, *in*-8 *de* 78 *pages*.

Il a été tiré quatre exemplaires de cette dissertation, de format in-4.

4316. Dissertation sur le droit des souverains touchant l'administration de l'Église, revue et corrigée (par DELPÈCH DE MERINVILLE). *Avignon (Paris)*, 1750, *in*-12.

C'est, quant au fond, l'ouvrage de Roland LE VAYER DE BOUTIGNY, qui parut pour la première fois à *Cologne*, sous le titre de *Dissertations sur l'autorité*... (voy n° 4438), et qui fut réimprimé à *Amsterdam* en 1700, sous le nom de TALON. Il a été publié aussi sous ce titre : *Le Droit des souverains*. Voyez n° 4560.

4317. Dissertation sur le droit naturel, l'état de nature, le droit civil et le droit des gens, par un élève de l'École de droit du département du Doubs (M. COURVOISIER fils). *Besançon, Couché*, an XII (1804), 2 *part. in*-8.

L'auteur a publié seulement ce qui concerne le droit naturel et l'état de nature. Les deux autres parties n'ont point encore paru.

4318. Dissertation sur l'ennui (par FRÉDÉRIC II). *Berlin, Decker*, 1768, *in*-8.

4319. Dissertation sur le feu boréal, par D. J. A. M. R. D. C. (Dom Jean-Antoine MACUSSON, religieux de Cîteaux). *Paris, Jos. Bullot*, 1733, *in*-8 *de* 111 *pages*.

4320. Dissertation sur le Formulaire, dans laquelle on établit qu'il est irrégulier, abusif, inutile, dangereux, et que la signature n'en est ordonnée par aucune loi qui soit actuellement en vigueur dans le royaume (par MAULTROT, avocat). *Utrecht, Schelling*, 1775, *in*-12.

4321. Dissertation sur le nom de famille de l'auguste Maison de France, etc. (par l'abbé DE BURLE). *Paris*, 1762, *in*-4 *de* 8 *pages*.

Cette dissertation a été réimprimée avec des augmentations, dans le format in-12. Voyez le n° 4230.

4322. Dissertation sur le pape Libère, dans laquelle on fait voir qu'il n'est jamais tombé (par l'abbé CORONE). *Paris, L. Coignard*, 1726, *in*-12. — Seconde édition corrigée et augmentée. *Paris, Delusseux*, 1736, *in*-12.

Cette dissertation, revue d'abord par M. Languet, évêque de Soissons, a été encore retouchée à Paris avant l'impression. (*Le P. Baizé.*)

4323. Dissertation sur le pécule des religieux, curés, (par le P. DUVAU, chanoine régulier). *Paris, Couterot*, 1697, 2 *vol. in*-12 ; seconde édition, 1703, 2 *vol. in*-12.

4324. Dissertation sur le prétendu bonheur des plaisirs des sens, etc. (par le docteur ARNAULD). *Cologne, Schouten*, 1687, *in*-12.

4325. Dissertation sur le projet qu'on forme de donner des Eaux à la ville de Rheims (par André FERRY, minime), 1747, *in*-4.

Catalogue manuscrit de l'abbé Goujet.

4326. Dissertation sur le règne de Clovis (par Jacques RIBAULD DE LA CHAPELLE). 1741, *in*-8.

Voyez le n° 4273.

4327. Dissertation sur le regrès en matière bénéficiale (par le président Jean BOUHIER). 1726 *in*-4.

4328. Dissertation sur le septième chapitre de la première épître aux Corinthiens sur la dissolution du mariage, lorsqu'une partie embrasse la religion chrétienne (par Alexis DES ESSARTS). *Sans nom de ville*, 1758, *in*-4.

Catalogue de la Bibliothéque publique d'Orléans, 1777, in-4, p. 48.

Voyez le n° 4252.

4329. Dissertation sur le temps de l'établissement des Juifs en France, où l'on examine ce que M. Basnage a écrit sur cette matière (par D. LIRON). *Paris*, 1708, *in*-8.

4330. Dissertation sur le titre des coutumes générales, anciennes et nouvelles du duché de Lorraine (par BRÉYÉ, avocat). *Nancy, Cusson*, 1725, *in*-12.

4331. Dissertation sur le véritable auteur des commentaires sur les Épîtres de S. Paul, faussement attribués à S. Ambroise, et sur l'auteur de deux autres ouvrages qui sont dans l'appendice du 3e tome de S. Augustin, adressée à M***, par J. B. M. (MOREL), prêtre du diocèse d'Auxerre. *Auxerre, Fournier; et Paris, Villette*, 1762, *in*-12.

L'abbé Morel, connu par des *Élémens de critique* très-estimés, prouve très-bien dans cette dissertation que le donatiste Tichonius est l'auteur des commentaires faussement attribués à S. Ambroise, et des questions qui sont dans l'appendice du troisième tome de S. Augustin. On l'appelle communément *Ambrosiaster*.

L'abbé Morel prouve aussi très-bien que les dix-neuf homélies sur l'Apocalypse ont pour auteur S. *Césaire* d'Arles, qui en a pris le fond dans Tichonius.

Le rédacteur de la *France littéraire* de 1769 annonce cette dissertation sous deux titres différens, faute d'avoir remarqué que c'était pour abréger qu'on l'avait indiquée sous le titre de *Dissertation sur l'Ambrosiaster*, dans le frontispice des *Élémens de critique*.

4332. Dissertation sur le véritable auteur du livre de l'Imitation de Jésus-Christ, pour servir de réponse à celle de l'abbé Valart (par André-Guillaume DE GERY, depuis abbé de Sainte Geneviève). *Paris, Cavelier*, 1758, *in*-12 *de* 40 *pages*.

L'abbé de Saint-Léger a fourni à son confrère les matériaux de cette dissertation.

4333. Dissertation sur les aérostats des anciens et des modernes, par A. G. Ro*** (ROZIER). *Genève et Paris, Servière*, 1784, *in*-12.

4334. Dissertation sur les antiquités d'Irlande, par FITS PATRICH, (attribuée au vicomte D'ALÈS DE CORBET), 1749, *in*-12.

4335. Dissertation sur les arcs de triomphe de la ville de Reims, première et seconde partie (par l'abbé Hil. CARBON, prieur de Belval). *Reims, Regnauld-Florentin*, 1739. — Troisième et dernière partie, 1740, *in*-12 *de* 80 *pages*.

L'abbé Carbon, né à Reims le 4 septembre 1705, y est mort le 29 janvier 1745.

4336. Dissertation sur les Basques. *Paris, sans date* (1786), *in*-8 *de* VIII *et* 504 *pages*.

Voyez la *Biographie universelle*, t. 8, p. 401.

Ce volume est le tome premier de la seconde partie de la traduction des Commentaires de César, projetée par Matthieu CHINIAC DE LA BASTIDE, mort à Paris en 1802.

4337. Dissertation sur les bibliothèques, avec une table alphabétique, tant des ouvrages publiés sous le titre de Bibliothèque, que des Catalogues imprimés de plusieurs cabinets de France et des pays étrangers (par le président DUREY DE NOINVILLE). *Paris*, 1758, *in*-12.

Cette dissertation se trouve souvent à la suite de la *Table alphabétique des Dictionnaires*, par le même auteur. Voyez ces mots.

4338. Dissertation sur les biens-nobles (par J. J. LE FRANC DE POMPI-

GNAN). *Paris*, 1749, 2 *vol. in*-8. V. T.

4339. Dissertation sur les bulles contre Baïus (par l'abbé COUDRETTE, aidé de l'abbé BOURSIER). *Utrecht*, 1737, 4 *vol. in*-12.

4340. Dissertation sur les commandes des abbayes, par un abbé commendataire (CHOLIER, avocat). 1675, *in*-12.

L'abbé de Marolles m'a fourni ce renseignement par ce passage du *Dénombrement des auteurs*, etc.:

« Le sieur Cholier, avocat, m'a donné son livre des Commandes des abbayes, dédié au roi, et me l'a donné par les mains de M. l'abbé le Vigneux, *sans l'avoir marqué de son nom.* »

Voyez les *Mémoires* de l'abbé de Marolles, édition de l'abbé Goujet, 1755, in-12, t. 3, p. 259.

4341. Dissertation sur les cornes antiques et modernes, ouvrage philosophique, dédié à MM. les savans, antiquaires, gens de lettres, poëtes, avocats, censeurs, bibliothécaires, imprimeurs, libraires, etc., etc. (par M. Jacques-François-Marie VIELH DE BOISJOLIN). *Paris*, 1786, *in*-8 *de* 48 *pages*.

4342. Dissertation sur les derniers tremblemens de terre, lettre à M. le comte de G..... (par le P. Félicien DE ST. NORBERT, carme déchaussé). 1756, *in*-12 *de* 48 *pages*.

4343. Dissertation sur les dispenses matrimoniales (par MAULTROT). 1789, *in* 12.

4344. Dissertation sur les eaux minérales de Repis près de Vezoul en Franche-Comté (par André BARBIER, docteur en médecine). *Vezoul, Dignot*, 1731, *in*-12.

4345. Dissertation sur les essais et expériences qui servent ordinairement à fixer le taux du prix du pain relativement au prix des grains (par BÉGUILLET). *Dijon*, 1771, *in*-4 *de* 30 *pages*.

4346. Dissertation sur les festins des anciens grecs et romains, et sur les cérémonies qui s'y pratiquoient, P. M. (par Jean MURET). *La Haye*, (*Paris*), 1715, *in*-12.

Même ouvrage que le *Traité des festins*, par M. MURET. *Paris*, *Desprez*, 1682, in-12.

On en a changé le frontispice et supprimé la table des chapitres.

4347. Dissertation sur les frontières de la Gaule et de la province romaine, où l'on découvre la fameuse *Alesia*, assiégée par César; 1707 *in*-4.

Réimprimée avec une *suite*, sous le titre de *Dissertations historiques et géographiques*. Voyez le n° 4425.

Ces différens morceaux furent attribués à un capucin; mais J. P. DES OURS DE MANDAJORS a passé pour en être le véritable auteur.

4348. Dissertation sur les girouettes et les marionnettes, par le bonhomme THOMAS, concierge logé dans la lanterne du dôme des Invalides, etc. (par M. GOURRIET). *Paris*, 1817, *in*-8.

4349. Dissertation sur les grands chemins de Lorraine (par D. CALMET). *Nancy*, *Cusson*, 1727, *in*-4 *de* 28 *pages*.

Dom Calmet a fait réimprimer cette dissertation, avec des additions, à la tête du septième volume de la nouvelle édition de l'*Histoire de Lorraine*, in-fol.

4350. Dissertation sur les interdits arbitraires de la célébration de la messe (par MAULTROT); 1781, *in*-12.

4351. Dissertation sur les interdits arbitraires des confesseurs (par le P. DE LIVOY, barnabite, 1759, *in*-12.

Catalogue manuscrit de l'abbé Goujet.

4352. Dissertation sur les maladies de l'urètre (par ANDRÉ, chirurgien). *Paris*, 1751, *in*-12.

4353. Dissertation sur les maléfices et les sorciers, selon les principes de la théologie et de la physique, où l'on examine l'état de la fille de Tourcoing (par DE VALMONT). *Tourcoing*, 1753, *petit in*-12.

4354. Dissertation sur les miracles contre les impies (par le P. MERLIN, jésuite), 1742, *in*-12.

4355. Dissertation sur les miracles, dans laquelle on réfute les principes de Hume, par G. CAMPBELL; traduit de l'anglais par M. E. (EIDOUS). *Amsterdam et Paris, Merlin*, 1767, *in*-12.

4356. Dissertation sur les mœurs des Hindous, traduit de l'anglais de Dow (par BERGIER). *Paris, Pissot*, 1769, *in*-12.

4357. Dissertation sur les monnoyes de Bretagne, par un prêtre du diocèse de Nantes (l'abbé TRAVERS). *Nantes* (*vers* 1750), *in*-8.

4358. Dissertation sur les Œuvres mêlées de Saint-Evremond, par le sieur DU MONT (Charles COTOLENDI). *Amsterdam, P. Mortier*, 1704, *in*-12.

4359. Dissertation sur les Oraisons funèbres (par l'abbé DU JARRY). *Paris*, 1706, *in*-12.

4360. Dissertation sur les origines de Toulouse (par l'abbé AUDIBERT). 1764, *in*-12.

La lettre sur des médailles trouvées à Vieille-Toulouse est du célèbre abbé BARTHÉLEMY.

4361. Dissertation sur les pensions, selon les libertés de l'Église gallicane (par l'abbé LE METAYER). *Rouen, Eustache Viret*, 1671, *in*-12.

4362. Dissertation sur les Pommes d'or des Hespérides (par M. AMOREUX, médecin à Montpellier). *Sans nom de lieu d'impression*. 1800, *in*-8.

4363. Dissertation sur les principales tragédies anciennes et modernes, qui ont paru sur le sujet d'Électre, (par DUMOLARD, ou plutôt par VOLTAIRE). 1750, *in*-12; et dans la collection des œuvres de Voltaire, édition de Beaumarchais, *in*-8, t. 4, p. 113.

4364. Dissertation sur les raisons d'établir ou d'abroger les lois (par FRÉDÉRIC II, roi de Prusse). *Utrecht, Sorli* (*Paris*), 1751, *in*-12.

4365. Dissertation sur les semi-Ariens, dans laquelle on défend la nouvelle édition de S. Cyrille, contre les auteurs des *Mémoires de Trévoux* (par D. MARAN). *Paris, Vincent*, 1722, *in*-12.

4366. Dissertation sur les tombeaux de Quarré, village du duché de Bourgogne (par L. A. BOCQUILLOT). *Lyon*, 1724, *in*-8. V. T.

4367. Dissertation sur les tremblemens de terre et les éruptions de feu, etc.; traduit de l'anglais de WARBURTON (par l'abbé MAZÉAS). *Paris, Tilliard*, 1754, 2 *volumes in*-12.

4368. Dissertation sur les vacances des bénéfices par dévolut, par M.... (LE SURE), avocat. *Paris, Prault*, 1737, *in*-12.

4369. Dissertation sur les Vapeurs (par VIRIDET). *Yverdon*, 1725, *in*-8. V. T.

4370. Dissertation sur les Vins, ouvrage dans lequel on donne la meilleure manière de les préparer, celle de les conserver, etc. (par PLAIGNE). *Paris*, 1772, *in*-12.

Même ouvrage que le n° 1222.

Voyez le *Dictionnaire de Bibliographie française*, par Fleischer, t. 2, p. 127.

4371. Dissertation sur les vœux en général et sur les vœux solemnels des religieux et des religieuses en particulier....; avec la réfutation de l'ouvrage (du docteur Riballier) intitulé : Essai historique... sur les priviléges... des réguliers (par le P. RICHARD, dominicain). *Paris*, *Butard*, 1771, *in*-12.

4372. Dissertation sur les voyelles et les consonnes (par HARDUIN). *Arras*, *Laureau*, 1760, *in*-12.

4373. Dissertation sur l'écriture hiéroglyphique (par l'abbé TANDEAU de S. Nicolas). *Amsterdam et Paris*, *Barbou*, 1762, *in*-12.

4374. Dissertation sur l'éducation, par B. DE M. (BUY DE MORNAS). *Paris*, 1747, *in*-12.

4375. Dissertation sur l'Éducation des jeunes demoiselles, par E. B. D. V. (E. BOUDIER DE VILLEMERT). *Amsterdam*, 1779, *in*-8. V. T.

4376. Dissertation sur l'époque du rappel des Juifs, contre l'*éditeur de la Bible d'Avignon* (Rondet) (par l'abbé MALO). — Seconde édition. *Paris*, *Méquignon Junior*, 1779, *in*-12.

4377. Dissertation sur l'établissement de l'abbaye de S. Claude, ses chroniques, ses légendes, ses chartres, ses usurpations, et sur les droits des habitans de cette terre (par CHRISTIN). *Neufchâtel*, 1772, *in*-8.

4378. Dissertation sur l'état actuel de la musique en Italie (par M. J. Augustin PEROTTI de Verceil); ouvrage couronné par la Société italienne des sciences, arts et belles-lettres, dans sa séance du 24 juin 1811; traduit de l'italien par C. B***; (M. DE BRACK), membre de la S. R. de Gottingen, etc. *Gênes*, *Hyacinthe Bonaudo*, 1812, *in*-8 *de* 114 *pages*.

Le même traducteur a publié avec son nom : De l'État présent de la musique en France et en Italie, dans les Pays-Bas, en Hollande et en Allemagne, ou Journal de voyages faits dans ces différens pays avec l'intention d'y recueillir des matériaux pour servir à une histoire générale de la musique; par Ch. BURNEY, professeur de musique : traduit de l'anglais. *Gênes*, *J. Giossi*, 1809 *et* 1810, 3 *vol. in*-8.

4379. Dissertation sur l'état du commerce en France sous les rois de la première et de la seconde race, par l'abbé *** (L. JOSSE). *Paris*, 1753, *in*-12. V. T.

4380. Dissertation sur l'exil d'Ovide (par RIBAULD DE LA CHAPELLE). *Moulins*, 1742, *in*-8.

Voyez les n°s 4273 et 4326.

4381. Dissertation sur l'hémine de vin et sur la livre de pain de S. Benoît et des autres anciens religieux, où l'on fait voir que cette hémine n'était que le demi-setier, et que cette livre n'était que de douze onces; l'on représente l'esprit des Pères et des Saints fondateurs d'ordres, touchant le jeûne, la tempérance; l'on éclaircit quelques points remarquables de l'antiquité; et l'on recherche la juste proportion des poids et des mesures des anciens, avec les nôtres (par Claude LANCELOT). *Paris*, *Savreux*, 1667, *in*-12. — Seconde édition revue, corrigée et augmentée; avec la réponse aux nouvelles difficultés qui avaient été faites sur ce sujet, et une disquisition de l'année, du jour et de l'heure où est mort le glorieux patriarche S. Benoît. *Paris, Guill. Desprez,* 1688, *in*-8.

4382. Dissertation sur l'histoire de Judith, dans laquelle on prouve que cette histoire n'est arrivée qu'après la captivité de Babylone (par Gibert). *Paris, Prault,* 1739, *in*-8 *de* 29 *pages.*

4383. Dissertation sur l'honoraire des messes (par Dom Guiard). 1748, *in*-8. — Nouvelle édition, revue, corrigée et augmentée; pour servir en même temps de réponse à la critique des journalistes de Trévoux. 1757, *petit in*-8.

4384. Dissertation sur l'hyène, à l'occasion de celle qui a paru dans le Lyonnois, etc., en 1754, 1755 et 1756 (par le P. Tolomas, jésuite). *Paris, Chaubert,* 1756, *in*-12.

4385. Dissertation sur l'immatérialité et l'immortalité de l'âme (par Astruc, médecin). *Paris, Cavelier,* 1755, *in*-12.

4386. Dissertation sur l'incertitude des cinq premiers siècles de l'Histoire romaine (par Louis de Beaufort). *Utrecht,* 1738, 2 *parties, in*-8; *réimprimée en* 1752 *avec le nom de l'auteur.* 2 *vol. in*-12.

4387. Dissertation sur l'indissolubilité absolue du lien conjugal, etc. (par M. l'abbé Pilé, sacristain de S. Germain le Vieux). *Paris, Leclere,* 1788, 2 *vol. in*-8.

4388. Dissertation sur l'inscription du grand portail de l'église des Cordeliers de Reims : *Deo homini et beato Francisco, utrique crucifixo,* par le sieur de Saint-Sauveur (par l'abbé Thiers). 1670, 1673, *in*-12; et à la fin du volume intitulé : *la Guerre séraphique*, etc. *La Haye, De Hondt,* 1740, *in*-12.

4389. Dissertation sur l'offrande de cire, appellée les *goutières*, que l'on présente tous les ans à l'église d'Orléans (par D. Polluche). *Orléans,* 1734, *in*-8. V. T.

4390. Dissertation sur l'origine de la maladie vénérienne (par Sanchès). *Paris, Durand,* 1753, *in*-8. — Avec un nouveau titre. *Paris, Didot,* 1765.

On trouve en tête de ces derniers exemplaires quelques passages curieux des poésies de *Pacificus* Maximus, tirés de l'édition de cet auteur publiée à *Florence* en 1489, in-fol.

Voyez *Examen historique*, etc.

4391. Dissertation sur l'origine des François, où l'on examine s'ils descendent des Tectosages ou anciens Gaulois établis dans la Germanie (par D. Joseph Vaissette, bénédictin). *Paris, Vincent,* 1722, *in*-12 *de* 76 *pages.*

4392. Dissertation sur l'origine des idées (par Basselin). *Paris,* 1709, *in*-12. V. T.

4393. Dissertation sur l'origine des maladies épidémiques et principalement sur l'origine de la peste (par J. Astruc). *Montpellier,* 1721, *in*-8. V. T.

4394. Dissertation sur l'origine du monde (par David Gradis de Bordeaux). 1798, *in*-8.

4395. Dissertation sur l'origine du papier et du parchemin timbrés (par A. G. Boucher d'Argis). *Paris,* 1737, *in*-4.

Réimprimée dans le premier volume des *Variétés historiques et littéraires*. Paris, 1752, p. 247 et suiv.

4396. Dissertation sur l'origine et la nature du duché de Lorraine (par Jean-Léonard Bourcier, procureur-général à la cour souveraine de Lorraine et Barrois). *Nancy*, 1721, *in*-4.

Ce livre avait d'abord paru sans date et sans nom d'imprimeur, sous le titre suivant: *De la Nature du duché de Lorraine*, in-4.

4397. Dissertation sur l'origine et les fonctions essentielles du Parlement, sur la pairie et le droit des Pairs, et sur les lois fondamentales de la monarchie françoise (par Michel Cantalauze, seigneur de la Garde, conseiller au Parlement de Toulouse). *Amsterdam* (*Toulouse*), 1764, *in*-12.

4398. Dissertation sur l'origine et les progrès de l'imprimerie en Franche-Comté, pendant le quinzième siècle (par le P. Laire). *Dôle*, *Joseph-François-Xavier Joly*, 1785, *in*-8.

4399. Dissertation sur l'origine, les droits et les prérogatives des pairs de France (par D. Simonnel). *Sans nom de ville* (*Paris*). 1753, *in*-12.

Il doit y avoir quatre parties.

4400. Dissertation sur l'usage de boire à la glace, par M. D. D, licencié en droit (Durey d'Harnoncourt). *Paris*, 1763, *in*-12 *de* 36 *pages*.

4401. Dissertation sur l'usage de se faire porter la queue (par le P. Menestrier). *Paris*, *Boudot*, 1704, *in*-12.

4402. Dissertation sur l'utilité des colléges ou les avantages de l'éducation publique, comparée avec l'éducation particulière; (par M. P. P.). *Paris*, *Leclerc*, 1700, *in*-12 *de* 100 *pages*.

On croit que cette dissertation, écrite d'une manière sage, est du sieur Py-Poulain de Launay. On y examine la chose sous le rapport de la religion, du savoir-vivre, de l'étude et de la santé, et sur tous ces points on décide absolument en faveur de l'éducation publique.

4403. Dissertation sur Magnia urbica (par Genebrier). *Paris*, 1704, *in*-12.

4404. Dissertation sur Menès, ou Mercure, premier roi d'Égypte, contre le système de Marsham et de Bochart (par l'abbé Sévin). *Paris*, *Musier*, 1709, *in*-12.

On a attaqué cette dissertation, et l'auteur a répondu en 1710. Voyez le *Journal des Savans*, Paris, in-4, 1710, p. 339; 1712, p. 36, et l'édition de Hollande, in-12, juin 1711, p. 618.

4405. Dissertation sur Nigrianus (par Genebrier). *Paris*, 1704, *in*-12.

4406. Dissertation sur S. Denys l'Aréopagite, où l'on fait voir que ce saint est l'auteur des ouvrages qui portent son nom (par dom Cl. David). *Paris*, 1702, *in*-8.

4407. Dissertation sur un monument antique découvert à Lyon sur la montagne de Fourvière (par le P. de Colonia). *Lyon*, *Th. Amaulry*, 1705, *petit in*-12.

4408. Dissertation sur un monument souterrain existant à Grenoble (par M. Champollion-Figeac). *Grenoble*, 1806; *in*-8, avec une gravure.

Il en a été imprimé vingt exemplaires de format in-4.

4409. Dissertation sur un nouveau remède anti-vénérien végétal (par de Velnos). *Paris*, 1765, *in*-12.

4410. Dissertation sur un passage du second livre de S. Jérome contre Jovinien (par Jean Liron). *Paris*, *veuve Vaugon*, 1706, *in*-12. — Seconde édition corrigée et augmentée, avec une réponse aux objections du R. P. Coustant. *Paris*, *Huguier*, 1707, *in*-12.

Histoire littéraire de la congrégation de Saint-Maur, par dom Tassin, p. 670.

4411. Dissertation sur un temple octogone trouvé à Sestas (par l'abbé

Jaubert, chanoine). 1743, *in*-12. V. T.

4412. Dissertation sur Victor de Vite, avec une nouvelle vie de cet évêque (par dom Liron). *Paris, Huguier,* 1708, *in*-8.

4413. Dissertation théologique et critique, dans laquelle on tâche de prouver, par divers passages des Saintes Écritures, que l'âme de Jésus-Christ était dans le ciel une intelligence pure avant que d'être unie à un corps humain dans le sein de la bienheureuse Vierge Marie (par Pierre Roques). *Londres, Henri Crouch,* 1739, *in*-12.

Dictionnaire historique de Ladvocat, édition de 1777.

4414. Dissertation théologique et historique sur la conception de la Vierge, dans laquelle on prouve, par l'Écriture et par une tradition de tous les siècles de l'Église jusqu'à nos jours, que la Sainte Vierge a réellement et de fait contracté la tache du péché originel. *Sans nom d'auteur, d'imprimeur et de lieu d'impression,* 1756, *in*-12.

C'est une nouvelle édition de la dissertation qu'on trouve à la page 523 et suiv. de l'*Examen de deux questions importantes sur le mariage*, etc. (par le Ridant), imprimé en 1753, *in* 4. Mais dans la nouvelle édition il y a des augmentations considérables, qui forment plus du double de l'ouvrage. Il faut avoir soin de consulter l'*errata* qui est à la fin.

4415. Dissertation théologique sur la célèbre dispute entre le pape S. Estienne et S. Cyprien (par l'abbé Corgne). *Paris, veuve R. Mazières,* 1725, *in*-12.

4416. Dissertation théologique sur le péché du confesseur avec sa pénitente (par l'abbé Outhier, chanoine d'Arles). *Gênes, Simon Doulounie* (*Avignon, Alexandre Giroud*), 1750, *in*-12 *de* 124 *pages.*

L'abbé *Outhier*, originaire du comtat Venaissin, directeur et prédicateur, prêcha un carême à Arles avec tant de distinction, que l'archevêque le nomma à un canonicat de son chapitre. Il continua de faire des conquêtes spirituelles par la chaire et le confessional. L'une de ses pénitentes l'accusa auprès de l'archevêque d'avoir voulu la séduire en confession. Outhier fut obligé de résigner son canonicat, et se retira à Avignon, où il paraphrasait le *Courrier* de cette ville en termes emphatiques. *Morénas*, écrivain assez plat, fournissait l'étoffe, et l'abbé *Outhier* y mettait la broderie.

C'est pendant son séjour à Avignon qu'il fit imprimer secrètement sa dissertation. Il y soutient, d'après quelques casuistes un peu relâchés, que la qualité de confesseur n'est point une circonstance mortellement aggravante dont la déclaration soit absolument nécessaire, et que le péché commis avec lui n'est point un inceste spirituel.

Cette dissertation est bien écrite; l'auteur avait du feu et de l'imagination. Il y prend un ton trop affirmatif : c'était celui qu'il avait dans la société; et cette morgue hautaine ne servit pas à lui faire des amis dans son chapitre, dont quelques membres contribuèrent à sa disgrâce. (*Note envoyée par M. Chaudon.*)

4417. Dissertation théologique sur les intérêts de l'argent placé à jour (par l'abbé Ruel, ancien missionnaire et préfet apostolique de la France équinoxiale). 1783, *in*-12. — Troisième édition en 1789, avec le nom de l'auteur.

4418. Dissertation théologique sur les loteries (par l'abbé Coudrette). 1743, *in*-12.

4419. Dissertation théologique sur l'usure du prêt de commerce et sur les trois contrats, contre l'auteur du Dialogue entre Bail et Pontas, avec l'examen de la *Lettre d'un négociant sur le prêt* (par Pierre le Coq, général des Eudistes). *Rouen, Laurent Dumesnil,* 1767, *in*-12.

4420. Dissertation touchant l'auteur du symbole *Quicumque*, etc., par un licencié de Sorbonne (l'abbé LE CLERC, sulpicien). *Lyon, P. Bruyset*, 1730, *in*-12 *de* 54 *pages*.

Ce titre a été pris sur un exemplaire portant le nom de l'auteur écrit par lui-même, et enrichi de plusieurs notes de sa main, qui nous apprennent que cet écrit a été imprimé sans sa participation. Il prétend y prouver que le symbole *Quicumque* est de *S. Athanase*.

M. de Monmerqué, éditeur soigneux des *Lettres* de madame de Sévigné et des *Mémoires* de Coulange, a bien voulu me faire cadeau de cet exemplaire.

4421. Dissertations à l'occasion des actes de l'assemblée du Clergé de 1765, sur la religion (par Jean DE CAULET, evêque de Grenoble). *Grenoble, Favre*, 1767 *et* 1768, 2 *vol. in*-4.

Voyez le nouveau le Long, t. 4, p. 298, n° 6930***.

4422. Dissertations curieuses de l'auteur inconnu (MONTASET). *Londres* (*Amsterdam*), 1713, *in*-8.

Ces dissertations, qui roulent sur des matières de théologie, sont dédiées à Louis XIV; il paraît que l'auteur était un protestant réfugié en Hollande.

4423. Dissertations de P. Joseph (DE HAITZE) sur divers points de l'Histoire de Provence. *Anvers*, 1704, *in*-12.

4424. Dissertations et Lettres canoniques sur les élections et l'autorité des supérieurs dans l'ordre des Capucins, et sur le recours des ecclésiastiques séculiers et réguliers, tant inférieurs que supérieurs, aux puissances séculières et aux lettres de cachet respectivement; opuscule apologétique, divisé en deux parties. *Cologne* (*Avignon*), 1754, *in*-12 *de* 346 *pages*.

Cet ouvrage singulier fut composé à l'occasion du chapitre des Capucins tenu à Marseille le 25 mai 1753. L'auteur prétend qu'on y avait violé toutes les règles de l'ordre séraphique. Son but est de prouver la nécessité d'une réélection après le premier triennat des gardiens.

Le père ALEXIS de *Draguignan*, principal auteur de ces dissertations, homme vif et intrigant, fut exilé par lettre de cachet à Gex. De là il alla voir *Voltaire* aux Délices, où il fut présenté par *Cramer* et par son graveur de Bâle. *Voltaire* le reçut avec beaucoup de politesse, lui montra sa bibliothéque, et le fit promener dans son jardin. On l'arrêta devant un vase qui renfermait la plante appelée sensitive. Le graveur voulut y porter la main. « Prenez garde, lui dit « *Voltaire*, cette plante n'éprouverait au« cune sensation si elle était touchée par des « vierges: mais les huguenots ne se piquent « guère de cette vertu. Que ne la laissez« vous toucher par le révérend père? » (*Cet article est de M. Chaudon.*)

4425. Dissertations historiques et géographiques sur l'état de l'ancienne Gaule (attribuées à Louis DES OURS DE MANDAJORS). *Avignon, Offrai*, 1712, *in*-12 *de* 78 *pages*.

Voyez la *Bibliothéque historique de la France*, t. 1, n° 175.

4426. Dissertations historiques sur divers sujets (par DE LA CROZE). *Rotterdam, Reinier Leers*, 1707, *in*-12.

4427. Dissertations historiques sur divers sujets d'antiquité et autres matières qui la concernent (par le père L'EMPEREUR). *Paris, P. Cot*, 1706, *in*-12.

4428. Dissertations mêlées sur divers sujets importans et curieux (recueillies par J. Frédéric BERNARD), *Amsterdam, J. Fr. Bernard*, 1740, 2 *vol. in*-12.

On trouve dans le tome premier:

1. Dissertation sur l'origine du monde (réimprimée avec beaucoup d'augmentations en 1751, à la tête du volume intitulé: *Le Monde, son origine et son antiquité* (par MIRABAUD).

2. Lettre du R. P.... sur quelques auteurs qui ont travaillé à prouver la vérité de la religion chrétienne.

3. Lettre où l'on prouve que le mépris dans lequel les Juifs sont tombés depuis plusieurs siècles est antérieur à la malédiction de Jésus-Christ (réimprimée en 1769 avec beaucoup d'augmentations, par les soins de Naigeon, sous le titre d'*Opinions*

des Anciens sur les Juifs (par MIRABAUD), *in*-12).

4. Dissertation sur le martyre.

5. Dissertation sur l'immortalité de l'âme.

Dans le tome second:

6. Dissertation nouvelle sur le prétendu témoignage de Joseph en faveur de Jésus-Christ.

7. Dissertation sur la lettre attribuée à S. Barnabé.

8. Mémoires contre les Mémoires ecclésiastiques de Tillemont, par DATIFX de Romi (FAYDIT de Riom).

9. Lettre du R. P. le Brun, prêtre de l'Oratoire, à un évêque de Provence.

10. Réflexions sur un édit de Louis XIV, ou Projet de réformation des monastères (par LE VAYER DE BOUTIGNY).

4429. Dissertations philosophiques sur plusieurs sortes de sujets, par le M. D. B. (le marquis DE BOUTTEVILLE). 1777, 2 *vol. in*-4.

4430. Dissertations physico-théologiques touchant la conception de Jésus-Christ dans le sein de la Vierge Marie, sa mère, et sur un tableau de Jésus-Christ qu'on appelle la *Sainte Face*; par M. P. C. D. C. (PIERQUIN, curé de Chatel en Champagne, natif de Charleville). *Amsterdam* (*sans nom d'imprimeur*), 1742, *in*-12, *pp*. 261.

4431. Dissertations pour être lues, la première sur le vieux mot de patrie, la seconde sur la nature du peuple (par l'abbé COYER). *La Haye*, 1755, *in*-12.

4432. Dissertations sur des parties intéressantes du Droit public en Angleterre et en France, d'après les lois des deux nations comparées entre elles (par Émilien PETIT). *Paris*, *Knapen*, 1778, *in*-8.

4433. Dissertations sur la chaleur, par MARTINE, traduites de l'anglois (par LAVIROTTE). *Paris*, *Hérissant*, 1751, *in*-12.

4434. Dissertations sur la fondation de la ville de Marseille (par CARY). *Paris*, *J. Barrois*, 1744, *in*-12.

4435. Dissertations sur la mouvance de la Bretagne, par rapport au droit que les ducs de Normandie y prétendoient, et sur quelques autres sujets historiques (par l'abbé Claude DU MOULINET DES THUILLERIES, né à Seès, mort à Paris le 15 mai 1728, âgé de soixante-sept ans et quelques mois). *Paris*, *Fournier*, 1711, *in*-8.

4436. Dissertations sur la recherche de la Vérité, contenant l'histoire et les principes de la philosophie des Académiciens (par l'abbé FOUCHER). *Paris*, *Anisson*, 1693, *in*-12.

4437. Dissertations sur la théorie des Comètes, qui ont concouru au prix proposé par l'Académie royale des sciences et belles-lettres de Prusse pour l'année 1777, et adjugé en 1778 (par CONDORCET, TEMPELHOFF et HENNERT). *Utrecht*, *Bart. Wild*, 1780, *in*-4.

4438. Dissertations sur l'autorité légitime du Roi en matière de régale, par M. L. V. M. D. R. (LE VAYER, maître des requêtes). *Cologne*, *P. Marteau*, 1682, *in*-12.

Cet ouvrage fut publié en 1690, à la Haye, comme second volume d'une *Histoire des matières ecclésiastiques*. En 1700 un libraire d'Amsterdam le donna comme un livre tout nouveau, sous le titre de *Traité de l'autorité des Rois touchant l'administration de l'Église*, par M. Talon, *in*-8 : l'édition fut contrefaite sur-le-champ à *Rouen*, sous le titre d'*Amsterdam*, mais *in*-12. En 1734 on en fit une nouvelle édition refondue à *Amsterdam*, *in*-8, et on l'attribua à Delpech, conseiller au parlement. L'édition la plus authentique est celle de Paris, 1753 ; elle a été faite sur un exemplaire corrigé de la main de l'auteur, sous le titre de *Traité de l'autorité*, etc. Voyez nos 4316, 4560.

4439. Dissertations sur l'autorité paternelle, dont la première a rem-

tirez des Mémoires historiques et politiques de M. C. S. S. D. S. (Charles Sorel, sieur de Souvigny). *Paris, société des libraires*, 1666, *in*-12.

4464. Diverses Avantures de France et d'Espagne (par le chevalier de Mailly). *Paris*, 1707, *in*-12. V. T.

4465. Diverses (les) Fantaisies des hommes et des femmes, composées par mère sotte (Pierre Gringore). *Paris, Den. Janot*, 1538, *in*-16.

4466. Diverses petites Poésies du chevalier d'Aceilly (de Cailly). *Paris, Cramoisy*, 1667, *in*-12; avec *le Voyage de Bachaumont, Amsterdam, de Coup*, 1708, *in*-8; *et dans le* Recueil de pièces choisies (par la Monnoye), *la Haye*, 1714, 2 *vol. in*-12.

4467. Diversités curieuses, pour servir de récréation à l'esprit (par l'abbé Bordelon). *Paris*, 1698; *Amsterdam*, 1699, 7 *vol. in*-12.

4468. Diversités (les) galantes (par de Vizé). *Paris, Cl. Barbin*, 1664, *in*-12.

On trouve dans ce volume la *Lettre sur les affaires du théâtre*, que Joly a insérée dans son édition de Molière : cette lettre me paraît être du sieur de Villiers, auteur de la *Vengeance des Marquis*, ou *Réponse à l'impromptu de Versailles*.

4469. Diversités littéraires (par l'abbé Thiollière). 1766, *in*-12.

4470. Divertissemens (les) de Cassandre et de Diane (par Vanel). *Paris*, 1685, *in*-12. V. T.

4471. Divertissemens (les) de la princesse Aurélie, divisés en six nouvelles (par Segrais). *La Haye, P. Paupie*, 1742, 2 *vol. in*-12.

Cet ouvrage parut pour la première fois en 1656.

4472. Divertissemens (les) de M. D. B. (Brieux de Moisant). *Caen, Jean Cavelier*, 1673, *in*-12.

4473. Divertissemens (les) de Sceaux (publiés par l'abbé Genest). *Trévoux*, 1712, *in*-12.

4474. Divine (la) Comédie de Dante Alighieri, contenant la description de l'enfer, du purgatoire et du paradis (traduction du comte Colbert d'Estoutevilles, petit-fils du grand Colbert, revue et publiée par Sallior). *Paris, Sallior*, 1796, 3 *vol. in*-8.

Le manuscrit de cette traduction très-inexacte était connu de Montesquieu ; il en a parlé dans ses *Lettres familières*. Voyez pages 192 et 193, édition de *Londres, Nourse*, 1769, *in*-12.

4475. Divine (la) Relique du sang adorable de J. C. dans la ville de Billom en Auvergne (par Raymond Saint-Martin). *Lyon*, 1645, *in*-12. V. T.

Catalogue manuscrit des Barnabites.

4476. Divines (les) Opérations de Jésus dans le cœur d'une ame fidèle, par G. D. M. (Gabriel de Mello), docteur en théologie. *Paris, Jacq. Van Merle*, 1673, *in*-12.

4477. Divinité (la) de la Religion chrétienne vengée des sophismes de J.-J. Rousseau, seconde partie de la Réfutation d'*Émile, ou de l'Éducation. Paris, Desaint et Saillant*, 1763, 2 *parties in*-12.

La première partie est de M. André, depuis bibliothécaire de M. d'Aguesseau ; la seconde, de dom Déforis. Voyez *Réfutation d'Émile....*

4478. Divinité (la) de Notre-Seigneur Jésus-Christ prouvée contre les hérétiques et les déistes, par un bénédictin de la congrégation de Saint-Maur (dom Maran). *Paris, Collombat*, 1751, 3 *vol. in*-12.

4479. Divinités (des) génératrices, ou du Culte du Phallus chez les anciens et les modernes, des Cultes du Dieu de Lampsaque, de Pan, de Vénus; par J. A. D*** (M. Dulaure). *Paris, Dentu, an* 14 (1806), *in*-8.

4480. Division (la) du Monde, contenant la déclaration des provinces et régions d'Asie, Europe et Afrique (par Jacques Signot). *Paris, Alain Lotrian*, 1539, *in*-12; *Lyon, Benoît Rigaud*, 1572, *in*-12.

Voyez la nouvelle édition de *la Croix du Maine*, t. 1, au mot Jacques Signot; et *du Verdier*, t. 1, p. 481.

4481. Divorce (du) (par M. Hennet). *Paris, Desenne*, 1789, *in*-8.

Réimprimé pour la troisième fois à Paris, chez Dupont, en 1792, avec le nom de l'auteur.

4482. Divorce (le) céleste, causé par les désordres et les dissolutions de l'épouse romaine, et dédié à la simplicité des Chrétiens scrupuleux, avec la vie de l'auteur, traduit de l'italien de Ferrante Pallavicino (par Brodeau Doiseville). *Cologne* (*Amsterdam*), 1696, *in*-12.

La Monnoye ne croyait pas que Pallavicin fût auteur du *Divorce céleste*. Voyez la *Bibliothèque choisie* de Colomiès, édition de 1731, p. 364.

Il existait déjà une traduction française de cet ouvrage; *Villefranche*, 1644 *et* 1649, *in*-12.

4483. Divorce (du) considéré au dix-neuvième siècle, relativement à l'état domestique et à l'état public de société (par M. de Bonald). *Paris, Leclere*, 1801, *in*-8.

4484. Divorce (le) de l'Amour et de la Raison, comédie, suite du Nouveau Monde (par l'abbé Pellegrin). *Paris, Pierre Ribou*, 1724, *in*-12.

4485. Dix-huit (le) Fructidor, ses causes et ses effets (par Gallais). *Sans nom de lieu ni de libraire* (*Hambourg*), 1799, 2 *vol. in*-8.

Cet ouvrage a été publié pendant que l'auteur était déporté ou censé déporté à Cayenne.

4486. Dix-huitième (le) Siècle vengé, épître à M. D***, par M. M*** (Milcent). *Facit indignatio versum. La Haye et Paris*, 1775, *in*-8 *de* 14 *pages*.

4487. Dix Livres de Théodoret touchant la providence de Dieu, etc., traduits du grec en françois, par S. G. S. (par Simon Goulart, Senlisien). *Lausanne*, 1578, *in*-8.

4488. Dix plaisans Dialogues de Nicolo Franco, traduits de l'italien par G. C. (Gabriel Chapuys). *Lyon, Béraud*, 1579, *in*-16.

4489. Dix Preuves de la vérité de la Religion chrétienne proposées aux universités d'Angleterre, par le père Edmond Campian (traduit du latin par le P. Brignon, jésuite). *Paris, J. Boudot*, 1701, *in*-12.

Note manuscrite de l'abbé de Saint-Léger.

4490. Dix Titres pour un, etc., par K. S. (M. Cahaisse). *Paris, Jombert, an* 9 (1801), 2 *vol. in*-12.

4491. Dixme (la) royale de M. le maréchal de Vauban comparée avec le plan d'imposition de M. R. D. G. (Richard des Glanières). *Paris*, 1776, *in*-8. V. T.

4492. Docteur (le) en malice, maître Regnard, démontrant les ruses et cautelles qu'il use envers les personnes (traduit de rimes de Jacquemard Gielée, en prose, par Jean Ténessax). *Rouen, Rob. et J. Dugort*, 1550; *Paris, Nic. Buffet*, 1551, *in*-18.

4493. Docteur (le) Pansophe, ou Lettres de M. de Voltaire. *Londres*, 1766, *in*-12 *de* 44 *pages*.

Cette brochure est composée de deux lettres : la première, adressée à M. Hume, est réellement de Voltaire; la seconde, adressée, sous le nom de Voltaire, au docteur Jean-Jacques Pansophe (J. J. Rousseau), est de BORDE. Voltaire a cru pendant quelque temps que l'abbé Coyer en était l'auteur. Fréron attribua faussement cette lettre à Voltaire.

4494. Doctrinal (le) de court, divisé en douze chapitres, composé par P. MICHAULT, par lequel l'on peut être clerc sans aller à l'escole. *Genève, Jacq. Vivian*, 1522, *petit in-4. goth.*

Voyez l'analise de cet ouvrage dans la *Bibliothèque universelle des Romans*, mars 1786, p. 30. On y soutient que René, roi de Sicile, s'est caché sous le masque de P. Michault.

4495. Doctrine chrétienne en forme de lectures de piété (par l'abbé LHOMOND). *Paris, Berton*, 1783, *in-12. Souvent réimprimé.*

4496. Doctrine (la) de l'Écriture et des Pères sur les guérisons miraculeuses, par un religieux bénédictin de la congrégation de Saint-Maur (dom MARAN). *Paris, Desprez*, 1754, *in-12*.

4497. Doctrine (la) de l'Écriture sainte sur la nature de l'ame, sur son origine, et sur son état après la mort (par MENARD). *Londres*, 1703, *in-8*. V. T.

4498. Doctrine (la) de l'Écriture sur les miracles, ouvrage traduit de l'anglais de M. HAY, évêque d'Édimbourg, par M. NAGOT, prêtre de la communauté de Saint-Sulpice, avec une addition de l'éditeur (l'abbé HÉMEY d'Auberive). *Paris, Ange Clo*, 1808, 3 *vol. in-12*.

4499. Doctrine (la) des Évangéliques luthériens sur la présence réelle et essentielle du corps et du sang de Jésus-Christ dans l'Eucharistie (par J. KOETHE). *Francfort-sur-le-Mein*, 1728, *in-8*. V. T.

4500. Doctrine (la) des Mœurs tirée de la philosophie des Stoïques, représentée en cent tableaux et expliquée en cent discours pour l'instruction de la jeunesse (par DE GOMBERVILLE). *Paris, Daret*, 1646, *in-fol.*

Réimprimé à *Bruxelles* par *Foppens*, en 1672, in-fol., sous le titre de *Théâtre moral de la Vie humaine*, représentée en plus de cent tableaux divers, tirés du poëte Horace, par le sieur Otho VENIUS, et expliqués en autant de discours moraux, par le sieur DE GOMBERVILLE, avec la table du philosophe Cèbes (de la traduction de Gilles BOILEAU.)

4501. Doctrine hérétique, schismatique et contraire aux lois du royaume, touchant la primauté du Pape, enseignée par les Jésuites dans leur collége de Caen (attribuée à Pierre DE CALLY). 1644, *in-4*.

4502. Doctrine spirituelle du P. Berthier, du P. Surin, du P. Saint-Jure, de M. d'Orléans de la Mothe et de sainte Thérèse, par l'auteur des *Dialogues chrétiens* (M. l'abbé LA SAUSSE). *Paris, Belin*, 1803, *in-12*, seconde édition.

4503. Documens particuliers (en forme de lettres) sur Napoléon Bonaparte, sur plusieurs de ses actes jusqu'ici inconnus ou mal interprétés, et sur le caractère de différens personnages qui ont marqué sous son règne, tels que Talleyrand, de Pradt, Moreau, etc., d'après des données fournies par Napoléon lui-même et par des personnes qui ont vécu dans son intimité (écrits par M. O'MEARA). *Bruxelles, de l'imprimerie de J. Maubach*, 1819, *in-8 de* 149 *pages*.

Cet ouvrage, publié originairement en anglais, est connu sous le titre de *Lettres du Cap de Bonne-Espérance*. M. de Las Cases a désavoué la traduction citée ici; il doit en publier lui-même une nouvelle, qui fera suite à la *Collection nouvelle des Documens historiques sur Napoléon*, Paris, *Barrois l'aîné*, 1822, *in-8*.

4504. Dodechedron (le) de Fortune, livre non moins plaisant et récréatif que subtil et ingénieux entre tous les jeux et passe-temps de fortune, composé par JEAN DE MEUN, et de nouveau mis en meilleur ordre par F. G. L. (FR. GRUGET, Lyonnais). *Paris, Gilles Robinot*, 1615, *in*-8.

Voyez les mots *Plaisant jeu...*

4505. Doléances à MM. les Députés de la ville de Paris aux États-Généraux, pour les marchands forains et autres (par Charles GORET). 1789, *in*-8.

4506. Doléances des Marchandes de poissons des halles et marchés (par ESTIENNE). *Paris*, 1789, *in*-8. *Plusieurs fois réimprimées.*

4507. Dom Alvare, nouvelle allégorique (par Claude RAVEY, avocat au parlement de Dijon). *Cologne, Pierre Hyp*, *in*-12.

C'est l'histoire d'une galanterie de l'auteur avec une demoiselle de Dijon. Alvare est une espèce d'anagramme de Ravey.

4508. Domaine (du) et de l'utilité de son aliénation à perpétuité, par M. R. D. S. A. P. C. D. F. (M. ROUSSELOT DE SURGY, ancien premier commis des finances). 1787, *in*-8 *de* 36 *pages.*

4509. *Domine salvum fac Regem* (par M. PELTIER). 21 *octobre* 1789, *in*-8 *de* 32 *pages.*

4510. Dominicain (le), ou les Crimes de l'intolérance et les Effets du célibat religieux, par T......E (TOULOTTE). *Paris, Pigoreau*, 1803, 4 *vol. in*-12.

4511. Dom Carlos, nouvelle historique (par DE SAINT-RÉAL). *Amsterdam, Commelin*, 1673, *in*-12.

4512. Dom Carlos, tragédie en cinq actes et en vers, représentée pour la première fois sur le théâtre de Lyon le 5 mai 1761, précédée et suivie de poésies diverses (par DE XIMENÈS). *Sans date*, *in*-8.

4513. Don Juan d'Autriche, nouvelle historique espagnole (par COURTIN). *Paris, Quinet*, 1678, *in*-12.

4514. Don Manuel, anecdote espagnole, par M. DE R. (M. DE ROUJOUX). *Paris, Maradan*, 1820, 2 *vol. in*-12.

4515. Don Quichotte femelle, traduction libre de l'anglais (de Sophie LENNOX). *Lyon*, 1773, 2 *volumes petit in*-12.

4516. Dona Gratia d'Ataïde, comtesse de Ménézès, histoire portugaise (par madame D'ARCONVILLE). *La Haye et Paris, Lacombe*, 1770, *in*-12.

4517. Donnez-nous nos myriagrammes, et f..... le camp (par M. DUSSAULCHOY). *Paris*, 1796, *in*-8.

Voyez la *France littéraire* de Ersch, t. 1, p. 440.

4518. Dons de Comus, ou les Délices de la table (publiés par MARIN, cuisinier, avec une préface par les PP. BRUMOY et BOUGEANT, jésuites). *Paris, Prault*, 1739, *in*-12. — Suite des Dons de Comus (avec une nouvelle préface par DE QUERLON). *Paris, veuve Pissot*, 1742, 3 *vol. in*-12. — Dons de Comus (avec les deux anciennes préfaces, refondues par DE QUERLON). *Paris, veuve Pissot*, 1750, 3 *vol. in*-12.

4519. Dons (les) de Minerve aux pères de famille et aux instituteurs (par F. P. BARLETTI DE SAINT-PAUL). *Paris*, 1788. *in*-8. V. T.

4520. Dons (les) des enfans de Latone; la musique et la chasse du cerf, poëmes (par J. DE SERRÉ de Rieux). *Paris*, 1734, *in*-8.

4521. Dorfeuil et Juliette, ou le Réveil des illusions (par mademoiselle L.-Marg.-Jeanne-Madelaine Brayer de Saint-Léon). *Paris, an* 9 (1801). 3 *vol. in*-12. V. T.

4522. Dorimont, ou le marquis de Clarville (par de Nerciat). *Strasbourg*, 1778, *in*-8. V. T.

4523. Dorinde, tragédie-comédie (par Auvray). *Paris, Sommaville*, 1631, *in*-8.

4524. Doris, pastorale (par Antoine Joly, né à Dijon en 1696). *Dijon, Augé*, 1717, *in*-12.

Le même a encore publié *Recueil de diverses pièces en vers*, *in*-12. La licence qu'elles respirent l'a empêché d'y mettre son nom. L'imprimeur a sagement suivi cet exemple.

4525. Dot (la) de Suzette (par M. Fiévée). *Paris, Maradan, an* 6 (1798), *in*-12.

Réimprimée avec le nom de l'auteur.

4526. Double (la) Beauté, roman étranger (par Dujardin et Sellius). *Cantorbery*, 1754, *in*-12.

4527. Double (le) Cocu, histoire du temps (attribuée à Bremond). *Imprimé à Paris, au couvent Jardin*, 1678, *in*-12.

Cet ouvrage a paru aussi sous ce titre : Le Cocu content, ou le véritable Miroir des amoureux ; *Amsterdam* (*Rouen*), 1702, *in*-12.

4528. Double Flore parisienne, ou Description des plantes qui croissent naturellement aux environs de Paris, distribuées suivant la méthode naturelle d'une part, et suivant le système de Linné de l'autre, etc., par J. D. P. (du Pont). *Paris, Gabon*, 1806, *in*-12.

4529. Double (la) Folie, recueil en vers (par J. B. M. Magny). *Sans nom de ville*, 1758, *in*-12. V. T.

4530. Double Hommage que la vérité exige par rapport aux contestations présentes (par madame Boissière). *Paris*, 1780, *in*-12. V. T.

4531. Double (du) Lien, suivant la coutume du duché de Bourgogne (par Normand, avocat). *Dijon, J. Sirot*, 1730, *in*-8.

4532. Doute proposé sur les auteurs des Annales de S. Bertin (par Lévêque de la Ravallière). 1736, *in*-12.

4533. Doutes d'un Provincial proposés à MM. les Médecins commissaires chargés par le roi de l'examen du magnétisme animal (par Servan). *Lyon et Paris, Prault*, 1784, *in*-8 *de* 126 *pages*.

4534. Doutes d'un Pyrrhonien proposés amicalement à J.-J. Rousseau (par Coste d'Arnobat). *Paris*, 1753, *in*-8 *de* 36 *pages*.

4535. Doutes (les) éclaircis, ou Réponse aux objections de l'abbé de Mably sur l'ordre naturel des sociétés politiques (par M. le duc de la Vauguyon, fils du gouverneur des enfans de France). *Paris*, 1768, *in*-12, *très-rare, l'édition ayant été imprimée à un petit nombre d'exemplaires*.

Cet ouvrage, en forme de lettres, parut d'abord dans les *Éphémérides du citoyen*, pour l'année 1768.

4536. Doutes et Questions sur le traité de Versailles, entre le roi de France et l'impératrice-reine de Hongrie (par Favier). *Londres*, 1778, *in*-8. *Réimprimé en* 1791 *avec le nom de l'auteur*.

4537. Doutes nouveaux sur le testament attribué au cardinal de Richelieu (par Voltaire). *Genève* (*Paris*), 1765, *in*-8.

4538. Doutes ou Observations de

M. Klein sur la revue des animaux faite par le premier homme, et sur quelques classes du système de la nature de M. Linnæus (traduits par de la Chenaye-des-Bois). *Paris, Bauche*, 1754, *in*-8.

4539. Doutes proposés à l'auteur de la Théorie de l'Impôt (par Pesselier). 1761, *in*-12 *et in*-4.

4540. Doutes proposés aux théologiens sur des opinions qui paraissent fortifier les difficultés des incrédules contre quelques dogmes catholiques (par l'abbé Maleville). *Paris, les associés*, 1768, *in*-12 *de* 228 *pag*.

4541. Doutes raisonnables d'un marguillier sur le problême de M. Patte, concernant la coupole de Sainte-Geneviève (par Rondelet). *Amsterdam et Paris, Jombert fils aîné*, 1770, *in*-12. Voyez les mots *Mémoires en réponse*...

4542. Doutes sur différentes opinions reçues dans la société (par mademoiselle de Sommery). *Amsterdam et Paris, Cailleau*, 1782, *petit in*-12. — Nouv. édit., augmentée. *Paris, Barrois l'aîné*, 1784, 2 *vol. pet. in*-12.

4543. Doutes sur la langue françoise, proposés à l'Académie françoise, par un gentilhomme de province (le P. Bouhours). *Paris, Cramoisy*, 1674, *in*-12.

4544. Doutes sur la Religion, suivis de l'analyse du Traité théologi-politique de Spinosa (par le comte de Boulainvilliers). *Londres*, 1767, *in*-12.

On croit que le premier de ces ouvrages est de Gueroult de Pival, ancien bibliothécaire de la ville de Rouen, ensuite instituteur du chevalier de Belle-Isle et du comte de Gisors, décédé à Paris, sur la paroisse de Saint-Germain-l'Auxerrois, vers 1772.

Voyez le n° 4547.

4545. Doutes sur le système physique des causes occasionnelles (par Fontenelle). *Rotterdam, Abraham Acher*, 1686, *petit in*-12.

Réimprimé dans le tome neuvième de la collection des Œuvres de l'auteur.

4546. Doutes sur les principes du jour (par l'abbé Brun). 1790, *in*-8.

4547. Doutes sur les religions révélées, adressés à Voltaire, par Émilie du Chatelet, ouvrage posthume. *Paris*, 1792, *in*-8 *de* 72 *pages*.

Cet ouvrage est la même chose à peu près que le n° 4544; mais il est plus complet.

4548. Doutes sur l'éloquence et les systêmes politiques, adressés à M. le baron de B., chambellan de S. A. R. le prince de H. de P.; par M. M*** (Mallet), citoyen de Genève. *Londres*, 1775, *petit in*-8.

4549. Doutes sur l'inoculation de la petite vérole (par Astruc). 1756, *in*-12.

4550. Doux (les) et paisibles Délassemens de l'Amour (par l'abbé Chayer). *Au temple de Vénus, chez les galants*, 1760, *in*-12.

4551. Doux (les) Plaisirs de la poésie, ou Recueil de diverses pièces en vers (par Louis Moréry). *Lyon, Rivière*, 1666, *in*-18.

4552. Douze (les) Clefs de Philosophie de frère Basile Valentin, traitant de la vraie médecine métallique, plus l'azoth, ou le Moyen de faire l'or caché des Philosophes; traduction françoise (par David Lagneau). *Paris, Moët*, 1660, *in*-8.

4553. Douze Sermons de P. A. (Pierre Allix) sur divers textes, et particulièrement pour la défense de la réformation. *Rotterdam*, 1685, *in*-12. V. T.

4554. Doyen (le) de Killerine, histoire morale composée sur les Mémoires d'une illustre famille d'Irlande (par l'abbé **Prévost**). *Paris, Didot*, 1750, 6 *vol. in*-12.

4555. Dramaturgie, ou Observations critiques sur plusieurs pièces de théâtre, tant anciennes que modernes, traduit de l'allemand de **Lessing**, par un Français (**Cacault**); revu, corrigé et publié par **Junker**. *Paris, Durand neveu*, 1785, 2 *vol. in*-8.

4556. Drapeau (le) blanc (par MM. A. **Martainville** et autres). *Paris, Dentu*, 1819, 2 *vol. in*-8.

4557. Drapeau (le) rouge de la mère Duchesne (par l'abbé **Buée**). *Paris, Crapart*, 1792, *in*-8.

4558. Droit (du) de cité, par G. (M. **Gillet**, notaire à Paris). *Paris*, 1820, *in*-8.

4559. Droit (le) des Prêtres dans le Synode, ou le Concile diocésain (par **Maultrot**). 1779, *in*-12.

4560. Droit (le) des Souverains touchant l'administration de l'Église (par **Delpech de Mérinville**). *Paris*, 1734, *in*-4.

Voyez les nos 4316, 4438.

4561. Droit (du) du Gouvernement sur l'éducation (par M. F. **de la Mennais**). *Paris*, 1817, *in*-8.

4562. Droit (le) du Seigneur, comédie mêlée d'ariettes (par MM. **Desfontaines**, **Martini** et **Laval**). *Paris, Ballard*, 1783, *in*-8.

4563. Droit (du) du Souverain sur les biens-fonds du clergé et des moines (par **de Cervol**). *Naples* (*Rouen, Besogne*, 1771), *in*-8 *de* 164 *pages*. — Troisième édition. 1791, *in*-8, *avec le nom de l'auteur*.

4564. Droit public de la province de Bretagne, avec des observations relatives aux circonstances actuelles (par **Pellerin**, avocat à Nantes, depuis député à l'Assemblée constituante). 1789, *in*-8.

4565. Droit (le) public germanique, où l'on voit l'état présent de l'Empire, ses principales lois et constitutions (par **de Mauvillon**). *Amsterdam, Mortier*, 1749, 2 *volumes in*-8.

4566. Droits (les) de la Femme, à la Reine (par madame **de Gouges**). *in*-8.

4567. Droits (des) de la maison d'Autriche sur la Belgique (par le père **Richard**, dominicain, né à Blainville-sur-l'Eau, en Lorraine, en 1771). (*Mons, Monjot*), 1794, *in*-8.

Cette brochure a servi de prétexte à la mort de son auteur, qui s'était retiré depuis quelque temps dans le couvent des Dominicains de la ville de Mons. Il y fut arrêté dans les premiers jours d'août 1794. Une commission révolutionnaire, composée de gens du pays, ne tarda pas à le condamner à la peine capitale. Il fut militairement fusillé à Mons le 14 août 1794.

Il avait mis au jour plusieurs autres brochures anonymes, imprimées à Mons et à Lille, et toutes relatives au serment des prêtres et à la révolution; mais il serait difficile aujourd'hui de les trouver ailleurs que dans le cabinet de quelques curieux, les imprimeurs les ayant brûlées dans la crainte d'être compromis. (*Note communiquée par M. Boulliot.*)

4568. Droits (les) de la Puissance temporelle, défendue contre la seconde partie des Actes de l'assemblée du Clergé de 1765, concernant la Religion (par **Maultrot**). 1777, *in*-12.

4569. Droits de la Religion chrétienne et catholique sur le cœur de l'homme (par l'abbé **Bellet**). *Montauban, Fontanel*, 1764, 2 *vol. in*-12.

4570. Droits (les) de l'Épiscopat sur le second ordre, pour toutes les fonctions du ministère ecclésiastique (par l'abbé LE CORGNE DE LAUNAY). *Paris, Desprez*, 1760, *in*-12 *de* 156 *p.*

L'abbé Goujet avait dans sa bibliothéque particulière :

1° *Défense des droits des Évêques*, ou *Dissertation sur l'institution du droit divin des Curés*, contre le sieur le Corgne de Launay; in-12.

2° *Bévues* (*du sieur le Corgne de Launay*) dans le livre intitulé : *Droits de l'Episcopat.*

4571. Droits de l'Homme, ou Réponse à l'attaque de M. Burke sur la révolution française, par Thomas PAINE; traduits de l'anglais par F. S.... (SOULÈS). *Paris, Buisson*, 1791, *in*-8.

4572. Droits (les) de l'oncle contre le neveu, en faveur du cardinal de Bourbon (par A. HOTMAN) ...... 1585, *in*-8. V. T.

4573. Droits des curés et des paroisses considérées sous leur double rapport, spirituel et temporel (par l'abbé REYMOND, mort en 1820, évêque de Dijon). *Paris*, 1776, 2 *parties in*-8; — *Paris* (*Nancy*), 1780, *in*-8; — *Constance*, 1791, 3 *vol. in*-12.

4574. Droits (des) des deux souverains en matière de religion, la conscience et le prince, pour détruire le dogme de l'indifférence des religions et de la tolérance universelle, contre le *Commentaire philosophique* de Bayle (par P. JURIEU). *Rotterdam, de Graëf*, 1687, *in*-12.

4575. Droits (les) des hommes et les usurpations des autres; traduits de l'italien (composés par VOLTAIRE). *Amsterdam*, 1768, *in*-8 *de* 48 *p.*

4576. Droits des pauvres (par l'abbé REYMOND). *Paris*, 1781, *in*-8.

4577. Droits (les) des trois puissances alliées sur plusieurs provinces de la république de Pologne, etc. (traduits de l'anglois de LINDSIC, par GÉRARD, consul de France à Dantzick). *Londres*, 1774, 2 *vol. in*-8.

4578. Droits (les) du second ordre défendus contre les apologistes de la domination épiscopale (par MAULTROT). 1779, *in*-12.

4579. Droits (des) et des Devoirs des Citoyens dans les circonstances présentes (par l'abbé DE GOURCY). 1789, *in*-8.

4580. Droits qu'ont les curés de commettre leurs vicaires et les confesseurs dans leurs paroisses (par l'abbé GUÉRET, frère du curé de Saint-Paul). 1759, *in*-12.

Le P. DE LIVOY a publié une suite à cette dissertation Voyez le n° 4361.

4581. Droits (les) respectifs de l'État et de l'Église, rappelés à leurs principes (par l'abbé PICHON). *Avignon*, 1766, *in*-12.

4582. Druides (les), tragédie représentée pour la première fois, sur le Théâtre-François, le 7 mars 1772 (par l'abbé LE BLANC). *Saint-Pétersbourg*, 1783, *in*-8.

4583. Duc (le) d'Arnay (par CARMONTELLE). *Paris, le Jay*, 1776, 2 *parties in*-8.

4584. Duc (le) de Guise, surnommé le Balafré (roman composé par le sieur DE BRYE). *Paris*, 1694, 1695, *in*-12; *la Haye*, 1693, *in*-12; et dans le tome troisième des Histoires tragiques et galantes, *Paris*, 1710, 1736, 3 *vol*, *in*-12.

4585. Duc (le) de Lauzun, par madame de S....Y, née W.....N (DE SARTORY, née DE WIMPFEN, nièce du général, auteur de l'*Urne dans la vallée*). *Paris, Maradan*, 1807, 2 *volumes in*-12.

4586. Duc (le) de Mayenne (par Guy GIRAUDEAU). *Paris*, 1621, *in*-8. V. T.

4587. Ducatiana, ou Remarques de le Duchat sur divers sujets d'histoire et de littérature, publiées par M. F. (J. Henri-Samuel Formey). *Amsterdam, Humbert*, 1738, 2 *vol. in*-12.

4588. Duchesse (la) de Capoue, nouvelle italienne (par J. B. Née de la Rochelle, avocat). *Paris*, 1732, *in*-8. V. T.

4589. Duchesse (la) de Mazarin, mémoires écrits par elle-même, avec une suite (par M. Nougaret). *Paris, le Rouge*, 1808, 2 *vol. in*-12.

4590. Duchesse (la) de Mondéro, nouvelle (espagnole) (par Hébert de Chasteldom, fils de Hébert, ancien introducteur des ambassadeurs). 1745, *in*-12 *de* 100 *pages*.

Ce petit roman, dont Fréron dit beaucoup de bien dans ses *Lettres de la comtesse de* **, 1746, in-12, p. 94, fut distribué aux amis de l'auteur, qui n'avait que dix-sept ans, et qui n'en laissa paraître aucun exemplaire dans le public.

4591. Duchesse (la) d'Estramène (par du Plaisir, auteur des *Sentimens sur les lettres et les histoires galantes*). *Lyon, Thomas Amaulry*, 1682, 2 *parties in*-12.

Voyez un extrait de ce roman par Bastide, dans les douzième et treizième volumes du *Choix des Mercures*, et dans la *Bibliothèque universelle des Romans*, octobre 1776, premier volume, pag. 266 et suiv.

On lit dans les *Œuvres* de Pavillon une lettre de cet académicien à M. de Visé sur le même roman, que l'on attribuait à une femme. La prévention paraissait fondée, à cause de la vivacité des sentimens, de la délicatesse du style et de l'intérêt des situations.

4592. Duel (le), comédie en un acte et en prose (par Rochon de Chabanne). 1779, *in* 8.

4593. Duel (le) de Niort, ou Histoire d'un plaisant mariage, petit poëme dédié aux amateurs de la gaieté françoise, par un ancien condisciple de l'auteur du *Baron de Brac* (M. Malingre). *An* 9 (1803), *in*-12.

4594. Dunciade (la), ou la Guerre des Sots (par Charles Palissot). *Chelsea* (*Paris*), 1764, *in*-8. — Nouvelle édition, suivie des Mémoires pour servir à l'histoire de notre littérature. *Londres*, 1771, 3 *vol. in*-8.

Réimprimée plusieurs autres fois avec le nom de l'auteur.

4595. Duo (le) interrompu, conte (par P. L. Moline), *Paris*, 1767, *in*-12. V. T.

4596. Durand commenté, ou l'Accord de la philosophie avec la théologie touchant la transubstantiation de l'Eucharistie (par P. Cally). *Cologne, Marteau*, 1700, *in*-12.

E.

4597. Eaux (les) minérales de Pougues, par M. D. L. R. (de la Rue). *Nevers*, 1746, *in*-12.

4598. Ébauche de la Religion naturelle, par Wollaston, ouvrage traduit de l'anglois, avec un supplément et autres additions considérables (par Garrigue). *La Haye, J. Swart*, 1726, *in*-4; 1756, 3 *vol. in*-12.

Voy. la *Bibliothèque britannique*, la Haye, 1733, in-12. t. 11, p. 60, et t. 25, p. 252.

C'est à tort que quelques rédacteurs de *Catalogues* ont attribué cette traduction à Genest.

4599. *Ecce-Homo* (par de Saint-

Martin). *Paris, imprimerie du Cercle Social*, 1792, *in*-12.

Louis-Claude de Saint-Martin, né à Amboise, département d'Indre-et-Loire, le 18 janvier 1743, est mort le 15 octobre 1803 à Aunay, près Chatenay (Seine), dans la maison de campagne de M. Lenoir-Laroche,

4600. Ecclésiaste (l') de Salomon, traduit de l'hébreu en latin et en françois, par les auteurs des *Principes discutés* (les PP. capucins Louis de Poix, Jérôme d'Arras et Séraphin de Paris). *Paris, Cl. Hérissant*, 1771, *in*-12.

4601. Ecclésiastique (l') accompli, ou Plan d'une vie vraiment sacerdotale, par l'auteur des *Pensées ecclésiastiques* (l'abbé Carron). *Londres*, 1800, *in*-18.

4602. Échelle (l') de S. Jean *Climacus*, nouvellement traduite en françois par M. R. G. A. G. (René Gautier, avocat général). *Paris*, 1603, *in*-12.

4603. Échelle du Cloître et Apologie à Guillaume, abbé de Saint-Thierry (traduite en françois par Jean le Noir). *Paris, Savreux*, 1650, *in*-18.

Le deuxième ouvrage est de S. Bernard; le premier lui a été faussement attribué.

4604. Échelle mystique, composée de vingt-quatre échellons, pour monter au Ciel; en forme de méditations et prières, pour les vingt-quatre heures du jour; composée par P. D. B. L. *Paris, Pierre de Bresche*, 1649, *in*-12.

Il y a apparence que ces quatre lettres signifient *Pierre de Bresche, libraire*. (*Note de M. Boulliot.*)

4605. Écho (l') de l'Élysée, ou Dialogues de quelques morts célèbres sur les États-Généraux de la nation et les provinces (par M. Dingé, ancien bibliothécaire de monseigneur le prince de Condé). *Octobre*, 1788, *in*-8.

4606. Écho des Salons de Paris depuis la restauration, ou Recueil d'anecdotes sur Bonaparte, sa cour et ses agens, etc. (publié par M. Verneur). *Paris*, 1815, 3 *vol. in*-12.

4607. Écho (l') du Public, ouvrage périodique (par Bridard de la Garde). 1740, *in*-12.

4608. Écho et Narcisse, poëme en trois chants (par Peyraud de Beaussol). *Paris*, 1769, *in*-8. V. T.

4609. Éclair de lumière descendant des cieux pour découvrir, sur la nuit des peuples de la terre, la corruption qui se trouve dans leurs ténèbres, etc. (par J. Allut). *Sans nom de ville*, 1711, *in*-8. V. T.

La *Biographie universelle* n'a point donné d'article à cet auteur, dont on a encore quelques autres ouvrages où l'on trouve des lettres écrites sous le nom d'Élie *Marion*, de Nicolas *Facio* et de Charles *Portalès*. Les savans rédacteurs du Catalogue de la Bibliothéque Casanate soupçonnent qu'un seul et même individu pourrait s'être caché sous ces différens noms. Toutes ces productions sont pleines de fanatisme et d'ineptie. La conjecture de mes habiles confrères me semble ne pouvoir être adoptée que relativement à Élie Marion; car Nicolas Facio et Charles Portalès parlent de la *personne qui leur est connue sous ce nom*. Voyez les *Avertissemens prophétiques d'Élie Marion*, etc., Londres, Robert Roger, 1707, in-8.

Misson, dans son *Théâtre sacré des Cevennes*, cite plusieurs fois ces trois individus.

On a dans le même genre :

Cri d'alarme ou avertissement aux nations, qu'ils sortent de Babylon, des ténèbres, pour entrer dans le repos de Christ (par Jean Allut et Élie Marion). *Sans indication de lieu* (*Londres*), *imprimé par les soins de N. F.*, 1712, *in*-8.

Quand vous aurez saccagé, vous serez saccagés; car la lumière est apparue dans les ténèbres pour les détruire (ou Lettres signées par Allut, Marion, Facio et Portalès). *Sans indication de lieu*, 1714, *in*-8.

Plan de la justice de Dieu sur la terre dans ces derniers jours, et du relèvement de la chute de l'homme par son péché (par les mêmes). *Sans indication de lieu*, 1714, *in*-8. B.

4610. Éclair sur l'association humaine (par DE SAINT-MARTIN). 1797, *in*-8.

4611. Éclaircissemens de divers sujets intéressans pour l'homme d'état et de lettres (par J. Christ. Guillaume STEEK, conseiller intime de guerre à Berlin). *Ingolstadt*, 1795, *in*-8 *de* 48 *pages*.

4612. Éclaircissemens demandés à M. l'archevêque d'Aix, par un prêtre catholique français (l'abbé DE CHATEAUGIRON, du diocèse de Rennes). *Londres*, 1801, *in*-8.

Cet ouvrage a occasioné plusieurs écrits, auxquels l'auteur a répondu par un *Examen impartial et paisible des objections proposées à l'auteur des Éclaircissemens*, in-8.

4613. Éclaircissemens de MÉLITON à la justification du directeur désintéressé, par le prieur DE SAINT-AGATANGE (J. P. CAMUS, évêque de Belley). 1635, *in*-4.

4614. Éclaircissemens de plusieurs difficultés touchant les Conciles généraux (par OSMONT DU SELLIER, suivant la *France littéraire* de 1769, et par le chanoine LE GROS, suivant l'abbé Ladvocat). *Amsterdam* (*Rouen*), 1734, *in*-12.

4615. Éclaircissemens de plusieurs faits relatifs à la persécution qui a eu lieu dans une partie du diocèse de Lyon (par M. SILVY). *Paris*, *Baudouin frères* (1820), *in*-8 *de* 32 *pages*.

Extrait de la *Chronique religieuse*.

4616. Éclaircissemens de plusieurs points de l'Histoire ancienne de France et de Bourgogne (par dom JOURDAIN). *Paris*, 1774, *in*-8.

4617. Éclaircissemens de quelques difficultés que l'on a formées contre le traité de la *Sainteté et des devoirs de l'état monastique* (par l'abbé DE RANCÉ). *Paris, Muguet*, 1685, *in*-4; 1686, *in*-12.

4618. Éclaircissemens géographiques sur l'ancienne Gaule (par l'abbé BELLEY). *Paris*, *veuve Estienne*, 1741, *in*-12, à la suite du *Traité des mesures itinéraires des Romains, par d'Anville*.

4619. Éclaircissemens historiques sur les causes de la révocation de l'Edit de Nantes, et sur l'état des Protestans en France, depuis le commencement du règne de Louis XIV (par DE RHULIÈRES). *Sans indication de lieu* (*Paris*), 1788, 2 *vol. in*-8.

4620. Éclaircissemens historiques sur les États-Généraux de France, considérés dans leur rapport avec la province de Languedoc; par M. le marquis DE S.... (DE SAINT-MAURICE, député de la noblesse de Montpellier à l'assemblée des notables). *Sans indication de lieu*, 1788, *in*-8.

4621. Éclaircissemens historiques sur les origines celtiques et gauloises, avec les quatre premiers siècles des annales des Gaules, par le R. P. D*** (dom Jacques MARTIN). *Paris, Durand*, 1744, *in*-12.

4622. Éclaircissemens littéraires sur un projet de Bibliothéque alphabétique, sur l'Histoire littéraire de Cave, et sur quelques autres ouvrages semblables, avec des règles pour étudier et pour bien écrire; ouvrage périodique (par dom Jacques MARTIN). *Paris*, (1734), *in*-4 *de* 55 *pages*.

4623. Éclaircissemens sur la Doctrine et l'Histoire ecclésiastique des deux premiers siècles (par P. FAYDIT). *Maëstricht*, 1695, *in*-8.

4624. Éclaircissemens sur l'Apocalypse de S. Jean (par Jacques PHILIPOT). *Amsterdam*, 1687, *in*-12.

On doit au même auteur *Défense des Éclaircissemens*, etc. Voyez le n° 3391.

4625. Éclaircissemens sur la science cachée de la philosophie et les mystères secrets de la nature (traduits de l'allemand du baron D'ORBET, par sa veuve). *Marseille, imprimerie de J. Achard fils*, 1806, *in*-8, t. 1.

Ouvrage peu connu, dont l'auteur se montre l'émule de Swedenborg, Falk, Schropfer, etc.

Les tomes 2 et 3, qui devaient paraître, n'ont pas été imprimés, ni même traduits, vu le défaut de souscripteurs. J'ignore si l'original allemand a été publié en tout ou en partie. (*Extrait de ma correspondance avec M. Hubaud, membre des académies de Marseille et de Dijon.*)

4626. Éclaircissemens sur l'autorité des Conciles généraux et des Papes, etc., ouvrage posthume de M*** (Antoine ARNAULD, publié par Nic. PETITPIED, avec un avertissement de l'éditeur). (*Hollande*), 1711, *in*-8.

4627. Éclaircissemens sur la vie de Jean d'Aranthon, d'Alex (par dom Innocent LE MASSON, général des Chartreux). *Chamberry*, 1699, *in*-8.

4628. Éclaircissemens sur le Collége de France (commençant par ces mots : *Les professeurs royaux avertis*... par l'abbé GARNIER). (1789), *in*-12.

On trouve un long extrait de cet opuscule dans le *Journal des Savans* de 1790, in-4, p. 544; et dans l'*Esprit des Journaux*, janvier 1791.

4629. Éclaircissemens sur les antiquités de la ville de Nismes, par M. *** (Ch. CAUMETTE), avocat de la même ville (mort en 1747). *Nismes, Belle*, 1743, *in*-8; *Tarascon et Nismes*, 1746.—Nouvelles éditions. *Nismes*, 1785, 1790, *in*-8.

Ce sont les continuateurs de la *Bibliothèque historique de la France* qui m'ont fait connaître cet auteur, mais d'une manière qui prouve la négligence avec laquelle ont été revues les épreuves de cet important ouvrage. En effet les *Éclaircissemens des antiquités de la ville de Nismes* sont indiqués au n° 37857, avec le nom de l'auteur, sans parenthèses, et au n° 37877, sous le voile de l'anonyme, quoique les différentes éditions qui en ont paru soient toutes anonymes : la ressemblance des titres devait faire soupçonner l'identité de ces deux articles.

4630. Éclaircissemens sur les lois, les budgets et les comptes de finances, depuis la restauration (par M. MOLLIEN), en réponse à la brochure récemment publiée sur ce sujet (par M. GANILH). *Paris*, 1818, *in*-4.

4631. Éclaircissemens sur quelques ouvrages de théologie (par Noël GAILLANDE). *Paris, Simon Langlois*, 1712, *in*-12.

Ces *Éclaircissemens*, est-il dit dans l'avertissement, ne sont que sur ce qui regarde le P. Quesnel; on espère en donner dans la suite sur d'autres ouvrages non moins intéressans.

« Quoique ce volume soit attribué aux Jésuites, un jeune docteur nommé GAILLANDE l'a adopté, et la Sorbonne l'a désavoué avec délibération d'en aller en corps faire excuse à M. le cardinal de Noailles. Le jour fut assigné au premier jeudi de l'année, qui était le premier jour d'audience. Il y eut un très-grand nombre de docteurs, au nombre desquels était M. Dumas. »

Voici la lettre de M. le chancelier (de Pontchartrain) à M. l'abbé Bignon, datée de Versailles, le 6 janvier 1713, sur ce sujet :

« L'approbation que M Quinot, Monsieur, a donnée à un livre intitulé *Éclaircissemens*, soulève si justement tous les honnêtes gens, qu'il ne m'est pas possible de supporter patiemment la honte qui rejaillit sur moi d'avoir choisi un aussi indigne personnage pour l'honorer de ma confiance. Faites-lui donc savoir, je vous prie, Monsieur, que je ne veux plus me servir de lui dans un emploi qui demande toutes les qualités qu'il n'a pas; et ne lui envoyez plus, s'il vous plaît, aucun livre à examiner. Il n'est pas permis de trahir, comme il a fait, la vérité et la pureté dans les maximes, sa patrie dans ses priviléges, et M. le cardinal de Noailles, son bienfaiteur, dans tout ce qui lui est dû; et, s'il est curieux de rendre mes sentimens publics, je lui donne toute la liberté qu'il peut désirer. Je suis, etc. »

(Copie des notes manuscrites que renferme mon exemplaire des ÉCLAIRCISSEMENS.)

4632. Éclaircissemens sur une lettre écrite de Batavia, dans les Indes orientales, sous le titre de *Nouvelles de l'isle de Borneo;* par STENOR, ministre de Mréo (l'abbé TERSON, ministre de l'Église romaine). *Montpellier,* 1687, *in*-8 *de* 11 *pages.*

4633. Éclaircissement à l'amiable entre la noblesse et le tiers-état (par Ch. G. TOUSTAIN DE RICHEBOURG).... 1789, *in*-8. V. T.

4634. Éclaircissement au sujet des dépêches au Prince régent de Portugal, concernant les Jésuites; par M. S*** (SILVY), ancien magistrat. *Paris, Égron,* 1816, *in*-8 *de* 48 *pages.*

4635. Éclaircissement de cette célèbre et importante question : Si le Concile de Trente a décidé ou déclaré que l'attrition conçue par la seule crainte des peines de l'enfer, et sans aucun amour de Dieu, soit une disposition suffisante pour recevoir la rémission des péchés (par QUÉRAS, docteur de Sorbonne). *Paris, A. Dezallier,* 1685, *in*-8.

4636. Éclaircissement des véritables Quatrains de Michel Nostradamus, docteur et professeur en médecine, conseiller et médecin ordinaire des roys Henri II, François II et Charles IX, grand astrologue de son temps, et spécialement pour la connoissance des choses futures (par Étienne JAUBERT, médecin). *Sans indication de lieu,* 1656, *petit in*-12.

4637. Éclaircissement décisif sur la question des Jurés (par l'abbé BRUN). 1791, *in*-8.

4638. Éclaircissement du fait et du sens de Jansénius, par Denys RAYMOND (Noël DE LA LANE). 1660, 1662. 4 *parties in*-12.

On croit que Claude GIRARD, licencié de Sorbonne, a aidé DE LA LANE dans cet ouvrage.

4639. Éclaircissement d'un fait tiré de S. Chrysostôme (par MAULTROT). 1791, *in*-8 *de* 69 *pages. Douteux.*

4640. Éclaircissement historique à l'occasion d'un libelle calomnieux contre l'*Essai sur les mœurs et l'esprit des nations*, par DAMILAVILLE (par VOLTAIRE). *In*-12.

Réimprimé dans la brochure intitulée : *Le Vieillard du mont Caucase.* Voyez ces mots.

4641. Éclaircissement pacifique sur l'essence du sacrifice de J.-C. (par l'abbé BOULLIETTE). 1779, *in*-12 *de* 84 *pages.*

4642. Éclaircissement sur la tolérance, ou Entretien d'une dame et de son curé (par Pierre DE DOYAR, ci-devant jésuite des Pays-Bas). *Rouen (Liége),* 1782, *in*-12.

4643. Éclaircissement sur la véritable relique de sainte Reine (par P. GOUJON, cordelier). *Paris,* 1651, *in*-12. V. T.

4644. Éclaircissement sur le discours de Zachée à J.-C. (par l'abbé DE SAINT-RÉAL). *Paris, René Guignard,* 1682, *in*-12.

4645. Éclaircissement sur le péché originel (par DE CAUSANS, chevalier de Malte). *Cologne, Marteau,* 1755, *in*-8.

4646. Éclaircissement sur les mœurs, par l'auteur des *Mœurs* (TOUSSAINT). *(Amsterdam),* 1762, *in*-12.

4647. Éclaircissement sur les scandales injustement pris d'un livre intitulé : *L'Ouverture de l'Épître aux Romains* (par P. Jurieu). *Londres, A. Hill*, 1686, *in*-12.

Voyez les mots *Ouverture de l'Épître....*

4648. Éclaircissement sur quatre questions importantes, sur les plaisirs des sens et sur la liberté, pour servir de réponse à un écrit de M. Arnauld (par le P. Malebranche), *Lewarde, Scobart*, 1687, *in*-12.

4649. Éclaircissement sur un passage de S. Augustin, cité dans le livre intitulé : *La Perpétuité de la Foi de l'Église catholique touchant l'Eucharistie*, à la page CLVIII; par le sieur Barnabé, docteur en théologie (l'abbé Jacques Boileau). *Mons*, 1667, *in*-12 *de* 70 *pages*.

4650. Éclaircissements au sujet de la maladie d'un officier d'artillerie, qui a donné occasion à la *Lettre raisonnée* de Louis **, etc. (voyez ces mots); par M. F. S. et S. (François Simon et Sebaster), médecin de la faculté de Perpignan. 1744, *in*-4 *de* 39 *pages*.

4651. Éclaircissements sur quelques rits particuliers à l'Église d'Auxerre (par Potel, chanoine de la cathédrale). 1770, *in*-12 *de* 117 *pages*.

4652. Éclipses de soleil observées aux années 1652 et 1654, par les ordres de son Altesse royale (par Agarrat). *Paris*, 1654, *in*-4.

4653. École d'Agriculture (par Duhamel du Monceau). *Paris, Estienne*, 1759, *in*-12.

Voyez les *Annales de l'Agriculture française*, par MM. Tessier et Bosc, 1811, t. 47, p. 25.

4654. École d'Agriculture pratique suivant les principes de M. Sarcey de Sutières, par M. de G.... (de Grace). *Paris*, 1770; *Meurant, an* 5 (1796), *in*-12.

4655. École (l') de la chasse aux chiens courans, par le Verrier de la Conterie; précédée d'une bibliothéque historique et critique des théreuticographes (par Nicolas et Richard Lallemant). *Rouen, Nic. et Rich. Lallemant*, 1763, *in*-8.

4656. École de l'administration maritime, ou le Matelot politique (par de Chateauveron). *La Haye, sans date* (1765), *in*-8. V. T.

L'épître dédicatoire, à S. M. l'impératrice de toutes les Russies, est signée des lettres L. CH. de ***.

Ce volume n'est qu'une espèce de précis d'un ouvrage que l'auteur devait publier en deux volumes grand in-8, avec des estampes, et pour lequel il proposa une souscription. Il se vendait à la Haye, *chez la veuve Van Thol et fils* : ainsi on doit avoir confiance dans l'indication de M. Van Thol, qui a fait pendant plusieurs années avec sa mère le commerce de la librairie. B.

4657. École de la jeunesse (par N. E. Rétif de la Bretonne). *Amsterdam (Paris)*, 1771, 4 *vol. in*-12. V. T.

4658. École (l') de la mignature, dans laquelle on peut apprendre aisément à peindre sans maître, avec le secret d'employer l'or bruni, etc.; nouvelle édition, augmentée. *Lyon, François Duchesne*, 1679, *in*-12.

L'auteur, à la fin d'une épître à mademoiselle Fouquet, s'est désigné par les lettres C. B., qu'on retrouve encore dans l'extrait du privilége, qui termine ce volume. Le privilége entier, qui est dans l'édition de 1672, où se trouve déjà l'épître dédicatoire à mademoiselle Fouquet, signée également C. B., porte en toutes lettres *Christophe Ballard*, et semble indiquer le vrai rédacteur de cet écrit, qui sans doute n'avait pas avoué ce travail, parce qu'il n'était qu'amateur dans la peinture. Il avait été reçu libraire-imprimeur en 1666. (*Note de L. T. Hérissant.*)

Cet ouvrage a été souvent réimprimé.

4659. École (l') de l'amitié (par le

marquis DE THIBOUVILLE). *Amsterdam*, 1758, 2 *vol. in*-12.

4660. École (l') de l'homme, ou Parallèle des portraits du siècle et des tableaux de l'Écriture sainte (par GÉNARD). *Amsterdam* (*Noyon, Rocher*), 1752, 3 *vol. in*-12. — Nouvelles éditions. 1753, 1755, 2 *vol. in*-12, sous la rubrique de *Londres*.

L'abbé Sepher, dans ses notes manuscrites sur la *Bibliothèque des Romans* de Lenglet du Fresnoy, soutient que l'auteur de cet ouvrage était un soldat aux gardes, nommé DUPUIS; il ajoute qu'il a eu une de ses lettres ainsi signée.

4661. École (l') de l'Intérêt, ou l'Université d'amour, traduit de l'espagnol (d'Antonio DE PIETRA-BUENA), par C. LE PETIT. *Paris, Pepingué*, 1662, *in*-12.

Quelques années avant la publication de l'*Art poétique*, que Boileau fit paraître pour la première fois en 1673, dans une édition de ses Œuvres, un jeune homme, que l'abbé Renaudot nomme simplement *Petit*, fut surpris faisant imprimer des chansons libertines et impies de sa façon. On lui fit son procès, et, nonobstant de puissantes protections, il fut pendu et brûlé; ce qui donna lieu, selon Renaudot, à ces deux vers du second chant de l'*Art poétique* :

A la fin, tous ces jeux que l'athéisme élève
Conduisent tristement le plaisant à la Grève.

Ce malheureux jeune homme doit être Charles le Petit, auteur de cette traduction de l'*Université d'Amour*. Dans un autre ouvrage que Pelletier, proprement du Pelletier, ami de C. le Petit, publia de lui en 1666, sous ce titre : *Les plus belles Pensées de S. Augustin, prince et docteur de l'Église, mises en vers français par*, etc., Paris, Loyson, in-18, on trouve une *lettre en forme de préface, à M. l'abbé de la S****, où l'éditeur parle sans détour du bûcher qui avait terminé les jours de son ami, malgré les sentimens pieux qu'il avait remarqués en lui lorsqu'ils se promenaient ensemble dans les belles avenues du jardin de Saint-Victor. On trouva après sa mort, parmi ses papiers, un manuscrit corrigé de son *Paris ridicule*, que Blainville, qui le nomme *M. Petit*, comme a fait l'abbé Renaudot, publia en 1714, dans le tome second de ses propres Œuvres diverses, page 229, où il dit que cet auteur a été brûlé en Grève pour avoir fait des vers abominables contre la Sainte Vierge.

Il est difficile de se persuader qu'il y ait eu en même temps à Paris un *Petit* et un *le Petit*, brûlés tous deux à Paris pour des vers. (*Note de L. T. Hérissant.*)

L'ouvrage qui a occasioné les malheurs de Petit paraît être celui qui a pour titre: *Le B...l céleste*. On le trouve dans le rare volume intitulé : *Recueil de pièces rassemblées par les soins du cosmopolite*. Voyez ces mots.

4662. École de littérature, tirée de nos meilleurs écrivains (par l'abbé DE LA PORTE). *Paris*, 1763, 2 *vol. in*-12.

Réimprimé en 1767 avec des augmentations et le nom de l'auteur, ou plutôt du compilateur.

4663. École de l'urbanité française, ou Entretiens d'un père avec ses enfans sur l'usage du monde, etc., par l'auteur du *Manuel de la bonne compagnie* (COSTARD). *Paris, Tardieu*, 1810, *in*-12.

4664. École (l') de perfection, tirée de quelques leçons spirituelles, faites par M. J. P. C. E. de Belley (par Jean-Pierre CAMUS, évêque). *Paris*, 1640, *in*-12.

4665. École (l') des arpenteurs (par DE LA HIRE). *Paris, Montalant*, 1728, *in*-12.

4666. École des Filles, ou la Philosophie des Dames. *Fribourg* (*Hollande*), 1668, *in*-12.

Voyez les *Lettres* de Guy Patin à Charles Spon, t. 2, p, 123, *Amsterdam*, 1718, 2 *vol. in*-12.

Suivant une note écrite en 1693, HÉLOT, auteur du livre de l'*Escolle des filles*, fut pendu en effigie à ce sujet; les exemplaires furent brûlés au pied de la potence; le libraire fut condamné à peine afflictive. Chauveau, célèbre graveur, avait gravé l'estampe ou le frontispice de ce livre, sans savoir à quoi il était destiné : il fut fort embarrassé pour cette gravure. V. T.

4667. École (l') des Francs-Maçons (par COURET DE VILLENEUVE). *Jérusalem*, 1748, *in*-12.

668. École (l') des médecins de Salerne, enrichie de plusieurs beaux et doctes discours (par Louis Martin). *Lyon*, 1660, *in*-12. Voyez les mots *Eschole de Salerne*.

C'est sans fondement qu'on attribue cette version à Guy Patin.

669. École (l') des pères et mères, ou les trois Infortunés (par l'abbé Sabatier de Castres). *Amsterdam et Paris*, *L. C. de Hansy*, 1767, 2 *vol.* *in*-12.

670. École (l') du bonheur, ou Tableau des vertus sociales (par Sigaud de la Fond). *Paris*, *rue et hôtel Serpente*, 1782, *in*-12. — Nouvelle édition, augmentée. *Paris*, 1791, 2 *vol. in*-12.

671. École (l') du chirurgien, ou les Principes de la chirurgie, par un docteur en médecine de la faculté de Montpellier (G. Charl. le Clerc). *Paris*, *Michallet*, 1684, *in*-12.

672. École du gentilhomme, ou Entretiens de feu M. le chevalier de B. avec son neveu, publiés par M. M. B. de G... (Maubert de Gouvest). *Lausanne*, *P. A. Verney*, 1754, *in*-12.

673. École du jardin potager (par de Combes). *Paris*, *Boudet*, 1750, 2 *vol. in*-12.

Il y a eu depuis plusieurs éditions avec le nom de l'auteur, que les éditeurs ont mal à propos écrit de Combles.

674. École (l') du monde, à l'usage des jeunes gens de l'un et l'autre sexe (par de Boisminon). *Amsterdam*, 1770, 2 *vol. in*-12. V. T.

675. École (l') du monde, dialogue en vers, précédé du prologue de l'ombre de Molière (par la Fosse). *Amsterdam*, 1739, *in*-8 *de* 56 *pages*.

676. École du monde, ou Instruction d'un père à son fils touchant la manière dont il faut vivre dans le monde (par le Noble). *Paris*, 1695, *in*-12.

Réimprimé plusieurs fois avec des augmentations, sous le nom de l'auteur. Ces éditions sont en 4 vol. in-12.

4677. École (l') du pur amour de Dieu dans la vie d'une pauvre fille idiote, *Armelle Nicolas*, décédée en Bretagne; par une fille religieuse de sa connoissance (Jeanne de la Nativité, ursuline de Vannes, ou plutôt dom Olivier Échallard, bénédictin) : nouvelle édition (publiée par Pierre Poiret). *Cologne* (*Hollande*), 1704, *in*-12.

La première et la seconde éditions ont paru en France en 1676 et 1683, sous le titre de *Triomphe de l'amour divin*. Ce livre va de pair avec celui de la *Vie de la sœur de la Nativité*, dont on vient de publier plusieurs éditions. (*Article de M. Boulliot.*)

4678. École (l') d'Uranie, ou l'Art de la peinture, traduit du latin d'Alph. Dufresnoy (par de Piles) et de M. l'abbé de Marsy (par de Querlon), avec des remarques; édition revue et corrigée (par de Querlon). *Paris*, *le Mercier*, 1753, *in*-8.

4679. École (l') du Sauveur, ou Bréviaire du chrétien (traduit du latin de Jacques Peanat, docteur en théologie et en droit canon, par l'abbé Chomel). *Paris*, *chez le traducteur et chez Crapart*, 1791-1793, 7 *vol.* *in*-12.

Le septième volume est de la composition du traducteur; il a pour titre : *L'École du Sauveur sur les mystères*, 2 parties.

4680. École historique et morale du Soldat et de l'Officier (rédigée par M. Bérenger). *Paris*, *Nyon l'aîné*, 1788, 3 *vol. in*-12.

4681. École militaire, ouvrage composé par ordre du gouvernement (par l'abbé Raynal). *Paris*, *Durand*, 1762, 3 *vol. in*-12.

4682. Écolier (l') en vacance, ou Voyage de la Haye à Bruxelles (par DE VILLENEUVE). *La Haye, Aillaud*, 1764, *in*-8.

4683. Économe (l') politique, projet pour enrichir et pour perfectionner l'espèce humaine (par FAIGUET). *Paris, Moreau*, 1763, *in*-12.

L'auteur a reproduit cet ouvrage en 1766, sous ce titre : L'Ami des pauvres, ou l'Économe politique..., avec deux Mémoires intéressans sur les maîtrises et sur les fêtes, in-12.

On a essayé des signes ou caractères nouveaux pour l'impression du dernier. Il est signé FAIGUET, T. D. F. (trésorier de France), de la société de Bretagne. Cet auteur avait été maître de pension à Paris.

Voyez le n° 561.

4684. Économie de la nature (par le baron DE BERNSTORFF). *Amsterdam et Paris, Didot le jeune*, 1783, *in*-8. V. T.

Permission tacite.

4685. Économie (l') de la Providence dans l'établissement de la religion, suite de la *Religion défendue*, etc. (par SIGAUD DE LA FOND). *Paris, Cuchet*, 1787, 2 *vol. in*-12.

Voyez les mots *Religion défendue*...

4686. Économie de la vie humaine, traduit de l'anglais (de DODSLEY) par L. G. TAILLEFER. *Falaise et Paris, Batilliot le jeune, an* 10 (1802), *in*-12. Voyez le *Bramine inspiré*, *Élixir de la morale indienne*, *Manuel de tous les âges* et *Œconomie de la vie humaine*, titres sous lesquels ont paru d'autres traductions du même ouvrage.

4687. Économie (l') de la vie humaine, traduite sur un manuscrit indien composé par un ancien bramine (traduit de l'anglais de DODSLEY, par DE LA DOUESPE, ministre de l'Église wallonne). *La Haye, Scheurleer*, 1751, *in*-8.

4688. Économie (de l') politique et morale de l'espèce humaine (par HERRENSCHWAND). *Londres, Cooper et Graham* (*vers* 1800), 2 *volumes in*-8.

4689. Économie (de l') politique moderne, discours fondamental sur la population (par HERRENSCHWAND). *Londres*, 1786, *in*-8.

4690. Économie (de l') publique réduite à un principe (par M. Eugène DE VITROLLES). *Paris, Desenne, an* 9 (1801), *in*-8 *de* 96 *pages*.

4691. Économie rurale et civile, première partie, administration; seconde partie, économie domestique (par LE BÈGUE DE PRESLE). *Paris*, 1789, 2 *vol. in*-8.

Cet ouvrage a été continué par M. DE LA LAUZE; il forme aujourd'hui 6 vol.

4692. Économie rustique, ou Notions simples et faciles sur la botanique, la médecine, etc. (par DE MACHY et PONTEAU). *Paris, Lottin le jeune*, 1769, *in*-12.

Je vais transcrire ici ce que j'ai mis sur ce livre, en tête de mon exemplaire :

« Cet ouvrage est l'enfant de plusieurs pères. L'idée, le titre et la préface sont de M. LOTTIN le jeune (Antoine-Prosper); les courtes introductions de chaque livre sont de L. T. H., son ami, ainsi que la première et la cinquième sections du troisième livre. Le premier livre, à commencer par la première section, est du célèbre pharmacien DE MACHY; le second livre, à commencer de même par la première section, est d'un avocat (Nicolas-J.-B. PONTEAU), à l'exception de quelques pages sur les eaux et forêts, conservées de la première édition du *Manuel des champs*; et le troisième livre, depuis la seconde section jusqu'à la cinquième exclusivement, est d'un expert dont celui qui écrit cette note a oublié le nom. Une chose assez plaisante, c'est que le petit traité d'arithmétique, qui de cette manière se trouve être de L. T. H., très-faible calculateur, n'est composé que des extraits qu'il avait faits de RIVARD, étant en philosophie sous l'abbé Rolland, et qui furent trouvés assez exacts par l'expert dont il s'agit, pour pouvoir être mis à la tête de son travail. *Suum cuique.* »

Puisque je suis en train de tout dire, j'ajouterai que, dans la contrefaçon qui fut faite à Liége l'année d'après, on a copié une faute d'impression importante de l'édition de Paris, dans la cinquième section, que je réclame pour moi. J'avais écrit : *Le temps* est la pierre de touche des bâtimens. On a mis *la terre* dans les deux éditions.

(*Note de L. T. Hérissant.*)

4693. Économiques (les), par L. D. H. (l'ami des hommes, c'est-à-dire, le marquis DE MIRABEAU). *Paris, Lacombe,* 1769, 2 *vol. in*-4, *ou* 4 *vol. in*-12.

Voyez les mots *Œconomiques*...

4694. Écossaise (l'), comédie, par M. HUME (par VOLTAIRE), traduite de l'anglais. *Vienne, de l'imprimerie de J. Th. de Trattnern,* 1768, *in*-8.

Cette fameuse pièce a été imprimée pour la première fois sous ce titre :

Le Café, ou l'Écossaise, comédie en cinq actes et en prose, traduite de l'anglais de HUME, par Jérôme CARRÉ ; 1760, *in*-12.

J'ai oublié de la placer à la lettre C.

4695. Écosseuses (les), ou les OEufs de Pâques (par VADÉ, le comte DE CAYLUS et la comtesse DE VERRUE). *Troyes, veuve Oudot,* 1739, *in*-12. Réimprimé dans les *OEuvres badines* du comte de Caylus.

Note manuscrite de Jamet le jeune.

4696. Écrans contenant en quatre cartons cinq tables de règles de la prononciation latine, et celles de la conjugaison françoise (par Laurent Et. RONDET). *Paris, Rondet,* 1726, *in*-4.

Voyez le *Journal des Savans*, avril 1726, petit in-12, édition de Hollande, p. 528 ; février 1727, p. 286.

On lira peut-être ici avec intérêt le *privilége* suivant, qui est d'un genre particulier :

« Notre bien-aimé *Laurent-Etienne Rondet fils*, nous ayant représenté qu'il désireroit travailler par ses mains dans l'imprimerie de *Laurent Rondet son père*, libraire, exerçant l'imprimerie dans notre bonne ville de Paris, pour faire graver ou imprimer des feuilles qui ont pour titre *Étrennes* ou *Ecrans*, s'il nous plaisoit de lui accorder nos lettres de privilége sur ce nécessaires ; à ces causes, nous voulant favoriser l'*exposant, âgé de sept ans et demi*, et récompenser son amour pour sa profession, qui nous a été connu par un abrégé de la grammaire hébraïque (de Nicolas Henry), dont il a fait la composition (c'est-à-dire, en termes de l'art, l'assemblage des lettres qui forment les planches destinées à l'impression), nous lui avons permis et permettons par ces présentes de faire graver ou imprimer lesdites feuilles ou *Etrennes en écrans*, et de les faire vendre et débiter par tout notre royaume, etc. Donné à Paris le 30 *novembre, l'an de grace* 1724. Ce privilége est enregistré sur le *registre VI de la chambre royale des libraires et imprimeurs de Paris*, et l'enregistrement daté *du* 19 *décembre suivant*. Ce fut en vertu de ce privilége que parurent les premiers *écrans imprimés*, qui bientôt furent suivis de plusieurs autres ; ils étoient environnés d'un quadre dessiné en cuivre fondu. » (*Extrait de la notice des travaux littéraires de Laurent-Etienne Rondet, écrite de sa propre main, in*-4 *de* 23 *pages.*)

4697. Écrit où l'auteur du *Discours sur la prédication* explique un des principaux moyens qu'il a proposés pour la rendre plus utile au public (par GUIOT, conseiller). *Paris, J. Estienne,* 1715, *in*-12.

4698. Écrivains (les) de l'histoire Auguste, traduits en françois (par DE MOULINES). *Berlin, Decker,* 1783, 3 *vol. in*-12. — Nouvelle édition, revue et corrigée, avec une notice sur la vie du traducteur (par Ant.-Alex. BARBIER). *Paris, imprimerie bibliographique,* 1806, 3 *vol. in*-12.

4699. Écu (l') de six francs (par CARACCIOLI). *Genève et Paris, Esprit,* 1778, *in*-12.

4700. Écueils (les) du sentiment (par L'ESCALOPIER DE NOURAR). 1756, *in*-12.

4701. Écumoire (l') ou Tanzaï et Neardané, histoire japonnoise (par CRÉBILLON fils). *Pékin,* (*Paris*), 1734, 2 *vol. in*-12.

Réimprimé sous le titre de *Tanzaï et*

Néardané. C'est une satire du cardinal de Rohan, de la constitution *Unigenitus*, et de la duchesse du Maine.

4702. Édèle de Ponthieu, nouvelle historique (par DE VIGNACOURT). *Paris, Jean-Antoine Robinot*, 1723, 2 *vol. in*-12.

4703. Édelzinde, fille d'Amalazonte, reine des Goths (par M. DE FRESNOY). *Strasbourg, frères Gay*, et *Paris, Durand*, 1780, 2 *parties in*-12.

Voltaire goûta beaucoup la société de cet auteur. Voyez *Mon Séjour auprès de Voltaire*, par Collini, *Paris*, 1807, in-8, p. 111 et 186 et suiv.

4704. Edgard ou le Pouvoir du remords; traduit de l'anglais de R. SIKELMORE (par T. P. BERTIN). *Paris*, 1799, 2 *vol. in*-12. V. T.

4705. Édit du roi pour le règlement des imprimeurs et libraires de Paris, (rédigé sur les recherches de J. DE LA CAILLE). *Paris*, 1687, *in*-4.

4706. Edmond et Éléonore, par E. MARSHALL, A. M., traduit de l'anglais par un homme qui aime les mœurs simples (DE CASTÉRA). *Paris, Buisson*, 1797, 3 *vol. in*-12.

4707. Édouard, ou Tableaux variés de la nature humaine, etc., traduit de l'anglais du docteur MOORE (par CANTWEL). *Paris, Maradan*, 1797, 3 *vol. in*-12.

4708. Éducation (de l') (par M. Nicolas HALMA, né à Sedan le 31 décembre 1755, successivement professeur de mathématiques et principal du collége de Sedan, secrétaire de l'École polytechnique, professeur de géographie au Prytanée de Paris, et maintenant chanoine honoraire de l'église de Notre-Dame). *Bouillon (Précourt)*, 1791, in-8. *de* 237 *pages*.

4709. Éducation (de l') belgique, ou Réflexions sur le plan d'études adopté par Sa Majesté pour les colléges des Pays-Bas autrichiens (par LESBROUSSART). *Bruxelles, Lemaire*, 1783, *in*-12.

4710. Éducation (de l') chrétienne des enfans, selon les maximes de l'Écriture Sainte et les instructions des SS. PP. de l'Église (par Alexandre VARET). *Paris, Pierre Promé*, 1666, *in*-12. *Bruxelles, Foppens*. (*Leyde, Elzevier*) 1669, *in*-12.

4711. Éducation (de l') chrétienne des filles, ouvrage distribué en plusieurs instructions sur les sujets les plus importans de la morale; seconde édition. *Paris*, 1740, *in*-12.

Ce livre, qui, selon le *Journal des Savans*, mai 1740, ne peut convenir « qu'aux personnes qui prennent le parti de la retraite, et qui se livrent entièrement à la vie austère », a pour auteur SALAS, prêtre languedocien, établi à Lyon, d'où M. de Saint-Georges, archevêque alors, eut le chagrin d'être forcé par la cour de l'éloigner. C'est M. TABOURIN qui a procuré cette réédition de 1740. La première avait paru à *Lyon, chez Boudet*, 1710, *in*-12, sous le titre d'*Instructions sur divers sujets de morale, pour l'éducation chrétienne des filles*. Voyez Patouillet, *Dictionnaire des Livres jansénistes*, t. 2, p. 332. (*Note tirée du catalogue de la Doctrine chrétienne*, par M. Boulliot.)

4712. Éducation civile d'un prince, par L. D. H. (l'ami des hommes, le marquis DE MIRABEAU). *Dourlac, Muller*, 1788, *in*-8.

4713. Éducation (l') de l'Amour, par l'auteur des *Mémoires du marquis de Solanges* (DESBOULMIERS). *Amsterdam et Paris, le Jay*, 1769, 2 *parties in*-12.

Cet ouvrage est une nouvelle édition augmentée de *Rose, ou les Effets de l'Amour*, etc., roman publié par le même auteur en 1766.

4714. Éducation (de l') des dames pour la conduite de l'esprit dans les sciences et dans les mœurs (par Fr. Poullain de la Barre). *Paris*, *Dezallier*, 1679, *in*-12.

4715. Éducation (de l') des femmes, avec une notice alphabétique des femmes illustres (par Riballier, frère du théologien). *Bruxelles et Paris, frères Estienne*, 1779, *in*-12.

4716. Éducation (de l') des filles, par Fénélon, nouvelle édition (augmentée d'un Avertissement par l'abbé Basile). *Paris*, *Hérissant*, 1763. *in*-12.

4717. Éducation (de l') des Princes destinés au trône, par M. Basedou, traduit de l'allemand par M. de B.... (de Bourgoing, officier au régiment d'Auvergne). *Yverdun, la Société littéraire et typographique*, 1777, *in*-8.

4718. Éducation (l') du marquis de***, ou Mémoires de la comtesse de Zurlach, par madame de P... (de Puisieux). *Paris*, *Bauche*, 1755, 2 *vol. in*-12.

4719. Éducation (de l') d'un jeune Seigneur (par l'abbé Baudouin). *Paris*, *Jacques Estienne*, 1728, *in*-12.

4720. Éducation (de l') d'un Prince, par le sieur de Chanterenes (P. Nicole). *Paris*, *veuve Savreux*, 1670, *in*-12.

Ce volume forme le second tome des *Essais de morale*.

4721. Éducation (l'), Maximes et Réflexions de M. de Moncade, avec un Discours du sel dans les ouvrages d'esprit (par D. Bonaventure d'Argonne). *Rouen*, *veuve Amaulry*, 1691, *in*-12.

Coste, dans les pièces liminaires de ses éditions de Montaigne, attribue cet ouvrage à M. de la Chétardie.

4722. Éducation (de l') philosophique de la jeunesse, ou l'art de l'élever dans les sciences humaines (par l'abbé de la Mothe). *Paris*, *Cailleau*, 1767, 2 *parties in*-12.

4723. Éducation (de l') physique et morale des deux sexes (par Riballier, frère du théologien). *Paris*, *Nyon l'aîné*, 1785, *petit in*-12.

4724. Éducation (l'), poëme divisé en deux chants (par Lavau). 1739, *in*-8. *de* 34 *pages*.

4725. Éducation (l'), poëme en quatre chants.....; la Conquête de la Sicile.....; Traduction en vers des quatre premiers livres de l'Énéide de Virgile, par J. Fr. M. (J. Fr. Mutel de Boucheville). 1807 *et* 1809, 2 *vol. in*-8.

Voyez la *Biographie universelle*.

4726. Éducation (l'), poëme en quatre chants, par M. J. La....t. (Lacourt). *Paris*, *marchands de nouveautés*, 1803, *in*-12.

4727. Éducation (l'), poëme en quatre discours (par Ph.-Simon de Calvi, de Semur en Auxois). *Paris*, *Guillyn*, 1757, *in*-8.

Cet ouvrage est dédié au duc de Cadaval, dont l'auteur avait été gouverneur. (*Note de M. Louis Dubois*, ancien bibliothécaire de l'Orne.)

C'est donc à tort que la *France littéraire* de 1769 attribue cet ouvrage au chevalier de Cogolin.

4728. Éducation (de l') publique, avec cette épigraphe : *Populus sapiens*, *gens magna*. Deut. 4. (ouvrage attribué à Diderot). *Amsterdam*, 1763, *in*-12.

La moitié de cet ouvrage paraît écrite par un philosophe, et l'autre moitié par un janséniste. C'est sans doute ce qui a empêché Naigeon de l'insérer dans la collection des Œuvres de Diderot. Je serais porté à croire que celui-ci l'a rédigé sur les notes qui lui ont été fournies par un disciple de Port-Royal.

Depuis l'impression de cet article en 1806, j'ai trouvé un exemplaire de cet ouvrage avec une note manuscrite qui le donnait à

CARVIER. Le caractère connu de ce professeur rend cette note très-vraisemblable.

4729. Effet des assignats sur le prix du pain, par un *Ami du peuple* (DUPONT de Nemours). *Paris*, 1790, *in*-8. V. T.

Voyez le *Point du jour*, t. 14, p. 105.

4730. Effets de l'air sur le corps humain, considérés dans le son, ou Discours sur la nature du chant (par le marquis DE MEZIÈRES). *Amsterdam et Paris, Lambert*, 1760, *in*-8.

4731. Effets (les) de l'amour du bien public dans l'homme d'état, considérés dans la vie de Suger (par GIN). *Lyon et Paris, Moutard*, 1779, *in-8 de* 61 *pages*.

Inséré dans le tome cinquième de la *Religion*, par un homme du monde, ouvrage du même auteur.

4732. Effets (les) de l'impôt indirect prouvés par les deux exemples de la gabelle et du tabac (par LE TROSNE). 1770, *in*-12.

4733. Effets des passions, ou Mémoires de M. de Floricourt (par DUBOIS-FONTANELLE). *Londres et Paris*, 1768, 3 *vol. in*-12.

4734. Effets (les) divers de l'amour divin et humain, en latin et en françois, richement exprimés par petits emblêmes tirés des Saintes Écritures et des SS. Pères (par Michel VAN-LOCHOM). *Paris, Guil. Lenoir*, 1628, *in*-16.

4735. Effets d'un privilége exclusif sur les droits de propriété, etc. (par ABEILLE). *Paris*, 1764, *in*-8 *de* 82 *pages*.

4736. Effusions du cœur, ou Entretiens spirituels et affectifs d'une ame avec Dieu, sur chaque verset des psaumes et des cantiques de l'Église (par dom Robert MOREL, bénédictin). *Paris, Vincent*, 1716, 4 *vol. in*-12.

Réimprimé plusieurs fois depuis.

4737. Égalité (de l') des deux sexes, discours moral et physique, où l'on voit l'importance de se défaire des préjugés (par François POULLAIN DE LA BARRE et par FRELIN). *Paris, Dupuis*, 1673, *in*-12.

Voy. la *République des Lettres*, par Bayle, *décembre* 1685, à la fin de la table.

4738. Égalité des hommes et des femmes (par mademoiselle DE GOURNAY). 1622. *in*-8.

4739. Égalité (de l'), ou Principes généraux sur les institutions civiles, politiques et religieuses, précédés de l'éloge de J.-J. Rousseau (par D'ESCHERNY, comte du Saint-Empire). *Paris, Fuchs*, 1796, 2 *vol. in*-8.

Cet ouvrage a été annoncé en 1798, sous le titre de la *Philosophie de la Politique, ou Principes généraux sur les institutions sociales*.

4740. Égaremens (les) de Julie (par PERRIN, avocat). *Paris*, 1755, 3 *parties in*-12; *souvent réimprimés*.

4741. Égaremens (les) de la philosophie, pour servir de supplément au livre intitulé: *Le Déisme réfuté par lui-même* (par l'abbé MARC, ancien professeur de philosophie en l'université de Nancy). *Amsterdam, Marc-Michel Rey* (*Nancy*), 1777, *in*-12.

4742. Égaremens (les) du cœur et de l'esprit (par DE CRÉBILLON fils). *La Haye*, 1736, 1764, 2 *parties in*-12.

4743. Égide (l') de Pallas, ou Théorie et pratique du jeu des dames (par don Diego Cavallero DEL QUERCETANO). *Paris*, 1727, *in*-8. V. T.

Voyez le catalogue de Crevenna, *Amsterdam*, 1789, 5 vol. in-8, n° 2887.

4744. Égléides (les), poésies amoureuses, par M. P. (Poinsinet de Sivry). *Londres et Paris*, 1754, *in*-8.

745. Église (l') constitutionnelle confondue par elle-même (par l'abbé Berardier et par M. l'abbé Blandin, aujourd'hui chanoine d'Orléans). *Paris, Crapart*, 1792, *in*-8.

746. Église (l') de France affligée, où l'on voit d'un côté les entreprises de la cour contre les libertés de l'Église, et de l'autre les duretés avec lesquelles on traite en ce royaume les évêques et les prêtres, etc., qui n'approuvent pas les entreprises de la cour ni la doctrine des Jésuites; par Fr. Poitevin (dom Gerberon). *Cologne, Pierre le Vray*, 1688, *in*-8.

4747. Église (l') de Saint-Quentin en Vermandois, toujours maintenue dans ses droits contre les évêques de Noyon (par Cl. Bendier). *Sans nom de ville ni date* (1691), *in*-4. V. T.

4748. Église (de l'), du Pape, de quelques points de controverse, et moyens de réunion de toutes les églises chrétiennes (par Dutens). *Genève*, 1781, *in*-8; *réimprimé plusieurs fois sous le nom de l'auteur.* La dernière édition est intitulée : *Considérations théologo-politiques sur les moyens de réunir, etc.* 1798, *in*-8.

4749. Église protestante (l') justifiée par l'Église romaine, sur quelques points de controverse (par Graverol, ministre à Lyon). *Genève*, 1682, *in*-12.

4750. Église (l') romaine pleinement convaincue d'anti-christianisme (par du Vidal). *Amsterdam*, 1701, *in*-12. V. T.

4751. Églises (des) et des temples des chrétiens (par Jean Girard de Villethierry). *Paris, Pralard*, 1706, *in*-12.

4752. Églogue et deux sonnets (par Declaire). *Paris, Bastien*, 1772, *in*-8 *de* 19 *pages.*

4753. Églogue ou Bergerie à quatre personnages. *Lyon*, 1563, *in*-8. — Églogue ou Bergerie à cinq personnages. *Lyon*, 1563, *in*-8.

Ces deux ouvrages sont de F. D. B. P.

De Beauchamps, dans ses *Recherches sur les Théâtres*, pense que ces lettres pourraient bien signifier : *Ferrand de Ber, Parisien.* V. T.

4754. Égyptienne (l'), poëme épique en douze chants (par le P. Romain Joly, capucin). *Paris, Lacombe*, 1776, *in*-12.

Il y a une seconde édition de cet ouvrage sous le titre suivant : *L'Egyptiade*, ou le Voyage de S. François d'Assise à la cour du roi d'Egypte; *Paris, Jaubert*, 1786, *in*-12, avec le nom de l'auteur.

4755. *Eikon Basilike.* Le pourtraict du Roy de la Grand'Bretagne, fait de sa propre main durant sa solitude et ses souffrances (composé par le docteur Gauden, évêque d'Exeter); revu, corrigé et augmenté de nouveau. *Paris, Louis Vendosme*, 1649, *petit in*-12.

Cette traduction est celle que Bayle cite à l'article *Milton*. On voit que l'édition n'est pas la première. Le sieur Porrée, traducteur, a signé son épître dédicatoire à Charles II. On trouve ensuite un *avis au lecteur chrétien* de 31 pages.

L'édition originale de cette traduction me paraît être celle qui a pour titre : *Eikon Basilike*, ou Portrait royal de sa majesté de la Grande-Bretagne dans ses souffrances et ses solitudes, contenant ses méditations sacrées, prières, derniers propos, conférences de Neufchastel avec Henderson touchant le gouvernement de l'Eglise anglicane, et quelques autres pièces non encore mises en lumière. *Imprimées à la Haye l'an* 1649, petit in-12. L'épître dédicatoire à Charles II est datée de l'utopie des Trinobantes, *septembre* 1649, et signée *Philanax*. On trouve ensuite des vers sur le *portrait royal*. Vient après une seconde épître dédicatoire au comte de Bristol, signée D. C. L'*avis au lecteur* n'a que neuf pages et demie.

Le volume est terminé par des poésies du sieur D. C., qui ont pour titre : *Métamorphoses des îles Fortunées, à la Reyne douairière de la Grande-Bretagne*. Ces lettres initiales désignent Denis CAILLOVE, de Rouen, si j'en crois M. Pluquet, qui travaille depuis plusieurs années à une histoire des hommes célèbres de Normandie.

Ce traducteur, dans son épître à Charles II, dit avoir épousé depuis quelques années une Anglaise ; son *âge*, sa *condition* et son *éducation* ne lui avaient jamais donné lieu de s'approcher de la personne de Charles I. Il l'approcha cependant dans le temps de ses malheurs.

Il est assez évident que le sieur PORRÉE n'a fait que revoir dans quelques endroits la traduction de CAILLOVE, imprimée soi-disant à la Haye, mais réellement à Londres.

4756. Élection (de l') des Évêques et nomination des Curés, d'après les monumens de l'Histoire ecclésiastique (par CLÉMENT DE BOISSY). *Paris, Longuet*, 1791, *in-8 de 216 pages*.

4757. Élections (des) des Évêques et de la manière d'y procéder (par l'abbé CLÉMENT, depuis évêque constitutionnel de Versailles). *Paris*, 1790, *in-8*. V. T.

4758. Élections (des) qui vont avoir lieu, considérées sous le rapport des vrais intérêts de tous les Français et du Gouvernement, à l'époque du 1er août 1815; par un membre d'un collége électoral (Marc-Antoine JULLIEN). *Paris, Babeuf*, 1815, *in-8 de 40 pages*.

4759. Électre d'EURIPIDE, tragédie traduite du grec (par LARCHER). *Paris, Cailleau*, 1750, *in-12*; et dans le *Théâtre bourgeois*, 1765, *in-12*. Voyez ces mots.

4760. Électricité (l'), son origine et ses progrès, poëme en deux livres, traduit de l'allemand par M. l'abbé Jos.-Ant. DE C. (Georges-Mathias BOSE, auteur de l'ouvrage). *Leipzig*, 1754, *in-12*.

Voyez la *Biographie universelle*.

4761. Électricité (l') soumise à un nouvel examen dans différentes lettres adressées à M. l'abbé Nollet, par l'auteur du *Dictionnaire de Physique* (le P. PAULIAN). *Paris, veuve Girard*, 1768, *in-12*.

4762. Élégantes Épîtres, extraites du Panégyrique du chevalier sans reproche Louis de la Trémoille, composées par le *Traverseur des voyes périlleuses* (J. BOUCHET). *Paris*, 1536, *in-8*.

4763. Élégie composée dans un cimetière de campagne, traduite en français, vers pour vers, de l'anglais de GRAY, par M. P. G. D. B. (Pierre GUÉDON DE BERCHÈRE), avec une traduction en vers latins de la même pièce, par un membre de l'université de Cambridge. *Paris*, 1788, *in-8 de 21 pages*.

4764. Élégie de ce que la Lorraine a souffert depuis quelques années, par la peste, famine et guerres (par Jean HÉRAUDEL, avocat à Nancy). *Nancy, Charlot*, 1660, *in-4*.

Cette élégie est la traduction du livre intitulé : *Deplorandi Lotharingiæ Status*. Voyez ces mots au Catalogue des Anonymes latins.

4765. Élégies (les) choisies des Amours d'OVIDE, traduites en vers françois (par le marquis DE VILLÈNES, gouverneur de Vitry-le-François). *Paris, Barbin*, 1667, *petit in-12*.

Des exemplaires datés de *Paris*, chez Barbin, 1668, ou Charles Osmont, 1672, portent le nom du traducteur sur le frontispice.

4766. Élégies de M. L. B. C. (l'abbé LE BLANC), avec un discours sur ce genre de poésie. *Paris, Chaubert*, 1731, *in-8*.

4767. Élégies (les) de Tibulle, chevalier romain, en quatre livres, de la traduction de M. D. M. A. D. V. (de Marolles, abbé de Villeloin). *Paris, G. Deluyne*, 1653, *in*-8.

4768. Élégies de Tibulle, traduction nouvelle (par M. de Pastoret). *Paris, Pierres*, 1784, *in*-8.

4769. Élégies de Tibulle avec des notes, suivies des Baisers de Jean Second, traduction nouvelle par le comte de Mirabeau. *Tours, le Tourmy*, 1796, 3 *vol. in*-8.

Le troisième volume contient des *Contes et Nouvelles*. Voyez les mots *Recueil de Contes*.

Lachabeaussière a écrit aux rédacteurs de la *Décade philosophique* (voyez le n° 79, ou le 28 juin 1796) que cette traduction n'était autre chose, à quelques corrections et additions près, qu'un manuscrit confié par lui au comte de Mirabeau, son ami, vers l'année 1776. Des circonstances particulières les ayant brouillés vers l'an 1781, il n'entendit plus parler de son manuscrit, destiné de sa part à l'oubli.

4770. Elégies sacrées, tirées des Lamentations de Jérémie (par P. J. Masson). *Paris*, 1754, *in*-12.

4771. Élégies sur les neuf leçons de Job (par de la Groudière). *Paris*, 1660, *in*-12. V. T.

4772. Élémens d'agriculture, ou Traité de la manière de cultiver toutes sortes de terres (par Mallet); nouvelle édition. *Paris, an* 3 (1794), *in*-12.

Même ouvrage probablement que le *Précis élémentaire d'agriculture*, publié avec le nom de l'auteur, en 1780, Paris, chez Belin, in-12.

4773. Élémens d'algèbre, à l'usage de l'école centrale des Quatre-Nations (par S. F. Lacroix). *Paris, an* 9 (1801), *in*-8.

Réimprimés plusieurs fois avec le nom de l'auteur.

4774. Élémens d'algèbre, par Léonard Euler, traduits de l'allemand (par J. Bernoully), avec des notes et additions (par Lagrange). *Lyon, Bruyset*, 1774, *et an* 3 (1795), 2 *vol. in*-8.

4775. Élémens d'architecture, de fortification et de navigation, par P. D. L. F. (Papillon de la Ferté). *Paris, veuve Ballard*, 1787, *in*-8.

4776. Élémens d'astronomie et de géographie, à l'usage des négocians (par Panckoucke). *Lille*, 1739, *in*-12.

4777. Élémens de chimie, par Herman Boerhaave, traduits du latin (par Allamand, et augmentés par Tarin). *Paris*, 1754, 6 *vol. in*-12.

4778. Élémens de chimie théorique et pratique (par Guyton de Morveau, Maret et Durande). *Dijon, Frantin*, 1777, 3 *vol. in*-12.

4779. Élémens de conversation espagnole, ou Dialogues espagnols et français, à l'usage des deux nations, par .... (Baldwin). *Paris, L. Théophile Barrois fils*, 1803, *in*-8.

4780. Élémens de docimastique, ou l'art des Essais, traduit du latin de Cramer (par Villiers). *Paris, Briasson*, 1755, 4 *vol. in*-12.

4781. Élémens de Géographie (par P. Moreau de Maupertuis). *Paris*, 1740, *in*-8.

4782. Élémens de géographie, à l'usage des maisons d'éducation (par Milcent). *Paris, an* 9 (1801), *in*-12. V. T.

4783. Élémens de géographie, avec l'épigraphe : *Mores hominum multorum spectat et urbes*. Hor. *Art poét.* (par Papillon de la Ferté). *Paris, veuve Ballard*, 1783, *in*-8 *de* 116 *pages, avec* 20 *cartes géographiques*.

4784. Élémens de géographie, ou nouvelle Méthode simple et abrégée pour apprendre en peu de temps et sans peine la géographie. On y a joint une liste des meilleures géographies et voyages dans toutes les parties du monde; par M. D. S. H. (probablement DE SAINT-HILAIRE). *Paris, Nyon*, 1750, *in*-8.

4785. Élémens de géométrie de monseigneur le duc de Bourgogne. *Trévoux*, 1705, *in*-4.

La dédicace, au duc de Bourgogne, est du *sieur* BOISSIÈRE, bibliothécaire du duc du Maine, qui se donne pour l'éditeur de cet ouvrage. On voit dans sa préface qu'il était *écrit de la propre main* du prince, et *qu'on peut dire qu'il est de sa composition*; que cependant M. DE MALEZIEU y a eu une grande part (et aussi lui est-il communément attribué); que le fond de ces élémens n'est pas fort différent de ceux de M. ARNAULD, qui sont beaucoup plus féconds que les élémens d'Euclide, plus aisés à comprendre et à retenir. (*Note de M. Boulliot.*)

4786. Élémens de géométrie, ou de la mesure de l'étendue, etc., par le P. LAMY, de l'Oratoire. Septième édition, augmentée d'un abrégé de l'analyse, de l'application de l'algèbre à la géométrie, et d'un traité complet des sections coniques (par DES MAREST). *Paris, Jombert*, 1758, *in*-12.

4787 Élémens de géométrie, traduits de l'anglois de Thomas SIMPSON (par DARQUIER). *Paris, Vincent*, 1755, *in*-8.

4788. Élémens de Jurisprudence, par M. R.... (RABELLEAU). *Paris, Delormel*, 1762, *in*-8.

4789. Élémens de la géométrie de l'infini (par FONTENELLE). *Paris, imprimerie royale*, 1727, *in*-4.

4790. Élémens de la Grammaire françoise, à l'usage des enfans qui apprennent à lire, en deux parties (par RIVARD). *Paris, Butard*, 1760, *in*-12.

4791. Élémens de la Grammaire françoise, à l'usage des petites écoles (par RIVARD). *Paris, Butard*, 1760, *in*-12.

4792. Élémens de la guerre (par LE ROI DE BOSROGER). *Paris, Costard*, 1773, *in*-8. V. T.

4793. Élémens de la langue russe, ou Méthode courte et facile pour apprendre cette langue par le françois (par CHARPENTIER, natif de Bierne, près Rethel). *Saint-Pétersbourg*, 1768, *in*-8.

4794. Élémens de la morale universelle, ou Catéchisme de la nature, par feu M. le baron D'HOLBACH (ouvrage refondu et mis au jour par NAIGEON). *Paris, G. de Bure*, 1790, *in*-18.

4795. Élémens de la philosophie morale, traduits du latin de P. D. M. (Pierre DU MOULIN le père) (traduits par lui-même). *Sedan, Abdias Buizard*, 1624, *in*-12 *et in*-24; *Rouen, Jacq. Cailloué*, 1629, *in*-12 *et in*-24; *Paris*, 1631, *in*-24; *Genève, Pierre Aubert*, 1637, *in*-8.

4796. Élémens de la philosophie newtonienne, par le docteur PEMBERTON; traduits de l'anglois (par Elie DE JONCOURT), *Amsterdam*, 1755, *in*-8.

4797. Élémens de la philosophie rurale (par le marquis DE MIRABEAU). *La Haye, libraires associés*, 1767, *in*-12.

4798. Élémens de la police d'un état (par DE FELICE). *Yverdun*, 1781, 2 *vol. in*-12.

4799. Élémens de la Politique, ou Recherche des vrais principes de l'économie sociale (par le comte DU BUAT). *Londres*, 1773, 6 *volumes in*-8.

800. Élémens de l'art des accouchemens, par J. G. Roederer, traduits sur la dernière édition par M. *** (Patris, médecin à l'île de Cayenne). *Paris, Didot le jeune*, 1765, *in*-8.

801. Élémens (les) de l'art du Comédien, ou l'art de la représentation théâtrale, par P. P. D. (Dorfeuille). *Paris, an* 9 (1801), *in*-12. V. T.

802. Élémens de l'art militaire, par d'Héricourt, nouvelle édition, augmentée des nouvelles ordonnances militaires, depuis 1741 jusqu'à présent (par la Chenaye des Bois). *Paris, Jombert*, 1752-1758, 6 *vol. in*-12.

803. Élémens de la tactique de l'infanterie, ou instruction d'un lieutenant-général prussien (de Saldern) pour les troupes de son inspection; traduits de l'allemand, avec plans. *Sans indication de lieu*. 1783, *in*-8.

804. Élémens de l'éducation (par de Bonneval). *Paris, Prault*, 1743, *in*-12.

805. Élémens de l'Histoire d'Allemagne, par l'abbé Millot (ou plutôt par M. Duchatel). *Paris, Le Normant*, 1807, 3 *vol. in*-12.

806. Élémens de l'Histoire de France et romaine, de la géographie, de la fable et du blason (par l'abbé de Bellegarde). *Paris, Le Gras*, 1729, 2 *vol. in*-12.

807. Élémens de l'Histoire de Portugal, par Serieys, censeur du lycée de Cahors. *Paris, Demoraine*, 1805, *in*-12.

On assure que cet ouvrage est de l'abbé Raynal, et qu'il parut en 1786, sous le titre d'*Introduction à l'Histoire du Portugal*. Quoi qu'il en soit, M. de Macedo, second secrétaire de légation portugaise à Paris, a prouvé dans trois articles de la *Revue philosophique et littéraire*, t. 45, que cette histoire du Portugal était un tissu d'erreurs grossières.

La seconde partie, intitulée *Mémoire sur les faits les plus mémorables de l'Histoire secrète du Portugal*, est la réimpression de l'*Histoire de don Antoine*, par madame de Sainctonge, 1696, *in*-12.

4808. Élémens de l'Histoire des anciens peuples, par M. P*** (Perreau, gouverneur des enfans de M. de Caraman). *Paris, Costard*, 1775, *in*-8.

4809. Élémens de l'Histoire ecclésiastique, par l'auteur du *Nouveau dictionnaire des hommes illustres* (Chaudon). *Caen, le Roy*, 1785, *in*-8.; — nouvelle édition entièrement refondue. *Caen, le Roy*, 1787, 2 *vol. in*-12.

4810. Élémens (les) de l'Histoire, par l'abbé de Vallemont (nouvelle édition, augmentée par l'abbé le Clerc). *Paris*, 1729, 4 *vol. in*-12.

Quelques bibliographes attribuent à l'abbé Granet les augmentations contenues dans cette édition; ils ont été induits en erreur par le *Second Supplément au Dictionnaire de Moréri* de l'année 1749, et par le *Moréri* de 1759, à l'article de l'abbé de Vallemont. L'abbé Desfontaines, dans la table des matières du *Nouvelliste du Parnasse*, assure que ces augmentations sont de l'abbé le Clerc; et je suis d'autant plus porté à le croire, qu'ayant inséré une notice exacte sur la vie et les ouvrages de l'abbé Granet, son collaborateur, dans le tome vingt-quatrième des *Observations sur les écrits modernes*, il n'a point compris les *Elémens de l'Histoire* parmi les ouvrages réimprimés par les soins de cet abbé.

Ces *Elémens* ont encore été réimprimés en 1745 et en 1758, avec de nouvelles augmentations, dont plusieurs sont de l'abbé Goujet. L'édition de 1758 a cinq volumes; c'est la plus estimée.

4811. Élémens de l'Histoire profane, ancienne et moderne (par l'abbé Jacquet). *Vienne, Trattnern*, 1756, *in*-8.

4812. Élémens de l'Histoire romaine (par MENTELLE). *Paris*, *Delalain*, 1766, *in*-12.

Réimprimés avec le nom de l'auteur en 1773, 2 *vol. in*-12.

4813. Élémens de mathématiques (par le P. PRESTET de l'Oratoire). *Paris*, *Prulard*, 1675, *in*-4.

Réimprimés sous le nom de l'auteur, avec des augmentations, en 1689, 2 *vol. in*-4.

4814. Élémens de mathématiques, par VARIGNON (traduits du latin par l'abbé COCHET). *Paris*, 1731, *in*-4.

4815. Élémens de métaphysique (par M. DE LA ROMIGUIÈRE). *Toulouse*, 1793, 2 *cahiers in*-8.

4816. Élémens de métaphysique, tirés de l'expérience (par l'abbé DE LIGNAC). *Paris*, *Desaint*, 1753, *in*-12.

4817. Élémens de musique théorique et pratique, suivant les principes de Rameau, avec des planches notées (par D'ALEMBERT). *Paris*, *David*, 1752; — nouvelle édition augmentée. *Lyon*, *Bruyset*, 1762. *in*-8., *avec le nom de l'auteur*.

4818. Élémens de nouvelle tactique, ou nouvel art de la guerre, avec des notes étymologiques et historiques (par M. FIEFFÉ-LACROIX). *Metz*, *Antoine*, *et Paris*, *Magimel*, 1803, *in*-8.

4819. Élémens de physiologie (par BERTRAND). *Paris*, 1756, *in*-12.

4820. Élémens de physiologie, traduits du latin de HALLER (par TARIN), *Paris*, 1752 *ou* 1761, *in*-12.

C'est la même édition sous deux dates.

4821. Élémens de physique, par Jean LOCKE; avec les pensées du même auteur sur la lecture et les études qui conviennent à un gentilhomme; ouvrages nouvellement traduits de l'anglais (par Jean SALVEMINI DE CASTILLON). *Amsterdam et Leipsic*, *Schreuder*, 1757, *in*-8.

4822. Élémens de poésie françoise (par l'abbé JOANNET). *Paris*, 1752, 3 *vol. in*-12.

4823. Élémens de poésie latine (par l'abbé TUET). *Sens*, *Tarbé*; *Paris*, *Gogué*, 1778, 1783, *in*-12.

4824. Élémens de topographie militaire, ou Instruction détaillée sur la manière de lever à vue et de dessiner avec promptitude les cartes militaires, par J. L. G. HAYNE, ingénieur royal au service de Prusse, ouvrage traduit de l'allemand; revu et augmenté de notes et figures additionnelles, par un officier au corps impérial du génie de France (M. BAYARD). *Paris*, *Magimel*, 1806, *in*-8.

4825. Élémens des finances (par DUVAL). *Paris*, 1736, *in-fol.* V. T.

4826. Élémens des sciences et des arts littéraires, traduits de l'anglois de Benjamin MARTIN (par DE PUISIEUX). *Paris*, *Nyon*, 1756, 3 *vol. in*-12.

4827. Élémens (les) des sections coniques, démontrées par la synthèse (par MAUDUIT); ouvrage dans lequel on a renfermé le petit traité des sections coniques de M. DE LA HIRE. *Paris*, *Desaint*, 1757, *in*-8.

4828. Élémens d'économie politique, suivis de quelques vues, etc., (par M. D'HAUTERIVE). *Paris*, *imprimerie royale*, 1817, *in*-8.

4829. Élémens d'oryctologie, ou distribution méthodique des fossiles (par BERTRAND). *Neuchatel*, 1770, *in*-8.

4830. Élémens du calcul des probabilités par CONDORCET (publiés par

M. Fayolle). *Paris, Royez*, 1805, *in*-8.

331. Élémens du commerce (par de Forbonnais). *Leyde et Paris*, 1754; —nouvelle édition, augmentée. *Paris*, an 4 (1796), 2 *vol. in*-12.

332. Élémens d'une typographie qui réduit au tiers celle en usage, et d'une écriture qui gagne près des trois quarts sur l'écriture française (par A. Pront). *Paris* an 7 (1799), *in*-8. V. T.

333. Élémens généraux de police, traduits de l'allemand de Justi (par Eidous). *Paris, Rozet*, 1769, *in*-12.

334. Élémens géographiques, ou Description abrégée de la surface du globe terrestre (par l'abbé Jacquet). *Vienne, Trattnern*, 1755, *in*-8.

335. Élémens historiques, ou Méthode courte et facile pour apprendre l'histoire aux enfans (ouvrage traduit du latin d'un jésuite allemand par l'abbé Drouet de Maupertuy). *Paris, Cailleau*, 1730, 2 *vol. in*-12.

336. Élémens philosophiques du citoyen, traité politique où les fondemens de la société civile sont découverts, par Thomas Hobbes; traduits en françois par un de ses amis (Samuel Sorbière). *Amsterdam, Jean Blaeu*, 1649, *in*-8., réimprimés en 1787, avec les traductions de deux autres ouvrages de l'auteur, sous le titre d'*OEuvres philosophiques et politiques* de Hobbes. V. ces mots.

On recherche les exemplaires de l'édition d'Amsterdam, contenant le portrait de l'auteur et une curieuse épître dédicatoire au duc de Devonshire.

337. Élémens (les), poëme (par de Lavergne). *Paris*, 1760, *in*-12.

338. Éléonore de Rosalba, ou le Confessionnal des pénitens noirs, par Anne Radcliffe (traduit en français par Mary Gay-Allard). *Paris*, 1797, 7 *vol. in*-18.

4839. Éléonore et Sophie, ou les Leçons de l'amitié; ouvrage dédié à la jeunesse, par l'auteur d'*Armand et Angela* (mademoiselle de Castellerat). *Paris*, 1809, 3 *vol. in*-12.

4840. Élévations du Chrétien malade et mourant (par l'abbé Jean-Paul Péronet). *Paris*, 1761, *in*-12.

4841. Élève (l') de la Nature (par Beaurieu). *La Haye et Paris*, 1763; *Amsterdam*, 1764, 2 *vol. in*-12; — nouvelle édition, augmentée. *Lille, G. F. J. Lehoucq*, 1771, 1777, 1783; *Paris*, 1794, 3 *vol. in*-12.

Il existe une édition de cet ouvrage avec le nom de J. J. Rousseau.

4842. Élève (l') de la Raison et de la Foi (par l'abbé de Bernière). *Au Mans, Charles Monnoyer*, 1771, 2 *vol. in*-12.

4843. Elève (l') de Minerve, ou Télémaque travesti, en vers (par de Junquières). *Senlis et Paris, Duchesne*, 1759, 3 *vol. in*-12.

4844. Élève (l') de Terpsicore, ou le nourrisson de la Satire (recueil publié par de Boissy). *Amsterdam*, 1718, 2 *vol. in*-12.

4845. Élève (l') du Plaisir, traduit de l'anglais de M. Pratt (par Lemière d'Argis). *Paris, T. Barrois*, 1787, 2 *vol. in*-12.

4846. Elfrida, imité de l'anglais par M. B. de la L... (Belin de la Liborlière), auteur de *Célestine*. *Hambourg*, 1798, 2 *vol. in*-12.

4847. Elfrida ou l'Ambition paternelle, traduit de l'anglais (par M. Morau). *Paris*, 1798, 3 *vol. in*-12.

4848. Élisa de Bermont (par madame d'Argebouse). *Paris, an* 10 (1802), 2 *vol. in*-12.

4849. Élisabeth de S...., ou l'Histoire d'une Russe, publiée par une de ses compatriotes (madame de Golowkin). *Paris*, 1802, 3 *vol. in*-12.

4850. Élisabeth Lange (par M. le Guay). *Paris*, 1807, 3 *volumes in*-12.

4851. Élisabeth, roman (par madame Benoît). *Amsterdam* (*Lyon*), 1766, 4 *parties in*-12.

4852. Élise, ou l'idée d'une honnête femme (par le Bret). *Amsterdam et Paris*, 1766, *in*-12.

Ce volume n'est autre chose que la seconde partie de l'*Honnête Femme* du père du Bosc, cordelier, publiée pour la première fois en 1634, dont le style a été légèrement retouché par le Bret.

4853. Élite de poésies décentes (recueillies et publiées par M. Bérenger ou par l'abbé la Serre). *Lyon*, 1772, 3 *vol. in*-12.

4854. Élite de poésies fugitives. *Londres*, (*Paris*) 1769, 5 *vol. in*-12.

Les trois premiers volumes ont été choisis par Blin de Sainmore, et les deux autres par Luneau de Boisjermain.

4855. Élite de quatrains moraux imités de Pibrac, du Faur et Mathieu, suivie de maximes et adages, par J. A. M.... (Marc de Vesoul) *Paris, Villier, an* 9 (1801), *in*-8.

4856. Élite des nouvelles de toutes les cours de l'Europe (par Sandras de Courtilz). Janvier-mai. *Amsterdam, Louis Duval*, 1698, 5 *vol. in*-12.

Cet ouvrage a été supprimé au cinquième mois, et l'imprimeur banni d'Amsterdam. (*Dictionnaire* de Prosper Marchand, t. 1, p. 293.)

4857. Élixir américain, ou le salut des Dames par rapport à leurs maladies particulières (par de Courcelle). *Châlons*, 1771, *in*-8.

4858. Élixir (l') de la morale indienne ou Économie de la vie humaine composé par un ancien Bramine, et traduit de l'anglois (de Dodsley) *Paris*, 1760, *petit in*-12.

C'est à tort qu'au bas de la première page d'une lettre à M. le comte de ***, qui suit l'avertissement, lord Chesterfield est présenté comme l'auteur de cet ouvrage.

Cette traduction, dont l'auteur n'est pas connu, a été réimprimée la même année à *Amsterdam*, chez Van Harrevelt, sous le titre du *Philosophe indien*.

Voyez le n° 4686.

4859. Élixir (l') littéraire, ou Journal de l'Europe (par J. Fr. de Bastide). 1766, 3 *vol. in*-12.

4860. Elmine, ou la Fleur qui ne flétrit jamais (par Masson). *Berlin*, 1790, *in*-8.

4861. Éloge à l'allemande des réflexions de l'abbé Maury sur les sermons nouveaux de Bossuet (par l'abbé Rive). *Éleutheropolis*, 1773, *in*-8. *de* 94 *pages*.

4862. Éloge de l'agriculture, poëme, par M. J. F. M. (J. Fr. Mutel de Boucheville). 1808, *in*-8.

4863. Éloge de l'âne, lu dans une séance académique par Christophe Philonagre (dom Joseph Cajot); *aux dépens du loisir*, 1782, *petit in*-12.

4864. Éloge de Tite-Antonin, par M. le baron D***. (Deslyons). *Liége*, 1778, *in*-8. *de* 72 *pages*.

4865. Éloge de M. Aubry, ancien prieur bénédictin, membre de l'Académie de Nancy (par M. Psaume). *Nancy et Paris, Colas. Sans date. in*-8. *de* 53 *pages*.

4866. Éloge de M. Augustin-François Pailliet, prêtre du diocèse de Paris, (attribué à M. SAILLANT). *Paris, Charpentier*, 1808, *in*-8. *de* 71 *p.*

4867. Éloge historique de J. Silvain Bailly, suivi de notes et de quelques pièces en prose et en vers (par MÉRARD DE SAINT-JUST). *Londres* (*Paris*), 1794, *in*-18.

Ouvrage tiré sur papier vélin, à vingt-cinq exemplaires seulement.

4868. Éloge de Pierre du Terrail, appelé le chevalier Bayard, sans peur et sans reproche (par l'abbé Hugues DUTEMS). *Paris, Valade*, 1770, *in*-8.

4869. Éloge de messire J.-B.-Charles-Marie de Beauvais, par l'*éditeur* de ses sermons (l'abbé GALLARD). *Paris, Ange Clo*, 1807, *in*-12 *de* 60 *pages.*

Ce n'est que la moitié de l'éloge. L'auteur est mort avant d'en avoir publié la fin.

L'abbé Gallard ressemblait un peu à un théologien bavarois nommé Thomas Raselbach, lequel, ayant entrepris de composer un traité sur le prophète Isaïe, et de l'enseigner publiquement à Vienne, y employa vingt-deux ans, sans en achever seulement le premier chapitre, qui demeura imparfait par la mort de ce docteur.

Ce même abbé Gallard avait été chargé en 1786, par l'assemblée du clergé de France, de préparer l'édition complète des *OEuvres* de l'illustre Fénélon : ses recherches furent si lentes, qu'on a été obligé de le débarrasser de ce travail pour le confier au P. Querbeuf, ex-jésuite, qui ne s'en est pas trop bien acquitté ; car les neuf volumes qu'il a publiés n'offrent aucun travail littéraire sur les ouvrages qu'ils reproduisent.

4870. Éloge de monseigneur Louis-Antoine de Gontaut, duc de Biron, pair et maréchal de France (par l'abbé BARRAL, professeur d'éloquence au collége royal de Montpellier). *Sans indication de lieu.* 1776, *in*-8.

4871. Éloge historique de M. Charles-Guillaume Loys de Bochat, lieutenant-baillival et contrôleur-général à Lausanne, etc. (par CLAVEL DE BRENLES). *Lausanne*, 1755, *in*-8.

Réimprimé dans le dix-septième volume de la *Nouvelle Bibliothèque germanique*, par Formey.

4872. Éloge de Boissier de Sauvages (par E. H. DE RATTE). *Lyon*, 1768, *in*-4. V. T.

4873. Éloge de la ville de Bordeaux (par l'abbé JOUBERT, chanoine). 1767, *in*-12. V. T.

4874. Éloge funèbre de Louis Boucherat, prononcé à Die par un jésuite (le P. CHAPPUYS). *Lyon*, 1700, *in*-4. V. T.

4875. Éloge historique de M. l'abbé Boullemier, garde de la bibliothéque de Dijon (par M. BAUDOT l'aîné, de l'Académie de Dijon). *Dijon, veuve Frantin, an* 12 (1803), *in*-8.

4876. Éloge historique de monseigneur le duc de Bourgogne (par LE FRANC DE POMPIGNAN). *Paris, imprimerie royale*, 1761, *in*-8.

4877. Éloge historique et critique de M. Breyer, chanoine de Troyes (par GROSLEY). *Troyes*, 1753, *in*-12.

4878. Éloge du bienheureux Laurent de Brindes ; discours prononcé lors de la solemnité de sa béatification (par Charles-Louis FONTAINES, archidiacre du diocèse de Lausanne). *Fribourg*, 1784, *petit in*-8.

4879. Éloge de M du Cange, avec une notice de ses ouvrages ; discours couronné par l'Académie d'Amiens en 1764 (par LE SAGE DE SAMINE). *Amiens, Godard, in*-12.

On soupçonna dans le temps Baron, secrétaire perpétuel de l'académie d'Amiens, de s'être caché sous les noms de LE SAGE DE SAMINE, ou de le Sage d'Amiens, et avec d'autant plus de probabilité, que Baron avait proposé le sujet du prix. Louis-Antoine-Prosper Hérissant, mort en 1769 dans son cours de licence en médecine, avait envoyé à Amiens son hommage à la mémoire de du Cange; il eut l'*accessit*: mais l'éloge qu'il avait fait, et qui était vraiment au-dessus de son âge, n'a point été imprimé. (*Note communiquée par L. T. Hérissant.*)

4880. Éloge de M. (Claude) Capperonnier, diacre, professeur de la langue grecque au collége royal, etc. (par LE FEVRE DE SAINT-MARC). *Paris*, 1744, *in*-8.

4881. Éloge de Car (par l'abbé D'ALLAINVAL). *Paris*, 1731, *in*-12.

4882. Éloge de L. Catilina (par LUCET), *Paris*, *Onfroy*, 1780, *in*-8.

4883. Eloge du maréchal de Catinat, dédié à lui-même; discours qui n'a point concouru pour le prix de l'Académie française (par LE SUIRE). *Amsterdam et Paris*, *Quillau*, 1775, *in*-8.

4884. Éloge du maréchal de Catinat (par DE GUIBERT). *Edimbourg*, 1775, *in*-8.

4885. Éloge de Catinat, suivi de notes et de pièces historiques (par Augustin LOTTIN). *Paris*, 1775, *in*-8.

4886. Éloge funèbre de M. de Caylus en style lapidaire (par POTEL). *Auxerre*, 1754, *in*-12. V. T.

4887. Éloge funèbre de M. de Caylus en vers (par S. DE S. ABEL). *Auxerre*, 1754, *in*-12. V. T.

4888. Éloge de Cazalès, député aux États-Généraux, par l'auteur de l'ouvrage intitulé : *De l'Influence des romans sur les mœurs*, (M. REYNOUARD d'Avignon). *Paris*, *Grabit*, 1820, *in*-8. *de* 45 *pages*.

4889. Éloge de Charles V, roi de France, discours qui a concouru pour le prix de l'Académie françoise en 1767, avec cette épigraphe: *Unus qui nobis cunctando restituit rem.* Ennius. (par GAILLARD). *Paris*, 1767, *in*-8.

4890. Éloge (l') de la chasse, avec plusieurs aventures agréables qui y sont arrivées (par le chevalier DE MAILLY). *Paris*, *Nyon*, 1723; *Amsterdam*, 1724, *in*-12.

4891. Éloge de M. J. de Chenier, membre de l'Académie française et de la Légion-d'Honneur; suivi d'un catalogue raisonné de tous ses ouvrages, par J. L. (M. J. LINGAY). *Paris*, *Rosa*, 1814, *in*-8. *de* IV *et* 99 *pages*.

4892. Éloge historique de M. T. Cicéron (par Pierre POTIER, abbé, né dans le diocèse de Coutances le 5 juin 1750). *Lisieux*, 1776, *in*-8 *de* 76 *pages*.

4893. Éloge de Colbert qui a concouru pour le prix de l'Académie françoise, par M. L*** R*** (l'abbé REMI). *Paris*, *Valade*, 1773, *in*-8.

4894. Éloge de J.-B. Colbert, discours qui a obtenu le second accessit au jugement de l'Académie françoise, en 1773, par M. P... (PECHMEJA). *Paris*, *Brunet et Demonville*, 1773, *in*-8. *de* 52 *pages*.

4895. Éloge de J.-Bapt. Colbert, discours qui a remporté le prix de l'Académie françoise en 1773 (par NECKER). *Paris*, *J.-B. Brunet*, 1773, *in*-8.

4896. Éloge de Colbert (par Jean-Baptiste-Bertrand DURBAN). *Paris*, *Prault*, 1773, *in*-8. *de* 64 *pages*.

4897. Éloge historique de *Coppet* (par J. PERDRIAU). *Genève*, 1785, *in*-8. V. T.

4898. Éloge de Pierre Corneille, qui, au jugement de l'Académie de Rouen, a obtenu l'*accessit* du prix d'éloquence en 1768, par M*** (BAILLY). *Rouen, Machuel; et Paris, Saillant*, 1768, *in*-8.

Réimprimé avec des changemens en 1770. Voyez le n° 5048.

4899. Éloge de Corneille (par DE MONTYON). *Londres, de l'imprimerie de P. da Ponte, sans date, (vers 1807). in-8. de 43 pages.*

On dit en note que, par des considérations particulières, cet éloge n'a point été admis au concours ouvert par l'Institut national.

Voyez la *Biographie universelle*, au mot *Montyon*.

4900. Éloge historique de M. Coustou l'aîné, auquel on a joint des descriptions raisonnées de quelques ouvrages de peinture et de sculpture, (par COUSIN DE CONTAMINE). *Paris, Huart*, 1737, *in*-12.

On s'avisa, dit l'abbé Goujet dans son catalogue manuscrit, de trouver le prétendu jansénisme dans quelques-unes de ces descriptions; et Lancelot, qui les a approuvées comme censeur, manqua d'être révoqué.

4901. Éloge de M. de Crébillon (ou plutôt, satire contre Crébillon, par VOLTAIRE). *Paris*, 1762, *in*-8.

4902. Éloge de Madame Dacier (par P. J. BURETTE). *Paris*, 1721, *in*-4, V. T.

4903. Éloge de monseigneur le Dauphin, père de Louis XVI (par FILASSIER). *Paris*, 1779, *in*-8. V. T.

4904. Éloge de monseigneur le Dauphin, père de Louis XVI (par GIN). *Lyon et Paris, Moutard*, 1779, *in*-8. *de* 58 *pages*.

Inséré dans le tome cinquième de la Religion, par *un homme du monde*.

4905. Éloge chrétien de monseigneur Louis, dauphin, présenté à Clément XIII (par l'abbé de CAVEIRAC). *Rome, Salomoni*, 1766, *in*-8.

4906. Éloge du vrai Sage, pour le jour de l'anniversaire de monseigneur le Dauphin, par M. L*** D*** (l'abbé DELFAUD). *Paris, Simon et Bauche*, 1766, *in*-8. *de* 119 *pages*.

4907. Éloge de monseigneur le Dauphin, père du roi (par Antoine-Prosper LOTTIN). *Amsterdam et Paris, Berton*, 1780, *in*-8. *de* x *et* 68 *pages*.

L'épître dédicatoire à la société, amie de la religion et des lettres, qui a ouvert le concours pour cet éloge, est signée DE SAINT-FAUSTE; c'est un masque dont l'estimable auteur a voulu se couvrir.

4908. Éloge historique de Louis, dauphin de France (par M. l'abbé DE BONNEFOY). *Paris, Mérigot le jeune*, 1780, *in*-8. *de* 73 *pag*.

4909. Éloge de Philippe Delamet, par M. H. C. (Henri COLAS). *Paris*, 1737, *in*-12.

Cet éloge est en vers français; l'abbé Delamet n'est mort qu'en 1747, âgé de plus de quatre-vingt-douze ans.

4910. Éloge de René Descartes, par l'auteur de *Camedris* (Mademoiselle MAZARELLI). *Paris, veuve Duchesne*, 1765, *in*-8.

4911. Éloge de René Descartes, proposé par l'Académie françoise, avec cette épigraphe: *L'Éloge d'un grand homme est mon premier ouvrage* (par FABRE DE CHARRIN). *Paris, Jorry*, 1765, *in*-8. *de* 69 *pages*.

4912. Éloge historique de M. Deshayes (par FONTAINE-MALHERBE). 1767, *in*-12; *et dans le Nécrologe des hommes célèbres de France*.

4913. Éloge de Claude-Joseph Dorat (par DE CUBIÈRES). *La Haye et Paris, Gueffier*, 1781, *in*-8.

4914. Éloge du citoyen Dufresne, conseiller d'état, directeur général du trésor public (par M. BARBÉ-MARBOIS). 30 pluviôse an 10 (19 février 1802). *Paris, de l'impri-*

marie de la république, *in*-8. *de 24 pag*.

4915. Éloge historique de M. Dulerain, lu dans l'assemblée publique de la Société des Sciences et Belles-Lettres de la ville d'Auxerre, le 3 décembre 1764, par le secrétaire perpétuel (Marie de Saint-George). *Auxerre, Fournier*, 1765, *in*-8.

4916. Éloge de M. le président du Paty, suivi de notes sur plusieurs points importans de l'ordre public (par Diannyère). *Naples et Paris*, 1789, *in*-8. *de* 87 *pag*.

4917. Éloge de M. du Paty, président à mortier au parlement de Bordeaux, par M. R... (Robespierre) avocat au parlement. 1789, *in*-8.

4918. Éloge historique d'Abraham Duquêne, lieutenant général des armées navales de France (par Dagues de Clairfontaine). *Paris, Nyon*, 1766, *in*-8.

4919. Éloge d'Abraham Duquêne (par P. Marquez). *Toulouse*, 1766, *in*-8. V. T.

4920. Éloge de Louis Duret, médecin célèbre sous Charles IX et Henri III, ouvrage qui, au jugement de la Faculté de Médecine de Paris, a remporté le prix proposé cette année (1764) par J. B. L. Chomel. *Paris, Lottin*, 1765, *in*-12.

C'était Chomel lui-même qui avait fait proposer le prix, et qui, en le remportant, a retiré les cent écus auxquels il l'avait fixé.

4921. Éloge funèbre d'Élisabeth-Philippine-Marie-Hélène, sœur de Louis XVI, ci-devant roi des Français (par M. Ferrand, corrigé et augmenté d'après l'édition publiée en Allemagne, par M. A. Guillon, aujourd'hui conservateur de la Bibliothéque mazarine). *Paris, chez les marchands de nouveautés, sans date*. (*Lyon*, 1795), *in*-8 *de* 52 *p*.

L'édition publiée en 1814, à Paris, par l'auteur, est devenue un ouvrage tout nouveau par les changemens et les augmentations qu'il y a faits.

4922. Éloge de l'Encyclopédie et des Encyclopédistes (attribué au P. Fruchet, cordelier). *La Haye*, 1759, *in*-12.

Cet opuscule n'est autre chose que les *Réflexions d'un Franciscain* contre l'Encyclopédie, de l'édition de 1754 L'abbé Goujet regardait à tort ces dernières comme une seconde édition des *Reflexions d'un Franciscain*, publiées en 1752 par l'abbé Hervé, ex-jésuite. La comparaison que j'ai faite des deux brochures me porte à croire que celle de 1754 est un ouvrage tout différent de celle de 1752. L'auteur de la *France littéraire* de 1769 le croyait aussi, puisqu'il attribue les *Réflexions* de 1754 au P. Fruchet, cordelier, Leur vrai titre est celui-ci : *Reflexions d'un Franciscain sur les trois premiers volumes de l'Encyclopédie, avec une lettre préliminaire aux éditeurs*. Les exemplaires distribués en 1759, sous le titre d'*Éloge de l'Encyclopédie*, etc., ne contiennent pas la lettre préliminaire aux éditeurs.

L'*Éloge de l'Encyclopédie*, qui faisait partie de la bibliothéque de Guidi, censeur royal, contenait une note conçue en ces termes : *Ex dono auctoris*, le P. Bonhomme, cordelier.

Le P. Fruchet n'a donc été qu'un prête-nom dans cette affaire.

4923. Éloge de l'Enfer, ouvrage critique, historique et moral. *La Haye*, 1759, 2 *vol. in*-12.

M. Van Thol croit que cet ouvrage est d'un nommé Bénard, qui demeurait à la Haye ; c'était le bruit public lorsque cette critique parut.

4924. Éloge historique de M. François de Lafayette, évêque de Limoges (par Joseph Devoyon, supérieur du séminaire de la Mission). *Limoges, Chapouland*, 1771, *in*-12.

4925. Éloge de la méchante femme, dédié à Mademoiselle Honesta (par l'abbé d'Allainval). *Paris, Ant. de Heuqueville*, 1732, *in*-12.

Voyez le *Nouvelliste du Parnasse*, édit. de 1734, t. 1, p. 271. La *France littéraire* de 1769 attribue cet opuscule à Coquelet, parce qu'elle l'a confondu avec celui qui a pour titre : *La méchante Femme*. Voyez ces mots.

926. Éloge de Fénélon, qui a concouru pour le prix de l'Académie française (par le marquis de Pezay), *Paris, Regnard*, 1771, *in*-8.

927. Éloge de la Folie, traduit du latin d'Erasme, revu et corrigé (par de Querlon). *Paris, Hochereau*, 1751, *in*-4. *et in*-12.

Querlon a pris pour base de son travail la traduction de Gueudeville.

928. Éloge prononcé par la Folie devant les habitans des Petites-Maisons (par Charbonnet). *Avignon*, 1760, *in*-12.

C'est une critique ingénieuse des folies du marquis de Bacqueville.

929. Éloge de La Fontaine, avec cette épigraphe : *Cui quandò invenient parem ?* *in*-8. de 61 *pag.*

Cet éloge, qui ne se trouve que dans le Recueil de l'Académie de Marseille pour l'année 1774, comme ayant eu un *accessit*, est attribué à Gaillard. M. Solvet l'a inséré dans ses *Etudes de La Fontaine*, Paris, 1812, in-8.

Il n'est fait aucune mention de cet éloge dans les *Mélanges littéraires* de Gaillard, *Paris*, 1806, 4 *vol. in*-8.

930. Éloge de La Fontaine, qui a concouru pour le prix de l'Académie de Marseille, en 1774 (par Naigeon). *Bouillon, aux dépens de la société typographique*, 1775, *in*-8. *de* 75 *pages*.

Cet ouvrage a été refondu par l'auteur dans la notice placée en tête des éditions des Fables de La Fontaine, imprimées chez Didot, pour l'éducation du dauphin. Voyez *Notice sur la vie de La Fontaine*.

931. Éloge historique de Gaspard-François Belon de Fontenay, lieutenant-général, etc., par l'auteur des *Mémoires du chevalier de Kilpar* (de Montagnac). *Nevers et Paris, Durand neveu*, 1770, *in*-8. *de* 30 *pages*.

4932. Éloge de Bernard le Bovyer de Fontenelle par M. le baron D.... (Deslyons), capitaine d'infanterie. *Liége*, 1783, *in*-8 *de* 81 *pag.*

4933. Éloge de feu M. Bernard de Fontenelle (par le comte de Tressan). 1783, *in*-8 *de* 37 *pages*.

4934. Éloge de Fontenelle (par l'abbé de Flers)... 1784, *in*-8. V. T.

4935. Éloge de Franklin, lu à la séance publique de l'Académie des sciences (par Condorcet). *Paris, Pyre*, 1791, *in*-8.

4936. Éloge du roi de Prusse (Frédéric II) par l'auteur de l'*Essai général de tactique* (de Guibert). *Londres*, 1787, *in*-8.

4937. Éloge funèbre de très-haut et très-enfoncé philosophe Frisesomoron, contenant tout le fin de la philosophie péripatéticienne, avec des réflexions critiques et badines (par le P. Souciat, carme) *Paris*, 1737, *in*-12.

4938. Éloge d'Antoine Froissart (par J. Hollander).... 1614, *in*-12. V. T.

4939. Éloge de la Gaieté (par Percheron de la Galézière, professeur au collége de Chartres)........ 1784....... V. T.

4940. Éloge de la Goutte (par Coquelet). *Paris, Prudhomme*, 1727, *in*-12 *de* 29 *pages*.

4941. Éloge historique de M. l'abbé Grandidier (par dom Grabein). *Strasbourg, Lorenz et Schouler*, 1788, *in*-8.

4942. Éloge de Gresset, discours qui a concouru pour le prix proposé par l'Académie d'Amiens en 1785, par M*** (ROBESPIERRE), avocat en parlement. *Londres et Paris, Royez, 1786, in-8 de 48 pages.*

4943. Éloge de Gresset (par J. S. BAILLY). *Genève, 1785, in-8.*

4944. Éloge de Gresset, de l'Académie françoise et de celle de Berlin, etc. (par DIANNYÈRE). *Berlin et Paris, 1784, in-8.*

4945. Éloge de J.-B.-Louis Gresset (par MÉRARD DE ST.-JUST). *Londres et Paris, 1785, in-18.*

4946. Éloge véridique de François-Apolline de Guibert, par un ami (DE TOULONGEON). *Paris, Lejay, 1790, in-8.*; — nouvelle édition, revue et corrigée à la tête du *Voyage de Guibert en Allemagne. Paris, Treuttel, an* 11 (1803), 2 *vol. in-8.*

4947. Éloge historique d'Albert de Haller, avec un catalogue complet de ses œuvres (par SENEBIER). *Genève, Bardin, 1778, in-8.*

4948. Éloge de François de Harlay, archevêque de Paris (par l'abbé LE GENDRE). *Paris, Jacques Langlois, 1695, in-8.*

4949. Éloge de M. l'abbé Hautefage, ancien chanoine d'Auxerre, prononcé dans une réunion de ses amis et de ses élèves (par M. SILVY, ancien magistrat). *Paris, Égron, 1816, in-8 de 24 pages.*

4950. Éloge historique du général d'Hautpoul, inspecteur général de cavalerie (rédigé par M. BERGASSE, d'après les notes qui lui ont été fournies par M. BOILEAU, notaire, ami du général). *Paris, Arthus-Bertrand, 1807, in-8.*

4951. Éloge d'Hélène, traduit d'ISOCRATE (par M. COURIER, ancien officier). *Paris, an* 11 (1803), *in-8 de 41 pages.*

4952. Éloge d'Helvétius (par DE CHASTELLUX). (1774), *in-8 de 28 pages.*

Louis-Théodore Hérissant attribuait cet éloge à SAURIN. Voyez le volume intitulé : *Fables et Discours en vers, etc.*; Paris, 1783, in-12, p. 164.

4953. Éloge historique de Henri IV, roi de France, par M. L. B. D. N. P. (le baron DE NAVAILLES POYEFERRÉ). *Paris, Lacombe, 1776, in-8.*

Les exemplaires datés de *Pau, chez Vignancour,* portent le nom de l'auteur.

4954. Éloge de Henri IV, discours qui a concouru pour le prix de l'Académie de la Rochelle en 1768 (par LA COSTE, avocat à Dijon). *Aix et Paris, Desaint, 1769, in-8.*

4955. Éloge historique de Henri IV, prononcé en 1771 dans le collége royal, agrégé à l'Université de Montpellier (par l'abbé BARRAL). *Sans indication de lieu, 1777, in-8.*

4956. Éloge du prince Henri de Prusse, par main de maître (FRÉDÉRIC II). *La Haye, Gibert, 1768, in-8.*

4957. Éloge historique et critique d'Homère, traduit de l'anglois de POPE (par KEATING). *Paris, de la Guette, 1749, in-12.*

4958. Éloge de Michel de l'Hôpital, chancelier de France, avec cette épigraphe : *Vitam impendere vero,* Juvénal, Satire IV. (Par DE BRUNY, ancien syndic de la Compagnie des Indes). *Londres, 1777, in-8.*

4959. Éloge de Michel de l'Hôpital, chancelier de France, discours présenté à l'Académie française en 1777 (par le marquis DE CONDORCET), avec cette épigraphe : *Nec vitæ animæque peperci dùm patriæ prodesse meæ prodesseque regi spes fuit.* L'Hôpital ad Barth. Faium. *Paris, Demonville*, 1777, *in*-8.

Voyez la Lettre anonyme (de M. DE BERTRAND) à l'auteur de cet éloge; *Paris*, 1778, *in*-8. L'objet principal est de défendre le garde-des-sceaux Bertrand contre les assertions de Condorcet.

4960. Éloge de Michel de l'Hôpital, discours qui a obtenu le second *accessit* du prix de l'Académie française en 1777. *Paris, Demonville*, 1777, *in*-8.

Le premier *accessit* fut décerné à l'abbé Talbert. La *Biographie universelle* nous apprend, à l'article *Montyon*, que ce vertueux magistrat obtint un *accessit* pour le même éloge; ce fut donc le second: ainsi M. DE MONTYON est l'auteur de l'éloge cité ici, où l'on remarque une connaissance approfondie de la législation française. Quelques bibliographes l'avaient attribué à Pechméja; mais cette assertion m'a toujours paru très-hasardée.

J'ai fait de vaines recherches pour découvrir l'auteur de l'*Eloge historique de Michel de l'Hôpital*, par un vieux avocat retiré du service; *Edimbourg* (*Paris*, *Demonville*), 1776, *in*-8 de 193 *pages*.

4961. Éloge du chancelier de l'Hôpital (par PERREAU). *Paris, Moutard*, 1777, *in*-8 *de* 32 *pages*.

4962. Éloge historique de Michel de l'Hôpital, chancelier de France, avec cette épigraphe: *Ce n'est point aux esclaves à louer les grands hommes* (par DE GUIBERT). *Sans indication de lieu*. 1777, *in*-8.

M. de Guibert, soupçonné d'être l'auteur de cet éloge, alla trouver M. de Maurepas pour désavouer les bruits répandus à ce sujet. Le mentor, toujours riant volontiers, lui a répondu: « Tant mieux pour vous et « pour votre tranquillité, si vous ne l'avez « pas fait, et tant pis pour votre gloire, si « vous n'en êtes pas l'auteur. »

4963. Éloge historique et généalogique de Pierre d'Hozier, envoyé par M. L. R. D. B. (l'abbé ROBERT de Briançon) à un de ses amis. *Sans date*, *in*-12 *de* 20 *pages*.

Pierre d'Hozier est mort en 1660. Il n'a point d'article dans la *Biographie universelle*.

4964. Éloge philosophique de l'impertinence, ouvrage posthume de M. DE LA BRACTÉOLE (par DE MAIMIEUX). *Abdère et Paris, Maradan*, 1788, *in*-8. —Nouvelle édition, *Paris*, 1806, 2 *vol. in*-18.

4965. Éloge de saint Jérôme (par FOURNIER fils, mort à la fleur de son âge en 1818). *Paris, Delaunay*, 1817, *in*-12.

4966. Éloge historique de Jean Jouffroy, cardinal d'Alby, lu à l'Académie des sciences de Besançon par un membre de cette Académie (dom GRAPPIN) le 22 avril 1785. *Besançon*, 1785, *in*-12 *de* 64 *pages*.

4967. Éloge historique du Journal encyclopédique et de P. Rousseau son imprimeur (par GARRIGUES DE FROMENT). *Paris, chez l'imprimeur, rue de la Huchette, au perroquet*, 1760, *in*-8 *de* IV *et* 103 *p*.

4968. Éloge historique de dom Pierre Daniel Labat, religieux bénédictin (par dom BRIAL). (*vers* 1803), *in*-8.

4969. Éloge de M. Lancret, peintre du Roi (par BALLOT), 1743, *in*-12 *de* 29 *pages*.

4970. Éloge historique du R. P. Jean-Martin Laurent, augustin (attribué à l'abbé DE LA TOUR DU PIN). *Paris, Prault*, 1758, *in*-12.

Le P. Laurent était prédicateur.

Suivant une note des éditeurs de la *Bibliothèque historique de la France*, t. 4, p. 356, le P. Hyacinthe de Montargon est le véritable auteur de cet éloge.

4971. Éloge de Joseph Adam Lorentz, médecin en chef de l'armée du Rhin, prononcé au conseil de santé le 2 germinal an 9 (3 mars 1801) par le premier médecin des armées (COSTE). *Paris, de l'imprimerie de Hy*, *in*-8 *de* 56 *pages*.

4972. Éloge de Louis XII, surnommé le père du peuple, par M. D. L. C. (DE LA CROIX). *Paris*, *Demonville*, 1788, *in*-8 *de* 48 *pages*.

4973. Éloge de Louis XII, surnommé le père du peuple, par M. P... (PAPION le jeune), 1788, *in*-8.

4974. Éloge historique de Louis XIV, sur ses conquêtes depuis 1672 jusqu'en 1678, par RACINE et BOILEAU (publié par FRÉRON fils). *Amsterdam* (*Paris*), *Bleuet*, 1784, *in*-8.

Cet éloge n'est que la réimpression de la *Campagne de Louis XIV*, par PELLISSON, imprimée pour la première fois en 1730, in-12, à Paris, chez Mesnier, et réimprimée en 1749, à l'exception des quatre dernières pages, par les soins de l'abbé le Mascrier, dans le tome 3 de l'*Histoire de Louis XIV*, par Pellisson.

4975. Éloge de Louis XV, prononcé dans une Académie le 25 mai 1774 (par VOLTAIRE). *in*-8 *de* 16 *pages*.

4976. Éloge historique de Louis XVI (par l'abbé PROYART). *Manheim*, 1799; *Paris*, 1803, *in*-8.

4977. Éloge historique et funèbre de Louis XVI (par F. L. C. MONTJOYE). *Neufchâtel*, 1796, *in*-8.

4978. Éloge de milord Maréchal, par M. D*** (D'ALEMBERT). *Berlin*, *Chrét.-Frédéric Voss*, 1779, *in*-12.

4979. Éloge à la mémoire immortelle de la princesse Marguerite de Savoie, marquise de Montferrat (par Hier. LE BRUN). *Anvers*, 1674, *in*-12. V. T.

4980. Éloge historique de Marie-Antoinette, reine de France (par MONTJOYE). 1797, *in*-8.

Refondu par l'auteur, en 1814, sous le titre d'*Histoire de Marie-Antoinette*, 2 vol. in-8.

4981. Éloge historique de Marie-Clotilde-Adélaïde-Xav. de France, reine de Sardaigne, avec des notes et des pièces inédites (par M. PAROLETTI). *Paris*, *Pillet*, 1814, *in*-8.

4982. Éloge historial de Marie de Médicis, royne de France (par J.-B. MATTHIEU). *Paris*, 1626, *in*-8. V. T.

4983. Éloge historique du R. P. Michel-Ange Marin, minime, avec le catalogue historique et critique de ses ouvrages (par CHAUDON). *Avignon*, *Niel et Aubanel*, 1769, *in*-12.

Cet éloge, imprimé séparément, fut mis à la tête des *Lettres ascétiques et morales du P. Marin*, 2 vol. in-12, 1769, chez les libraires précédens. Je le composai d'abord à la prière de M. *Marin*, *secrétaire général de la librairie*, mon ami. Il fut inséré dans le *Mercure de France*. Ce n'était qu'une esquisse, et je lui donnai ensuite beaucoup plus d'étendue. Les Minimes d'Avignon m'ayant fait prier de faire valoir leur confrère et de donner une analise de ses ouvrages, je me prêtai avec plaisir à leurs vues. Pour rendre l'éloge un peu moins insipide, j'y avais inséré des réflexions sur le despotisme claustral, sur le peu d'indulgence de certains supérieurs, et sur la gêne où ils mettaient des gens de lettres qui souvent valaient beaucoup mieux qu'eux ; je peignais le P. Marin comme exempt de tous ces défauts. Ces *réflexions*, qui étaient cependant exprimées avec sagesse et modération, déplurent aux Minimes, et ils y substituèrent la peinture assez plate des pieux exercices du P. Marin. Son portrait est à la tête de l'éloge, avec ces quatre vers :

Modèle des vrais sages,
Marin dans la retraite assura son bonheur;
Le ciel eut ses désirs, la vertu ses ouvrages,
L'humilité son cœur.

(*Note de M. Chaudon.*)

4984. Éloge de Maupertuis en vers (par LE FÈVRE DE BEAUVRAY). *Paris*, 1755, *in*-12. V. T.

4985. Éloge de M. M. (probablement Métra). *Londres* (*Paris*), 1786, *in*-8 *de* 8 *pages*.

C'est l'éloge d'un fameux nouvelliste, Joachim-Alexandre M***, né à Paris le 21 avril 1714. Métra mourut en 1786. Voyez le n° 3048.

4986. Éloge du sieur la Mettrie, médecin de la faculté de Paris, avec un catalogue de ses ouvrages (par Frédéric II, roi de Prusse). *La Haye, Pierre Gosse*, 1752, in-12.

87. Éloge de l'abbé Millot, de l'Académie française, couronné par l'Académie de Besançon dans sa séance publique du 24 août 1814 (par M. J. Lingay). *Paris, Chanson*, 1814, in-8 de 70 pages.

88. Éloge de Mirabeau (par J. J. Regnault-Warin). *Paris*, 1791, in-8. V. T.

89. Éloge de Molière, par M. D... (Daillant de la Touche). *Paris, Prault fils*, 1769, in-8.

90. Éloge de Molière en vers, avec des notes curieuses, par le petit cousin de Rabelais (Dacquin de Chateaulyon). *Londres (Paris)*, 1775, in-8.

91. Éloge historique de M. Molin, médecin consultant du Roi (par Chomel). *Paris, Lottin*, 1761, in-8.

92. Éloge de Montaigne, discours qui a obtenu une mention honorable au jugement de la seconde classe de l'Institut, dans sa séance du 9 avril 1812 (par le marquis du Roure). *Paris, Fain*, 1812, in-8 de 39 pag.

93. Éloge historique du général Montalembert (par Sulpice de la Platière et Delisle de Sales). *Paris, Magimel*, 1801, in-4 de XII et 76 pages.

94. Éloge funèbre de M. le président de Montesquieu (par le Fèvre de Beauvray), (en vers). 1765, in-8 de 10 pages.

95. Éloge de Montesquieu (par le chevalier de Rutlidge). *Londres, de l'imprimerie de Jos. de Boffe*, 1786, in-8 de 80 pages.

4996. Éloge de Montesquieu, suivi de l'analyse de l'Esprit des Lois, par M. B*** (Béraud, de Bordeaux). *Londres*, 1787, in-8 de 24 pages.

4997. Éloge historique d'Anne de Montmorency, duc et pair, maréchal, grand-maître, connétable, et premier ministre de François I et Henri II; discours qui a obtenu l'*accessit*, au jugement de l'Académie de la Rochelle, par madame de Chateauregnault. *Genève (Paris, Moutard)*, 1783, in-8 de 119 pag.

Mademoiselle Anne Pérard, née à Charleville vers 1747, s'est cachée ici sous le nom de madame *de Châteauregnault*.

4998. Éloge de Philippe, duc d'Orléans (par F. A. Delandine). *Amsterdam (Paris)*, 1778, in-8.

4999. Éloge historique de Philippe, duc d'Orléans, régent du royaume (par L. T. Hérissant). *Amsterdam et Paris*, 1778, in-8.

5000. Éloge historique de Louis-François de Paule le Fèvre d'Ormesson de Noiseau, par l'abbé Gaubert (ou plutôt par Sérieys). *Paris*, 1789, in-8.

Voici ce que Sérieys raconte sur l'abbé Gaubert, dans les *Anecdotes inédites de la fin du dix-huitième siècle* Voyez le n° 801.

« Il se faisait un revenu annuel de 10 à 12,000 francs en mettant à contribution la bourse des grands seigneurs, des princes, des empereurs. Tous les ans il leur envoyait un ouvrage de sa prétendue composition, dont le sujet pouvait les flatter. Le dernier dont il les gratifia, ce fut le panégyrique de le Fèvre d'Ormesson, premier président au parlement de Paris : cette oraison funèbre, qu'il avait achetée 48 francs à crédit, lui rapporta 6000 francs, et lui valut, entre autres gratifications, 300 roubles de la part de l'impératrice de Russie; le prince Henri lui envoya juste de quoi payer le salaire de l'auteur. »

L'abbé Gaubert a été massacré à Paris, à l'abbaye Saint-Germain, dans les premiers jours de septembre 1792.

5001. Éloge historique du Parlement,

traduit du latin du P. Jacques DE LA BAUNE, avec des notes et une suite chronologique et historique des premiers présidens, depuis Hugues de Courcy jusqu'à Meaupeou (par DREUX DU RADIER). 1753, *in-4 et in-12.*

5002. Éloge historique du cardinal Passionei (par l'abbé GOUJET). *La Haye*, 1763, *in-12.*

5003. Éloge de Pilâtre du Rozier, lu le 14 juillet 1785, dans une assemblée du premier Musée établi en 1781, sous la protection de MONSIEUR et de MADAME (par M. ROEDERER). *Paris, Jorry*, 1786, *in-8 de 16 pages.*

5004. Éloge historique de M. de Périgord, adressé à madame *** (madame TURRETIN), par mademoiselle D. S. (DE SAUSSURE). *Montpellier, Tournel père et fils, an* 8 (1800), *in-8 de* 83 *pages.*

5005. Éloge du cardinal de *Polignac* (par DE MAIRAN). *Paris*, 1742, *in-16.* V. T.

5006. Éloge funèbre de Pompone de Bellièvre, par un chanoine régulier de l'ordre de Saint-Augustin (le P. LALLEMANT). *Paris*, 1657, *in-4.* — 3e édition. *Paris*, 1671, *in-12.*

5007. Éloge de l'abbé Poulle (par le baron DE SAINTE-CROIX). *Avignon*, 1783, *in-8.*

5008. Éloge (l') de quelque chose dédié à quelqu'un, avec une préface chantante (par COQUELET). *Paris, A. de Heuqueville*, 1730, *in-12 de 34 pages.* — Seconde édition, augmentée de l'apologie des brochures (par le même). *Paris, A. de Heuqueville*, 1730, *in-12.*

Réimprimé par les soins de MERCIER de Compiègne, en 1793 et en 1795, in-18.

5009. Éloge de François Quesnay (par le marquis DE MESMON-ROMANCE). *Londres et Paris, Didot le jeune*, 1775, *in-8 de* 102 *pages.*

5010. Éloge historique de M. Quesnay, par M. le comte d'A. (D'ALBON). *Paris*, 1775, *in-8*; et dans le *Nécrologe des Hommes célèbres de France* de 1777.

Il y a une nouvelle édition in-8 de la même année 1775, portant le nom de l'auteur. Ce morceau parut d'abord dans les *Éphémérides économiques.*

5011. Éloge historique de la raison, prononcé dans une académie de province, par M. DE CHAMBON (par VOLTAIRE). *Londres*, 1775, *in-8.*

Cet éloge se trouve aussi à la suite de Dom Pèdre, 1775, in-8, dans le tome 11 de l'*Evangile de la raison.*

5012. Éloge de Minetto Ratoni, chat du pape (Benoît XIV) en son vivant, et premier soprano de ses petits concerts (par le comte DE RIVAROL). *Felisonte*, 1795, *petit in-4 de 25 p., pap. vélin rose.*

Tiré à quinze exemplaires. Voyez le *Répertoire des Bibliographies spéciales, curieuses et instructives*, par M. Peignot: Paris, Renouard, 1810, in-8, p. 116.

5013. Éloge de la Reine, accompagné de quelques anecdotes sur la vie de cette princesse (par l'abbé DU ROUZEAU). *Paris*, 1769, *in-8.* V. T.

5014. Éloge (l') de rien, dédié à personne, avec une postface; troisième édition peu revue, nullement corrigée et augmentée de plusieurs riens (par COQUELET), *Paris, A. de Heuqueville*, 1730, *in-12 de 43 pages.*

La première édition avait paru la même année. Cet ouvrage a été réimprimé à Paris en 1793 et en 1795. Voyez le n° 5008.

5015. Éloge de Romainville (comédien du théâtre de Bordeaux) (par L'HOSPITAL). *in-8.*

5016. Éloge de la roture, dédié aux

roturiers (par l'abbé JAUBERT). (*Paris*), 1766, *in*-12.

5017. Éloge de J.-J. Rousseau, par M. D. L. C. (DE LA CROIX), avocat. *Amsterdam et Paris, Lejai*, 1778, *in*-8.

5018. Éloge de J.-J. Rousseau (par M. BILHON). 1788, *in*-8 *de* 68 *p.*

Réimprimé en 1799, avec le nom de l'auteur.

5019. Éloge de J.-J. Rousseau (par M. PATRIS DE BREUIL, aujourd'hui juge de paix à Troyes). *Paris, chez Patris*, 1810, *in*-12, en tête des Opuscules en prose et en vers de l'auteur.

5020. Éloge de M. Roux, docteur-régent et professeur de chimie à la faculté de Paris (par DE LEYRE) (suivi de l'extrait d'une lettre écrite sur M. Roux, par NAIGEON) *Amsterdam, Wetsteins*, 1777, *in*-12.

5021. Éloge historique de M. de Saint-Foix, avec ses bons mots et pensées (le tout rédigé d'après les notes de l'abbé VERRY, doctrinaire, par le chevalier DU COUDRAY). *Paris, veuve Duchesne*, 1776, *in*-12.

5022. Éloge historique de Charles de Sainte-Maure, duc de Montauzier. *Liége*, 1781, *in*-8 *de* 68 *pages.*

Le lieu de l'impression, les caractères et le papier me semblent indiquer un nouvel ouvrage du baron DESLYONS, qui publia en 1778 l'éloge de Tite-Antonin, et en 1779, celui de Suger.

5023. Éloge de Maurice, comte de Saxe, par M. M. D. (MAILLET-DUCLAIRON). *Dresde et Paris, Duchesne*, 1759, *in*-8.

5024. Éloge de madame la marquise de Sévigné, qui a remporté le prix à l'Académie de Marseille en 1777 (par madame la présidente BRISSON). *Amsterdam et Paris, Méquignon*, 1778, *in* 12.

5025. Éloge de Suger, abbé de Saint-Denis, ministre d'état sous le règne de Louis VI, dit le Gros, régent du royaume pendant la croisade de Louis VII, dit le Jeune, par M.... (HÉRAULT DE SÉCHELLES), avec cette épigraphe : *Justissimus unus.* Virg. *Paris, Demonville*, 1779, *in*-8.

5026. Éloge de Suger, abbé de Saint-Denis, premier ministre sous les règnes de Louis le Gros et de Louis le Jeune, et régent du royaume, avec cette épigraphe : *Nil appetere jactatione.* Tacit. (par le marquis DE MESMON-ROMANCE). *Amsterdam et Paris*, 1779, *in*-8.

Il n'existe d'autres exemplaires de cet ouvrage que ceux donnés par l'auteur à ses amis, et tous portent ces mots écrits de sa main : *Cet ouvrage ne se vend point.*

5027. Éloge historique de Suger (par le baron DESLYONS). *Liége*, 1779, *in*-8 *de* 90 *pages.*

5028. Éloge historique de Maximilien de Béthune, duc de Sully (par mademoiselle de MASCARANY). *Lyon, Benoît Duplain*, 1763, *in*-8.

5029. Éloge historique du duc de Sully (par DE BURY, avocat). *Paris*, 1763, *in*-8. V. T.

5030. Éloge du sénateur comte de Tessin, par le sénateur comte DE HOEPKEN, traduit du suédois par le comte H. D. C. (HERMANN DE CALLENBERG). *Dresde, Walther*, 1774, *in*-12.

5031. Éloge historique de Tiraboschi, traduit de l'italien de LOMBARDI (par M. BOULARD). *Paris, Caillot, an* 10 (1802), *in*-8.

5032. Éloge du marquis de Valory, par M. C*** (COURTIN). 1766, *in*-8.

5033. Éloge de Charles Vanloo (par Fontaine-Malherbe). 1767, *in*-12, et dans le *Nécrologe des Hommes célèbres de France.*

5034. Eloge de Sébastien le Prestre, chevalier, seigneur de Vauban, par M. Carnot, ouvrage enrichi d'observations par un amateur (le marquis de Montalembert). *La Haye, de Tune,* 1786, *in*-8 *de* 50 *pages.*

5035. Éloge historique de M. Venel, médecin (par Menuret). *Grenoble,* 1777, *in*-8.

5036. Éloge de Victor-Amédée III, duc de Savoie, roi de Sardaigne, etc. (par Joseph de Maistre). *Chambéry,* 1775, *in*-8 *de* 71 *pages.*

5037. Éloge de la vieillesse, par le citoyen M*** (le P. Mandar, prêtre de l'Oratoire). *Paris, Pougens, an* 10 (1802), *in*-8.

5038. Éloge d'Élie Vinet, professeur de belles-lettres et principal du collége de Guyenne dans le seizième siècle; discours couronné le 21 décembre 1815 par l'Académie royale des sciences, belles-lettres et arts de Bordeaux: par F. J,...t (Joannet), associé correspondant de la société et régent de rhétorique à Sarlat. *Périgueux, F. Dupont,* 1816, *in*-8 *de* 87 *pages.*

On doit au même auteur les éloges de M. de Tourny et du cardinal de Sourdis.

5039 Éloge de Voltaire, lu à l'Académie de Berlin le 26 novembre 1778 (par Frédéric II, roi de Prusse). *Berlin, Decker, in*-8.

5040. Éloge de Marie-François de Voltaire, suivi de notes instructives et édifiantes, par M. Ecrlinf (M. Ruault, ancien libraire). *A l'abbaye de Scellières,* 1788, *in*-8 *de* 80 *pages.*

5041. Éloge (l') de l'ivresse (par Sallengre). *La Haye, P. Gosse,* 1715; — nouvelle édition, revue, corrigée et considérablement augmentée (par P. A. M. Miger). *Paris, Michel, an* 6 (1800), *in*-12.

5042. Éloge des Normands, où l'on trouvera un petit abrégé de leur histoire avec les grands hommes qui en sont sortis (par l'abbé Rivière, neveu du voyageur Paul Lucas). *Paris, veuve Guillaume,* 1731, *in*-12.

Réimprimé dans les *Nouveaux Amusemens serieux et comiques;* la Haye, Gosse et Néaulme (Paris, Guillaume), 1736, 2 vol. in-12.

5043. Éloge des Normands, ou Histoire abrégée des grands hommes de cette province. *Paris, Ch. Guillaume,* 1748, 2 *vol. in*-12.

Les continuateurs du P. le Long ont attribué cet ouvrage à dom le Cerf, bénédictin (voyez le tome 4, nº 45727); mais il n'est qu'une réimpression du précédent, dans laquelle on a inséré des articles tirés de la *Bibliothèque historique et critique des auteurs de la congrégation de Saint-Maur,* par dom le Cerf. On voit à la page 118 de la seconde partie une prétendue dissertation sur l'*origine du royaume d'Yvetot:* il n'y a que deux pages relatives à ce bourg du pays de Caux; le reste est la continuation de l'opuscule de l'abbé Rivière.

5044. Éloge des paysans, aux paysans, (par Guy-Mathurin D..., masque de Coquelet). *Paris et La Haye,* 1731, *in*-12 *de* 81 *pages.*

5045. Éloge des perruques, enrichi de notes plus amples que le texte, par le docteur Akerlio (J.-Nic.-Marie de Guerle). *Paris, Maradan, an* 7 (1799), *in*-12.

5046. Éloge (l') et les devoirs de la profession d'avocat (par Fr. Fyot). *Paris, Nic. Mazuel,* 1713, *in*-12.

5047. Éloge et Pensées de Pascal, par M. de *** (Condorcet). *Lon-*

dres, 177●, *in*-8. Voyez *Pensées de Pascal*.

5048. Éloges de Charles V, de Molière, de Corneille, de l'abbé de la Caille et de Leibnitz (par BAILLY). *Berlin et Paris*, *Delalain*, 1770, *in*-8., et dans le Recueil qui a été indiqué ci-devant sous ce titre : *Discours et Mémoires*, *n°* 4013.

5049. Éloges de plusieurs personnes illustres en piété de l'ordre de S. Benoît (par la mère Jacqueline DE BLÉMUR). *Paris*, 1679, 2 *vol. in*-4.

5050. Éloges de quelques auteurs françois (par l'abbé JOLY, MICHAULT et autres). *Dijon*, *Marteret*, 1742, *in*-8.

5051. Éloges des hommes savans, tirés de l'Histoire de M. DE THOU, avec des additions par Antoine TEISSIER, quatrième édition, revue, corrigée et augmentée, outre un très-grand nombre de nouvelles remarques (par DE LA FAYE) d'un quatrième tome. *Leyde, Th. Haak*, 1715, 4 *vol. in*-12.

5052. Éloges des personnes illustres de l'Ancien Testament (par J. DOUJAT). *Paris*, 1688, *in*-8.

5053. Éloges et Discours philosophiques (par MERCIER). *Amsterdam*, 1776, *in*-8.

5054. Éloges et poésies sur la naissance du Dauphin par le P. L. et le P. L. M. (Ph. LABBE et P. LE MOINE). *Lyon*, 1638, *in*-4. V. T.

5055. Éloges funèbres de Marc-Antoine Regnaud, curé de Vaux; Louis Eschausses, curé de Bazarnes, et Joachim-Nicolas Durand, curé de Villiers-le-Bel... par Ch.-J. S. (SAILLANT, diacre de l'Église de Paris). 1797, *in*-12 *de* 36 *pages*.

5056, Éloges historiques des évêques et archevêques de Paris (par ALGAY DE MARTIGNAC). *Paris*, *Muguet*, 1698, *in*-4.

5057. Éloges historiques des hommes illustres de la province du Thymerais, avec un catalogue raisonné de leurs ouvrages (par DREUX DU RADIER). *Paris*, *Jos. Berthier*, 1749, *in*-12.

5058. Éloquence (de l') du barreau, par un avocat au parlement de Paris (GIN). *Paris*, 1776 (1767), *in*-12.

Réimprimé en l'an 1803, avec le nom de l'auteur

5059. Éloquence (l') militaire (par M. YMBERT, auteur de l'*Art d'obtenir des places*). *Paris*, 1820, 2 *vol. in*-8.

Voyez le n° 1296.

5060. Élu (l') et son Président, ou Histoire d'Eraste et de Sophie (par SAVIN). *Amsterdam et Paris*, *Delalain*, 1769, 2 *vol. in*-12.

5061. Embellissemens (les) de la capitale, songe d'un Français en 1709, publié en 1809; suivi du songe de Scipion, par CICÉRON, traduit en vers, par J. B. N. CA*** (CANNET) et fils. *Paris*, 1809, *in*-12 *de* 45 *p*.

5062. Emblèmes (les) d'ALCIAT, mis en rime françoise (par J. LEFEVRE, chanoine de Langres), et puis naguère réimprimés avec curieuse correction. *Paris*, *Christ. Wechel*, 1540, *in*-8.

5063. Émigré (l') en 1794, ou une scène de la terreur, drame en cinq actes et en prose (par M. le marquis D'HERBOUVILLE, pair de France). *Paris*, *impr. de Feugueray*, 1820, *in*-8 *de* 123 *pag*.

5064. Émigrés (les) trompés à Quiberon (par M. DE LISLE, gentilhomme français). *Londres*, 1795, *in*-8. *de* 50 *pag. environ.*

5065. Émilia, ou le Danger de l'exaltation (par M. Alfred DE MAUSSION). *Paris, Maradan*, 1817, 2 *vol. in*-12.

5066. Émilie Corbett, ou les malheurs d'une guerre civile : roman politique, à l'occasion de la dernière guerre entre l'Angleterre et ses colonies, traduit de l'anglais (de PRATT, par DE SAUSSEUL), sur la 4e. édition. *Londres et Paris, Delalain jeune*, 1783, 4 *vol. in*-12.

5067. Émilie de Varmont, ou le divorce nécessaire, et les amours du curé Sevin (par LOUVET). *Paris, Bailly*, 1792, 3 *vol. in*-12.

5068. Émilie et Alphonse, ou le Danger de se livrer à ses premières impressions (par madame DE FLAHAUT, aujourd'hui madame DE SOUZA). *Paris, Pougens*, 1799, 3 *vol. in*-12.

5069. Émilie, ou les Joueurs, comédie en cinq actes et en vers (par le marquis DE MONTESQUIOU-FEZENZAC). *Paris, Didot aîné*, 1787, *in*-18 *de* 144 *pages, tiré à* 50 *exemplaires.*

5070. Emire et Agathée, Mirson et Zélide, Cléophis et Syrka (par LE ROY DE LOZEMBRUNE). *Vienne*, 1784, *in*-8.

5071. Emma, ou l'Enfant du malheur, traduit de l'anglois (par mademoiselle HAUDRY). *Paris*, 1788, 2 *vol. in*-12.

On croit que MESSAN a revu cette traduction.

5072. Empire (l') des passions, ou Mémoires de Gersan (par PERRIN, avocat). *Londres, Nourse*, 1756, *in*-12.

5073. Empire (l') des Zaziris sur les humains (par TIPHAIGNE). *Pékin Paris* (1761), *in*-12.

5074. Emploi (de l') des conjonctions, suivi des modes conjonctifs dans la langue grecque (par M. SÉGUIER, ancien préfet du Calvados). *Paris, Eberhart*, 1814, *in*-8.

5075. Emploi (l') du temps dans la solitude, par l'auteur des *Entretiens d'une Ame pénitente* (Alex. LE BRET). *Paris, Humblot*, 1773, *in*-12.

5076. En attendant, avec cette épigraphe :

Un jugement trop prompt est souvent sans justice :
C'est la cause de Rome, il faut qu'on l'éclaircisse.
Catilina de VOLTAIRE, acte I.

in-8 *de* 14 *pages.*

Publié le 10 mars 1788. Pièce en vers alexandrins, avec des notes presque aussi amples que le texte L'auteur est M. DULAURENT. L'abbé de Calonne (frère du ministre contre qui cette invective est dirigée) a fait les plus grandes recherches de cette brochure, et la police en a saisi mille exemplaires.

5077. Enchiridion (ou Manuel) du chevalier chrestien, aorné de commandemens très-salutaires par Desideré ERASME de Roterodame, avec ung prologue merveilleusement utile de nouveau adjousté (traduit du latin par Louis DE BERQUIN, gentilhomme du pays d'Artois, brûlé en 1529), *par Martin Lempereur (célèbre imprimeur d'Anvers)*, 1529, *in*-8.

A dater de l'année 1525, Erasme parle plusieurs fois dans ses *lettres* de cette traduction et de son imprudent auteur, dont le zèle pour les principes de Luther lui attira la haine de la Sorbonne ; mais il ne nous apprend pas en quelle année ni en quel lieu elle fut imprimée pour la première fois : ce qui ferait croire qu'elle est restée long-temps manuscrite, comme les traductions de plusieurs autres ouvrages d'Erasme par le même L. Berquin. Erasme s'exprime ainsi, au sujet du *Chevalier chrétien*, dans une lettre datée de Bâle, au mois de juin 1525 :

« Comme il (Louis Berquin) a jugé à propos de traduire en françois mon *Manuel du soldat chrétien*, je regrette qu'il n'ait pas aussi traduit mon *Traité du libre arbitre* et celui qui concerne la *manière de prier Dieu.* »

Ce passage s'entend aussi bien d'un manuscrit que d'un imprimé. L'édition française du *Manuel* que je cite est probablement la première, et elle est d'une extrême rareté ; jusqu'à ce jour aucun bibliographe ne l'a citée : on ne connaissait que la réimpression qui en fut faite à Lyon par Dolet, en 1542, 1 vol. in-18 (voyez le n° 2261). C'est donc bien à tort que Dolet a été considéré par quelques écrivains comme l'auteur de cette version.

Il m'a été impossible de trouver à Paris le volume imprimé par Dolet ; pour mettre les amateurs qui le posséderaient en état de juger s'il n'est qu'une réimpression de celui qui est sorti des presses de Martin Lempereur, je place ici le commencement de ce dernier volume. Après le long prologue adressé à Paul Dolsio ou Dolsium, daté de Bâle le 17 août 1518, on lit :

Érasme *de Roterodame à quelque ami de la court, salut.*

« Mon bien-aimé frere en nostre Seigneur, selon vostre requeste faite par grand desir vers moy : avez prié que vous couchasse aucune briefue raison de viure, par l'instruction de laquelle vous puissiez parvenir, avoir ung esperit digne de Christ. Car vous dites que de long-temps vous ennuie la vie courtisienne, et que ceste solicitude vous tient, par quelle maniere vous pourrez fuyr l'Egipte ensamble avec les siens et ses vices et délices, et par la conduite de Moyse heureusement parvenir au chemin de vertus. »

Claude Bosc a publié à Paris, en 1711, une nouvelle traduction de cet ouvrage. Voyez les mots *Manuel du Soldat chrétien*...

L'original latin parut pour la première fois, *sans le prologue,* à Strasbourg, en 1515, in-4, et *avec le prologue,* à Strasbourg aussi, mais seulement en 1519, in-4. Voy. Panzer, *Annales typographici.*

L'exemplaire de l'ancienne traduction de cet ouvrage que je possède, a appartenu au célèbre Samuel Bochard, dont il porte la signature : il se trouvait, avant la révolution, dans la bibliothéque de l'université de Caen. Vers 1820, on l'a compris parmi les livres de *rebut* qui ont été vendus à un libraire de Paris.

78. Encyclopédie élémentaire, ou Rudiment des sciences et des arts (par Crommelin). *Autun, Dejussieu,* 1773, 3 *vol. in*-8.

5079. Encyclopédie littéraire, par M. C*** (Calvel). *Paris, Costard,* 1772, 3 *vol. in*-8.

5080. Encyclopédie militaire, années 1770, 1771 et 1772, par une société d'anciens officiers et de gens de lettres (du Vernois et autres). *Paris, Valade,* 1770, 1771 *et* 1772, 12 *vol. in*-12.

5081. Encyclopédie, ou Dictionnaire, etc. (refondu et augmenté par de Félice, Euler père et fils, Haller fils et autres). *Yverdun,* 1770-1780, 58 *vol. in*-4.

On trouve, dans le numéro du 25 avril 1780 du *Courier de l'Europe*, les noms des autres collaborateurs de M. de Félice, précédés de leurs lettres initiales ; avec l'indication des matières traitées par chaque auteur. La *Biographie universelle*, article de *Félice*, a donné simplement les noms des collaborateurs.

5082. Encyclopédie (l') perruquière, ouvrage curieux, à l'usage de toutes sortes de têtes ; par Beaumont, coiffeur dans les Quinze-Vingts (J. H. Marchand, avocat). *Paris, Hochereau,* 1757, *in*-12.

Grosley attribuait cet ouvrage au comte de Caylus ; il croyait que c'était par un esprit de vengeance que Marmontel, au nom des Encyclopédistes, avait composé l'épitaphe suivante :

Ci gît un antiquaire acariâtre et brusque,
Ah ! qu'il est bien logé dans cette cruche étrusque !

Je possède un recueil de pièces avec ces mots placés sur le dos par le relieur : *Amusemens de M.* M...... Ce sont des opuscules connus pour être de l'avocat Marchand. L'*Encyclopédie perruquière* en fait partie, ainsi que la fameuse tragédie du *Tremblement de terre de Lisbonne*, publiée en 1757, et reimprimée plusieurs fois sous le nom du perruquier André.

5083. Encyclopédie portative, ou Science universelle à la portée de tout le monde, par un citoyen prussien (Samuel Formey). *Berlin,* 1758, *in*-12. *Douteux.*

5084. Endymion, conte comique, suivi

du Jugement de Pâris (imitations de Wiéland, par d'Ussieux). *in*-8 *de* 52 *pages*.

5085. Énéide (l') de Publius Virgile, traduite en vers français (par M. Frécot-Saint-Edme, juge au tribunal de première instance à Alençon). *Paris, de l'imprimerie de Gillé fils, an* 11 (1803), *in*-8.

C'est la traduction qui commence par ce vers :

Moi celui qui jadis sur un pipeau champêtre.

5086. Énéide de Virgile, traduite en vers français par C. P. B*** (Boissière). *Paris, an* 11 (1803), 2 *vol. in*-8.

Les frontispices originaux de cette traduction sont de 1798.

5087. Énéide (l'), traduite en vers français par Jacques Delille, avec des remarques sur les beautés du texte. *Paris, Giguet*, 1805, 4 *vol. in*-8 *et in*-18.

Les notes des quatre premiers livres sont de l'abbé Delille; celles des deux suivans ont pour auteur Fontanes. M. J. Michaud a fait les autres.

5088. Énéide (l') travestie, quatrième livre, contenant les amours d'Énée et de Didon, traduit par A. F. (Ant. Furetière). *Paris, Courbé*, 1649, *in*-4.

5089. Enfance (l') de J. J. Rousseau, comédie en un acte, mêlée d'ariettes, donnée au théâtre de l'Opéra-Comique en 1794 (par M. Andrieux). 1794, *in*-8.

Voyez la *Décade philosophique*, tom. 1, p. 286.

5090. Enfance (l') de l'homme, ou les Bornes de l'esprit humain (par l'abbé Martin, vicaire, mort en 1775). *Paris*, 1747, *in*-12 *de* 35 *pages*.

5091. Enfance (l') de S. A. R. le duc de Bordeaux, en douze croquis, avec texte, dédiés aux bons petits Français, par A.. M... (Alexandre Mazas, officier de cavalerie légère). *Paris, Motte* (1821), *in*-8 *oblong*.

On trouve à la fin de ce volume la *Nouvelle Valentine à son fils*, en vers (par madame Pomaret), et le *Remerciement impromptu* de cette dame à S. A. R. madame la duchesse de Berry.

5092. Enfans (des) devenus célèbres par leurs études ou par leurs écrits, traité historique (par Adrien Baillet). *Paris, Dezallier*, 1688, *in*-12.

5093. Enfans (les) célèbres chez toutes les nations, seconde édition, par J. B. N** (Noucaret). *Paris*, 1811, 2 *vol. in*-12.

5094. Enfans (les) du pauvre diable ou mes Échantillons, par M. de l'Empirée (Louis-Gabriel Bourdon). *Burgos et Paris, Valade*, 1776, *petit in*-12.

Voyez la *Biographie universelle*.

Ce petit volume parut d'abord sous ce titre : *Le Livre puce, ou mes Échantillons*, etc. Voyez ces mots.

5095. Enfant (l') de famille, par J. C. Rou**** (Rousseau). *Paris, Ouvrier*, 1801, *in*-12.

Voyez l'*Annuaire de la Librairie*, par Fleischer, p. 520, n° 432.

5096. Enfant (l') du mardi gras (par M. Baillot). *Paris, an* 10 (1802), *in*-12, *fig*.

5097. Enfant (l') grammairien, ouvrage qui contient, 1° des principes de grammaire générale; 2° une grammaire latine; 3° une méthode française-latine (par Clément de Boissy). *Blois, P. P. Charles*, 1755, *in*-12.

5098. Enfantement (l') de Jupiter, ou la fille sans mère (par Huerne de la Mothe). *Amsterdam*, 1763, 2 *vol. in*-12.

5099. Enfer (l') de la mère Cardine, traitant de la cruelle et horrible bataille qui fut aux enfers entre les diables et les maquerelles de Paris, aux noces du portier Cerberus et de Cardine, avec une chanson sur certaines bourgeoises de Paris, qui, feignant d'aller en voyage, furent surprises au logis d'une maquerelle à S. G. D. P. (Saint-Germain-des-Prés); (ouvrage attribué à Flaminio DE BIRAGUE, gentilhomme ordinaire de la chambre de François I, et petit-cousin du cardinal de ce nom). *Sans indication de lieu* (*Paris*), 1583, 1597, *in*-8. — Le même ouvrage, nouvelle édition. (*Paris, Didot l'aîné*, 1793), *in*-8.

Cette pièce était très-rare avant la réimpression.

Le nom de l'auteur se trouve écrit à la main sur l'ancien exemplaire que possède la bibliothéque de MONSIEUR, à l'Arsenal.

100. Enfer (l') des hommes d'état te le Purgatoire des peuples, par L. P. (Louis PRUDHOMME). *Paris*, 1815, 2 *vol. in*-12.

101. Enfer (l') détruit, ou Examen raisonné du dogme de l'éternité des peines, (suivi d'une dissertation critique sur les peines de l'enfer, par WHITEFOOT), ouvrages traduits de l'anglais (par le baron D'HOLBACH). *Londres*, (*Amsterdam*, *M. M. Rey*), 1769, *in*-12.

102. Enfer (l'), poëme du DANTE, traduit de l'italien, suivi de notes, par un membre de la société colombaire de Florence, etc. (M. ARTAUD). *Paris, Smith*, 1812, *in*-8.

103. Enfer (l'), poëme, par le DANTE, traduction nouvelle (par DE RIVAROL). *Londres*, (*Paris*), *Mérigot le jeune et Barrois le jeune*, 1783, *ou Didot jeune*, 1785, *in*-8.

C'est la même édition sous deux dates différentes; il n'y a eu qu'un changement de frontispice.

104. Enlèvement (l') d'Eripe, traduit du grec de PARTHÉNIUS de Nicée, suivi de quelques pièces de poésie (par Philippe LE FEBVRE). 1751, *in*-8.

5105. Enlèvement (l') d'Hélène, poëme, traduit du grec de COLUTHUS, avec des remarques (par Charles DU MOLARD). *Paris, Robustel*, 1742, *in*-16.

5106. Enluminures (les) du fameux Almanach des Jésuites, intitulé: la *Déroute et la Confusion des Jansénistes*, ou Triomphe de Molina sur S. Augustin, (poëme en vers libres par LE MAÎTRE DE SACY); avec la réponse à la lettre d'une personne de condition, touchant les règles de la conduite des SS. Pères dans la composition de leurs ouvrages pour la défense des vérités combattues, ou de l'innocence calomniée (par Antoine ARNAULD). *Sans indication de lieu*; 1654, *in*-8.

L'éloquente *réponse* du docteur Arnauld a été insérée dans le tome vingt-septième de la collection de ses Œuvres; *Lausanne*, 1775 et ann. suiv., 42 vol. in-4. On la trouve aussi dans un Recueil de plusieurs lettres de M. Arnauld, docteur de Sorbonne, *Cologne, P. Marteau*, 1697, in-12; et dans le tome second d'un *Recueil de plusieurs pièces concernant l'origine, la vie et la mort de M. Arnauld*, publié à *Liége* en 1698, in-12.

5107. Enluminures (les) du fameux Almanach, etc., ou Triomphe de Molina, jésuite, sur S. Augustin, en vers (par LE MAÎTRE DE SACY); avec l'Onguent pour la brûlure, ou le Secret d'empêcher aux Jésuites de brûler les livres, aussi en vers (par BARBIER D'AUCOUR). *Liége, Jacques le Noir*, 1683, *in*-8.

La *réponse* d'Antoine Arnauld se trouve aussi dans cette nouvelle édition des *Enluminures*.

5108. Ennemis (les) de la constitution *Unigenitus* déclarés incapables de jurisdiction spirituelle (par le

P. Paul de Lyon, capucin). *Nancy*, 1719, *in*-12.

5109. Ennemis (les) réconciliés, pièce dramatique, en trois actes et en prose, dont le sujet est tiré d'une des anecdotes les plus intéressantes du temps de la ligue (par l'abbé Bruté de Loirelle). *La Haye et Paris*, *Lacombe*, 1766, *in*-8.

C'est à tort que quelques bibliographes attribuent cette pièce à Guyot de Merville, qui s'était noyé l'année précédente dans le lac de Genève.

5110. Ennui (l') d'un quart d'heure (par l'abbé de la Mare). *Paris*, *Rollin fils*, 1736, *in*-8 *de* 24 *pag*.

5111. Énormité (de l') du duel, traité traduit de l'italien de M. le docteur P. V. (Paul Vergani) par M. C*** (Cousin) des Arcades de Rome. *Berlin*, *Chr. Fr. Woss*, 1783, *in*-12.

5112. Enseignement (de l') public (par Mathias, ancien principal du collége de Langres). *Paris*, *Buisson*, 1786, *in*-8.

5113. Ensemble (de l') ou Essai sur les grands principes de l'Administration (par René Thomé, maréchal-de-camp, mort en 1805). *Paris*, *Gattey*, 1788, 2 *vol. in*-8.

5114. Ensuyt (s') le Nouveau Monde et navigations faites par Emeric de Vespuce, florentin, des pays et isles nouvellement trouvez, auparavant à nous inconnus, tant en Éthiopie qu'Arabie, Calichut et autres plusieurs régions estranges, translaté d'italien (de Montebaldo Fracanzo) en langue françoise par Mathurin du Redouer, licencié ès loys. (*Paris*, *Philippe le Noir*), *vers* 1515, *in*-4 *de* 88 *feuillets*, sans compter le frontispice et la table qui en ont 4.

5115. Entendons-nous, ouvrage posthume de M. Gobe-Mouche (Gaville et Guichard). *Aux Boulevards*, 1760, *in*-12.

5116. Enterrement (l') du Dictionnaire de l'Académie (attribué mal à propos à Furetière). 1697, *in*-12.

Furetière mourut en 1688. L'*Enterrement* paraît être du même auteur que l'*Apothéose*. Voyez le n° 1131.

5117. Entier discours de la vertu et propriété des bains de Plombières, par A. T. (Antoine Toignard). *Paris*, *Hulpeau*, 1581, *in*-12.

5118. Entrée du P. Coton dans les enfers (par Ant. Remy).

Voyez le n° 3420.

5119. Entrée solemnelle de la reine Éléonore à Dijon en janvier 1530, par C. X. G. (M. Girault). *Dijon*, *Bernard Defay*, 1819, *in*-18 *de* 24 *pages*.

5120. Entrée triomphante de Louis XIV et de Marie-Thérèse d'Autriche, son épouse, dans Paris, au retour de la signature de la paix et de leur mariage; avec fig. (publiée par Jean Tronçon). *Paris*, *le Petit*, 1662, *in-fol*.

5121. Entrepreneurs (les) entrepris, ou complainte d'un musicien opprimé par ses camarades, en vers et en prose (par Travenol). 1758, *in*-8.

5122. Entretien de M. Necker avec madame la comtesse de Polignac, M. le baron de Breteuil et l'abbé de Vermont (par Servan). *Londres*, 1789, *in*-8 *de* 108 *pages*.

5123. Entretien de Philarète et d'Eugène sur la question du temps, agitée à Nimwègue (*sic*), touchant le droit d'ambassade des électeurs et princes de l'Empire (par Leib-

NITZ). *Duisbourg*, 1677, *in*-18 de 65 *pages*.

Voyez sur cette pièce infiniment rare, même en Allemagne, le tome 2, page 413, de l'*Esprit de Leibnitz*, par Emery.

Ce petit volume n'a point été inséré dans la collection des Œuvres de Leibnitz, publiée en 1768 par Dutens : l'ouvrage est d'autant plus curieux, que c'est un résumé fait par l'auteur même du livre *De jure suprematûs*, publié la même année, lequel fait époque dans l'histoire du droit public d'Allemagne, et même du droit public de l'Europe.

124. Entretien d'Eusèbe et de Théophile sur le sacrifice de la Messe (par LARRIÈRE). *Sans date* (1779), *in*-12 *de* 28 *pages*.

125. Entretien d'un Abbé commendataire et d'un Religieux, sur les commendes (par dom DELFAUD), avec des réflexions sur ces entretiens (attribuées à BARBIER D'AUCOUR). *Cologne*, 1674, *in*-12.

126. Entretien d'un acolyte avec son directeur sur le célibat ecclésiastique (par l'abbé HERMÈS, vicaire de Saint-André-des-Arcs). *Paris*, *Crapart*, 1791, *in*-12 *de* 107 *p*.

127. Entretien d'un citoyen avec un théologien, sur le bref du pape Pie VI aux évêques de l'assemblée nationale de France (par l'abbé HERMÈS). *Paris*, *Crapart*, 1791, *in*-12 *de* 67 *pages*.

128. Entretien d'un électeur de Paris avec un père de l'Oratoire sur le choix des nouveaux pasteurs (par l'abbé HERMÈS). *Paris*, *Crapart*, 1791, *in*-12 *de* 73 *pag*.

129. Entretien d'un Européen avec un Insulaire du royaume de Dumocala, par L. R. D. P. D. D. L. E. D. B. (le roi de Pologne (STANISLAS), duc de Lorraine et de Bar). *Paris*, 1754, *in*-12.

130. Entretien d'un musicien françois avec un gentilhomme russe, sur les effets de la musique moderne, ou Tableau des concerts de province, par M. D. (DE CHARGEY). *Dijon*, 1773, *in*-8.

5131. Entretien d'un néophyte avec un missionnaire sur le schisme (par l'abbé HERMÈS). *Paris*, *Crapart*, 1791, *in*-12 *de* 87 *pages*.

5132. Entretien d'un paroissien avec son curé sur le serment exigé des ecclésiastiques fonctionnaires publics (par l'abbé HERMÈS). *Paris*, *Crapart*, 1791, *in*-12 *de* 73 *pages*.

5133. Entretien d'un philosophe avec madame la duchesse de ***, ouvrage posthume de Thomas CRUDELI (ou plutôt composé par Denis DIDEROT). *Sans indication de lieu*, *in*-12 *de* 32 *pages*.

Voyez les *Œuvres* de Diderot, publiées par Naigeon, t. 1, p. 494.

5134. Entretien d'un philosophe chrétien et d'un philosophe chinois (par N. MALEBRANCHE). *Paris*, 1708, *in*-12.

5135. Entretien en forme de dialogue françois et bourguignon, entre un vigneron de Dijon et un soldat, par C. D. L. (Claude DE LAUNAY) *Dijon*, *Palliot*, 1671, *in*-8.

5136. Entretien politique sur la situation actuelle de la France et sur les plans du nouveau gouvernement (par M. JULLIEN, ci-devant sous-inspecteur aux revues à Amiens). *Paris*, *Léger*, *frimaire an* 8 (1800), *in*-8.

5137. Entretien sur les tragédies de ce temps (par l'abbé DE VILLIERS). *Paris*, *Michallet*, 1675, *in*-12, et dans le premier volume du *Recueil de Dissertations sur plusieurs tra-*

gédies de *Corneille et de Racine*. Voy. ces mots.

5138. Entretiens abrégés avec N. S. Jésus-Christ avant et après la Messe (par Claude Fyot de Vaugimois, supérieur du séminaire de Saint-Irénée de Lyon). *Lyon*, 1721, *in*-12. *Lyon*, 1729, 4 *vol. in*-12.

Le Moréri de 1759 l'a confondu avec Fyot de la Marche.

5139. Entretiens avec Jésus-Christ dans le Très-Saint-Sacrement de l'autel (par le P. du Sault, bénédictin), *Toulouse*, *Vialar*, 1701 *et* 1703, 5 *vol. in*-12.

Souvent réimprimés.

Le premier volume se réimprime plus souvent que les quatre derniers.

5140. Entretiens curieux. *Amsterdam*, *Daniel du Fresne*, 1683, *in*-18.

Même ouvrage que les Dialogues rustiques, par J. D. M. *Genève, J. de Baptista*, 1649, *in*-8; *Rotterdam*, *Abraham Acher*, 1711, *in*-12. On n'en connaît pas l'auteur, à moins que, d'après la conjecture de quelques amateurs, on ne reconnaisse pour tel le libraire ou l'imprimeur J. de Baptista.

5141. Entretiens curieux d'Hermodore et du voyageur inconnu, par le sieur de Saint Agran (Jacques de Chevanes, capucin). *Lyon*, *Pillehote*, 1634, *in*-4.

Baillet, dans sa *Liste des auteurs déguisés*, désigne notre auteur sous le nom de *Saint-Agnon* : c'est probablement une faute d'impression.

5142. Entretiens d'Angélique, pour exciter les jeunes personnes du sexe à l'amour et à la pratique de la vertu, par une jeune demoiselle (mademoiselle Loquet). *Paris, Morin*, 1781, *in*-12.

5143. Entretiens d'Anselme et d'Isidore sur les affaires du temps (par Lafitau, évêque de Sisteron, et non par le P. Castel, jésuite). *Douay et Paris*, 1759, *in*-12 *de* 227 *pages*.

5144. Entretiens dans lesquels on traite des entreprises de l'Espagne, des prétentions de M. le chevalier de St.-George, etc. (par de Saint-Hyacinthe). *La Haye*, *A. de Rogissart*, 1719, *in*-12.

5145. Entretiens d'Ariste et d'Eugène (par le P. Bouhours). *Paris*, *Cramoisy*, 1671, *in*-4; 1672, *in*-12.

Souvent réimprimés.

Barbier d'Aucour a publié une excellente critique de cet ouvrage. Voyez les mots *Sentimens de Cléante*...

5146. Entretiens d'Ariste et d'Eugène sur les affaires du temps, par M*** (Guesnois, curé du diocèse de Blois), élève de M. Duguet. *Sans indication de lieu*, 1743, *in*-12.

5147. Entretiens de Christine et de Pélagie, maîtresses d'école, sur la lecture des épîtres et évangiles (par le P. Fabre, de l'Oratoire). *Sans indication de lieu*. (*Douay*) 1717, *in*-12.

5148. Entretiens de Cicéron sur la nature des Dieux, traduits en françois (par l'abbé d'Olivet). *Paris*, *Barbou*, 1721, 3 *vol. in*-12.

Réimprimés plusieurs fois en 2 volumes, avec le nom du traducteur.

5149. Entretiens de Cléandre et d'Eudoxe sur les Lettres Provinciales (de Pascal), (par le P. Daniel, jésuite). *Cologne*, *P. Marteau*; (*Rouen*), 1694, *in*-12.

5150. Entretiens de Clotilde, pour servir de suite aux Entretiens d'Angélique (par mademoiselle Loquet). *Paris*, 1788, *in*-12.

5151. Entretiens (les) de Dieu-Donné et de Romain, où l'on explique la doctrine chrétienne touchant la prédestination, etc. (par G. Ger-

BERON). *Cologne*, 1691, *in*-12.

5152. Entretiens de la Comtesse, de la Prieure, du Commandeur, d'un Evêque, d'un Abbé, d'un grand Vicaire, etc., au sujet des affaires présentes, par rapport à la Religion (par le P. LALLEMANT, jésuite). *Sans indication de lieu* (*Avignon*), 1735-1741, 9 *vol. in*-12.

5153. Entretiens de l'Ame dévote sur les principales maximes de la vie intérieure, traduits de deux opuscules de THOMAS A KEMPIS. *Paris, P. et J. Hérissant*, 1707, *in*-12 *de* 309 *pages*.

On trouve des exemplaires du même ouvrage ainsi intitulés : Suite de l'Imitation de J. C., entretiens, etc., par le P. C. D. L. C. D. J. *Paris, Nicolas le Clerc*, 1714, *in*-12 *de* 309 *pages*. Il est facile de se convaincre que c'est la même édition du même ouvrage, dont le frontispice seul a été changé.

Les deux opuscules traduits par cet anonyme sont le *Vallis liliorum* et le *Soliloquium animæ*. Mais ces deux traités ne contiennent chacun que vingt-cinq chapitres, et il y en a cinquante-six dans la traduction. Leur ordre n'est pas le même que dans les originaux ; le traducteur ne s'est pas montré non plus fort exact à rendre le sens de l'original. Du reste la traduction est bien écrite. Tel est le précis du jugement des auteurs du *Journal des Savans* sur cette traduction. J'étais curieux de savoir le nom du traducteur, et j'avais de la peine à le reconnaître sous la lettre initiale C.

Le dictionnaire de Moréri m'apprend que cette lettre désigne le P. CHARENTON, connu depuis par la traduction de l'histoire d'Espagne de Mariana.

5154. Entretiens de Maxime et de Thémiste (par BAYLE), ou Réponse à l'examen de la Théologie de Bayle (par Jaquelot). *Rotterdam, Leers*, 1707, *in*-12.

5155. Entretiens de M. Colbert, ministre d'état, avec Bouin, fameux partisan, sur plusieurs affaires curieuses, entre autres sur le partage de la succession d'Espagne (par Gatien DE COURTILZ). *Cologne, Marteau*, 1701, 1709. *in*-8.

5156. Entretiens de Morale, dédiés au Roi (par mademoiselle DE SCUDÉRY). *Paris, J. Anisson*, 1692, 2 *vol. in*-12.

Les dédicaces de mademoiselle de Scudéry consistaient en une pièce de vers courte et non signée ; mais elle se dédommageait de cette brièveté en plaçant l'éloge de Louis XIV dans presque tous ses entretiens.

5157. Entretiens de Périclès et de Sully aux Champs-Elysées, sur l'administration (par M. AUFFRAY). *Paris, Costard*, 1776, *in*-8.

5158. Entretiens de PÉTRARQUE sur les plus beaux sujets de morale, ou l'Art de vivre heureux (traduit du latin par CHATOUNIÈRE DE GRENAILLE). *Paris, Besogne*, 1678, 2 *vol. in*-12.

Cette traduction a été réimprimée plusieurs fois ; quelques éditions portent le nom du traducteur. La première a pour titre : *Le Sage résolu contre la fortune*. Voyez ces mots.

5159. Entretiens de Philalèthe et de Philerène, où sont examinées les propositions contenues dans la déclaration du Clergé du mois de mars 1682, et dans la thèse du P. Buhy, *carmelite*, soutenue au mois de novembre 1681, et où sont proposés les moyens justes et efficaces pour ramener dans le sein de l'Église catholique ceux qui en sont séparés (par DE VIGNE, ministre de Grenoble, qui a changé depuis de religion). *Cologne, P. Marteau*, 1684, *in*-12.

5160. Entretiens de Phocion sur le rapport de la morale avec la politique, traduits du grec de NICOCLÈS, avec des remarques, (composés par l'abbé DE MABLY). *Amsterdam (Paris)*, 1763, *in*-12.

Il y a des exemplaires de la même date, qui portent le nom de *Mably*, avec les mots *seconde édition*.

5161. Entretiens de Théophile et d'Eugène, sur la Religion chrétienne, avec un Discours sur la nécessité de l'étudier, et une bibliothèque chrétienne (le tout tiré de l'*Exposition de la doctrine chrétienne*, de l'abbé MESENGUY). *Sans indication de lieu*, 1760, *in*-12.

5162. Entretiens (les) des cafés de Paris, et les différends qui y surviennent (par le chevalier DE MAILLY). *Trévoux, Ganeau*, 1702, *in*-12.

5163. Entretiens des Champs-Elysées. *Paris*, 1631, *in*-8.

Varillas donne ce livre à Louis DE GURON; mais il est certain que P. HAY DE CHASTELET en est l'auteur.

5164. Entretiens des Cheminées de Paris......

Voyez les mots *Entretiens sérieux et comiques*, nº 5184.

5165. Entretiens des Ombres aux Champs-Élysées, sur divers sujets d'histoire, de politique et de morale, traduits de l'allemand par Valentin JUNGERMAN (BRUZEN DE LA MARTINIÈRE). *Amsterdam, Uytwerf*, 1723, *2 vol. in*-12.

5166. Entretiens (les) des Voyageurs sur la mer (par Gédéon FLOURNOIS). *Cologne, Marteau*, 1683, *Amsterdam, Roger*, 1704, *2 vol. in*-12. —Nouvelle édition, augmentée par un anonyme, *Cologne*, 1715; *Amsterdam*, 1740, *4 vol. in*-12.

5167. Entretiens d'Eudoxe et d'Érigène, sur les Indulgences (par Raymond MASSUAU, ancien maire d'Orléans, mort en 1775). *Paris, J. Th. Hérissant*, 1760, *in*-12.

On a encore : Défense de la doctrine de l'Église sur le jubilé, par M. Raimond MASSUAU; nouvelle édition (par l'abbé DE REYRAC). *Paris*, 1776, *in*-12.

C'est peut-être une réimpression de l'ouvrage de 1760.

5168. Entretiens d'Eudoxe et d'Eucharistе, sur les histoires de l'Arianisme et des Iconoclastes du P. Maimbourg (par Jacques LE FEVRE). *Cologne*, 1683, *petit in*-12.

Ces deux entretiens parurent successivement à Paris en 1674, dans le format in-4. Il en existe une autre édition in-12, *sans date*, augmentée d'un *avertissement* et d'une *lettre apologétique pour la Religion chrétienne, contre les Eusébiens de ce temps*.

5169. Entretiens du Juste et du Pécheur, sur la proposition : l'homme souffre beaucoup plus de maux pour se damner que pour se sauver; dédiés à MM. de l'Académie françoise, par un père de famille, ancien avocat au Parlement de Paris (LORDELOT). *Paris*, 1709, *in*-12.

5170. Entretiens (les) du Luxembourg, sur l'utilité de la promenade et sur un voyage fait depuis peu en Flandres, par M. de R. H. (DE ROCOLES, historiographe). *Paris, Louis Billaine*, 1666, *petit in*-12 *de* 213 *p.*

Voyez les *OEuvres* de Bayle, t. 4, p. 524. Desmaiseaux ne donne aucun détail sur cet ouvrage, où l'on trouve beaucoup d'anecdotes sur les savans que l'auteur a eu occasion de visiter.

Bayle n'a pas désigné d'une manière assez précise cet ouvrage de Rocoles : c'est sans doute ce qui est cause qu'il se trouve aussi cité d'une manière vague dans la notice sur la vie et les écrits de Rocoles, placée par le professeur Pauli en tête de sa traduction allemande de l'*Histoire des imposteurs insignes* de notre auteur; Halle, 1760 et 1761, 2 vol. in-8. Voyez le *Journal encyclopédique*, avril 1761, seconde partie, p. 55 et suiv.

5171. Entretiens (les) du Palais-Royal (attribués à CARACCIOLI). *Paris*, 1786, *4 parties petit in*-12.

Note manuscrite de Laus de Boissy.

Le *Journal de Paris* du 24 septembre 1787 dit que l'auteur est le même que celui des *Adieux du quai de Gesvres à la bonne ville de Paris*. V.T.

Dans le registre manuscrit pour les permissions tacites, j'ai trouvé, à la date du 15 janvier 1785 : *Lettre écrite du Palais-Royal aux quatre parties du monde, par de Caraccioli*. Je ne sais pas si c'est le même ouvrage ; mais l'apostille est : *Rayé jusqu'à ce que M. de Villedeuil ait pu voir lui-même s'il n'y a rien qui puisse offenser personne.* Registre manuscrit 101. V. T.

5172. Entretiens d'un homme de cour et d'un solitaire, sur la conduite des grands (par l'abbé Lochon). *Paris, Papillon*, 1713, *in*-12.

5173. Entretiens d'un jeune prince avec son gouverneur (par le marquis de Mirabeau), publiés par M. G....l (Grivel). *Paris, Moutard*, 1785, 4 *vol. in*-12.

5174. Entretiens d'une ame avec Dieu.... (traduits du latin de J. Hamon par dom Duret, bénédictin). *Avignon*, (*Paris*, *Lottin*), 1740, *in*-12.

Voyez dans les anonymes latins les mots *Christiani cordis gemitus*, etc.

5175. Entretiens d'une âme pénitente avec son Créateur (par le Bret). *Paris, Saillant*, 1767, *in*-12 ; *Lille, Henry*, 1771, 3 *vol. in*-12.

5176. Entretiens d'une mère avec sa fille, sur le bonheur de la campagne (par de Rincourt).... 1760, *in*-12. V. T.

Permission tacite.

5177. Entretiens familiers d'Érasme (traduits du latin par Chappuzeau). *Paris, Jolly*, 1662, *in*-12.

Chappuzeau a joint à sa traduction des sommaires et des remarques ; mais il n'a traduit que ce qu'il appelle trois decades, c'est-à-dire trente entretiens.

5178. Entretiens historiques sur le christianisme de l'empereur Philippe, dans lesquels on établit ce christianisme, etc., adressés à M. P*** (*Pictet*), pasteur et professeur en Théologie (par P. de la Faye, ministre du S. Évangile). *Basle*, 1690, *in*-8. ; *Utrecht*, 1692, *in*-12.

5179. Entretiens ou amusemens sérieux et comiques, par M. de Fontenelle, de l'Académie françoise ; *suivant la copie imprimée à Paris*. *Amsterdam, E. Roger*, 1713, *in*-12.

Ce sont les *Amusemens sérieux et comiques* de Dufresny. Voyez le n° 673.

5180. Entretiens où on explique la doctrine de l'Église catholique, par la Sainte Écriture, et où on fait un juste discernement de sa croyance d'avec celle des Protestans (par l'abbé Goulde). *Paris, Coignard*, 1727, *in*-12.

5181. Entretiens pacifiques sur les affaires de la Religion en France (par M. l'abbé Cazaintre, prêtre du diocèse de Carcassonne, aujourd'hui curé de Saint-Papoul). *Bruxelles*, (*Toulouse, ou quelque autre ville du midi*), 1802, *in*-8 *de* 104 *p*.

Voyez l'*Ami de la Religion*, 1817, t. 10, n° 254.

5182. Entretiens philosophiques et politiques, suivis de Betzi, ou l'Amour comme il est ; roman qui n'en est pas un (par M. Meister). *Hambourg* (*Paris*), 1800, *in*-12.

Voyez le n° 1682.

5183. Entretiens philosophiques sur la Religion, avec la suite (par l'abbé Guidi). *Paris, Moutard*, 1772-1780, 3 *vol. in*-12.

5184. Entretiens sérieux et comiques des cheminées de Paris (par l'abbé Bordelon). *Paris, Prault*, 1712, *in*-12.

Voyez les *Dialogues des vivans* (par le même auteur), 1717, in-12, p. 262.

Les quatre entretiens dont se compose ce volume ont été réimprimés avec six nouveaux entretiens, sous ce titre : Entretiens des cheminées de Paris, ouvrage rempli de caractères vrais et fidèlement copiés d'après les originaux. *La Haye, P. Dehondt*, 1736, *in*-8 *de* 120 *pages*.

5185. Entretiens socratiques sur la véracité (traduits de l'anglais de Percival, par M. Boulard). *Paris*, 1786, *in*-12.

5186. Entretiens spirituels en forme de prières, pour servir de préparation à la mort (par dom Robert Morel). *Paris, Jacq. Vincent*, 1721, *in*-12.

5187. Entretiens spirituels en forme de prières sur les Évangiles des dimanches, etc. (par dom Robert Morel). *Paris, Vincent*, 1714, 1715, 2 *vol. in*-12.

5188. Entretiens spirituels sur le Cantique des Cantiques, par un religieux bénédictin de la congrégation de S. Maur (dom Morel). *Paris, Vincent*, 1730, *in*-12.

5189. Entretiens sur ce qu'il y a de plus intéressant pour l'homme (par Dumont, pasteur). *Berlin*, 1760, *in*-8. V. T.

5190. Entretiens sur diverses matières de Théologie (par P. le Cène et J. le Clerc). *Amsterdam, H. Wetstein*, 1685. — Conversations sur diverses matières de religion (par le Cène); avec un Traité de la liberté de conscience (traduit du latin de Crellius par le Cène). *Philadelphie, Thimotée de Saint-Amour, (Amsterdam)* 1687, *petit in*-12.

Les *conversations* se trouvent quelquefois séparément.

5191. Entretiens sur divers sujets d'histoire, de littérature, de religion et de critique (par la Croze). *Cologne, P. Marteau*, 1711, 1740, *in*-12.

5192. Entretiens sur divers sujets d'histoire, de politique et de morale (tirés des manuscrits de l'abbé Nicolas de Campion, par l'abbé de Garambourg, chanoine d'Évreux). *Paris, Delaulne*, 1704, *in*-12.

Le nom de l'auteur se trouve au milieu du privilége dans la plupart des exemplaires. J'en ai vu un où il ne se trouve pas, et celui-ci contenait un *errata* assez long.

5193. Entretiens sur la Clôture religieuse, par M. P. C. (Collet, ex-jésuite et avocat à Dijon). *Dijon, Michard*. 1697, *in*-12.

5194. Entretiens sur la correspondance fraternelle de l'Église anglicane avec les autres églises réformées (par Claude Grosteste, sieur de la Mothe). *Amsterdam et Londres*, 1707, *in*-12. V. T.

5195. Entretiens sur la langue françoise à Madonte, ou Rudiment françois (par Leven de Templery). *Aix, le Grand*, 1697, *in*-12.

5196. Entretiens sur la nature de l'âme des bêtes. *Colmar*, 1756. *in*-12.

Cet ouvrage est d'un chanoine régulier de Saint-Antoine, nommé François Aubert. Quelques exemplaires ont la date de *Bâle*, 1760. Comme ils se vendaient à Paris, chez Lambert, c'est peut-être ce qui les aura fait attribuer à l'abbé Lambert, ainsi qu'on le voit dans la *France littéraire* de 1769.

5197. Entretiens sur la pluralité des Mondes (par de Fontenelle). *Paris*, 1686, *in*-12.

Souvent réimprimés avec le nom de l'auteur.

5198. Entretiens sur la Raison; suite de la critique des ouvrages de Bayle (par le P. le Fevre, jésuite). *Amsterdam, Châtelain*, 1747, *in*-12.

C'est le tome second du n° 1648.

5199. Entretiens sur la Religion (par Jacques Basnage). *Rotterdam*, 1709, *in*-12. — Nouvelle édition, augmentée, 1711, in-12. — Troisième édition, plus ample et plus correcte. 1713, 2 vol. in-12.

5200. Entretiens sur l'Art de régner, divisés en cinq soirées. 1766, in-12 de 24 pages.

Cet ouvrage est le même que les *Matinées du roi de Prusse*. Voyez ces mots.

5201. Entretiens sur la sanctification des dimanches et des fêtes (par Ambroise PACCORI). *Orléans*, 1691, *in*-8.

5202. Entretiens sur le grand scandale causé par un livre intitulé : *La Cabale chimérique* (par BAYLE). *Cologne*, (*Rotterdam*), 1691, *in*-12.

5203. Entretiens sur les affaires du temps, avec des considérations sur leurs principales circonstances, depuis la fin de 1706 jusqu'au mois d'août 1707, etc. (par Casimir FRESCHOT). *Cologne* (*Amsterdam*), *J. Henry*, 1707, 2 *vol. in*-12.

Voyez mon *Examen critique des Dictionnaires historiques*, et le Catalogue du cardinal Dubois, *la Haye*, 1735, in-8, t. 3, p. 660.

5204. Entretiens sur les anciens Auteurs, contenant leurs vies et le jugement de leurs ouvrages (par MARTIGNAC). *Paris*, 1697, *in*-12.

5205. Entretiens sur les comètes, par M. D. R. (G. BASSET DES ROSIERS). *Paris*, 1747, *in*-12.

5206. Entretiens sur les Contes des Fées, et sur quelques autres ouvrages du temps (par l'abbé DE VILLIERS). *Paris*, *Collombat*, 1699, *in*-12.

5207. Entretiens sur les dixmes, aumônes, et autres libéralités faites à l'Église (par COLLET). 1693, *in*-12.

5208. Entretiens sur les fêtes, les jeûnes, usages et principales cérémonies de l'Église (par COCHIN, curé de Saint-Jacques-du-Haut-Pas). *Paris*, *Desprez*, 1778, 1786, *in*-12.

5209. Entretiens sur les Romans, ouvrage moral et critique, par l'abbé J*** (JACQUIN). *Paris*, *Duchesne*, 1755, *in*-12.

5210. Entretiens sur les sciences (par le P. Bernard LAMY, de l'Oratoire). *Lyon et Paris*, 1684, *petit in*-12.

Souvent réimprimés avec le nom de l'auteur, dans le format grand in-12.

La troisième édition, publiée à Lyon en 1706, contient beaucoup d'augmentations. La lettre qui se trouve entre le quatrième et le cinquième entretien, touchant l'étude des humanités, est de DUGUET.

Le style du P. Lamy a été rajeuni dans l'édition de *Lyon*, 1752.

Cet ouvrage méritera toujours d'avoir des lecteurs ; mais aujourd'hui les jeunes gens liront avec plus de fruit le livre de M. Deleuze, qui a pour titre : Eudoxe, ou Entretiens sur l'étude des sciences. *Paris*, 1810, 2 *vol. in*-8.

5211. Entretiens sur les Voyages de Cyrus (par les abbés DESFONTAINES et GRANET). *Nancy*, *Nicolay*, 1728, *in*-12.

5212. Entretiens sur l'Éloquence de la chaire et du barreau (par Gabriel GUERET). *Paris*, *J. Coignard*, 1666, *in*-12.

5213. Entretiens sur l'état actuel de l'Opéra de Paris (par COQUEAU, architecte). 1781, *in*-12.

Voyez *Notice sur Piccini*, par Ginguené, p. 45 et 120.

5214. Entretiens sur un nouveau système de morale et de physique, ou Recherche de la vie heureuse, selon les lumières naturelles (par L. F. LADVOCAT, maître des comptes). *Paris*, *Boudet*, 1721, *in*-12.

5215. Entretiens touchant l'entreprise du prince d'Orange sur l'Angleterre (par dom Denis DE SAINTE-MARTHE). *Paris*, *Seneuze*, 1689, *in*-12.

L'auteur a publié en 1691 la suite de ces

entretiens, pour répondre au livre de Jurieu, intitulé : *Religion des Jésuites*.

5216. Épanchemens (les) de l'imagination et de l'amitié ; Lettres du docteur LANGHORNE, traduites de l'anglais par M. IMBERT DES B. (ou plutôt par GRIFFET-LA-BAUME). *Paris, imprimerie de Monsieur*, 1787, *in*-18 *de* 173 *pages*.

G. Imbert est connu par quelques traductions de l'anglais. Cependant M. la Baume a revendiqué lui-même cette traduction dans la notice sur sa vie et ses ouvrages, qu'il a adressée à M. Desessarts. Voyez les *Siècles littéraires de la France*, t. 4.

En lisant cet article des *Siècles littéraires*, on ne peut douter que l'auteur ne l'ait rédigé lui-même. Il y en a un certain nombre de la même espèce dans l'ouvrage de M. Desessarts Ces articles, joints aux quarante ou cinquante fournis à l'éditeur par M. de Sainte-Croix, donneront toujours quelque prix à la compilation des *Siècles littéraires*, d'ailleurs très-inexacte et très-fautive

Une preuve qu'en effet la traduction de Langhorne est de la Baume, c'est que plusieurs morceaux de ce volume sont tirés du *Censeur universel anglais*, auquel travaillait alors M. la Baume. Voyez, par exemple, la lettre douzième des *Épanchemens*. On la trouve aussi dans le *Journal encyclopédique* de décembre 1785.

5217. Éphémérides cosmographiques, pour 1750 (par l'abbé DE BRANCAS). *Paris*, 1750, *in*-12.

Il en donna aussi pour les deux années suivantes, dit Lalande dans sa *Bibliographie astronomique*, relativement à son système de cosmographie ; mais on n'en tint aucun compte.

5218. Éphémérides de l'humanité, ou Bibliothéque raisonnée des sciences morales (par M. FRÉVILLE). *Sans nom de ville*. 1789, 2 *volumes in*-8. V. T.

5219. Éphémérides du citoyen, ou Chronique de l'esprit national et Bibliothèque raisonnée des sciences, etc. (par l'abbé BEAUDEAU et le marquis de MIRABEAU, depuis 1765 jusqu'en mai 1768 ; par DUPONT de Nemours, à dater de mai 1768, jusques et compris le mois de mars 1772). *Paris, Delalain*, 1765 *et années suivantes*, 40 *vol. in*-12 *environ*.

Le colonel de Saint-Leu a coopéré à ce journal.

5220. Éphémérides (les) troyennes (par GROSLEY). *Troyes*, 1757-1768, 12 *vol. in*-32.

A dater de leur origine jusqu'en 1761, l'année 1763 exceptée, ces *Éphémérides* furent supprimées par sentence du présidial de Troyes, comme contenant des calomnies, des faussetés, des indécences, etc.

On a une nouvelle édition de cet ouvrage sous ce titre : Ephémérides de GROSLEY, membre de plusieurs académies ; ouvrage historique mis dans un nouvel ordre, corrigé sur les manuscrits de l'auteur ; et augmenté de plusieurs morceaux inédits, avec un précis de sa vie et de ses écrits, et des notes ; par L. M. PATRIS DE BREUIL, éditeur. *Troyes et Paris, Durand*, 1811, 2 *vol. in*-8 *et in*-12.

5221. Èphraïm justifié ; Mémoire historique et raisonné sur l'état passé, présent et futur des finances de Saxe (par MAUBERT). *Erlang*, 1758, *in*-8.

5222. Épictète (l') de la jeunesse, ou Pensées morales, etc. *Paris, Blanchard*, 1815, *in*-18.

Voyez les mots *l'Indispensable*, etc.

5223. Épigone, ou l'Histoire du siècle futur, par M. D. P. (Jacques GUTTIN). *Paris, P. Lamy*, 1659, *in*-8.

5224. Épigrammes anecdotiques, inédites, concernant des hommes célèbres, etc., par l'*Hermite de la chaussée du Maine* (SERIEYS). *Paris, madame veuve Perroneau*, 1814, *in*-12.

5225. Épigrammes de MARTIAL, D'OWEN et autres poëtes latins, anciens et modernes, par M..... (le général DE POMMEREUL) ; avec cette épigraphe : *In diebus nefastis solatium*. Édition tirée à 25 exemplaires, portant chacun leur numéro respectif. N° 19, *à Ixelles*, 1818, *in-8 de* VI *et* 98 *pages*.

226. Épigrammes de MARTIAL, traduites en français (par M. VOLLAND). *Paris*, 1806, 3 *vol. in-8*.

227. Épigrammes de SENECÉ (publiées par le P. DU CERCEAU, jésuite). *Paris*, *Giffard*, 1727, *in-12*.

Titon du Tillet accuse l'éditeur d'avoir trouqué et changé quelques endroits de ces épigrammes qui lui parurent trop libres. Il lui reproche aussi d'avoir réduit ce volume à la moitié.

228. Épigrammes (les) D'OWEN, traduites en vers françois par M. LE B. (LE BRUN). *Paris*, *Ribou*, 1709, *in-12*.

229. Epigrammes faites dans un bon dessein (contre J. L. Geoffroy, par J. Fr. GUICHARD). 1809, *in-8 de* 15 *pages*.

230. Épisémasie, ou Relation d'Aletin le martyr, concernant l'origine, antiquité, noblesse, sainteté de la Bretagne armorique (par P. BIRÉ). *Nantes*, *Sébastien de Hucqueville*, 1637, *in-4*.

5231. Épitaphe (l') du bibliothécaire (par P. Ch. JAMET). 1747, *in-4*, et *in-12* dans le *Conservateur* du mois d'avril 1758, p. 107.

Pièce satirique en vers, précédée d'un avertissement.

5232. Épitaphes tant anciens que modernes, recueillis de diverses villes et nations (par Gaspar MÉTURAS). *Paris*, *Gaspar Méturas*, 1647, 2 *parties in-12*.

5233. Épître à Catherine II, impératrice de toutes les Russies (par Cl. J. DORAT). *Saint-Pétersbourg* (*Paris*). 1765, *in-8*. V. T.

5234. Épître à Diognète (qui est parmi les ouvrages de S. Justin) dans laquelle l'Auteur, sur les ruines de l'idolâtrie et du judaïsme, établit les plus solides fondemens de la Religion chrétienne, ouvrage du premier siècle, traduit de l'original grec (par le P. LE GRAS, alors de l'Oratoire). *Paris*, *Armand*, 1725, *in-12*, et à la suite des *ouvrages des SS. PP. qui ont vécu du temps des Apôtres*. Voyez ces mots.

Cette traduction, dit l'abbé Goujet dans le *Catalogue des livres de sa bibliothèque*, manque d'exactitude en bien des endroits; le traducteur n'a pas assez bien entendu le texte grec. L'épître en elle-même est un écrit excellent; on la croit avec raison d'un auteur encore plus ancien que S. Justin. Le portrait qu'on y voit des mœurs des premiers chrétiens est admirable. L'abbé Gaultier a publié une traduction plus exacte de cette épître; on la trouve à la fin du troisième volume de ses *Lettres théologiques contre le P. Berruyer*, 1756, in-12.

5235. Épître à Gresset, au sujet de la reprise du *Méchant* en 1814, suivie de deux ouvrages de ce poëte célèbre (le *Chien pêcheur* et la *Musique*, poëmes) qui ne sont dans aucune édition de ses œuvres, et d'une épître à un jeune provincial, intitulée : *L'Art de travailler aux journaux*. Par l'ex-révérend P. IGNACE DE CASTELVADRA, petit-neveu du R. P. BRUMOI (CUBIÈRES-PALMÉZEAUX). *Paris*, *Moronval*, 1812, *in-8 de* 93 *pages*.

Je ne sais si Cubières-Palmézeaux a fait quelques dupes par l'annonce de ces prétendus ouvrages de Gresset; mais il est certain que le *Chien pêcheur*, ou le Barbet des Cordeliers d'Étampes, a été publié vers 1730, par HÉMARD D'ANJOUAN.

Le poëme sur la *Musique* est de SERRÉ, et parut en 1717, in-4.

5236. Épître à Hortense : Quel est le plus beau trait d'une belle? Par P. F. L. N. (LE NORMAND de Vire, fils d'un apothicaire). *Paris*, *Caillot*, 1807, *in-8 de* 8 *pages*.

5237. Épître à l'Amitié (par GUYMOND

DE LA TOUCHE). *Londres* (*Paris*), 1758, *in*-8.

5238. Épître à l'auteur de l'*Anti-Uranie* (le P. Bonhomme, cordelier; par J. C. COURTALON-DELAISTRE). *Troyes*, 1765, *in*-8. V. T.

5239. Épître à l'Auteur de la *Petite Ville*, comédie (de M. Picard) par un poëte de province (Alphonse BLONDEAU), suivie de notes. *Paris*, *Dentu*, *in*-8 *de* 22 *pages*.

5240. Épître à l'Ombre d'un ami, suivie de deux odes (par Cl. J. DORAT). *Paris*, 1777, *in*-8. V. T.

5241. Épître à Louise (par BIDAUT DE MONTIGNY) *Paris*, *Cailleau*, 1747, *in*-4 *de* 8 *pages*.

5242. Épître à ma Femme (par DUPAIN TRIEL). *Paris*, *Cellot*, 1762, *in*-12.

5243. Épître à mon Poële, dédiée à mes amis par M. l'abbé DE L....... (LAURAGUEL). *Paris*, 1787, *in*-8.

5244. Épître à M. C. D. V. D. S. J. (Courtalon-Delaistre, vicaire de S. Jean de Troyes), sur le respect dû aux grands hommes (par SIMON). *Amsterdam*, 1765, *in*-8.

Il est question dans cette satire d'un P. B. C. Il s'agit du P. BERTIN, capucin, auteur de la chanson des *petits trous*, pièce érotique assez jolie et peu connue.

5245. Épître à M. de J*** (Jaubert, ancien officier au corps royal de l'artillerie, et bibliothécaire de Metz) par M. P. F. (PAULINIER DE FONTENILLE). *Metz*, *Antoine*, 1814, *in*-8.

5246. Épître à M. Lamourette, évêque de Rhône et Loire, sur son Instruction pastorale du 16 juillet 1791, etc. (par M. l'abbé Aimé GUILLON, docteur en Théologie). *Paris* (*Vienne en Dauphiné*), 1791, *in*-8 *de* 101 *pages*.

Le rédacteur de l'*Ami de la Religi*[on et] *du Roi*, dans son numéro du 23 juin 1[...] (page 236 du tome 28), a mal à propos a[ttri]bué cet opuscule à M. Camille Jordan, p[arce] qu'il l'a confondu avec une *lettre* de q[...] feuilles, publiée sous le voile de l'anony[me] par MM. Camille Jordan et de Gérand[o] contre la même instruction pastorale.

Le même journaliste, étonné de l'ér[udi]tion théologique qu'offre l'*épître* de M. G[uil]lon, en a conclu que M. Camille Jo[rdan] avait fait un cours de théologie au sémin[aire] de Saint Irénée de Lyon, tandis qu'il [ne] passa que deux ans pour son cours de p[hi]losophie, dans le pensionnat particulier q[ue] les sulpiciens y tenaient.

5247. Épître à M. Palissot, par [un] habitant du Jura (M. JOBEZ). *Par*[*is*], *Debray*, 1806, *in*-8.

5248. Épître à Ninon-Lenclos (par D[E] SCHOUVALOFF), et Réponse à M. d[e] V*** (Voltaire, à qui cette épîtr[e] était faussement attribuée), publié[e] par M. ASINOFF, ancien pasteu[r] d'Oldenbourg (MAUCHERAT DE LONGPRÉ). *Genève*, 1774, *in*-8.

5249. Épître apologétique de C. L. L (Claude LE LABOUREUR), pour le Discours de l'origine des armes contre les lettres de Cl. F. Menestrier...... *in*-4. V. T.

Voyez le n° 3956.

5250. Épître à un jeune Auteur, su[r] l'abus des talens de l'esprit (par PESSELIER). *Paris*, *Prault*, 1750, *in*-12.

5251. Épître à une Femme raisonnable, ou Essai sur ce qu'on doi[t] croire (par M. Eusèbe SALVERTE). *Paris*, 1793, *in*-8.

5252. Épître au poëte-cordonnie[r] (M. François). Par NOISSOB (É. A DOSSION). *Paris*, *Aubry*, 1808, *in*-8 *de* 8 *pages*.

5253. Épître au public par un méchant poëte (J. Ch. BIDAUT DE MONTIGNY), tant en son nom qu'au nom de ses confrères...... 1745, *in*-4 *de 7 pages.*

Catalogue manuscrit de l'abbé Goujet.

5254. Épître au Roi, par le premier marguillier de la paroisse de Fontenoy (LINDET DE SEMONVILLE, avocat). *Vis-à-vis Fontenoy*, 1745, *in*-4 *de* 14 *pages.*

5255. Épître au roi, par un philosophe parisien (J. Ch. BIDAUT DE MONTIGNY). *Paris*, 1744, *in*-4 *de* 8 *pages.*

Suivant l'abbé Goujet, dans son catalogue manuscrit, l'auteur n'avait alors que vingt-quatre ans.

5256. Épître aux Malheureux, pièce qui a eu l'*accessit* du prix de l'Académie françoise en 1766, par M*** (GAILLARD). *Paris*, 1766, *in*-8.

5257. Épître aux Romains, par M. le comte DE PASSERAN, traduite de l'italien (composée par VOLTAIRE). *Sans date* (1771) *in*-8 *de* 42 *pages environ.*

Réimprimée dans le *Voltaire* de Beaumarchais, edition in-8, t. 33, p. 426, comme traduite de l'italien du comte DE CORBÉRA.

5258. Épître de Clio à M. de B... (de Berci), au sujet des nouvelles opinions répandues depuis peu contre la poésie (par NIVELLE DE LA CHAUSSÉE). *Paris, veuve Foucault*, 1731, *in*-12 *de* 33 *pages.*

5259. Épître de Nestor à Léodamie, sur la mort de Protésilas (Louis de Thermes). Par C. B. M. (Cl. B. MORISOT). *Dijon*, 1621, *in*-4. V. T.

5260. Épître de Pierre BAGNOLET, citoyen de Gonesse, aux grands hommes du jour (par Cl. Jos. DORAT). *Sans date*, *in*-8. V. T.

Voyez *Correspondance de la Harpe*, t. 2, p. 73.

5261. Épître de VOLTAIRE aux nombreux éditeurs de ses œuvres (par SERIEYS). *Paris*, 1818, *in*-8.

5262. Épître du citoyen F. de N. (FRANÇOIS, de Neufchâteau) au citoyen C..., député, sur son voyage de Paris à Neufchâteau. *Paris, nivôse an* 4 (1796), *in*-8.

5264. Épître du P. Grisbourdon à M. DE V*** (de Voltaire), sur le poëme de la *Pucelle.* (Par DE JUNQUIÈRES). *Sans date*, (1756) *in*-12 *de* XI *pages.* V. T.

5263. Épître du diable à M. de VOLTAIRE, par M. le marquis D***. (GIRAUD, médecin). *Avignon et Lille*, 1760, *in*-8 *de* 16 *pages.*

5265. Épître du sieur RABOT, maître d'école de Fontenoy, sur les victoires du Roi (par ROBBÉ). *Fontenoy*, 1745, *in*-8 *de* 7 *pages.*

Catalogue manuscrit de l'abbé Goujet.

5266. Épître d'un évêque (Jean DU TILLET, évêque de Meaux) aux ministres des églises nouvelles. *Paris*, 1563, *in*-8.

Voyez Placcius, *Hamburgi*, 1708, *in-fol*, n° 2166.

5267. Épître d'un jeune poëte à un jeune guerrier, pièce qui a concouru pour le prix de l'Académie française en 1773 (par ANDRÉ, nom de l'auteur, qui depuis s'est appelé DE MURVILLE). *Paris*, 1773, *in*-8.

5268. Épître sur la comédie des Deux Gendres, par L. V. R. (Louis-Victor RAOUL, aujourd'hui professeur à l'université de Gand). *Meaux, Raoul*, 1812, *in*-8 *de* 8 *pages.*

5269. Épître sur la consomption (par SAINT-PERAVI). *Londres*, 1761, *in*-8 *de* 25 *pages.*

5270. Épître sur la manie des jardins anglois (par CHABANON). 1775, *in*-8 *de* 16 *pag.*

5271. Épître sur les ecclésiastiques (par

Cl. M. GIRAUD) ..... 1759, *in*-12. V. T.

5272. Épître sur l'indépendance des gens de lettres, pièce envoyée au concours de poésie de l'Institut national pour l'an 13 (1805) (par J. JOLY, de Salins). *Paris*, *Solvet*, 1805, *in*-8 *de* 14 *pages*.

5273. Épître sur l'utilité de la satyre (par Alexis MATON). *Lille*, 1763, *in*-12. V. T.

5274. Épîtres aux Français, aux Anglais et aux Républicains de Saint-Marin (par le prince russe BÉLOSELSKI; publiées par MARMONTEL). *Paris*, *de l'imprimerie de Didot l'aîné*, 1789, *in*-8.

5275. Épîtres choisies de CICÉRON (traduites en français par Fr. HÉNAULT). *Paris*, *J. Hénault*, 1664, *in*-12.

5276. Épîtres choisies de CICÉRON, divisées en quatre livres, nouvelle traduction (par M. PANNELIER, ancien professeur) avec le texte en regard. *Paris*, *Delalain*, 1806, *in*-18.

5277. Épîtres choisies de S. GRÉGOIRE le Grand, traduites en françois (par Louis-Ant. DE PARDAILLAN DE GONDRIN, archevêque de Sens; publiées par l'abbé Jacques BOILEAU). *Paris*, *veuve Dupuis*, 1676, *in*-12.

5278. Épîtres choisies, ou les plus belles Lettres de CICÉRON, traduites en françois par M. D. L. B., de l'Académie françoise. *Wesel*, *Jacques de Wesel*, 1703, *petit in*-12.

On ne trouve aucune pièce liminaire en tête de ce volume; mais, en le comparant avec les anciennes traductions des mêmes lettres, j'ai reconnu que le prétendu libraire Jacques de Wesel n'avait fait que reproduire la traduction publiée à Paris en 1675, par le libraire Simon Benard, avec une épître dédicatoire au fils aîné du ministre Louvois: et en effet, il n'existait à l'époque de 1703 aucun académicien dont les lettres initiales fussent D. L. B.

5279. Épîtres (les) cupidiniques du banni de Liesse, présentées aux dames de la cour de Vénus (par François HABERT). *Paris*, *Alain Lotrian*, *sans date* (*vers* 1530), *in*-8. *goth*.

5280. Épîtres (les) de la séraphique vierge Sainte CATHERINE de Sienne, traduites de l'italien en françois (par J. BALESDENS). *Paris*, *Seb. Huré*, 1644, *in*-4.

5281. Épîtres (les) de maître François RABELAIS, escrites pendant son voyage d'Italie, nouvellement mises en lumière avec des Observations historiques, et l'Abrégé de la vie de l'auteur (par les frères DE SAINTE-MARTHE). *Paris*, *de Sercy*, 1651, *in*-8. Réimprimé sous le titre de *Lettres de M. Fr. Rabelais*, avec le nom des éditeurs. *Brusselles*, *Foppens*, 1710, *in*-8.

5282. Épîtres (les) de SÉNÈQUE, nouvelle traduction (par PINTREL; revues et publiées par Jean DE LA FONTAINE, son parent). *Paris*, *Barbin*, 1681, 2 *vol. in*-12.

Il n'y a que les premiers exemplaires de cette traduction qui soient anonymes. Il est aisé de voir que ceux où l'on trouve le nom du traducteur et celui de l'éditeur ont des titres *rafraîchis*.

5283. Épîtres diverses sur des sujets différens (par BAAR). *Londres*, *Changuion*, 1740, *in*-12. — Deuxième édition, augmentée. *Londres*, *Changuion*, 2 *vol. in*-12. — Autre édition. *Francfort et Leipsick*, 1763, 2 *vol. in*-12.

Un troisième volume contient les *Rêveries poétiques sur des sujets différens*, *par l'auteur des Épîtres diverses*; Francfort et Leipsick, 1763, in-12.

5284. Épîtres dorées, morales et familières de dom Antoine DE GUEvare, traduites d'espagnol en françois par le seigneur de Guterry. *Lyon, Macé Bonhome*, 1558. — Le troisième livre des Épîtres illustres composées en espagnol par dom Antoine de Guevare (avec un Traité des travaux et priviléges des galères par le même; le tout nouvellement traduit en françois (par Ant. du Pinet) sur la version italienne d'Alphonse d'Ulloa. *Lyon, Macé Bonhome*, 1560, *in*-4.

5285. Épîtres (les) (et toutes les Élégies amoureuses) d'Ovide, trad. en vers françois (par l'abbé Jean Barrin). *Paris, Audinel*, 1676; *Londres, Groenevegen*, 1725, *in*-12. Voyez les mots *Nouvelle traduction*, *OEuvres galantes* et *Traduction*.

Il est certain que cette traduction a été attribuée à l'abbé Barrin. Voyez la *Bibliothèque françoise* de l'abbé Goujet, t. 5, p. 425. Cependant Michault assure, dans le tome premier de ses *Mélanges*, p. 185, que le gouverneur de cet abbé en est le véritable auteur; il proposa à son élève de laisser croire dans le monde qu'elle était de lui : l'abbé accepta la proposition, sans prévoir que ces vers galans indisposeraient fortement Louis XIV, et l'empêcheraient de parvenir à l'épiscopat. L'abbé Barrin mourut grand-vicaire de l'évêque de Nantes, le 7 septembre 1718, âgé de soixante-dix-huit ans.

5286. Épîtres en vers à l'auteur du poëme sur la Grâce (Racine le fils), (par l'abbé Favier). *Paris, Garnier*, 1724, *in*-8.

5287. Épistres (les) et Évangiles des cinquante et deux dimanches de l'an, avec briefves et très-utiles expositions d'ycelles. (Le tout traduit en françois par Lefevre d'Etaples). *Lyon, Estienne Dolet*, 1542, *in*-16.

Cette version parut pour la première fois en 1523. Voyez la *Vie de Dolet*, par M. Née de la Rochelle, 1779, in-8, p. 116.

5288. Épîtres et Évangiles, avec de courtes réflexions, des explications sur tous les mystères, etc. (par l'abbé de la Mare, chanoine de l'Église de Paris). *Paris, Hérissant*, 1732, 3 *vol. in*-12.

5289. Épîtres et Évangiles, avec des explications par demandes et par réponses (ouvrage de l'abbé Perdoux, prêtre d'Orléans, augmenté par l'abbé Paccori). *Paris, Mariette*, 1727, 4 *vol. in*-12. — Nouvelle édition (très-différente de la précédente, revue par l'abbé Goujet). *Paris, Mariette*, 1737, 3 *vol. in*-12.

5290. Épîtres et Évangiles (les), avec les oraisons de l'Église qui se disent à la Messe, pendant toute l'année, par le sieur de Bonneval, prêtre, (le Maître de Sacy). *Paris, Desprez*, 1669, 1676, *in*-12. — Nouvelle édition, augmentée. *Paris, Desprez*, 1711, 2 *vol. in*-12.

5291. Épîtres et Évangiles des dimanches et fêtes de toute l'année et des féries du carême, avec des réflexions, des pratiques et des prières (par l'abbé Mesenguy). *Lyon, Tournachon-Molin*, 1810, *in*-12.

La première édition est de *Paris, chez Lottin et Desaint*, 1737, *in*-12.

5292. Épîtres et Évangiles des dimanches, des fêtes, etc., avec de courtes explications, réflexions et pratiques (par Laurent Blondel). *Paris, des Hayes et Savoye*, 1736, *in*-16.

5293. Épîtres et Évangiles des dimanches et fêtes de toute l'année, de l'avent, du carême et des autres grandes féries; avec de nouvelles réflexions (par l'abbé Jabineau). *Paris, Desprez*, 1775, *petit in*-12.

5294. Épîtres et Évangiles pour toute l'année (avec des réflexions tirées du *Nouveau Testament* du P. Ques-

NEL). *Paris*, *Pralard*, 1705, 3 *vol.* *in*-12.

5295. Épîtres et fragmens d'un poëme de Marengo (par M. VIENNET). *Paris*, *Lebour*, *sans date*, *in*-12.

5296. Épîtres familières de CICÉRON, traduites en françois par J. B. (Jean BACHOU, qui a dédié cette traduction au fameux abbé de Marolles). *Paris*, *Guillaume Benard*, 1666, *in*-12.

5297. Épîtres (les) familières de CICÉRON (de la traduction prétendue de DU RYER, imprimée à Lyon en 1689, et de celle de Paris, 1704, avec des notes critiques). *Bruxelles*, *G. de Backer*, *sans date* (*vers* 1709), 2 *vol.* *in*-12.

La traduction insérée dans la collection des Œuvres de Cicéron, traduites en français par DU RYER et *autres auteurs*, est de GODOUIN, professeur au collége de France. Celle de 1704 est de l'abbé MAUMENET.

5298. Épîtres morales et familières du traverseur (Jehan BOUCHET). *Poitiers*, *Jacq. Bouchet*, 1545, *in-fol.*

5299. Épîtres, satires, contes, odes et pièces fugitives du poëte philosophe, dont plusieurs n'ont point encore paru; enrichis de notes curieuses et intéressantes. *Londres*, (*Genève*), 1771, *in*-8.

On ne parle de ce recueil que parce que les notes dont VOLTAIRE l'a accompagné sont non-seulement curieuses, mais très-piquantes. Il a pourtant tâché d'adoucir le sel qu'il avait répandu sur *Pompignan*, qu'il appelle *Tonsignan*. Il rend justice à ses connaissances en littérature. Il dit que ses *facéties* sur ce magistrat laissent subsister le mérite de l'homme de lettres et celui du galant homme, et ne portent pas sur l'essentiel.

Il paraît que les éditeurs de Kell ont négligé ou n'ont pas connu quelques-unes de ces remarques.

On a exclu de ce recueil toutes les épîtres légères en petits vers, et il ne renferme guère que des pièces qui sont en vers alexandrins ou en vers de dix syllabes, à l'exception des odes.

(*Article envoyé par M. Chaudon.*)

5300. Épîtres sur quelques genres dont Boileau n'a pas fait mention dans son Art poétique. (Par M. CHAUSSARD). *Paris*, 1811, *in*-4.

5301. Épîtres (les) vénériennes de l'esclave fortuné (Michel d'AMBOISE) privé de la cour d'Amour. *Paris*, *Jehan Longis et Denis Janot*, 1534, *in*-8.

5302. Éponge des notes, pour servir de réponse aux remarques d'un anonyme, mises en marge d'une consultation sur le Traité de l'impuissance (du président Bouhier par FROMAGEOT). *Luxembourg* (*sans date*) (1739) *in*-12. Voy. n° 2896

5303. Épouse (l') infortunée, histoire italienne, galante et tragique, par M. D. P. B. (P. DE BILLY). *Paris*, 1733, *in*-12.

Note manuscrite de M. Adry.

5304. Époux (les) malheureux, ou Histoire de M. et madame de la Bédoyère, écrite par un ami (D'ARNAUD DE BACULARD). *La Haye*, 1745, 1749, *in*-12. — Nouvelle édition, 1758, 1780, 2 *vol.* *in*-12. — Suite, 1783, *deux parties*.

5305. Équation des tributs (par Claude DURIVAL). *Nancy*, 1768, *in*-8.

5306. Équipée (l'), poëme histori-comique (par M. P. J. B. NOUGARET et J. H. MARCHAND). *Londres et Paris*, *veuve Duchesne*, 1776, *in*-12. V. T.

5307. Équivoques et bizarreries de l'Ortographe françoise (par l'abbé CHERRIER). *Paris*, *Gueffier fils*, 1766, *in*-12.

5308. ÉRASME Roterodame, de la déclamation des louanges de follie, stile facessieux et profitable pour congnoistre les erreurs et abus du monde. *Paris, Galliot-Dupré*, 1520, *in-4 avec fig. gravées en bois.*

Cette traduction de l'*Éloge de la folie* est probablement celle d'HALLUIN, dont Érasme fut très-mécontent, parce que ce traducteur lui fait dire des choses auxquelles il n'a point pensé. Elle a dû paraître dès 1517. Voyez les *Lettres* d'Érasme, liv. 13, lett. 9.

M. de Burigny, dans sa vie d'Érasme, ne fait connaître aucune édition de cette traduction. Il ne cite pas non plus celle qui parut anonyme sous ce titre : La Louange de la Sotise, déclamation d'ÉRASME de Roterdam, mise en françois. *La Haye, chez Théodore Maire*, 1642, *petit in-12.*

309. Éraste, nouvelle (par Claude COLLIN). *Paris, Barbin*, 1664, *in-12.*

310. Éricie ou la Vestale, drame en vers (par DUBOIS-FONTANELLE). *Londres*, 1768, *in-8*; et dans les *Nouveaux mélanges* du même auteur, *Bouillon*, 1781, 3 *volumes in-8.*

311. Ermenonville, ou le Tombeau de Jean-Jacques (poëme par M. Joseph MICHAUD, aujourd'hui membre de l'Institut). *in-8 de* 10 *pages.*

Tiré de la *Décade philosophique*, année 1794, t. 3, p. 105.

L'auteur a ajouté aux exemplaires qu'il a fait tirer en particulier une lettre d'envoi à son frère, dans laquelle il lui rappelle les délicieuses soirées qu'ils ont passées ensemble à étudier le *Contrat social.*

312. Ermite (l') du faubourg Saint-Honoré (M. FORTIA DE PILES) à l'Ermite de la chaussée d'Antin (M. de Jouy). *Paris*, 1814, *in-8.*

313. Éromène (l'), traduit de l'italien de J. F. R. BIONDI, par D'A.... (D'AUDIGUIER neveu). *Paris*, 1633, *in-4 et* 2 *vol. in-8.*

314. Érotasmes de Phidie et Gélasine. Plus le chant panégyricque de l'isle Pontine, avec la gayeté de may (par Philibert BUGNYON). *Lyon*, 1557, *in-8.*

Voyez la *Bibliothéque françoise*, par Goujet, t. 12, p. 114 et 454.

5315. Errata de l'Essai sur la musique ancienne et moderne (de M. de la Borde), ou Lettre à M***, par madame DE *** (LATOUR DE FRANQUEVILLE). (*Suisse*), 1780, *in-12 de* 95 *pages.*

On assure que le célèbre violon Gaviniés est le principal auteur de cette critique, ainsi que de la réplique publiée sous ce titre : *Mon dernier mot.*

De la Borde, dans un *Supplément* à son *Essai*, avait répondu grossièrement à la critique de madame de ***.

On retrouve l'*Errata* et *Mon dernier mot* dans le trentième volume des Œuvres de J. J. Rousseau, édition de Genève, 1782.

5316. Errata du Mémorial alphabétique des livres qui composent la bibliothéque de l'ordre de MM. les Avocats du parlement de Normandie, mis en ordre par MM. Bourienne et Roger du Quesnay, bibliothécaires (par l'abbé SAAS). (*Rouen, de l'imprimerie de la veuve Besogne*, 1765), *in-8 de* 8 *pages.*

Cette brochure est signée MM. ......, avocats au parlement de Normandie.

5317. Erreur (l') confondue, poëme en six chants (par l'abbé DE BÈZE, chanoine de Sainte-Opportune à Paris, arrière-petit-neveu de Théodore de Bèze). *Avignon* (*Paris*), 1762, *in-8.*

5318. Erreur et désavantage pour l'État, de ses emprunts des 7 janvier et 7 février 1777 (par PELISSERY). *Basle*, 1777, *in-8 de* 50 *pages.*

5319. Erreur (l') et l'Injustice confondues, ou Réponse à l'écrit de M. Bourgeois au sujet de la *nouvelle traduction* des Œuvres de Virgile, par M. l'abbé DE CRENAI (nom de l'abbé DESFONTAINES, trad. en grec). *Douay* (*Paris*), 1744, *in-4 de* 34 *pages.*

5320. Erreurs (les) amoureuses, en vers françois, augmentées d'une tierce partie et d'un livre de vers lyriques (par PONTUS DE TYARD, seigneur de Bissy). *Lyon, Jean de Tournes*, 1555, *in*-8.

5321. Erreurs de l'amour et de la vanité, Mémoires de la marquise de Bercaville (par LIÉBAUT). *La Haye, Néaulme*, 1755, *in*-12.

5322. Erreurs (les) de Voltaire (par l'abbé NONNOTTE). *Avignon*, 1762, 2 *vol. in*-12.

Réimprimé avec le nom de l'auteur.

5323. Erreurs (les) des Protestans touchant la communion sous les deux espèces (par R. GANDON, prêtre). *Paris, Anisson*, 1693, *in*-12.

5324. Erreurs (les) d'une jolie femme, ou l'Aspasie moderne (par madame BENOIT). *Bruxelles et Paris, veuve Duchesne*, 1781, 2 *vol. in*-12.

L'auteur de ce roman, dit M. de Querlon, est une dame *qui en a composé plusieurs autres*. Il a paru aussi sous le titre d'*Aveux d'une jolie femme*. Voyez n° 1519.

5325. Erreurs (des) et de la Vérité, ou les Hommes rappelés au principe universel de la science, par un PH.*** (philosophe) INC... (inconnu) (DE SAINT-MARTIN). *Édimbourg*, 1775, *in*-8. — Nouvelle édition. *Salomonopolis*, 5784, 3 *vol. in*-8.

Le troisième volume, qui a pour titre : *Suite des Erreurs et de la Vérité*, est une critique de l'ouvrage de Saint-Martin.

5326. Erreurs (les) instructives, ou Mémoires du comte de *** (par JONVAL). *Paris, Cuissart*, 3 *parties in*-12.

5327. Erreurs sur la musique dans l'Encyclopédie (par RAMEAU). *Paris, Jorry*, 1755, *in*-8.

5328. Errotika biblion (par le comte DE MIRABEAU). *Rome, imprimerie du Vatican*, 1783, *in*-8.

5329. Érudition (l') enjouée (par ma demoiselle L'HÉRITIER). *Paris*, 1703, 3 *vol. in*-12.

5330. Escalier des sages, ou la Philosophie des anciens, avec des belle figures; par un amateur de la vérit qui a pour l'anagramme de son nom *En debes pulchra ferundo scire Groningue, Charles Pieman*, 1689 *in-fol. fig. pp*. 240.

L'auteur de cet ouvrage est BAREN COENDERS VAN HELPEN. Il a mis son nom à l'édition qui a paru avec ce titre : *Thrésor de la Philosophie des anciens, où l'on con duit le lecteur par degrez à la connoissanc de tous les métaux et minéraux, et de l manière de les travailler et de s'en servi pour arriver enfin à la perfection du gran œuvre, mis en lumière par Barent Coende Van Helpen, gentilhomme. Cologne, Clau le Jeune*, 1693, *in-fol. fig. pp*, 240.

A l'exception de trois pages d'*errata* cette édition est absolument conforme à l première; mais le papier en est moins bea Colonne a remis cet ouvrage en meilleu français, et l'a fait reparaître sous ce titre *Introduction à la Philosophie des ancien* par un amateur de la vérité. *En debes pu chra ferundo scire. Paris, Cl. Thiboust Pierre Esclassan*, 1689, *in* 12, *pp*. 395.

(*Article communiqué en partie p M. Boulliot.*)

5331. Eschantillon des premières fleu du bouquet de philosophie sur le attributs et questions tant de la phi losophie en général que de la logi que; par M. V. (Claude WAFLART) docteur ès arts et professeur de phi losophie en l'université de Paris) *Paris, sans date ni nom d'impri meur, in*-8.

5332. Eschole (l') de Salerne, en ver burlesques, par L. M. P. (Louis MAR TIN, Parisien, docteur en médecine) *Grenoble, Nicolas*, 1647, *in*-12 *Paris, Hénault*, 1649, *in*-4.

L'*École de Salerne* a été composée au com mencement du douzième siècle, en ver latins, par JEAN le Milanais.

5333. Esclavage (l') rompu, ou la Société des Francs-Péteurs (par LE

Corvaisier). *Pordepolis, à l'enseigne du Zéphire-artillerie*, 1756, *in*-12.

Voyez le n° 1271.

5334. Esclave (l') fortuné, le Babilon, autrement la confusion de l'esclave fortuné, où sont contenues plusieurs lettres récréatives et joyeuses (par Michel d'Amboise). *Lyon, Olivier Arnoullet*, 1535, *in*-8.

5335. Escole (l') de l'intérest et l'Université d'amour, songes véritables traduits de l'espagnol (de Piedra Buena) par C. le Petit. *Paris*, 1662, *in*-12. V. T.

5336. Escole (l') des filles, par dialogues (par Hélot). *Paris*, 1672, *in*-12.

Voyez le *Dictionnaire des livres condamnés au feu*, par M. Peignot, t. 1, p. 175. Voyez aussi le n° 4666.

5337. Escole (l') des Muses, dans laquelle sont enseignées toutes les règles qui concernent la poésie françoise, recueillies par le sieur C. (Colletet). *Paris, Louis Chamhoudry*, 1656, *in*-12.

5338. Escraignes dijonnoises (composées par du Buisson, baron de Grannas), recueillies par le sieur des Accords (Et. Tabourot). *Paris*, 1588, *in*-12, et à la suite des *Bigarrures et touches*. Voyez le n° 1776.

5339. Esculapéide (l'), poëme, divisé en huit chants, par monsieur S*** (Seillant). *Amsterdam (Paris)*, 1757, *in*-8.

5340. Ésope au bal de l'Opéra, ou tout Paris en miniatures, dédié à tous ceux qui se reconnoîtront (par mademoiselle Caroline Wuiet). *Paris, Gueffier*, 1806, 2 *vol. in*-12.

5341. Ésope en belle humeur, ou dernière traduction et augmentation de ses Fables, en prose et en vers (par J. Bruslé). *Bruxelles, Foppens*, 1693, *in*-12. — Nouvelle édition augmentée. *Bruxelles, Foppens*, 1700, 2 *vol. in*-12.

5342. Ésope en trois langues, ou Concordance de ses Fables avec celles de Phèdre, Faerne, Desbillons, La Fontaine et autres fabulistes français (par Morin). *Paris, Le Prieur*, 1803, *in*-12.

5343. Espadon (l') satyrique, composé en ryme françoise par le sieur Claude Franchère (masque de Claude d'Esternod). *Lyon, Jean Lautret*, 1619, *in*-12.

Voyez le Catalogue de la Vallière, en deux volumes, par de Bure le jeune, n° 2868; Paris, 1767; et la *Biographie universelle*, article curieux de M. Weiss.

Brossette, l'abbé Lenglet et l'abbé Goujet se sont donc trompés, les deux premiers, lorsqu'ils ont avancé dans leurs éditions des *Œuvres de Regnier*, in-4, et le troisième, lorsqu'il a répété dans sa *Bibliothèque françoise*, t. 14, p. 217, que la première édition de l'*Espadon satyrique* avait paru sous le nom de *Forquevaus*.

5344. Espagne (l') conquise par Charles le Grand, roi de France, par Ollenix du Mont-Sacré (Nic. de Montreux). *Nantes, Dorion*, 1597 *et* 1598, 2 *vol. in*-12.

5345. Espagne (l') en 1808, par M. Rehfues; traduit de l'allemand (par M. Guizot). *Paris*, 1811, 2 *vol. in*-8.

5346. Espagne (l') littéraire (par de la Dixmerie). *Paris, Lacombe*, 1774, 4 *vol. in*-12.

5347. Espérance (de l') chrétienne et de la confiance en Dieu (par dom Morel). *Paris, Vincent*, 1728, 1743, *petit in*-12.

5348. Espiégleries, joyeusetés, bons mots, folies, etc. (par Mérard de Saint-Just). *Kehl*, 1789, 3 *vol. in*-18, *tirés à* 100 *exemplaires*, *dont 60 en papier ordinaire et 40 en papier fin.*

Il est dit, page 134 du troisième volume, que ces trois volumes étaient imprimés depuis douze ans, et qu'ils furent saisis par les agens, les vils esclaves du despote Le Noir, bien digne élève de son instituteur, de son maître Sartine.

Il y a un panégyrique de la Madeleine; tout l'ouvrage est extrêmement libre.

5349. Espinette (l') du jeune prince, conquérant le royaulme de bonne renommée. *Nouvellement imprimé à Paris par Michel Lenoir*, 1514, *petit in-fol.*

Les premières lettres d'une pièce de vers qui termine ce volume font connaître le nom de l'auteur, Simon BOUGOYNE.

5350. Espion (l') anglais (par PIDANSAT DE MAIROBERT). *Londres, Adamson*, 1780-1784, 10 *vol. in*-12.

Les quatre premiers volumes de cet ouvrage ont paru dès 1777, sous le titre d'*Observateur anglais.*

5351. Espion (l') chinois (par GOUDAR). *Cologne*, 1765, 1768, 1774, 6 *vol. in*-12.

5352. Espion (l') dans les cours des princes chrétiens (par MARANA). *Amsterdam* (*Paris*), 1756, 9 *vol. in*-12.

Le premier volume de cet ouvrage parut pour la première fois en 1684, à Paris, chez Cl. Barbin, sous ce titre:

L'Espion du Grand-Seigneur, et les Relations secrètes envoyées au Divan de Constantinople, découvertes à Paris pendant le règne de Louis le Grand; traduites de l'arabe en italien, par Jean-Paul MARANA, et de l'italien en françois, par ***. *In*-12 *de* 285 *pages.*

Marana était le véritable auteur de cet ouvrage, qu'il composa en italien. On croit que Pidou de Saint-Olon, protecteur de l'auteur, eut beaucoup de part à la traduction française. C'est d'après le privilége que le *Journal des Savans* annonça l'ouvrage comme imprimé en italien et en français. Dreux du Radier, qui a fait insérer dans le *Journal de Verdun* (voyez les mois de septembre et octobre 1754) une notice très-curieuse sur la vie et les écrits de Marana, déclare qu'il n'a pu découvrir d'autre édition qu'en français. Il dit que Marana quitta la France en 1689, après avoir publié six volumes de son ouvrage.

Je serais porté à croire que Marana ne publia que 4 volumes de l'*Espion turc*. En effet les plus anciennes éditions des deux derniers volumes sont de 1696, et il est dit dans la préface du cinquième que l'on a tardé long-temps à publier ces deux volumes. Si l'ouvrage eût été fini en 1689, il n'y avait pas à s'excuser du moindre retard, puisqu'il n'avait été commencé qu'en 1684. Il est probable que les tomes 5 et 6 ne sont pas de Marana, mais de COTOLENDI. La Monnoye (voyez ses *Œuvres*, édition in-8, t. 3, p. 197) l'affirme avec connaissance de cause. Aussi le public a-t-il toujours plus estimé les premiers volumes de l'*Espion turc* que les derniers. Les six volumes contiennent l'histoire du dix-septième siècle, depuis 1637 jusqu'en 1682. La quinzième édition, qui parut en 1742, augmentée d'un septième volume, va jusqu'en 1693. Il manque à cette espèce d'histoire ce qui s'est passé de 1683 à 1687. Enfin dans l'édition de 1756, partagée en neuf volumes, l'histoire a été continuée jusqu'en 1697. Les récits de Marana ont paru suspects à beaucoup de critiques: comme ses continuateurs lui sont très-inférieurs, l'*Espion turc* est généralement décrié aujourd'hui; il ne reste d'autre mérite à Marana que d'avoir fourni à Montesquieu l'idée des *Lettres persanes*, qui dureront autant que la langue française.

Une édition de l'*Espion turc*, publiée à Amsterdam en 1696, conserve encore le titre de la première avec le nom de Marana, sa dédicace à Louis XIV, sa préface et son avertissement. Mais la même année l'ouvrage commença à être intitulé: *L'Espion dans les cours des princes chrétiens*, etc., sans nom d'auteur, avec une préface générale pour tout l'ouvrage et une préface particulière pour le premier volume. Cette édition porte le titre de *Cologne*, quoiqu'elle soit de *Rouen*.

La portion qui est de COTOLENDI parut en 1696, sous le titre de *Suite de l'Espion turc.*

5353. Espion (l') des boulevards (par MAYEUR DE SAINT-PAUL). 2 vol. *in*-8. Voyez le n° 2339.

5354. Espion (l') dévalisé (par BAUDOUIN DE GUÉMADEUC, ancien maître des requêtes). *Londres*, 1782, *in*-8.

On attribue ordinairement cet ouvrage au comte de Mirabeau; mais M. Baudouin m'a avoué qu'il en était le seul auteur.

5355. Espion (l'), ou l'Histoire du faux baron de Maubert (par SAINT-FLOUR). *Liége*, 1759, *in*-12.

5356. Espion (l') turc à Francfort pendant la diète et le couronnement de l'Empereur (Charles VII) en 1741 (par DUFRESNE DE FRANCHEVILLE). *Londres, libraires associés*, 1741, *in*-8 *de* 376 *pages*.

5357. Esprit (de l') (par HELVÉTIUS). *Paris*, 1758, *in*-4.

Souvent réimprimé avec le nom de l'auteur.

5358. Esprit (l') consolateur, ou Réflexions sur quelques paroles de l'Esprit Saint (par l'abbé D'HÉROUVILLE). *Paris, Berton*, 1775, *in*-12.

5359. Esprit, Maximes et Principes de M. D'ALEMBERT (par M. CHAS). *Paris, Briand*, 1789, *in*-12.

5360. Esprit (l') de M. Arnauld (par JURIEU). *Deventer, Colombiers*, 1684, 2 *vol. in*-12.

5361. Esprit de Sophie Arnould (par M. FAYOLLE). *Paris, F. Louis*, 1813, *in*-18.

Il ne faut pas confondre cet ouvrage avec celui qui a pour titre :

Arnoldiana, ou Sophie Arnould et ses contemporains, recueil choisi d'anecdotes piquantes, de réparties et de bons mots de mademoiselle Arnould; précédé d'une notice sur sa vie et sur l'Académie impériale de Musique, par l'auteur du *Bievriana* (M. A. DEVILLE). *Paris, Gérard*, 1813, *in*-12.

5362. Esprit de Bourdaloue, tiré de ses sermons et de ses pensées, par M. l'abbé DE L. P. (DE LA PORTE). *Paris, Bauche*, 1762, *in*-12.

5363. Esprit, Saillies et Singularités du P. Castel (publiés par l'abbé DE LA PORTE). *Amterdam et Paris, Vincent*, 1763, *in*-12.

5364. Esprit et Maximes de M. de Châteaubriand (par M. Auguste LEFÈVRE, contrôleur principal des droits réunis). *Paris*, 1815, in-8.

5365. Esprit du pape Clément XIV, mis au jour par le R. V. B., confesseur de ce souverain pontife, traduit de l'italien par l'abbé C.... (composé par Joseph LANJUINAIS). 1775, *in*-12.

5366. Esprit (l') de l'abbé Desfontaines, ou Réflexions sur différens genres de sciences et de littérature (recueillies par l'abbé DE LA PORTE, avec une préface par GIRAUD). *Londres* (*Paris*), *Duchesne*, 1757, 4 *vol. in*-12.

5367. Esprit de M. Duguet (par ANDRÉ, ancien bibliothécaire de M. d'Aguesseau). *Paris, Desaint et Saillant*, 1764, *in*-12.

5368. Esprit du chevalier FOLARD, tiré de ses commentaires sur l'histoire de Polybe, pour l'usage d'un officier, de *main de maître* (FRÉDÉRIC II, roi de Prusse). *Paris* (*Berlin*), 1760; *Leipsick*, 1761, *in*-8. — Nouvelle édition, corrigée et plus ample d'un tiers que toutes celles qui ont paru jusqu'à présent. *Berlin, Woss, et Lyon, Bruyset*, 1761, *in*-8.

5369. Esprit (l') de Fontenelle, ou Recueil de pensées tirées de ses ouvrages (par DE PRÉMONTVAL). *La Haye, P. Gosse* (*Paris, Vincent*), 1744, 1753, 1767, *in*-12.

Voici ce que l'auteur dit de cet ouvrage dans ses *Mémoires*, la Haye, 1749, *in*-8, p. 201 :

« Un nouvel incident m'avait encore mis sur les bras les partisans de deux hommes que j'ai quelque honte de nommer ensemble, le célèbre Rollin et le fameux Desfontaines.

« Ce fut au sujet de l'excellent livre intitulé *l'Esprit de Fontenelle*, ouvrage que je puis vanter d'autant plus librement que je n'y suis que pour la collection des pensées et pour une espèce d'apologie de cet académicien, que j'ai mise à la tête en forme de discours. Mon nom n'y est pas, je n'ai eu garde de l'associer à celui de Fontenelle; mais j'ai fait mettre à la place une vignette, qui n'est autre chose que mon cachet, un *pré*, une *montagne* et une *vallée*, le tout surmonté d'un soleil qui dissipe des nuages, avec cette devise : *Illuminat et fœcundat.* J'y pousse assez vivement M. Rollin, et, ce qu'il y a de pis, j'ai trop démonstrativement raison pour que ses partisans ne me voulussent du mal. Pour l'abbé Desfontaines, je ne l'ai point nommé, pas même désigné: mais il s'est reconnu dans la foule; et, soit qu'il ait pris mon silence comme il le devoit, soit par cette rage qui l'animoit sans cesse contre M. de Fontenelle, il voulut se venger. Qu'a-t-il fait? dit du mal de mon livre? oh! non; il savoit que je l'aurois pris pour un éloge, comme je prends pour un grand malheur le bien qu'il avoit dit d'un de mes discours la première ou la seconde année de mes conférences. Qu'a-t-il donc fait? oh! tout ce qui se peut voir de plus noir; il m'a mis de son odieuse cabale. Il a prétendu très-sérieusement que cette apologie de M. de Fontenelle n'étoit qu'une satire où la *perfidie perce*, dit-il (dans les *Jugemens sur quelques ouvrages nouveaux*, t. 1, p. 24 et suiv.), *en plus d'un endroit.* O postérité! daignez la lire, et jugez ensuite du caractère d'esprit et de la bonne foi de ce *fameux abbé*. Il n'y a point de calomnie plus étrange et plus manifeste. La chose ne laissant pourtant pas de s'accréditer, j'allai tout éperdu chez M. de Fontenelle : « Eh, quoi! n'y a-« t-il pas long-temps que j'ai dit qu'il n'y « avoit rien qui ne dût être dit? » Ce fut toute la réponse de ce grand homme, en haussant les épaules avec un sourire d'indignation : parole bien ingénieuse, et qui montre à quel titre seulement une extravagance pareille pouvoit avoir lieu. »

La réflexion que Prémontval attribue ici à Fontenelle ne me paraît pas assez bien exprimée pour venir d'un homme qui parlait ordinairement avec tant de grâce et de finesse. Prémontval n'en serait-il pas le véritable auteur? ne pourrait-on pas même affirmer qu'il ne fait mention ici d'une prétendue visite faite à Fontenelle que pour pallier le tort qu'il a eu de quitter Paris sans avoir remercié ce grand homme d'un éminent service qu'il en avait reçu?

L'honnête Beauzée me paraît avoir exposé d'une manière plus véridique cette époque de la vie de Prémontval. Voici à quelle occasion.

Linguet, dans les numéros 18 et 19 de ses *Annales politiques*, avait outragé la mémoire de Fontenelle; deux anonymes prirent sa défense dans le *Journal de Paris*. Ils n'avaient rien articulé de bien authentique en faveur du grand homme calomnié; Beauzée profita de l'occasion pour révéler au public les obligations qu'il avait à Fontenelle, ainsi que Prémontval.

« A la fin de 1743, dit-il, M. de Prémontval, qui faisoit avec le plus grand succès des leçons publiques et gratuites de mathématiques, et s'en assuroit ainsi de particulières qui le dédommageoient, se trouva forcé, par quelque sentence consulaire, de vivre dans la retraite et de renoncer par conséquent à une ressource dont il ne pouvoit jouir qu'en allant en ville. Il pensa à une autre; ce fut de tirer parti du manuscrit de l'ouvrage qui parut depuis sous le titre de l'*Esprit de Fontenelle*. Mais il lui falloit le consentement par écrit de l'auteur qu'il avoit extrait; il ne pouvoit aller le solliciter, et il m'en donna la commission. L'aimable académicien n'avoit jamais ouï parler de M. de Prémontval; il m'interrogea sur son âge, sur son état, sur la cause qui l'empêchoit de venir lui-même, et l'on juge bien que je lui prêtai la première maladie qui me passa par la tête, au lieu d'avouer la véritable. Mais un cœur honnête a aussi de la sagacité. « M. *de Prémontval*, « dit alors le prétendu monstre qu'on dévoue « aujourd'hui à l'exécration publique, n'a « que trente-cinq à trente-six ans; il est ma-« lade, il ne peut ni venir me voir ni at-« tendre sa convalescence : j'ai, je crois, un « excellent remède contre une pareille ma-« ladie. » Là-dessus il me quitte un instant, et revient bientôt avec un sac de 1200 liv., qu'il me prie de remettre à celui qui m'a envoyé, quoiqu'il ne connût ni lui ni moi. Je me défendis de m'en charger, parce que je n'avais que la commission de demander son consentement pour imprimer; mais je fus obligé de lui donner ma parole d'honneur que je reviendrois le lendemain, mieux instruit des intentions de M. *de Prémontval*. Je revins en effet chargé d'une lettre de remerciement et d'acceptation : dès que je fus annoncé, M. *de Fontenelle* sortit de son cabinet avec le sac, et il me parut souverainement flatté que je fusse autorisé à le recevoir. L'*Esprit de Fontenelle* fut bientôt imprimé; un exemplaire en fut envoyé au véritable auteur par le rédacteur, sous prétexte que celui-ci étoit encore malade, et, quelques semaines après, il quitta Paris sans avoir vu son bienfaiteur : j'avoue que ce procédé m'indigna d'autant plus qu'il ne me fut plus possible de cultiver un grand homme dont le cœur et les vertus m'avoient inspiré autant de vénération que j'avois eu jusque-là d'admiration pour ses talens et pour son esprit. Dans mon enthousiasme, je racontois ce trait à tous ceux que je connoissois; j'aurois voulu que tout le monde eût pour *Fontenelle* les mêmes sentimens que moi.

« Quatre ans après j'allai m'établir à Verdun, ma patrie. Au bout de quelques mois je tombai dans une maladie dont la durée épuisa mes petites avances, et me jeta dans une détresse dont je ne rougis point, parce que *pauvreté n'est pas vice*. Un jour que je me plaignois de mes malheurs à M. *Désandrouins*, aujourd'hui lieutenant-colonel au corps royal du génie, alors jeune officier nouvellement réformé, il fut le premier à me rappeler ce que je lui avois appris de la généreuse bienfaisance de *Fontenelle*, et me proposa de lui écrire et de lui exposer fidèlement ma situation. Je sentis tout le prix de l'amitié qui dictoit ce conseil : mais je fis remarquer à mon ami que l'ingratitude de M. *de Prémontval* devoit avoir dégoûté M. *de Fontenelle* d'être bienfaisant sans examen; que cependant mon nom ne lui étant point connu, et mon propre intérêt ne me permettant pas de lui indiquer que j'eusse eu la moindre part à un événement que je regardois comme un crime, je ne devois espérer de lui aucun secours, à moins qu'il ne fût insensible à l'offense. « *N'en doutez pas*, me répliqua avec chaleur le jeune militaire que mon récit avoit mis dans le parti de *Fontenelle*, un cœur si disposé à compatir aux malheurs de l'humanité doit l'être également à oublier ses foiblesses. » Il insista, et me jura qu'il ne me quitteroit point qu'il n'eût de moi une lettre pour M. *de Fontenelle*, afin de la remettre lui-même à la poste. Je la fis par complaisance et sans aucun espoir de succès. Quel fut mon étonnement lorsque six jours après je reçus la réponse la plus honnête, qui me grondoit d'un ton véritablement affectueux de ce qu'en faisant connoître mes besoins je n'indiquois aucune voie pour me faire parvenir le secours! Cet homme impitoyable, qui admettoit, dit-on, ce principe affreux, que pour être heureux il falloit avoir l'*estomach bon* et le *cœur mauvais*, se félicitoit pourtant du *bonheur* qu'il avoit eu de rencontrer quelqu'un qui lui avoit donné une lettre de change de 600 liv. à vue, incluse dans la lettre qu'il m'adressoit.

« Je ne ferai, Messieurs, aucune réflexion sur ces deux faits : je ne prétends pas séduire les esprits; je n'invoque que le témoignage des cœurs honnêtes et des âmes sensibles. » *Signé* Beauzée, de l'Académie françoise.

(*Extrait du* Journal de Paris, 24 *mars* 1778.)

5370. Esprit, Maximes et Principes de Fontenelle (par M. Chas, ancien avocat). *Paris, Briand*, 1788, *in*-12.

5371. Esprit de S. François de Sales, recueilli de divers écrits de Jean-Pierre Camus, evêque de Belley (par P. Collot, docteur de Sorbonne). *Paris, Etienne*, 1727, 1737, 1747, *in*-8.

Souvent réimprimé.

5372. Esprit (l') de Gerson, ou Instructions catholiques touchant le Saint-Siége (par le Noble). *Sans indication de lieu*, 1691; *Londres*, 1710, *in*-12.

Voyez le nº 1831.

Plusieurs bibliographes croient que cet ouvrage est de M. de Saint-George, archevêque de Lyon à la fin du dix-septième siècle; il fut fait pour la défense des immunités, priviléges, libertés des ambassadeurs de France à Rome, où elles leur étaient contestées par le gouvernement pontifical, mécontent des quatre articles de l'assemblée de 1682, dont ce prélat fut un des membres les plus zélés.

5373. Esprit (l') de Henri IV (par Prault). *Paris, Prault*, 1775, *in*-8; *et à la suite des Mémoires de Sully, édition de Londres*, 1778, 10 *vol. in*-12.

5374. Esprit (l') de Jésus-Christ sur la tolérance (par de la Broue). 1760, *in*-8.

Le comte de Mirabeau possédait l'édition originale de cet ouvrage, faite en Hollande l'année 1759; son exemplaire était en grand papier, signé de l'auteur. Voyez le *Catalogue de sa bibliothéque*, nº 873.

5375. Esprit de Leibnitz, ou Recueil de pensées choisies sur la religion, la morale, l'histoire, la philosophie (par Émery). *Lyon, Bruyset*, 1772, 2 *vol. in*-12. Voyez *Pensées de Leibnitz*.

Dans la préface de cet ouvrage, l'auteur se montre zélé défenseur des libertés de l'Église gallicane; il les a attaquées avec beaucoup d'art en 1807, dans la préface qu'il a mise en tête des *Nouveaux Opuscules de Fleury*.

5376. Esprit (l') de Raymond Lulle (par Nic. DE HAUTEVILLE, chanoine de Genève). *Paris*, 1666, *in*-8.

Réimprimé avec le nom de l'auteur.

5377. Esprit de madame de Maintenon, avec des notes, par l'auteur des *Mémoires du chevalier de Kilpar* (Louis-Laurent-Joseph DE MONTAGNAC). *Paris, Durand*, 1771, *petit in*-12.

5378. Esprit (l') de M. de Marivaux, précedé de son éloge historique (par DE LESBROS). *Paris, Pierres*, 1769; *Costard*, 1774, *in*-8.

5379. Esprit, Pensées et Maximes de M. l'abbé Maury, député à l'assemblée nationale (rédigé par M. CHAS). *Paris, Cuchet*, 1791, *in*-8.

5380. Esprit de Mirabeau, ou Manuel de l'homme d'état, des publicistes, etc., précédé d'un précis historique sur sa vie (par M. CHAUSSARD). *Paris, Buisson*, 1797, 2 *vol. in*-8.

Réimprimé en 1803, avec des augmentations et le nom de l'auteur.

5381. Esprit de Molière (par M. BEFFARA). *Paris, Lacombe*, 1777, 2 *vol. in*-12.

5382. Esprit (l') de Montaigne (par PESSELIER). *Paris*, 1753, 2 *vol. in*-12.

5383. Esprit (l') de la Mothe le Vayer, par M. DE M. C. D. S. P. D. L. (DE MONTLINOT, chanoine de Saint-Pierre de Lille). *Sans indication de lieu*, 1763, *in*-12.

5384. Esprit de madame Necker, extrait des cinq volumes des Mélanges tirés de ses manuscrits, publiés en 1798 et en 1801, par M. B. D. V. (BARÈRE DE VIEUXSAC). *Paris, L. Collin*, 1808, *in*-8.

5385. Esprit (l') de M. Necker (par PRAULT). *Londres et Paris, Prault*, 1788, *in*-12.

5386. Esprit de M. Nicole (par l'abbé CERVEAU). *Paris, Desprez*, 1765, *in*-12.

5387. Esprit (l') de Guy Patin (par l'abbé BORDELON, ou par Antoine LANCELOT). *Amsterdam, H. Schelten* (*Paris*), 1709, *in*-12.

5388. Esprit et Génie de Raynal (par l'abbé HÉDOUIN). *Montargis, le Quatre*, 1777; — nouvelle édition, *Genève, J. Léonardi*, 1782, *in*-8.

Cet ouvrage fut supprimé aussitôt qu'il parut, et le libraire menacé de la Bastille s'il ne nommait l'auteur. M. Hédouin avait alors l'espoir d'être nommé secrétaire de l'abbé de Prémontré. La crainte d'un sort bien différent le détermina à aller voir son parent M. Hédouin de Ponsludon, au château de Ham, où il était enfermé. Il lui exposa ses inquiétudes, et l'engagea à s'avouer auteur de l'*Esprit de Raynal*. Celui-ci entra dans les vues de son parent, et envoya au censeur de la police, Pidansat de Mairobert, une déclaration qui est pour ainsi dire mentionnée dans les *Mémoires secrets*, sous la date du 16 juin 1777.

5389. Esprit de Rivarol (par MM. FAYOLLE et CHÊNEDOLLÉ). *Paris, Béchet*, 1808. *in*-12.

5390. Esprit (l'), Maximes et Principes de J. J. Rousseau (par J. DE LA PORTE). *Paris*, 1763, *in*-12.

Souvent réimprimé.

5391. Esprit (l') de Saint-Évremont, (attribué à DELEYRE). *Amsterdam, Arkstée et Merkus*, 1761, *in*-12.

On trouve dans ce volume la fameuse conversation du P. Canaye, jésuite, avec le maréchal d'Hocquincourt, laquelle est en très-grande partie de CHARLEVAL. Cette conversation se trouvait déjà dans le volume intitulé : Recueil A. *Fontenoy*, 1745, *in*-12.

5392. Esprit de l'abbé de Saint-Réal (par DE NEUVILLÉ). *Paris, Vincent*, 1768, *in*-12.

5393. Esprit (l') de Saurin, ouvrage utile à toutes les familles chrétiennes (tiré de ses *sermons*, par Jacques-François DURAND). *Lausanne, J. P. Heubach*, 1767, 2 *vol. in*-12.

L'abbé Pichon s'empara de cet ouvrage : après y avoir fait des retranchemens et des additions, il le publia sous le titre de Principes de la religion et de la morale, extraits des ouvrages de J. Saurin. *Paris*, 1768, 2 vol. in-12.

M. Van Thol croit que l'*Esprit de Saurin*, fait par J. F. Durand, fut refusé à la police de la librairie. Voyez le registre 42, janvier 1768. Ce qui a pu déterminer l'abbé Pichon à reproduire l'ouvrage sous une autre forme.

5394. Esprit (l') de mademoiselle de Scudery (par DE LA CROIX). *Paris, Vincent*, 1766, *in*-12.

5395. Esprit de Sully (par mademoiselle DE SAINT-VAST). *Cologne et Paris*, 1766, *in*-12, *et à la suite des Mémoires de Sully. Londres*, 1778, 10 *vol. in*-12.

5396. Esprit de Sainte Thérèse, recueilli de ses Œuvres (par EMERY). *Lyon, P. Bruyset-Ponthus*, 1775, *in*-8.

Plusieurs exemplaires portent sur le frontispice, *seconde édition;* la préface en est imprimée en caractères ronds : ils ont une dédicace à l'impératrice-reine Marie-Thérèse, rédigée par M. Émery; l'idée de cette dédicace ne vint au libraire qu'après la vente de plusieurs exemplaires.

Des religieuses carmelites ont affirmé à l'abbé de Saint-Léger qu'elles trouvaient plus d'onction dans l'ancien ouvrage qui a pour titre :

L'Esprit de la doctrine céleste de sainte Thérèse. *Anvers*, 1707, *in*-8.

5397. Esprit, maximes et principes de M. Thomas, de l'Académie française (rédigé par M. CHAS). *Paris, Briand*, 1788, *in*-12.

5398. Esprit de M. de Voltaire (par VILLARET). *Sans indication de lieu*, 1759, *in*-8.

Réimprimé plusieurs fois.

5399. Esprit, maximes et pensées D'YOUNG, extraits de ses Nuits, par l'auteur de l'*Ame élevée à Dieu* (l'abbé BAUDRAND). *Paris, Cailleau*, 1786, *in*-12.

5400. Esprit (l') d'Yve de Chartres, dans la conduite de son diocèse et dans les cours de France et de Rome (par VARILLAS). *Paris, Anisson*, 1701, *in*-12.

5401. Esprit (l') de guerre des Parisiens, contre l'esprit de paix du Corinthien (par DU BOSC DE MONTANDRÉ). (*Sans nom de ville*), 1652, *in*-4. V. T.

5402. Esprit de la Coutume de Normandie (par Bertrand HUBIN, avocat à Vire). *Rouen*, 1691, 1701, 1720, *in*-4.

5403. Esprit (l') de la discipline militaire relative à la France (par M. BULLÉCOURT); *in*-8.

5404. Esprit de la franc-maçonnerie dévoilé relativement au danger qu'elle renferme, etc., par feu M. l'abbé B*** (BAISSIE), ancien professeur de théologie. *Montpellier*, 1816, *in*-8.

5405. Esprit (l') de la Fronde (par MAILLY). *Paris, Moutard*, 1772, 5 *vol. in*-12.

5406. Esprit (l') de la Ligue, ou Histoire politique des troubles de la Ligue pendant les seizième et dix-septième siècles (par le P. ANQUETIL, génovéfain). *Paris*, 1767, 3 *vol. in*-12.

Réimprimé avec le nom de l'auteur en 1771, 1783 et 1797.

L'abbé de Saint-Léger a fourni à l'auteur une grande partie de la notice raisonnée des ouvrages, insérée en tête du premier volume; et il m'a dit plusieurs fois que cet estimable ouvrage avait été composé par un de leurs confrères.

5407. Esprit de l'Almanach des Muses

depuis sa création jusqu'à ce jour (par M. DE CHAZET). *Paris, Chaumerot, sans date*, 2 *vol. in*-18.

5408. Esprit de la Morale et de la Philosophie, divisé en quatre parties (par CARRA). *La Haye*, 1777, *in*-12.

Voyez le premier supplément au *Dictionnaire des Athées*, par Delalande, p. 40.

5409. Esprit de la présente guerre, discours de M. de G., pour et contre les deux opinions dominantes dans le parlement de la Grande-Bretagne (par MAUBERT DE GOUVEST), 1758, *in*-12; 1759, *petit in*-8.

5410. Esprit (l') de l'Église dans la célébration des SS. Mystères (par ROBINET, grand-vicaire de Rouen). *Sans nom de ville*, 1724, *in*-4.

Réimprimé sous le titre de *Réflexions sur la nouvelle liturgie d....* (d'Anières). (1724), *in*-8. V. T.

Voyez mon *Examen critique des Dictionnaires historiques*, au mot JUBÉ, curé d'Anières.

5411. Esprit (l') de l'Église dans la récitation des *Complies*, en forme de dialogue (par le P. DURANTI DE BONRECUEIL, oratorien). *Paris, Cailleau*, 1734, *in*-12 *de* 439 *pag*.

5412. Esprit (l') de l'Église pour suivre le prêtre à la Messe (par l'abbé JAUNON, prêtre de Saint-Sulpice à Paris). *Paris, Villette*, 1691, *in*-12.

5413. Esprit (l') de l'Encyclopédie, ou Choix des articles les plus curieux, etc. (par M. OLIVIER). *Paris, Fauvelle et Sagnier*, 1798-an 8, (1800), 12 *vol. in*-8.

L'abbé Bourlet de Vauxcelles a eu part à cette compilation.

5414. Esprit de l'Esprit des lois (par le marquis DE MALETESTE), 1749, *in*-4. *et in*-8.

Cet opuscule a été faussement attribué à l'abbé LE GRAS DU VILLARD, chanoine de Grenoble, mort en 1785, âgé de quatre-vingt-cinq ans. Voyez la *France littéraire* de 1769, la nouvelle édition de la *Bibliothèque historique de la France*, t. 2, n° 27072, et les *Lettres sur la profession d'avocat*, par Camus, Paris, 1818, in-8, t. 2, p. 27.

Il ne faut que se rappeler les titres de plusieurs productions de cet abbé, telles que la *Vie de sœur Louise*, le *Voyage spirituel des sœurs de Parménie*, pour se persuader qu'il n'a jamais pensé à composer l'*Esprit de l'Esprit des Lois*. M. Chalvel fait observer avec raison, dans sa nouvelle édition de la *Bibliothèque du Dauphiné*, par Guy Allard, que le mauvais goût et le peu de jugement de l'abbé le Gras sont impardonnables dans un siècle aussi éclairé que celui où il écrivait.

L'*Esprit de l'Esprit des Lois* est une rapide analise de l'immortel ouvrage de Montesquieu; il n'a pu être composé que par un écrivain versé dans les matières législatives: et en effet on le doit au marquis DE MALETESTE, digne élève du président Bouhier, son oncle à la mode de Bretagne. Il l'a inséré dans ses *OEuvres diverses*. Voyez le n° 2824. On lira peut-être avec intérêt le morceau de sa préface, relatif à l'*Esprit de l'Esprit des Lois*:

« A la première lecture de l'*Esprit des Lois* je me sentis emporté par un enthousiasme qui ne me laissoit pas la liberté du jugement.

« Je le lus et relus plusieurs fois, et je m'en pénétrai si fortement, que sans autre secours que celui de ma mémoire, qui communément n'est pas bonne, je me trouvai en état de conserver presque toujours les mêmes expressions dans l'extrait d'un livre qui n'est lui-même que l'extrait d'une foule d'idées conçues par un grand homme. »

Cet opuscule commence par ces mots: *Les lois sont les rapports nécessaires*... Il finit par ceux-ci: *Lois civiles sur les fiefs*. On lit en tête une préface d'une page. Je n'ai pu encore en découvrir un exemplaire particulier: il n'existe pas même à la Bibliothèque du Roi. La présente désignation suffira aux bibliophiles pour le leur faire reconnaître, si jamais il tombe sous leur main. Il est à croire qu'il n'en a été tiré qu'un très-petit nombre d'exemplaires.

5415. Esprit (l') de l'institut des Filles de Saint-Louis (par madame DE MAINTENON). *Paris, Jean Anisson*, 1699, *in*-32; et dans le Recueil qui a pour faux titre: *Règle, l'esprit de l'institut, constitutions et réglemens de la maison de Saint-Louis, établie à Saint-Cyr. Paris, Jacques Colombat*, 1711.

« C'est à madame de Maintenon qu'on doit ce traité admirable, quoique pour lui donner plus de poids elle ait voulu le faire passer sous le nom de Godet-des-Marais (évêque de Chartres, supérieur-né de la maison de Saint-Cyr). Tout ce qu'on peut dire de mieux sur la grandeur de cet institut, sur l'éducation des demoiselles, sur la pauvreté, la simplicité, le travail, le catéchisme, l'éloignement du monde, le silence, la régularité, y est réuni en peu de mots. En recommandant le désintéressement, on y remarque qu'un des grands avantages de la riche fondation de Saint-Cyr, c'est qu'on n'y a jamais besoin de recevoir des dots, des legs pieux, des présens, ce qui est le poison le plus dangereux pour les communautés; qu'on n'y est point exposé à recevoir des mauvais sujets pour avoir des dots qui payent les dettes d'une maison, qui fournissent aux dépenses des bâtimens, qui donnent des ornemens superbes, ou mettent en état d'étendre l'enclos par quelque nouvelle acquisition. Quel bonheur d'être à l'abri de tous ces piéges, de n'avoir aucun besoin du siècle, de pouvoir tenir ferme pour les règles, sans craindre de rebuter des bienfaiteurs!

« Pour donner une juste idée de cet excellent ouvrage sur l'*Esprit de l'Institut*, il suffira de citer l'approbation et le nom du censeur:

« J'ai lu ce traité, qui explique parfaite-
« ment les intentions que j'ai eues dans la
« fondation de la maison de Saint-Louis;
« je prie Dieu de tout mon cœur que les
« dames ne s'en départent jamais. » *Signé* LOUIS.

« Les dames de Saint-Cyr désirèrent que madame de Maintenon y mît son nom; elle leur répondit: « Il vaut bien mieux que
« celles qui suivront, le croient d'un évêque
« que d'une femme. »

(*Discours pour la fête séculaire de Saint-Cyr, par l'abbé* DU SERRE-FIGON. *Paris, Berton*, 1786, *in*-8.)

M. Renouard, libraire, a publié une nouvelle édition de cet opuscule de madame de Maintenon. *Paris*, 1808, *in*-12.

5416. Esprit (l') de Paix (par le cardinal DE RETZ). (*Sans nom de ville*) 1652, *in*-4. V. T.

5417. Esprit (l') des almanachs. Analyse critique et curieuse des almanachs, tant anciens que modernes par WOLF D'ORFEUIL (Nicolas LE CAMUS DE MÉZIÈRES). *Paris*, 1782, 2 *vol. in*-12.

5418. Esprit (l') des Apologistes de la Religion chrétienne (par Jean BARDOU, curé de Rilly-aux-Ois, département des Ardennes). *Bouillon, Brasseur*, (1776), 3 *vol. in*-12.

5419. Esprit (l') des Beaux-Arts (par ESTÈVE). *Paris, Bauche*, 1753, 2 *vol. in*-12.

5420. Esprit (l') des Cahiers présentés aux États-Généraux de l'an 1789, augmenté de vues nouvelles, par L. T. (l'abbé TORNÉ), 1789, 2 *vol. in*-8.

M. Meusel, dans le tome neuvième, partie première de sa *Bibliotheca historica*, indique M. Target comme l'auteur de cet ouvrage, il a été induit en erreur par les lettres initiales L. T Je ne suis pas même bien sûr que celles-ci désignent l'abbé Torné.

5421. Esprit (de l') des choses, ou Coup d'œil philosophique sur la nature des êtres et sur l'objet de leur existence; ouvrage dans lequel on considère l'homme comme étant le mot de toutes les énigmes, par le philosophe inconnu (DE SAINT-MARTIN). *Paris, Laran*, an 8 (1800), 2 *vol. in*-8.

5422. Esprit (l') des Cours de l'Europe (par GUEUDEVILLE et autres) *La Haye et Amsterdam*, 1699-1709, 16 *vol. in*-18.

5423. Esprit des Croisades (par MAILLY). *Paris, Moutard*, 1780, 4 *vol. in*-12.

5424. Esprit (de l') des Économistes, ou les Économistes justifiés d'avoir posé, par leurs principes, les bases de la révolution française (par le prince DE GALLITZIN). *Brunswick*, 1796, 2 *vol. in*-8.

5425. Esprit des Femmes célèbres du siècle de Louis XIV et de celui de Louis XV (par ALLETZ). *Paris, Pissot*, 1768, 2 *vol. in*-12.

5426. Esprit (l') des Hommes illustres, rois, empereurs, capitaines, philosophes, etc., dans leurs bons mots et leurs pensées les plus remarquables (par le sieur BEZANÇON, docteur en médecine). *Paris*, 1680, *in*-12.

5427. Esprit des journalistes de Hollande les plus célèbres (par ALLETZ). *Paris*, 1778, 2 *vol. in*-12.

5428. Esprit des journalistes de Trévoux (par ALLETZ). *Paris, de Hansy*, 1771, 4 *vol. in*-12.

5429. Esprit des journaux françois et étrangers (rédigé par l'abbé COSTER, bibliothécaire de l'évêque de Liége, depuis juillet 1772, jusqu'en 1775; depuis 1775, jusqu'en 1793, par DE LIGNAC, médecin, l'abbé OUTIN, génovéfain, mort à Liége en janvier 1811, âgé de quatre-vingts ans, M. MILLON et autres; depuis 1794 jusqu'en 1818, par MM. A. ROZIN, WEISSENBRUCH, MELLINET et autres). *Liége, Tutot; Paris, Valade; Bruxelles, Weissenbruch*, 1772-1818, 495 *volumes in*-12, *y compris* 7 *volumes de tables*.

Ce journal n'a formé que dix volumes depuis juillet 1772 jusqu'en janvier 1775; savoir, année 1772, 2 vol.; 1773, 4 vol., 1774, 4 vol.; depuis 1775 jusqu'à la fin de l'année 1794, il en a paru douze volumes par an.

En 1795, 1796 et 1797, 6 vol. par année. — 1798, les neuf premiers mois, 9 vol. — Ans 7, 8, 9, 10 (1799, 1800, 1801 et 1802), 12 vol. par an. — An 11 (1803), 6 vol. — Ans 12 et 13 (1804 et 1805), 12 vol. par année. — An 14, 4 vol., formant la fin de 1805. — 1806 à 1814, 12 vol. par année. — 1817, commençant en avril, 9 vol. — 1818 et dernière, 12 vol.

Table alphabétique des auteurs et des matières, depuis 1772 jusqu'en 1784 inclusivement (rédigée par l'abbé LAMBINET). *Liége*, 1784, 4 *vol. in*-12.

Nouvelles Tables, de 1803 à 1811. *Bruxelles, Weissenbruch*, 1804-1812, 3 *vol. in*-12.

L'abbé Outin soignait la partie allemande de cet ouvrage périodique : c'est lui qui a traduit de l'allemand l'*Histoire de Charles VI*, qui se trouve dans dix mois de l'année 1780.

5430. Esprit (l') des Langues (par FRÈRE DE MONTIZON). *Paris, Lambert*, 1761, *in*-8.

5431. Esprit des livres défendus. *Paris*, 1777, 4 *vol. in*-12.

Même ouvrage que le nº 935.

5432. Esprit (de l') des Lois (par Ch. SECONDAT DE MONTESQUIEU). *Genève, Barillot et fils*, (1748), 2 *vol. in*-4. *et* 3 *vol. in*-12. (première édition, publiée par J. J. VERNET). —Nouvelle édition, avec des remarques philosophiques et politiques d'un anonyme (Élie LUZAC). *Amsterdam*, 1759, 1764, 4 *vol. in*-12. — Nouvelle édition (enrichie par RICHER, d'une table des matières et d'un avertissement où il critique vivement et avec justesse les remarques de l'anonyme). *Londres (Paris)*, 1767, 1769, 4 *vol in*-12.

5433. Esprit des lois canoniques et politiques qui ont régi l'Église gallicane dans les quatre premiers siècles de la monarchie (par mademoiselle DE LEZARDIÈRE). *Paris, Nyon l'aîné*, 1791, 2 *vol. in*-8.

Ces deux volumes font partie de la *Théorie des lois politiques de la monarchie française*. Voyez ces mots.

5434. Esprit (l') des lois quintessencié (par l'abbé DE BONNAIRE). 1751, 2 *vol. in*-12.

5435. Esprit des meilleurs écrivains français, ou Recueil de pensées les plus ingénieuses, etc. *Paris, Nyon l'aîné*, 1777, 2 *vol. in*-8.

Même ouvrage que le *Dictionnaire de pensées ingénieuses*, etc. Voyez le nº 3788.

5436. Esprit (l') des monarques philosophes, Marc-Aurèle, Julien, Stanislas et Frédéric (par l'abbé DE LA PORTE). *Paris, Vincent*, 1764, *in*-12.

5437. Esprit (l') des Nations (par l'abbé D'ESPIARD). *La Haye, Beauregard*, 1752, 2 *vol. in*-12.

5438. Esprit des philosophes et écrivains célèbres de ce siècle (par DAMIENS DE GOMICOURT). *Paris, Gueffier*, 1772, *in*-12.

5439. Esprit (l') des poésies de M. de LA MOTTE, de l'Académie françoise (publié avec un éloge de l'auteur par L. T. HÉRISSANT). *Genève et Paris, Lottin*, 1767, *petit in*-12.

5440. Esprit (l') des Romains, considéré dans les plus belles sentences, maximes et réflexions des auteurs de l'ancienne Rome (par ALLETZ). *Paris, Saugrain*, 1768, *in*-12.

5441. Esprit des sots, passés, présens et à venir (par CADET-GASSICOURT). *Paris*, 1801, *in*-18.

5442. Esprit des tragédies et tragicomédies, par forme de dictionnaire (par ROLAND, maître écrivain, frère de Roland le virloys). *Paris*, 1762, 3 *vol. in*-12.

Voyez le n° 3865.

5443. Esprit (l') du cérémonial d'Aix, en la célébration de la Fête-Dieu, par Pierre-Joseph (DE HAITZE). *Recedant vetera, nova sint omnia. Aix, David*, 1708. — Quatrième édition, *Aix, Esprit David*, 1765, *in*-12.

C'est la critique d'un ouvrage publié en 1645, par Laurent Mesmes, sous le titre de *Querela ad Gassendum*... Voyez les Anonymes latins.

5444. Esprit du Christianisme (par le P. RAPIN, jésuite). *Paris, Cramoisy*, 1674, *in*-12.

5445. Esprit du Clergé, ou le Christianisme primitif vengé des entreprises et des excès de nos prêtres modernes, traduit de l'anglais (de J. TRENCHARD et de Th. GORDON, et refait en partie par le baron D'HOLBACH). *Londres* (*Amsterdam, M. M. Rey*), 1767, 2 *vol. in*-8.

Ce livre a été traduit et corrigé par le baron, ensuite par mon frère, qui l'a *athéisé* le plus possible. (*Note manuscrite* de Naigeon le jeune).

5446. Esprit (l') du Judaïsme, ou Examen raisonné de la loi de Moyse et de son influence sur la Religion chrétienne (traduit de l'anglais de COLLINS, par le baron D'HOLBACH). *Londres* (*Amsterdam, M. M. Rey*), 1770, *in*-8.

5447. Esprit (l') du militaire (par DEY, sergent des grenadiers aux Gardes-Françaises). 1771, *in*-8; *Rouen*, 1772, *in*-12, *avec le nom de l'auteur.*

5448. Esprit (l') du saint sacrifice de la Messe, avec les mystères de la Passion, exprimés en 35 figures (par J. GÉRARD, capucin, connu en religion sous le nom du P. Jean-Baptiste DE BOUILLON, l'un des auteurs des *Principes discutés*). *Paris, Guillot*, 1784, *in*-12, *pp.* 278.

Jean Gérard, provincial des Capucins, grand prédicateur, né à Bertry, près Bouillon, le 17 septembre 1723, est mort vicaire de Saint-Roch, à Paris, le 3 octobre 1800.

5449. Esprit (l') du siècle (par l'abbé DE LUBERT). *Paris, Emery*, 1707, *in*-12.

5450. Esprit (l') du siècle (par DE SAINT-HYLAIRE). *Amsterdam* (*Paris*), 1745, *in*-12.

5451. Esprit du système de guerre moderne, traduit de l'allemand (de M. DE BULOW), (par TRANCHANT-

Laverne). *Paris, Bernard et Magimel, an* XI (1803), *in*-8.

5452. Esprit (l') et la chose (par J. H. Marchand). *Paris*, 1760, *in*-8. V. T.

D'autres auteurs donnent ce volume à Desboulmiers.

5453. Esprit (l') et l'excellence de la profession militaire, selon les principes de vertu et de religion (par le P. Maubert, dominicain). (*Sine loco*), 1774, *in*-12 *de* 322 *pages*.

5454. Esprit (l') familier de Socrate, en latin et en françois, traduction nouvelle (d'Apulée), avec des remarques et sa vie (par le baron des Coutures). *Paris et La Haye*, 1702, *in*-12.

Titre rafraîchi. C'est le même ouvrage et de la même édition que le n° 1164.

5455. Esprit (de l') humain, substance différente du corps, active, libre, immortelle, etc. (par J. P. de Crouzaz). *Basle*, 1741, *in*-4. V. T.

5456. Esprit (l') malin (par le chevalier de Pontieu). *Paris, Prudhomme*, 1710, *in*-12.

5457. Esprit (de l') militaire (par M. de Lessac, capitaine au régiment Dauphin). *Londres*, 1783. — Nouvelle édition augmentée. *La Haye*, 1785, *in*-8. — Troisième édition. *Bruxelles et Paris*, 1789, *in*-8.

5458. Esprit (l') public (par de Toulongeon). 1797, 5 *numéros in*-8.

5459. Esquisse d'un grand tableau, ou Mémoires pour servir à l'histoire des Provinces-Unies des Pays-Bas, et particulièrement à celle de Guillaume V, depuis l'année 1776 jusqu'à 1786 (par M. Dumont-Pigale). *En Hollande*, 1786, 2 *vol. in*-8.

5460. Esquisses de l'histoire, de la religion, des sciences et des mœurs des Indiens, avec un exposé très-court de l'état politique actuel des puissances de l'Inde : ouvrage traduit de l'anglais (de feu M. Crawfurd, par M. le comte de Montesquiou). *Dresde*, 1791, 2 *vol. in*-8.

Tirés à vingt exemplaires.

5461. Esquisses historiques et biographiques des progrès de la botanique en Angleterre, depuis son origine jusqu'à l'adoption du système de Linnée, par Richard Pulteney; traduit de l'anglais (par M. Boulard). *Paris, Maradan*, 1809, 2 *vol. in*-8.

5462. Essai analytique et critique sur le newtonianisme (par le chevalier de Martillat). *Clermont, Landriot*, 1815, *in*-8.

5463. Essai analytique sur la richesse et sur l'impôt (par Graslin). *Londres*, 1767, *in*-8.

5464. Essai analytique sur les lois naturelles de l'ordre social, etc. par le citoyen Severin (M. de Bonald). *Paris, le Clere*, 1801, *in*-8.

Beaucoup d'exemplaires sont seulement *anonymes*, et portent la date de 1800, sans nom de libraire.

5465. Essai bibliographique sur les éditions des Elzévirs les plus précieuses et les plus recherchées (par M. S. Bérard, maître des requêtes); précédé d'une notice sur ces imprimeurs célèbres (abrégée par le même de celle de M. Adry). *Paris, Firmin Didot*, 1822, *in*-8.

5466. Essai biographique sur M. Perceval, premier ministre d'Angleterre; traduit de l'anglais (par M. Henri la Salle), avec des notes du traducteur. *Paris, Galignani*, 1812, *in*-8 *de* 117 *pages*.

5467. Essai critique de la littérature

·ançoise par M. L. L. P. *Amster-*
·am (*Avignon*), *Pierre Mortier*,
757, 5 *vol. in*-12.

Lorsque *Fréron* et l'abbé *de la Porte* com-
ıencèrent à donner leurs feuilles pério-
iques, on conseilla à *Giroud*, imprimeur
e S. S., de contrefaire celles de *la Porte*.
ın ne pouvait les envoyer par la poste; le
ébit fut médiocre. Le libraire fut obligé
e s'arrêter au sixième volume. Il restait un
rand nombre d'exemplaires, que les acqué-
ɛurs de son fonds publièrent d'abord sous
: titre d'*Observations sur la littérature fran-*
ɔise, 1764, 5 vol., et ensuite sous celui
'*Essai critique*. Ce dernier changement se
t en 1770; mais pour donner le change
u public, qui ne veut pas acheter deux fois
ı même marchandise, on mit la date de
757 au même livre qu'on avait publié sous
elle de 1764.

Au reste, on donna la préférence pour la
ontrefaçon des feuilles, à celles de *la Porte*,
arce que son style déclamatoire plaisait
lus aux beaux esprits de la province que
elui de *Fréron*. Le bon goût commençait
ès lors à être un bijou fort rare.

(*Article de M. Chaudon.*)

3. Essai critique sur le nouvel ou-
·age de l'abbé Pluche, ou Apologie
: la méthode en usage pour ensei-
ıer les langues (par l'abbé Labro).
aris, *veuve Lottin*, 1751, *in*-12.

). Essai critique sur l'histoire des
·dres royaux et militaires de
Lazare, de Jérusalem et de N.-D.
ı Mont-Carmel (par Desplaces).
iége, *J. J. Tutot*, 1775, *in*-12 *de*
50 *pages*.

). Essai d'analyse sur les jeux de
ısard (par Rémond de Mont-
ɔrt). *Paris*, 1708. — Seconde
lition augmentée, 1713, *in*-4.

ɪ. Essai d'apologie des auteurs
nsurés dans le *Temple du goût* de
. de Voltaire. — Observations cri-
ques sur le *Temple du goût* (par
ıbbé Roy). — Seconde édition aug-
entée. *Sans indication de lieu.*
733, *in*-8 *de* 32 *pages*.

ɛ. Essai de bien public, ou Mémoire raisonné pour lever à coup
sûr tous les obstacles qui s'opposent
à l'exécution des défrichemens et
dessèchemens, etc. (par Collignon,
avocat). *Neufchatel*, *société typographique*, *vers* 1781, *in*-12 *de*
108 *pag.*

5473. Essai de comparaison entre la
déclamation et la poésie dramatique
(par Lévesque de la Ravallière).
1729, *in*-12 *de* 55 *pag.*

Cette brochure a été critiquée par l'auteur
même, dans le *Mercure* de mai 1730.

5474. Essai de Contes moraux et dramatiques, par M. B*** (Bret).
Amsterdam et Paris, *Prault*, 1765,
in-12.

5475. Essai de critique, où l'on tâche
de montrer en quoi consiste la poésie des Hébreux (par Pierre Lambert). *Amsterdam*, 1689, *in*-12.
V. T.

5476. Essai de dissertation sur les lois
des secondes noces et notamment
sur l'article 279 de la coutume de
Paris (attribué à Duplessis de la
Davière, avocat). *Paris*, *Dupuis*,
1737, *in*-12.

5477. Essai de fables par J. B. A. H.
D. P. (J. B. A. Huard du Parc,
juge de paix de l'arrondissement de
Sceaux). *Paris*, *Théophile Barrois
père*, 1805, *in*-12.

5478. Essai de feuilles élémentaires
pour apprendre le latin sans grammaire ni dictionnaire (par Chompré). *Paris*, *Delatour*, 1768, *in*-8.

5479. Essai de géographie, avec un
Dictionnaire géographique, fran-
çois-latin et latin-françois (par Ét.
André Philippe de Prétôt). *Paris*, 1744, *in*-8.

5480. Essai de grammaire françoise,
ou Dissertation sur les prétérits

composés de notre langue, à l'occasion de l'écrit de M. l'abbé d'Olivet, inséré dans les *Opuscules sur la langue*, et des remarques insérées par M. Duclos dans la *Grammaire générale et raisonnée* (par l'abbé DE PONTBRIANT). *Paris, Chaubert*, 1754, *in*-8.

Voyez l'*Année littéraire*, 1755, t. 1, p. 145 et suiv.

L'auteur nie dans cette brochure l'existence des participes prétérits, et par conséquent leur déclinabilité. Il y représente la langue française moins telle qu'elle est que telle qu'il l'imagine.

5481. Essai de l'Éloge historique de Stanislas I, roi de Pologne (par MARCHAND). *Paris, Cl. Hérissant*, 1766, *in*-4; *Bruxelles*, 1766, *in*-8.

5482. Essai de l'histoire du commerce de Venise (par ROMA). *Paris, P. G. le Mercier fils*, 1729, *in*-12.

J'ai copié sur l'exemplaire de cet ouvrage que possédait le cardinal de la Luzerne, une note ainsi conçue:

« M. Roma, supposé que ce soit son véritable nom, étoit connu de M. Nanisse, demeurant chez M. Philippe Masson, banquier, rue Thibautaudé, à Paris, et d'un avocat au conseil, nommé Deprime.

« Il a extrait ce livre de manuscrits concernant le commerce d'Italie, 3 vol. in-fol.

« Il doit être passé à Berlin, dans l'espérance d'y trouver de l'emploi dans le ministère des finances. »

5483. Essai de l'histoire monastique d'Orient, par un religieux bénédictin (Louis BULTEAU). *Paris, Billaine*, 1680, *in*-8.

5484. Essai de métaphysique (par l'abbé MEY). *Paris, Desaint*, 1756, *in*-12.

5485. Essai de monumens armoricains qui se voient sur la côte méridionale du département du Morbihan, proche Quiberon, par M. DE *** (PENHOUET), ancien officier de la marine. *Nantes, Busseuil jeune*, 1805, *in*-4 *de* 44 *pages*.

5486. Essai de philosophie morale (par MAUPERTUIS). *Berlin*, 1749; *Londres*, 1750, *in*-12.

5487. Essai de philosophie rationelle sur l'origine des choses, etc. par D. G. (David GRADIS). *Bordeaux*, 1802, *in*-8.

On a du même auteur, avec son nom, des *Discussions philosophiques sur l'athéisme*. Bordeaux, 1803, *in*-8.

5488. Essai de physique, augmenté d'une lettre sur l'aimant, de réflexions sur l'électricité, et d'un petit traité sur le planétaire (par DE RANCY). *Paris, Hérissant*, 1768, *in*-12.

5489. Essai de poëme sur l'esprit (par PAJON). *Sans indication de lieu*. 1757, *in*-8 *de* 16 *pages*.

5490. Essai de poésies diverses, par M. V*** (VIGNÉE). *Genève et Paris, Charpentier*, 1763, *in*-8.

5491. Essai de poésies légères (par l'abbé MULOT). *Mayence*, 1798, *in*-8.

5492. Essai de poésies religieuses, par M. M... (Jacques-Henri MEISTER). *Paris, Didot, an* 9 (1801), *in*-12; *Zurich, Orell, Fuesli*, 1815, *in*-12.

5493. Essai de politique et de morale calculée (par D'HANCARVILLE). Tome premier (et unique). 1759, *in*-12.

La *France littéraire* de 1769 annonce cet ouvrage en 3 vol.; mais il est certain que les tomes 2 et 3 n'ont pas paru.

5494. Essai de politique, où l'on traite de la nécessité, de l'origine, des droits, des bornes et des différentes formes de la souveraineté, selon les principes de l'auteur de *Télémaque* (par DE RAMSAY). *La Haye, sans date*, 2 *parties in*-12.

C'est une nouvelle édition de l'ouvrage intitulé: *Essai philosophique sur le gouvernement civil*. Voyez n° 5580.

95. Essai de psaumes et cantiques, mis en vers par mademoiselle *** (CHERON), avec des figures gravées par L. CHÉRON. *Paris, Brunet*, 1694, *in*-8.

96. Essai de psychologie, ou Considérations sur les opérations de l'âme, sur l'habitude et sur l'éducation, avec des principes philosophiques sur la cause première et sur son effet (par Ch. BONNET). *Londres*, 1755, *in*-12.

97. Essai de quelques genres divers de poésie (par le marquis de XIMENÈS). (*sans date*), *in*-8 *de* 36 *p*.

98. Essai de recueil d'arrêts notables du conseil souverain d'Alsace (par DE CORBERON). *Colmar, Decker*, 1740, *in-fol*.

99. Essai de réformation d'un jugement rendu par un avocat au parlement de Paris, sur une dispute littéraire entre deux avocats au parlement de Dijon (par Jean-Baptiste FROMAGEOT). (*Dijon*), 1730, *in*-12.

00. Essai de réplique à la *lettre d'un avocat au parlement de Paris* (le président Bouhier. *Voyez ces mots.*) à un de ses amis (par Jean-Baptiste FROMAGEOT, professeur en droit à l'université de Dijon). *Dijon*, 1731, *in*-8.

Il existe une réponse manuscrite du président Bouhier à cette réplique ; mais le président ne voulut pas la faire imprimer, *pour ne pas perpétuer*, a-t-il écrit en marge, *cette querelle avec un pédant tel que Fromageot.*

01. Essai de réponse aux réflexions ou notes de M^e^ ***, avocat à la cour, sur les six lettres de N. pour servir d'éclaircissement à la question du testament des fils de famille en Bourgogne, etc., par M^e^ *** (Jean-Bapt. FROMAGEOT, avocat en parlement, et professeur en droit à l'université de Dijon). 1729, *in*-12.

5502. Essai de réunion des protestans aux catholiques romains (par ROUVIÈRE, avocat). *Paris, Hérissant*, 1756, *in*-12.

5503. Essai de rhétorique françoise à l'usage des jeunes demoiselles (par GAILLARD). *Paris*, 1746, *in*-12.

Première édition d'un ouvrage qui a eu un grand succès, et qui se réimprime encore aujourd'hui sous le titre de *Rhétorique française, à l'usage des demoiselles.* Voyez ces mots.

5504. Essai de traduction de quelques odes et de l'art poétique D'HORACE (par l'abbé LE FEVRE DE LA ROCHE). *Paris, Didot aîné*, 1788, *in*-8.

Tiré à cinquante exemplaires, dont huit portent le nom de l'auteur.

5505. Essai de traduction en vers du Roland-le-Furieux de l'ARIOSTE (par DUPONT de Nemours). *On le veut, je l'essaie, un plus savant le fasse. Paris, Jombert*, 1781, *in*-8 *de* 75 *pages*. — Nouvelle édition (contenant trois chants). *Paris, F. Didot*, 1812, *in*-8.

5506. Essai de traduction interlinéaire des cinq langues, hollandaise, allemande, danoise, suédoise et hébraïque, (publié par M. BOULARD). *Paris, Fuchs, an* 10 (1802), *in*-8.

5507. Essai des effets de l'air sur le corps humain, par Jean ARBUTHNOT, traduit de l'anglois (par BOYER DE PÉBRANDIÉ). *Paris, Barrois*, 1742, *in*-12.

5508. Essai des Essais de GOLDSMITH, ou Recueil de contes et d'anecdotes, traduit de l'anglais (par DE LARIVAL). *Paris, Royez*, 1788, *in*-18.

5509. Essai des merveilles de nature et des plus nobles artifices, pièce très-nécessaire à tous ceux qui font profession d'éloquence, par René-François, prédicateur du roi (le P. Étienne Binet, jésuite). *Rouen*, 1621, *in*-4. Douzième édition. *Paris*, 1646, *in*-8.

5510. Essai d'inscription pour la statue de Henri-le-Grand, roi de France et de Navarre (par M. l'abbé d'Hesmivy d'Auribeau, ancien vicaire-général de Digne). *Paris*, *Boucher*, 1818, *in*-8 *de* 15 *pages*.

5511. Essai d'instruction morale, ou les Devoirs envers Dieu, le prince et la patrie, la société et soi-même; à l'usage des jeunes gens élevés dans une monarchie, et plus particulièrement des jeunes Français (par M. le chevalier de Langeac). *Paris*, *Brunot-Labbe*, 1812, 2 *vol. in*-4. *et in*-8. — Troisième édition, revue et corrigée. *Paris*, *même libraire*, 1813, 2 *vol. in*-12.

Compilation très-bien faite dans le genre du *Selectæ è profanis*. M. Adry a communiqué beaucoup de morceaux au rédacteur. On doit au rédacteur lui-même les cent cinquante dernières pages du second volume : elles pourront fournir des matériaux aux historiens de Napoléon, dont on voit le portrait en tête de beaucoup d'exemplaires des éditions in-4 et in-8.

5512. Essai du nouveau conte de ma mère l'Oye, ou les Enluminures du jeu de la constitution (par l'abbé Debonnaire), en vers..... 1722, *in*-8.

5513. Essai d'un abrégé chronologique de l'histoire de Villeneuve-les-Avignon (par J. Valhen)..... 1743, *in*-8. V. T.

5514. Essai d'un abrégé critique et chronologique de l'histoire d'Orléans (par Perdoux de la Perrière). *Orléans*, 1746, *in*-12. V. T.

5515. Essai d'un art de fusion à l'aide de l'air, du feu ou air vital, par M. Ehrmann, traduit de l'allemand (par M. de Fontallard), suivi des Mémoires de Lavoisier sur le même sujet. *Strasbourg*, 1787, *in*-8.

5516. Essai d'un citoyen (par M. Ferrand). *Sans indication de lieu et sans date*. (*Paris*, 1789), *in*-8 *de* 76 *pages*.

5517. Essai d'un dictionnaire contenant la connoissance du monde, etc. representé par des figures hiéroglyphiques expliquées en prose et en vers (par Daniel de la Feuille). *Amsterdam*, *chez l'auteur*, 1700, *in*-4.

5518. Essai d'un éloge historique de Marie-Thérèse, par M. M*** (Murray). *Bruxelles*, 1781, *in*-4.

5519. Essai d'un nouveau calendrier liturgique, ou classification nouvelle et raisonnée des fêtes, pour tout le cours de l'année chrétienne (par M. Duffaut, doctrinaire, mort à Paris en 1810). *Paris*, *Brajeux*, 1803, *in*-8.

5520. Essai d'un nouveau cours de langue allemande, ou Choix des meilleurs poëmes de Zacharie, Kleist et Haller, avec deux traductions françaises, dont une absolument littérale est destinée à faciliter l'étude de cette langue (par M. Boulard). *Paris, Koënig, an* 4 (1798), *in*-8.

5521. Essai d'un nouveau journal, intitulé, le Littérateur impartial, ou Précis des ouvrages périodiques (par Fleury et Lamarche-Courmont). *La Haye, et Paris*, *Vallat-la-Chapelle*, 1760, *in*-12.

5522. Essai d'un système nouveau concernant la nature des êtres spirituels, fondé en partie sur les principes de Locke (par Cuentz, ancien magistrat de Saint-Gall en Suisse). *Neufchatel*, 1742, 4 *vol. in*-8.

Le cardinal Gerdil et dom Sinsart ont réfuté quelques principes de cet ouvrage.

5523. Essai d'une Bibliographie annuelle, ou Résumé des différens catalogues de livres qui ont paru dans le cours de l'an 9, avec les prix des articles (par G. M. Bontemps). *Paris, Debray, an* 10 (1802), *in*-8.

5524. Essai d'une description des peuples policés et non policés, considérés sous le point de vue physique et moral; traduit de l'allemand de Steebs (par le Seurre de Mussey). *Amsterdam, Reviol*, 1769, *in*-12.

5525. Essai d'une histoire de la musique (par P. J. Caffiaux, bénédictin). *Vers* 1769, *in*-4. V. T.

5526. Essai d'une histoire de la paroisse de Saint-Jacques-de-la-Boucherie (par l'abbé Villain). *Paris, Prault*, 1758, *in*-12.

5527. Essai d'une histoire naturelle des couches de la terre, traduit de l'allemand de Lehmann (par le baron d'Holbach). *Paris*, 1759, *in*-12.

5528. Essai d'une lithographie de Mlocin, écrit à Warsovie en 1777 (par Jean-Philippe de Carosi). *Dresde*, 1777, *in*-8.

5529. Essai d'une morale relative au militaire françois (par P. Augustin de Varennes, ancien officier). *Paris, Durand*, 1771, *in*-12.

Voyez *Morale militaire*.

Cet essai a été faussement attribué, dans le *Journal encyclopédique*, janvier 1772, t. 1, p. 21, à Conti, ancien professeur de l'Ecole militaire, qui seulement en a dirigé l'impression.

5530. Essai d'une nouvelle traduction complète des odes d'Horace (par Jacques-Joseph Rouvière de Montpellier, employé à la bibliothèque du roi). *Paris, Debeausseaux*, 1807, *petit in*-12.

5531. Essai d'une nouvelle traduction des Pseaumes en vers, par M. T. (Teron). *Amsterdam*, 1715, *in*-8. V. T.

5532. Essai d'une nouvelle traduction d'Homère (par Bitaubé). *Berlin*, 1769, *in*-12.

5533. Essai d'une nouvelle traduction d'Horace en vers françois, par divers auteurs (publiée par Bruzen de la Martinière). *Amsterdam, Wytwerf*, 1727, *in*-12.

5534. Essai d'une philosophie naturelle, applicable à la vie, aux besoins, aux affaires, et convenable aux deux sexes (par l'abbé de Fourneaux). *Paris*, 1724, *in*-12.

Quelques exemplaires de cet ouvrage portent un frontispice ainsi conçu : *Nouvelle Philosophie des Dames*. La Haye, 1727.

5535. Essai d'une poétique à la mode, épître à M.*** (par Bret). *Paris, Gueffier*, 1770, *in*-8.

5536. Essai d'une traduction des dissertations sur les partis qui divisent l'Angleterre (traduit de l'anglois de Bolingbroke, par de Silhouette). *Londres*, 1739, *in*-12.

5537. Essai en forme de mémoire sur l'éducation de la jeunesse (par Adam). *Londres et Paris, Morin*, 1787, *in*-8 *de* 40 *pages*.

5538. Essai général de fortification, d'attaque et de défense des places (par Bousmard). *Berlin*, 1799, 4 *vol. in*-4. *et atlas in-fol.* — Nouvelle édition faite sur un texte augmenté par l'auteur. *Paris, Magimel*, 1815, 4 *vol. in*-8. *et atlas de* 62 *pl. in*-4.

5539. Essai général de tactique, précédé d'un discours sur l'état actuel de la politique et de la science militaire en Europe, avec le plan d'un ouvrage intitulé : *la France politique et militaire* (par DE GUIBERT). *Liége, C. Plomteux*, 1773, *in-4. et 2 vol. in-8.*

5540. Essai général d'éducation physique, morale et intellectuelle ; suivi d'un plan d'éducation-pratique pour l'enfance, l'adolescence et la jeunesse ; par M. A. J. (JULLIEN). *Paris, Didot*, 1808, *in-4. pp.* 308.

5541. Essai historique, critique, philologique, politique, moral, littéraire et galant sur les lanternes (par DREUX DU RADIER, le médecin LE CAMUS, l'abbé LE BEUF et JAMET le jeune). *Dôle, Lucnophile (Paris)*, 1755, *in-12.*

5542. Essai historique et critique sur la révolution française, etc. ; troisième édition, revue et augmentée du gouvernement consulaire et du règne de Napoléon, par M. *** (PAGANEL) ex-législateur, etc. *Paris, Panckoucke*, 1815, 3 *vol. in-8.*

La première édition, publiée en 1810, porte le nom de l'auteur ; elle a été enlevée entière par ordre de l'ancien gouvernement et détruite en 1813.

5543. Essai historique et critique sur les dissensions des églises de Pologne, par Joseph BOURDILLON, professeur en droit public (par VOLTAIRE). *Basle*, 1767, *in-8.*

5544. Essai historique et critique sur les priviléges et exemptions des réguliers (par l'abbé RIBALLIER, censeur royal). *Venise et Paris, Desaint*, 1769, *in-12.*

5545. Essai historique et critique sur l'insuffisance et la vanité de la philosophie des anciens, comparée à la morale chrétienne, traduit de l'italien de D. Gaëtan SERTOR (par GHASSANIS). *Paris, Berton*, 1783, *in-12.*

5546. Essai historique et légal sur la chasse (par MARCHAND, avocat). *Londres (Paris)*, 1769, *petit in-12.*

Quelques exemplaires de cet ouvrage ont reparu sous le titre de *Calendrier* ou *Essai historique*, etc. Paris, le Jay, 1770.

5547. Essai historique et militaire sur la province du Roussillon, par M. le chevalier D. L. G. (DE LA GRAVE). *Londres*, 1787, *in-8.*

5548. Essai historique et militaire sur l'art de la guerre, depuis son origine jusqu'à nos jours (par d'ÉCRAMMEVILLE). *Paris, Bleuet*, 1789, 3 *vol. in-8.*

5549. Essai historique et philosophique sur le goût (par l'abbé CARTAUD DE LA VILLATE). *Amsterdam*, 1736, *in-8.*

L'édition de *Paris*, 1736, porte le nom de l'auteur.

5550. Essai historique et philosophique sur les principaux ridicules des différentes nations (par GAZON-DOURXIGNÉ), *Pékin et Paris, Durand neveu*, 1766, *in-12.*

5551. Essai historique et politique sur le gouvernement présent de la Hollande (par FAVIER). *Londres*, 1748, 2 *vol. in-12.*

5552. Essai historique et politique sur les garanties, et en général sur les diverses méthodes des anciens et des nations modernes de l'Europe, d'assurer les traités publics (par NEYRON). *Gottingue, Diéterich*, 1777, *in-8.*

5553. Essai historique et politique sur l'état de Gênes (par M. DE LA FLOTTE, ministre plénipotentiaire à Florence, et fils de celui qui a fait un Essai sur l'Inde). *Paris, Forget, an* II (1793), *in-8.*

5554. Essai historique, politique et moral sur les révolutions anciennes et modernes, considérées dans leurs rapports avec la révolution française (par M. DE CHATEAUBRIAND). *Londres*, 1797, *tome* 1, 2 *parties in*-8. — Nouvelle édition, *Londres*, 1814, 2 *vol. in*-8.

Quelques exemplaires de la première édition portent le nom de l'auteur. V. *Variantes*.

5555. Essai historique sur la Bibliothéque du roi (par LE PRINCE l'aîné). *Paris*, *Belin*, 1782, *pet. in*-12.

Quelques exemplaires de cet ouvrage portent le nom de l'auteur.

5556. Essai historique sur la dernière persécution de l'Église, par M. *** (l'abbé VERGANI, ex-législateur; revu par M. TABARAUD). *Paris*, *A. Égron*, 1814, *in*-8 *de* 96 *pages*.

5557. Essai historique sur la lithographie, par G. P. (M. Gabriel PEIGNOT). (*Dijon et*) *Paris*, *Renouard*, 1819, *in*-8 *de* 60 *pages*.

5558. Essai historique sur la maison de Savoye (par le comte MONET, Piémontais). *Paris*, *Jorry*, 1779, *in*-8.

Cette brochure fut publiée à l'occasion du mariage de la princesse de Piémont. Voyez le *Dictionnaire* de l'abbé Grellet, t. 1, p. 391.

5559. Essai historique sur la médecine en France (par J. B. Louis CHOMEL). *Paris*, *Lottin l'aîné*, 1762, *in*-12.

5560. Essai historique sur la puissance temporelle des papes (par M. DAUNOU). *Paris*, 1810, *in*-8. — Troisième édition, corrigée et augmentée. *Paris*, *le Normant*, (*de l'imprimerie du gouvernement*) 1811, 2 *vol. in*-8. — Nouvelle édition, *Paris*, *Comte*, 1818, 2 *vol. in*-8.

Cette dernière édition offre des additions importantes; mais plusieurs morceaux de la troisième ne s'y trouvent pas.

Cette troisième édition a été détruite en très-grande partie vers 1813 : cinquante ou soixante exemplaires tout au plus en ont été conservés.

5561. Essai historique sur la puissance temporelle des papes, traduit de l'italien de GUICHARDIN (par M. TURPETIN, employé à la recette générale de l'Orne). *Paris*, *Lhuillier*, 1810, *in*-8.

5562. Essai historique sur l'Aquitaine (par l'abbé BOUDOT). *Sans indication de lieu*. 1753, *in*-8 *de* 32 *pag*.

5563. Essai historique sur la rentrée des biens, tant à l'église qu'à la nation ; avec des réflexions sur la nature de ces biens (par GAMBIER, récollet de la ville de Bavay en Hainaut). *Sans nom de ville*. 1789, *in*-8. V. T.

5564. Essai historique sur la vie et les écrits de François (de Neufchateau), entremêlé de quelques conseils qu'on lui adresse sur son ministère, par *un hermite de Seine et Marne* (DE CUBIÈRES). *Paris*, *J. B. Chemin*, *an* 7 (1799), *in*-8.

5565. Essai historique sur la ville de Bayonne (par M. P. MASEIN). *Paris*, *Guillot et Denné*, et *Bayonne*, *Fr. Trebosc*, 1792, *in*-8., *avec un plan de la ville*.

5566. Essai historique sur la ville de Meaux, ancienne capitale de la Brie (par M. NAVARRE, ancien avocat). *Meaux*, *Dubois-Berthault*, 1819, *in*-8 *de* 111 *pages*.

5567. Essai historique sur le commerce et la navigation de la mer Noire (par M. ANTHOINE). *Paris*, *Agasse*, *an* 13 (1805), *in*-8.

5568. Essai historique sur le Louvre (ouvrage posthume de Jean OLIVIER, de Paris, mort le 1er février 1758, âgé de trente-six ans; publié par DE BEAUMONT, avec une épître dédicatoire au marquis de Marigny, signée DE B***). *Paris*, *P. Prault*, 1758, *in*-12 *de* 43 *pages*.

Cet ouvrage est adressé à une dame. L'éditeur, dans son *épître dédicatoire*, cite la mort récente de l'auteur. A la dernière page, après une strophe tirée d'une *Ode sur la reconstruction du Louvre*, par M. de Beaumont, l'auteur dit qu'il emprunte une plume étrangère pour peindre les sentimens de tous les citoyens.

Ces divers rapprochemens me font croire que M. de Beaumont était lié avec M. Olivier, et qu'il a cru remplir le devoir d'un ami en publiant l'opuscule que celui-ci venait de terminer.

Il est à regretter que cet ouvrage ne soit pas mentionné dans la nouvelle édition de la *Bibliothèque historique de la France*.

L'idée de l'attribuer à Jean Olivier m'est venue de la lettre d'un de mes correspondans, qui le donne à René Olivier, prêtre de l'Oratoire. Cet oratorien, dont on a quelques opuscules, vivait encore en 1769. Voyez la *France littéraire*, t. 1.

5569. Essai historique sur les eaux de Luxeuil (par FABERT). *Paris*, *Vincent*, 1773, *in*-12.

5570. Essai historique sur l'origine des dîmes (par D'OUTREPONT). *Sans nom de ville*, 1780, *in*-8. V. T.

5571. Essai historique sur l'origine du pouvoir judiciaire et du droit public français (par M. L'ÉCUREL). *Paris*, 1789, *in*-12.

5572. Essai historique sur quelques gens de lettres nés dans le comté de Bourgogne, avec une notice de leurs écrits (par M. GIROD-NOVILLARS). *Besançon*, *Félix Charmet*, 1806, *in*-8.

5573. Essai historique sur Thadée Kosciuzko (par Alfred FAYOT). *Paris*, *Poulet*, 1820, *in*-8 *de* 12 *pag*.

La dédicace, adressée à M. le duc de Cazes, est signée A. DE LOW.

5574. Essai particulier de politique, dans lequel on propose un partage de la Turquie européenne, par M. C*** (CARRA). *Constantinople*, (*Paris*), 1777, *in*-8 *de* 66 *pages*.

5575. Essai philosophique sur la crainte de la mort (par l'abbé HUEL). *Sans date*, *in*-12.

5576. Essai philosophique sur la dignité des Arts (par M. CHAUSSARD). *Paris*, 1798, *in*-8.

5577. Essai philosophique sur l'âme des bêtes (par BOULLIER). *Amsterdam*, *Fr. Changuion*, 1728, *in*-12. —Nouvelle édit. augmentée, 1737, 2 *vol. in*-12.

5578. Essai philosophique sur la Providence (par l'abbé HOUTEVILLE). *Paris*, *G. Dupuis*, 1728, *in*-12.

5579. Essai philosophique sur le corps humain; pour servir de suite à la *Philosophie de la nature* (par DELISLE DE SALES). *Amsterdam et Paris*, *Saillant et Nyon*, 1774, 3 *vol. in*-12.

5580. Essai philosophique sur le gouvernement civil selon les principes de Fénélon (par DE RAMSAY). *Londres*, 1721, *in*-12. Voy. n° 5494.

5581. Essai philosophique sur le monachisme, par M. L. (LINGUET). *Paris*, 1775, 1777, *in*-8. *et in*-12.

Cet ouvrage n'est autre chose que les vingt-quatre premiers chapitres de l'*Histoire impartiale des Jésuites*, par le même auteur.

5582. Essai philosophique sur les prêtres et la prédication, par J. C. D. L. V. P. R. A. B. (Jean-Charles DE LA VEAUX, pasteur réformé, ancien bénédictin). *Rome*, *imprimerie du Vatican*, 1785, *in*-8 *de* 168 *p*.

On trouve à la suite de l'*essai* la traduction de deux sermons de Zollikofre.

5583. Essai physique sur l'heure des marées dans la mer Rouge, comparée avec l'heure du passage des

Hébreux (par l'abbé HARDY). *Paris, Lambert*, 1755, *in*-12 *de* 103 *pages*.

Cet opuscule estimé a été réimprimé à *Gottingue* en 1758, in-8, avec des remarques du savant MICHAELIS.

5584. Essai politique sur l'autorité et les richesses que le clergé séculier et régulier ont acquises depuis leur établissement (par GOEZMANN). 1776, *in*-8.

5585. Essai politique sur le commerce (par MELON), (*Rouen* ou *Bordeaux*), 1734, *in*-12. — Nouvelle édition, augmentée de sept chapitres, 1736, *in*-12.

5586. Essai politique sur les avantages que la France peut retirer de la conquête de l'île de Minorque (par Ignace HUGARY DE LA MARCHE-COURMONT). *Citadella* (*Lyon*), 1757, *in*-12.

5587. Essai portatif de bibliographie, rédigé et imprimé par un imprimeur-libraire de dix-huit ans pour son instruction particulière (par Fr.-Ignace FOURNIER). *Paris* (*Didot le jeune*), 1796, *in*-8.

Ouvrage tiré à vingt-cinq exemplaires.

5588. Essai pour servir à l'Histoire de la putréfaction (par madame D'ARCONVILLE). *Paris*, 1766, *in*-8.

5589. Essai satirique et amusant sur les vieilles filles, traduit de l'anglais (de HAYLEY), par M. SIBILLE. *Paris*, 1788, 2 *vol. in*-12.

5590. Essai sur cette question : Quand et comment l'Amérique a-t-elle été peuplée d'hommes et d'animaux, par E. B. D'E. (le bailli D'ENGEL). *Amsterdam, M. M. Rey*, 1767, *in*-4 *et* 5 *vol. in*-12.

5591. Essai sur cette question : Quels sont les moyens de rendre le commerce de Narbonne plus florissant que jamais? Par M. E* (ENJALRIC), correspondant de la Société d'agriculture de Paris. (*Narbonne*), 1821, *in*-8 *de* 27 *pages*.

5592. Essai sur de prétendues découvertes nouvelles, dont la plupart sont âgées de plusieurs siècles, par M. C*** (COSTE). *Paris, Patris, an* 11 (1803), *in*-8.

5593. Essai sur Démosthène et sur son éloquence, contenant une traduction des harangues pour Olynthe, avec le texte en regard, etc. (par M. DUPIN fils, officier du génie). *Paris, veuve Courcier*, 1814, *in*-8.

5594. Essai sur la cavalerie, tant ancienne que moderne (par D'AUTHVILLE). *Paris*, 1756, *in*-4.

5595. Essai sur la chasse au fusil (par MAGNÉ DE MAROLLES). *Paris*, 1781, *in*-8.; 1782, *in*-8.

Cet essai forme, avec beaucoup de corrections et d'additions, la première partie du traité complet publié par l'auteur, avec son nom, sous ce titre : La Chasse au fusil, ouvrage divisé en deux parties, etc. *Paris, Théophile Barrois*, 1788, *in*-8 *de plus de* 600 *pages*.

5596. Essai sur la cochenille et le nopal (par A. C. BRULLEY). *Paris*, 1795, *in*-8. V. T.

5597. Essai sur la colonie de Sainte-Lucie, par un ancien intendant de cette île (Daniel-Marc-Antoine CHARDON). *Neuchâtel*, 1779, *in*-8.

5598. Essai sur la comédie moderne, où l'on réfute les nouvelles observations de M. Fagan, au sujet des condamnations portées contre les comédiens, par M. M. L. J. D. B. (MESLÉ le jeune, de Besançon). *Paris*, 1752, *in*-12.

5599. Essai sur la conciliation de l'intérêt et de la justice, ou Réflexions sur la liquidation du papier-monnaie en France (par SERVAN), *mars*

1795, *in-8. petit format de* 177 *p.* — Réimprimé à Paris la même année, *in-12 de* 108 *pag.*

5600. Essai sur la connoissance du Théâtre-François (par DUCLAIRON). *Paris*, *Prault*, 1751, *in-12.*

5601. Essai sur la constitution des régimens de chasseurs et sur les manœuvres et évolutions propres aux troupes légères. *Genève*, 1786, *in-8.*

Cet ouvrage est de M. POULTIRET; il renferme des principes contraires aux ordonnances militaires, et a été condamné en conséquence par un arrêt du conseil. Il n'est cependant pas très-rare à Besançon.

5602. Essai sur la constitution et les fonctions des assemblées provinciales, où l'on trouve un plan pour la constitution et l'administration de la France (par le marquis DE CONDORCET). 1788, 2 *vol. in-8.*

5603. Essai sur la constitution et l'organisation des armées françaises (par le général D'URRE). *An* 8 (1800), *in-4.*

5604. Essai sur la critique, poëme, traduit de l'anglois de POPE, avec un discours et des remarques (par l'abbé DU RESNEL). *Paris*, *Phil.-Nic. Lottin*, 1730, *in-8.*; *Alix*, 1736, *in-12.*

Voyez le mot *Essay*...

5605. Essai sur la culture du mûrier blanc et du peuplier d'Italie (par Louis-Madeleine BOLET). *Dijon*, *Lagarde*, 1766, *in-8.*

5606. Essai sur la déclamation tragique, poëme (par DORAT). 1758, *in-8.*; réimprimé sous le titre de *la Déclamation théâtrale.* Voyez n° 3305.

5607. Essai sur la décomposition de la pensée, par P. C*** (P. CASE). *Paris*, *à la librairie économique*, *rue de la Harpe*, 1804, *in-8.*

5608. Essai sur la dernière révolution de l'ordre civil en France (par M. D'OLIVIER). *Londres*, 1780, 3 *vol. in-8.*

5609. Essai sur la destination de l'homme (par M. GIROD DE CHANTRANS). *Aux Verrières de Suisse*, *sans date*, *in-8.*

Tiré à un petit nombre d'exemplaires.

5610. Essai sur la divine autorité du Nouveau Testament, traduit de l'anglais de David BOGUE, pasteur de l'église, et professeur de l'Académie de Gosport (par COMBES-DOUNOUS). *Paris*, *J. Smith*, *an* 11 (1803), *in-12.*

5611. Essai sur l'administration des terres (par BELLIAL DES VERTUS, masque du docteur QUESNAY). *Paris*, *J. T. Hérissant*, 1759, *in-8.*

5612. Essai sur l'admission des navires neutres dans nos colonies (par FORBONNAIS). *Paris*, 1759, *in-12.*

5613. Essai sur la femme, en trois épîtres, traduit de l'anglois. *Londres*, *imprimé pour l'auteur* (1763), *in-8 de* 40 *pages.*

Le fameux Jean WILKES fut jugé coupable par la cour du banc du roi d'avoir imprimé et publié ce poëme licencieux, auquel il avait joint, dans une autre édition que celle-ci, des notes impies sous le nom de Warburton, évêque de Glocester. Cette édition d'un poëme qui fit beaucoup de bruit en Angleterre, présente en regard de l'anglais une traduction française, qui, à en juger par le style, ne peut être que l'ouvrage d'un Anglais. Je soupçonne qu'elle a été faite par Wilkes lui-même, ou par son ami Churchill, auquel le fougueux écrivain s'adresse dès son début, en le désignant seulement par la lettre C. (*Note communiquée par M Barbier jeune, mon neveu.*)

Les ministres anglais (lord Halifax et lord Egremont), qui en voulaient à l'auteur, firent saisir chez lui cet ouvrage comme obscène; mais ils furent condamnés à quatre mille louis de dommages et intérêts pour avoir violé la *liberté* et la *propriété* de M. Wilkes, en lui prenant son livre. Voyez les *Mélanges de littérature* de M. MORELLET, t. 3, p. 172. *Paris*, 1818, *in*-8.

5614. Essai sur la foiblesse des esprits-forts, par J. T. C. D. S. E. R. (Joseph TELEKY DE SZEK, comte du Saint-Empire-Romain). *Amsterdam*, *M. M. Rey*, 1761, *in*-12; *Augsbourg*, 1762, *in*-12.

5615. Essai sur la formation des corps organisés (par DE MAUPERTUIS). *Berlin*, 1754, *in*-12.

5616. Essai sur la fortification, ou Examen de la grande supériorité de l'attaque sur la défense (par HORST). *La Haye*, *Gosse*, 1755, *in*-8.

5617. Essai sur l'agriculture moderne (par les abbés NOLIN et BLAVET). *Paris*, 1755, *petit in*-12.

5618. Essai sur la jurisprudence universelle (par le P. LAMBERT). *Paris*, *veuve Desaint*, 1779, *in*-12.

On lit dans le privilége le nom du père JACOB, prieur des Dominicains de la rue du Bac; mais l'ouvrage est certainement du père Lambert, qui le composa pour servir d'introduction aux Œuvres du chancelier d'Aguesseau.

Suivant de bons critiques, l'auteur découvre avec plus de succès que la plupart des publicistes et des philosophes le fondement de la loi naturelle. Aucun ouvrage peut-être ne fait mieux connaître les méprises des philosophes anciens et modernes sur cet important objet. L'élégance du style s'y trouve unie à la force des raisonnemens.

5619. Essai sur la lecture et sur la bibliomanie (par BOLLIOUD-MERMET). *Lyon*, *Duplain*, 1765, *in*-8.

5620. Essai sur la législation et sur la politique des Romains, traduit de l'italien (par MM. JANSEN et QUÉTANT). *Paris*, *Jansen*, 1795, *in*-12.

5621. Essai sur la liberté de produire ses sentimens (par Élie LUZAC). *Au pays libre*, *pour le bien public*, 1749. *in*-12.

5622. Essai sur la littérature espagnole (par M. DE MALMONTET). *Paris*, *Charles Barrois*, 1810, *in*-8 *de* 194 *pages*.

5623. Essai sur la manière de traiter la controverse, en forme de lettre adressée à M. de la Chapelle, avec la suite (par J. VAN EFFEN). *Utrecht*, 1730, *in*-8. V. T.

5624. Essai sur la manière la plus sûre d'établir un système de police des grains (par ENGEL, membre du gouvernement de Berne). 1772, *in*-12 *de* 210 *pages*.

5625. Essai sur la marine et le commerce (par DESLANDES). 1743, *in*-8.

5626. Essai sur l'amélioration de l'agriculture dans les pays montueux, et en particulier dans la Savoie (par le marquis COSTA). *Chambéry*, *Gorrin*, *sans date* (1774), *in*-8.

Cet ouvrage a été réimprimé en 1802, avec le nom de l'auteur.

5627. Essai sur l'amélioration des terres (par PATTULLO, avec une épître dédicatoire à madame de Pompadour, rédigée par MARMONTEL). *Paris*, *Durand*, 1758, *in*-12.

5628. Essai sur la mendicité, par M. LAMBIN DE SAINT-FÉLIX (Antoine-Prosper LOTTIN). *Amsterdam*, *M. M. Rey*, 1779, *in*-8.

5629. Essai sur la minéralogie des Monts-Pyrénées, suivi d'un catalogue des plantes observées dans cette chaîne de montagnes (par l'abbé PALASSOU). *Paris*, *Didot le jeune*, 1781, *in*-4.

5630. Essai sur la morale de l'homme (par J. B. Cl. ISOARD DELISLE DE

Sales). *Amsterdam*, *Arkstée* (*Paris*, *Saillant*), 1770, 3 *vol. in*-12.

Ce sont les trois premiers volumes de la *Philosophie de la nature*. Voyez n° 5579.

5631. Essai sur l'amour, par M. D.... (M. Dreux, ancien secrétaire du comte de Vergennes). *Amsterdam*, 1783, *in*-18. — Deuxième édition, *Amsterdam*, 1786, *in*-12. — Troisième édition, *Paris*, *an* 10-1802, *in*-8.

5632. Essai sur l'amour-propre, envisagé comme principe de morale (par Frédéric II, roi de Prusse). *Berlin*, *Voss*, 1770, *in*-8.

5633. Essai sur la musique ancienne et moderne (par de la Borde). *Paris*, *Pierres*, 1780, 4 *vol. in*-4.

Il faut joindre à ces 4 vol. un supplément publié par l'auteur en 1781. Voyez *Errata de l'Essai*, n° 5315.

5634. Essai sur la nature champêtre, poëme en cinq chants, avec des notes (par le marquis de Marnézia). *Paris*, *Prault*, 1787, *in*-8. — Nouvelle édition, revue et corrigée, avec le nom de l'auteur, sous le titre *des Paysages*, *ou Essai*, etc. 1800, *in*-8.

+5635. Essai sur la nature de l'âme, où l'on tâche d'expliquer son union avec le corps, et les lois de cette union (par Louis). *Paris*, 1747, *in*-12, 38 *pages*, *avec un avertissement*.

Cet ouvrage est l'analise d'un autre plus étendu de Saint-Hyacinthe, intitulé : *Recherches sur les moyens de s'assurer par soi-même de la vérité*. Londres, 1743, *in*-8. Voyez la Notice des ouvrages de Louis, en tête du Catalogue de sa bibliothéque. *Paris*, *Née de la Rochelle*, 1793, *in*-8.

5636. Essai sur la nature du commerce en général, traduit de l'anglois (composé par de Cantillon). *Londres* (*Paris*), 1755, *in*-12.

5637. Essai sur la nature et le choix des alimens, traduit de l'anglois de J. Arbuthnot (par Boyer de Pébrandié). *Paris*, 1741, 2 *part. in*-12.

5638. Essai sur la nature et l'exercice de l'autorité du peuple dans un état (par Morisse). 1789, *in*-8.

5639. Essai sur la noblesse des Basques, pour servir d'introduction à l'histoire générale de ces peuples, rédigé sur les mémoires d'un militaire basque par un *Ami de la nation* (dom Sanadon, bénédictin, depuis évêque constitutionnel d'Oléron). *Pau*, 1788, *in*-8 *de* 250 *pages*.

Voyez le *Mercure de France*, n° 37.

5640. Essai sur la peinture en mosaïque (par Pierre le Viel). *Paris*, *Vente*, 1768, *in*-12.

5641. Essai sur la peinture, la sculpture et l'architecture (par Bachaumont). 1751, 1752, *in*-8.

5642. Essai sur la pesanteur (par Lacoste). *Dijon*, *Defay*; et *Paris*, *Barrois*, 1762, *in*-12.

5643. Essai sur la physiologie (par Toussaint Bordenave). *Paris*, 1756, 1764, *in*-12.

5644. Essai sur l'Apocalypse, avec des éclaircissemens sur les prophéties de Daniel, qui regardent les derniers temps (par Théodore Crinsoz, protestant). *Sans nom de ville*, *ni d'imprimeur*, 1729, *in*-4 *de* 432 *pages*.

Le même auteur a publié la même année, avec son nom : 1° Le *livre de Job*, traduit en françois, avec des notes. *Rotterdam*, *Acher*, *in*-4. 2° Le *livre des Psaumes*, traduit en françois. *Yverdon*, *Genalth*, *in*-4.

Voyez le *Journal littéraire* de la Haye, t. 15 et 16.

5645. Essai sur l'Apocalypse, ou Explication littérale et historique de la révélation de l'apôtre S. Jean, avec des remarques sur le système de M. Pastorini (par Étienne Baudoin, né à Rouen). *Paris, Durand*, 1781. —Nouvelle édition, *Paris, Moutard*, 1784, 2 *vol. in*-12.

5646. Essai sur la poésie épique, traduit de l'anglois de Voltaire (par l'abbé Desfontaines). *Paris, Chaubert*, 1728, *in*-12 *de* 170 *pages*.

Voltaire, après avoir revu et corrigé cette traduction, l'inséra dans une édition de la *Henriade*. Ensuite il refondit l'ouvrage, et le publia en français avec beaucoup d'augmentations. C'est dans cet état qu'on le trouve dans les nouvelles éditions de ce poëme de Voltaire. Voyez sur la traduction de Desfontaines la *réponse* de Voltaire à une lettre de Rousseau, dans les *Mémoires pour servir à l'histoire de Voltaire*, Amsterdam, 1785, in-12, t. 1, p. 71.

5647. Essai sur la poésie lyri-comique, par Jérôme Carré (Damiens de Gomicourt). *Amsterdam et Paris, Delalain*, 1770, *in*-8. V. T.

Permission tacite.

5648. Essai sur la police générale des grains (par Herbert). *Londres*, 1754, *in*-8.; *Berlin*, 1755, *in*-12.

La première édition, imprimée à l'insu de l'auteur, ne contient que la moitié de l'ouvrage.

5649. Essai sur la possibilité d'un droit unique (par Jean-François le Vayer). *Londres*, 1764, *in*-12.

5650. Essai sur la prédication, Carême entier, en un seul discours (par l'abbé Coyer). *Paris, veuve Duchesne*, 1781, *in*-12.

Voyez les OEuvres complètes de l'auteur.

5651. Essai sur la profession de Procureur (par Louis Groustel, procureur). 1749, *in*-8 *de* 78 *pages*.

5652. Essai sur la propreté de Paris, par un citoyen français (Chauvet). *Paris, an* 5 (1797), *in*-8 *de* 40 *p*.

5653. Essai sur la réforme du clergé, par un vicaire de campagne, docteur de Sorbonne (l'abbé Laurent, depuis curé de Saint-Leu à Paris, mort en 1819). *Paris, Durand père et fils*, 1789, *in*-8 *de* LXIII *et* 380 *pages*.

5654. Essai sur la religion des anciens Grecs (par Leclerc de Sept-chênes). *Lausanne*, 1787, 2 *vol. in*-8.

5655. Essai sur l'art de cultiver la canne et d'en extraire le sucre, par M. de C....x (Casaux), de la société royale de Londres. *Paris, Clousier*, 1781, *in*-8.

5656. Essai sur l'art de lire, etc. (par M. le marquis de Grave, pair de France). *Twickenham, imprimerie de G. White*, 1816, *in*-12 *de* 67 *p*.

5657. Essai sur l'art de nager, par l'auteur des préceptes publiés en 1783 sous le nom de Nicolas Roger, plongeur de profession (M. Feydel), et insérés depuis dans l'Encyclopédie. *Londres* (*Paris*), 1787, *in*-8 *de* 64 pages.

5658. Essai sur l'art de plaire, poëme (par Mauger). 1746, *in*-8.

Réimprimé avec des changemens, sous ce titre :

L'Art de plaire, poëme en trois chants, dédié aux dames, et autres poésies intéressantes. *Sans indication de lieu*, 1756, *in*-8.

5659. Essai sur l'art de rendre les révolutions utiles (par M. l'abbé Bonnet, natif de Fréjus). *Paris*, 1801, 2 *vol. in*-8.

Réimprimé en 1802, avec le nom de l'auteur.

On prétend que cet ouvrage a été rédigé dans le cabinet de Napoléon, et qu'il est lui-même auteur de plusieurs chapitres, tels que celui du *prétendant* (Sa Majesté Louis XVIII) et celui de l'*hérédité du trône*.

Voyez l'*Almanach du vieux astrologue*, Paris, Petit, 1814, in-12, p. 52.

5660. Essai sur l'art du vol aërien (par L. G. Gérard). *Paris*, 1784, *in*-12, *figures*.

5661. Essai sur l'art poétique en général, et en particulier sur la versification française, divisé en quatre épîtres aux Pisons modernes, par l'*hermite de Seine et Marne* (DE CUBIÈRES-PALMÉSEAUX). *Paris, Froullé*, 1812, *in*-18.

5662. Essai sur la secte des illuminés (par le marquis DE LUCHET). 1789, *in*-8. —Troisième édition, augmentée (par le comte DE MIRABEAU). 1792, *in*-8.

5663. Essai sur la science de la guerre (par le baron D'ESPAGNAC). *Paris, Ganeau*, 1753, 3 *vol. in*-8.

5664. Essai sur la situation des finances de France et la libération des dettes de l'état (par SERVAN, ancien avocat-général). 1789, *in*-8. *d'environ* 200 *pages*. *Douteux*.

5665. Essai sur la tactique de l'infanterie, ouvrage méthodique, etc. (par Gabriel PICTET, brigadier au service du roi de Sardaigne). *Genève*, 1761, 2 *vol. in*-4.

Voyez l'*Histoire littéraire de Genève*, par Senebier, t. 3, p. 179.

5666. Essai sur la taille des arbres fruitiers (par PELLETIER DE FREPILLON). 1773, *in*-12.

Il y a des exemplaires portant ces mots au frontispice, *par une société d'amateurs*, avec l'adresse de *Paris, de la Tour*.

5667. Essai sur la théorie des trois élémens, comparée aux élémens de la chimie pneumatique, par M. TISSIER. *Lyon, an* 12 (1804), *in*-8.

MM. Devillers, auteur du *Colosse aux pieds d'argile*, et Thenance, auteur du *Forceps non croisé*, ont eu part à cet ouvrage, qui n'a pas été mis en vente. Il n'a été distribué qu'aux savans.

5668. Essai sur la théorie des volcans d'Auvergne (par M. DE MONTLOSIER). *Paris, Belin, an* 10-1802, *in*-8.

5669. Essai sur la théorie du somnambulisme magnétique, par M. T. D. M. (TARDY DE MORAVELLE). *Londres*, 1786, *in*-12.

5670. Essai sur la tolérance chrétienne, divisé en deux parties. *En France* (*Paris*), 1760, *in*-8.

Même ouvrage que les *Questions sur la tolérance*, imprimées en 1758. Voyez ces mots.

On a changé le titre et réimprimé les premières pages de la première et de la seconde partie.

5671. Essai sur la Topographie d'Olivet, publié par la Société royale de physique, d'histoire naturelle et des arts d'Orléans (rédigé par HUET DE FROBERVILLE). *Orléans et Paris*, 1784, *in*-8 *de* 104 *pag*.

5672. Essai sur la tragédie, par un philosophe (DELISLE DE SALES). 1772, *in*-8.

5673. Essai sur la tutelle et la curatelle publiques (par M. DESMAGNY, économe de la maison des Élèves de la Patrie). *Paris, Maradan, an* 9 (1801), *in*-8.

5674. Essai sur la vérité et la sincérité, par rapport aux affaires présentes de l'Église (par l'abbé DE FOURQUEVAUX). *Sans indication de lieu*, 1754, *in*-12 *de* 248 *pages*.

Voyez sur cet ouvrage les *Nouv. Ecclés.* 1755, p. 20, et 1768, p. 157, col. 1.

5675. Essai sur la vie de Pline le jeune, trad. d'une lettre du comte D'ORRERI au lord Boyle, son fils (par le comte DE MAGNIÈRES). *Nancy*, 1776, *in*-8.

5676. Essai sur la vie de Sénèque le philosophe, sur ses écrits et sur les règnes de Claude et de Néron (par DIDEROT, publié avec des notes par NAIGEON). *Paris, Debure*, 1779, *in*-12. Voy. *Essai sur les règnes de Claude*...

5677. Essai sur la vie et le règne de Frédéric II (par l'abbé DENINA). *Berlin, G. J. Decker*, 1788, *in*-8.

5678. Essai sur la vie et sur les ouvrages de Linguet (par F. M. G. GARDAZ). *Paris, Brunot-Labbe, et Lyon, Yvernaut et Cabin*, 1819, *in*-8 *de* 143 *pages*.

5679. Essai sur la vie et les tableaux du Poussin (par CAMBRY). *Rome et Paris, Lejay*, 1783, *in*-8 *de* 38 *pages*.

Réimprimé avec des augmentations, *Paris, Didot l'aîné, an* 7 (1799), *in*-8 *de* 62 *p.*, avec le nom de l'auteur.

5680. Essai sur le barreau grec, romain et françois (par FALCONNET). *Paris, Grangé*, 1773, *in*-8.

5681. Essai sur le beau (par le P. ANDRÉ, jésuite). *Paris*, 1741, *in*-12. — Nouvelle édition avec un discours préliminaire, par FORMEY. *Amsterdam, Schneider*, 1758, *in*-12. — Nouvelle édition (publiée par l'abbé GUYOT). *Paris*, 1763, *in*-12.

5682. Essai sur le blanchiment des toiles; traduit de l'anglois de HOME avec des notes (par LARCHER). *Paris, Ganeau*, 1762, *in*-12.

5683. Essai sur le bonheur, où l'on recherche si l'on peut aspirer à un vrai bonheur sur la terre, par l'abbé de G***. (DE GOURCY). *Vienne et Paris, Mérigot*, 1777, *in*-8.

5684. Essai sur le bonheur, ou Réflexions philosophiques sur les biens et les maux de la vie humaine (par Louis DE BEAUSOBRE). *Berlin, A. Haude*, 1758, *in*-12, et dans le Recueil intitulé : *Temple du Bonheur*.

5685. Essai sur le caractère de l'homme sage et prudent, par M. B*** (Pierre-Abel BOURRET). *Paris, J. Hérissant et veuve Mergé*, 1699, *in*-12. p. f.

5686. Essai sur le caractère du grand médecin, ou Éloge critique de M. Herman Boerhaave (par le docteur MATY). *Cologne, P. Marteau*, 1747, *in*-8.

5687. Essai sur le caractère et les mœurs des Français, comparées à celles des Anglais (par le chevalier DE RUTLIGE) *Londres*, 1776, *in*-12.

5688. Essai sur le commerce de Russie (par MARBAULT). *Amsterdam*, 1777, *in*-8.

Le Clerc affirme, dans son *Atlas du commerce*, Paris, 1786, grand in-4, que cet ouvrage est copié en très-grande partie d'un Mémoire qu'il avait envoyé à M. Durand, ministre de France en Russie à cette époque, dont Marbault était le secrétaire.

D'autres personnes croient que Marbault l'a rédigé d'après les Mémoires de Rainbert, négociant français établi à St.-Pétersbourg.

5689. Essai sur le crédit commercial considéré comme moyen de circulation, et suivi de l'Exposition des principes de la science du crédit public et de celle de l'imposition (par DE GUER). *Paris*, 1801, *in*-8.

5690. Essai sur le crédit commercial, suivi du prospectus de la traduction de l'Essai sur les finances d'Angleterre de John Sinclair, par J. N. M. (MARNIÈRE). *Paris, Petit*, 1801, *in*-8.

5691. Essai sur le crédit public (par MICOUD D'UMONS, ancien préfet). *Sans indication de lieu*, 1788; *Paris, Bailly*, 1789, *in*-8.

5692. Essai sur le despotisme (par le comte de MIRABEAU). *Londres*, 1776, *in*-8. — Troisième édition, augmentée. *Paris, Lejay*, 1792, *in*-8, *avec le nom de l'auteur*.

5693. Essai sur le droit des gens (par M. DE CHAMBRIER). *Parme, Bodoni*, 1795, *in*-4.

5694. Essai sur le feu sacré et sur les Vestales (par DUBOIS-FONTANELLE). *Amsterdam et Paris, Lejay*, 1768, *in*-8.

Réimprimé dans les *Nouveaux Mélanges* de l'auteur, *Bouillon*, 1781, 3 vol. in-8.

5695. Essai sur le génie original d'Homère, traduit de l'anglais de WOOD (par DEMEUNIER). *Paris, frères De Bure*, 1777, *in*-8.

5696. Essai sur le goût (par Alexandre GÉRARD), augmenté de trois dissertations sur le même sujet, par VOLTAIRE, D'ALEMBERT et MONTESQUIEU, traduit sur la seconde édition angloise (par EIDOUS). *Paris, Delalain*, 1766, *in*-12.

5697. Essai sur le gouvernement de Languedoc (par J.-J. DOMERGUE, avocat). *Nîmes, Buchet*, 1773, *in*-8.

5698. Essai sur le gouvernement de Rome, par Walter MOYLE, traduit de l'anglais (par M. Bertrand BARRÈRE). *Paris, Léger*, 1801, *in*-8.

5699. Essai sur le livre de Job (par les PP. capucins, LOUIS de Poix, JÉRÔME d'Arras, etc.). *Paris, Claude Hérissant*, 1768, 2 *vol. in*-12.

5700. Essai sur le luxe (par DE PINTO). *Amsterdam*, 1762, *in*-12.

5701. Essai sur le luxe (par DE SAINT-LAMBERT). 1764, *in*-12.

Tiré de l'Encyclopédie.

5702. Essai sur le mariage considéré sous des rapports naturels, moraux et politiques (par PÉTION DE VILLENEUVE). *Londres (Chartres, Deshayes)*, 1785, *in*-8.

La publication de cet ouvrage a été arrêtée.

5703. Essai sur le mécanisme de la guerre, par un officier français, de la Légion-d'Honneur et de plusieurs académies (M. RÉVÉRONI-SAINT-CYR). *Paris, Magimel*, 1808, *in*-8.

5704. Essai sur l'emploi du temps, ou Méthode qui a pour objet de bien régler l'emploi du temps, premier moyen d'être heureux; par M. M. A. J. (M. A. JULLIEN). *Paris, Didot*, 1808, 1810, *in*-8.

5705. Essai sur le nivellement (par M. BUSSON DESCARS, ingénieur en chef des ponts-et chaussées). *Paris, Firmin Didot et Delance, an* 14 (1805), *in*-8.

5706. Essai sur le perfectionnement des beaux-arts par les sciences, ou calculs et hypothèses sur la poésie, la peinture et la musique, par R. S. C. (M. RÉVÉRONI-SAINT-CYR). *Paris, Pougens, an* 11 (1803), 2 *vol. in*-8.

5707. Essai sur le projet de la paix perpétuelle (par A. POLIER DE SAINT-GERMAIN). *Lausanne*, 1788, *in*-8. V. T.

5708. Essai sur le rachat des rentes et redevances foncières (par TOUSSAINT). *Londres*, 1751, *in*-8 *de* 51 *pages*.

5709. Essai sur le sénat romain, traduit de l'anglois de CHAPMAN (par LARCHER). *Paris, Ganeau*, 1765, *in*-12.

5710. Essai sur les accusations des templiers et sur le secret de cet ordre, avec une Dissertation sur l'origine de la franc-maçonnerie; traduit de l'allemand de M. NICOLAÏ (par RENFNER). *Amsterdam*, 1784, *in*-12.

5711. Essai sur les alimens, pour servir de commentaire aux livres diététiques d'Hippocrate (par LORRY).

Paris, Vincent, 1753 *et* 1757, 2 *vol. in*-12.

Réimprimé en 1781, avec le nom de l'auteur, sous ce titre : *Essai sur l'usage des alimens*, etc.

5712. Essai sur les apanages, ou Mémoire historique de leur établissement (par Louis-François DU VAUCEL, grand-maître des eaux et forêts au département de Paris). *Sans date ni nom de ville et d'imprimeur*, 2 *vol. in*-4, le premier de 372 pages, et le second de 403, sans les pièces justificatives, qui, avec la table, ont 142 pages.

Il n'a été tiré que douze exemplaires de cet ouvrage, l'auteur n'ayant pas voulu le rendre public. (*Note extraite des manuscrits de l'abbé de Saint-Léger.*)

Je crois avoir acquis la certitude qu'il existe au moins vingt-cinq exemplaires de cet ouvrage : dix environ ont passé par mes mains.

Le véritable auteur de l'*Essai sur les apanages* paraît avoir été M. de Laulne, premier commis de M. du Vaucel.

5713. Essai sur les arbres d'ornement, les arbrisseaux et arbustes de pleine terre, extrait du Dictionnaire de MILLER, septième édition, publiée en 1759 (par le chevalier TURGOT). *Amsterdam et Paris, Grangé*, 1778, *in*-8.

5714. Essai sur les avantages que retireroient les femmes en cultivant les sciences et beaux-arts, par un amateur (le comte DE HARTIG). *Prague*, 1775, *in*-8.

5715. Essai sur les bienséances oratoires (par l'abbé MALLET). *Paris, Prault*, 1753, 2 *vol. in*-12.

5716. Essai sur les bornes des connaissances humaines, par M. G. Ve D. V. (MOREAU); nouvelle édition, à laquelle on a joint une lettre du même auteur sur la tolérance. *Lausanne et Paris, Mérigot le jeune*, 1785, *in*-12.

Le fameux Moreau a voulu se cacher, dans le frontispice de cet ouvrage, sous la lettre initiale d'un prétendu vicaire de Ville-d'Avray, où il avait une maison de campagne.

5717. Essai sur les Bucoliques de VIRGILE (par M. BERTHOLON DE POLLET). *Lyon*, 1809, *in*-12.

5718. Essai sur les capitaineries royales et autres, et sur les maux incroyables qui en résultent depuis Louis XI, par M. B. D. L. R. A. A. P. (M. BOUCHER DE LA RICHARDERIE, avocat au parlement). 1789, *in*-8 *de* 186 *pages*.

5719. Essai sur les catacombes de Paris, par M. T....D (DÉTRUISARD), curé de Gentilly. 1812, *in*-8.

5720. Essai sur les causes de la diversité des taux de l'intérêt de l'argent chez les peuples (par BUCHÉ DE PAVILLON). *Londres (Paris), Duchesne*, 1756, *in*-12.

5721. Essai sur les causes du déclin du commerce étranger de la Grande-Bretagne, traduit de l'anglois (du chevalier DECKER, par l'abbé DE GUA DE MALVES). 1757, 2 *volumes in*-12.

5722. Essai sur les causes principales qui ont contribué à détruire les deux premières races des rois de France (par BUTEL-DUMONT; ouvrage couronné par l'académie des belles-lettres en 1775). *Paris, veuve Duchesne*, 1776, *in*-8.

5723. Essai sur les colonies françoises (par SAINTARD). (*Paris*), 1754, *in*-12.

5724. Essai sur les colonies orientales, depuis 1753 jusqu'à présent, par un adjoint de l'état-major de l'armée du Rhin (M. DELANGLE de Mortagne, département de l'Orne). *Alençon*, 1801, *in*-8.

5725. Essai sur les différens styles dans la poésie, poëme en quatre chants (par l'abbé DE COURNAND). *Paris*, *Brunet*, 1780, *in*-18.

Réimprimé sous ce titre : *Les Styles*, poëme, etc. Voyez ces mots.

5726. Essai sur les eaux thermales de Balaruc, où l'on assigne leurs vertus, la manière dont on les emploie, les préparations nécessaires avant leur usage, et les maladies auxquelles elles sont utiles (par Jacques FARJON, médecin-praticien de Montpellier). *Montpellier*, *Rigaud et Pons*, 1773, *in*-8.

5727. Essai sur les erreurs et les superstitions anciennes et modernes (par J. L. CASTILLON). *Amsterdam*, *Arsktée*, 1765, *in*-12; *Paris*, *Lacombe*, 1767, 2 *vol. in*-8.

Réimprimé en grande partie sous le titre de *Considérations sur les causes physiques et morales de la diversité du génie, des mœurs et du gouvernement des nations*. Bouillon, 1770, 3 vol. in-12, avec le nom de l'auteur.

5728. Essai sur les erreurs populaires, par Thomas BROWN, traduit de l'anglois (par l'abbé SOUCHAY). *Paris*, *Briasson*, 1738, 2 *vol. in*-12.

5729. Essai sur les feux d'artifice pour le spectacle et la guerre, par P. D'O. (PERRINET D'ORVAL). *Paris*, 1745, *in*-8.

5730. Essai sur les fièvres, par J. HUXHAM traduit de l'anglois (par EIDOUS et LAVERY). *Paris*, 1752, *in*-12.

5731. Essai sur les finances de la république françoise et sur les moyens d'anéantir les assignats (par le général DE VALENCE). *Hambourg*, 1796, *in*-8. V. T.

5732. Essai sur les grandes opérations de la guerre (par le baron D'ESPAGNAC). *Paris*, *Ganeau*, 1755, 4 *vol. in*-8.

5733. Essai sur les grands événemen[s] par les petites causes, tiré de l'histoire (par RICHER). *Genève et Paris* *Hardy*, 1758. *in*-12. Voyez *Nouve[l] Essai*.

5734. Essai sur les grands homme[s] d'une partie de la Champagne, pa[r] un homme du pays (HÉDOUIN D[E] PONSLUDON). *Paris*, *Gogué*, 1768 *in*-8.

5735. Essai sur les gravures, par William GILPIN, traduit de l'anglais, su[r] la quatrième édition, par le baro[n] DE B*** (DE BLUMENSTEIN). *Breslau* 1800, *in*-8.

5736. Essai sur les guerres civiles d[e] France, tiré de plusieurs manuscrit[s] curieux, traduit de l'anglois de M. D[E] VOLTAIRE (par l'abbé GRANET) *La Haye*, *Guyot de Merville*, 1729 *in*-8 *de* 60 *pages*.

5737. Essai sur les haras, suivi d'une méthode facile de bien examiner les chevaux que l'on veut acheter (pa[r] le marquis DE BRÉZÉ). *Turin*, 1769 *in*-8.

5738. Essai sur les hiéroglyphes des Égyptiens, traduit de l'anglois de WARBURTON (par LÉONARD DES MALPEINES). *Paris*, 1744, 2 *vol. in*-12.

5739. Essai sur les hiéroglyphes, ou Nouvelles Lettres sur ce sujet (par M. BERTUCH). *Weimar*, 1804, *in*-4.

5740. Essai sur les hiéroglyphes, ou Nouvelles Lettres sur ce sujet (par M. le comte DE PAHLIN), avec deux planches et une vignette au frontispice, contenant vingt-quatre inscriptions et figures hiéroglyphiques, tirées la plupart du Voyage en Égypte, par M. DENON. *Weimar*, *au bureau d'industrie*, 1804, *in*-4 *de* 120 *pages*.

41. Essai sur les intérêts du commerce maritime, par M. D*** (d'Héguerty). *La Haye*, 1754, *petit in*-12.

42. Essai sur les maladies de Dunkerque (par Tully). *Dunkerque*, 1760, *in*-8.

43. Essai sur les maximes et les lois fondamentales de la monarchie françoise (par le Mercier de la Rivière). *Paris, Vallat-la-Chapelle*, 1789, *in*-8.

44. Essai sur les mœurs (par Soret). *Bruxelles*, 1756, *in*-12.

45. Essai sur les mœurs de la fin du dix-huitième siècle (par Ch. Morel de Vindé). *La Haye* (*Paris*), 1794, *in*-12. V. T.

46. Essai sur les mœurs des temps héroïques de la Grèce, tiré de l'histoire grecque de M. Gillies (par Cantwell). *Londres et Paris, Lejay*, 1787, *in*-8 *de* 36 *pages*.

47. Essai sur les mœurs du temps (par Reboul). *Londres et Paris, Vincent*, 1768, *in*-12.

48. Essai sur les mœurs et l'esprit des nations (par Voltaire). 1775, 6 *vol. in*-8.

Réimprimé sous ce titre dans la collection de Beaumarchais. Voyez l'édition in-8, tomes 16-19.

Cet ouvrage a été composé vers 1740, pour la marquise du Châtelet.

Dès 1745 l'auteur du *Mercure* avait publié avec éloge le travail de Voltaire, qui lui en avait confié les premiers cahiers. Voyez la brochure intitulée : *Critique de l'Histoire universelle de M. de Voltaire, au sujet de Mahomet et du mahométisme. Sans date*, *in*-4 *de* 43 *pages*.

Quelques fragmens dérobés à l'auteur avaient été imprimés en 1754, sous le titre d'*Abrégé de l'Histoire universelle*, et l'année précédente, sous celui de *Nouveau Plan de l'histoire de l'esprit humain*, Berlin, 1753, in-12, à la suite de *Micromégas* et de l'*Histoire des Croisades*. Voyez le n° 5800.

49. Essai sur les monnoyes, ou Réflexions sur les rapports entre l'argent et les denrées (par Dupré de Saint-Maur). *Paris, Coignard*, 1746, *in*-4.

5750. Essai sur les montagnes (par le comte de Nogaret). *Amsterdam*, 1785, 2 *vol. in*-8.

5751. Essai sur les moyens d'améliorer en France la condition des laboureurs, par un Savoyard (par Clicquot de Blervache). *Chambéry*, 1789, *in*-8. Voyez *l'Ami du Cultivateur*, n° 562.

5752. Essai sur les moyens d'améliorer le sort de la classe indigente de la société (par F. C. B. Tobie)...... 1792, *in*-4. V. T.

5753. Essai sur les moyens de diminuer les dangers de la mer, par de Lelyveld, traduit du hollandois (et publié avec des corrections par Brahain du Cange). *Amsterdam, M. M. Rey*, 1776, *in*-8.

Réimprimé dans le septième volume du *Recueil philosophique* de Bouillon. Voyez ces mots.

5754. Essai sur les moyens d'encourager l'agriculture (par le Vayer). 1764, *in*-12.

5755. Essai sur les moyens de rendre la comédie utile aux mœurs, par M. de B*** (de Buzonnière). *Paris, Debure père*, 1767, *in*-12.

5756. Essai sur les moyens de rendre les facultés de l'homme plus utiles à son bonheur, traduit de l'anglais de Jean Gregory (par mademoiselle de Kéralio). *Paris et Deux-Ponts, Lacombe*, 1775, *in*-12.

5757. Essai sur les moyens de rétablir les sciences et les lettres en Portugal, adressé aux auteurs du Journal des Savans, composé en latin par Ant. Teixeira-Gamboa (Louis-Antoine Verney), avec la traduction françoise (par TURBEN). *Paris*, *Le Prieur*, 1762, *in*-8.

5758. Essai sur les moyens propres à conserver la santé des gens de mer, par LIND, traduit de l'anglois (par l'abbé MAZÉAS). *Paris*, 1758, *in*-12.

5759. Essai sur les nombres approximatifs (par J. A. F. MASSABIAU). *Paris, l'an* 7 (1799), *in*-8. V. T.

5760. Essai sur les plaisirs (par M. ORTOLANI). *Paris*, *Demonville*, 1804, *in*-8.

5761. Essai sur les ponts et chaussées, la voirie et les corvées (par DUCLOS). *Amsterdam*, *Chatelain* (*Paris*), 1759, *in*-12.

Voyez les mots *Réflexions sur la corvée*... Je n'avais pas ajouté foi à la *France littéraire* de 1778, où l'on trouve cet ouvrage attribué à Duclos; mais mes doutes ont été entièrement levés par la *Notice sur la vie et les ouvrages de Duclos*, que M. Villenave a placée en tête des *OEuvres de Duclos*. Paris, Belin, 1821, 3 vol. in-8.

5762. Essai sur les préjugés et principalement de la nature et de l'influence des préjugés philosophiques (attribué à J. TREMBLEY, Génevois). *Neufchâtel et Genève*, 1790, in-8.

5763. Essai sur les préjugés, ouvrage contenant l'apologie de la philosophie par M. D..M*** (par le baron D'HOLBACH, avec des notes par NAIGEON). *Londres* (*Amst.*, *M. Mich. Rey*), 1770, *petit in*-8.

5764. Essai sur les principes à adopter par les états-généraux, etc. (par DE SAINT-PÉRAVI). 1789, *in*-8.

5765. Essai sur les principes de la physique (par le chevalier DE VIVENS, des académies de Metz et de Bordeaux). 1746, *in*-12.

5766. Essai sur les principes politiques de l'économie publique, par D. Browne DIGNAN (ou plutôt copié de la traduction française de *Réflexions sur l'économie politiqu*[e] traduites de l'italien du comte VERRI, par M. MINGARD). *Londres* 1776, *in*-8.

Voyez l'*avertissement* inséré en 1779, la Haye, par le libraire de Tune, en tê[te] desdites *Réflexions*.

5767. Essai sur l'esprit de conversa[tion] et sur quelques moyens de l'ac[quérir], par M. P. H. D...Y, ci-de[vant] avocat à la cour royale de Pari[s] (DURZY, mort en janvier 1822, con[seiller] à la cour royale d'Orléans). *Paris, Delaunay*, 1819, *in*-8.

L'édition de 1821, donnée pour *second*[e] est la même, au frontispice près.

5768. Essai sur l'esprit, ses divers ca[ractères] et ses différentes opération[s] (par DE LA SARRAZ DE FRANSQUES[NAY]). *Paris*, *Cailleau*, 1731, *in*-1[2].

5769. Essai sur les priviléges (pa[r] M. l'abbé SIEYES). 1788, 1789, *in*-8.

5770. Essai sur les probabilités d[u] somnambulisme magnétique, pou[r] servir à l'histoire du magnétism[e] animal, par M. F*** (FOURNEL avocat au parlement). *Amsterdam et Paris*, 1785, *in*-8 *de* 70 *pages*.

5771. Essai sur les probabilités en fai[t] de justice (par VOLTAIRE). *Sans dat*[e] (1772), *in*-8 *et in*-12.

Réimprimé dans le *Voltaire* de Beaumarchais, t. 30, édition in-8.

5772. Essai sur les problêmes de situation (par Denis BALLIÈRE DE LAISMENT). *Rouen*, *Racine*, 1782, *in*-8 *de* IV *et* 74 *pages*, *avec* 7 *planche*[s] *et cette épigraphe : Posthabui tamen illorum mea seria ludo*.

5773. Essai sur les réformes à fair[e] dans l'administration de la justice en France (par MEZARD). 1789, *in*-8.

5774. Essai sur les réformes à fair[e] dans notre législation criminelle par Vermeil). *Paris*, *Demonville*, 1781, *in* 12.

75. Essai sur les règnes de Claude et de Néron, et sur les mœurs et les écrits de Sénèque (par Diderot). *Londres* (*Bouillon*), 1782, 2 *vol. in*-8 *et in*-12.

C'est une nouvelle édition très-augmentée de l'*Essai sur la vie de Sénèque*, qui forme le septième volume de la traduction des Œuvres de ce philosophe, par la Grange.

76. Essai sur les révolutions de la musique en France (par Marmontel). *Paris*, 1777, *in*-8 *de* 38 *pages*.

Réimprimé dans le volume intitulé: *Mémoires pour servir à l'histoire de la musique*. Voyez ces mots.

77. Essai sur les troubles actuels de Perse et de Géorgie, par M. de P*** (Peyssonnel). *Paris*, *Desaint et Saillant*, 1754, *in*-12.

78. Essai sur les variations de l'esprit humain (par l'abbé Joubert). *Paris*, 1784, 2 *vol. in*-12. V. T.

79. Essai sur les variétés de la vigne qui végète en Andalousie, par D. Simon-Roxas Clemente, traduit par L. M. C. (L. M. Caumels). *Paris*, *Poulet*, 1814, *in*-8.

780. Essai sur les vertus de l'eau de chaux pour la guérison de la pierre, par Whytt (traduit de l'anglois par Roux). *Paris*, 1757, 1767, *in*-12.

781. Essai sur l'éducation de la noblesse, par M. le chevalier de ** (de Brucourt); nouvelle édition, corrigée et augmentée. *Paris*, *Durand*, 1748, 2 *vol. in*-12, tirés sur pap. *in*-4.

La première édition avait paru l'année précédente.

782. Essai sur l'éducation des demoiselles (par mademoiselle de Lespinassy). *Paris*, *Hochereau*, 1764, *in*-12.

5783. Essai sur l'éducation publique (attribué à Sinner de Ballaigue, dans la *Bibl. Hagana*, t. II, p. 188). *Berne*, 1765, *in*-8.

5784. Essai sur l'éloge de François de Salignac de la Mothe-Fénélon, lu dans la séance publique de la société nationale des Neuf Sœurs (par Edm. Cordier). *Paris*, *Onfroy*, 1791, *in*-8.

5785. Essai sur l'établissement des hôpitaux dans les grandes villes (par C. P. Coqueau, architecte). *Paris*, *Desenne*, 1787, *in*-8.

Cet estimable auteur, natif de Dijon, périt sous la guillotine à Paris, le 9 thermidor an 2 (27 juillet 1794), pour avoir retiré chez lui, pendant vingt quatre heures, le malheureux Pétion; il n'avait que trente-neuf ans.

5786. Essai sur l'état du commerce d'Angleterre (traduit de l'anglois de John Cary, et considérablement augmenté par Butel-Dumont). *Londres et Paris*, *Nyon*, 1755, 2 *vol. in*-12.

5787. Essai sur l'étude de la littérature (par Gibbon). *Londres et Paris*, *Duchesne*, 1762, *in*-12.

5788. Essai sur l'étude des belles-lettres (par Mallet). *Paris*, *Ganeau*, 1747, *in*-12.

5789. Essai sur l'extirpation du fanatisme (par F. C. B. Tobie) .... 1793, *in*-4. V. T.

5790. Essai sur l'histoire de la maison d'Autriche, par le comte de G*** (de Girecourt). *Paris*, 1778 *et* 1785, 9 *vol. in*-12.

5791. Essai sur l'histoire de l'ordre teutonique, par un chevalier de l'ordre (le baron de Wal). *Paris*, *veuve Valade*, *et Liége*, *Tutot*, 1784, 1785, 1786 *et* 1790, 8 *vol. in*-12.

5792. Essai sur l'histoire de Neustrie ou de Normandie, depuis Jules-César jusqu'à Philippe-Auguste, suivi d'une esquisse historique de la province, de 1204 à 1788 (par M. DE TOUSTAIN-RICHEBOURG). *Paris, Desenne*, 1789, 2 *vol. in*-12.

5793. Essai sur l'histoire de Normandie, par un page du roi (M. DE TOUSTAIN-RICHEBOURG, alors âgé d'environ dix-neuf ans). *Amsterdam et Rouen, Machuel*, 1766, *in*-12.

C'est la première édition du n° précédent.

5794. Essai sur l'histoire de Provence (par BOUCHE, depuis député à l'assemblée constituante). *Marseille, Mossy*, 1785, 2 *vol. in*-4.

5795. Essai sur l'histoire des comices de Rome, des états-généraux de France et du parlement d'Angleterre (par GUDIN). *Paris, Maradan*, 1789, 3 *vol. in*-8.

5796. Essai sur l'histoire des premiers rois de Bourgogne (par LEGOUZ DE GERLAND). *Dijon, Frantin, et Paris, Delalain*, 1770, *in*-4.

5797. Essai sur l'histoire du droit naturel (par HUBNER). *Londres*, 1757, 2 *vol. in*-8.

Le nom de l'auteur se trouve au bas de l'épître dédicatoire, dans quelques exemplaires tirés sur grand papier.

5798. Essai sur l'histoire du gouvernement et de la constitution d'Angleterre, depuis le règne de Henri VII jusqu'à nos jours, par lord John RUSSEL (traduit de l'anglais par le général DE PULLY). *Paris, Rosa*, 1821, *in*-8.

5799. Essai sur l'histoire et les antiquités de la ville et arrondissement de Domfront (par CAILLEBOTTE le jeune, marchand à Domfront). *Caen, Poisson*, 1816, *in*-18.

5800. Essai sur l'histoire générale et sur les mœurs et l'esprit des nati[ons] depuis Charlemagne jusqu'à [nos] jours (par VOLTAIRE). *Genève*, 17[56], 7 *vol. in*-8; *Paris*, 1757, 6 *v[ol.] in*-12; *Genève*, 1757, 8 *vol. in*-8.

Voyez le n° 5748.

5801. Essai sur l'histoire littéraire d[e] Belfort et du voisinage (Haut-Rhin) avec un grand nombre de notes, pa[r] J. J. C. D. C. P. C. R. (DESCHARRIÈRES, professeur à l'école secondaire de Belfort, et depuis aumônie[r] du lycée de Strasbourg). *Belfort, J. P. Clerc*, 1808, *in*-12 *de* IV e[t] 192 *pages*.

5802. Essai sur l'histoire littéraire de Pologne, par M. D... (DUBOIS). *Berlin*, 1778, *in*-12.

5803. Essai sur l'histoire naturelle de la mer Adriatique, par le docteu[r] Vitaliano DONATI, avec une lett[re] du docteur Léonard SESLER sur un[e] nouvelle espèce de plante terrestre, traduit de l'italien (par Jean-Salvemini DE CASTILLON). *La Haye, Pierre de Hondt*, 1758, *in*-4.

5804. Essai sur l'histoire naturelle de quelques espèces de moines, décrites à la manière de Linné; traduit du latin (de l'ouvrage intitulé : *Specimen monachologiæ methodo Linneanâ tabulis trinis æneis illustratum* (auctore barone DE BORN, quondàm consiliario Josephi II, vel potiùs HERMAN, Argentoratense. *Aug. Vindelicorum*, 1783, *in*-4), et orné de figures, par Jean D'ANTIMOINE (BROUSSONET). *A Monachopolis*, 1784, *in*-8.

5805. Essai sur l'histoire naturelle de Saint-Domingue (par le P. NICOLSON). *Paris, Gobreau*, 1776, *in*-8.

5806. Essai sur l'histoire naturelle des corallines...., par J. ELLIS, traduit de l'anglois (par J. N. S. ALLA-

MAND). *La Haye, de Hondt*, 1756, *in*-4.

5807. Essai sur l'histoire universelle et Recherches sur celle de la Sarmatie (par le comte J. POTOCKI). *Warsovie*, 1789, *in*-8.

5808. Essai sur l'homme, nouvellement traduit de l'anglois (de POPE), avec des notes critiques et un discours sur la philosophie angloise (par l'abbé MILLOT). *Lyon*, *frères Duplain*, 1761, *petit in*-12.

5809. Essai sur l'homme, par POPE, traduit de l'anglois en françois (par DE SILHOUETTE). *Londres*, *Pierre Dunoyer*, *et Amsterdam*, *J. Fr. Bernard*, 1736, *in*-12. — Nouvelle édition, avec l'original anglois. *Lausanne*, 1762, *in*-4.

5810. Essai sur l'homme, poëme philosophique, par Alex. POPE, en cinq langues, savoir : anglois, latin, italien, françois et allemand (publié avec un avertissement par J. SCHWEIGHAEUSER de Strasbourg). Nouv. édit. *Strasbourg*, *Am. Kœnig*, 1772, *in*-8.

5811. Essai sur l'honneur, en forme de lettres (traduit de l'anglois). *Sans indication de lieu* (*Paris*), 1745, *petit in*-12.

La préface est signée R. HOOKER, masque de Guillaume WEBSTER, théologien anglais, mort le 4 décembre 1758. Il était né en décembre 1689. L'*Essai sur l'honneur* est tiré de ses *Mélanges hebdomadaires*. On a de lui beaucoup d'ouvrages sur différens objets de théologie. Voyez Nichols, *Anecdotes littéraires du dix-huitième siècle*, Londres, 1812, t. 5, p. 162.

5812. Essai sur l'hydropisie et ses différentes espèces, par MONRO le fils, traduit de l'anglois et augmenté (par Jacques SAVARY). *Paris*, *Ganeau*. 1760, *in*-12.

5813. Essai sur l'île d'Otahiti, située dans la mer du Sud, et sur l'esprit et les mœurs de ses habitans (par TAITBOUT). *Avignon et Paris*, *Froullé*, 1779, *in*-8.

5814. Essai sur l'intérêt des nations en général et sur l'homme en particulier (par le marquis DE MONTALEMBERT). *Paris*, 1748, *petit in*-8.

5815. Essai sur l'opéra, traduit de l'italien du comte ALGAROTTI, par M.*** (le chevalier DE CHASTELLUX) (suivi d'Iphigénie en Aulide, opéra, par le traducteur). *Pise et Paris*, *Ruault*, 1773, *in*-8.

5816. Essai sur l'opinion, considérée comme une des principales causes de la révolution de 1789 (par le vicomte DE SÉGUR). 1790, *in* 8 *de* 48 *pages*.

On trouve cette note à la page 46 : « La véritable cause de nos malheurs actuels est l'étonnante médiocrité qui égalise tous les individus. Si un homme de génie paroissoit, il seroit le maître. »

5817. Essai sur l'ordre de Malthe ou de Saint-Jean, et sur ses rapports avec l'Allemagne en général et avec le Brisgau en particulier (par KLUBER, ancien professeur d'Erlang et conseiller référendaire de l'électeur de Bade). *Basle*, 1806, *in*-12 *de* 61 *pages*.

5818. Essai sur l'organisation du monde physique et moral, par l'auteur de l'*Etude analytique de l'éloquence* (M. LE FEBVRE). *Paris*, *Calixte Volland*, 1806, *in*-8 *de* 106 *pag*.

5819. Essai sur l'origine des connoissances humaines (par l'abbé DE CONDILLAC). *Amsterdam*, *Pierre Mortier*, 1746, 2 *vol. in*-12.

Souvent réimprimé.

5820. Essai sur l'origine et l'antiquité des langues (par J. B. PERRIN). *Londres*, *Vaillant*, 1767, *in*-12.

5821. Essai sur l'orthographe française, par M. Roque Favour (l'abbé Liébault de Dijon). *Dijon, Causse*, 1786, *in*-8.

5822. Essai sur l'union de la poésie et de la musique (par de Chastellux). *La Haye et Paris*, 1765, *in*-12.

5823. Essai sur l'usage (par Matthieu Maty). *Utrecht*, 1741, *in*-12.

5824. Essai sur l'usage de la raillerie et de l'enjouement dans les conversations qui roulent sur les matières les plus importantes, traduit de l'anglois (de Shaftesbury, par Van-Effen). *La Haye, Scheurleer*, 1710, *in*-12.

5825. Essai sur l'usage de l'artillerie, par un officier du corps (du Puget). *Amsterdam et Paris, veuve Desaint*, 1771, *in*-8.

5826. Essai sur l'usage et les effets de l'écorce du garou, employée extérieurement contre des maladies rebelles, par M. A. L. (J. Agathange le Roy). *Paris, Didot*, 1767, *in*-12.

Réimprimé en 1774, avec le nom de l'auteur.

5827. Essai sur l'usage, l'abus et les inconvéniens de la torture dans la procédure criminelle, par M. S. D. C. (Seigneux de Correvon). *Lausanne, Grasset*, 1768, *in*-8; 1779, *in*-12.

5828. Essai sur Martial, ou Épigrammes choisies de ce poëte, imitées en vers français, suivies de quelques autres pièces, par Ant. P. (Antoine Péricaud). *L'an de Rome 2569* (*Lyon, veuve Buynand*, 1816), *in*-8 *de* 24 *pag.*, *tiré à* 30 *exempl.*

5829. Essai sur Martial, ou Imitations de ce poëte, suivies de quelques autres pièces, par C. B. D. L. (Claude Breghot du Lut, avocat du Roi à Lyon). *L'an de Rome* 2569 (*Lyon, veuve Buynand, née Bruyset*, 1816), *in*-8 *de* 24 *pages, tiré à* 30 *exemplaires*.

5830. Essai sur un point important de la législation pénale (par M. Poncet de Dijon). *Dijon, Bernard-Defay et Coquet, an* 10 (1802), *in*-8.

5831. Essai synthétique sur l'origine et la formation des langues (par l'abbé Copineau). *Paris, Ruault*, 1774, *in*-8.

5832. Essai théorique et pratique sur la phthisie (par Brillouet, chirurgien). *Senlis, Desroques, et Paris, Duchesne*, 1759, *in*-12.

5833. Essais académiques, par M. B... (Bayeux), avocat au parlement de Rouen. *Sans nom de lieu ni d'imprimeur*, 1785, *in*-8 *de* 64 *pages*.

5834. Essais d'agriculture, en forme d'entretien sur les pépinières des arbres étrangers et fruitiers, etc., par un cultivateur à Vitry-sur-Seine (de Calonne). *Paris*, 1779, *in*-12.

5835. Essais dans le goût de ceux de Montaigne, composés en 1736 par l'auteur des *Considérations sur le gouvernement de France* (le marquis d'Argenson) (ouvrage refait et publié par le marquis de Paulmy, son fils). *Amsterdam* (*Paris, Buisson*), 1785, *in*-8.

Voyez les mots *Loisirs d'un ministre...*

5836. Essais de conversations sur toutes sortes de matières (par du Fresne de Francheville). 1741, *in*-12.

5837. Essais de critique, 1° sur les écrits de M. Rollin; 2° sur les traductions d'Hérodote; 3° sur le dictionnaire géographique et critique de Bruzen de la Martinière (par l'abbé Bellenger). *Amsterdam, l'Honoré et fils*, 1740, *in*-12.

L'auteur se donne pour *Flamand* dans sa

préface, page 9, et il prend le nom de *Van der Meulen* à la tête de sa première lettre. Il publia l'année suivante un *supplément* de 128 pages, sous les noms de *Waarheit* et de *Van der Meulen*. Ce supplément manque à beaucoup d'exemplaires.

38. Essais de deux amis (par MM. Laya et le Gouvé). *Paris, Belin*, 1786, *in*-8.

39. Essais de discours religieux pour la fête anniversaire du couronnement et du sacre de sa majesté Napoléon, pour celle de la naissance de ce prince, et pour l'anniversaire du rétablissement de la religion dans l'empire françois; suivis de deux autres discours sur l'amour de la patrie, les devoirs des citoyens et la fidélité qui est due au prince, et à la gloire de Napoléon le Grand et à celle des armées françoises (par Dubroca, ancien religieux barnabite). *Paris, le Normant et Dubroca*, 1806, *in*-12 *de* 340 *pages*.

840. Essais de géographie, de politique et d'histoire, sur les possessions de l'empereur des Turcs en Europe, par M. L. C. D. M. D. L. D. G. D. C. D. M. L. C. d'A. (M. le chevalier du Vernois, maréchal des logis des gardes du corps de monseigneur le comte d'Artois), pour servir de suite aux *Mémoires* du baron de Tott. *Londres*, 1785, *in*-8.

841. Essais de grammaire, contenus en trois lettres d'un académicien (l'abbé de Dangeau) à un autre académicien. *Paris, J. B. Coignard*, 1694, *in*-4. — Nouvelle édition, augmentée d'une lettre sur l'orthographe, avec un supplément. *Paris, Dupuis*, 1711, *in*-8.

Les *Discours sur les voyelles et les consonnes*, par lesquels commencent les *Essais de grammaire*, se trouvent en tête des *Opuscules sur la langue françoise*, par divers académiciens (recueillis et mis de nouveau au jour par l'abbé d'Olivet). *Paris, Brunet*, 1754, *in*-12. Le même recueil contient quatre autres opuscules de l'abbé de Dangeau, savoir : 1° la suite des *Essais de grammaire*, sous le titre d'*Eclaircissemens sur les discours précédens*; 2° des principales parties du Discours (ou Réflexions sur la grammaire, 1694, *in*-8); 3° des Prépositions; 4° des Particules.

L'abbé de Dangeau a publié en outre des *Considérations sur les diverses manières de conjuguer des Grecs, des Latins, des François, des Italiens, des Espagnols et des Allemands*, et divers autres petits traités. L'abbé d'Olivet n'a donc point inséré dans le recueil de 1754 tous les opuscules de l'abbé de Dangeau, quoiqu'il soit dit dans l'avertissement que l'on offre le recueil des sept ou huit petites brochures de cet abbé. Leur nombre total est de seize.

5842. Essais de jurisprudence (par Jacques de Tourreil). *Paris, Coignard*, 1694, *in*-12.

5843. Essais de jurisprudence sur toutes sortes de sujets, par H. D. L. M. (Huerne de la Mothe). *Paris, Desaint*, 1758, 5 *vol. in*-12.

5844. Essais de lettres familières sur toutes sortes de sujets, avec un discours sur l'art épistolaire et quelques remarques nouvelles sur la langue françoise; œuvre posthume de l'abbé *** (Cassagne, mis en ordre par Ant. Furetière). *Paris, Jacq. Lefevre*, 1690, *in*-12.

Voyez le mot *Furetière*, dans mon *Examen critique des Dictionnaires historiques*.

Réimprimés à *Bruxelles* en 1693, sous le nom de *Furetière*.

5845. Essais de littérature et de morale (par mademoiselle de Meulan, aujourd'hui madame Guizot). *Paris*, 1802, *in*-8 *de* 175 *pages*.

Il n'existe qu'un petit nombre d'exemplaires de ce volume. Les articles qui le composent ont été fournis par l'auteur au *Publiciste*, journal très-connu, dont Suard était le principal propriétaire et le principal rédacteur. Depuis 1802, mademoiselle de Meulan a analysé dans le même journal quelques ouvrages d'érudition; elle les a jugés avec son imagination. Si elle se propose de donner une édition augmentée de ses *essais*, je ne lui conseille pas d'y joindre tous ses nouveaux articles.

Dans ces derniers temps madame Guizot a composé beaucoup d'articles pour les *Archives philosophiques, politiques et littéraires*, journal dont les principaux rédacteurs ont été MM. Royer-Collard et Guizot. *Paris, Fournier*, 1817, 5 *vol. in*-8.

On trouve aussi un assez grand nombre d'articles de madame Guizot, sous les lettres E. H., dans les *Archives littéraires de l'Europe*, autre journal rédigé par M. Vanderbourg. *Paris, Xhrouet*, 1804-1808, 17 *vol. in*-8

5846. Essais de littérature pour la connoissance des livres, depuis le mois de juillet 1702 jusqu'au mois de juillet 1704 (par l'abbé Tricaud). *Paris, Moreau et Ribou*, 1702, 1703 *et* 1704, 4 *vol. in*-12.

Pelhestre, bibliothécaire du grand couvent des Cordeliers de Paris, publia en 1703 des *Remarques critiques* sur ces Essais, brochure in-12 de 92 pages.

L'abbé Faydit publia aussi un *Supplément des Essays*, etc. 1703 et 1704, 5 *parties in*-12.

Le P. Baizé fait observer, dans le *Catalogue de la Doctrine chrétienne*, qu'il y a réellement quelques-uns de ces supplémens qui sont de l'abbé Faydit; mais les autres, moins vifs, plus modérés, sont de l'abbé Tricaud lui-même.

5847. Essais de maximes et de poésies morales (par Sergé). *Paris, veuve Claude Thiboust*, 1682, *in* 12.

5848. Essais de mémoires sur M. Suard (par madame Suard). *Paris, Didot l'aîné*, 1820, *in*-12 *de* 322 *pages*.

Imprimé pour les amis de l'auteur.

5849. Essais de métaphysique (par M. le Maître, ancien payeur du trésor de la couronne). *Paris, L. Collin*, 1809, *in*-8 *de* 74 *pages*.

5850. Essais (les) de Michel de Montaigne, avec des notes par Coste (nouv. édition, dirigée par Gueullette et Jamet l'aîné). *Paris*, 1725, 3 *vol. in*-4.

Suivant une note placée par M. Jamet le jeune en tête de l'exemplaire qu'il possédait de cet ouvrage, M. Coste préférait cette édition à celle de Londres, dont il avait pris soin lui-même; M. Jamet jeune a déposé sur les marges du même exemplaire une multitude de notes historiques, morales et littéraires, qu'il se proposait d'employer dans une nouvelle édition des Essais de Montaigne. Il paraît qu'il n'a pas réalisé son projet. L'exemplaire dont il est ici question, et que j'ai vu dans le cabinet de M. de la Tourette, gendre de M. Chaptal, est très-précieux : on sait en effet que M. Jamet le jeune avait des connaissances très-étendues et très-variées.

5851. Essais de morale (par le sieur de Mombrigny, masque de P. Nicole). *Paris, Savreux*, 1671, *in*-12.

L'auteur a publié successivement sous ce titre 11 vol., lesquels, réunis à d'autres traités, forment une collection de 23 vol.

En 1675, Guillaume Desprez obtint un privilége pour une réimpression de ces *essais*. L'auteur est masqué, dans ce privilége et dans l'approbation, sous le nom de *Chanterême* ou *Chanteresme*. Il avait publié en 1670 son *Traité sur l'éducation d'un prince*, sous le nom de *Chanteresne*.

5852. Essais de morale et de politique (par M. Molé, alors maître des requêtes, aujourdhui pair de France). *Paris, H. Nicolle*, 1806, *in*-8.

Réimprimés avec le nom de l'auteur.

5853. Essais de panégyriques des Saints par le P. R. J. (le P. Reynaud, jacobin). *Paris, Couterot*, 1688, *in*-8.

5854. Essais de panégyriques pour les fêtes principales, etc. (par l'abbé du Jarry). *Paris, Denys Thierry*, 1692, 2 *vol. in*-8.

5855. Essais de philosophie, de métaphysique et de morale (par M. Rey). *Paris, Dentu*, 1803, *in*-8 *de* 32 *p. environ*.

5856. Essais de physique (par Jean-Philippe Loys de Chéseaux). *Paris, Durand*, 1743, *in*-12.

Un petit avertissement, placé depuis l'impression en tête de quelques exemplaires, présente d'une manière fort inexacte les noms de l'auteur.

5857. Essais de physique prouvés par

l'expérience et confirmés par l'Écriture Sainte (par dom Edme DIDIER). *Paris*, *A. Pralard*, 1684, *in*-12, *trois parties en 2 vol.*

Edme Didier était prieur de l'abbaye de la Charmoise, et fils de Laurent Didier. J'ai trouvé ces particularités sur un exemplaire qui avait appartenu à Sébastien Biannet, chirurgien à Saint-Martin de Blois, et petit-neveu de ce religieux.

Il y a des choses curieuses dans ces *essais*, et déjà plus de chimie que dans Rohault. (*Note communiquée par L. T. Hérissant.*)

5858. Essais de poésies (par Fr. Charlemagne GAUDET)... 1745, *in*-12. V. T.

5859. Essais de poésies (par M. DE CLERMONT-TONNERRE). *Paris*, *Gueffier*, 1786, *in*-8 *de* 74 *pages*.

5860. Essais de poésie et de littérature, par M. P*** (Nicolas PERRIN, ancien officier de marine). *Utrecht* (*Aix*), 1742, *in*-12.

5861. Essais de poésies, par M. D. P. (Laurent-François DU POIRIER). *Paris*, *Hérissant*, 1771, *in*-8.

5862. Essais de sermons pour les dominicales et l'avent (par l'abbé DU JARRY). *Paris*, *Thierry*, 1696, 3 *vol. in*-8.

5863. Essais de sermons prêchés à l'Hôtel-Dieu de Paris, par M. M*** (MULOT), docteur en théologie, C. R. et B. de S. V. (chanoine régulier et bibliothécaire de Saint-Victor). *Paris*, *Berton*, 1781, *in*-12.

5864. Essais de Théodicée sur la bonté de Dieu, la liberté de l'homme, etc. (par LEIBNITZ). *Amsterdam*, 1710, *in*-8. —Nouvelle édition augmentée de la vie de l'auteur, par L. DE NEUFVILLE (le chevalier DE JAUCOURT). *Amsterdam*, *Changuion*, 1734, 2 *vol. in*-8.

Le chevalier de Jaucourt se trouve désigné par son nom en tête de l'édition publiée en 1747, par le même libraire.

5865. Essais de théologie sur la Providence et sur la grâce (par Isaac PAPIN). *Francfort*, 1687, *in*-12. V. T.

5866. Essais de traduction, ou Remarques sur les traductions françoises du Nouveau Testament, pour les rendre plus parfaites et plus conformes au génie des livres sacrés, par le sieur CHIRON, prêtre (le P. Jean MARTIANAY, bénédictin). *Paris*, *Witte*, 1709, *in*-12. —Nouvelle édition augmentée, et sans nom d'auteur. *Paris*, *veuve Lambin*, 1709, *in*-12.

5867. Essais d'éclaircissemens, où tous les points de controverse sont décidés par un seul principe, etc. par un prêtre de la Doctrine chrétienne (le P. BEUF). *Avignon*, 1745, *in*-8.

5868. Essais du chevalier BACON, chancelier d'Angleterre, sur divers sujets de politique et de morale (publiés en françois avec une préface de l'abbé GOUJET). *Paris*, *Emery*, 1734, *in*-12.

5869. Essais en vers et en prose de M. le capitaine de B*** (DE BOATON). *Berlin*, 1783, *in*-8.

5870. Essais en vers, présentés à M. Lambert, contrôleur-général, par l'auteur des *Contes orientaux* (madame MONNET), au profit des cultivateurs maltraités par l'orage du 13 juillet dernier. *Paris*, *Demonville*, 1788, *in*-8.

5871. Essais historiques, critiques, littéraires et philosophiques (par MANUEL). *Genève*, 1783, *petit in*-12.

5872. Essais historiques et critiques sur la marine de France, de 1661 à 1789, par un ancien officier de la marine royale de France (le chevalier DE LA SERRE). *Londres*, *de l'imprimerie de Schulze et Dean*, 1813, *in*-8.

Réimprimé à Paris en 1814, chez Janet et Cotelle, avec le nom de l'auteur.

5873. Essais historiques et critiques sur la suppression des monastères et autres établissemens pieux en Angleterre, traduits de l'anglais (de DOOD, article IV du livre I de son Histoire ecclésiatique); par J. F. G. (J. F. GODESCARD). *Paris*, 1791, *in*-8 *de* 90 *pages*.

5874. Essais historiques par M. J*** M***, prof. à S*********, contenant: 1° Vue générale de l'Histoire politique de l'Europe pendant le moyen âge; 2° Considérations sur le gouvernement de Berne; 3° Tableau des troubles de la république de Genève, depuis leur origine jusqu'à nos jours. *Berlin, G. J. Decker*, 1781, *in*-12 *de* 110 *pag*.

Cet ouvrage est du célèbre historien de la Suisse, Jean DE MULLER. Il le composa en français, pour pouvoir montrer quelque chose de lui au roi de Prusse Frédéric II. Son dessein était de n'en faire imprimer qu'une vingtaine d'exemplaires à ses frais. La rareté de ce volume prouve que l'auteur a tenu parole. Voyez les *Lettres* de J. DE MULLER à ses amis MM. de Bonstetten et Gleim (traduites en français par madame DE STECK). *Paris, Schoell*, 1812, *in*-8, *pp*. 404 *et* 427.

Frédéric II ne fut pas trop content de l'ouvrage de Muller; on y trouve cependant quelques aperçus dignes des grands talens que l'auteur a développés depuis dans le genre historique. Un exemplaire de ces *essais* a été vendu à Londres en 1813. Voyez le Catalogue de M. Gossett, *Londres*, 1813, *in*-8, p. 69, n° 1875.

5875. Essais historiques pour servir d'introduction à l'Histoire de la révolution française, par un ancien magistrat (M. SALLIER). *Paris*, *le Riche*, 1802, 1819, *in*-8.

5876. Essais historiques sur l'Angleterre (par GENEST). *Paris*, *frères Estienne*, 1761, 2 *vol. in*-12.

5877. Essais historiques sur le Béarn, par FAGET DE BAURE (publiés par M. le comte DARU, son beau-frère). *Paris*, 1818, *in*-8, *pp*. 499.

5878. Essais historiques sur le sacre et le couronnement des rois de France, les minorités et les régences, par L**, V**, G** DE TH. (par Louis-Vincent GOEZMAN DE THURNE). *Paris, Vente*; 1775, *in*-8.

5879. Essais historiques sur les deux compagnies des Mousquetaires du roi de France, supprimées le 17 janvier 1776 (par LE THUEUX). *La Haye*, 1778, 2 *vol. in*-12. V. T.

5880. Essais historiques sur les lois, trad. de l'anglois (par BOUCHAUD). *Paris*, *Vente*, 1766, *in*-12.

5881. Essais historiques sur les modes et sur les costumes en France (par CHARPENTIER). *Paris*, *Costard*, 1776, *in*-12.

5882. Essais historiques sur l'origine et les progrès de l'art dramatique en France (par M. BAUDRAIS). *Paris*, *Belin*, 1791, 3 *vol. in*-18.

5883. Essais historiques sur Orléans, ou Description topographique et critique de cette capitale et de ses environs (par Daniel POLLUCHE, nouvelle édition augmentée et publiée par BEAUVAIS DE PREAU). *Orléans*, *Couret-de-Villeneuve*, et *Paris*, *Nyon*, 1778, *in*-8.

5884. Essais littéraires par une société de jeunes gens (MM. Charles NODIER, Charles WEISS, COMPAGNY, BAUD et MONNOT). *Besançon* (*sans date*), *in*-12, *tiré à* 50 *exemplaires*.

5885. Essais métaphysiques (par P. C. JAMET)... 1732, *in*-12.

5886. Essais militaires où l'on traite des armes défensives (par JOLY DE

Maizeroy). *Amsterdam et Paris*, 1763, *in*-8. V. T.

Réimprimé en 1773, à la suite de l'ouvrage du même auteur, intitulé : *Mémoire sur les opinions qui partagent les militaires.*

5887. Essais philosophiques sur l'entendement humain, par Hume (traduits en françois par de Mérian, avec une préface et des notes par Formey). *Amsterdam, Schneider*, 1758, 2 *vol. in*-12.

5888. Essais philosophiques sur les mœurs de divers animaux étrangers (par Foucher d'Obsonville). *Paris, Couturier fils*, 1783, *in*-8. *et in*-12.

5889. Essais physiologiques, traduits de l'anglois de Robert Whitt (par Thébault). *Paris, Etienne*, 1759, *in*-12.

5890. Essais poétiques (par dom Grappin). *Besançon, Couché*, 1786, *in*-8.

5891. Essais poétiques (par J. H. le Monnier de Launay). ... 1770, *in*-12. V. T.

5892. Essais politiques (par le marquis d'Andrezel). *Amsterdam, Arkstée*, 1756, 2 *vol. in*-12.

5893. Essais politiques, économiques et philosophiques, par Benjamin, comte de Rumford, traduits de l'anglais par L. M. D. C. (le marquis de Courtivron, et par M. Seignette). *Genève, Manget, et Paris, Fuchs*, 1799, 2 *vol. in*-8.

Le dixième essai, en trois parties, a été traduit par MM. Seignette et de Courtivron. Ce dernier a traduit, seul, les onzième, douzième, treizième, quatorzième et quinzième essais.

5894. Essais politiques sur l'état actuel de quelques puissances, par M. R. C. B. (Rutlige, chevalier baronnet). *Londres (Genève)*, 1777, *in*-8.

5895. Essais pour servir à l'histoire métallique de Stanislas le Bienfaisant (par Mathieu de Moulon). *Nancy, Antoine*, 1754, *in-fol.*

5896. Essais sur différens sujets (par Thorel de Campigneulles) .... 1758, *in*-12. V. T.

5897. Essais sur divers sujets de politique et de jurisprudence (par Jean-Christophe-Guillaume de Steck, conseiller du roi de Prusse). (*Halle*), 1779, *in*-8.

5898. Essais sur divers sujets intéressans de politique et de morale (par Schmidt d'Avenstein). (*Aaraw*), 1760 et 1763, 2 *vol. in*-8.

C'est à tort que quelques bibliographes ont attribué ces deux vol. au célèbre Haller. Voyez l'*Année littéraire* de Fréron, 1767, t. 6, p. 129.

5899. Essais sur l'abus du bien moral, première et seconde parties (par le Roy de Lozembrune). *Bude*, 1780, *in*-8.

5900. Essais sur la construction et la comparaison des thermomètres, sur la communication de la chaleur, etc., traduit de l'anglois de Martine (par Castet). *Paris, Durand*, 1751, *in*-12.

5901. Essais sur la critique et sur l'homme, traduit de l'anglois de Pope, avec le texte (par de Silhouette). *Londres, Darres*, 1741, *in*-4.

5902. Essais sur la franche-maçonnerie, ou du But essentiel et fondamental de la franche-maçonnerie (par Beyerlé). *Latomopolis*, 1783, 2 *vol. in*-8.

5903. Essais sur la littérature française, écrits pour l'usage d'une dame étrangère, compatriote de l'auteur. *Paris*, 1803, 2 *vol. in*-4, *tirés à* 100 *exemplaires.*

Cette production est un hommage rendu à notre langue et à notre littérature par un étranger, M. Quintin CRAUFURD, Ecossais d'origine, domicilié à Paris pendant un assez grand nombre d'années, et mort dans cette ville en 1819. L'auteur ne fit d'abord imprimer ces *essais* que pour les donner à ses amis. Des libraires qui n'en connaissaient pas la rareté, en ont vendu plusieurs exemplaires à bas prix. En 1815, M. Craufurd, pour concourir à un acte de bienfaisance, a mis en vente une seconde édition de ses *Essais sur la littérature française*, en 3 vol. in-8. Cet ouvrage est généralement rédigé dans les principes d'un goût assez pur; on peut cependant reprocher à l'auteur d'avoir accordé trop de confiance aux assertions de l'abbé Sabatier de Castres, qui, dans les vingt-cinq dernières années de sa vie, a suffisamment prouvé par la conduite la plus immorale que ses jugemens sur les hommes célèbres du dix-huitième siècle, lui avaient été inspirés par une profonde hypocrisie.

M. Craufurd a publié en 1809 un troisième volume in-4, sous le titre de *Mélanges d'histoire, de littérature*, etc.

Les *Essais de littérature française* ont encore été réimprimés à Paris, chez Gratiot, en 1818, 3 vol. in-8, avec beaucoup d'augmentations. On doit au même auteur un Essai historique sur le docteur Swift et sur son influence dans le gouvernement de la Grande-Bretagne, depuis 1710 jusqu'à la mort de la reine Anne en 1714, suivi de notices historiques sur plusieurs personnages d'Angleterre célèbres dans les affaires et dans les lettres. *Paris*, 1808, *in*-4.

5904. Essais sur la nécessité et sur les moyens de plaire (par DE MONCRIF). *Paris*, *Prault*, 1738; *Amsterdam*, 1738, *in*-12.

5905. Essais sur la noblesse de France, par le comte de BOULAINVILLIERS; avec des notes historiques, critiques et politiques (par J. Fr. DE TABARY). *Amsterdam* (*Rouen*), 1732, *in*-8.

5906. Essais sur la peinture, par J. A. M. (MARC de Vesoul). *Paris, an* 9 (1800), *in*-8.

5907. Essais sur la physiognomonie, par J. G. LAVATER (traduits en français par madame DE LA FITE, CAILLARD et Henri RENFNER). *La Haye*, 1781-1787, 3 *vol. grand in*-4.

Un quatrième volume a paru en 1803.

5908. Essais sur la Providence et sur la possibilité physique de la résurrection, traduits de l'anglois du docteur B***. *La Haye*, *Isaac Vaillant*, 1719, *in*-12. *Amsterdam*, *Elie Ledet*, 1731, *in*-12.

Ce petit ouvrage n'est nullement traduit de l'anglais; il a été composé en français à Rotterdam, par un réfugié français (Jean BION), homme d'esprit et de réflexion, et mis en l'état où il est, quant au style, par un de ses amis (Pr. MARCHAND), et avec son agrément.

Voyez *Journal littéraire* de la Haye, année 1731, t. 17, p. 210; et le Catalogue des livres de feu de Tune, *Paris*, *Renouard*, 1806, in-8, n° 155.

Ces *essais* ont été mal à propos attribués à Gilbert BURNET et à Jacques BOYD.

5909. Essais sur la Religion chrétienne, etc., par *un ancien militaire retiré* (DE LAULANHIER, évêque d'Égée). *Paris*, *Pierres*, 1770, *in*-12.

Voyez les mots *Pensées sur différens sujets*, et ceux-ci: *Réflexions critiques et patriotiques.*

5910. Essais sur la vertu et l'harmonie morale, par William JAMESON, traduits de l'anglois par M. E. (EIDOUS). *Paris*, *Dupuis*, 1770, 2 *parties in*-12.

5911. Essais sur la ville de Nancy (par l'abbé LIONNOIS). *Nancy*, 1779, *in*-8.

5912. Essais sur le bien public, et Observations (de M. DU TILLET DU VILLARS) sur les Mémoires relatifs à la vie et aux ouvrages de Turgot, par Dupont de Nemours. *Poitiers*, 1782, *in*-4 *de* 18 *pages.*

5913. Essais sur le commerce, le luxe,

l'argent, etc., par David HUME, traduction nouvelle (dédiée à madame d'Arconville par le traducteur, ou plutôt par la traductrice, son amie intime, probablement mademoiselle DE LA CHAUX). *Amsterdam*, 1766, *in-12*.

Les exemplaires de cette traduction répandus dans le commerce n'ont pas d'épître dédicatoire, et ils contiennent des réflexions du traducteur, avec l'adresse de *Paris et Lyon*, 1767. Ces *réflexions* n'étaient pas dans l'exemplaire de madame d'Arconville. Ma conjecture sur le nom de l'amie de cette dame explique un passage de Diderot (voyez le tome 12 de ses *OEuvres*, édition de Naigeon, p. 373 et suiv.), qui attribue à mademoiselle de la Chaux la traduction des *Essais sur l'entendement humain* de Hume. Diderot, qui cite ordinairement d'une manière fort inexacte, aura confondu les *Essais sur l'entendement* avec les *Essais sur le commerce*. Il est certain que la seule traduction française qui existe du premier ouvrage est de Merian. La première traduction du second est de Mauvillon.

Voyez le n° 4047.

5914. Essais sur le droit et le besoin d'être défendu quand on est accusé, et sur le rétablissement d'un conseil ou défenseur après la confrontation (par DESGRANGES, avocat, mort vers 1789). *Boston et Paris*, 1785, *in-12*.

Quelques exemplaires portent ce frontispice : *Essais sur la justice criminelle*, ou Moyens sur le droit et le besoin, etc.; par feu M. DESGRANGES, avocat au parlement. *Paris*, *Lecomte*, 1789, *in-12*.

5915. Essais sur le génie et le caractère des nations (par l'abbé D'ESPIARD). *Bruxelles*, *Léonard*, 1743, 3 *parties in-12*.

Réimprimés sous le titre d'*Esprit des nations*. Voyez le n° 5437.

5916. Essais sur le vrai mérite de l'officier, par l'auteur des *Loisirs d'un soldat* (M. DESRIVIÈRES). *Dresde et Paris*, *Dufour*, 1769, *in-12*.

Cet ouvrage a reparu en 1771, sous ce titre : *Le Guerrier d'après l'antique et les bons originaux modernes*.

5917. Essais sur les connoissances de l'homme, par un solitaire des bords de la Vienne (CHARMET, chanoine d'Ingrande). *Paris*, *Lagrange*, 1785, *in-12*.

5918. Essais sur les cynégétiques françaises, suivis de poésies fugitives, par Achile LÉONNAR (anagramme de Léon CHANLAIRE). *Paris*, *Giguet et Michaud*, 1807, *in-18*.

5919. Essais sur les maximes et les lois fondamentales de la monarchie française, ou Canevas d'un code constitutionnel, pour servir de suite à l'ouvrage intitulé : *les Vœux d'un Français*, par le même auteur (LE MERCIER DE LA RIVIÈRE). *Paris*, *madame Vallat-la-Chapelle*, 1789, *in-8 de* 56 *pag*.

5920. Essais sur les mœurs, ou point de constitution durable sans mœurs; ouvrage adressé à l'assemblée nationale par M. D. C. (DE CRESSY, huissier-priseur). *Paris*, *Grégoire*, 1790, *in-8 de* 160 *pages*.

L'auteur était électeur de Paris en 1789; il a publié avec son nom un discours sur l'abolition de la peine de mort, lu aux *amis de la vérité*. *Paris*, *Grégoire*, 1791, *in-8 de* 82 *pages*.

5921. Essais sur les passions et les caractères (par MONTENAULT). *La Haye*, *Néaulme*, 1748, 2 *vol. in-12*.

5922. Essais sur les philosophes et la philosophie, avec des dissertations sur l'amour, la jalousie, les projets, l'agriculture, le luxe et le commerce (par M. SCHMIDT d'Avenstein). *Londres*, 1776, *in-12*.

La première édition de cet ouvrage a paru sous le titre d'*Essais sur divers sujets de philosophie et de morale*, faussement attribués à HALLER. Voyez le n° 5898.

5923. Essais sur les philosophes, ou les Égaremens de la raison sans la foi (par A. Ch. Jos. PANCKOUCKE). *Amsterdam*, 1743, *in*-12.

5924. Essais sur les principaux événemens de l'histoire de l'Europe (par LUCHET). *Londres et Paris*, 1766, 2 *parties in*-12.

5925. Essais sur les principes des finances (par M. DURBAN). *Londres et Paris, Prault*, 1769, *in*-8.

5926. Essais sur l'éducation des hommes, et particulièrement par les femmes, pour servir de supplément aux *Lettres sur l'éducation* (par madame DE GENLIS). *Amsterdam et Paris, Guillot*, 1782, *in*-8 *de* 55 *pages*.

5927. Essais sur l'esprit et les beaux esprits (par LA METTRIE). *Amsterdam*, 1740, *in*-12.

5928. Essais sur l'étude de la morale (par Sigismond-Louis LERBER, professeur de droit à Berne). *Berne*, 1773, *in*-8. — Nouvelle édition augmentée de quelques morceaux de poésie. *Berne*, 1776, *in*-8.

5929. Essais sur l'histoire de la révolution françoise, par une société d'auteurs latins (par M. HÉRON DE VILLEFOSSE, ingénieur en chef des mines). *Romæ, propè Cæsaris Hortos; et à Paris, près du jardin des Tuileries, an* 8 (1800) *in*-8 *de* 85 *p.* —Autre édition, *Romæ*, etc. (1800), *in*-12 *de* 107 *pages*.

5930. Essais sur l'idée du parfait magistrat, où l'on fait voir une partie des obligations des juges, par le sieur F. D. T. D. L. R. D. (FRAIN DU TREMBLAY, de la Roche Dosseau). *Paris*, *P. Emery*, 1701, *in*-12.

5931. Essais sur quelques odes d'Horace (par Jean DU HAMEL, professeur de rhétorique au collége des Grassins). *Paris, J. Desaint*, 1734, *in*-12 *de* 76 *pages*.

On avait dit à l'abbé Goujet que cet écrit venait de Provence; mais il n'en connaissait pas l'auteur (*Bibliothèque françoise*, t. 5, p. 376). Pour moi, je pense que l'ouvrage a été composé à Paris, et que son auteur est Jean DU HAMEL, professeur de rhétorique au collége des Grassins. Ce professeur avait publié en 1720 une édition des Œuvres d'Horace, avec une interprétation latine et des notes que les savans ont trouvées plus hardies que justes. Le P. Sanadon les critiqua avec sévérité. On voit dans les *Nouvelles littéraires* du P. des Molets, du 15 décembre 1723, que Jean du Hamel se proposait de publier une traduction française d'Horace, conforme à son interprétation latine. Or les critiques du P. Sanadon, relatives à l'Horace de 1720, s'appliquent également aux *Essais sur quelques odes d'Horace*. On est donc très-porté à croire que J. du Hamel est aussi l'auteur du second ouvrage.

5932. Essais sur quelques parties de l'artillerie et des fortifications, par le général comte de C*** (CHASSELOUP). *Milan*, 1811. *in*-8.

5933. Essay de la critique, imité de l'anglois de M. POPE (par ROBETON, secrétaire du roi d'Angleterre George Ier, mort vers 1740). *Amsterdam*, *l'Honoré et Chatelain*, 1717, *in*-4 *de* 27 *pages*.

Cet essai, en cinq chants, a été réimprimé en 1736 dans les *Nouveaux Amusemens sérieux et comiques* publiés à Paris par le libraire Guillaume.

On en avait fait faire dès 1717 une nouvelle édition à Londres, revue, diminuée et réduite à un chant. Un M. J. Delage en était présenté comme l'auteur. *Bibliothèque françoise* de l'abbé Goujet, t. 8, p. 231.

5934. Essay de logique (par Edme MARIOTTE, prieur de Baume-la-Roche, et non de Beaumont, comme le dit Condorcet). *Paris, Michallet*, 1678, *in*-12.

5935. Essay d'un dictionnaire comtois-françois (par madame BRUN); seconde édition. *Besançon*, *veuve Rochet*, 1755, *in*-8 *de* 39 *pages*.

36. Essor (l'), poëme dédié à MM. les abbés du séminaire de Saint-Sulpice, prenant l'essor à Issy pendant les vacances (par le P. Foucault, jésuite). 1736, *in*-12.

La morale de ce poëme est fort commode. Voyez les *Observations* de l'abbé Desfontaines, t. 6, p. 118, et l'*Année littéraire*, 1755, t. 5, p. 116.

37. Esther, poëme héroïque (en quatre chants) par le sieur de Boisval, (Jean Desmarais). *Paris*, 1670, *in*-4.

Réimprimé en 1673, in-12, en sept chants, sous le vrai nom de l'auteur.

38. Établissement de la foi dans la Nouvelle-France, avec une relation des voyages entrepris pour la découverte du fleuve Missisipi, par le P. le C*** (Ch. le Clercq, recollet). *Paris*, 1691, 2 *vol. in*-12. V. T.

Catalogue manuscrit des Barnabites.

39. Établissement d'une caisse générale des épargnes du peuple (par de la Roque), *Bruxelles*, 1786, *in*-8.

40. Établissement qui intéresse l'utilité publique et la décoration de la capitale, ou plan de bains publics (par l'abbé Arnaud). *Paris*, 1790, *in*-8, *fig*.

41. Étalon fixe de poids et mesures, ou mémoire pour servir à la solution d'un ancien problème renouvellé par l'assemblée constituante, sur le choix d'un étalon fixe, perpétuel et universel, pris dans la nature pour servir de base aux mesures de toutes les nations (par M. Verdet, membre de l'assemblée constituante, curé de Sarguemines, dioc. de Metz). *Paris*, *Verdière*, 1815, *in*-8.

42. État abrégé des lois, revenus et productions de la Grande-Bretagne (par Bonnel et Maisonval). *Londres et Paris*, *veuve Delormel*, 1757, *in*-8.

5943. État actuel de la France, par l'auteur de *Nullité*, etc. (M. Ferrand). 1790, *in*-8.

5944. État (l') actuel de la Pologne (par l'abbé de Chevremont). *Cologne*, *Bouteux*, 1702, *in*-12.

5945. État (l') actuel de la querelle sur l'artillerie (par Ducoudray). *Amsterdam et Paris*, 1774, *in*-8.

5946. État (l') actuel de l'art et de la science militaire à la Chine, tiré des livres militaires des Chinois (par de Saint-Maurice de Saint-Leu et de Puységur, revu par le comte d'Espie). *Paris*, *Didot l'aîné*, 1773, *in*-12.

5947. État (de l') actuel de la traite des nègres, extrait des renseignemens déposés récemment à ce sujet sur le bureau de la chambre des communes d'Angleterre; composant le rapport présenté le 8 mai 1821, aux directeurs de l'institution africaine, par le comité spécial nommé à cet effet, etc.; traduit de l'anglais et accompagné d'un avant-propos du traducteur (Benjamin la Roche). *Londres*, 1821, *in*-8.

5948. État actuel de la Turquie, ou description, etc. (par M. Thornton), traduit de l'anglais par M. de S***. *Paris*, *Dentu*, 1812, 2 *vol. in*-8.

« Cet ouvrage a été traduit en français par M. de Sancé, officier d'artillerie prisonnier en Angleterre. C'est M. Charles, de l'Institut, qui en a vendu le manuscrit à M. Dentu. Quant à moi, j'en ai revu les épreuves, corrigé les noms défigurés, vérifié la plupart des citations et traduit l'appendice. » *Signé* Am. Jourdain.

(Copie d'une note que M. Jourdain avait écrite sur son exemplaire acheté à sa vente le 25 mai 1818, n° 317 de son catalogue.)

5949. État actuel de l'empire ottoman (par l'abbé DE LA PORTE). *Paris, veuve Duchesne*, 1759, *in*-12.

Cet ouvrage parut dès 1757, sous le titre de *Tableau de l'Empire ottoman*. Il est copié de celui qui a pour titre : *La Cour ottomane, ou l'interprète de la Porte*, par A. D. S. M. (Alcide DE SAINT-MAURICE). *Paris*, 1673, *petit in*-12.

5950. État (de l') actuel de l'esprit humain relativement aux idées et aux découvertes nouvelles, ou de la persécution attachée à la vérité et au génie, par J.-J. ROUSSEAU (par DE ROSSI). *Genève et Paris, Valleyre*, 1780, *in*-8 *de* 54 *pages*.

5951. État actuel du Tunkin, de la Cochinchine, et des royaumes de Camboge, Laos et Lac-Tho, par M. DE LA BISSACHERE, missionnaire qui a résidé dix-huit ans dans ces contrées; traduit d'après les relations originales de ce voyageur (ou plutôt rédigé par M. DE MONTYON) *Paris, Galignani*, 1812, 2 *vol. in*-8.

5952. État ancien et moderne des duchés de Florence, Modène, Mantoue et Parme, etc. (par l'auteur des *Mémoires de la cour de Vienne*, Casimir FRESCHOT). *Utrecht, Guillaume Broedelet*, 1711, *in*-8.

5953. État canonial des Dominicains, ou Extrait d'une dissertation excellente et rare, imprimée à Beziers en 1750, etc. (par le P. SECONDS, prieur de Saintes). *Avignon, Faure*, 1766, *in*-12 *de* 62 *pages*.

5954. État (de l') civil des personnes et de la condition des terres dans les Gaules, dès le temps celtique jusqu'à la rédaction des coutumes (par PERRECIOT, ancien trésorier de France à Besançon). *En Suisse, aux dépens de la société*, 1784 *et* 1786, 2 *vol. in*-4; *et Londres*, 1790, 5 *vol. in*-12.

5955. État (l') civil, politique et commerçant du Bengale, ou Histoire des conquêtes et de l'administration de la compagnie des Indes anglaise dans ce pays (ouvrage traduit de l'anglais de BOLTS, par DÉMEUNIER). *Maëstricht, Dufour*, 1778, 2 *vol. in*-8.

On trouve le nom de l'auteur et celui du traducteur en tête de l'édition originale de cet ouvrage. *A la Haye, Gosse fils* (*Paris*), 1775, 2 *vol. in*-8.

5956. État de la Corse, par M. James BOSWEL, suivi d'un journal d'un voyage dans l'isle et de mémoires de Pascal PAOLI, traduit de l'anglais et de l'italien par S. D. C. (SEIGNEUR DE CORREVON). *Londres* (*Lausanne*), 1769, 2 *vol. in*-12.

5957. État (de l') de la France à la fin de l'an 8 (par M. D'HAUTERIVE, conseiller d'état). *Paris, Henrichs, brumaire an* 9 (*octobre* 1800), *in*-8 *de* 302 *pages*. — Nouvelle édition augmentée *Paris, même adresse et même date, in*-8 *de* 352 *pages*.

5958. État de la France, contenant tous les princes, ducs et pairs, etc. commencé en 1652 (revu par Louis TRABOUILLET, chanoine de Meaux) *Paris, veuve le Geay*, 1699, 3 *vol. in*-12. — (Par le P. ANGE, augustin déchaussé). *Paris, David*, 1722, 5 *vol. in*-12. — (Par le P. SIMPLICIEN). *Paris*, 1727, 5 *vol. in*-12.

5959. État de la Gaule au cinquième siècle, à l'époque de la conquête des Francs, extrait des Mémoires d'URIBALD, ouvrage inédit et contenant des détails sur l'entrée des Francs dans la Gaule (par FOURNEL). *Paris, Rondonneau, an* 14 (1805), 2 *vol. in*-12.

5960. État de la littérature française en Angleterre (par M. DE L'ISLE, migré français). *Londres*, 1796, ı *vol. in*-8.

Ouvrage périodique dont il est difficile le trouver des exemplaires, même en Angleterre.

i1. État de la médecine, chirurgie :t pharmacie en Europe, pour l'anıée 1777, par une société de médeins (Goulin, Horn et de la Serole). *Paris, veuve Thiboust*, 1777, *n*-12.

i2. État de la Pologne, avec un ıbrégé de son droit public et les ıouvelles constitutions (par Pfeffel, avec une préface par L. T. Hérissant). *Paris*, *Hérissant fils*, 1770, *in*-12.

Cet ouvrage avait paru dès 1759, sous le titre de *Mémoires sur le gouvernement de la Pologne.*

i3. État (l') de la Provence, contenant ce qu'il y a de plus remarquable dans la police, la justice, etc. par l'abbé Dominique Robert de Briançon). *Paris*, 1693, 3 *vol. n*-12.

i4. État (l') de la république de Naples, sous le gouvernement de Henri de Lorraine, duc de Guise, raduit de l'italien (du P. Capece), par Marie Turge Loredan (Marguerite Léonard). *Paris*, 1672, *n*-12; *Amsterdam*, *Brunel*, 1695, *n*-12.

Mademoiselle Léonard avait épousé Primi Visconti, comte de Saint-Majole, qui a sans doute fait cette traduction, et l'a publiée sous le nom anagrammatique de sa femme. C'est la conjecture de l'abbé Lenglet du Fresnoy. *Méthode pour étudier l'histoire*, Paris, 1771, t. 11, p. 473.

i5. État (l') de la Suisse, écrit en 1714, traduit de l'anglois (de Temple Stanyan). *Amsterdam, Wetstein*, 1714, *in*-8.

i6. État (de l') de l'Église, avec le discours des temps, depuis les apôtres, sous Néron, jusqu'à présent, sous Charles V, par Jean de Hainault, ministre à Saumur (publié par Jean Crespin). *Genève*, 1561, *in*-8; 1562, *in*-4. — Le même, augmenté et revu tellement en cette édition, que ce qui concerne le siége romain et autres royaumes depuis l'Église primitive jusques à ceux qui règnent aujourd'hui, y est en briéves annales proposé. *Chez Jean Bavent*, 1582, *in*-8.

5967. État de l'église et de la colonie françoise de la Nouvelle France, par M. l'évêque de Quebec (Jean-Baptiste la Croix Chevrières de Saint-Valier, mort le 26 décembre 1727). *Paris*, 1688, *in*-8.

5968. État (de l') de l'Église et de la puissance légitime du pontife romain (abrégé de l'ouvrage de M. de Hontheim, qui porte le titre de Febronius, par Lissoir, prémontré). *Wurtzbourg* (*Bouillon*), 1766, 2 *vol. in*-12.

5969. État de l'Église gallicane durant le schisme, extrait des registres et actes publics (par Pierre Pithou). *Paris*, *Patisson*, 1594, *in*-8.

Cet ouvrage est un recueil de pièces latines et françaises en faveur des libertés de l'Église gallicane.

5970. État (l') de l'Église gallicane sous le règne de Louis XIV et sous la minorité du roi Louis XV. (Par J. Basnage). *Rome* (*Amsterdam*), 1719, *petit in*-8.

5971. État de l'empire d'Allemagne, par Samuel de Puffendorff; ensemble la capitulation et la pragmatique sanction de l'empereur Charles VI; traduit en françois (par J. Fr. Spon), avec des notes historiques et politiques. *Strasbourg*, 1728, 2 *vol. in*-4.

5972. État (l') de l'empire d'Allemagne, traduit du latin de Sévérinus de Monzambane (S. de Puffendorff), par Savinien d'Alquié. *Amsterdam, J. J. Schipper*, 1699, *in*-16.

5973. État (de l') de l'homme après le péché, et de sa prédestination au salut (par le Cène). *Amsterdam, Henry Desbordes*, 1684, *in*-12.

Cet ouvrage ayant été attribué à P. Allix, Bayle soutint dans ses Lettres qu'il n'en était pas, et que son véritable auteur était P. le Cène.

5974. État de l'homme dans le péché originel, où l'on fait voir quelle est la source et quelles sont les causes et les suites de ce péché dans le monde (traduit librement du latin de Béverland). *Hollande*, 1714, *in*-12.

On trouve dans la nouvelle édition du *Chef-d'Œuvre d'un inconnu*, publiée par M. Leschevin, t. 2, p. 459, une note très-curieuse sur cet ouvrage, qui n'est pas une traduction du latin de Béverland, mais dans lequel l'auteur, en adoptant les idées de Béverland sur la nature du péché d'Adam, expose les mêmes raisonnemens d'une manière aussi licencieuse que lui, et les accompagne de récits plus ou moins extravagans.

M. Leschevin n'a pas connu la sixième édition, imprimée en 1774.

On avait attribué cette traduction à un nommé Meier; mais il l'a nié. Kraft, qui a publié six volumes de la *Neue theologische Bibliothek*. *Jena et Leipzig*, 1746, *in*-8, attribue cette traduction à un M. *de la Fontanné*. Voyez t. 5, p. 65, où il rend compte d'une traduction allemande du même ouvrage; *Francfort*, 1746, *in*-8. Mais dans le même tome, p. 896, le traducteur français est appelé *Fontenai*.

5975. État (de l') des finances de France, au 1er janvier 1792, par un député suppléant à l'assemblée constituante (Lavoisier). *Paris, Dupont*, 1791, *in*-8.

5976. État des prisons, des hôpitaux et des maisons de force, par John Howard; traduit de l'anglois (par mademoiselle de Kéralio). *Pa*
La Grange, 1788, 2 *vol. in*-8.

5977. État (l') des Provinces-Un
et particulièrement de celles
Hollande, et leur vrai intérêt
posé au faux pour le temps prése
(traduit de l'anglois du cheval
Temple par le Vasseur). 169
petit in-12.

5978. État des réformés en Fra
(par Claude Brousson). *La Ha*
Barent Beeck, 1685, 3 *vol. in*-
1686, 2 *vol. in*-8.

On trouve à la suite l'*Apologie du pr*
des réformés, fait au mois de mai 1683
le même auteur).

5979. État du royaume de Danemar
tel qu'il étoit en 1692, traduit
l'anglois (de Molesworth). *A*
terdam, Braakman, 1695, *in*-

Cet ouvrage avait paru l'année précéd
sous le titre de *Mémoires de M. de Mo*
worth... Voyez ces mots.

5980. État (l') du siége de Rome
le commencement du siècle jusq
présent.... avec une idée du g
vernement, des manières et
maximes politiques de la cour
Rome (par Casimir Freschot).
logne, P. Marteau (1707), 3
in-12.

Freschot, dans la préface de son *Éta*
duchés de Florence, renvoie à sa *Relatio*
la cour de Rome.

5981. État ecclésiastique et civil
diocèse de Soissons (par Houlli
chanoine de la cathédrale). *Co*
piègne, Bertrand, et Paris, Mé
got jeune, 1783, *in*-8.

5982. État (de l') et du sort des
lonies des anciens peuples (par
Sainte-Croix). *Philadelphie* (*P*
ris), 1779, *in*-8.

5983. État et gouvernement de
France, comme il est depuis la m
jorité du roi Louis XIV, à prés
régnant (par Jean Pinsson de

Iartinière ; sixième édition, re-ue et augmentée. *La Haye, Adrian 'lacq*, 1652, *petit in-12.*

L'auteur est mort en 1678. Il était pro-ureur du roi en la juridiction de la con-iétablie et maréchaussée de France à Paris. .a première édition de son ouvrage parut n 1649, sous le titre de *Vrai État de la 'rance.* Le libraire Vlacq donne à entendre [ue cet État de la France a été rédigé la remière fois en 1648, par un étranger, uteur d'un *Voyage de France.* Il a voulu robablement parler du compilateur du 'erdier ; mais c'est en 1654 seulement qu'il araît avoir publié une nouvelle édition de *'Etat de la France.*

4. État (l') et les délices de la uisse, en forme de relation cri-.que (tirée des ouvrages de Ru-hat, Stanyan, et de quelques utres Mémoires, par Altmann). *Imsterdam, Wetstein*, 1730, 4 *vol.* 2-12.

La dernière édition de *Neufchâtel*, 1778, *. vol. in*-4, a été entièrement refondue, et st plus exacte que les précédentes.

5. État général de la France sur out ce qui s'est passé tant dedans ue dehors, depuis la mort d'Hen-i IV (par Dantreville). *Paris*, *Idrien Tifaine*, 1617, *in*-8.

6. État général et particulier du oyaume et de la ville d'Alger, de on gouvernement, etc., par le oy. *La Haye*, 1750, *in*-12.

Cet ouvrage est pillé de l'*Histoire du oyaume d'Alger*, par Laugier de Tassy, ommissaire de la marine pour sa majesté ès-chrétienne en Hollande. Amsterdam, . du Sauzet, 1725, in-12 ; Paris, 1727, 1-12.

Le plagiaire s'est contenté de dire dans préface qu'il avait été fort aidé par quel-ues mémoires d'*un homme en place*, qui a ésidé pendant plusieurs années consécu-ves à Alger. Il ne nomme pas cet *homme place ;* on en voit la raison.

Voyez ma dissertation sur l'ouvrage de augier de Tassy, dans le *Magasin encyclo-idique* (février 1805), t. 55, p. 344.

7. État moral, civil et politique de maison de Savoie (par le général Doppet). *Paris, Buisson*, 1791, *in*-8.

5988. État (de l') naturel des peuples, ou Essai sur les points les plus importans de la société civile et de la société générale des nations (par M. Gavoty, négociant à Toulon). *Paris, veuve Hérissant*, 1786, 3 *vol. in*-8.

Voyez l'article *Peine* dans le dictionnaire de jurisprudence de l'*Encyclopédie méthodique*, t. 6.

5989. État ou Tableau de la ville de Paris (par de Jeze, avec une préface par Pesselier). *Paris, Prault*, 1761, *in*-8.

5990. État politique actuel de l'Angleterre, ou Lettres sur les écrits publics de la nation angloise (par Genest). 1757-1759, 10 *vol. in*-12.

5991. État politique de l'Europe (par Bruzen de la Martinière), *La Haye, Moetjens*, 1742-1749, 13 *vol. in*-12.

Rousset a coopéré à cet ouvrage.

5992. État (de l') politique et économique de la France, sous sa Constitution de l'an 3 (1795), ouvrage traduit de l'allemand (ou plutôt de l'anglais de M. Vaughan, membre du parlement d'Angleterre, par M. Blachon, ministre protestant). *Strasbourg, Levrault ; Paris, Fuchs, l'an 4 de la république française* (1796), *petit in-8 de* 114 *pages.*

L'original anglais n'a pas été imprimé.

5993. État (l') présent de la France, par les bénédictins (J. de Bar, Fr. Pradier et Nic. Jallabert). *Paris, Lebreton*, 1749, 6 *vol. in*-12.

5994. État présent de la grande Russie ou Moscovie, traduit de l'anglois de Jean Perry (par Hugony). *Paris, J. Boudot*, 1717, *in*-12 ; *La Haye, du Sauzet*, 1717, *petit in*-12.

5995. État présent de l'Angleterre sous Guillaume III, traduit de l'anglois de Chamberlayne, par M. D. N. (de Neuville). *Amsterdam, P. Mortier*, 1688, 2 *vol. in*-12. — Nouvelle édition (augmentée par Guy Miege). *La Haye*, 1692, 2 *vol. in*-8. — Autre édition (revue et augmentée par Scheurléer). *La Haye, Scheurléer*, 1728, 3 *vol. in*-8.

La première traduction de l'ouvrage de Chamberlayne parut à *Amsterdam* en 1669, *petit in*-12.

5996. État présent de l'Archipel (par Ant. des Barres). *Paris*, 1678, *in*-12.

5997. État présent de l'Arménie (par le P. Th. Ch. Fleuriau). *Paris*, 1694, *in*-12.

5998. État présent de l'Église gallicane, contenant divers cas de conscience sur ses divisions, etc. (par Jacques Basnage). *Amsterdam*, 1719, *petit in*-8.

Même ouvrage que le n° 5971.

5999. État présent de l'Église romaine dans toutes les parties du monde, écrit pour l'usage du pape Innocent XI, par Urbano Cerri, secrétaire de la Congrégation *de propag. fide* (traduit de l'italien en anglois par Michel de la Roche) avec une épître dédicatoire du chevalier Richard Steele (ou plutôt de Benjamin Hoadley, évêque de Winchester) traduit de l'anglois (par Jean Rémond). *Amsterdam, Pierre Humbert*, 1716, *in*-8.

Voyez le Dictionnaire de Chaufepié, au mot *Steele*; le nouveau Dictionnaire de Biographie générale, *Londres*, 1798, en anglais, t. 14, au même mot, et le Catalogue de M. Filheul (Chardin), n° 106.

La préface qui précède les *mémoires* de Cerri a été composée en anglais par Steele.

6000. État présent de l'empire de Maroc (par Pidou de Saint-Olon). *Paris, Brunet*, 1694, *in*-12.

6001. État présent de l'Espagne, Édouard Clarke, traduit de l'anglois (par Guillaume Imbert). *Paris, veuve Duchesne*, 1770, 2 *in*-12.

6002. État présent des affaires de l'Allemagne (par le sieur Bruneau). *Paris, P. Le Petit*, 1675, *in*-12.

6003. État (l') présent des différends entre le roi de Danemarck et le duc de Holstein (par de la Foulerès, gentilhomme français). *Amsterdam*, 1697, *in*-12.

6004. État présent d'Espagne; Origine des grands d'Espagne..... Relation de ce qui se passa à l'entrée du roi Louis XIV, en 1660, au sujet des rangs des ducs et pairs de France, entr'eux et avec les princes étrangers (par le duc de Luynes). — Nouveau Voyage d'Angleterre (par Deslandes) (le tout recueilli et publié par Dubois de Saint-Gelais). *Villefranche, Le Vray*, 17[illegible] *in*-12.

Voyez le Catalogue des livres de Lancelot, de l'académie des belles-lettres, *Paris, Martin*, 1741, *in*-8, n° 3540.

6005. État présent des possessions de sa majesté britannique en Allemagne; traduit de l'anglois (par l'abbé de la Ville). *Paris, Duchesne*, 1760, *in*-8.

6006. État (l') présent des Provinces-Unies des Pays-Bas (traduit de l'anglois du chevalier W. Temple par le Vasseur). *Paris*, 1689, 2 *parties*, *in*-12. V. T.

6007. État présent du royaume de Perse (par Sanson, missionnaire, etc.) *Paris*, 1694, *in*-12.

6008. État présent du royaume de Portugal en 1766 (par C. F. Dumouriez). *Lausanne, Grasset*, 1775, *in*-12. — Nouvelle édi[illegible] corrigée et considérablement augmentée. *Hambourg*, *Chateauneuf*, 1797, *in*-4.

6009. État (de l') réel de la France à la fin de 1795, et de la situation politique des puissances de l'Europe à la même époque (par M. DE LA MAISONFORT). *Hambourg*, 1796, 2 *vol. in*-8.

6010. État (de l') religieux, son esprit, son établissement et ses progrès; services qu'il a rendus à l'Église, etc. (par MM. les abbés DE BONNEFOY et BERNARD). *Paris*, *veuve Hérissant*, 1784, *in*-12.

6011. États (des) de France, et de leur puissance, traduit de l'italien de Matthieu ZAMPINI par J. D. M. (J. D. MATTHIEU), *Paris*, 1588, *in*-8.

Catalogue de Boissier, nº 10997.

6012. États (les) d'Espagne tenus à Tolède, l'an 1560, par le mandement du roi Philippe II de ce nom, traduit de l'espagnol en françois, par G. A. D. V. (G. A. DE VILLAR). *Paris*, *Nic. Édouard*, 1562, *et Blois*, *Cl. de Montrœil*, 1588, *in*-4.

6013. États, droits, usages en Lorraine. Lettre d'un gentilhomme lorrain à un prince allemand (par M. MORY D'ELVANGE). (*Nancy*, *veuve Bachot*) 1788, *in*-8.

6014. États (les), empires et principautés du monde, etc., par le sieur D. T. V. Y. (le sieur DAVITY). *Genève*, *P. Aubert*, 1619. — *Rouen*, 1633, *in*-4.

Il existe une édition de cet ouvrage, augmentée par Ranchin, *Paris*, 1643, 5 vol. in-fol.; et une autre augmentée par de Rocoles, *Paris*, 1660, 6 vol. in-fol.

6015. États (les) généraux convoqués par Louis XVI (par TARGET). (*Paris*, 1789), *in*-8. *avec deux suites*.

6016. États (les) généraux de Cythère; imitation très-libre de l'italien du comte ALGAROTTI (par le chevalier DE CUBIÈRES). 1789, *in*-8.

6017. États (les) généraux de l'autre monde, vision prophétique (par J. M. JULIEN). 1789, *in*-8. V. T.

6018. États (des) généraux et autres assemblées nationales (collection publiée par DE MAYER). *Paris*, *Buisson*, 1788, 18 *vol. in*-8.

6019. États (des) généraux et principalement de l'esprit qu'on doit y apporter (par DE VAISNES). *Sans indication de lieu*. 1789, *in*-8 *de* 45 *pages*.

Note manuscrite de l'abbé Morellet.

6020. États-Unis (les) et l'Angleterre, ou Souvenirs et réflexions d'un citoyen américain (M. LÉE, consul américain à Bordeaux, rédigés par M. JAY). *Bordeaux*, 1814, *in*-8.

6021. *Et cætera* (les) de du Plessis (Mornay), parsemez de leurs *qui pro quo*, avec autres de l'orthodoxe mal nommé *Rotan*, *Loque*, *Vignier*, et quelques prétendus ministres; le tout sur les points de la sainte Messe, Eucharistie et autres principaux controversez de présent en la Religion chrestienne, par un prestre de Bordeaux (par le P. DE BORDES, jésuite). *Toulouse*, *veuve Colomiez*, 1600, *in*-8 *de* 133 *pag*.

6022. Étendue (de l') de la puissance ecclésiastique et de la temporelle, par feu M. LE M*** (LE MERRE père, avocat au parlement). *Sans date*, *in*-12 *de* 58 *pages*.

6023. Éther (l') ou l'Être-Suprême élémentaire, poëme philosophique et moral *à priori* (par MARTIN DE BUSSY). *Paris*, 1796, *in*-8.

6024. Éthocratie ou le Gouvernement fondé sur la morale (par le baron d'Holbach). *Amstérdam, M. M. Rey*, 1776, *in*-8.

6025. Etna (l') de Cornélius Sévérus, et les Sentences de Publius Syrus, traduites en françois avec des remarques (par Acarias de Sérionne). *Paris*, 1736, *in*-12.

6026. Étoile (l') flamboyante ou la Société des Francs-Maçons considérée sous tous les aspects (par Théodore-Henri de Tschoudi, conseiller au parlement de Metz). *Francfort et Paris, Boudet*, 1766, 2 *vol. in*-12.

Réimprimé plusieurs fois.

6027. Étourdie (l'), ou Histoire de Miss Betsi Tatless, traduite de l'anglois (de Mistriss Heywood, par le chevalier de Fleurian). *Paris, Prault*, 1754, 4 *vol. in*-12.

6028. Étourdis (les) ou le Mort supposé, comédie en trois actes, en vers (par M. Andrieux). *Paris, Bailly*, 1788, *in*-8.

6029. Étourneau (l'), ou les Aventures du Sansonnet de...., poëme héroïque (par Denesle). 1736, *in*-12.

6030. Étranges (les) événemens du voyage de Zaga-Christ, prince d'Éthiopie, écrits par le sieur de Rechac le jeune (masque de Jean de Sainte-Marie, jacobin réformé, mort en 1660). *Paris*, 1635, *in*-4. *et in*-8.

Voyez la *Bibliothèque historique* de Meusel, t. 3, part. 1, p. 117.

L'auteur a signé de ses lettres initiales seulement l'épître dédicatoire à la reine, dans l'édition in-4; mais son nom se lit en entier, au bas de la même épître, dans l'édition in-8. Ces deux éditions sont fort rares.

Ludolphe, dans son *Histoire d'Éthiopie*, nous apprend que ce fameux Éthiopien, ayant surpris des lettres de recommandation des moines de son pays, se fit passer en France pour fils d'un prince abyssin, obtint une pension du roi, et se plongea si fort dans la débauche, qu'il en mourut avant qu'on eût découvert l'imposture; il n'avait que vingt-huit ans. Rocoles l'a mis dans son livre *des Imposteurs insignes*.

6031. Être (l') pensant (par de Bastide). *Paris, Hochereau*, 1755, 2 *parties in*-12.

6032. Étrenne au pape, ou les Francs-Maçons vengés, réponse (du baron de Tschoudy, déguisé alors sous le nom du chevalier de Lussy) à la bulle du pape Benoist XIV, lancée l'an 1751. *La Haye, Saurel*, 1752, *in*-8.

6033. Étrennes à la noblesse, ou Précis historique et critique sur l'origine des ci-devant ducs, comtes, barons, etc., excellences, monseigneurs, grandeurs et anoblis (par M. Dulaure). *Londres*, et *Paris, Jean Thomas, l'an troisième de la liberté* (1791) *in*-8. *de* 230 *pages*.

6034. Étrennes à mes compatriotes, par un Laonais (Beffroy, frère du *Cousin Jacques*) *Paris*, 1789, *in*-8.

6035. Étrennes à M. de la Harpe, à l'occasion de sa brillante rentrée dans le sein de la Philosophie (par Palissot). *Paris, an* 10 (1802), *in*-12. *de* 72 *pages*.

6036. Étrennes au clergé de France (ou Explication d'un des plus grands mystères de l'église, par M. de Pommereul). *Sans indication de lieu*, 1786, *in*-8 *de* 29 *pag*.

6037. Étrennes au public (par Cérutti). 1789, *in*-8.

6038. Étrennes aux amateurs de vers et de prose (par A. J. L. du Coudray). *Paris*, 1775, *in*-12. V. T.

6039. Étrennes aux amis du 18, ou Almanach pour l'an de grâce 1798, avec cette épigraphe: *Le vrai seulement est aimable. Paris, de l'im-*

primerie des Théophilantropes, à l'enseigne de Polichinel, an VII de la république (1799), in-8.

En face du frontispice se trouvait une gravure où l'on voyait un polichinel en costume de directeur, et posé sur le point le plus élevé d'un quart de cercle figurant une portion du calendrier républicain, avec ces mots en bas : *Mahomet, théophilantrope.*

Celui qu'on avait raison d'en croire l'auteur fut arrêté, subit un long procès criminel qui se compliqua, parce qu'il fut alors dénoncé comme auteur de l'*Histoire du siége de Lyon*, publiée en 2 vol. *in*-8 quelques semaines avant le 18 fructidor. Il faillit être condamné à mort, parce que les jurés déclarèrent unanimement que les *Étrennes aux amis du* 18 étaient contre-révolutionnaires, et il n'échappa au supplice que parce que sept d'entre eux refusèrent de se dire convaincus qu'il en fût l'auteur. L....., dans son dépit, le fit aussitôt livrer au bureau central de police, qui voulut le faire déporter à Sinnamary comme ecclésiastique. C'était l'abbé A. Gu. (Aimé Guillon, aujourd'hui conservateur de la Bibliothéque mazarine), qui a dans la suite éprouvé bien d'autres persécutions non moins cruelles et beaucoup plus longues.

(Extrait d'une brochure publiée en 1815 par M. Fauche-Borel, ancien imprimeur-libraire de Hambourg.)

6040. Étrennes aux bibliographes, ou Notice abrégée des livres les plus rares, avec leurs prix (par l'abbé de Montlinot) *Paris, Duchesne*, 1760, *in*-24.

6041. Étrennes aux dames, ou Notice des femmes illustres dans les belles-lettres (par Jean-Baptiste-Guillaume Musier, libraire). *Paris*, 1763, 1764, *in*-16.

6042. Étrennes aux émigrés (par Jacquemart). *Paris, imprimerie bibliographique de la rue des Ménestriers*, 1793, *in*-12.

6043. Étrennes aux esprits forts (par Diderot). *Londres*, 1757, *in*-12.

C'est une nouvelle édition des *Pensées philosophiques* de cet auteur, avec une *épître philosophique* en vers à un philosophe.

6044. Étrennes aux femmes de goût et d'un sentiment délicat (par Peyraud de Beaussol). *La Haye*, 1763, *in*-8. V. T.

6045. Étrennes aux gens d'église, ou la Chandelle d'Arras, *in*-12.

Voy. les mots *Chandelle d'Arras*, n° 2203.

6046. Étrennes aux sociétés qui font leur amusement de jouer la comédie, ou Catalogue raisonné et instructif de toutes les tragédies, comédies, etc., qui peuvent se représenter sur les théâtres particuliers (par le marquis de Paulmy d'Argenson). *Bruxelles et Paris, Bradel, libraire à l'Arsenal, cour des Célestins* (1784), *in*-18 *de* 120 *pag.*, *avec deux supplémens de* 8 *pages*; et *in*-8., dans le second volume des *Mélanges tirés d'une grande bibliothéque*, sous le titre de *Manuel des sociétés qui font leur amusement de jouer la comédie.*

6047. Étrennes aux sots (par Millevoye). *Paris, Capelle*, 1802, *in*-12 *de* 24 *pages.*

6048. Étrennes aux trois Andrés (Mignot, Potel et Blonde d'Auxerre), ou Apologie du Précis historique sur l'année séculaire de la délivrance de la ville d'Auxerre, contre les observations d'un anonyme, insérées dans le journal de Verdun, octobre 1769; 1770, *in*-12 *de* 48 *pages.*

L'auteur est Housset, médecin des hôpitaux à Auxerre, qui a publié plusieurs autres ouvrages et le précis historique en question. Il termine ainsi son épître dédicatoire aux trois Andrés : « J'ai l'honneur d'être, avec la soumission si convenable à un bon disciple Q. S. F. G. D. V. P. (qui se fait gloire de vous plaire), messieurs et chers maîtres, votre très-humble, etc. » Sur mon exemplaire on a donné ainsi par apostille l'explication de ces lettres initiales; « Qui se flatte grandement de vous persuader. »

6049. Étrennes aux uns et aux autres,

par quelqu'un qui a fait connoissance avec eux (M. Dusaulchoy). *A Paris, chez un imprimeur, année* 1789, *in*-8.

6050. Étrennes badines, ou le poète de cour; relation comiquement fidèle, par le chevalier de Ment....., ci-devant capitaine d'infanterie (par de Monticourt, alors lieutenant de robe-courte de la prévoté de l'Hôtel, et Afforti, l'un des secrétaires de la Chancellerie). *Vers* 1739, *in*-8. Réimprimé dans le *Conservateur* de Bruix et Turben, en septembre 1758.

L'histoire qui fait le fond de cet écrit est véritable, mais un peu brodée. Les acteurs étoient M. de Monticourt, qui joue le rôle de milord anglois; le sieur Collé, connu par ses chansons, c'est lui qui passe pour le valet de chambre du milord; et le sieur d'Arboulin. Le prétendu Balbin, principal objet de la pièce, étoit le sieur Tapin, greffier à Fontainebleau. Le prix de poésie qui lui est adjugé n'étoit qu'une manière honnête de le dédommager des repas qu'il avoit donnés par une sotte vanité aux acteurs de la pièce et aux autres convives que ceux-ci menoient chez lui. La scène s'est passée à Fontainebleau. (*Note tirée du Catalogue manuscrit de l'abbé Goujet.*)

6051. Étrennes de Cadmus, manière facile et amusante d'apprendre à lire sans épeler (par madame Mérigot). *Paris, l'an* 9 (1801) *in*-12. V. T.

6052. Étrennes de Clio et Mnemosine (par mademoiselle Philippe, fille de Philippe de Prétot). *Paris*, 1785, *in*-12. V. T.

6053. Étrennes (les) de la Saint-Jean (par le comte de Maurepas, le président de Montesquieu, le comte de Caylus, Moncrif, Crébillon fils, Sallé, la Chaussée, Duclos, d'Armenonville, et l'abbé de Voisenon). *Troyes, veuve Oudot*, 1742, 1750, 1757, *in*-12.

Voyez les *Lettres de L. B. Lauraguais à madame ****, *Paris, Buisson*, 1802, *in*-8, p. 243.

La troisième édition, revue, corrigée et augmentée par les auteurs de plusieurs morceaux d'esprit qui n'ont point encore paru, fut publiée en 1751.

6054. Étrennes (les) de la Saint-Martin, ou la guerre de Sceaux, poëme fou (attribué en partie au comte de Maurepas). *Amsterdam* (*Paris*) 1738, *in*-12 *de* 29 *pages*.

Réimprimé dans les *Amusemens du cœur et de l'esprit* pour l'année 1748, t. 1, p. 95.

6055. Étrennes de la vertu, contenant les actions de bienfaisance, de courage, d'humanité, qui se sont passées en 1781 (recueillies et publiées par Robert Estienne, libraire). *Paris, Savoye*, 1782, *in*-18.

L'auteur a publié douze années de ce recueil intéressant.

M. Chemin-Dupontès a publié en 1806, chez *Demoraine*, un ouvrage du même titre et du même genre; il a donné en 1812 la septième année de ce recueil.

6056. Étrennes de l'institut, ou Revue littéraire (attribuées à M. Colnet, libraire). *Paris, ans VII et VIII* (1799 et 1800), 2 *volumes in*-12.

6057. Étrennes de Mercure, ou le Bonnet magique, opéra-comique en trois actes et en vaudeville (par MM. de Piis et Barré). *Paris, Vente*, 1781, *in*-8.

6058. Étrennes de Salomon, contenant autant de sentences qu'il y a de jours dans l'année; en distiques françois (par le père Valette, doctrinaire). *Paris, Lottin*, 1741, *in*-24.

6059. Étrennes (les) des filles de Paris, par Riand Jhevy (Jehan Divry) *sans nom de ville ni date, in*-8 *goth.*

Catalogue de la Bibliothèque du Roi, *Belles-Lettres*, t. 1, n° 4463 A, p. 485.

6060. Étrennes du goût où l'on trouve ce que les sciences, les arts et l'industrie fournissent de plus rare (par L. A. DE CÉZAN). *Londres* (*Paris*), 1775, *in*-12. V. T.

6061. Étrennes du Parnasse, contenant la vie des poëtes grecs et latins, des réflexions sur la poésie, et un choix de poésies (par J.-B. MILLIET). *Paris*, 1770-1774, 11 *vol. in*-12.

6062. Étrennes d'un Médecin à sa patrie (par DU MONCHAU). *Berlin*, 1761, *in*-18.

6063. Étrennes d'un Père à ses enfans (par CONTANT D'ORVILLE). *Paris, Grangé*, 1770 *et* 1773, 3 *parties in*-12.

6064. Étrennes et Avis charitables à MM. les Inquisiteurs, en vers (par dom GERBERON). 1700.

6065. Étrennes financières (par MARTIN). *Paris*, 1789 *et* 1790, 2 *vol. in*-8.

6066. Etrennes fourrées dédiées aux jeunes Frilleuses, ou les Pelisses sympathiques (par STICOTTI). *Genève et Paris*, *Merlin*, 1770, *in*-12. V. T.

6067. Étrennes jésuitiques, ou les Jésuites démasqués, ou Annales historiques de la Société (par ROUSSEL,* avocat à Épinal). *Cologne* (*Epinal*), (1760), *petit in*-8 *de* 108 *pages*.

6068. Étrennes, ou Adresses à MM. les Rédacteurs du *Courrier de Lyon* (par CHASSAIGNON de Lyon). *Autun*, 1er *janvier* 1790, in-8 *de* 178 *pag*.

6069. Étrennes (les), ou Entretiens des morts sur les nouveautés littéraires, l'Académie françoise, etc., par François EDMOND (attribués à M. FOURNIER, médecin). *Paris*, *Dentu*, 1813, *in*-8 *de* 120 *pages*.

6070. Étrennes pour les enfans, à l'usage des grandes personnes qui voudront bien s'en amuser (ou douze fables en vers par GANEAU). *Paris*, *Ganeau*, 1758, *in*-12.

6071. Étrennes salutaires aux riches voluptueux et aux dévôts trop économes (par TRAVENOL). *Amsterdam et Paris*, *Dufour*, 1766, *in*-8.

6072. Etteilla, ou manière de se récréer avec un jeu de cartes (par ALLIETTE). *Paris*, *Lesclapart*, 1770, *in*-12.

6073. Étude (l') de la Nature, épître à madame...., pièce qui a concouru pour le prix de l'Académie françoise en 1771, par M*** (FABRE-D'ÉGLANTINE). *Paris*, 1771, *in*-8. *Douteux*.

6074. Étude (l') des belles-lettres, divisée en deux parties (publié par L. LEBLANC). *Paris*, 1712, *petit in*-12.

6075. Étude (de l') des langues en général et de la langue latine en particulier. Essai servant de préface à un extrait de Pline destiné aux commençans, par M. M*** (MATHIAS), principal du collége de Langres. *Langres*, *P. Defay*, 1777, *in*-8 *de* 80 *pages*.

6076. Études contenant un appel au public lui-même du jugement du public sur J. J. Rousseau (par le marquis DE BRIE-SERRANT). *Paris*, *Guerbart*, *an* 11 (1803), *in*-8.

Cette brochure paraît avoir été imprimée en 1791 ou 1792; elle contient la réfutation de la première partie du *Discours sur l'inégalité*, etc.

Le marquis de Brie-Serrant a publié avec son nom :

1° Écrit adressé à l'académie de Châlons-sur-Marne, sur une question proposée par voie de concours, concernant le patriotisme. Question proposée : *Quels sont les moyens de prévenir l'extinction du patriotisme dans l'âme du citoyen*. 1788, *in*-12.

2° Pétition ampliative en faveur des blancs

et des noirs, et Projet d'un traité important pour les colonies et pour l'état. 1792, *in*-4.

6077. Études convenables aux demoiselles (par PANCKOUCKE). *Paris, veuve Bordelet*, 1749, 1755, 2 *vol. in*-12, *souvent réimprimés.*

6078. Études de l'homme physique et moral, considéré dans ses différens âges. (Par PERREAU). *Paris, l'an* 6 (1798), *in*-8. V. T.

6079. Études sur la théorie de l'avenir, ou Considérations sur les merveilles et les mystères de la nature, relativement aux futures destinées de l'homme (par M. l'abbé TURLOT, de la bibliothéque du roi, anciennement précepteur de l'abbé de Bourbon, et vicaire-général de Nancy). *Paris, Maradan*, 1810, 2 *vol. in*-8.

6080. Études (des) théologiques, ou Recherches sur les abus qui s'opposent au progrès de la théologie dans les écoles publiques et sur les moyens possibles de les réformer en France, par un docteur manceau (l'abbé PICHON). *Avignon et Paris, Vente*, 1767, *in*-12.

6081. Étymologicon françois de l'Hétropolitain (Jean LE BON). *Paris*, 1571, *in*-12.

Jean le Bon s'appelait Hétropolitain ou Hétéropolitain, parce qu'il était né à *Autreville*, près Chaumont en Bassigny. Suivant la Croix du Maine, il aimait à écrire sous *noms déguisés*. En 1554 il avait pris le nom de Jean Nobel, qui est son anagramme; en 1576 il fut Solon de Voge pour un livre d'adages et proverbes français, et Jean Macer pour une philippique contre les *poétrastes* de son temps. Le récit un peu confus de la Croix du Maine, rapproché de l'énoncé de du Verdier, ferait croire que ce dernier ouvrage n'a pas vu le jour.

6082. Eudoxe, tragédie en 5 actes (par le marquis DE LA SALLE). *Paris*, 1765, *in*-12.

6083. Eugène de Rothelin (par madame DE FLAHAUT). *Paris, Nicolle*, 1808, 2 *vol. in*-12.

6084. Eugénie et Rosalbe, ou les suites de l'inconséquence (par madame JOANNET). *Paris, an* 10 (1802) 2 *vol. in*-12. V. T.

6085. Eugénie, ou la Sainte par amour, nouvelle historique, par T...... E. (TOULOTTE) *Paris, Lepetit*, 1809, *in*-12, *pp*. 246.

6086. Eugenio et Virginia (par mademoiselle BRAYER DE SAINT-LÉON). *Paris, an* 8 (1800) 2 *vol. in*-12. V. T.

Réimprimé en 1822.

6087. Eulalie, ou les Préférences amoureuses, drame en cinq actes et en prose (par M. DE BOHAIRE). *La Haye et Paris, Couturier*, 1777, *in*-8.

6088. Eulogie Paschale (par l'abbé BUÉE, supérieur du séminaire de S. Marcel à Paris). *Paris, Crapart*, 1792, *in*-8.

6089. Eumenie et Gondamir, histoire françoise (par MAILHOL). *Londres et Paris, Delalain*, 1766, *in*-12.

*6090. Eunuque (l'), ou la fidelle infidélité, parade mêlée de prose et de vers (par Ch. F. GRANDVAL). *Paris*, 1767, *in*-8.

6091. Europe (l') conquise avec une plume et du coton, ou court exposé de la puissance du commerce anglais, par C... Col... du Calvados (M. C. DE COLLEVILLE). *Paris, Maret, an* 9 (1801) *in*-8.

6092. Europe (l') ecclésiastique, ou état du clergé de l'église universelle (par l'abbé DE MALVAUX). *Paris*, 1757, *in*-12. V. T.

6093. Europe (l') et la France devant

l'Éternel (par M. MIGNONNEAU). *Paris*, 1814, *in*-8.

6094. Europe (l') et ses Colonies en décembre 1819 (par M. DE BEAUMONT DE BRIVAZAC). *Paris*, *Brissot-Thivars*, 1820, 2 *vol. in*-8.

6095. Europe (l') françoise (par le marquis DE CARACCIOLI). *Paris*, *veuve Duchesne*, 1776, *in*-12.

Cet ouvrage a été annoncé l'année suivante, sous le titre de *Paris*, *le modèle des étrangers*. Voyez ces mots.

6096. Europe (l') pacifiée par l'équité de la R. de Hongrie (par l'abbé LENGLET DU FRESNOY) *Bruxelles*. *F. Foppens*, 1745, *in*-12.

6097. Europe (l') politique et littéraire (par MONTJOYE et GUTH), depuis le 1er prairial an 5 (20 mai 1797) jusqu'au 18 fructidor suivant (4 septembre 1798), 108 *numéros*. *grand in*-4.

6098. Europe (l') ridicule, ou Réflexions politiques sur la guerre présente (par MOREAU). *Cologne*, 1757, *in* 12.

C'est un volume de l'*Observateur hollandois*, par le même auteur.

6099. Europe (l') savante (par DE SAINT-HYACINTHE, LE COURAYER, DE BURIGNY, DE POUILLY, DE CHAMPEAUX, et autres). *La Haye*, *De Rogissart*, 1718-1720, 11 *vol. in*-8.

6100. Europe (l') vivante et mourante (par l'abbé d'ESTRÉES). *Bruxelles* (*Paris*), 1759 et 1760, *in*-24.

6101. Eusèbe, ou les beaux profits de la vertu dans le siècle où nous vivons (par M. LAVEAUX). *Amsterdam*, *héritiers de M. M. Rey*, 1785, *in*-8 *de* 144 *pages*.

6102. Euterpilia, ou Mes Bucoliques aux armées (par M. MARC de Vesoul). *En Arcadie* (*Vesoul*), *an* 8 (1800), *gr. in*-8, *pap. vélin*, *de* 92 *pages*.

Ouvrage tiré à dix-huit exemplaires, avec une carte géographique dessinée et enluminée par l'auteur.

6103. EUTROPE, ou Abrégé de l'histoire romaine, traduction nouvelle avec des remarques historiques par M. DE P*** (DE PRÉFONTAINE). *Paris*, *Brocas*, 1710, *petit in*-12.

C'est d'après un catalogue bien fautif que cette traduction se trouve citée deux fois sous la date de 1601, dans les *Historiæ romanæ scriptores minores*, édition de *Deux-Ponts*, 1789, in-8.

6104. Évander et Fulvie, histoire tragique (par BOURDOT DE RICHEBOURG). *Paris*, *Amaulry*, 1726, *in*-12.

6105. Évangélistes (les) du jour (par M. DULAURE, ouvrage périodique dont il n'a paru que seize numéros). *Paris*, 1790, *in*-8.

Cet ouvrage était dirigé contre les auteurs des *Actes des Apôtres*.

6106. Évangile (l') code du bonheur, par M. L. H. R. D. (ROUSSEAU), confesseur de madame Adélaïde de France. *Trieste*, 1800, *in*-8.

6107. Évangile de la Raison. 1766, *in*-8.

Ce recueil a été publié par l'abbé DU LAURENS. On y trouve l'extrait du testament de J. Meslier, qui est de Voltaire, et qui n'a pas été inséré, on ne sait pourquoi, dans la collection de Beaumarchais. Naigeon l'a fait réimprimer dans le *Dictionnaire de la philosophie ancienne et moderne de l'Encyclopédie méthodique*. Voyez l'article MESLIER.

6108. Évangile (l') du jour (collection d'opuscules philosophiques faits ou publiés par VOLTAIRE). *Londres* (*Amsterdam*) 1769-1778, 18 *vol. in*-8.

Les quatre derniers volumes contiennent sur le premier frontispice la date de 1780.

6109. Évangile (l') médité et distribué pour tous les jours de l'année, suivant la concorde des quatre évangélistes (par le P. GIRAUDEAU, jésuite, publié par les soins de l'abbé DUQUESNE). *Paris*, *Berton*, 1773, 12 *vol. in*-12.

6110. Évangile nouveau du cardinal Pallavicin (par Jean LE NOIR). *Paris*, *J. Martel*, 1666; *Cologne*, *P. Marteau*, 1687, *in*-12.

Cet ouvrage a aussi paru sous le titre de *Politique et Intrigues de la Cour de Rome*. Cologne, 1696, *in*-12, et sous celui de *Nouvelles Lumières politiques*.. Voyez ces mots.

6111. Évangiles (les) des Connoilles, faictes à l'honneur et exaulcement des dames, en rime françoise (recueillies par Me. FOUQUART de Cambray, Me. Antoine DUVAL, et Jean d'ARRAS, dit CARON). (*sans date*), *in*-12 *gothique*.

6112. Éveil du patriotisme sur la révolution, par un citoyen de Paris (FOUCHER-D'OBSONVILLE). *Paris*, 1791, *in*-8.

6113. Évélina, ou l'Entrée d'une jeune personne dans le monde; traduit de l'anglais de miss BURNEY (par Henri RENFNER). *Amsterdam*, *Changuion*, 1779, 3 *vol. in*-12.

6114. Évelina, ou l'Entrée d'une jeune personne dans le monde, traduite de l'anglais (de miss BURNEY), et abrégée (par LABAUME). *Bouillon*, 1785, 2 *vol. in*-12.

6115. Événemens (les) imprévus, comédie en trois actes, en prose, mêlée d'ariettes (par D'HÈLE et GRÉTRY). *Paris*, *veuve Duchesne*, 1780, *in*-8.

6116. Événemens (les) les plus considérables du règne de Louis-le-Grand, écrits en italien, par J. Jean Paul MARANA (traduits par PIDOU DE SAINT-OLON). *Paris*, *Jouvenel*, 1690, *in*-12.

6117. Événemens remarquables et intéressans, à l'occasion des décrets de l'auguste Assemblée nationale, etc. (attribué à SERVAN). 1790, *in*-8 *de* 37 *pages*.

6118. Éventail (l'), poëme traduit de l'anglois (de GAY), en trois chants, par COUSTARD DE MASSI. *A Paphos*, 1768, *in*-12.

6119. Évêques (des) nommés, et de leur envoi dans les églises vacantes pour en prendre possession (par M. l'abbé DASTROS, ci-devant chanoine de Notre-Dame, aujourd'hui évêque de Bayonne). *Paris*, 1811, *in*-8.

6120. Évesque (l') de cour, opposé à l'évesque apostolique, par l'abbé VÉRITÉ (Jean LE NOIR). *Sans indication de lieu*, 1674, *petit in*-12. *Cologne*, 1682, 2 *vol. in*-12.

6121. Évidence (de l') de la Religion chrétienne, ouvrage traduit de l'anglais de JENNINGS, par LE TOURNEUR; quatrième édition augmentée d'un plan de FÉNÉLON et de pensées sur la Providence (publiée par DE SAINTE-CROIX). *Paris*, *Delance*, *an* 11 (1803), *in*-12.

6122. Examen approfondi des difficultés de l'auteur d'Émile, contre la Religion chrétienne (par l'abbé Guillaume MALEVILLE). *Lausanne et Paris*, 1769, *in*-18.

6123. Examen chirurgique et pratique des eaux de Loire (par PROZET et GUINDANT). 1769, *in*-12.

6124. Examen critique de la seconde partie de la confession de foi du vicaire savoyard (par ROUSTAN). *Londres*, 1776, *in*-8.

6125. Examen critique de la théologie

du séminaire de Poitiers (par le P. Maille, de l'Oratoire). 1765. *in-12 de 671 pages.*

6126. Examen critique de la vie et des ouvrages de St. Paul (traduit de l'anglois de Pierre Anet, par le baron d'Holbach), avec une dissertation sur St. Pierre, par Boulanger. *Londres* (*Amsterdam*, *M. M. Rey*), 1770, *in*-8.

6127. Examen critique de l'*Essai sur l'indifférence en matière de religion*, de M. l'abbé de la Mennais. Par le Joyeux de Saint-Acre (M. Mossé). *Paris*, 1821, *in*-8.

6128. Examen critique de l'ouvrage intitulé : Lettres critiques de Voltaire, adressées à madame la comtesse de Lutzelbourg.... (par M. Auguis). *Paris*, *Sajou*, 1812, *in*-8 *de* 45 *pages.*

6129. Examen critique des apologistes de la Religion chrétienne, par Fréret (ou plutôt par Levêque de Burigny, revu et publié par Naigeon). *Sans indication de lieu*, 1766, *gr. in*-8 ; 1767, *in*-8. — Nouvelle édition, 1775, *in*-8.

Cet ouvrage est un de ceux qui ont été faussement attribués à l'illustre Fréret depuis sa mort. Des personnes très-versées dans l'histoire littéraire et philosophique du dernier siècle le regardent comme la production de M. de Burigny. Et en effet, l'érudition qu'on y trouve ressemble beaucoup à celle qui a rendu célèbre cet estimable académicien.

Comparons en effet différens passages de la *Théologie payenne*, ouvrage qui porte le nom de Burigny, avec quelques morceaux de l'*Examen critique*.

Je trouve ces réflexions à la page 164 de cette dernière production, 1767, *petit in*-8 :

« Rien n'est plus aisé que de trouver dans les ouvrages des payens, et surtout dans ceux des philosophes, des dogmes aussi purs que ceux que le christianisme enseigne. Il y a des livres entiers sur ce sujet ; on peut voir, entre autres, les *Quæstiones alnetanæ* de M. Huet, l'*Histoire de la Philosophie payenne*, et le douzième chapitre du quatrième livre de Grotius sur la *Vérité de la Religion chrétienne*, et on trouvera que Lactance a eu raison d'avancer que, si quelqu'un vouloit recueillir toutes les vérités que les philosophes ont enseignées, on en feroit un corps de doctrine qui seroit conforme aux principes de la religion chrétienne. »

On lit ces phrases dans la préface de la *Théologie payenne*, 1754, 2 *vol. in*-12 :

« Lactance, celui de tous les auteurs ecclésiastiques qui avoit le plus étudié la philosophie humaine, et qui a écrit avec tant d'agrément qu'on lui donna le surnom de Cicéron chrétien, a réfuté les erreurs des philosophes dans le premier et dans le troisième livres de ses *Institutions divines*. Il se sert aussi de leurs témoignages pour appuyer la vraie doctrine ; et il convient que presque toutes les vérités essentielles se trouvent chez eux, et que, si l'on en faisoit un recueil, il se trouveroit conforme à la créance des chrétiens........ Grotius, qui étoit instruit plus qu'aucun savant de ce que pensoit l'antiquité profane, et qui a rempli ses ouvrages de la plus élégante érudition, a traité, dans quelques endroits de ses ouvrages, des points qui ont rapport à la théologie payenne. Il fait voir, dans son premier livre sur la *Vérité de la Religion chrétienne*, que les anciens ont eu des idées conformes à celles des Juifs sur Dieu et sur plusieurs choses que l'on trouve dans les livres sacrés ; il finit son quatrième livre (num. 12) par prouver que les principaux points de la morale chrétienne ont été approuvés par ce qu'il y a eu de plus sage dans le paganisme........ Les réflexions y sont en trop grande abondance (dans les ouvrages du P. Thomassin) ; et ce qu'il y a de plus fatigant, c'est qu'elles sont trop communes. On ne peut pas faire le même reproche au livre de M. Huet, auquel il a donné le titre de *Quæstiones alnetanæ*. »

Au milieu du passage de l'*Examen critique* se trouve citée la *Philosophie payenne*, ouvrage anonyme de Burigny, dont la *Théologie payenne* est une seconde édition revue et corrigée.

Qu'on lise encore le chapitre IX de l'*Examen critique*, intitulé : *Les hommes sont-ils plus éclairés qu'ils ne l'étaient avant l'Évangile?* C'est le résumé des chapitres XX à XXIX de la *Théologie payenne* sur le culte de Dieu, l'amour du prochain et celui des ennemis, sur le mensonge, le jurement, l'avarice, le vol, la tempérance.

Examen critique, p. 161.	*Théologie payenne*, t. 2, p. 266 et 274.
« Marc-Antonin rendoit grâces aux dieux de ce qu'il avoit conservé la chasteté dans sa jeunesse....... Aristote (*de Republ.* lib 8, c. 17, p. 448) veut qu'on punisse les jeunes gens qui s'accoutument à tenir des discours propres à blesser la pudeur, et qu'on traite avec ignominie les gens âgés lorsqu'ils ne seront pas plus retenus. Sa raison est que l'habitude de dire le mal conduit à celle de le faire. »	« Marc-Antonin rendoit grâces aux dieux de ce qu'il avoit conservé la chasteté dans sa jeunesse....... Aristote veut (*de Republ.* lib. 8, c. 17, p. 448) que l'on punisse les jeunes gens qui, dans la conversation, offensent la pudeur, et qu'on traite avec ignominie les gens âgés lorsqu'ils s'en écartent en parlant. Sa raison est que l'habitude de mal parler conduit à mal agir. »

Cette ressemblance de style est-elle assez frappante?

Il est à remarquer que la citation d'Aristote est fausse dans les deux ouvrages. C'est dans le livre VII que se trouve le passage.

Je pourrais multiplier ces rapprochemens: mais ils finiraient par ennuyer mes lecteurs.

Lorsque l'abbé Bergier publia une réfutation de l'*Examen critique*, Burigny composa une réponse qu'il remit en manuscrit au baron d'Holbach. Naigeon l'a fait imprimer en 1770, dans le *Recueil philosophique*. Voyez ma note sur ce recueil.

On a dit que l'auteur de l'*Examen critique* était un prêtre; le savant secrétaire de l'académie des belles-lettres va répondre pour moi à cette objection. « Lorsque M. de Burigny eut achevé le *Traité de l'autorité du pape*, dit M. Dacier dans l'Éloge de Burigny, il partit pour la Hollande, où il avoit promis à son ami Saint-Hyacinthe, qui venoit de s'y retirer, d'aller faire imprimer son livre et de passer quelque temps avec lui. Voyager, c'étoit pour Burigny, comme pour les anciens philosophes, chercher de nouveaux moyens de s'instruire. Il visita partout avec empressement les bibliothéques et les savans; il vit surtout avec assiduité deux hommes de lettres qui jouissoient alors d'une grande célébrité, Jean le Clerc et Basnage, dont les conseils lui furent très-utiles pour l'ouvrage qu'il faisoit imprimer, et il entretint avec eux un commerce suivi plusieurs années encore après qu'il eut quitté la Hollande.

« Comme il étoit fort versé dans la connoissance des matières ecclésiastiques, des pères, des conciles et des ouvrages théologiques, et qu'il en faisoit volontiers le sujet de ses conversations dans les sociétés qu'il fréquentoit pendant son séjour à la Haye, on imagina qu'il étoit un *ecclésiastique déguisé*, et on en conclut qu'il devoit être un émissaire du prétendant; on alla même bientôt jusqu'à l'assurer positivement, et ce bruit fâcheux s'accrédita au point que ce ne fut pas sans quelque peine que M. le comte de Morville, alors ambassadeur de France auprès des États-Généraux, réussit à le détruire dans l'esprit de milord Cadogan, ambassadeur d'Angleterre, et à lui persuader que Burigny étoit un simple LAÏC uniquement occupé de littérature, et bien plus jaloux de concilier les textes opposés de deux écrivains de l'antiquité que les prétentions et les intérêts des maisons de Stuard et de Hanovre. »

L'*Examen critique*, quoique imprimé seulement en 1766, en un volume *in*-8, a été composé de 1724 à 1732 ou 1733. La première époque est celle où Burigny publia sa *Philosophie payenne*. Il dit lui-même, dans la préface de sa seconde édition, que cet ouvrage est le résultat d'une *partie des remarques* qu'il fit dans sa jeunesse, lorsqu'il s'occupait à lire les auteurs grecs, les latins, les principaux voyageurs, enfin les ouvrages qui avaient quelque célébrité. Il nous a laissé le catalogue de ceux de ces ouvrages qui ont eu plusieurs éditions. Les mêmes ouvrages sont cités dans l'*Examen critique*, et on peut regarder cette dernière production comme le résultat du *reste des remarques* que fit dans sa jeunesse le savant Burigny. En effet l'écrivain qui a si bien développé la théologie payenne, a dû examiner en même temps et avec le même soin la théologie chrétienne, et il est beaucoup plus facile de se persuader que les deux ouvrages sont d'un même auteur qu'il ne l'est de croire que quarante ans après la publication de la *Philosophie payenne*, il s'est trouvé un homme qui a eu la même manière de voir et lu les mêmes ouvrages que Burigny.

Une des plus fausses assertions de la Harpe dans sa *Philosophie du dix-huitième siècle*, a été de soutenir que l'auteur de l'*Examen critique des apologistes* était encore vivant au moment où il écrivait, et l'on sait qu'il a voulu désigner l'abbé Morellet. Beaucoup de personnes, très-estimables d'ailleurs, ont partagé son opinion; il me paraît facile de la réfuter.

Les partisans de cette opinion s'appuient sur la correspondance de Voltaire, et ils allèguent trois passages qui ne prouvent nullement que Voltaire ait regardé et indiqué l'abbé Morellet comme l'auteur de l'*Examen critique.* Toutes les fois que Voltaire parle de Morellet comme l'ayant *vu* à Ferney, ou comme d'un courageux défenseur de la philosophie, on a bonnement cru qu'il s'agissait de l'*Examen critique :* c'est prendre un homme pour un livre ; le singe de la Fontaine ne se trompe pas plus ridiculement lorsqu'il prend le nom d'un port pour celui d'un homme.

Le voyage de Morellet à Ferney en 1766 est un fait incontestable. Le 25 juin de cette année, après avoir formé des conjectures assez plaisantes sur l'auteur de l'*Examen critique*, d'Alembert dit à Voltaire qu'il doit *avoir vu l'abbé Morellet* ou *Mords-les, qui sûrement ne l'aura point mordu.* Il ajoute : « Nous avez vu aussi le chevalier de Rochefort, qui est un galant homme, et qui m'a paru aussi enchanté de la réception que vous lui avez faite qu'il l'est peu du séjour de Versailles et de la société des courtisans. » Voltaire marque à d'Alembert, le 26 juin : « Je l'ai vu ce brave *Mords-les,* qui les a si bien mordus, etc. » Voltaire ne fait ici allusion qu'à la fameuse *Vision* et au *Manuel des inquisiteurs,* ouvrages dans lesquels Morellet s'est montré l'intrépide défenseur de la philosophie et du dogme de la tolérance. C'est aussi le 26 juin que Voltaire écrit à Damilaville : « Je suis enchanté de l'abbé Morellet, mon cher frère. En vérité, tous ces philosophes-là sont les plus aimables et les plus vertueux des hommes, et voilà ceux qu'Omer veut persécuter. » Il s'agit certainement ici d'un homme que l'on voit et avec qui l'on cause. Voltaire parle ensuite de l'*Examen critique,* parce qu'il venait de paraître alors, et il ajoute : « Il n'y a qu'un homme instruit dans la belle science de la théologie et des pères qui puisse avoir fait cet ouvrage. » Existe-t-il un rapport nécessaire entre le premier paragraphe de cette lettre et le second ? Le jugement de Voltaire, très-juste en lui-même, s'applique très-bien à Burigny, *qui était si versé dans la connaissance des matières ecclésiastiques et des pères.* La lettre précédente, adressée au comte d'Argental, présente l'*Examen critique* sous le même aspect, sans parler de Morellet. Enfin Voltaire dit positivement, le 31 décembre de la même année : « Je sais très-bien quel est l'auteur du livre attribué à Fréret, et je lui garde une fidélité inviolable. » Peut-on croire après cela que Voltaire ait laissé entrevoir clairement le nom de l'auteur de ce fameux ouvrage ?

Quant à la lettre adressée par Voltaire à Morellet lui-même, sa date est du 22 janvier 1768, et elle n'a rapport qu'à la réfutation de l'*Examen critique*, publiée par l'abbé Bergier. Toujours plein de l'idée que Morellet est un habile défenseur de la philosophie, Voltaire lui dit : « Il n'appartient qu'à vous, Monsieur, de faire voir le foible de ces apologies qui ne trompent que les ignorans. » Qui a pu voir dans ce compliment une preuve que l'*Examen critique* est de Morellet ? Il prouve tout au plus le désir qu'avait Voltaire de voir Morellet entreprendre un ouvrage de la même nature.

Je crois avoir prouvé clairement et par des raisonnemens capables de convaincre tout lecteur impartial, que l'opinion de mes adversaires est destituée de tout fondement. Les ouvrages de Morellet sont en grand nombre ; pas un n'a du rapport, soit pour le style, soit pour le fond des choses, avec l'*Examen critique.*

D'ailleurs le *Publiciste*, en date du jeudi 6 novembre 1806, a déclaré que l'*auteur vivant* qui a pu être désigné par la Harpe, dans sa *Philosophie du dix-huitième siècle*, comme le père de l'*Examen critique*, n'avait eu aucune part à cet ouvrage.

J'ai parlé de ce fameux ouvrage à l'abbé Morellet, quelques années avant sa mort ; et il me dit qu'il ne le désavouerait pas, s'il l'avait réellement composé.

On ne veut point convenir que l'*Examen critique* ait été composé vers 1732 ; eh bien ! il faut nier cette assertion de l'abbé Bergier, que je lis en tête de la préface de la réfutation de l'*Examen critique*, intitulée : *Certitude des preuves du Christianisme.* Suivant lui, l'ouvrage *duquel il donne la réfutation* était connu en manuscrit depuis très-longtemps ; et en s'exprimant ainsi, il a parlé d'après le témoignage d'une foule d'amateurs de livres.

Il faut répondre ensuite aux observations du professeur de Genève, Jacob Vernet, qui a fait aussi une critique détaillée de l'*Examen critique* (Traité de la vérité de la Religion chrétienne. *Lausanne*, 1782, *in*-8, t. 8, p 208) : « Parmi les réflexions sur l'Ancien et le Nouveau Testament, qui composent le chapitre XI du livre que nous examinons, dit ce judicieux écrivain, il en est une, page 221 (de l'édition de 1766, et page 206 de l'édition de 1767), qui soutient que l'histoire de la Chine contredit ouvertement celle des Juifs, non-seulement pour les calculs immenses que les Chinois adoptent, mais par des endroits qui ne peuvent être contestés, comme des éclipses très-anciennement observées, de quoi le P. Souciet devait bientôt rendre compte au public, d'après les lettres du P. Gaubil, missionnaire à la Chine, qui prouveraient également et l'habileté des Chinois sur l'astronomie et la haute antiquité de leurs observations. » Le premier usage que je ferai de cet endroit, c'est d'observer qu'il concourt avec un autre pour nous apprendre *quand l'Examen critique fut composé ;* on voit que ce fut peu avant que le P. Souciet publiât l'ouvrage du P. Gaubil sur l'astronomie chinoise, lequel parut à Paris en 1729, et fut suivi en 1732 de deux autres volumes d'observations physiques et mathématiques faites à la Chine.

Cette observation est sans réplique ; je puis encore cependant lui donner un nouveau degré d'évidence.

Écoutons sur ce sujet (l'histoire de la Chine), dit l'auteur de l'*Examen critique*, écoutons un jésuite qui écrivait il *n'y a pas long-temps*, et il cite une lettre du P. Fouque dans le vingt-neuvième recueil des *Lettres édifiantes et curieuses*, publié en 1729.

Je trouve ces réflexions à la page 80 (édition de 1767) : « Possidonius, fameux médecin du quatrième siècle, rapportait à des maladies naturelles ce qu'on appelle *possessions ;* M. de Saint-André, qui a écrit *depuis peu* très-sensément sur ce sujet, n'est pas fort éloigné de ce sentiment. » Or les *Lettres* de M. de Saint-André, *au sujet de la magie, etc.*, sont de l'année 1725, in-12.

Je lis ces mots à la page 91 : « *Depuis quelques années*, un prélat, célèbre par son zèle pour *la cause* et par sa crédulité, n'a pu s'empêcher de s'écrier : Quel est l'évêque qui ait gouverné avec soin pendant plusieurs années, et qui n'ait plus confondu et rejeté de fausses possessions, de miracles douteux, de visions équivoques, que la malignité des hommes du siècle n'en a critiqué ? » L'auteur indique ici la *Vie de Marie à la Coque* du fameux Languet ; elle parut en 1729, in-4.

Tout cela n'est-il pas écrit avec simplicité, avec bonne foi ? Quel motif eût eu un philosophe de simuler en 1766 l'époque de 1730 ? Pour moi, je retrouve Burigny dans l'*Examen critique*, c'est-à-dire l'*homme bon et simple, le savant modeste, et dont on raconte tant d'anecdotes qui toutes peignent la candeur de son caractère ;* il était âgé de trente à quarante ans lorsqu'il le composa : c'est l'âge de la force et du talent. Pour ceux qui ont voulu voir dans Morellet l'auteur de l'*Examen critique*, il faut qu'ils le supposent occupé de cet ouvrage dans sa vingtième année : cette fable est à peu près aussi absurde que celle qui fit paraître le grand Arnauld dans une prétendue assemblée tenue à Bourgfontaine, pour établir le déisme sur les ruines du catholicisme. Le célèbre docteur n'avait que neuf ans à l'époque indiquée par ses odieux détracteurs.

Les personnes que j'ai considérées jusqu'ici comme opposées à mon opinion sur l'auteur de l'*Examen critique*, sont vouées par état à l'étude de la théologie, ou croient avoir acquis de l'habileté dans cette science. Les gens de lettres, les savans même, se sont rendus à l'évidence de mes preuves ; l'un d'eux m'a fait l'honneur de m'écrire le 13 mars 1807 : « Je puis vous dire que l'abbé Morellet a donné publiquement, devant des personnes qui me l'ont rapporté, sa parole d'honneur que l'*Examen critique* n'était pas de lui ; madame d'Houdetot a affirmé que Burigny en était l'auteur, et cela sur le témoignage même de Burigny, qui le lui avait confié. »

Aussi un homme de lettres domicilié à Reims m'a-t-il avoué que le manuscrit de l'*Examen critique* existait encore dans la famille de M. de Burigny. On ferait bien de l'envoyer à la Bibliothèque du Roi, pour mettre les curieux en état d'examiner les changemens qu'il a subis à l'époque de l'impression. Si on en croit le frère de Naigeon, le *manuscrit était plein de lacunes et d'incorrections ;* l'éditeur *y a fait seul tout ce qu'il fallait pour le rendre lisible.*

6130. Examen critique des historiens d'Alexandre (par le baron DE SAINTE-CROIX). *Paris*, 1775. — Nouvelle édition, très-augmentée. *Paris, Delance*, 1804, *in*-4.

6131. Examen critique des Observations sur l'Atlantide de Platon, de Bailly, par l'abbé CREY***. (Creyssent de la Moseille), (par l'abbé BONNAUD, ex-jésuite). *Lausanne* (*Paris*), *Berton*, 1779, *in*-12 *de* 53 *p.*

Ces *observations* de l'abbé de la Moseille se trouvent dans le *Journal des Savans*, février 1779.

6132. Examen critique des ouvrages de Bayle (par le P. LE FÈVRE, jésuite). *Amsterdam, Zacharie Châtelain*, 1747, 2 *parties in*-12.

Voyez les nos 1648 et 5198.

6133. Examen critique des *Recherches*

historiques sur l'Esprit primitif et sur les anciens colléges de l'ordre de Saint-Benoît (par dom LAMBELINOT, bénédictin). *Paris*, 1788, *in*-8.

6134. Examen critique du militaire français (par DE BOHAN). *Genève*, 1781, 3 *vol. in*-8.

6135. Examen critique du nouveau Calendrier (par M. l'abbé JAUFFRET). *Paris*, 1797, *in*-8.

6136. Examen critique du Nouveau Testament, par M. FRÉRET, académicien de l'Académie des inscriptions et belles-lettres. *Londres*, 1777, *in*-12.

Cet ouvrage, qui n'est point de Fréret, parut pour la première fois en 1769, sous le titre de *Réflexions impartiales sur l'Évangile*, à la suite des *Opinions des anciens sur les Juifs*, par feu M. DE MIRABAUD, in-8. Il en existe une édition sous le même titre, *Londres*, 1773, *in*-12, accompagnée de l'*Essai sur l'Apocalypse*, par Abauzit.

Il circulait des copies manuscrites de cet ouvrage long-temps avant son impression; c'est d'après une de ces copies que l'abbé Gautier en publia la critique sous ce titre: *Réfutation du Celse moderne*. Lunéville, 1752, ou Paris, 1765, in-8.

6137. Examen critique d'un mémoire publié par M. le Roy, horloger du roi, sur l'épreuve des horloges propres à déterminer les longitudes en mer, et sur les principes de leur construction. (Par DE FLEURIEU). *Londres et Paris, Vente*, 1768, *in*-4 *de* xxi *et* 72 *pages*.

L'auteur supprima lui-même cet ouvrage. M. Bouchot en a vu un exemplaire, qu'il croit unique. Voyez la *Biographie universelle*, article LE ROY.

6138. Examen critique et impartial du tableau de M. Girodet (Pigmalion et Galathée), ou Lettre d'un amateur à un journaliste. (Par M. le chevalier DE FONVIELLE). *Paris*, *Boucher*, 1819, *in*-8 *de* 23 *pages*.

6139. Examen critique et raisonné de la Résolution du 17 floréal an 4, relative aux prêtres dits réfractaires (par M. l'abbé GODARD). (*Paris*, *Leclere*, *an* 4 (1795), *in*-8 *de* 64 *p*.

6140. Examen critique, ou Réfutation du livre des mœurs (par l'abbé NONNOTTE). *Paris*, *veuve Bordelet*, 1757, *in*-12 *de* 95 *pages*.

6141. Examen de ce que coûtent à la nation la gabelle et le tabac (par LE TROSNE). *Paris*, 1777, *in*-12.

C'est l'ouvrage intitulé *Effets de l'impôt indirect*, etc, décoré d'un nouveau frontispice. Voyez le n° 4732.

6142. Examen de certains priviléges et autres pièces, pour servir au jugement du procès qui est entre monseigneur l'archevêque de Paris et les moines de Saint-Germain-des-Prés. *In*-4 *de* 390 *pages*.

L'exemplaire que j'ai sous les yeux contient une note manuscrite ainsi conçue:

« L'auteur de ce livre est M. DE LAUNOY, docteur de la faculté de Paris, suivant la lettre qu'il m'écrit de Paris, le 9 janvier 1670, et se vend chez Côme Martin, rue Saint Jacques, à Paris. » *Signé* BREYER.

Breyer était un chanoine de Troyes connu dans la république des lettres. Grosley a publié son éloge. Voyez le n° 4877.

6143. Examen de cette question: convient-il de diminuer le nombre des sermens qui se font? (Par J. VERNES). *Genève*, 1775, *in*-8. V. T.

6144. Examen de deux questions importantes sur le mariage: Comment la puissance civile peut-elle déclarer des mariages nuls, sans entreprendre sur les droits de la puissance ecclésiastique? Quelle est en conséquence l'étendue du pouvoir des souverains sur les empêchemens dirimant le mariage? (par LE RIDANT). *Sans indication de lieu*, 1753, *in*-4.

6145. Examen de la conduite de la

Grande-Bretagne, à l'égard de la Hollande, depuis la naissance de la république (par DANGEUL). *Paris* (*La Haye*), 1756, *in*-8.

6146. Examen de la critique des *Martyrs* (de M. de Châteaubriand) insérée dans le Journal de l'Empire (du 13 mai 1809, etc.) (par M. DEPLACE); extraits du *Bulletin de Lyon*. *Sans date*, *in*-8 *de* 95 *pag.*

On trouve dans cette brochure trois articles sur le *Génie du Christianisme.*

M. Deplace a encore publié un *Examen de la nouvelle critique des Martyrs*, insérée dans le Journal de l'Empire. *Lyon, Ballanche*, 1810, *in*-8 *de* 23 *pages.*

6147. Examen de la Doctrine touchant le salut des payens, ou Nouvelle Apologie pour Socrate, par J. Aug. EBERHARD, traduit de l'allemand (par DUMAS). *Amsterdam, Van Harrevelt*, 1773, *in*-8.

Les littérateurs français savent que le célèbre Turgot publia, sous le nom d'un BACHELIER UBIQUISTE, les *trente-sept vérités opposées aux trente-sept impiétés contenues dans Bélisaire.*

Cet ouvrage, qui est une réfutation ironique des hérésies que la Sorbonne trouvait dans le roman de Marmontel, a été pris, par M. Eberhard, pour le jugement de la Sorbonne elle-même.

« Je ne crois pas, dit cet écrivain (page 4), que, depuis Robert Sorbonne, la faculté théologique de Paris se soit exposée, ait prêté le flanc à ses adversaires avec autant d'imprudence qu'elle l'a fait dans cet écrit. » Et à la page 5: Elle sentit trop tard combien elle s'était exposée par l'imprudente publication des *trente-sept vérités*, et elle eût bien voulu cacher la honte de sa défaite. Elle fit voir ce qu'elle en pensait elle-même par la suppression de sa première censure et par la publication d'une autre sous le titre de *Censure de la faculté de Paris contre le livre qui a pour titre* Bélisaire. »

Cette censure est la seule que la Sorbonne ait publiée contre l'ouvrage de Marmontel. La méprise de M. Eberhard ressemble à celle d'un autre ministre protestant, Ancillon fils, qui regardait comme une histoire véritable la plaisanterie (de Fontenelle) intitulée *Relation de l'île de Bornéo*, au sujet des disputes entre Mero et Eenegu (Rome et Genève). Cette petite pièce de Fontenelle n'a pas été insérée dans la collection de ses Œuvres : on la trouve dans la *République des lettres* de Bayle, *janvier* 1686.

6148. Examen de la lettre de J. J. Rousseau sur la musique française (par BATON). 1753, *in*-8.

Réimprimé la même année avec le nom de l'auteur.

6149. Examen de la lettre de MM. les vicaires-généraux du chapitre à MM. les curés et desservans du diocèse de Troyes. (par M. GROU, prêtre). *Troyes, veuve André*, 1814, *in*-8 *de* 88 *pages.*

6150. Examen de la Liberté originaire de Venise (attribuée à D. Alfonse DE LA CUEVA, ou plutôt à Marcus VELSERUS), traduit de l'italien (par AMELOT DE LA HOUSSAYE), avec une harangue de Louis HÉLIAN, ambassadeur de France, contre les Vénitiens, traduite du latin (par le même AMELOT), et des remarques historiques. *Ratisbonne, Jean Aubri*, 1677, *in*-12.

6151. Examen de la manière de prêcher des protestans françois, et du culte extérieur de leur sainte religion, où l'on rapporte quatre lettres sur ces matières et sur quelques autres qui en dépendent (attribué à ARMAND DE LA CHAPELLE, auteur des articles théologiques de la *Bibliothéque raisonnée*). *Amsterdam, Covens*, 1730, *in*-8.

Critique désintéressée des journaux littéraires (par Bruys), t. 3, p. 158 et suiv.

6152. Examen de la nouvelle Histoire de Henri IV, de M. de Bury, par M. le marquis de B***. (DE BELESTAT, ou plutôt par LA BEAUMELLE), lu dans une séance de l'Académie, auquel on a joint une pièce analogue (la justification du président de Thou par **Voltaire**). *Genève*, 1768, *in*-8 *de* 79 *pag.*

Voltaire envoya à Paris des exemplaires de cette brochure, chargés de notes manuscrites dans lesquelles il réfute la Beaumelle avec beaucoup de dureté, le présentant comme un faussaire. Son but était de faire supprimer l'ouvrage de son ennemi, et il réussit en effet à en faire mettre six cents exemplaires au pilon. Comme il était défendu à la Beaumelle d'écrire depuis son exil en Provence, il pria le marquis de Belestat de se laisser attribuer l'*Examen critique*. Cette brochure s'est vendue jusqu'à 36 livres. Je possède l'exemplaire envoyé par Voltaire à Damilaville, qui l'avait légué au baron d'Holbach. Celui-ci l'avait donné à Naigeon. Le frère de ce dernier m'en fit présent en 1810.

Naigeon l'aîné croyait Voltaire auteur de l'*Examen de la nouvelle Histoire de Henri IV*. Madame du Deffant a partagé cette erreur. Voyez ses *Lettres à H. Walpole*, t. 1, p. 277.

Dans la table chronologique des ouvrages de Voltaire, les éditeurs de Kelh placent faussement cette brochure sous l'année 1766. Ils renvoient au tome vingt-huitième de leur édition, et on ne trouve dans ce volume que l'*Opuscule* joint à l'*Examen*, c'est-à-dire la justification du président de Thou. L'*Examen* a 69 pages : c'est un excellent morceau de critique historique et militaire.

6153. Examen de l'Apologie de l'abbé de Prades (par le P. **Brotier**, jésuite). 1753, *in*-8.

6154. Examen de la possession des religieuses de Louviers (par **Yvelin**, médecin du roi). *Paris*, 1643, *in*-4 *de* 11 *pag.*

Voyez Response à l'*Examen*, etc. (par **Lempesierre** et **Maignart**, médecins agrégés). *Rouen*, 1643, *in*-4 *de* 44 *pages*.

6155. Examen de la poudre, traduit de l'italien (**d'Antoni**), par **de Flavigny**. *Paris*, *Ruault*, 1773, *in*-8.

6156. Examen de la question, si les décimateurs ont l'intention fondée en droit à la perception de la dîme des fruits insolites? (Par **Massez**). *Gand*, 1780, *in*-8. V. T.

6157. Examen de la question, si les inscriptions des monumens publics doivent être en langue nationale? (par M. **le Roi**, ancien commissaire de marine). *Amsterdam et Paris*, 1783, *in*-8 *de* 52 *pages*.

6158. Examen de la Religion, dont on cherche l'éclaircissement de bonne foi, attribué à M. **de Saint-Evremont** (composé par **de la Serre**, lieutenant de la compagnie franche du chevalier de Vial). *Trévoux, aux dépens des pères de la Société de Jésus*. 1745, *in*-12.

Cet ouvrage parut aussi sous les deux titres suivans : *La vraie Religion démontrée par l'Ecriture sainte*, traduit de l'anglois de Gilbert Burnet. *Londres*, *G. Cock*, 1745. *Examen de la Religion, dont on cherche l'éclaircissement de bonne foi*, attribué à M. de Saint-Evremont, traduit de l'anglois de Gilbert Burnet. *Londres, G. Cook*, 1761, *in*-12.

Le parlement de Paris le condamna à être brûlé. En 1748, M. de la Serre, étant attaqué à Maëstricht de la maladie dont il mourut, appela le pasteur Vernède, et dressa le 10 avril, veille de sa mort, une déclaration portant qu'il était l'auteur de l'*Examen de la Religion*, par Saint-Evremont, ouvrage qui est, dit-il, le fruit d'une imagination échauffée et enivrée dans le libertinage. Voyez cette déclaration à la suite d'une lettre du pasteur Vernède, dans la *Bibliothéque raisonnée*, t. 41, p. 476.

La *Bibliothéque raisonnée* ne fait point connaître le vrai genre de mort de la Serre. Iugler nous apprend, dans son édition de la *Bibliotheca historiæ litterariæ selecta* de Struve, Ienæ, 1767, in-8, t. 3, p. 1768, que la Serre, ayant été pris comme espion, fut pendu en 1748 à Maëstricht.

On a cru faussement que le sieur **Varenne** était caché sous le masque du sieur de la Serre. Voyez G. Walchii *Bibliotheca theologica selecta*, Ienæ, 1757, t. 1, p. 777.

6159. Examen de la Réponse de M. Necker à M. l'abbé Morellet, sur la Compagnie des Indes. (par l'abbé **Morellet**). *Paris*, *Desaint*, 1769, *in*-4.

6160. Examen de la Théologie de M. Bayle, répandue dans son dictionnaire, etc. (par Isaac **Jaquelot**).

Amsterdam, l'Honoré, 1706, *in*-12.

6161. Examen de la théorie et de la pratique de M. Necker dans l'administration des finances de la France. (Par le président DE COPPONS). *Sans indication de lieu*, 1785, *in*-8 *de* 536 *pag.*

Correspondance secrète, politique et littéraire. Londres, 1790, t. 18, p. 222.

6162. Examen de la traduction des livres 34, 35 et 36 de Pline l'ancien, avec des notes, par M. Falconet, imprimée à *Amsterdam* en 1772 (par C. G. F. DUMAS). *In*-12. dans le *Journal encyclopédique* de juillet à septembre 1775, et *in*-8. dans le sixième volume des *OEuvres* d'Étienne FALCONET. *Lausanne*, 1781.

Voyez la Lettre de M. Falconet à M. ***, ou Réponse à un prétendu examen de la traduction de trois livres de Pline (*Saint-Pétersbourg*), 1776, in-8 de 75 pages, et dans le sixième volume de la collection des Œuvres de l'auteur.

6163. Examen de la tragédie d'Inès de Castro (par LEFEBVRE). *Paris*, 1723, *in*-8.

6164. Examen de la Transsubstantiation (par LE COQ, conseiller au parlement de Paris). *Londres, de Wats*, 1720, *in*-8.

6165. Examen de l'eau fondante de Guilbert de Préval (par H. A. TESSIER).... *Paris*, 1777, *in*-4. V. T.

6166. Examen de l'écrit intitulé : *Ultimatum* à M. l'évêque de Nancy (par MAULTROT). 1791, *in*-8, 3 *parties.*

L'*Ultimatum* fut publié en 1790, par Bertolio, électeur et représentant de la commune de Paris.

6167. Examen de l'esclavage en général, et particulièrement de l'esclavage des Nègres dans les colonies françaises de l'Amérique, par V. D. C. (Fr. Valentin DE CULLION). *Paris, Maradan, an* 11 (1802), 2 *vol. in*-8.

6168. Examen de l'essai sur la poésie épique de M. de Voltaire, traduit de l'italien de Paul ROLLI, par l'abbé A... (ANTONINI). *Paris, Rollin fils*, 1728, *in* 12.

6169. Examen de l'*Essai sur les Préjugés* (par FRÉDÉRIC II, roi de Prusse, publié par l'abbé BASTIANI). *Londres* (*Berlin*), 1770, *in*-12.

6170. Examen de l'Évidence intrinsèque du Christianisme, par Soame JENYNS, traduit de l'anglois ; nouvelle édition augmentée par les Observations de M. FLEXIER DE REVAL (l'abbé DE FELLER). *Liége*, 1779, *in*-12.

6171. Examen de l'inoculation, par un médecin de la Faculté de Paris (DORIGNY). *Paris, Dessain junior*, 1764, *in*-12.

6172. Examen de l'*instruction* de l'Assemblée nationale sur la constitution du clergé (par M. FRANÇOIS, lazariste). *Sans date, in*-8 *de* 38 *p.*

6173. Examen de l'opinion de son éminence le cardinal de la Luzerne sur la publication du concordat (par M. TABARAUD). *Paris, Brajeux*, 1821, *in*-8 *de* 23 *pag.*

6174. Examen de quatre articles publiés de la part des jésuites ès années 1610, 1612 et 1626, contenant la déclaration de leur doctrine sur le temporel des rois (par Godefroi HERMANT). *Paris*, 1633, *in*-8.

6175. Examen de quelques objections faites à l'auteur du nouvel Abrégé chronologique de l'Histoire de France, dans l'ouvrage (de Dreux du Radier) intitulé : *Mémoires historiques, critiques et anecdotes de*

France (par l'abbé Boudot). *Paris, Prault*, 1764, *in*-8.

6176. Examen de quelques passages de la traduction du Nouveau Testament imprimé à Mons (par Charles Mallet). *Rouen, Viret*, 1677, *in*-12.

6177. Examen de trois ouvrages sur la Russie par MM. Chantreau, Rulhières et Masson; par l'auteur du *Voyage de deux Français*, etc. (M. Fortia de Piles). *Paris, Batillot*, 1802, *in*-12 *de* 176 *pag*.

6178. Examen des apparitions et révélations de l'ange Raphaël à Thomas Martin, serviteur de Dieu, dans les mois de janvier, février, mars et avril 1816 (par le président Joly de Bévy). *Dijon, Coquet*, 1817, *in*-8 *de* 96 *pag*.

6179. Examen des articles organiques publiés à la suite du concordat de 1801, dans leurs rapports avec nos libertés, les règles générales de l'Église et la police de l'État. (Par M. Jauffret, maître des requêtes). *Paris, Eymery, novembre* 1817, *in*-8 *de* 147 *pag*.

6180. Examen des avantages et des désavantages de la prohibition des toiles peintes (par Forbonnais). *Marseille*, 1755, *in*-12.

6181. Examen des causes des succès et des disgrâces à la guerre, arrivés depuis Cyrus jusqu'à nos jours (par d'Écrammeville). *Paris*, 1793, *in*-8.

C'est le même ouvrage que l'*Essai historique et militaire sur l'art de la guerre*. Voyez le n° 5548.

6182. Examen des Confessions du Comte de***, écrites par lui-même à un ami (par Soubeiran de Scopon). *Amsterdam*, 1742, *in*-12.

6183. Examen des critiques du livre intitulé *de l'Esprit* (par le Roy). *Londres*, 1760, *in*-12.

6184. Examen des décrets du Concile de Trente, et de la jurisdiction françoise sur le mariage (par Maultrot). *En France*, 1788, 2 *vol. in*-12.

6185. Examen des défauts théologiques, où l'on examine les moyens de les réformer (par le P. Barre, genovéfain). *Amsterdam, Uitwerf*, 1744, 2 *vol. in*-12.

6186. Examen des difficultés qu'on oppose à la promesse de fidélité à la constitution (par M. l'abbé Jalabert). *Paris, Leclere*, 1800 *et* 1801, *in*-8.

6187. Examen des eaux minérales de Verberie (route de Compiègne) (par de Machy). *Paris*, 1758, *in*-12.

6188. Examen des effets que doivent produire l'usage et la fabrication des toiles peintes (par Moreau). *Genève et Paris, veuve Delaguette*, 1759, *in*-12.

6189. Examen des endroits de l'accomplissement des prophéties de M. Jurieu, etc. (par Gousset, qui demeurait alors à Dordrecht, et qui a été depuis professeur à Groningue). 1687, *in*-12.

Cet ouvrage a eu deux éditions. La seconde est augmentée.

6190. Examen des esprits pour les sciences, par J. Huarte, traduit en françois (par Charles Vion de Dalibray). *Paris*, 1645, *in*-8.

Réimprimé avec le nom du traducteur.

6191. Examen des faussetés sur les cultes chinois, avancées par le P. Jouvenci, jésuite, dans l'histoire de la Compagnie de Jésus (livre 19); traduit d'un écrit latin composé par le R. P. Minorelli, de l'Ordre de Saint-Dominique, missionnaire à la Chine, avec le texte en latin. 1714, *in*-12.

La traduction est de Nicolas PETITPIED, docteur de la maison et société de Sorbonne. Quant à l'original latin, on a tort de le donner au P. MINORELLI, et de le supposer missionnaire de la Chine, où il n'a jamais été. Cet écrit est de Charles MAIGROT, vicaire apostolique, évêque de Conon. (*Note tirée du Catalogue de l'abbé Goujet*)

6192. Examen des méthodes proposées par Messieurs de l'assemblée du clergé de France en 1682 (par BASNAGE, ministre de Rouen). *Cologne, Marteau*, 1684, *in*-4. *Roterdam, de Graef*, 1684, *in*-12.

6193. Examen des poésies sacrées de Le Franc de Pompignan (par le Marquis de MIRABEAU). 1755, *petit in*-12.

6194. Examen des préjugés vulgaires, pour disposer l'esprit à juger sainement de tout (par Cl. BUFFIER, jésuite). *Paris, Mariette*, 1704, *in*-12.

6195. Examen des principes d'après lesquels on peut apprécier la réclamation attribuée à l'assemblée du clergé en 1760, *in*-12.

Cette brochure, qui regarde l'excommunication des comédiens, a été attribuée à Fr. RICHER, avocat. V. T.

6196. Examen des principes de gouvernement qu'a voulu établir l'auteur des observations sur le refus du Châtelet de reconnaître la chambre royale (attribuée au vicomte D'ALÈS DE CORBET). *Sans date* (1753), *in*-12. *de* 168 *pages*.

6197. Examen des principes de la constitution civile du clergé, par M. l'évêque de Viviers (DE LA FONT DE SAVINE). *Lyon*, 1792, *in*-8.

6198. Examen des principes de la Révolution française (par l'abbé DUVOISIN). 1795, *in*-8.

Voyez le n° 3372.

6199. Examen des principes des alchymistes sur la pierre philosophale (par POUSSE, docteur en médecine). *Paris, juillet* 1711, *in*-12.

6200. Examen des principes du pastoral de Paris sur le sacrement de l'ordre, *in*-12 *de* 158 *pages*. — Sur le ministre du sacrement de pénitence et son pouvoir, *in*-12 de 128 *pages*. — Sur les censures et les cas réservés, *in*-12 de 236 *pag*. — Sur le sacrement de mariage, *in*-12 *de* 243 *pages*. — Sur les dispenses de mariages, *in*-12 *de* 128 *pages*. — Nouvel examen des principes du pastoral de Paris sur le sacrement de mariage, et récit de la dispute qui subsiste entre les cours de Rome et de Naples, sur une question matrimoniale, *in*-12 *de* 348 *pages*.

Tous ces écrits sont de MAULTROT; ils ont paru dans le cours des années 1788 et 1789.

6201. Examen des principes émis par les membres de la majorité et de l'opposition de la chambre des députés pendant la session de 1816, par L. T. (Léon THIESSÉ). *Paris, Lhuillier*, 1817, *in*-8 *de* 141 *pag*.

6202. Examen des principes les plus favorables aux progrès de l'agriculture, des manufactures et du commerce de France, par L. D. B. (M. Louis DE BOISLANDRY). *Paris, Ant. Aug. Renouard*, 1815, 2 *vol. in*-8.

6203. Examen des priviléges et autres pièces du procès entre l'archevêque de Paris et les moines de Saint-Germain-des-Prés (par J. DE LAUNOY). *Sans nom de ville ni date* (1657), *in*-4.

6204. Examen des prophéties qui servent de fondement à la Religion chrétienne (traduit de l'anglois de COLLINS, par le baron D'HOLBACH). *Londres* (*Amsterdam, M. M. Rey*), 1768, *in*-8.

6205. Examen des *Recherches philosophiques sur l'Amérique et les Américains, et de la défense de cet ouvrage* (par Ant. Jos. PERNETY). *Berlin, Decker*, 1771, 2 *vol. in*-8.

6206. Examen des réglemens des 9 et 23 octobre 1787, par rapport à l'ordonnance du roi du 6 mai 1814, portant établissement d'un conseil de la guerre (par M. LACROIX, ancien secrétaire de la section de la guerre du conseil d'état). 1814, *in*-8 *de* 34 *pages.*

On doit au même auteur des *Réflexions sur le règlement du Conseil d'état.* Sans date, in-8 de 8 pages.

6207. Examen des septante semaines de Daniel, du vœu de Jephté et du décret apostolique, art. XV. (par Jean LE BLANC, Français réfugié, ministre luthérien à Copenhague). *Amsterdam, Étienne Roger*, 1707, *in*-12. *de* 384 *pages.*

Bibliothéque sacrée de dom Calmet, quatrième partie.

Dom Calmet cite deux fois cet ouvrage à l'article du vœu de Jephté, une fois avec le nom de l'auteur et une fois comme anonyme; il le cite une troisième fois sous le voile de l'anonyme, à l'article des 70 semaines de Daniel.

6208. Examen des systèmes de J.-J. Rousseau et M. Court de Gebelin (par l'abbé LE GROS). *Genève*, 1786, *in*-8.

6209. Examen des systèmes du monde, où l'on discute quel est le véritable (par RIVARD). 1765, *in*-12 *de* 64 *p.*

L'auteur rejette le système de Copernic, et n'admet celui de Tycho qu'avec la correction de Longomontanus.

6210. Examen des trois dissertations que M. Desaguliers a publiées sur la figure de la terre (par DE MAUPERTUIS). *Oldembourg, Machmuller, Paris*, 1738, *in*-12 *de* 46 *pages, y compris l'avertissement du libraire.*

Voyez mon *Examen critique des Dictionnaires historiques*, au mot CONTE, natif de Bièvre.

6211. Examen désintéressé des différens ouvrages qui ont été faits pour déterminer la figure de la terre (par DE MAUPERTUIS). *Oldembourg* (*Paris*), 1738, *in*-12. — Seconde édition augmentée de l'Histoire de ce livre. *Amsterdam*, 1741, *in*-8.

Voyez la *Bibliographie astronomique* de la Lande, Paris, 1803, in-4, p. 406.

6212. Examen détaillé de l'importante question de l'utilité des places fortes et retranchemens (par le général D'ARÇON). *Strasbourg*, 1789, *in*-8.

6213. Examen du Bélisaire de Marmontel (par l'abbé COGER). *Paris, De Hansy*, 1767, *in*-12 *de* 138 *p.*

Cette critique a été réimprimée.

6214. Examen du Catéchisme de l'honnête homme, ou Dialogue entre un Caloyer et un homme de bien (par l'abbé FRANÇOIS). *Bruxelles et Paris, Babuty*, 1764, *in*-12.

6215. Examen du décret de l'Assemblée Constituante, du 27 août 1791, où l'on traite de la question du célibat ecclésiastique, de l'indissolubilité du mariage, pour les concilier avec ce décret, par M. CH. D. L. R. anc. E. D. R. (CHARRIER DE LA ROCHE, ancien évêque de Rouen, aujourd'hui évêque de Versailles). *Paris, Leclere*, 1792, *in*-8.

6216. Examen du décret du concile de Trente, sur l'approbation des confesseurs (par MAULTROT). 1784, 2 *vol. in*-12.

6217. Examen du discours publié contre la Maison royale de France (par

Pierre DE BELLOY). *Paris*, 1587, *in*-8.

6218. Examen du discours qui a remporté le prix de l'Académie françoise en 1760 (l'Éloge de d'Aguesseau), ou Lettre à M. Thomas, professeur au collége de Beauvais (par le P. MIRASSON, barnabite). 1760, *in*-12.

6219. Examen du Fatalisme, ou Exposition et réfutation des différens systèmes de fatalisme (par l'abbé PLUQUET). *Paris*, *Didot*, 1757, 3 *vol. in*-12.

6220. Examen du Gouvernement d'Angleterre, comparé aux constitutions des États-Unis, traduit de l'anglais (de LIVINGSTON, par M. FABRE), avec des notes (par DUPONT de Nemours, CONDORCET et M. GALLOIS). *Londres et Paris*, *Froullé*, 1789, *in*-8.

6221. Examen du libelle intitulé; *Histoire de l'établissement des moines mendians* (par le P. RICHARD, dominicain). *Avignon*, 1767, *in*-12 *de* 100 *pages*.

6222. Examen du livre de la *Réunion du Christianisme* (par JURIEU). *Sans indication de lieu* (*Orléans*, *Rousselet*), 1671, *in*-12.

D'Huisseau répondit à cet *Examen*. Paris, 1671, in-8.

6223. Examen du livre intitulé: *du Témoignage de la vérité dans l'Eglise*, par le P. D. J. (le P. DANIEL, jésuite). *Paris*, *Nic. le Clerc*, 1715, *in*-12.

6224. Examen du livre intitulé: *Reflexions politiques sur les finances* (attribué à DESCHAMPS). *La Haye*, *frères Vaillant*, 1740, 2 *vol. in*-12.

Le célèbre Paris du Verney est en grande partie auteur de cet Examen. Cette indication, qui a pour garans plusieurs bibliographes estimés, entre autres le Clerc, continuateur de Ladvocat, dans le Catalogue des livres du duc de Chaulnes, 1770, in-8, n° 678, et M. Née de la Rochelle, dans le Catalogue des livres de Perrot, 1776, in-8, n° 805; cette indication, dis-je, fait entendre ce qu'affirmait Voltaire en 1738, dans une lettre à M. T*** sur l'ouvrage de M. Melon (*Essai sur le commerce*) et sur les *Réflexions politiques* de Dutot.

« Le livre de M. Melon, dit Voltaire, en a produit un de M. Dutot, qui l'emporte de beaucoup pour la profondeur et pour la justesse; et l'ouvrage de M. Dutot en va produire un autre par l'illustre M. du Verney, lequel vaudra probablement beaucoup mieux que les deux autres, parce qu'il sera fait par un homme d'état. »

Les éditeurs du *Voltaire* de Beaumarchais (t. 29, p. 152 de l'édition in-8) prétendent que ce livre de M. du Verney *n'a jamais paru*, et que Voltaire parle ici suivant l'opinion publique du temps où il vivait. La seconde partie de cette note est vraie; mais quelques connaissances en bibliographie démontrent la fausseté de la première partie. En effet Paris du Verney a pu promettre dès 1738 la réfutation de l'ouvrage de Dutot, et il a pu la laisser attribuer à François-Michel-Chrétien Deschamps, qui probablement a mis en ordre ses matériaux. L'auteur du *Nouveau Dictionnaire historique*, au mot PARIS DU VERNEY, a reproduit la première partie de la note des éditeurs de Voltaire.

6225. Examen du livre intitulé: Remontrances et conclusions des gens du roi, et arrêt du parlement, attribué faussement à M. Servin, avocat général, sur le livre du cardinal Bellarmin (par Michel DE MARILLAC, depuis garde des sceaux). 1611, *in*-8.

6226. Examen du ministère de M. Colbert (par DE BRUNY, ancien directeur de la Compagnie des Indes). *Paris*, *d'Houry*, 1774, *in*-8 *de* 295 *pages*.

Duteusiana, p. 38.

*6227. Examen du ministère de M. Pitt, traduit de l'anglois (de Jean ALMON), avec des notes par DE CHAMPIGNY. *La Haye*, 1764, *in*-8.

6228. Examen du nouvel ouvrage du P. Berruyer, intitulé : *Réflexions sur la foi* (par P. J. Gourlin). *Paris*, 1762, *in*-12. V. T.

6229. Examen du poëme sur la grâce, en trois lettres (la première du P. Brumoy, la seconde du P. Rouillé, la troisième du P. Hongnant, tous trois jésuites). *Bruxelles* (*Paris*), 1723, *in*-8.

6230. Examen du pouvoir législatif de l'Église sur le mariage, où l'on relève quelques-unes des erreurs du livre (de M. Tabaraud) intitulé : *Principes sur la distinction du contrat et du sacrement de mariage*, avec une dissertation sur la reception du concile de Trente dans l'Église de France (par M. l'abbé Boyer, sulpicien). *Paris*, *Leclere*, 1817, *in*-8.

6231. Examen du *Prince* de Machiavel, avec des notes historiques et politiques (par Frédéric II, roi de Prusse). *La Haye*, *Van Duren*, 1741, *in*-8. — 3e édit. augmentée de plusieurs pièces (et surtout de la correspond. de Voltaire avec le libraire). *La Haye*, *Van Duren*, 1741, 2 *vol. in*8.

La traduction du *Prince* et les *notes historiques et politiques* sont d'Amelot de la Houssaye. L'*Examen* seul est du roi de Prusse. Le manuscrit a été revu par Bruzen de la Martinière. Voyez le Dictionnaire de Pr. Marchand, au mot *Anti-Machiavel*. Voyez ce même mot dans le présent Dictionnaire, n° 936, qui est le même ouvrage que celui-ci.

Cet *Examen* forme le sixième volume de la traduction des Œuvres de Machiavel par Tétard, imprimée à Amsterdam en 1748. On trouve dans cette réimpression les diverses leçons de toutes les éditions qui avaient paru précédemment avec un grand nombre de différences quant aux matières.

6232. Examen du Psautier françois des révérends pères Capucins (par le P. Houbigant). *Paris*, *Didot jeune*, 1764, *in*-8.

6233. Examen du Sentiment des Saints Pères et des anciens Juifs sur la durée des siècles (par l'abbé Desessarts). *Paris*, *Lottin*, 1739, *in*-12.

6234. Examen du Système de législation établi par les États du mois de mai 1788, adressé aux princes du sang royal et aux pairs de France (au nom du parlement de Nancy) (par M. Bouteiller, conseiller audit parlement, et aujourd'hui président de la cour royale). (*Nancy*), 1788, *in*-8 *de* 78 *pag*.

6235. Examen du Système de M. Newton sur la lumière et les couleurs, par J. Alétophile. *Euphronople et Paris*, *Vente*, 1766, *in*-8.

Le *Catalogue hebdomadaire* de la librairie a annoncé cet ouvrage sous le nom de M. Q. Serait-ce l'initiale du nom de M. Quériau, ancien secrétaire de l'académie de Clermont?

6236. Examen du Système politique de M. Necker ; Mémoire joint à la lettre écrite au roi par M. de Calonne, le 9 février 1789 (par l'abbé le Gros, mort le 21 janvier 1790). (*Avril*) 1789, *in*-8 *de* 51 *pages*.

Ce pamphlet a fait le tourment de Necker. Il a eu trois éditions. La première fut épuisée en peu de jours. Un ami de l'abbé le Gros en fit faire une seconde, et la fit distribuer à tous les députés de l'assemblée nationale à Versailles.

6237. Examen du Traité de Jean Savaron, de la souveraineté du roi et de son royaume (par Jean le Coq). 1615, *in*-8.

6238. Examen du Traité de la liberté de penser (de Collins), écrit à M. D. Lig***, par M. D. Cr***** (de Crouzas). *Amsterdam*, *l'Honoré et Chatelain*, 1718, *in*-12.

6239. Examen du vuide, ou Espace newtonien, relativement à l'idée de Dieu (par de la Fautrière). *Paris*, *Gissey*, 1739, *in*-12.

6240. Examen d'un Discours de M.

Thomas, qui a pour titre : *Éloge de Louis Dauphin de France* (par l'abbé COGER). *Paris, De Hansy*, 1766, *in*-8.

6241. Examen d'un Essai sur l'Architecture, avec quelques remarques sur cette science (par DE LA FONT DE SAINT-YENNE). *Paris, Lambert*, 1753, *in*-8.

6242. Examen d'un libelle contre la Religion et contre l'État, intitulé : *Avis important aux réfugiés.* (Par JURIEU). *La Haye*, 1691, *petit in*-12.*

6243. Examen d'un livre qui a pour titre : *Parallèle des différentes méthodes de traiter la maladie vénérienne.* (Par KEYSER). *Amsterdam et Paris*, 1765, *in*-12. V. T.

6244. Examen d'un livre (de Necker) qui a pour titre : *Sur la législation et le commerce des grains.* (Par le marquis DE LUCHET). *Sans nom de ville*, 1775, *in*-8. V. T.

6245. Examen d'un livre qui a pour titre : T. TRONCHIN *de colicâ Pictonum*, par un médecin de Paris (BOUVART). *Genève et Paris*, 1758, *in*-8.

6246. Examen d'un livre qui a pour titre, *la Vie du R. P. Romillon*, avec plusieurs éclaircissemens sur la première institution des congrégations de la Doctrine chrétienne et des Ursulines en France (par le P. Augustin RIBOTI, doctrinaire, contre un P. de l'Oratoire, qui prétend que le P. Romillon est le premier instituteur de ces deux congrégations, et qu'il y a eu plus de part que le P. César de Bus). *Toulouse, J. Pech*, 1676, *in*-8.

6247. Examen d'une brochure qui a pour titre : *Caroli* le Roy *de aquarum mineralium naturâ et usu, propositiones prælectionibus accommodatæ.* (Par ESTÈVE). *Montpellier, Martél*, 1758, *in*-8.

6248. Examen et réfutation des leçons de physique de l'abbé de Molières (par l'abbé SIGORGNE). *Paris*, 1741, *in*-12.

6249. Examen et résolution des difficultés qui se présentent dans la célébration des saints mystères, par l'auteur du *Traité des dispenses* (Pierre COLLET). *Paris, De Bure*, 1752, *in*-12.

6250. Examen exact et détaillé du fait d'Honorius (par le P. MERLIN, jésuite). 1738, *in*-12.

6251. Examen général de tous les états et conditions, et des péchés qu'on y peut commettre, par le sieur DE SAINT-GERMAIN (Pierre DE LA VERGNE DE TRESSAN). *Paris, Desprez*, 1670, *in*-12; 1676, 2 *vol. in*-12.

Saint-Germain est le titre d'un prieuré que cet auteur avait dans le diocèse de Mende.

6252. Examen historique sur l'apparition de la maladie vénérienne en Europe (par SANCHÈS). *Lisbonne* (*Paris, veuve Barrois et fils*), 1774, *in*-12.

L'auteur avait publié en 1750 (voyez le n° 4390) une *Dissertation sur l'origine de la maladie vénérienne.* Ces deux dissertations très-curieuses ont été réunies en un seul volume, par les soins de GAUBIUS, *Leyde*, 1777, *in*-8. L'éditeur y a ajouté une préface, dans laquelle il paraît incliner pour l'opinion de l'auteur.

6253. Examen impartial de la critique des cartes de la mer Baltique et du golfe de Finlande (par LE CLERC). *Paris*, 1786, *in*-4. V. T.

6254. Examen impartial de la vie privée et publique de Louis XVI. (Par M. ANDRÉ). *Paris*, 1797, *in*-8.

6255. Examen impartial de plusieurs observations sur la littérature (par l'abbé LE NOIR-DUPARC, ci-devant jésuite). *Paris, Ch. Pierre Berton*, 1779, *in*-8.

6256. Examen impartial des devoirs et des droits respectifs des trois ordres, où sont indiquées les lois anciennes qui ont prononcé sur la plupart des demandes contenues dans leurs cahiers (par MAUGARD, généalogiste). *Paris, Cailleau*, 1789, *in*-8.

6257, Examen impartial des époques de la nature de M. le C. de Buffon, par l'abbé F. X. D. F. (DE FELLER, ex-jésuite). *Luxembourg, Chevalier*, 1780, *in*-12; *plusieurs fois réimprimé.*

L'abbé Rossignol, ex-jésuite, comme l'abbé de Feller, et son grand ami, a donné une seconde édition de cet ouvrage, avec des corrections auxquelles l'auteur ne s'attendait pas. Elles portaient sur les erreurs de Feller en matière de physique et d'astronomie. L'abbé de Feller, loin de se fâcher, fit l'éloge du travail de son ami dans le *Journal de Luxembourg*, qu'il rédigeait. (*Mémoire* de l'abbé Rossignol *sur la généalogie de J. C.* Turin, vers 1802, in-8 de 16 pages.)

6258. Examen impartial des immunités ecclésiatiques (par l'abbé CHAUVELIN). *Londres (Paris)*, 1751, *in*-12.

6259. Examen impartial des médecins et des chirurgiens, considérés par rapport à l'intérêt public, par M. de B*** (le docteur QUESNAY). 1748, *in*-12 *de* 220 *pages.*

6260. Examen impartial des meilleures tragédies de Racine (par le marquis DE XIMENÈS). (*Paris, Merlin*), 1768, *in*-8 *de* 80 *pages, avec* 8 *pages de préliminaires.*

6261. Examen impartial du Budget proposé à la Chambre des Députés, le 23 décembre 1815, et projets d'amendemens. Par l'auteur de l'*Opinion* et des *Observations d'un créancier de l'Etat* (M. BRICOGNE l'aîné). *Paris, Pelicier*, 1816, *in*-8 *de* 198 *pag.*

6262. Examen impartial du siége de Calais, poëme dramatique de M. de Belloy (par MANSON). *Calais*, 1765, *in*-8.

6263. Examen impartial et paisible des objections proposées à l'auteur des *Eclaircissemens*, etc. (par l'abbé D. M. DE CHATEAUGIRON, prêtre du diocèse de Rennes). *Londres, chez les libraires français*, 1802, *in*-8 *de* 507 *et* CLXVI *pages.*

L'auteur avait examiné la grande question des démissions dans une brochure intitulée : *Éclaircissemens demandés à M. l'archevêque d'Aix*, in-8. Voyez le n° 4612. On lui doit encore une infinité de petits ouvrages donnés sans nom d'auteur aux différentes époques de la révolution. Voyez le *Journal historique et religieux de l'émigration et déportation du clergé de France en Angleterre*, par l'abbé de LUBERSAC. Londres, Dulau, 1802, in-8, p. 226 et suiv.

6264. Examen important de milord BOLINGBROKE, écrit sur la fin de 1736 (ouvrage composé par VOLTAIRE); nouvelle édition corrigée et augmentée sur le manuscrit de l'illustre auteur. *Sans indication de lieu*, 1767, *in*-8.

6265. Examen pacifique de la doctrine des huguenots, par H. CONNESTABLE (Jacques DAVY DU PERRON). *Caen*, 1590, *in*-8.

On doit au même auteur la réfutation de l'écrit de Daniel Tilenus contre le discours recueilli par H. Connestable, etc. *Évreux*, 1601, *in*-8.

6266. Examen philosophique de la liaison réelle qu'il y a entre les sciences et les mœurs (par FORMEY). *Avignon*, 1755, *in*-12.

6267. Examen philosophique de la

règle de Saint Benoît (par dom Cajot, bénédictin). *Avignon*, 1768, *in*-12.

6268. Examen raisonné d'un livre intitulé : *Dieu et l'Homme* (de Sissous de Valmire, par Louis Tallot). *Sans nom de ville*, 1772, *in*-8.

6269. Examen rapide du gouvernement des Bourbons en France depuis le mois d'avril 1814 jusqu'au mois de mars 1815 (par le docteur de Montègre). *Paris*, *Colas*, 1815, *in-8 de 72 pages.*

Réimprimé la même année.

6270. Examen sérieux et comique des Discours sur l'esprit, par l'auteur des *Lettres américaines* (l'abbé de Lignac). *Amsterdam*, 1759, 2 *vol. in*-8.

6271. Examen sérieux et très-important de l'ouvrage qui a pour titre : *Exposition des principes sur la constitution du clergé*, par les évêques députés à l'Assemblée nationale (Voyez le n° 6394), ou Apologie des décrets sur la constitution civile du clergé, par un prêtre, docteur catholique, apostolique et romain (M. J. Bellugou). *Béziers*, *Fuzier*, 1791, *in*-8.

6272. Examen théologique sur la société du prêt à rente, dialogue entre Bail et Pontas, docteurs en théologie (par le P. Grangier). *Paris*, 1741, *in*-12.

6273. Examens particuliers sur divers sujets propres aux ecclésiastiques, etc., par un prêtre du clergé (Louis Tronson). *Lyon*, 1690, 2 *vol. in*-12. — Quatrième édition, *Lyon*, *Declaustre*, 1700, 2 *vol. in*-12.

Réimprimé dans ces derniers temps.

6274. Excellence de la dévotion au cœur adorable de Jésus-Christ (ouvrage composé en latin, et publié à Rome par le P. Joseph de Galliffet, jésuite, traduit en français avec des additions par l'auteur). *Nancy*, *veuve Balthasar*, 1745, *in*-4.

6275. Excellence (de l') des hommes contre l'égalité des sexes (par Fr. Poullain de la Barre). *Paris*, *Dupuis*, 1675, *in*-12.

6276. Excellence (de l') des roys et du royaume de France, par H. B. P. (Hiérome Bignon). *Paris*, *Hiér. Drouart*, 1610, *in*-8.

6277. Excellens discours de J. de l'Épine, touchant le repos et contentement de l'esprit, mis en lumière avec annotations, par S. G. S. (Simon Goulart, senlisien). *Genève*, *Boreau*, 1599, *in*-16.

6278. Excellent et libre Discours sur l'état présent de France, qui contient ce qui s'est passé depuis l'an 1585 jusqu'en 1588 (par Michel Hurault, sieur du Fay). 1588. *in*-8. Voy. *Satyre ménippée*, t. 3, p. 84, et *Mémoires de la Ligue*, t. 3, p. 2, *in*-4.

C'est le premier des *Quatre excellens Discours* et du *Recueil des excellens et libres Discours*. Voyez ces mots.

Les continuateurs du P. le Long (t. 2, p. 297) présentent ce Discours comme l'ouvrage d'un huguenot, et ils n'en nomment pas l'auteur. Comment n'ont-ils pas remarqué que c'était la même chose que le *franc et libre Discours* qu'ils attribuent à Michel Hurault, et dont ils ont fait un juste éloge ? L'auteur ne se montre ni huguenot ni catholique ; mais il paraît bon chrétien, et surtout bon Français. Méusel, dans sa *Bibliotheca historica*, t. 8, part. 1, p. 58, attribue, comme moi, l'*Excellent et libre Discours* à Michel Hurault.

6279. Excellent (l') jeu de Trique-trac, très-doux estat des nobles compagnies ; par E. de Jollivet, sieur de Vohilley. *Troyes*, *sans date*, *in*-8.

Selon le libraire, « ce livre avait déjà été

imprimé plus de vingt fois sans le nom de son modeste auteur. »

(*Article de M. Boulliot.*)

6280. Excellent Traité de la mortification de nos passions et affections désordonnées; trad. de l'italien du P. Jules Facie (de la compagnie de Jésus), par F. S. (François Solier, limousin, de la même compagnie). *Paris*, *G. Chaudière*, 1598, *in*-12; *Chambéry*, 1598, *in*-16.

6281. *Excerpta*, ou Morceaux choisis de Tacite, avec des sommaires et des notes en français, précédés d'une notice sur cet historien, ouvrage prescrit et adopté pour la classe des belles-lettres dans les lycées (par M. Rendu). *Paris*, 1805, *in*-12.

6282. Excommunication politique lancée sur le clergé, contre les sentimens du coadjuteur, etc. (par du Bosc de Montandré). (*Sans nom de ville*), 1642, *in*-4. V. T.

6283. Excursion, ou l'Escapade, par madame Brooke, traduit de l'anglais (par Henri Rieu). *Lausanne*, *F. Grasset*, 1778, 2 *parties in*-12.

6284. Exemples des OEuvres de Dieu et des hommes, prises du livre de Genèse (par Gilles Corrozet) *Paris*, *Corrozet*, 1551, *in*-8.

6285. Exercices chrétiens des gens de guerre, où les instructions les plus intéressantes sont confirmées par des traits d'histoire curieux et édifians (par le P. Ant. Alex. Daguet, jésuite). *Lyon*, *Delaroche*, 1759, *in*-12.

6286. Exercices de la vertu et de la perfection chrétienne, traduits de l'espagnol d'Alphonse Rodriguez; traduction nouvelle (par N. B. A. A. P. D. P., c'est-à-dire par Nicolas Binet, avocat au parlement de Paris). *Paris*, *Coignard*, 1674, 2 *vol. in*-4.

Si l'on en croit Dupin, dans sa table des auteurs ecclésiastiques du dix-septième siècle, Alexandre Varet, ami de MM. de Port-Royal, serait l'auteur de cette traduction. Probablement il y a eu beaucoup de part, et c'est sans doute ce qui la fait considérer comme l'ouvrage de MM. de Port-Royal. Elle passe cependant pour inexacte. Dans ses corrections, Dupin l'a restituée à Binet.

6287. Exercices de piété pour le renouvellement des trois consécrations du baptême, de la profession religieuse et du sacerdoce. (Par le P. Quesnel). *Paris*, *Ch. Robustel*, 1693, *in*-16; 1713, *in*-12.

6288. Exercices du Chrétien, contenant les préservatifs les plus sûrs contre le péché, où les instructions les plus salutaires sont confirmées par des traits d'histoire (par le P. Daguet, jésuite). *Lyon*, *Delaroche*, 1759, *in*-12.

6289. Exercices en forme de plaidoyers, par les rhétoriciens du collége de Louis-le-Grand (composés par le P. Geoffroy, jésuite). *Paris*, *Thiboust*, 1756, *in*-12.

6290. Exercices et manœuvres du canon à bord des vaisseaux du roi; nouvelle édition augmentée, par un officier de marine (M. Willaumez). *Paris*, 1815, *in*-8.

6291. Exercices spirituels des religieux convers, par Fr. A. D. (frère Ambr. Drwe). *Bruxelles*, 1638, *in*-8. V. T.

6292. Exercices spirituels, ou les véritables pratiques de piété pour honorer Jésus-Christ (par Fr. Mespolié). *Paris*, 1703, *in*-12. V. T.

6293. Exercices spirituels pour une retraite de dix jours. (Par le P. Avrillon, prêtre de l'Oratoire).

Paris, *J. de Nully*, 1699, *in*-12.

Réimprimés à Lyon en 1764, avec le nom de l'auteur.

6294. Exercices sur la tactique ou la science du héros (par le P. CASTEL). *Paris*, *Garnier*, 1757, *in*-8 *de* XXIV *et* 173 *pages*.

6295. Exercices sur les sacremens de pénitence (par dom GERBERON). *Paris*, 1719, *in*-12. V. T.

6296. Exercices sur les sacremens de pénitence et d'eucharistie, par des prières courtes tirées des confessions de Saint Augustin et de l'évangile (par Cl. HERSANT, oratorien). *Paris*, *Josset*, 1707, *in*-12. V. T.

Il existe plusieurs éditions de cet ouvrage.

6297. Exhortation à la concorde envoyée aux États généraux sous le nom du roi (par CÉRUTTI). 1789, *in*-8 *de* 78 *pages*.

6298. Exhortation à la lecture de l'Écriture Sainte, surtout à celle du Nouveau Testament (par l'abbé RUFIN). 1718, *in*-12.

6299. Exhortation aux princes et seigneurs du conseil pour obvier aux séditions qui semblent nous menacer pour le fait de la Religion. (1562), *in*-8.

Le nouveau le Long ne nomme pas l'auteur; dans le *Nouveau Dictionnaire historique*, Caen, 1783, in-8, t. 6, on voit que c'est PASQUIER. V. T.

6300. Exhortation pressante aux trois ordres de la province de Languedoc (par SERVAN). 1788, *in*-8 *de* 44 *pag*.

6301. Exhortations courtes et pathétiques pour les personnes affligées et mourantes (par Nic. MARTIN). *Paris*, *Delespine*, 1712, *in*-12.

6302. Exhortations sur les principaux devoirs de l'état religieux (par le P. CHERON, théatin). *Paris*, *Berton*, 1772, 2 *parties in*-8.

6303. Exil (l') de Polexandre et d'Ériclée, par ORILE. *Paris*, 1619, 1629, *in*-8.

On attribue ce livre à GOMBERVILLE. (*Note manuscrite de Lenglet du Fresnoy.*)

6304. Existence (l') de Dieu démontrée par les merveilles de la nature (ouvrage composé en hollandois par NIEUWENTYT, et traduit en françois par NOGUEZ, sur la cinquième édition de la version angloise). *Paris*, *Vincent*, 1725, *in*-4; *Amsterdam*, 1760. *in*-4.

6305. Existence (l') de la pierre merveilleuse des philosophes, prouvée par des faits incontestables; dédiée aux adeptes, par un amateur de la sagesse (RICAUD, de Provence). *En France*, 1765, *in*-8.

6306. Existence (l') réfléchie, ou Coup d'œil moral sur le prix de la vie (par Julie CARON, sœur de CARON DE BEAUMARCHAIS). *Paris*, *Belin*, 1784, *petit in*-12.

C'est un extrait des Nuits d'Young et des Méditations d'Hervey. Suivant M. Boulliot, l'auteur est DEMANDRE, maître en géographie, né à Paris, mort près d'Auxerre, en mars 1808.

6307. Expédition (l') de Cyrus, ou la Retraite des dix mille, ouvrage traduit du grec de XÉNOPHON (par le comte DE LA LUZERNE). *Paris*, *Cellot et Jombert jeune*, 1777, *in*-8. — Nouvelle édition, 1778, 2 *vol. in*-12. — Troisième édition, 1786, 2 *vol. in*-12.

L'édition de 1778 contient des réflexions sur la traduction du même ouvrage par Larcher.

6308. Expérience (l') justifiée, pour l'élévation des eaux par un nouveau moyen (par le P. CHÉRUBIN d'Orléans). *Paris*, *Muguet*, 1681, *in*-12.

6309. Expériences et Observations sur l'électricité, traduites de l'anglais de FRANKLIN (par DALIBARD). *Paris, Durand*, 1756, 2 *vol. in*-12.

6310. Expériences et Observations sur l'usage interne de la pomme épineuse, de la jusquiame et de l'aconit, traduites du latin de STORK (par LE BEGUE DE PRESLES). *Paris*, 1763, *in*-12.

6311. Expériences nouvelles touchant le vide, faites dans des tuyaux et siphons de plusieurs longueurs et figures, avec diverses liqueurs, par B. P. (Blaise PASCAL). *Paris, Margat*, 1647, *in*-8.

6312. Expériences sur la propagation des sons et de la voix dans les tuyaux prolongés à une grande distance. (Par GAUTHEY) .... 1783, *in*-8. V. T.

6313. Explication abrégée des coutumes et cérémonies observées chez les Romains, traduite du latin de NIEUPORT (par l'abbé DESFONTAINES). *Paris, Jean Desaint*, 1741, 1750, *in*-12; *réimprimé plusieurs fois avec le nom du traducteur.*

L'abbé Desfontaines dit, dans ses *Observations sur les écrits modernes*, t. 20, p. 76: « J'ai entre les mains, en manuscrit, une traduction fidèle de cet ouvrage, qui sera donnée au public dans quelque temps. » Ce passage me semble indiquer assez clairement que Desfontaines n'a été que le réviseur de cette traduction.

6314. Explication abrégée des principales questions qui ont rapport aux affaires présentes (par Jean-Laurent BOURSIER, avec des figures dessinées par Nicolas GODONESCHE). 1731, *in*-12.

6315. Explication de cinq chapitres du Deutéronome, et des prophéties d'Habacuc et de Jonas (par DUGUET). *Paris, Babuty*, 1734, *in*-12.

6316. Explication de divers monumens singuliers qui ont rapport à la religion des anciens peuples (par dom MARTIN). *Paris, Saugrain*, 1727, 2 *vol. in*-4.

6317. Explication de la comète qui a paru sur la fin de l'année 1680 (par le P. ANTHELME, chartreux de Dijon). *Lyon*, 1681, *in*-4 *et in*-12.

6318. Explication de l'Apocalypse d'après l'Écriture-Sainte et l'histoire ecclésiastique, par M. L. B. (BRIDOUX). *Paris, Leclere et Brajeux*, 1818, *in*-8.

6319. Explication de l'Apocalypse par l'histoire ecclésiastique (par DE LA CHÉTARDIE, curé de Saint-Sulpice). *Bourges, Toubeau*, 1692, *in*-8. — Quatrième édition, *Paris*, 1707, *in*-4. *avec le nom de l'auteur.*

6320. Explication de la prophétie d'Isaïe (par DUGUET). *Paris, Babuty*, 1734, 6 *vol. in*-12.

6321. Explication de la quatrième églogue de Virgile (par RIBAUD DE ROCHEFORT, nommé depuis DE LA CHAPELLE). *Paris, Chaubert*, 1745, *in*-12.

6322. Explication de l'énigme du roman (de M. Montjoye) intitulé: Histoire de la conjuration de Louis-Philippe-Joseph d'Orléans. *A Vérédishteal (Paris), sans date*, 4 *vol. in*-8. *Très-rare.*

Je n'ai vu qu'un exemplaire de cet ouvrage; il avait appartenu à M. Moreau de Mersan, secrétaire des commandemens de madame la duchesse douairière d'Orléans. M. Boulard en a fait l'acquisition.

6323. Explication de l'histoire de Joseph, selon divers sens que les SS. Pères y ont donnés (par François JOUBERT). 1728, *in*-12.

6324. Explication de l'objection que MM. de la R. P. R. font en toutes rencontres aux Catholiques, prise du chap. 6 de S. Jean: *C'est l'es-*

prit qui vivifie, la chair ne profite de rien, etc., par un ecclésiastique de Châlons (LE SUEUR). *Chaalons*, 1666, *in*-8. — Quatrième édition, portant le nom de l'auteur. *Paris*, 1678, *in*-8.

6325. Explication de l'oraison dominicale en forme de prière, par un solitaire (le P. SAUVAGE, camaldule). *Paris*, 1724, *in*-12.

6326. Explication de l'ordonnance du mois d'aoust 1735, concernant les testamens. Par M. *** (AYMAR). *Avignon, F. Girard*, 1740, *in*-4.

6327. Explication de l'ouverture du côté et de la sépulture de J.-C., suivant la Concorde (par DUGUET). *Bruxelles, veuve Foppens* (*Paris*), 1731, *in*-12.

6328. Explication de plusieurs textes difficiles de l'Écriture (par dom MARTIN). *Paris*, *Emery*, 1730, 2 *vol. in*-4.

6329. Explication de quatre paradoxes qui sont en vogue dans notre siècle, ouvrage traduit de l'italien du P. CONCINA, par le chevalier PHILALETHI, vénitien (le P. DUFOUR, dominicain). *Avignon*, *Jean Girard*, (*Auxerre*, *Fournier*), 1751, *petit in*-12.

6330. Explication de quelques endroits des anciens statuts de l'ordre des Chartreux, avec des éclaircissemens donnés sur le sujet d'un libelle qui a été composé contre l'ordre (par l'abbé de Rancé) et qui s'est divulgué secrétement, par frère INNOCENT (dom MASSON, prieur de la grande Chartreuse); *à la Correrie* (*bâtiment dépendant de la grande Chartreuse*), *par André Galle*. (1683), *in*-4.

Cent soixante-six pages; les exemplaires qui finissent à la page 122 ne sont pas complets.

On trouve ordinairement à la suite de cet ouvrage une autre pièce intitulée : *Aux vénérables pères visiteurs de la province de N.* (par le même dom MASSON), *in*-4.

6331. Explication de quelques marbres antiques, dont les originaux sont dans le cabinet de M.*** (le Bret). (Par le président BOUHIER). *Aix*, *David*, 1733, *in*-4 *de* 50 *pages*.

6332. Explication de S. Augustin et des autres Pères latins sur le Nouveau Testament. *Paris*, *Lambert Roulland*, 1675, 2 *vol. in*-8.

C'est une édition déguisée de la traduction du Nouveau Testament dite de *Mons*. Il en existait déjà une sous ce titre :

Abrégé de S. Jean Chrysostôme sur le N. T., par Paul-Antoine DE MARSILLY. *Paris*, *P. le Petit*, 1670, 2 *vol. in*-8.

(*Histoire littéraire* (*et manuscrite*) *de Port Royal*, par dom CLÉMENCET, t. 2, article *Sacy*.)

6333. Explication de Saint Augustin et des Saints Pères sur le Nouveau Testament (par Nicolas FONTAINE). *Paris*, *Roulland*, 1682, 2 *volumes in*-4; 1689, 4 *vol. in*-8.

C'est l'ouvrage précédent revu et augmenté.

6334. Explication des caractères de la charité selon S. Paul (par DUGUET); nouvelle édition, revue et corrigée. *Paris*, 1735, *in*-12.

Voyez le nº 6345.

6335. Explication des cérémonies de la Fête-Dieu d'Aix, en Provence, ornée de figures, etc. (par Gaspard GRÉGOIRE). *Aix*, *Esprit David*, 1777, *in*-12 *de* 220 *pages*.

Les figures ont été dessinées par Paul Grégoire, et gravées par Gaspard, frère de Paul. Ces deux frères sont les inventeurs de la peinture sur velours.

6336. Explication des commandemens de Dieu (par FR. PARIS). *Paris*, *Villette*, 1693, 2 *vol. in*-12.

6337. Explication des dessins des tombeaux des ducs de Bourgogne qui sont à la Chartreuse de Dijon, présentés à S. A. S. Mgr. le Duc, le 1er mai 1736; par le sieur J. P. Gelguin, peintre (par Jean-Bernard Michault, de Dijon). *Nuits, Mignoret*, 1736, *in*-4. — Seconde édition. *Dijon, Marteret*, 1737, *in*-8.

338. Explication des épîtres de Saint Pierre, par M. P. D. C. A. J. (Picot de Clorivière, ancien jésuite). *Paris, librairie de la société typographique*, 1809, 3 *vol. in*-12.

339. Explication des livres des Rois et des paralipomènes (par Duguet et d'Asfeld). *Paris*, 1738, 6 *vol. in*-12.

340. Explication des parties de l'office et des cérémonies de la Messe, tirée de la préface de l'office de la Semaine Sainte (de Nicolas le Tourneux). *Paris, P. le Petit*, 1682, *in*-12.

341. Explication des premières causes de l'action dans la matière, et de la cause de la gravitation, traduite de l'anglois (de Cadwallader, par Castet). *Paris, Durand*, 1751, *in*-12.

342. Explication des premières vérités de la Religion; par P. C. (Pierre Collot), docteur de Sorbonne. *Paris, Ganeau*, 1739; *Berton*, 1779, *in*-8. — Nouvelle édition, *Paris, Onfroy*, 1804, *in*-8. *avec le nom de l'auteur.*

343. Explication des principales prophéties de Jérémie, d'Ézéchiel et de Daniel, disposées selon l'ordre des temps (par François Joubert). *Avignon, Girard* (*Paris, Desaint*), 1749, 5 *vol. in*-12.

344. Explication des Psaumes à l'usage des colléges (par le P. Guibaud, de l'Oratoire). *Avignon*, 1781, 3 *vol. in*-8.

Cet ouvrage a été annoncé avec un nouveau frontispice. *Paris, le Clere*, 1792, 3 *vol. in*-8.

6345. Explication des qualités ou des caractères que Saint Paul donne à la charité (par Duguet). *Amsterdam*, 1727, *in*-12.

Même ouvrage que le n° 6334.

6346. Explication du canon XVII du concile de Chalcédoine (par Maultrot). 1791, *in*-8 *de* 66 *pages. Douteux.*

6347. Explication du cantique des cantiques, tirée des SS. PP. et des auteurs ecclésiastiques. (Par Michel Bourdaille). *Paris, Desprez*, 1689, *in*-12.

6348. Explication du catéchisme à l'usage de toutes les églises de l'empire français (par M. l'abbé la Sausse). *Paris, veuve Nyon*, 1807, *in*-12; *réimprimé plusieurs fois.*

Voyez une vive critique de cet ouvrage, publiée par le P. Lambert, sous ce titre : *La pureté du dogme et de la morale vengée contre les erreurs d'un anonyme, auteur* etc. Paris, 1808, in-8.

6349. Explication du catéchisme de l'église anglicane (par Samuel Clarke); traduit de l'anglois. *Amsterdam*, 1737, *in*-12.

6350. Explication du chapitre 48 de la règle de S. Benoît, pour servir d'éclaircissement à la question des études monastiques, par frère Colomban (dom Cl. de Vert, clunistc). (1693), *in*-12.

Cette pièce est datée du 15 avril 1693. On voit dans l'éloge de dom Cl. de Vert, p. 22 et suiv., que c'est lui qui en est l'auteur; elle a paru aussi sous cet autre titre : *Réponse aux Lettres écrites à M. l'abbé de la Trappe, pour servir d'éclaircisssemen à la question des études monastiques.* Sans nom d'auteur ni d'imprimeur, 1693. Et l'on ajoute dans ce même éloge, « qu'il ne parait pas qu'il y ait deux éditions de ce petit ouvrage, mais une seule sous ces deux différens titres, comme il est aisé de s'en convaincre en confrontant les différens exemplaires l'un avec l'autre. » L'auteur s'y déclare, mais avec retenue, contre les études monastiques, et y combat par bien des discussions et des recherches ce mot de dom Mabillon (*Réflexions sur la réponse*, p. 291), « qu'on peut trouver tous les jours, dans la règle de S. Benoît, cinq ou six heures pour la lecture, hors le temps de l'office divin et du travail. » On y a ajouté, p. 72, l'extrait d'une bulle de Clément VIII de 1603, pour la réforme des moines de S. Basile en Espagne, où ce pape se déclare contre les études monastiques.

(*Article de M. Boulliot*).

6351. Explication du flux et du reflux, qui manifeste combien ce phénomène inexplicable dans tout autre système que le moderne, en prouve l'exactitude et l'universalité (par l'abbé DE BRANCAS). *Paris*, 1749, *in*-4.

6352. Explication du livre de Job (par DUGUET et BIDEL D'ASFELD). *Paris*, 1732, 4 *vol. in*-12.

6353. Explication du livre de la Genèse (par DUGUET et BIDEL D'ASFELD). *Paris, Babuty*, 1732, 6 *vol. in*-12.

6354. Explication du livre des psaumes (par DUGUET et BIDEL D'ASFELD). *Paris, Babuty*, 1733, 1739, 5 tomes; 9 *vol. in*-12.

6355. Explication du mystère de la passion de N. S. J. C., suivant la Concorde; J. C. crucifié, contenant les blasphêmes des passans et les saintes femmes (par DUGUET). *Amsterdam*, 1731, *in*-12.

6356. Explication du mystère de la passion de N. S. J. C., suivant la Concorde, ou J. C. crucifié (par DUGUET). *Paris, J. Estienne*, 1728, 2 *vol. in*-12.

Voyez les mots *Traité de la croix de N. S. J. C.*

6357. Explication du Nouveau Testament, à l'usage principalement des colléges (par le P. GUIBAUD, de l'Oratoire). *Paris, Barbou*, 1785, 8 *vol. in*-8., *qui se relient en* 5.

6358. Explication d'un ancien monument trouvé en Guyenne, dans le diocèse d'Auch (par l'abbé NICAISE). *Paris*, 1689, *in*-4.

6359. Explication d'une inscription antique, trouvée à Lyon, où sont décrites les particularités des sacrifices que les anciens appeloient Tauroboles (par Cl. GROS DE BOZE). *Paris, Cot*, 1705, *in*-8.

6360. Explication d'une médaille singulière de Domitien, présentée à l'Académie de Lyon (par Antoine LAISNÉ, avocat). *Paris*, 1735, *in*-12.

Biographie universelle.

6361. Explication en vers du cantique des cantiques, avec des notes (par le sieur THOMAS, conseiller au Châtelet de Paris). *Paris, V. R. Mazières*, 1717, *in*-12.

Le P. Baizé.

6362. Explication françoise et latine des discours ou satyres d'HORACE, à l'usage des écoliers; livre second (par le P. Henri BOILLOT, jésuite). *Lyon*, 1710, *in*-12.

6363. Explication historique de ce qu'il y a de plus remarquable dans la maison royale de *Monsieur* (à Saint-Cloud) par le sieur COMBES; seconde édition. *Paris, Pralard*, 1695, *in*-12 *de* 551 *pages*.

La première édition parut à Paris en 1681, chez Nego, in-12 de 219 pages.

L'abbé de Saint-Léger soupçonnait que cet ouvrage était le même que celui de Laurent MORELET, de Dijon, imprimé à Paris par P. le Petit, en 1681, in-4, et réimprimé en 1686, in-12, chez Jean Nego.

Le premier titre était: *La galerie de Saint-Cloud et ses peintures expliquées sur le sujet de l'éducation des princes.*

(*Bibliothèque des auteurs de Bourgogne*, par l'abbé Papillon.)

64. **Explication littérale de l'ouvrage des six Jours** (par **Duguet**). *Bruxelles et Paris*, *Josse*, 1731, *in*-12.

65. **Explication littérale des épîtres de Saint Paul aux Romains, à Philémon et aux Hébreux.** Par le sieur de Sainte-Catherine (l'abbé Touret). *Paris*, *Desprez*, 1688, *in*-8.

66. **Explication physique et mécanique des effets de la saignée et de la boisson dans la cure des maladies** (par Hecquet). *Chambéry*, *Gorin*, 1702, 1707, *in*-12.

67. **Exploits (les) et les amours de frère Diable, général de l'armée du cardinal Ruffo**; traduit de l'italien de B. N. (Bartolomeo Nardini, par Adrien-César Égron, aujourd'hui imprimeur-libraire). *Paris*, *Ouvrier*, *an* 9 (1801), *in*-18.

M. Égron est aussi auteur d'un Voyage au faubourg Saint-Marceau et d'un Voyage dans le faubourg Saint-Germain, 2 volumes in-18.

368. **Exposé conciliateur des différentes opinions du Clergé, et justificatif du serment**, par B. D. H. (M. Burin du Hameau) prêtre assermenté, curé de S..., département de l'Orne. *Alençon*, *an* 11 (1803), *in*-8.

369. **Exposé de l'état, du régime, de la législation et des obligations des frères prescheurs** (par le P. de la Berthonie). *Paris*, 1767, *in*-12 *de* 124 *pages*.

370. **Exposé des motifs qui ont déterminé le clergé de France à se retirer en pays étranger** (par M. l'abbé de la Hogue)..... *in*-12.

371. **Exposé des principes sur le serment de liberté et d'égalité, et sur la déclaration exigée des ministres du culte, par la loi du 7 vendémiaire an 4 (29 septembre 1795)** (par M. le cardinal de Bausset, ancien évêque d'Alais, publié par M***, auteur de l'avertissement). *Paris*, *Guerbart*, *in*-8 *de* lvi *et* 171 *pages*.

6372. **Exposé d'une décision extraordinaire, rendue par la régie des droits-réunis, qui exile un citoyen français, pour un écrit prétendu** *séditieux*, par Civique de Gastine, auteur de l'*Histoire de la république d'Haïti*, etc. (ou plutôt par M. Toulotte). *Paris*, 1822, *in*-8 *de* 59 *pages*.

6373. **Exposé succinct de la contestation qui s'est élevée entre M. Hume et M. Rousseau, avec les pièces justificatives** (traduit de l'anglois par Suard, avec une préface du traducteur). *Londres*, (*Paris*), 1766, *in*-12.

6374. **Exposé succinct des droits de S. M. le roi de Prusse sur le duché de Pomerellie et sur plusieurs autres districts du royaume de Pologne** (par le comte de Hertzberg). *Berlin*, 1772, *in*-8. V. T.

Journal encyclopédique, an 3 (1794), seconde partie, p. 521.

6375. **Exposition abrégée des lois** (par Damours). *Paris*, 1751, *in*-8.

6376. **Exposition claire et précise des différens points de doctrine qui ont rapport aux matières de religion** (par l'abbé de la Chambre). *Utrecht*, 1745, 2 *vol*. *in*-12.

Il est bon de lire une lettre adressée par l'auteur aux journalistes de Trévoux, et insérée dans le mois d'*octobre* 1748, p. 2266 et suiv.

Après avoir reconnu que l'ouvrage est réellement de lui, et déclaré qu'il a été imprimé à son insu, sans qu'il sache par qui et en quel endroit, il en explique plusieurs propositions qu'il était facile d'interpréter dans un sens contraire à ses véritables sentimens.

6377. Exposition de la doctrine chrétienne (par l'abbé MESENGUY). *Utrecht* (*Paris*), 1744, 6 *vol. in*-12. —Nouvelles éditions augmentées et corrigées. *Cologne* (*Paris*), 1754, 4 *vol. in*-12; 1758, *in*-4.

6378. Exposition de la doctrine de l'église catholique (par BOSSUET), nouvelle édition, augmentée de la traduction latine (par l'abbé FLEURY, publiée par l'abbé LEQUEUX). *Paris, Desprez*, 1761, *in*-12.

L'estimable éditeur a mis en tête de cet ouvrage une longue et instructive préface sur les différentes éditions et traductions qui en ont été faites; il a joint aussi au exte des notes plus ou moins importantes : comme il ne présente que des notions vagues et inexactes sur la première édition, je crois devoir placer ici les détails que j'ai publiés le 15 fructidor an 12 (1804), dans le *Journal des Débats*.

Les personnes instruites savent que Bossuet, avant de publier le petit, mais important ouvrage de l'*Exposition*, ouvrage qui a opéré plusieurs conversions d'éclat, parmi lesquelles on cite celles de l'abbé Dangeau et du maréchal de Turenne, en fit imprimer un très-petit nombre d'exemplaires, qu'il communiqua à quelques amis afin d'avoir leur sentiment sur la manière dont les dogmes de l'Église catholique y étaient exposés. Ces amis déposèrent sur les marges de l'ouvrage les remarques qui leur furent suggérées par sa lecture, et le remirent dans cet état à l'illustre auteur. Deux ou trois exemplaires, d'après le témoignage de Bossuet lui-même, restèrent entre les mains de ceux qui les avaient reçus; celui de Turenne est de ce nombre. Cela n'empêcha pas Bossuet de livrer son ouvrage au public : ce fut en l'année 1671 que Cramoisy imprima l'édition dite d'*amis*, et celle qui devait être mise dans le commerce.

Les chefs de l'Église protestante, ayant entendu parler du petit nombre d'exemplaires que Bossuet avait soumis aux observations de ses amis, publièrent qu'il s'agissait d'une édition dans laquelle les dogmes de l'Église catholique étaient exposés d'une manière peu exacte. Selon eux, la Sorbonne en avait exigé la suppression; mais, quelques années après, Bossuet déclara hautement n'avoir jamais communiqué son ouvrage à la Sorbonne.

Cependant les exemplaires d'*amis*, qui n'avaient pas été rendus à l'auteur, furent recherchés avec une sorte d'avidité; et l'un d'eux, imparfait du frontispice et de plusieurs pages, tomba entre les mains de l'archevêque de Cantorbéry, Wake, qui y attacha une grande importance. Cet exemplaire, complété depuis à la main sur celui de Turenne, se voit aujourd'hui dans la fameuse bibliothéque Lambeth, c'est-à-dire dans le palais même de l'archevêque.

Il s'est passé plus d'un siècle sans qu'on ait eu une description exacte de ces exemplaires. David Clément s'en plaignit en 1754, à l'article *Bossuet* de sa *Bibliothèque curieuse, historique et critique*. Burigny, dans la Vie de Bossuet, qu'il donna en 1761, in-12, ne parle pas de la double édition de l'*Exposition*, publiée en 1671.

Le public eut enfin en 1781 des détails satisfaisans sur cet objet, de l'homme qui était le plus capable de les lui donner; je veux parler du savant bibliographe Mercier, plus connu sous le nom d'abbé de Saint-Léger. Il annonça, dans le *Journal de Paris* du 21 août de cette année, qu'il possédait une édition de l'*Exposition de la Doctrine catholique* imprimée en 1671, mais d'une autre impression que celle qui était connue. Celle-ci a 189 pages; la sienne n'en avait que 174 : il paraissait persuadé que c'était un des exemplaires prêtés par Bossuet à ses amis, avant de rendre son ouvrage public; mais il n'y trouvait aucune variante capable d'alarmer les partisans de la doctrine catholique. Il promit alors un mémoire détaillé sur cette rarissime édition, et il s'engagea à déposer à la bibliothèque de Sainte-Geneviève son exemplaire, d'autant plus précieux que les marges offrent des corrections de la main même de Bossuet. Il renouvela cette promesse dans une autre lettre adressée au rédacteur du *Journal général de France*, le 8 janvier 1786. L'abbé de Saint-Léger est mort sans avoir réalisé ni l'une ni l'autre de ses promesses; et parmi les livres qu'il a laissés, celui-ci ne s'est pas trouvé : on sait néanmoins qu'il a été long-temps entre les mains d'un curieux de la capitale (l'abbé de Tersan).

L'annonce de l'abbé de Saint-Léger fit du bruit parmi les savans, et surtout parmi les bibliographes. Il avait un rival dans le fameux abbé Rive, bibliothécaire du duc de la Vallière. Cet homme, qui joignait un orgueil démesuré à un grand fonds de connaissances bibliographiques, dit à ses amis qu'il possédoit un exemplaire de l'*Exposition*, de la première édition, tout différent de celui qu'avait décrit le *moine Mercier* : il désignait ainsi l'ancien bibliothécaire de Sainte-Geneviève, dont la réputation lui faisait ombrage. Cependant il refusait de montrer son exemplaire. Il en donna la description en 1789, dans l'ouvrage singulier qu'il intitula : *La Chasse aux Bibliographes et aux Antiquaires mal avisés.* Ce sont deux volumes qui contiennent plus d'injures que de raisons. Les hommes morts ou vivans, qui se sont le plus distingués par leurs connaissances dans l'histoire littéraire et dans la bibliographie, y sont traités de la manière la plus révoltante. L'abbé Rive s'est montré, dans cette production et dans plusieurs autres, le digne émule de Pierre Aretin, surnommé dans son temps *le fléau des princes*, à cause des injures qu'il adressait à tous les rois. Si Rive eût vécu plus long-temps, il eût certainement été appelé *le fléau des bibliographes.*

On trouve, à la page 439 du tome premier de *la Chasse aux Bibliographes*, la description de l'exemplaire de l'*Exposition*, auquel l'abbé Rive attachait tant d'importance. J'y ai remarqué deux choses qui me la rendirent suspecte : 1° L'abbé Rive prétend que dans son édition seule existe, en tête de la première page, une vignette en taille-douce, laquelle, suivant lui, est grossièrement gravée sur bois dans l'édition commune de 1671. Il est de fait que cette vignette est une fort belle taille-douce dans tous les exemplaires de 1671. 2° Il assure qu'on lit dans son édition, page 210 : « Il suffit de reconnoître un chef établi de Dieu pour conduire tout le troupeau dans ses voies », tandis que dans l'autre on lit seulement : « Il suffit de reconnoître un chef établi de Dieu. » Je possède un exemplaire de l'édition commune de 1671, où se trouve la première leçon.

D'après ces détails, on se fera sans peine une idée du désir que j'avais de connaître cet exemplaire, sur lequel je ne doutais pas que l'abbé Rive eût fait la pompeuse description dont je viens de parler. Comme il n'avait pas été porté sur le catalogue des livres vendus à Marseille en 1793 après sa mort, j'écrivis à M. Achard, bibliothécaire instruit de cette ville, et de plus rédacteur du catalogue des livres de notre terrible bibliographe. Mais quelle fut ma surprise lorsque je vis, par les détails que me donna M. Achard avec une complaisance assez rare, que l'exemplaire tant vanté par l'abbé Rive était sans frontispice, et que la description contenue dans *la Chasse aux Bibliographes* n'était en grande partie que la copie des notes écrites sur le premier feuillet blanc par l'abbé Sepher, mort à Paris en 1786, chanoine de Saint-Etienne-des-Grès, et possesseur d'une très-nombreuse bibliothèque !

L'abbé Rive n'ayant rapporté ni l'une ni l'autre de ces circonstances, je fus à peu près convaincu qu'il en avait imposé au public sur sa prétendue première édition. Ayant montré la lettre de M. Achard à une personne qui m'honorait de son amitié (M. Adry), et qui a eu communication de l'exemplaire de l'abbé de Saint-Léger, je vis très-clairement, à la simple inspection des différentes éditions que la personne dont je parle avait réunies dans son cabinet, que celle qui fait le sujet de la longue note de l'abbé Rive et de la lettre de M. Achard n'est autre chose que la seconde édition de l'*Exposition*, imprimée par Cramoisy en 1673. Elle a en effet les deux cent quinze pages, la vignette, qui est réellement inférieure à celle de l'édition commune, parce que le tirage en est postérieur ; enfin le cul-de-lampe, qui n'existe que dans cette édition.

C'est ainsi que je suis parvenu à éclaircir un point de bibliographie relatif à un des meilleurs ouvrages du plus éloquent de nos écrivains.

M. de Bure l'aîné, libraire, rue Serpente, possède un exemplaire parfaitement semblable, aux notes près, à celui de l'abbé de Saint-Léger. Le temps a donc épargné les trois exemplaires qui ne revinrent jamais entre les mains de Bossuet, puisqu'il en existe un en Angleterre, et deux à Paris.

M. Adry possédait un exemplaire de la seconde édition ; il l'a collationné avec un exemplaire de la première, dont il a figuré le frontispice. Son exemplaire représente donc la première édition ; il avait le projet de le faire réimprimer sous ce titre : *Exposition de la doctrine de l'Église catholique sur les matières de controverse*, par messire J. B. Bossuet, évêque de Meaux, etc., nouvelle édition conforme à l'édition qui précéda celle qui passe pour la première, avec des notes où l'on examine si les différences qui se trouvent dans ces deux éditions sont de quelque importance.

Cet exemplaire précieux de M. Adry se trouve aujourd'hui dans le cabinet de mon ami Deville.

Au reste, tout ce qui concerne les premières éditions de l'*Exposition* de Bossuet se trouve parfaitement développé par M. le cardinal de Bausset, à la fin du premier volume de son excellente Histoire de Bossuet. *Paris*, 1814, 4 *vol. in*-8.

« L'abbé Lequeux paraît n'avoir point connu d'autre version anglaise du livre de l'*Exposition* que celle de l'abbé de Montaigu, imprimée à Paris en 1672. On peut s'étonner qu'il n'ait point entendu parler de la version plus belle et plus élégante du P. Johnston, bénédictin anglais, dont il se fit trois éditions en Angleterre coup sur coup en 1686. La troisième édition, ornée de l'*avertissement* du célèbre auteur et de toutes les approbations données à son livre, a ceci de particulier, que le roi (Jacques II) avait fait ajouter ces mots au titre : *Publié par ordre de sa majesté*. Les exemplaires de ces éditions sont si communs en Angleterre, et même en France, qu'il est assez étonnant que le nouvel éditeur n'en ait point parlé. Pour peu qu'il eût jeté les yeux sur la belle et savante préface du P. Johnston, mise à la tête de sa troisième édition, il aurait vu que ce père était en relation directe avec Bossuet; qu'il lui communiquait les difficultés faites contre son livre par les protestans d'Angleterre; que Bossuet les réfutait toutes avec sa netteté et sa précision ordinaires; qu'enfin le P. Johnston ne faisait que traduire en anglais les réponses du prélat : de sorte que la préface du bénédictin est, à proprement parler, l'ouvrage même de Bossuet. Il semble que des faits de cette importance devaient naturellement trouver place dans l'histoire du livre de l'*Exposition*. Les lettres originales des pères Shirburne et Johnston, bénédictins anglais, écrites à ce sujet au grand Bossuet, et les minutes des réponses de la propre main du prélat, étaient dans le dépôt des papiers du savant évêque (entre les mains de le Roy, ex-oratorien). » (Ce dernier paragraphe est extrait du *Journal de Verdun*.)

6379. Exposition de la doctrine de l'église gallicane, par rapport aux prétentions de la cour de Rome (par du Marsais). (*Paris*), 1758, *in*-12.

6380. Exposition de la doctrine des philosophes modernes (par le P. Richard). *Malines*, 1785, *in* 12.

6381. Exposition de la doctrine orthodoxe sur le mystère de la Trinité (par D. R. Boullier, ministre à Amsterdam). *Amsterdam*, 1734, *in*-8. V. T.

6382. Exposition de la doctrine physionomique du docteur Gall, ou nouvelle théorie du cerveau, considéré comme le siége des facultés intellectuelles et morales (par le général Normant, ancien aide-de-camp du général Moreau). *Paris*, *Henrichs*, 1803, *in*-8 *de* 255 *pag.*

6383.* Exposition de la foi catholique touchant la grâce et la prédestination (par Martin de Barcos). *Mons*, *Migeot*, 1696, *in*-8; 1699, *in*-12.

6384. Exposition de la foi et de la doctrine du P. Berruyer (par l'abbé de la Motte). *Avignon*, 1756, 3 *parties in*-12.

6385. Exposition de la loi naturelle, par M. l'abbé B. (Baudeau). *Amsterdam et Paris*, *Lacombe*, 1767, *in*-12.

6386. Exposition de l'Histoire de France jusqu'en 1748, par M. C*** (Cavaillon). *Paris*, *Saillant*, 1775, *in*-12.

6387. Exposition des coutumes sur la largeur des chemins, etc., et sur la durée de la garantie des ouvrages publics (par Fremin, trésorier de France). *Paris*, *Charles Saugrain*, 1686, *in*-12 *de* 150 *pag.*

Note manuscrite.

6388. Exposition des droits des souverains sur les empêchemens dirimans de mariage, et sur leurs dispenses (par le P. Dufour, dominicain). *Paris*, *Leclere*, 1787, *in*-12.

Ouvrage imprimé avec approbation et privilége du roi. La distinction du contrat civil du mariage et de la bénédiction nuptiale y est parfaitement établie.

6389. Exposition des lois, actes et monumens authentiques concernant l'origine et la constitution de la cour souveraine séante à Nancy (par Collin de Benaville, conseiller au parlement). *Nancy*, *Lamort*, 1775, *in*-8.

6390. Exposition des motifs apparens et réels qui ont causé et perpétué la guerre présente, par M. R. G. D. M. R. D. M. (ROUSSET). *Amsterdam, Compagnie*, 1746, *petit in-8 de 456 pages*.

Note manuscrite.

6391. Exposition des objets discutés dans les États-généraux de France depuis l'origine de la monarchie, par M. le marquis DE S*** (DE SERENT). *Londres et Paris, Maradan*, 1789, *in-8 de 180 pages*.

6392. Exposition des principes de la foi catholique sur l'église, recueillis des Instructions familières de M. JAB*** (JABINEAU, ex-doctrinaire). *Paris, Leclere*, 1792, *in-8*.

6393. Exposition des principes de la langue française, par le citoyen YVES (Yves BASTIOU, mort aumônier du collége de Louis le Grand). *Paris, an* 6 (1798), *in-12*.

6394. Exposition des principes sur la constitution du clergé, par les évêques députés à l'Assemblée nationale (rédigée par DE BOISGELIN, archevêque d'Aix). (1791), *in-8*.

6395. Exposition des propriétés du spalme (par J. MAILLE). *Paris, Le Breton*, 1763, *in-8*.

6396. Exposition des trois états du pays et du comté de Flandre (par P. DE ZAMAN). 1711, *in-8*.

6397. Exposition du calcul des quantités négatives (par dom Donat PORRO). *Avignon (Besançon)*, 1784, *in-8*.

6398. Exposition du psaume *Miserere*, nouvellement imprimé, revu et corrigé par l'auteur, chanoine de la Sainte-Chapelle (probablement Jean DE GAIGNY, en latin J. GAGNÆUS). *Paris, Nicolas Barbou*, 1545, *in-8*.

Lottin, dans son *Catalogue des libraires de Paris*, n'a point cité celui-ci : peut-être l'a-t-il confondu avec Nicolas Barbon.

6399. Exposition d'un plan pour les malades de l'Hôtel-Dieu (par DE CHAMOUSSET). *Paris*, 1756, *in-12*. V. T.

6400. Exposition d'une méthode raisonnée pour apprendre la langue latine (par DU MARSAIS). *Paris*, 1722, *in-8*.

6401. Exposition géométrique des principales erreurs newtoniennes sur la génération du cercle (par DE FORBIN). *Paris*, ... 1760, *in-12*. V. T.

6402. Exposition sommaire de la doctrine de la nouvelle église, qui est entendue dans l'Apocalypse par la nouvelle Jérusalem, par Emanuel SWEDENBORG, suédois, traduite du latin (par CHASTANIÉ). *Paris, Dupuis, an* 5 (1797), *in-8*.

6403. Exposition succincte des principes et des propriétés des eaux minérales qu'on distribue au bureau de Paris (par RAULIN). *Paris, Hérissant*, 1775, *in-12*.

6404. Exposition succincte et comparaison de la doctrine des anciens et nouveaux philosophes (par l'abbé PELVERT). *Paris, Méquignon*, 1787, 2 *vol. in-12*.

6405. Extrait de divers moralistes anciens et modernes (par M. Joseph DROZ). *An* 4 *de la république* (1796), *in-12 de* 93 *pages*.

Imprimé par l'auteur à 36 exemplaires. Voyez le Répertoire de Bibliographies spéciales, curieuses et instructives, par M. PEIGNOT. *Paris, Renouard*, 1810, *in-8 de* 49 *pages*.

6406. Extrait de la généalogie de Hugues Capet, roi de France, et des derniers successeurs de la race

6430. Extraits poétiques et morceaux choisis dans les meilleurs poëtes anglais (traduits par F. M. Guinchard). *Paris, Antoine Aug. Renouard*, 1807, *in*-18.

6431. Extraordinaires du Mercure depuis janvier 1678 jusqu'au mois d'octobre 1685 (par Jean Donneau, sieur de Visé). *Paris, sans date*, 32 *vol. in*-12.

6432. Ezour-Védam (l'), contenant l'exposition des opinions des Indiens; traduit du Samscretan, par un brame (publié par le baron de Sainte-Croix). *Yverdun* (*Avignon*), 1778, 2 *vol. in*-12.

ADDITIONS.

A.

6433. Abrégé de la Nouvelle Héloyse, correspondance amoureuse, traduite en vers, sur les lettres de deux amans recueillies et publiées par J. J. Rousseau (par M. Denattes, de Ligny). *Bar-sur-Ornain, an* 8 (1800), *in*-8 *de* 48 *pages.*

6434. Abrégé de l'Histoire générale des voyages, par la Harpe, réduit aux traits les plus intéressans et les plus curieux, par Ant. C*** (Caillot). *Paris, le Dentu,* 1820, 2 *vol. in*-12.

6435. Abrégé du traité des études, par M. P. B. A. C. D. N. (Pierre Bois, ancien curé de Noyers, diocèse de Sisteron). *Avignon, Chambeau,* 1754, *in*-12.

Cet ecclésiastique a composé d'autres ouvrages anonymes.

6436. Abrégé historique du droit canon, contenant des remarques sur les décrets de Gratien, avec des dissertations (par le P. Archaimbaud, oratorien). *Lyon, Certe,* 1689, *in*-12.

6437. *Acta Latomorum*, ou l'Histoire de la Franche-maçonnerie française et étrangère (par M. Thory). *Paris, Dufart,* 1815, 2 *vol. in*-8.

On trouve à la fin du premier volume une bibliographie historique de la Franche-maçonnerie, composée de quatre cent quatorze articles.

6438. Acte d'appel de la constitution *Unigenitus* et du nouveau catéchisme donné par M. Languet, archevêque de Sens, au futur concile général, interjeté par plusieurs curés, chanoines, et autres ecclésiastiques de la ville et du diocèse de Sens (rédigé par l'abbé Gourlin). 1742-1755, 2 *gros vol. in*-4.

6439. Adelina Mowbray, par mistriss Opie; traduit de l'anglais par C. C*** (C. Chenel). *Paris, Dentu,* 1806, 3 *vol. in*-12.

Voyez le *Dictionnaire des romans anciens et modernes*, par M. Marc. *Paris*, 1819, in-8, p. 2.

6440. Adeline, ou la Confession; imité de l'anglais (par M. Malherbe). *Paris,* 1809, 5 *vol. in*-12.

6441. Adversité (l'), ou l'École des rois; traduit de l'anglais (d'Anne Faller, ou plutôt Fuller, par le Bas). *Paris,* 1792, 2 *vol. in*-12.

Même ouvrage que le *Fils d'Ethelwolf*... Voyez ces mots.

6442. Alan Fitz'osborne, roman historique, traduit de l'anglais (d'Anne Fuller). *Paris,* 1789, 2 *volumes in*-12.

6443. Aliénabilité (de l') et de l'aliénation du Domaine (par Boncerf et .....). *Sans date,* 1791, *in*-8 *de* 127 *pages.*

6444. Alix et Charles de Bourgogne, par mademoiselle El. H.... (Haus-

SEMAN). *Paris*, 1820, 2 *vol. in*-12.

6445. Almanach administratif, ou Chronologie historique des maîtres des requêtes, des auditeurs au Conseil d'état, etc., par M. S. A*** (VITON DE SAINT-ALLAIS). *Paris, Audibert*, 1814, *in*-18.

6446. Almanach philosophique (par M. BARBET). 1792, *in*-12.

6447. Ambigu (l') (par M. PELTIER). *Londres*, 1803 *et années suivantes*, 100 *vol. in*-8 *environ*.

6448. Amélie, histoire anglaise, traduite librement de l'anglois de FIELDING (par DE PUISIEUX). *Paris, Durand*, 1762, 4 *vol. in*-12.

6449. Ami (l') de la Religion et du Roi, journal ecclésiastique, politique et littéraire (commencé le 20 avril 1814, par M. PICOT, laïc). *Paris, le Clere*, 1814—8 *février* 1822, 30 *vol. in*-8.

Ce journal se continue.

6450. Ami (l') des jeunes demoiselles, ou Conseils aux jeunes personnes qui entrent dans le monde, sur les devoirs qu'elles auront à remplir dans le cours de leur vie; par J. L. EWALD, et trad. de l'allemand par Ch. B. (Ch. BING, avoué à Metz). *Paris, Blanchard*, 1816, 2 *vol. in*-12.

6451. Amours (les) de Calotin, comédie (par CHEVALIER). 1664, *in*-12.

6452. Amours (les) de Daphnis et Chloé, traduites du grec de LONGUS (par Jacques AMYOT). *Paris, Vincent Sertenas*, 1559, *in*-8.

6453. Amours (les) de Psyché et de Cupidon, par APULÉE, traduction nouvelle (par M. L. F. FEUILLET), ornée de figures de Raphaël, publiée par C. P. LANDON. *Paris, Didot*, 1809, *in-fol.*

6454. Amours (les) pastorales de Daphnis et Chloé, traduction nouvelle (du grec de LONGUS), par Pierre B*** (BLANCHARD), avec quatre jolies figures dessinées par M. MONSIAU. *Paris, Maradan et Desenne*, *an* 5 (1798), *petit in*-12.

6455. Amusement des eaux de Schwalbach, des bains de Wisbaden et de Schlangenbad (par DE MERVEILLEUX). *Liége*, 1738, *in*-8.

Dictionnaire de Georgi.

6456. Anastase, ou Mémoires d'un Grec, écrits à la fin du dix-huitième siècle, traduits de l'anglais (de M. Thomas HOPE) par l'auteur de *Londres en* 1819 (M. DE FAUCONPRET). *Paris, Gide fils*, 1820, 2 *volumes in*-8.

6457. Anecdotes orientales (par MAILHOL). *Berlin* (*Paris*), 1752, 2 *parties in*-12.

6458. Anecdotes physiques et morales (par DE MAUPERTUIS). *Sans indication de lieu ni d'année* (1738), *in*-12 *de* 36 *pages. Très-rare.*

Bibliographie astronomique, par de la Lande, sous l'année 1738.

Ces *anecdotes* ne se trouvent pas dans la collection des *OEuvres* de Maupertuis, en 4 vol. in-8.

6459. Annales historiques des sessions du Corps législatif, années 1814 à 1820, par *** (M. D'AURÉVILLE) et M. GAUTIER (du Var). *Paris, Patris*, 1816-1822, 8 *vol. in*-8.

6460. Annuaire de la Société philantropique, contenant l'indication des meilleurs moyens qui existent à Paris pour soulager l'humanité souffrante, et d'exercer utilement la bienfaisance (par M. SILVESTRE, bibliothécaire particulier de S. M.). *Paris, Huzard*, 1819, *in*-12.

6461. Anti-Novateur (l') (par P. Fr.

DELESTRE). *Paris, Delestre-Boulage*, 1821, *in*-12.

Réimprimé avec le nom de l'auteur.

6462. Antiquités (les) d'Athènes, mesurées et dessinées par J. STUART et N. REVETT; traduit de l'anglais par L. F. F. (M. FEUILLET), et publié par C. P. LANDON. *Paris, F. Didot*, 1808-1812, 3 *vol. in-fol.*

6463. Apologie (l') du commerce, essai philosophique et politique, avec des notes instructives, etc., par un jeune négociant (M. DUDEVANT, de Bordeaux). *Genève*, 1777, *in*-12 *de* 71 *pages*.

6464. Apologie du serment civique, par un prêtre de la maison et société de Sorbonne, ami de la religion et des lois (M. DANCEL, du diocèse de Coutances, alors professeur de philosophie au collége d'Harcourt, aujourd'hui grand-vicaire de Coutances et curé de Valognes). 1790, *in*-8.

M. Dancel rétracta son serment dès 1791.

6465. Apologie ou Défense d'un homme chrétien (Florent CHRESTIEN), pour imposer silence aux répréhensions de Pierre Ronsard. 1564, *in*-8.

Niceron, t. 34, p. 126.

6466. Appel à la nation française, ou Réflexions suggérées par les funérailles de S. A. R. le duc de Berry, par madame DE B*** (BOILEAU). *Paris, le Normant, in*-8 *de* 26 *p.*

6467. Appel à tous les propriétaires en Europe, ou Manifeste de la société contre les partis qui la tourmentent, par un ami de l'ordre et de la liberté (Germain GARNIER). *Paris, L. Colas, sans date* (1820), *in*-8 *de* 88 *pages*.

6468. Appel (de l') comme d'abus, suivi d'une dissertation sur les interdits arbitraires de célébrer la messe (par M. TABARAUD). *Paris, Egron*, 1820, *in*-8 *de* 119 *pages*.

6469. Archives des découvertes et inventions nouvelles (par Philippe Loos). *Paris, Treuttel et Wurtz*, 1808-1818, 11 *vol. in*-8.

6470. Archives philosophiques, politiques et littéraires (par MM. ROYER-COLLARD et GUIZOT, madame GUIZOT et autres). *Paris, Fournier*, 1817, 5 *vol. in*-8.

Il ne faut pas confondre cet ouvrage avec les *Archives littéraires de l'Europe*, par une société de gens de lettres. Paris, 1804-1808, 17 vol. in-8. On sait que M. Charles Vanderbourg a été le principal auteur de ce journal. Ses principaux collaborateurs sont nommés à la fin de la *table générale des morceaux contenus dans les dix-sept volumes*, à l'exception de madame GUIZOT, dont les articles sont signés des lettres E. H.

6471. Arrest (l') du roi des Romains, donné au grand conseil de France, en vers (par MAXIMIEN). *Rouen, sans nom d'imprimeur et sans date, in*-4.

Cet ouvrage avait paru en 1508, à Paris. On lit le nom de l'auteur dans un acrostiche.

6472. Art (l') de connaître les femmes, avec une dissertation sur l'adultère, par le chevalier PLANTE-AMOUR (François BRUYS). *La Haye, Kieboom*, 1730, *petit in*-8; *Amsterdam, Michel*, 1749, *in*-8; *Paris, Delaunay*, 1820, *in*-12.

Voyez les *Lettres sérieuses et badines*, par LA BARRE DE BEAUMARCHAIS. La Haye, Van Duren, 1729 et suivantes, tome 4, page 231.

6473. Art (l') de plaire d'OVIDE, suivi du remède d'Amour, nouvelle traduction en vers français, avec le texte latin en regard, par P. D. C. (PIRAULT DES CHAULMES, avocat à la cour royale). *Paris, Guillaume,* 1818, *in*-12.

6474. Art (l') de régner, ou le Sage Gouverneur, tragi-comédie (par Gillet). *Suivant la copie imprimée à Paris (Elzeviers)*, 1649, *in*-12.

6475. Attributions (des) de la Législature relativement aux dépenses publiques (par M. Masson, maître des requêtes). *Paris*, 1820, *in*-8.

6476. Aventures (les) de Renaud et d'Armide, par M. L. C. D. M. (le chevalier de Méré). *Paris, Barbin,* 1678, *in*-12.

Note manuscrite du libraire Barbin.

6477. Avertissement aux bourgeois de Paris, par un bourgeois (Louis de Gonzague, duc de Nevers et de Rethel). 1589, *in*-8.

Réimprimé dans le tome 1, page 885 des *Mémoires du duc de Nevers*, Paris, 1665, 2 vol. in-fol.

6478. Avis important sur les nouveaux écrits des modernes ultramontains, par M. S*** (Silvy), ancien magistrat. *Paris, Egron*, 1818, *in*-8 *de* 38 *pages*.

6479. Avocat (l') du diable, sur la légende de Grégoire VII et la canonisation de S. Vincent de Paul (attribué à l'abbé Adam, curé de Saint-Barthélemi, à Paris). *Saint-Pourcain*, 1743, 3 *vol. in*-12.

B.

6480. Banise et Balacin, ou la Constance récompensée, histoire indienne (par Carpentier, professeur de langue française et de géographie). *Londres* et *Paris*, 1774, 4 *volumes in*-12.

Voyez la lettre de l'auteur, insérée dans le *Journal de Paris* du 21 novembre 1777.

6481. Bataille (la) de Friedland, poëme, par A. P. F. M.... (Menegaud, de Gentilly). *Paris, Gauthier*, 1807, *in*-8 *de* 59 *pages*.

La *Biographie des hommes vivans* dit que cet ouvrage est une *ode*. Si cela était vrai, il faudrait comparer cette *ode* à la *chanson* en soixante-dix-sept couplets que Chénier attribuait à l'abbé Morellet.

6482. Bateman, traduit de l'anglais de mistriss B*** (Blower), par M. Durand. *Paris*, 1804, 3 *vol. in*-12.

6483. Bibliothéque historique, ou Recueil de matériaux pour servir à l'histoire du temps (par MM. Chevalier, Cauchois-Lemaire et autres). *Paris, Delaunay*, 1818-1820, 13 *vol. in*-8.

Le quatorzième et dernier volume se compose d'un premier numéro de documens historiques, d'aperçus historiques, de variétés historiques, et enfin de fragmens historiques, articles publiés en avril 1820.

6484. Bienfait (le) rendu, ou le Négociant, comédie en cinq actes, en vers, représentée pour la première fois sur le Théâtre-François, le 18 avril 1763; nouvelle édition, conforme à la représentation (par .... Dampierre, munitionnaire du roi). *Paris, Duchesne*, 1784, *in*-8.

L'édition de 1763, que je crois *in*-12, et celle de 1777, *Paris, Ruault, in*-8 (du magasin des frères Bonnet, d'Avignon), sont aussi toutes deux sans nom d'auteur.

6485. Bonheur (le) public, ou Moyen d'acquitter la dette nationale de l'Angleterre, de trouver une ressource constante pour les besoins du gouvernement, sans taxes ni impositions, et de rendre les hommes heureux autant qu'ils peuvent l'être par les richesses ; présenté aux chambres du parlement par M. D—z (Desaubiez, maître de forges dans la Normandie). *Londres, T. Hookham*, 1780, 2 *parties in*-8. — Conciliation des droits de l'état, des propriétaires et du peuple, sur l'exportation des grains, par le même. *Londres, T. Hookham*, 1782, 3e *partie, in*-8.

L'auteur, menacé par M. de Calonné d'être mis à la Bastille s'il publiait son ouvrage en France, fut obligé de le faire imprimer à Londres sous un titre qui pourrait donner le change sur le véritable objet qu'il avait en vue, celui d'être éminemment utile à son pays.

6486. Bonheur (le) que procure l'étude dans toutes les situations de la vie (par M. de Langeac). *Paris, Michaud*, 1817, *in*-8 *de* 20 *pages*.

6487. Boucle (la) de cheveux enlevée, poëme traduit de l'anglois de Pope, en vers françois (par Marmontel). *Paris*, 1746, *in*-12.

C.

488. Calendrier intéressant pour l'année 1770, ou Almanach physico-économique (par Sigaud de la Fond). *Bouillon et Paris, Lacombe*, 1770, *in* 12.

Publié aussi en 1771.

Le volume de 1772 porte au frontispice la lettre B. Il parut chez *Saugrain*, dans le format in-24.

489. Calthorpe, ou les Revers de fortune, traduit de l'anglais par le traducteur des romans historiques de Walter Scott (M. de Fauconpret). *Paris*, 1821, 4 *vol. in*-12.

490. Candidats (les) de Paris jugés, ou Contrepoison adressé aux électeurs de Paris, par M. le comte de M*** (de Mirabeau). 1789, *in*-8 *de* 16 *pages*.

491. Cantiques spirituels de l'amour divin, pour l'instruction et la consolation des âmes dévotes, composés par *un père de la compagnie de Jésus* (le P. Surin) ; édition revue, corrigée et augmentée de plusieurs cantiques (dont plusieurs du P. Martial de Brie, capucin) appropriés aux trois vies, purgative, illuminative et unitive. *Paris, René Guignard*, 1677, *in*-8 *de* 416 *pages*.

Cet ouvrage a été réimprimé en 1679, chez le même libraire, et en 1731, chez Edme Couterot.

6492. Catéchisme et Symbole résultant de la doctrine des PP. Hardouin et Berruyer (par P. Séb. Gourlin). *Avignon*, 1762, 2 *vol. in*-12.

6493. Cautèles (les), canon et cérémonies de la messe, ensemble la messe intitulée du corps de Jésus-Christ, le tout en latin et en françois, etc., avec certaines annotations pour l'intelligence du texte (par P. Viret). *Lyon, Claude Ravot*, 1563, *in*-8.

L'ouvrage ou plutôt les annotations sur les *Cautèles de la messe* sont de P. Viret, compagnon de Calvin. Elles sont bouffonnes ou impies. Il n'y a eu que cette édition. C'est ce livre surtout qui a tant animé les peuples contre la messe. Il a été traduit en anglais. Voyez Niceron, t. 35, p. 110.

Les *Cautèles de la messe* se trouvent séparément en latin ou en français. Elles sont faites pour l'instruction des prêtres et leur apprendre à dire la messe. Le P. Benedicti les cite dans sa *Somme des péchés*, 1596, in-4, édition augmentée.

Viret combat ici d'une façon bouffonne les cérémonies ; et du M[illegible] *Anatomie*, attaq[illegible] de la messe. (*Notes de l'abbé Sépher, copiées sur son exemplaire des* Cautèles.)

Quoi qu'en dise l'abbé Sépher, cet ouvrage de Viret a été réimprimé sous le titre suivant, qui m'a été communiqué par M. Boulliot:

Cautèles, canon et cérémonies de la messe, ensemble la messe intitulée du corps de J. C., le tout en latin et en françois, avec certaines annotations pour l'intelligence du texte. *Leyde*,, 1615, *in*-16.

6494. Célinte, nouvelle (par mademoiselle DE SCUDÉRI). *Paris, Courbé*, 1661, *in*-8.

Sorel, *Bibliothèque françoise*, édition de 1667, p. 180.

6495. Changement (du) de ministère en décembre 1821, par un royaliste (M. BILLECOCQ, avocat). *Paris, Gueffier*, 1821, *in*-8 *de* 43 *pages*.

6496. Charles de Montfort (par madame DE MARAISE). *Paris, Renard*, 1811, 2 *vol. in*-12.

6497. Charte (la) d'Hoël le Bon, roi de Galles, au dixième siècle, etc.; par M. A. B. M. (MANGOURIT), franc-tenancier, électeur de Paris, etc. *Paris, Bailleul*, 1819, *in*-8 *de* 26 *p.*

6498. Chevalier (le) Robert, ou Histoire de Robert le Brave, dernier ouvrage posthume de M. le comte DE TRESSAN (ou plutôt ouvrage de l'abbé DE TRESSAN, son fils). *Saint-Pétersbourg*, 179.., *in*-8.—Seconde édition. *Paris*, 1800, *in*-8. —Troisième édition, 1801, *in*-18.

6499. Claire Duplessis et Clairant, ou Histoire de deux Amans émigrés (par M. FONTAINE); traduite de l'allemand (par C. F. CRAMER). *Paris, Cramer*, 1796, 2 *vol. in*-8.

M. Fontaine était chapelain d'un des régimens prussiens qui pénétrèrent en France en 1792. M. Pigoreau, dans sa *Petite Bibliographie biographico-romancière*, Paris, 1821, in-8, l'a confondu avec le célèbre romancier Auguste la Fontaine.

Claire Duplessis avait déjà paru en français à *Brunswick*, en 3 vol. in-12.

6500. Cléon, rhéteur cyrénéen (par THOREL DE CAMPIGNEULLES). *Vers* 1756, *in*-12.

Note manuscrite d'un ami de l'auteur.

6501. Coalition (la) et la France (par M. SALVANDY). 1817, *in*-8.

6502. Coin (le) du feu de la bonne maman, dédié à ses petits-enfans, par madame B******* (BAUDOUIN). *Paris, Billois*, 1812, 2 *vol. in*-18.

6503. Code des contributions directes (par M. DUMONT). *Paris*, 1811, 2 *vol. in*-8.

6504. Comptabilité (de la) des dépenses publiques (par M. MASSON, maître des requêtes). *Paris, Cellot*, 1822, *in*-8.

6505. Conclusions de M. Servin, ou Entretien de M. Servin et du P. Coton, jésuite, en l'autre monde (par Antoine REMY, avocat). 1626, *in*-8.

Voyez le n° 3420.

6506. Conquête (la) de l'Angleterre par les Français; anecdotes intéressantes (par Charles-François LE FÈVRE, sieur DE LA MAILLARDIÈRE). *Sans date, in*-8 *de* 104 *pages*.

6507. Conseils d'un Père et d'une Mère à leurs Enfans, sur l'éducation des Filles (par M. SAUQUAIRE DE SOULIGNÉ). *Paris*, 1810, *in*-12.

6508. Considérations philosophiques, remarques, observations, anecdotes particulières sur la vie et les ouvrages de Sébastien Bourdon, ancien recteur de l'Académie royale de peinture (par M. Xavier ATGER). *Paris, de Beausseaux*, 1818, *in*-8 *de* 82 *pages*.

6509. Considérations sur la neutralité maritime, armée ou non armée. (Par M. Abel LONQUEUX, ex-professeur de rhétorique à Chartres, ex-chef du détail contentieux de la marine et des colonies, etc.) *Paris, De Bray*, 1801, *in-8 de 92 pages.*

6510. Considérations sur le jardinage (par DUCHESNE). *Vers* 1775, *in-8.*

6511. Considérations sur le Prêt à intérêt, par M. S. M. (SAINT-MARC, curé de Mont-de-Marsan). *Paris*, 1816, *in-8.*

6512. Considérations sur l'état de la peinture en Italie dans les quatre siècles qui ont précédé celui de Raphaël, par un membre de l'Académie de Cortone (M. ARTAUD). *Paris, Mongie aîné*, 1808, *in-8 de 43 pages.*

6513. Consommateur (le) (par M. DE BAERT). 1802, *in-8.*

6514. Conspiration du 20 mars, nouveaux éclaircissemens sur l'histoire des Cent Jours, tirés des Mémoires d'un secrétaire de Bonaparte (M. FLEURY DE CHABOULON). *Paris, Gide*, 1819, 2 *vol. in-8.*

6515. Constitution (la) *Unigenitus* déférée à l'Église universelle, ou recueil général des actes d'appel (publié par les soins de l'abbé NIVELLE), (*Utrecht*), 1757, 4 *vol. in-fol.*

6516. Consultations épistolaires, ou Recueil de quelques lettres écrites par un membre de la chambre des communes d'Angleterre et par un pair de France (composées par M. le comte DE PRADEL). *Paris, le Normant*, 1822, *in-8 de* VIII et 306 p.

6517. Contes à mes jeunes amies (par madame DE MARAISE). *Paris, Blanchard*, 1817, *in-12.*

6518. Conteur (le) des Dames, ou les Soirées parisiennes. (Par M. CHARRIN); *Paris, veuve Lepetit*, 1821, 2 *vol. in-12.*

6519. Correspondance littéraire, philosophique et critique, adressée à un souverain d'Allemagne depuis 1753 jusqu'en 1790. Par le baron DE GRIMM et par DIDEROT. *Paris, Lonchamps, Buisson* (*Bavoux et Brunot-Labbe*), 1812 *et* 1813, 16 *vol. in-8.*

La première partie, de 1753 à 1770, a été publiée (par MM. MICHAUD aîné et CHÉRON); la seconde, depuis 1771 jusqu'en 1782 (par M. SALGUES); la troisième, depuis 1783 jusqu'en 1790 (par SUARD).

J'ai publié en 1814 un volume de *supplément* à cette correspondance, contenant les *opuscules* de Grimm et des remarques sur les seize volumes.

6520. Cours complet de Trictrac, avec un abrégé du Gammon, du Jacquet et du Garanguet; à la portée de tout le monde et à l'usage des amateurs. Par un vieil hermite du Morbihan (M. LE PEINTRE). *Paris, Guillaume et comp.*, 1818, *in-12.*

6521. Couvent (le) de Sainte-Catherine, ou les Mœurs du treizième siècle, roman historique, traduit de l'anglais de mistriss Anne RADCLIFFE (par mademoiselle Caroline WUIET). *Paris*, 1810, 2 *vol. in-12.*

6522. Cri (le) des Africains contre les Européens leurs oppresseurs, ou Coup d'œil sur le commerce homicide appelé Traite des noirs, par Thomas CLARKSON MA.; traduit de l'anglais (par Benjamin LA ROCHE). *Londres*, 1821, *in-8.*

D.

6523. Début (le), ou premières aventures du chevalier de*** (par FALCONNET, depuis avocat). *Londres et Paris, Rozet*, 1770, 2 *part. in-12.*

6524. Déclaration de droits à faire, et pouvoirs à donner par le peuple français pour les États-Généraux dans les soixante assemblées indiquées à Paris le mardi 21 avril 1789, (par M. Bancal-Desissarts, ancien notaire). *in-8 de 14 pages.*

6525. Déclaration de l'Institut de la compagnie de Jésus, en laquelle sont contenues par déduction les réponses aux principales objections faites jusqu'à présent contre les jésuites (par François Tacon, jésuite). *Paris*, 1615, *in-8.*

6526. Déclaration que S. A. S. le duc régnant de Brunswick-Lunebourg, commandant les armées combinées de LL. MM. l'Empereur et le Roi de Prusse, adresse aux habitans de la France (rédigée par de Limon). *Au quartier-général de Coblentz, le 25 juillet* 1792, *in-8 de 8 pag.*

6527. Défense contre les calomnies intitulées : *Projet d'instruction pastorale* (de Duhamel) (par le P. Berruyer). *Avignon*, 1755, 3 *parties in-12.*

6528. Défense de la Bible de S. Jérôme, contre la critique de M. Simon (par le P. Martianay). *Paris*, 1699, *in-12.*

6529. Défense du *Projet d'instruction pastorale* (par Duhamel). *Avignon*, 1756, *in-12.*

6530. Défense du *Traité des miracles* contre le fanatisme, etc. (par l'abbé Hervieux de la Boissière). 1767, 2 *vol. in-12.*

6531. Description de trois peintures inédites de vases grecs du musée de Portici (ouvrage supposé par Millin de Grandmaison). (*Paris, imprimerie du gouvernement*), *sans date; in-4 de* 10 *pages, avec trois gravures au trait, représentant de Priapées.*

6532. Dictionnaire de la folie et de la raison, par C. de P. (M. Collin de Plancy), *Paris*, 1820, 2 vol. *in-12.*

6533. Dieu est l'amour le plus pur. Ma prière et ma contemplation, par Eckartshausen (traduit de l'allemand par M. le baron de Stassart); nouvelle édition, entièrement revue et corrigée. *Paris, Maradan*, 1808, *in-18.*

6534. Dipne, infante d'Irlande, tragédie (par Fr. d'Aure). *Montargis, J. B. Bottier*, 1668, *in-12.*

6535. Discours d'un bon citoyen (Joachim Faiguet) sur les moyens de multiplier les forces de l'État, et d'augmenter la population. *Bruxelles* (*Paris*) 1760, *in-12 de* 196 *pag.*

Je possède cet ouvrage, relié très-proprement avec l'*Économie politique* du même auteur.

Je lis ces mots au haut du frontispice de ce dernier ouvrage : *A M. [illegible]jobert, de la part de M. Faiguet.*

Les caractères d'impression sont les mêmes dans les deux ouvrages.

6536. Discours impartial sur les affaires actuelles de la librairie (par Suard). *Sans indication de lieu*, 1777, *in-8 de* 41 *pages.*

Voyez les *Mémoires secrets* de Bachaumont, t. 13, 16 mars 1779, p. 316.

6537. Discours sur la nécessité et les moyens de supprimer les peines capitales, lu dans la séance publique tenue par l'académie des sciences, belles-lettres et arts de B*** (Besançon), le 15 décembre 1770, par M*** (Philipon). *Sans indication de lieu*, 1770, *in-8 de* 60 *pages.*

6538. Discussion amicale sur l'établissement de la doctrine de l'Église anglicane, et en général sur la réformation, rédigée en forme de lettres, écrites en 1812 et en 1813, par un licencié de la maison et société de Sorbonne (M. l'abbé de Trévern). *Londres, imprimerie de R. Juigné*, 1817, 2 *vol. in*-8.

6539. Dissertations historiques, chronologiques, géographiques et critiques sur la Bible (par Ellies du Pin). *Paris, Pralard*, 1710, *in*-8, *tome* 1 *et unique*.

E.

540. Édouard et Mathilde, ou la Caverne du brigand (par Mad. Woillez). *Paris*, 1822, 2 *vol. in*-12.

541. Éducation (de l') des collèges, par l'auteur de l'*Education du peuple* (Philipon-la-Madelaine). *Londres, Paris, Moutard*, 1784, *in*-12.

542. Effets du sommeil et de la veille sur les maladies, ouvrage couronné par l'Académie de chirurgie en 1781 (par P. Tissot, médecin de Lausanne). *Besançon*, *in*-8.

543. Éloge de Voltaire, suivi de poésies diverses (par le chevalier de Cubières). *La Haye et Paris*, 1783, *in*-8 *de* 80 *pages*.

Cet éloge a eu une seconde édition.

544. Emploi (de l') de l'argent, par le marquis Maffei, traduit de l'italien (par l'abbé Nonnotte). *Avignon*, 1787, *in*-8.

545. Encore un mot sur Conaxa et les Deux Gendres, ou Lettre d'un habitant de Versailles, etc. (par M. Fournier de Pescay). *Paris*, 1811, *in*-8.

6546. Enfant (l') du boulevard, ou Mémoires de la comtesse de Tourville (par madame Woillez). *Paris*, 1820, 2 *vol. in*-12.

6547. Esprit du Mercure de France, depuis son origine (en 1672) jusqu'à 1792 (par M. Merle). *Paris, Barba*, 1811, 3 *vol. in*-8.

6548. Essai sur la liberté de la presse, par l'auteur des *Lettres à un jacobin* (M. d'Agoult, ancien évêque de Pamiers). *Paris, Egron*, 1817, *in*-8 *de* 53 *pages*.

6549. Étrennes (mes) à la Jeunesse, par mademoiselle Émilie R*** (Rousseau). *Paris, Rousseau*, 1822, *in*-12.

6550. Étude du cœur humain, suivi des cinq premières semaines d'un journal écrit sur les Pyrénées (par madame de Genlis). *Paris*, 1805, *in*-12.

CORRECTIONS.

A.

N° 7. Abbé (l') de la Tour (par madame Charrin),

Lisez par madame de Charrière.

230. Abus des nudités de gorge....

Aucun bibliographe n'a cherché à prouver que cet opuscule fût réellement de l'abbé J. Boileau ; c'est par habitude qu'on le lui donne : cependant, dans le catalogue de l'abbé Aubry, curé de Saint-Louis en l'île, *Paris, Gogué*, 1785, *in*-8, n° 114, il est attribué à un ancien curé de Beauvais, nommé de Neuilly. Cette indication devient très-probable, lorsque l'on se rappelle que l'abbé Aubry était fort versé dans la connaissance des livres et des auteurs.

297. Admirables qualités du quinquina.....

M. Van Thol n'a point découvert le véritable auteur de cet ouvrage, publié pour la première fois en 1689. Selon toutes les apparences, il demeurera toujours inconnu. D'après l'*avertissement*, c'est un particulier étranger qui avait l'honneur d'être attaché au service de Louis XIV : de là vient sans doute l'approbation flatteuse donnée à ce livre par Fagon, premier médecin du roi,

C'est à tort que la *Biographie universelle* présente cet ouvrage comme étant de Fagon ; seulement on a inséré dans l'édition de 1705 la consultation donnée par ce célèbre médecin pour guérir le roi d'Espagne Charles II d'une fièvre qui le tourmentait.

802. Anecdotes intéressantes.....

Il paraît que cet ouvrage a été publié pour la première fois en 1770, sous le titre seul d'*Anecdotes intéressantes*, par mademoiselle P....., in-12.

Voyez l'*Esprit des Journaux*, août 1786, p. 49.

988. Antoinette et Jeannette, ou les Enfans abandonnés, histoire presque véritable, par l'auteur de *Maria* (madame Blower). *Paris*, 1800, 2 *vol. in*-12 *ou* 3 *vol. in*-18.

Effacez le nom de madame Blower.

L'auteur est une Française dont le nom n'est pas connu : on sait seulement que Willemain d'Abancourt a revu cet ouvrage ; ce qui est cause qu'on le lui attribue quelquefois, ainsi que *Maria*.

1042. Apologie de Voltaire..... *in*-12.

Lisez : in-8.

1052. Apologie des anciens historiens, etc. (par Louis-Antoine de Ruffy),

Lisez : par Galaup de Chasteuil.

Voy. la *Bibliothèque historique de la France*, t. 4, n° 47259, et la *Biographie universelle*.

1356. *Lisez ainsi cet article :* Auguste et Théodore, ou les Deux Pages, comédie en deux actes, en prose et mêlée de chant, par MM. Dezède et B. D. M. (baron de Mantauffel). *Paris*, *Knapen fils*, 1789, *in*-8.

Le nom de cet auteur n'a été connu que dans ces derniers temps, à l'occasion d'une discussion qui s'est élevée au Théâtre-Français.

B.

1798. Bok et Zulba....

Ajoutez : traduit du portugais de don Aurel Eniner.

C.

909. Calomnie confondue..... *Sans date, in-4.*

La Bibliothéque du Roi possède cet ouvrage sous la date de 1667, in-8. Voyez le catalogue imprimé : *Théologie*, t. 2, D. 1323.

1399. Clotilde... (par madame MAUGÉRARD.

Lisez MAUGIRARD.

1643. Conduite pour se taire.......

Il existe une édition de cet ouvrage, intitulée : *Conduite pour se taire et pour parler*, par l'abbé DE BELLEGARDE ; seconde édition. *Paris, Simon Benard*, 1697, *petit in-12*.

1802. Considérations sur la situation de la France.....

Le même auteur avait publié au mois d'avril de la même année une autre brochure de 34 pages, sur le même sujet et sous le même titre.

3033. Correspondance de Louis XVI. ....

Lisez : Correspondance politique et confidentielle inédite de Louis XVI avec ses frères et plusieurs personnes célèbres pendant les dernières années de son règne, et jusqu'à sa mort.

3138. Cours d'études.....

Ajoutez à la note :

Le célèbre abbé Millot a donné pour ce cours les extraits de l'*histoire ancienne*, de l'*histoire romaine* et de l'*histoire de France*. Ce sont ceux qui se réimpriment le plus souvent.

D.

3381. Dictionnaire géographique portatif.... par VOSGIEN (l'abbé LADVOCAT),

Lisez : (et l'abbé LADVOCAT).

3780. Dictionnaire des mœurs (par l'abbé COUPÉ).....

Lisez : (par BASTIDE). *Paris, Monory*, 1773, *in-8.*

Ce dictionnaire faisait, pour ainsi dire, partie des *Variétés littéraires et galantes* du même auteur, publiées par le même libraire, en 1774.

Cependant l'abbé COUPÉ a réimprimé ce *Dictionnaire des mœurs* dans ses *Variétés littéraires*, partie littéraire, 1786, in-8, t. 1, p. 254 et suiv. Il dit que c'est l'abrégé d'un ouvrage plus considérable *sur lequel il avait des droits.* Peut-être a-t-il retouché le travail de Bastide.

3824. Dictionnaire.... (par MEIGNOT).

Lisez PEIGNOT, et *ajoutez* en note :

M. Peignot a déclaré n'avoir aucunement coopéré à la confection des tomes 2, 3 et 4 de ce dictionnaire.

3966. Discours de l'origine des armes.... (par Cl. LE LABOUREUR).

Ce discours est le premier ouvrage du P. MENESTRIER, jésuite ; mais la même année, Cl. le Laboureur publia un *Discours sur l'origine des armes*, contre le P. Menestrier, in-4. C'est ce qui a occasióné mon erreur.

4019. Discours généraux.....

Ces discours ont aussi paru sous le titre d'*Abrégé de l'Histoire ecclésiastique*, par M. l'abbé YVON. *Paris*, 1768, 3 *vol. in-12.*

4179. Discours sur l'Histoire de France (par M. DINGÉ).....

Quelques exemplaires portent le nom de l'auteur.

E.

4603. **Échelle du cloître...**

Ajoutez : (par GUIGUES, premier prieur de la grande Chartreuse).

5047. **Éloge et Pensées de Pascal....**, 1778, *in*-8.

Lisez 1776, et *ajoutez* : — Nouvelle édition, commentée, corrigée et augmentée par M. DE *** (VOLTAIRE). *Paris (Suisse)*, 1778, *in*-8.

5235. **Épitre à Gresset.....**

Le *Chien pêcheur*, petit poëme cité dans la note qui accompagne cet article, se trouve dans le tome dixième de la *Continuation* des *Mémoires de littérature*, par le P. Desmolets, de l'Oratoire.

5322. **Erreurs de Voltaire.**

Un troisième volume, imprimé pour la première fois en 1779, porte le nom de l'auteur.

Les trois volumes ont été réimprimés en 1820.

5429. **Esprit des journaux.....**

MM. FOURNIER-PESCAY et VAN MONS s'occupèrent de la rédaction de ce journal pendant les années 1803, etc. Voyez la *Biographie des hommes vivans*, 5 vol. in-8. et la *Galerie historique des contemporains*, Bruxelles, 1817. 8 vol. in-8.

5748. **Essai sur les mœurs.....**

Un huitième volume a paru sous ce titre : *Additions à l'Essai sur l'histoire générale et sur l'esprit et les mœurs des nations*, etc., pour servir de supplément à l'édition de 1756, en 7 vol. 1763, *in*-8.

On trouve à la suite de ces *Additions* des *Remarques* pour servir de Supplément à l'*Essai sur l'histoire générale et sur les mœurs et l'esprit des nations*, etc 1763, *in* 8 de 86 *pages*.

FIN DU PREMIER VOLUME.

Lightning Source UK Ltd.
Milton Keynes UK
UKHW02f1019180718
325829UK00017B/195/P

9 781272 061050